How We Became a World of Consumers,
from the Fifteenth Century to the Twenty-First

商品帝国
Empire of Things
Frank Trentmann

[德] 弗兰克·特伦特曼 著

马灿林 桂强 译

一部消费主义全球史

献给奥斯卡与茱莉娅

我疯狂地迷恋着,
世间万物。
我喜欢钳子和剪刀。
我喜欢杯子、戒指和碗。
当然,更不用说帽子了……
……

哦,一去不复返的万物之河!
没有人能说,
我喜爱的只是鱼,
或是丛林与田野里的植物……
并非如此,
万物协力,向我吐露所有的故事。
不仅它们轻柔抚摸我,
或是我的手轻轻抚摸它们,
而且,它们这般亲密,
已成为我存在的一部分,
它们与我同在,
鲜活了我一半的生命,
也消散了我一半的死亡。

——巴勃罗·聂鲁达,《万物颂歌》(*Ode to Things*)

目　录

致　谢 i
导　论 iii

第一部分
第 1 章　三类消费文化　3
第 2 章　消费的启蒙　60
第 3 章　物品的帝国　102
第 4 章　城　市　156
第 5 章　消费革命走进家庭　204
第 6 章　意识形态的时代　253
第 7 章　内部丰裕　321
第 8 章　亚洲消费　338

第二部分
前　言 383
第 9 章　今天买，明天付　385
第 10 章　别这么快　422
第 11 章　从摇篮到坟墓　467
第 12 章　市场之外　506
第 13 章　家乡与远方　547
第 14 章　灵魂问题　592
第 15 章　"用完即弃"社会？　603
结　语 657

注　释 671
出版后记 780

致　谢

在过去的七年时间里，本书耗费了我的大量时间和脑力。如果没有许多人的帮助，本书的付梓将是不可能的。最初的想法产生于"消费文化"项目结束之际。本人有幸主持一个超过60位专家构成的研究团队，他们分别来自不同的领域，从时尚和地理一直到法律和商业。感谢每一个参与其中的人，包括优秀的团队管理者斯蒂芬妮·皮尔斯、顾问团，以及为这一新颖而有益的跨学科研究提供资助的艺术和人文研究委员会、经济和社会研究委员会。社会学家伊丽莎白·肖夫和人类学家里克·威尔克一直以来都是我灵感的来源。

几家机构为我提供了研究和思考的机会。我十分感激欧洲大学学院提供的费尔南·布罗代尔资深学者奖金、加州理工学院的摩尔杰出学者奖金，以及曼彻斯特大学可持续消费研究所、圣加仑大学和巴黎高等社会科学研究学校授予的客座教授资格。感谢这些机构的同事与我进行的启发性对话。讽刺的是，我越是深入考察过去不断增加的消费现象，就越是要给这个故事添加新的章节。正如英国政府断定的一样，学生同样应该被视为教育市场的消费者。消费者既是顾客，也是公民，这一点被遗忘了。金融改革和官僚主义的繁文缛节就是其结果。因此，我比以往任何时候都更深切地感谢自己所在的伦敦大学伯贝克学院，感谢校长和院长引导我们安全度过随之而来的动荡，以及所有同事、学生和工作人员，正是他们使伯贝克学院成为一个特别的批判性探究、教学和学习之地，使得这类图书的出版成为可能。

几年来，我有无数机会在全球各地的演讲和研讨会中不断凝练观点和撰写初期草稿。我十分感激这些讨论的组织者和听众，他们来自纽约、帕萨迪纳、里约热内卢、赫尔辛基、奥斯陆、哥德堡、阿姆斯特丹、伦敦、牛津、剑桥、柏林、科隆、慕尼黑、巴黎、佛罗伦萨、德里、东京和北京。此外，还要感谢在异国他乡帮助我的当地专家：在北京，有高丙中、阎云翔、中国消费者协会的官员，以及卡尔·格特和朱莉娅·洛弗尔的建议；在里约，有利维亚·巴尔博扎；在赫尔辛基，有尤卡·格罗瑙；在东京，有谢尔顿·加龙和宏树新；在德里，有古尔恰兰·达斯、安贾莉·加格、桑贾伊·斯里瓦斯塔瓦、苏雷什·米什拉，以及国家应用经济研究委员会。

有三位学者读过全部手稿，并无私地使我受益于他们渊博的文化、经济和社会知识。他们是约翰·布鲁尔、马丁·唐顿和格哈德·豪普特。我亏欠他们太多了。同样感谢希拉·菲茨帕特里克和乔纳森·维森能够阅读"意识形态的时代"一章的早期草稿，以及克里斯·科金斯和海克·韦伯引导我深入研究废弃物。就像国际消费者协会（Consumers International）的罗宾·辛普森一样，当时在英国的全国消费者委员会工作的艾德·梅奥慷慨地和我分享了他在消费者权益方面的知识。自始至终，希瑟·查普尔斯都是一位心思灵巧的研究助手。

斯图尔特·普罗菲特和劳拉·斯蒂克尼是企鹅出版社的优秀编辑，我非常感激两人的共同智慧，以及对大观点和小细节的关注，并鼓励我燃起壮志，贯穿古今。同样感谢克洛艾·坎贝尔细心阅读初稿。一道感谢企鹅出版社的优秀团队，从编辑、索引、校对到地图和图表的设计，最后到精美的封面，都离不开他们的帮助。从头到尾，我的经纪人戴维·戈德温提供了恰到好处的热情和建议。我要向他及其事务所（David Godwin Associates）的所有人，表达无尽的感激。

最后，要感谢我的家人，这份感激无可估量。我有幸拥有这样一位伴侣，她不仅对我关怀备至，全力支持我写作本书，而且更重要的是，她也是任何一名作家都梦寐以求的优秀家庭编辑，严苛而富有批判性。本书没有一页不受益于利扎·鲁迪克对风格、条理和逻辑的追求。我也想将本书献给我们的孩子——茱莉娅和奥斯卡。他们以幽默、好奇和宽容丰富了这一段物质世界之旅，并且最终总算可以松一口气说："一切都结束了！"

弗兰克·特伦特曼
2015 年 8 月于伦敦

导　论

　　我们生活在一个被物品包围的世界中。一个典型的德国人拥有一万件物品。在洛杉矶，一个中产阶级家庭的车库里不再只是停放着一辆汽车，还放着数百箱杂物。2013年，英国共生产了60亿件衣服，大约每个成年人100件，其中四分之一的衣服从来没有离开过衣柜。当然，人们总是会拥有物品，而且不仅为了生存，还会为了仪式、展示和娱乐而使用它们。但是，在一个前现代的村庄或一个原住民部落里的私人物品数量，与像我们这样的发达社会里不断增多的私人物品相比，明显要少得多。这种在积累方面的变化，跟人类和物品之间的关系发生的历史转变有关。在前现代的村庄里，大多数物品是作为礼物或是随嫁妆而传递得来的，与之相比，在现代社会里，物品主要是在市场上买来的。而且，它们在我们的生活中停留的时间更短。[1]

　　在过去的几百年里，物品的获取、流通和使用——简而言之，消费——已经成为我们生活的一个典型特征。认为人们在任何时候都只有一种身份的想法是错误的，但是曾存在过这样一些时期，在这些时期，某些角色占据着主导地位，定义着一个社会及其文化。在欧洲中世纪盛期，骑士和农奴的"骑士社会"兴起了。[2]宗教改革让一种信仰反对另一种信仰。19世纪，资本家和工资劳动者的工业阶级社会取代了商业社会。工作在今天仍然十分重要，但是比起在工厂和工会的盛期，工作在定义我们时远没有那么重要。我们比以往任何时候都更像是消费者，而不是像武士或工人。在发达国家，而且在发展中国家也越来越如此，身份、政治、经济和环境在很大程度上是被"我们如何消费"塑造的。品位、外表和生活方式定义了我们是谁（或者想成为谁）及他人是如何看待我们的。政治家像对待超市一样对待公共服务，希望它会为公民提供更广泛的选择。反过来，许多公民试图在联合抵制活动中用钱包的力量去推动社会和政治事业。发达经济体的生死取决于它们（在广告、品牌和消费信贷的帮助下）刺激和维持高消费水平的能力。或许最生死攸关的是，我们在这个星球上物质密集型的生活方式造成的影响。我们的生活方式是由化石燃料驱动的。20世纪，人均碳排放量四倍于前。今天，交通运输和更宽敞、更舒适、配备更多家用电器的住宅排出了全球将近一半的二氧化碳排放量。食用更多的肉类，已经严重干扰了氮循环。如果把在制作和运送消费者的物品这一过程中的排放量也考虑在内，那么消费者在二氧化碳排放量中牵涉得更多。此外，许多来自欧洲的破旧电视和电脑在寿命终结之际，被送到了加纳和尼日利亚，在拆解它们从而得到宝贵的制作材料的过程中，它们造成了疾病和污染。[3]

消费多少和消费什么，是我们这个时代最紧迫也最棘手的问题之一。本书从历史角度探讨了这一论题。它讲述了我们是如何逐渐接受越来越多的商品的，以及这一切是怎样改变历史进程的。

就像历史中的其他关键概念一样，"消费"（consumption）一词的含义随着时间的推移而变化。这个术语最初来自拉丁语"consumere"一词，它在12世纪时首次出现在法语中，并以此为起点进入英语和其他欧洲语言。在那时，这个词代表着"用完""某物在实体意义上耗尽"之义。食物、蜡烛和木柴可以说被用尽（consume）了。在身体患病时，这个词也可以用，因此英语中的"consumption"可以表示"消耗病"（结核病）。容易让人混淆的是，有一个发音相似的词"consummare"，它的意思是"完成某事"，就像在基督的临终遗言中的用法——"成了"（consummatumest）。在实际运用中，"消耗"和"完成"往往被纠缠在一起。[4]

从17到20世纪，这个术语经历了奇妙的变质。"消费"一词不再代表"消耗"或"灭亡"，而是渐渐成为某种积极的、创造性的事物。从17世纪晚期开始，经济学作家开始主张，购买商品和服务的行为，不仅可以满足个人的需求，而且在这一过程中，通过扩大生产者和投资者市场，它还会使国家富裕起来。个人的虚荣爱好，比如鼻烟盒或奢华服饰，可以产生公共利益，至少在物质层面是这样。这样的关联动摇了此前的道德信条。一个重要的里程碑是1776年亚当·斯密的《国富论》(The Wealth of Nations),在这部著作里,他提出"消费是所有生产活动的唯一目的"。[5]尽管有这句名言,但斯密及其直接后继者仍没有将消费置于经济学的中心,更没有认为消费会出现持续的增长。直至19世纪六七十年代,这种观念才出现,当时,W. S. 杰文斯、卡尔·门格尔和里昂·瓦尔拉斯提出,正是消费,而不是劳动,创造了价值。

对消费者的神化或许始于经济思想,但是这个过程是由政治完成的。1900年前后,"消费者"作为公民的孪生兄弟来到了政治舞台上,用钱包的力量来推进社会改革。这种现象先是出现在美国和英国,但是很快就也出现在了法国和欧洲其他地方。只有在此之后,在两次世界大战之间,即批量生产的标准化商品盛行时,公司和广告商才让消费者成为市场上的"国王"。在接下来的几十年里,卫生服务、教育和体育运动的使用者开始被称为"消费者",直到观察者在20世纪60年代发现一种全新的社会类型——"消费社会"。到了20世纪晚期,不仅是产品和服务,情感和体验也成了消费的对象。然而,消费与"用尽"之间的旧有联系从未完全消失。19世纪德国历史经济学创建人威廉·罗雪尔曾说过,直至一件衣服裂开,这件衣服才被用尽(consumed)。值得一提的是,日语中的相关术语——在19世纪80年代被专门创造出来——一直是shōhi(しょうひ)。它将"花费"(hi)和"消灭"(shō)结合在了一起。在一个我们再次意识到这个星球上的资源是有限的时代,"消费"这个词更宽泛、与物质相关的概念,本身就表达了很多。

这个术语变化的含义反映了自15世纪以来资本主义的发展,它让市场、购买和选择在整个社会传布得更广泛。然而,如果我们仅仅关注购物和消费力的变化,那就过于狭隘了。消费不仅仅是关于购买的行为。即便购物已经在现代世界中日益重要,人们还是会通过其他途径获取物品和服务,这些途径包括礼物、公司资助的健身房和度假,还可以通过卫生、住房、教育和政府提供的福利,尤其是在过去的50年里。购物在这本书中会得到应有的关注。不过,我们也必须重视物品是如何被使用的,因为这与它们是如何塑造社会生活和身份并赋之以意义有关。

此外，本书将尽可能全面地考察消费的生命周期：从需求和获取到使用、积聚和最终的废弃处理。这意味着，本书将关注隐藏在需求背后的对商品的渴望，话题包括在18世纪欧洲人对印度棉布的追捧，在19世纪非洲人对欧洲服装的追捧，欧洲人对咖啡、茶和巧克力等异域商品的新爱好的出现。对这些商品的偏好既不是早先存在的，也不是稳定不变的，而是要被创造出来的。而且这些偏好随着时间的推移而变化，因为殖民主义和资本主义为西方大众市场重新塑造了这些物品的形象。各个文化珍视的商品种类也在变化。一些文化（比如明代中国）看重古物，而另一些文化（比如荷兰共和国、早期现代英国）越来越追求新奇事物。获取物品，是消费链条中的下一个环节。在这个方面，除了购买行为和购买力，我们还需要考察信贷和储蓄的作用。但是，我们也不应该忘记跟购买行为无关的其他的物品获取方式，比如，一些家庭会把物品传给家人、朋友和慈善机构，也不应该忘记最近出现的值得注意的转型——烹饪和园艺从工作变成了消耗大量时间和金钱的业余爱好。消费链条中的最后一环是物品抵达其社会生活的终点：坏了、过时或者仅仅是其拥有者不再想要了。这不仅有关废弃，还有关贮存和再利用。

与时间和金钱同样重要的是消费的空间。在这个方面，百货商店作为现代性的象征物支配着这个舞台。但同样吸引人的，是环绕着百货商店的生机勃勃的店铺和零售商店的混合体：从街头小贩和合作商店到社区商店。此外，就更广泛的意义而言，还有曾经（现在也是）人们打发闲暇时光的空间。这些空间的范围从商业机构（比如早期的电影院和舞厅）扩展到公共游泳池和企业资助的时装秀。而且我们需要考察公共生活和私人生活之间的联系，尤其要考察自来水、煤气和电进入居民家中等至关重要的现象，它们带动起了新的习惯、期望，并且吸引新的家用电器出现在家中。我们想知道的不仅是一台收音机、一台洗衣机或一台空调花费了多少钱和谁购买了它们，还想知道它们是如何改变日常生活的特点和节奏的。舒适、清洁和便利——用18世纪的话来说——是消费的动态驱动因素。

如今，消费处于一场激烈的公共辩论的中心，两个敌对的阵营都把自己的道德大炮指向了对方。一方是进步主义和社会民主主义批评家，他们谴责购物、广告、品牌战术和放松信贷将积极、有道德的公民转变成了消极、无趣的消费者。按照这一看法，人们被迫渴望和购买一些他们并不想要也没有金钱和时间享用的物品。"虚假的向往"已经代替了"真实的需要"。人们被过多的选择淹没了，变得越来越目光短浅。如同在跑轮上的仓鼠，他们陷入了一个购买/工作/用尽的循环，结果自己变得忧郁且孤独，情绪多变且负债累累。经年累月的此类盲目消费和对片刻满足感的追求，让他们的情感和头脑对他人的困境漠不关心。个人的、以自我为中心的享乐主义已经扼杀了公共精神。如果给"消费主义"贴上一个不友好的标签，那么可说它是一种新型的极权主义。用一个评论家的话说，就是"古驰代替了古拉格"。[6]

另一方是消费的支持者，首先且最重要的是古典自由主义者，他们将选择的自由珍重地看作民主和繁荣的基石。按照这一观点，公民应当有权遵循自己的喜好、自行做出选择，而不需要某些权威告诉他们何者为好何者为坏。在市场上做出选择，就像在选举中投票。干涉前者将破坏后者。正如米尔顿·弗里德曼和罗斯·弗里德曼于1979年在他们的畅销书和后来的电视节目中表述的一样，自由选择不仅是促进"繁荣和人类自由"最好的途径，也是唯一的途径。[7] 丽萨贝斯·科恩在《消费者共和国》（*A Consumers' Republic*）中简练确切地阐述了这种看法是如何征服美国的。[8] 今天，类似的观点在全球各地都能听到，它们通常被归在新自由主义之下。它们也从一些社会民主主义人士那里获得了支持，这些人认为人们有权享受舒适、乐趣和少许奢侈品。有些人希望，可供选择的商品和服务增加，会弱化旧有的阶级和品位等级制度，培育出一个更多元化的社会。2004年，英国新工党首相托尼·布莱尔表示："我认为在公共服务领域和其他服务领域，人们都真的想要有选择权。"他坚定地说，给予作为"公民和消费者"的父母和病人更多的选择，会改进学校和医院。[9]

对选择权的这种政治和道德角度的辩护，并不是出现在一种文化真空中。这得益于社会中发生的一些更广泛的变化，这些变化创造出了在20世纪七八十年代对商品和享乐更宽容、更有利的氛围。法国作家米歇尔·德塞都指出，或许，人们并不都是被动的易受愚弄者，而是有创造力的，甚至是反叛的，他们会用自己独特的生活方式捍卫自己的自主权。还有一些人注意到，青少年亚文化使用时髦服饰、轻型摩托车和流行音乐来反对一致性。从事性别研究的作家补充说，购物并不都是琐碎无聊的，而是可以赋权，给予女性（进行购物的大多数人）新的身份和公共存在感。后现代主义横扫了"真实"需求和"虚假"需求之间的简单区分，搅乱了"好"喜好和"坏"品位的等级制度。如果现实并不仅仅包含一个单一的观点，而是由不同的话语和解释构成的，那么谁能说一个人对"猫王"埃尔维斯的喜爱，没有另一个人对瓦格纳的喜爱真挚、值得呢？人类学家在几个丰裕社会开展了田野调查，结果发现，购物和消费是富有意义的社会实践，而不是盲目的积累行为。人们通过自己的私人物品发现自己，表达自己。[10]

　　本书并不是要裁定一个道德争论，更不是要判定消费究竟是"好"还是"坏"。消费多种多样，其历史也异常丰富，因而自满的大众消费或个体自由这两种极端模型都很难套用。本书的主要目标不在于此：本书希望退一步思考，给读者一个从历史角度看待这个话题的机会，希望解释消费在过去的五个世纪里是如何以它的方式演进的。这就意味着，本书最感兴趣的是进程问题。更确切地说，本书关注的是两个进程之间的相互作用：一个进程是，随着时间推移，各种制度和观念是如何塑造消费的；另一个进程是，消费是如何反过来改造权力、社会关系和价值体系的。

　　为了有效考察这些力量之间变动的相互作用，我们不能将自己的视角局限于个人喜好或者一般的抽象概念。近期的心理学家已经表明，按照主流经济学家偏向的方式去将喜好视为理性的，这种态度是多么具有误导性。人们选择什么，依赖于选择是如何被建构出来的。举一个非常简单的例子，人们更有可能去购买一份带有积极标签（75%瘦肉）的肉，而不太可能去购买一份带有消极标签（25%肥肉）的肉。[11]这是一个基本的洞见，但是没有理由只把它应用于当下，正如近期的心理学试验所做的一样。历史是一个广阔实验室，这种建构在其中发生。贸易、帝国、城市和意识形态都建构了人们生活的环境，它们满足一些欲望、压制另一些欲望，塑造习惯，传播关于品位、舒适和美好生活构成要素的观念。正如我们将看到的，金钱和时间很重要。经济学家已经发问，家庭及其成员是以何种方式，在什么时候用闲暇来换取收入的，即决定在市场上出卖自己的劳动，从而让自己能够去交换商品。这是一个重要但非常狭隘的需求概念，因为它并没有告诉我们，首先是什么驱使着各个家庭想要更多商品的，也没有告诉我们，各个家庭接下来是如何处置这些商品的。因此，我们除了需要考察各个家庭做出了什么选择，还需要去考察影响各个家庭做出选择的力量。物质欲望并不是一项现代发明。但是，它们可以被培植、增强，也可以被忽视、压制。过去的500年是一个物质欲望不断扩大的时期。本书将提供一部能被广泛理解的关于需求的历史。

一个重要的建构力量是道德，而且它至今仍是。人民和统治者拥有自己关于行为好坏、花费是否恰当、价格是否公平，以及生活方式是否无节制的见解。但是，这些见解也随时间推移而变化，正如意识形态的兴衰和物质现实的变迁。上文简要勾勒出的当今道德争论中的不同立场，是对一个历时更长的历史争论的呼应。如果这样来看，那么这些立场的主要价值是作为那个历史难题的一部分，而不是作为非对即错的分析；正如在论述观念历史的章节中，更有趣的是揭示思想传统的动力和遗产，而不是告诉我们消费实际上是什么样子。我们不应该急着加入今天的道德争论，而是应该意识到，这些立场在历史上有起有落。更有趣的是去考察这类思考是如何沿着早期思想家开辟的道路发展而来的。将消费主义指责为一种新法西斯主义的这种评论，可追溯到20世纪60年代意大利电影导演和作家皮埃尔·保罗·帕索里尼与流亡的马克思主义者赫伯特·马尔库塞。在《单向度的人》(*One-dimensional Man*)这本实至名归的畅销书中，马尔库塞警示，单向度的社会就要到来了。

尽管马尔库塞对社会控制和压制的悲观诊断可能已经过时，但今天大量的公共争论仍然从对消费主义——在战后的繁荣时期，消费主义倾向日益壮大——的批判中获得指引。没有哪本书像约翰·肯尼斯·加尔布雷思首次出版于1958年的《丰裕社会》(*The Affluent Society*)一样影响深远。加尔布雷思是一名经济学家，在"二战"期间的美国，他曾负责维持价格平稳，他也是一名富有社会责任感的自由主义知识分子。在书中，他描绘了一种在战后崛起的危险的新社会。和平恢复后，大众消费被号召了起来，以吸收战时创造的庞大的生产能力。加尔布雷思写道，为了实现这一点，生产不再只是为了满足需求：它必须创造需求——在广告和销售员的帮助下。一个恶性循环开始出现，这个恶性循环鼓励人们超前消费（在消费信贷的帮助下），让商业更加牢固地处于权力的中心，支持个人物质主义超过公民意识（或许这是最令人担忧的），用他著名的话来说，这创造出了一种"私人的富足和公共的污秽"的氛围。[12]

从更广泛的角度来说，正如我们会看到的那样，商品的诱惑力让公民失去了人性，以至被奴役、被腐蚀这个想法，要追溯到卡尔·马克思，并且从让-雅克·卢梭一直追溯到古希腊的柏拉图。在中世纪晚期和早期现代，人们在时髦服饰、奢华婚礼和精良家具上的花费曾经遭到广泛反对，甚至是禁止。有人谴责这种做法触发了一系列仿效性消费（通常称之为"攀比"），并且破坏了价值观念和社会等级制度。批评者还抨击道，这会抽干公共资金。或许最令人担心的是，据说对商品的贪婪追求将使基督徒远离真正的灵性生活。在公元413年开始创作的《上帝之城》（*City of God*）中，教父圣奥古斯丁将缺乏节制一直追溯至原罪和亚当被逐出伊甸园一事。他写道："究其根源则是亚当的每一个子孙生来就有的谬误和邪恶的爱好。"[13] 对商品的欲望和对肉体的欲望，二者来自相同的源头。

因此，说存在和占有是对立的，这个观点有着非常悠久的历史。但是还有另一个思想轨道，这种观点认为，只有通过使用物品，人才成为人。17世纪以来，越来越多的声音赋予消费新的合理性。按照这一看法，对更多物品的渴望，在推动着人类的创造力和文明。

像本书作者一样，读者也拥有自己的道德观点。对一个人来说"过于奢侈"或"琐碎无聊"的东西，对另一个人来说可能是"基本的"需求。然而，就理解历史而言，仅仅通过一个人自己的道德滤镜来看待过去，是不明智的。我们需要的是严肃看待历史参与者不断变化的态度——既有有意批判的，也有积极的、模糊的——尤其是如果我们想要理解"需求"和"向往"是如何逐渐扩大的。一味指责广告商和品牌的操纵力，会使我们因鲁莽而看不到人类是如何与商品打交道这个更丰富多彩的故事。

然而，本书的目的不仅仅在于将消费看作历史力量的产物。反过来，消费也改变了国家、社会和日常生活。为了看清这一点，我们必须舍弃将物质文化视为日常生活的一个独立领域这种传统观念。1912年，进步主义者、美国前总统西奥多·罗斯福告诉美国历史学家，未来的"伟大历史学家"将不仅描述重大事件，而且"将尽其所能地呈现当时的普通人的日常生活"。[14] 仅仅50多年后，法国历史学家费尔南·布罗代尔以《日常生活的结构》(The Structures of Everyday Life)开始，创作了关于早期现代世界的文明和资本主义的三部曲。这种独特的处理方式提供了一系列洞见，尤其是关于同市场经济长期并存的饮食习惯的力量和日常生活。但是，这样的处理方式是有代价的。将日常生活、市场和政治当作独立的领域，就无法考察它们之间的相互作用了。因此该方法尤其难以适用于现代历史，大体上指的是从18到20世纪这一时段，在这个时段，这些领域越来越纠缠在一起。对布罗代尔——他极具创造性的见解出现在他关于16世纪的研究中——来说，"物质文明"是一片"阴影区"。[15] 与之相比，在现代世界，物质文明走入了政治的中心，与物质文明相关的生活水平、住房和饮食、休闲时间、购物和废弃成为公共关注和政策的核心因素。

消费的增长——就其纯粹数量、变化和物质生产力而言——意味着我们正在讨论一种几乎触及了公共生活所有方面的新动力因素。因此，本书的进一步目标是考察这一动力因素，评定它对社会生活和政治的影响。为了做到这一点，本书将提供对"丰裕社会"的另一种叙述，此前的叙述一直激发着大众的想象力，将消费看作"二战"后几十年繁荣时期的一个现象或弊病。这个时期通常与享乐主义的兴起、市场营销人员和广告人的力量、信用卡的到来、自助式超市以及（最重要的）美国生活方式联系在一起。评论家认为，当今人们对消费日益迷恋的根源，正是产生于这个时期。按照这一观点，消费代表着个人选择、泛滥的个人主义和市场交换。从时间上来说，这主要是一个1945年之后的故事，在这一时期，美国是其他国家效仿的模板。

这本书以四种方式与这种路径分离。首先，本书拓宽了时间框架。20世纪五六十年代，西方的可支配收入出现了前所未有的增长，但是这并不意味着此前人们的生活一直是贫瘠的。与其说战后的繁荣是一个新的开始，不如把它看作全球商品扩张这个更为漫长的故事的新章节。这一扩张开始的确切时间，一直是激烈争论的话题。30年前，历史学家尼尔·麦肯德里克充满信心地将"消费社会的诞生"定在18世纪的英国。[16]他引发了一场寻找消费社会更早起源的比赛，有些人认为，在中世纪晚期的英格兰，人们对啤酒和牛肉产生的新爱好，是消费社会最早的迹象。随后出现的一大波历史研究是喜忧参半的。一方面，它充分证明了，新的服饰、令家庭生活舒适的物品以及对茶、咖啡和瓷器等异域商品的爱好在工业革命之前就已经存在了。与传统看法相反，大众消费的出现先于工厂式批量生产；无疑，西方人对印度棉布和中国瓷器的需求是刺激欧洲工业创新的一个因素。尽管不是从零开始，但是在15到17世纪，在文艺复兴时期的意大利、晚明中国，接着在荷兰共和国和英国，物质生活繁荣发展。本书将首先讨论在这些社会中消费的不同动力和性质。

另一方面，将消费社会的诞生确定在某一特定时期的努力，有不幸的副作用。尤其是，这分散了历史学家的注意力，让他们无法完成绘制出消费在时间和空间中的演进这个更重大的任务。"诞生"是一个不幸的隐喻，因为不同于婴儿，消费走的并不是一条自然而然、几乎广泛适用的增长和发展道路。在现代历史的进程中，消费被国家和帝国塑造，回应着文化和社会中的变化——生活方式、爱好和习惯发生了相应的转变，消费也促进了新的身份和关系形成。

本书的第二个视角转变是地理方面的。在冷战时期，美国似乎是最早的消费社会，它将自己的生活方式输出到世界其他地方。大部分情况下，流动是朝着一个方向："通过20世纪的欧洲而实现的美国的发展"的一部分，正如近来一位历史学家写的那样。[17]消费社会的"诞生"这一论题所做的是，让18世纪的英国成为一种关于选择权和市场的盎格鲁-撒克逊模型的温床。今天，在21世纪初，这个以盎格鲁为中心的叙事亟须重新评价。伴随着中国的迅速发展，以及印度、巴西和其他新兴国家的物质进步，人们很难把消费看作一个盎格鲁-美利坚独有的输出品。虽然15亿人仍然生活在饥饿边缘，但是显而易见，这个世界上的大多数人拥有更多的物品。不过他们并没有简单地追随美国的步伐。当然，英帝国及其在20世纪的后继者美国积极地在全球传播它们的物质文明。但是，其他社会并非空荡荡的容器：它们拥有自己的消费文化。在19世纪受制于欧洲殖民者的非洲王国把早先存在的爱好和习惯带给了殖民者。20世纪，日本和联邦德国进入丰裕社会的行列，这凭借的是它们的"储蓄"能力而非低息贷款。我们不能认为每个地方都是缓缓发展的单一文化，而是需要认识到，在消费品的舒适度和拥有率上升的共同趋势中，始终存在着混杂性和多样性。

并非所有消费者都是自由主义资本主义者，法西斯主义社会也消费。希特勒的德国和墨索里尼的意大利既是军国主义政权，也是追求物质主义的政权。他们向选民许诺的不仅是更大的生存空间，还有在这个生存空间中更高的生活水平。尽管他们遗留下了一片疮痍和种族屠杀等问题，但这并没有使他们的物质野心变得不那么重要。与资本主义国家相比，在社会主义国家生活的人们在物质上较匮乏，选择较少。消费总是从属于生产，甚至在勃列日涅夫和昂纳克对民众对更多商品品种、时尚和舒适条件的需求做出让步之后，情况也是如此。如果只是因为这些社会不是资本主义社会，因为它们的汽车和电视机要用较长的时间送至人们手中且较易出故障，就把这些社会从消费的历史中抹除，这种做法是错误的。只有当自由选择和市场交换是仅有的判断标准时，这样做才有意义。1900年之前，没有任何社会，甚至是作为工业资本主义摇篮的英国，能够与欧洲社会主义国家的商品总量和生产量相提并论。

以这种方式在时间和空间上拓展这个故事，对本书所采用的路径来说有第三个方面的影响，而且这涉及众多因素。关于购物和选择的传统图景里挤满了广告商、品牌和购物中心。本书并不否认它们的作用，但是消费不仅仅是由各个市场力量构建出来的。消费是由国家和帝国塑造的，通过战争和税收，以及让人口和商品从世界的一个地方转移到另一个地方的猛烈迁移。"美好生活"的理念，以及使之成为现实所需的商品和服务，不仅来源于麦迪逊大道上的市场营销专家，也来源于社会改革家和城市规划者、伦理学者和教会，在关键时刻还来源于消费者自身——他们聚集在一起，通过其购买力的联合力量来改善自己的生活，有时候也改善他人的生活。

因而，广泛意义上的政治在本书中是一个不断出现的主题思想。这在一定程度上是要关注人们的生活方式（除了反映可支配收入和时间）是如何充当政治斗争和干预的主题的。其中一些斗争和干预是宏观变化，比如紧缩、放松信贷和收紧、放松抵押贷款的适用范围，另一些则是体现在日常生活中的微观干预，小至住宅的大小和布局、电器的电线和开关。一定程度上，这是为了弄明白消费者自己的追求是如何随着时间的推移而变化的。需求更多的物品生活，会对政治产生什么影响？

但是，我也对那些由国家和公共政策直接资助的消费感兴趣。在这个方面，我认为，关于丰裕——以及选择权和市场这股双生力量——的叙事存在一个盲点，从历史和可持续的角度来看，这个盲点极其令人不安。20世纪五六十年代的消费繁荣并不完全是一个市场现象。这也是社会服务经历史无前例的扩张的时期，在这个时期，社会服务除了向穷人、老年人和失业者发放直接的资助，还为住房、教育和卫生提供比例越来越大的资金支持或补贴。这一繁荣时期正是发达国家变得比以往更加平等的年代。自20世纪70年代以来，这个收入更为平等的历史时期已经被逆转，不过土耳其是其中一个罕见的例外，但是甚至在最近的紧缩之后，福利、住房和养老金方面的公共社会性支出仍然维持着较高水平。在构成经济合作与发展组织（OECD）的富裕国家里，政府的社会性支出最高在2009年达到了国内生产总值的21.9%，而且从大萧条以来，仅发生过微小跌落，即在2014年占国内生产总值的21.6%。从2009年以来，英国、德国和其他几个国家将社会性支出在国内生产总值中所占的比例减少了2%，但社会性支出的水平仍然是此前任何世纪都无法比拟的；事实上，这一时期，日本、芬兰、丹麦和西班牙的社会性支出增加了4%。[18] 如果没有福利事业和社会平等的共同崛起，"大众消费"就不会有如此庞大的规模。如果在讨论消费时，仅因为社会转移和社会服务不是在市场上买来的，就不考虑它们的作用，这是错误的态度。因此，我专门用一章来看向市场之外，考察政府和公司在提高物质水平和期望方面扮演的角色。消费水平的提高不能仅仅被置于新自由主义者的脚下，也不能被归咎于富人引发了一系列的无节制消费、购物狂欢和债务，这些向下渗透到了社会上的其他阶层。[19] 政府，包括社会民主主义政府，也扮演着重要角色。希腊和其他国家从经济衰退以来的命运表明，当政府勒紧腰带时个人消费会发生什么。政府——以及从社会服务和社会转移中获益的人民——或许不是高消费体制的最大受益者，但是还是会卷入其中。任何试图抓住我们生活中的物质紧张问题的讨论都必须涉及这个方面。

最后，本书采用了一个更广阔的视角来看待消费对象及其原因。围绕消费的诸多研究利用了有关人类行为的有力观点，并探讨了人们追求更多消费欲望背后的原因。主流经济学家设想出了一个消费者，这个消费者拥有理性的爱好，并且追求快乐的最大化和痛苦的最小化；这些爱好可能会随着年龄而变化，但是这个模型假定，这个人提前知道这一点。人们是否总是这么理性，这一点可以争论[20]，但就我们的目的而言，或许最大的缺陷是，这个路径很少告诉我们随时间推移发生的变化。另一种看法更具心理分析色彩，并且考虑进了社会动机。它认为消费的根源在于人类对优越感的渴望。在这一点上，消费是表示关系的，而不是一种个人爱好（不管理性与否），它是告诉人们一个人所处的社会地位的社会定位系统的一部分。特定种类的服饰和其他商品同时标志着，一个人属于一个群体，并让其他人与其保持距离。这是一种非常古老的观点，可以一直追溯到古代人，但是或许这种观点在今天最具影响力的版本是"炫耀性消费"这个概念。这个术语成名于仅仅一个世纪之前，当时索尔斯坦·凡勃伦在批判美国富人和他们浮华的奢侈品炫耀行为时使用了这个术语。[21] 既然人们想要受到追捧和钦佩，这些由少数人享受的奢侈品引起了多数人的嫉妒和仿效，引发了一场人人都不甘落后的竞赛。

在关于丰裕、购物狂欢和债务的流行争论中，这种关于人类行为的观点依然是最显著的一条线索。正如我之前所说的，这也是一种关于人性和消费动力的局部视角。炫耀和追逐地位的现象确实存在，但是这并不意味着它是加快物质新陈代谢的唯一或主要力量。在这一点上，对购物的过分关注可能尤其会分散我们的注意力。我们的很多消费行为发生在购物中心之外，并且遵循一种不同的逻辑。人们消费众多商品和服务，仅仅是因为他们在过日常生活，是为了表达对彼此的责任和感情，为了完成各种各样的事务。家庭聚餐是一个经典的例子。它涉及食物采买、食物烹饪（用能源、炉灶或微波炉）、按特定顺序端上的菜肴、性别角色以及饮食和社交礼仪。当然，一些商品可以发挥多重功能。比如，买一套新的炊具，除了可以让家人聚在一起，还可以打动爱好烹饪的厨师或让其满意。一辆汽车除了可以是一件上下班或者送孩子去上音乐课、参加体育活动的实用工具，也可以是一件象征地位的商品，还可以是一项需要时间和专长的业余爱好。许多商品和资源都是用来满足家庭舒适感的，比如供暖和制冷设施。而且，它们通常是达成其他目标——比如休闲活动、业余爱好和娱乐——的手段。滑雪、打网球和钓鱼需要大量装备。但是购买滑雪板和钓鱼竿很少是为了将其挂在墙上展示，虽然说从事某项运动可能比另外一些运动更让人高看一眼。一台收音机可以是象征地位的商品，但是它的主要用途是收听节目——通常是在吃饭或洗东西时。消费世界随处可见这些不那么炫耀性的物品和做法，它们并不遵循在经济学和心理学中占据主流地位的个人选择和行为逻辑。在这里，我们主要讨论的是社会习惯和惯例，而不是个人动机或欲望的表现。[22]煤气和自来水、洗衣机和收音机的出现，休闲活动不断增长的吸引力，都是造成消费水平提高的重要刺激因素。

关于为什么需要更好地理解习惯和惯例，有两个彼此关联的原因。其中一个是社会方面的。尽管作家们常常被改善穷人境况这一进步主义想法鼓舞着，但给予炫耀行为的注意力还是不可避免地导致作家们关注特别富有的人和奢侈品。攀比和效仿被用来解释绝大多数民众的需求。这有时候看起来颇有些优越感。既然人们认定大多数人模仿了那些比自己富裕的人，那么就没有必要再去仔细探查他们自己的习惯和动机。要是他们不再追求更大的汽车和奢侈的装饰品，而仅仅关注他们自己的"真正需求"，这该有多好啊！然而，我们其实并不清楚，是不是大多数人总是像这样"仰望"。在许多情况下，他们只不过是看看身边，模仿同等地位的人，而不是比自己富裕的人。[23] 随着照明、供暖、空调和家庭娱乐等物质方面的舒适和便利条件普及，许多变化已经在日常生活中普遍出现。更多地关注这些非炫耀性的方面，会让我们看到更多的社会肌理。

另一个原因，是为了得出对关于消费及其结果更加慎重的评价。"炫耀性"消费很容易被看作"浪费"，挥霍本能够被整个社会更好地使用的资源，这一观点让凡勃伦成了一名充满激情的批评者。相比一个普通的浴缸、中央供暖系统或一双跑鞋，人们更容易对一个2000英镑的手提包和一艘400英尺长且配有游泳池、手工切割水晶楼梯的豪华游艇感到愤怒。后者意味着无节制、奢侈，而前者看起来似乎适度、有用处。但是，从环境的角度来看，在个人无节制和公共浪费之间确立一条道德方程式，有些过于简单了。热水淋浴和泡澡、将室内调节到更高舒适度的升温和降温、快速的交通移动，这些产生的二氧化碳远远超出奢华游艇和装饰品的二氧化碳排放量，尽管开采钻石产生了大量开矿废料和污染。那么，问题就不是那些炫耀性消费的批评者走得太远了，而是他们走得不够远。环境方面的挑战和他们的判断不成比例。换句话说，"浪费"并不仅仅来源于各种在道德方面值得怀疑的消费。很多浪费来自被认为"正常"的行为。正是这些习以为常的消费形式的有用性和"常态"，使这些消费形式的改变变得十分困难。这并不意味着我们不应该去尝试，只不过干预的重点必须是社会行为——人们耗尽物品和资源所做的种种行为——而不是个人道德或动机。[24]

本书讲述的是商品在全球的推进的故事。为完成这个叙述，本书由两个互相补充的部分组成。第一部分是关于历史的，它将带领读者从15世纪商品文化的成功发展一直到20世纪80年代末冷战结束和后来亚洲消费群体的复兴。虽然这个部分大致是按时间顺序编排的，但也是专题性的，它考察了各个基本构成要素是如何在不同地区形成的。这一部分追溯了帝国对物质欲望、舒适条件和身份认同的影响；考察了现代城市是如何与休闲、基础设施相互塑造的；探讨了家的变革；思考了现代意识形态（自由主义、法西斯主义、共产主义、反殖民主义）是如何利用更高生活水平这一许诺的；探索了亚洲消费群体是如何逐渐加入西方消费群体的行列的。第二部分则是在相反的方向上展开。这个部分讨论了当今的核心话题，并将这些话题置于历史环境之中。这几章讨论了无节制和信贷；探讨了我们是否已经置身于一个沉溺于那些快速且肤浅的刺激因素的"备受折磨的"社会；分析了消费是如何改变代际身份的（少年儿童的，对老人的）；考察了消费是怎样改变我们的道德标准、公平意识和同陌生的他人的联系的；探寻了我们是如何摆脱掉物品的——我们成了"用完即弃社会"吗？

最近30年，消费研究这个领域出现了真正的繁荣，成千上万的专业书籍和文章被撰写出来，它们可以根据地区和时期、特定产品和行为分类，其主题一直延伸到对百货商店和消费者运动的研究。[25] 比较研究非常稀少，而且仅有的那些一般关注的是西欧。[26] 尽管有极富洞察力的细节，但留给我们的结果是令人困惑的知识碎片，正如只见树木不见森林。本书试图将这些分散的片段组合在一起，并填补漏洞，以形成一幅综合的图景。本书并不是只关注起点或者当下的丰裕，而是试图去理解我们是如何从15世纪走到今天的。

无疑，有此种考察范围的一本书不可能涵盖一切事物。我的计划是密切注意那些跨越时间和空间的重大主题，而不是试图囊括方方面面。这需要就加进哪些方面、排除哪些方面做出艰难的决定。总的来说，我是从找出一些关键问题和难题开始，而不是从对某些原因或结果的固有见解出发。不确定性是历史学家的一个益友。许多章本身就可以写成一本书，事实上很多小节也是。但是，这会破坏在一本单卷本著作里创造一幅综合图景的整体目标。为了说明更大规模的发展变化，为了显示出相同点和分歧，我在每章里使用的案例都不是随意安排的，而是经过精心挑选的。在这些案例背后，还隐藏了许多其他本可以用来达成类似效果的例子。

就覆盖整个世界这一点来说，本书并不是一部严格意义上的全球史作品，它也没有对个别国家进行细致描绘。相反，我试图把话题带出它们通常的栖息地，跟随它们穿越世界其他地方。除了在以往的作品中总是被讨论的美国和英国，我还漫游了欧洲大陆和亚洲，并简短涉足了拉丁美洲的案例。我本想多谈谈当代巴西，然而在这里，就像其他略去的国家一样，我希望那些对某一个国家特别感兴趣的读者能在我提供的关于共同关心的问题的专题性讨论中找到至少某种补偿，比如，其中一个问题是新中产阶级的生活方式，在这一问题上，我选择将自己的精力集中于中国和印度。我的主要焦点放在了发达世界，但这并不意味着仅仅谈论富裕的北半球。我考虑了在不那么发达的国家中移民和汇款对不断变动的生活方式的影响，以及帝国主义对殖民时期的非洲和印度的影响。南半球国家的人不仅仅是生产者和北半球国家的富裕消费者道德关注的对象。他们也是消费者，包括公平贸易产品的消费者。

像这样跨越时间和空间的考察，面临着从微观层面到宏观层面（以及反过来）的艰巨挑战，但也是写作本书的乐趣之一。历史学家往往只关注一个层面，但是通过这两个层面之间的流动，有许多可以发现的东西。

既然本书是关于我们如何逐渐接受更多物品的，本书也试图关注这些物品的物质属性。这对一般读者来说可能是显而易见的。但是，对学术界人士来说，特别是对历史学家来说，这并非总是那么明显。20世纪八九十年代，当关于消费的研究大量出现时，历史学家从人类学家那里获得了灵感。他们的主要问题是关于商品的文化意义的，关于身份和表现的。如果没有来自这一学术传统的丰富研究成果，本书是不可能写成的。但是，正如近些年来重新变得清晰起来的，商品不仅仅是意义的承载者或者交流世界中的象征物，它们也拥有物质形式和功能。它们可以是硬的或软的、灵活的或僵直的、喧闹的或安静的、手动的或全自动的，等等。它们不仅可以被观看，还可以被操纵，也需要保养。最重要的是，我们用它们做事情。在"物质文化"这一短语中，"物质"的存在有充分的理由。可以说，只有认识到商品很重要，我们才有希望看到自己的生活是如何以及为什么这样依赖商品的。

总的来说，本书将给予读者用全新的角度来看待消费的机会。正如我们将看到的一样，道德被紧紧编织进了我们的物质生活。这不可能改变。本书并不期望解决道德争论，而是试图给予读者一个用于参与这场争论的更全套的工具箱，并且也承担着寻找更可持续的生活方式这一紧迫任务。如果我们希望能够保护未来，那么我们就需要对自己抵达今天所历经的种种进程有一个更加全面的理解。

—— 第一部分 ——

第 1 章

三类消费文化

1808 年，一位 60 岁的编年史家不无惊讶地感慨，自他的青年时期以来，流行风尚和舒适用品已经历了多么巨大的变化。"窝单"（类似餐巾）不再专供极为优雅的晚宴客人，而是在各处的餐桌上都可见到。富人们佩戴着精美的三针表招摇过市。吸鼻烟曾经仅是少数人的习惯，如今人人都可吸到，而且鼻烟被存放在珍贵的鼻烟壶里。一些新奇事物出现的时间非常晚近，比如，用于挡风的"风门"的流行就仅仅始于 10 年前。还有些事物的变化可以用寸来衡量。在过去，妇女外套的袖口通常只有 1 尺宽，现在流行款式则加宽了 6 寸。时尚在"百褶裙"出现时达到鼎盛，这种新款式由绉绸做成，可以保证裙子"软而下垂"。不过，变化并不仅局限在社会上层。就连普通民众也穿着新奇服饰。一个例子是易脱式衣领（荷叶领衣），它为过时的外套注入了新生。另一个例子是短袖亚麻外套（罗汉褡），这种衣服非常适合在夏季穿着，并且据说尤其受到肥胖人士的欢迎。"浮华仆从"穿着饰以双螺纹的黑丝长裤（黑缣丝裤）。或许，没有什么比养一只时髦的宠物更能标榜自己处于时尚潮流之中了。[1]

我们的这位编年史家描绘的不是巴黎或伦敦，而是扬州。这是一座位于中国长江下游、距离上海略多于 200 千米的繁华城市。在这本出版于 1808 年的著作中，诗人林苏门记录了一个快速变化的商品世界，而这一点在接下来的两个世纪里被视为西方现代性的显著特征。当然，风靡扬州街头的物品与在巴黎的沙龙或伦敦的娱乐场所中风靡的物品不尽相同。比如说，在林苏门的描述中，有一种"蝴蝶履"，这种鞋子用英国羊绒或宁绸做内衬，脚后跟和脚趾处装饰有一只巨大的绸缎蝴蝶。广受欢迎的宠物包括来自广州的鸡、"洋小老鼠"。不过，如果把造型多样的英国鞋扣换成形状不同的蝴蝶装饰，将银鼻烟壶换成玉鼻烟壶，将来自异域的鹦鹉和金鱼换成"洋小老鼠"，再加上那些抱怨仆人模仿主人服饰的欧洲评论者，那么这两个场景之间的差异很快就消隐无踪了。

消费的历史主要反映了西方崛起的历史。就像西方是现代性的摇篮一样（我们惯常是这样被告知的），西方也是消费社会的诞生地。尽管有种种歧见，但著名历史学家费尔南·布罗代尔和尼尔·麦肯德里克都将时尚业视为西方资本主义的核心，西方资本主义的活力、欲望和创新背后的驱动力。他们确信，18世纪的法国和英国拥有时尚产业，以及与之匹配的现代性；中国并没有。在《消费社会的诞生》（*The Birth of a Consumer Society*）一书中，麦肯德里克自信地把消费社会的诞生时间追溯到1750—1775年，并将它的诞生地定位在英国。[2]

但是，消费社会"诞生"于18世纪的英国吗？研究者收集到了关于在18世纪的英国及其美洲殖民地商品数量不断增加的无可争辩的证据。然而，研究更早时段的欧洲史的历史学家并不认可把他们的研究对象视为静态的或有缺陷的，只不过是现代性在汉诺威王朝治下的英国诞生这场大戏的"传统"背景。一场比赛开始了，人们一个接一个地宣称，"消费革命"就发生在自己研究的时段。研究斯图亚特王朝的历史学家认为它出现在17世纪的英格兰，研究文艺复兴的学者将其追溯到15世纪的佛罗伦萨和威尼斯，而研究中世纪的历史学家认为它的萌芽是新产生的对牛肉、麦芽酒和纸牌的爱好。研究中国的学者补充道，对物品的狂热追求也出现于明朝（1368—1644年），因此这一时期也应该被认为是"早期现代"。[3]

"诞生"隐喻令我们对历史学家赋予起源的重要性以及这可能产生的狭隘之见保持警惕。对民族起源的关注往往会导致历史学家分心，让他们难以做出跨文化比较，他们会将过去简化为现在的前因、一个通往当今用完即弃社会的准备阶段。有时，这让我们很难理解过去的商品的用途和意义有何独特之处。在接下来的两章中，我将尝试提供一种更全面、与演化有关的观点，这个观点会让我们了解到，在1500—1800年的全球商品传播过程中既有根本分歧，也有相似特征。并不存在单一的现代消费文化。文艺复兴时期的意大利、晚明中国（16世纪20年代—1644年）、17—18世纪的荷兰与英国，都出现了私人物品的显著增长。这些社会都拥有店铺和描写品位的各种词语。每一个社会都充满活力，但是以不同的方式呈现的。至于商品流向何方，这在一定程度上是由国家和市场、收入和物价、城市化和社会结构塑造的。然而最后，正如我希望表明的一样，正是这些社会给物品赋予的不同价值使它们彼此相异，并让某些人成为比其他人更加饥渴的消费者。

商品世界

1500—1800年的3个世纪里，值得称道的成就之一是相隔遥远的几块大陆被联系在了一个商品世界之中。跨区域贸易在更早的时期就已欣欣向荣。公元前200年以来，丝绸之路已经将亚洲和地中海地区联系到了一起。至公元800年，印度洋都是一个充满活力、完整统一的贸易区域。历史学家曾将这一早期阶段与胡椒和香料、精美丝绸和其他奢侈商品关联在一起。现在很清楚，即使在那时，糖、椰枣、布匹和其他大宗商品——比如木料——也是货运的重要组成部分。到了12世纪，来自印度的染色印花棉布在开罗和东非被买卖。[4] 威尼斯、佛罗伦萨和热那亚充当着欧洲和东方之间的通道，推动东方丝绸、土耳其地毯与欧洲金属、毛皮之间的交换。1500年后的新事物，不仅包括美洲的开拓，还包括所有这些贸易区域开始以真正全球化的方式联系起来。大量买卖活动仍然在区域性市场上发生，但在这些市场上，全世界的商品都开始涌入。茶叶、瓷器，甚至蔗糖都开始从中国流入日本，还有欧洲和美洲。[5] 美洲的烟草、火鸡、玉米和番薯流入中国；来自古吉拉特和科罗曼德尔海岸的棉纺织品在占有包括日本在内的东亚这些既有市场的同时，还在欧洲及其大西洋殖民地获得了新的主顾。

当然，贸易和消费并不是一回事。前者涉及的是商品交换，后者涉及的则是人们对商品的获取和使用。不过，贸易是消费的主要推动者，因而也是我们的故事的重要背景。在1500—1800年的3个世纪里,全球贸易以前所未有的速度拓展,平均每年增长1%。[6] 结果就是,到1800年时,世界各大洋上运输着的商品数量增至3个世纪前的23倍。当我们考虑到这一情况是发生在工业革命之前,即一个没有大规模、持续经济增长概念的世界中,这样的增长速度就极其令人惊叹了。据估计,在这300年里,欧洲国家和中国的国内生产总值每年增长都不超过0.4%,而且甚至是这个数字,也主要反映的是人口增长。如果按人均计算,那么它们每年的国内生产总值增长率分别降为0.1%和0%。[7] 在这样一个低增长或零增长的环境里,贸易的攀升意义重大。它带来了种类多样的商品,甚至有些商品人们以往从未见过,比如来自印度的印花棉布和来自新大陆的可可豆。而且通过拓宽商业渠道,贸易促进了专业化和劳动分工。越来越多的人不再主要消费自己劳动得来的产品——就像在中世纪大多数时期,大多数农民自己消费自己种植的食物一样——而是在市场上出售和购买商品。贸易的增长并没有引起一场全面的变革。甚至在发达的欧洲社会,许多家庭主妇仍然在缝制至少部分家人的衣服,这种传统一直延续到20世纪。在世界的其他角落,一些农民仍然只能勉强糊口。不过,贸易的崛起确实导致了消费量以及消费倾向与平衡方面的转变。在市场上选择和购买商品的举动变得越来越重要,相比之下,家庭生产和礼物馈赠则变得没那么重要了。在这个意义上,贸易和消费息息相关。

16、17世纪,主要的贸易流向是由东向西。不同于西班牙和英国,明朝并不是一个全球性的帝国。在这个朝代的大多数时期,海上贸易都遭到禁止。1371年,为了根除海盗和走私活动,官方正式宣布实行"海禁",这一政策直到1567年才废除。在永乐皇帝的派遣下,1405—1433年,宦官郑和先后7次出海,远航至印度和波斯湾。这一富有雄心壮志的航海活动是例外情况,后来的统治者又从积极的海洋扩张政策回到了以往的局面。然而事实上,商人们仍然继续通过既不正式也不合法的途径从事贸易。外国商人被正式禁止进入中国,除非作为外交使团的成员。除了向中国朝廷奉上贡品,许多这样的使团实际上还以贸易代表团的形式行动。走私活动的规模则大得多。16世纪中叶,海盗商人汪直拥有几百条船舰，手下有10万多名船员。[8]许多中国商人在中国东南沿海岛屿上设立基地，从而直接避开"海禁"；纺织品的一条主要贸易路线就是通过琉球群岛。1557年，在中国南部海岸的澳门，第一批欧洲商人设立了商栈，这些人是葡萄牙人。数年后，即1573年，西班牙盖伦帆船开始在菲律宾的马尼拉下锚。1609年，卡斯提尔的东印度群岛法庭的负责人安东尼亚·德·莫尔加列出了中国帆船运来出售给西班牙人的中国商品的名录。其中一些商品属于奢侈品，包括象牙，饰以黄金、珍珠和红宝石的天鹅绒，胡椒和香料。此外还包括：

> 不同品质、不同种类，能够满足所有用途的白色棉布……难以计数的床上装饰品、挂饰、被罩和绣花的天鹅绒挂毯；……桌布、垫子和地毯……铜壶……小箱子和文具盒；床、桌子、椅子和画有许多图案的镀金长椅；……除了大量精美的各种陶器，西班牙人还珍视其他廉价的小玩意儿和装饰品；……各种各样的珠子……许许多多的稀有物。如果要将它们一一列出，我可能永远无法完成这项工作，或者没有足够的纸来完成。[9]

国际市场上的物品越来越多。但直到18世纪中叶，交易都呈现出一边倒的不平衡状态。欧洲人支付给中国的不是货物，而主要是从新大陆开采运回的白银。白银是市场发展中的重要润滑剂，因为它为贸易的车轮加油，让社会货币化，从而使商品买卖更加方便。白银同样是中国极度短缺的资源。中国的银矿有限，然而皇家官僚机构——白银对它来说是生命源泉——对白银的需求是无止境的。中国商人急需白银，而外国商人为了交换瓷器和丝织品，带来了白银。至16世纪20年代，中国国内流通的白银主要来源于欧洲中部和日本的银矿。17世纪，在新西班牙的白银面前，它们都黯然失色。西班牙官员深陷腐败之中，因此他们自己不可能弄明白，除了他们选择记录下来的，事实上到底运送了多少白银。不过，有一点是清楚的，即当西班牙盖伦帆船从新世界的阿卡普尔科返回旧世界的塞维利亚，再到阿姆斯特丹和伦敦时，盖伦帆船因载重而嘎吱作响；在阿姆斯特丹和伦敦，荷兰东印度公司和英国东印度公司又将白银装上船，运往亚洲，用以偿付购买香料、瓷器、丝绸和棉花的费用。17世纪早期，每年至少有6万千克西班牙白银流入中国。1602年，阿卡普尔科的一名官员告诉西班牙国王，34.5万千克白银已经被运往马尼拉。[10]不过，即使在当时，中国也并不是完全封闭的。在古典小说《红楼梦》（1791年）中，不仅出现了欧洲钟表和丝织品，还有西方葡萄酒，甚至是"西洋花点子哈巴儿"的说法。[11]

这并不是一个轻易成功的故事。贸易战争、海盗和变幻莫测的海洋扰乱了商品的运输。1498年，瓦斯科·达·伽马的舰队首次到达印度西南部马拉巴尔海岸的卡利卡特港口。两个世纪之后，东印度群岛最大的欧洲特许公司——荷兰东印度公司——仍然只拥有200条船。晚至1700年，所有的欧洲船只加起来，每年只能从亚洲运回23万吨商品，仅相当于两艘大型现代集装箱货运船的运载量。18世纪早期，荷兰东印度公司每年往亚洲派出不超过三四十条船。不过船变得越来越大，返程时载的物品越来越多。17世纪80年代，荷兰东印度公司船只平均每年从亚洲运回9800吨商品。到了18世纪头十年，载重已经是这一数字的两倍多（达到2.2万吨）。[12]越来越多的船和商品横渡波罗的海和地中海，这些市场的持续重要性不容忽视；17世纪，荷兰人控制着鲱鱼贸易，这些鱼类主要是在北海被捕捞，然后和盐一起，出口到波罗的海和德意志诸邦国。将欧洲和亚洲之间的贸易直接进行比较是很困难的。航程、货物、货物的品质、货物的价值都大不相同。从阿姆斯特丹到荷属东印度群岛，航程就有1.35万海里，但到哥本哈根只有641海里。一吨胡椒或瓷器的利润远远超过一吨鲱鱼的。不管重量和体积有多小——荷兰东印度公司在所有荷兰贸易中的份额从未超过四分之一——是这些商品的贵重价值让亚洲贸易如此意义重大。据估计，到18世纪中叶，这些商品的年度总价值就达到2000万荷兰盾，超过荷兰从波罗的海带回的一切东西的价值。[13]

从17世纪晚期起，贸易开始向大西洋世界转移，而且这最为显著地拉动了英国经济的发展。17世纪30年代，英国向欧洲其他地方出口的商品主要是羊毛制品。到了1700年，它们被来自新世界的外来农作物（蔗糖、烟草和重要程度略逊的咖啡）超过了。[14] 不过，大西洋世界提供的不仅仅是由奴隶生产的较为廉价的新商品。与中国和西班牙帝国形成对比的是，它也带来了一个迅速成长的消费群体。1647 年夏，理查德·利贡搭乘排水量 350 吨的"阿喀琉斯"号从英国航行到巴巴多斯。在为期 3 年的驻留期即将结束时，他记录下了糖业经济吸引到的商品。每年都有 100 艘船到达该岛。除了"仆人和奴隶"，它们还带来了"各种各样的布料，包括亚麻和羊毛的；各种各样的小物件；帽子、袜子、鞋、手套、剑、小刀、锁、钥匙；适于航海的各类食品，橄榄、酸豆、凤尾鱼、腌肉和鱼、腌制的鲭鱼和鲱鱼、各式各样的葡萄酒以及令人愉快的英国啤酒"。[15] 这只是微不足道的开始。当利贡穿过大西洋时，西印度群岛和北美洲殖民地上仅有 10 万多名英国移民。而到 1776 年美国爱国者宣布独立时，这个数字已接近 300 万。在贸易方面，真正的起飞是出现在 1700 年之后的数十年内。那一年，英国向西印度群岛出口价值 20.5 万英镑的商品。70 年后，出口商品的价值是 120 万英镑。这一时期，英国向北美洲的商品出口增长速度更快，出口商品价值从 25.6 万英镑增长到 250 万英镑，其中尤其快的是金属制品和羊毛制品的增速。18 世纪，美洲殖民地、西印度群岛和西非发展成了英国国内市场的重要延伸，到 18 世纪末，它们占据着英国制造业出口量的约 33%；而在 1700 年，这个数字是 10%。[16]

这个全球交换的新时代对日常生活有巨大的影响。仅仅一种植物就可以产生变革性的影响。在 17 世纪的中国，番薯这种营养丰富且产量极高的作物被从美洲运来后，数以百万计的农民得以从种植水稻转向养蚕缫丝，而蚕丝又可以用来交换其他商品。（番薯既可以烤或煮，也可以风干保存，还可以做成粉条，甚至酿酒。）[17] 与之相似，美洲玉米解放了土地和双手，因而中国农民能够为市场销售而采摘茶叶、种植糖料作物，而不用为维持生存种植水稻。这一过程中既有获利者，也有受损者。当荷兰人对经济作物实行价格管制时，印度尼西亚和马来西亚瞬间从繁荣跌入贫困，因为农民从在市场上用糖、胡椒和丁香来交换布匹和其他商品的模式，回到了以前那种勉强糊口的自给农业模式。在大西洋世界，由于欧洲人对糖的喜好，一种建立在奴隶制和单一作物栽培基础上的有组织的资本主义形式诞生了。这是商品化的极端形式。满足某个大洲的人口对商品的需求，需要让另一个大洲上的数百万人口成为待售的商品。帝国给消费文化造成了怎样的改变？反过来，消费文化给帝国又造成了怎样的改变？后面的章节将继续关注这一主题。在此之前，我们需要探究的是，对于物品的需求首先是从哪里产生的。

奢侈华丽与锡釉陶器

地区间贸易和随后出现的全球性贸易的扩张与日常生活的商品化这一进程相交在一起。后者的迹象既可以在17世纪的英国和荷兰观察到，也可以在15世纪文艺复兴时期的意大利、晚明中国观察到。当欧洲和世界其他地方的绝大多数民众都在过着苦苦维生的乡村生活时，这些早发型社会是消费热点地区。在其中的每一个社会里，人们获得了比以往任何时候都要多的物品。市场的扩散和与之相伴的劳动分工，让越来越多的人开始购买不是由自己制作的物品。用经济学术语来形容，这些发展可被概括为需求的增长，而且正如我们将看到的一样，高工资和购买更多商品的能力十分重要，尤其是在低地国家和英国。不过，如果我们想要理解商品在这些社会中的作用，除了注意数量，我们还要注意质量，也就是，我们必须探究商品的意义、价值和功能。需求受到文化和社会结构的塑造，而这些在这几个社会中各不相同。虽然所有社会均受益于更大规模的贸易和支出，但是文艺复兴时期的意大利、明代中国以及早期现代英国和低地国家最终形成了不同的消费文化。我们现在要讨论它们的不同之处。

11—14世纪，欧洲爆发了一场商业革命，在这场革命中，佛罗伦萨、威尼斯和热那亚这些商业城市成为经济繁荣的桥梁，联系着拜占庭和伊斯兰世界与分散在欧洲（当时仍主要以农业为特征）的宫廷和定期集市。最初，这些意大利北部城市的商人从黎凡特带回丝绸、香料和其他奢侈品，然后用它们来交换欧洲的粮食、毛皮和金属。在接下来的两个世纪，风水轮流转。欧洲经济膨胀，黎凡特经济则开始衰退。托斯卡纳发展起了欣欣向荣的羊毛产业，这主要得益于它地处比萨南部的近海岸沼泽地，这片地带吸引着来自亚平宁山脉的羊群。到了13、14世纪，卢卡、佛罗伦萨和威尼斯也掌握了制作丝织品、纸张和玻璃的技术。除了银行业和商业，正是这些手工业贸易让这些城市繁荣壮大，将北意大利变成了欧洲城市化水平最高的地区。13世纪晚期，佛罗伦萨开始建筑城墙；两个世纪之后，它圈占的面积是之前的15倍。该城的粮食供应主要来自普利亚和西西里。到了1575年，威尼斯的人口接近20万，达到1348年黑死病暴发之前人口数量的两倍。这些城市的命运与它们的奢侈品贸易有关，而这些贸易又与欧洲从黑死病疫情中恢复的程度不平衡有关。一开始，大幅度的人口缩减减轻了对土地的压力，提高了幸存下来的劳动者的工资。到了1500年，增长停滞了，由于人口已经恢复，每英亩土地都必须供养更多的人。物价在上涨，尤其是食物价格。这一情况损害了普通劳动者的利益，但是对意大利的贵族地主以及斯堪的纳维亚半岛、欧洲中部的贵族来说是有利的。除此之外，为这些地主的宅邸和餐桌生产奢侈品的佛罗伦萨和威尼斯手工业者也受益匪浅。[18]

私人物品变得越来越多，也越来越精致。高端餐具是这一趋势的征兆。各个家庭渐渐收藏有大量汤匙、餐叉和玻璃杯。1475年，佛罗伦萨银行家菲利波·斯特罗齐从穆拉诺岛订购了400只玻璃大口杯。同一年，丝绸商人雅各布·迪贾诺佐·潘多尔菲尼购买了一套银餐叉和汤匙（12把和12只）。当威尼斯海军元帅尼科洛的儿子多梅尼科·卡佩洛在1532年去世时（此时，其他地方的欧洲人从未拿过餐叉，更不用说拥有一把了），他留下38把带有银柄的餐刀、12只饰有图案的镀金汤匙、12把饰有图案的镀金餐叉以及42把普通一点的餐叉。[19] 渐渐地，上层人士的餐桌上不再只有单独的餐盘，往往会出现一套完整的餐具。到了16世纪晚期，热那亚的斯夸尔恰菲科侯爵的餐桌上有180件白镴器皿和104只尺寸不一的盘碟。邻近的布里尼奥莱家族拥有超过115只银餐盘。新的器具出现了，比如蛋杯、金和银的牙具和耳具，牙具和耳具能够让人们更加优雅地清洁牙齿和耳朵。有时，人们会从伦敦订购回来白镴器皿，然后将其放置在从佛兰德买来的精致亚麻桌布上面。不过，大多数银汤匙、银碗、玻璃杯和陶器还是出自当地工匠之手，比如在威尼斯给镀金玻璃酒杯上珐琅釉的工匠、在托斯卡纳的蒙特卢波和马尔凯的卡斯特杜兰特给五颜六色的锡釉陶器上釉的工匠。16世纪，与进口丝织品的品质相比，当地生产的丝织品一度占据优势。让这些物品变得贵重的，是它们日益精巧复杂的设计和装饰，而不是它们的材料或者新颖性。[20]

银器和餐具是一种以家庭社交和文雅为特征的新兴文化的标志物。房间逐渐被分为不同的功能，有专门用于睡觉、吃饭的场所，也有阅读和展示画作的场所。一些商人和贵族在家里辟出一个专门的房间"萨洛托"（salotto），用来进行更加私人的娱乐活动。到了16世纪晚期，住宅和其中的私人物品展现着一个家庭的财富，还有这个家庭的特点。这个时期的新娘指导手册建议她们"引领"客人"游览一遍住宅，尤其是要向他们展示你的一些私人物品，无论是新颖的，还是漂亮的，但是你的展示方式不能让客人觉得你傲慢自大，而是要让人觉得这是你彬彬有礼和持家有度的表现：你在这样做的时候，要表现得像在展现自己的诚心一样"。[21]

文雅是向外的，但也是向内的，因为它赋予了私人舒适和自我塑造新的额外价值。在经典之作《意大利文艺复兴时期的文化》（*The Civilization of the Renaissance in Italy*，1860年）中，瑞士文化史家先驱雅各布·布克哈特指出，在16世纪意大利的文化和艺术中，人们越来越关注个人美观和自我塑造。他是首批有此发现的人之一。他写道："没有哪种装饰品用得比假发（通常是用白色或黄色的丝织物做成的）多。"除了接发（其中一些是由真实头发做成的）、假牙和香水，布克哈特还注意到，人们对清洁、举止和舒适表现出了较广泛的兴趣，这在当时是独特的。他提到，在班戴洛的短篇小说中，"我们读到……柔软而富有弹性的床、昂贵的地毯和卧室家具，对于这些东西我们在其他国家闻所未闻"。家庭日用织品数量多且漂亮。在每一个地方，"艺术带来奢华"，从带有"无数精巧小玩意儿"的梳妆台到设计复杂的地毯。外国游客因为在就餐时拿到个人专属的洁净餐巾而感到惊奇。[22]近些年来，历史学家为布克哈特描述的舒适家庭条件补充了更多的材料。16世纪，扶手椅逐渐开始出现在传统的凳子旁边。土耳其地毯、书籍、印刷品和乐器大量涌入。孩子们玩抽陀螺和骑木马，大人们的娱乐方式则包括双陆棋、更具冒险性的（同时是非法的）新赌博游戏比利比西（biribissi）。而且人们不仅按照贵重物品自身具有的独特价值来看待它们，还将其视为一个有品位的整体的一部分——这个整体建立在金钱和知识的基础上，并随着时间推移而逐渐建立起来。对行家来说，比如拥有丰富藏书的佛罗伦萨人文主义者尼科洛·尼科利，以及收集了大量钱币、花瓶和雕塑的曼图亚侯爵夫人伊莎贝拉·德·埃斯特，获取物品成了一生的事业。[23]

以前的论述经常将"文明进程"追溯为宫廷的影响[24]，但是事实上，文明进程远远比一个宫廷能达到的范围要广。例如，在热那亚，手艺人通常会留给后代6把或12把银汤匙。他们中的大多数人都拥有床、桌子、被单和家庭日用织品。[25] 1533年，当一个非常朴素的锡耶纳旅店老板死去时，他的卧室里有一张床、配套的帷幔和被罩，有一个装有几块装饰性床罩的大箱子。除了17件衬衫，他的衣物还包括一条丝绸头巾、一双绸缎手套、一顶天鹅绒兜帽和一副由刺绣丝缎做成的套袖。[26] 50年后，在威尼斯，死亡——以及那些为了遗产处置而记录的家庭财产清册——为我们简要描述了木雕艺人安德里亚·法恩沙的生活状况。这位手艺人曾为该市最伟大的建筑师们工作。与越来越多的同时代人不一样，法恩沙工作和生活是在同一个地方，就在他租的房子里。去世前，他还在制作两尊使徒和天使的雕塑。和同时代人一样，他将自己的大多数私人物品储放在大箱子里，不过他的4个箱子不是由廉价的普通木头制作的，而是由更珍贵的胡桃木做成的。他用这些箱子存放衣服、毛毯、织物和鞋子。此外，他拥有12把带象牙柄的镀金刀具和8把银餐叉。在厨房里，有4把栗木做成的凳子和1张木桌（在清册上被描述为"老旧的"）。他有2个平底锅、2个盐罐、40件白镴制品和58个白色的锡釉盘子（当时流行的样式是白色器皿，而不是彩色盘子）。与之相比，他的床很朴素，缺乏商人之家常见的舒适和精致。然而，墙上不仅悬挂着一幅简单的圣母画像，还有一幅抱着鲁特琴的女子画像和一幅土耳其人的画像，这反映了东方形象在当时的广泛影响。法恩沙还拥有数量惊人的藏书，涉及宗教、建筑（包括一本莱昂·巴蒂斯塔·阿尔伯蒂写的书）和历史（其中一本谈论的是阿尔巴尼亚民族英雄乔治·斯坎德培，在 1468 年去世之前，他曾率领教皇庇护二世组织的远征，遏制了奥斯曼的扩张）等方面。他还有一把鲁特琴。[27]

法恩沙的物质世界是一个中等舒适的世界，远远比不上商人和贵族的物质世界。例如，在 17 世纪 20 年代的佛罗伦萨，靠着当地的羊毛和丝织业发家致富的皮耶罗·达尼奥洛·圭恰迪尼，仅在市内住宅的一个房间中就挂了 151 幅画。[28] 一个世纪之前，从贫穷的贵族妇女堕落成风尘女子的伊丽莎白·肯杜梅，有 6 个装着日用织品、大量银汤匙和羽绒褥子的镀金大箱。除了《三博士来朝》，她还拥有安德洛墨达的裸体画和一些男性裸体画。[29] 在 16 世纪 70 年代的威尼斯，甚至连一个较富裕的彩饰手稿匠人都拥有 25 幅画（其中有描绘尼禄的画）、1 面镜子、1 幅世界地图以及产自开罗和波斯的地毯。[30] 尽管如此，无论多么有限、多么老旧，法恩沙的物品明显都是一个共有的物质文化的一部分，这种文化认为画作是一种用于收藏和展示的艺术品，而不是纯粹服务于宗教或信仰目的的，这种文化还包括餐具、书籍和音乐演奏——那时，在大多数威尼斯家庭中都可以见到鲁特琴或羽管键琴。

人们很容易把前现代社会想成极端不平等的社会，在那样的社会中，为数不多的富裕贵族举行宴会，将很多衣衫褴褛的穷人排除在外；对于当时基本属乡村风格的欧洲的许多地方来说，确实如此。城市化的北意大利是不同的。1500 年的佛罗伦萨并没有比 2000 年的美国更不平等。这座城市并非由两种文化构成，在精英阶层和同质化的平民阶层之间并没有鲜明的分界线。相反，大多数佛罗伦萨人都处于同一个圈层中，这个圈层从处于社会边缘的穷人延伸到生活较舒适的手艺人和店主。不仅是贵族精英，面包工人、木匠和金属匠人也购买书籍。少数手艺人甚至也喜欢上一些异域商品，比如东方的地毯。进口的西班牙-摩尔式陶瓷在鞋匠、铁匠和织布工人中很容易找到主顾；一个羊毛织工拥有成套的 7 只罐子、13 个碗和 34 个盘子。[31] 相似的情形在欧洲北部繁忙的商业中心也可以看到，比如在安特卫普，画作和锡釉陶瓷于 17 世纪在这座城市迅速流行起来。[32]

尽管如此，认为文艺复兴时期是"我们自己的……壮观的消费主义的种子"，就未免有些夸张了。[33] 虽然私人物品和生活舒适的理念已经开始进入家庭，但它们仍然是一种继续围绕着公开展示和后世子孙的市民文化的一部分，而不是围绕着个人享乐和新奇事物诱惑力的市民文化的一部分。这种市民文化有活力的精神是奢侈豪华，目标是恒久流传。在个人物品上的花费与在壮观的城市建筑和公众宴会上的开支相比是微不足道的。这些是文艺复兴时期消费的主要驱动力。例如，始建于 1489 年的斯特罗齐宫耗费巨大，这个佛罗伦萨家族几乎花掉了亨利七世在里士满的宫殿建造开支的一半。[34] 贵族们彼此之间试图用装饰最为富丽堂皇的小教堂胜出，不过，他们的目标是展示自己的奢侈豪华和美德，而不仅仅是炫耀自己的财富。这里可以参考一下亚里士多德。他赞成人们适当地展示个人财富，并且认为，在一个由有着共同目标、勇敢的有产公民进行管理和维护的社区中，这种展示行为是公民美德和自豪感的标志。就权力自人转移到物品这一有象征意义的流转而言，文艺复兴时期的意大利贵族精英扮演着先驱角色。与欧洲其他地方的土地贵族不同，斯特罗齐家族和其他贵族是通过华美的物品和建筑获得地位的，而不是通过圈养一大批仆人。如果呈现得当，画作和花瓶可以反映一个公民在家中的文化教养。然而，私人的享乐和舒适本身仍然是让人有疑虑的。它们必须反映出一种对公共利益的关照。值得称赞的生活是积极的公民的生活，这样的公民建立壮观的建筑、指挥军队、赞助公共节日和公共工程，从而为自己的城市增添光彩和力量。在大规模消费是为了达成这类公共利益时，大规模消费就是安全的，而且是值得享受的。在这个意义上，一座富丽堂皇的小教堂，比如在佛罗伦萨圣马可区的萨尔维亚蒂家族小教堂，与一辆现代的法拉利之类事物是完全不同的。奢侈消费是为子孙后代服务的，是为了将家族的名字铭刻在城市世世代代的史册上。文艺复兴时期的公民人文主义偏爱稳固的东西。花钱是为了获得永恒。

文艺复兴时期消费的保守特征，可以从商品的类别、功能和流通看出来。尽管意大利诸城市进口了东方丝绸，并且从 1500 年开始为欧洲市场生产丝绸（这是西方复制和取代东方商品的成功故事的第一章），但丝绸是个例外。总的来说，物质文化是具有显著连贯性的。各种商品不断生产，而且新的商品在不断出现，比如带软垫的椅子，但是在 1600 年，一个家庭拥有的物品仍然与200年前的基本一样。它是一种完善改进的文化，而非全然创新的文化。高脚杯的设计变得更加精致，家具上的木雕愈益华美，壁挂装饰更加灿烂夺目，但是商品的材料和类别几乎没有改变。

商品是有用处的，有时还有装饰意义，此外，它们还充当着资产。在资金短缺的经济体中，尤其是在通货膨胀时期，衣服、家庭日用织品和银器都是重要的保值方式。对于富人和穷人来说，当铺都发挥着地方银行的作用。如果某人需要一些现金，他们可以典押自己的衣服或家用物品，在几个月后再将其赎回。因为商品是财富的仓库，它们得是经久耐用的。如果一件斗篷、一枚戒指或一只可拆卸的天鹅绒袖子只是一时流行，不到一年就不再能用作抵押品，那么它们就没有多大用处。绝大多数人的穿衣打扮都同他们的祖辈一样。[35]如果我们看到文艺复兴时期的人在积聚物品，这并非由于他们发现了时尚，越来越快地更新物品，而是因为他们在积累自己的资产。在1633年的威尼斯，一个船桨制造者给他的寡妻遗留下了43件衬衫、25套床单、63块桌布和餐巾以及105件白镴器物。[36]像这样的财产清册中的大多数纺织品和银汤匙，很可能从未或很少使用过，而是被收藏起来作为物质生活的保障。当然，由于经常使用，日用织品会用坏，必须更换，但是丝绸和其他高质量的物品都得到了悉心保养，并且被尽可能长久地重复使用。1580年，当米兰的利维娅·托伦迪诺成为寡妇时，她把婚后的全部衣物重新改造利用，用来装饰自己的马车、制作教会壁挂。[37]

礼物、典押品、个人贷款和有价证券将地位高低不等的人联系在一个相互依附的圈子里。卡斯泰拉尼家族是佛罗伦萨的一个上层家族，他们就是一个很好的例子。1460年，弗朗切斯科·迪马泰奥·卡斯泰拉尼把妻子莉娜的刺绣裙装抵押给一个放债者，以筹集资金偿还贷款。然而，妻子莉娜需要去参加一个贵族婚礼，为此，他同时借来了一颗镶嵌在金托上的大珍珠、一颗"以巴黎风格镶嵌，配有红白花朵和绿叶的"钻石，以及一颗镶嵌在金托上的红宝石。他又把一件传家宝和带有他的纹章的布帷借给了一个曾经帮他妹妹介绍婚事的贵族朋友。此外，他还把自己新买的苏埃托尼乌斯和查士丁尼手稿送给一位当地的教师；在宗教节日期间，他把自己的一些衣物和剑借给了当地的铁匠。物品总是在流动。[38]

这样，物品就在一个互惠和互信的社会机制中循环使用，而不是用来表现个人选择。然而，物品的自由流通遇到了道德边界的限制。文艺复兴时期的人认为，如果一个公民想要成为高尚且独立的人，就必须自给自足。莱昂·巴蒂斯塔·阿尔伯蒂和其他作家理想化了这种公民：他们使用自己庄园的产出，而不用依靠商店和陌生人。古代人的教训是，罗马在最简朴的时候是最强盛的。过多的私人物品造就了过分敏感的懦弱者，他们无法保卫罗马共和国。事实上，贵族男性确实在市场上买过东西，但是这些少数情况与其说是为了购物休闲，还不如说是出于公民团结的目的，正如研究文艺复兴时期消费现象的历史学家伊芙林·韦尔奇表明的那样。按照西塞罗的理念，文艺复兴时期的道德规范以一种双重标准来对待贸易，这一标准认为贵族商人处于顶端、普通店主处于底层的社会秩序是正当的。从大规模来说，贸易是高尚的，它增加了社区的荣耀。商人将自己的财富转移到了地产上去。与之相比，就一家商店这种小规模来说，贸易是"下流的"，威尼斯作家托马索·加尔佐尼在16世纪晚期这么强调。贵族商人或许在贸易中赚取了财富，但是他们仍把给他们和社区提供食物的乡村、他们的田产作为立足地。店主仅仅卖东西。能够信任他们吗？如果说商店在分配、联系商人和顾客以及制造需求的链条中发挥着至关重要的联络作用，这种想法对同时代的人来说实在是令人憎恶。店主一直贴着地位低下的耻辱标签工作。在1593年的米兰，元老院禁止他们进入贵族阶层。[39]

对购物的质疑，是这场反对奢侈以及与之相关的一切罪恶的更广泛斗争的一部分。这场争论追溯到了柏拉图——他认为物质世界只不过是现实的一个影子。尽管柏拉图的观念在中世纪从未完全失传，但通过佛罗伦萨的柏拉图学园（在这里，马尔西里奥·菲奇诺将柏拉图的全部著作翻译成拉丁语），它们在文艺复兴时期获得了新的突出地位。在《理想国》（*Republic*）中，柏拉图探究了一个高尚且勤俭的城邦的衰落原因：这个城邦因为追求奢侈放纵的生活方式而受到了腐蚀。当公民保持基本的自然需求时，城邦就处于"健康状态"。然而，一旦人们开始追逐物欲享受，就会不断地要求更多，这种现象最终导致战争和腐败。首先，他们想要"躺在长榻上，自桌上进餐，享用香料和甜食"，但他们并没有满足，这反而进一步刺激了他们对"绘画和刺绣……以及黄金和象牙"的追求。[40] 对奢侈享乐的追求是无法满足的，它驱使着城邦为了获取资源而进一步扩张，渗透到周边地区，从而引发了战争和征服。由于奢侈的生活削弱了本来拥有男性气概的公民，国内的腐朽加剧了对国外的侵略。自制力的丧失将精力充沛的公民转变为萎靡、无力保卫自己的粗暴之人。肉体的堕落不可避免地导致了共和国的堕落。一面是勤俭的生活方式和强大的共和国，另一面是个人无节制和公共堕落，二者之间的关联是西塞罗——他将成为文艺复兴时期最受喜爱的拉丁作家——关注的中心话题。

基督教赋予了这些古典思想一种新的推动力和紧迫性。正如柏拉图所说，肉体的愉悦会干扰灵魂和对真知的追求，教会也告诫人们，对尘世财物的渴求会妨碍基督徒追求灵性生活。在《山上宝训》中，耶稣就曾说道："不要为自己积攒财宝在地上，地上有虫子咬，能锈坏，也有贼挖窟窿来偷；只要积攒财宝在天上，天上没有虫子咬，不能锈坏，也没有贼挖窟窿来偷。因为你的财宝在那里，你的心也在那里。"[41] 通过将自制力的缺乏一直追溯到原罪和亚当被逐出伊甸园一事上，基督教教义也赋予奢侈享乐以性的意味。对商品、金钱和肉欲的渴求都产生于同一源头。

奢侈享乐容易导致纵欲，这是文艺复兴时期的常识，也造成了人们对购物和无节制的道德忧虑。例如，16世纪晚期的一名威尼斯布商被指控生活"奢侈过度"，因为有人怀疑他非婚私通。[42] 只有经过教会——在那里，富丽堂皇的建筑和绘画可以合理地被宣称是为了增添上帝的荣耀——的同意，奢侈享乐才是安全的。在女儿婚礼的前夕，一名威尼斯贵族或许会骄傲地炫耀他给女儿置办的嫁妆，比如刺绣华美、装点金丝的绸缎衣裳，但是炫耀性消费通过同样强烈的朴素展示得到了缓和，比如在他死去时，他会穿着嘉布遣会托钵僧的粗糙棕色衣裳被埋葬。通向天堂的道路始于简朴的生活方式。有一句流行的威尼斯谚语这样说道："轻视尘世万物的人会得到一双翅膀，助他飞向天堂之巅。"[43]

1497年，对奢侈享乐的质疑刺激着狂热的多明我会传教士吉罗拉莫·萨伏那洛拉，结果他在佛罗伦萨市政广场中心燃起了"虚荣之火"。在明亮的火堆底部，是珍奇的外国挂毯，其上堆放着图画、棋盘游戏、乐器和薄伽丘的书籍。[44] 重要的是要记住，不仅有许多佛罗伦萨人拥有绘画、鲁特琴和室内陈设，也有许多人愉快地将这些物品码放到 20 米高，然后将其付之一炬，绕着火堆手舞足蹈。

富裕和无节制不单单烦扰着萨伏那洛拉这样的狂热人士。15、16 世纪，威尼斯元老院通过了十几项法规来反对这样一种"奢侈挥霍的"生活方式。铺张的婚礼和昂贵的毛皮大衣彰显出在财富和社会地位方面的不平等，而这种不平等威胁着共和国关于平等和节制的理想。它们还导致了一场消费攀比，令一些公民陷入重重债务之中。对一个经常处于战争状态的共和国来说，这是一个严重的问题，因为花在貂皮和镀金家具上面的钱不可能通过特殊的战争税来征收。1299 年，由当时的大议事会批准的第一条法规，试图控制婚礼开支，这一法规适用于除总督及其家人的所有人。1334 年的另一条法律控诉"男人和女人毫无节制的过度开支现象"，阐释了节制的合理性，因为贪婪这个"一切罪恶的根源"，太容易降临到公民身上了。15 世纪，元老院关注的重点转向了穿着方面。1400 年，斗篷的宽袖子（socha）遭到禁止。由于这一特征遭到剥夺，富有的威尼斯人开始用珍贵的皮草来装饰斗篷。于是，元老院在 1403 年颁布了一条新法规，将使用貂皮视为非法。一系列限令陆续出台，内容从准许的妆奁规格一直到长袍和外套上装饰用的金银。1512 年，元老院规定，婚礼礼物不准超过 6 把餐叉和 6 只汤匙，禁止使用各种各样的豪华室内陈设，包括镀金箱子和镜子以及装饰精美的床上用品。两年后，一个专门的地方行政官职设立了起来，3 名贵族有权检查、管理和惩罚奢侈挥霍行为。这几位贵族说，一些违禁者会向他们扔面包和橘子。由此，元老院总结："无论男人还是女人，变化不定且不受控制的欲望愈演愈烈，结果很少有人关心开支。"如果没有一场战斗，这一现象不会消失。1562 年，元老院出台了它最为全面的进攻，将 1.5 米高的挂毯视为非法，禁止使用镀金的壁炉装饰，并且详细规定了宴会中允许出现的物品，甚至具体到了规定餐后甜点只能包括小份的"普通油酥糕点"和时令水果。[45]

在文艺复兴时期的意大利的消费尚属早熟，但是它也是不稳固的，一直受到一系列物质和道德方面的制约。无节制和富裕生活仍然带着罪恶和腐败的耻辱标签。丰富的私人物品不能仅仅满足个人的欲望，还需要获得公共合法性。餐具和家具正变得越来越数量众多、制作精细，但是总的来说，它们是一种完善改进文化的一部分，而非全然创新及其"孪生兄弟"处置文化的一部分。品质、财富储存和再利用仍然具有优势，这对工匠来说是，对贵族来说也是。尽管在工匠的家中，凳子和箱子的数量不断增加，但许多财产清册中选用的词语很能说明问题：它们被简单地描述为"陈旧的"或"非常陈旧的"。[46] 我们面对的不是一种高生产量的消费文化；它面向的是奢侈享受市场，而不是大众市场。因此，这种消费的基调反映并强化了在这些城市奢侈品行业中技艺高超的艺术家和手艺人的非凡成就。与此同时，这也让这些群体变得脆弱不堪，他们严重依赖规模窄小的奢侈品市场上的机遇，对不受其控制的国际贸易和政策变动非常敏感。1497年，葡萄牙人发现了一条通往东方的新航线，威尼斯就此失去了以往的区位优势。随着神圣同盟于1571年在希腊以西海域的勒班陀战役中打败奥斯曼舰队，来自欧洲北部的商业竞争者便纷纷来到黎凡特。大西洋贸易在接下来的两个世纪里的兴起令商业中心北移至阿姆斯特丹和伦敦，从而进一步使威尼斯和佛罗伦萨边缘化。1575—1577年和1630年的瘟疫令它们的人口锐减，三十年战争（1618—1648年）则切断了它们与德意志市集和城市——这是它们剩余的市场之一——之间的联系。地中海地区华丽的奢侈消费篇章就这样走向了尾声。

在中世纪晚期和早期现代，贸易与习俗之间、欲望与束缚之间的冲突是一个遍及整个欧洲的现象。威尼斯和佛罗伦萨或许曾一直走在前列，但是各个市场在这一时期扩大了自己的影响范围，从纽伦堡这样相当重要的城市到黑森林地区的小镇。而且，这些市场带来了越来越多商品和爱好的同时，也对社会秩序构成了挑战。除了贸易融资和批量买卖，商人本身也是新潮事物的传播者。例如，16世纪德意志南部城市奥格斯堡强大的放贷-经商家族企业的领头人汉斯·富格尔，就是一名具有敏锐鉴赏力的西班牙式鞋子爱好者。他从安特卫普的西班牙鞋匠那里订购鞋子，并附上了详细的说明，具体到细微的装饰性孔眼。[47] 这些新的潮流和进口商品是展现区别和实现效仿的工具，而这样的区别和效仿可以动摇既有等级秩序和行为规范。如果一个有时尚意识的学徒模仿生产富格尔的鞋子，这会发生什么呢？对于可能会把生计输给外国竞争者的本地鞋匠来说，这又意味着什么呢？造成威胁的物品并不一定来自遥远的地方。比如，1453 年，纽伦堡颁布一项禁止奢侈的法令，宣布鞋子的长尖不合法，这种时尚便肇始于附近的士瓦本。[48]

1300—1600 年，一大批限制奢侈的法令在欧洲各地陆续出台。在欧洲中部某些地方，这些法律到 19 世纪一直在执行。起先，法规禁止在婚礼和葬礼上出现铺张浪费的餐饮和礼物。15 世纪，关注的焦点转移到了服饰方面。[49] 在说德语的欧洲中部地区，仅在 1244—1816 年，就有超过 1350 项规范穿着的法令获得通过。[50] 这些法律揭示了一个不断变动的世界，并使我们有机会做进一步探究：早期现代的各个社会是如何应对由商品的发展带来的挑战的。针对穿着的法律很容易解释。穿着可以最直观地反映一个人在社会秩序中的位置，可以表明其社会地位、阶层、年龄和性别。与威尼斯——在这里，许多限制令都带有平等主义的动机，并且一视同仁地打击了贵族和市民（除了总督）——不同，大多数欧洲地区的禁奢令都是助长不平等的工具，用以维持精心划分的等级制度。因此，纽伦堡表现出了非常典型的做法，它准许贵族、教会重要人物和从事受人尊重的职业的人使用丝绸、毛皮和珍珠；骑士和法学博士也获准穿金线缝制的衣服。

对于违反限制的行为，各个社会有三种不同的反应方式。一种极端的做法是大规模禁止。在斯特拉斯堡，一条 1660 年的法规对任何胆敢仿制外国"新潮"服饰——"无论它看起来是好是坏"——的人都处以罚款。1532—1533 年，在亨利八世治下，英国议会通过了一项"服饰奢侈改革"法令，其中一条规定，只有王室成员可以穿戴紫色绸缎和金色纱锦（公爵和侯爵可以穿着用它们制成的紧身上衣）。该法令禁止任何年收入不到 100 英镑的人"穿由纬缎、花缎、丝缎、羽缎（丝绸和羊毛混合而成的织物）或塔夫绸制作而成，并且带有袖子或其他边缘装饰的礼服"，或者任何外国毛皮。[51] 在1574年的伦敦，成衣商公会（Merchant Taylors' Company）的一名成员因穿了"一条以塔夫绸为内衬的紧身裤和一件违反禁令的银边衬衫"而被捕入狱；几年后，市长颁布命令，称学徒只能穿从师傅那里传下来的旧衣。[52] 但是总的来说，英国治安法官在执行这些禁令方面不太热情。伊丽莎白一世颁布了数项服饰方面的公告，但是直到她的统治结束，这些法规都不过是在下议院惯常性地被束之高阁。1604年，都铎时期的禁奢令终止了。荷兰人甚至都没计划引入任何类似法规。值得注意的是，这两个国家不但在商业方面属于最发达的社会，而且正如我们将要看到的，在学习如何适应变化、信任民众的自我管理和塑造能力方面，它们也是最发达的。然而，在17世纪，这两个国家都是例外，而不是常态。

大多数社会走的是一条中间道路。通过编制更加细致的衣着标准，这些社会给某些新的爱好留出了余地。在1693年的一条新法规中，纽伦堡的贵族容忍了流行的短夹克衫，这种服饰取代了传统的长外套，但是当涉及帽子和配饰时，他们推行了一套精细的等级标准。旧贵族家庭的妇女可以穿戴丝绸做的、附有貂皮边饰的天鹅绒帽子，在公共节日期间，除了钻石，她们还可以在帽子上装饰金子和珍珠带扣。"体面商人"的妻女也可以戴天鹅绒帽子，但是它们的价值不得超过24荷兰盾，这些帽子也不允许装饰金扣和金边。一般商人家庭和其他来自第三等级的主妇和年轻女孩，可以穿戴饰有染色貂皮的天鹅绒帽子，但是它们的价值不得超出10荷兰盾，而且一定不能带有任何金饰。店主（第四等级）只能戴有简单毛皮（不是貂皮）边饰的轻便天鹅绒帽子，金银饰物则一律禁止。类似的规则也适用于生活的其他领域。比如，马车的可见性让马车成了社会地位的有力象征。只有第一等级的人才可以乘坐富丽堂皇的丝绸马车。第二等级的人只能乘坐铺有布垫的马车，并且不能使用红、蓝两色。第三等级需要支付50泰勒，才有权租用马车，还不得不凑合着使用朴素的灰布、没有崭新挽具的马和没有制服的马车夫。[53]

法令的执行情况各不相同。尽管许多社区依赖其公民的自我约束，但是还有一些社区采取了较具惩罚性的措施。在18世纪的巴塞尔，成千上万名女性因为穿着过于华丽而被罚款。很少有人会像奥斯曼帝国苏丹穆斯塔法三世一样严苛。1758年，他乔装打扮出宫，在伊斯坦布尔的阿雅·卡皮斯广场上检查非穆斯林民众是否遵守了自己颁布的服饰令。一天，他偶然发现一名基督徒和一名犹太人穿着只许穆斯林穿着的黄色皮靴，于是他立即将这两人绞死。[54] 通常来说，执行情况取决于当地的行会、教会和社区法院是否想要惩罚违法者和维护社会秩序。凭自己的力量，国家和中央政府能够做到的事情很少。而这正是英国与欧洲中部、法国和斯堪的纳维亚国家之间的重要区别。在后面这几个国家中，地方当局在对违规者罚款、警告方面表现活跃。

这类法律表达了一种将世界看作一个固定不变的世界的观点。一个社会拥有的资源有限，所以它需要秩序和自我约束来维持生存。对早期现代来说，字面意义上的"消费"就是把某物用完或耗尽。后一个意义——比如，把木材燃尽或者把一件外套穿到坏——直到1900年仍然存在。[55]

在那些只拥有有限技术创新、没有持续增长的社会里，货币和资源的外流自然引人忧虑。一名想买一件伦巴第真丝裙装的纽伦堡中产阶级市民的妻子，会给当地手艺人带来失去生意的威胁。货币十分稀少，而一旦花费在奢侈品上，它们就脱离了税务官的控制范围。花费在外国奢侈品上的货币完全离开了当地经济体。这就是政府颁布许多禁奢令的背景原因，那些法律试图阻止财富经由奢侈的生活方式流失。此外，如果社区中的某个群体开始过度消费，这就会减少留给其他人的份额。由此，人们如何穿衣、吃什么以及怎样花钱，就都被看作公共事务了，而非个人选择。消费必须从属于生产。穿着反映某人所属的行业和职业。社会的稳定性要求人们知道自己的位置，在自己的限度内消费。新的时尚潮流，尤其是来自社区之外的，对这一保守秩序构成了冲击。1660年的《斯特拉斯堡法令》宣称，那些追求时尚的人正在丢失"难能可贵的坚毅品格，而原本正是因为这一品格，我们古老的日耳曼祖先在包括穿着在内的一切方面都保有着非凡的声誉"。[56] 对于奢侈放纵的担忧同等指向显赫的贵族和骄横的平民。

在婚宴、珠宝、昂贵的帽子和金扣方面的种种限制条令，均针对上层阶级的地位竞争。如果允许婚礼花费不受约束地无限增长，那么市民家庭孩子的结婚时间只能延迟，甚至永远不能结婚，这将把社区送上灭亡的道路。

这些都是令人忧虑的事情。而现实是怎样的？这些限制条令造成了多大的影响？很明显，它们无法阻止时代的前进，也不能将各个社会完全塑造进同一种静滞模式。手艺人会走在规则的前面，不断在风格和材料上创新。在欧洲许多地区，在经历三十年战争的破坏之后，生活条件恢复。例如，17世纪早期，在德意志符腾堡地区的两个村庄——邦多尔夫和盖默斯海姆，男性和女性分别平均拥有3件和12件衣服。仅仅一个世纪之后，数量就分别飙升至16件和27件。到了1800年，这个数字翻了一番。[57] 1796年，在离这两个村庄不远的莱辛根镇，商人格奥尔格·克里斯托夫·内斯特尔有17件流行的高腰短背心，既有黑白的，也有带鲜艳图案的，还有一些是用棉布和丝绸做成的。80年前，该镇的议员和商人就给予了自己佩戴金银饰物和穿棉布衣物的特权。但是，下层阶级仍然只能穿一些由亚麻和棉线混合制成的地方服饰。到了18世纪中叶，已婚女性的衣服半数在财产清册中被标注是"旧的"或"半旧的"。当地政府强制要求手艺人和穷人在教会和城镇集会中穿黑色衣服。结果，整个城镇淹没在单调的黑色服饰的海洋之中。轻盈的棉布和鲜艳的色彩——这是时尚革命的一对标志，我们不久后将回到这两个标志上来——到了18世纪90年代才缓缓出现，而这是在它们传入荷兰和英国的整整一个世纪之后。[58]

一些人违反了这些法令，而官方觉得有必要经常更新法令，但这些现象并不意味着这些法令没有起到作用。毕竟，越界者是通过服装秩序来确定自己的地位的，而且由于渴慕上层阶级的丝带或金扣饰物，他们便间接地把服装秩序当作了一个参照点。通过给商品和流行事物分等，这类法律可以强化一种围绕着喜好的社会金字塔。用历史学家丹尼尔·罗什的话说，这就是为什么在法国，宫廷"在裁缝行业的等级区分中发挥着发动机的作用"。[59] 所有眼睛都在盯着国王和王后。

违抗禁令的代价可能是昂贵且痛苦的。在伊丽莎白时代的英国，治安法官可能对此睁一只眼闭一只眼，但是在欧洲中部，当局远没有这么宽容。1708年，在德意志黑森林地区，埃布豪森的教区牧师针对"穿着过分讲究的女性"发表了一番训诫，并且让教会法庭对其中一名女性处以11个金币的罚款，因为她戴了一条与她的身份不相符的太大的领巾。这笔罚金相当于一名普通女仆一个月的工资。5年后，在附近的小镇维德伯格，在一年的时间里，十分之一的当地居民因违反服饰禁令而被处以罚款。平均罚款额相当于一个人一个星期的工资。几乎所有受罚的人都是女性。公开的羞辱很普遍，还可能会使她们与家庭长期不和，甚至遭到彻底放逐。在像符腾堡这样的地区，禁奢法律影响巨大，因为它是一个更广泛的由行会和教会主导社会控制机制的一部分，这种控制机制同时控制着工作和消费，从而让女性保持从属地位和劳动力廉价。单身的年轻女性和寡妇，都被禁止通过纺织衣物或者在市场上出卖其他产品来独立维持生计。相反，她们必须住在雇主家里，充当仆人，拿着人为压低的固定工资。师傅也确保了其学徒会留在原处，他们的行会不必面临竞争；这些行会除了排斥女性，也排斥移民和犹太人。这是一种双重压榨。丈夫们牢牢控制着一端，限制其妻子可以挣得的收入，又控制着另一端，约束着她们能够消费的额度。地方法院赋予了丈夫拿走妻子收入的权力，而且如果他有意，他可以完全禁止妻子买东西。由此，丈夫同时垄断了生产和消费，这就解释了为什么在一些城镇，丈夫的衣柜反而比妻子的衣柜更加充实。[60]

这是一个农业化的区域，但是它并没有与世界隔绝，也没有封闭进一个静滞的、围绕着农耕的自给自足状态。这些小镇、乡村与市场捆绑在一起，为出口贸易而纺纱织布。它们放贷，借款。显然，这里的女性渴求新奇事物，比如在1736年入狱一天的不幸的磨坊主女仆——因为她被人发现在市集上购买丝带。这些社区的特别之处不在于缺乏欲望，而在于社会和制度对欲望和消费的抑制。在这样一个环境里，消费想要繁荣发展是十分困难的。

鸾钗与精致古物

19世纪后半叶，鸦片战争后，西方人开始认定，中国是停滞、封闭的。我们现在知道,这是一种对事实有所歪曲的观念,这种观念将欧洲工业革命的成功看作西方独特的现代性天赋和中国落后的证明。1582年,当意大利耶稣会传教士利玛窦踏上中国大地时,盛行的是一种更为正面的看法。利玛窦对南京的活力印象深刻。"他们说,这里有20万名织工";而且,如今在其他地方,中国人"现在在织造完全由蚕丝做成的布","模仿着欧洲产品"。中国男男女女又长又宽的袖子让利玛窦联想到了威尼斯风格。他还提到"市场上数不胜数的书籍……以及它们低廉到荒谬的售价"。相比于差异,利玛窦对"各种风俗的相似性"更吃惊。"毗邻中国的民族完全不了解中国人对桌子、椅子和床的使用……而我们与中国人之间倒有诸多有益的联系。"[61]

利玛窦喜欢强调相似之处,但是他的观察报告,就像盛赞17世纪二三十年代中国的"交通与商品"的葡萄牙耶稣会传教士曾德昭的观察报告一样,确实记录了商业化是如何席卷整个明代中国,并释放出商品、时尚事物和欲望的激流的,以及伴随着商业化而产生的对社会失序和道德衰退的忧虑。[62]一条途径是通过走私和朝贡贸易。另一条途径是合法的沿海运输业。1548年,一名官员计算出,在39天的时间里,1000多条船穿梭于中国东南沿海的浙江-福建海岸线上。[63]这样的沿海贸易与一个贯通这个广袤陆上帝国的规模大得多的地区性贸易联系在一起。这个地区性贸易的主干道是1794千米长的京杭大运河——世界上最长、最古老的人工水道。这条运河在1510—1520年重新开通,从中国东部海岸的杭州出发,经扬州和长江,最后到达位于北方的北京。这个重要的基础设施主要服务于军事目的,即帮助军队的驳船把粮食运至北京(从1421年以来,它是明朝的首都)。虽然官船拥有航行优先权,但是总的来说,京杭大运河不可避免地促进了食物和商品流通。来自广西的粮食,向北运送至长江沿岸城市。产自内地农民之手的稻米,经长江运至上海周边的江南地区的顾客手中。北方的原棉通过航运到达上海南部的松江县,在这里,它们被加工成棉布,然后销售至中国其他地方。来自"瓷器之都"景德镇——位于广州东北方数百英里远之地——的杯子和碗,通过南方的徽州商人销售。另一方面,南方的茶叶和糖运至北方。来自东北的豆饼被海运至南方。在四川印刷的书籍，到达了在南京和长江三角洲地区的读者手中。

耶稣会传教士曾德昭认为中国人是"天生的商人"，而且他们建立起来的"交通系统"令人不由得"啧啧称赞"。这个"交通系统"不仅沟通了各省，也渗透到各个城市内部："因为几乎在商店里有的一切东西，都在大街上有零售。"[64] 16世纪，这个商业网络发展迅猛，而且正如这一图景反映的那样，生产者日益与更加遥远地区的消费者联系起来。农民和工匠因此能实现专门化生产，能通过在市场卖出商品、购买越来越多的食物和衣服来维系生活。例如，在中国北方的山东省，由于种植棉花有利可图，许多农民不再种植粮食作物。逐渐地，物物交换得到了商品买卖活动的补充。

与别处相比，消费的萌芽在长江三角洲地区成长得更茁壮。这个地区是中国的商业中心，而且这里有大概3000万农民，他们生产并出售棉布，以交换稻米、原材料和家庭用品。虽然比起北意大利、荷兰或者英国，晚明中国的城市化水平远为落后，但是商业城镇的数量整体上有所增加，而且到了1700年，在江南等最发达的地区，差不多17%的人口可能居住在城镇里。不幸的是，我们缺乏详细的财产清册，因此不能像描绘早期现代欧洲一样，为晚明中国的物质世界描绘出一幅生动的图像；我们不可能逐条列记餐具、家具和其他财物。我们更加依赖由社会观察人士——比如地方邸报的执笔者、小说家，以及谈论喜好和家庭管理的作家——留下的记录。不可避免的是，我们看到的东西已经过他们的价值观念的过滤，而他们通常非常怀念一个理想化、更加淳朴的过去，并怀着优越感看待下层阶级的新追求。但是，如果仔细阅读，他们让我们至少能够重新建构出他们生活在其中的物质环境的主要特征。例如，回忆录作者朱国桢简短地描述了1600年左右江南地区的一个家庭。在这个家庭里，一家之主将棉花纺织成布，然后在市场上以布换银子，然后用银子给家人买米。"家之租庸、服食、器用、交际、养生、送死之费，胥从此出。"[65] 关于在社会场合花费多少、给孩子买什么东西，以及他们的衣服和生活方式，这份记载并没有提及，但是我们无疑可以看到专业化分工是如何促进消费进一步扩大的。

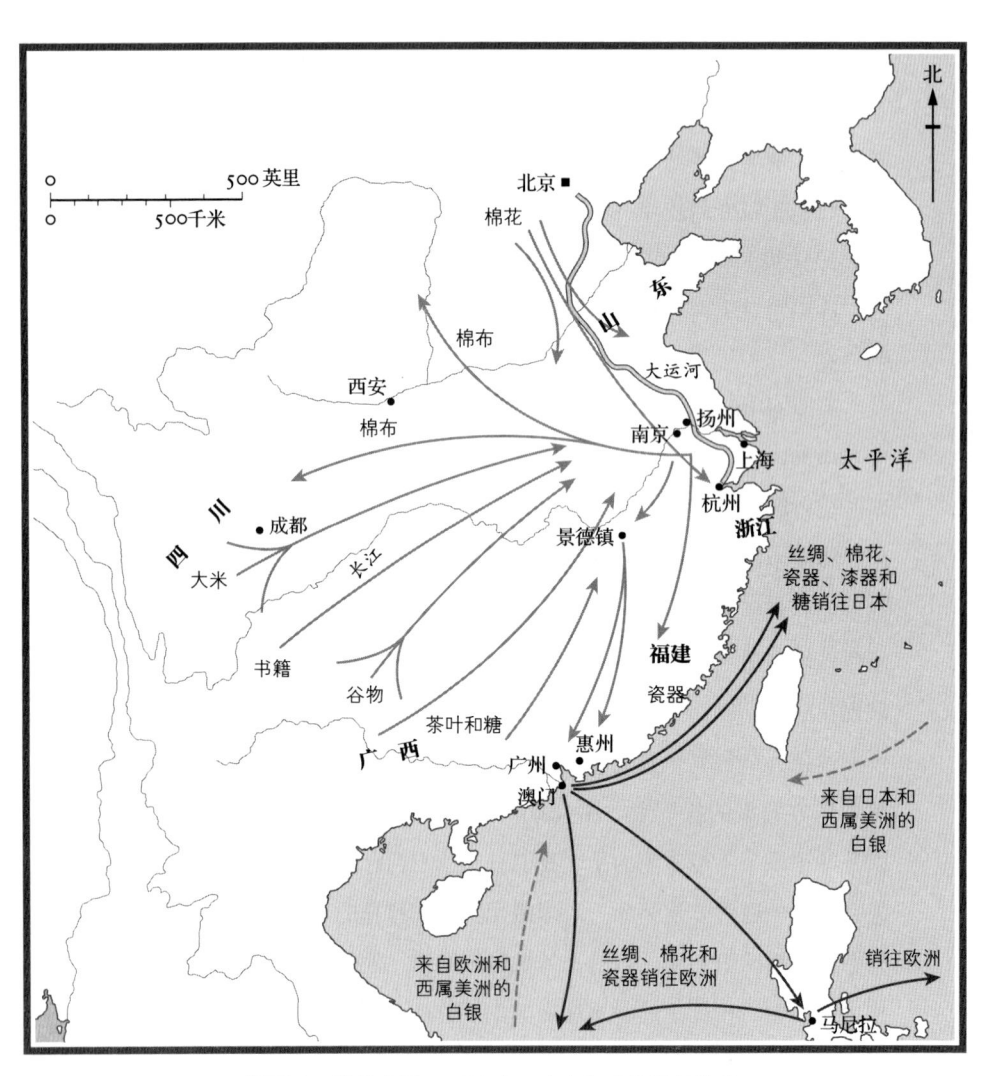

地图 1 明代中国，1600 年：对内和对外贸易路线

城市里的时尚不断翻新,广告愈来愈多。历史学家顾起元(1565—1628年)曾提到,在他的青年时代,南京的女性服饰几乎每十年就要变化一次,而到了他的晚年,不到两三年就要改变一次。发式达到了前所未有的高度,在假发的帮助下,出现了所谓的"牡丹头"。[66] 除了景德镇瓷器,城市的集市上还出售来自杭州的刺绣、北京穆斯林手艺人制作的景泰蓝酒杯。商业文化繁荣发展,商店不断增加,受过教育的顾客越来越多,店主和工匠们用越来越大胆的广告、在商标和品牌方面的早期尝试来争夺顾客。17世纪,由于更简易的字体、雕版技术以及更大范围的劳动分工,印刷文化和书籍进入大众市场。市场上有经典著作和戏文、春宫图和小说故事,一些书籍售价只需一钱银子,这种价格对中间等级的官员、学者、商人及他们的妻子来说,都是负担得起的。在江南地区,可能差不多一半人口拥有读写能力。[67] 这种更能够识文断字的文化大大拓宽了广告推广的可能性。商店会把店标展示在店旗上。例如,苏州的肉商宣称自己是"原汁原味的陆稿荐",甚至是"最原汁原味的陆稿荐",以期利用老店陆稿荐的名声让自己生意兴隆。在北京,一些招牌有10米高,还有一些会在晚上通过灯笼照亮。女性会佩戴刻有"朱松邻"字样的簪子,这是一个源于技术纯熟的竹刻匠人朱松邻的品牌。在南京熙熙攘攘的三山街,竹制家具店都会将自家的手艺追溯到濮仲谦。折扇、漆桌、金漆莳绘屏风和化妆盒是从日本传入的。奢侈品的主要消费群体是士绅和文人,其中一些人写作诗歌和传记来赞扬手艺人,这些文学作品让他们声名远播。[68] 不过,在广东等富庶发达地区,农民不仅是生产者,也在逐渐成为消费者,他们会购买糖、贝壳饰品、槟榔和雨衣。

根据当时的中国邸报记载,在每一个地方,时尚都在胜过物质本身。1591年,一份地方志记录道:"家无敝帚者,亦连车骑饰,冠裳为富贵客。"在农村地区,守规矩、质朴的节俭作风也开始让位于对时尚的严重迷恋。16世纪70年代,学者陈尧提到,"今者里中子弟,谓罗绮不足珍,及求远方吴绸、宋锦……长裾阔领,宽腰细折,倏忽变异"。[69] 这都是关于"时样"的:字面解释就是"当时流行的样式"。一种新型年鉴读物出现了,它们为一家之长提供完整而分门别类的必需信息(这种读物没有标明日期，但是直到 1600 年仍在流通）。这种指导家务管理的手册还会提供一些有关室内装饰的建议。这类书籍主要的阅读群体是士绅和城市商人。然而，人们在一个农村小地主的墓葬中发现了一份此类手册，这说明瓷器和其他商品也流通到了至少一些有抱负的农户手中。如果没有装饰性物品，那么关于它们的建议基本是没有价值的。[70]

在商人当中，越发丰裕的状态是最为明显的。完稿于约 1618 年的儒家世情小说《金瓶梅》生动描绘了此种现象。该书的主要人物是西门庆，一个想要挤入社会上流的人。他打算把贩布商人的遗孀孟玉楼纳为三房。媒人在介绍孟玉楼时，先是列举了她的财物："南京拔步床也有两张。四季衣服，妆花袍儿，插不下手去，也有四五只箱子。珠子箍儿，胡珠环子，金宝石头面，金镯银钏不消说……好三梭布也有三二百筒。"当西门庆见到孟玉楼时，她"上身穿翠蓝麒麟补子，妆花纱衫……二珠金环，耳边低挂。双头鸾钗，髻后斜插"。一个男仆端来"蜜饯金橙子泡茶，银镶雕漆茶盅，银杏叶茶匙"。[71]

一名商人的妻子头戴鸾钗，这件事似乎听上去没有什么，但是这反映了在晚明时期物品对社会秩序的挑战。在中国的首饰佩戴上，凤和龙相当于珍珠和貂皮，它们通常是皇后、王妃的专属物品。1593 年，学者型官员张瀚抱怨，现在四五品官的妻女穿戴龙凤服饰。[①] 自从明太祖洪武帝（1368—1398 年在位）以来，"代变风移，人皆志于尊崇富侈，不复知有明禁，群相蹈之"。"今男子服锦绮，女子饰金珠，是皆僭拟无涯，逾国家之禁者也。"[72]

奢侈逾矩是无止境的，而且明末清初的中国和欧洲在奢侈浪费方面存在着一些显著的相似之处。正如威尼斯元老院担心仪式上的过度花费一样，一个北京地方官员在 16 世纪 90 年代指出，葬礼开支正变得异常巨大。[73] 扬州大盐商因激烈的地位竞争而声名不佳，他们争相在马匹、婚礼和葬礼方面攀比花费。1795 年，一位作家回忆道："或以木作裸体妇人，

---

① 源自《松窗梦语》，原文为"洪武时律令严明，人遵画一之法。……如翡翠珠冠、龙凤服饰，惟皇后、王妃始得为服；命妇礼冠四品以上用金事件，五品以下用抹金银事件；衣大袖衫，五品以上用纻丝绫罗，六品以下用绫罗绸绢；皆有限制"。作者对此理解有误。——译者

动以机关,置诸斋阁,往往座客为之惊避。""有欲以万金一时费去者,门下客以金尽买金箔,载至金山塔上,向风扬之,顷刻而散沿江草树之间,不可收复。"[74] 贾科莫·桑特·安德列亚这个来自帕多瓦的挥霍者就已经在 1300 年表演过这种艺术,当时,他将金银物品扔进了布伦塔河。[75]

盐商们最初的财富来源是他们以垄断价出售食盐的权利,而这一排他性的权利是通过为边境地区的军队运送粮草换来的。15 世纪 90 年代,放宽了用粮食来交换食盐的政策,这时商人的业务除了放贷,还扩展到贩卖丝绸和茶叶。在 18 世纪的扬州,清朝新登基的皇帝让盐商出任官员,且无须参加严格的科举考试。商人用住宅富丽堂皇的大厅以及拥有亭台楼阁的异域风情花园,来彰显自己的新地位。一些商人还建造了游廊。建筑所需的紫檀木来自阿拉伯半岛,玉石来自缅甸,大理石来自四川。1795 年,扬州作家李斗提到 9 类屋顶上的彩色琉璃装饰和 4 座西式风格的花园。许多商人还用来自广东和欧洲的时钟、镜子装饰自己的家。[76]

与在意大利一样,在中国,越来越多的物品不仅流入地主精英手中,也流入商人和农民手中。与通常的设想不一样,宫廷在传播新的物品和生活方式方面所起的作用远没有那么重要。主要传播源在市镇和逐渐商业化的乡村。19 世纪西方旅行者传下来的常规看法认为,汉人是一个俭朴的民族,可富丽堂皇的商人住宅挑战了这个传统看法。但是,所有这些并不意味着,时尚、新奇物品和炫耀性消费受到了热烈欢迎。恰恰相反,人们指责它们破坏了既有的社会等级秩序和道德观念。就像文艺复兴时期的欧洲人一样,明代人认为农业比商业优越。古时有言:农为天下之本务,而工贾皆其末也。富有的商人在撼动着这一自然秩序。1543 年,福建建宁的一位编年史家惊恐地表述,很多百姓选择了经商。[77]

明代士绅和士大夫阶层都以怀疑的眼光看待新奇事物。在他们看来,富商和平民消费者都是社会的不安定因素。在骄横的消费者和对他们来说未免有点多余的物品之间,一道品位的屏障建立了起来。文震亨是一个颇有权势的地主,曾因挑战明廷被捕入狱。1645 年,当清军攻陷苏州时,他绝食而死。然而,在其壮年时期,文震亨也是一位新锐鉴赏家,著有《长物志》(约 1615—1620 年)一书。这本书的书名刻意带有讽刺意味，因为它真正的主题是那些对于文雅生活必不可少的事物。"冬月以茧䌷或紫花厚布为之，纸帐与䌷绢等帐俱俗。"对于艺术史家柯律格来说，《长物志》反映了中国是如何发展起自己的"原始消费文化"的。从某种意义上来说，这是正确的。如今，人们同样可以从一本指南里学习生活方式。在文震亨的世界里，身份地位不再只是出身门第的产物，而是高雅消费——鉴别雅俗的审美能力——的产物。品位创造了文化资本。重要的不是财物的数量：通过在一件物品与其周围环境之间建立一种"和谐的"关系（韵），这位鉴赏家展现出了自己的鉴赏力。花瓶的大小必须同房间相称。冬春时节摆放的花瓶应当是青铜的，夏季则应当是瓷的。而且，瓶中的花一定不能超过两种，"过多便如酒肆"。[78]

尽管《长物志》赞颂从物品中获得的愉悦，但在其他方面，它站在将改变现代世界的消费文化的对立面。在《长物志》的论述中，新奇物品几乎没有任何吸引力。为市场生产的物品是值得怀疑的。真正的价值存在于古物中，而只有鉴赏家才能欣赏这种价值。正如文震亨的朋友在《长物志》的序言中所写的，"近来富贵家儿与一二庸奴、钝汉，沾沾以好事自命"，但是他们必然失败，因为"每经赏鉴，出口便俗，入手便粗，纵极其摩娑护持之情状，其污辱弥甚"。[79]对古物的追求引发了围绕着它的特殊需求，比如盗墓。它还引发了仿造热潮。"真者岂能多，赝物乃填委？"一位诗人问道，以提醒读者警惕17世纪晚期在苏州的赝品。其中一种造假手段是将醋液涂抹在青铜器物上，制造出古旧铜绿的假象。[80]从根本上来说，这一需求围绕着挖掘商代（约公元前1600—前1046年）的古老青铜器和收集晋代（265—420年）的书法作品，也就是那些已经存在的物品，而不是唤起人们对各种新物品的兴趣。一个例外是新近委托创作的高雅艺术和书法作品，但即便如此，这些书画通常也遵循了古代大师的风格。古物和古代艺术作品原件并没有引起人们对新物品的追求，而是被人们当作一生珍藏的物品，甚至在死后也珍藏着。比如，一些帝国精英阶层成员和商人会将古代玉器、青铜器、古画和书籍与自己一起埋葬。1495年，商人王镇在入葬时，随葬品中有24

幅绘画作品和2卷书法作品。① 其中，有两幅绘画作品落款日期是元代（1271—1368年），但其实是赝品；还有几幅出自14、15世纪的宫廷画家和士大夫之手。[81]

如果说物品的流通速度正在加快，那么这一情况仍然发生在一个保守的文化环境中。就像文艺复兴时期的意大利一样，晚明中国没能意识到消费可能对国家、社会和经济起到积极的作用。儒家著作多有奢侈将引发腐败之类恶果的警告。《金瓶梅》便传达了很多这类观念。在这本书中，西门庆奢靡的生活方式是一种道德训诫，它要让人们看到，西门庆对物和性的贪欲是如何相互激发，最后吞噬了他的。华美的衣服和饰物一次次激起西门庆的欲望。在其中一幕，西门庆看到潘金莲"上穿沉香色水纬罗对襟衫儿，五色绉纱眉子，下着白碾光绢挑线裙儿，裙边大红段子白绫高低鞋儿。头上银丝鬏髻，金镶分心翠梅钿儿，云鬓簪着许多花翠。越显得红馥馥朱唇、白腻腻粉脸，不觉淫心辄起"。于是，他用手抚弄她的胸乳，并"用口舐之"。正是物欲和情欲的相互激发，将西门庆一步步推向自我毁灭的深渊。在另外一个情节中，西门庆拿出50两银子，给一个他包养的歌妓买了4套缎子衣服，然后解释说，他"要梳笼桂姐"。"舞裙歌板逐时新，散尽黄金只此身。"[82] 这部小说不断地向读者昭示"银流"的双重意义。如果让它过于任意地流淌，就会耗尽肉身的体力和财力。年仅33岁的西门庆就因过度服用春药而死。这暗示着过度消费也会危及民族的健康。

尽管文人圈子和知识女性喜欢简单的服饰，而且晚明名妓以朴素的长袍闻名，但是精英阶层不会穿用于苦行的粗糙衣服。[83] 缙绅、士大夫和文人所做的，是推广另一种价值和行为标准。他们不与一些富商的炫耀性消费直接竞争，而是避开这样的消费，抬高审美倾向和对艺术本身的无私欣赏，让它们的地位超过物质财富以及与之相伴的财物积累和浪费。用后来社会学家的语言来说，文化资本胜过经济资本。[84] 鉴赏力、古物收藏、

---

① 查《淮安明墓出土书画》（文物出版社，1988年）等考古报告，可知出土两卷共25幅书画，其中绘画24幅，书法1幅。当时经国家文物局字画鉴定专家组徐邦达教授等鉴定，除2幅伪作外，其余皆为真品。——译者

诗歌写作、古琴弹奏、古典著作研习或者与带有排他性的朋友圈子共度闲暇，可以表现出一个人的高贵地位。在《红楼梦》中，行酒令是一种主要的消遣形式。16世纪，精英们正式禁止乡民参与此类消遣娱乐，包括收藏奇石和古物。这类乐趣需要有精神财富，而不是物质财富。这种乐趣不能像其他商品一样简单地被购得。这些乐趣大多数属于沉思冥想的、精神上的和审美层面的，比如欣赏大自然或绘画作品里的高山风光和园林景致。社交活动可能涉及大量的饮酒，但即便是此类活动，也被视为一种脱离物质世界的超然行为。[85]这种乐趣不同于我们现代人对物质满足和生产性闲暇的忙碌追求，而更接近于古希腊亚里士多德学派把闲暇视为沉思活动的理想，这种闲暇专属于那些不用劳作的精英阶层。

这种关乎学问、沉思性的消费文化继续奠定着明末和清代的社会基调。商业贸易推动了商品的流通，创造出了新的消费者阶层，但是它还没有创造出相应的生活方式和价值体系。扬州盐商身上相互冲突的身份认同和灵魂追求非常发人深省。的确，一些盐商是暴发户，无视自己庞大的财富资源可能会产生的作用。但是还有很多盐商在模仿士大夫精英及其有教养的生活理念，他们去学习弹奏古琴，请学者指正自己的诗歌和书法作品，让自己的孩子准备参加科举考试，希望后代将来可以进入精英阶层。正如我们所见，15世纪晚期，一个像王镇这样的商人会通过收藏受过教育的精英的画作来提升自己的地位。到了18世纪，经商的洪氏家族会招待一些著名的学者、天文学家、诗人和书法家。马曰琯、马曰璐兄弟自己成了诗人，并利用自己的财富建立起了一套孤本、珍本收藏体系，他们主持着一个文学沙龙；他们还慷慨地资助一些历史学家和诗人渡过疾病和经济难关。[86]文化，而非物质财富，是进入精英阶层的门票。对许多商人家族来说，这是一种非常成功的策略，通常不出两三代，他们的子孙就会成为有功名者或官员。所有这些并不是说中国是静滞或封闭的。正如我们所见，日本漆器、欧洲玻璃和西方的宠物鼠都进入了这个帝国。但是，如果明朝也能拥有像东印度公司这样的西洋公司，那么外国商品的贸易量将是多么巨大！欧洲商品一直处于明清文化的边缘地带。在一个尊重古老传统的价值体系中，它们不过是没有立足之地的新奇玩意。[87]对古物的崇拜与对新奇事物的追求相背而行,而这种追求本该诞生一种永不满足的消费文化。在这个意义上,中国在商业方面是先进的,但是在文化方面是回望式的。

更多物品

17、18世纪,一种更加充满活力和创新精神的消费文化在欧洲西北部的荷兰和英国逐渐发展出来。在文艺复兴时期的欧洲和明代中国,店铺、市场和个人所有物的增长十分顺畅,但是它们在荷兰和英国的进一步扩张在一定程度上只是这一早先趋势的延续。这两个被北海分隔开来的国家在1600年之后发生的变化,创造出了一种新型消费文化。与物品的指数级增长同时出现的是新奇性、多样性和可获得性的增长,这种现象与人们对商品世界更加普遍的接纳以及商品世界对个体的自我、社会秩序和经济发展的贡献有关联。在18世纪的商品篮子中,与众不同的是新奇性、多样性和更新速度三者的结合。烟草、茶叶和瓷器是催生出了新的消费方式、社会交往方式和自我呈现方式的新事物。同样重要的是,物品品种激增。例如,出售茶壶、带扣、纽扣和牙签的制造商马修·博尔顿在他的书中记录了1500种设计图样。

或许没有什么能比"消费"(consumption)一词本身含义的转变能更好地反映这一变化。几个世纪以来,身体政治一直是以人体为模型的,但是此后,商品消费(consumption of goods)开始与其认识论上的亲缘词义——消耗性疾病——区别开来。当然,个人的无节制继续遭到道德家的批评,但是它不再是一种危险的社会性疾病。相反,很多新的声音都在主张,个人对更多物品的渴求是人类进步的推动因素。这是一种根本性的转变。它彻底颠覆了几个世纪以来的公认观念,"少即是多"让位于"多多益善"。以前,消费被看作一种流失,必须受到抑制和控制;而现在,它被认为是财富的源泉。1776年,亚当·斯密宣称,消费是"所有生产活动的唯一目的"。[88]

这一变化的最初迹象在荷兰共和国(1581年宣布从西班牙手中独立)

表现得十分明显。荷兰开辟了一种新型社会和经济,这种社会和经济为更大规模的消费提供了有利环境。它与众不同的特征包括两个方面:统一的市场和一个流动、开放的社会。与意大利多数地方和欧洲其他地方不同,在这里,土地不属于贵族,而属于小农。长期租赁制保证了佃农的土地使用权,佃农们充分利用了食品需求和食品价格的上涨——这是由日益增长的城市人口导致的,他们不再种植基本粮食作物小麦、黑麦,转而生产价值更高的黄油、奶酪、肉类和园圃蔬菜。他们由此转变为深谙市场之道的农场主。谷物将从德意志东部和波罗的海地区进口,而这样做是有利可图的。在市镇中,资金和劳动力流入了那些越来越专门化且成功的行业。哈勒姆成为亚麻细布生产中心,代尔夫特成为陶器中心。1584年,莱顿生产了2.7万匹布,而80年后,其布匹产量已经达到之前的6倍;纯羊毛织布(lakens)的市场份额也在不断增加。[89]如果说明代中国出现了专业分工的迹象,荷兰则将劳动分工提升为一种新的技艺形式。荷兰乡村地区的特点是,各种各样手艺和行业增长,农场主、小商人以及鞋匠、制车匠、园艺师也大量涌现。与佛兰德地区的羊毛行业不同,荷兰的新出口贸易中不存在行会,因为人们不想在自己的道路上设障。即使在那些行会增加的地方,比如荷兰北部,行会也要服从市政府,也没有在欧洲其他地方拥有的限制贸易和劳动力的独立权力。[90]相反,在荷兰,纺织业吸引着来自佛兰德和列日的劳动力。荷兰共和国是一片商业地带,这里没有重重地区性壁垒和税收,而在德语地区,几乎每隔几英里就需卸货、征税。比起世界上的其他地方,在荷兰,劳动力、资本和土地可以找到最有生产成效的出路。

正是这一结合了灵活性和流动性的优点,使荷兰人能够吸引和扩大贸易,消化人口增长和17世纪的战乱带来的压力,而在当时,这些压力在欧洲大陆其他地区到处可见。1500—1650年,荷兰人口增长了一倍,达到190万。所有这些还不足以引发一场工业革命。让我们感兴趣的是,它确实让更多的人口获得了高工资、产生更多的商品需求。反过来,实际工资的上涨又促使人们去寻找节约劳动力的方法,比如风车磨坊和用马力驱动的搅乳器。因此,与16世纪初相比,一个16世纪末的典型奶牛农场

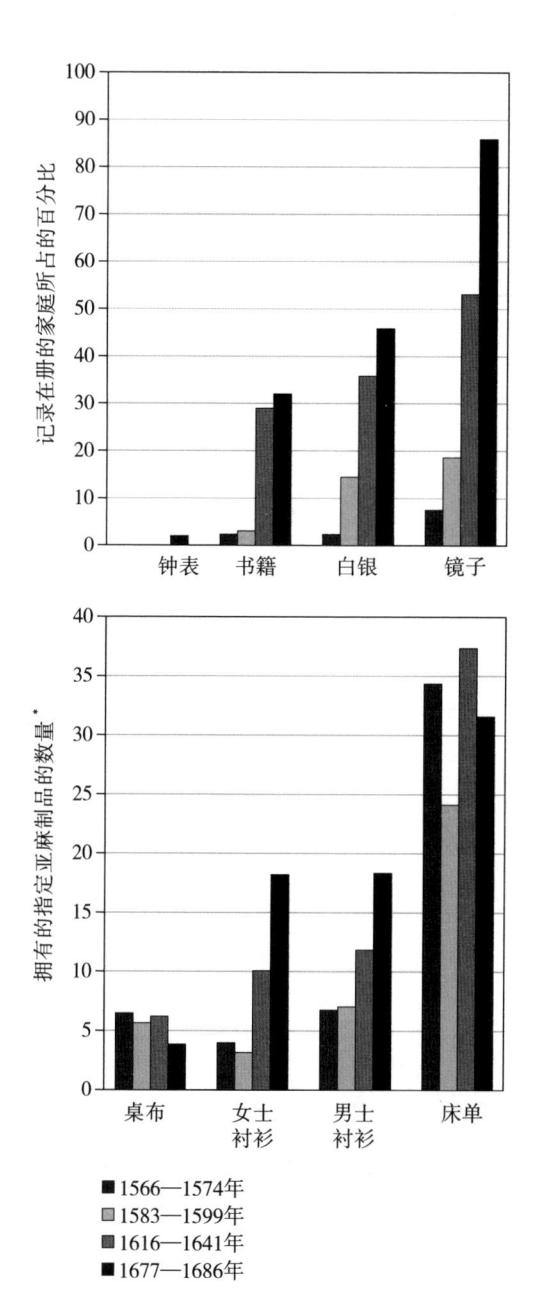

* 农村家庭拥有 10 头甚或更多的奶牛
来源：Jan de Vries, *The Dutch Rural Economy in the Golden Age, 1500-1700* (1974), pp.219, 221。

图 1-1　在弗里斯兰的吕伐德拉蒂尔，农村地区拥有的物品，1566—1686 年

主每卖出一磅黄油,就能多买下33%的黑麦。他能买得起更多的商品。[91]

室内摆设和日常生活都发生了变化。农场住宅摆满了各种物品。到了17世纪晚期,农场主的家里通常都可以看到时钟、地毯、窗帘、画作和书籍,八边桌上会放置一些瓷盘。而这些物品在100年前是罕见的。1692年,当富裕的农场主科内利斯·彼得斯·德·兰格去世时,除了若干银汤匙和刀具,他还拥有69枚银纽扣。他在阿尔芬地区的邻居几乎没有人能比得上他,但舒适度和财富在每个地方的增长都是非常明显的。到了1700年,镜子和书籍已经无处不在。然而,增长是不均衡的。许多物品,比如桌布的数量,几乎没有发生变化;床单的数量甚至一度略微减少了。另一些物品则迅速增多。比如在里斯乡间,寡妇安娜·纳尼格·贝弗维克拥有61块餐巾。亚麻制品尤其是一种财富的象征,许多农场主都会用自己新赚到的钱大手笔购入亚麻制品。到了17世纪70年代,在一些中等规模的奶牛农场中,男男女女的衣橱里平均有18件亚麻衬衫,这个数量是一个世纪前的3倍。时尚美观的亚麻制品正在取代更加廉价的羊毛织物。[92]

在丰裕生活的新规模和对丰裕生活的追求方面,没有什么比荷兰各座城市里的宏伟连栋住房更加明显。位于阿姆斯特丹绅士运河旁的巴尔托洛蒂宅邸是一个富裕市民的豪宅。1665年,这座房子的大厅里有一张长长的橡木桌,桌子周围有12把配有红色天鹅绒软垫的椅子,墙上挂着一面配有乌木边框的镜子以及一些描绘基督诞生、家庭成员和奥兰治王室的画作。甚至连一个女仆的房里都有7幅画作。一般来说,这些住房把几个消费世界整合在了一起,产自阿姆斯特丹和乌得勒支的精美银器跟来自东印度的橱柜、来自代尔夫特的瓷砖和来自东方的地毯融合在了一起。1608年,荷兰东印度公司订购了10万多件中国瓷器。[93]其中一些会被再出口,但是大量瓷器会出现在荷兰人的餐桌和墙上。正如西蒙·沙玛极妙地指出的一样,荷兰人基本不会极其朴素或节俭,甚至那些中等商人和店主也是如此。[94] 1717年,王子运河旁的一个裁缝的家里拥有5幅画作、各种代尔夫特陶器、白镴酒杯、7套镶有蕾丝的窗帘、24把椅子、几本书、6套亚麻床上用品、41块餐巾和一个鸟笼。人们普遍希望拥有更多的财物和更精美的装饰性物品,这一点在许多城镇为募集慈善资金而举行的彩票抽奖上得到了充分体现。在荷兰西南部的费勒,1662年的彩票抽奖奖品包括高脚酒杯和优质盐碟、银罐和银剑柄。而且,这些只是小奖。那些赢得大奖的幸运儿会获得一套价值4000弗洛林的银餐具,包括餐碟、盘子、酒杯、烛台和叉子。

宗教改革之后,加尔文派继续告诫人们一条古老戒条:财富是奢华之母。但重要的是,地方官员拒绝倾听这一教条。与之相反,为了赞颂市镇的伟大和财富,市镇不断举办各种奢华的宴会、化装舞会、烟花燃放活动。值得指出的是,在晚明中国,皇帝一再禁止臣民在庆祝新年时作乐和燃放烟花。[95]

在荷兰共和国,伴随着对享乐的认可,人们逐渐发展出对新鲜事物的热爱。商业的成功与对商品世界的接纳携手前行,尤其是因为经济增长缓解了一些由来已久的对"奢华"生活方式和奢侈品的压力,这些压力在别处显而易见。消费不再必然会影响国家兴亡,也不会耗尽有限的资源。不断提高的收入意味着,荷兰人能够进行更多的消费,而且仍然能够进行投资。这与马克斯·韦伯在《新教伦理与资本主义精神》(*The Protestant Ethic and the Spirit of Capitalism*,1904/1905年)——在这本书中,加尔文派的勤俭节约被视为现代资本主义的摇篮——中更简单的著名道德寓言不相符合。对荷兰人来说,只要市民不忘记自己作为公民的身份,奢侈享乐的诱惑就可以得到控制。因此,在无节制与节俭之间,是有可能走出一条中间道路的。这一认可扩展到了日常生活中更细小的乐事上,不仅扩展至饮用啤酒(只要是在那些拥有营业执照的酒吧),还扩展至一系列因异国食物、烟草等药品、加了甜味剂的食品和饮品而生出的新习惯。早在1620年,人们就通过吸食烟草来获得愉悦。只要吸食适度,且使用哈勒姆和格罗宁根这两个城市生产的陶土烟斗吸食,这就是可以接受的。一些激进的加尔文派教徒从中嗅出了自我放纵和昏沉慵懒的气息,但是当局无意在阿姆斯特丹禁止这类作物,在那里,这类作物被烘干,进而切割。事实上,在那些试图培育出本土品种的主要种植者中,就包括一名加尔文派的执事。[96]这是一种正在崛起的大众文化的征兆,这种文化传播了之前具有排他性的新奇事物，并将它们整合到日常生活之中。一种新的道德指南针开始引领消费世界。

在北海彼岸的英国，这一时期商品的数量和种类同样呈指数级增长。18世纪，它们将达到前所未有的程度，但是规模更大的消费的首轮影响可以一直追溯到中世纪晚期。在英国，由于黑死病（1348—1349年）夺去了超过33%的劳动人口，1500年的实际工资是1300年的3倍之多。更高的工资和更廉价的食品创造出了对更多样化和更高品质商品的需求。英国劳动者没有选择用从祖辈起便在食用的面包和奶酪来勉强应付生活，到14世纪晚期，他们已经开始享用肉类和麦芽酒。农民开始穿牛皮制作的鞋子，而不是更加便宜的羊皮鞋子。15、16世纪，标志着这种生活水平进步的大多数较高品质的商品都是外国进口商品，比如来自意大利的丝织品和天鹅绒，来自莱茵兰的瓷器。引人注目的是，啤酒自荷兰被引入，英国本土的麦芽酒往往不到一周就变质，而荷兰啤酒的啤酒花让啤酒的储存时间比麦芽酒长，因此酒馆得到了扩增。[97] 16世纪，国内市场成为英国制造的产品的主要支柱。仿制品也开始出口，这一般是在移居英国的熟练工人的帮助下实现的。伦敦成为玻璃和丝织品的一个生产中心。最大的贸易来自新型帐幔纺织业，这种帐幔是一种质地更轻、品种精良的呢绒，由低地国家的手艺人引入英国。

向质地更轻的纺织品的转变、丝毛混纺面料，以及时尚领域的变动，都动摇了旧有的服饰社会等级秩序，这有可能造成混乱局面。伊丽莎白时代的人们开始抱怨，仆人们穿着优质布料裁剪的大衣和用佛兰德染料上色的紧身裤招摇过市。在《英格兰概览》(*Description of England*, 1577—1587年)中，威廉·哈里森以充满怀旧意味的口吻表达了对一个过往时代的向往之情，那时，一个英国人会在国外因其穿着而被认出，会在国内满足地穿着简朴的毛料服饰。但是，哈里森承认，那些日子已经一去不复返了：

> 这就是我们的易变性了。今天，西班牙装束被认为是无与伦比的。明天，法国的小摆件儿被看作最精美、最让人开心的东西……

不久之后，土耳其式礼节广受欢迎……而法式短马裤穿上身非常漂亮，以至于除了穿着紧身上衣的小狗，你再也不会看到任何像我的英国同胞那样喜爱装扮的人了。

更有甚者，"女人打扮成男人，男人则打扮成怪物"。哈里森的同胞被时尚和不断出现的变化深深吸引，于是哈里森向上帝祈祷，"在这一方面，希望我们的罪孽不要像所多玛和蛾摩拉一样深重"。[98]

17世纪早期，在斯图亚特王朝治下，精英阶层重拾文艺复兴时期意大利精英一度中断的事务，他们开始收集艺术品、书籍和古物，并把它们一起保存在交易中心，比如保存在1609年詹姆士一世在伦敦创办的新交易所。[99] 平凡的变化不太宏伟但意义重大，它们渗透到了整个社会，造就了大众消费的要素。廉价的新产品出现了。针织机使长筒袜的批量生产成为可能，而且长筒袜的种类和样式越来越丰富。格雷戈里·金在1688年估计，一年有1000万双袜子被销售出去，或者说平均每人购买2双。[100] 陶土烟斗、别针、柔肤皂、黄铜和铁顶针都出现了。这些商品是在小作坊里生产出来的，反映了"大众消费一定要有工厂式批量生产"的想法是错误的。在家里，由于燃料从木材变成了煤，人们开始使用深平底锅、壶，这些器皿可以直接放在炉灶上，而不再需要挂在火上。陶器也流行开来，并且用途越来越多。当丹尼尔·笛福在1727年走进一个住在德比郡的穷铅矿工人及其家人的"大洞穴"时，他惊讶地发现那里有"一些放有陶器以及一些白镴和黄铜器皿的架子"。[101]

并非一切事物都是新的。在斯图亚特时期的英国，上层贵族仍然食用大量牛肉，进行鹰猎活动，就像在中世纪时一样。对他们来说，到伦敦的购物之旅是与家庭生产和礼物馈赠——通过一个由寻求工作和援助的仆人、家庭教师和乳母组成的广泛资助网络——共存的。从这个意义上来说，消费既是市场上买卖活动的一部分，也是劳动交换的一部分。然而，即使在那些产品本质上并不新颖的领域，产品的品种通常也是越来越多的。比如，17世纪上半叶，诺福克郡的艾丽丝·莱斯特兰奇夫人买了62匹不同种类的布料，其中包括来自荷兰的亚麻细布、西班牙布料、亚麻锦缎、长毛绒（一种昂贵的丝绒）、缎子、羽纱（一种轻柔的安哥拉羊毛织品）、素毛绒面呢和"上好的鲜红布"（一种极其昂贵的羊毛织品）。1623年，莱斯特兰奇家先买了一匹印度白棉布，这是为艾丽丝的一件长外衣做饰边用的。他们的床上挂着产自英国的新式帐幔，比如所谓的"快乐男孩"（jollyboys，由精纺毛料编织的纺织品），还铺着黑天鹅绒、金色和深红色锦缎、鲜红布，还用印度的条纹印花棉布做装饰。这个家族属于英国上层的500豪门贵胄之一（哈蒙先生是一位爵士），每年开支超出2000英镑。然而，不管多么有权势，莱斯特兰奇一家并非生活在一个完全不同的世界里。在旧的奢侈品与现代的新奇事物之间并不存在鲜明的对立，而有时有些人认为这一对立将贵族同商人和店主区分开来，但至少在英国，情况并不是这样。像莱斯特兰奇这样的贵族家庭也使用白镴餐碟吃饭，也会被一些在商业社会中流行的新爱好和产品吸引，比如更加轻盈的新式帐幔和印度棉布。[102]

1700年之后，新产品的传播速度进一步加快。财产清册大致反映了这一集聚趋势。在1675年的伦敦，没有一个家庭拥有喝茶和咖啡的瓷器或用具。到了1725年，35%的家庭拥有喝茶和咖啡的瓷器，60%的家庭拥有喝茶和咖啡的用具。从前，10%的家庭拥有一只时钟、几幅画作和一些陶器。到了后来，半数家庭拥有这些物品。[103] 在都铎时期，窗帘、棉布和镜子这些物品通常只能在地方精英阶层的家中看到。托马斯·哈里森是南安普敦地区的一个腰带手艺人和庄园管家，在他于1554年去世时，他拥有几面"画帘"悬在自己房间的窗户上。他的客厅里有一张床，上面挂有黄色的帷幔，这是一种品质优良、类似哔叽的布料。[104] 到了18世纪20年代，在新的房间布局推动下，这些摆设是常见的景象。客厅中不再安放床，此时客厅已经开始拥有它的现代功能，即已经转为一个专供社交和娱乐的场所。

这一新的物质文化并没有以同样的速度在英国所有地区发展起来。在某些方面，这一进程相当不平衡，结果出现了两种国民。1700年，伦敦、巴斯和利物浦的民众喜欢在拉帘后面饮茶，但是迟至1750年，这种新鲜风尚在康沃尔仍很罕见。尽管如此，新商品还是传播到了城市之外

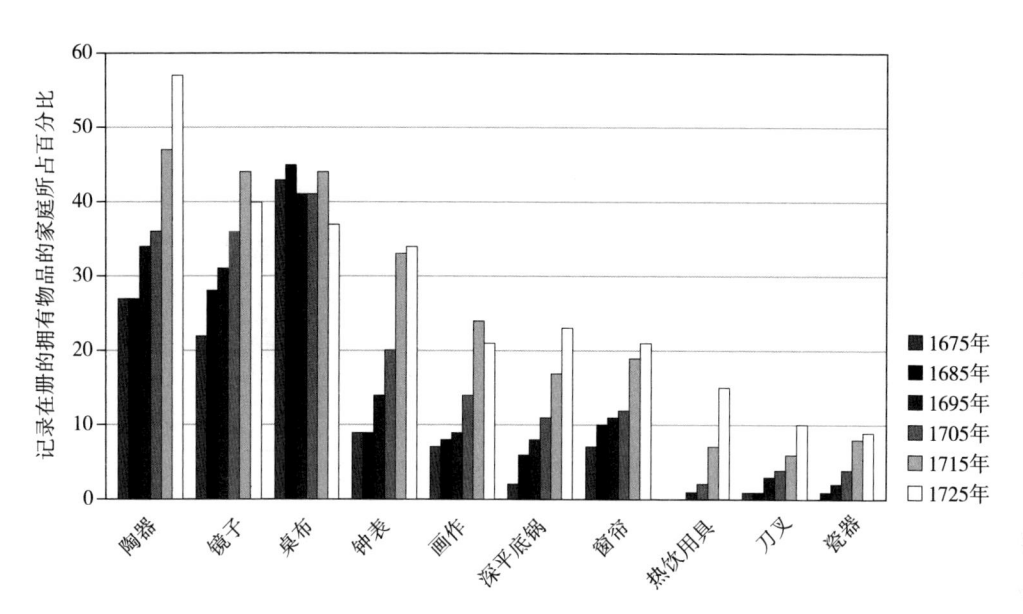

来源：Lorna Weatherill, *Consumer Behavior and Material Culture in Britain 1660-1760*, 2nd edn 1996, table 2.1。

图 1-2　英国家庭拥有的特定物品的数量，1675—1725 年

的地方。它们不仅出现在处于工业化进程中的约克郡和英国殖民地弗吉尼亚，还出现在邻近伦敦的肯特郡乡村地区。从凳子到椅子、从箱子到抽屉和衣柜的转变，既是一个关于大都市的故事，也是一个关于京都大邑以外地区与殖民地的故事。然而，舒适生活很难一下子全部到位。对于大多数人来说，这涉及权衡取舍。在英国，那些喝着茶、挂着窗帘、躺在羽绒床上休息的工人，通常也在忍受着营养不良和湿气。18 世纪 90 年代，在美国，旅客们注意到，他们的弗吉尼亚女房东坐在精美的家具旁边，穿着优雅的服饰，却用破旧的玻璃杯供应饮品，同时，风呼啸着从破裂的窗户吹进来。[105] 18 世纪的人们更看重显眼而直接的消费形式——服饰、家具和茶具，而不是隐蔽的管道、浴缸和公用设施。

在展现整个社会的物品所有权方面，财产清册必然为我们描绘的是一幅扭曲的画面，因为它们大都集中产生在贵族、商人和需要专门技能的行业人士身上。人们首先要拥有物品，才能建立自己的财产清册。幸运的是，一些教区愿意记录穷人的财产，这是某种交易的一部分。按照这种交

易,一个负债累累、要沦入济贫院的人在死前一直保留自己的财物,而死后他们会将这些财物留给教区。在18世纪的埃塞克斯郡,贫民拥有时钟(20%)和镜子(27%)的比例比手艺人和商人(71%和62%)少,这种现象一点也不让人吃惊。然而引人注目的是,半数贫民都拥有跟茶相关的物品、羽绒被褥和烛台,这个比例与商人的持平。尽管某些贫民一无所有,但是对所有人来说,贫困不再阻拦他们进入商品世界的大门。

1810年,运气稍好的劳工约翰·泰德格与他的妻子及两个孩子住

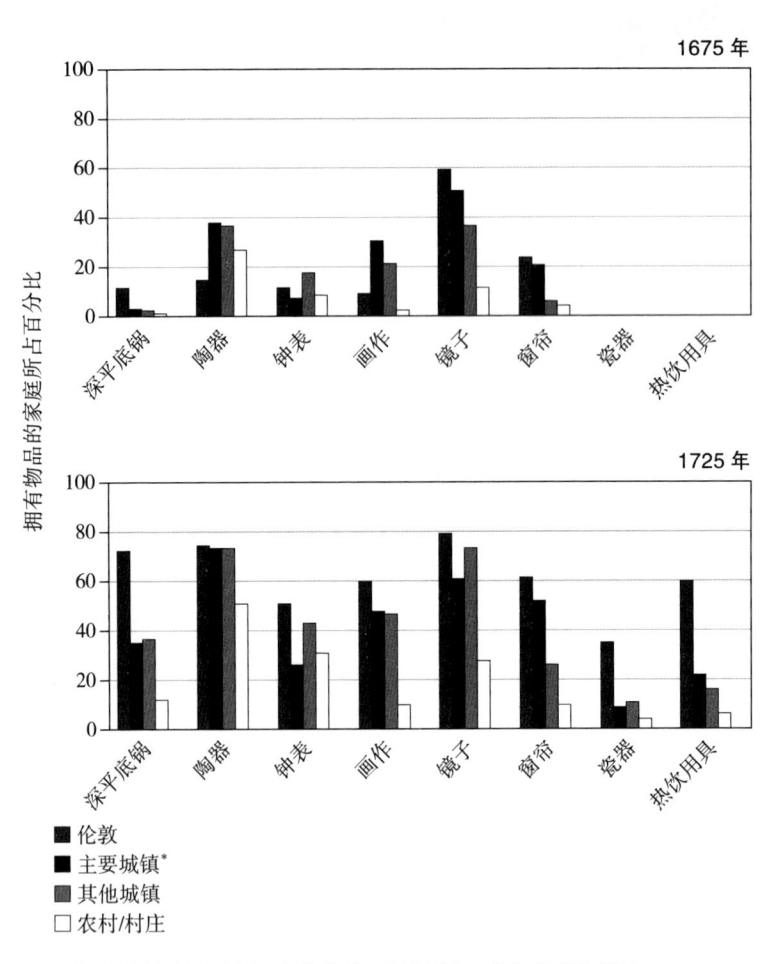

* 主要城镇包括利物浦、曼彻斯特、纽卡斯尔、温切斯特和剑桥
来源:Lorna Weatherill, *Consumer Behavior and Material Culture in Britain 1660-1760*, 2nd edn 1996, table 4.4。

图 1-3　英国城镇和乡村拥有的特定物品,1675—1725 年

在一个有起居室和两个卧室的公寓里。这两个卧室各有一张铺有羽绒被褥的四柱床。他在起居室里摆放着茶杯、镜子和瓷器，这些物品共计67件，还有一套16只装的代尔夫特餐碟。再加上一只红木茶叶箱、一张配有多把椅子的橡木长桌，这些物品是一种新的文雅和社交文化的基本必需品。[106]泰德格的财物或许让普通劳工的财物相形见绌，但是这些财物的确反映出，商品和舒适的生活条件在进入中等和上层阶级家庭的同时，也开始进入普通英国人的家庭。那些不直接占有这类物品的人，通常会作为仆人或房客而接触到它们。到18世纪晚期，茶壶、窗帘、羽绒床上用品和镜子在伦敦的出租公寓里已经十分普遍。[107]来自欧洲其他地区的访客通常对伦敦贫民讲究的穿着印象深刻，德意志作家卡尔·菲利普·莫里茨在1782年注意到，"甚至连乞丐都拥有衬衫或鞋袜"。这一点与柏林、巴黎（甚至都柏林和格拉斯哥）那些连一双鞋子都没有的贫民构成了鲜明对比。[108]

新的服饰和一种自我塑造的文化对英帝国的经济产生了涟漪效应，而且这种效应一直扩展到那些沦为奴隶的人身上。与母国不同，美洲殖民地继续沿用禁奢令。1735年南卡罗来纳的《黑人法令》就禁止黑人穿着主人丢弃的衣物，并且限定他们只能穿用威尔士平纹白布和其他廉价的布料制作的衣物。这类法律在实践中越来越难执行，这部分是因为主人们会利用服饰来购买仆人的忠诚，部分是因为奴隶们宣称自己享有作为消费者的权利，他们可以用自己通过养鸡、种棉花这些额外工作辛苦挣来的微薄钱财去购买丝带、镜子等物品。1777年，马里兰的查尔斯·韦克菲尔德悬赏80银圆，追捕自己的家奴迪克和露西。一则告示描述了他们逃跑时的全部行头。迪克不仅携带有"一条土褐色的俄式工装裤"，还有"一件带有深红色天鹅绒披肩的绿色布外套，一件带有蓝色袖口和披肩的红色长毛绒大衣，一件深蓝羽纱外套，且外套袖子、胸口下方和衣领处饰有金线花边……一双便鞋和搭配的扣子"。除了几条裙子，露西还携带有两件棉袍，其中"一件是紫白两色的，另一件是红白两色的"，一件"外套，一顶黑丝软帽，各种各样的手帕和褶边……一双高跟鞋，一副小山羊皮手套和丝织连指手套，以及一块蓝色薄绸头巾，头巾缀着薄纱、缝有白丝带"。[109] 这样的服饰与50年前的奴隶们的穿着迥然不同。

最出众的时尚新奇事物是棉布，通过观察在接下来几页中讲述的棉布崛起历程，我们可以更加充分地领略一种新兴消费文化的特征：它的美学吸引力和多样性；它的廉价和实用性；更加频繁的变化，以及与配饰相结合引发的结果；还有市场活动，以及一种将各大洲消费者和生产者整合起来的时尚体系的产生。

16世纪，西班牙在新世界的殖民活动、欧洲与中国的贸易，已然引起了丝织品和羊毛织物的跨洋交易。西班牙从美洲运回白银，并把来自卡斯提尔的布料运往美洲。1579年后，每年从菲律宾航行到阿卡普尔科的马尼拉大帆船都会把生丝和经过染色、刺绣的布料运往新世界；西班牙人也在墨西哥种植桑树，好在那里养蚕。在秘鲁，本地织工同来自旧世界的熟练工移民一道，把羊毛、蚕丝制成绣有中国花卉图案的挂毯和带有绿凤凰图案的红蓝斗篷。一些新的混合品种出现了，传统服饰——比如安第斯人的一种长方形披肩（llicIla）和一种裹裙（anacu）——与中国丝绸、卡斯提尔锦缎结合了起来。玛利亚·德·阿莫雷斯是一名生活在基多的富有妇人，她有着印加和厄瓜多尔血统，曾经两次嫁给西班牙人，1596年，她的衣橱里有一件由卡斯提尔绿锦缎和金饰边制作而成的中国式披肩和一件由卡斯提尔绿绸缎和金饰边制作而成的裹裙。她还拥有一件"大号中国瓷器"。[110]

然而，棉布是第一种真正全球性的大众消费品。印度染色棉布在11世纪就被运往东非，还被运往亚洲内陆。到了17世纪后半叶，它们已经被销往欧洲各地和奥斯曼帝国，但是在英国，它们第一次进入中等消费群体，然后扩散至大众当中。1664年，英国东印度公司将25万匹棉布运往英国本土。20年后，运载量已经超过100万匹。在伦敦不受欢迎的设计在帝国境内找到了现成的买家，它们在各地流通，在毗邻北极圈的加拿大商站也有它们的身影。印花棉布，即在印度手工印制的棉布，使人们的服装变得丰富多彩。在这一时期的英国，一些亚麻制品仿照意大利锦缎，采用木模版印花工艺，但它们无法与更加复杂精美的印度布匹相媲美。与亚麻布相比，印度棉布的着色性强得多；不同于在欧洲染色的纺织品，在洗涤之后，印度棉布仍然能够不失光泽。印花棉布让人们能够以承担得起的价格买到时尚的服饰和生动的设计，而那些用织布机织出图案的欧洲羊毛制品则昂贵得多。英国东印度公司在1683年提到，作为"荷兰淑女的商品"，多彩的印花棉布在英国开始被中等阶级群体接受，包括批发商、贸易商、律师、制造商、教士、官员和农场主的妻女们，这些人处于土地贵族和劳苦大众之间的社会中间阶层。[111]

印度棉布威胁着所到之处的羊毛、亚麻布和丝织业，这导致了一项几乎覆盖整个欧洲的印花棉布禁令（法国：1689年；西班牙：1713年；英国：1700年、1721年；俄国：1744年）；只有荷兰没有相关禁令。1719—1720年，在伦敦斯皮塔弗德地区，暴动的丝绸织工们撕掉了妇女的印花棉布衣物。但是禁令没能抑制得住"印花棉布狂热"，结果恰恰相反。制造商通过棉和亚麻混纺来规避这一禁令。东印度公司将船只停泊在伦敦港口，纺织工人登上船只，在船上将印花棉布制成衬衫和手帕，随后在陆地上非法销售这些制成品。军官和水兵会设法把印花棉布混进自己的私人物品中，然后将其偷偷带入国内；此外，英国外交官和外国大使其实也经常将丝绸偷带入英国。而棉布只是这个更广泛的走私网络的一部分，其他走私物品包括烈酒、茶叶、烟草和其他征税物品。1783年，议会中审查非法行为的委员会提到：在入境时，印花棉布和亚麻布通常被藏进其他物品里，要么与那些已经征过税、贴上标签的物品混杂在一起，要么贴着伪造的标签。与之类似，在法国，来自亚洲的纺织品会在洛里昂卸下，然后赶在清查之前销售一空。走私团伙之所以喜欢棉布，是因为禁令导致棉布在黑市上利润异常丰厚。1780年，仅在伦敦港一处，就有4099匹印花棉布和平纹细布被查获，这足以说明那些未被查获的走私物品的数量是多么巨大。1783年，下议院估计，有几百艘海运船只（其载重量从30吨到300吨不等）载着"配有棍棒和重鞭的船员，他们通常因饮酒而脾气火爆，并且会聚集在一起，迫使税务官员对检查睁一只眼闭一只眼"。望风者一发出信号，这些船只就立刻将货物装上运货马车，然后带着伪造的许可证，把它们运往伦敦和地方市镇。[112]

关于棉布的禁令或许显得有点保守，但是它也说明了禁奢令的精神已经被远远抛开了。当局不再关心普通家庭妇女是否穿戴着贵族妇女常穿的色彩或衣料。问题的关键在于产品是在哪里生产的，而非购买者是谁。这个禁令是个教科书般的案例，反映了一个新生产业是如何在庇护之下成长起来的。禁令的主要目标在于扶助这些欧洲国家本身的亚麻业和丝织业，但是没过多久，这个禁令就帮助英国建立起了强大的棉布业。英国生产商利用这种防止外国竞争的保护政策，开发新的织物，或仿制或创新，直至18世纪晚期，超过了印度古吉拉特地区和科罗曼德尔海岸的竞争对手。[113] 禁令刚开始只针对在印度印染的棉布（1701年），后来便扩展到在英国本土印染的棉布（1722年）。但是，它并没有针对棉混纺布。到了18世纪30年代，曼彻斯特的大多数亚麻制品都与棉混纺，制成了棉亚麻混纺粗布。不褪色的铜凹版印花工艺——由弗朗西斯·尼克松于1752年最先在爱尔兰改良——和1783年出现的滚筒印花机，最终使英国棉纺师傅纺出了胜过印度的手工印花棉布的织物。1774年，英国废止了关于印花棉布的禁令。25年后，英国消费了大约2900万码国产的棉布。

我们只是在单纯地谈论棉布本身。而对于当时的人来说，它的吸引力不仅仅在于新颖性，还在于品种的多样性。用于交易的棉布的品种有200种之多，而且棉布用途之广泛前所未有。这使购买者面临一种全新的选择负担。消费者如何辨明这些花样繁多的纺织品及其用途、质量和价格呢？消费者指南的出现反映了这一正在发生的变革。《开放的商人货仓》(*The Merchant's Ware-House Laid Open*，伦敦，1696年出版，刚好在进口禁令实施之前）提供了一份从A到Z的概览，它列举了针对"各个人群"的印度棉布和欧洲纺织品，从"一种荷兰亚麻织品"（Alcomore-holland）开始，结束于"一种法国纺织品"（Vehemounty）。种类越多，人们就越容易受骗。根据外观来判断产品的质量是困难的。一些布料在商店看上去很好，"但是穿起来就像纸一样"，而一些品种"虽然赏心悦目，但是在第一次洗涤后……成了碎布"。这本书告诉读者如何防止被"非常精明的商人"欺骗。长布——长达40码，用来制作衬衣和宽松长内衣的布料——通常每码15便士。它有两类，一类来自印度，然后在英国染色；另一类在运来之前已经染好色。最好舍弃前者，选择后者，因为"不同于前者，后者在洗涤时从不会掉色"。顾客在商店里应该如何辨别二者？答案是："你可以根据颜色来识别在英国染色的和在印度染色的布料，因为印度染料比英国染料上色均匀，而英国染料里有褐色和黑色色点。"在作者看来，一种细薄棉布或平纹织物（Mulmuls）的质量较差，因为它"非常细薄……很容易磨损，不仅穿起来十分不雅观，而且在洗涤两到三次后就会严重发黄"。这种布料在小贩手里通常卖得很贵，"但是穿上身完全就会觉得上当受骗"。在众多印花棉布中，学会辨认两个品种十分重要。其中一类是精美的棉布，印有鸟兽图案，"即使穿到破，它们也不会掉色"；另一类是"印花棉麻布"（serunge），质地有些"粗糙，然而……印有非常美丽的花卉图案"，同样不会掉色，非常适合用来制作床罩，还适合制作长礼服、衬裙。[114]

到了18世纪晚期，服饰革命已经全面展开。丝绸仍然是法国最贵重的出口纺织品，英国不仅将丝绸批量运至丹麦和挪威，还有北美洲和牙买加。弗吉尼亚贵妇同样相当喜爱洛可可风格。在英国，由于商人开始推崇丝绸马甲和马裤，丝绸一定程度上丧失了自己的排他性。在市场的另一端，亚麻布仍然价格低廉，并且在以后较长的时间里仍旧被用来制作内衣。但是，就制作外衣而言，棉布逐渐成为主流。与较廉价且单调的亚麻布相比，人们愿意稍微多花一点钱，但是穷人在19世纪才开始转向使用棉布。在法国，到1789年大革命时，工匠、店主和仆人穿的棉布衣物多于羊毛或亚麻衣物；只是在贵族和专业技能人士那里，棉布才是在丝绸之后的第二位布料。这一时期，在纽约和费城，棉布的消费同样超过丝绸。就手表而言，消费的兴起来源于新技术和价格降低的推动，与之不同，棉布是一个教科书般的案例，说明了时尚是怎样决定性地刺激需求的。而且，一旦工匠和仆人也都穿上棉布，那些地位在他们之上的人就开始追求更加优雅、昂贵的棉纱长袜。[115]

作为一种消费物品，服饰具有独一无二的敏感性。没有任何事物能像它一样在我们的生活中如此常见，经常接触。我们可以触摸它，看见它，感知它。穿什么样的衣服，影响着我们对自己身体的认识。因此，"我们"与"物"之间的界线是模糊的。一位当代哲学家甚至慨然声称，服饰是一种"半生命体"(half-life)，因为它们随着我们的身体移动，"我们穿着我们的衣物，仿佛它们是活着的。是你的裤子在行走"。[116]

但是很显然，衣服的生命力取决于质料和剪裁。纺织品在18世纪发生的转变对人们的自我体验产生了巨大的影响。棉布是一种新型舒适文化的物质表现。相比于亚麻和羊毛制品，棉布更加轻盈，给皮肤带来的感受更加柔滑，它巩固了在17世纪已经出现的对较宽松服饰的追求。它的印染工艺让颜色和时尚变得大众化。1700年，欧洲国家的首都几乎是一片黑色和白色的海洋，其间还夹杂有深浅不一的褐色和灰色。一个世纪之后，衣服的颜色更多了，如同彩虹，有红色和蓝色，有黄色和绿色；在贵族及其仆人当中，在工人当中，这都是常见的景象。在棉布之前，时髦服饰被少数人垄断，这不仅是因为禁奢令的存在，也是因为它们价格昂贵、保养成本巨大，丝绸尤其如此。当画家洛伦佐·洛托于16世纪40年代在威尼斯购买一批新衣服时，他花费了一大笔钱财；单是羊毛斗篷和束腰外衣就花了他3个月的薪资。[117] 印花棉布虽然比普通的精纺羊毛制品贵，但是比丝绸和饰有图案的羊毛制品便宜。18世纪70年代，一件新的棉布长外衣价值8先令，一件二手的价值3先令（每英镑合20先令），而当时一个工匠一年可以挣得20到40英镑。成衣市场迅速兴起。鲜艳、时髦且带有图案或花卉饰样的衣服给了工人和穷人一种新的身份意识。那些遭到偷窃的人认真地记录着自己最喜爱的衣服上的精美细节。一个贫困的英国妇女描述过"一件紫白两色的棉长袍，上面缀有繁复生长的枝叶花纹，它只洗过一次，胸襟处系有红色带子，圆形平边袖口，底部系有一圈宽带子"。[118]

衣服价格的相对低廉和品种的不断增加产生了矛盾的效应。更加轻盈的纺织品意味着，为了保暖，人们必须多穿几层衣物，因为欧洲不同于印度。而这为包括丝带、帽子和围巾在内的时髦搭配、饰物打开了一片新天地。开始有贫困的工人和农民使用带图案的围巾。购买和换新的车轮加速运转。当一件外套或长外衣的价格下降时，衣物花费占实际收入的比例却进一步加大了，因为人们的衣物变得越来越丰富，更换的速度也越来越快。1700年，法国仆人在衣服上的支出只占其收入的10%。到了1780年，这一比重达到了约33%。具有讽刺意味的是，衣服换新最频繁的很可能是城市里的穷人，因为没有肥皂，不经常洗熨和修补，他们的衣服坏得最快。[119]

品牌和商标的历史可以一直追溯到古埃及和两河文明，在那里，宫廷和官僚通过它们来区分商品的质量和产地，以增加产品的价值。[120] 18世纪，商人和制造商将品牌、产品差异和促销提升到新的高度。1754年，罗伯特·特林顿首次销售装在表面刻有名字和王室专利的梨状玻璃瓶中的"生命香脂"（Balsam of Life），它能够用来治疗肾结石、急腹痛和"其他任何疾病"。陶器生产商乔赛亚·韦奇伍德和他的合伙人托马斯·本特利是市场销售的行家里手。尼尔·麦肯德里克为我们描绘了他们创造性的推销才能。他们使用：

> 惯性推销活动、产品差异化、市场分割、详细的市场调查、萌芽期自助服务计划、若不满意即退款规定、免费送货、赠品促销、拍卖、抽奖、商品目录……预付信贷、三层折扣方案（包括首批订购者享有大幅折扣）、几乎所有广告形式、商业名片、商店招牌、信笺抬头、付款单抬头、报纸和杂志广告、时尚插图和时尚杂志、征求评论、有组织的宣传活动，甚至虚假攻击，以此创造反击宣传的机会。[121]

正如我们看到的那样，将较早的社会视为静态停滞的观点是错误的，就更广阔意义上的消费和时髦商品来说，这一点同样适用。早在14世纪，勃艮第宫廷就是一个欧洲时尚中心。历代勃艮第公爵均以服饰奢华闻名。"大胆者"腓力（1342—1404年）有一件深红色的紧身上衣，上面以珍珠装饰成40只羔羊和天鹅的形状，它们的脖子和嘴喙上都挂着金铃。勃艮第贵妇引入了一种高高的尖帽。通过访问外国宫廷，勃艮第公爵成了欧洲贵族中的时尚潮流引领者。正是在这时，女性衣裙的下摆变得越来越短，男性用长度刚好到腰下的定制紧身上衣和短上衣代替了长而宽松的束腰外衣。15世纪，袖子的流行款式从宽大的漏斗状转变为袖口扎紧的"风笛"状。[122] 明代中国有时尚追求，正如我们在前面看到的那样，16世纪的人们抱怨裙子和褶子的长度、宽度都变化得太快了。在东方经商的欧洲商人知道,许多亚洲人是有辨识力的顾客。1617年,荷兰东印度公司的总督指出,当地人对他们的地毯或束腰裙子的"质地异常挑剔",而且乐意为好的样式花大价钱。农民可能将就穿着粗糙的棉布衣服,但是富裕一些的顾客希望他们的衣服更加花俏,并且镶边、掺杂金线。订货簿反映了对当地品位的具体关注。例如在1623年,巴达维亚(后来的荷属东印度的首府)的荷兰东印度公司主管们要求科罗曼德尔地区的生产商制作带有"鲜艳的红边和颜色生动活泼的小花图案"的织毯。[123]

在17世纪晚期和18世纪的欧洲的一个新现象是,时尚被制度化成了一个产业,这个产业拥有自己的空间、日程和媒介。这既是一项地方性也是一项全球性的成就。巴黎起带头作用,但是它需要印度纺织工人跟上。在联结潮流创造者与生产商和消费者方面,荷兰东印度公司和英国东印度公司发挥着至关重要的作用。17世纪70年代,英国东印度公司挑出一些巴黎时装的货样,将它们经叙利亚运至印度,让当地纺织工人仿制。在接下来的十年中,这一环路是封闭的,因为来自印度的新设计和货样在进入欧洲市场之前先在巴黎沙龙上测试过了自己的吸引力。英国东印度公司的主管们在1681年解释道:"有一个非常常规的情况:对于所有饰有花卉图案的丝织品,你尽可以年年更改时装样式和花卉图案,因为相比于质量更好的上一年同款时装,英国女士,据说还有法国人和其他欧洲人……会为一件在欧洲没有见过的新物品花费两倍的价钱。"[124]

那些没有机会直接接触沙龙或宫廷的人可以从新出版的时装杂志上获取建议。1672年,法国《墨丘利》(Mercure)杂志开始提供时尚方面的建议。在18世纪,妇女年鉴开始成倍增加,其中包括最新设计的图版和去哪里购物的指导意见。在1777年1月这一期中,《时尚杂志》(Magazine à la Mode)列举了绅士在客厅的穿着,而这正是当月早些时候王后的生日宴会上出现过的款式:"马甲的内衬是毛皮……多少年来,外套的样式一直没有变化,除了腰身部分变得更短——下摆当然更长……袖口小而紧,袖口上侧有3枚纽扣。"对女士来说,"最流行的晨服是一种便服,它由短上衣和衬裙组成:上衣的底部通常是皱褶的,大约0.25码厚,用半透明、编织松散的薄纱或者同等质地的丝绸制成。但是皮毛在这个月里比其他装饰更加流行"。帽子是法国式的。为了赶时髦,"在头顶"要有"大幅垂饰,但是垂饰不能落在后面……这是本月最新出现的变化"。具有时尚意识的女性被指导着去伦敦考文特花园的科鲁特先生那里找最新的服饰款式,去拉思伯恩街的泰勒夫人那里找最新的帽子款式。[125] 读者有两种黑白图版可以查阅。大概正是在这个时候,彩色时装图样和时尚娃娃出现了。刚开始,这种时尚娃娃由木头做成,到了 18 世纪 90 年代,它们逐渐演变为一种适合大众消费的产品:一种用硬纸板剪成、扁平包装的小人,它们 8 英寸高,以 3 先令的价格售卖。以此为起点,一种新的儿童玩具将很快出现,这种玩具配有 6 件服装和其他可以替换的配件。时尚已经跨越了代际界限。[126]

就这样,17、18 世纪,一种新的消费机制在欧洲西北部逐渐形成,产量、品种数目、创新性是其特点。文艺复兴时期的循环流动并未消失,而是转为一个不断注入创新活力的动力系统。二手衣服、当铺、拍卖和馈赠将棉布长外衣和茶壶带到每一个人手里。不同于晚明中国,是新奇事物,而不是古物在推动着发展。英国历史学家对这一转变的具体时间争论不休。然而,更大的问题在于"为什么",而不是"什么时候"。为什么这一转变发生在英国和荷兰,而不是在中国和意大利?

对此,主要有三种互相抵触的答案:生活水平(英国人拥有更高的实际工资);效仿(他们效仿更高阶层);"勤勉革命"(为了购买更多的物品,人们更努力地工作)。让我们依次讨论这些答案。

认可中国在早期现代的商业活力,就让人们对荷兰人和英国人的生活水平是否真的更高这个问题产生了严重分歧。按照汉学家彭慕兰的看法,1800 年,在中国最先进的长江下游地区,人们的生活水平可以与这一时期的英国和荷兰相提并论。他提出,"大分流"发生于 19 世纪,而且并不是产生于欧洲的现代性天赋,而是——以英国为例——产生于地理方面的幸运和为第一个工业国家提供了丰富的煤炭、奴隶和廉价食物的帝国主义力量。[127]

最新的数据证实，英国人的工资在1740—1800年确实下降了，但是它们也强调，相较于黑死病之后英国人在4个世纪的时间里一直独享的高工资，这是一个相对小幅度的下降。高工资在帝国主义扩张之前出现，而且在很大程度上，它是较小的人口规模和廉价能源的产物。而较小的人口规模和廉价能源鼓励了创新和生产力，推动产生了一系列重大发明，比如托马斯·纽科门的蒸汽机（1710年），但也有较小的查缺补漏型和修改调整型发明，比如詹姆斯·瓦特于18世纪60年代在分离式冷凝器方面的改进，这项改进令纽科门的蒸汽机效率更高。早在17世纪，分流就已经在进行之中，它让东方和西方分离，也分割了欧洲。德里和北京的劳工仅仅达到勉强糊口的生活水平，同佛罗伦萨和维也纳的劳工的生活水平接近。伦敦和阿姆斯特丹的劳工情况再一次不同了，他们享有更加多样化、更加高质量的饮食，包括肉类、酒和小麦（而不是普通的燕麦）。工业革命期间，与上层社会相比，英国工人变得越来越穷，但他们的生活水平仍然优于亚洲或欧洲南部的工人。[128]

对这些数据的一个机智回应是，在比较这些社会时，工资并非一个很好的准绳。欧洲拥有一支庞大且人数不断增长的工薪大军，而在中国，无产阶级只是贫困的少数群体（他们未婚，处于社会边缘），然而，长江三角洲地区的佃农似乎过得很好。同样，在印度，织工除了领取工资，还会领到餐食、住房和其他福利，这就导致直接的比较是不可靠的。[129]李伯重汇集的数据显示，19世纪20年代，上海附近松江地区的人生活得十分体面。农民每天获取2780千卡能量，直到2000年中国才再次达到这一数字，而且这个数字略高于今天的健康专家建议的水平。他们喝的茶叶量是英国人的两倍，食用的糖是英国人的一半，此外，他们还会吸少量烟草和鸦片。[130]另一方面，如果我们将公众负担得起的商品种类纳入考虑范围，那么英国的领先地位更加突出，因为英国公众负担得起的商品种类远远超出了面包、奶酪、亚麻布和蜡烛，而这几种商品是对这一时期的生活水平进行统计学比较时通常会采用的一般标准。把生产棉布作为副业的中国佃农成功地把日子过得超过温饱水平。然而这种劳动力或许让进一步提高发展水平变得更加困难，因为同时兼做多种工作限制了专门化和革新的

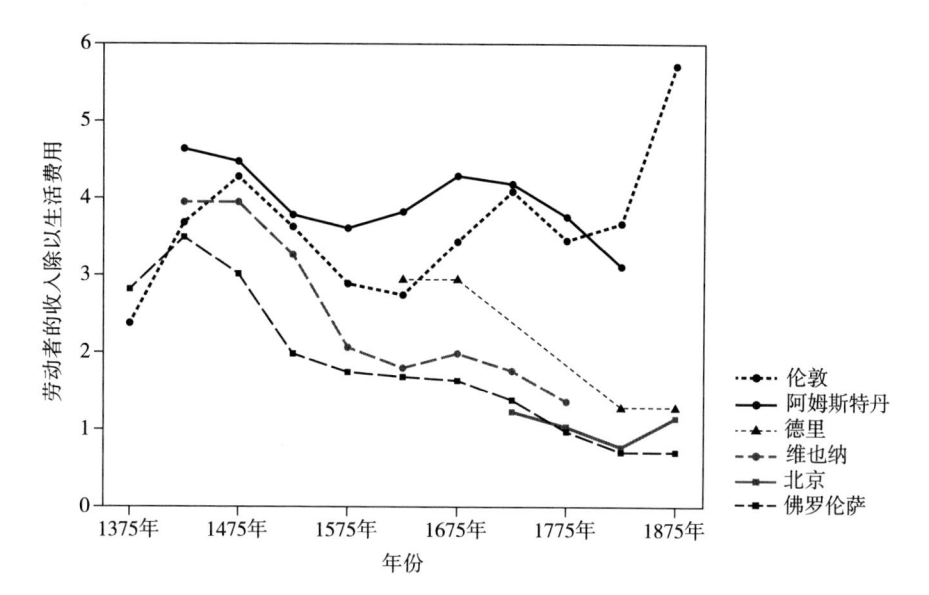

劳动者的收入除以生活费用
1= 仅够生存
4= 收入是维持生存所需费用的 4 倍

来源：Robert Allen, *The British Industrial Revolution in Global Perspective* (2009), p.40。

图 1-4 生活水准的差异

机会。在一个有着正在实现工业化的国家的世界里，这会是一个巨大的障碍。

生活水平之争主要是围绕工人，但是我们同样关注在他们之上的阶层。英国的一个典型特征是它规模庞大的"中产阶级"，包括人数众多的商人、专业技能人士、公务员和实业家。18 世纪 50 年代，40% 的家庭每年收入 40 英镑或更多，这是维持基本生活水平所需收入的两倍。这个群体能够把钱花在获得舒适生活和便利条件上。随着工业革命的开展，英国会成为一个更加不平等的社会。尽管如此，与欧洲南部以及中国、印度相比，它的中产阶级人数是十分庞大的。[131] 而且，这个阶级变得越来越自信，它的成员充分利用了这个不断增长的商品世界，以争取获得自己想要的社会地位。这个庞大的群体没有模仿传统精英阶层，而是利用新的商品和爱好来打造新的特质，并创造出属于他们自己的更加私人化的舒适文化。

在消费社会诞生于英国这个最初的论题中，效仿是需求的根源：需求的促成因素，用麦肯德里克的话来说，是"渴望像公爵夫人一样穿着打扮的磨坊女工"。[132] 当时的人总是嘲笑自大的消费者。这并不怎么让人惊讶。服饰革命无情践踏了一种将服饰与等级联系在一起的继承式体系。衣服不再反映一个人的出身，而是好像突然塑造起了人。有些仆人穿起了超出其身份地位的服饰，这种现象尤其让人忧虑。丹尼尔·笛福在1725年悲叹道："仅仅根据衣服来区分女仆和女主人是很难的；而且，经常出现的情况是，女仆的衣服比主人好得多。"这引发了进取型消费的螺旋式上升："女仆试图胜过女主人，商人的妻子试图胜过绅士的妻子，绅士的妻子模仿贵妇人，贵妇人相互模仿。"[133]

然而，当时的人的奚落与令人信服的历史情形不同。首先，类似的抱怨可以在此前和此后的许多社会里听到，包括明代中国。其次，模仿并不能算是采用新服饰风格的主要动力。仆人通常别无选择，只能穿主人给他们的衣服。英国手艺人和工人不会为了看起来像公爵或公爵夫人就穿着讲究，而是为了融入与自己同一地位的人，为了展示他们的成熟和独立性，或是为了寻找更好的工作而穿着讲究。[134] 更广泛而言，新奇事物的传播证明了纯粹的涓滴理论在这里行不通。比如，上流社会的妇女在17世纪90年代才开始在长外衣外层表面采用印花布，而此时人们早已掀起对印花布的热潮。中产阶级没有模仿贵族，他们本身通常是潮流的引领者。

同样地，"勤勉革命"是一种从当时的人的眼光出发的历史解释。18世纪初，丹尼尔·笛福描述纺织工业区"几乎家家户户都有在转动的轮子"。丈夫、妻子和孩子，每个人都很忙。他们的工资加在一起，是"非常充裕的"。到1770年，启蒙思想家詹姆斯·斯图尔特总结道，如果说之前人们是被迫去工作，"那么现在人们被迫工作，则是由于他们是自己的欲求的奴隶"。经济史学家扬·德·弗里斯认为，这正是在早期现代的荷兰和英国发生的事情。借助诺贝尔经济学奖得主盖瑞·贝克的工作，德·弗里斯把家庭描述为一个在如何有效分配家庭时间这一问题上能够做出理性判断的经济单元。家庭不再只是生产自己需要的东西，还开始出卖自己的劳动，从而购买更多的商品。对茶叶、糖和其他许多新商品的喜好，让所有家庭成员都加入了工薪阶层。而且，这让他们工作的时间更长，工作更努力。工业革命被一场需求革命领先了。[135]

初看时，这个理论颇为吸引人。它不是把需求当成对供给的反应，而是将需求看作供给的决定因素。这个理论完美地解释了当英国人的工资在18世纪下半叶下降时，英国的消费是怎么能够增加的。然而总的来说，这一理论还是遭遇了一系列棘手的困难。首先，它始于这一叙事的中间部分，将原因和结果混在了一起。人们确实在购买更多的商品，但这可能并不是驱使他们更努力工作的最初动机。情况很可能正好相反。由于时世愈来愈艰难，清教徒在17世纪初开始鼓吹"勤勉"。[136]人们不再沉迷享乐，为了生存，他们开始工作更长的时间，出卖更多的劳动。英国内战（1642—1651年）之后的一个世纪里，生活条件得到了改善，而当生活条件改善时，劳工倾向于花钱购买更好的家具，而不是茶叶、糖或其他新奇商品。换句话说，他们的爱好基本没有变化。"勤勉"也只是一个告诉人们应该如何生活的规范性理想，并不是直接的现实。而自由主义和帝国主义会将这一理想输出到世界其他地方。对大多数工人来说，从休闲到工资劳动的转变很可能只是因为迫不得已，而不是出于个人选择。他们被逐渐上涨的食品价格推动着，而不是物质需求。工作时间在18世纪下半叶继续延长（增加了33%[137]），但这又是这几十年里通货膨胀和劳动力市场形势日益严峻的结果。

在18世纪90年代撰写的调查著作《穷人的状况》(*The State of the Poor*)中，弗雷德里克·伊登列举了一个坎伯兰典型矿工及其家人每年的开支情况。这个矿工每年挣26英镑。他的妻子和7个孩子可以挣18英镑。[138]在总共44英镑的收入中，其中有3英镑10先令花费在茶叶和糖上面。他们"偶尔从事洗矿工作"，是为了购买茶叶和糖，还是为了支付房租（3英镑）以及矿工妻子多次怀孕、分娩的费用（这些年加起来总计20英镑）？很显然，他们购买茶叶、糖和蜡烛并不是出于对新奇物品的追求，也不是为了给他人留下好印象，而是因为这些物品可以让他们一直纺纱到深夜，在劳动时保持暖和和清醒。

更多的需求与努力工作之间的联系并不是必然的。在英国，对消费品的最初需求来自中产阶级，但这并未使他们更加勤勉：中产阶级的妻子没有出门工作。在17世纪的弗里斯兰，荷兰农民确实已经开始专业分工，他们通过出售更多自己生产的商品来交换其他新奇物品，而非亲自生产这些物品。与之相比，加泰罗尼亚在18世纪开始工业化，但副业在这里仍然十分普遍，新的消费品由于稀缺而引人注目。与此同时，在繁荣的肯特，许多家庭购买餐具和窗帘，但是他们自己也做更多的烘焙和酿造工作。[139]那时，发展中的社会并没有走上从新品位到增长和专业分工的单一快车道。欲望和"需求"并不总是待在原地，然后如"勤勉"模式假设的一样，自动迫使人们进入劳动力和商品市场。欲望本身也在变化，就如它的扩张范围（受到习俗和制度的影响）一样。当购买力有利于欧洲西北部时，它仅仅是一个变量，而且就其本身而言，它不足以解释17、18世纪的重大消费变迁。

让欧洲与亚洲不同的是一个扩张主义的国家体系，这个体系通过支持创新和创造未来的市场来回应竞争的压力。英国是一个最突出的例子：一方面，英国创造出了大西洋市场；另一方面，在进口禁令的保护下，英国仿制了优质的印度织物。印度纺织工人起初缺乏创新的动力，毕竟他们的产品更好，而到了18世纪晚期，当他们开始感受到来自英国的严酷竞争时，他们又没有强大的国家来应对这种局面。

不过，欧洲内部的差异性至少也是关键性的。使英国和荷兰与欧洲其他地区不同的是良好的观念和制度环境，这种环境激励人们，尤其是女性，成为工薪阶层和消费者的一员。正如我们看到的那样，像符腾堡这样的地方之所以徘徊不前，并不是因为那里的女性没有物质需求，也不是因为她们没有勤勉、挣点钱的愿望，而是因为照着这些动机行事，她们就会遭受惩罚。例如，1742年，一个有独立工作的织工的妻子，被当地乡镇法院强制要求停止工作，回到丈夫身边。店主想办法阻止小贩出现在他们的市镇上；如果妻子外出找工作，丈夫就会殴打妻子，而他的行为得到了当局的全力支持。行会禁止劳动力自由流动。丈夫、父亲、教会和行会，所有这些都在施加一种在英国不曾出现过的社会规训。[140]我们可以把这种情形跟1455年的伦敦进行比较，在那里，据说抛弃丝织物的妇女"超过了1000人",包括"许多有教养的妇女",她们生活"体面",供养着家庭。[141]

由于拥有一个早期中央政权,英国免于遭受为数众多的地方势力的干涉,而这些地方势力妨碍着欧洲大陆上的商品流通。英国政府把它的力量转向外部。它与西班牙帝国的比较很具启发性。作为第一个输入可可和烟草的国家,西班牙本可以充分利用自己在消费竞争中的领先地位,但事实上,它很快便落后了。西班牙的主要战略是从殖民地掠夺资源,而不是把殖民地发展为一个额外的商品市场。国内方面,在伊比利亚半岛上,西班牙面对着运输路程过长和交通落后的问题,还陷入了地方势力、货币和税收割裂的困境。卡斯提尔和纳瓦拉有自己的进出口关税,还可以发行自己的货币。许多城镇拥有自己的财政权力。像塞维利亚这样负债累累的城市依靠征收消费税维持下去。[142] 这些障碍不可避免地限制了西班牙人充分利用新产品和新爱好的机会。例如,到18世纪中叶,仅有25%的西班牙中等收入家庭拥有盛放热可可的餐具。也有一些改善的标志,尤其是在纺织品数量和种类的增加方面。在1750年后的80年间,在西班牙西北部的城市帕伦西亚,普通家庭拥有的衣服从42件增至71件。尽管如此,新的消费品还是如滴流般到来,而不是以涌流般到来。马德里之外,在其他地方城镇,比如桑坦德,餐巾和桌布——它们是生活改善的重要指标——在19世纪早期才开始普遍流行。值得注意的是,即使是在西班牙的许多城市区域,棉布到了19世纪30年代才取代亚麻布。[143]

在英国,国家和一个更加统一的市场为商品流通提供了更为有利的环境。这是这个国家消费得以推进的重要因素。但是,拥有有利的地理条件与充分发挥其作用是两回事。这仍然未能解释使人们日渐转向一个商品世界的动因。正如我们在棉布的例子中看到的那样,在保护英国纺织业免受印度棉布冲击这个事件中,英国政府向英国纺织业伸出了援助之手。但是,对这些商品的需求早已有之——英国政府并没有创造它,只不过是令它转向。为了理解商品是如何成为现代社会人们生活中不可分割的一部分的,我们现在需要考察赋予商品崭新意义和重要性的文化因素。

第 2 章

消费的启蒙

人们对新事物最初的反应是厌恶。16世纪50年代，意大利人吉罗拉莫·本佐尼首次在尼加拉瓜记下了可可树的种植和可可饮料的制作过程。当地人把水、少许胡椒粉，偶尔还有蜂蜜，加在一起，然后将这种混合物搅拌出泡沫，最后制成了一种"饮品"。这种饮品"更适合给猪喝，而不是给人喝"。[1] 60年后，英国诗人乔治·桑兹在土耳其旅行时注意到，那里的人不去酒馆，而是会去"咖啡馆"。在咖啡馆里，他们一边聊天，一边喝着一种由浆果做成的饮品。这种饮品"非常烫口，像煤烟一样黑，而且味道和煤烟也没什么不同"。[2] 不到一个世纪，贵族和商业精英等人就喜欢上了这种饮品。一组来自异国的致瘾食品征服了欧洲：来自中国的茶叶，来自阿拉伯半岛的咖啡和蔗糖，来自新世界的烟草和可可。在哈布斯堡王朝治下的西班牙和奥地利，贵族举办巧克力派对。在欧洲各地，体面的市民和有教养的绅士开始选择在咖啡馆见面。到了18世纪中叶，仆人和手艺人也开始享用茶或咖啡。到了1900年，这一征服过程完成。巧克力变成了一种大众商品，不仅是高雅的女士，士兵和工人也都吃巧克力。这些异国致瘾食品曾是贵重的奢侈品，但它们逐渐成了日常用品。

苦甜参半

新爱好的引入和普及是现代消费文化的一个重要特征。通过观察这些异国饮品的际遇的重大变化，我们可以更加清晰地认识到这类新爱好是如何出现的，以及历史因素和历史进程是如何对它们起作用的。茶叶、咖啡和巧克力经历了取代和贬值的过程。它们卷入了一场史无前例的作物、民族和爱好的全球迁移。各个欧洲帝国在它们的殖民地创造了一个崭新的热带生产区域。在阿兹特克人统治时期，可可树主要在墨西哥太平洋海岸的索科努斯科地区种植。荷兰人将可可树引入了委内瑞拉，天主教传教士把它带到了菲律宾。在桑兹旅行时期，咖啡树只在也门种植，咖啡豆会从摩卡港运出。后来，1718年，荷兰人开始在苏里南种植自己的咖啡树；1723年，法国人开始在马提尼克种植；1728年，英国人开始在牙买加种植。19世纪40年代，英国人在阿萨姆和斯里兰卡建立了殖民地茶叶种植园。欧洲人把甘蔗——原产于东南亚，由阿拉伯人首先引入地中海地区——从马德拉和加那利群岛引入西印度群岛。当时的人清楚这些迁移活动的重要意义。1773年，法国作家伯纳丁·德·圣皮埃尔承认，他不知道咖啡和蔗糖对欧洲财富来说是否至关重要，但他确定，这对"伴侣"给其他两个大洲带来了巨大悲剧：由于欧洲人需要用于种植这些作物的土地，美洲人口减少；因为欧洲人需要用于开垦美洲的劳动力，非洲人口减少。[3]

这几种食品中的每一种都有研究它的相关著作。第一部此类作品是西敏司关于蔗糖的开创性著作《甜与权力》(*Sweetness and Power*，1985年)，它带动了商品传记文学这种新作品类型。这种作品类型的吸引力十分明显。对某种食物"生平"的观察，揭示出了被大洋和民族国家历史分割的生产组织和消费组织之间的相互依赖。一杯在英国冲泡的甜茶带来的温暖惬意与在加勒比海地区奴隶种植园的野蛮残暴息息相关。[4]第二个观点是，与人一样，商品也拥有一种"社会生活"。[5]它们的特征和价值随着食物链与时间的变化而变化。对阿兹特克统治者来说，可可豆是贡品、货币和宗教仪式。一箱茶叶可以用来出售，也可以作为礼物馈赠给他人。

商品传记文学存在的问题不在于它们解释得太少，而在于它们往往过度解释，让一种作物承载起世界历史的重担。异域致瘾食品因而引出了一系列宏大叙事。其中一种叙事讲述了这样一个文明化进程：茶会和咖啡桌新风俗以欧洲宫廷为起点向下传播，首先扩散至有抱负的中产阶级，然后扩散至其他阶层。[6] 还有的叙事将咖啡馆称为一种新公共领域的诞生地。[7] 一些叙事走得更远,将咖啡对巧克力的胜利,看作稳重、现代、信奉新教的欧洲北部对自我放纵、巴洛克式、信奉天主教的欧洲南部的胜利。[8] 另一种看法认为,英国的茶和糖在殖民地奴隶制与大都市工厂劳动力之间锻造出了一套帝国主义链条。[9] 这些单独的叙事存在的问题是,在某地看起来非常独特、重要的饮品,若与其他刺激性饮料一起被置于其他地方时,它的独特性和重要性似乎更具偶然性。例如,在欧洲新教地区,工厂会给工人提供醒脑的咖啡,还会提供啤酒、杜松子酒。饮茶大国包括俄国和中国,它们有着跟英国不同的国家和劳工体制。因此,我们需要将这些致瘾食品放在一起观察。最终,异域饮品是赢家,因为它们非常能适应新情况,能够适用于不同的社会群体、文化内涵和经济体制。这既包括帝国的大都市,又包括殖民地和弱小国家。

从一种全球视野来看,欧洲人接受致瘾食物,与其说是一种机敏的发现行为,不如说是一种后来居上的行为。[10] 带有刺激性咖啡因(也可以在可可豆中发现)的饮品,长久以来一直都是其他文明不可或缺的一部分。绿茶在明代中国十分普及,中国东北地区的满族喜欢喝加牛奶的红茶。自从苏菲派于15世纪发明了一种烘焙咖啡豆的方法并将这种新热饮传至开罗和麦加,喝咖啡的习惯就开始在中东地区流行。在东非,有阿拉伯茶(khat);更往西的地方,有可乐果,富人们在早上咀嚼这一食物"以驱走清醒时的痛苦"——豪萨人这么说。[11]

与在旧世界一样,在新世界,帝国对爱好和仪式的影响也很深刻。在西班牙帝国,耶稣会士在16世纪晚期将可可种植园从墨西哥原产地迁移到加拉加斯(委内瑞拉)和瓜亚斯河流域(厄瓜多尔)。巧克力饮料风靡中美洲。在委内瑞拉收获的大量可可豆会立刻消费一空。在利马,殖民精英啜饮巧克力饮品。在危地马拉和尼加拉瓜,每个人都喝巧克力饮品。在菲律宾,巧克力是最受欢迎的饮料,直到1898年喜欢喝咖啡的美国人占领了这一地区,人们通常会在巧克力中加一些粗糖,有时则混合霹雳果仁和炒米。

在拉丁美洲,与消费革命有关的第二种饮品(虽然经常为人遗忘)

是"马黛茶"（mate）。这是一种产自巴拉圭、含有咖啡因的茶，由一种巴拉圭常绿冬青属植物的叶片干燥而成。它原是一种野生植物，但是耶稣会传教士将它变成了种植园作物。这种茶叶在从智利和秘鲁到蒙得维的亚的整个次大陆销售。就像咖啡在伦敦和巴黎一样，马黛茶在布宜诺斯艾利斯也被看作一种具有异国情调的新奇产品。与茶、咖啡相比，马黛茶是一种更具社交性的饮料。喝马黛茶的人互相传递盛茶的葫芦形容器，共用茶管。事实上，与欧洲茶会联系在一起的附属物文化是一种普遍的国际现象。银管和镶银的葫芦容器一直传播到厄瓜多尔高地。就像欧洲的茶会和咖啡聚会一样，在马黛茶礼仪中，女性也是主要的消费者、家庭社交活动的守护者和潜在的挥霍者。一位观察者在18世纪80年代写道："无论穷人还是富人，如果桌子上没有总是摆着马黛茶，这就不算是一个家。女人在马黛茶茶具上挥霍的钱财，简直让人惊叹。"[12]

欧洲人喜欢上异域饮品的原因是什么？它们含有生物碱，容易上瘾，这有助于解释它们为什么受欢迎，然而这个理由并不够。首先，必须克服口味障碍。我们也不应该夸大这些饮品让人上瘾的力量。因为许多人喝的是一种稀释过、掺了很多水的饮品。例如，1780年，一些观察者指出，萨克森地区的山区农民虽然一直喝咖啡，但是"这种咖啡非常淡，几乎看不出咖啡豆的颜色"。[13]在奥地利的福拉尔贝格，那时纺织工人经常喝咖啡。[14]但是在许多情形中，习惯先于成瘾性。1900年，欧洲大陆的多数人仍然在喝咖啡"替代品"，它由菊苣或橡果做成，不含任何咖啡因；在之后数十年里，真正的咖啡只在奥地利农村取代了牛奶。欧洲人拥有海上远航、征服殖民地和奴役非洲人的力量，这一点很重要，但另一方面，若非因为欧洲人对糖和咖啡与日俱增的爱好，大西洋种植园体系恐怕早就覆灭了。因此，最根本的问题在于，口味和习惯是怎么样以及为什么改变的。这也是最难回答的问题之一。

不同于个人口味的变化，比如一个孩子突然喜欢上苦味或酸味食品，整个民族的味蕾转变是非常缓慢的。在这个过程中，口味的标准发生了变化，而作为口味制造者的群体也在变化。首先，从16世纪到18世纪早期，占有和传播是一种排他性的活动。1724年，整个英国只消费了660吨咖

地图2 帝国的商品和奴隶流动，1770年

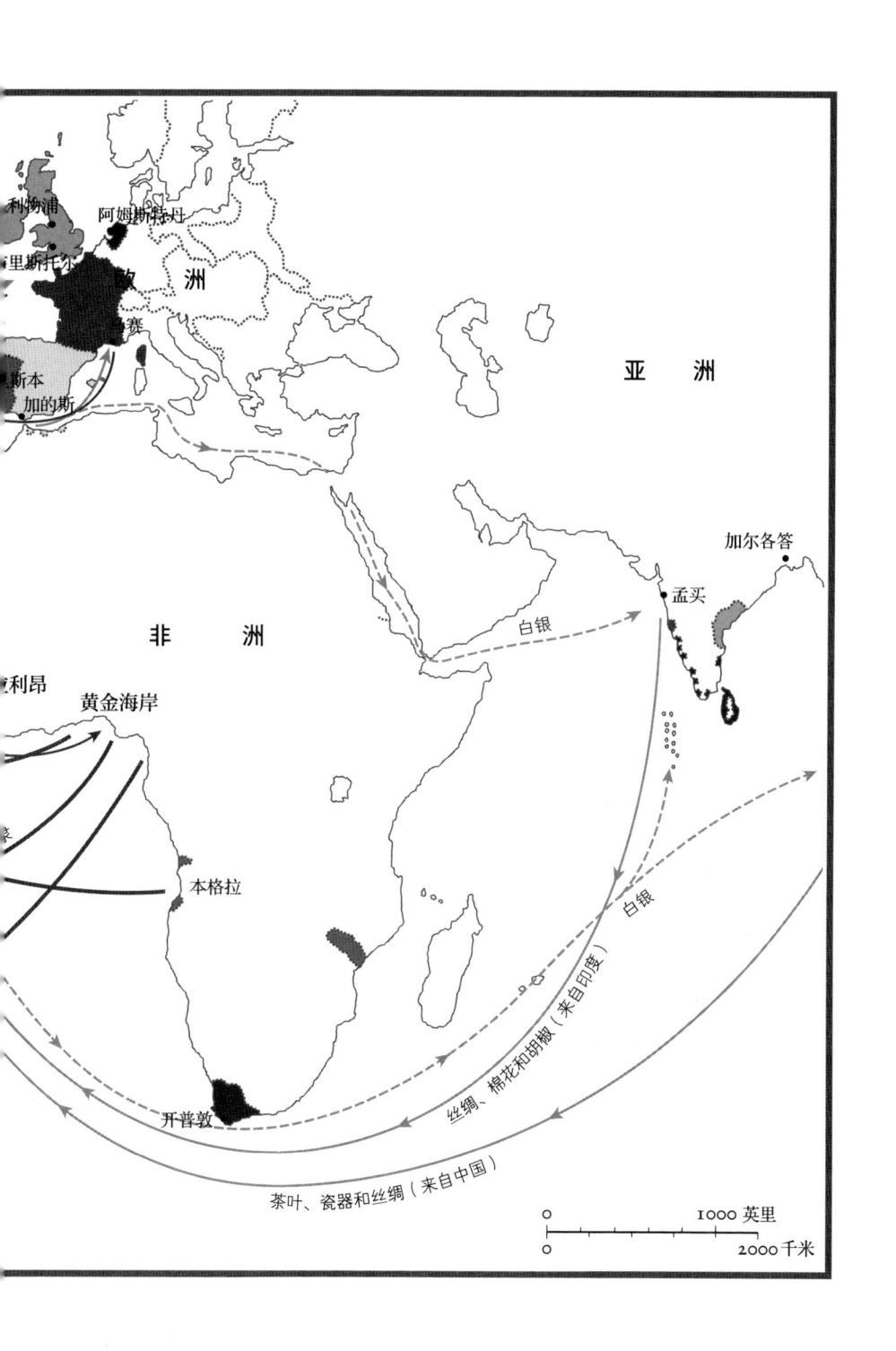

利物浦
阿姆斯特丹
欧洲
赛
里斯托尔
斯本
加的斯

亚洲

非洲

加尔各答
孟买
白银

利昂
黄金海岸

本格拉

丝绸、棉花和胡椒（来自印度）
白银

开普敦

茶叶、瓷器和丝绸（来自中国）

0　　　　　1000 英里
0　　　　　2000 千米

啡。如果平均分摊，每个居民能够每三个星期喝上一小杯咖啡，而且这还得是一个极其好的年份。茶叶的消费只是略高一点。[15] 16世纪90年代以来，可可豆一直参与常规贸易，但是甚至在一个世纪之后，每年从委内瑞拉运往西班牙的可可豆仍只有65吨。当时，咖啡和巧克力是奢侈品，这既是因为很少有人买得起它们，也是因为它们被当作稀缺商品，需要饮用者具有特殊的消费性情、知识和艺术。

口味最初的传播者是传教士、商人和有学识的人。他们对异域的兴趣和他们与陌生文化的接触，让这些新的刺激性产品抵达了欧洲，与之相伴的还有关于其制备方法、饮用方法和药物特性的说明（根据在阿拉伯半岛和新西班牙的观察报告）。第一批欧洲巧克力嗜好者是在新世界的耶稣会士和多明我会修士。他们对巧克力的了解主要来源于原住民女仆、市场和实践经验。印第安人和梅斯蒂索人向他们展示了如何按照当地方法制作、饮用这种泡沫饮品——用蜂蜜调味，为了让饮品变成鲜红色，再加进一些胭脂树种子。中美洲居民喜爱把它做成热饮，他们会在磨碎的可可豆里加一些辣椒和玉米，制作成汤。到17世纪早期，修道院是全球致瘾食品贸易环上的重要节点，它们会将可可从韦拉克鲁斯运到罗马的教会兄弟手中。[16]

在帝国的中心，可可的殖民地出身为自己赢得了一种矛盾复杂的接受状态。一方面，它在阿兹特克文化中的崇高地位赋予了自己精英性质，使它与较平民的刺激性饮品——比如马黛茶，它未能跨过大西洋——不同。另一方面，像殖民地居民一样喝热巧克力，代表着人们走下帝国阶梯，从文明人降为野蛮人。在西班牙本土，殖民地居民喝巧克力饮料的习惯激起了人们的担忧，他们担心欧洲人正在被印第安人的生活方式腐蚀。正是贵族阶层美化了这一饮品，并且经由哈布斯堡宫廷以及联结着马德里、巴黎和维也纳的贵族亲属网扩散至整个欧洲。制备方法大致保持了原来的样子，但是在肉桂和糖的帮助下，制备方法现在乔装成了欧洲式的。根据可以追溯至希波克拉底（约公元前460—前370年）和古希腊医生盖伦（131—201年）的体液学说，它获得了合理性；按照这一学说，饮品和食物会影响组成身体的四种物质（血液、黄胆汁、黑胆汁与黏液）之间的健康平衡。辣椒逐渐不再是巧克力饮料的调味品。科西莫·德·美第奇（科西莫三世）会在巧克力饮料中加茉莉，欧洲北部的社会上流阶层会添加鸡蛋。人们会将巧克力饮料盛在精美的瓷杯中，而不再是葫芦形容器中，会在早餐时和巧克力派对上饮用它们。

咖啡和茶都不需要去摆脱因产自殖民地而带来的类似污名。情况恰恰相反：异域风情是它们的优点。这些豆子和叶子来自阿拉伯半岛和中国，对欧洲旅行者来说，这让它们带有一种神秘文明的气质。咖啡会与学识渊博的好古之人对话，比如对自然界的丰富多彩满怀兴趣的英国哲学家弗朗西斯·培根和意大利植物学家普罗斯佩罗·阿尔皮诺。欧洲人在土耳其咖啡馆中发现了友谊和对话的典范，并且自由地借鉴阿拉伯医学知识。关于咖啡饮用最早、最富影响力的描写之一，来自法国医生、古物收藏家雅各布·斯庞。1671年，他写道，土耳其人拿出"1.5磅这种作物的籽实"，在"剥掉壳"之后，"在火上烘烤……然后在20品脱的沸水中煮"，之后将其盛进"小小的瓷器皿里"。有些人认为咖啡会像茶一样让肉体和心灵变得柔弱，斯庞驳斥了他们。在辩护中，他不仅引用了"一位著名阿拉伯医生"的话，还引用了一直影响着欧洲人医学思想的盖伦的话。斯庞解释，通过防止"血液沸腾和力量衰退"，热咖啡可以维持四种"体液"之间的平衡。他还提到了，阿拉伯人用它来治疗消化不良和黏膜炎，把它用作"女人停经"的常见治疗药物。[17] 回国后，斯庞和其他一些医生把咖啡作为一种缓解痛经的药物开给女性。

然而，咖啡最初在欧洲的传播极为不顺。进口和价格的变动非常大。咖啡是比石块更有利可图的压舱物，但是从也门到英国的最初咖啡运送路线危险重重。东印度公司的船只经常遭到红海海盗袭击。1691—1693年，根本没有任何咖啡运抵英国海岸。盖伦也没有建议过热饮总是有益的。在巴黎学派中，一些医生警告，热饮会缩短人的生命。在英国，一个叫威利斯的医生让那些"体质偏冷"的病人去咖啡馆，以治疗头痛和疲倦。而他建议那些性情火爆的病人远离这种黑色饮品，因为"它可能导致身心焦虑和消瘦"。喝太多咖啡可能会使这些人"瘫痪，身体松劲儿，它们不适宜运动和夫妻生活"。[18] 事实上，17世纪的德意志地理学家亚当·奥莱亚留斯——1633—1635年,他曾被荷尔斯泰因-戈托普公爵腓特烈三世派遣到波斯和俄国——描述,波斯人把喝咖啡当作一种控制生育的方法。与之相比,巧克力被当作一种春药。如果英国当初成了一个爱喝咖啡而不是爱喝茶的国家,那么它迅猛的人口增长是否就会减缓,我们把这个问题留给读者自己去想象。[19]

到17世纪晚期,这些致瘾食品仍然具有灵活的用途和情感关联。狂饮一夜之后,塞缪尔·佩皮斯会通过喝巧克力饮料来缓解胃痛、摆脱宿醉。许多咖啡馆会供应各种各样的热饮。不过,咖啡是最受欢迎的,它被看作一种"醒脑的民间饮料"。[20]在扩张中的商业社会里,咖啡的醒脑特性让它同贵族的无节制和平民的狂乱(往往与吸食大麻的水手和妓女有关)迥然不同。咖啡被推荐给办事员饮用,由于早上饮用麦芽酒或葡萄酒,"他们经常头脑昏沉,不适合处理业务"。[21]咖啡意味着理智、控制和适度。

早期的咖啡馆对两类顾客格外富有吸引力:商人和学者。1650年,西方第一家咖啡馆"天使"咖啡在牛津开业。1663年,威尼斯和阿姆斯特丹开始追随这一潮流,不来梅(1673年)、波士顿(1690年)和布拉格(1705年)也这样做了。到那时,伦敦已有几百家咖啡馆。移民和经商的少数族裔在咖啡馆的扩散过程中发挥了至关重要的作用。牛津的咖啡馆是一个犹太移民开办的,巴黎布西街的咖啡馆是由一个亚美尼亚人开办的;咖啡馆为马耳他骑士团提供餐饮。不同于巧克力饮料,咖啡夸示着它的异域情调。在伦敦的唐·萨尔特罗咖啡馆——真实名称为"詹姆斯·萨尔特"——顾客可以一边喝着咖啡,一边惊奇地看着从天花板往下盯着他们的鳄鱼、海龟和其他奇妙生物。无数家咖啡馆都自称"土耳其老大"。

后来的评论家有时会严格区分一种清醒的、喝咖啡的商业文化和一种以宫廷为代表的享乐主义宫廷文化。但这样的区分不能过度。在像德累斯顿这样的欧洲公国里,宫廷是吸引异国商品的磁石,它们吸引着带来咖啡、配件和实践经验的意大利和黎凡特商人。咖啡馆将报纸阅览室、业务柜台和大学机构几项功能融为一体。在这里,人们可以阅读早报,洽谈生意,了解最新的科学发现。20世纪60年代,哲学家于尔根·哈贝马斯称赞咖啡馆是由理性支配的典型资产阶级公共领域。然而在这一时期，很少有咖啡馆达到这一崇高的理想。大多数咖啡馆除了供应咖啡，也供应白兰地。有些咖啡馆供应土耳其冰冻果子露，还有一些提供土耳其浴服务，这种土耳其浴附带按摩师、理发师，还有邂逅情妇的机会。理性的对话被闲言碎语、偶尔的打架斗殴和非法的性交易干扰了。咖啡馆的公共性质有其局限性。在德累斯顿，当局会征收严苛的咖啡税，以驱逐平民咖啡馆。在普鲁士，为了防止货币外流、保护国内的菊苣不受殖民地饮品入侵的影响，腓特烈大帝在1769年下达了彻底的咖啡禁令。这类对咖啡饮用的回应不仅仅是专制主义政府对公民社会的一种攻击，它们也来自公民社会内部。在英国，早期咖啡馆的常客担心过度的开放性可能会腐蚀年轻人，摧毁秩序和对知识权威的尊重。[22]喝咖啡需要有恰当的文化特质。令人振奋的精神是奢侈享乐，而不是民主。在1764年的一篇关于咖啡的论文中，一位意大利作家总结：所有权威人士一致认为"社交、人道、温和的品质，艺术的完美，民族的辉煌以及智慧的培养"总是随着奢侈享乐的发展而发展。[23]这些仍然是少数人的品质，而不是多数人的。

广受欢迎的突破出现在私人领域，而不是公共领域。到了18世纪中叶，咖啡和茶进入家庭的迹象越来越多。新的日常惯例和家庭社交迅速涌现。在中产阶级家庭中，丈夫和妻子以一起喝咖啡开始新的一天，下午回家后会和家人一起喝茶或咖啡。对有地位的女性来说，茶会既是女性社交的常见形式，也是她们与买卖人、佃户的妻子打交道的场合。[24]这些饮品对家庭的征服十分重要，尤其是因为这引发了一场有关壶罐、桌子和配件的次生浪潮。根据记录，1745年一个在德意志的沃尔芬比特尔的法院官员拥有1个咖啡罐、1个牛奶壶、1个茶罐、1个糖罐和11个汤匙（都是银器）；拥有1个带有酒精炉的黄铜茶缸和1个白镴巧克力壶；还拥有11个蓝白色瓷杯、1个相同式样的糖钵、6个彩色小杯子、3个巧克力杯和6个棕色咖啡杯。[25]

1715年，因前往阿拉伯半岛的航海经历而闻名的旅行家让·德·拉罗克在关于咖啡在欧洲的传播进程的文章中提到，除了"地位高的人"，"不计其数的普通人"也渐渐"养成了喝咖啡的习惯"，"这些人完全不适合出现在公共咖啡馆"。[26] 在英国和荷兰这两个商业帝国的中心，咖啡的传播最为迅速。这两个国家的财产清册尤其多，它们可以让我们窥见这一生活习惯的传播速度有多么快。例如，位于阿姆斯特丹以北的小镇维斯普，是亚麻织工、杜松子酒蒸馏工和小农的家园。1700年，财产清册没有记录过任何关于茶或咖啡的器皿。但到了18世纪30年代末，几乎每个家庭都有一些杯子和一个壶罐。18世纪末，在佛兰德的阿尔斯特最穷的20%人口中，有67%的人饮茶，33%的人也喝咖啡。主要区别在于，富人拥有瓷罐，穷人则只有铜罐。在安特卫普，甚至生活在一室户中的人们也会冲泡茶或咖啡来喝。到了该世纪末，在伦敦寄宿公寓中，为房客准备的茶壶是必需品。[27]

不仅是杂货店和药店，书商和布商也在销售咖啡和茶。而且异域商品的种类越来越多，可以迎合各种喜好和购买力。1683年，一个在英国柴郡地区的五金商人售卖4种不同级别的烟草；两代人之后，曼彻斯特的亚历山大·乔利销售10种不同类型的糖。经销商在广告中宣传茶叶"造福穷人"，"购买不少于两盎司这样的小分量，就能享受降价"。[28] 在德累斯顿酒商萨缪尔·鲍尔的例子中，这些新爱好对习惯的重要影响得到了突出反映。在家中，鲍尔拥有一套朴素的茶和咖啡用具，包括许多白镴罐子、6个红白相间的咖啡杯，它们出自当地的迈森制造厂。后来这个市民变得穷困潦倒，他把自己喝咖啡的习惯也带到了救济院中。直至1787年去世，鲍尔每天早上和下午都会要一杯咖啡，他在这种黑色饮品上花的钱跟他用来购买其他食物、啤酒的总钱数一样多。[29]

鲍尔那套朴素的迈森餐具切实证明了，兼顾时尚、实惠与耐用的餐具的市场不断扩大。然而，迈森和同时期的其他厂商（比如韦奇伍德）都是对半奢侈品的需求的机智受益者，而不是其促进者。一个世纪之前，没有人能预见到，欧洲生产的瓷器会占据支配地位。在当时，欧洲的杯碗根本无法跟来自中国的瓷器竞争。荷兰人自16世纪起就开始生产代尔夫特锡釉陶器，但这种器皿很容易破裂。陶器不适用于盛放热饮。欧洲在生产、上釉、绘画等方面的技术还很落后：这是一片生产黄铜制品和粗制白镴，而不是精美瓷器的大陆。1704年，在萨克森，埃伦费里德·冯·奇恩豪斯找到了制作硬质瓷器的技术，但是这个生产流程一直保密，而且最初的价格十分高昂，以至于只有"强者"奥古斯特及其宫廷才买得起他的瓷器。与此同时，中国的景德镇人为4000个当地作坊烧着几百座窑炉。这个地方是一个真正的世界生产中心，到18世纪40年代，它不仅每年为欧洲提供几百吨瓷器，还向日本和东南亚各地运送更多的瓷器。新颖、时尚、适应和创新——消费社会的刺激因素——是东西方交流的产物。

中国瓷器是一种混合物。碗内盛放着液体，外壁则承载着故事和梦想。在亚洲，陶瓷绘画与版画、书法同时演进。[30]晚明瓷器的一个流行主题是"赤壁"，这是一个在船上饮酒聚会的场景，取材自11世纪的一个故事。这类碗不仅在亚洲流通，还一直流通到了17世纪的巴黎和伊斯坦布尔。一些欧洲作家，比如诗人亚历山大·蒲柏和散文家约瑟夫·艾迪生，就担心女性会为了获得一个瓷杯而出卖自己的灵魂：瓷餐具将观赏它们的人带进了一个虚拟的欢乐宫。然而，总的来说，欧洲人对中国文明仍然充满了敬意，足以让中国瓷器笼罩在一种精致和高雅的氛围中。除了技术专长和能力，中国生产者的适应性也很强。他们回应着欧洲人日益狂热的中国风热情，为欧洲人提供他们想要的"东方风情"；在中国人看来，这些通常是次好的产品。在广州，欧洲商人开始带着他们自己的图案来到这里，但在18世纪初期，瓷器制作仍然完全掌握在地方彩绘作坊的手中。图案和样式变化很快。某年流行的瓷器，在第二年就"过时"了。市场出现了细分。欧洲经销商把不想要的产品运到了美洲殖民地。

对中国半奢侈品的需求掀起了一阵狂热的模仿和创新之风。起初，欧洲人不过是模仿者。到该世纪中叶，势头开始转变。在伦敦东部的鲍区，一家工厂开始生产骨瓷，这里成了英国的"新广州"。18世纪60年代，韦奇伍德找到了一种在陶器上施以一层光亮釉料的方法。这种釉料既美观又坚固，足以承受任何突然的温度变化，这对热饮容器来说至关重要。奶油色陶器由此诞生，它是一种便宜而光滑的瓷器替代品，很好地迎合了正在壮大的中产阶级市场。瓷器制造厂在欧洲各地如雨后春笋般涌现。这既得益于大额补贴，也得益于一个由画家和设计师组成的欧洲网络，他们主要从《中国设计新书》(*New Book of Chinese Design*，1754年)

和类似的式样参考书籍中获得灵感。转印技术使制造商能够把雕刻在铜版上的式样转移到纸上，再从纸上转移到陶瓷表面上。创新延伸到营销领域。韦奇伍德开设了展销厅，还在欧洲各地（从尼斯到莫斯科）分发自己的商品图录。青花瓷的蓝白釉下彩此时面临着英国本土"埃及黑釉"的竞争。时尚就像一个善变的大师。1700年，瓷器市场由中国人垄断。到了1800年，餐具市场已经牢牢地掌握在欧洲人手里。1791年，东印度公司彻底停止从中国大量进口瓷器。[31]

饮品和茶叶的传播在某种程度上是一个逐渐惠及下层民众的过程。仆人因为主人而认识了这种新的热饮，仆人会在薪酬外再跟主人索要少量茶叶或咖啡。1757年，博爱主义者乔纳斯·汉韦——弃儿、病人和穷人之友，也是第一个带伞的英国人——抱怨，仆人和劳工已经被富人的"愚蠢习惯奴役"，他们宁愿为了一杯甜茶而舍弃一条面包。在汉韦看来，这种"全民狂热"是一种"不道德的无节制"。它不利于"国家利益"（必须用白银给中国付款），不利于品性和事业心（饮茶浪费了宝贵时间），还不利于健康（对生活在北方寒冷气候下的人来说，茶是"非自然的""有害健康的"，相当于"毒药"）。最糟糕的是，它加剧了最穷苦人群的"贫困和苦难"，因为"穷人的欲望越多，他们就会因为得不到而感到痛苦"。[32]几年后，在巴黎，历史学家勒格朗·多西写道："没有哪个女店员、厨师和女服务员在早餐时不喝加牛奶的咖啡。"[33]他继续说道，在小巷和集市上，女摊贩向下层民众供应牛奶咖啡（由用过的咖啡渣和酸乳制作而成）。

然而，效仿只不过是这个故事的一部分。对那些金钱和时间均较少的城市居民来说，茶和咖啡是热食的廉价替代品。加糖的喝法进一步将它们从异域药物转变为有营养的美味。刚开始，人们喝咖啡时几乎不加或很少加糖。到1715年，拉罗克指出，许多人喝咖啡不再是为了健康，而是为了"取悦自己"，他们在咖啡中"过度加糖"，直到把咖啡变成了糖浆。[34]到18世纪末，茶和咖啡被认为是糖的"营养载体"；尽管如此，甚至那时的咖啡支持者也建议加糖要适度，因为"如果做成甜的，它很容易变酸，这也是许多人不愿喝咖啡的原因之一"。[35]

扩张的发动机是帝国。正是在 18 世纪，欧洲各帝国开始大规模开发它们的热带殖民地，增加与中国的茶叶贸易。18 世纪 20 年代，多个东印度公司仍每年仅往欧洲运回 770 吨茶叶。到了 18 世纪 60 年代，这一数字增长到原来的 10 倍（还会运回数以百万计的中国瓷器）；到了 19 世纪 20 年代，这个数字又翻了一倍。在一个小麦和国内其他食品的价格上涨的时期，茶叶却变得越来越便宜。在阿姆斯特丹，咖啡的批发价格从 18 世纪初的每千克 10 荷兰盾跌至该世纪末的每千克 1 荷兰盾。同一时期，英国的糖消费量增加了近 10 倍，达到了平均每年每人 20 磅。在这一时期，大西洋奴隶贸易到达了顶峰，这对咖啡和甘蔗种植园来说至关重要。在奴隶贸易废除前夕，1807 年，西印度群岛供应了英国进口总量的 25%。殖民地世界再也不会在帝国中心扮演如此重要的角色了。马拉奇·波斯尔思韦特是沃波尔政府和皇家非洲公司的宣传人员，他敏锐地看出了英帝国的总体结构，他在 18 世纪 50 年代写道，它是"一个建立在非洲基础之上、由美洲贸易和海军力量构成的宏伟上层建筑"。[36]

正如我们将在下一章看到的那样，到 18 世纪晚期，用奴隶来生产蔗糖这一做法造成的人力损耗，开始引发公众愤怒。同时，用经济学术语来说，帝国的成本和收益仍旧是有争议的话题。从严格意义上来说，重商主义并不利于消费者，特别是在与重商主义的后继者——自由贸易和廉价食品构成的自由主义帝国——相比时。糖、茶叶和（尤其是）咖啡被课以重税，这就鼓励了走私，尤其是通过怀特岛从法国走私。同样，正统经济学告诉我们，自由劳动力比奴隶劳动力更具有生产力。鞭子不会提高效率或创造力。但是，历史比经济学血腥、肮脏。新的消费秩序建立在奴隶的脊背之上。中国的例子说明，在小农场里种植蔗糖是有可能的，但是并没有很多欧洲劳工渴望前往牙买加和海地，也没多少种植园主愿意支付足以吸引他们的高工资。如果英国向世界其他地方开放它的殖民地，这带来的不会是自由市场，而是法国人对英国殖民地的接管。很明显，这个重商主义帝国是以奴隶和国内普通百姓为代价，来让商人和种植园主变富。英国消费者为英国海军和大西洋殖民地付出了太多的钱。然而事实是，如果没有海军和奴隶，他们能获取的热带产品会更少。[37]

消费并不是经济和文化的一个简单功能。波动的价格与变动的喜好可以相互促进。英国人对茶的偏好超过咖啡就是一个典型例子。1810—1820年（咖啡馆的黄金时代），咖啡仍然占据优势地位。一个世纪之后，局势逆转。这时，一个英国人每年消费差不多2磅茶叶，但只消费约0.67磅咖啡。因为1磅茶叶制成的茶水量相当于3磅咖啡的冲泡量，所以英国人每喝8杯茶，才喝1杯咖啡。价格在其中起到了很大的作用。[38] 咖啡的关税在1724年提高了，而茶叶的关税在1745年降低了。一些历史学家指出，茶之所以受到喜爱，是因为它制备方便，只需要加热水，而不需要烘焙，而且茶具有固有的节约特性，就像穷人和造假商人知道的那样，茶叶可以重复使用。来自其他国家的证据告诉我们必须采取谨慎态度。独立战争后，美国人改喝咖啡，他们似乎并不介意额外的工序和器皿。咖啡豆也可以重复使用。拉罗克建议："冲泡过一次的咖啡，也可以第二次甚至第三次使用。"德意志咨询类书籍中也有类似建议。[39] 更关键的是，普通英国人喜欢买得起的武夷茶（生长于中国福建省北部），而重商主义抬高了优质咖啡的价格。英国人的爱好反映了英帝国的政治经济学：西印度群岛的蔗糖游说团体与从中国进口茶叶的东印度公司之间的甜蜜联盟。帝国在商品的品质和价格上都打下了自己的烙印。西印度群岛种植园主用优质土地来种植最有利可图的作物——甘蔗。咖啡被列入第二等级。品质说了算。甚至牙买加咖啡的拥护者也承认，它的"气味、酸涩口感，以及令人无法接受的回味"，让任何喝惯了来自摩卡港或法属群岛的咖啡的人都会"觉得厌恶"。[40] 对英国咖啡来说，这是一个恶性循环：高税收意味着低消费，这反过来会抑制投资、质量和口味。咖啡在英国的失败提供了一个容易被人遗忘的历史教训：一些新爱好是因为重商主义帝国兴起的，还有一些爱好则是因为重商主义帝国消失的。

中国政府或许没有阻碍贸易，但它也没有推动贸易。在长江三角洲创造的财富被抽走然后转移到了较贫困的北方，这是一种为了政治稳定而实施的交叉补贴政策。英国政府不是慈善集市，但是它榨取了民众的钱财，来补贴精英阶层、开通贸易、建立殖民地。而且贸易刺激了需求，正如当时的人理解的一样。"并不是因为一个英国洗衣妇没有茶叶和糖就无法坐下来吃早餐，所以世界贸易就发展了起来，"殖民主义倡导者爱德华·吉本·韦克菲尔德指出，"而是因为世界贸易已经发展了起来，所以一个英国洗衣妇的早餐才需要茶叶和糖。"[41] 大西洋帝国也为新的纺织业提供了一个比原本大得多的出口市场。[42] 正如新的棉布和陶器制造厂的例子反映的一样，贸易的发展与一种愿意接受新事物的国内文化密不可分。[43] 所有这些都有利于增长和发展。而且，它扩充了在英国本土和在殖民地的英国人的商品篮子。贸易至关重要，因为在一个食品价格不断上涨的时期，它降低了消费品的价格。那些拥有可支配收入的中产阶级和富人，是主要的受益者。

城市生活

每个社会都有首都和重要城市。中国有北京和扬州，法国有巴黎（到 1700 年，其居民人数达 50 万）。荷兰和英国的特殊之处在于其城市景观的密度。集镇和城市飞速发展。1500 年，在英格兰和威尔士，不到 3.3% 的人住在人口超过 1 万的集镇里；到 1800 年，这一比例是 20%。在荷兰，这一比例从 16% 上升至 29%。同时期，1800 年，仅有 5% 的人生活在长江下游（当时中国最发达的地区）的集镇；在拉丁美洲和印度，这一比例约为 6%。[44] 法国和德意志在很大程度上是乡村社会，而意大利各城市则在经历着停滞或衰败。为什么这很重要？毕竟，正如修正主义历史学家近来揭示的一样，在没有集镇的情况下，商业也在长江地区发展。然而，对于消费来说，城市生活非常重要。理由主要有四个。

由于城镇的规模和社会面貌，它们为差异化产品和专业化服务提供了一个有利的空间。如果没有城镇，茶具、壁纸和成衣的繁多种类是不可想象的，正如在 18 世纪中叶，玻璃和瓷器专卖店出现在旧有的绸缎店旁边。因此，城市加快并促进了贸易发展带来的专业化。第二，城镇提供了一个满足欲望、传播新爱好的舞台。与在乡村地区的商人相比，城市商人可以更快地获得瓷器、窗帘和平底锅。[45] 换句话说，城市生活方式比收入提高和价格下降更能促进需求的增长。乡村虽然并非完全处于隔绝状态，但是一个小贩能带来的也就只有一些新奇玩意儿。18世纪的城市商店提供的是一种消费的整体氛围，这里有安置在厚玻璃和镜子后面的商品、展示柜、供顾客休息的舒适椅子。购物成了城市休闲生活的一部分。在英国商业以及文化一体化进程中，地方商店扮演着非常重要的角色。例如，在18世纪30年代的切斯特，家具商阿布纳·斯科尔斯组装出了两个理想家居的展示厅，里面有桌椅、时髦的纺织品和镶框的小人国版画（因《格列佛游记》大获成功而变得流行起来）。[46] 第三，城市生活打断了自给自足的局面。诚然，法国中产阶级一直从自己的葡萄园中取得葡萄酒，城市工人到20世纪时还在养鸡，但是总的来说，和乡村地区的亲戚相比，城市居民的"自给性消费"要困难得多。烹饪需要炉灶、时间、技术和煤炭。城市工人缺乏这些条件当中的大部分。他们的衣服也越来越多是买来的成衣。

繁荣发展的城市最终创造出了一个特殊的交流环境。增长和流动性不断将新面孔聚集在一起。名望和身份变得更具变动性。着装可以用来反映一个人是什么人或想要成为什么人。一种新的服饰文化流行开来。1714年，在《蜜蜂的寓言》（The Fable of the Bees）中，荷兰裔医生和哲学家伯纳德·曼德维尔指出："美丽的羽毛造就美丽的鸟儿。同样，在陌生的地方，人们往往会根据一个人的衣服和其他穿着来评判这个人。从这个人服饰的数量，我们可以判断他的财富；从他的搭配式样，我们可以判断他的见识。"曼德维尔总结，"正是因为这个道理"，一个人才会"选择穿高于自身阶层的衣服，尤其是在人口稠密的大城市里，在那里，一个普通人每小时会碰到50个陌生人、1个熟人，因此，他当然乐见自己被大多数人尊敬，而这份尊敬不是因为他真正的身份，而是因为他表现出来的身份"。[47] 城镇的匿名性让人们更容易寻求认同，获得高出自己真实地位的对待。"这个金色的梦"（曼德维尔语）开启了一场效仿和伪装游戏，使得需求能够自我延续下去。

其实没有必要如此愤世嫉俗，但是关于消费品对身份形成的重要性的总体观点是成立的。衣服、配饰和举止提供了一个界定社会地位的体系。如果穿得像个乡巴佬一样，初来乍到的商人就不太可能吸引到什么生意,这样的顾客也不太可能获得信誉。或许,与建立信任、打动别人同样重要的是塑造自我。年轻工人获得工资之后首先做的几件事之一就是买一套体面的衣服:这套衣服代表了一种新的、成熟的身份。同时,城市的混乱让人们更加重视隐私,正如人们拉上窗帘,在家里和家中的财物当中寻求安逸一样。在文学评论家提出"自我实现"这个术语3个世纪之前,"自我实现"的舞台就已经搭好了。[48]

影响心智的物品

卡尔·马克思认为,西方资本主义使人从物品的世界中分离出来。按照这个有影响力的观点,西方的兴起蕴含着一种独特的能力,即把物品视为一种抽象概念,一个可以与货币进行交换的无生命之物的能力,这与膜拜物品神奇力量的部落文化形成了鲜明对比。西方人积累的物品越多,他们就越不关心它们。许多人将西方人对"自我"的重视归咎于启蒙运动。对西奥多·阿多诺和马克斯·霍克海默——秉持新马克思主义的法兰克福学派的奠基人——来说,启蒙运动遗留下来一种"功效理性"。对一些人类学家来说,人与物品之间的清晰界线将西方与非洲或中国这样更自然的物质文化区分开来。在明代中国,人是物的世界的一部分。然而在欧洲,根据上述观点,它们被勒内·笛卡尔撕碎了。笛卡尔在17世纪40年代主张,精神是独立于身体和物质世界的实体。据说,一个半世纪之后,伊曼纽尔·康德完成了"人类对……物品的胜利"。[49]

我们被告知,这种对人类作为独立主体的痴迷是我们当前混乱的根源。现代性让西方人误以为自己掌控着物质。我们对物品的依赖被遗忘。物品成了从属性的和用后即丢弃的。"用完即弃"社会是必然的结果。近年来,法国社会科学家、孜孜不倦的物品支持者布鲁诺·拉图尔一直走在一场运动的前列,这场运动要求将物品应得的尊重还给物品,并把它们重新变成我们生活的参与者。拉图尔坚称,我们需要的不过是与现代性的知识基础决裂。从霍布斯和卢梭到20世纪晚期的罗尔斯和哈贝马斯,政治思想一直是"一种强烈的避物倾向的受害者",幻想着没有物品的集会,在那里，人们仿佛"赤身裸体"地相见，仅仅装备着理性。[50]

否定这一批判的部分内容是愚蠢的。启蒙运动确实发起了批判性理性，并摧毁了一些民间观念，比如，赋予树木和其他物品以言说和行动的力量。真正的问题在于，非物质化是否抓住了现代性的总体要旨，是否导致了西方对待物品明显不负责的态度。毕竟，虽然中国人将人和物看作一体，但这并没有阻碍他们在最近几十年里大量消费。西方现代性中也没有一个单一的传统。关于真实自我的观点跟一种对物品——被看作知识和身份的女仆——的新迷恋平行发展，有时也会被后者淹没；即使是笛卡尔，也不相信思想和物质之间严格的二元论。事实上，艺术家和科学家并没有突然遗忘物品，而是从包括政治经济学、哲学、文学和法律在内的多个方面思考物品。由于渴望一个更好的世界，17、18世纪的思想变得越来越充实。

对物的接受在自然哲学中有其根源。文艺复兴时期的文化让人们对物倾注了更多的关注。书籍和异国香草收藏反映了收藏家的专业知识和品位。这为荷兰和英国的科学家、旅行家在17世纪发展出一种获得知识的新途径打下了基础。他们不是从一般原则出发，而是从对物品的详细描述出发。理解不是单靠脑力劳动完成的，而是要走到外面的世界，去闻、去触摸世上的众多事物，对它们进行分类记录。在1598年后的几十年间，当荷兰船队从东印度群岛和西印度群岛归来时，船上会载有贝壳、肉豆蔻、犰狳和驼鹿的骨头。前往香料群岛的探险船队会带回霍屯督人的长矛。像恩克赫伊森和莱顿那里的异域植物和手工艺品陈列室，会出现在旅游指南上面，而且除了吸引学生、王室成员，还吸引手工艺人、商人。商业扩张和"有品位的客观性"互相促进。[51]它们都为了寻找新事物而探索着外面的世界。

获得知识的经验性、物质性途径让贸易成为科学和社交的忠实伙伴。商品和美德携手前行。贸易不仅仅是让商人大赚一笔。它打开了共同利益的世界。正如文艺复兴时期的通才卡斯帕·巴洛伊斯在17世纪30年代于阿姆斯特丹大学发表演讲时指出的，就像科学一样，贸易教会人们如何欣赏物品，如何一起工作。与公民人文主义的观点（在他们看来，奢华一直是少数人的特权）相比，这是一种更加充满活力、更加开放的观点。贸易用一种新的方式让家中的物品获得了正当性。用明史研究学者卜正民的话来说，荷兰市民在家中摆放的中国盘碟和土耳其毛毯反映了"与世界的积极关系"。这与晚明中国形成了鲜明对比，在那里，物的外来性几乎没有承载任何价值。[52]

曾有既定的立场认为，对物的欲求同时造成了对国家的巨大消耗和对个人的腐蚀。这一点在英国商人托马斯·芒那里得到了很好的表达。1664年，芒写道：

> 荷兰人会打败我们，因为他们勤勉，而英国人正全体遭受一场"麻风病"，烟斗（抽烟）、酒壶（喝酒）、宴会、时尚，以及把时间浪费在懒散和享乐之上（违背上帝的律法和其他国家的习俗），使我们柔弱、知识贫瘠、一贫如洗、勇猛不足、事业不顺，并遭受敌人蔑视。我提到许多这样的过分行为，因为它们真的极大地浪费了我们的财富。[53]

然而，就在芒写下这段话时，这种正统观点正受到新事物支持者的挑战。1655年，科学家罗伯特·波义耳写道：欲望是一种神圣的恩赐。当"其他生物满足于……容易获得的必需品时"，上帝为人类配置了"多重欲望"。"奢侈品和美味"并不是不道德的。"贪婪的欲望"激发了一个"好奇心十足的行业，需要人们去探索、仔细分析和彻底搜索自然"。对商品的追逐并没有让人们偏离属灵世界，相反，这将使他们"更加膜拜全知的上帝"。[54] 上帝想要让人们成为消费者，而不是禁欲主义者。

随着改良的文化呼声高涨，对奢侈享乐的传统怀疑逐渐丧失了基础。对1660年成立的皇家学会来说，威尼斯玻璃和其他外国奢侈品促进了新技术和有用知识的发展。专利数量激增。在《皇家学会的历史》（*History of the Royal Society*，1667年）中，罗切斯特主教将奢侈享乐和新奇物品视为进步的手段。在开头部分，他写道，社会被划分为权力阶层和其他阶层。权力阶层通过奢侈品让自己变得更快乐，让自己的生活变得更方便，其他阶层则通过工作来实现,结果便是丰裕状态和城市。到这里为止,一切都好。但是,罗切斯特主教与更早的那些作家的不同之处在于,他大胆地认为,由于"新物质的发现,对人们双手的刺激",以及从殖民地移植同样的物质(比如丝绸)的过程,进步将会持续下去。"我们没有理由绝望。"显微镜、光学玻璃和其他新工具显示:"呈现在我们面前的不同物质,远比过去的可见世界包含的物质要多。"贸易和新奇事物不断为英国注入新的活力,多多益善。[55]

新奇事物也是新闻,最新的商品得到了蓬勃发展的印刷新闻市场的推广。除了出售茶叶和咖啡,皇家学会的成员、药剂师约翰·霍顿在1692—1703年运营着一份每周发行的单页商业新闻通讯。《农业和贸易进步新闻》(Collection for Improvement of Agriculture and Trade)售价2便士,内容既包括煤价和公司的股票价格,也包括巧克力和眼镜广告。

这些文字不仅仅关于这个或那个新奇物品,还表达了一种关于人性的全新观念。对奢侈享乐的批评借鉴了古代人的原则。亚里士多德认为,人有有限的需要。根据苏格拉底的看法,满足这些需求的最好方式是过一种简单的生活。现代人提高了自己的眼界。尼古拉斯·巴尔邦是17世纪80年代伦敦保险业和银行业的一个先驱人物,他较早地支持从更加开阔的视野出发去认识欲望。在巴尔邦看来,人类生来拥有两项基本的需求:"身体的需求和精神的需求。"后者的需求是"无限的"。欲望是"灵魂的强烈需求",当然"就像身体会饥饿一样"。"人生来就有欲望",而且"随着想要的东西——一切稀少的事物——可以令感官愉悦,可以装扮身体,可以提高生活中的安逸、愉悦和奢华程度,他的欲望就逐渐增加"。英国的资源同样是"无限的,永远也不会消耗殆尽"。消费不是由生理界限决定的。巴尔邦知道他自己在说什么——他是一个精明的商人,也是打扮入时者和投机建筑商(利用伦敦市民在伦敦大火之后希望获得更舒适条件的愿望而获利)。时尚并不是浪费。相反,它是"对新奇事物和稀罕物品的追求,这种追求促进了贸易"。国家越是发展贸易,人们的收入越多,人们的消费越多,国王的金库就会越发充实。[56]

在《蜜蜂的寓言》中,伯纳德·曼德维尔磨快了这个主张的刀刃,并给了旧的道德秩序致命一击。用他著名的格言来说，私人恶习就是为了公共利益：

> 嫉妒本身，以及虚荣心
> 是劝人勤勉的牧师；
> 它们在饮食、家具和服饰上
> 愚蠢得可爱，且变幻无常
> 那一奇怪的荒谬恶习，
> 就这样成为拉动商业的车轮。

恶习把"愉悦、舒适和安逸提升到这样一个高度，使穷人比以前的富人生活得更好"。[57] 这一观点打破了公民人文主义的道德统一性，即认为个人品德和公共利益之间存在对称性。它让社会利益和个人美德相分离。如果结果是好的，那么坏的动机并不重要。一个贪食者是一个好公民。强大的国家是由恶习，而不是美德建立的。

在16世纪的中国，作家陆楫就已经对奢侈享乐导致社会贫困这一观念提出了质疑。少数人的奢侈生活促进了商业发展。然而，在这里看到一个中国的"曼德维尔"，并没有什么帮助。[58] 不同于那位荷兰医生，陆楫并没有设想过一个不断促进增长的"车轮"。这个世界创造的财富是固定的。一个人的损失意味着另一个人的收获。曼德维尔之所以如此具有革命意义，是因为他描绘了这样一个社会：个人的物欲会增进每个人的收获，从而让整个民族更加富裕、强大。

对消费的新赏识反映了一种关于工资的更积极的观点。过去，多数人的贫困被认为理所当然，毕竟供应有限。如果织工的工资提高，布价也会提高，这将导致销售额减少，工作机会减少，贫困增加。在斯图亚特王朝复辟（1660年）之后的数十年里，是贸易的大幅增长和对有用知识的信心，打开了当时的人的眼界，让他们看到了延续了两个世纪的一个事实：英国是一个高工资经济体。1695年，约翰·凯里主张，技能的改进和人力节约技术让竞争力和高额薪资成为可能。大多数人不再为了生存苦苦挣扎，而是可以进入消费者的行列。更高的花费是可行的。事实上，更高的花费是可取的，丹尼尔·笛福于1728年在《英国商业计划》(*A Plan of the English Commerce*)中这样说。因为整个国家都依赖为数众多的劳工和店主，以及"他们的大量收入"："通过工资，他们能够生活富足，而且正是通过他们昂贵、慷慨和自由的生活方式，国内消费规模才会如此庞大，我们自己的商品产量也很庞大，外国亦如此。""我们是一个放纵且爱花钱的民族。"生活"没有节制"，笛福写道，"在一些事物上甚至是令人震惊地没有节制"。尽管如此，削减工资以减少消费是一个糟糕的主意。工资降低，花费就会减少。整个王国都将会遭殃。[59]

并非所有人都对此深以为然。当新英格兰在1727年发生一场轻微的地震时，哈佛学院毕业生、清教徒科顿·马瑟鼓吹，这是上帝在表达对信徒的虚荣心的不悦。奢侈战争是一个全欧洲的现象。让在英国的辩论与众不同的，与其说是它更加具有变动性、重商主义的基调，倒不如说是它缺少批评者。不断扩张的贸易和支持消费的主张在相互扶持。1688年，英国摆脱了隐秘的专制主义者詹姆士二世这件事是有助益的，因为这减轻了对宫廷奢侈的忧虑。当时的人不是在奢侈品和必需品之间做出截然区分，而是发现了一种介乎二者之间的"适度"或"无害的奢侈"区间。就像糖这个例子一样，曾经的奢侈品可以转变为必需品。为什么要阻止下层阶级参与？到1776年，正如我们看到的一样，亚当·斯密可以将消费表述为"所有生产活动的唯一目的"，仿佛这是生活中最无可争议的事实。

与之相比，在欧洲大陆，贵族阶层面临的危机和专制主义的兴起重新点燃了关于奢侈的争论。批评者抱怨，奢侈曾经是庄严壮丽和美德的一种标志，但如今它正使西班牙贵族堕落，因为他们在华丽服饰和园林的花费方面互相攀比。强大、多产的土地所有者变成了软弱、无力的木偶。他们的权力最后终结在一个专制君主手中。同样，在法国，德尼·狄德罗谴责，奢侈是堕落的源泉，这一点在宫廷里表现得尤其明显。伏尔泰补充说，还有教会！盛大的宴会和穿制服的仆人将财富从更具生产性的工作中转走了，而这种工作在过去曾证明奢侈是合理的。霍尔巴赫男爵总结，奢侈不再帮助穷人，奢侈创造了穷人。[60]

针对奢侈的批评者并不全都是传统主义者和反贸易人士，就像它的捍卫者并不全是现代化主义者，更不用说民主主义者了。英国人尼古拉斯·巴尔邦是一个托利党人。在法国，米拉波侯爵抨击同为贵族的人士是堕落的"吸血鬼"，但是他希望通过自由贸易和农业发展来获得救赎，而不是回归斯巴达式的节俭。[61] 就像今天的银行家一样，贵族的无节制之所以引起注意，是因为它似乎解释了一个更加深层的危机。法国人在七年战争（1756—1763年）中的损失大大推动了米拉波侯爵的《人类之友》（*L'Amis des hommes*）的销售。消费仍然首先是一个政治问题，而不是经济问题。它在何时是好，何时是坏，这取决于政府体制。孟德斯鸠主张，在一个君主国——在这样的国家中，富人扶持穷人——中，奢侈是至关重要的，但是在一个由平等的人组成的共和国中，奢侈是罪恶的。[62]

在启蒙运动时期，关于奢侈的争论凸显了两种关于人性和社会秩序的观点，两者立场相反但同样激进。一个观点颂扬本真自我。按照这种观点，自我先于并独立于物质世界而存在。对让-雅克·卢梭来说，对物的贪求使自由人沦为奴隶。时髦的服饰和过度的享乐让人们远离了真实的自我。为了奚落上层阶级，卢梭本人就穿着一件朴素的亚美尼亚外套。他的伟大成就在于，将这种关于纯洁自我的观点延伸为一种呼吁社会平等的政治主张。一个共和国需要自由、积极的公民，而这需要平等的制度。奢侈破坏了平等，并让人沦为物。专制主义和奴隶制是一对孪生子。

另一种观点由大卫·休谟提出。他是卢梭的朋友，也是1776年卢梭在伦敦寄居时的东道主，直到两人公开闹翻，当时，处于流亡之中、以好战性格著称的卢梭指控这位东道主阴谋迫害自己。在《论文集》（*Essays*）中，休谟激进地说道，奢侈是有害的，但是整体上"所有商品的增长和消费（用于装饰和生活享乐），对社会来说是有利的"。两人的分歧在1766年艾伦·拉姆齐著名的肖像画中得到了完美体现。在这幅画中，卢梭穿着一件朴素的亚美尼亚外套，而那位苏格兰哲学家则穿着一件由鲜红色布料和金色锦缎制成并饰以精美花边的衣裳。休谟指出，奢侈让一个国家变得更强大、更幸福。在"没有对这些奢侈品提出需求"的地方，"人们容易慵懒，丧失生活的所有乐趣，这对公众一无用处"。"懒惰的成员"造就了贫穷的公民和贫穷的士兵。欲望不会导致专制，相反，它是自由的堡垒。因为它扩大了"中产阶级"，而这些人既不会像贫农一样屈从于奴隶制，也不想像贵族一样欺压别人。[63]

休谟的研究计划可以说是"关于人的科学"，而他对奢侈的积极态度，从属于一个更为广阔的见解，即认可物在自我和公民社会的形成中所起的作用。曼德维尔为对恶习和不道德的指控敞开了大门。休谟则关上了这道门，将伦理和情感联系到对物欲的经济辩护上。物欲让人们变得更富裕，也更好。通过促进商业和工业的发展，它将人们聚集在社团、谈话和娱乐活动中，而所有这些都让他们"感到人性的完善"。休谟总结道："因此，勤勉、知识和人性，由一条坚实的链条联在一起，并且从理性和经验来看，它们是那些更优雅……更奢华的时代所特有的。"[64]

对物品的好奇心促进了有教养的社交，这一直以来都是荷兰自然哲学家的论点。在《人性论》(*A Treatise of Human Nature*，1739 年)中，休谟将这一观点扩展到了"自我"上。休谟曾在拉弗莱什的耶稣会学院学习过，但是《人性论》是一个全面替代笛卡尔主义的方案。精神自身并不能成为一种实体，它与身体和自然是分离的。更确切地说，自我是一个虚构的事物，是一种发展中的作品，是印象和观念的合成物。我们不知道休谟是否读过斯宾诺莎的著作，后者主张思想源于理智和情感，因此根源于物质。休谟肯定非常熟悉斯宾诺莎的门徒比埃尔·培尔和曼德维尔，而且经常去伦敦舰队街的彩虹咖啡馆——它是斯宾诺莎主义者经常聚集的地方。休谟展示了肉体的愉悦和痛苦是怎样塑造我们的身份和感情的。接触新事物是一种激发、增强智慧和感触的方式。休谟写道，当"灵魂"运用自身去理解一件新事物时，它在一开始会遇到困难。这种困难令"精神"振奋，是"惊奇的源泉"。随着时间推移，刺激效应逐渐消失。[65]这也挺好的，休谟的朋友凯姆斯勋爵在几年后对新事物的反思中补充道。如果不是这样，我们将承受太多负担，"没有行动或思考的空间"。[66]为了激发这种惊奇感，新事物需要不断出现。新事物的心理效应深深吸引着苏格兰启蒙运动，并令人们用一种新的眼光看待时尚和过时。新事物既不是虚假的，也不是让人疏远的，相反，它们帮助我们塑造自我。停止新事物的流动，自我将失去一些令其保持鲜活的有效影响。

如今，消费常常和自私联系在一起，因此我们需要强调18世纪是如何认识到个人的物欲会产生社会效益的。财富、社会秩序和行善的兴趣相互扶持。私人物品是如何实现这一点的？休谟指出，使用一件物品会取悦其主人，因为它不断提醒主人，这件物品在实现自身用途时能够提供快乐。在《道德情操论》(The Theory of Moral Sentiments，1759年)中，亚当·斯密补充道，人们没有注意到的是，获取快乐的方式通常比快乐本身更有价值。人们在口袋里装满了"小玩意儿"，还设计出"新的口袋"来装更多的东西。他们"带着许多小玩意儿"四处走动，这些东西几乎没有用处，"根本不值得随身带着"。尽管如此，人们积累的东西还是越来越多。斯密写道，人们爱上了"无数高雅的人工制品"，因为他们认为它们是"实现快乐的手段"。从其本身来说，一个镊子盒看上去琐碎无趣、不值一顾。然而，"在我们的想象中"，它是一个和谐体系的一部分，这个体系让财富带来的乐趣显得"宏伟、美丽和高贵"。[67]这一骗局让人类精力充沛，并且促使他们耕种土地，建造城市，提高科学水平和改善交通状况。

由于人们希望受到他人认可，利己主义被驯服、文明化了。同情的能力——设身处地为别人着想的能力——造就了社会秩序：一个能够设想自己某天会成为一栋大宅主人的穷人，不可能想要消灭富人。在过去，人们认为消费必须受到管制，因为不计后果的消费会毁灭社会。斯密说，这是胡说八道。奢侈是被"在当下享乐这种激情"驱动的。这种激情"有时猛烈"，但是"转瞬即逝"，如果与改善生活条件这个更强烈的愿望——我们自出生至死亡，始终抱有这个愿望——比起来。这促使我们省钱以积累财富。总的来说，节俭的人在数量上总是比放纵的人多。英国的财富增长就是一个证明。消费可以安全地掌握在个人手里。斯密总结："国王和大臣假惺惺地监管个人的经济，并通过禁奢令或者禁止进口外国奢侈品来限制他们的开支"，这是"最不当和放肆的行为"。"他们自己一直（而且无一例外）是社会中最大的挥霍者。"[68]

在《国富论》中，亚当·斯密回顾了欧洲封建主义的衰落和商业的兴起。他认为，正是大贵族对钻石扣饰和"小玩意儿"的嗜好，让他们逐渐出卖了自己的权威。他们一手耗尽了自己的权力。为了满足自己对物品日益增长的需求，贵族先是减少了家仆的人数。然后，为了换取更高的租金，贵族"昂贵的虚荣心"允许剩下的佃户获得更长的租期，赢得更大的独立性。商人和手工艺人乐于提供商品。因此，一场"对公众幸福至关重要的革命"开启了，这是一种人"愚蠢"、另一种人"勤勉"造成的无意识的结果。商业社会的财富得到了解放。随之而来的是更大范围内的和平局面。斯密在同一章节中评论："人的骄傲心理使得他爱好发号施令。"[69] 如果那种欲望在鼻烟壶和帽子上得到发泄，无论多么愚蠢，也总比占有其他人要好很多。物质财富约束了个人侵略性和社会冲突。人们会忙于攫取物品，没有时间厮杀。

"普通法之父"威廉·布莱克斯通把《英国法释义》(Commentaries on the Laws of England，1765—1769年)一书的大部分用来探讨"物权"。他区分了一切事物，从动产和土地到家养动物和野生动物。继承权确保了私人物品对社会有良性的影响。继承权"让情感支持责任，促使一个人有功于公众——如果这个人确定他的付出所得到的回报不会随着他的死亡一起消失"，而是会被遗传给他"最心爱的人"。布莱克斯通认为，继承权的最初起源很可能就是一个人在弥留之际希望他的家人围绕在身旁。[70]

布莱克斯通正在对一种时势做出回应。私人物品正越来越成为个人身份和家族记忆的中心。盘子和刀叉开始刻有姓名首字母。有时，身份的确被刻到了家具上，就像18世纪美洲的橱柜和抽屉，它们的女主人用自己的名字装饰它们。传家宝建构了家族记忆，让自我活在后代人心中。1756年，一名英国女士写下"那只带有镀金盖子和茶托以及金质底座的旧瓷杯，必须留给玛丽，然后她再将它传给她的女儿"，这是家族的传统。"每当她看到我给的这些小玩意儿，她就会想到挚爱她的母亲的无尽柔情。"[71] 对这一时期越来越多被大西洋和印度洋分隔开来的商人家庭和王室家族来说，物品建立起了一种类似的纽带。以子女为导向的夫妇式家庭在早期现代的优势地位无疑激励了这类有关物质记忆的行为，也解释了为什么女性作为家庭看管人起着如此重要的作用。个体化的物品既是一种服务家族理想的方式，也是一种在家族理想中开辟一个个人空间的方式。

但是，关于自我的物质文化从来不是简单的。通过模糊人和物之间的界限，人们很难分清一个终于何处，另一个始于何处。物品有助于创造自我，但是如果消费耗尽了物品，又会怎么样呢？在苏格兰，休谟和斯密关于商业和无害的奢侈品的赞美遭遇了一些批评者，比如法官、哲学家蒙博杜勋爵。他担忧，现代舒适生活会侵蚀苏格兰高地勇士的力量，并导致人口减少。[72] 商品的不断流通也引发了一些恐惧，有人认为对它们的崇拜会侵蚀甚至控制灵魂。丹尼尔·笛福就表达了这种矛盾情绪。一方面，他指出了消费品、勤勉和较高生活标准之间的良性循环；另一方面，在《摩尔·弗兰德斯》(*Moll Flanders*，1722 年) 中，他讲述了这样一个故事：由于贪求丝巾、金珠，一个年轻女郎走上了偷窃、卖淫、锒铛入狱的道路。她渴求的东西越多，她自己就越发沦落为一件商品。

灵魂自人到物的转移是 18 世纪著作的一个常见主题。时尚人物的灵魂存在于他们的衣服上，伟大的讽刺作家乔纳森·斯威夫特曾这样写道。一种"以物作为第一人称"的文学体裁迅速流行起来。在这些作品中，手表、硬币和宠物狗讲述着它们的生活。对古代哲学家毕达哥拉斯来说，相信灵魂轮回的人会对其他生物产生更大的同情。与之相比，18 世纪由物讲述的故事，通常描绘了一幅关于人类恶习和愚蠢的阴暗画面。占有者是自私、冷漠的，是他们自身消费激情的奴隶，这与关于同情心、合群性的哲学理想大相径庭。在《黑色外套历险记》(*The Adventures of a Black Coat*，1760 年) 中，这件衣服讲述了苏珊·莎朗的堕落故事。她是一个卑微的商人的女儿，物欲驱使她去卖淫。如果说这个故事里谁还有道德，那么就是这件外套了，这件外套最后得出结论，理性的力量在人类身上被浪费了：在追求即时享受的狂热渴望中，他们无视了通往真正幸福的道路。藏在这些讲故事的物品背后的真正作者，本身其实也在适应一个竞争日益激烈的文学市场，这点或许在一定程度上解释了他们的讽刺腔调。其他评论家则担心，女性正在变得像发条一样紧张兴奋，沉迷于时尚和茶会。早在卡洛·科洛迪在 1883 年将说话的能力和狡黠注入《木偶奇遇记》(*Pinocchio*) 100 年前，当时的人就已经深深迷上了介于人类主体和有生命的木偶之间的灰色地带了。这两者在木偶剧院中混合，让观众在剧院中自己去区分哪个是等身的木偶，哪个是恰如其名的木腿演员塞缪尔·富特。[73]

进步的文化

从最早的交流时刻开始，人类社群就不得不面临新事物、新爱好和新欲望带来的挑战。消费在17世纪末和18世纪的惊人增长反映了殖民国家的控制范围、科技的进步，以及城市工薪人口的增长，但是如果社群没有选择生活在一个瞬息万变的商品世界里，那么这些因素都无关紧要。商品不是随意到来的，它们必须受邀前来。在过去，各个社会都是冷漠疏离的。17世纪的荷兰人和18世纪的英国人较为随和，后者尤甚。关于无害的奢侈和不稳定的自我的观念提供了支撑性论据。但是归根结底，消费是一种有生命的体验；正是在消费中，价值观念和行为之间形成了一种决定性的关联，这种关联证明了"更多商品"的到来是合理的。尽管消费还在不断引人忧虑，但它被认可为个人和社会进步不可或缺的一部分。它被认为是安全的。

很少有什么习惯比暴饮暴食更清楚地揭示了奢侈的危险性。贪食是七宗罪之一，而苦行禁欲是它的药方。18世纪的医生改变了这一诊断和治疗方法。正如当时的人给忧郁和沮丧贴上的标签，"疑病症"是奢侈生活方式带来的疾病，是暴饮暴食、久坐不动的结果。患上这种病的人经常便秘，感到忧郁、无精打采。这是一种被乔治·切恩医生称为"英国病"的神经失调症。不同于认为黑胆汁是忧郁症的原因的旧有体液说，这种诊断基于新颖的观点——身体器官是通过神经联系在一起的。胃会向大脑发出信号。在胃里填满茶、白兰地、巧克力和烟草，会使头脑呆滞。疑病症是精英阶层特别担心的一个问题，他们显著的同情心和感性来自他们脆弱的神经。奢侈的生活方式可能会让他们的身体不适宜去实施领导。如果一个人在病床上忍受着消化不良、痉挛和忧郁的折磨，就难以治理一个国家，更不用说治理一个帝国了。罗马帝国的覆灭就是一个经常被援引的适用例子。

　　传统疗法是节食、通便和放血。18世纪的英国人逐渐觉察到,他们可以不必运用这类烈性措施来解决问题。疑病症被用医学方法处理,同时也被过分标准化了。就像在社会知识领域,在医学上,人们逐渐认识到,更多的消费不会导致毁灭。由于《蜜蜂的寓言》一书而被今人铭记的伯纳德·曼德维尔也是一名医生,他在莱顿接受过医学训练,1711年,他以对话的形式发表了《论疑病症》(*A Treatise of the Hypochondriack*)。外国医生菲洛皮里奥向病人米佐米顿解释,他的病被误诊了。米佐米顿曾经"快乐,性情平和",但是现在他"易怒,多变,吹毛求疵,不信任别人"。这种疾病(被称为"hypo")位于胃的神经层。治疗方法是暂时戒除过量的晚餐,给胃腾出时间,重新获得活力;出去骑马运动,锻炼身体,振奋精神。然后,"就可以像以往一样愉快地享用晚餐了"。为了支持自己的说法,菲洛皮里奥援引了一个荷兰孕妇的例子。她"非常爱吃腌鲱鱼,每天都会吃很多,通常吃几个星期她才会吃够,等她吃够了,她已经吃了1400块腌鲱鱼,但没受一点儿伤害"。米佐米顿忠实地回答:"对一个荷兰人来说,这是一个很好的经验谈。"[74] 偶尔的放纵是安全的。曼德维尔选择了自我节制,其他医生则求助于药物。指导手册和药物市场迅速活跃起来。[75] 一些医生建议多喝茶、咖啡和白兰地,而不是减少饮用。奢侈之风就这样自己发展起来了。

　　最初,就像我们已经看到的一样,"消费"一词包括双重含义,即商品用尽和"消耗性疾病"。莎士比亚在他的戏剧中就利用了这一点。在《亨利四世》(*Henry IV*)下篇,他让福斯塔夫抱怨,"我这钱袋的消瘦病(this consumption of the purse)简直无药可医;向人告借,不过使它苟延残喘,那病是再也没有起色的了"。所有的使用都是循环的,并会产生损耗。消费和被消费(在生理学意义上)是不可分割的,没有什么比食物和水的摄取和消化更加清楚地反映了这一点。虽然关于暴食的争论没有完全切断这一联系,但是它肯定把这种联系变弱了。当消化不良病症增加时,消费并没有减少,相反,通过开放一个应对高生活水平带来的后果的新市场,消费继续发展。

礼仪文化进一步促进了消费的发展。咖啡馆和对异域饮品的喜爱只是不断扩大的社交空间——从俱乐部和餐厅到漫步长廊和休闲花园——的一部分，这些空间同时用于休闲娱乐和文雅的自我塑造。时髦服饰、茶具、最新的小说、合适的墙纸和家具，对于文雅的生活方式来说至关重要。通过这种生活方式，规模不断壮大的中产阶级可以界定自我，并在流动的后贵族社会确立自己的地位。文雅礼仪将同情和感性这些启蒙运动时期的理想转化为物质实践。通过让自己与他人和睦相处、获得他人的尊重，有教养的情感得到了展现。在这场社交游戏中，消费品是极其重要的，因为它们揭示了文雅人在品位和审美上的敏锐（这一点将他们与粗糙的劳苦大众区别开来），同时方便了社交和对话。

就像如何开展一场对话，如何穿衣打扮、吃什么食物以及如何吃，所有这些都可以习得。关于文雅举止的自助学习手册数量激增。1684 年，《新助手》(*The New Help*) 推荐说：

> 穿上你的衣服，适应与自己同一阶层的人的时尚……就时间和地点而言，如果你在任何事情上超过了他们，就穿得朴素一点，同时不失庄重……不要像乡巴佬一样，在手里拿着餐刀时把肉放进嘴里……不要在面包或桌布上擦手，而要用餐巾的一角……不要把手帕放在手里、嘴里或者腋下，而要把它放在某个不显眼的地方……每个举动都必须表现出对在场之人的尊重。[76]

在文雅的谈话中，身体动作、正确使用物品（从衣服到牙签和餐巾）与话语一样重要。对文雅举止的追求让消费富有社会生产力。这些手册是从文艺复兴时期的礼仪著作中获得灵感的，但是它们现在面向"所有社会阶层和处于各种生活境况的人"，售价一先令，连普通职员都买得起。[77]

在日本德川幕府时期（1603—1868 年），商人和平民的生活水平也得到了提高，但是人们把钱财花在了更好的墙壁、木地板、排水系统和干净的用水上。室内仍然是空荡荡的，重要的财物存放在大箱子里，展示出来的只有一只孤零零的花瓶。其余的财物被放在寻常看不见的仓库里。[78] 这种简单舒适的文化在一定程度上受到了禅宗的影响,并且在一个自然资源很少的国家里有着非凡的意义。可以说,它让日本的幸福指数比欧洲更高。

与之相比,在英国和荷兰,家庭内部是社交和自我塑造的中心舞台;建筑环境是次要的。家具、墙纸、瓷器和其他财物显示着一个人有着高雅的品位。随着时间推移,它们需要相应的变动。1713年,英国卖出了19.7万码的墙纸。70年后,这一数字超过200万。[79]到那时,几年就改换一次家里的墙纸,是十分常见的现象。因此,在消费的兴起、礼仪文化和虚构的自我这一哲学观念之间,存在着某种强烈的对称性。就像自我一样,文雅的人总是在适应调整,在时装和配饰的帮助下,他们让自己变得亲切,擅长社交。

品位——或者用艺术家约书亚的妹妹弗朗西斯·雷诺兹的话来说,"修饰原则"(polishing principle)——让消费受人尊敬。但是,它到底是什么?"品位如今是文雅世界的宠儿。"一名批评者在1756年指出。"优雅的女士和先生穿着有品位……小提琴手、乐师、歌手、舞者和技工都是品位的子女。然而就是由于品位这种超级丰富的特质,很少有人能够说出它真正意味着什么。"[80]事实上,很多人都觉得他们的确知道品位是为了什么。无论这多么令哲学家沮丧,但正是关于品位的大量相互矛盾的定义深深吸引着历史学家。弗朗西斯·雷诺兹将德行、荣誉和修饰作为品位的三个支柱,不过,对一个在商品陈列室各种各样绘有古典或中式图案的茶杯当中挑选产品的女士来说,这一定义没有什么实用价值。

历史学家曾经认为问题很简单:王室和贵族确定了风向,中产阶级跟风而来——某些社会学家仍然认可这一说法。现实其实更为有趣。上流社会认为有品位的东西,在普通商人和律师的家中未必如此。很少有人能像斯特拉福德伯爵夫人于1712年在圣詹姆士广场所做的一样,用一整年的时间重新装修自己的房子;为了比得上马尔伯勒公爵的涂漆橱柜,她让人专门制作了橱柜框架。对中产阶级来说,炫耀是一个巨大的错误,因为它往往看上去十分廉价。品位必须和一个人的地位相符。这意味着适度的优雅,而不是花哨的卖弄。橱柜制造商和瓷器商充当着时尚顾问。一份手册这样写道，如果"某位先生骄傲自大，按照超出其财力和社会地位的风格来装修房子"，"这时家具商就应该通过一些温和的暗示，建议他改换一个更加适度的方案"。[81] 针对不同的等级、财富和社会地位，各种各样的品位发展了起来。

在批评者眼里，对服饰和礼貌得体的专注是一种危险的趋势，这种趋势让装饰物优先于自我和实质。据说，时尚侵蚀了民族的力量，将坚强的英国人变成柔弱且过分注重外表的人，或者更糟的是，变成法国人。我们很容易在这里看到近期忧虑——"消费主义"挖空了个人和公共生活——的一种先兆。这过于简单了。取悦他人的压力的确给个人带来了负担。然而，文雅举止以及随之而来的物质装饰也创造了一个没有暴力和冲突的社会交往空间。在英国（这个社会当时正在经历快速的经济变革，而且在内战、派系冲突和一场光荣而血腥的革命中四分五裂），这样的社会空间是受欢迎的。没有它，俱乐部、协会和对话社团在18世纪的扩散将是不可想象的。消费和公民社会是携手前行的。

每个人都必须是文雅的，但女性尤其如此。女性被认为具有高度的敏感性，这使她们更善于改进道德，在更广阔的意义上，还有社会。对社交能力的崇拜将女性塑造为文明的消费者，并巩固了一种越来越程式化但普遍流传的关于两性劳动分工的观点：女人负责消费，男人负责生产。在中国，鸦片从清朝官员和宦官流向底层，创造了一种独特的男性收藏者文化——收藏鼻烟壶（上面绘有神鸟和桃花源的绚丽画面）。[82] 欧洲男人也购买外套、马车和雪茄，但这几乎被遗忘了。其中一个结果就是，人们通过"较弱的性别"的腐化和堕落来描写消费的罪恶，从摩尔·弗兰德斯到包法利夫人，从这些角色中都可以看到这一倾向。18世纪的观察者抱怨：时尚和茶会让母亲远离家庭职责。正在解体的家庭是整个经济秩序即将崩溃的一个缩影。女性不再在家里纺纱织布，而是在饮茶上挥霍钱财。

然而总的来说，启蒙运动使女性作为消费者的角色较为光辉。它不仅阐述了适度奢侈带来的经济利益，还展现了对女性及其社交才能——作为人类进步和教养的标志——日益增长的钦佩。野蛮人把妇女看作劳力或奴隶。正是私有财产和商业软化了男性的好战倾向，让他们懂得欣赏女性的细腻和增进生活舒适程度的天赋。1771年,亚当·斯密的门徒约翰·米勒在《等级差别的起源》(The Origin of the Distinction of Ranks)一书中写道:"女人既不是奴隶,也不是另一个性别的偶像,而是朋友和伴侣。"不同于古希腊,英国和法国等现代的"有教养的"社会除了看重女性的家务能力,也看重她们的社交能力。"她们被鼓励着放弃原来被认为非常适合其天性的隐遁生活……出现在男女混杂的场合、欢乐的公共集会中。她们放下手中的纺锤,从事其他更符合时尚的工作。"反过来,她们的"文雅成就"也会让男性变得文雅。米勒警告说,对快乐的追逐可能会过度,走向"东方国家(盛行一夫多妻制度)的淫乱"。在商业社会,女性和快乐更加安全。舒适生活和谈话是文明的学校。就他自己的家庭来说,"两性交往"更让人沮丧,因为他的6个女儿中有4个终身未婚。[83]

强烈反弹?

美国的革命和法国的革命展现了消费文化扩张产生的政治力量。一个人的穿着和吃喝还从未在一场反抗活动中发挥过如此重要的作用。在新英格兰,将茶叶倒入波士顿港,脱下进口衣服,换上自家纺织的外套,这些举措塑造了一个爱国者组成的民族。在法国,宗教和言论自由与着装自由联系在一起(雾月八日,即1793年10月29日)。这些都不是字面意义上的消费者革命。人们作为"公民""人民""爱国者之女",而不是"消费者"聚集起来。权利和自由比茶叶的价格更重要。这种影响是间接的。商品将反抗者联系在共同的体验之中,并为反抗性政治活动提供了一个象征性的平台。[84]

根据18世纪60年代伦敦托利党人的观点,美洲移民是要去生产,而不是去消费。奢侈或许在国内是无害的,但在殖民地,它是一种消耗,应该对之征税。早上50年的话,威斯敏斯特这一套就行得通。但是,这些殖民者一直挥霍无度,他们在家里添置了从母国进口的大量茶杯和餐具,在肚子里填入了从母国进口的茶叶。他们没有心情去让自己的新生活水平被税收给带走。这是一个重大的误判。有关一场阴谋的谣言传开了:英国人有意夸大美洲人的财富，这样他们就可以过度征税，让美洲人堕入穷困深渊。殖民者需要在节俭和勤勉之间做出选择："尽量延长我们购买的英国产品的使用时间，或者……用我们自己的产品取代它们。"[85] 联合抵制茶叶和誓死不买卖进口产品，成了爱国的证明。这并不是说弃绝任何产品，而是专门针对英国产品。美国革命打败了托利党帝国主义者和美国节俭主义者。在这个年轻的共和国，进口的奢侈品不但没有减少，反而一路激增。国父们希望用刚毅的美德来抵御令人堕落的奢侈，但是正如美国第二任总统约翰·亚当斯最先指出的那样，事实上，在一个民主国家，物质区别变得更加重要，而不是相反。[86]

同样，在法国，想让私人着装适应公共政治需求的尝试也十分短暂。无套裤汉——激进的中下层阶级和手艺人——的长裤一度成为1792年革命者的制服，但是因为贵族和其他疑似敌人可以轻易地穿上它们，这种裤子的象征性力量几乎立刻被削弱了。在热月九日（1794年7月27日）后，革命政治活动不再干涉私人品位。着装、音乐和戏剧不再服务于官方意识形态。精美的服饰回归了，尽管是以古典风格。[87] 对一个带来了自己的历法和恐怖的事件而言，法国大革命在消费文化方面的影响微不足道。除了强制性的三色帽徽，它没有留下任何独特的服饰、家具或生活方式。在法国，就像在美国一样，消费对革命的影响远远大于革命对消费的影响。

革命和战争让人们不再那么相信欲望和新奇事物在改善和丰富社会方面具有的力量。对奢侈的忧虑造成了一批新的左翼或右翼信徒。保守派人士主张，更多的商品和舒适的生活条件并没有让人们更加勤奋，反而让他们成了残忍的革命者。他们需要的是铁腕，而不是更大的消费自由。反过来，对激进分子来说，反革命措施证明了专制确实是奢侈的孪生兄弟。约翰·塞尔沃尔有亲身体验。他是一名自然权利、普选权以及与法国达成和平的支持者，并且按照当局的说法，他是英国最危险的人。1794年5月，"公民"塞尔沃尔被控叛国罪，被关进伦敦塔。还有什么地方比这里更适合写作十四行诗《奴隶制的起源》呢？"啊，为什么英国戴着枷锁，昏昏欲睡地躺着，而忘记她的古老名声？"这是因为生而自由的英国人

蔑视曾经热爱的、纯朴的自由之名，

并崇拜起奢靡、骄纵。

我们屈从于她易受影响的灵魂，

我们堕落了！她热爱虚浮的荣华，

将朴素的美德从过去守护的海岸驱逐。

由此，我们逐渐沦入暴政，一次也不曾抱怨；

而是带着奴隶似的恐惧，拥抱华丽的锁链。[88]

几个月后，塞尔沃尔被无罪释放，后来他将精力投入辩论学，但是物之暴政的观念在早期社会主义者、合作主义者和浪漫主义者身上得到延续，他们试图建立自给自足、生活简单的模范社会。

通过把关于奢侈滋生奴役的共和主义观点转化为对工业资本主义的全面分析，卡尔·马克思将对消费的批判提到了一个新的高度。这一观点有两个巨大的飞跃。马克思在1844年的作品中写道，法国大革命并没有带来自由，而是将人类的灵魂撕裂为二：在公共生活中作为公民出现，在私人家庭的舒适生活中作为资产阶级分子出现。[89]对另一场他熟悉的失败的革命（1848年），马克思进一步追溯异化，直至物品的灵魂和人类劳动。《资本论》（*Das Kapital*，1867年）将商品视为整个经济体系的"基本单元"。马克思说道，鲁滨孙·克鲁索用自己的双手制造了所有家具和衣服。它们是个人产品。与之相比，在资本主义社会，它们是社会产品，由一个人制造，由另一个人购买：它们是商品。交换剥夺了物品的本质。价格让它们可以互相交换："20码亚麻布=1件外套=10磅茶叶……=0.5吨铁=……。"[90]对资本家来说，一件外套是否唤起了人们对过往冬天的回忆，或者茶叶是否与家人共同品尝，这些都无关紧要。只要它们能够通过交换带来利润，就都是一样的。买和卖，让物品远离了它们的制造者。结果是产生了一种现代拜物主义，人们因商品的价签而膜拜商品。交换价值掩盖了在商品世界创造过程中投入的爱、汗水和眼泪。在《资本论》的一个著名片段中，马克思写道："桌子一旦作为商品出现，就转化为一个可感觉而又超感觉的物……在对其他一切商品的关系上用头倒立着，从它的木脑袋里生出比它自动跳舞还奇怪得多的狂想。"[91]

马克思一将它们转化为抽象的商品,就失去了对物品生命的兴趣。他的"唯物主义"关注的只是生产。通过指出对劳动力的剥削是剩余价值的来源,马克思有效地把消费从叙事中剔除了出去。人们在购买商品之后将其用作什么,是无关紧要的。这一思考方式有两个重大的影响。其中一个是认为摆脱了利润会带来人类自由的错觉。另一个是一种本能的怀疑,即对商品的渴望是非自然的,是操纵的结果,这遮蔽了社会主义领导人和知识分子的眼睛,使他们没有看到一个简单的事实:人们不仅在自己的财物中迷失了自我,也发现了自我。

在现实生活中,马克思一家不得不关注物品。19世纪五六十年代流亡伦敦期间,他们总是入不敷出,需要让店主和收债人谅解。除了弗里德里希·恩格斯每个月给他们的5英镑,典当商让马克思一家没有被赶到大街上。卡尔向弗里德里希说:"我认为,很少有人在货币如此短缺的情况下,写过如此多关于货币的事情。"[92]

肯迪什镇的那所小房子里几乎没有什么能放置长久的财物。当马克思没有文稿要写,而肉铺老板、房东和学校又来讨债时,外套、鞋子和银餐具就流入了典当行。有一次,绝望中的妻子不得已想要卖掉他的书,但最后没有成功。他会躲在楼上,给恩格斯写信,让妻子应付楼下的"饿狼"。"格拉夫顿·特勒斯大街9号(原文如此),1858年7月15日。亲爱的恩格斯,我希望你不要被这封信的内容吓到。""与最基本的必需品的日常斗争"让他"完全无能为力"。他的妻子精神极度紧张。这"令人非常厌恶"。他的妻子没有在新衣服上花过一分钱,考虑到她的贵族出身,这尤其让人心痛。孩子们穿得"不如无产者"。马克思列出了一份开支清单。5月,他必须支付7英镑的水费和煤气费,向典当商支付3英镑的利息。他现在租了一件外衣和几条裤子,费用18先令。孩子们的鞋子和帽子花费了1英镑10先令。然而,他还欠9英镑房租、6英镑学费、7英镑肉钱和30英镑当铺借款。情形万分紧急。这一次不得不做出艰难的决定了——恩格斯通常会因为这种紧急警示而救济他更多钱。即使让孩子们退学,解雇仆人,"每天吃土豆过活",他仍然需要卖掉所有家具来偿清债务。但是，关键就在这里。财物不仅仅是抽象的商品。它们意味着体面和自尊。1852年，当所有的外衣都被典当后，他无法出门了。"一切都很糟糕，我担心，这件坏事最终会变成丑闻。"马克思痛苦地意识到家人经受的耻辱和孩子们的担忧——他们的鞋子和玩具都被典当了，而朋友随时可能来访。马克思略微夸张地说，搬到位于白教堂区的"一间真正无产者的公寓"，对他自己来说没有任何问题，但这将是妻子燕妮的末日，她出身威斯特法伦的一个贵族家庭，喜欢在客厅向人们展示阿盖尔银餐具和锦缎餐巾（在它们未被典当的时候）。

生活并非总是惨淡的。燕妮用分期付款的方式购买了一架钢琴。慷慨的恩格斯寄来几瓶波尔多葡萄酒和波特酒。当"装着烈酒的篮子"到来时，全家人都很高兴。马克思一家经历着在维多利亚时代共存的不同消费模式。他们家将存储和流动、流通和新奇、克制和无节制融合在一起。衣服是资产，需要善加保存。冬天一到，大衣就会从当铺赎回，这与文艺复兴时期没有什么不同。1864年7月，他的妻子带着一些家用物品从拍卖会回来，包括送给弗里德里希的一副雕花刀叉："我告诉过她，你家里没有那些东西。"然而，新事物也激发了想象力。当亲密的共产主义流亡伙伴、威廉·沃尔夫（笔名鲁普斯）于1864年去世，并给马克思留下600英镑遗产时，马克思马上就想着让全家人穿上最好的曼彻斯特丝绸衣服。如果情况允许，马克思一家会去拉姆斯盖特海滩度假。付清给蔬菜水果商的钱和为生计担忧，并没有妨碍偶尔的大手笔。一天晚上，马克思带社会主义者威廉·李卜克内西和埃德加·鲍尔从牛津街一路逛酒吧到汉普斯特德路，他们喝得酩酊大醉。[93]

具有讽刺意味的是，马克思关于加速贫困化的诊断落后于时代50年左右。在1800年前后，发动机确实运转得困难。在英国——第一个工业化国家，工资顶多算是没变化，但在国民生产总值中所占的比例降低了。然而长期来看，工业发展依靠的是投资和科技——让工作更有成效，而不是支付给工人不够填饱肚子的工资。尽管充满了苦难，从19世纪30年代起，英国工人挣的工资更多了，消费也日益增加。[94]仅两代人之后，这一模式将在德国、意大利和其他"第二批工业化国家"得到复制。不断提高的期待让改革比摧毁资本主义更富有吸引力。

因此，法国大革命后的几十年最好被理解为一种反应，而不是一种扭转。由于对1945年后的"繁荣"的痴迷，人们往往将19世纪早期描绘得黯淡无光。经济学家约翰·肯尼斯·加尔布雷思告诉我们，对"普通个人"来说，"正常的期待是勉强解决温饱"。"一般来说，进步会增加富裕人群而不是普罗大众的财富。对此，我们无能为力。"[95]然而，甚至连"沉闷科学"的代言人托马斯·马尔萨斯牧师也没有那么悲观。1798年，在《人口论》（Essay on Population）第一版中，马尔萨斯的确对改善不抱任何希望。在他看来，更高的工资和更多的孩子将导致生存危机和饥荒。然而，在后来的版本中，他开始表现出一丝希望。拥有一定钱财的人不会想着繁衍后代，相反，他们或许会推迟结婚，选择更为舒适的生活和更少的孩子。剥夺自己或自己孩子的体面生活的想法实在太残忍了。因此，对舒适和便利条件的偏好，将教会下层阶级养成谨慎的习惯。马尔萨斯认为，正是这一点使较为繁荣的英国和贫穷的爱尔兰分道扬镳："因此，比起在少数人当中的过度扩散，奢侈在普通民众当中的扩散才最有利于国家财富的积累和国民幸福感的提升。"总会有富人和穷人，但是在马尔萨斯的观念中，现在至少有了一个机会，让穷人加入中产阶级，来减少穷人的占比。更多的消费是朝着正确方向迈出的一步。[96]

短期来看，拿破仑战争让位于复辟，但从长远来看，欧洲会受到民族主义和自由主义这两股新力量的震动。虽然二者的主要目标是民族解放和创造自由，不过它们也提升了人们对消费的支持力度。与马克思向抽象飞跃相比，大多数当时的人让消费同现实联系在一起。威廉·罗雪尔是德意志国民经济学之父，当时国民或历史经济学方兴未艾。1854年，罗雪尔说："只有当外套穿坏了，那个花20美元购买它的人才算消费了同一数量的资金。"特别值得注意的是，罗雪尔吸收了米拉波的思想，后者希望将奢靡的贵族转化为农业现代化主义者。消费的主要特征就是"在使用中逐渐耗损"。一个不进行任何修缮而收取租金的房东是在消费，因为他在逐渐损耗自己的固定资本。这种思考方式让消费在国家发展中占有一席之地。民族性格决定了消费，但是消费也塑造了民族。对罗雪尔来说，英国和荷兰的舒适、干净就是很好的例子，它们反映了消费日益良性的特点，趋向一种"真实、健康和雅致的生活"，并远离"令人不适的炫耀"。罗雪尔追随了普鲁士步兵团中将莫里茨·冯·普里特维茨等作家的脚步，这些作家皆与快感和解："享受更多，意味着消费更多，意味着活得更像人。"[97]对国家来说，重要的是消费更加具有生产性，而不是浪费性。有趣的是，国民经济学家确信，文明减少了浪费。"一个民族越文明，就越不可能通过使用来完全摧毁价值；他们就越会利用旧亚麻布等东西充当抹布。"[98]

罗雪尔建议，当生产者和消费者出现冲突时，政府要站在消费者这一边。民族主义使社会平衡成为最终目标。很少有严肃的自由派思想家走得像广受欢迎的法国经济学家弗雷德里克·巴斯夏那么远，他希望由消费者统治一切。但自由主义改变了政治辩论的基调，并为消费者提供了更加强有力的辩护。再一次，一个例子就足以说明事物的发展趋势，而有什么比一份匿名的小册子——"一名消费者"撰写，攻击了1833年英国保护丝绸生产者的条例——更能清楚地显示出这一点呢？消费者不是一个局部群体："每一个劳工都是一名消费者。"作者在这里使用不同的字体，说明这个术语在当时依然有着多么非同寻常的意义。"除了满足消费者的需求，任何产品的公共效用没有其他标准。"任何认为公共生活应该受其他考虑因素引导的人都是错误的。经验明确地证明，"人或国家因为其拥有的有用商品才变得富裕，而交易或物物交换就是在获得我们想要的物品"。[99]

荷兰和英国中产阶级是第一批让小奢侈品流入其生活并与商品世界融洽相处的人。在欧洲大陆其他地方，一种勤俭、克制和自我否定的文化仍然在中产阶级家庭中保持着强大的影响力，但是即使是在这些地方，19世纪晚期的变革之风也是十分明显的。很少有地方比瑞士更清晰地体现出简单生活和自律的理想了；日内瓦是卢梭的家乡。理性生活方式的基本因素是储蓄、记账和为未来制订计划。这会让一个人有条件超越残酷的经济力量，达到一种较高的文化鉴赏力。传统而言，自我放纵的思想让瑞士中产阶级非常恐惧。19世纪下半叶，越来越少的人能实现这一理想。然而，还是有像苏黎世富裕的国家档案保管员格罗尔德·梅耶·冯·克诺瑙那样的一些人存在,他的家和外表都朴素而持重;就像一个典型的中产阶级家庭一样,他的儿子从10岁起就开始获得零用钱,而且为了培养克制和节俭的精神,必须详细记账。但是,也有约瑟芬·冯·韦勒这样的例子。她是来自伯尔尼的一名富裕寡妇。1855年,她通过再婚获得了更多的钱财,并在尼斯和巴黎租了度假屋。旅行时,她在新衣服、马车和马匹上大肆挥霍。19世纪晚期,中产阶级家庭清教徒式的室内装饰让位于豪华的装饰。以前空白的墙壁和地板覆上了墙纸和毛毯。枝形吊灯大量增加,晚餐也变得丰盛。19世纪60年代,在说明自己购买一个新衣柜的正当性时,年轻的阿梅利·莫泽告诉她的中产阶级父母,过度的质朴就像过度的奢侈一样显眼和糟糕。[100]

对那些在清教徒的美德熏陶下成长的人来说,这些新的舒适条件有时让他们难以实现心理平衡。在早餐桌上,中产阶级家庭表现出了他们的克制,要么只涂黄油,要么只蘸果酱,二者从来不会同时出现。然而到了晚上,就是盛大的派对,香槟源源不断,各种各样的鱼和禽类菜肴被端上了桌子。埃米尔·特奥多尔·科赫尔是伯尔尼的一名外科医生,后来,他因为在甲状腺方面的贡献获得诺贝尔生理学或医学奖。对于他来说,家庭舒适和便利是一个危险的"幻象",他鼓励妻子卸下他们的物质"包袱",这样他们可以到达更高的存在领域。但是,这是一个幻想。更多的消费和便利现在是他们的生活方式的一部分。尽管伯尔尼高官伊曼纽尔·冯·费舍尔等人担心,消费(最糟糕的是许多"无用的日常开支")会耗尽财富,但是还有一些人开始站出来捍卫一种更加丰富的生活方式。1890年,自由主义神学家康拉德·凯伯利从基督教改革派的立场重新审视奢侈。[101]他认为,奢侈并不是一种罪。相反,它是文明化的动力。这就是为什么不享受奢侈品的社会是野蛮之地。他写道,的确,不是所有奢侈都是好的。但是,只要奢侈符合一个人的等级地位,就有助于提升这个人自身和整个社会的教养。凯伯利并不是首创这种观念的人。但是,从心态变化这一更为广阔的视野来看,重要的是,他最后得出了一个和大卫·休谟在150年前所做的"无害的奢侈"伟大辩护类似的结论。

17、18 世纪拨动了消费的钟摆。个人物品、舒适条件、品位和欲望都在发展并且日益精致，这引发了人们对无节制和腐化的强烈担心。更多的商品激起了更多对商品的恐惧。新出现的激进情形是，这时出现了支持消费扩大且让这种势头持续下去的价值观念和行为。这仅仅是开始。

第 3 章

物品的帝国

主流消费理论最大的疏漏，或许是在地缘政治角度。经济学家往往会关注寻求最大快乐和最小痛苦的个人。同时，社会学家把消费视为不同群体之间的效仿和区别的标志。还有一些作者关注精神因素，比如浪漫的设想及其对未来幸福的幻想，或者关注行为，比如烹饪或家居改善。所有这些研究视角中，全球性力量的缺乏是惹人注意的。相反，帝国主义经典理论家很少谈及对物品的欲望、占有和使用。对于 J. A. 霍布森、海因里希·弗里德永以及约瑟夫·熊彼特——他们的著作皆是于 19 世纪末欧洲瓜分非洲的余波中写就的——来说，帝国主义由金融资本主义、侵略性民族主义或一种"返祖性"贵族政治（紧紧抱住封建权力和荣耀）所驱动。如果真的存在的话，那么消费者的特征就是一场沙文主义阴谋——这场阴谋牺牲多数人，为少数人谋取财产——的受害者。

这种兴趣的缺乏是很反常的，因为正如我们在可可、咖啡、茶叶和糖的例子中已经看到的，各个帝国长期以来在传播新的商品、新爱好和新生活方式方面起着重要作用。简单来说，这种沉默的一个原因在于，社会民主主义人士霍布森，就像追随他的马克思主义者鲁道夫·希尔弗丁和弗拉基米尔·列宁一样，比起更宽泛的帝国，对"新帝国主义"的新颖之处更感兴趣。如果我们运用长时段视角，比较一下 1492 年哥伦布第一次远航时的世界和 1900 年世界 20% 的地区主宰其余地区时的世界，那么引人注目的是，商品的急剧扩张是与欧洲势力大规模扩张同时发生的。在接下来的两章中，我们将追寻这种新的物质文化逐渐进入城市和家庭的路径。

但是，我们需要先将这种物质文化置于其更广阔的地缘政治背景之中，以理解全球消费的不均衡动态。

帝国改变了消费的条件。反过来，商品流通又塑造了帝国权力的运作方式。这个相互作用模式的外在形式，取决于它所处的政治-经济舞台；在现代，这个舞台发生了全面改革。17、18世纪，这个背景是由重商主义确立的，而重商主义是贸易壁垒、垄断和航运限制的混合物，各国试图用这种混合物、以牺牲对方利益为代价来夺取贸易和权力。按照这种观点，一个国家的获利就意味着另一个国家的利益损失。各个帝国陷入了激烈的竞争，每个帝国都决心保护自己的殖民地、船只、商品和白银。在英国，1688年光荣革命之后，一些辉格党人开始产生一种更具自由主义色彩的观点，把海外市场看作经济增长和权力的来源[1]，但是实际上，来自法国和西班牙的竞争对手无处不在的威胁让贸易仍然是战争的一部分，而不是和平和富裕的工具。虽然早期的现代帝国为引进异域食品和饮品开辟了新的道路，但是它们也通过设置贸易壁垒来阻止外国商品输入，禁止本国商品使用外国船只运输，并资助本国产业，从而妨碍了商品的流通。这类重商主义政策代价高昂，而且正是普通百姓为战争、海军以及它们带来的高昂物价买单。

在滑铁卢战役（1815年）之后，一切都变了。一方面由于法国军事上的失败，另一方面由于中国的内部动乱，英国确立了自己的霸主地位。在印度洋，列强之间的竞争严重影响了航运。滑铁卢战役结束后的10年，在英国的控制下，前往印度和中国的船只数量增加了一倍；1813年，东印度公司在印度的贸易垄断终结，这为其他的英国和欧洲商船打开了大门。[2] 对消费者来说，更频繁的航运和更大的吨位意味着更加廉价的棉花、胡椒、茶叶和其他商品。海军力量和工业优势给了英国从重商主义转向自由贸易的信心。英国没有在其殖民地设置贸易壁垒，而是敞开大门。贸易不是一场零和游戏，现在，它被视为对各方都有利的。自由贸易帝国的使命是建立一个统一的世界市场。自由主义的帝国主义和全球化几乎无法区分。19世纪50到70年代，随着比利时、法国和其他国家加入了一个更加开放的贸易网络，第一个欧洲自由贸易区出现了。

对于消费者来说，转向自由主义帝国有深远的影响。自由贸易的英国创造了世界上第一个利于消费者的帝国。最直接的影响是，对于英国人来说，这意味着更廉价的商品和更低的税收。英国政府没有压榨其人民，而是转向了一条增长之路，对不断增长的商品课以轻税。刺激消费现在成了公共政策。但是，对于其他国家来说，自由帝国主义的影响至少同样是巨大的。英国市场的"门户开放"政策间接惠及了从维也纳到布宜诺斯艾利斯的广大消费者。但是，自由主义帝国留下的遗产远不仅仅是低廉的价格。它影响了文明、人性和财产的理念。

英国的霸权传播了一种新的物品支配方式，扰乱了替代性的物质文化。在主导奴隶贸易一个世纪之后，英国终于在 1807 年废除了它，接着领导了反对奴隶买卖的国际斗争。自由主义帝国坚决主张，人不是商品，这对建立在人身拥有权基础之上的非洲王国产生了巨大的影响。

商品不是中性的。在帝国时代，它们与先进的欧洲技术、科学以及舰炮紧密联系在一起。商品流通的加快给各方带来了喜忧参半的财富。对于当地社会来说，欧洲的衬衫、沙发和雨伞破坏了现有的等级制度。对于帝国主义主人来说，商品是权力的标志，也是表明统治者与被统治者之间界限的标志。殖民地臣民的消费必须加以控制。到了 19 世纪 80 年代，大肆瓜分非洲时，自由主义帝国的内部矛盾开始显现。全球的贸易和消费水平迅速上升，但征服和兼并的步伐也在迅速加快。这就是这个全球化阶段的悖论。在经济上，19 世纪七八十年代的世界比一两个世纪前的更加开放，但就政治和文化权力而言，它正变得更加僵化和封闭。在这些年里不断强化的种族主义思想与欧洲人对日益扩大的商品世界的矛盾心理相互作用（当然，这种矛盾心理也是他们自己带来的）。一方面，出现了一种自由主义的开明氛围，因为欧洲人在本土发现了消费者，并且以乐观的态度去看待本土消费者对于价值、财富以及社会秩序创造的贡献；另一方面，还出现了一种封锁的欧洲思想，因为非洲和其他殖民地臣民沦于从属地位，他们是为西方市场服务的苦力或者"落后的"农民，自身不是消费者。这种种族不对称，与在欧洲的从贵族到中产阶级再到大众消费的民主扩大化趋势相反。一个现象不是另一个现象的直接原因，但是二者是同一个故事的组成部分。欧洲人对殖民地居民的征服，是同欧洲人对消费和本土"生活标准"的神化平行的。虽然我们始于非洲和印度，但是我们最终还是要回到欧洲去理解帝国时代的消费转型。

掠夺与夺回消费主导权

现在，从东西方"大分流"的角度来描写19世纪，是很常见的。在工业发展和全球扩张方面，欧洲领先于中国。造成这种差异的原因仍然是争论的焦点。[3]帝国主义贸易和扩张、大西洋奴隶制以及国内容易获得的煤炭，给英国带来了独特的优势。然而最关键的元素是，三个世纪的高工资带来的益处。高工资刺激英国企业家创新、发明节省劳动力的机器，并且利用先进的欧洲技术网络。而此时着实机缘凑巧：在拿破仑战争（1803—1815年）之后，欧洲迎来了一段和平稳定的时期，但中国正在遭受自然灾害、无能的皇帝、令国家衰弱的叛乱的连番打击。[4]对印度棉布和中国瓷器的渴求在刺激增长和创新方面发挥了重要作用，诸大西洋殖民地也是如此，它们为纺织业等很多快速发展的英国行业提供了额外的销售市场。不过，归根结底，真正推动英国持续增长的还是工程、钢铁以及船舶，即生产资料行业，而不是棉衬衫和奶油色陶器。[5]

除了东西方分流，还有一个因素导致了消费质量和消费范围的剧变，即奴隶制的终结。自由劳动力和自由贸易（1846年后）是英国自由主义帝国的两大支撑。[6]当英国于1807年废除奴隶贸易时，它开始了一个具有世界历史意义的进程。在1833年的《废奴法案》、美国内战以及古巴和巴西分别在1886年和1888年的废奴举措之后，1900年左右，非洲内部的奴隶制结束；俄国于1861年废除农奴制。实际上，很多地方的奴隶制并没有被真正自由的劳动所取代，而是换成了强迫劳动和契约劳动。在法属西非，在英国废除罪恶的奴隶贸易之后的那个世纪里，奴隶人数实际上有所增加。德国从未在它的殖民地废除奴隶制，希特勒将设计出他们自己的强制劳动形式。但是不管多么不完善和片面，帝国主义对奴隶制的攻击重新定义了商品的秩序：人不再是可以和其他商品一样被交易的财物。

美洲和加勒比的奴隶种植园塑造了我们对于人口买卖的认识：超过1100万非洲人被迫横渡大西洋。然而，奴隶制也在许多非洲社会内部蓬勃发展。1800年，拥有奴隶在许多王国是权力和威望的一种标志。在经济上，奴隶制是对非洲大陆的主要制约因素——劳动力，而非土地——的一种理性回应。俘获和指挥奴隶是利用这种稀缺资源的一种方式。大多数奴隶是依附者，而不是动产奴隶；他们是士兵、奴仆、农民，很少有人是种植园劳工。在蓄奴社会里，消费，甚至是奢侈品，并不是完全没有，贵族的妻妾会穿戴很多上等的布料和珠宝。然而，一般来说，家内奴隶既减少了对商品的绝对需求量，也降低了商品赋予地位和权力的相对意义。在非洲的前殖民时期，很多消费都是贡品或礼品，它们会由部落上层人士分配给依附他们的人。这和欧洲西部形成了鲜明对比，在欧洲西部，农奴制到16世纪已经灭亡，尽管它会在欧洲中部和东部再次抬头。虽然英国国内的奴隶制在1772年正式被法律禁止，但是事实上一些奴隶主选择无视这项法规，办法是让他们的奴隶当自己的学徒。当时，大约有1.5万名有非洲血统的人——一些人是自由的，一些人则不是——生活在不列颠群岛，在一个有50万中产阶级家庭的国家，或者与西印度群岛殖民地的50万奴隶相比，这个数字非常小。我们现在知道，除了商人和种植园主，生活在英国的许多寡妇、牧师以及其他小投资者都从他们在殖民地的奴隶身上获益。[7]然而在家里，他们身边并没有大量奴隶。男仆的人数是有限的，且在减少。相反，从这项血腥贸易中获取的收益，被投向了红木椅子、瓷器、华丽的礼服和珠宝。[8]地位开始存在于对物品的占有，而不是对人的占有。到1914年，自由主义欧洲模式处于支配地位。英帝国最先把奴隶制传播到世界各地，之后也是这个帝国彻底毁灭了它。

奴隶制的废除对于价值观念、欲望以及身份认同来说有深远的意义。一旦拥有人不再是一个可选项，财富和权力便被导向了物品（或者被存储起来，以备未来消费）。英国人带着一套关于物品的支配权及其优点的启蒙思想，加入了反对奴隶制的改革运动。有人认为，对舒适生活条件和私人物品的渴望会引导人们由交易人口转向交易商品。因此，废奴主义者开始拯救非洲。

要想知道帝国对非洲的消费造成了什么影响，必须先有一个前殖民基线。19世纪晚期，当帝国主义全面展开时，传教士和帝国的批评者通常会把非洲殖民地描绘成欧洲杜松子酒和劣质枪支的倾销地。欧洲人变得越工业化、现代化，此类评论者就越会把非洲描述成"遵守传统之地"，且在遭遇奴隶贸易之前，这个地方从未被不平等和物质主义触及。用鲁德亚德·吉卜林的话来说，非洲人"半是魔鬼半是孩童"。然而，关于撒哈拉以南的非洲人从未被商业触及的观念，纯属西方的幻想和帝国主义说辞。非洲并没有被冰封在某个商业化之前的冰河时代。在帝国主义征服之前的几个世纪里，贸易和对物品的热情一直在扩展。据记载，在西非和东非的沿海地区，纺织品、珠子、铁器的进口数量在上升。从欧洲人的视角来看，这些数量或许看起来很小。西非仅占1800年英国出口总额的4%。然而，从黄金海岸、塞内冈比亚和桑给巴尔峡谷的视角来看，欧洲商品和印度商品的数量是相当可观的。到了16世纪，葡萄牙人每年向黄金海岸运送50万只手镯。1600年，在尼日利亚中南部，人们开始穿着用荷兰亚麻布制成的服饰。在18世纪，西非进口商品的价值量增长了10倍。从鲁昂和利物浦出发的商船运送着帽子、玻璃、烟斗，以及格外要提及的纺织品。货物的价值常常超过船只和船员的价值。

非洲人逐渐成为越来越具鉴赏力的消费者，逐渐拥有了自己的区域性品位和时尚周期。阿克拉想要亚麻布，奥夫拉想要刻版印花布，而且最好是红色的。在塞内冈比亚，即最靠近欧洲的撒哈拉以南的非洲地区，印度条纹棉布和丝棉混纺布非常流行。欧洲商人不得不迎合当地的时尚。在18世纪的塞内冈比亚，人们只想要"佛兰德"式刀具——最早是由荷兰和葡萄牙商人引进的——而不想要其他类型的刀。英国商人只有带来了类似款式的刀具，才成功在市场上站稳了脚跟。获利最丰、销售最广泛的东西是珠子，它们会数十亿地运来，被用来作为装饰品、宗教祭品，被用来充当货币和财富的象征。珠子的款式和质量千差万别。玻璃珠是圆形的或管状的，透明的或有斑点的。有些是来自威尼斯和波希米亚的人造珍珠和水晶珠子。[9] 奴隶贸易是这个不断扩大的商品世界的一部分，它让当地统治者和他们的追随者变得富有。例如，1750年，达荷美王国的国王从贩卖奴隶活动中赚到了 25 万英镑。

在这里，我们不可能一一分析关于不同地区的丰富资料，但是可以大致得出三个要点。首先，在 19 世纪 80 年代瓜分非洲的热潮之前，消费态势呈一条长长的上升曲线。1807 年奴隶贸易的废除加速了这一进程，因为西非社群开始交易更多的棕榈油、树胶和其他出口作物。但是消费曲线的趋势并不是源自奴隶贸易的废除。一场品位革命正在创造着鲜明的地域风格。换句话说，非洲人不需要帝国主人来教导他们如何成为消费者。很多社群有它们自己的物欲词汇。对于蒙巴萨人来说，欲望和私人物品被认为是自我和地位不可或缺的部分。在东非的欧洲旅行者注意到"当地人喜欢炫耀他们的全套华丽饰物，他们会将这些物品陈列在房间内，这样人们就可以看到他们的盘子、咖啡杯、小饰品、篮子和许多其他东西"。[10] 第二点，是关于随后发生的事。不仅商品的数量在上升，在欧洲人正式统治非洲很久以前，进口商品的方向也发生了转变：商品不再简单地从印度流向欧洲和非洲。19 世纪初，英国开始夺取印度纺织品——在非洲市场上带来最大收益的商品——的控制权。1850 年，英国向西非运送了 1700 万码的布料；25 年以前，这个数字仅为 100 万。最后，消费品本身的份额在上升。例如，在 18 世纪早期的塞内冈比亚，铁仍然是一种重要的进口商品，它们会由当地的铁匠铺加工成锄头和其他工具。一个世纪以后，铁变得边缘化，被纺织品超过了。"枪支和杜松子酒换奴隶"，在很大程度上是一个虚构的故事，因为酒从来不是一种占主导地位的进口商品，而且在奴隶贸易终结后，枪支才大量运达非洲。

在沿海城镇以外的地区，19 世纪早期，欧洲人与非洲人的接触主要限于传教士。各个传教团对于最好的传教策略存在分歧。对于许多早期的传教士来说，"入乡随俗"让他们可以作为基督的仆人，自愿过着清贫的生活。西方的舒适生活条件是获得救赎的障碍。低收入和糟糕的交通条件让他们与世隔绝，这增加了当地生活的引力。在开普殖民地的贝特尔斯多普传教团当中，I. G. 胡珀先生学会了在茅草屋中生活，在木板上睡觉，"对主要吃干面包的饮食感到满意，就像对家乡最好的食品一样满意"。[11] 这类传教士脱下了衬衫和领带，抛弃了茶和咖啡，而且还常常会娶一个科伊科伊女子为妻。本土化的拥护者从来没有完全消失,但是废奴运动把关注的焦点转移到了西化的非洲人身上。直至非洲人将"合法贸易"当作一种有利可图的替代方案,反对奴隶制和罪恶的斗争才会取得胜利。非洲人不得不向欧洲人学习,而不是反过来。传教据点成了西方生活方式的岛屿,岛屿上有带有窗户、桌子、床和蜡烛的房子。举行洗礼时,一名皈依者获得了一件白衬衫和一条毯子。救赎之路是用商品铺成的。

精神上的再生会激发新的习惯、舒适生活条件和欲望。伦敦传道会驻非洲的资深成员罗伯特·莫法特于1842年写道:"福音教导他们,他们在精神上痛苦、盲目和赤裸,但也是同样的福音让他们知道,他们需要从外在做出改变,因此他们让自己的心灵接受了那些舒适、整洁和便利的风尚,而这些风尚曾经被看作仅仅是一群奇怪之人的怪癖。"在身体上涂抹东西是"十分令人厌恶的"。兽皮需要被换成衬衫和长外衣。拯救灵魂和赢得消费者现在携手并进。莫法特写道,新衣服将"扫除之前几代的污秽和习俗,并且……为英国贸易打开无数的渠道,如果没有福音,这些渠道可能永远不会打开"。[12] 贸易和皈依在传教宣传活动中互相驱动。英国圣公会差会在一份小册子中阐释,"上帝显然选择了英国充当伟大的传教国家",否则上帝为什么会把她置于世界贸易的中心:"就看看我们周围吧,所有东西都来自异教徒或外国。我们的外套用从孟加拉买来的靛蓝染色……我们喝的茶叶来自中国,我们喝的咖啡来自阿拉伯,甚至我们的轨道车都用来自几内亚的棕榈油给车轮上油。"如果不是因为异教徒对英国商品的需求,英国工厂将不得不关门大吉。"因此,我们因密切的共同利益联系而同许多不信仰上帝和基督的国家联结在一起。"在这种相互依存的情况下,认为上帝并没有赋予英国人拯救异教徒的特殊任务,这种想法是有罪的。[13]

消费也不断影响着非洲人的思想。伦敦传道会的约翰·菲利普为开普殖民地的总督详细说明了这一点。"处于野蛮状态的部落通常没有房屋、花园和固定财产:通过把他们安置在一个地方,让他们盖房子……耕种玉米地,积累财产,并通过增加他们虚假的需求,你就增加了他们对殖民地的依赖,巩固了团结的纽带。"[14] 一个有住所和财产的人不会去偷牛。废奴主义者和非洲探险拥护者，比如托马斯·福韦尔·巴克斯顿，同时看到了奴隶贸易和非洲人的懒惰性情之间，和平贸易和勤奋之间有着天然的密切关系。奴隶贸易的最终解决办法在非洲，而不在欧洲。西方的物品将引发一个由更多的欲望、工作、财产与和平组成的良性循环。

19世纪30年代，人们对使非洲人实现西方人的舒适生活条件和贸易水平的乐观情绪达到了顶峰。塞拉利昂——为获释的奴隶建立的英国殖民地——医疗机构负责人威廉·弗格森的一封信很好地说明了这一点，而反对国际奴隶贸易的主要活动家巴克斯顿详尽地公开宣传了这一点。弗格森写道，被解放的非洲人的"等级"可以通过他们的房子和室内陈设直接看出来。最高等级的人住在舒适的两层石头房子里，这些房子是用他们自己的收入建造的。在这里，他们享受着"红木椅子、桌子、沙发、四柱床、穿衣镜、铺地织物和其他能表明家庭舒适和财富积累的物品"。弗格森还写道，获得解放的非洲人"非常热爱金钱"。但这不是罪行。与"肮脏"的守财奴不同，他们把收入用于"提高家庭舒适度，把自己的外表打造得更加体面"。很难想象一个英国观察家会给出比这更高的赞扬了。"地球上没有比他们更温顺、更无害、更愉快的人了。"[15] 换句话说，这些人十分接近亚当·斯密设想中的模范消费者。他们把精力投入和平的产业和个人财产，而不是用于支配他们的同胞。

塞缪尔·克劳瑟牧师（在前往弗里敦和获得自由之前，曾于1821年在约鲁巴当过奴隶）在1854年回到尼日尔，并且注意到了自他在1841年的探险以来"人们的习惯发生的显著变化"。往内陆几英里，抵达村落安贾马后不久，他就受到了乘坐独木舟而来的伯拉斯人的迎接，在那里可以买到棕榈油。1841年，在他遇到的人中"很少有人""穿着像样的衣服"。现在，"在岸上的大约40个人中，我能清楚地看到有15个人穿着英国衬衫"。对于克劳瑟——即将成为英国圣公会差会的第一位黑人主教——来说，这是"合法贸易胜过人口贸易的明显标志"。[16]

福音派是反对奴隶贸易运动背后的精神力量，它给个人施加了沉重的负担，让他们赎罪，使他们的世界更接近上帝的设计。不仅是非洲人，英国消费者也不得不改变他们的行事方式。毕竟，他们是享用由奴隶种植出来的蔗糖的人。殖民食物链把欧洲消费者与非洲奴隶的命运联系在了一起。1792年的一份废奴主义小册子说："西印度农产品的消费者可以被看作推动和影响整个残忍行为机器的主弹簧。"[17] 消费者有放弃使用奴隶种植的蔗糖的道德责任。这种蔗糖血迹斑斑、不纯洁，甚至是吃人的。"每使用一磅糖……我们就可以被认为消耗了两盎司人肉。"[18] 联合抵制购买奴隶种植的蔗糖发展成了一项跨大西洋的大规模运动。妇女站在最前沿，利用她们对钱包的控制、家庭美德观念以及她们被频频提及的同情能力。伦理消费主义诞生了。

在殖民主义的黑暗历史中，这段故事常被看作一道光芒，指向人权和较有责任感的购物者。事实上，1833年的《废奴法案》导致了一种道德倒退。起初，废奴运动持续进行着，当时还有全国性的请愿。在1854年的废奴运动伦敦会议上，废奴运动呼吁其成员不要购买奴隶种植的棉花、大米和烟草，但在此之后，欧洲消费者毫无表示，这才是引人注目的。帝国消费者没有联合拒绝购买契约劳工或奴隶在其他国家生产出来的越来越多的廉价糖、咖啡和可可。到1900年，欧洲人保留了他们的伦理购买力，以针对血汗工厂的工作条件，帮助当地在火柴工厂上班的小女孩。当媒体在1904—1909年聚焦于吉百利公司在圣多美和普林西比（位于几内亚湾的葡属殖民地）使用奴隶时，英国消费者不加理会地继续喝可可。[19] 活动家和实业家一致认为，应该由企业而不是个体消费者来解决滥用劳工的问题。贵格会教徒呼吁进行一场消费者联合抵制活动，但呼吁失败。作为一种政治武器，联合抵制活动现在被彻底倒了过来。第一次世界大战前夕的消费者联合抵制活动，不是帝国大都市中急于激励殖民地生产者的少数富裕人士的工具，而是被弱者用来对付其帝国主义统治者，被东普鲁士的波兰人用来对付德意志店主，被印度人用来反对英国分离孟加拉的计划。散居海外的中国人在亚洲各地利用联合抵制活动，来抗议美国拘留和驱逐中国移民的行为。

帝国主义给消费社会留下了分裂的身份认同。在把自己发展为殖民地主人的同时，欧洲人也作为支配性的消费者掌握了控制权，让其余的人沦为苦力或农民。欧洲在经济学中对消费者的发现和西方"生活水平"概念的出现是这个故事的一部分,而我们会回到这个故事。在这里,我们必须进一步考察这个殖民故事,以便理解非洲消费者是如何被挤出帝国主义设想的。

非洲人作为有鉴赏力的消费者的形象逐渐消失,这种现象是几个新发展势态共同作用的结果。传教士非常焦急:千禧年快到了。在福音派的想象中,商业社会会在一夜之间兴起。但事实上,尼日尔和其他内陆地区比探险者原先估计的要危险。最重要的是,在西非的自由劳工殖民地结果看来是麻烦丛生的试验。再加上1857年的印度民族大起义,人们开始怀疑非白人群体能否按其主人的形象重塑。一种更残酷、系统的种族主义开始影响帝国主义思维模式。

这种更激进的立场在一定程度上是欧洲商人和传教士对在当地遇到的困难的一种反应。事实上,贸易和消费在19世纪下半叶继续向前发展。在西非,许多当地的商人遵循了福音派的精神教导。他们从贩卖奴隶转向贩运棕榈油,建造了房屋,在房屋里面添置了家具、画作和挂钟。劳森先生是一名在多哥的混血商人,他抽雪茄,为外国人服务,得意地穿着、用着欧洲服装和家具。[20] 消费的边界正在被逐步向内陆推进。约翰·托宾是一个棕榈油英国大进口商,他于1865年告诉一个议会委员会,"白人"过去常常"认为,任何东西对黑人来说都是足够好的",但现在尼日尔三角洲的人们"和在这个国家的其他任何人一样,也能够区分真货和假货"。[21] 在东非,大篷车将现金与商品的关联扩展到乞力马扎罗山山脚下。农民坚持用现金支付。一名探险家指出,每个部落"都一定有自己独特的棉织物等级喜好,以及自己在色调、颜色、大小方面偏爱的珠子……更糟糕的是,时尚也是变幻莫测的",就像在英国一样。[22]

对欧洲人来说,非洲的本土中间商对他们控制贸易和内陆作物的购入渠道构成了威胁。同时,商人和新的需求目标的双重推进,侵蚀了当地的权力结构。到了19世纪80年代,经过了几十年的怀疑和谨慎,欧洲国家终于准备去夺取控制权。瓜分非洲的细节超出了本书的讨论范围。优越的武器、技术和后勤条件给了欧洲人巨大的优势。然而,归根结底,各非洲社会的失败不是它们落后的标志,而是它们活力的标志。让各个非洲社会既易受各欧洲帝国攻击又对各欧洲帝国充满吸引力的是，各个非洲社会的交易和消费增加了，而不是减少了。商品推动了征服。

庇护和依附关系仍然很重要，但商品世界对非洲各王国的腐蚀作用随处可见。在19世纪80年代以前，直接的欧洲控制仅限于一些沿海要塞，但帝国的间接影响扩展到了内陆地区。在尼日尔的棕榈油地带，前奴隶贾贾发展成了英国商人和传统奴隶贸易上层人士的有力竞争对手。贾贾控制了在奥波博的棕榈贸易，并在1871年设立了阻止欧洲人入侵的封锁区。为了支付防御和管理费用，塞拉利昂和其他殖民地不得不对贸易和市场征收越来越多的税。为了逃避这些赋税，当地商人抛弃了弗里敦，向上游转移。他们带着衬衫、靴子、镜子和其他物品，以换取棕榈果和可乐果。商品和商品生产相互推动，越来越深入内陆，从而给传统政权带来了危机。在塞拉利昂，酋长们开始抱怨，克里奥尔人正在进入苏苏和林姆巴地区，而且在庄稼收获之前就买下了所有庄稼。克里奥尔商人打开了内陆仓库，绕过曾在奴隶制时代控制贸易的传统上层人士，直接与农民达成交易。这个流动的商业前沿的物质文化是显而易见的。克里奥尔商人的房子里放置着西方家具。一些酋长设法将这种入侵牵制在克里奥尔居住区内，但收效甚微。在曼迪人居住区，一名酋长的所有物包括一面镜子、一张梳妆桌和一个四柱床。一股西方商品的浪潮正在席卷西非。在弗里敦，一个服装改革协会试图抵制这股浪潮，但没有成功。妇女拒绝穿着推荐给她们的宽松袍服。穆斯林男性开始在他们的长袍里面穿长裤，而他们的妻子则模仿穿戴基督徒精英所穿的那种用紧身胸衣束腰的裙装。[23]

消费品的影响具有双重爆炸性，因为它们还起着信贷的作用。商人会将纺织品和其他商品提前支给当地批发商6到12个月，等着下一次棕榈油收获再拿到这些货物的款项。这种"信任体系"在过去曾运作良好。但新批发商的出现和19世纪七八十年代大萧条期间棕榈油价格的下跌，让这个信任体系面临着压力。一些商人跟新来者积欠了"双重债务"，这促使老牌玩家报复性地控制商品。如果西非遭遇了问题，那么这个问题不是竞争太少，而是竞争太激烈。贸易依靠武力扩张。越来越多的英国贸易船只让炮艇随它们同来。贸易据点成了危险即将爆发的地点。例如，1879

年在尼日利亚中部的奥尼查，当地人袭击了贸易据点，掠夺了英国商品。作为报复，英国皇家海军"先锋"号被派了过来。它没收了价值5万英镑的英国货物。经过3天的轰炸，"先锋"号船员进入内城，把它付之一炬。下城被夷为平地。英国商人和传教士向当地领事表示了感谢。[24]

从人口贸易到物品贸易的转变，对许多统治者来说是灾难性的。对于建立在奴隶制之上的国家来说，商业是"特洛伊木马"。在阿散蒂王国（加纳），奴隶和税收是权力源泉。奴隶越多，一个人的地位就越高。阿散蒂王国大规模实行重商主义。政府控制着贸易，向商人征收巨额贡物；贡物形式的税收占了个人收入的大约一半，利率高达33%。贡物有黄金、布匹和奴隶。但橡胶和可可贸易的增长挑战了这一秩序。[25]一个新的中间人阶层——阿西卡夫（asikafo）——出现了，他们希望贸易不受政府干预。这或多或少是亚当·斯密从封建社会向商业社会，从对人的支配向对物的支配的良性转变的非洲版本。但有一个重要的条件，这不是一场内部斗争：赫然耸立在一边的是英帝国。对于像约翰和阿尔伯特·奥乌苏·安萨这样的"新精英"，西方商品是其身份认同的组成部分。他们寻求英国的保护，以免受到阿散蒂王国的干涉。

贸易和商品侵蚀着部落权威的基础。阿散蒂在1896年成为英国的受保护地。接下来的几年是爱德华时代的繁荣时期，当时棕榈油和可可贸易突飞猛进。而且，阿散蒂人从收获可乐果和小规模采金转向了更有利可图的可可树种植。到1910年，加纳已成为世界上最大的可可豆出口国。总的来说，这很可能取得了成功，提高了阿散蒂人的生活水平。但是，随着金钱与商品的关联变得紧密，这种关联也引发了围绕着土地和权力的新冲突。奴隶和土地正在迅速失去其作为地位和权力的担保的价值。酋长们越来越快地"被废黜"或被推翻。精明的酋长进行了投资组合审查，开始积累财产，筹谋自己被废黜后的私人退休金计划。1910年，阿散蒂酋长委员会最后商定，一名酋长在其统治期间积累的所有财产的约67%将在其被免职或退位时归还本人。财产现在主要属于个人，而不是职位。这是物品支配权的又一次胜利。

欧洲的轮船、枪支和商品是一种新的物质秩序的表现。当地领导者很快就意识到了这一点。在乞力马扎罗山的南坡，莫希的统治者曼达里将权力描述为一种围绕着物品的地缘政治等级制度。在顶端，在上帝的正下方是英国人。他们控制着大部分"好东西"：有用的工业品、枪支和医药；曼达里以英国"邮船"（mail boat）一词给他的儿子起名为梅利（Meli）。下面一个梯级是印度商人：印度纺织品在东非保持着优势。然后才是德国人，而且尽管德国人在海岸地区有势力，但他们根本没有商品。对于曼达里和地方精英来说，商品的来源地越来越重要。他们对试图卸下次等货物或从附近的桑给巴尔运来货物的商人十分不耐烦。只有来自欧洲的真货才让人满意。[26]

家庭奴隶制的终结加快了这一进程，因为这为商品创造了一个参与者更多的市场。奴隶制曾限制了选择权。男性奴隶被禁止头戴科菲亚（kofia）帽子，女性奴隶被禁止戴面纱。服饰是谁自由、谁不自由的显眼标志。在东非，自由的阿拉伯人穿着用彩色的印花布（Kanga）做成的衣服，而非洲奴隶则不得不穿着用来自美洲的米白色棉布（merikani）做成的衣服。然而，早在奴隶制终结之前，女奴隶就打破了这种服装规定，她们用当地靛蓝给米白色棉布染上了色彩。自由引发了对新服装的争夺。奴隶获得解放后做的第一件事就是买一件衬衫或一顶绣花的科菲亚帽。桑给巴尔群岛是一个欣欣向荣的时尚之地。在1900年流行一句斯瓦希里语："在奔巴小心行事。如果你来的时候围着缠腰布，那么你离开时就戴着头巾。如果你来的时候戴着头巾，那么你离开时就围着缠腰布。"[27]

殖民统治使这一螺旋式上升局面有了额外的转折。殖民管理机构控制着工作、金钱和地位。购买西方商品，同时表明一个人对殖民统治者的接近和这个人对在社会底层的原住民群体的疏离。第一次世界大战后，在法属喀麦隆，杜阿拉精英花了很多钱购买欧洲服装。他们喝进口葡萄酒，饭后吃西式甜点，开汽车和摩托车。在公众场合露面更多的是男性，他们是炫耀性消费的先锋。一个杜阿拉男性经常要一年花1000法郎去购置欧洲服装，这项花费是其妻子的3倍。[28]

现在人们有时仍会说，欧洲人瓜分非洲，是因为他们想获得新的消费者，以抵消经济大萧条造成的负面影响。相反的说法更接近事实。欧洲人对非洲消费者没有什么兴趣。他们把殖民地臣民当作矿井苦力和种植园劳工，而不是购物者。帝国主义者高兴地按照自己的需求暂停市场规律。非洲人是被土地掠夺和马克沁机枪推入劳动力大军的，而不是因为一份仅能糊口的工资而被吸引进来。"懒惰的非洲人"这一说辞是支付低工资或不支付工资的一种理由。这可以说是短视的。一个高工资的经济体会造就更好的消费者。如果欧洲国家更慷慨，向它们的臣民投入更多，它们或许会获得巨大的利益。

　　非洲中间人是帝国行政人员和商人的眼中钉。斐南·德·波（几内亚湾的一个岛屿，现在叫比奥科）的领事理查德·巴特勒想向当地店主征税，从而迫使他们无法生存。他是伦敦人类学学会的副主席，他把非洲人看作农民，而不是商人。在法国殖民地，第三共和国想要以法国农民为榜样来塑造其殖民地臣民。乔治·戈尔迪经营的英国联合非洲公司试图借助炮艇和地方条约来垄断尼日尔河上下游地区的贸易。1904 年，北尼日利亚保护国高级专员弗雷德里克·卢加德在尼日利亚开设了商队通行费，以排挤当地商人，并将生产耐用的当地布料的织工变成给兰开夏郡供货的棉花种植者。[29]

　　非洲消费者也被他们的传教士朋友抛弃了。早在 19 世纪 40 年代，卫斯理宗信徒就抱怨过，贸易让非洲人变得狡猾、注重物质。到 19 世纪末，所有传教团体都认为商业和消费是有罪的，并不是基督徒生活的修行理由。皈依人数较少，现在被归咎于对商品和金钱的欲望。传教士曾谈到灌输新的物质需求和习惯，但他们不太愿意拿钱出来实践他们的新想法。摩拉维亚传教团直到 1904 年才开始支付工资。孩子们工作了 8 个小时，幸运地得到了几个便士；传教士指出，毕竟，他们得到了"文明"和"文化"方面的实物报偿。在传教站，商店是专为欧洲人服务的。传教士对他们的信徒感到绝望。一名在多哥的虔信传教士在 1894 年指出，当地人已经变得更加勤劳，但他们现在对商品着迷。他们把他的相册当作邮购目录，一遍又一遍地比较服装款式，并请他替他们为圣诞节订购最好的衣领和领带。他们想要好的衣服和食物——太多这样的要求了。他痛苦地指出，在罗马帝国基督教早期阶段，新信徒穿着朴素，他们不像非洲人那样炫耀。[30] 在东非，当地主教对沿海城镇引诱灵魂和破坏"纯洁的生活方式"的手段感到绝望：桑给巴尔是"皮卡迪利、所多玛和公共酒吧"。[31] 传教士领袖们对这种大批移民流失现象的吃惊，很能说明问题。在传教团中，一名高级教师的工资只相当于一名牧师在镇上挣的钱的一小部分，勉强够养家糊口和买几件衬衫。

传教士大致分为三个阵营。所有的阵营都贬低非洲消费者。例如，礼贤会的弗里德里希·法布里和北德意志传道会的 J. K. 菲托尔是在19世纪80年代出现的新一代沙文主义者的代表。非洲人必须受到管束，以成为德意志帝国高效的纳税臣民。他们仍然在口头上承认非洲人作为消费者的潜力。按照这种观点，非洲人的问题是，他们要么仅能维持生计，要么是把自己的钱花在红木镶板的衣柜和其他奢侈品上的中间人，这些物品绕过了德国。非洲人需要被迫使着去购买简单的德国商品。然而，他们的主要角色是作为为德国工业生产原料的农业无产阶级。[32]

其他传教士嘲笑基督教为帝国主义政策服务的想法。一名批评者说，想象一下，圣保罗告诉科林斯人，他们需要"在阿奎拉买地毯"。[33] 把非洲人变成自给自足的农民则要好得多。按照这种观点，必须让非洲人免受物质诱惑和帝国主义种植园等事物的影响。这种家长式的做法让非洲人处于一种更低的发展阶段，实际上是让他们完全离开商品世界。非洲人没有为市场、工资和更高的需求做好准备。奴隶制留下的伤疤太深了。他们首先需要通过学习"诚实劳动的高尚"来净化自己。引导性的口号是圣本笃的规则：祈祷与工作。通往真正基督徒生活的道路需要劳作，以及更多的劳作，而不是获取和花钱。一旦他们达到一个真正基督徒的状态，他们或许会赚取一些工资，成为消费者，也许这些会实现，但是在很遥远的未来。传教士热切地想要把非洲人变成苦行农民，这种热情反映了传教士对于工业化对欧洲工人的影响的幻想破灭。非洲提供了纠正现代性的错误，以及把基督教从邪恶工厂、廉价娱乐和家庭破裂的罪恶旋涡中拯救出来的第二次机会。[34]

最后一个阵营里的人走得更远，他们求助于"部落社会的精神"。上帝的设计已经在非洲人的部落和家庭秩序中显现出来。对于与查加人一起生活在东非的路德宗信徒布鲁诺·古特曼来说，必须不惜一切代价保护这个"原始的"部落免受物质文明的入侵。血缘关系和共同的生存斗争在人们之间建立了一种纽带。"金钱——购买具有纯粹物质价值的物品——一介入……我们就会看到对人类来说至关重要的依存关系遭到破坏，而这种依存关系是人类精神和道德本质的唯一源泉——简言之，是人类存在的唯一源泉。"[35] 于是，帝国主义再次压下了消费的跷跷板：随着商品数量的增加，欧洲帝国主义者和传教士申斥消费是不真实的、使人疏离的。

对时尚和商品的狂热仍旧是时常受到攻击的目标。用在尼日利亚出生的记者奇卡·奥尼亚尼写于 2000 年的话来说，非洲人延续了他们的被殖民奴役状态，沦为一个寄生的"消费种族"，而不是像其他"生产种族"那样投资于人力资本和发展。[36] 消费品因为其与奴隶制和征服的纠缠而败坏了名声，一些西方历史学家仍旧把消费品描述为摧毁原住民文化的"传染性"疾病。[37] 这类著作没有公正对待交易的长期历史、原住民群体发挥的积极作用以及消费的解放性内容。物质欲望不是一种由帝国突然输入的东西，而是要追溯到前殖民时代。"传统的"部落非洲（在那里，经济人尚未出现）与由商品、不平等和个人主义组成的"现代"西方世界的对比，是帝国主义设想中一个好用的臆造事物。我们不能简单地说消费是不真实的或无关紧要的。对于前奴隶和移民来说，商品是一个伟大的解放者。一件衬衫、一顶帽子、一块手表和一面镜子，是通向社会包容和获得尊严的门票。

当时的欧洲人对这种穿着展示不屑一顾。一名殖民地官员抱怨斯瓦希里人的奢侈穿着打扮，他们"穿着彩色衬衫，系着蝴蝶结领结，套着藏青哗叽西服，穿着鞋和袜子……戴着单片眼镜，用长长的金色烟嘴抽烟。这样的画面并不是令人愉快的景象，不过更糟糕的场景也许是那些戴软帽、穿厚靴子的绅士"。[38]

在全球化的这个早期浪潮中，我们可以看到帝国的自相矛盾本质。对非洲消费者日益感到不安，这是帝国主义者的共同感受，除了在民族主义的德国和共和主义的法国有此感受，在自由主义的英国也有同感。19 世纪中叶以后的自由贸易加速了商品的全球流通，然而当这些商品到达殖民地臣民手中时，它们敲响了帝国的警钟。自由贸易废除了贸易壁垒，但帝国用新的种族障碍取代了贸易壁垒。在英国，自由贸易支持所有人都可享有廉价商品。每个人都是消费者，每个消费者都是公民。然而，在殖民地，这些包容性的、民主的凭证遭受严重背离。英国支持自由贸易，但它也是一个帝国，因此它很难接受非洲消费者，因为消费挑战了不同种族之间的距离，而帝国就是建立在这种距离之上的。当非洲人戴上圆顶礼帽或穿上束腰连衣裙时，他们与其帝国主义主人的距离近到了令其主人不适的地步。20世纪30年代，在北罗得西亚的一名研究人员说道："许多欧洲人……在与衣着光鲜的非洲人交往时，不如与衣衫褴褛的非洲人交往时彬彬有礼，因为他们憎恨、害怕那种暗含的对文明地位的主张。"[39]

与美国的比较是有启发性的。美国种族主义在其国内是极为狂热的。美国人并没有把同样的领土帝国负担带入商品世界。他们不太担心其他种族模仿他们。非洲人、印度人和中国人都是歌手牌缝纫机和其他美国产品的潜在客户。[40] 是美国，而不是英帝国，承担起了物品更古老的使命，有望让其他种族攀爬上物质文明的阶梯。这将使美国在20世纪中叶获得关键优势。

帝国则把消费社会的传统故事定性为从精英到中产阶级再到大众消费的民主进步。随着阶级壁垒逐渐变弱，种族分歧在加剧。在欧洲，精英们逐渐放弃了在17、18世纪通过禁奢令来控制地位的做法。帝国主义可以被理解为一种倒退，把一种非正式的禁奢政策重新移植到殖民世界中。事实上，在第二次世界大战中，东非的殖民行政人员试图通过再次将非洲人限制成只能使用米白色棉布，来使这一政策正式化。

珠宝和规章

在印度民族大起义于1857年爆发时，奥德王室的最后一位国王瓦吉德·阿里沙阿在加尔各答流亡。在加尔各答的南郊，他重建了自己在失陷的勒克瑙的贵族宫廷和生活方式。东方圆顶建筑马蒂亚·布尔吉（Matija Burji）是收藏家的梦想之地。从狮子、豹子和熊到来自非洲的长颈鹿和来自巴格达的一头双峰骆驼,整个动物王国都聚齐了。瓦吉德·阿里沙阿在鸽舍里养了2万多只鸟。据说,他花了2.4万卢比买了一对"翅膀摸起来像丝绸一样的鸽子",花了1.1万卢比买了一对白孔雀。在山坡上的一只笼子里,成千上万条蛇追逐着无助的青蛙,供人观看取乐。如果瓦吉德不是一个像某些早期的纳瓦布那样的学者,那么他肯定是一个大收藏家,收集最好的动物、乌尔都语诗歌和至少300个妻子。

平民也有休闲方式。猛禽只属于贵族,但是斗鹌鹑在穷人和富人当中都很受欢迎。斗鸟被当作一门需要较高技艺的活动。人们在赛前精心让参赛的鹌鹑做了准备:首先让这只鸟饿着,然后喂它一剂富含糖的泻药,来疏通它的肠胃;到了晚上,训鸟人大喊"咕",让这只鸟处于紧张状态,这样"它就减掉了多余的脂肪";最后,随着斗鸟活动临近,鹌鹑的嘴被用小刀磨尖了。历史学家阿卜杜勒·哈利姆·沙拉尔在1920年回忆,一些主人还会给鸟喂食药物,这样受伤的鸟会"像着了魔一样"继续战斗。[41]

这是曾在莫卧儿帝国时期蓬勃发展的一种东方消费文化的最后痕迹。英国人的统治带来了军队和税收官,但也传播了新的规范、习惯和行为。这改变了消费的条件。斗鹌鹑成了残酷的低劣行为,不再是一种不错的休闲活动。对一个年轻纳瓦布的性经历的诗意吟诵现在被看成是淫秽的;欣赏成千上万的鸣禽被看成是虚度时光。在英国统治的早期,在18世纪下半叶,典型的在印度发财的欧洲人罗伯特·克莱武(印度的克莱武),收集了掐丝盒、槟榔钳和其他莫卧儿珍贵艺术品,而沃伦·黑斯廷斯等总督学会了乌尔都语和波斯语。许多欧洲人收集了印度的鸟笼和古董,坐在刺绣的帷幄中,拥着印度情妇。[42]但是随着英帝国在印度次大陆的扩张深入,这两种文化之间的裂痕越来越大。随着莫卧儿帝国崩溃,其物质文化失去了对欧洲人的吸引力。《加尔各答评论》(Calcutta Review)的一位撰稿人在1844年写道:"每一年,都有新的欧洲精致元素被引入。我们的居所内部变得越来越不东方……我们的房间不再空荡荡的;我们的房间摆满了欧洲家具;墙上挂着画作;地板上铺着暖和的地毯……""视觉得到愉悦;精神得到提升;有一种更强烈的家的感觉。"为了在热带地区拥有带窗帘的房间、享受欧洲的舒适生活条件,"总是存在的蚊子"是一个值得付出的代价。[43] 1857 年印度民族大起义加速让欧洲人撤到一个安乐地带，那里的乡村俱乐部只有白人。

历史学家克里斯托弗·贝利对从莫卧儿到英国统治的转变做出了一种权威的解释。消费制度反映了一种从古代到现代全球化、从手工技艺到现代大规模生产的转变。贝利断定："现代的复杂性要求牛仔裤和运动鞋具有一致性，而日常生活的古老简朴传统要求伟大的人珍视商品的差异性……从某种意义上说，古代的贵族……是收藏家，而不是消费者。"[44] 这是对现代性过于苛刻的评判，呼应了消费文化是如何导致幻灭和真实性丧失这种旧观念。事实上，在过去的 200 年里，收藏和消费是相辅相成的；在博物馆里，也在个人的住宅里，都有邮票、古董、稀有啤酒罐，或是从遥远的地方带来的充满异国情调的坚果钳子。[45] "强大的王权"已经被民主化：每个人都可以是一个收藏家，扮演以前专为统治者保留的角色，保护外来物品或停产的玩意儿免遭灭绝。与此同时，时髦的年轻人让自己的牛仔裤和运动鞋个性化。标准化总是被多样化或"定制化"削弱，正如在时尚界宣称的那样。

然而，贝利还指出了早期消费制度的两个关键特点。首先是它们的混杂性。直到 1800 年左右，统治者一直都是通过收集从遥远的地方而来的外来香料和动物、精美毛皮、书籍来展示他们的神圣权力；瓦吉德·阿里沙阿的祖先阿萨夫·乌道拉在他位于勒克瑙的宫殿里收藏了大量英国手表、手枪、镜子和家具。"融合"并不是最近的发明。第二点是关于消费的支流。纳瓦布和其他统治者不仅仅是私人鉴赏家。他们控制着其余人的商品和服务流动。披肩、珠宝、黄铜和白银：获得这些东西，主要是作为贡品和礼物的结果，而不是个人选择的结果。这不是买卖双方之间的市场交易，而是统治者和依附者之间在公共宴会和仪式上进行的交换。英帝国切断了这些统治网络，为了消费本身的目的而调动起了消费。这是一次双管齐下的攻势。一个是在生产方面——来自兰开夏郡的廉价工厂纺织品涌向了印度市场。另一个同样重要的方面在于奢侈品制度的核心——中央政府控制了税收和集市税，削减了精英阶层的贡品和养老金。

印度宫廷大规模地进行炫耀式消费。在杜尔巴（宫廷或典礼集会）

上，廷臣们为高位者立下了誓愿（nadhr），为皇帝带来了珍贵的贡物（pishkash）。作为回报，君主赏赐给了他们礼物、荣誉长袍、封地以及津贴。[46] 军队是商品和忠诚的另一个传送带。在印度中部的那格浦尔，马拉塔宫廷是该地区最大的消费者，它为自己、侍从和士兵购买了市场上四分之三的平纹细布、披肩和带金银线的丝绸锦缎。马拉塔宫廷供养着15万人。18世纪，东印度公司参与了这个礼品和恩赐网络，但随着1813年该公司失去其在印度的贸易垄断地位，这个进贡体系走向了终结。

正式的英国统治让这种以宫廷为基础的奢侈品架构和支撑这个架构的当地生产商都受到了影响。当王室军队解散，宫廷侍从失去津贴时，各个地区像泄了气的气球一样萎缩了。手艺人失去了购买精美布料、皮革和糖果的精英客户。许多集镇出现了大规模人口外流。[47] 英国势力的确切影响因城市而异。例如，在孟买以北的古吉拉特城市苏拉特，占主导地位的纺织工业萎缩了，但著名扎绣工艺（jari）的手艺人成功存活了下来。[48] 与此同时，尽管英国人削减了显要人物的养老金，但他们尽量保持自己以前的生活方式。英帝国在削弱旧精英的同时，还提拔了新精英，比如帕西人。由于这些细微的差别和限制条件，总的来说，英帝国对印度的奢侈品消费显然是不利的。

这完全是有意的。一名英国观察家在1837年提出，印度是"落后的"，因为"王公和贵族独占着这个国家的所有财富"，而印度人民则在沉重的负担下"呻吟"。如果廉价的英国纺织品正在杀死当地制造商，那根本没有什么坏处。他们可以转而在肥沃的土地上做更有效率的工作，这其实要好得多。"就普通印度人而言，他们是明显的受益者；除非英国货比印度货更便宜或更好，否则他们肯定不会接受英国货。"[49] 这是自由贸易帝国的声音：贸易将带来专业化、更高的效率和更好的福利。英国的统治是良性的，因为它把资源从无所事事的贵族转向了印度人民。但可悲的事实是，英帝国成功地做到了第一步，而没有完成第二步。简而言之，殖民统治下的印度社会从沙漏状转变为金字塔状。在高层，有钱的精英阶层人数减少了。在底层，穷人并没有变得越来越穷，但他们的人数增多了。中产阶级和富裕工人的人数仍然很少。

为什么英国统治下的印度陷入了贫困的怪圈，这一直是历史和经济学界争论最久的问题之一。其中一些原因与地理和时机有关，而不是与帝国统治有关。19世纪，全球化正在推进，因而印度购买变得越来越便宜的英国纺织品，种植和出口在全球价格逐渐上涨的原材料（特别是鸦片、原棉、靛蓝、蔗糖和小麦），是有道理的。英国并不需要帝国控制权来出售它的棉衬衫：印度从世界工场到世界农场的转变，在有或者没有帝国的情况下都很可能发生。此外，来自兰开夏郡的廉价纱线让印度消费者和手摇织布机织工受益。印度的主要问题是，印度的行业是劳动密集型的。如果没有新技术，手艺人会工作得更辛苦，而不是更有效率。大工业仍然寥寥无几。英国的投资太少，不足以快速启动经济。所有这些对印度的消费模式产生了一种自相矛盾的影响。一方面，印度人从拥有更廉价、更多样化商品的大众市场中获益；另一方面，他们的实际工资受到了控制，在19世纪末和20世纪初最多只是略有增长。[50]

英国统治留下其印记的地方，在于消费风格。一些历史学家强调了大起义后英国对印度统治的"装饰主义"性质，其标志是头衔和等级的膨胀、维多利亚女王在1877年加冕为印度女皇、1911年的德里杜尔巴（庆祝乔治五世加冕的大型集会）。佩戴着黄金和钻石的当地王公，跟10万人一起欢迎新国王的到来。这位新国王身着尊贵的紫色长袍、白色缎子马裤和丝质长袜，他的衣领上装饰有嘉德勋章、红宝石、祖母绿和"印度之星"。[51]这种帝国壮观景象是一种支持印度旧王公、显示英属印度政权是莫卧儿帝国的合法继承者的战略的一部分，但他们从未恢复旧的贡品制度。礼物和商品不再给权力的车轮上油。[52]一个中央集权的官僚机构取代了它们的位置。礼物不再是忠诚和地位的一种公开展示，而是成了在暗地里的贿赂。

这一根本转变值得强调，因为自从1918年经济学家约瑟夫·熊彼特撰写《帝国主义的社会学》(*Sociology of Imperialism*)以来，将帝国主义视为一种"返祖现象"、一个活博物馆——过时的封建精英阶层可以重建传统的等级制度和"灰暗过去的生活习惯"——一直很流行。[53]事实上，恰恰相反。英属印度孵化了一种新的物质文化。私人生活与公共生活、休闲与工作、行政管理与本地网络，都分离了开来。对在印度的英国人来说，休闲是马球运动，而不是恩庇。节制和个人克制取代了无节制和公开展示。消费是生产性的，而不是炫耀性的。支出（和储蓄）必须是有目的的。

英国的帝国主义通过规章和关于私人舒适生活的新理想而推进。它们一起重塑了两个重要的消费场所：城市和家庭。1850年，《印度政府法》允许印度城市成立市政机构，沿着曼彻斯特和伯明翰等地开创的城市进步路径发展。从住房的风格和当地商店的外观，到什么酒可以在哪里、何时、由谁出售，再到倒垃圾的地方，城市生活的方方面面几乎都受到了影响。对于地方精英来说，市政机构是获得影响力和参与选举的新工具。起初，市政机构成员是由英国人指定的，但从1883年开始，同等数量的代表由有财产的选民选出。英国统治引入了英国城市生活理念。当地的庭院式住宅曼齐勒（manzil，带有小型开口，以防高温和灰尘），尤其为维多利亚时代的改革者厌恶，这些改革者沉迷于新鲜空气和窗户，并且不了解有关气候控制的当地知识。在勒克瑙，除非新房屋按英式平房风格设计建造，而且平房具备各个不同功能的房间，以及一个外部花园，而不是通常意义上的一个内部庭院，否则便无法获得规划许可。购物体验也被简单化了。为保持周边整洁、朴素的门面，店主们不得不放弃外部装饰。对当地居民来说，这些干预措施产生了矛盾对立的影响。这个自由贸易帝国致力于打开市场，根除贵族的无节制之风。与此同时，英国人对食品、烟草和食盐征收了新税；当地精英确保了房产税对他们的打击最小。为了公共健康，食物和饮料受到了系统管理。这意味着当地酒类酿造者的末日，许多人被迫转而种植鸦片和印度大麻。当地精英转而开始饮用威士忌、杜松子酒和雪利酒。[54]

英国文化的牵引作用从未完成。例如，尽管有保持节俭的功利主义诉求，宗教性的礼物馈赠继续存在。地方精英采取了一种平衡做法，力求在不丧失自己在其社群中的地位的情况下，最大限度地扩大自己对新统治者的影响力。英国教育以及中产阶级的自制和德行标准在日益普及。莫卧儿贵族奢侈的生活方式和印度宗教节日的盛大，被纳加尔婆罗门

（Nagar Brahmins）和帕西人等谴责为纯粹浪费。当抄书吏群体（如卡亚斯塔种姓）开始为英国行政人员工作时，他们放弃了以前的穆斯林统治者崇尚的习俗，如奢华的婚礼。对于有抱负的中产阶级来说，消费被用于帮助职业发展。[55] 并非所有这些倾向都是新的或被外力强加的。时不时地，英国统治能够借鉴前殖民时期的做法，比如更为简朴的印度教思想，从罗摩难陀派——罗摩的尼泊尔追随者和穆斯林纳瓦布的侍臣——辐射到了其他的精英和穆斯林。[56]

英帝国就算不总是一个革新者，也是一片支持较少的炫耀性消费和较多的"理性"消费等理想的沃土。特别是从教育中获得的社会资本，重新调整了支出的优先次序和妇女的作用。咨询类文献告诉印度妇女，她们真正的宗教场所在家里，而不是与神职人员在公共节日里待在一起。她们的精力需要用于家庭管理，为丈夫的事业服务。

在其他殖民地，和在印度一样，帝国引入了一种不顾当地习俗的家庭生活理念。例如，在荷兰的苏门答腊殖民地，卡罗地区的妇女过去在田地里劳动，而且对金钱有一定的控制权。传教士希望她们当家庭主妇。具有讽刺意味的是，正是日益流行的合身服装潮流，打破了传统，而她们的丈夫最先开始追求这种潮流。对西方服装的渴望，让许多人把女儿送到了开办有缝纫社团的教会学校。[57]

对于西方的商品世界来说，帝国的卖力逢迎意味着前进两步，后退一步。印度人陷入了各种信息的交叉火力之中：消费更多，消费更少，消费得不同。英国女权主义者对孟加拉妇女的着装——她们身着透明纱丽，佩戴厚重珠宝，不穿内衣——感到震惊。印度人不得不穿上鞋子和长筒袜。另一方面，过分模仿西方风格，让帝国统治者和印度民族主义者都感到不自在。英国人想要在印度强加一套统一的秩序、修正印度风俗的计划，从一开始就注定要失败。1830年，英国人被禁止在官方场合穿着印度服饰。富裕的印度人开始穿上欧洲的西装、鞋和长筒袜，但他们通常会戴着头巾，且从来不戴西方帽子。1854年，总督允许孟加拉人在官方和半官方场合穿着靴子和鞋子。当一项新决议通过时，印度人要求做出进一步的改变。在获得了穿鞋的权利之后，19世纪70年代的孟加拉人呼吁免除要求他们在办公室戴头巾的规定。他们指出，头巾不是一种地区性的习俗。他们更喜欢戴轻便帽子。副总督阿什利·伊登非常生气，拒绝了他们。穿着是用来展现东西方的差异的。帽子是一种危险的混合体，它们标志着在已经不再知道自己位置的本土官员当中存在着的"普遍的松弛感"。[58]

印度中产阶级也为合适的消费方式而苦恼。虽然印度许多从事专业领域职业的男性倾向于西方生活方式，但他们要求自己的妻子保持传统的生活方式。民族主义期刊不太认同选择西方化装扮的印度妇女。[59]与此同时，她们的丈夫被印度作家讽刺为"巴布"（baboo），即"改变着装后的英国-印度人"，仿佛"穿着紧身短裤、紧身衬衫和羊驼呢或黑色绒面呢外套就可以带来文明"。"巴布"用来自卡思伯森和哈珀这两个为在印度的英国人服务的鞋商的"必备品"皮鞋，取代之前注重的端庄得体和实用感。"巴布"拥有钢琴而不是本地乐器，吃羊排，喝白兰地，抽雪茄，所有这些都违反了印度教规。[60]民族主义把市场变成了一个道德雷区。

随着种姓和性别角色变得松弛，这些道德约束则变紧了。20世纪初，印度妇女开始频繁购物、外出就餐和看电影。虽然穷人继续在宗教节日和婚礼上花费很多[61]，但他们也没有完全被商品的流通绕过去。1881年，一名印度评论家指出，"从最富有的'巴布'到最普通的水果贩子"，都穿起了"短袜或长筒袜"。[62]加尔各答的贫苦劳工，以前除了一块缠腰布，基本就是赤身裸体的，现在开始穿起了鞋子和长筒袜（越来越多的此类产品是在日本制造的）。在农村社会，以种姓为基础的限制正在被削弱。穷人开始惹人注目地穿人造丝绸纱丽，穿以前只有婆罗门种姓才能使用的布料。[63]即使没有帝国，消费文化也很可能会改变印度社会的结构。英国统治所做的，是为一个新的殖民地精英阶层创建了一个物质温床。民族主义者继承了有节制的消费这个中产阶级理想。从莫卧儿朝贡宴请日（其主题是重现忠诚和维持地位）更具周期性的模式，消费转向一种更具活力的风格，尽管不那么张扬，但致力于最大限度地提高未来的收入和地位。就像在西方一样，在东方，炫耀性消费现在带有肆意浪费的恶名。

无论是在雄心壮志还是在局限性上，欧洲商品的帝国主义发展都没有在本国来得明晰。在印度民族大起义后的几十年里，欧洲家庭的数量激增。到 1914 年，将近 20 万欧洲人居住在印度。在殖民地建立家园是帝国力量和身份的一种证明。英国乡村的扶手椅和绘画，晚餐的换装惯例，紧身胸衣和硬领，都是关于一个人从哪里来、一个人为什么在那里的物质提示。建议类图书深刻揭示了这两种文化之间不可逾越的鸿沟：

> 英国人的一个特点是，无论他住在什么地方，他都会尽可能让他周围的事物像他自己国家的事物一样。典型的印度人在生活方式上变化很小，而且他也喜欢和自己国家的人待在一起。结果，在印度存在的普遍原则是，欧洲人生活区和印度人或当地人的居住区是分开的。[64]

一名评论员在 1904 年写道，印度平房与英国式房子完全不同，就像"教堂与庙宇不同"一样。[65] 印度平房往往没有墙纸和窗帘。房间相互连通，没有为家庭成员开辟单独的空间。因此，仆人和孩子在哪都能被看到。房间往往以它们的温度（"热""冷""湿"）来区分，而不是它们的社会功能。

在印度的英国人努力让室内变得英国化。抵达加尔各答的英国船只的货物清单带来了英国人的爱好和生活方式。1784 年 7 月 15 日，《加尔各答公报》广告宣传了"贝灵顿"号船长约翰逊那里值得购买的东西。它们是"各种优雅且时尚的商品"，包括钢琴、"索尔兹伯里餐具"、爱尔兰亚麻织品、红葡萄酒、波特酒和麦芽酒、奶酪和腌鲑鱼，以及一系列上议院和下议院的辩论。同年的其他销售商品包括"全套华丽的礼服""丝质和棉质长筒袜"，以及荷加斯的全套作品。[66] 半岛东方轮船公司的加尔各答代理人约翰·帕特森在 1869 年拥有"一张维多利亚沙发、一张阿尔伯特沙发、一把维多利亚安乐椅、一把阿尔伯特安乐椅、一把红木安乐椅……一套六把热那亚椅子……一架红木方形钢琴、一套七卷本音乐书和许多单本的音乐书"，以及一张"中心镶大理石面的红木桌子"。在他的财物中，当地物品仅限于两个"用印度工艺镶嵌的大理石盘子"和印度仆人模型。[67]

然而，统治一个热带殖民地，注定英国化不可能顺利。对于许多帝国家庭来说，在印度的家是流动的，它更接近野营车，而不是乡村小屋，因为需要在山丘居住地和行政中心之间移动。租金很高。移民家庭从英国带来了羽绒被、印花棉布和成套的餐具，但大量地毯、家具和配件是在印度的商店、拍卖会或二手集市上购买的。英国妇女"无法抗拒收集黄铜、地毯、刺绣品和各种珍宝的诱惑"，从山丘居住地回到冬季的住处时，她们满载而归。[68] 有些欧洲夫人睡在一种印度轻便床上。阿萨姆受人尊敬的茶叶种植者乔治·威廉森有扶手椅和餐具柜，但既没有画作，也没有纺织品装饰物。大多数家庭使用印度席子和帷幔（purdahs）作为门帘。即使在1900年，在印度的英国男性和英国女性之比仍然高于3：1。他们常常共享住处，只用很少的家具。许多房子像古玩店。一名居民在1872年说："我们坐的椅子是从一位杰出的平民手里买来的……那张桌子是从放弃了家当的铁路视察员处得来的……那张沙发是在前任法官当时带着退休金离开印度时问他买下的。"[69] 对于帝国家庭来说，无论理想是什么，西化这件事情只可能是局部的，无法覆盖整个印度。

在当地精英的家里，在19世纪中叶以后，欧洲商品和家具开始更频繁地越过门槛，但通常只停留于会客室。加尔各答商人古鲁·丘恩·辛格拥有几栋两层砖房，室内配有阿尔伯特沙发、来自布鲁塞尔的地毯，以及带有雕花的十二盏枝形玻璃吊灯，它还有磨砂雕刻玻璃灯罩。[70] 然而，穿过会客室，印度商人为他们的大家庭保留了一个排外的区域。这种双重生活方式延续了那种可以追溯到18世纪的灵活的文化弹性：贝拿勒斯地区的卡特里种姓维护着宫殿，在公共场合戴莫卧儿珠宝、穿波斯服饰，但是他们的家是在城区的泥墙房子，他们在家里穿简朴的缠腰布。

不断上涨的西方商品潮流最远可至那些种族和文化障碍最低的殖民社会，比如在锡兰（斯里兰卡），很多荷兰人抛下了在当地组建的家庭，并且印度商人移民群体繁荣发展。当地精英在印度外套下穿长裤，给孩子穿水手服。他们的家布置了装有软垫的家具、画作和吊灯。在佩里斯先生的贝尔韦代雷庄园，这个"西部省份中最精良、设备最好的乡间宅邸之一"，内部布置"采用了最新的英国风格"。事实上，拼接地板上和墙壁上的马赛克图案所需的所有材料，都是专门从英国进口的。佩里斯先生当时还被英国人对自行车的热情吸引了：他是莫拉图瓦自行车联盟的领导者。不远处住着肉桂和椰子种植园主N. E. 德·克罗斯先生，他的家族来自印度。他在尼甘布镇地方委员会供职，是"天主教团体的支柱"和板球社团的主席。"他过去常常打网球、踢足球，最近热衷骑马。"他的宅邸"巴尔贝顿"是"西部省最好的住宅之一"。客厅里除了有地垫、扶手椅和钢琴，还有枝形吊灯、油画、照片、地毯。在德·克罗斯先生的官方照中，他身着晨礼服，头戴高顶礼帽。[71]

消费者的发现

在欧洲，帝国主义的巅峰时代（19世纪70至90年代）把消费推向了新的高度。这在一定程度上是全球市场一体化迅速推进的结果，而轮船、帝国主义扩张和贸易自由化让一体化成为可能。小麦、糖、牛肉、食用油和其他许多东西的价格暴跌。冷却技术和罐头加工，将阿根廷牛排和加拿大鲑鱼带到了波尔多和布里斯托尔的餐桌上。衣服的价格也下降了。与此同时，欧洲和美国劳动力变得更有生产效率，这是由于工厂生产和新技术促进了出口，提高了工人的工资。1899年，一名英国工人的消费能力是50年前的2倍。美国人甚至享受着更高的实际工资。[72]在旧世界和新世界，欧洲人及其后代从未过得像此时这么好。

消费逐步加快的步伐有同样重要的文化和政治维度。新的消费力和越来越多的商品涌入，使人们注意到消费是如何重新调整标准、关系和身份认同方式的。人们如何花钱和人们挣多少钱一样重要。钱包的力量为购物者提供了一件实现社会公正的个人武器。思想家和活动家发现了"消费者"，并开始使这类人具体化，认可他们对财富和福利的贡献。欧洲和美国正在形成一种自身是消费社会的意识，这个过程缓慢但是坚定。

消费新获得的显著地位是工业社会中心理转变的一部分。1789年法国大革命之后，早期的乐观主义已经让位给了对自然局限性的强调。得益于谨慎的政策和习惯，情况可能会有所改善，但大多数政治经济学家都同意，经济最终将达到一个上限。一个人挖煤挖得越深，成本就越高，一个人犁地时犁的良田越少，产量就越低。这就是收益递减规律。从19世纪中叶开始，美国和英国意识到它们已经突破了这个上限。其他工业国家紧随其后。这些国家此时在经济方面以及政治和道德方面都处于未知的领域。增长扰乱着对社会秩序以及财富的性质、起源、使用和分配的设想。贫穷是天定的还是人为的，是糟糕的政策和制度的结果吗？如果是后者，穷人应分得多少财富？过度的炫耀和债务继续敲着警钟。当时的人没有忽视土地和生产作为财富来源的作用。但平衡正在发生变化。到了19世纪后期，经济学家、激进分子和社会运动关注起了启蒙运动的遗产。每个人都开始谈论消费者。

"生活水平"这一概念的发展历程，很好地表明了与消费力增长相伴的希望和焦虑。对家庭预算的研究最早出现在17世纪的法国和英国。从19世纪中叶起，它们发展成为越来越全球化的社会调查事业的核心工具。到1930年，从波士顿到孟买，从上海到罗马和圣彼得堡，在各地进行了几千次调查，以英镑和便士为单位精确显示了收入不同的家庭在食品、居住、衣服和"杂项"（或各种小物品）上花了多少钱。任何一个名副其实的社会改革家都有一份自己的预算研究。

一个驱动力是恩斯特·恩格尔，他曾是萨克森统计局局长，1860年后是普鲁士统计局局长。接下来的两代社会政策专家都经历过他的科研研讨会——世界首创。恩格尔为政府和学术界注入了一种令人振奋的统计精度。他的目标是把统计变成一门拥有社会使命的独立科学。恩格尔曾于19世纪40年代在巴黎高等矿业学院师从弗雷德里克·勒普莱。对于编制了36卷欧洲工人预算的勒普莱来说，物质改善危害了父权制和宗教。与之相比，恩格尔本质上是一个自由主义者，也是俾斯麦的眼中钉、肉中刺。20年来，这位铁血宰相一直试图解雇他，因为他的简报揭示出，官方政策往往是基于幻想和推断而不是确凿的事实，最后在1882年，他终于让恩格尔下台。对于像恩格尔这样的人来说，统计数据不仅阐明了"社会问题"，还包含了部分答案。预算研究可以通过证明人们是如何逐渐富裕的来化解社会冲突。随着家庭收入提高，花费在食物上的比例下降了。这后来被称为"恩格尔定律"，也是第一个由归纳分析得出的经济定律。余下的钱被用于更好的教育、保健和娱乐。恩格尔认为，在适当的时候，工人阶级会摆脱罪恶、苦难和革命的诱惑，走向拥有舒适条件、秩序和自我完善的中产阶级层面。恩格尔并非天真的乌托邦主义者。在晚年（1896年），他将自己的研究与来自美国和比利时的数据进行了比较。他指出，与收入本身的增长一样重要的是，收入的增长是平稳和渐进的。如果增长太突然，这可能会导致道德倒退，就像比利时工人那样，他们在19世纪50年代把自己上涨的工资花在了喝酒上。尽管如此，恩格尔还是相信，人们想要自我完善，而且一旦有机会，他们就会这样做。他期待着有朝一日，预算的80%会被用于满足基本需求，剩余的20%的钱用于自由支出。在当时，这是很大的比例。1857年，在他的开创性研究中，萨克森的一个中产阶级家庭仍然把85%的钱花在食品、衣服、住房和燃料上，一个贫穷的工人家庭在这些方面的花费比例甚至达到了95%。[73]

预算研究给了消费一个新的视角。预算研究指出，幸福是消费艺术的结果，而不仅仅是收入的结果。在政治上，这使生活水平成了一把双刃剑。如果更高的工资被用来买烟酒，更高的工资有什么好处？批评者问道。更大的购买力或许会让整个经济错乱。对43个家庭展开的预算分析让马萨诸塞州生活费用委员会在1910年确信，物价上涨是因为"全国性的奢侈习惯"造成的越来越严重的"收入浪费"。另一方面，家庭预算也为改革者和工会的"最低生活工资"战斗提供了新的弹药。在英国伦敦的《一周大约一英镑》(*Round about a Pound a Week*，1913年)和在其他地方的类似调查，推翻了"贫穷是由饮酒引起的"这个观点。在美国，有组织的劳工开始为达到"美国的"生活标准而斗争。他们坚称，不要指望他们会像爱尔兰农民或俄国农奴那样生活。[74]到1919年，调查不再仅仅是围绕着食物、住宿和娱乐所占的开支份额，而是围绕着建立一个基本的消费标准，细至衬衫、鞋子和长筒袜的确切数量。根据费城市政研究局的说法，"基本的生活标准"要求男人每年要有2件新衬衫、6件可洗衣领和1套西装（50%羊毛），女人每年要有1条裙子、9双棉袜、1件紧身胸衣和1.5顶帽子。在一个服装业工人年收入在350~600美元、有经验的女印刷工每周能挣16美元的时代，要购置这样的一整套服饰，一个男人每年要花78美元，一个女人每年要花66美元。[75]

事实上，当时的许多研究都与恩格尔定律相悖。例如，1911年在夏威夷，随着葡萄牙和中国的劳工收入提高，他们在食品上的支出份额增加了。欧洲农民也是如此。这一理论自创立以来一直遭受的一个批评是，生活水平并不是一个普遍、客观的衡量标准。关于什么造就高质量生活的评判，因文化而异。在上海进行的一项调查发现，即使是最穷的人，也会花约33%的收入在节日、休闲、毒品和其他"杂项"上，这一比例远远高于收入更高的欧洲城市工人。这两个群体哪个生活得更好？重要的是，普遍主义标准吸引了最多的追随者，而且只有在过去20年里，获得幸福的主观且某一文化特有的方法才再度兴起。生活水平概念之所以在1900年前后如此吸引人，恰恰是因为它为改革者提供了一个用以判断一个社会在与现代生活方式相关的物质富足方面取得了多大进展的衡量标准。

1923年关于孟买工厂工人的报告是一个典型案例。在这些家庭中，97%的家庭住在单人间里。半数家庭欠放债人的钱。然而，他们将19%的收入用于酒类、烟草、槟榔和理发。婚礼、葬礼和其他习俗开销让他们的债务不断累积；一场婚礼要花214卢比，相当于半年的工资。调查人员总结，这种行为显然是错误的。人们需要摆脱传统习俗和不理性的消费习惯。他们陷入了一种懒散和刺激的恶性循环，缺乏积累物品的必要欲望。为了成为更好的工人，他们首先必须获得一种现代消费伦理标准："精打细算可能被视为整个劳工问题的症结所在"；一旦工人对不同于懒惰的东西有了无法满足的欲望，他们就走上了提高效率的道路，而在这条路上，每一步都会让下一步变得更容易。[76]

正如我们看到的那样，"物质欲望促使人们更加勤奋"，这个观念在18世纪已经司空见惯。然而，直到此时，在19世纪末，一种消费经济理论才开始出现。亚当·斯密的名言"消费是所有生产活动的唯一目的"，涵盖了他在这个问题上的所有看法。对他的继任者大卫·李嘉图和约翰·斯图亚特·穆勒来说，经济学是关于土地和生产的。19世纪40年代，法国极端自由主义者弗雷德里克·巴斯夏在"自由交换"运动中为消费者高举旗帜；据说，巴斯夏在1850年的临终遗言是"我们必须学会从消费

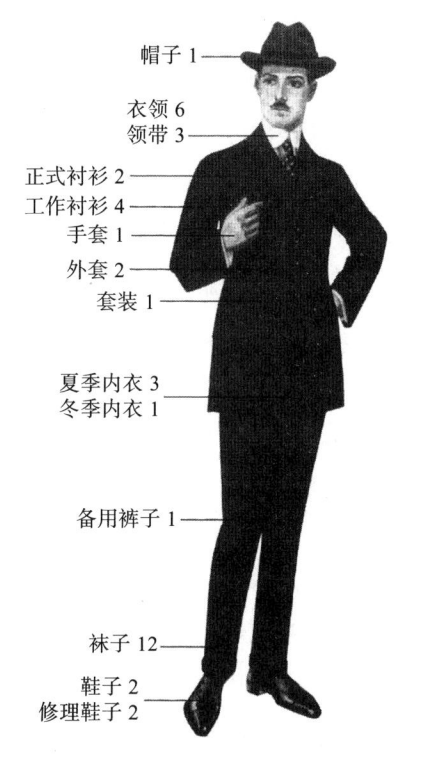

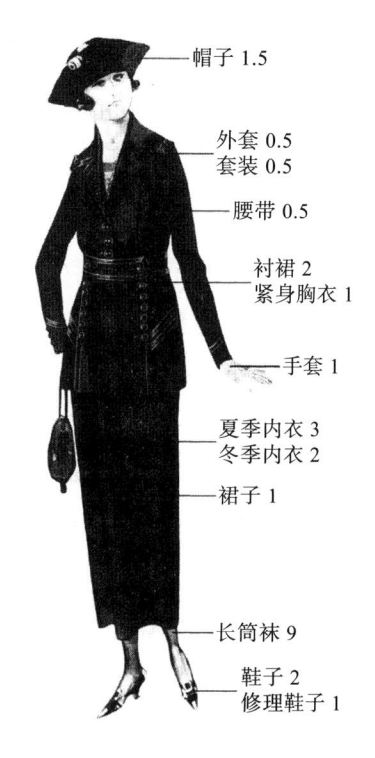

帽子 1
衣领 6
领带 3
正式衬衫 2
工作衬衫 4
手套 1
外套 2
套装 1
夏季内衣 3
冬季内衣 1
备用裤子 1
袜子 12
鞋子 2
修理鞋子 2

男士套装出自辛普森百货的秋冬商品目录，1918—1919 年

帽子 1.5
外套 0.5
套装 0.5
腰带 0.5
衬裙 2
紧身胸衣 1
手套 1
夏季内衣 3
冬季内衣 2
裙子 1
长筒袜 9
鞋子 2
修理鞋子 1

春季女士时装出自由西尔斯·罗巴克公司出版的商品目录，1920 年

来源：William C. Beyer, Rebekah P. Davis and Myra Thwing, *Workingmen's Standard of Living in Philadelphia: a report by the Bureau of municipal research of Philadelphia* (1919), p.67。

图 3-1　费城适中的着装标准的年度需求，1919 年

者的角度看待一切"。不过，即便如此，这也算不上一个理论，因为自由市场会处理一切的。穆勒——维多利亚时代杰出的公共道德家，也是经济逻辑以及社会正义和代议制政府的捍卫者——确保了将这种自由放任主义的教条扼杀在萌芽状态。他在 1844 年重申，消费不是经济分析的一个独立分支。[77] 这件事已经结束。至少在 19 世纪 70 年代之前，情况看起来确实如此。

1871 年，W. S. 杰文斯在他的《政治经济学理论》(*Theory of Political Economy*) 中宣称："经济学理论必须从正确的消费理论开始。"[78] 李嘉图-

穆勒学派从根本上是错误的。杰文斯毕生致力于摆脱"穆勒的著作强加给我们的坏逻辑和坏哲学的束缚"。[79] 作为一名年轻的讲师，杰文斯不得不教授穆勒的理论，而他自己早期的作品被忽略了（他的第一本关于逻辑的书在两个月的时间里仅卖出了4本），这并没有带来什么帮助。尽管如此，伦理学和经济学对于杰文斯来说是密不可分的，穆勒的看法也是如此。追求快乐最大化这个目标，被上帝一位论派教徒行善的承诺平衡了。衡量需求、保护消费者和改善年轻母亲的工作条件，都是同一个工作的一部分。

对于李嘉图和穆勒来说，商品的价值是由它们的成本决定的：一件外套的价值是制作它的布料和劳动的价值。杰文斯彻底推翻了这个观点。他认为价值是由消费者而不是生产者创造的。一件外套的价值取决于一个人有多想要它。并且这种欲望是可变的。一块面包是必不可少的，第二块可能是可取的，但第三块就是不必要的。商品有一个"最后效用"：每增加的一份都比前一份的效用要少，因为最后一份不是那么强烈地被需要。在欧洲大陆，卡尔·门格尔和里昂·瓦尔拉斯各自独立得出了类似的结论。"边际效用"引入了一种看待经济生活的全新方式。它将个人消费者提到了中心位置。杰文斯把边沁学说和微积分结合在一起；他曾在边沁的追随者所建立的大学学院学习。快乐和痛苦是"人类行动的源泉"。然而，两者的比例在消费的过程中发生着变化，就像第一块面包和第三块面包的情况一样。而且，这是可以测量的。经济学正在成为一门数学科学。[80]

20世纪，这种方法被称为"新古典主义革命"。鉴于数学公式在经济学中的最终胜利，人们很容易认为消费者主权、选择和市场等理念诞生于19世纪七八十年代，这些理念将伴随着一个世纪后的新自由主义达到其顶峰。这是有误导性和目的论的。当时，风向正好相反：并不是把一切都留给市场，而是更倾向于认为消费者应该得到公共援助和保护。

杰文斯和当时的人并没有把选择和效用最大化作为万灵药。杰文斯承认："如果衣服的式样让要穿这件衣服的人满意，那事情就解决了；没有哪个政府视察员可以让这件衣服变得不让人满意。"但生活很多时候并不是这样的。它充满了风险、无知和自然垄断，如煤气和水。"选择鲜绿色腌菜的人可能并不知道带来这种迷人颜色的铜。"[81] 这些句子来自他将写作的最后一本书:《国家与劳动的关系》(The State in Relation to Labour, 1882 年)。那年 8 月,杰文斯带着妻子和孩子去黑斯廷斯附近的海滨度假。他在寒冷的海水中游泳时淹死了,这一年他 46 岁,很有可能是自杀。

英国的海洋也随之使得他之前计划撰写的《经济学原理》(Principles of Economics)成为一部未完稿的遗作。经济学家莱昂内尔·罗宾斯后来指出,杰文斯"没有形成学派。他也没有创建出任何体系"。[82]这项任务留给了阿尔弗雷德·马歇尔,他不仅于 19 世纪 90 年代在剑桥把经济学发展为一门真正的学科,还通过在已有的自私动机目录中增加了责任感和对他人的关心而缓和了"沉闷科学"的严酷形象。马歇尔使用了杰文斯的核心观念:消费者是"所有需求的最终调节者"。然后,他给了这一观念一种革命性的转变。杰文斯的理论关注基本需求,这过于静态。虽然"基本需求是低等动物生活的主宰",但正是"工作和活动不断变化的形式"揭示着"人类历史的基调"。[83]马歇尔的主张既简洁又精妙。他写道,人类的基本需求和欲望"通常是有限的,能够得到满足。未开化人群确实拥有的比野兽多不了多少"。进化增加了基本需求和欲望的多样性,以及为了满足它们而付出的努力。物质上的满足被自我完善的自然动力引导着,或变得崇高了(使用维多利亚时期的术语来说)。休闲被"越来越少地用来作为一种仅仅保持停滞的机会",比如懒惰和喝酒,而是越来越多地用于运动和旅行。消费就像攀爬一个更高品位和能力的梯子,每一个活动都释放出新的能量,以进入下一个阶段。这是一种与标志着这个时期的社会进化的观念相一致的乐观观点。然而,"新古典主义"对于消费者的发现,伴随着一种对无节制的大众消费的社会文化批判。马歇尔写道:"如果每个人都购买更少、更简单的商品,认真选择真正美好的商品……更愿意购买少许高工资劳动者制作的精美商品,而不愿意购买许多低工资劳动者制作的粗糙商品,那么这个世界会变得更好。"[84]

消费正吸引着各个学派的经济学家越来越多的注意力,但对于消费到底是什么,仍存在激烈的分歧。有些人想把消费限制在实物上;有些人认为应该包括服务、品位和经验;有些人甚至坚持让·巴蒂斯特·萨伊的

"再生产"或"技术"消费概念，这包括在工厂用尽的煤炭和原料。历史经济学家开始把消费作为衡量国家实力的一个指标。德国作者尤其怀疑个人选择。在第一次世界大战前夕，卡尔·奥登伯格担心，富裕带来了喝酒和抽烟等文明疾病。新的欲望侵蚀着习俗。农民想要松软的白面包，而不是坚硬的德国黑麦面包。在城市里，"肉食崇拜"带来了动脉硬化、风湿病和神经性消化不良。然而，他也强调，消费在提高国家的文明水平方面起着至关重要的作用。纯粹的、以自我为中心的欲望满足，只存在于文明的最原始阶段。在那之后，国家和家庭利用它们的能量来获得集体力量。但与自由主义者马歇尔不同，这场运动并不完全是"向上的"、和平的。这是一场上升国家和衰落国家之间的斗争。毕竟，资源有限。奥登伯格推测，两种国家会存活下来：那些因不断增长的需求产生了高能量的国家，以及那些几乎没有任何需求的节俭国家。有中等需求的国家会走向绝境。[85]

对丰裕社会最早的总体描述，来自有最高生活水平的地方——美国。1889 年，西蒙·帕滕发表了"一种新的消费秩序"。[86] 帕滕曾是沃顿商学院的院长，正如他那一代许多顶尖的美国学者一样，帕滕受到了德国历史经济学派的启发；他本人曾在德国哈勒大学学习。按照这种观点，经济是历史演进的产物，与社会和政治生活紧密相连，而不是一个永恒的普遍规律体系。帕滕所关注的巨大变化，是各个现代社会第一次生产出了多于足以确保基本生存的物品。现在的任务是以最大限度地造福所有人的方式来安排财富。人们有获得休闲的权利。图书馆和公园将培育一种对美和自然的热爱。关税和烟草税会阻止"坏的"基本需求。然而，针对"罪恶"的斗争将不是靠克制，而是靠更大的幸福和快乐来赢得："只有等到当今的快乐比当今的诱惑更强大，社会才是安全的。"[87]

物质欲望找到了新的福音传播者。为了弄清楚这听起来像什么，让我们来听一听帕滕于 1913 年在费城的一所教堂发表的演讲："我告诉我的学生，要花掉所有的钱，借些钱，再花……一名每周挣 8～10 美元的速记员穿着几乎花去她所有收入的衣服，这并不是一种道德败坏的证据。"恰恰相反，他说，这是"她道德成长的标志"。这向雇主表明了自己的雄心壮志。一个"穿着体面的职业女性……是许多在其影响下繁荣发展的幸福家庭的支柱"。这与费城春季花园的上帝一位论派会众过去接受的想法并不完全一致。这番演讲引发了会众的激烈讨论:"这绝对不真实。"一名会众问:帕滕怎么会这么天真?"你现在对话的这一代人在罪行和无知方面都陷得太深了……才会听从你的劝告。"[88] 不管他们喜欢与否,1913年的那一天,听众见证了一个历史性的转变:富裕开始创造它自己的道德。

知识界对消费者的发现,是1900年左右席卷工业社会的日益高涨的社会激进主义浪潮的顶峰。公认的观点认为,公民权的发展经过了一系列阶段,从现代早期的公民自由到19世纪的政治选举权,再到20世纪中叶由福利国家确立的社会权利。[89] 这种叙事漏掉了一个关键阶段:公民-消费者阶段。19世纪90年代和20世纪头十年不仅仅是百货商店和娱乐性购物的黄金时代,也是社会运动开始动员消费者改革社会的时代。我们不应该把这一时期看作冲向自私的物质主义的时期,而是应该认识到,个人消费和公民活动相互促进。每一家新百货公司,外面都有一群伦理购物者,他们抨击百货公司对其女店员的剥削。这些组织的范围,从合作社运动中的数百万工人到基督教社会联盟中的6000名中产阶级英国人(他们联合抵制牛津的血汗工厂对裁缝的剥削)。1902年,在法国,有改革思想的资产阶级天主教徒组成了社会买家联盟。类似的买家联盟如雨后春笋般涌现。

伦理消费主义带有鲜明的城市色彩,因为它主要涉及欧洲和美国城市的中产阶级妇女,而且她们的问题是地方性的。在更早的消费者联合抵制活动中致力于解决奴隶困境的道德力量,现在被引导向了国内受剥削的工资劳动者身上。这其中的讽刺意味很明显,因为有同情心的消费者突然出现在巴黎、伦敦和柏林之时,正是帝国主义和全球化发展到顶峰之际,而且最早正是来自殖民地和海外种植园的廉价棕榈油、棉花、咖啡和橡胶,支撑起了大众市场。

如果是消费者而不是生产者主导着经济,那么自由主义者、社会主义者和女权主义者会问:消费者怎么被当成了农奴而不是国王?消费者需要奋起斗争,维护他们在社会中心的正当地位,把钱袋的力量置于公民用途。

这在实际中的意义，取决于民族传统和政治文化。然而，我们可以确定三大目标。第一个是个人的：做一个尽责的购物者。第二个是集体的：消费者组织起来。最后一个是政治性的，指向政府：给予消费者权利和保护。

1898年，法国合作社运动领导人夏尔·吉德对学生们说："19世纪是生产者的世纪。我们希望20世纪是消费者的世纪。愿他们的王国来临！"[90]吉德对新社会秩序的构想混合了共和观念、基督教价值观念和一些法国小团体对社会主义的联想主义看法。所有的社会生活都是围绕着消费发展的。不是在同一张桌子上吃饭会自动使人们团结起来吗？消费比生产更有利于创造团结，特别是考虑到现代劳动分工。每个人都是消费者。然而，他写道，目前生产商和百货公司在掌管和培育"虚假的需求"。消费者需要摆脱"商业封建主义"的束缚，加入合作社，并且负责任地购买。一旦控制了批发贸易，他们就会接管土地和生产。消费者拥有实现社会和谐、改善工人的工作条件的力量。[91]

合作社是由男性运作的，但最终是"带着篮子的女人"进行购物，她们是伦理消费主义的先锋。富裕的妇女发现了她们辛苦劳作的姐妹。1891年，一个消费者联盟在纽约成立，以对抗血汗工厂。到1914年，它已经成长为一个由1.5万名激进主义人士组成的全国联盟，由弗洛伦斯·凯利领导。[92]第一批"白色标签"贴在了得到认证的制造商生产的内衣上。现在一个体面的女人可以知道，自己的衣服没有浸染工厂女孩的血汗。对血汗劳工生产的商品的联合抵制随后出现。这与凯利的姨妈、贵格会废奴主义者萨拉·皮尤之前领导的反对奴隶种植的商品的运动有关联。

巴黎、安特卫普、罗马、柏林和伯尔尼都出现了买家联盟。国际展览会宣传了家庭制造业和童工等严酷现实。一名德国妇女解释："消费者是调节劳资关系的时钟。"如果时钟是由"自私、自利、轻率、贪婪和贪财"驱动的，"那么我们的成千上万名同胞就不得不生活在痛苦和沮丧中"。[93]对时尚的热爱和对家庭预算的控制，赋予了妇女不占店主和手艺人便宜的特殊责任。买家联盟为伦理购物者提供了一份清单：早早地开始圣诞购物，晚上8点以后停止购物，及时向小商贩付款，并且是现金。买家联盟支持星期天闭店；在美国和瑞士的买家联盟还迫切要求最低工资和集体谈判权。[94]

其中有些只不过是当地精英的一种慈善爱好。德国联盟成立于1907年，其主席是普鲁士内政大臣、未来的德国首相特奥巴登·冯·贝特曼-霍尔维格的妻子。谁会不同意妇女履行其作为母亲和家庭主妇的职责？"生活就是买东西。买东西就是权力。权力就是责任。"这是1908年第一届国际买家联盟大会的口号。[95]然而，伦理消费主义也是关于权利的。对于越来越多受过教育、具有改革思想、有抱负的妇女来说，这是展示其公共精神的一种方式。大西洋两岸的妇女参政论者在选择权和投票之间看到了一种对称性。如果一个财政紧绌的家庭主妇能够在市场上日复一日明智地做出选择、养活自己的家人，她怎么可能没有足够的能力每隔几年在选票上画一个十字呢？消费教育妇女成为"财政大臣"。1883年，英国有14名妇女组成了一个独立的妇女合作社。20年后，这个组织有2万名成员，针对的是较贫困的工人阶级居住区。合作社是微型民主组织。在合作社，成员们学习公民权的有关技能：审议、投票和代表。在过去，激进分子赞扬了"结社艺术"，因为它创造出了品行端正、自力更生的男性养家糊口者，他们没有对政府提出任何要求。英国的妇女合作社把这种艺术变成了一种维护妇女的政治和社会权利（包括政府对妇产保健的援助和最低工资标准）的正当理由。[96]

英国妇女参政论者特蕾莎·比林顿-格雷格最有力地提出了女权主义和社会主义的消费者反抗理由，她曾经因一名管事不让她参加一场自由党的会议而鞭打了这个管事，并被关进了霍洛威监狱。她说，抱怨资本主义投机商是没用的。"我们或多或少都是牟取暴利者。"消费者对廉价商品的热爱，让他们陷入了低工资和社会不公之中："我们是一个劣质的民族。"妇女特别容易品位低下或者陷入保守、无所作为的状态，因为她们被关在家里。资本主义让男性成为控制着公共生活的生产者。在1912年撰文时，过去30年生活水平的提高势头已经趋于平稳，她总结说，有组织的劳工失败了，在女性问题上尤其失败。作为年轻的独立工党中为数不多的女性组织者之一，比林顿-格雷格知道自己在说什么。妇女解放和由消费者主导的资本主义改革是同一场战斗。作为消费者组织起来，妇女将摆脱落魄境况和对廉价的崇拜。合作社已经不够了。消费者需要采取直接的政治行动，与工会建立伙伴关系，建立消费者委员会，以领导争取质量更高的商品的斗争、改善工作条件。[97]

消费者的发现是社会公民身份的催化剂。西蒙·帕滕曾强调，政治权利要求享有休闲的权利。一个平行的经济学论证确保了这不是一句空话。如果现代国家已经从稀缺转向丰裕，这就意味着这些现代民主国家生产出了"盈余"。这笔盈余从何而来，又流向何处？英国新一代激进分子中最多产的 J. A. 霍布森给出了渐进式的答案。早在 1889 年，他就与他的朋友、商人和登山家 A. F. 马默里一起，挑战了传统的观点，即生产总是能创造自己的需求（让·巴蒂斯特·萨伊的著名定律）。这二人认为，富人无法消费他们的所有收入。这种"消费不足"的结果是过度投资、供过于求和萧条。6 年后，马默里在喜马拉雅山脉失踪，后被认定为死亡。霍布森被权威人士回避，只能独自坚持下去。1899 年，他以《曼彻斯特卫报》特约记者的身份去非洲南部报道布尔战争。后来，他带着一本名为《帝国主义》(*Imperialism*, 1902 年）的书回来了，这本书使政治辩论的措辞发生了革命性的变化，毫不夸张地说，列宁在积聚革命性优势之前，也借鉴了《帝国主义》一书。

霍布森的伟大观念是，向外侵略是与国内的"消费不足"有关的。他认为，贫困持续存在，不是因为自然的马尔萨斯式压力，而是因为财富分配不公。生产力在稳步提升，但是利润只归一小撮投资者所有。金融是"帝国引擎的控制者"，它不断寻找新的投资出口，必要时使用武力，就像南部非洲的战争一样。一直以来，国内都存在着补救的办法。"如果这个国家的消费大众把消费水平提高到了可以跟得上生产力的每一次提升，那么就不会有多余的商品或资本叫嚣着要利用帝国主义来寻找市场。"[98] 一个尚未开发的巨大市场就在国内，因为英国人渴望拥有更好的食物、更好的房子和更好的城市。

启蒙思想家把商人看作和平的代理人。霍布森也这么看消费者。和马歇尔一样，霍布森认为人们不仅会消费得更多，还会消费得更好。赌博、赛马场和"闪耀的音乐大厅"是帝国主义和不平等的文化副产品。下层阶级模仿着金融家和贵族的举止。霍布森钦佩美国经济学家索尔斯坦·凡勃伦，后者曾抨击美国富人奢侈的生活方式是一种社会浪费，霍布森将于1925年在华盛顿特区与凡勃伦会面。霍布森希望社会福利和自由贸易会净化空气。普通英国人会"开始想要更好的商品，这些商品更精致、更完美、更和谐"。在"没有……耗尽自然资源"的情况下，人们的享受会增加。反过来，对质量更高的要求，会让人们有兴趣了解商品是怎么生产的，结束"反社会的竞争"。"消费变得越有品质，每个人就会越坚持满足自己的独特爱好，两个人在欲望方面发生冲突的可能性就越小，为拥有相同商品而斗争的可能性也就越小。"保守派和马克思主义者认为，自由贸易引发廉价、物质主义和冷漠这一恶变过程，而这里所述的正好是对这一指控的渐进式反驳。相反，在一个更加平等的社会中，消费者会表现得"更重视生活质量"，对商品、对那些制作了商品的人以及他们的社区产生更深的关切。霍布森将两个先前被分开的主题联合在一起："公民-消费者"。[99]

除了食品安全和公共卫生的部分例外，各国政府仍然很少关注消费者问题。然而，在19世纪末、20世纪初，气氛发生了可察觉的变化。体面的生活水平的概念扩大了政治舞台，有数百万人参与了围绕着关税和食品价格的斗争。这是一个真正全球性的时刻，从维也纳到圣地亚哥都出现了抗议活动[100]，这反映了食品体系的全球一体化。随着轮船跨大洋运输小麦和牛肉，人们开始习惯吃更多、更好的肉，喝更便宜的咖啡。19世纪90年代，这种趋势有所减缓。许多生产者和农民面临着全球化对其生存的威胁。除了英国，所有国家都提高了贸易壁垒，商品价格随之上升。因此，贸易政策给生活水准问题带来了新的政治紧迫性。

在这些斗争中给消费者留下的空间，除了因每个国家的社会经济构成而异，还因传统而异。在德国，社会民主党发起了一场反对"饥饿税"的运动。在这里，语言是阶级的语言。是工人，而不是消费大众，被关税剥夺了他们辛苦挣来的培根。当时的人把德语伸展到了极限，警告人们警惕仅从消费者的角度看问题（Nurkonsumentenstandpunkt）。[101] 在生产者和职业身份认同占主导地位的企业传统中，消费者似乎是一种代表了某个群体利益的身份，往好了说是办事员，往坏了说是无所事事的食利者。在法国,社会等级制度和大量小工场也支持一种分裂的身份。亨丽埃特·布吕纳的社会买家联盟将手艺人和女店员视为工人,而不是消费者。[102] 在美国,工资劳工和大规模制造业的同步发展,让消费更成为一个人们共同关心的问题。几乎每个美国人都用自己的工资买衣服。进步人士在与托拉斯和富豪统治的斗争中,把消费者变成了一股可以团结的力量。帕滕的学生、《新共和》(New Republic)期刊创始人之一沃尔特·韦尔大声宣传,正是消费者,将"用一种单一、广泛、明智、社会化、胜利的民主制度,取代我们目前华丽的富豪统治和不成熟且无效的民主并存的双重体制"。[103]

对消费者的神化发生在英国。与高关税的美国不同,英国自1846年以来一直是一个自由贸易国家。维多利亚时期的政治设立了一个支撑平台:消费者作为纳税人,在市议会和国家议会中有自己的代表。1903年之后对自由贸易的激烈辩护,将公民-消费者提升到了新的高度。这场运动最初关注的是"廉价面包",后来它将越来越多的商品加入它的政治购物篮中。在主要商业街道上,商店橱窗陈列着诸如科尔曼芥末酱之类的品牌商品、英国的帽子和外套,以及来自推行贸易保护主义政策的德国价格更高的货样,试图以此来传授与生活水准有关的理念。这是一种有偏见的比较——美国人和澳大利亚人在贸易壁垒下生活得更好——却没有削减生活水准理念的说服力。英国更高的生活水平被宣传为其自由主义制度的优越性和对消费者的高度重视的证据。工业家团结起来捍卫"最重要的人",就像合作社成员、工会成员、女权主义者和财政部所做的一样。消费者是国家的利益所在。[104]

附加价值

对J. A.霍布森这样的激进分子来说,对消费者福利的关注和对帝国主义的批判是密切相关的。从那时起,关于帝国的成本和收益的争论就一直作为一项会计演练在进行着:英国向其殖民地投入了多少资本,在国内建立一个投资和福利帝国的影响是什么?曾计算过铁路和证券投资的学者的简短回答是,英国在殖民地的投资比在国内的投资多,但在中立的海外市场的投资更多,特别是在美国和拉丁美洲。[105]换句话说,帝国吸引了或许本来会进入英国学校、公路和发电站的投资。但在帝国内部的投资的规模和回报与帝国之外更具吸引力的机会相形见绌。这是金融帝国主义的时代,而帝国是否在维持着资本主义的发展是当时的重大问题。然而,没有理由将讨论仅限于资本投资。帝国对商品流通的影响更为广泛。作为文化标志,"可见的"商品比"不可见的"出口物英镑和证券更加重要。就像有贸易条件一样,我们需要考虑消费的条件,即在群体、产品和区域之间变化的条件。我们已经观察到帝国是如何改变地位的。帝国还重新定义了地点的价值。

具有讽刺意味的是,霍布森是在自由贸易的鼎盛时期对帝国发起抨击的,当时帝国对英国人福利的影响比以往任何时候都要小。贸易自由化——有时是自由的,有时是被迫的——和轮船为维多利亚时代晚期的消费者打开了世界。维多利亚时代的人享用着来自阿根廷的牛肉、来自葡萄牙的雪利酒和来自巴西的蔗糖。在法国、德国和美国的第二轮工业革命为制成品开辟了新的市场,而这些制成品又一次到达帝国之外的区域。大多数殖民地都在发展,但它们在宗主国市场的份额在下降:1805年,25%的英国进口货来自西印度群岛;到1855年,这一比例已降至5%。在全球经济在两次世界大战之间严重下滑时,英国人重新发现了其殖民地的价值,当时出现了帝国购物周、"购买英国货"的呼吁、肯尼亚的咖啡烘焙示范以及最大的帝国圣诞布丁比赛。[106]总的来说,在自由贸易时期,是热带殖民地依赖于帝国中心,而不是反过来。在第一次世界大战前夕,牙买加从英国购买的商品占到了其进口总额的44%,而黄金海岸占到了89%。

激进人士通常担心帝国主义对社会平等的影响。又一次,我们需要有长远的眼光。所有帝国都会影响地位和收入,但有些帝国比其他帝国的影响更大。重商主义帝国曾经提供给贵族、种植园主和垄断商人轻松赚大钱的机会。诚然,它给与帝国贸易相关的地区经济带来了一些积极的溢出效应,比如约克郡西区的羊毛贸易或在利物浦生产玻璃器皿和铜的工人。然而,总的来说,交易是不公正的。消费者为海军付费;精英阶层收获利润。18世纪的帝国扩大了在英国的社会不平等,但这种不平等的扩大在殖民地更为严重。牙买加种植园主积累了大量财富。到1800年，一个在牙买加的普通白人的财富是一个在美国的自由白人的50多倍。消费联合了白人主人群体。殖民地种植园主以其奢华的娱乐与款待、舞会与茶会、法国白兰地和腌蟹而闻名。[107] 富裕和贫穷并没有随着奴隶制和关税的废除而消失，但在1846年以后，帝国的成本比以前分摊得更加公平，因为帝国政府减轻了英国消费者的沉重税务负担。

在1850年后日益开放、全球化的贸易体系改变了消费的帝国主义结构。英国人对加糖茶的偏好，一直是帝国与消费之间的联系的一种简略表达。作为盛放糖的容器，茶杯把在伦敦和苏格兰高地的消费者与在牙买加和巴巴多斯的奴隶种植园捆绑在一起。19世纪40年代以后，英国人把茶叶种植从中国转移到了他们的印度帝国。茶是英国人生活中不可或缺的一部分，从家庭仪式到在19世纪80年代突然兴起的茶室，一直到哑剧《阿拉丁》(Aladdin)中的女性角色寡妇"团琪"(Twankey)，她得名于当时中国远销欧美的"屯溪"绿茶（Twankay，现在它已不复当年的盛名）。茶，以及其他此类外来产品，用一位历史学家的话来说，"在日常生活中嵌入了殖民贸易和殖民意义"。[108] 根据西敏司的说法，蔗糖反映了"帝国和决定其政策的阶级的日益强大和稳定"。[109] 在18世纪确实如此，但在19世纪，情况可说是相反的。随着英帝国热带殖民地的天然产物对宗主国消费者越来越不重要，英帝国变得越来越强大。

17、18世纪，帝国为异域爱好开辟了至关重要的通道，但是为此也付出了代价。税务人员刺激了走私犯。当茶叶关税于1745年降低时，英国的合法茶叶销售额突然变成了原来的3倍。[110] 在法国，走私也稍微缓和了税收和限制政策对消费的影响。为了绕过垄断征收进口烟草税的"法国包税人"，烟贩通过荷兰港口和阿尔萨斯将弗吉尼亚烟草带到法国，并且在荷兰港口和阿尔萨斯将这些烟草与本土的烟草混在一起。[111] 然而，这种违禁贸易只能满足一定的需求。其他帝国也有促进消费的自由主义时期，但这些时期往往是短暂的，例如，西班牙在18世纪70年代降低了在厄瓜多尔的瓜亚基尔的关税并建立起殖民地海关。然而，从更长远的角度看，在拿破仑战争之后的西班牙帝国解体被证明是一个倒退，因为委内瑞拉和其他新独立的国家为筹措资金而提高了自己的贸易壁垒和出口税。结论很明确：从长远来看，重商主义不适合大众消费。这是19世纪40年代以来的自由贸易的历史性成就。

热带商品在19世纪下半叶的惊人扩散是由两股力量推动的：贸易自由化和经济作物产量的大幅度增加。与甘蔗不同，可可不适合产业化种植。它适合在阴凉处生长，需要周围的植物保护它免受风和病虫侵袭。规模经济很少。奴隶制并没有消失——葡萄牙人在西非的可可岛屿圣多美和普林西比使用奴隶，而德国人在喀麦隆尝试了"科学的"种植和强迫劳动，但没有取得多大成功。总的来说，可可适合小农场主，或者至少是在收获季节与奴隶一起劳作的雇农。可可是奴隶制终结的一个直接受益者，因为奴隶制终结使得寻找一小块土地的小农场主人数激增。在亚马孙河流域，在巴西，1835—1840年卡巴纳仁叛乱后，混血和美洲印第安人小农场主的发展胜过了大种植园主。在哥伦比亚，奴隶制废除之后，1851年，被解放的奴隶获得了土地。相比之下，咖啡则在奴隶种植园里蓬勃生长。原始森林、大铁路和奴役性劳动（直到1888年解放）使巴西成了世界上最成功的生产者。1914年，世界咖啡消耗量是一个世纪前的50倍。殖民地这时只提供了其中的一小部分。[112]

商业帝国从未完全隔绝外部贸易。来自英国殖民地的蔗糖和咖啡，有很大一部分通过莱茵河和多瑙河再出口给内陆的欧洲中部居民。英国的自由贸易帝国为全球（而非殖民地）商品流动提供了润滑剂。现在重要的是价格便宜，而不是原产地。到了19世纪80年代，英国人的一匙糖中只有少量来自殖民地的糖料作物，大部分来自巴西蔗糖和欧洲东部的甜菜糖。从全球的角度来看，英国人在茶叶、帝国和大众消费之间的联系是例外，而不是定律。毕竟，另一个欧洲茶叶消费大国是俄罗斯。到1914年，欧洲人喝的几乎所有咖啡都来自巴西。德国殖民地的咖啡收成很少，甚至来自法属西印度群岛的咖啡也只占巴黎咖啡馆消耗量的3%。[113] 同样，来自殖民地的巧克力也越来越少。这是命运的戏剧性逆转。

因此，探寻殖民地商品对宗主国鉴赏力的直接影响，就相当于只见树木不见森林。消费的自由主义帝国不是一条单行道。它除了涉及在殖民世界的旁侧出口和天桥,还有反向流动,通过它们,商品到达了没有殖民地的社会。自由贸易帝国的力量恰恰是让包括热带殖民地在内的所有生产者指望着全球需求。殖民地产品变得更加分散、不可见。有时它们完全脱离了帝国的核心。到 19 世纪 80 年代,来自英国殖民地牙买加的蔗糖的最大消费城市是芝加哥和波士顿,而不是伦敦和利物浦。荷兰人拥有爪哇,但是梵豪登等可可制造商并不喜欢爪哇可可豆的平淡味道。因此,大多数爪哇生产的可可豆都出口到了美国。德国的殖民地商品商店实际上是利用了邻近更为成功的帝国而进行商业活动的。在重商主义世界里,殖民地是消费的必要通行证。在自由主义世界经济中,大众消费不再关心国旗的颜色。就拿第一次世界大战前夕的世界首要的咖啡饮用者联盟来说,荷兰人喝的咖啡——现在主要来自巴西——仍然比其他国家的人多,但紧随其后的是挪威人、丹麦人、瑞典人和瑞士人。消费并不集中在帝国大都市里。古巴人喝的咖啡(来自哥斯达黎加)比法国人和德国人多,智利人的平均咖啡消费量是西班牙人或意大利人的两倍。[114] 人们常常忘记,"南方"不

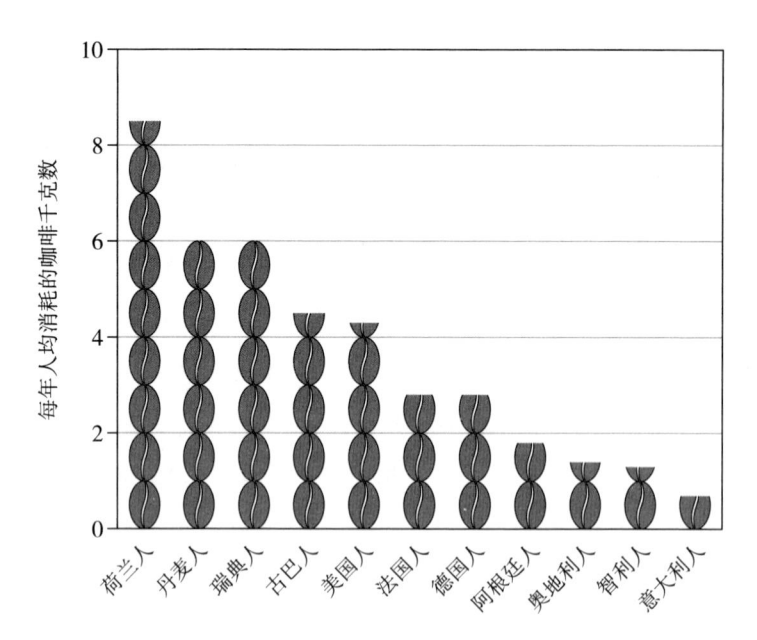

来源:Ernst Neumann, *Der Kaffee: Seine geographische Verbreitung, Gesamtproduktion und konsumtion* (1930), pp.69, 151。

图 3-2 1913 年,全球的咖啡消费

仅是生产者，也是消费者。

国家政策和阶级文化决定了谁在哪里喝什么。美国独立后，英国不允许美国进入其西印度群岛殖民地，禁止美国船只载运殖民地商品。这对美国的再出口贸易是一个打击。托马斯·杰斐逊的对策是转向法国及其加勒比海殖民地。咖啡贸易和消费成了一种爱国行为。19世纪20年代以后，美国再向南，将政策延伸到了巴西。到1880年，美国人每年消费近5亿磅咖啡。[115] 然而，必须小心，不要出现民族主义的讽刺描述。国家不是单一文化。美国革命者曾联合抵制英国茶，但在19世纪，茶几乎和咖啡一样受欢迎。日本人习惯喝茶，但从巴西回来的移民也带来了一种对咖啡的喜好；1908年，第一家巴西咖啡馆在东京开张。英国人是一个饮茶的民族，但是并非全部英国人都如此。到1900年，他们喝的巧克力和西班牙人一样多，这证明了在清醒、理性的新教北方和堕落的天主教南方之间划分界限的想法是错误的。

商品传记可以有一种胜利的、辉格党主义的味道，这种叙事中，一种异域食物势不可当地征服了一切。获胜者写的历史往往会错过许多地方的、以阶级为基础的口味的非凡弹性。社会模仿可以被"每个阶级都应该坚持吃自己的食物的强烈意识"所妨碍。这样的准则除了起到防止全球性融合的缓冲作用，也起到了防止全国均质化的缓冲作用。平均值掩盖了阶级和地区之间的巨大差距。例如，在法国，糖的消费量有所增加，但大部分都进了中产阶级的口中。据1873年的一项估计，一名巴黎的劳工每天共吃10克糖——2勺——这是英国人甜食进食量的一小部分。在该国其他地区，工人、矿工和农民基本上完全不沾糖。如果用糖的话，糖也是被用作调味品（像胡椒或盐），或者作为给病人服用的药物。1906年，一家巴黎医院的一项调查发现，大多数劳工不喜欢甜的东西：糖破坏了食欲，削弱了人的活力。糖果和糕点是属于悠闲的精英的，而不是工人，他们为了获得体力，要吃红肉、奶酪，喝葡萄酒。所以，能否将已有的对糖的爱好看作热带食物进入欧洲的一个入口，是值得怀疑的。咖啡也很难赢得工人的喜爱。在巴黎，无套裤汉在法国大革命时期已经喜欢上了咖啡，而且咖啡出现在了工人阶级常去的小餐馆里。然而，在巴黎以外的地区，人们对咖啡的接受程度要低一些。1896年，里昂的一家餐厅每天供应上千份餐食，但只供应37杯咖啡。[116]

茶和糖在第一个工业国家英国更为普遍，但在这里寻找原因和影响是具有误导性的。工业化并不需要蔗糖或咖啡因，有啤酒和葡萄酒就可以了。比利时、法国和德国都实现了工业化，而他们的工厂工人吃的糖仍然很少。事实上，19世纪末最喜欢吃甜食的人生活在偏农村风格的昆士兰，每年人均糖消耗量为60千克左右。咖啡作为一种促人清醒、勤劳的饮料而广受欢迎，与其说是工业化的兴奋剂，不如说是工业化的结果。

在欧洲大陆，随着巴西向其丛林地带开发得越来越深入，咖啡价格下降，咖啡饮用才在19世纪七八十年代真正盛行起来。德国杜塞尔多夫的一名视察员指出："工人阶级现在日常一天喝三次咖啡。"[117] 工业企业和社会改革家开办了餐厅和咖啡屋，然而，咖啡因的摄入量很容易被夸大。1909年，在20年的活跃之后，人民的咖啡厅联合会为汉堡工人供应了7.5万杯咖啡，但不含咖啡因的代用咖啡有200万杯。在家里，许多家庭也用便宜的菊苣来稀释咖啡。[118] 戒酒团体提倡喝咖啡，以此作为消除酒精影响的良药。这是否有效是另一个问题。汉堡等港口城市从来没有清醒过。事实上，咖啡厅联合会也供应酒精饮品。在法国，男性工人边喝白兰地边喝咖啡，在荷兰和德国，是边喝朗姆酒或杜松子酒边喝咖啡。如果说工业社会的兴起意味着更多的咖啡，它也意味着更多的酒。德国钢铁巨头和军火制造商克虏伯为工人供应的啤酒是咖啡的70倍。[119]

到1914年，糖、咖啡和巧克力已经征服了以前它们难以到达的地方。各国的饮食文化和习惯正变得日益融合。与由耶稣会修士、商人和学者主导的早期奢侈阶段相比，这个后期的大众阶段的背后驱动力是商业、政府和营养科学。异域饮料作为强大工业国家的必需品而获得了推动力，它们不再是少数文雅人士独到的选择。工业企业为提高工人的精力和注意力，更加合理地设计了工作时间。企业在中午不再设有很长的休息时间，而是新引入了较短的用餐时间和咖啡休息时间。有些企业分发免费咖啡，而不再是分发饮用水。还有一个推动力来自政府和科学。19世纪70年代，德国监狱和医院将咖啡列入它们的主食清单。[120] 一个由军队、营养专家和全国性甜菜糖利益集团组成的新联盟出现了。他们宣扬，糖的热量让糖对国力至关重要。1876年，法国军方把糖和咖啡列入士兵的日常口粮。大约在这个时候，从可可中提取可可脂的荷兰技术释放了巧克力作为大众消费品的潜力。可可粉和巧克力棒诞生了。与茶和咖啡不同，巧克力有营养价值。现在，巧克力摆脱了它与悠闲的女士和无所事事的神职人员的联系，被重新包装成一种"生肌"和"带来热量"的能量饮料，可供北极探险家、运动员、工人和忙碌的家庭主妇饮用。在吉百利公司的广告中，卡维尔教授郑重表示，可可是"他在横渡多佛海峡时喝的最能提供能量的饮料"。[121] 在医生和医学杂志《柳叶刀》的推荐下，可可被重塑成一种"健康发动机"，进入了婴儿食品的行列。孩子们的口味不再跟之前一样了。

到1900年，民族主义至少和帝国主义一样，是这种大众消费文化的重要支柱。许多没有殖民地的小国通过其军队把巧克力带向了普通百姓。在瑞士，祖哈德公司在19世纪70年代开始向军营运送"军用巧克力"，并且出售子弹形状的巧克力。虽然第一批士兵吃的时候吐了，但它很快就变成了一种标准口粮。一些新兵吃的是纯干粉状的巧克力。[122] 可可曾经是阿兹特克人眼中"神的食物"，但是它现在已经发展成了一种大规模生产的全国性商品：人民的食物。

到1900年，商品的流通范围越来越广，商品链条延伸到前所未有的长度。17世纪晚期，每年大约有15万吨谷物穿过波罗的海，最终大部分进了荷兰市民的肚子。[123] 19世纪下半叶，自由主义政策、速度更快的轮船和冷却技术降低了物价，并将食物链条推向了新的长度。19世纪30年代，一个伦敦人的小麦和面粉来自2430英里以外的地方。到19世纪70年代，这个距离几乎翻了一番。现在许多食品成了国际旅客。一个伦敦人的黄油、奶酪和鸡蛋过去来自几百英里以外的地方，到了19世纪70年代，它们要走过超过1300英里的旅程。[124]

自由主义帝国和大众消费共同改变了可见度和商品原产地附加的价值。一些商品发生了地理上的位移。19世纪末的咖啡就像20世纪末的航空旅行。一旦每个人都能去那里，带有异国情调的地方就失去了魅力。距离变得多数人负担得起，结果也就贬值了。对于1900年的普通消费者来说，重要的是，咖啡具有一种提神的作用且价格低廉，而不是它来自哪里——像它对早期的鉴赏家的意义那样。一些地方仍保有对东方的兴趣，比如柏林有摩尔式室内装潢的吸烟室，但总的来说，进入大众市场的商品越多，剩下的异国风味也就越淡。在欧洲，将咖啡豆和加工食品混合在一起意味着价值增加了。咖啡豆或许不是在欧洲本地种植的，但咖啡的外观、包装和味道都是欧洲的。20世纪初，大多数英国人喝一种由来自迈索尔（取其醇度）、肯尼亚（取其酸度）和摩卡（取其香味）的咖啡豆拼配制成的咖啡。

总体而言，对于致瘾食品来说，大众消费的时代在本质上是非常保守的。19世纪末的欧洲人喝的咖啡和茶比以往任何时候都多，但他们几乎失去了对新的、未经尝试的外国物品的好奇心，而这种好奇心曾驱使他们的祖先在之前的奢侈和探索时代尝试咖啡、烟草和可可。欧洲人的味蕾变得迟钝了。一旦含咖啡因的饮料流行起来，新的起兴奋作用的竞争对手就很难将其逐走。1900年，维也纳或巴黎都没有阿拉伯茶屋开放，也没有嚼槟榔的爱好。这种现象有一些现实和美学上的原因：含有卡西酮的阿拉伯茶叶在运输过程中失去了它的兴奋作用，而咀嚼槟榔会产生红色的唾液，使得牙齿中的钙有所流失；嚼阿拉伯茶叶也会导致便秘。[125]尽管如此，在之前的几个世纪里，黑色的牙齿和烟并没有阻止烟草流行。决定因素是文化和意识形态偏见。毕竟，自20世纪50年代以来，从东非空运新鲜的阿拉伯茶叶本来是很容易的，但大多数西方国家禁止运输这种商品。茶和咖啡促进了一种反对随地吐痰（除了在棒球球员休息区）的文雅文化。嚼阿拉伯茶叶是非常舒缓、放松的，这与18世纪咖啡屋以目的为导向的气氛完全相反。并且，新确立的欧洲霸主加重了像阿拉伯茶叶这样的热带商品的困境。与17世纪的阿拉伯咖啡和中国茶不同，1900年的欧洲人把阿拉伯茶与在东非殖民地的劣等民族联系在一起；一些人今天仍然是这样。咀嚼阿拉伯茶叶似乎是一种野蛮的习惯，而不是一种值得效仿的文明行为。在西方，阿拉伯茶叶被视为一种危险的致瘾食品。[126]而某些外来提取物则取得了成功，就像可乐果一样，但它们的来源地被掩盖，被加入其他原料混合制成软饮料，且完全采取美式包装。因此，在谈到异域致瘾食品时，自由贸易的时代反而没有重商主义时代那么开放和活跃。

价值随权力而来。从大约 1850 年起,异域商品开始带有一种新的种族主义和民族主义印记。帝国和国家开始为它们的臣民鉴定商品,强调某些原产地,抹去另外一些。维多利亚时代的人称,中国茶叶是来自不值得信赖的"异教徒"的"慢性毒药",不能与来自殖民地种植园中安全地经英国人之手的阿萨姆茶叶相匹敌。帝国血统成了一种种族质量控制的标志。专家们怀疑绿茶的着色是否会造成严重的危害,但是广告和推荐语是无情的,从有关中国茶叶中发现了脚指甲的故事,到认定中国茶叶是"茶叶末与泥土、沙子的混合物,很可能是用米粉制成的一团胶状物……最后,干燥并着色……如果是红茶,就加黑铅;如果是绿茶,就加普鲁士蓝、石膏或姜黄"的说法。[127] 1884 年,一个有 400 多万参观者参加的健康展览会展示了由"有专业技能的英国人"管理的印度种植园的优越性。[128] 两年后,殖民与印度展览会特意设置了一个供应 30 万杯印度茶的茶苑。10 年后,印度茶叶已经超过了其竞争对手——中国茶叶。在为帝国主义目的服务方面,来源地和食物链条很重要。[129]

在这场运动中,当地演员操控了舞台中心,反之亦然。由阿萨姆茶叶公司和类似公司组成的印度茶叶辛迪加,利用展览会直接向消费者推销其殖民地商品,绕过了宗主国商人。同样,在法国,马恩河流域种植葡萄的农民和批发商-生产商,成功领导了一场活动,使他们的起泡酒被认可为世界上唯一正宗的香槟。[130] 民族主义者对土地独特个性的信念,被转变为风土观念,这为应该学会欣赏他们自己的葡萄和奶酪的独特性的消费者提供了一种民族意味。1908 年,香槟的原产地命名制度,标志着一个地方-国家原产地政治的新时代的到来,它为我们带来了经典基安蒂红葡萄酒、吕贝克杏仁糖和梅尔顿莫布雷猪肉馅饼。地方认证是战前几年商标数量激增的部分促成因素,这种现象本身就是一种对日益增长的制成食品大众市场的回应,其中就包括对许多陌生的新产品和掺假的忧虑,仅在德国,1894—1914 年,就新注册了 7.5 万个食品、饮料和烟草商标。[131]

如果价值的创造转移到了发达的西方消费社会,它也会产生一种回旋镖效应。一旦葡萄酒和咖啡与优越的欧洲文化联系在一起,海外精英也会接受它们。之前关于奢侈品的空间逻辑现在被颠倒过来。对于在波士顿、巴黎和伦敦的消费者来说，商品的运输距离没那么重要了，但对于在圣地亚哥和布宜诺斯艾利斯的地方精英来说更加重要了，他们直接从伦敦或巴黎的乐蓬马歇百货公司订购商品。智利和阿根廷过去被认为是英国出口的边缘地带，但事实上，它们发展成了一个快速扩张的英国棉纺织品销售市场。到1880年，南锥体的居民购买的棉纺织品是1815年的10倍。然而，拉丁美洲消费者从来不是被动的"羔羊"。1814年，一名巴伊亚商人写信给一名英国纺织品贸易商："你真的认为，因为你把它们运来了，葡萄牙人就必须买它们？事实是，你的商品用什么价钱都卖不出去……我们不能强迫人们购买他们不想要的商品。"[132] 当地人想要的是有最新的款式和图案的手帕，于是英国商人开始忙着收集时髦的样品。

早在19世纪20年代，旅行者就注意到了英国商品热是如何进入哥伦比亚内地的。当地官员认为"来自英国的麦芽酒是一种奢侈品"。在考卡山谷的波帕扬，一名商人有一架一路从英国运来的布罗德伍德钢琴；在起自布埃纳文图拉的最后一段路上，搬运工不得不背着它翻越群山。约翰·汉密尔顿·波特是英国首位派驻大哥伦比亚共和国的专员，当他来到这个幽僻的山谷时，他吃惊地发现自己分配到的卧室和窗帘"完全是法国风格的"，边桌上放着古龙水、温莎香皂和刷子。[133] 大量英国商品通过牙买加走私到哥伦比亚。在智利，从邻近的阿根廷进口的马黛茶数量有所下降，因为精英转而开始喝来自遥远的印度的咖啡和茶。当地的发酵饮品（chichas）显得很粗野。显要人物在法式房子的落地窗后喝着法式葡萄酒。从19世纪50年代起，智利开始培育自己的梅多克。[134]

在外围地区，帝国让原产地变得比以往任何时候都更重要。对于在加拿大和澳大利亚以及盎格鲁世界其他地区的移民来说，一罐布里斯托尔牛肚和一瓶伍斯特沙司包含着一种"家"的感觉。[135] 这种感觉并不局限于白人移民精英阶层。在英属洪都拉斯（现在的伯利兹），帝国主义过往让人们比起当地食物，更偏爱烟熏食品、白兰地和柠檬汁饮品。对于奴隶及其后代来说，吃英国食物是一种要求获得尊重和平等的方式，这与在桑给巴尔的被解放奴隶张扬地穿着西式服装没什么不同。这种对远距离奢侈商品的渴望，强化了一种用矿物和原材料出口（在智利是硝酸盐，在英属洪都拉斯是红木）来换取加工食品和制成品的发展模式。英属洪都拉斯甚至从它的宗主国进口木薯粉。这使得商品在帝国权力和抵抗的博弈中变得相当不可预测。一方面，对进口的苏格兰威士忌、好立克麦乳精和牛津香肠的喜爱，确立了帝国口味的优越地位。另一方面，这种转移让殖民地消费者变得更加顽固，不太回应帝国中心的设想。英属洪都拉斯的贸易赤字是由于其对英国商品的渴望的直接结果，也是威斯敏斯特的沉重负担。一旦帝国爱好形成了，人们就不可能响应"购买当地商品"的呼吁，就像殖民政府在两次世界大战之间经历的惨痛教训一样。[136]

在19世纪八九十年代的"新帝国主义"时代，帝国的象征和口号在广告中逐渐被人接纳。对非洲探险家H. M. 斯坦利的热潮（"我想你就是利文斯通博士"）正是广告商梦寐以求的。斯坦利出现在肥皂和保卫尔牛肉汁的广告中，和埃明帕夏在位于阿尔伯特湖南岸卡瓦立的帐篷里喝茶。斯坦利："埃明，老朋友，这杯英国茶叶公司的茶让我们忘记了所有的烦恼。"埃明："是的，我的孩子。"埃明还能说什么呢？文学学者托马斯·理查兹在一项开创性研究中指出，这些帝国广告显示了"商品的均质化力量"。[137] 保卫尔牛肉汁和梨牌香皂的广告使用了非洲背景，置世界各地的原住民于同样的从属地位：文明商品的感激的接受者。19世纪，安妮·麦克林托克在一项关于种族和性别的有影响力的研究中指出，科学种族主义转向了"商品种族主义"。展览、广告和品牌商品意味着，"随着国内空间逐渐种族化，殖民空间也慢慢得以驯化"。[138] 在一则梨牌香皂的广告中，一个白人男孩把一个黑人男孩擦洗成纯洁和进步的白人，这个广告就是一个典型的例子。

然而，纵观这一时期的广告和报纸，值得注意的不是种族形象的出现，而是它们的出现频率远远低于我们的预期。一个笑容可掬的"混血儿"为客人呈上可可的照片是稀有的。相反，商品的呈现越来越具有民族性。1881年，吉百利公司的广告仍然展示其可可的整个食品生产链条，从非洲工人采摘豆荚到伯明翰郊外伯恩维尔总部的烘焙过程、冷却和包装机器。[139] 到20世纪初，非洲和非洲人几乎在这些宣传中消失了。吉百利公司现在宣传它的可可是"大自然送给人类最好的礼物"，但对可可的产地只字不提。吉百利的可可是"标准的英国商品""优质的传统英国可可""典型英国制造的可可"。[140] 如果广告中出现人物,则必然是在实验室中的白人英国科学家、在伯恩维尔的白人女工。正是他们,保证了吉百利的"正宗"品质,这种品质让它成了一种没有"外来物质"的"完美的食品"。一则广告解释说,"新鲜的空气、有益健康的运动和光线充足的工作环境"造就了健康的工人,这反过来也保证了"每一名工人的工作热情,有助于维持严格的纯度标准,而这正是吉百利·伯恩维尔这个名称和商标所要求的"。[141] 因此,如果一名英国消费者认为吉百利的可可种在伯恩维尔,这也是可以理解的。

吉百利并不是特例。牛奶巧克力的发明是欧洲对异域商品的另一个改造。托布勒把巧克力变成了一种"瑞士"商品,它展现了阿尔卑斯山一块岩石上的一只熊,而妙卡则展现了在阿尔卑斯山奶牛中间快乐的挤奶女工。殖民和东方的联系从未完全消失:卡尔·霍费尔在1900年为咖啡-美思制作的海报展示了一个喝土耳其咖啡的摩尔人,就像在柏林和维也纳的一些咖啡店一样。在法国,殖民地商行咖啡馆的广告展示了一对黑人夫妇,他们穿着缠腰布,在遮阳伞下倚靠着来自爪哇岛(荷属东印度群岛)以及马提尼克岛和瓜德罗普岛(法国殖民地)的成包咖啡。可以说,这种仍然存在的呈现方式是因为在法国的一种特殊情况,在法国,第三共和国稳固了对咖啡、可可和大量香料这些殖民地商品的偏好。殖民地商品在这里更可见,部分原因是税务人员把它们当作殖民地商品对待:来自法国殖民地的咖啡豆每100千克需付78法郎,而如果是外国咖啡豆,则需付156法郎。吟游诗人表演和街头的非洲巧克力商贩也有助于种族联系停留在公众视野之中。[142] 20世纪30年代,哈瓦宣传了自己正宗的"巴西咖啡",展示了它从种植园到勒阿弗尔的旅程。在巴娜尼亚(由巧克力和香蕉粉制成的饮品)的广告中,种族形象最为突出。但即使在这个广告中,真正的原产地和生产者最终也被赶出了画面。它最初的配方来自尼加拉瓜,材料来源于法属安的列斯群岛。在第一次世界大战中,巴娜尼亚广告用塞内加尔士兵取代了安的列斯妇女。在德国,人们在他们的咖啡包装上更容易看到莱茵河的形象,而不是棕榈树的形象。在所有的德国咖啡广告中，只有 3 % 的广告会出现黑人。一家公司推出了一个纯由殖民地咖啡豆制作的咖啡品牌，以取悦德皇，但这是个例外。

市面上出售的是熟悉的物品——地区自豪感和民族归属感——而不是异域物品。当地人购买"莱茵兰咖啡"或者"阿米尼乌斯咖啡"，后者是以公元 9 年在条顿堡森林消灭罗马军队的日耳曼将领命名的。在 1893 年的芝加哥世界博览会上，糖果制造商施多威克用 3 万磅巧克力制作了一个 38 英尺高的日耳曼尼亚神殿；法国人则有"圣女贞德"巧克力棒。[143] 在美国，咖啡被宣传为"来自新奥尔良"，它是咖啡的入境地，而不是原产地。自 20 世纪 50 年代以来，"意大利"咖啡的全球扩张将成为这个新的空间重组的高潮，而这种重组是由欧洲对商品、加工和销售的控制促成的。[144]

到 1900 年，欧洲人和他们的海外亲戚比以往任何时候都更加牢固地支配着全球消费文化。工业和收入将欧洲的需求提升到无与伦比的高度。然而，大众市场的兴起远不止一个孤立的西方故事。与之相辅相成的是帝国主义，它在欧洲和世界其他地区、消费者和苦力之间建立了一种新的物质等级制度。正是在 19 世纪更为自由主义的气氛中，欧洲人才真正掌控了全球消费。权力从商品延伸到知识、品牌和价值。是西方接受了"消费者"。殖民统治者越来越打心眼里厌恶明显模仿他们生活方式的当地人，当然，这并没有消除其臣民对商品的欲望。它所能起到的作用是证明支付非洲人低工资或不支付工资是合理的，或者用经济学的语言来说，是为了压制他们的购买力。消费者在西方地位的提升和在非洲地位的下降是因经济时运不同导致的不断扩大的地缘政治鸿沟的两个方面。从商品被展示、销售和享用的世界中，帝国剔除了殖民地生产者这个角色。也许，正是这一点，最清楚地表明了帝国改变消费条件的力量。

第 4 章

城　市

　　城市必然是要消费的。它们从周边的乡村汲取养分，创造出新的商品和喜好。100年前，研究资本主义的伟大历史学家维尔纳·桑巴特将16、17世纪的巴黎、马德里和伦敦描述为消费性城市的典范。他写道，这些城市之所以如此突出，是因为它们是当时两个最大的消费者集团——宫廷和教会——的所在地。[1]对奢侈享受的顺从让这些城市成了现代资本主义的发动机。在他看来，法国大革命之后的时期见证了消费性城市的衰落，因为君主纷纷被推翻，枢机主教纷纷逃离。的确会有海滨度假胜地和退休养老社区，但未来属于曼彻斯特和马赛这样的生产性城市和港口城镇。与桑巴特同时代的马克斯·韦伯是社会学的奠基人之一，他同样根据城市的"非生产性"顾客（比如依靠股息的食利者或者在"北方尼斯"，即莱茵河河畔威斯巴登这座"适合养老的城市"中的退休人员）来定义消费性城市。[2]

　　然而，消费性城市和生产性城市之间的这种清晰区分有一个缺陷。所有居民都在消费，包括工人、商人、家庭主妇和女佣。而且，在19世纪的欧洲和南北美洲，城市居民的消费越来越多。19世纪，城市化地区和非城市化地区之间的鸿沟日益加深。1800年，大约有12%的欧洲人居住在城市。到1910年，这一比例为41%。在拉丁美洲，城市人口比例上升得较为缓慢（20%）。相比之下，中国反向而行，城市人口比例从1600年的12%降至1900年的6%。而非洲在很大程度上没有受到城市的影响，但即使在非洲，也有新兴集镇，例如开罗，其人口从1859年的25万激增到1914年的70万。[3] 1850—1920年,一个巨大的转变出现了。城市不仅变得更大,它们也消费得更多、更快。要想进入这个故事,最出名的切入点就是通过百货公司的大门。但这仍然只能算是从中途开始讲述。因为除了购物和景观,城市还改变了消费的整个基础结构,并随之改变了日常生活、需求和权利。最终,构成"文明"生活方式的事物发生了永久性的改变。

流动和中断

就在这座城市的中心,出现了一个金色斑点,这里又一个,第三个在那里,然后是第四个,不可能说清楚它们扩散得有多快,更别提数清楚了。我们无法想象还有什么会比这更美丽,但现在最美丽的部分来了。点变成了线,线变成了图形;火花一朵连一朵……汇聚成没有尽头的光明大道。有些穿过山谷,看起来像是闪闪发光的花朵构成的最为华丽的花环。有些高耸入云,就像宏伟建筑物的轮廓。

巴黎已经点亮了它的灯光。"光之城"令访客心醉神迷。灯光使人无法抗拒它的诱惑。巴黎就像"喀耳刻的魔法城堡,闪闪发光的大厅里放着音乐,甜美的女人置身其中……街上灯火辉煌,拱廊里满是璀璨的珠宝,商店橱窗的一侧是闪闪发亮的眼睛,另一侧闪烁着渴望和向往的光芒"。[4]

1800年,巴黎和伦敦仅靠几千盏油灯照明。白天过后,大部分地区都笼罩在黑暗中。1867年,当上文的壮观景象出现时,巴黎靠大约2万盏煤气灯照明。到1907年,巴黎有5.4万盏煤气灯;伦敦的煤气灯多达7.7万盏,并且大部分是白炽灯,每盏灯每晚要燃烧140升煤气。[5]第一次世界大战于1914年爆发时,巴黎的夜晚比1848年革命时亮70倍。1914年8月,英国外交大臣爱德华·格雷发出的那句著名感慨——整个欧洲的灯光都要熄灭了——令人动容,而在三代人以前,这个感慨是毫无意义的。

煤气、水和交通,改变了城市的情感和物质空间,并随之改变了城市生活的节奏。水管、煤气管道、公共汽车和有轨电车将街道、居民区及其居民连成了网络。电力会再加上一层，但是20世纪20年代之前，电力主要用于给有轨电车和火车提供动力。19世纪下半叶，任何一座名副其实的现代城市都渴望形成这种网络。到19世纪70年代，拥有大约18万居民的布宜诺斯艾利斯，有长达268千米的煤气管道。在东京，1874年，第一批煤气灯在银座商业区点燃了。在欧洲最发达的地区，这种网络甚至在一些规模更小的城镇都有所建立，比如萨默塞特郡的约维尔或苏格兰的汉密尔顿，1913年，这两座城镇给近3000户家庭供应煤气。英国公司尤为积极地将技术和资本从国内的繁荣城镇带到国外的城市，从阿根廷的罗萨里奥一直延伸到澳大利亚的悉尼，这是一种围绕着煤气和水的帝国主义。[6]

这些当时还都在进行之中，不是运转完善的系统。城市规划者和工程师倾向于将他们的创造物比作心脏和动脉。然而，城市并不是一具有机而循环的躯体。数英里长的管道意味着数英里的道路被挖开。水管会漏，煤气会爆炸。水和煤气是天然的垄断行业，因为启动成本巨大。前述的网络引发了关于谁应该运营它们、谁应该为什么买单的冲突。而且，它们冲击着已有的日常生活模式。随着煤气和水的流动，围绕着消费本质的争论出现了。浴缸和抽水马桶是"基本需求"，还是"奢侈品"？几千年来，人们一直都在没有煤气和自来水的情况下生活。接受它们，不会像拧开开关那么简单。

19世纪，煤气和水的消耗量急剧上升。最初，大部分消耗量用于工业生产。煤气于18世纪90年代首次在工厂使用，直到19世纪70年代，煤气的主要消费者依然是企业，其次是城市本身。许多煤气供应商向私人小客户收取过高的费用，以稳住商业大客户。利物浦是19世纪40年代首批向家庭和小商店提供"长期用户"折扣的城市之一。然而直到19世纪八九十年代，由于居民收入增加、煤气价格降低以及投币式煤气表的出现，煤气才真正进入家庭。对于那些预算紧张且变动不定、经常搬家的工人阶级租户来说，投币式煤气表是最合适的。到1913年，利兹向11.2万名消费者供应煤气，这个数字是30年前的两倍；将近一半的人使用投币式煤气表，15%的人拥有煤气灶。新出现的煤气灶产生的辐射热是传统的对流式加热器的两倍,它们带来了温暖和舒适。在苏黎世,到1908年,大部分煤气不再用于照明,而是用于烹饪和取暖。75%的经济型公寓都通上了煤气。煤气的消费量在10年间大约变为原来的3倍,达到每年10亿立方英尺。第一次世界大战前夕,伦敦的煤气消费量达到了惊人的500亿立方英尺。圣保罗等拉丁美洲城市的消费量也没有少很多。[7]

同一时期,城市发展出了对水的现代渴求。1802年,根据估计,普通巴黎居民一天只需5升水。然而到19世纪末,这个数字已经达到了原来的10倍以上。任何认为水资源消耗过多是一个近期问题的人,都应该去看看这段时期的美国。美国城市很快就变成了超级消费者。城市越大,它对水的需求就越大。19世纪60年代,新英格兰的小市镇每天人均供应大约35到45加仑水。在波士顿、芝加哥和其他大城市,这一数字从60到100加仑不等。1884年,亚特兰大人均供水量达到惊人的225加仑(855升),是马德里或柏林的10倍。[8]不断发展的城市需要更大的水库、渡槽和更远的水源。水井和运水工被管道供应系统取代了。最初的需求不是来自个人,而是来自企业——工厂主和商业用户。他们支配着市议会,并要求为他们的企业提供更多、更好的水资源。水传疾病的发现也表明,每个人都需要干净、充足的水。公共喷泉和学校的免费用水成为能促生公民自豪感的事业。

就像煤气一样,水的私人消费是在那个世纪最后25年里占据了上风。一大群卫生改革者、慈善家和商业利益团体呼吁人们消耗更多的水。在欧洲和北美洲,"清洁仅次于虔诚"并不是什么新鲜事,但在18世纪,它指的是整洁的外表和衣着。[9]在19世纪,重点转移到身体上。改革者主张,清洗自己,不仅对公共卫生来说至关重要,对公民生活来说也是:只要富人在遇到"底层民众"时去拿嗅盐,社会冲突就不可避免。然而,不干净的不仅仅是穷人。1854年,霍乱被确认为一种水传疾病,30年之后,伦敦的约翰·西蒙医生在他的卫生手册中强调,富裕阶层中的许多人也还没有达到"对污垢的高度敏感"。[10]流行病学、疾病细菌学和卫生改革具有社会民主意义。传染病可以跨阶级传播。除非每个人都更干净一些,否则没有人是安全的。这涉及市政当局、供水公司、建筑商和房东,也涉及个人行为。定期清洁意味着自我尊重和对他人的尊重。小学进行清洁检查，以培养新习惯。在法国，中小学生平日所做的习题会向他们灌输卫生、得体和爱之间的联系。19世纪90年代的一份听写材料写道，一名母亲不想亲吻脸上脏兮兮的女儿。另一份听写材料则写道，友善和勤奋并不能弥补脏乱：朋友会厌恶地离开。还有一道"词形变化题：我知道自己的责任。我洗手"。[11] 污垢不仅滋生疾病，也滋生社会排斥。洗手间将成为小市民的训练场，肥皂和自来水将成为这个训练场的公民课程。

到1900年，水龙头和煤气灯就像博物馆和百货公司一样，是城市现代性的象征。向城市居民泵送的水量急剧增加。抽水马桶和浴室增加了指数级的压力——每一回冲水，2到3加仑的水就会流走。一位伦敦工程师发现，普通公共浴室和私人浴室的耗水量为90到120美制加仑。[12] "持续供水"最早于19世纪70年代至90年代在伦敦出现。以往，城市供水是间歇性的，在某些时段抽水，然后将其储存在水箱和蓄水池中，但此时城市开始按需、全天候地高压供水。持续供水集中体现了网络化消费的普遍抱负：水的流动对每个人来说都是一个24小时不间断的事实。1913年，伦敦每昼夜向700万居民输送超过2亿加仑的水。1912年，利兹每天通过510英里长的管道向48万居民输送2600万加仑的水。亚历山大水务公司向40万人输送从尼罗河中抽取的50亿加仑的水。

然而，这种工程学上的胜利不应让人们忘记局限和失败。在大多数城市，持续供水仍然是一件不同寻常的事。第一次世界大战前夕，当所有伦敦人都能享受持续供水时，只有20%的巴黎人能享受这种待遇。到访巴黎的外国学生被建议将水煮上至少15分钟。在汉堡，人们从易北河抽取未经过滤的水使用，结果导致1892年霍乱的传播。在人口百万的上海，自来水公司仅为3万套房屋供应水，而在数千间棚户区，住户们开挖自己的浅水坑。京杭大运河南端的大城市杭州直到1931年才建成自来水厂；20年后，那里只有1%的房舍铺有自来水管道。即使是在两次世界大战之间的欧洲，自来水已经成为城市居民和乡村居民之间的一个明显区别，许多城市也缺乏一个配套的污水排放系统；在意大利，直到20世纪50年代，约67%的家庭还没有用上自来水。[13]

要理解不断变化的城市消费模式，我们就不能像工程师和城市规划者那样，仅仅从中心向外观察这个网络。我们还需要从另一个方向来看，也就是从打开水龙头、走到竖直的水管边洗澡的男女老少的角度去看。总的需求是由各种各样的日常行为组成的。没有典型的网络化城市，就像没有普遍意义上的消费者一样。

城市、地区，甚至邻近的街道，获得水的机会是不平等的。地点、阶级和住房类型很重要。例如，1900年，在柏林的路易森施塔特区，某些工人幸运地住在一幢公寓大楼的后面，这幢公寓楼的前面还有更为显耀、彼此相连的公寓，于是他们拥有自来水的可能性是城市别处工人的两倍。此外，自来水是一回事，拥有私人浴室、马桶和热水则是另外一回事。从19世纪60年代开始，在一些城市，如利物浦、伦敦、波士顿和纽约，抽水马桶迅速普及。在另一些城市，抽水马桶使本已经超负荷运转的供水系统更加不堪重负，结果，市政当局开始劝阻甚至禁止安装使用抽水马桶，比如在曼彻斯特。到了19世纪80年代，大部分美国城市居民仍将大小便倒进污水池。在芬兰第一个工业城市坦佩雷，干厕和灰厕至20世纪仍在数量上占优。上海工部局于1905年通过《西式房屋建筑章程76条》，规定："禁止公共或个人建筑任何连接设施，将粪便排放至排水管道。"它保留了给予获批的抽水马桶系统特别许可的权利，条件是任何污水池中的污物都要以工部局认为合适的费用移除。在20世纪50年代的英国贫民区，各个家庭基本都有电视和吸尘器，但既没有室内厕所，也没有热水。直到20世纪60年代，在整个欧洲，独立浴室仍然是一种奢侈品。[14]

在亚洲，通商口岸——在这些"国中之国"，欧洲人和日本人享有贸易特权和治外法权——引入了自来水。1899年，在毗邻渤海湾的天津，一家英国公司开始向英租界供应自来水。4年后，天津济安自来水股份有限公司也开始供应自来水。中国居民家里很少拥有安装自来水所需的资金或条件。这家中西合资企业便建立了一个街道水龙头网络。人们可以到"水铺"去购买水票，然后凭水票在街道水龙头处以桶接水；北京也有类似的系统。天津济安自来水股份有限公司不是与成千上万名个人消费者打交道，而是从500家获得授权的"水铺"（某种液体版麦当劳的意味）那里赚取利润。然而,无论是英国的还是天津济安的系统,都没有成功地和已有的习惯一刀两断。英国精英的家里有自来水管,但没有污水管道。有良好行会组织的运水工不愿意只收集脏水,这也是可以理解的。与此同时,街道水龙头为运水工提供了新的商机。桶里只装着一半自来水,另一半水取自河里,然后这桶混合的水被当作自来水公司的水直接出售给没有戒心的顾客。[15] 换句话说,这层网络是有漏洞的(不是封闭的),并且可以自动调节。在进口的现代系统和已有的本地系统之间,存在着一种流动。在大多数人清洗和饮用水时,这两套系统均会被使用。

在欧洲和北美洲,运水工从城市街道上消失了,但自来水用起来并不总是畅通的。许多工人阶级家庭在院子里共用一个水龙头。水压可能不稳或者完全不足。在19世纪80年代的费城,一位体面的工程师将装进罐子里的水送进浴室,这令来访的英国同事惊讶不已。[16] 而且,持续供水带来了新的问题。不仅房客们开始指望全天候供应自来水,房东们也是如此。蓄水池照看起来很麻烦,还占用了宝贵的空间。房东们认定,在像伦敦东区这样较贫困的社区,最好在热衷于消除潜在的污垢和疾病的地方当局的全力支持下,把蓄水池都撤掉。19世纪90年代的一系列严寒和干旱天气使得持续供水系统瘫痪了,这迫使供水公司在夏季恢复间歇供水服务。期间,东区居民陷入了臭气熏天的脏乱环境,他们打开水龙头,连水都没有,更不用说冲洗厕所了。[17]

煤气和电力网络的扩散也是不均衡的。就像自来水一样,煤气有望使家庭变得文明。早期的煤气灶的广告展现了家庭主妇兴高采烈地从煤炭的肮脏地狱跃入清洁燃料天堂的场景。有时,男人也被鼓励着抛弃耗费时间的传统做法——用煤球或木炭加热洗澡水。自来水对抽水马桶、浴缸以及后来的淋浴的作用,就像煤气对烤面包机、熨斗和其他家务帮手的作用一样。家庭变成了一个"消费枢纽"。[18] 煤气和电力驱动的省力工具直到20世纪20年代才进入美国家庭,第二次世界大战后才进入欧洲和亚洲。当歌手兼作曲家乔治·布拉森斯在1944年搬到巴黎第十四区时,他那个位于困窘的弗洛里蒙的房子里既没有煤气和电,也没有自来水。[19] 直到1949年,在上海,只有2%的房子通了煤气。然而,早在50年前,煤气网络的基础就已经架设好了。对社会改革者来说,煤气给家庭带来了幸福,给街道带来了安全。投币式煤气表可以让穷人享受更好的照明,增进家庭幸福感。倡导戒酒者希望投币式煤气炉可以成为酒馆老板最大的敌人。只需要花费一便士,就能做一顿健康的饭菜。有了煤气,丈夫就会待在家里,而不是跑去酒吧吃东西、取暖,喝得酩酊大醉。勤俭节约、家庭生活和公共道德都有所收获,这甚至是向女性解放迈出的一步。女性演讲者强调,煤气解放了家庭主妇,让她们不必留在家中生火、看着火。在室外,人们希望煤气灯能消除小偷和妓女的藏身之处。[20]

然而,光明和黑暗相互映照。照明并不完善,而且具有矛盾的效果。煤气照明极为有效地增强了娱乐场所的恢宏气氛。来到巴黎的访客并不是无缘无故就对煤气灯下的商店橱窗和餐馆着迷的。煤气灯扩大了魔法般幻象的范围。在布宜诺斯艾利斯,雷孔基斯塔街上的阿根廷剧院在1856年点亮了灯光。图书馆延长了开放时间,尽管经常燃烧不纯的煤气会产生硫化物,而硫化物有一个不幸的副作用,即破坏不止一本精美的书。[21] 然而在家里,照明备受赞誉的社会效益被人们的担忧所抵消,人们担心煤气燃烧时,器官会过度兴奋,导致血栓。对室内装潢者来说,煤气对壁挂装饰和布制室内装饰品的影响几乎同样可怕;他们支持使用电力。在巴黎的资产阶级公寓里,煤气照明在19世纪80年代用于走廊和前厅;在餐厅和私密空间,据说蜡烛更加适合用于照亮客人的面庞。[22]

作家谷崎润一郎担心,街灯会破坏日本美学中的幽玄审美。[23] 但是在街道上,照明设施仍然分布零散。大多数城市,甚至是大城市,与装饰着灯光花环的巴黎式理想夜间城市仍相差甚远。贝鲁特在1889年引入了煤气灯,但这些灯只安装在街角。晚上,哨声在空中呼啸而过,这是警察在向下一个街角的行人发出信号,告诉他们在黑暗中穿过这条马路是安全的。[24] 在江户,从19世纪70年代起,歌舞伎剧场被煤气灯点亮了,但在平民百姓生活的下町,几乎没有一条街道上有煤气灯。即使是拥有成千上万盏灯的伦敦,也被认为是"世界上照明最好也最糟糕的城市"。[25] 1911年,测光仪很难捕捉到贫困街区的微弱光线。街道的轴向照明经常遭人抱怨。路灯挂在街道的中央,这让公共汽车的乘客下车后就步入了阴影,让步行者处于危险之中。在燃烧大量煤炭的城市里，烟雾有时好几天都盖住了煤气灯。1910 年，伦敦工程师古迪纳夫先生写道："他从公寓下了楼，站在灯柱下，却看不到灯光，尽管灯离地面只有 18 英尺。"[26] 而且，有光的地方，就会有阴影。在世界经济的中心伦敦，坎农大街上的灯光留下了一片片三角形的黑暗区域，为那些"讨厌的人"创造了危险的"避难所"。被点亮的城市越多，黑暗就越会激发恐惧和魔力。每多用上一瓦特，就会出现又一个关于大都市阴影地带的哥特式故事。[27]

煤气和自来水给城市带来了前所未有的挑战。一个是决定由谁来提供煤气和水。这需要大量投资。最初，它们是由私人公司承担的，作为交换，这些公司在几十年的时间里通过价格保证获得了垄断。这些安排是关于公平的价格、品质和供应的无休止冲突的根源。股东们对为偏远街区提供服务或从遥远的山地、河流取水没什么兴趣。从 19 世纪 60 年代开始，越来越多的城市开始直接向消费者供水、供气。到 1880 年，英国和美国城镇的公共自来水厂多于私人自来水厂。到 1913 年，瑞典坚决将供水收归市有，在法国，大多数市镇也都接管了供水服务，但巴黎的自来水仍来自通用水务公司。西班牙是这一趋势中的一个特例，这部分是因为其城镇历来缺乏强有力的市政当局。在伦敦，由于行政管理分散，市政当局对供水服务的接管也被推迟到了 1902 年。[28]

这一运动被称为"市政社会主义"，尽管它背后的动力与尚处于萌芽阶段的社会主义党派几乎没什么关系。主要压力来自城市发展和自然的限制。与食品和衣物不同，水在 19 世纪后期变得越来越贵，而不是越来越便宜。城市扩张意味着要有更长的通往郊区的管道，以及距离更远、更贵的水源。立法者在早些时候就确定了私人公司供水的最高价格，因此它们没有什么投资动力。城市被迫接管。只要能保证工厂有足够的水，许多商人乐于吞下公有制的药剂。在煤气方面，起作用的是相反的逻辑。与水不同，由于技术革新，煤气的利润很高。特别是对没有雄厚财政收入基础的新兴城市来说，这是一棵诱人的摇钱树。正如一位历史学家所说，我们真的应该讨论的是"市政资本主义"。[29] 正是来自煤气的收益，让城市成了公共消费——从公园、图书馆到游乐场和游泳池——的主要提供者。

人们不太意识到的是，消费者面临的挑战同样巨大。水和煤气提出了关于消费的本质这个棘手问题。水是"上帝的馈赠"，还是商品？如果是后者，它的价格应该是多少，怎么让人们付钱？达到多少加仑，"必需的"使用变成了"奢侈的"使用？从约 1850 年开始，许多城市围绕着这些问题，陷入了长达 50 年的冲突。正是在这些斗争中，许多市民第一次聚集在"消费者联盟"。一些房主和店主感到自己被他们的私人垄断供应商敲诈了，因而建立了自己的团体。在巴黎，他们成立了"巴黎煤气消费者联盟"（1879 年）。在马赛和其他几个地方城市，小商贩和餐馆老板在 19 世纪 90 年代通过联合抵制煤气公司，试图压低煤气价格，但收效甚微。在海峡对岸，愤怒的居民组成了"南伦敦煤气消费者互助会"。[30] 一个个家庭都被要求为经常闪烁的灯和示数被夸大的煤气表——因此，有了维多利亚时代的谚语"你专门撒谎"（You lie like a gas meter）——付费。工程师绞尽脑汁，想阻止人们用磁铁操纵煤气表——煤气表中间的表盘逆时针转动，或者更糟，危险地在当地管道工的帮助下扩大煤气管道的微小开口等干扰煤气表示数的行为。煤气和电不能按千克出售。人们到底买的是什么：是电压，还是能量和烛光？当电压下降时，灯变暗，但电表还在转动。1893 年，在巴黎，巴黎电力公司因经常供应低电压而被罚款，并且失去了垄断地位。[31]

围绕着水的斗争让不满上升到了一个新的高度。像面包或糖，水是可以按千克出售的，确切地说是按升出售，而这正是运水工一直在做的事。然而，随着网络扩展，水经历了一次蜕变。公司给大客户用水表计量，但这对数百万私人家庭小客户来说没有意义。水表太贵了，直到 19 世纪 80 年代才开始普及。没法用水表时，供水商就使用粗略的经验法则。在某些国家，水费基于家庭成员的人数。在美国，一所房屋前面的空地面积被用来估计住在里面的人的数量和舒适度。在英国，房东根据当地的房产税来缴纳水费，然后将这笔钱一次性加到房客的租金中。住在大别墅里的一个节俭单身汉，比住在隔壁小房子里的一大家人所要缴纳的水费还多。

就在卫生改革正在解决维多利亚时代早期的公共卫生危机之际，围绕着消费者权益的新冲突开始爆发。第一波斗争是关于水费的。一些人公开呼吁成立"水事议会"。还有一些人求助于法律和消费者权益辩护者。19世纪80年代初,"消费者保护联盟"网络在伦敦各处涌现,其法律咨询中心开始向居民解释他们是如何被私人供水公司滥收费用的,以及应该如何拒绝付款。关于浴缸问题的斗争开辟了第二前线。19世纪50年代的法规要求自来水公司提供"家庭"用水。问题在于,家庭生活的标准在变化。中产阶级正在安装浴缸和抽水马桶。对自来水公司来说,这些不属于"必不可少"或"家用"的用途,而是"额外用水",就像花园,因此需要额外收费——确切地说,对于伦敦一所年租金在100到200英镑的房屋,是单价8先令。中产阶级感到非常愤怒。谢菲尔德的市长说:"如果一个人清洁皮肤、保持自身干净都不能算家庭用途,他不知道什么才算。"他的市民成立了一个"浴缸捍卫协会",并且联合抵制额外收费。一些人在浴缸的内侧画了一条红线,以测量实际使用的洗澡水量,并要求按此收费。法官们并没有被打动,要求执行现行收费标准。

在早先针对茶叶和奴隶种植的蔗糖的联合抵制中,消费和政治曾联起手来,在反对国内血汗工厂的运动中,它们将再次联合起来。自来水消费者运动最引人注目的地方在于,最初领导这场运动的不是女性购物者,而是有财产的男性。正是他们作为纳税的财产所有人在社区中的利益,促使这些体面的维多利亚人投身于消费者维权活动。就他们而言,他们在为自己的家庭争取更便宜的水而斗争,也在为自己作为公民的权利而斗争。他们根据当地税收支付水费(而不是根据用了多少加仑),这种现象或许可以解释为什么这波维权活动在英国如此引人关注。因此,一种以拥有财产的男性纳税人为基础的特定公民身份和政府制度,帮助消费者走上了政治舞台。我们不应该把这些激进分子浪漫化。城市分裂了。许多体面的市民持一种短视的观点:为什么城市要把纳税人来之不易的钱花在更大的自来水厂或者其他改善工程上,以造福于那些根本不纳税的民众?[32] 但是,我们也不应忽视这些人在将消费者权利引入政治的过程中起到的作用。

19世纪90年代的干旱,导致了最后一次也是第三次有关水的斗争。此时,伦敦人已经习惯了持续供水,这让水龙头干涸的情况更加令人恼火。对自来水公司的攻击除了来自有产阶级，也来自工人和妇女、进步论自由主义者和社会主义者。[33]

消费者维权人士谈论权利，但他们的责任呢？"消费者"之所以来到争论的中心，一个原因是自来水公司将供水不足、水价高昂归咎于消费者。应该受到责备的是"浪费的"消费者，而不是网络、它们的工程师和股东。在所有地方，当时的人都受困于一个简单的指导性设想：进步意味着更高的消费水平。的确，进步需要更高的消费水平。1890 年，在伦敦的消费者联盟中担任首席律师的阿奇博尔德·多布斯写道："当铁管和高压发动机出现时，用水量变得大多了。房主的需求自然而然地总是在增加，舒适生活的标准不断提高。"[34] 在纽约，10 年后，当这座城市考虑如何应对克罗顿河的水流正被快速耗尽的问题时，一份详细的报告认定："应该最大限度地供应水，而不是限制水的使用，应该尽一切可能鼓励比现在更多或更奢侈地使用水。"[35] 要求市民节约是不可想象的。这让浪费成了唯一的攻击目标。

资料里有很多关于人均消费量的数字。这些数字需要谨慎对待。城市并不知道每个人消费了什么。它们记录了抽出了多少水。在抽水和用水之间，还存在着破裂的管道和漏水的水龙头。1892 年，一份英国调查报告展示了皇家调查委员会与东萨里水务公司董事长兼著名工程师弗雷德里克·布拉姆维尔爵士之间的交流。"伦敦人……习惯于大量用水，"委员会问道，"你不认为降低消费量会有很大的困难吗？""我可以反对你用'消费'（consuming）这个词吗？"布拉姆维尔打断道。"等一下。我用了'消费'这个词，因为我认为它是我们能接受的最常规的词。"布拉姆维尔不同意，他更喜欢用"被供给"（provided）这个词。[36] 什么被消费了，取决于一个人的看法。是仅指专门用来清洗、做饭和饮用的水呢，还是也应该包括滴水的水龙头损失的水呢？或许，甚至包括因漏水的水管而损失的所有水（一种不可见的消费）？

当时的人出现了意见分歧，这种情况是必然会发生的。在一些地区，浪费的水量超过了个人用量。1882 年，在伦敦以北的肖尔迪奇，居民每人每天的供水量是 37 加仑。浪费现象的视察员和改进的设施让这一数字下降了一半。在较为讲究的芬斯伯里公园附近，视察员发现，当年 6 月，人们在白天用了 18 加仑水，睡觉休息时段却用了 105 加仑的水——"水管里的水整夜在花园里流淌"。[37] 如果有什么原因的话，那就是持续供水和现代的便利设施鼓励了这种做法。为了节省肥皂，要洗的衣物被放在不断流淌的自来水下；为了保持水箱和管道的清洁，马桶的冲水装置被固定成打开的状态。在新泽西州的纽瓦克，在 1895—1898 年的严冬，为了防止水管结冰，水龙头一直开着，而这让城市的供水达到了极限。一项有根据的猜测认为，1880 年左右，在水表普及之前，欧洲城市因渗漏而损失了 25% 到 50% 的泵水量。这主要是因为有故障的输水管和磨损的水龙头，

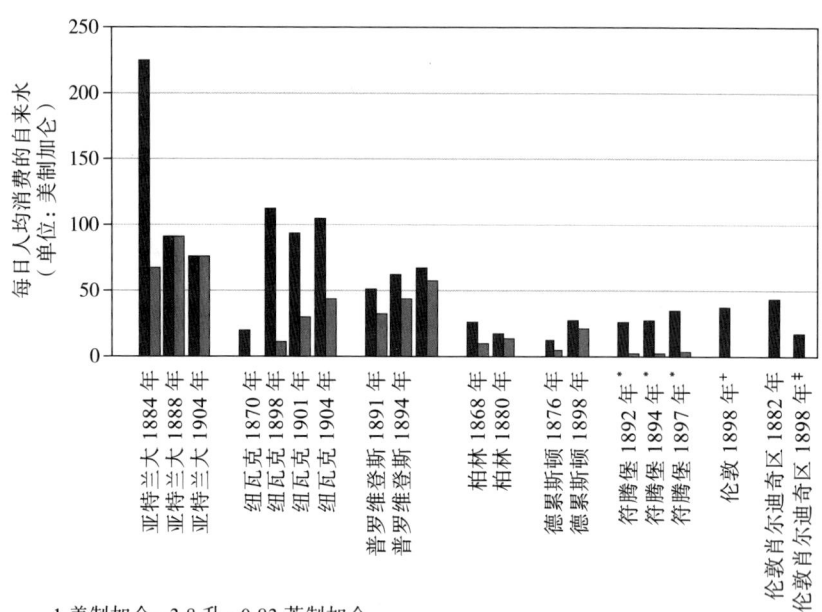

1 美制加仑 =3.8 升 =0.83 英制加仑
■ 每日人均消费量（单位：加仑）
▨ 用加仑计量的水表百分数

* 仅指国内消费量，不包括工厂和公共用水；符腾堡，1892 年 /1894 年，已调整
† 新河公司的供水区域（伦敦北部），具有诸多有代表性的住宅类型
‡ 由新河公司进行废水检查和安装装置后

来源：J. H. Fuertes, *Waste of Water in New York* (1906); *Royal Commission on Water Supply* (1900), Cd 25. Final Report; E. Grahn, ed., *Die Städtische Wasserversorgung im Deutschen Reiche* (1902); J. T. Fanning, *A Practical Treatise on Hydraulic and Water-supply Engineering*, 15th edn (1902)。

图 4-1　渴水的城市：水的消费量，1870—1904 年

而较少是因为故意浪费——"租户并没有劫掠房东",这是对水表最全面的调查认定。[38]

城市建得越高,浪费就越少。在浴缸和厕所数量增多之后,这也是美国的数据如此之高的另一个原因。新兴的美国城市没有古老的欧洲城市那么紧凑,更多的独立房屋意味着更多的固定设施和管道。1890年,在柏林,每根供水管服务70个家庭。在底特律,它只能服务区区几个。换句话说,如果30%的水因渗漏而流失,这意味着每个柏林人每天要损失5.4加仑水,而底特律每天人均要损失75加仑水。这些因素迫使我们将实际消费数字下调,但它们不会改变1900年时出现的三层结构:德国城市在底层(人均每天5~30加仑),英国城市在中间(17~40加仑,格拉斯哥领先,这是因为苏格兰人习惯于用3加仑水冲抽水马桶),美国城市在最上面(30~100加仑以上)。1903年,曼哈顿(尚未使用水表)的抽查显示,真正被使用的水是人均30加仑,而渗漏或根本无法计算的水有50多加仑;还有50加仑用于商业和公共事业。甚至,这个数字也掩盖了城市中的阶级差异。在扣除渗漏后,工程师发现,在布鲁克林区的一座典型公寓楼里,一个居民一般平均每天使用39加仑水。而上西区一座较富裕的公寓楼里,这个数字是其5倍。[39]

城市与城市之间存在着活跃的知识和技术交流。利物浦的迪肯水表通过在夜间策略性地监测选定区域的主管道,并将其水流量与白天的流量进行比较,从而帮助找到出现渗漏的位置。它曾在波士顿被使用过,也在横滨和法兰克福被短暂使用过;在波士顿,它在1883—1884年将用水量减少了三分之一。纽瓦克强制要求数千名引发浪费问题的市民使用水表。柏林全面推行水表,并得到美国政府的推崇。我们没有关于水表对个人用水量造成的影响的确切数据;柏林是对整幢公寓楼的所有者使用水表计量,而不是对个人租户。不过,我们确实知道水表计量服务的百分比。这让我们可以进行粗略但有启发性的比较。在亚特兰大,家用水表大大减少了浪费。相比之下,在纽瓦克和普罗维登斯,家用水表几乎没有带来什么影响。严重的浪费者被强制使用水表后,新加的水表计量几乎没起到节省的作用。德国有柏林那样的成功故事,也有德累斯顿那样的失败案例。维尔茨堡和其他许多城市仍然抵制使用水表。到1920年，美国有三分之二的城市实行水表计量。

例外是英国——只有阿宾登和马尔文这样的小镇才使用家用水表。从今天的观点来看，这可能是英国例外论、又一个不顾环境的自由放任主义的例子。然而我们必须记住，当时没有一个国家把水表视为一种改变生活方式的工具。它是用来减少渗漏的，而不是被使用的。事实上，水表计量提倡者引以为荣的是，通过鼓励房东检修设备，他们可以让住户多洗澡。1906年在纽约进行的一项调查得出结论，"目前的状况……并不归咎于成千上万的用水者，而是归咎于疏于维护管道系统的人数较少的房屋所有者"。[40] 英国人的办法是把注意力集中在这些少数人的身上。浪费现象的视察员利用迪肯水表，找到了粗心大意的房东，让他们安装经公司检测、验收合格的设备；仅在1905年，曼彻斯特就进行了4万次这样的检查。在某些地区，这减少了水的"消费"的一半。[41] 没有一个英国城市比得上底特律或亚特兰大的浪费规模。伦敦的水缺乏情况是可控的。但柏林的水缺乏情况也是如此。与柏林不同，伦敦和其他英国城市认为没有必要根据消费者真正用了多少水收费，这也反映了政治价值观念和现实。在自由主义的英国，对所有房东采取普鲁士式的措施并不是一个有吸引力的选择。正如工程师布拉姆维尔告诉皇家调查委员会的那样，"如果100个用水者中有10个人在浪费，90个人没有浪费，你不能烦扰那90个人……你只要烦扰错有应得的10个人就行了"。[42]

水龙头和自来水对人们的习惯有什么影响？受米歇尔·福柯启发，有一种说法是，它们让人们在身体上和思想上向内转。厕所是封闭的私人隔间。卫生和自来水灌输了自由主义需要的自律，教导人们约束自己。"自由主义治理术"通过管道获得了成功。[43] 事实上，空间和行为并没有人们想得那么隐蔽和私人。正如我们已经看到的，通过将各个家庭连入一个相互依赖的网络，持续供水也锻造了公共联系。技术传播得缓慢且不均衡，适应着特定阶级的空间和习惯。19世纪90年代，即使在伦敦的富裕家庭，带淋浴的浴室也是一件值得向赴晚宴而来的客人炫耀的新奇事物。在柏林，每79个人中有1个人拥有浴缸。迟至1954年，只有10%的法国家庭有浴室。[44]

抽水马桶的普及速度较快——到1913年，在伦敦以及在莱比锡和里尔，抽水马桶已经司空见惯。不过对大多数人来说，这些并不是完全私人的空间。1904年，对巴黎南部第十四区的一次检查发现，只有20%的公寓自备厕所，其余的均是在楼梯处或者一楼共用一个厕所；私人水龙头同样罕见。[45] 个人卫生和邻里之间的接触与冲突一直密切相关。在汉诺威，三分之一的家庭与十几个人或更多的人共用一个厕所，这个厕所通常是在一个公共庭院里——战后一名评论者回想起靠近人类粪便和厨余垃圾时的恶臭。[46] 在20世纪30年代巴塞罗那工人阶级的家中，马桶通常是在厨房里。在英国，关切孩子的父母会让他们十几岁的儿子把厕所的门开着，以防止他们做坏事。

个人卫生习惯继续向不同的方向发展。即使家里有浴室和热水，想要每天都能淋浴仍是一个遥远的梦。根据他们自己的统计，谢菲尔德的中产阶级家庭每年全家人一共用浴缸洗62次澡。学校老师宣传清洁的理念，但是到20世纪20年代，法国半数学校仍没有洗手间，大多数老师在等着自己的家里通自来水。对许多人来说，清洁是一种公共仪式，无论是在学校的淋浴间、当地的河流，还是在为庆祝水作为一种共享的社会民主福利而建造的市政游泳池里。在赫尔辛基，男女交替着每隔数天在城市的室内游泳池中裸泳。在欧洲，就像在亚洲一样，公共浴室既是私人清洁的场所，也是社交和闲聊的场所。考虑到为那些没有自来水的人（也就是大多数人）准备热水澡要付出的劳动，洗澡的习惯有很大的不同。有些人每周六洗一次澡，有些人每天晚上在水槽旁洗一下。有些孩子共用一浴缸的水，有些孩子不这样，因为有些母亲会把浴缸里的水排空，重新烧开水，让孩子一个接一个地在浴缸里洗。一名出生于1897年的妇女回忆起在布拉德福德一个八口之家长大的情景。她的父亲是一名铁路工程师。他们家里有一个"很大的浴室"，浴室里面有一个"大的镀锌浴缸"，但是水必须在厨房的煤气炉上加热。她和三个姐姐每周六下午洗一次澡。两个哥哥则去室内游泳池洗澡。"你看，他们经常可以淋浴。所以我们安排得相当好。"[47]

购　物

在中华民国新都北京（1912—1928年），商店众多、娱乐生活丰富。1911年的辛亥革命推翻了清王朝，终结了为宫廷、王公和宦官服务的市场。一个杂乱无章的购物空间应运而生。在外围，庙市保存了下来。在东南部的王府井（许多外国人都住在那里），百货公司开门营业。但是最大的市场在西南部——天桥。新的民国统治者热衷于清理内城。交通网络得到了扩展。天桥很幸运，它成了电车线路的终点。道路被拓宽了，沼泽地被填平了。在一代人的时间里，这个曾经遍布沼泽的乡民常逛之地发展成了一个任何想要买点便宜货、找点乐子的人都可以到访的热闹的中心。来到天桥市场的人可以从300家店铺选出自己想要购买的物品。一个区域出售丝绸和其他布料，还有一个区域卖二手衣服。7家店铺专卖外国制成品，1家店铺专卖西装。除了37家餐馆，还有116家小吃摊在争抢饥肠辘辘的顾客。几乎任何需求都能在这个市场上得到满足。这里有数家照相馆、杂货店、大烟馆和一家妓院。在购物时，顾客还可以观看杂技、魔术表演或者听曲。1918年，高水准的娱乐场城南游艺园开业了，它早上11点开放，夜里11点关门。在城南游艺园，学生和中产阶级只需3毛钱就可以玩保龄球和溜旱冰，或者去剧院和舞厅玩；在餐馆吃"洋菜"要额外收费。天桥对穷人和富人来说都是个热闹时髦之地。老舍的著名小说《骆驼祥子》（1936年）中的主人公觉得自己无法离开这座城市，这就是天桥的魅力所在。[48]

民国时期的北京与"现代城市"的传统故事不太契合。一方面，它展示了一些可以被看作大众消费的标志的趋势；另一方面，大型百货公司旁边就是小商店和小摊贩，有时周边都被后者环绕，它们同样充满活力。在这里，价格不是固定的，而是可协商的，通过讨价还价或欺诈达成。商店被称为"老虎摊"：零售商是老虎，顾客是猎物。天桥的城南游艺园也有一丝科尼岛的影子，但在主市场里，演员和杂技演员组成的剧团，支配着街道和舞台。然而，这些也不再是"传统的"。落子或者莲花落表演者，已经摆脱了他们的地方出身，成了商业艺人，他们有专业组织，有艺名和报纸上的排名。天桥远不是旧习俗的保留地，而是一个充满活力的新奇事物（包括女演员和天桥摔跤）来源地。街头娱乐与大型休闲公园并行发展。

除了在东方，在西方，19世纪20年代之后的一个世纪也出现了一场购物方面的革命。人们从古代起就已经开始购物了[49]，但这一时期购物出现了快速发展。购物成了一种广受欢迎的休闲活动——它既是一种获得物品的手段，其本身也是一种目的——而且，人们谈论"购物者"。商店数量激增，这是受到了城市发展和实际工资增长的推动，这种现象在19世纪60年代以来的欧洲和南北美洲尤为显著。这个故事经常通过百货公司的崛起来讲述，以1852年在巴黎成立的乐蓬马歇百货公司为代表。用文化批评家瓦尔特·本雅明的话来说，巴黎是19世纪的首都，是鼎盛时期的资产阶级现代性的缩影。对维尔纳·桑巴特来说，百货公司是现代资本主义的产物。[50]迟至20世纪60年代，这种观点才具有一定的直观逻辑，因为百货公司继续扩大着它们的市场份额。从那以后，情况发生了变化：由于折扣商店的挤压和街头市场的复兴，百货公司陷入了危机。因此，北京是进入购物世界的一个很好的切入点，因为它从一开始就拓宽了我们的视野，它有许多并行发展的不同类型的零售空间和行为。在欧洲和美国，和在北京一样，现代性以各种形式和规模出现。简而言之，创新一定不能与规模和集中度混淆。这并不意味着我们可以忽略百货公司——远非如此。相反，我们必须把它与小摊贩、室内市场和合作商店放在一起来看，后三者都是对城市人口日益增长的需求的创造性回应。

关于百货公司的历史观念相差极大。在一代人以前，历史学家把它描述为从宫廷向大众消费的转变的巅峰。乐蓬马歇百货公司以及其他百货公司掀起了一场社会和心理革命，它们激起了新的欲望，消除了人与人之间的互动。一名历史学家写道："这些地方诱发的麻木催眠状态，是一种现代大众消费的典型社交形式，就像沙龙是革命前上流社会消费的典型社交形式一样。"[51]按照这种观点，百货公司让那些过去习惯于一无所有的人猛然进入了一个欲望的世界。这种冲击太强烈了。正如我们已经看到的，现代早期并不是前消费主义的黑暗时代。

较为近期的作者一直是渐进主义者。他们强调，百货公司并没有标志着一个新时代的到来。它的所有创新几乎都可以追溯到过去。观看与被观看，已经成为17世纪的安特卫普、巴黎和伦敦的购物长廊的特色。1632年，皮埃尔·高乃依在喜剧《王宫长廊》(*La Galerie du palais*)中就已经取笑过，这些购物长廊是如何激起人们对商品的欲望，接着又是如何激起人们的性欲的。大约在这个时候，伊斯坦布尔的集市上有超过一万家的商店和摊位。[52] 18世纪，顾客已经会在众店铺四下转转，比较商品和价格，店主则用镜子、天窗和陈列来营造一种有魅力的气氛。到1800年，许多零售商陈列展示着他们的茶叶和其他商品，并且此时柜台和货架上贴着固定的价格，他们还会用商业名片进行宣传。在纽卡斯尔，早在19世纪30年代，布料商班布里奇就在其布料上标出固定价格，以消除顾客购物时的焦虑。也正是布料商，开始采用一种高营业额、低加价的商业模式，他们开起了"商业中心""大卖场"和"大型商店"，并且里面设有巨大的商品陈列室，数百名售货员在那里以批发价（现金付款）提供优质商品。19世纪40年代，更光滑、更透明的玻璃开始把商业街变成一首首幻想曲。从这个角度看，百货商店是零售业长期演变的顶点，而不是一种彻底的突破。[53]

尽管如此，19世纪晚期的人确实将百货公司视为新社会的一个标志。其被遗忘的前身并没有减少它们的轰动性。百货公司所做的，是将各种创新集中在一个由巨型铁框架支撑的巨大玻璃屋顶之下。最大规模的百货公司会让自己像市政建筑和皇家宫殿那样成为城市的突出景观。纽约市的A.T.斯图尔特建了一座"大理石宫殿"（1846年）。1906年，乐蓬马歇百货公司占地5.3万平方米，玻璃板创造了自人行道到屋顶几乎连续不断的商店橱窗。有些百货公司大楼在建筑学上具有知名风格的设计，比如维克多·霍塔在布鲁塞尔创新设计的新艺术风格的建筑（1901年），或者勒内·比奈在巴黎设计的巴黎春天百货公司（1907年）。百货公司往往还是科技先驱。马歇尔·菲尔德百货公司在1882年引进了电灯。缪尔和米里利斯百货公司大楼是莫斯科第一座带电梯的建筑（1908年）。在布达佩斯的科尔温百货公司，电梯吸引了太多的人，以至于百货公司决定向搭乘者

1. 15 世纪中叶,意大利托斯卡纳地区的嫁妆箱,箱体上饰有穿着当时勃艮第流行服饰的人物(英国伦敦维多利亚和阿尔伯特博物馆)。

2. 马约利卡陶盘(一件锡釉陶器),是一套餐具(共 178 件)中的一件。这套餐具是 1559 年为佛罗伦萨的银行家族雅各布·迪阿拉玛诺与伊莎贝拉·萨尔维亚蒂的婚礼而制作(英国伦敦维多利亚和阿尔伯特博物馆)。

3. 描绘了一个学者的景德镇瓷瓶（约1590—1620年，大英博物馆托管委员会）。

4. 莱茵兰粗陶瓶（约1600年），瓶体上饰有微有瑕疵的钴蓝色装饰图案（英国伦敦维多利亚和阿尔伯特博物馆）。

5. 韦奇伍德陶瓷厂出产的碧玉浮雕茶壶（约1790年，英国伦敦维多利亚和阿尔伯特博物馆）。

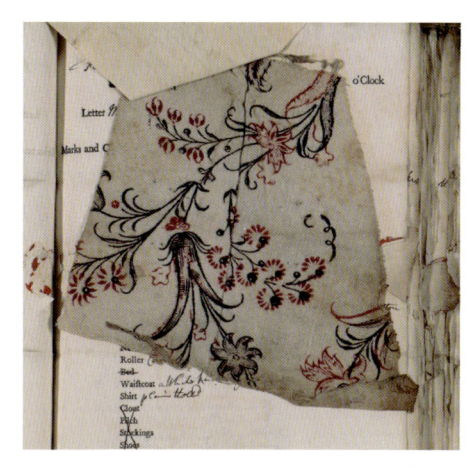

6. 上左：英式短上衣和衬裙（18世纪70年代），由印度染色和绘有花样的棉布所制（英国伦敦维多利亚和阿尔伯特博物馆）。

7. 上右：1747年，一名穷苦母亲的一块饰有花卉图案的棉布纪念物，与她的女儿一起留在了伦敦的育婴堂（英国伦敦科拉姆儿童慈善机构）。

8. 下：时尚娃娃（66厘米高），可能来自法国，18世纪60年代。这个娃娃穿着印花棉布长礼服、亚麻布衬裙和粉红缎带衣领（荷兰阿姆斯特丹皇家博物馆）。

9. 上/中：饮用巧克力成为欧洲的一项社会风尚，西班牙加泰罗尼亚的彩色马赛克瓷砖，描绘的是当时仆人为贵族制作巧克力的盛宴场景，1710年（巴塞罗那设计博物馆）。

10. 下：银制马黛茶杯和金属饮管，来自19世纪的南美洲（布鲁克林博物馆）。

11. 上：并不总是一个清醒和冷静之地：一幅描绘英国咖啡馆暴民的讽刺版画，1710年（美国福尔杰莎士比亚图书馆）。

12. 下：一名泡茶的年老妇人，选自威廉·比格的《小屋内景》(Cottage Interior)，1793年（英国伦敦维多利亚和阿尔伯特博物馆）。

13. 上左：年轻的斯瓦希里女性穿着在非洲染绘的印花棉布服饰，桑给巴尔，约1900年（私人收藏）。

14. 上右：阿散蒂的库玛西传教团中欧洲服饰与非洲服饰混杂的景象，1903年（德国巴色会档案馆）。

15. 中左：提倡道德消费的英国玻璃碗，源于19世纪20年代反对奴隶种植的蔗糖的抗争（大英博物馆托管委员会）。

16. 中右和下：像英国人那样生活：锡兰的椰子种植园主威廉·佩里斯及其家人（哈佛大学图书馆）。

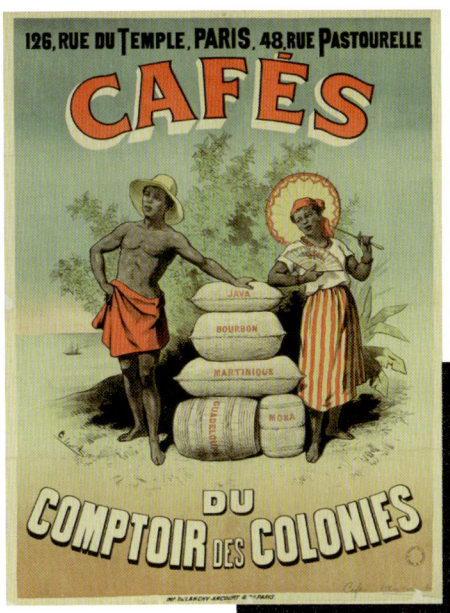

17. 上：来自法属殖民地和荷兰东印度公司的咖啡宣传海报，由爱德华·安古设计，约1890年（巴黎装饰艺术博物馆）。

18. 下：穿着传统服饰萨克瑟马基的"宝拉女孩"，自1920年起为保利希公司促销"芬兰咖啡"（保利希公司，芬兰赫尔辛基）。

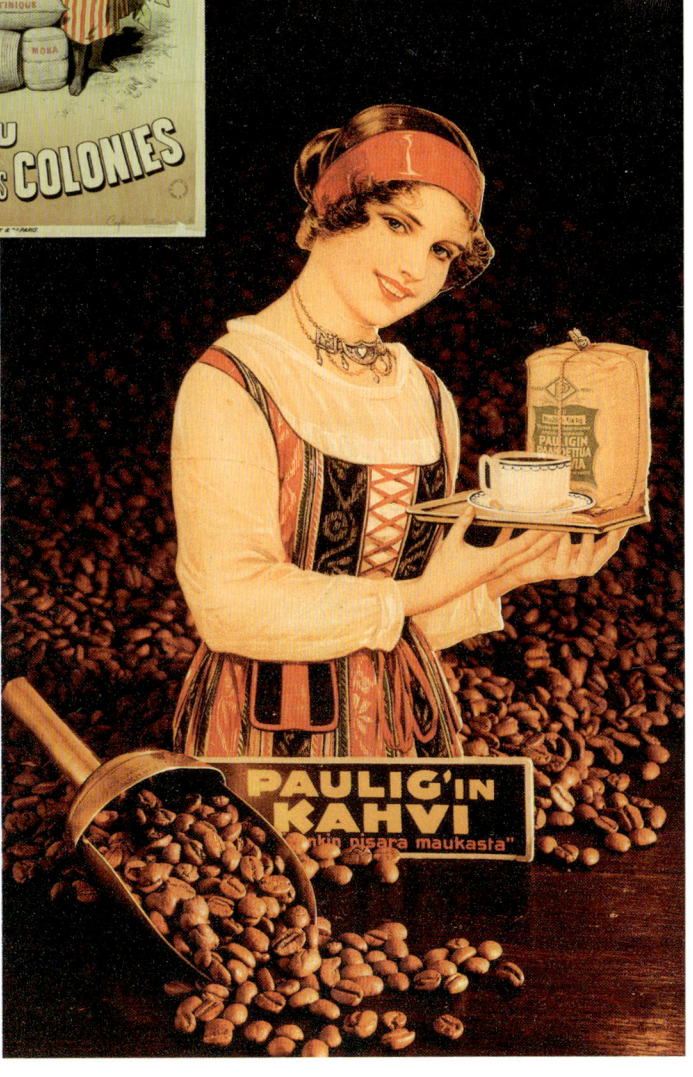

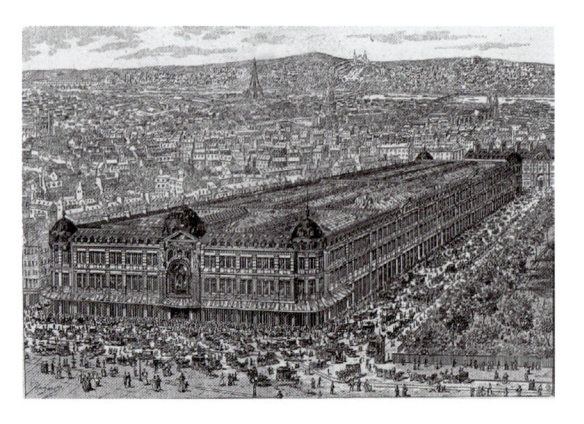

19. 上左：巴黎乐蓬马歇百货公司的鸟瞰图，1887年（维基百科公共领域）。

20. 上右：20世纪20年代早期的乐蓬马歇百货公司大厅（私人收藏）。

21. 下：1899年英国新市的合作商店（主教门基金会和研究所图书馆）。

收取费用。[54]

百货公司是一种前所未有的具有自我意识的全球性机构，它们与当时推动全球化的其他几股力量——世界博览会、蒸汽轮船、邮政服务和移民——共同发挥着作用。1851年伦敦世界博览会、1867年巴黎世界博览会，以及后来的历次博览会，都以一种模糊文化和商品之间的界限的方式展示世界各地的产品。反过来，百货公司又被比作博物馆。在百货公司，人们可以把世界看作一个商品收藏展，这些商品被小心翼翼地陈列在玻璃橱窗里。威廉·怀特利将他在伦敦西区的百货公司视为伦敦世界博览会的直接继承者，把来自世界各地的商品带到每个购物者的身边。[55]在柏林，蒂茨在他位于柏林莱比锡大街的百货公司楼顶上安放了一个直径4.5米的地球仪，并且在每天晚上将地球仪点亮。百货公司是一个全球化的大家庭，由资本、知识和品位的跨国流动结合在一起。乐蓬马歇百货公司在布里克斯顿和利物浦开设了同名分店。1912年，哈罗德百货公司在布宜诺斯艾利斯高档的佛罗里达街开设了一家分店。除了从欧洲城市向外流动，这些流动也是横向的，它们利用了本土企业。布宜诺斯艾利斯的加特和查韦斯百货公司是克里奥尔人洛伦佐·查韦斯和英国移民阿尔弗雷多·加特合作创办的。1917年，马应彪在上海创办了拥有四层大楼的先施百货公司，此前他对悉尼的安东尼·霍登百货公司的固定价格和客户服务留下了深刻印象。[56]

百货公司通过在销商品的类别显现了其全球雄心。伦敦的惠特利百货公司自称"全球供应商"。虽然百货公司销售的商品主要集中于服装、家具和纺织品，但是商品和服务的种类仍令人赞叹。1895年的哈罗德百货公司商品目录包罗万象，从细麻短衬裤（"镶有深布褶边，扣眼锁边，手工制作"，或者由机器制作的、稍微便宜一点的）、水壶和布谷鸟自鸣钟，到日式漆器梳妆匣、一名女占卜者（"身穿吉卜赛人的服装"，2个小时2英镑2先令），一直到葬礼（根据个人预算不同，有各种材料制造的棺材和墓碑、灵车、送葬车以及殡仪服务员和司机）。[57]塞尔福里奇百货公司推出了专营儿童用品的楼层和儿童用品购物日。在百货公司，人们一生所需（从摇篮一直到坟墓）的各种物品都可以买到。

成功的关键在于流动——人员的流动和商品的流动。低廉的价格要求大量、快速的商品周转，这既能从根本上改变百货公司与外部的城市环境的关系，也能从根本上改变百货公司内部的氛围。与早期现代的商店相比，百货公司的个性外向。它没有为精英顾客创造一个专属、半私人的空间，而是将触角深入城市，以抓住大众，把大众拉进来。19世纪90年代，大型橱窗成了橱窗设计师这一新职业实现更宏伟梦想的舞台。在芝加哥的马歇尔·菲尔德百货公司，阿瑟·弗雷泽将整个店面打造成了一座17世纪的庄园主宅邸。地方百货公司展示了金属丝战舰和用手帕制作的圣保罗大教堂模型。塞尔福里奇百货公司从晚上8点亮灯，直到午夜，以吸引夜间出行的橱窗购物者。百货公司增建了有顶的拱廊，这样一来就可以把陈列一直延伸到大街上。我们很难区分商业空间的终点和公共空间的起点。

一旦走进百货公司，吸引顾客的力量持续存在。哈罗德百货公司的"自动扶梯"于1898年开始滚动，每小时运送的顾客多达4000名。[58] 商品通过传送带运输。信息则通过气动导管传送。快速的周转左右着一切。"促销"这一手段已经存在了一个世纪，或者更久。百货公司把促销变成了季节性活动。缪尔和米里利斯百货公司在3月、4月和8月分别举行了手套、香水以及地毯的促销活动。所有百货公司除了都有"特价周"或"95-芬尼周"，还有"需求低迷周"，大部分是在1月。在促销活动期间，顾客的人数可能是平时的4倍，乐蓬马歇百货公司每天的顾客人数可以高达7万。百货公司一年清库存6次。促销狂潮令漫画家、道德改革家和购物者都兴奋不已。1906年，《伦敦购物推荐指南》(*Prejudiced Guide to London Shops*) 写道：

> 促销是一个有魔力的词，它能填充我们的衣柜，掏空我们的钱包，打乱我们的日常生活，令我们着迷、厌恶，但又让我们快乐，在伦敦，每年我们定期失望两次……促销的伦理规范是如此令人不安，某一段时间在道德上明显是好的，下一分钟就变得非常令人失望和糟糕，因此我认为，没有一个女人内心的促销伦理规范是稳固不变的。[59]

全面购物出现了。百货公司举办音乐会，设有画廊和图书馆，并提供饮茶和吸烟室。开业和促销周将百货公司的购物空间变成了神奇的舞台布景。没有人比埃米尔·左拉更生动地捕捉到了这种氛围，在对真实的乐蓬马歇百货公司进行了一丝不苟的调查研究之后，他在1883年出版的《妇女乐园》（*Au Bonheur des dames*）中用了整整20页篇幅描绘了白色商品展览。"一切都是白的，来自各个分类部门的白色商品全集中在这里，简直是一场白色的狂欢，一颗光芒令人炫目的白色星星。"在男子服饰部和针织品部展室，"有用珍珠纽扣搭成的白色建筑，有用白色袜子做成的巨大建筑，还有一个盖满白色天鹅绒的大厅"。在中央展室，明亮的灯光照亮了白色的丝绸和丝带。"楼梯罩着白布……沿着栏杆，绕着厅堂，一直延伸到二楼。"这片"向上的白色似乎带有翅膀，如同天鹅在飞翔，转瞬即逝。然后，自穹顶倾泻而下一大块羽绒被，就像一大片雪花"。在正厅丝绸柜台的上方，景象十分壮观：

> 从玻璃屋顶垂落下来的白色帘布形成的帷幕，成了这场白色崇拜的祭坛。平纹细布、薄纱和比较厚重的大花纹装饰花边随着微风轻起微澜，而刺绣华丽的薄纱、数段东方丝绸以及银缎，则是这一巨大装饰的背景，这个装饰令人联想起帐幕和卧室。它看起来就像一张白色的大床，处子般洁白，等待着……纯洁的公主……总有一天她会来……戴着她白色的新娘面纱。"哦！太梦幻了！"女士们不断喊着，"太令人惊叹了！"

在香水部，售货员展示了白色的瓷瓶和白色的玻璃花瓶，它们中间有一个银色的喷泉，一个牧羊女站在盛开的花丛中。但最让顾客着迷的是蕾丝部，那里是"这场白色大展的最高荣耀"，展出的是"最精致、最昂贵的白色物品"。"诱惑非常大，疯狂的欲望正在把所有的女人逼疯。"[60]

左拉的小说是新出现的百货公司题材小说中最成功的，它将道德焦虑与社会观察结合在一起。在左拉小说中的百货商店里，一个纯洁无瑕的梦幻世界（白色的床，牧羊女）与兽性的贪欲碰撞在一起。他形容女人

"因欲望而脸色苍白","她们无法抗拒欲望,不由自主地陷入"丝绸和天鹅绒堆里,"然后迷失自我"。百货公司取代了邪恶的工厂,成为社会罪恶的缩影。《妇女乐园》中虚构的老板慕雷,是更早的维多利亚时代小说中冷酷无情的工厂主的继承者。"在她们被榨干财富和快乐后,他就会把她们扔进垃圾堆里。"左拉形容这家百货商店是一台旨在引诱和征服女性的无情的"机器"。在促销期间,百货公司内的"水流"变成了"海洋",它把所有人和所有物品都席卷进去。[61]

《妇女乐园》是当时种种恐惧的杰出汇总体现。其中一种恐惧是,这些"商业大教堂"正在取代真正的教堂,因为对商品的崇拜正在引走对基督的崇拜。小零售商和保守主义者担心,百货公司正在摧毁家庭商店,进而摧毁社会平衡和国家力量;在左拉的小说中,一个店主绝望地站到了一辆公共汽车面前。批评家指责百货商店剥夺了数百万店主的生计。社会将被一分为二:一小群商人和一支消费者大军。家庭、宗教和道德,都将被摧毁。到了19世纪90年代,许多售货员住在百货公司里面,不被允许结婚——左拉说,恋爱对生意不利。另一方面的恐惧是性营销,而且媒体大肆宣扬百货公司会吸引妓女或者雇用长相好的男性店员来引诱女性。瑞典作家西格弗里德·西韦茨的小说《大百货公司》(*Det stora varuhuset*,1926年)以在床上用品部的性场景开场;瑞典人总是领先一步。在所有地方,百货公司都处于争论的中心。在西班牙,购物被指责为这个曾经辉煌的帝国的衰落原因。[62]在德国,犹太人拥有的连锁商店被认为在削弱一个崛起中的帝国。

事实上,百货公司只占零售业的一小部分。正如一些小店主逐渐学会理解它的全部价值那样,它们为专业的手工艺人创造了新工作,而且把更多顾客吸引到市中心。然而,这些恐惧从几个重要趋势——女性在城市生活中越来越高的可见度、城市化对宗教信仰的影响、更加激进的民族主义——中汲取了力量。有人预言,这将导致性别危机和民族危机。在18世纪的伦敦,人们嘲讽纨绔子弟(macaroni)——喜爱意大利歌曲和羽毛帽子的浮华男子——削弱了民族力量[63];七年战争期间,英国军队在《扬基歌》(*Yankee Doodle*)的原始版本(在这首歌被新成立的共和国进行爱国主义改编之前）中嘲笑的，正是在北美殖民地居民当中存在的这种柔弱特质。

然而，商店不一定在道德上存在危险。在小说《爱玛》（Emma，1816年）中，简·奥斯汀让哈丽特·史密斯在一家布店里避雨，在那里，她遇见了体面的马丁先生，这家店丝毫没有构成威胁或堕落的迹象。在现实生活中，除了工人阶级女性，中产阶级女性走在街上，也是无人陪伴。[64] 到19世纪末，社会氛围发生了变化。随着女性解放的步伐加快和职业女性的数量增加，无年长妇女陪护的中产阶级女性成了引发更广泛恐惧的避雷针。百货公司似乎释放出了原本体面的女士内心的野兽。在商店被抓住行窃的，经常是钱包鼓鼓的女性，比如左拉笔下的博韦斯夫人，她得了一种"神经症"，病因是"面对大商店大而强烈的诱惑时，她对奢侈品的欲望无法得到满足"。[65] 对物品的贪欲，从女性身体深处喷发出来。根据犯罪学家的说法，许多偷窃癖患者都是处于月经期的女性。

隐藏在这些性别焦虑背后的，是对失去自我控制和丧失个性的恐惧。百货公司同时在排斥和吸引人，因为其内部似乎容纳了一个新的大众社会。一个同时代人把它比作一艘远洋客轮，在船上，不同阶级的人被临时凑在一起。[66] 1900年，德国社会学家格奥尔格·齐美尔强调了两个互补的进程。一个是关于金钱和大都市对个人与物品的关系的影响。物品与人之间的和谐被撕裂了。按照齐美尔的说法，在大都市，人与物品的关系变得虚假、肤浅。为了赢得关注，时尚、新奇事物和促销活动加速且多样化了。齐美尔写道："消费的拓宽有赖于客观文化的发展，因为一个物品越客观、越不具个人色彩，就越适合更多的人。"物品失去了它们的个体关联。它们以前是个体的手工艺品，现在是可交换的大众产品。第二个进程涉及个人和社会群体之间的关系。都市生活疏远了人们与自己的社区和阶级的关联。在更早的时期，有说法称"城市的空气让你自由"，但现在自由是一种昂贵的幻想。人们或许可以自由地移动和购物。但是，齐美尔认为，他们实际上是一个"单调而沉闷的"群体。作为顾客，他们是有价值的，而作为个人，他们则被贬值。售货员不再区分一个佩戴勋章的军官和一个普通士兵，不再区分一个普通学生和齐美尔教授；只要他们有钱可以花，就会得到同样的待遇。在现代城市，物品和个人的"脱色"紧密相随。[67]

20世纪30年代，在德国哲学家、散文家瓦尔特·本雅明的作品中，这种对现代购物者的去人性化描绘达到了一种新的忧郁程度。1940年10月10日，本雅明在法国和西班牙边境自杀，他宁愿如此，也不愿被驱逐到纳粹德国。他留下了一份著名手稿，关于19世纪巴黎的零散片段和思考，这份被称作"拱廊计划"的手稿从那时起就一直让批评家着迷不已。本雅明杂糅了普鲁斯特和马克思的风格，并加入了一点儿弗洛伊德的理论。现实并非看上去那样。一个梦曾在19世纪笼罩着欧洲。这就是资本主义没有，也不会自然消亡的原因。为了唤醒同时代人，本雅明担当历史治疗师，诠释了19世纪巴黎"梦幻时代"的发展。[68]

与马克斯·韦伯不同，本雅明认为现代性没有唤醒世界。恰恰相反：商店、新奇事物和广告成了新的神。19世纪20年代至40年代的商店拱廊是集体的"梦幻之家"[69]，是通向过去的通道；本雅明把它们比作"保存着已消失的怪物化石的洞穴：资本主义前帝国时代的消费者，欧洲最后的恐龙"。[70] 与本身包含的商店和散步场所一起，这些拱廊给新的一类人——漫游者（flâneur）——提供了栖息地。漫游者在城市里漫无目的地闲逛，就像一台行走的照相机，他们从公共生活场景创造出了一本个人印象相册。人群是漫游者的家。豪斯曼在19世纪60年代重建巴黎时，把漫游者赶了出去。宽阔的林荫大道鼓励人群以一种规律的流量移动。这让百货公司成了一个难得的漫步场所。但本雅明强调，在这里，自由遭到统一性和监督的进一步损害。在百货公司，"有史以来第一次……消费者开始将自己视为大众"。[71] 无论喜欢与否，漫游者本身就属于公开展示的事物。

这些悲观的读物给20世纪蒙上了一道长长的阴影。它们需要被放置在自身的历史背景中。尽管这些读物很出众，但它们告诉我们的更多的是理论，而不是在19世纪末购物的现实情况。在本雅明写作时，纳粹就在他的背后。对他来说，从百货公司到阿道夫·希特勒有一条直线。极权国家选取"大众"作为它们的模型："种族社区（Volksgemeinschaft）……旨在从个人身上根除一切阻碍其融入广大消费者的事物。"[72] 但是在1900

年，没有纳粹。对许多当时的人来说，购物并没有自动导致大众顺从和道德沦丧。毕竟，左拉在小说《妇女乐园》的结尾让售货员黛妮丝嫁给了百货公司老板慕雷——一种社会和解的高招，它联合了社区和商业、道德和钱财、善良的小资产阶级和暴发户。在现实生活中，许多人为购物辩护，因为购物向女性开放了公共空间。女性指导协会于1888年在伦敦开始组织巡回活动时曾宣扬，购物并不一定是琐碎无聊的。通过在博物馆和公共景点休息停留，购物之旅让女性变成了更加理性的消费者，并且一路上教授她们公民义务和帝国自豪感。戈登·塞尔福里奇于1909年在牛津街开设了他的百货商店，对他来说，购物将解放与休闲结合在了一起；他支持妇女的参政权。[73]

在自由主义的英国，百货商店的捍卫者表达的意见比欧洲大陆的捍卫者更具说服力，但即使在那里——小零售商数量更多、组织更完善，也很容易夸大反对力量。德国、匈牙利和美国的几个州只短暂地对百货公司征收特别税，但这些特别税税率很低，效果也不明显，仅占营业额的1%多一点。当时，有一些人借助百货公司寻求文化提升。1907年，一名德国观察者若有所思地说，进入这些消费殿堂是"一种快乐、愉悦的行为，是一种庆典"。最后，即使是"朴实无华的人"，也有机会在不花一分钱的情况下共享这份"富足和所有的美好"，并且更普遍地获得"美感和内在幸福"。[74] 现代主义艺术家歌颂新女性的享乐主义。在1914年叶甫盖尼·鲍艾尔拍摄的俄国电影《大城市里的孩子》(Child of the Big City)中，漂亮的孤女裁缝玛妮亚迷上了百货公司，成了一个荡妇，她让爱慕者出钱供自己过着充斥着探戈、酒吧和性魅惑力的日子。大城市让天真纯洁的女孩堕落，这是一种文学套路，但是鲍艾尔颠覆了道德惯例。玛妮亚是女英雄，而不是受害者。最终，维克多——她的富有爱慕者之一——被逼自杀，因为他无法摆脱把她当成欲望对象的资产阶级幻想，无法承认真正的她。[75]

"大众社会"的统一性被夸大了，这在一定程度上是因为百货公司被理想化成了典型资产阶级的和大都市的。事实上，百货公司在规模、顾客基础和购物习惯上各不相同。大部分百货公司与富丽堂皇的乐蓬马歇百货公司相差甚远。在德意志帝国，韦特海姆百货公司、蒂茨百货公司和卡尔施塔特百货公司在斯特拉尔松德、格拉和维斯马开业，而这些都是人口不到 3 万的城镇。25 个这样的地方百货公司可以装进乐蓬马歇百货公司。在英国，许多百货公司和周边的建筑挨得很近。如果说乐蓬马歇百货公司专为资产阶级提供日常所需，那么其他百货公司的专属特性就不如此分明了。拥有较多可支配收入的工薪家庭是一个日益增长的顾客基础，也是 19 世纪后期城市百货公司腾飞的原因之一。例如，柏林的韦特海姆百货公司开始时是一个在工人阶级居住区里的便宜集市，甚至在 1897 年搬入更有声望的莱比锡大街后，它仍然依赖工人阶级消费者和通勤者。迪法耶尔百货公司在巴黎郊区为类似的群体提供服务。许多百货公司都在竭力让别人忘记其早期与廉价、劣质商品的联系。据说，体面的女士会要求销售员用牛皮纸袋把商品包起来，假装她们是在为自己的仆人买东西。对购物者做出社会分类是不可能的，但在莱茵兰的一家百货公司确实根据职业为自己的顾客分类，登记了其送货服务。手工艺人、退休人员、蓝领工人和白领工人加起来，共占顾客总数的三分之一。大多数人不

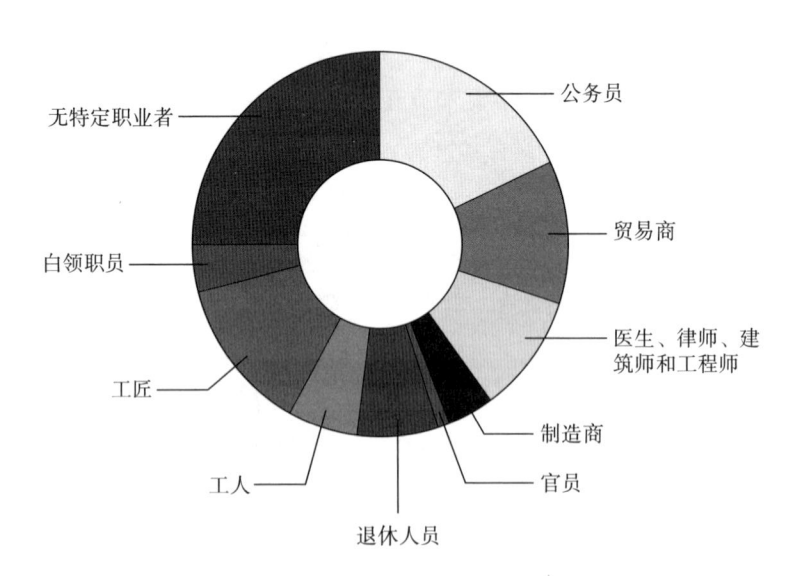

来源：Julius Hirsch, *Das Warenhaus in Westdeutschland* (1909), p.26。

图 4-2　德国一家百货公司的顾客构成，1900 年

会在离开商店时带着包裹。平均销售价格不到1马克——一个工人每月平均挣60马克。[76]

男性也购物。哈罗德百货公司为有鉴赏力的绅士提供了上百种不同的烟斗。百货公司每一季都会做成衣广告，在商品目录中加入尺寸对照表。利物浦的刘易斯百货公司开始时就是一家男装店。19世纪90年代，男性有了自己的新造型：一套运动装备，配有合身的外套、垫肩和紧身衣——以凸显窄腰。1898年，第一份献给赶时髦的男士的杂志发行，它的名字就叫《时尚》(Fashion)。这些年，人们非但没有看到灰色统一性的兴起，倒是逐渐开始摆脱一式一样的西服三件套。运动装和休闲服装流行起来。同时，办公室工作的增加，使时尚成为职业发展中的一项正当投资。一套新式西装宣示了一个男人的雄心。皇家裁缝师敦促美国男人"为机遇量身定做"。[77]随着裁缝融合了来自纨绔子弟和音乐厅的风格元素，其他男性时尚自下而上发展起来。[78]

女性也不单是被动的猎物。在塞尔福里奇百货公司，女性占私人投资者的一半。精明的购物者可以依靠内容越来越丰富的购物指南，它们会告诉人们如何判断质量、拿到合理价格、避免被占便宜。一本早期的《女士购物手册》警告道："75%的男性售货员对自己负责展示的商品一无所知。他们的目标往往就是不择手段地销售。"[79]百货公司在做生意时主要是用现金交易，但是在规模较小的专营性商店中，赊购仍然存在。从法律上来说，妻子缺乏经济独立性，但"必需品法条"给予妻子用丈夫的信用担保购买"必需的"商品的权利，而什么是"必需的"，取决于社会地位和习俗。一顶时髦的帽子，对一个洗衣女工来说或许是奢侈品，但对一个商人的妻子来说就是必需品。有些女性会假装自己比实际情况更有钱，结果她们累积了一长串自己无意偿还的赊欠账目。对零售商来说，这是一场噩梦，因为法院裁定，商贩不能收回妇女在未经丈夫同意的情况下欠下的"非必要的"债务。[80]因此，除了浮华和魅力，很多购物活动还包含零售商和顾客之间的猫鼠游戏，双方都在设法避免被对方欺骗。

音乐厅的歌曲将购物视为蜜月旅行者的免费娱乐：

合唱：购物只是一种高尚的消遣，

没有什么可花费的，只有一段真正的美好时光，

打量店主礼貌展出的每一件漂亮物品。

"看起来很优雅！真好！太美妙了！"

"价钱是多少？谢谢，我们改天再来。"[81]

事实上，在商店里随便看看会遇到各种各样的阻碍，更不要说作为一个漫游者了。许多百货公司雇了商场巡视员和门卫，来严防喜欢摸但不买东西的人。戈登·塞尔福里奇曾去探访自己在伦敦的竞争对手，当他回答说自己只是随便看看时，他被要求"离开"。购买物品也会遇到一些阻碍。在德国的百货公司，每个分部无论多小，都有自己的收银员。在前往下一个分部之前，顾客必须先排队付款。与此同时，零售商抱怨德国购物者不能独自完成购物，缺乏法国购物者的独立性。[82]

玻璃橱柜和陈列在消费者和商品之间创建了一种新的亲密联系。一位历史学家写道："玻璃可能比其他任何媒介都更能使欲望民主化，正如它使人们获取商品的途径民主化了一样。"[83] 然而，这并不意味着人际关系从百货公司里消失了。售货员被要求保持礼貌、不带褒贬，尽量压制任何可能冒犯他人的性格特征：不能浓妆艳抹、傻笑，也不能发表个人评论。不过，地方百货公司清楚，建立一个忠诚的客户基础至关重要。在拥有50万居民的纽约州布法罗市，百货公司经理吉布森先生会穿着晨礼服站在亚当、梅尔德伦和安德森百货公司的入口处，叫着女顾客的名字来欢迎她们。在玩具部，售货员要知道比他们小一代的顾客的姓名。百货公司努力改变自身缺失人性的怪物形象，并且投身社区生活，它们组织了退伍军人游行，教家庭主妇如何烤乳猪。[84]

人们很容易忘记，百货公司也在世界上的其他一些地方开设，比如埃及，那里有复杂多样的宗教、习俗和语言。在那里，售货员用笔记本记录顾客的喜好，与顾客建立个人关系。接待戴面纱的穆斯林妇女的方式，必须和接待犹太顾客或基督徒顾客的方式不同。在开罗，奥罗斯迪-巴克百货公司雇用了希腊、意大利、法国、俄国、英国、西班牙和塞法迪犹太

售货员，还雇用了穆斯林售货员。埃及女权主义兼民族主义者胡达·舍厄赖维回忆起了她在1900年前后的购物之旅。她喜欢去亚历山大的百货公司，但她的宦官不喜欢百货公司。每一次有计划的购物之旅都会让全家陷入：

> 连日激烈的争论。他们看着我，好像我是要违反宗教法律或犯下其他罪行……他们坚持……我必须由赛义德·阿迦（宦官）和女仆陪着……当我走进沙隆百货公司时，职员和顾客显然被这个突然戴着面纱出现的人和她的随从吓了一跳。赛义德·阿迦领头，他盯着周围的人，默默地警告他们往另一个方向看……他径直走到经理面前，粗暴地要求经理给内宅女眷腾出地方。我们被领进女装部，后面仓促搭起了一道屏风，好让别人看不见我。[85]

胡达·舍厄赖维并不是一个能公开展示的大众消费者。然而，尽管她被隔离在屏风后面，但是购物仍给予她一种赋权感。"那里不仅有各种各样的商品可供选择，还可以通过理智消费节省开支。"她说服了母亲和她一起购物，并且最终获准独自购物。

百货商店和邮购对购物的作用，就像电报对通信的作用：它们压缩了时间和空间。当然，乡村从来就不是一片商业荒漠。桑巴特认识到了小贩的革命性作用，而长期以来，人们都指责小贩用一些农民的妻子以往都没听说过的时髦物件来引诱她们花钱。[86] 到19世纪中叶，北美洲和欧洲的大多数农民都是一个现金网络的组成部分，他们在市场上买进也卖出。这也不局限于比较发达的欧洲西部地区。在俄国，农奴正在摆脱自给自足的状态，并于19世纪20年代，即1861年农奴解放运动之前的一代，开始在每周举办的集市和附近的市场上买卖商品。出售的商品有棺木，还有烟草、亚麻布、葡萄酒、芥菜和蜂蜜。当农奴艾夫多伊亚·叶夫列莫夫于1836年在沃夏日尼科沃去世时，她留下的衣服包括5件彩色裙装，3条分别是粉色、蓝色和黑色的法式头巾，2件带有棉袖的睡衣，1件有貂皮饰边的大衣以及数双冬天的长袜。除了几枚戒指和耳环，她还有一串珍珠项链。此外，还有一些家当是她作为嫁妆带来的，包括3块桌布、1条棉毯、1块餐巾、1床羽毛褥子、1对绿色窗帘、几条毛巾（其中一条饰有花边和缎带）和2个茶炊（一个是铜的，另一个是铁的）。另一个住在附近的农奴拥有一个银咖啡壶和一套银茶具（共40件）。[87]

一般来说，新喜好和新产品有两条传送带：乡村集市和战争。19世纪中叶，伊利诺伊州的集市上有货摊售卖精品手表、体育用品、假发和香水。农民从内战中归来时，带回来了对成衣和其他新奇事物的喜好。[88] 百货公司的商品目录把这类涓流变成了洪流。例如，到1900年，多伦多的伊顿百货公司寄出了130万册商品目录，每册有200页，平均每5个加拿大人就有一册。[89] 城市就这样进入了小木屋。

卡尔·马克思观察到，整个社会经济史可以归结为城乡之间变化的关系。[90] 他主要关心的是劳动分工，但是消费品和喜好的流动也很重要。城市与乡村之间的文化界限日益疏松。哈罗德百货公司的邮购服务范围从阿根廷一直延伸到桑给巴尔。莫斯科的缪尔和米里利斯百货公司也在从波兰到符拉迪沃斯托克的整个俄罗斯帝国提供送货服务，只要商品价值达到50卢布或以上就可以。1894年，乐蓬马歇百货公司分发了150万册商品目录，其中一半是发给各省的，另外15%是发给国外的。它每年向外省的城市和村庄运送价值4000万法郎的包裹。[91] 在距离大都市数千英里的地方，人们也可以享受到城市的时尚和舒适。当安东·契诃夫于19世纪90年代后期因肺结核在雅尔塔养病时，他仍能从缪尔和米里利斯百货公司收到帽子、可拆卸衣领、窗帘和炉子。[92]

专注于熔炉理论的美国作者，强调了百货公司在融合一种新的民族认同方面的作用。然而，在全球范围内，这种统一力量被社会和种族差异抵消了。百货公司培植了一种跨国风格，让国内精英有机会展示自己的现代性，并与"传统""低级"的社会和种族群体保持距离。巴黎和伦敦是这个时尚网络的中心。在圣保罗，咖啡大亨的女儿们在马潘百货公司购买法式裙装，然后在下午5点去这家百货公司的沙龙喝英国茶。开罗的小卢浮宫百货公司是一座大理石宏伟建筑，拥有突尼斯的尚拉兄弟建造的路易十六式圆柱。这家百货公司出售来自巴黎的最新款帽子，自身有法国女帽和紧身胸衣制造商。街头小贩和讨价还价遭到蔑视,它们被认为是原住民或亚洲农民专属的现象或行径。[93]

实际上,在现代购物和传统购物之间划清界限是不可能的。乐蓬马歇百货公司的创始人阿里斯蒂德·布西科最初是一个小贩的合伙人。豪斯曼推倒旧巴黎——林荫大道取代了街垒——为兴建大的百货公司做好了准备,但这个事件是非常独特的。即使是在试图忠实追随豪斯曼的开罗,小商店和街头商人也陆续在新的商业区伊斯梅利亚找到了立足之地。林荫大道被卖西方服饰的大型百货公司主宰着,但在连接这些百货公司的小路上,有成百上千个裁缝、小饰品商贩以及卖坚果和香料(都装在敞口袋子里)的食品店。在福阿德街,无证小贩继续叫卖他们的货物。大多数当地人都不受"传统"和"现代"之间的学术鸿沟困扰,他们在这些空间之间活动。他们会为了特殊情况去百货公司,从廉价的小鞋匠那里买平常穿的西式鞋子,在途中购买来自大马士革的甜点。简而言之,他们是平行式购物者。[94]

人们很容易在百货公司的全球扩张中看到它逐渐占据主导地位的迹象,但那是一种错觉。19世纪后期,购物世界向各个方向扩展。百货公司的销售业绩大增,但它们的很多竞争者(从小贩到合作商店)也是如此。1914年,在西欧,百货公司控制着不到3%的零售贸易;在美国,这个比例稍微高一点。[95]这些百货公司很少达到所有服装和家具销售量的10%,它们的竞争对手并没有睡着。小商店成倍增加。例如,到1910年,汉堡有2.1万家商店,平均每44个居民就有一家,密度是半个世纪前的两倍。在整个欧洲,家庭经营的商店为数百万人提供了就业机会,尤其是妇女。而且,其不断壮大的队伍既解释了它们对新竞争者的畏惧,也解释了它们在搜寻顾客的过程中不断创新的动力。小商店在广告、包装和陈列方面走在前头,还上架销售殖民地商品和加工过的商品。[96]

城市的发展、流动的劳动力和生活水平的提高也为小贩创造了机会。流动商贩远非垂死的中世纪残余,他们很好地适应了城市的灵活需求。由于许多小贩不能或不愿意签名登记,英国的人口普查数据是不可靠的,但专家估计,城市中的小贩人数很可能是19世纪下半叶的两倍,达到7万人左右，同人口增长趋势相符。在普鲁士，小贩人数是前述数据的两倍，尽管有各种各样的税收和限制规定。[97] 在汉堡，大约有 3000 名小贩出售从水果、蔬菜到低俗小说等商品。无论在城市还是乡村，小贩越来越多地携带批量制成品，而不是自制的篮子和陶器。这个世纪早些时候行会的废除和更大的贸易自由，也为廉价商店打开了大门。"流动式市场"是一种流动的批发中心，它们会在当地租赁某处房子，长达数周，将折价出售的剩书、便宜的衣服、熟食和地毯——来自破产后的变卖——卖给小城消费者。1910 年，德国有 1000 个这样的批发中心。[98]

与百货公司不同的另一种激进选择是合作商店。与百货公司一样，合作商店通过免除中间商来降低价格，但是它们更进一步，把商店变成了一家由购物者自己拥有的共同企业。利润作为红利被返还给顾客。在英国，一些互助会在 18 世纪 60 年代开始为了共同的利益而出售食品；在日本，13 世纪的无尽社已经实行了合作金融。1844 年，一群法兰绒织工和欧文社会主义者在兰开夏郡的罗奇代尔开设了一家合作商店，此后，合作商店才真正开始发展。"罗奇代尔先驱"成了国际激进主义的新星，吸引了远至俄罗斯和日本的崇拜者。这是罗奇代尔登上世界舞台的时刻。1848 年革命的失败，导致人们对"更疯狂的"社会改革家（著名的合作运动者乔治·雅各布·霍利约克这样称呼他们）产生了怀疑，合作社似乎是社会改良运动可以接受的一面。[99] 合作社不是用暴力推翻的方式，而是试图通过从内部培育自愿、互利和自助的良性细胞，来驯服无情的资本主义野兽。参加合作社，有望拥有更便宜的食物，也有望拥有更好的世界。

这种模式的出口成功，取决于国内有什么其他选择，而且特别取决于当地社会主义党派的规模和态度。例如，在丹麦，社会民主党人认为合作社会让小店主陷入贫困，因此会恶化而非改善人民的境况。与之相比，在 19 世纪末的英国，由于没有强大的工党，合作社发展成为当时最大的社会运动。到 1910 年，约 300 万英国人属于 1400 家消费合作社，或者说约 25% 的家庭、大部分工人阶级家庭。在工业化西北部的中型城镇，也就是之前的零售荒漠，合作社的发展尤为强劲。第一次世界大战前夕，它们控制了英国 8% 的零售总额，是百货公司的 3 倍，稍稍领先于连锁商店。

在德国，合作社有 160 万会员；在法国，有 100 万；在意大利，有 50 万，并且集中在北方；在日本，合作社在两次世界大战之间得到快速发展。斯堪的纳维亚国家的农民也加入了进来。

基本食品是合作社商品的主体；在比利时的"人民之家"，面包占据整个商品销售量的一半。然而，合作社销售商品的范围也在扩大。它们开发了自己的品牌和广告。合作商店开始出售珠宝和家具，还开始装饰自己的橱窗。"基本的需求"在扩大。合作社既力求战胜物质贫困，也力图战胜文化贫困。创造一种更有修养的自我和以社区为导向的生活方式，需要一场在品位和休闲方面的革命。它们提供了一种工人阶级版本的、有道德的全面购物。和百货公司一样，当地的合作社也举办音乐会、茶会、烹饪课。它们还开设了图书馆和阅览室。它们的陈列展现了一个微型的商品世界，但它们展示的不是来自巴黎的最新时尚，而是成立于 1893 年的国际合作社联盟的会员组织生产的合乎卫生的面粉、靴子和餐具。[100]

因此，将购物的兴起视为公共空间的衰落，未免过于简单。购物既削减了旧的公共空间、社交能力和情感，也创造了新的公共空间。城市成了对立的空间秩序设想的战场。与其他人相比，站在火线上的是街头小贩，而且他们的命运向我们展示了城市当局是如何努力控制商品和人员流动的，以及这种控制是多么困难。首先，卫生革命传播到了街头。小贩被认为是疾病和混乱秩序的载体，他们难以被检查到，总是能轻易地溜走。小贩们会站在街角，推着他们的货车走走停停，吆喝叫卖，因此对每一个有自尊心的市长和卫生检查员来说，他们都是眼中钉。在世界各地，城市纷纷借助市场大厅，把小贩置于中央控制之下。这样的大厅为为数众多的城市人口提供了额外的摊位。它们使得向零售商发放执照、控制质量和价格变得容易，而且也能保证规范人员和行为。禁止街头销售、卫生改革和建立市场大厅，这几项活动往往是并行开展的。博尔顿面积超过一英亩的宏伟市场大厅，需要清理近 2000 处贫民居所。一些人由于粗鲁和不受欢迎的行为，被拒之门外。在大厅里面，禁止随地吐痰、咒骂和大喊大叫。市场大厅展示了一个城市是由什么构成的。布拉德福德的柯克盖特市场是一座八边形建筑，屋顶是用玻璃和铁建造的，装饰着镀金和青铜色的铁艺品。1866年，在德比市场大厅的开业典礼上，举行了一场关于该城镇光辉历程的盛大游行和600人《弥赛亚》大合唱。[101] 对这些市场大厅的拥护者来说，它们是名副其实的进步学校。它们教会底层民众更好的举止，并通过大宗采购、冷库、卫生储藏和健康检查，给他们提供更便宜、更健康的食品。

然而事实证明，改变购物空间和购物习惯比改革者估计的要更复杂。在柏林，市场大厅里挤满了食品和鲜花批发商，但小零售商离弃了这些地方。到1911年，观察者开始注意到，它们对普通人"越来越无足轻重"。[102] 几个市场大厅关闭了。从街头小贩那里买东西可能会更便宜，因为他们不需要承担租摊位的额外费用。此外，小商店可以赊账，而市场大厅只能用现金交易。许多市场大厅没有布拉德福德大厅那么富丽堂皇。例如，上海有14个市政市场。爱而近路（今安庆路）市场是一座由支架撑起的古老木建筑。伯顿路（今彭泽路）市场是一座水泥建筑，但只有一楼的半数空间用上了。五洲市场"很难保持干净"，因为里面有很多熟食商贩。在市政厅后面的马路市场，中国区域经营得不错，但外国区域被遗弃了。在齐齐哈尔路，市场里的摊位是空的，流动小贩却欣欣向荣。如果城市与日常生活研究先驱亨利·列斐伏尔所说的"空间共识"（spatial consensus）[103] 的产生有关，那么上海当局对实现这一共识几乎不抱什么幻想。"在居民区，大量食品商贩的存在一直是焦虑的由来，即使有卫生监管人员的协助，也不可能……控制这类交易。"他们将食物储存在卧室，或者用作"制冷剂……这种商品被称为天然冰，但更准确地说是冷冻的污水"。[104]

事实很简单，即街头小贩提供的购物模式既便宜又灵活。一家有固定营业时间的商店一把自己的百叶窗帘拉下，一个街头小贩就来到了拐角处。而且，他们无处不在。在市场大厅里买些食物，通常意味着消费者要走很远的路或者要额外支付电车费用。集中化有明显的局限性，这在对林荫大道和百货商店构成的现代城市的描绘中常常被忽视。在纽约下东区和其他存在流动移民社区的城市，手推车和路边摊依然是常见景象。每周市场继续在科隆繁荣发展，就像在基多和圣保罗一样。[105] 即使在英国，城市也被迫改变先前的规定，因为市场大厅无法满足有更多可支配的金钱、日益增长的人口的需求。在19世纪末、20世纪初，经过了两代人的谩骂和罚款后，街头商贩和露天市场被允许重新回到城市。[106]

街头小贩也不会轻易受摆布。墨西哥的莫雷利亚为空间政治的扭曲历史提供了一个很好的例子。1888年，现代性通过电灯抵达了这片地区。一家百货公司——利物浦百货公司——开业了。商人和城市官员联手清理公共空间，试图创造一个有吸引力的购物环境。商店采用玻璃陈列柜展示商品。但根据1913年一个委员会的说法，这种闪亮的新环境遭到街头商贩的粗暴破坏，他们还带走了顾客，使商店雪上加霜。顾客不会走进体面的商店，而是宁愿在外面徘徊，在外面，街边小摊出售从鞋子到冰激凌等各色商品。售货亭也如雨后春笋般出现。于是，小贩们被强制驱逐。然而，强制遣散的命令产生了意想不到的结果。小贩们没有打包离开，而是团结了起来，组成了一个联盟。1917年墨西哥革命期间，他们又回来了。[107]

我们已经强调了新旧不同模式对消费城市的贡献。这是一个多元化而非同质化的故事。现在，让我们把目光从空间转移到购物节奏上。许多作者声称，在现代城市，移动变得受控制、有规矩和匿名化。麻木的顾客沿着林荫大道疾走，在百货公司有序穿行。列斐伏尔把现代性比作"骑术训练"，在现代社会，人们就像马一样，接受一系列自然而然的重复动作训练。自由是一种幻觉："人们可以向左或向右转，但是他们的路线、走路的节奏……不会改变。"[108] 我们或许会反对说，日常惯例既令人失去影响力，也让人感到解脱[109]，但在这里，我们要问的是，是否现代城市生活实际上是一个无情、单调的循环。

事实上，现代城市用它的多重节奏触动了许多当时的人。1904年，记者乔治·西姆斯在《伦敦生活》(*Living London*)一书全景式的游览中把握住了这个英国大都市的脉搏。他注意到各个购物区域"不仅在其总体外观上是不同的，在它们的措施、举止和语言等方面也是不同的，仿佛它们属于不同的城市"。在韦斯特伯恩-格罗夫大街，即惠特利百货公司的所在地，女士们谈论"价格、特价商品、商品目录以及此类事物"，这个地区的景象与伦敦东区相比，有很大不同，在东区，有事业心的店主"在用油毡和厚毯子覆盖的柱子中间叫卖家具和陶器，就像在寺庙废墟中的在俗司祭一样"，"有买家停下来与卖家讨价还价"。星期六晚上，白教堂路上的裁缝店和玩具店敞开大门，小贩的手推车"密密麻麻停在路边"。"烤土豆的小贩走来走去，不时有火花从手推车上的大黑罐子里飞溅而出。酒吧里人满为患；人行道上到处都是男女老幼，他们有的衣着讲究，有的衣衫褴褛，有的在逛街购物，有的只是在悠闲散步。"当观众从剧院涌出时，人流又发生了变化。[110]

像市场大厅这样的新空间，也保持着一系列节奏。在工作日，来此购物的顾客想要一块上好的肉，或是一台留声机。禁止随地吐痰。然而在周六日，许多市场一直营业到午夜。对年轻人来说，市场大厅适合漫步和调情。还有人停下来观看木屐舞者或称重。又可以讨价还价了。茶室提供了休息和用茶点的空间。而对那些赶时间的人来说，他们可以从馅饼店或冰激凌摊贩那里购买快餐。变戏法的人、杂技演员和其他街头艺人获准回来了；格拉斯哥的集市甚至还有一个步枪靶场。[111]除了没有二手商店，它们与天桥市场没有什么不同。

娱乐空间

正如列斐伏尔指出的，空间不仅仅是一种由街道和建筑物构成的有形意义上的集合。空间具有社会性，是沟通、实践行为和交流的产物。[112]它与感觉有关，即对于一个人的个人空间与周围世界的关系的感知。在现代城市中，这种空间感经历了一场巨大的变革，就像水管和玻璃窗带来的物理变化一样。娱乐在这场变革中至关重要。除了商品和人口，城市还在传递情感。诚然，城市仍然是工作空间，而且它们从古代起就为人们提供面包和马戏。但大致从19世纪80年代到20世纪20年代，用于娱乐的商业空间急剧增加，比如音乐厅、电影院和游乐园、足球场和赛车场。对今天的读者来说，他们的假期和消费似乎少得可怜，但这一时期的大多数劳动者享有的可支配收入和假期比以往任何时候都要多。一些城镇以娱乐作为它们的主要产业。1893年，英国度假胜地布莱克浦接待了

400万游客。许多工厂工人都在这里享受自己的第一次"一日游";西格蒙德·弗洛伊德也来过这里两次,他喜欢在爱尔兰海中划船。

对城市的矛盾心理在欧洲文化中扎根很深。浪漫主义诗人威廉·华兹华斯在1800年警告,城市的许多刺激因素会诱导一种"近乎野蛮的麻木"。一个世纪后,关于时间和空间的新体验强化了这种论断。时间不是像时钟一样滴答地走着,而是像溪流一样,时而退时而涨。现代主义作家延长了分,压缩了年,甚至逆转了时间的流向。[113] 人们普遍认为,社会在紧张状态下正在加速和分裂。个人被抛来抛去,脱离了稳定的标准和等级制度。[114] 速度和活力让城市成了一座新精神状态的熔炉。1903年,格奥尔格·齐美尔在那篇关于大都市的仍最具影响力的文章中,将这种新的精神状态称为"厌腻情绪"(blasé attitude):"厌腻情绪……是快速变化、紧密压缩且形成迥异对照的神经刺激的结果。"在大城市里,两股力量在起作用。第一种是"对快乐的无止境追求",它"在很长一段时间内,将神经搅动到极强烈的反应状态,以至于神经最后完全停止做出反应"。第二种是精神受到了太多的感觉轰炸,以至于无论这些感觉多么渺小和无害,仅仅数量本身就使得神经疲惫不堪。结果是人们无法"用适当的活力对新的感觉做出反应。这就是厌腻情绪,事实上,与生活在较安静、变化较少的环境中的孩子相比,每个大都市孩子都表现出了厌腻情绪"。它的特点是麻木和失去深度。城市居民头脑精明,却没有感情。城市居民获得了像计算机一样没有灵魂的智力,以应对守时、精确和协调等大都市压力。最终,都市人是一群孤独的伪个体。齐美尔总结,对"厌腻的人"来说,所有事物都带有"一种同样平淡、阴郁的色调"。[115]

电影院,以及其快速变化的影像,开始成为都市过度刺激、疲惫和同质化的缩影。齐格弗里德·克拉考尔曾任《法兰克福报》的电影和戏剧评论员,他在1927年为该报撰写的一篇关于电影观众的文章中写道:"电影是折射当今社会的一面镜子。""愚蠢和不真实的电影幻想是社会的白日梦。"它们打造出了一种"大众爱好",这种爱好具有典型的大都市风格。关于电影院的一切都是假的,从贫穷女孩嫁给富人这种逃避现实式爱情故事,到电影院建筑本身;柏林凯莱宫的巴洛克式伪装就是"这种肤浅的优雅浮华"的典型。在小城镇,电影院是为下层阶级服务的,中产阶级避而远之。与之相比,在柏林,都市生活的潮流将所有人都吸进了大众社会,包括富人和受过教育的人。结果是产生了一种"同质化的都市公众……从歌剧女主角到打字员"。克拉考尔对于谁是这个都市大众的缩影没有疑问:他的系列作品的标题是《女店员去看电影》。[116]

像这样的解释有着相当大的影响力,原因很容易理解。我们知道接下来发生了什么:电影和娱乐的极权主义用途,以及好莱坞的标准化影片无处不在。然而,后见之明可能会让我们对之前的情况视而不见。提及"大众社会",在本质上是不符合历史的。它们使人认为有一群跨越各个时段、普遍而被动的消费者,就像去看电影的总是同样的人。当克拉考尔谴责"对娱乐消遣的崇拜"时,电影院已经在庆祝它的第三十二个生日了。而且,电影院的童年时代与它的中年时代完全不同。

1894年,第一台电影放映机在纽约百老汇一家改造过的鞋店里开播。它通过一个窥视孔显示图像。在早期,电影是一套已有的娱乐活动的一部分,而不是一项单独的活动。电影在音乐厅、室内游泳池、集市和教会大厅放映。巡回电影院到访过小城镇和农村地区,在传播对这种新媒介的爱好上起到了至关重要的作用。例如,在荷兰,巡回电影院吸引了100万观众。乌得勒支的蒂沃利公园为巡回放映专门准备了一个帐篷。1904年,当地一家典型的杂耍电影院每周向大约7万名观众放映电影。一些巡回电影院是轮子上的豪华宅邸,里面有13米高的镜子、镀金的装饰品、风琴、几百个灯泡和铺着丝绸的前排座位。它们能够很舒适地容纳700人就座。巡回电影院的典型代表是1904年吉多·泽贝尔的"流浪者影院"。这家巡回电影院会以一场音乐会开始,随后向观众播放关于戈登·贝内特杯——1903年第一场国际赛车比赛——的短片,然后带观众欣赏伦敦的动物园和有西班牙国王亲临现场的马德里斗牛表演,最后以《睡美人》和"吸引人的加拿大木材贸易"之旅而结束。看完全场总共需要40芬尼。[117]

1906年,电影院开始有固定的场地。美国和西欧的大多数城市,无论大小,此时都有了固定的电影院。伦敦的第一家电影院是"巴勒姆帝国",它能容纳1000人落座。在美国肯塔基州的列克星敦,当地2.5万名居民拥有2家电影院。在接下来的几年里，电影院数量的增长是惊人的。到1914年，英国有3800家电影院。仅伦敦一地就有近500家，拥有40万个座位，是音乐厅座位数的5倍多。不到10年，电影院已经成为占优势地位的流行娱乐形式。1913年，每天有25万伦敦人去看电影。在纽约市，每周去看电影的人次接近100万，其中将近33%是儿童。享乐从未如此廉价。差不多每个人都有去五分钱电影院看电影的那5分镍币。在英国，孩子们通常会得到2便士零花钱——1便士买票，另外1便士买看电影时吃的零食。[118]

早期的电影院并没有对天真无知的观众无经验的神经造成突然的冲击，而是与一系列已有的神奇技术协同运作。在电影巡回放映的那段时期，电影院建立在集市的习俗文化基础之上。在音乐厅里，短片中间穿插着歌曲和幽默段子。几乎没有证据表明，第一代观众对电影感到不安。幻灯机和全景画，已经让各个阶层的观众有所准备——不管是在巴黎市中心，还是在爱尔兰乡村——都能感受到动态的图像和真实的幻象。全景画可以追溯到18世纪90年代，使观众得以沉浸在绘制于巨大画布（经常超过200平方米）上的风景和战斗场面中。下一代全景画加入了立体布景，它把景象移到了观众面前。到1889年，巴黎有17个这样的展示项目。都兰立体布景提供了和一艘真的蒸汽轮船一样大的模型。从未见过大西洋的工人和农民坐在里面，当绘有海浪、海滩和酒店的画布移动时，他们就像经历了一次沿着法国海岸线的海上旅行。超过100万名观众体验过这一项目。另一种模拟航行带着巴黎人从威尼斯到君士坦丁堡，全程不到半小时，还可以感受到海水的气味和海洋的动态。即使电影院有了固定场地，它们也不一定作为单独的娱乐活动运作。巴黎的竞技场剧院是"世界上最大的电影院"，于1907年12月14日开门营业，旨在展现全面的奇观。它是一个圆形的大厅，中间有一片空地，供马匹和后来的大象使用。大型管弦乐队负责演奏。开业当晚，观众欣赏到了18部短片、合唱和一场拳击比赛。[119]

观众绝非恍恍惚惚的被动旁观者。他们向英雄欢呼，向恶棍喝倒彩。对制片人来说，掌声大小显示着影星的价值。有时，观众就是主要的娱乐来源。电影放映经常被打断。一个伦敦人回忆起小时候在1910年前后去当地一家电影院的情景,电影院里有30人,孩童坐在前面。每当短片中断时,"一个总是坐在出口附近软垫凳上的胖女人……就拉动门边煤气灯上方挂着的一条小链子"。影厅里灯火通明:"管理者知道,不能让一群孩子待在一片黑暗中而没有什么可以吸引他们的注意。"在一个"更加富丽堂皇的欢乐穹顶"里,身着棕色制服的侍者们"不时在过道里穿梭,把除臭剂喷到我们头上"。[120] 电影院有解说员和乐师,他们用自己独特的风格来构建场景。许多人从上午到午夜都在连续演出。人们来去自如。直到20世纪30年代,一种有组织的观影模式才逐渐出现,即观众在播发预告片时到达,在"剧终"之后离开。

1909年以前,胶卷长度的上限是300米,或者说16分钟。在接下来的几年里,《暴君焚城录》(*Quo Vadis*)和《悲惨世界》是第一批时长达2个小时的影片。然而,人们对此最初是抱持怀疑态度的,这也让我们可以多少了解到当时主流的观影习惯。1911年10月,法国《电影杂志》(*Ciné-Journal*)的主编说:

> 公众在影片放映时进进出出……我们的观众往往是去电影院待一个小时,以体验不同的情感并迅速满足自己的好奇心。他们喜欢看短剧和有吸引力的喜剧。他们爱看本周新闻和有关遥远国度、异域部落和自然历史的影片。我们怎么可能让节目单以一部长长的电影——而它就是所有节目——开始呢?[121]

依次播放节目单上不同类型的影片,需要观众在观看模式和速度之间进行切换。这不利于进行集体催眠。

对齐美尔来说,大脑有两层。需要深层感受的情感关系位于"较为无意识的心灵层面,极易在不受干扰的习惯化稳定节奏中发展",它们与乡村生活有关联。智力则占据着"易察觉、有意识、较高层次的心灵层面"。[122] 他认为,都市生活同时耗尽了上层和下层的心灵。他没有意识到的是,电影也培养了新的能力。在工厂门口拍摄的当地电影,给了工人们一个在银幕上观看自己的机会。观众因认出自己和朋友而欢呼。自然和旅行类电影创造了一种穿越时空的感觉。"我喜欢看电影。"1907年，一个法国人承认。"它满足了我的好奇心……我周游世界，在喜欢的任何地方停下来，比如东京和新加坡。我顺着最疯狂的路线旅行"，从落基山脉到赞比西河的瀑布段。[123]

到1914年，美国和西欧城市的大多数居民都定期去看电影，但这并没有让他们自动成为同质的公众。品位和习惯反映阶级、教育、性别和种族。对工人阶级已婚妇女来说，电影是解放者。她们不再独自在家过周六，而是像丈夫一样出去娱乐。女孩看电影的次数往往少于男孩，因为男孩对自己的时间和金钱有更大的控制权。移民社区有自己的影院。纽约下东区的犹太影院把意第绪语的歌舞杂要和圣经电影融合在一起。对意大利移民来说，意大利进口货跟讲述美国生活方式的电影一样重要。可以说，正是《但丁的地狱》（*Dante's Inferno*，1911年）这样的电影最先把西西里人变成了意大利人。在芝加哥，非裔美国人去城南的黑人影院。富裕的购物者一般光顾百货公司旁边一些有下午特别场的电影院。到1910年，电影院吸引了来自所有阶级、各类城市的观众。[124]

我们掌握的对观众最细致入微的描绘是关于德国观众的，1913年，德国学生埃米莉·阿尔滕洛为撰写关于"电影院社会学"的博士论文（第一部此类学术研究），在曼海姆观察了电影院里的观众。曼海姆拥有20万居民和12家电影院。电影院是分等级的。工人们看电影花50芬尼。当地精英花工人的10倍价钱买包厢座位，穿着晚礼服观影。在这两个群体中间，坐着军官、工程师和商人。最不常去看电影的是学者——这一点值得记住，因为克拉考尔和其他知识分子对早期电影和电影观众的描述，常常让人感到他们自觉高人一等。喜好差别很大，包括在下层阶级当中。阿尔滕洛发现，工厂工人最喜欢喜剧和爱情影片；小资产阶级喜欢历史片和战争片；而手工艺人喜欢自然类和教育类电影。对他们来说，娱乐必须有实用价值。要让这些发现完全摆脱社会偏见是不可能的。阿尔滕洛确信，无产阶级在文化上是贫穷的，他们喜欢看印第安人和强盗，但对任何需要深入鉴赏的事物不感兴趣。然而，她的采访确实揭示了同质化大众消费的描述中缺失的一系列文化实践。一名15岁的机器装配工说："我去过几乎所有地方。星期一我去电影院，星期二我待在家里，星期三我去剧院，星期五我有体操训练，星期天我和隔壁邻居家的女孩去树林里散步。"[125] 他没有告诉我们接下来发生了什么，但是他列出了喜欢的娱乐类型。他特别喜欢爱情故事和关于印第安人和飞行员的电影，但是他也喜爱瓦格纳和席勒。这个熟练工的案例表明，一个世纪以前的爱好可能比我们认为的要复杂。牛仔和邪恶的头号犯罪天才方托马斯，并没有把《罗恩格林》（*Lohengrin*）赶下舞台。

关于电影过度刺激的警告，是对休闲更普遍的焦虑的一部分。规范娱乐活动和将平民娱乐逐出公共空间的尝试，可以追溯到17世纪，甚至更早。工业化让这些尝试更加紧迫。工业生产要求纪律严明，减少在工作场所的饮酒和休闲。休闲一旦与工作分开，就变成了一个需要进一步规范的社会问题。如果人们把业余时间浪费在不道德和令人麻木的娱乐活动上，而不是提高自己，结果会怎样？维多利亚人发起了一场"理性娱乐"运动。[126] 城市、教堂和公司建立了图书馆、工人俱乐部、基督教青年会和运动队。这种不安的情绪表达了一种对消费者做出的选择更深层次的矛盾心理：可以信任个人选择他们自己的娱乐吗？工作时间缩短，购买力提高，这种同时发生的变化引发了商业诱惑的可怕增长。19世纪50年代，美国的工厂工人每周要工作将近70小时；到1890年，这个数字已经降到了60小时；到1918年，每周工作时间已经变为54小时。国民生活的整体平衡局面似乎正在发生变化。位于纽约州北部的科尔盖特大学的校长警告道，"劳动之地"正在变成一个"懒汉的国度"。美国正朝着古罗马的方向前进，娱乐至死。商业休闲之所以如此危险，是因为它放任本能冲动，而这些冲动以前因为艰苦劳动而高尚化了。本能冲动"廉价，使人萎靡、日益堕落"，导致"道德和智力退化"。[127] 在大西洋彼岸，人们对电影院、赌博和舞厅的腐蚀力量也感到不安。而军国主义的氛围加剧了人们对国家机构不断软化的担忧。

随着儿童和青少年越来越明显地成为消费者，这些焦虑的对象也呈现出新的世代面目。弗里德里希·尼采和青年领袖呼吁青少年摆脱城市生活中的"伪需求"。值得注意的是，正是在这个时候，1904年，美国心理学家斯坦利·霍尔将青春期确定为一个单独的生命阶段，一个容易导致心理扭曲和恶习的"变动和压力"期。[128] 问题青少年在历史上并不新鲜，但是正是在此时，他们被认定为一个独特的问题：青少年犯罪。人们意识到青少年在金钱和流动性方面日益独立，这引发了道德恐慌。搜寻锡罐、瓶子、纸张和废弃家具，然后把这些战利品卖给当地废品商，这让城市里的孩子获得了作为消费者的新自由。不断上涨的工资让青少年工人摆脱了父母的控制。德国的一名福利官员对第一次世界大战刚结束就引入的喜忧参半的八小时工作制做出了评价。青少年现在有那么多的钱和时间，以至于他们急切地开始寻找各种娱乐活动来打发无聊时光。他们被"诱惑着去改变生活方式，而这种改变严重损害了他们仍在发育的身体"。[129]

街道和舞厅是围绕着休闲的战争的爆发点。简·亚当斯等美国改革家认为，他们正在进行一场艰苦的战斗。电影院和街角糖果店远比学校的宿舍区吸引人。在纽约市，95%的孩子在街上玩耍。1909年，纽约市一项对下东区——在东休斯顿街、格兰德街和萨福克街之间，仅约0.33平方英里的区域——的调查显示，这里有188家糖果店和摊位、73家汽水店、9家舞厅以及8家电影院。这里还有9座犹太教会堂和基督教堂，以及1家警察局，却没有一个运动场。如果说酒馆是"穷人的俱乐部……糖果店和冰激凌店就是青少年的俱乐部"。他们在这些场所社交和胡闹。糖果店有老虎机和彩票。青少年保护机构警告说，糖果和赌博诱使孩子们偷窃，典当自己的课本。街道是一块吸引青少年犯罪的磁石；直到20世纪20年代，汽车才占据街道，报童从市中心消失了。部分原因在于过度拥挤。用纽约市儿童福利委员会秘书的话来说，家不再是"美好的家"，而仅仅是一个"睡觉的盒子和吃饭的窝"。[130] 青少年在街头寻找乐趣。

然而，青少年犯罪并不是穷人的专利。娱乐活动之所以面临如此激烈的争论，是因为来自优渥家庭的青少年也被送上了法庭。克利夫兰的一项调查追踪了向上流动的家庭的青少年犯罪问题。"他们近期的发达让孩子们突然获得了安逸条件、金钱和闲暇时间。"这类青少年抛弃了"家庭控制这种父权制观念"。"他们唯一可以用来替代的标准似乎是以'群体'

塑造一种时髦形象。他们……代表一种可以自由驰骋的新生社会活力。"最常见的不良行为是夜晚在外逗留。街头帮派出现了。女孩们在无人监管的情况下外出。来自有着不错收入的家庭的女孩，在家时每天在日常杂务上花2到5小时，但在上学日每天在街角和电影院花4个半小时甚至更多，周末花7小时，"经常和男孩见面"。七年级的女孩和男孩去滑冰和做爱。有些人最后进了管教机构。该报告强调，这是一个"良好的"街区展示了"在如何健康地利用业余时间方面极其糟糕的失败例子"。[131]

　　舞蹈热引发了新的危险。20世纪早期，舞蹈发展成为最受欢迎的业余活动之一，仅次于阅读。舞厅和舞蹈学校如雨后春笋般涌现，这给16到21岁的女孩提供了接触年龄稍大一些的男孩的机会。1美元能购买6节团体课。例如，到1919年，在克利夫兰这座有80万居民的城市，有115家舞厅。位于伊利湖岸边的月神公园和欧几里得海滩公园的2家舞厅，每周售出逾12万张门票。一所管理良好的舞蹈学校有禁止"粗野舞蹈"的规定，这类舞蹈动作包括"拥抱、扭动、'快步'"。[132]在欧几里得海滩公园，舞池要求执行"严格的得体标准"，只能跳慢步圆舞、华尔兹和两步舞。那些认为自己可以加入滑行动作的舞伴组合不得不离开舞池。问题在于那些酒水和身体不受管束的众多舞厅。在曼哈顿，有一半的舞厅卖酒。另外，许多舞蹈学校把舞厅租给了不受其控制的其他组织。"特别不良的行为"是让"老练的女孩和堕落的男人，跟第一次进行这种接触的单纯之人混在一起"。"结识新朋友"之风不断蔓延。为了将"这种不良行为控制在最低限度"，克利夫兰的娱乐专家呼吁，要有更多的舞厅巡查员和"警觉而明智的监督人"，不仅要监管舞池，还要监管"舞厅附近的人行道和大街"。[133]

　　改革青少年休闲活动的尝试有两个方向。其中一个是离开城市。童子军、候鸟运动、有组织的青少年运动，让青少年前往森林和山区，以净化和恢复他们的身体。如果要跳舞，那就跳民间舞蹈，或者裹着腰布绕着树跳。另一个方向是提高城市中的休闲活动的质量。青少年保护机构发起了一场针对糟粕的斗争。在汉堡，教师和神职人员发放了优秀文学作品白名单，组织对某些书店的联合抵制活动——这些书店用犯罪故事和"水牛比尔"的故事腐蚀青少年。周日下午，青少年中心放映经过核准的电影，组织阅读童话故事，举办木偶戏表演。[134] 参与其中的人始终只是青少年中的一小部分。

更重要的是由城市当局赞助的新休闲空间。19世纪中叶，欧洲城市开始向公众开放植物园，这并非没有受到一些中产阶级市民的抵制。美国城市将这一新方案提升到了新的高度。改革者主张，城市居民需要的是娱乐，而不是清教徒式的生活。出于对激进工人的恐惧，这在一定程度上是一种防御措施。城市和工业化生活充满了压力：给工人一些娱乐，远比让他们因沮丧而引发革命要好。罢工促使早期的批评家明白，要把电影院当成一个安全的宣泄口。

然而，娱乐在人类发展中发挥的积极作用也得到了真正的赞赏。纽约娱乐委员会的干事在1912年强调，追求快乐是一种"正常的冲动"。心理学"告诉我们快乐就是力量，恰当的娱乐不仅有益于健康，而且有利于发展"。[135] 问题不在于休闲娱乐，而在于城市未能将其引导向健康的方向。舞厅和糖果店将会受到监管，而非关闭。最重要的是，城市自己需要提供更多的休闲娱乐活动。公园规划好了；游泳池开放了。到1890年，马萨诸塞州的伍斯特湖滨公园每天吸引2万人，约占伍斯特总人口的20%。在科隆，该市于1892年修建了第一座市政运动场；随后的20年，在波尔区，又增加了1个运动场、5个足球场、1个曲棍球场和10个网球场。在英国，1908年，曼彻斯特市政当局买下了普拉特菲尔德，将这个昔日的乡村公园变成了一个市政休闲中心，它拥有46个网球场、13个足球场和9个板球场，以及1个可以划船的湖和1个戏水池。美国城市修建了带有运动器材的游戏场。"我们应该修建游戏场，还是扩大监狱？"宣传单上这样问道。1910年，伍斯特推出了它的第一个夏季游戏场活动单。该市雇了50名员工，在20个地方开设田径、唱歌、游戏和缝纫课程。每天有近7000个孩子参加。[136] 第一次世界大战后，在公共娱乐上的投资继续增加。1925—1935年，休闲娱乐预算翻了一番。到那时，整个美国有近1万个游戏场和8000个垒球场。[137] 接着，商业和公共娱乐休闲协同发展。城市的休闲娱乐是一种混合经济。

最大也最具特色的休闲设施是位于大城市附近的游乐园。著名的蒂沃利花园于1843年在哥本哈根开放，里面有旋转木马、观光轨道和东方建筑。1900年前后，游乐园大幅扩张。布鲁克林的科尼岛上建有梦幻世界、赛马场以及月神公园。仅月神公园就占地36英亩，它有一座200英尺高的电力铁塔、反光水池、水滑梯、"月球之旅"、受儒勒·凡尔纳启发的海底旅行。它是一个由1200座塔楼、圆顶和尖塔组成的仙境。20万盏灯在夜空中闪烁着璀璨光芒。像月神公园这样的度假胜地融合了怀旧与科技的元素、休闲与刺激的项目、狂欢与新奇的气氛。通过一趟游玩，游客就可以享受刺激的过山车，看怪诞演出，调情，到访一个因纽特村庄。

这种混搭的方式对城市人群有什么影响？一种观点认为，商业休闲让具有不同移民文化的人群融合成一个同质程度更高的群体。诚然，在科尼岛运营初期，它吸引了各类游客，尽管那里始终存在着非正式的种族歧视。然而，社会和文化的融合不应被夸大。到20世纪20年代，精英阶层已经抛弃了科尼岛，富裕的工人开始转换到更为体面的泽西海岸。在世界其他地方，游乐园发展出了自己独特的风格，反映了其周围环境的特定社会和文化构成。英国首屈一指的度假胜地布莱克浦拥有令人愉悦的海滩，在公共假日里，它可以接待多达25万的游客，这充分体现了它的民主品质。用1904年《布莱克浦时报》的报道来说，"这个度假胜地汇集了商人和机修工、时尚女士和工厂女工……最顶层的人和最底层的人"。[138]与科尼岛相比，布莱克浦的度假人群总是更加同质，他们是新教徒，来自相同的工业腹地，追求一样的体面、有序的乐趣。然而，阶级区分现象在这个度假胜地还是随处可见，这座城镇让露天游乐场始终远离中产阶级的北岸。在殖民时代的新加坡，新世界游乐园于1923年开业。以前被隔离的公共空间现在向所有阶级和种族开放。从6点到午夜，这里有拳击比赛、赌博、电影、戏剧和餐馆。卡巴莱餐馆拥有马来半岛最长的舞池。然而，它的成功与其说是依赖文化的融合，不如说是依赖它为不同族群的观众提供了各种文化类型。在一出马来亚邦沙万剧的隔壁，一个中国剧团正在表演中国戏曲。受欢迎的舞蹈既包括马来亚的龙根舞，也包括弗拉门戈舞等欧洲舞蹈。莎士比亚戏剧、荷兰戏剧和印度斯坦神话剧在剧院交替上演。[139]

到1914年,工业化国家的城市是煤气、水和交通运输组成的网络,其物质生活方式与乡村截然不同。夏天,总是用水桶从井里打水的小城镇和农村地区的居民,不安地看着那些习惯使用浴缸和持续供水的城市游客来到他们居住的区域。与此同时,百货公司、打折商店、广告和邮购商品目录将城市的喜好和时尚传播到乡间。消费文化并没有在仅存的少数城墙处止步。从这个意义上说,城市正开始失去它的一些独特性。[140]不必非得住在巴黎,才能看起来像个巴黎人。但与这些普遍变动一样重要的是城市内部和城市之间的多样性。大都市的现代性并不是用一个单一的模板锻造出来的。创新和改造相互交叠。城市容纳百货公司和街头小贩、电影院和公共游戏场、私人浴室里的流动热水和小巷及庭院里的竖直水管。城市拥有的并不是一种单调的生活方式和厌腻情绪,而是多种行为、节奏和消费空间。因此,将这一时期视为从习俗和社区到商业和个人主义的彻底转变,是毫无益处的。城市及其居民不是被动地席卷入一场商品和欲望的海啸。在商店如雨后春笋般涌现的同时,城市也在通过消费打造新的社区。

第 5 章

消费革命走进家庭

布鲁诺·陶特讨厌杂乱无章。他是魏玛德国一流的现代主义建筑师，负责修建过标志性的住宅开发项目，如柏林的马蹄铁形社区（1925—1933年）。这是一个由三层公寓楼群围成的半圆形街区，长 350 米，为数百幢带花园的平顶房屋所环绕。现代主义者的使命是建造更好的新家园，从而创造出新的更好的人。马蹄铁形社区的公寓带有独立的浴室和厨房，这在当时是革命性的。现代主义者高度重视平顶、朴实无华的外观以及实用性很强的钢铁和玻璃材料。但是，免去外部虚饰仅构成一半的答案。改革也必须从内向外进行。陶特在 1924 年献给"所有女人"的《新家》（*The New Home*）是向物品宣战："各种各样的画、镜子、沙发套和桌布、多层窗帘、枕头叠枕头、地毯、门垫、钟表、照片和展示的纪念品，以及摆满饰品的小桌……"有教养的精英哀叹流行品位，这并不新鲜，但是在陶特看来，问题是更深层次的。人们盲目地惧怕失去自己为数不多的宝贵的私人物品。他们不再是自己城堡里的国王：他们成了物品的奴隶。[1]

这种"死气沉沉的暴政"正在慢慢侵蚀家庭的和谐，最重要的是，侵蚀着家庭主妇。女性——"家的真正创造者"——已经变成了打扫的奴隶。妇女解放，需要先从物品中解放出来。陶特的质朴宣言受到了多种来源的启发。除了魏玛时代的社会改革氛围，他还借鉴了美国家庭效率的先行者克里斯蒂娜·弗雷德里克的理念，她关于时间和移动的研究已经表明，在一个设计更合理的厨房里，家庭主妇可以节省很多精力。然而他真正的热情是对日本的，他很喜欢日本室内简约、干净的风格；1933 年希特勒上台之后，身为犹太人的陶特逃到了日本的高崎。德国住宅需要更加日本化。小摆设、流苏和饰边、孩子们做的小工艺品等，都不要出现；多余的椅子和"劣质的百货公司商品"，也不要出现。陶特并不是特别关心室内装饰是新艺术风格还是彼德麦风格。对"全套家具"——不成整体、似乎无穷无尽的物品组合——的推崇，让他感到恼火。内置式橱柜和实用家具将取代它们，恢复家庭主妇的健康和心智。而且人们必须被教导摆脱由所有这些物品激发出的虚假情感，去产生一种对文化物品更真实的鉴赏。陶特写道，"精神卫生"就跟身体清洁一样重要。像日本人一样，欧洲人应该把他们的画和物品锁在箱子里，想要欣赏它们的时候再拿出来。与他的现代主义同行不同，陶特从来不是一个纯粹的实用主义者。他会考虑使用不同的色彩组合——在马蹄铁形社区，前门被涂成黄色、红色或绿色——但是，他坚持认为墙壁应该是无装饰的。

陶特的家庭革命项目在魏玛德国附有特殊的责任，在那里，民主建设工程推动建筑和设计变得高度政治化。[2] 然而，在整个欧洲、美国和日本，人们对作为一个消费空间的家庭进行反思。如果说在 19 世纪后期，关于消费对社会造成了什么影响的恐惧（和希望）集中于城市和公共空间，那么在 20 世纪上半叶，它们越来越多地围绕私人空间。在欧洲精英和资产阶级的家中，私人空间和公共空间的分离在 17、18 世纪就已经开始了，由此产生了一种新理念，即男女领域分离。伴随着更大程度的隐私保护，一种新的舒适文化出现了，这种文化以软垫椅和后来的沙发为代表。约 1900 年，这些较长期的趋势获得了新的意义。工业化极大地加快了有偿工作脱离家庭的速度。它让家庭成为消费的典型空间，一个由家庭主妇打理并且等着填满私人物品、新技术和休闲活动的物质庇护所。

我们正在进入一个拥有客厅成套家具、洗衣机、收音机和自有住房的时代。批量生产的商品给普通人带来了标准化的舒适生活。煤气和电使住宅得以备齐机器。收音机和留声机打开了一个娱乐和声音的新世界。而且，住宅本身也成了珍贵的私人财产。

这种商品入侵不仅仅关乎人们拥有多少物品。它改变了日常生活的核心和灵魂，以及节奏和规律。这些机器会把人们从繁重无聊的劳作和依赖中解放出来，培养更丰富的个性，从而强化家庭和社会吗？或者，它们会助长人们对更高水平的舒适生活和消费的沉迷，滋生自私的物质主义并促使人们遁世吗？正如所有革命一样，这场革命也是没有必然的方向，没有预先决定的结局。研究家庭的经济学家与制造商、政治家、设计师和小说家，激烈争夺对家庭的控制权。但到最后，家是由住在其中的人以及地方规范和习俗塑造的。

甜蜜之家

家居对一些人来说是对品位的一种冒犯，对另一些人来说却是大生意。在欧洲和美国，19世纪最后三分之一的时间里，家居业繁荣发展。家庭收入逐渐增加，与此同时，花在住宅上的钱也在增长。就像在巴黎和柏林一样，在波士顿和伦敦，这是家庭装潢师的黄金时代，因为那些有抱负的资产阶级试图通过高雅的室内装潢来支撑他们的社会地位和身份。用1881年首次出版、广受欢迎的美国指南读物《美丽的房子》（*The House Beautiful*）中的话来说，年轻夫妇安家时，被鼓励着将客厅视为"生活教育的重要媒介"。[3] 装饰传达出一个家庭的文化，据说对家庭成员有持久的影响。墙纸的普及引起了人们对家居的狂热崇拜。到1874年，英国墙纸制造商生产了3200万张墙纸，是二三十年前的6倍。[4] 在中产阶级的家中，瓷质小狗、黄铜孔雀紧挨着日本暖气罩放置。

富裕工薪家庭也在不断增加和更新室内陈设，尤其是在实际工资最高的美国。对同时代的观察家来说，地毯是检验住宅舒适度的试金石。地毯是1874年马萨诸塞州对技术工人进行的一项开拓性调查中使用的考察基准之一。一个机械师家庭一年挣的钱刚刚过1000美元。这些钱里的一半用在了食品上，但是家里的6个房间全都有地毯。在调查时到访的半数房子里，至少客厅都铺着地毯。[5] 许多家庭都有一台缝纫机、一架风琴或钢琴，它们是体面生活的终极证明。

在欧洲和亚洲，大多数产业工人的生活与这种舒适水平相去甚远。在圣彼得堡，一些已婚工人有枕头和被子，但大多数单身的季节性租户都睡在拥挤的公寓里光秃秃的木板上，没有存放个人物品的地方。[6]尽管如此，甚至在美国以外的地区，也有改变的迹象。在欧洲，矿工们以分期付款的方式购买钢琴。客厅变得神圣起来，点缀着被社会改革家憎恨的装饰性"奢侈品"；工人们甚至在窘迫的情况下仍出钱购买某些物品，比如说放在上了锁的客厅里的黄铜炉围。[7]在后发区域斯堪的纳维亚，技术工人也开始享受更好的住宅舒适条件。在克里斯蒂安尼亚（现奥斯陆），虽然一个纺织工人家庭仍然要和邻居共用厨房，但是此时有了自己的起居室（12英尺×15英尺），有"两扇窗户，窗户上方还有短花边窗帘……一张单人床；一张可以用来做床架的木制沙发或长椅；桌子、碗橱、钟、画作、鲜花"。[8]

新的家居大众市场的庞大规模，引发了三种担忧：它可能会让生活和文化标准化，引发虚假的需求，将女性囚禁在镀金的笼子里。这些恐惧常常一起发声。陶特抱怨，起居室果然已经开始变得像国际酒店的房间那样统一而华丽，这让各国难以培养自己的居住风格。[9]价格低廉的椅子和餐具柜对有创意的艺术家来说是一种威胁，但对消费者来说是一种福利。扭转这一趋势的几次努力——比如艺术和手工艺运动——往往取得反效果：艺术家设计的墙纸和地毯也被批量生产。

19世纪后期，随着个性化和标准化将彼此推向新的高度，独特产品与量产产品之间出现了激烈的相互作用。这在巴黎资产阶级家里达到了顶峰。一方面，客厅和走廊里到处都是复制品和仿制品，新材料和大规模复制的方法让这种现象成为可能。橡胶在其中发挥了重要作用。从19世纪60年代起，最初用于医疗的生橡胶彻底改变了艺术市场。突然间，硬橡胶雕像可以成千上万地批量生产，装饰性花瓶、相框和浮雕相册可以以低廉的价格制作。铝、油毡和赛璐珞进一步扩展了批量复制的范围。硫化带来了人造花和微型温室。电镀让锌和黄铜可以看起来像青铜。在费迪南·巴伯迪耶纳位于巴黎的著名铸造厂里，数百名工人正忙着浇铸仿青铜雕像——各种尺寸的肩扛弹弓的大卫和携小提琴的莫扎特。据说资产阶级染上了雕像癖。平版印刷对画作产生的影响，就像橡胶和铜对雕像制作产生的影响一样。1870年，勒格拉之家的商品目录中载有2000种不同复制品，从静物到风景都有。人们再也没有必要去卢浮宫了。这时，只要花上20法郎，著名的雕像和画作就可以带回家了。[10]

由于担心陷入浅薄的盲目因袭，人们开始狂热追求个性化爱好。到19世纪晚期，资产阶级的家已经成为"自我"的避难所。在某种程度上，这是一次非常真实的肉体意义上的隐退，因为中产阶级把他们的公寓变成了远离街头革命性危险的安全避难所。但是，从19世纪中叶开始，私有化在人与物品的关系中也变得越来越明显。安全不仅仅意味着给前门上锁。橱柜、书桌、衣柜、箱子和许多其他个人物品都由积极的锁匠装上了锁。个人物品必须保护好，不仅要防着仆人，还要防着家人、同等地位的人。地毯和窗帘变得更加精致，形成了一个静默的保护罩。通过物品实现对个人舒适、控制、秩序的追求，这强化了对安全的渴望。人们在这些年来对个人清洁的关注越来越多，而这种关注延伸到了私人物品上。资产阶级用除尘用具、消毒剂和特殊的"中国粉"，让他们的物质世界达到了他们的个人卫生标准。真正的舒适（confort，19世纪40年代源自英语的法语词），不仅注重"身体"或者精神上的满足（有一本手册强调了这一点），但"更注重情感上的满足"。[11] 富有艺术感的椅披、床罩以及边桌上的小丑雕像展示了一个人的品位和个性。《少女杂志》（Le Journal des demoiselles）和其他在这一时期开始流行的类似家居杂志，都刊登了有关"甜蜜之家"的文章，并就如何赋予室内空间合适的个人色彩提出建议。在英国，有人主张，自由主义强烈地鼓励人们在家居装饰中展示自己的个人风格，[12] 但是在没有此种自由主义氛围的国家也有类似的趋势。家，在欧洲各地都是自我的圣殿。

到1914年，可供中产阶级家庭选择的，有成千上万款不同的椅子、沙发、床和边桌。伦敦的利伯缇百货公司开始尝试以生活方式进行营销，向那些惧怕"寻常"品位的顾客提供能与东方陶罐搭配的摩尔风格家具。[13] 新产品的生产引发了一种对旧日产品的狂热。在早期现代的巴黎，一种有利可图的"半奢华"家具贸易已经出现，家具商会把现金拮据的贵族手中的"半奢华"家具卖给有抱负的资产阶级。[14] 但是总的来说，对旧物的需求是有限的。一项对巴黎商人、银行家和店主的公寓展开的调查发现，在19世纪30年代至50年代，古物完全消失了。但是到19世纪90年代，这些公寓里摆满了古物。巴黎和伦敦经历了一股古物热潮。古董店、古董交易商和家具经纪人成倍增加。[15]人们对路易十六时代的桌案和洛可可式椅子的仿制品非常狂热。那些喜欢小饰品的人，可以翻阅一些月刊，比如说《古玩》(*La Curiosité*，1886年)和《小装饰品》(*Le Bibelot*，1907年)。收集古董成了资产阶级共同的消遣。人们渴求的真品范围很广，从亚洲花瓶和土耳其地毯到布列塔尼的纺车，这些物品在巴黎资产阶级和一种理想化的乡村昔日生活之间编织了一条线。大众舒适条件的普及非但没有摧毁古老和"真实的"物品，反而增加了它们的价值，让人们对过去的一切物品都产生了近乎考古般的兴趣，无论它们是普通物品还是精品。人们穷追旧家具，将其修好，或者干脆将其拆解，然后用其他部件将其重新组装起来。对家具商来说，这是最好的时代。

如果说这种趋势是国际性的，那么它在美国尤为突出。对流水线批量生产做出最大贡献的人，同时也是收集普通人制作的普通物品的先锋人物，这并非偶然。这个人就是亨利·福特——T型汽车之父。福特从1906年开始收集普通物品。到1929年，他的收藏已经发展为一家废旧物品博物馆。这是一家展示普通人日常生活的史密森尼博物馆，至今仍对公众开放，就在底特律郊外的迪尔伯恩。西奥多·罗斯福总统的妻子伊迪丝·罗斯福是另一位"废旧物品收藏者"。用一位重要收藏学者的话来说，这些年出现了"废旧物品的实质转变"。[16]庭院拍卖会出现了。在16、17世纪，收集来自远处的珍贵物品一直是国王展示权力覆盖范围的一种方式。[17]1900年前后，强大王权开始被民主化。每个人都可以成为收藏家。

这是令陶特感到绝望的缘由之一。与许多后来的"消费主义"批评者不同，对陶特来说，问题并不在于"用完即弃社会"，而是人们扔掉的物品不够多。一个人的阁楼成了另一个人的客厅。

约1900年，商品的扩散打破了既定的地位准则。积累和展示是一种重申社会等级的方式。1899年，芝加哥非正统经济学家索尔斯坦·凡勃伦将这种现象称为"炫耀性消费"。在他的《有闲阶级论》(*Theory of the Leisure Class*)中，他主要关注超级富豪，以及他们如何利用代价高昂的娱乐活动和艺术品，把自己与地位较低者区别开来。对精英阶层来说，"代理消费"是一种在许多人都买得到商品的时代里维护自己在生活中的崇高地位的方式。[18]在这场竞争激烈的游戏中，关键人物是家庭主妇。通过她的休闲活动、她的珠宝以及有品位的室内装饰，她可以展示中产阶级家庭的崇高声名，以及中产阶级家庭与脏乱的劳工世界之间的距离。

正如凡勃伦表明的，这其中有很大一部分都是装模作样。家庭主妇并不一定闲着。家务劳动直接被掩盖了起来，以维护有闲这个理念。凡勃伦认为，真正的舒适和有闲从来都不是目标，而且就算实现了舒适和有闲，那也是"或多或少的偶然情况"。所有这些活动都遵循了他所称的"关于白费力气的重大经济规律"。"炫耀性消费"没有将资源用于生产性用途，而是将它们浪费在积累、展示和效仿上。尽管凡勃伦将最尖锐、最愤世嫉俗的评论直指新的美国精英阶层，但他强调，这种由地位驱动的竞争也依然"在金钱层面上低于代理休闲的需求"。对舒适和体面的追崇迫使所有已婚妇女"为了家庭和一家之主的名誉而有意购买一些商品"。[19]

在一个进步的时代，这些读起来都不令人感到愉悦。凡勃伦既不是达尔文也不是斯宾塞，他认为社会演化是倒退。消费只是男人奴役女人的最新锁链。妻子由"男人的苦力和动产……他所使用的物品的生产者"，演变成了"他所生产的物品的仪式性消费者"——"不自由的仆人"。[20]对夏绿蒂·柏金斯·吉尔曼等女权主义改革者来说，凡勃伦提供了权威性的支持，尽管他自己是一个臭名昭著的玩弄女性者，总是试图勾引自己的学生和同事的妻子，最终妻子和他离婚了。吉尔曼写道，女人沉迷于装饰和物品，这是因为"玩扮家家酒"是女人被允许做的唯一一件事。家是一个物质怪兽，它"依靠别人的投喂生长"，让女性无法为现实世界做贡献。对这种"无意义的挥霍"的唯一限制似乎是"男人的支付能力"。[21]

自古代以来，对与众不同的渴望一直是讽刺作品和文学作品的素材。凡勃伦的独创性在于让其成为一个完整的社会体系的引擎。这一观点的简明性是其持续具有吸引力的关键，但也是其根本弱点。对凡勃伦来说，人的本性基本是不变的。他把商品看作社会声誉和权力的工具。人们挂起一幅画或购买家具，更主要是为了给别人留下深刻印象，而不是为了个人享乐。人们使用物品，是向外而不是向内的。像凡勃伦和陶特一样支持简朴生活的人，忽视或轻视了物品常常承载的情感、意义和记忆。陶特嘲笑不能放弃儿子制作的小工艺品的家庭主妇有"情绪化恋物癖"——"我们亲爱的比利做了这个，你还记得吗，哈比，当他还只……"[22]

尽管一些消费曾经是（现在仍然是）炫耀性的，但凡勃伦的同时代人也逐渐开始用私人物品和业余爱好来完成自我实现。在一定程度上，这弥补了日益严格的工作环境造成的伤害。到1900年，业余爱好被宣传为一种治疗厌倦情绪和紧张疲劳的良药。然而，业余爱好不仅是一个庇护所，也是一种探索和肯定自我物质层面的方式。

家居改进就是自我提升。很少有人能比乔治·格罗史密斯和威登·格罗史密斯在《小人物日记》(*The Diary of a Nobody*)中更好地描绘了这一信条。《小人物日记》是英语世界中关于郊区住宅最伟大的讽刺作品，它最早于1888年在《笨拙》(*Punch*)杂志上发表。普特尔先生发现家居改进的缺陷时，他和妻子凯莉刚刚搬进位于伦敦北部新郊区（就在今天阿森纳足球场的拐角处）一栋有6个房间的半独立式"别墅"。事情并没有像普特尔先生希望的那样好——这所房子虽然位于一个体面的街区，但是后花园延伸到火车轨道，这节省了他2英镑租金。普特尔先生打算做出改进。他的座右铭是"甜蜜之家"，正是在家的四面墙内，他找到了自己的骄傲。地毯必须钉上，窗帘必须挂上。普特尔先生的架势很足。把花园里的一些花盆刷成红色后，他又上楼去给仆人的脸盆架、毛巾架和五斗橱上漆。普特尔先生说："在我看来，这是一次非凡的改进。"而仆人持不同看法，这正是"下层阶级无知的一个例子"。驱使普特尔先生前进的不是别人的意见，而是成就感。一项改造接着另一项。普特尔先生弄到了更多的红色珐琅漆——"在我看来，红色是最好的颜色"——他把煤斗和莎士比亚戏剧集的书脊也刷成了红色。他甚至把浴缸也漆成了红色——"我对成果感到很满意。很遗憾，凯莉并不满意，事实上我们就此也吵过几句。"最终，普特尔因他的愚蠢受到了惩罚：两天后，他惊恐地从浴缸里站了起来，手上似乎淌着血。[23]

物即我们

这样的讽刺作品很有趣，但它们也包含着一个严肃的观点，迫使我们重新思考对1900年前后那段时间仍有影响力的解释。凡勃伦和陶特以不同的方式把商品的发展视为让人疏离的。在这点上，他们采纳了一种可以追溯到马克思和卢梭，而且20世纪的许多社会主义者和消费者权益倡导者仍旧支持的传统。这些思想家并不是持有一种单一的思想体系。他们共同的地方在于一种本能的怀疑，即消费正在使人们远离真实的自我。按照这种观点，现代性摧毁了人、物和自然之间的有机统一。人们与自己亲手制作的产品相分离，科学和理性与自然和情感相分离，男性的公共空间和女性的私人领域相分离。结果就是祛魅、不平等和冲突。

在《新教伦理与资本主义精神》一书中，马克斯·韦伯提出了这种观点的一个有影响力的版本。现代人与世界疏离，他们只关心自己的得救和成功。韦伯写道，人们被卷入了一个"物化的经济世界"，这个世界由交换和对商品的欲望推动。在这个过程中，他们失去了农民和战士享受到的真实、完整的生活体验。农民能够像亚伯拉罕一样在离世时"寿数很高"，完成他们的整个生命周期。现代文明倾吐出如此之多的文化产品，以至于人们只品尝到生活的一小部分。为了应对这种"贬值"，人们把对文化的追求变成了一种"志业"。但是随着文化越来越多，商品越来越丰富，舒适度也越来越高。这是一个恶性循环。韦伯认定，现代人最多只能希望离世时已经"厌倦生活"。[24]

许多书写过19世纪末、20世纪初这段时期的历史学家，都把他们的故事纳入了这个宏大的计划，作为自我和物品之间日益加深的鸿沟的一个篇章。[25]在T. J. 杰克逊·李尔斯对现代美国丰裕形象变化的精彩研究中，他将这一时期描述为"欲望非物质化"的高潮阶段。广告商培养了一个不安分的自我。总会有新的承诺获得更大的自我实现的产品出现。新商品几乎没有打开包装，就被遗落在购买者永无止境的寻找自我的旅程中。按照这种观点，消费者文化完成了与笛卡尔相关的启蒙工程：创造了一个脱离于物质世界的自我，并且能够掌控它。[26]

值得强调的是,"祛魅"是对现代历史的一种解释,基于对人性的猜想,而不是对人们如何实际参与物质世界的描述。如果我们关心后者,就会诞生另一个故事。19世纪90年代到20世纪20年代见证了物质自我的复兴,而不是持续推进的非物质化。启蒙故事仍在继续,尽管是以不同的方式呈现。情感与社交、文雅和同情的语言,让位于一种与物品更实际、更私人的关系。普特尔先生、收藏、手工艺品和家居等,都是重新认识物品在自我发展中所起的作用的要素。自我并没有与物质世界隔绝,物品影响和塑造着自我,反过来,物品本身又带有个人性格和文化的印记。人工制品逐渐被看作进入自我的通道。[27] 世界上第一个露天博物馆是斯堪森博物馆,它建于1891年,位于斯德哥尔摩的动物园岛,游客们漫步其中,参观几个世纪以来的老房子、农庄和手工艺品。在新英格兰,"生活历史"博物馆开始使殖民地家庭得以复活。人类学展览展示了原住民部落的生活场景。在政治领域,当时的人开始注意到旗帜、海报和徽章是如何创造超出了清醒、理性的公民模式的情感纽带的。[28] 与此同时,儿童研究人员也在强调玩具对认知发展的重要性。当时的社会正处于物质转向之中,而这包括文学、心理学和哲学。

在19世纪90年代的美国,亨利·詹姆斯和威廉·詹姆斯两兄弟占据重要席位。他们抓住了消费激情的脉搏。比威廉小16个月的亨利,在凭1897年的小说《波因顿的珍藏品》(The Spoils of Poynton)——他在书中对物品的力量进行了敏锐探索——大获成功之前,还曾涉猎写作剧作。《波因顿的珍藏品》描绘了那个时期的收藏热潮。波因顿不仅仅是一所房子,它还是寡妇基瑞斯夫人多年来精心搭建的一座物品圣殿。她的生活和身份与她的收藏密不可分。"是的,这是一个关于橱柜、椅子和桌子的故事",詹姆斯写道,但它们不是"完全被动的"。它们有一种"内在力量",收藏家一眼就能感觉到这种力量。多年来,拥有、观赏和触摸物品,重新唤醒了那些早期的"激情"和"能力"。[29] 基瑞斯夫人的目标不是"炫耀性消费"——但愿如此。波因顿是基瑞斯夫人的私人奉献对象,它摧毁了她周围最亲密的关系。问题在于,她的儿子和莫娜订婚了,而莫娜看重波因顿的价值,她懂得把接手波因顿作为结婚的一个条件,但是她看不到物品的灵魂。基瑞斯夫人很关心她的私人物品，好像它们是她的孩子。它们跟她一道成长，就像她自己跟它们一道成长。把它们交给莫娜，就像把自己的宝贝交由陌生人负责。基瑞斯夫人培养更具审美敏感性的弗莱达作为莫娜的对手，从而破坏这场婚姻。波因顿的"珍藏品"在角色之间引发了一场痛苦而毁灭性的战争。最终，波因顿陷入火海。

亨利·詹姆斯揭示了作为收藏家的消费者的心理。他对基瑞斯夫人的刻画，预示了西格蒙德·弗洛伊德在20多年后提出的压抑和移情的某些心理学基础。作为被迷恋物的商品具有一种情色的性质。物，而不是人，掌控了基瑞斯夫人的爱和欲望。然而更重要的是，詹姆斯将积累描述为一种类似于生理照料的有机过程。这位寡妇"侍候着"她的珍宝，"为它们工作，仔细拣选它们，让它们配得上彼此和这所房子，看着它们，爱它们，和它们一起生活"。[30] 通过它们，她创造了自己的个性。而且在关心它们、把它们彼此联系起来的过程中，她为它们注入了生命和价值。

基瑞斯夫人是一个病态的案例，但亨利·詹姆斯极其精辟地传达了一种物质观，以占有为导向，但超越了对消费的自我的传统描绘，好像它与物品是分离的。这里的欲望，不仅仅是购买又一件新奇物品带来的短暂兴奋感。收藏品的规模越大，被维护的时间越长，它们获得的情感投资就越多。我们很难在基瑞斯夫人的个人特性和她的私人物品之间划清界限。这种看待事物的方式与卢梭或马克思的截然不同。在基瑞斯夫人、普特尔先生或任何一个普通人手中，物品可以被用来构建社会身份和关系，而不只是掩盖他们与劳动的联系。

《波因顿的珍藏品》并没有取代《资本论》，但它抓住了当时不断扩展的情感。仅仅因为不再自己制作大部分物品，人们是不会自动从一个新产品随意地跳到下一个的。一种相反的趋势也在抬头。在家里，人们越来越多地把自我投入到私人物品中。这种趋势——通过消费，而不仅是生产，创造价值——通常与自20世纪50年代以来从工业社会向消费社会的转变联系在一起。它在19世纪末就已经开始了。

当亨利·詹姆斯在1893年第一次构思出他的故事时，他的哥哥威廉刚刚完成了两卷本的《心理学原理》(*Principles of Psychology*)。威廉·詹姆斯是哈佛大学教授、美国知识界的巨人、实用主义的创始人之一。他研究了一些大课题：真理、宗教以及思想和物质之间的关系。威廉不仅学过医学，还学过绘画，这些加上反复发作的抑郁症，可能会激发他对人与物品之间情感流动的兴趣。他认为，单纯偏向思想或物质是愚蠢和不必要的。两者不可分离；早在19世纪初，这一点就由德意志唯心主义者弗里德里希·谢林有力地提出过，与詹姆斯同时代的C.S.皮尔斯也重申过。自我和物质世界相互渗透，情感和经验在二者之间流动。"一个人的自我是他能称之为自己的物品的总和。"詹姆斯说。这并不"只是指他的身体力量和精神力量"或者他的家庭、工作和名誉，还指"他的衣服和房子……他的土地和马匹、游艇和银行存款"。所有这些都给了一个人"同样的情感。如果它们兴盛和繁荣，他会感到洋洋得意；如果它们逐渐衰弱并消失，他也会为此消沉"。[31]人们既有一个社会和精神的自我，以及一个纯粹的自我，也有一个"物质自我"。

家是"物质自我"的温床。"家中场景是我们生活的一部分"，威廉·詹姆斯写道，家唤醒了"最温柔的情感"。任何一个讨论家庭和睦的作者都该这么写。詹姆斯走得更远。他写道，人们有一种"盲目的冲动"，想要找到一个家并改进它。他们有一种"同样本能的冲动"，想要积聚私人物品，而这些私人物品成了"我们经验自我的组成部分"。这解释了"我们为何会因私人物品的损失而感到沮丧"，这感觉就像是"我们自己有一部分转变成了虚无"。这也正是基瑞斯夫人的恐惧所在。

随着物质自我的出现，人们开始强调习惯和行为。这个世界是由行动组成的，而非纯粹的情感。大家都说威廉·詹姆斯是一位格外体贴的父亲，也是一位慷慨的老师。威廉鄙视卢梭——"软弱无力的多愁善感者和梦想家"，后者把自己的孩子送往育婴院，一生都沉浸在"波涛汹涌的情感和情绪海洋"中。[32]许多普通消费受到了习惯的束缚。"有一种人是最可悲的，这种人除了性格优柔寡断，没有什么是习惯使然的"，对他们来说，"点燃每支雪茄，喝每杯酒"都是一个需要深思熟虑和抉择的问题。因此，詹姆斯认定，尽早让尽可能多的"有用行为"变成习惯性、不假思索的举动，至关重要。日常生活中越多的部分被交给"自然而然的无意识行为","我们越高的思维能力"就能被释放出来,用于完成更重要的任务。[33] 与此同时,人们需要保持自己"努力的能力",例如自愿放弃一些东西——应对困难时期的"保险单"。这是一种把普通消费看作某种积极事物的新观点。

詹姆斯兄弟所要做的,是对20世纪早期文化中的世俗成分进行一次更大规模的再利用。很少有哲学家敢将20世纪哲学的"黑暗王子"马丁·海德格尔与威廉·詹姆斯相提并论,事实上,伯特兰·罗素认为最好完全不要提及海德格尔。[34] 这两个人在哲学和政治上存在根本的差异。詹姆斯是一个实用主义者,海德格尔则是一个存在主义者,而后者在20世纪30年代对纳粹主义的拥护给他的思想蒙上了一道长长的阴影。詹姆斯奉行激进经验主义;海德格尔认为,古日耳曼语词中包含隐藏的智慧:他指出,"物品"(thing)这个词最初与处理问题的地方民众大会(Ting)有关。[35] 和弟弟一样,威廉·詹姆斯也是日常在大西洋两岸活动,他到过欧洲十几次。他在马萨诸塞州剑桥市的家是一栋舒适的别墅,里面有很多可供他的众多访客使用的扶手椅。他的世界看起来与海德格尔在黑森林山区的隐居之所大不相同;在山里,海德格尔的乡村小屋俯瞰着一个农场,农场里黑白相间的奶牛在草地上吃草。[36]

不过,在对物品日益增长的认可方面,这两人也存在一些有趣的相似之处。像詹姆斯一样,海德格尔也试图将世界还原为自我。而像詹姆斯一样,这令海德格尔强调日常物品对人类精神的重要性。在1927年出版的《存在与时间》(Being and Time)一书中,对日常物品的处理获得了一种近乎宗教的力量;海德格尔最初是一名研习神学的学生。他主张真实的自我需要真实的生活,或者说"此在"(Dasein)。真正的人并不是生来直接就是,而是要通过"在世"(beingin-the-world)创造出来。一个人是以日常物品的世界为根基。正是通过处理物品,世界向我们展现了它自己。"此在"涉及我们对物的关心,通过适当的使用,消除物和我们之间的间隔。同看着一把锤子相比,使用锤子创造了一种我们与物品更深层、更真实的关系,他用典型的语言矫枉过正的方式,将这种状态命名为"上手状态"(Zuhandenheit),同"现成存在"(Vorhandensein)相对。[37]

威廉·詹姆斯和海德格尔阐释的，是 20 世纪早期对物产生了新的尊重的广泛思想——物即我们。当然，海德格尔的哲学非常阳刚，它是锤子而不是针；当他还是个孩子时，他曾为父亲（一个箍桶匠）锤过桶。尽管如此，他给人的感觉是，物涉及情感和关怀，这表明将物的情感历史单独视为女性的领域，或者将消费的象征性与功能性特质分开，是无益的。海德格尔与詹姆斯的不同之处在于，对于哪些物使自我充实，哪些物使自我堕落有不同的看法。这位来自黑森林山区的思想家注重一种更简单、与物更紧密结合的生活；而那位来自查尔斯河的思想家注重一种多层的生活，在这种生活中，有些物品是用来支撑日常工作的，从而让另一些物品可以被释放出来，用以满足更具情感和创造力的功能需求。随着社会就着从洗衣机到电脑等新技术的好坏展开论辩，这两种观点会反复出现。

在海德格尔的世界里，新技术是危险的入侵者。炊具、冰箱和其他家用机器扼杀了我们的嗅觉和触觉，剥夺了我们在自然中存在、采集食物和生火的古老知觉。[38] 在这种技术幻灭的观点背后，隐藏着一种更深层次的悲观情绪。与伊曼纽尔·康德等早期启蒙思想家不同，对海德格尔来说，公众舆论鼓励从众，而非批判性理性。大多数人会跟随"群众"的喜好和做法。"群众"的暴政导致了一种对物的独特品质视而不见的大众文化。[39] 从哲学角度来看，海德格尔对"存在"的原始意义的追寻，表现为一种与自柏拉图以来的整个西方哲学的蓄意决裂。从政治角度来看，这种追寻导致了一种危险的想法，即真正的"存在"可能是在纳粹的种族纯粹社会中培育出来的。今天，我们经常听到这样的说法：为了鼓励大家采取一种更可持续的生活方式，我们需要给予物品更大的尊重。但是，海德格尔提醒了我们：这种尊重并不一定是有益的。对物的同情，可能意味着一种对人类的糟糕漠视。

拥有房产的民主

家居需要一个住房。这一点显而易见，但值得提出来。例如，在如今南非棚户区的居民与那些搬到普通住宅的人对消费品的态度是不同的。

在后者中，存在一种从众、表明自己是现代生活的一部分的驱动力。在前者中，有限的隐私和高能见度让人们不敢带新物品回家，因为他们担心这会引起流言蜚语和别人的排斥；有些人会把新物品寄存在亲戚家中。[40] 不能盖房子，对人们买什么物品有明显的影响。这就是在20世纪30年代，北罗得西亚（现在的赞比亚）布罗肯希尔的非洲矿工几乎从不花钱买家具的一个原因，但他们把几乎60%的血汗钱都用来购置衣服：衣服是一种便捷的可移动资产，它们得以使人们直接把自己的地位穿在身上。[41]

因此，把人们放在自己家里的物品想成游离的是错误的。它们的部分意义来自它们与其四周的砖瓦泥浆的关系。随着多是租户的国家变成房主的国家，这种关系在20世纪经历了根本性变化。住房成为人们生活中最大的消费品。受税收制度和金融体系的影响（超出了本章的讨论范围），这种变化趋势是不均衡的。尽管如此，到1980年，西欧大多数住房不再是被人租用的，而是被人拥有的——只有荷兰、瑞典和德国的比例略低于一半。[42] 我们在这里关心的是，人们对住房作为消费品的态度的转变。

住房自有的历史本质上是一个关于"行为改变"的长期试验。对拥有自己的房子，人们没有天生的渴望。就像19世纪几乎所有其他人一样，普特尔先生也满足于租房。在20世纪，住房自有成了常态，没有房子成了一种耻辱，这种趋势首先出现在美国和英国，然后更广泛地出现在其他地方。住房自有也把房子变成了一种储备金。这要求人们养成谨慎理财和长期投入的新习惯。而且，拥有住房产权鼓励人们与住房和其中的财物抱有更强烈、更亲密的感情，让住房更像是"我们的"。

这种理念萌发于两次世界大战之间的时段。第一个让住房自有变成政治任务的人，是赫伯特·胡佛。建造更多的住房、提高房屋舒适标准以及标准化的建筑和固定设施等，都是他在20世纪20年代担任商务部部长期间推动美国现代化计划的核心内容。胡佛的声誉因1929—1932年的大萧条而受损，但在他那注定失败的总统任期（1929—1933年）之前，他是一股非常受人尊敬的新势力——进步商人——的代表。胡佛对黄金有敏锐的嗅觉——1897年，他在澳大利亚发现了金矿，这开启了他作为一名矿业工程师的国际职业生涯。从性格上说，胡佛完全不像被凡勃伦嘲笑的

"炫耀性消费者"。他衣着朴素，为人矜持，是个注重行动而非外表的人。胡佛于1874年出生于艾奥瓦州的一个贵格会教徒家庭，9岁时成为孤儿，他对生活有着严肃的态度。他认为生命在于服务：为自己，为他人，为上帝。虽然在他之前的许多贵格会教徒（和其他人）都持有这些价值观念，但是胡佛的非凡之处在于，他把这些观念导向了一个人人都能享受物质上的舒适和少许奢侈品的设想——美国梦。

胡佛在《美国个人主义》（*American Individualism*）这本书中阐述了他的世界观，这本小书出版于1923年，是在第一次世界大战的阴影下写成的。这场战争给了胡佛一个施展其社会责任感的巨大空间，首先是组织支援比利时的行动，然后是在凡尔赛宫为威尔逊总统提供欧洲重建方面的建议。这场战争也使他相信，美国拥有自己的物质文明。这场战争和随后的革命是落后的等级社会的结果，是专制政治和阶级分化导致的。与贫穷、压迫和狂热构成的欧洲恶性循环相反，美国已经找到了个人自由、社会流动和民主构成的良性循环。"进步的个人主义"在一定程度上是一种提高效率的方式。给工人一个提升自己的机会，他们会工作得更有效率。反过来，更大程度的标准化生产会降低成本，让每个人都可以拥有更多的商品，而不必提高工资。

然而，胡佛既是商人，又是贵格会教徒。因此，他认为美国"除非受到精神之物的鼓舞，否则无法走向更美好的日子"。每个人心中都有"神圣火花"。打开它的关键是提高生活水平。效率的最终目标是更幸福的家。对胡佛来说，房产和舒适是"土壤真正的肥料，美好的生命之花在其中得到孕育"。各国政府将不再仅仅关注基本的食品和教育，它们需要推广更好的住房、衣服和"非必需品"。为了自己和国家的利益，租户必须被提升为房产所有者。胡佛解释说，"住房产权"激发了个人主动性，不仅因为"他可能获得个人的舒适、生活中的安全感、对家庭的保护，还因为个人积累和住房产权是在工商业管理方面选拔领导人才的一个基础"。[43] 在社区中有利害关系的个人，是更好的父母、更好的邻居和更好的公民。

胡佛的美国梦有多新颖？一些历史学家回应了他的观点，即认为充满活力、崇尚个人主义的美国与阶级分化、悲惨的欧洲二者之间存在着冲突。[44]这样说太苛刻了。事实上，正如我们已经看到的，欧洲也是充满活力的。同样，至少自17世纪以来，就有人将私人物品和舒适看作培养个性、颂扬上帝创造物的充裕的方式。新颖之处在于，胡佛的抱负中的民主品质：每个人都应该拥有自己的房子，享受不断提高的生活水平。

一些作者把这些年看作消费主义和公民权利之间的斗争——参与者是自卢梭起那些有公民意识的思想家——的又一个阶段。[45]对胡佛来说，这样的冲突是不存在的。他将自己的哲学命名为"进步的个人主义"，但我们不妨称之为"公民消费主义"。它将消费者的欲望和积累嫁接到拥有房产的积极公民的公民理想上。拥有一所房子让人们在社区中有了利害关系，同时也为拥有更多的私人物品、浴室和电器打开了大门。反过来，拥有一个更舒适的家，会给予人们加入公民俱乐部、参与共同进步的信心。在这里，爱国消费者的格局比后来为了国家利益而进行购物的呼吁大得多。房产导致了公民参与——事实上，胡佛不知道的是，维多利亚时代供应自来水的斗争，也是如此。

这些想法表达了一种日益强化的信念，即住房所有者更稳定，更关心自己的社区。这一信息有一股资产阶级的味道，但它对争取更大社会平等的改革者同样具有吸引力。例如，非裔美国人W. E. 杜波依斯在他的开创性研究《费城黑人》（*The Philadelphia Negro*，1899年）中断定，奴隶制已经摧毁了"正常的家庭生活"。这就是非裔美国人花太多的钱在显眼的衣服上，花太多的时间在教堂或娱乐活动上的原因。因此，"必须神圣地教导黑人大众保卫家，使之成为社会生活和道德守护的中心"。[46]在杜波依斯看来，那些加入建房互助协会的人代表着希望的曙光。1929年，家庭经济学家黑兹尔·凯尔克写道："人们普遍认可，住房所有权是一个家庭节俭、勤奋和经济成功的标志。"它"意味着秩序、良好的公民身份、繁荣和优质住房"。[47]

实际上，建立一个拥有房产的民主制度并不容易。按揭贷款很少，首付又很高。银行从19世纪70年代开始引入房地产贷款，但主要面向大客户。例如，在芝加哥（自1871年大火以来，房主自住的郊区住宅小区发展迅速），租金飞涨，波兰和其他移民工人不信任银行，而是向朋友和家人借钱。但是从19世纪80年代以来，房地产开发商开始为他们提供直接贷款计划，通常是10%首付，其余的按月支付，"就像租金一样"。在芝加哥木材港区附近，一套有两个卧室、带一间客厅和厨房的房子，可以以1000美元购得，不过新房主需要自己来完成地下室和阁楼的修建，而且在很多情况下，他们必须接受没有室内卫生间和下水道系统的生活，因为这些设施直到20世纪20年代才会出现；1890年，一个工厂工人的年收入通常为590美元。[48]

但总体趋势是令人印象深刻的。仅在1925年，美国就建造了近100万套新住宅。到1930年，几乎一半房子是房主自用的。[49]在大多数大城市，租房者的人数较多，但即使在这些地方，住房所有权也在迅速普及。1920年，在纽约和费城，分别有87%和61%的人在租房；到了1930年，租房者的比例分别下降到80%和42%。

政府和企业携手合作，共同促进了公民消费主义。其中一家主要公司是阿拉丁公司，它出售两层"标准"住宅（22英尺×30英尺）。一个新家能造就一个新人。一则1921年的广告说："最粗俗的人也不敢把自己脏兮兮的布罗根鞋放在一张精心打磨的红木桌子上，不敢在一块昂贵的地毯上吐痰。但在一间破屋里……这个人会不会犹豫把他的脚踩在一个桶上，在满是锯末的地面上吐痰？"一个好的住宅"会微妙地传递出幸福和优雅"。[50]自有住房确实能培养家庭和社区精神：阿拉丁公司为其购房者大"家庭"组织聚会，举办摄影比赛，并宣布在阿拉丁住房里出生的孩子的消息。

自有住房为家用器具创造了新的客户。搬家引出了升级室内装修的新购买计划。之前看上去尚可的物品，在新家似乎不合适了。20世纪20年代，这首先意味着对浴室和厨房的"现代化"改造。在近2000个地方委员会的支持下，美国"更好家园"运动在全国范围内推广理想家园。1930年，该运动资助了6000多个家居展。有300万人踏入了科德角风格的模型小屋，里面有自来水、室内浴室，以及配备了电冰箱和炉灶的标准化厨房。这些不仅带来了个人清洁和便利，还带来了国民归属感，也就是参与到了被胡佛称为"美国生活水平"的生活中。科勒公司在威斯康星州里弗赛德建立了一个盎格鲁-撒克逊示范村居。它传达出一个简单的信息：现代化的浴室和厨房把移民变成了美国人。本身拥有奥地利血统的瓦尔特·科勒对此非常了解。与此同时，公民消费主义让创新与传统融为一体。科勒的科德角式家庭住房模型宣传了浴室里的新设施，但客厅混合了复兴的殖民地风格的家具和流传下来的物品，以显示几代人家庭生活的连续性。[51] 因此，将家庭住房作为民族文化的中心，赋予了消费一种新的合法性，这将过去、现在和未来联系了起来。消费不是对家庭和社会稳定的一种威胁，现在消费是它们稳定的基石。这一点在未来的保守派人士那里也不会改变。

也不是每个人都认同这一点。一幢两层住宅（22英尺×30英尺）并不完全算是巨无霸豪宅——到2005年，美国房子面积的中位数已经几乎两倍于此（2300平方英尺）。尽管如此，标准化住宅的普及还是引起了人们对盲目从众的担忧。没有一份文献能比辛克莱·刘易斯的伟大美国小说《巴比特》（Babbitt）更好地表达出这一点。《巴比特》于1922年出版，在最初的4个月里卖出了惊人的14万册。[52] 当时的杰出评论家H. L. 门肯称赞它展示了"真实的美国"。

刘易斯在明尼苏达州长大，明尼苏达州就位于科勒所在的威斯康星州对面，他利用虚构的中西部小城泽尼斯来揭露住房所有权的阴暗面。《巴比特》讲述的是一个房地产经纪人的故事，主人公住在郊区的花岭小区里，那里只有3栋房子的历史超过几十年。小说中的部分内容读起来很像理想化的住宅目录：

> 在靠近前窗的角落里，有一个很大的柜式留声机（花岭小区里，九家之中有八家拥有一个这样的留声机）。在每块灰色墙壁嵌板的正中间都挂着一幅图画，其中有一幅红黑两色的英国狩猎画仿作；一幅乏善可陈的闺房画仿作，带有法语说明文字，对于它呈现出的道德观，巴比特总是非常怀疑；还有一幅"手工着色"的殖民地风格房间的照片——碎呢地毯，纺纱的少女，一只猫静静地蹲坐在白色壁炉

跟前。(在花岭小区里,二十家之中有十九家要么拥有一幅狩猎画,要么拥有一幅女士梳妆画,要么是一幅新英格兰住宅的上色照片,要么是一幅落基山的照片,或者这四类作品都有。)

就像巴比特的日常生活一样,这个房间比他童年时期居住的要舒适多了。"虽然没有什么有趣的物品,可是也没有讨厌的。它像一块人造冰一样干净、缺乏热情。"没有人弹过屋里的钢琴。放在桌上的几本书"没有污渍,摆放得非常整齐"。壁炉前士兵样式的铁钩"像商店里的样品一样,是惨淡孤单、无人想要和单调沉闷的商品"。[53]

卧室中摆放着两张朴素的床,两张床之间有一张桌子和一盏"标准床头灯",还有一本从来就没有打开过的"标准彩色插图床头书"。"床垫很结实,但并不硬,确实是花费了一大笔钱的非常现代的床垫。"水暖气的尺寸与房间正好相称。"这是卧室当中的杰作,正是'适合中等收入人群、令人愉悦的现代居所'。只是它跟巴比特家没有关系,跟其他任何人都没有关系。"巴比特的房子已经有5个年头了,有各种"时新的便利设施"。它是一座电力的圣堂。这个房子有供电灯、真空吸尘器、钢琴灯、电风扇使用和供餐厅里的电咖啡壶、烤面包机使用的插座。"事实上,巴比特的房子只有一点不对劲:它不是一个家。"[54]

海德格尔和陶特都不可能读过《巴比特》,但是这本小说表达出了他们关心的许多事。一个真正的家需要的是居住的艺术,而不单纯是物的积累。巴比特不在乎他周围的物品,因为他不使用它们。物品已经失去了它们的独特性。甚至连书籍也都是被裁切至标准的。巴比特年轻时,希望自己将来成为一名律师。后来,他开始不断追求各种社会期望。他实现的社会期望越多,积累的私人物品越多,他就越远离幸福和自我。最终,巴比特什么人也不是,只是一具空壳。

这是故事主线,然而辛克莱·刘易斯是一名特别出色的小说家——第一个获得诺贝尔文学奖的美国人——他并没有忽略那些吸引人们参与标准化的积极情感。塞尼卡·多恩是巴比特大学时的朋友,也是一名激进的律师,他痛恨"没完没了地抱怨'标准化'"。在他看来,标准化"本身是非常棒的。当我买一块英格索兰手表或一辆福特汽车时,我用较少的钱得到了一个较好的工具,而且我清楚地知道我得到的是什么,这让我有更多的时间和精力去实现个性化"。威廉·詹姆斯没法表达得比这更好。而且,标准化创造出了一种共同的文化和民族认同。当多恩在伦敦看到一个牙膏广告中出现美国郊区的照片时,他就很想家。"世界上其他国家都没有如此讨人喜欢的房子。我不在乎它们是不是标准化的。这是一个极好的标准!"[55]

在现实生活中的美国,由于住房短缺和租金控制,许多像巴比特一样的房地产经纪人的工作变得更容易了。住房自有率上升的一个原因是租赁房产被从市场上撤走了,它们被变成了一种更有利可图的待售商品。二战后不久的一项研究,询问了1000名美国人为什么他们购买了房子:24%的人将其看作一项投资,11%的人是出于"独立的渴望"。然而,每五个受"自置住房的理想"驱使的人中,就有一个人感到自己是被迫购买住房的,因为他们根本就找不到可出租的房子。许多人抱怨租金已经失控,最后看来,自有住房更便宜。[56]被推入房地产市场的人和被拉入房地产市场的人一样多。

住房自有率的上升不是美国特有的现象。"尽管它很小,但它是我的幸福之家",这是20世纪30年代流行的爵士乐《我的蓝色天堂》(*My Blue Heaven*)日文版中的一句歌词。[57]那时,就像其他消费品一样,与实物大小一样的样板房在伦敦的牛津街展出。事实上,英国人拥有比美国人更自由的按揭贷款市场,他们有低首付款和30年期按揭贷款。人们可以贷到相当于房屋价值95%的款额。1929年大萧条和2008年经济危机的重大区别在于,在20世纪30年代,荒唐的按揭贷款让英国摆脱了经济衰退,而不是导致了经济衰退。"低息贷款"让普通职员和工人买得起新房子。首付20英镑,就有可能买一套有3个卧室并且配有价值400英镑的浴室和厨房的房子。到1938年,20%的工人阶级家庭拥有自己的房子。[58]

虽然租金和房贷是家庭预算的重要部分,但是我们很少系统地了解过它们对人们的消费模式的影响,反之亦然。例如,在英国城市里,租金在19世纪晚期的上涨速度远超工资的提升速度,这必然会抑制工人阶级的消费。第一次世界大战期间引入的房租管制起过一些作用，但这项措施很快就被逐步取消了。租户协会和抗议房租的罢工活动的激增，表明人们的愤怒之情日益增长。各国选择不同的道路来改善住房状况。在比利时，罢工迫使政府在1889年给予国家储蓄银行为改善穷人住房而投资的权力；1894年，法国也颁布了类似的法律。英国城市选择了清除贫民窟，结果喜忧参半。当时的美国观察者认为，在英国，重新安置流离失所者的措施是完全不够的。在比利时和法国，小城镇比大城市能更好地利用住房贷款；另外，巴黎的林荫大道和维也纳的美化工程，让许多新房子成了最贫困居民遥不可及的梦想。[59]

总的来说，在20世纪初，房子变得更大、更干净、更舒适，但它们也变得越来越昂贵。第一代公共住房也收取高昂的租金——当英国工人搬进新的郊区市政住房时，他们的租金通常会飙升三分之一甚至更多。1928年，利物浦市政住房三分之一的租户都拖欠租金，而且那是在世界经济大萧条来袭之前。20世纪30年代，工人们将工资的20%到25%花在了房租和食物上——那些需要还按揭贷款的人，比例要稍微多一点。[60] 20世纪20年代，奥地利已经采取了一些措施，推出了更多的民众负担得起的住房，但是直到第二次世界大战之后，伴随着福利国家制度的扩张，公共住房、更严格的租金控制和社会转移才为贫困消费者提供了大力支撑；我们将在后面的章节中看到，这种公共转移对丰裕社会是多么重要。自20世纪70年代以来，住房成本在家庭消费中所占的份额再次上升，至少在西欧是这样。[61]

因此，更好的住房有许多相互矛盾的影响。上涨的房租意味着可花费的资金减少了。一位利物浦女子回忆，1927年，她和丈夫、孩子一起搬到了一处新的郊区房子：这是为了逃脱和母亲、姨妈、表兄妹挤在两居室排屋的生活。这"太不一样了。可以在室内洗漱，家里通上了电……和热水，生活变得容易多了"。与此同时，她回忆道："我们没有衣橱，只能把衣服用衣架挂在挂镜线上。我们不得不这样……因为一旦搬进必须支付一大笔房租的房子，你就买不起东西了。"[62]

高房租鼓励其他工薪阶层的家庭申请住房按揭贷款，但住房自有也

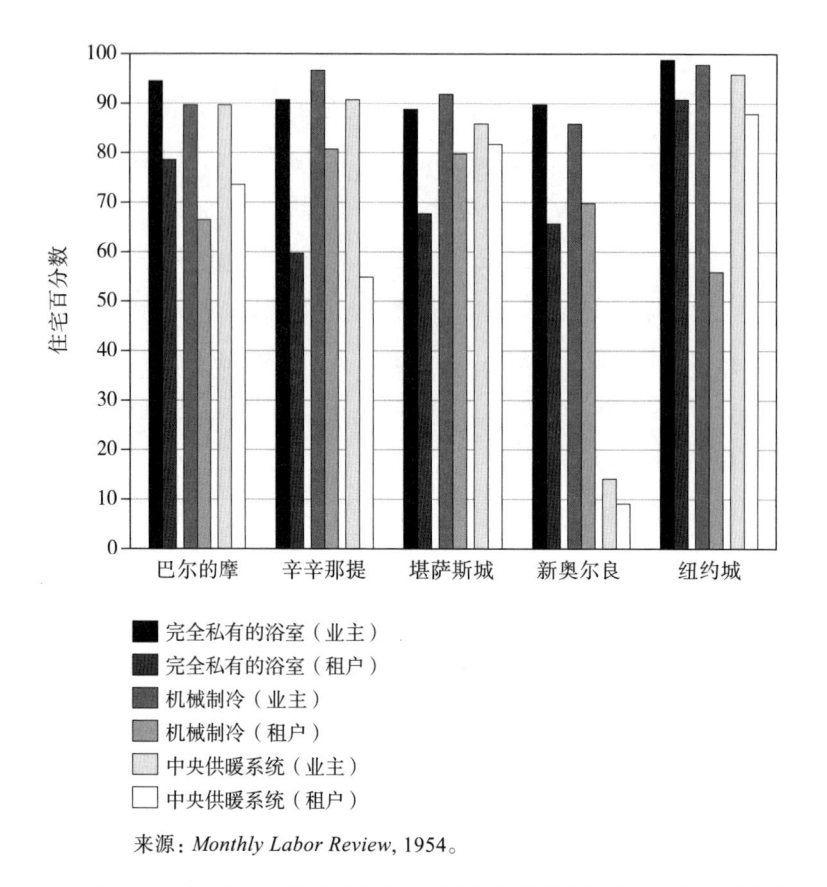

图 5-1 美国业主和租户所住的带厨房的住宅舒适标准，1950—1952 年

来源：*Monthly Labor Review*, 1954。

可以产生互相矛盾的影响。对一些人来说，拥有自己家的钥匙让人感觉轻松、自由。他们把更多钱花在了提高家庭舒适度上。1950 年的美国调查显示，业主自住的房子比出租的房子配有更多的私人浴室、冰箱、空调和中央供暖设备。[63] 对那些没那么幸运的家庭来说，经济压力比预期的要大。在两次世界大战之间的英国，搬到郊区的工人阶级家庭有时会关掉暖气，甚至电灯，以省钱支付下一笔按揭贷款。这样看来，房屋产权既可以解放消费，也可以抑制消费。

在其他欧洲国家，也越来越流行拥有自己的房子。到 1960 年，芬兰人、比利时人和意大利人半数拥有自己的房子；在英国，这一数字已达到总人口的 42%。如今，整个欧盟的业主自住率和英国一样高（69%）；事实上，美国（58%）的业主自住率落后于比利时、意大利和西班牙（都在 80% 左右）。[64] 比利时和德国矿工在几代人的时间里都对产权有着强烈偏好。即使是在租房依然很盛行的地方，到 20 世纪中叶，独户住宅也已成为主流类型。在荷兰，71% 的住宅是独户的，尽管只有 27% 是业主自住的。

在整个欧洲，保守派、房屋建造者和基督教改革者都在唱着同一支公民消费主义乐曲的不同变奏曲：一个拥有自己房子的人在他的国家有利害关系，这让他成为一个正直、忠诚的公民，成为家庭生活和自由（针对集体主义而言）的支持力量。事实上，即使是斯大林领导的苏联，也没有完全不受自有住房的诱惑。后期的斯大林主义用家庭舒适和自有住房的理想激励其新精英——努力进取的斯达汉诺夫式工作者。在 1950 年苏联的一部典型的中产阶级小说中，主人公季米特里回到家，感叹着他的新身份："房主！这个世界的意义已经发生了变化！鲁德诺戈尔斯克的房主现在是最优秀的突击手、工程师、劳动人民。季米特里迫不及待地想和玛丽娜一起去看看他们的新家，但是时间很晚了。在梦里，他带着她一起走进他们自己的房子，在那里他们将一起开始新的生活。"[65]

现代生活

拥有自己的住房是现代生活这个更大的梦想的一部分。现代住宅承诺将把居住者从传统、浪费和疲惫中解放出来。这一愿景对开罗、东京的进步人士、中产阶级和社会改革者的吸引力，就像对芝加哥、柏林的此类人士的吸引力一样大。现代住宅把重点放在作为科学管理者的家庭主妇身上，但它的抱负是更广泛地改变家庭生活。现代生活有三个核心理念。第一是歌颂舒适和清洁。第二是强调家庭中的个人隐私：家中应该给每个人各配一个房间。最后，有人认为，就像在工厂中一样，家庭空间应该按功能分开并配备机器，以最大限度地提高效率。这些理念的实现程度取决于物质资源，如购买力和住房存量，但同样取决于文化传统和实践。不可避免的是，家庭技术的扩散是不均衡的，但是一旦我们不那么严格地排列事件的时间顺序，有趣的适应和抵抗模式就会变得很明显了。结果不是现代性的一种线性胜利,而是一种新与旧的混合体。

我们对现代生活的印象很大一部分都与洗衣机和其他耐用消费品紧密相连,因此有必要强调,在电力进入住宅前,一些核心理念已经开始形成。在17、18世纪的欧洲,随着更加开放的大厅让位给会客室、书房和其他私人房间,在中产阶级住宅的重新设计中已经可以看到私人空间与公共空间的分离、消费与生产的分离。私人区域不只是专属富人的。社会改革者把穷人的许多问题归咎于他们缺乏隐私这一点上。最早的现实分离方案是建筑师约翰·伍德在18世纪70年代设计的三居室小屋。它带有凹形的隐秘空间,虽然不是完全独立的卧室,但至少是一个私人的睡眠空间。[66] 到1919年,每人拥有一个房间的标准已经被美国政府雇员接受。据美国劳工统计局当时估计,对一个由2名成年人和3个孩子组成的"典型家庭"来说,1间厨房兼餐厅、1间客厅和2间"通风良好、光线充足的大卧室",是"体面、健康的生活不可再低的底线"。[67] 社会改革者坚持认为,家庭既享有获得舒适的权利,也享有获得体面的权利。[68] 即使在斯大林时期的苏联,严酷的集体生活也因培养私人空间意识和自律意识的举措而被打破,而这些意识是将落后的人民变成现代苏联男女所必需的。苏联精英阶层的妻子为建立"美好社会"(1936年开始的公共运动)所做的第一件事,就是用独立的单人床取代工人营房里的合用床铺。[69]

不断普及的舒适文化利用了两种相互冲突的理念,19世纪中期美国的主要住房模式很好地说明了这一点。一种理念是在居住者的身体、精神和物质环境之间的美学结合中寻求舒适。对安德鲁·杰克逊·唐宁等建筑师来说,游廊既可以避风遮雨,也能让全家人围坐在一起。另一种理念则看重实用性。这是女性教育的改革者凯瑟琳·比彻的态度。对她来说,一个舒适的家的标志,是为效率而设计的厨房,而不是用来休息的门廊。[70]

美国带头推动了住宅领域的工业革命。20世纪20年代,新的家用技术迅速发展。到这十年结束时,美国2700万所住宅中有1800万所安了电线,1500万所拥有电熨斗,700万所拥有吸尘器,500万所拥有洗衣机。在收入最高的人群中,92%的人有浴缸,63%的人有收音机,83%的人有车。此时,许多技术工人都在购买他们自己正大规模生产的产品。例如，半数福特员工都有一台电动洗衣机和一辆汽车。[71] 种族和收入仍在制造鸿沟。例如，到20世纪30年代中期，半数非裔美国人家庭拥有一个浴缸，但只有19%的家庭有收音机，17%的家庭有汽车。[72]

相比之下，欧洲、日本和加拿大在使用省力设备方面进展缓慢。电熨斗和吸尘器在第二次世界大战之前就存在了，但大多数家庭宁愿把可支配收入花在收音机或新家具上，也不愿花在洗衣机上。在西欧，20世纪50年代末以前，冰箱和洗衣机几乎只在中产阶级家庭出现；1957年，只有不到5%的法国人和英国人拥有冰箱——在美国，这一比例是27%。[73] 造成这种滞后的原因是什么？部分答案是金钱。没有一个欧洲工人的工资能够与诸如福特这样的公司支付的高工资（因为早期的大规模生产和卓越的生产力）相比。1924年，一台普通洗衣机的价格为125美元。到1934年，它可以用50美元或更低的价格买到，对于每个月带回家300美元的普通美国人来说，它是很容易负担得起的。与此相比，在法国，一台标准的莫斯真空吸尘器可以花光一个技术工人整个月的工资。[74]

除了要有钱，能通上电和自来水，人们还必须相信，比起在娱乐、传统节庆或者好看的新衣服上花钱，在这些机器上花钱是有意义的。毕竟，正如当时的家庭经济学家和此后的历史学家揭示的那样，这些省力设备节省下的时间远远少于生产商和广告商承诺的时间。像自动洗衣机等商品的吸引力完全不是显而易见的。20世纪50年代，较低阶层的人更喜欢把辛苦赚来的钱花在电视机上，而不是省力电器上；到1957年，英国半数低收入家庭都拥有电视机。[75] 走过一条布满各种障碍（一些是经济和基础设施方面的障碍，另一部分则是文化方面的障碍）的弯曲道路，我们所知的现代住宅才出现。

现代消费技术首先依赖现代公用事业设备。社会，甚至个体家庭，经常同时生活在几个相互重叠的物质时代。正如我们前面看到的，煤气、电力和自来水并不是同时出现的，而是分开出现的，时间间隔可能长达两三代人。美国也不例外。都市化的美国很快就对新燃料产生了兴趣。到1929年大萧条时，75%的美国住宅已经通上了电，一半住宅用煤气做饭。[76] 然而，管道系统的现代性出现得较晚。当林德夫妇于1925年在印第安纳州的莫西为他们的著名社会研究《米德尔敦》(Middletown) 做调查时，他们发现约33%的家庭没有浴室，25%的家庭甚至没有自来水和污水管道，但是看到同样这部分家庭在"使用汽车、电动洗衣机、电熨斗和真空吸尘器"，这种情形"并不少见"。[77] 这几乎是美国国内的普遍模式。不过，社会现实和"每人一个房间"准则中概要体现的关于舒适、清洁的理想标准之间，存在着惊人的差异。在20世纪20年代的得克萨斯州，20%的白人家庭和43%的非裔美国人是两个或以上的人住在一个房间里。在纽约市，煤气和电力几乎是普及的，但是29万个房间没有窗户。

这些公用事业设备的最终到来也没有自动使家庭生活现代化。到20世纪50年代末，在巴黎和伯明翰，约33%的住宅仍然没有独立浴室。煤气和电力的输送仍然很不均衡，无论是国与国之间，还是同一国内部的城市和村庄之间。较早开始使用煤气的社会往往会较晚改用耐用电器，比如英国。1938年，英国家庭拥有100万个电炉，比德意志国多了25万个，尽管有约33%的电炉进了工匠和技术工人的厨房。[78] 据说，随着电力供应商的输电网不断扩张，电力供应商创造了自己的需求。[79] 但是，这一过程远非一帆风顺，也并不简单。在夜间储热式暖气和大用电量特别折扣的助益下，电力工厂努力刺激更多的国内消费——在工业的高峰时间段之外，大量电能未得到充分利用。然而在美国之外的地区，这种神奇、清洁的新能量迈过门槛的速度十分缓慢。直到20世纪50年代，大多数欧洲家庭才使用电力来照明，但用途仅此而已。

总之，价格和习惯这两个因素是巨大障碍。人们对电插头和开关不熟悉，这些是神秘的新奇事物。1928年，在德国，一名指导者解释："开关的唯一功能是打开和关上电源。这个说法或许听起来是不言而喻的，但事实并非如此！相当多的家庭主妇认为开关是挂扫帚、购物网兜甚至厚外套的方便挂钩。"开关可能因此而变热。他最后列出了十条禁止的行为："不要摇晃灯和电器或将它们扔来扔去"(第8条)，以及"通电状态时不要更换灯泡，灯泡可能会损坏——你也可能会受伤！"(第9条)。[80] 第二次世界大战后，在欧洲城市的大重建中，往往是消费者不得不说服开发商和公用事业经营者给他们供应更多的电力，而不是反过来。1964年德国的一项调查发现，41%的德国公寓在厨房里只有一个插座；4%的公寓厨房根本没有插座。而且，电力常常不稳。正如一位观察者大声质疑的那样："如果一个人为了把电熨斗插到插座上而不得不关掉收音机，这是'舒适'吗？"[81]

在全球范围内，城市经历了类似的断断续续的现代化过程。例如，在20世纪20年代的上海，工部局积极推广电炉和暖气片，还在南京路的展厅进行了演示，并且提供了特别的租用安排；就千瓦的总需求量而言，上海与欧洲城市持平。在富人群体中，人们发现电力"烹饪器具"越来越"可靠，尽管有时本地仆人使用不当"。[82]然而，在大多数人的家里发生的是另一个故事。在城市居民区，大多数"里"都被房东和房客通过极其多的隔断、阁楼、圈占地和附加楼层弄得混乱不堪，所有这些设计都是为了容纳更多的人并最大限度地增加租金。到1935年，最初设计供一户人家居住的房子，平均容纳24人，每个人有30平方英尺的居住空间。在这种拥挤的条件下，厨房被当作生活空间出租，就不足为奇了。在这里，现代化不是功能分离，而是意味着厨房被解体了。[83]

即使在功能主义舒适可以实现的地方，它也经常遇到阻力，并且需要适应期。正如电力公司和生产商很快了解到的那样，煤气和电力以及由它们提供动力的商品带来的好处并不明显，因而必须要为它们做市场营销。1893年，第一个电力厨房在芝加哥世界博览会上展出。在两次世界大战之间的欧洲，一些城市开设了"透明餐馆"，以向食客展示电力厨房是如何工作的。[84]现代设计的杰作是法兰克福厨房，它是1926年由奥地利第一位受过专业训练的女建筑师格蕾特·许特-李赫茨基设计的。这间厨房大小是70平方英尺（1.9米×3.44米）。在这个微型工厂里，每件物品都是功能性的，从电炉到带有高度可调橱柜的连续工作台面。储物斜槽和倾倒口让家庭主妇不用打开门和容器就能拿到糖和面粉；除了面粉铲是由橡木（单宁酸能驱虫）制成的，其他容器都是铝制的。一个熨衣板折叠起来，平靠在墙上。甚至还有一盏挂着、可移动的灯。[85]正如日本的日常生活改革联盟宣传的现代厨房一样，这种样式的厨房只有一个功能：只用于烹饪，不用于吃饭或社交。没有一英寸被浪费。一切物品都有其标准化的位置和目的，就像普通家庭主妇被想象成以科学运动研究确立的可预测节奏活动一样。

问题在于，家庭主妇不是机器人。她们生活在差异巨大的环境中，对厨房应该是什么样子有着不同的想法。荷兰家庭主妇的组织告诉海牙的城市规划者，搪瓷水槽比钢制水槽好，熨衣板应该是可移动的。[86] 建筑商、生产商和理想住宅推广者也没有就一种共有的设计达成一致意见。20世纪20年代在上海宣传推广的现代厨房，看起来与法兰克福厨房大不相同。它的特色是在一个面积相当大的厨房里孤零零立着的电炉，厨房里有水槽和自来水，但是没有连续工作台面和橱柜。在两次世界大战之间的伦敦梦想家生活方式展宣传了美国的省力设备，但这里同样没有连续厨房工作台面；L形厨房最早出现于1949年。即使在加利福尼亚，相连的橱柜台面也推广得很缓慢。在巴黎，年度家用工艺展览会的组织者发现，纯粹的功能主义并不受资产阶级欢迎：现代厨房的旁边是路易十五时代风格的会客厅和餐厅。[87]

法兰克福厨房是现代功能主义设计的巅峰之作。但对人们的生活来说，它的影响微乎其微。这种类型的厨房仅仅安装了1万间。对绝大多数人（和住房协会）来说，这个烹饪界的"保时捷"是遥不可及的；普通法兰克福工人要花费一年的收入才买得起一间。迟至1968年，只有约33%的德国家庭拥有标准化的内置厨房。厨房作为一个富有美感和娱乐的场所的想法同样遭遇了相当大的阻力。在1963年德国的理想家居展上，柏林第一位家居与设计专业的女教授格蕾特·迈尔-埃勒斯坚持认为厨房首先是一个"工作空间"。她认为很难想象家庭主妇如何在拉丝钢和塑料的工作台面上制作肝泥丸子和土豆煎饼。[88]

对20世纪30年代的工人阶级来说，柏林更常见的是曼恩家那样的场景，他们与其他四个家庭共住一套公寓。为了走到卧室，曼恩夫妇和他们的两个女儿必须穿过一条公共走廊。厕所是共用的，走廊的打扫也是共同分担，这引起了无休止的争执。曼恩一家有自己的厨房，厨房里有水龙头和煤气表，但是没有冷藏设备。"所有买来的食物都必须立即吃掉，以防止变质。"曼恩的女儿希拉回忆道。对曼恩一家来说，厨房不仅是用来做饭的，还是曼恩一家主要生活的区域。这是唯一一个有暖气的房间，里面有一张床（床上有母亲绣的枕头）和一个绘着花鸟图案的墙帷——"看起来很温馨。"挂着窗帘的窗户对面是父亲做的一张桌子，下面有一个水洗槽。桌子旁边是一个白色橱柜，橱柜上面的门是玻璃做的，可以向客人展示精美的瓷器，下面是木门，可以把铝锅、日常陶器和有洋葱图案的餐具藏起来，这些餐具是用恺撒咖啡连锁店的忠实顾客图章换购的。他们用于照明的工具只有一盏石油气灯。这份财产清册显示出普通人是如何靠买来的和自制的商品生活的。在他们的客厅里，有一个带镜子的衣柜、几把手工编制的椅子、挂在全家福照片和父亲绘制的风景画旁边的一件伦勃朗仿品，还有书、唱片和一台自行组装的留声机——当音乐停止时，他们的邻居会敲敲墙壁，喊"再来一首！"。[89]

不仅仅是在柏林，现代消费品进入了家庭，只不过它们在一定程度上要适应当地文化。20世纪初，世界各地都可以感受到新商品的吸引力。在开罗，资产阶级家庭被宣传为一个新民族的代表，抛弃了传统文化和一夫多妻制。建议类文献赞扬西式家装，并警告说，东方地毯是疾病的携带者。放了过多物品、被过度装饰的门厅淡出了，取而代之的是舒适的椅子。然而，现代性并不一定是简朴的。路易十四风格的家具和英国茶具备受推崇。而屏风和其他"通常摆放在女眷居室门口"的物品，被竭力避免出现。事实上，许多中产阶级家庭在这些西方家庭理想的基础上加入了奥斯曼元素。时装追随巴黎风尚，但其面料用的是平整光滑的"东方布料"，而非英国的波纹羊毛衣料。女儿们弹奏的钢琴装饰华丽，上面带有珍珠母和雕刻出来的红木装饰线条，有时还会配上附加的踏板，以发出曼陀林的声音。[90]

西方商品在非洲社会的传播比人们通常认为的要远得多。在撒哈拉以南的非洲，比如杜阿拉人这个当地民族精英群体，他们是商人，并且曾在两次世界大战之间的喀麦隆作为办事员为法国殖民者工作，他们在房子、汽车和自行车上花费了大量金钱。[91]约翰内斯堡的鲁亚德是一个1000平方码的贫民窟，现在早已被拆除了。20世纪30年代初，该地是一种快速转型的物质文化的所在地。[92]人们在那里生活的时间越长，积聚的西方物品就越多。这些物品包括床和餐具柜、桌子和椅子、钢琴和留声机、印花棉布窗帘和油毡地板,一直到镶框的电影明星照片(挂在贴着壁纸的墙上)。在那里,大多数家庭要么有留声机,要么有自行车,要么有缝纫机,或者两者、三者兼而有之。刺绣是一种受妇女欢迎的休闲活动。年轻的女孩涂口红。男人们喝啤酒。人们的坐、睡、食、外表都在发生变化。用来装"现成玉米粉"的坛坛罐罐取代了木质的研钵和研杵。艾伦·赫尔曼是一名住在鲁亚德的人类学家,也是第一位从威特沃特斯兰德大学获得博士学位的女性,当地居民一再向她表明,"欧洲人烹饪肉类的方式是对本地肉类加工的一大改进"。新的商品和习惯是通过与金钱的日常斗争获得所需资金的。几乎没有人存钱。大多数家庭把每周20先令的微薄工资花在了以分期付款的方式购买的留声机或者家具上。南方索托地区的一对夫妇花在餐具柜(分期付款)上的钱和房租一样多。人们很容易把这一幕看作西方消费主义对传统文化的征服的又一个可悲注解。赫尔曼反对这种说法。她认为,正在出现的是一种"新的复合文化",而不是从西方移植过来的。一半家庭在农村地区有孩子,并且与部落生活保持着联系,他们会把衣服和家具寄回家。在约翰内斯堡的穷人和在开罗的富人中,消费文化的元素融入了当地文化,在这个过程中出现了新的价值观念和行为习惯的混合。

卫生城市通过传播卫生和清洁文化,为新的家用技术创造了有利的环境。这说明了先前的公共改革是如何让私人消费的变化实现的。在展厅和演示活动中,生产商宣传洗衣机和电炉是能使妇女扮演好她们的角色——私人和公共健康的守护者——的清洁技术。耐用消费品直接给人一种感觉,那就是住房和里面的物品都是私人的,必须保护它们免受外界污染。这表现在人们越来越不愿意把自己的脏衣服送出去洗,也越来越不愿和邻居、家人在集体洗衣日一起洗衣服。正如一位美国家庭主妇在1934年所说的那样,"我能忍受自己的污垢,但我不能忍受从未见过的人的污垢"。[93] 到20世纪30年代末,洗衣妇这个仅在一代人的时间之前还非常重要、引人注目的行业,几乎在美国消失了。在欧洲,工人阶级住宅区的集体洗衣设施在下一代的时间里也面临类似的命运:"在自己家里洗自己的脏衣服更好!"都灵的一名妇女在1956年说道。[94]难清洗的衣物和人们不断添置的衣服给商业洗衣店提供了一条救生索,但是个人衣物和内衣通常不会被拿到商业洗衣店去洗。洗衣店经常被指责毁坏了祖传物,把客人钟爱的衬衫洗褪色,或者其他此类问题。反过来,商业洗衣店充分利用了新机器对人的生命和四肢构成的威胁。虽然早期的机器是自动或半自动的,但是仍然需要手动操作。洗衣机的管子需要更换,洗衣筒内的翻转必须时时看着。洗衣业警告说,有些女性甚至被剥了头皮或触电身亡。[95]在加拿大,20世纪60年代末,绞拧式洗衣机的销量仍然超过了自动洗衣机。加拿大妇女更倾向于耐用性,她们不相信有多个循环步骤的复杂机器。[96]

在日本,消费者杂志最初建议不要使用洗衣机:大多数人没有足够装满一整洗衣筒的衣服,所以仅有的几件衣服只能在水中揉搓,而洗不干净。在城市里,有许多只收取微薄报酬的洗衣妇。在农村,电器推销员遇到了各种各样的障碍。首先,电需要被证明是安全的。其次,习俗规定男女的衣服和上下身的衣服要分开洗。因此,各公司得出结论,在洗衣机获得市场之前,必须改变人们的生活方式。[97]

然而,也许决定性的因素是对家务本身的重新估价。要购买节省劳力的设备,首先必须认为劳力是值得节省的。在很长的一段时间里,洗衣这种令人筋疲力尽的日常活动一直是女性生活的一个特征。为什么要改变它?在今天的南非,在那个家家户户都有彩色电视机和冰箱的地方,许多妇女坚持以手洗衣服来履行她们作为妻子的职责;人们谴责洗衣机引诱女孩和儿媳变得懒惰、无礼。[98]新技术需要人们有将手工完成的工作转用机器完成的意愿。新技术要求人们在看待家时更像威廉·詹姆斯,少一点像海德格尔。而且,这意味着要认识到,一个家庭主妇比她的体力劳动更有价值。批评者认为耐用消费品仍然让女性沦为奴隶——用 J. K. 加尔布雷思的话说,就是"隐秘的仆人"。[99]严格来说,这种看法是对的,但是它忽略了这种从属关系性质发生的一种深刻变化,因为妇女从体力劳动转向了家庭管理。

因此,现代住宅的吸引力与现代女性的崛起携手而来。我们太习惯于把家看作女性处于从属地位的场所,以至于很容易忘记,前几代人在家庭内外都在寻求赋权和解放。这个时期的新一波女性杂志用跟宣传化妆品和电影明星一样多的篇幅宣传现代住宅。它们都是一个更自由、更消费主义的现代化梦想的一部分。

在洗衣机出现之前,让家庭主妇的生活变得更加光明的运动就已经开始了。1907年,宝莹强效洗衣粉出现了。在接下来的几十年里,德国母公司汉高创建了一个国际帝国,宣传其具有神奇的"自动"洗衣力量。洗衣不再是没完没了的搓洗,而是将衣物放在含碱液的冷水中泡上一夜,然后第二天将其煮沸,再轻轻冲洗(先用温水,再用冷水),瞧,原来令人畏惧的将衣服刷洗到雪白的活计就完成了。质量更好的洗衣粉和肥皂可以保护织物不受强力刷洗的损伤——宝莹洗衣粉和阳光洗衣粉(汉高的主要竞争对手利华的产品)都承诺如此——从而为家庭主妇节省了宝贵的时间和金钱。不幸的是,这个顺序与已有的洗衣惯例完全相反。推销员不断抱怨人们的错误用法和他们遇到的"偏见"。必须对新顾客进行"启蒙",例如,科隆的迈尔夫人抱怨宝莹洗衣粉把她的衣服变成了灰色。并且,尽管有新的洗衣粉,还有人继续使劲搓洗衣服,然后把手帕上的洞归咎于宝莹洗衣粉。[100] 因此,把洗衣服宣扬为乐事,不仅仅是给刷洗打广告。这种宣扬有一个实用目的:为了让像宝莹这样的新家用产品起到作用,女性必须学会少用手,并且学会接受清洁是技术的结果,而不是努力的结果。

在两次世界大战之间,宝莹帝国的生产量增长了3倍;1938年,它生产了10多万吨洗衣粉。[101] 这家公司开展了一场传教式的宣传活动。汉高开始说服所有家庭主妇,只要遵循宝莹的洗涤方式,她们就有权享受快乐,也可以享受到快乐。它将时髦女郎送上舞台,在她们面前摆着洗衣桶。在家居展上,汉高有自己的展厅,展厅前面有一个巨大的泡沫喷泉,在以健康、幸福和运动为主题的1926年吉索莱博览会上,该展厅吸引了300多万参观者。汉高公司运作着移动型洗衣咨询处,并在商店、酒吧和学校里,在小镇上、公寓楼里挨家挨户地进行实际示范。1928年,宝莹与布丁和烘焙粉巨擘欧特家博士一起开办了自己的学校,在那里,家庭妇女可以得到12小时的免费课程,学习现代洗涤和烹饪技艺,包括一个操作电器的机会。对小孩来说，也有洋娃娃的衣服要洗。汉高公司甚至请德国领先的电影制片厂乌发电影公司制作了一部关于浸泡技艺的电影。据估计，看过这部电影的家庭主妇人数有1900万。这场运动的一个核心特征是洗衣和卫生之间的联系：图表显示，洗衣粉降低了婴儿死亡率。为了对抗细菌，现代家庭主妇需要现代产品。"洗衣、洗涤剂、健康快乐"，广告车通过扬声器大声播放着。这场运动雄心万丈：所有家庭主妇，无论贫穷还是富有，无论在城市还是乡村，无论年轻还是年长，都需要被带入现代社会。一些销售人员意识到，在希腊这样的国家，各个家庭没有足够的衣服来达到使用一次宝莹的量，更明智的做法或许是把重点放在较精致的羊毛和丝绸衣服的冷洗上。然而总的来说，进步对所有文化都是开放的，从阿尔及利亚、西非到崎岖不平的撒丁岛，据说那里的当地妇女无法抑制对其神奇力量感到的喜悦："我们洗好的衣物现在比真纳尔真图山的雪还要白！"[102]

这将是一场没有阶级争斗的革命，它把艰苦的工作变成了乐事。洗衣日结束时，家庭主妇不再疲惫、易怒，而是轻松、快乐，能够全身心照看丈夫和孩子：这就是广告商对发达世界的现代住宅的设想。事实上，家务并没有消失。但生产和消费之间的界限模糊了。洗衣这项活动是有魅力的，好主妇指南这样欢呼。妇女有权在家享有闲暇。这就是为什么许多女性家庭经济学家尽管对节省时间的承诺持怀疑态度，却依然支持家庭工业革命。结合更舒适的环境和更好的规划，"经济设备"将帮助家庭与"每个家庭成员的需求和愿望"相匹配，并带来更多"令人愉快的相互关系和相互帮助"。它将为"服务精神——幸福之家的基础——提供一个出口"。[103]

在各个地方，对传统规范的摆脱都伴随着一种新的关怀责任：提供一个现代的家。家居展览告诉家庭主妇，把过去的困难归咎于技术障碍，就过于简单了。她还应该责怪"作为客户和消费者"的自己没有充分利用新机器和培训。[104] 家庭主妇被提升为卫生、营养和文化的"超级部长"。

在日本，这种"提升"体现在"主妇"这个词（しゅふ）的意义转变上。它原本指的是一家店的女老板。到20世纪早期，它的意思是"家庭主妇"。在日本,和在别处一样,卫生和营养这门新学科赋予家政公共性和科学权威性。当家庭主妇成了一种职业。干净的家、营养丰富的家常菜让男人远离污垢、疾病和酒精,让家庭和民族保持健康。[105]

日本对妇女角色的重新界定,是家庭主妇、公民组织和国家合力进行的一个项目。四份最受欢迎的女性杂志总共有100多万读者,包括职业女性和家庭主妇。1920年,一位已婚女士写信给《妇人公论》(*Fujin Koron*)杂志说,是时候推翻"旧式生活方式",消除"我们周围的巨大浪费"了。"在我们应该从美国家庭的生活方式中学到的许多事情中,我认为最重要的是,家庭主妇的职责是让她的家成为一个快乐而美丽的生活场所。"[106]家被重新塑造成一个科学管理、以家庭为中心的幸福空间。

现代生活的推动力量既来自妇女团体,也来自国家政策、资产阶级化进程。明治时代末期(1868—1912年),日本在欣然接受现代化时,家政科学已经成为女孩的学校课程的一部分。第一次世界大战把家政科学变成了国家政策的一个条目。1919年,日常生活改革联盟成立了,这是内务省在女子学校、建筑师和中产阶级改革者的支持下组建的一个团体。国家的生存需要节俭和健康。有特定复杂仪式、礼物馈赠和着装规范的传统生活,需要让位于一种更简单的生活。联盟的海报和传单告诉城市居民:"家庭改革从厨房开始。"海报和传单上的现代家庭主妇没有跪在被煤烟笼罩、黑暗肮脏且向户外开放的厨房里,而是站在一个干净、封闭的空间里,有电、自来水和连续工作台面。以这里为起点,理性和以家庭为中心的现代生活精神传播开来。海报"家庭聚会而不是摆弄古物",展示了穿着传统服装、沉溺于私人爱好的男人是如何被转变成穿着西装、宠爱孩子和妻子的父亲与丈夫的。这一联盟瞄准了家庭住宅的方方面面。它支持使用椅子,并试图消除无用的装饰。它认为花园应该具有实用性,而不是装饰性。联盟自我标榜的座右铭是"健康和安全",但也要求进行彻底的精神改造。正如政府官员田子一民所言,"日常生活是民族思想的呈现"。[107]

现代生活涉及一种新的劳动分工。在19世纪的日本家庭中,丈夫、妻子和男仆共同分担清洁、烹饪和家务工作。到20世纪20年代,这些都成了妇女的任务。在日本,和在别处一样,中产阶级家庭使用的仆人较少。大多数主妇仍然有一两个女佣，但家庭本身正在收缩成一个独立的核心单元。家庭主妇在家中获得了前所未有的权威。如果说她仍然依赖丈夫，可她不再从属于公婆，也不再受传统节日和仪式开支的束缚。这一时期家庭主妇预算账簿的推广，标志着日本家庭主妇开始成为一个更加独立的消费主体，负责家庭支出。

如今的女性可能想知道，她们被承诺的闲暇时光都到哪里去了。20世纪20年代，家庭经济学家已经在问同样的问题。1929年，家庭经济学家艾米·休斯通过蒙特霍利约克学院的女学生做了一次全国范围内的抽样调查，要求她们统计自己家里购买的电器。1919年，大多数家庭要么没有电器，要么只拥有一两件，一般是电熨斗。10年后，大多数家庭拥有5件或者更多的电器，最常见的是冰箱、洗衣机、华夫饼干机、烤面包机和电咖啡滤壶。然后要求记录她们的家庭日常惯例方面的变化。超过三分之一的人表示，洗衣服和熨烫衣服的次数增加了。缝纫和烘焙也有所增加。只有20%的人说，她们省出了时间来参与户外活动。实际节省出来的时间"与电器销售人员承诺的时间相比，显然是令人失望的"。与此同时，休斯写道："任何外界活动都有可能大大拓宽女性的视野，这是常有的事。"通过使这种情况成为可能，即使只是在有限的程度上，电器也会给家庭主妇和家庭同时带来好处。[108]

我们在这里看到的是消费这架自动扶梯在发挥作用。更多的财物和家用技术引发了新的活动，提高了标准和期望，这为更多的技术打开了大门。正如经济学家阿尔弗雷德·马歇尔认识到的那样，就像攀登一架没有尽头的梯子，只不过在这种情况下，消费不会带来更加高尚的活动，而是会增加一些新的物品。家的干净和自豪感不是一成不变的状态，而是可无限扩展的。[109] 各个公司明白这一点。用宝莹的口号来说，总有"比白色更白的"。作为消费主义的引擎，"内置报废"已经得到了充分利用。而新的耐用品引入的规范和实际操作等内在强化同样重要。当时的研究发现，真空吸尘器和洗衣机确实每周能节省2到9个小时，但是节省出来的时间实际上被更加频繁的打扫和洗衣，以及更高的清洁标准抵消了。床单和衣服更换、清洗得更加频繁。在使用洗衣机不到一代人的时间里，它就改变了人们对干净或肮脏的感觉。1966年，只有5%的德国男性每天换内衣；到1986年，这一比例为45%。[110] 在一些文化中，女性开始熨内衣。使用缝纫机，不仅是花费更少的力气来做同样的衣服，还鼓励人们制作更多衣服、进行更个性化的设计——多种多样的图案，加上更多的花边、褶裥和包边。家庭主妇长期以来一直在抒发她们对家庭状况的自豪和关怀。越来越多的商品和电器大大增加了对她们的注意力的需求。工人阶级的家庭主妇并没有费力去用软石灰石擦洗门前的台阶，使其更加光亮，而是争相比较谁打理着最闪亮的厨房、最干净的浴室和最整洁的客厅。这是一个残酷的矛盾之处：新设备承诺将家务活变成休闲活动，但女性是在视无所事事为非女性所为的文化中长大的。节省出来的时间被用于另一轮清扫。

在后面的章节中，我们将需要更密切地研究休闲时间变化的本质。在这里，我们特别关注新家电对女性家务劳动的影响。历史学家露丝·施瓦茨·考恩颇具影响力的著作继承了先前的家庭经济学家的研究成果，她认为家庭革命意味着"母亲有更多的工作要做"。20世纪20年代的研究表明，在美国城市和农村，女性每周做家务的时间分别是48小时和61小时。1965年的一项调查记录的时间是54个小时，其中的28小时用来做家务活，27小时用来照顾孩子。新家庭杂务"抵消了"所有新获得的时间。[111] 这完全正确，但是如此笼统的看法只能到此为止。我们需要查看时间的质量和数量。家务并不都是一样的。大多数女性说，她们喜欢做饭超过照顾孩子。具有讽刺意味的是，而且尤其是第二次世界大战以来，美国妇女花在孩子身上的时间更多了，花在炉子上的时间却少了。发生的变化是在外从事有偿工作的时间增加了，以及在家时间的重新分配。此外，家务的协调也不一样了。在家里一边洗衣服，同时盯着孩子，一边听收音机，这和单做一件事或者一件接一件地做是不一样的，即使花费的总时间是一样的。家庭革命对于创造更加密集的并行实践集群的重要性，很可能与它对于时间的整体利用同样重要。

笼统的概述还隐藏了阶级和地区差异。为1932年胡佛关于家庭的会议所做的研究表明，美国各地的家务管理差异很大。在城市里，家庭主妇花在洗衣服上的时间是农村家庭主妇的一半，但花在"照顾家人"上的时间是她们的两倍。美国农村的女性实际上独立行事。相比之下，城市家庭主妇能够获得 27 小时的额外帮助。而且，省力设备对工人阶级和中产阶级女性有着不同的影响。家务时间似乎保持不变的一个原因是原始数据，比如说上述蒙特霍利约克学院家庭的数据偏向中产阶级。当然，他们花在家务上的时间没有减少，因为他们不再雇用仆人。对工人阶级家庭的母亲来说，情况恰恰相反：洗衣机为她们节省了时间、汗水和眼泪，就像 20 世纪 50 年代的一位家庭主妇直白表述的那样，"你可以拿走我的床，但不要让我失去自动洗衣机"。[112] 1925 年，林德夫妇在他们为《米德尔敦》所做的研究中已经注意到了这种阶级差异。如果省力设备没有消除"双重负担"，那么此后的时间使用数据表明，它至少减少了职业女性的负担。[113]

总的来说，电器带来的影响很可能比人们通常认为的要小。最近对 20 世纪美国时间使用数据进行的非常广泛的回顾，几乎没有发现电器的出现促使妇女加入劳动力大军的证据。女性的家务劳动在 20 世纪 30 年代至 60 年代的确激增，但这与其说是因为真空吸尘器和洗衣机，还不如说是因为单身女性越来越多地住在自己的公寓里，而不是住在寄宿公寓或者与家人同住。[114] 在家做什么和在市场上买什么之间没有简单的因果关系。是的，现成的食物和微波炉减少了人们做饭的次数。然而在家庭生活的其他方面，这两种举措是相辅相成的：人们在孩子使用的服务、游戏和娱乐上花了更多的钱，但他们也花了更多的时间和孩子在一起。

在某些情况下，家用电器以间接的方式赋权。在埃及和其他发展中国家，相当贫困的家庭在 20 世纪七八十年代购买耐用消费品的部分原因是为了展示自己在邻里中的地位。但是，这也加强了家庭主妇对家庭财务的控制。用余钱来分期购买电视机或洗衣机，就意味着这些钱不会被借给来借钱办婚礼或支付医药费的穷邻居和穷亲戚。耐用消费品把钱锁定了，钱的主人就不用回应传统互惠原则下的借钱要求。当社会改进的机会出现时，比如搬到更好的公寓或者为了孩子的教育，这些耐用消费品可以被转售，从而释放出积累起来的资本。[115] 白色家电就像一种储蓄账户，并赋予家庭主妇拥有更大控制权的红利。这种从未在传统批评和媒体评论中被提及的消费主义，鼓励更大的自主性和对个人小家庭的关怀。现代物品可以被当作一张车票，能让个人离开其出生的大家庭和社区。[116]

男人花在家务活上的时间仍然比女人少，但他们也有自己的家庭革命。只是这场革命不是发生在厨房里，而是发生在开展业余爱好的地下室、车库和花园里。"修理先生"加入了"清洁夫人"的行列。男人和女人从相反的方向来到现代家庭。对女人来说，工业进入了家庭，将她们的家庭角色提升为科学管理者。而对男人来说，家和花园是远离工业劳动世界的避难所。有几项发展同时出现。从手艺人到工厂劳工或办公室职员的转变，引起了人们对男子气概的担忧。既然现代男性不再是"工匠人"（homo faber）了，那他们实际上成就了什么？"自己动手"是一种重建男性自豪感的方式。业余爱好和手工艺，而不是好勇斗狠的锐气，为无所事事的人找到事情做。"自己动手"还为私人娱乐活动提供了一种道德上的辩护，当时逐渐增加的休闲时间包括20世纪30年代因高失业率而来的"非自愿"休闲。工具成了消费品。20世纪中叶，梅西百货公司开始销售电锯和其他电动工具；1946年，百得公司推出了小型手持电钻。

与针对现代家庭主妇的家用电器的语言一样，男性手工艺消费者的语言既诉诸理性又富有趣味。它被销售人员塑造成了节俭和锤炼自力更生的典范。事实上，一般人为了省钱会在商店里买一把椅子，而不是自己制作一把椅子。然而对大多数人来说，最重要的不是最终的结果，而是制作物品的满足感："我坐在一把自制的椅子上……从这件作品中得到的最大回报就是用我自己的双手制作它的乐趣。"[117]

园艺越来越受欢迎，它提供了一种消费自己劳动果实的方式。在各公司和工会的帮助下，产业工人发现了小块园地和窗槛花箱。第一次世界大战自然而然促进了小块园地的发展，但是它们的人气延续到了和平时期。在两次世界大战之间的法国，北方地区园艺和工人花园协会从一株小树苗成长为拥有70万成员的参天橡树。一个法国矿工一年支付8法郎50生丁，就可以获得50包种子、双月刊杂志、园艺课程以及在比赛中脱颖而出、在抽奖中赢得更多种子的机会。根据这些协会的说法，"自我消费"使工人在竞争激烈、商业化的世界中获得了道德和物质上的根基。家和

"自己动手"对中产阶级的意义，相当于小块菜地对工人的意义：与乡村的紧密关系、"在土地上留下姓名"的机会。园艺杂志告诉它们的工人阶级读者，照料植物预示着"专心工作、秩序和家庭纪律"。[118] 在危机时期，这也是一种重要的生存策略，这在纳粹德国和战后德国再明显不过。20世纪30年代中期，德意志国约10%的水果和蔬菜是在小块园地里种植的。20世纪40年代末，要不是得到了100万份小块园地中的一份，许多德国人可能无法幸存下来。[119]

对大多数白领来说，在家里拥有一间手工作坊仍然遥不可及。休闲手工主要是蓝领和中产阶级的消遣活动。不过，这一普遍现象值得重视。美国学校设立了业余爱好俱乐部；大公司有自己的手工艺行会。在曼哈顿，现代艺术博物馆甚至为自家没有用以满足业余爱好的地下室的父子们开设了一家木工作坊。在欧洲，粉刷墙壁和贴壁纸越来越多地由夫妻共同完成。[120] 家并不是男女平等的，但比以前更像是一个合作项目。1945年，男人花在家庭杂务和维修上的时间大约是1900年的两倍。[121]

因此，将消费文化看作被动的和去技术化的就过于简单了。消费的增长有很大一部分涉及为了室内装饰个性化而进行的购物。"自己动手"、手工艺品和园艺用其自身的杂志、商店和集市，吸引了相当大一部分消费支出。消费的增长时常鼓励新技能，就像它扼杀旧技能一样。男性被吸引到一种更加活跃、以家庭为中心的文化中。到了20世纪30年代，大多数人都能比他们的祖父更加熟练地使用锤子。也许，海德格尔本不必那么担心。机器在家里留下了自己的印记，而人们的双手也是如此。具有讽刺意味的是，"消费人"（homo consumens）帮了"工匠人"一把。

那么，在更长的消费历史中，我们应该如何解读家庭革命呢？在一个层面上，我们可以看到电熨斗和洗衣机完成了一个可以追溯到18世纪的趋势：物取代了仆人和家臣。家庭缩减了人员规模，升级了物质帮手。然而在另一个层面上，家庭革命也应该被视为一场反革命。18、19世纪见证了从制造物品到购买的转变。到了1900年，美国城市居民购买衣服，而不是缝制衣服。在阿巴拉契亚高地等偏远山区以外的地方，烤面包、罐装和腌制食品，手工肥皂和家庭制药，都被更便宜、更方便、广告宣传力度很大的商品取代了。[122] 评论者开始担心家正成为一个空壳。当人们的生活完全围绕着在市场上获取物品和花钱时，剩下的会是什么呢？20世纪的情况表明，这种担忧是没有根据的。认为购物的增加会自动导致家务减少的看法是错误的。在最商业化的消费文化——20世纪的美国——中，人们花在家务上的时间一直保持在每周52小时左右。[123] 这主要有两个原因。首先是住房面积的扩大和"独居生活"的兴起。个人需要照看、打扫的住房空间变多了。其次是电器的涌入。洗衣机、地板打蜡机、电熨斗、榨汁机、电钻和缝纫机等电器的涌入，要么恢复了以往的活动，要么创造了全新的活动。消费变得更富生产性。

调　谐

　　家庭消费革命不仅是手的革命，也是耳朵的革命。西方文化长期以来尤其提倡将视觉作为第一感觉，早期消费的扩散也主要是通过流行款式、橱窗展示和明亮的城市灯光等视觉刺激来实现的。留声机和收音机增加了一种听觉感受力。它们打开了人们的耳朵。如果说对清洁和家庭科学的崇拜是往里看，那么收音机就是向外延展，将新的梦想世界直接带进人们的客厅。

　　留声机和收音机最初并不是作为家庭娱乐工具而设计的。留声机于1877年首次由爱迪生向公众展示。早期的留声机被用于各种目的，包括口授、法庭证词，以及留下死去亲人的声音。1890年，哥伦比亚留声机公司在广告中声称，留声机能够通过让作曲家回放音乐，为他们带来新的灵感。在法国，百代电影公司推出了投币式收听机，人们可以花15生丁来听一首歌曲。1903—1904年，留声机公司和胜利留声机公司已经在新加坡和墨西哥开设了录音室，就在这时，德彪西因为留声机的不朽承诺而印象深刻，于是在巴黎录音室录制了歌剧《佩利亚斯与梅丽桑德》的节选。第一次世界大战之前，大规模生产的唱片已经开始取代蜡筒。尽管如此，迟至1918年，唱片还只能录制三个八度音阶。

　　突破发生在20世纪20年代。1927年，美国的唱片销售额达到1.04

亿美元。仅歌剧演唱家恩里科·卡鲁索就为胜利唱片公司带来了250万美元的收入。一些艺术家担心私人音乐盒会导致公共音乐的消亡。事实恰恰相反。留声机和收音机培养出了人们对查尔斯顿舞、黑臀舞以及其他可以在家跳的新奇舞蹈的爱好，从而推进了现场音乐表演的繁荣。在马来亚，唱片行业利用体育赛事来宣传广受欢迎的苏拉米小姐——"全爪哇无可争议的克隆钟冠军"。[124]

无线电从孩童小玩意到家庭娱乐工具的蜕变更加富有戏剧性。从古格列尔莫·马可尼于1901年首次向大西洋彼岸发送信号到第一次世界大战，成千上万名男孩尝试制造单通道接收机、发送莫尔斯电码。1920年，15岁的哈罗德·鲁宾逊成功从新泽西的家中向苏格兰发送了一个电码信号。20世纪20年代早期，无线电接收设备就是连着自制矿石收音机的听筒。这是"火腿族"和学校老师的业余爱好。男孩们攒下零钱，然后从当地的小杂货店购买零件。到1922年，美国大约有60万无线电爱好者。据估计，有2万个电台是由美国孩子在较低波长下使用的。[125]哥德堡和其他欧洲城市拥有成员多达数千名的无线电俱乐部。在大西洋两岸，学校都是重要的发射机所在场所。在普鲁士，几乎一半的师生参与了学校电台，为学生们带来了音乐、文学、地理和语言等方面的丰富知识；许多电台由老师运营。[126]在美国，"广播学院"由大学和农业学院运作。美国教育专员约翰·泰格特在1924年强调，无线电广播是无与伦比的教育家。除了激发人们对世界的兴趣，无线电广播还教授"节俭、手工艺和科学方面的课程，这些课程可能会令世上最好的老师都为之羡慕，陷入沉思"。[127]

1932年，一家杂志为卢森堡的无线电迷提供了一个业余爱好专栏，它展示了安装一台带有扬声器的三通道接收机所需的技巧和信心。要想在晚上收听斯特拉斯堡和罗马的电台，人们需要一个至少25米长、10米高、最低120伏特电压的外部天线。如果音量太低，听众就要用铅笔和橡皮增加或擦去低频放大电阻器上的石墨。任何看过劳莱和哈台主演的电影《尽情疯狂》（*Hog Wild*，1930年）的人都知道，仅仅是安设无线电天线就够灾难的了，而由电池带动的收音机经常会将酸性物质渗漏到餐具柜和地毯上。直到20世纪20年代末，完全电动的收音机（例如，1927年的

Radiola 17）才出现，外部电线、电子管和扬声器才被收到一个精巧的红木匣内，就像1931年的无线电接收器（Telefunkensuper 653）一样。到此时，器件被收到盒子里、表面被擦得锃亮的收音机，整洁地跟其他家具摆放在一起，收音机表面配有简单的拨号盘，便于全家人收听节目。这件男性喜欢的小玩意适合从阁楼搬到客厅了。[128]

无线电设备在这些年里激增的规模怎么夸大都不过分。例如，1925年，丹麦和荷兰各有不到2.5万台接收器。到1936年，这些数字分别为66万和94万。几乎是每个家庭都有一台，美国的情况也是如此；在阿根廷，10%的人有收音机。[129]在个人收听这个早期阶段之后，收音机变得跟交际相关了。家庭处于这一分享体验的核心：家庭成员越多，每天收听的时间就越长。[130]但是，客厅并没有被封闭起来。恰恰相反，到了20世纪20年代末，欧扎克和其他制造商都在为便携式设备做广告："带着收音机去露营、钓鱼、打猎、旅游，让你的假期圆满。"[131]

最重要的是，收音机增强了邻里关系。有时，这指的是集体收听。收音机听众被鼓励着把他们的收音机带给邻居听，带到办公室："有收音机的地方就没有孤独。"海因里希·韦伯自豪地回忆，20世纪30年代初，当他还是德国希尔德斯海姆市的一个小男孩时，父亲鼓励他把自己的收音机放在窗台上，好让周围的邻居都能听到。在南卡罗来纳州，早期的收音机拥有者会让整个城镇的人都听到无线电节目。[132]

留声机和收音机改变了全球的声景和对噪声的敏感度。只要按下开关，收音机就能消除沉寂和孤独。它可能代表共享的快乐，也可能代表不眠之夜。1934年，新加坡立法局通过了一项《轻罪条例》修正案：除非得到警方许可，否则禁止在午夜过后播放留声机和无线音乐。[133]冲突分为两种形式。当时变压器的灵敏度很高，以至于打开或者关闭一台距离不远处的电器，就很容易干扰信号传输。另外，当时的研究表明，在报告的几千起干扰案例中，约33%来自私人家庭。一些邻居用自己的新电子武器进行了一场噪声战争。丹麦是最早（1931年）通过一项保护听众不受干扰的法律的国家之一。当然在德国，如果惹事的人故意用电熨斗或吸尘器干扰邻居收听广播的爱好，会被处以罚款。[134]

收音机改变了人们的日常生活，其方式远远超过了早期革命者试图通过服装改革和其他从上至下的改革来实现的任何目标。为了收听最喜欢的节目，人们调整了自己的日程安排。一些牧师呼吁抵制周日晚间的广播节目，但是没有成功。[135] 一些公共电台，例如1922年成立的英国广播公司（BBC），推出了"儿童时间"，以培养未来的公民。一名妇女在1925年写道，收听广播很容易与一系列其他家务协调进行，这为家庭杂务注入了一些乐趣："洗碗看起来不像是苦差事了，伴随着轻快的爵士乐，碗洗得越来越快。"[136] 特别是对那些受教育程度较低、收入较低的人来说，收音机成了主要的休闲工具。但即使在接受过大学教育的美国女性中，几乎一半的人也会在晚上收听两小时或以上的广播。早期的美国听众调查显示，女性在白天几乎总是开着收音机——"哦，我告诉你，这对我来说是陪伴，家里总有人陪着我。"[137] 男性主要是在早餐时间和晚上听广播。孩子们迟迟不入睡，反复琢磨着自己先前从收音机里听到的节目。一些孩子会做噩梦，但大多数父母赞同孩子收听广播的爱好。收音机似乎既有教育作用，又能让家庭生活更有趣。对许多人来说，这是最吸引人的特性之一，收音机化解了冲突，消除了沉寂，让家人聚在一起："如果没有收音机，我们就不会成为一个家庭。"[138]

批评广播的声音主要来自大西洋彼岸，代表人物是流亡的犹太知识分子和音乐理论家西奥多·阿多诺。为躲避纳粹迫害，阿多诺在纽约的哥伦比亚大学从事无线电广播研究项目。该项目由洛克菲勒基金会资助，由来自维也纳的流亡者保罗·拉扎斯菲尔德运营。阿多诺深化了自己对无线电广播"社会威权主义"的看法。[139] 这是我们的故事中一个发人深省的片段，不仅仅因为他的思想将成为马克思主义文化产业批判的核心，通过法兰克福学派，这种批判将启迪1945年后的新一代批评者。它也表明了马克思主义者对生产的关注，再加上一种固有的欧洲精英情怀，是怎样导致像阿多诺这样令人敬佩的思想家完全误解消费文化的这个新媒介的。

在阿多诺看来，一切都是严肃的，尤其是文化。他是不会找乐子的。真正的倾听意味着对音乐作为完整的艺术作品，进行全方位的批判性体验。其他的一切都只是被动的娱乐，甚至是危在旦夕，而不只是低劣的品位。轻快、流行的音乐是资本主义将其商品化精神强加于生活各领域的战略的一部分，它扼杀了创造力和自由。从像《是的，我们没有香蕉》这种大批量创作的流行音乐到法西斯主义，中间只隔了一小步。

阿多诺的人生经历和他的理论是一体的。他出生于1903年，母亲是法国、意大利混血歌手玛丽亚·卡尔韦利-阿多诺，她曾经在维也纳的皇家宫廷歌剧院演出；父亲是一名犹太酒商。在他们法兰克福的家中，生活是围绕着钢琴的。这个家里的独生子"特迪"会演奏二重奏，学习了小提琴，就读于音乐学院，并且创作了几首弦乐四重奏曲和钢琴曲。害羞和早熟的阿多诺披上了知识分子艺术家的伪装——他不是戴着手表，而是把手表挂在链子上，然后放在衬衫口袋里。20世纪20年代初，他开始尝试音乐创作，将青少年的自负与只有不向资产阶级观点妥协的真正艺术才能拯救人类免于灭绝这种看法融合在一起。即使是斯特拉文斯基也做得不够，阿多诺批评他的作品《士兵的故事》是"一个沉闷的波希米亚恶作剧"。[140]只有十二音音乐才能拯救人类。1925年，他前往维也纳，跟随阿尔班·贝尔格学习。简而言之，阿多诺秉持马克思主义的精神，相当于音乐领域的布鲁诺·陶特：商业化、没多大意义的娱乐和资产阶级的装饰必须消失。

阿多诺认定，收音机是资产阶级体系的"麻醉"扬声器。它导致了"倾听的倒退趋势和拜物教的流行，这股力量不断压倒音乐并将其埋在娱乐的冰碛之下"。阿多诺这种自以为优越的态度激怒了他的上司拉扎斯菲尔德，此人问阿多诺，真正的拜物教也许反倒是指他对气派的拉丁语短语的沉迷。阿多诺明显对农夫的妻子一边洗碗一边听贝多芬这种想法感到厌恶。收音机破坏了交响乐作为一种集体体验的存在。它将倾听私有化，把音乐变成了不过是另一件"家具"。古典音乐"变得平凡"，因为它被分解成简单的主题曲，像其他任何"现成的零碎产品一样，不需要付出什么努力，就能享受到"。随着严肃音乐和流行音乐之间的沟壑越来越宽，人们离真正的觉悟和自由越来越远。商业文化对阿多诺来说就像宗教对马克思一样：大众的鸦片。流行音乐，或者用他的话来说，"庸俗"音乐，包括爵士乐，就是资产阶级社会拿来诱使人们沦为奴隶的。[141]

阿多诺做的是理论研究，而不是实证研究，事后看来，或许最有趣的是他的分析如何逐渐形成了自身的一致性，导致下一代的许多人都会排演事先准备好的对消费文化的谴责。因此，值得强调的是，阿多诺是多么脱离实际。美国研究人员在20世纪30年代发现，无线广播电台听众是非常活跃的。尤其对男人来说，收音机培养出了一种对音乐的热爱。一名出生于意大利的鞋匠说："我一直喜欢音乐，但因为听不到太多好音乐，所以我没法欣赏音乐。但后来我开始听收音机，现在我熟悉大多数杰作。没有收音机，我永远也不能这样享受音乐。"一些人弹钢琴弹得少了，因为"我太清楚自己的缺点了"。[142] 但总的来说，收音机和留声机促进了音乐制作，传播了爵士乐等新式风格的音乐，并增加了管弦乐队的数量。广播电台有时被用来挑战权力和权威，比如在1905年孟加拉分治期间，通过广播电台号召印度民族主义者抵制英国商品。广播电台并没有产生令人非常畏惧的统一性，相反，它为各种不同的音乐流派和收听群体，包括濒临消亡的民间文化，创造了机会。一名在挪威工作的瑞典机械师在晚上打开收音机，调到"斯德哥尔摩-穆塔拉-延雪平电台，听到了一首我童年时代的歌曲，还是用我童年时代的方言演唱的"，这让他深受感动。在瑞典，直到1935年被政府接管之前，许多电台都用方言播送本地节目。[143] 在日本，广播节目保留了传统乐器和讲故事的形式；在马来亚，广播电台会播放克隆钟音乐；在美国，广播电台传播了蓝调音乐，并使乡村音乐和家园歌曲流行起来。到20世纪30年代，黑人家庭可以收听黑人电台主持人播放的黑人音乐。[144] 在一个星期内，有超过3万小时的音乐节目向美国公众播放。[145] 广播节目提倡的不是统一性，而是多种喜好。

人们的消费方式和消费内容并没有遵循某些大规模生产先前的逻辑。阿多诺的缺点是忽视了收音机对人们内心所起的作用。听收音机是一种全新的情感体验。特别是对男人来说，它打开了一个感观世界。一些早期的听众为了增强感觉能力，在听收音机时关掉了灯。大多数人都在家中的舒适环境中收听广播，除了私人属性，收音机在其他所有方面堪称完备。20世纪20年代末，一些评论员曾预言，收音机的吸引力将仅限于"像农民、盲人和几乎失聪者这样孤独的人"，但他们的预言很快就被证明是错误的。[146] 收音机激发了社会想象。没有真正的管弦乐队或演员，听众必须想象场景和演奏者。连续性节目的热心听众在自己的脑海里创造了一个剧场。一项早期的广播心理学研究将这种体验比作有视力的人必须学会像盲人一样，通过耳朵观察世界。这种"视觉化实践有助于使成年人恢复一些就自童年以来就迟钝了的想象敏锐度"。[147]

拉扎斯菲尔德的妻子赫塔·赫尔佐克（拉扎斯菲尔德的第二任妻子）是一名研究员，她发现日间连续性节目的听众没有特意收听哪个节目，他们收听节目只是因为生活比较"空虚"；但也没有证据表明活跃的听众不再去俱乐部和教堂。相反，现在的家是一个虚拟社会世界的入口。广播电台创造了一种社区的感觉，成千上万的人在收听相同的节目。对一些人来说，像《戈德堡一家》（*The Goldbergs*）这样的广播剧——一部在20世纪三四十年代上演的15分钟每日肥皂剧，讲述了纽约布朗克斯区一个贫穷犹太家庭的故事——是他们逃离真实家庭的一种方式。对其他人来说，它们是一种安慰，让他们"知道其他人也有麻烦，自己感觉会好些"。剧中人物变成了朋友，甚至比真正的朋友还要好——"朋友是如此不可捉摸……但是广播中的人物是可靠的"。[148] 许多人觉得他们从这些节目中了解了生活，从社交礼仪和如何管教孩子，到为什么下班回家的丈夫脾气暴躁。[149]

18世纪，"旁观者"在文雅礼仪的发展过程中扮演核心角色。想象自己处于其他人的位置，会培养同情心。人们被鼓励成为自己的旁观者，并评价自己对其他人的影响。收音机与文雅无关。但是，也许我们可以把它看作20世纪版的"旁观者"，是日记和谈话俱乐部的一个文化继承者。在人们的无线电广播想象中，人们缔造了新的社会团结，并把社会角色表演了出来。收听无线电广播扩展了个人的情感视野，这些人学着与远方的其他人分享快乐和痛苦。

"奥伊科斯"（oikos），在古希腊语中意为"家，住所"，指的是一个将生产和消费、家人和仆人结合在一起的家庭。在古希腊文明消失许久之后，这一家庭概念继续对现代想象产生着影响。工业和商业的兴起、私人和公共世界的竞争性需求，引发了身份危机。家必须不仅仅是一个消费物品的地方。在乌托邦小说《回顾》(*Looking Backward*，1887年)中，爱德华·贝拉米给出了一个社会主义的答案。主人公睡着了，2000年在社会主义城市波士顿醒了过来，发现家里已经大变样。家务活消失了。烹饪和洗衣由共有的有经验者来完成。"我们选择的房子不大于我们需要的，我们布置房子是为了使房子井井有条，尽量减少麻烦。"[150] 20世纪50年代，真正的研究人员来到多伦多城外的一个新郊区，描述了一个完全不同的场景。家完全被个人主义的消费主义接管了：它就是一个有着膨胀的休闲空间和物品陈列室的宿舍。对个人财物的崇拜正在把家庭分裂成"一群几乎没有缘由和动机待在一起的人"。[151]

事实上，比起这两个极端中的任何一个，家的历史都更加平凡、更为矛盾。生产还没有离开家。相反，消费和家政相互促进。实用性证明，购买和使用包括收音机在内的家用设备是合理的。20世纪，一半的人口（妇女）在家庭上花费的时间更少了，但人们在家庭上花费的物质和情感资源比以往任何时候都多。收藏品、照片、纪念品和其他物品已经成为重要的家庭纽带[152]，承担了曾经由家庭分工扮演的角色。

20世纪50年代的研究人员在新家中发现了旧家具，这一事实甚至掩盖了郊区贪婪的反乌托邦图景：继承得来的沙发、旧餐桌和老式纯银餐具，让家庭拥有了一种稳定的认同感。[153] 在厨房里，人们更注重社交性而不是功能主义。现代设计面临巨大的风俗和习惯阻碍。在芬兰，工人阶级和农村居民将实用厨房改造成了他们习惯的家庭空间。在20世纪40年代的英国，当工人家庭搬入新家时，有些家庭首先做的事情之一，就是在新的小厨房旁边搭建临时隔板，来创建一个就餐区域。只有当收租者来家里时，隔板才会拆下。"现代"家具几乎不见了。[154] 对有设计意识的中产阶级观察者来说，客厅套间和厚地毯都是完全相同的令人厌恶之物，显得墨守成规、格调低俗。与之相比，住在那里的人有一种同样强烈的感觉：他们有让自己的家与邻居的家不同的"独特品位"。[155] 重要的是，物品是如何摆放的和为数众多的在说着"这就是我们"的小物件。物品主要是身份和尊重的标志，而不是仿效。

因此，在关于舒适的观念的激烈较量中，情感比理性效率更具有优势。舒适是关于在家里的感觉。这是"好的"消费，证明花费和分期付款购买家具是合理的。20世纪80年代，一个英国家庭解释说："我们并不奢华，但我们喜欢舒适。""舒适的家具让你感到很享受。其他人购买便宜的物品，省下钱来……花在我们认为愚蠢的物品上。他们并没有把精力放在家庭舒适和令人愉快的长沙发椅上。这不是让人们来看看我们有什么，而是真正感到舒适。它们不是必需品，但也不是奢侈品。"[156]

第 6 章

意识形态的时代

　　海蒂·西蒙才19岁,她能活着真是幸运。她出生于希特勒上台的那一年。她的家乡美因河畔法兰克福是被盟军轰炸得最严重的城市之一;1944年盟军的袭击造成数千人死亡,城里的半数人口无家可归。1952年,海蒂在一次业余摄影比赛中获奖,该活动是为庆祝美国的马歇尔计划而举办的。欧洲刚刚开始复兴。参赛者的作品反映了战后欧洲的严酷现实:《人人有面包》《不再有饥饿》《新家园》。她获得了最高奖品中的一个:一辆黄蜂牌小型摩托车,外加奖金。负责马歇尔计划的官员或许会对她的反应感到非常惊讶。她写信称,她很高兴能够获奖,但老实说,而且恐怕听起来有点"无礼",她想知道自己是否能得到一辆兰美达牌摩托车,而不是黄蜂牌的。在过去的一整年里,她都"热切地"想要拥有一辆兰美达。有关官员拒绝了她的请求,还是给了她一辆黄蜂牌摩托车。[1]

　　这张收藏在德国联邦档案馆、由年轻的海蒂·西蒙拍摄的快照提醒我们,历史的巨大力量是如何与普通人的物质生活和梦想交织在一起的。马歇尔计划是欧洲重建和日益加深的东西方冷战鸿沟当中的一个关键时刻,但马歇尔计划的接受者并不是被动的。在一堆堆瓦砾的废墟中,海蒂坦率地说出了自己对一件极其时髦的消费品的渴望,这也挑战了传统观念,即消费社会是丰裕年代(20世纪50年代中期至1973年)飞速发展的产物。人们有时本能地认为,在满足了基本的食物、住所、安全和健康需求之后,仅仅会为了身份、交流或纯粹的乐趣而购买商品,但海蒂的做法与这种看法相悖。不过,美国人亚伯拉罕·马斯洛于1943年率先提出的"需求层次"心理模型随着社会丰裕程度的提高而日趋流行,这绝非偶然。根据这一理论,海蒂·西蒙本该要求用黄蜂牌摩托车换取砖、砂浆,或者是一些储蓄债券,而不是希望能够换成更高级、整体车身呈流线型管状结构的兰美达(123cc,即排气量是123立方厘米)。

在冷战时期,消费社会成为美国的特性。消费主义与民主、资本主义作为一个整体被推广。它可以因出口自由而受到欢迎,也可以因培养冷漠、自私的物质主义而受到谴责,但在当时的人眼中,消费社会无疑极具美国特色。正是在这时,一般模型首次组合出了消费社会的真实面目,其中最著名的是经济学家加尔布雷思在其畅销书《丰裕社会》中提出的。美国被描绘成一个新的社会,在这个社会里,人们为了维持生产引擎的运转而被迫增加消费,在这一过程中牺牲了公共福利、环境和他们自身的幸福。从那以后,这种模型就塑造了我们思考和谈论消费的方式。它继续影响着当今许多批评者的世界观,他们将"消费主义"的危险追溯到1945年后对增长的沉迷。20世纪90年代的新自由主义讲述了一个类似的故事,但是颂扬了选择和市场的胜利。2009年,我们自己的丰裕年代结束和美国的衰落,提供了一个从更广泛的视角看问题的好时机。

从20世纪50年代到70年代初的黄金时期——人们称之为"经济奇迹"(在德国)、"奇迹年代"(在意大利)、"辉煌30年"(在法国)——给西欧带来了5%的年增长率,这是史无前例的。然而,丰裕是在一系列同样非凡的变革之后到来的,这些变革可概括成一代人的全面战争(1914—1918年)、世界大萧条(1929—1931年)、极权主义政权的崛起以及另一场更加残酷的世界大战(1939—1945年)。探索这些年代之间的联系,并不意味着构建简单的连续性。20世纪50年代,人们对奶油蛋糕和可口可乐的追求,可以被理解为一种从定量配给和紧缩政策中解放出来的即时反应。但是,更长期的趋势也在发挥作用。20世纪50年代和60年代,在政治、文化和普通人的生活中,都带有30年代的印记。20世纪50年代,在经济大萧条时期长大的孩子们已经成为年轻的父母,他们建立了自己的家庭,购买了第一台电视机和第一辆汽车。纳粹战败后,法西斯主义的阴影长期存在;精英阶层仍然担心大众消费可能滋生新的法西斯主义。毕竟，两次世界大战之间的年月是不断增长的消费力量在公共和私人生活中成形的时期。

在政治事务、电影院和地方委员会的办公室中，艰难岁月孕育了对更美好生活的向往。20世纪30年代是消费者行动主义的黄金时代。消费者在维多利亚时代就已发出声响。此时，在那些饱受战争、通货膨胀和世界经济大萧条之苦的国家，所有人——各国政府、社会改革家和广告商——都开始迎合消费者。所有的大众意识形态都向其支持者承诺了更好的生活，并制定了策略，利用消费达到特定目的。这既包括纳粹主义、斯大林主义、殖民民族主义和大众帝国主义，也包括进步主义的"罗斯福新政"。人们希望得到更多的承诺，不论这些承诺的兑现是多么有限。即使是以低增长、贫困和殖民剥削为特征的政权，也在促进消费方面发挥了作用。

现代社会带着将不同领域分离开来的理想进入了20世纪。文化与商业、私人与公共生活、男性与女性、理智与情感等都应该分离开来。不同的社会阶层有着截然不同的日常饮食、衣着和娱乐活动。随着物品和口味的流动加快，这些分离变得越来越难以维持。这让丰裕一开始就成为20世纪五六十年代论争的焦点。那些习惯于应对物资过少的社会，突然陷入担心拥有太多的境况。然而，一旦自由的理想与个人生活方式联系起来，任何领域都无法幸免。消费被认为是一种发现自我的解放过程，任何人都可以拥有。20世纪最引人注目的结果之一是，这种价值观上的根本性冲突让位给了和解，而不是阶级斗争或反革命运动。在不同的意识形态话语中，人们都被许诺过上更好的生活。现在，他们相信了领袖的话：难道不是每个人都有权得到一台电视机、新衣服并获得满足吗？更加彻底的物质生活方式正在成为东西方共同努力的目标。政府可能会增加坦克的数量，却不敢削减消费。精英阶层没能控制消费，反而是消费控制了政治和文化。到20世纪80年代，消费——亚当·斯密所谓的"所有生产活动的唯一归宿和目的"[2]，看起来几乎成了一切事物的唯一归宿。

物质文明的冲突

对于整个欧洲的消费者来说，第一次世界大战是一次变革性的经历。战前，消费者行动主义仅限于自由主义社团或中产阶级群体，比如欧洲各国和北美都有的购物者联盟。总体战使消费成为各国的生存问题。所有交战方在确保食品供应方面都面临前所未有的问题。德国及其盟国必须应对封锁，英国则必须应对运粮船只被潜艇击沉，以及所有因招募、喂养军队和杀戮敌军而造成的内部混乱。物资短缺引发了通货膨胀和动乱。以前视自己为工人或职员的人发现他们自己也是消费者。不管是否喜欢，政府都被迫采用当时所谓的"战争社会主义"，去管理经济运行、制定价格、征用资源。一场拉锯战在越来越有组织的消费者利益团体和越来越需要消费者节俭和自我牺牲的政府之间展开了。

战火造就了一种新的消费者身份，在欧洲中部，这一点最为明显。1914年12月，战争刚刚爆发4个月，德国就成立了一个负责消费者利益的全国委员会——"战时消费者利益委员会"。这个委员会代表了占总人口25%以上的700万户家庭的利益。类似的组织也在德国盟国统治下的维也纳、布达佩斯和布拉格，以及中立国瑞士和卢森堡出现。德国的消费者利益委员会先前仅包括合作社和家庭主妇组织，但此时也包括那些固定工薪者、为国家铁路工作者以及基督教工会成员。[3] 通货膨胀使消费者的身份发生转变，不再局限于之前认为的女性购物者。许多人主张，工人也是消费者。这就成了"生产者利益"——由富商和卡特尔组成的小型堡垒——的敌人。并不是所有群体都对这种背离地位——基于工作和职业身份——的转变感到高兴。公务员和医生、法官都倾向于保持距离。不过，"消费者"不能再被轻率地看作一种狭隘、自私的利益小团体。

德国的消费者利益委员会表达了对消费者作为国家力量源泉的新信心。到1917年，大约有200个地方性机构在与奸商做斗争，争取更大程度的自足。他们提供各种各样的服务，从烹饪示范到关于回收利用与如何避免被骗的建议。他们发布奸商和囤积者的黑名单，建立投诉中心，并引入抽查制度，以比较互相竞争的商店的价格、质量和供货情况。在未来两代人的时间里,类似美国消费者联盟的这类商品测试组织的印记将遍布世界各地,有哪些呢?比如,德国的"商品检测基金会"与法国的"'精挑细选'消费者联合会"。在他们手中,对价格、质量和安全的更强意识将日益集中于个人福利。与之相反,在第一次世界大战中,个人和集体利益是同一问题的两面。消费者代表权的主要倡导者罗伯特·施洛瑟在1917年宣布,战争已经形成了一种新的集体心态。消费者除了关心能否做成一笔好买卖,还会关心如何改善下层阶级的生活状况。他们还将加强国家的力量,"这样一来,当外敌下一次威胁到德国的时候,德国就再也不用同时与内部敌人——德国人对德国人的剥削——作战了"。[4]

墨迹刚干,这种乐观的愿景就受到了毁灭性的考验。1918年,由于德军未能突破西线,德意志帝国在后方战场上失败了。德意志帝国的配给制度非但没有让国家团结一致,反而加剧了紧张局势,导致享受政府津贴的群体与感到不公平的民众之间的分歧不断扩大,最终吞噬了旧政权。[5]贫困的消费者攻击士兵的妻子和有许多孩子的母亲,因为他们享有"不公平"的特殊津贴。

从短期来看,与战争相比,和平对新的消费者群体不太有利。这对战争的失败者和胜利者来说,都是如此。在俄罗斯和欧洲中部,革命委员会由工人和士兵,而非消费者组成。在英国,消费者委员会于1920年解散,因为它已经分崩离析、无所作为。政府认为没有理由维持它的存在;随着战时控制的结束,它失去了"存在的意义"。士兵们回到各自原先的行业,并把罢工作为捍卫生计的主要武器。在魏玛共和国,1921年消费者仍然在国家经济委员会中拥有一些自己的代表,但是他们很快就被企业生产者击败;很明显,在煤炭委员会中,是工业用户和煤炭经销商代表消费者利益发言,而不是家庭主妇或者租户。[6]

尽管如此,这场战争仍留下了一些重要的遗产。其中一个例子就是俄国的苏维埃新政权将战时社会主义化为己用。布尔什维克吸取了集中控制模式会带来惨痛后果的教训。1917年俄国革命为店主和顾客开启了一场残酷的过山车。在最初的配给制和取缔私人商店之后(1917—1921年),苏维埃政权开始鼓励公开买卖(1922—1928年),然后再次向商店宣战（1929—1935年）。直到1935年，配给制才被废除。到1930年，只有不到6%的零售市场仍掌握在私人交易商手中。这时的购物意味着国有商店、物物交换或黑市。到1932年，关键行业的大部分工人都在国有食堂用餐。所有这些都给人民的生活水平带来了灾难性的影响，到了第二年，人民生活水平已经低于十月革命时期。[7]

消费标志着一个人在社会主义秩序中的地位。商品是社会地位差别的标志，一直以来都是如此。因为商品可以操纵这种差别，故而在布尔什维克统治下，国家控制了商品，也得以操纵这种差别。配给制度把工人和工程师安排在最顶层，把家庭主妇和职员安排在中间——只得到工人和工程师一半的食物，而处于最底层的农民什么也得不到。人们进入商店和食堂都必须接受筛查。比如，农民不允许进入物价比商业店铺更低廉的国营商店进行消费。甚至，食堂里的账单也反映了一个人在"工人国家"里的地位：一名建筑工人的午餐费用是84戈比，而一名工程师的花费是这一数字的2.5倍。[8]众所周知，苏联把精力都投入到土地集体化和工业国有化上。但是在日常生活中，国家同样发挥重要作用。人们能够购买（或不能购买）哪些衣服，他们必须支付的价格是多少，是在国营店铺还是从投机商那里购买——人们作为消费者的生活是由他们与国家的关系决定的。

商品短缺只会增强国家权力。首先意识到这点的人之一是列夫·托洛茨基。1928年，当他被流放时，人们经常在国营店铺和合作社门口排队等着商品运达，拿到一份，再转卖出去，整个过程被称为"排队主义"。在这个过程中，拥有好人脉至关重要。1936年，托洛茨基在流亡墨西哥时写了《被背叛了的革命》(*The Revolution Betrayed*)。在这本书中，托洛茨基将商品短缺描述为国家权力的滋生温床。"当商店里有足够的商品时，购买者可以随时去购物。而如果商品很少，购买者就不得不排队等候。当队伍排得很长时，就有必要指派一名警察来维持秩序。"这就是苏联官僚机构发展的方式。"它'知道'哪些人能买到东西，而哪些人必须等待。"[9]

即使在那些已经取消国家控制的国家，消费仍是其政治议程的一部分。战争期间，消费合作社如雨后春笋般出现。家庭主妇俱乐部、爱国联盟和物品回收委员会训练数百万平民掌握节俭技艺。政府宣传和公众舆论要求人们考虑购买和使用商品的公共影响。为了拯救祖国（或者母国），国王们答应只吃鱼而不吃肉。社会运动指导年轻人如何回收罐头。为了应对未来，这些国家呼吁将消费作为一种集体事业进行管理。

这场战争给国家和消费者留下了一种社会交易感。国家将消费视为一项市政工程，使消费者产生了一种更大的权利意识。消费者期望得到保护，免受商品短缺和奸商之苦。20世纪20年代中期，通货膨胀让位于稳定之后，政府的表现是不愿意打击卡特尔和价格垄断。然而，无论是英国还是魏玛德国，都不能完全无视对国家实行公平价格监管的要求。一些人将其看作回归到更早的"道德经济"中去的体现。那是一种存在于18世纪的经济模式，当局面临食物骚乱时，会暂时介入，以恢复"公正价格"。[10] 不仅如此，公平的价格成为社会公民身份的一部分。魏玛德国的租金管制就是一个例子。战时经验鼓舞了社会民主人士和进步的自由派人士去寻找稳定价格、管制粮食供应的永久性方式。

消费者政治正在扩大其内容。汉堡消费者协会——一个在纳粹上台之前就一直存在的地方委员会，给人一种雄心勃勃且仍不断壮大的感觉。除了打击行会和卡特尔的"价格恐怖"，以及支持市政的市场大厅，协会还为新的自助售货机辩护，这些售货机在法定营业时间以外提供香烟、巧克力和热香肠。到1929年，德国城市有20万台这样的自动售货机，但汉堡警局一再拒绝许可证申请。通快（Trumpf）甜食机为人们提供了"便利"，让他们在高兴时可以购买到商品。协会坚持认为，在多年被当作"客体"对待之后，消费者需要成长为经济生活的"主体"。国家应该就其提供的服务——例如交通和电力——对公众做出回应。身为自由城市汉堡的市民，难道不能和其他大城市的人一样，拥有乘坐舒适的软座火车的权利吗？[11]

亲眼看见了福特主义在美国的发展之后，一些德国工会成员为新欲望辩护，认为它们是经济增长的引擎，而不是对生产性资源的消耗。[12] 需求得到满足，进而引发新的需求，这是一件好事。在两次世界大战之间，这种需求扩张能持续多久，则是一个大问题。随着世界经济大萧条

（1929—1931年），它遇到了一个严重障碍。这些问题在一定程度上是经济层面的——国家能负担多少开支？财富在被消费之前不是必须被生产出来的吗？但这些都与更深层面的道德冲突相联系。如果更多的商品培养出来的不是更强大的公民，而是没有灵魂或脊梁、只会不计后果盲目消费的个人，那会怎么样？这种担忧可以追溯到卢梭甚至更早的时期，但两次世界大战之间的资本主义危机和极权主义的兴起带来全新的紧迫感。为了理解这些紧张关系是如何解决的，我们需要在商业休闲和消费者政治双重扩张的同时来看待大萧条。

两次世界大战之间的年月风雨飘摇，但也令人大开眼界，这不仅是美国的情况，欧洲也是如此。作为整体而言，欧洲人在进入第二次世界大战时吃得更好，身高比他们的父母高一英寸多，收入也更多；不过，具有讽刺意味的是，所谓的"优等种族雅利安人"却没有成长多少。当然，这些经济成效在阶级、地区和世代之间分配不均。根据最近的估计，就收入而言，欧洲人平均增长了25%以上。[13] 当然，与20世纪五六十年代的经济飞速增长相比，这一数字可能显得微不足道，但是同时代人只能根据过去而不是未来衡量他们的生活。对许多人来说，收益是实实在在的；通过更好的住房、更漂亮的衣服、电影院、个人收音机和相机，都能感受到。大萧条是这种缓慢前进中的倒退。举个例子，1929年，美国人购买了价值90亿美元的汽车。到1933年，这个数字下降到40亿美元。家具的销量在华尔街崩盘后下降了67%，收音机和乐器的销量下降了80%。[14]

传统产业受到的冲击尤为严重，甚至有整个社区都失业的。1932年，社会学家保罗·拉扎斯菲尔德及其妻子玛丽·亚霍达（一位社会心理学家）一起来到了维也纳以南的一个纺织工业小城镇——马林塔尔，他们想知道家庭是如何应对这样的经济变化的。20世纪20年代，马林塔尔的居民经历了起起落落。1925年，他们参加了全国性罢工，然后面临失业问题。随后的经济复苏被证明是短暂的。到1932年，478个家庭中有超过三分之二失去了工作。母亲们不再参加去维也纳的一日游，更不会带着玩具和时髦的衣服回来，而是担心怎样才买得起鞋子；研究人员为这个村庄组建了一个"服装库"。"大萧条"名副其实，吞噬了小镇的生命力，把曾经生机勃勃的地方变成了一个"疲累的社区"。[15]生活的节奏正在改变。从前,拥有闲暇是一种福气,现在则是一种诅咒。失业的人不再匆匆忙忙,相反,他们整天都在为了消磨时间而"游荡"。

然而就消费习惯来说,家庭对收入减少的反应截然不同。一些人卖掉了他们的收音机和精美的餐具,取消了报纸订阅,重新开始自给自足,种植蔬菜或者饲养兔子。与之相反,另一些人则绝望地抓紧享受美好时光的乐趣。有人在土地上种植玫瑰和郁金香,而不是土豆。正如一位居民所说:"一个人不能仅靠面包生活,还需要一些东西来满足自己的内心。"[16]一个依靠紧急援助生活的50岁妇女,赊账给自己买了一个卷发棒。另一个接受救济的人购买了一幅描绘威尼斯的彩色版画。许多母亲省吃俭用,然后给孩子买巧克力或甜甜圈。这些反应看起来像是"非理性的家务管理",但事实上完全可以理解。人们已经习惯了日益增长的物质世界。孩子们诚实地证明了严酷的现实和日益增长的期望之间出现的紧张关系。大多数孩子缩减了对贫穷父母的圣诞愿望清单,但仍然梦想着新衣服、图画书、玩具和运动器材。一个11岁的女孩写道:"除了眼镜,我什么也没得到,但是我真的想要一本地图册和一个指南针。"亚霍达和拉扎斯菲尔德发现许多圣诞信件都用了虚拟语气:"如果我的父母没有失业,我会喜欢……"[17]

虽然欧洲和美国的贫富水平各不相同,但是人们的期望值在不断上升。在像战争和大萧条这样的下行周期中,人们没有跌回过去物质短缺的生活状态。在马林塔尔发生的这些故事也在莫里斯·阿尔布瓦克斯对法国、德国和美国工人的同期研究中得到了反映。人们削减必需品,以保留购买新上市的奢侈品的预算。生活标准不仅是收入或生理需求的一个目的,它还受到习惯和期望的塑造。[18]因此,在大萧条期间开支急剧下降的情况下,我们发现了消费习惯的非凡弹性。人们没有停止购买,而是试图找到更便宜的方式来维持他们的生活方式。在美国的城市里,消费昂贵的咖啡馆破产了。然而,人们继续在外面吃饭,只是去的餐馆比较普通。他们仍然买新衣服,只是价格便宜一些。时尚周期没有任何变化;女性的服装和帽子经历了和以前一样频繁的变化。经济大萧条也没有扭转人们购买家用电器的趋势。虽然烤面包机的销量下降了，但在1932年，美国家庭购买的电冰箱数量是1929年的4倍。[19]大萧条也没有迫使人们卖掉汽车；人们只是延长了旧型号汽车的使用时间。在对美国印第安纳州曼西市的研究中，林德夫妇甚至报告说，登记在案的汽车数量略有增加：汽车已经成为"必需品"。[20]对加油站和娱乐行业来说，经济衰退是个好消息，因为人们开始上路，去参观国家公园。就连那种最可怕的命运——房子被收回——也借由在一个完美的时机问世的全新棋盘游戏"大富翁"，而进入娱乐领域。

既然有黑暗面，那也一定存在光明的一面。对于那些仍保有工作的人来说，生活明显有所改善。正如我们已经看到的，富裕工人加入了房屋所有者和广播听众的行列。越来越多的人能够享受舒适和娱乐，尤其是新兴行业（诸如电气工程）的工人、从价格下降中获益的固定收入者，以及年轻人。在20世纪30年代的英国，工薪阶层的年轻男性拥有可观的消费能力，他们的收入在一代人的时间里增加了一倍多。其中的大多数人把一半工资交给父母，将另一半用于自己的休闲娱乐。年轻女性加入了一支由职员、打字员和店员组成的女性工作者大军，虽然收入低于男性同胞，却享受着前所未有的独立生活。[21]她们是电影院、舞厅、时装、口红和润发油的核心客户。这些新的商业梦想世界还没有大获全胜，因为更传统的休闲方式，包括街头娱乐和"猴子游行"（monkey parades，即在公共场合和恋人一起悠闲地散步），在20世纪30年代仍然存在。[22]尽管如此，它们的兴起仍令人惊叹。到1930年，超过一半的工人阶级青年男性每周至少去看一次电影，女性去看电影的次数则稍少一些。消费主义是一个生命阶段，把同一阶层，甚至是同一个家庭不同年龄段的人区分开来。年轻人会买新衬衫和新西装，而他们的父母则是缝缝补补又三年。对大多数人来说，第一个孩子的哭声意味着自由消费的终结。

因此，尽管作为一个整体，欧洲社会的生活水平远低于美国，但其内部的一些群体在生活水平的阶梯上攀爬得很快，发展出了与富裕的美国人相似的品位和激情。没有能比电影院更具有深远影响力的空间了。从1929—1932年，一项对2000名美国大学生和中学生的研究显示，电影院对自我塑造的影响非常明显。一名 19 岁女孩学习玛丽·璧克馥的化妆技艺。一名高中三年级学生爱上了电影《野宴》(*The Wild Party*) 中克拉拉·鲍的无袖套头裙,她说:"我完全抗拒不了对它的痴迷,妈妈不得不给我买件一模一样的。"对越来越富有自我意识的青少年来说,电影就相当于一本礼仪手册。一名大二男生说:"我把在电影里看到的称呼方式、餐桌礼仪等融入了自己的行为。"年轻女性模仿葛丽泰·嘉宝,却并不总是成功的:"当我试着模仿她的走路方式时,有人问我,膝盖是否没有力气。太侮辱人了!"许多女孩都喜欢模仿波拉·尼格丽的凶狠表情。鲁道夫·瓦伦蒂诺教会了整整一代人如何被拥抱和亲吻。一名 19 岁女孩回忆说,她 11 岁时就开始在耳朵后面涂抹香水,这是她从默片年代的迷人明星诺玛·塔尔梅奇那里学来的。[23]

一名女孩回忆说,电影经常被谴责,原因是它诱使人们逃避现实,做白日梦,幻想"奢华的衣柜、漂亮的房子、仆人、进口汽车、游艇和无数英俊的追求者"。所以,值得强调的是,电影也起到了解放的作用。一名黑人男高中生说:"我经常从电影中认识到应该拥有多少自由",因为"电影中有男有女……可以穿最好的衣服,赚很多钱,几乎能去任何一个他们想去的地方……体验生活中的所有奢侈享受"。[24] 电影尤其鼓励女孩们挑战父母的管制,争取拥有外出或在家里接待伙伴的更大自由。

对欧洲人来说,电影带来了触手可及的美国式生活方式和更高的生活水准。但是,这并不意味着彻底的改变。工薪阶层的大多数女孩都不希望自己看起来像荡妇。相反,银幕梦境表述了"整洁"外表的典范。英国一名银行女职员写道,电影"告诉我,简洁的着装方式是最好的,因为这样干净利落,同时也能让人看起来很完美"。一名私人秘书回想起在 20 世纪 20 年代初,当时她 17 岁,她的男友评价道,一位影星拥有"可爱的小脚","她的鞋子总是那么漂亮"。于是从那一刻起,"我总是买负担得起的最好的鞋子和长筒袜",甚至在战时定量配给的年代里,鞋子仍然是她"宠爱的奢侈品"。[25] 这些愿望不可避免地导致了人们对当前物质现实的失望。一名年轻的英国女士,其职业是速记打字员,每周要去看 4 次电影。她发现能在屏幕上看到像纽约和加利福尼亚这样"绝妙的地方",这让她觉得"整天坐在我的小办公室里,除了我自己,没有可以说几句话的人(我自己不会自言自语),下班后就回家,住进那所5年前就该拆掉的房子",是悲惨的、一点都不开心的。[26] 这些体验并不全是坏事。电影教会人们要去追求更好的生活。在以阶级、种族和性别为特征的社会中,更大的期望不仅会对个人,也对公众产生了影响。银幕激发了人们对旅行和商品的渴望,同时促进了机会的平等。人们不再那么容易听天由命。大多数观众都知道,银幕上的美国是一个被美化了的理想,而不是真实的存在,但这并没有削弱它作为一个相对而言阶级色彩没有那么浓厚的社会的吸引力,也没有减少它在精英阶层中引发的焦虑。

长期以来,社会改革者一直抱怨,在经济繁荣时期人们会不计后果地消费。在家庭预算的研究中,有一种论调力图证明,如果个人少喝酒、少赌博,生活水平可能会提高。在20世纪20年代,这种担忧加剧了,原因有三。首先是人们对国家的要求越来越高,国家却不得不承担战争造成的巨额花费。其次是普选——如果民众失去理智,怎么办?最后,还有美国的例子,它宣传的是一个建立在大众消费和个人享乐之上的未来。"崇尚传统"的欧洲人和"追求现代化"的美国人之间没有简单的分野,因为法国、德国和英国也都有自己的现代化倡导者。[27] 尽管如此,人们普遍怀疑,美国的汽车和电影诱使欧洲人走向道德败坏和金融破产的境地。就连像汉堡市议会这样的消费拥护机构也担心,越来越多的人赊账购买衣服、家具和手表。他们坚持认为,无论从纽约和芝加哥回来的专家们如何鼓吹,美国的情况都不适合欧洲大陆。理由是欧洲的购买力太低,而分期付款只会进一步削弱购买力。[28]

所有这些都有助于解释,为什么在经济衰退期有一种商品销量很好,那就是警告欧洲人丰裕害处的畅销书。乔治·杜亚美的《未来的生活》(*Scènes de la vie future*,1930年)印行了187版。他写道,美国梦真是一场噩梦。大规模生产和大规模消费使人们变成了物质主义的奴隶。美国人用他们的自由换取冰箱和汽车。[29]

美国构成了威胁,与其说是因为在底特律和好莱坞真实发生的事情,不如说是因为欧洲精英阶层对大众社会根深蒂固的怀疑。许多人认为妇女不适合投票，那些没有财产，也没有接受过教育的男子也不适合。正是这些人受到了物质欲望的诱惑，而他们自己缺乏任何自律能力或知识去控制这种欲望。大众消费挑战了知识精英作为文明守护者的地位。这点在欧洲的某些地区尤其明显，比如西班牙，在那里，知识精英赋予自己在国家复兴中的主导地位，结果奇怪的是，在离他们最远的地方，富足似乎构成了最大的威胁。西班牙哲学家奥尔特加·伊·加塞特在1930年出版的《大众的反叛》(The Revolt of the Masses) 中对"自我满足的年代"进行了猛烈批判，很少有人能与之相提并论，这将在20世纪50年代再次获得成功。1931年，他支持推翻君主制，但更多的是反对国王，而不是支持民主。西班牙内战爆发后，他逃往布宜诺斯艾利斯。奥尔特加·伊·加塞特是现代主义者，但在文化方面，他是不折不扣的精英主义者。他写道："大众就是普通人。任何一个与其他人不相像的人……都面临被淘汰的危险。"电影营造出一种"与生俱来且根深蒂固的印象，认为生活是简单、丰富的，没有任何严重的限制"，并让工人们的脑海中充满了关于这种"难以置信的可能性"的幻想。物质丰裕是文明的敌人。奥尔特加·伊·加塞特称"大众"是"人类历史上被宠坏的孩子"，他们沉迷于物品、速度和即时的满足感。物质匮乏对人类的发展有利得多，因为在这种情况下，人们的性格是由挑战和自律塑造的。与之相反，富足使个人变得"畸形"、恶毒和虚假。[30]

在整个欧洲，文化精英们几乎本能地登上了教会曾经占据的位置——抵抗肉体诱惑的精神捍卫者。伟大的荷兰历史学家约翰·赫伊津哈在1935年以自由主义的西北地区为例，抨击了这个年代的"永久青春期"和"自我崇拜"。道德受到了物质主义的挤压，来自两个方面：马克思主义关于阶级的呼唤，以及弗洛伊德主义对性的痴迷。对约翰·赫伊津哈来说，这些都是一种更深层的痼疾显露的症状。大萧条揭示了世界是如何失去平衡的。精神和物质价值不再相互平衡。"一个高度完善的经济体系每天都生产出大量产品，开足马力运转，这种经济体系是任何人都不想要的，也不会给任何人带来好处……且被许多人嘲笑为无价值、荒唐和有害的。"艺术家和作家也好不到哪里去。不管在哪里，标准都在下降，导致了"文化失序"。"严肃活动"和"游戏"互相污染。口号和公共关系占据主导地位,礼仪和尊重则不断衰退。收音机不能像之前的印刷书籍一样,教导人们思考。关于消费文化,约翰·赫伊津哈将不得不说的一句好话留给了电影,它的美好结局至少保留了一种"庄严而大众化的道德秩序"。[31]

最终,消费在这场"中年危机"中变得更加强大。消费者不再被看作问题的起因,而是解决问题的良方。某种程度上,这一过程可以被总结为约翰·梅纳德·凯恩斯的胜利,他证明了公共开支的合理性,并谴责过去那种对节俭的颂扬。在1936年出版《就业、利息和货币通论》(*General Theory of Employment, Interest, and Money*)之前,他发表过一系列更受欢迎的作品,它们要求当时的人们彻底扭转自己的道德观。1931年,他写道,在经济衰退期,存钱是种罪恶:"每当你存下5先令,就会让一个人失业一天。"他敦促"爱国的家庭主妇"转而去"享受购物",尽情放纵自己。[32] 政府也需要花钱,而不是削减开支。然而,凯恩斯本人并不是一个绝对的享乐主义者。与老师马歇尔不同,他不相信需求是无止境的。在1930年发表的文章《我们后代的经济前景》(*The Economic Possibilities for our Grandchildren*)中,凯恩斯设想了这样一个未来:绝对需求将得到满足,每个人都将精力投入非物质用途。"我们应该尊重……那些能直接享受事物乐趣的愉悦之人,就像野地里的百合花,既不劳苦也不纺线。"在短期内,凯恩斯支持消费支出。不过,从长远来看,他希望回归"宗教和传统美德中那些最为确凿可靠的原则——贪婪是一种恶癖……爱好金钱是令人憎恶的"。[33] 鉴于此后消费水平的不断上升,我们很难不得出这样的结论:凯恩斯进行短期预测的眼光比长期预测的更为精准。

转向消费成为普遍的趋势,而凯恩斯只是这一趋势中出现的一种声音。20世纪30年代,消费者成为一个越来越频繁的参考点。法国合作社开始提出"健康消费者"的观点,英国教师提出了"消费者的成人教育观",还有一些人提出了"艺术消费者"的观点。在南非,古典自由主义经济学家威廉·赫特创造了"消费者主权"的概念。赫特认为,消费者不一定有必要知道什么对他们最有利,但在一个市场社会中,他们的需求确保了权力被分散，而不是由国家或生产者控制，因而促进了社会和谐。[34] 在日内瓦，国际联盟的国际主义者希望消费者能够吸收过剩的生产，从而恢复世界和谐。"罗斯福新政"是这一进程的资本主义政策调整的典范，但我们不能孤立地理解它。所有的意识形态都对消费进行了解读。文化悲观主义者和老牌精英假定的前提是，商品滋生了一种对自我的崇拜。相比之下，大众意识形态对大众社会的批判要少很多，只要求对物品的渴望必须转变成为一种发展集体力量的工具。到20世纪30年代中期，悲观的预测湮没在人们公开庆祝物质享受的"欢乐"合唱声中。

在美国，1933年，总统权力从共和党人赫伯特·胡佛交接到民主党人富兰克林·德拉诺·罗斯福手中，随即美国政府对这场危机的诊断从生产过剩转变为消费不足。新处方带来了新政治。"新政"使消费者成为民主国家建设不可缺少的组成部分。罗斯福在1936年的民主党代表大会上说，自由不是"能对半分的"。"如果普通公民在投票站能获得平等的投票机会，那么他理所应当在市场上也必须拥有平等机会。"[35] 为此，一个强大的国家是必需的。"消费者先生和夫人"跑去了华盛顿。美国国家复兴管理局成立于1933年夏天，它包括一个消费者咨询委员会，旨在保护公众免受定价不公、劣质产品和误导性标签的影响。同样，在农业调整署和"推行新政的政府"的其他分支机构中，也有一个消费者咨询办公室。联邦住房管理局和田纳西河流域管理局给公众提供了更便宜的住房和电力。

在实践中，当涉及为肥料、内衣或由国家复兴管理局管理的500件商品中的任何一件设定规范和价格时，分散的消费者利益很难与集中的商业利益相协调。在消费者保护方面的进展是零碎而不完善的。罗斯福本人采取了双重战略，有时着眼于消费者的政治权力，有时则考虑他们的购买力。[36] 20世纪30年代的情况表明，对政府而言，改变制度比增加支出要难得多，而这正是政策的要旨所在。不过，"新政"将消费者的政治形象提升到了一个新的高度。政府与消费者的结盟在第一次世界大战期间首次为人所见，"新政"恢复了它们的同盟关系。不仅如此，它还把消费者变成了推进社会政策的力量。

如果说消费者去了华盛顿，华盛顿也鼓励他们把"新政"带回家乡。

超过100万名志愿者与家庭主妇签署约定，在她们的前门贴上"蓝鹰"标签，并且使她们承诺只在实行最低工资制度的商店购买商品。广播节目《消费者时间》教授了公民消费的艺术。"新政"使消费者敢于把反对高价的斗争掌握在自己手中，并抵制投机商；1935年春季，抵制活动光是在纽约市，就迫使数千家肉店关闭。[37]"新政"并非意在建立一个福利国家，而是转向消费者，以重新分配收入，增强工人和农民的购买力。正如战后数年表现出来的那样，对福利政策而言，这一基础并不稳固。

消费者作为公民受到了更普遍的认可，"新政"是这一现象发展的高潮。自19世纪90年代以来，美国的全国消费者联盟一直在领导争取最低工资、保护妇女和监管童工的运动。20世纪20年代，曝光伪劣商品和虚假广告的新一代黑幕揭发者也加入进来。"消费者研究"成立于1927年，是一家私人检测机构，通过提供更精准的商品信息，使人们获得权益。大萧条的压力进一步增强了民间互助的吸引力。为什么要为一个品牌或额外的包装花更多的钱？"消费者研究"发行的双月刊简报和产品清单是抵御广告商和推销员猛攻的盾牌。"消费者研究"的创始人斯图尔特·蔡斯和弗雷德·施林克承袭了那种以怀疑的眼光看待商品和欲望的社群主义传统。蔡斯追随凡勃伦的脚步，强调了电动食品搅拌机和许多其他小装置的无用。[38]与此同时，经济衰退提升了消费的社会功能。大规模失业对一个以工作和自我否定为基础的价值体系造成了严重冲击。20世纪20年代中期，柯立芝总统仍然鼓吹，国力和福利建立在勤劳和节俭的朴素美德基础之上。[39]从这个角度来看，消费必须通过努力才能获得。要想成为消费者，就必须先成为工人。与之相反，对改革论者蔡斯来说，这些价值观已经过时了。高生产力意味着更多的休闲时间和更少的就业人数。美国已经从一个匮乏社会变成了一个丰裕社会。工作和消费之间的道德联盟已经瓦解。在"丰裕经济"中，"在贡献劳动和消费商品之间"不再有"重大关系……"。经济衰退表明，社会需要确保"商品不受阻碍地流向消费者，包括维持最低生活水平的权利，无论人们工作完成与否——如果没有工作可做，这一权利都需得到维护"。[40]人们应该多花钱，而不是少花钱；红利和更强的购买力应该扩展到所有人。简而言之，消费者也是富有生产力的公民。他们的肩上也负荷着繁荣和稳定的重担。

商业和广告支持消费和公民身份的融合。为了反驳对于垄断的指责，美国公司把自身标榜为微型民主政治体。1921年，美国电话电报公司的一则广告将这家巨型电话运营商塑造为"民有、民治、民享……的民主"。通用电气公司将购买家用便利设备比作享有投票权。罗斯福用广播发起的炉边谈话是市场营销方面的大师级课程，对此广告商关切而羡慕，他们的工作就是在反商业的氛围中重塑企业形象。广告商刻意将主张民主的消费者与独裁政客对立起来。智威汤逊广告公司这样宣称，"在私人资本主义下，消费者、公民是老板"，而在"国家资本主义下，政治家是老板"。[41]

越来越流行的"消费者是国王"的说法带有几分虚伪；私下里，购物者给广告商留下的是非理性、愚蠢或容易分心、女性化的刻板印象，到20世纪30年代，这种印象也延伸到了男性身上。[42] 然而，它确实抓住了美国文化中指向选择权的一个重要政治转折。在两次世界大战之间，选择不仅代表个人主义和市场，还是培养公民身份的一种方式。进步主义者除了赋予人民相对于国家和企业的权力，还寻求发展他们的民主品格。标准化商品威胁用一致性和匿名性取代个人品位和身份。大萧条强化了这样的感觉：人们受困于一个过于复杂以至无法理解的经济体系。一个补救办法是简化体系——回到农场。然而，这在此时只能成为怀旧文学的题材，在实际政治层面不具备可行性。另一个补救办法是培养更智慧的公民。这是哲学家约翰·杜威和家庭经济运动倡导的方法。

杜威是美国在两次世界大战之间的年份中最杰出的公共知识分子。他主张的事业范围很广，从教育改革和妇女权利，到为托洛茨基辩护、反对斯大林主义公审的指控。1931年，他从哥伦比亚大学退休后，创立了"第三党"（Third Party），赋予消费者更大的话语权。后来，他反对罗斯福，因为通货膨胀率过高，为穷人做得不够；"新政"的诸多矛盾之一是它依赖消费税。[43] 这些小争论几乎没有产生什么结果。杜威的主要遗产是更深层次的。在威廉·詹姆斯的基础上，杜威把实用主义变成了促进民主自由的工具。这种观点的核心很简单：思想和个性是通过经验产生的，生命在于过程，而不是为达到一个特定的目标。这种观点重视实验，也重视选择。通过做出决定并对其进行反思，人们学会了思考自己行为的结果，并发展出了民主倾向。这是一种普通人的哲学，却有着极其深远的内涵。它对进步主义教育影响深远；重视通过实践来学习。对消费者来说，这也是一种意义重大的赋权。它没有从上往下进行监管，而是旨在从下往上进行改革，相信人们有能力做出明智的选择。它认为欲望应该通过批判性思考来培养，而不是被压制。[44]

因此，选择不仅仅是计算成本和收益。这几乎是一种精神层面的愿景，是对基督教思想的世俗改造；杜威本人是在美国佛蒙特州，作为公理会教徒被抚养长大的。他认为，行为的方向是外界而不是内部。正是行为将个人同他们的社区乃至整个宇宙联系起来。到20世纪40年代，他的想法通过中小学、大学和地方社区的家政经济学课堂，传递给了数十万美国年轻人。家政经济学所教的内容是，消费不但关乎实际家务，还关乎道德伦理。重点课文受到了杜威的启发。杰出的家政经济学者黑兹尔·基尔克强调，消费者不仅仅是购买者。明智的消费提出了"关于动机、价值、目的的问题"，而不仅仅是完成一场最佳交易。[45] 正是这种社会道德让选择在20世纪30年代产生了更广泛的影响。选择不再只是追求效用最大化的个人的工具，也可以成为公民的工具。这标志着价值观的根本转变。在旧有的共和党传统中，商品和欲望引诱人们远离积极的公民身份。而此时，在市场做出选择则可以培养出更强大的公民。

得天之幸，美国拥有自由与富裕彼此支持下的消费者意识，这种观念遭到国外极权主义的挑战，反而得到了进一步的增强。消费者似乎把美国从法西斯独裁者手中拯救了出来。纽约哲学家霍拉斯·卡伦是从西里西亚移民过来的，他自"我们天生就是消费者，也必然是生产者"的前提出发，发展出了一套完整的世界观。"法西斯主义只是人们奴性心态的最新表现，劳动分工引发了这种心态，并赋予生产者至上地位。"卡伦主张，消费者是一个完整的人，是克服了"错误分裂"，继而相互竞争的群体。[46] 真正的自由在于消费者的合作。自由和消费之间的这种联系日益成为美国自我形象的核心。[47] 然而，这并不是唯一的配对。极权主义政权也同样察觉到了消费的影响力。

在德国，纳粹党人有意识地表现出，自身与鼓吹紧缩政策的资产阶级政治家的决裂。对希特勒来说，生活水平是反对犹太人和共产主义者的斗争中的一条战线。简朴的生活是为原始人准备的，而"优等民族雅利安人"有权获得更多。每个德国人都应该能像美国人一样攀登生活水平的上升阶梯。问题在于，德国不是美国：与美国相比，德国的生产率更低，购买力更低，资源更少。希特勒的办法是通过征服来打破这些限制。但是在短期内，重整军备会从纺织和皮革等消费行业抽调资源。基本困境在于，纳粹领导人致力于捍卫私人消费水平，不准备要求德国人民勒紧裤腰带，这点与德国的将军们不同。对于纳粹领导人而言，关于1918年大后方崩溃的回忆是恐怖的。因此，观光者被允许在黑森林里自由自在地游玩，化妆品和玩具的生产一直持续到1943年斯大林格勒会战的惨败。[48]

所以，纳粹的政策始终是充满矛盾的。一方面，纳粹政权预言称，一旦雅利安种族有机会扩张，一个丰裕的时代就会到来；挥霍资源被认为是种族优越性的标志。另一方面，纳粹政权挣扎着想摆脱资源短缺的困境，并于1936年提出了一项四年计划，以鼓励使用国内物资，但该计划收效甚微。一个前所未有的高速公路网建成了，但是为了自给自足，对外国燃料进行限制，阻碍了它的使用。纳粹承诺为大众提供奢侈品，并支持生产"人民收音机"等代表性商品，它们得益于卡特尔和固定的价格。新婚夫妇可以得到一笔特别贷款，来装修他们的第一套房子，前提是新娘不工作。与此同时，纳粹政权的军国主义代价高昂，使消费受到抑制。纳粹不能简单地通过让敌人付钱来维持德国人的物质享受。对犹太人财产的雅利安化和在被占领土地上的掠夺是残酷而贪婪的，但这也只是略微减轻了战争的财政负担。[49]

纳粹主义被迫拉长了欲望的时间范围。"消费主义"通常被描述为即时的满足。这就忽略了公众参与的政权帮助滋生出的期望，尤其是那些认为自身有千年历史的政权。消费越来越多地被人们因憧憬未来而产生的喜悦所驱动，社会学家科林·坎贝尔将其追溯到"浪漫的想象"。[50] 在这种以未来为导向的模式中，梦想以后将会拥有物品，带给人快乐。不过，获得的最终时刻可能令人失望。然后，对新事物的期待又开始了这个循环。纳粹党人极力鼓励人们把物质欲望转移到未来。如果一个政权越是没能带来商品，那么它对未来财富的承诺就越大。战争期间，储户们被许诺会在未来获得15%甚至更高的利息，因此存款超过800亿帝国马克。令人吃惊的是，34万名家境不错的德国人为购买大众甲壳虫汽车，参加了由德国纳粹工会、德意志劳工阵线运营的大众储蓄计划，但是没有任何人收到汽车；他们甚至没有获得任何利息。[51] 广告接着为香烟和洗涤剂品牌大唱赞歌，但这些商品很快也买不到了。

纳粹对丰裕的承诺，可以通过德意志劳工阵线的附属组织"力量来自欢乐"（Kraft durch Freude）这一名称体现出来。尽管在意识形态上有所不同，但德国与大萧条后的美国有一定的相似性。私人的快乐和国家的力量会相互促进，甚至对专制的追求也是在这些条件下进行的。奶酪替代品维尔维塔被人们视为一种美味。年轻女性被告知，一点点妮维雅乳液就可以打造出完美的棕褐色皮肤。1937年，洗衣剂和化妆品巨头汉高公司在生产和消费领域发起了一场"反对浪费的两线战争"。人们需要具备更多的鉴别力，而不是减少消费。在德国消费者协会的市场研究人员看来，他们的工作是让消费者提升到更高的文化水平。[52] 他们主张，与美国人的个人物质主义不同，德国人同属于一个深深扎根于社区的文化人群体（Kulturmensch）。到1938年，"力量来自欢乐"接待了近900万德国游客。包价旅游的目的是安抚工人，并使他们变得更加坚强，以面对即将到来的集体斗争。这也是一种相对廉价的方式，以显示种族是如何抹消阶级的。像"威廉·古斯特洛夫"号这样的游轮引入了廉价航空公司之前做出的改进模式——无等级区分的客舱。虽然船上的休闲服务很少，但是游客们喜欢诸如"套袋赛跑"这样的娱乐活动。一些幸运的工人能够在挪威或最受欢迎的旅游胜地马德拉群岛度假一周。

一定程度上，旅游业加强了种族国家的意识。照片日记显示了旅行者是如何欣赏居住在挪威峡湾中的"我们北欧兄弟"的种族特征的。[53] 问题是，与"大众社会"理论相反，快乐是非常私密的。一旦被引逗起来，它就倾向于逃离统一的"大众"口味。纳粹通过支持享乐主义，不可避免地为个人满足和逃离创造了空间。"力量来自欢乐"组织的团体旅行因参与者酗酒和恣肆性爱而臭名昭著。一旦船离开港口,有些乘客就会彻底放下"希特勒式致礼"。有些女性利用巡游地中海的机会和当地男性发生风流奇遇,这让警卫人员感到惊恐不已。[54]

对家庭的狂热只会加深这些矛盾。在 1937 年德意志人民创造展举办期间,100 万人参观了样板房及现代化便利设施。此次展会由赫尔曼·戈林主持开幕,这个人选很合适,因为他前一年被任命为四年计划负责人,并且表现出对美好生活的品位;展会的组织者从维也纳的蛋糕店德梅尔空运来了戈林最喜欢的萨赫蛋糕。样板房反映了纳粹消费主义是如何实现传统与现代性的结合的。质朴的横梁和刺绣繁复的窗帘,通过最新的技术结合在一处。汉高公司有自己的展馆和样板房(加上地下的一个电影院),用来展示新型易用涂料。参观者了解到,这些不再只是供专业装潢工所用,现在每个人都可以装饰自己的四壁。新产品实现了 100% 纯德国材料、自给自足的目标。与此同时,它们深化了一种倡导舒适和快乐的私人文化。[55]

如法西斯主义这样的大众意识形态,比它们之前的资产阶级思想更容易接受大众消费,这似乎是不言而喻的,但是我们不能夸大其天然的亲和性,也不能想象它们与旧有的价值观彻底决裂。美国电影在 20 世纪 30 年代的德国很受欢迎,摇摆音乐则发展成青年人的抵抗运动,遭到纳粹的禁止和镇压。然而,纳粹的旅游业并未消除传统的中上层阶级的旅游文化。经常外出旅行的游客鄙视参与纳粹包价旅游的游客,后者则经常抱怨他们度假时的食物和住宿质量低劣。尽管 1936 年的德意志人民创造展打着平民主义的旗帜,但是展品中也有以资产阶级生活方式为标准建造的房屋,里面有仆人的房间、独立的厨房和餐厅。

大众意识形态、大众消费和资产阶级习惯之间的矛盾关系在斯大林时代的苏联最为明显。20 世纪 20 年代,斯大林政府致力于用无产阶级特质代替小资产阶级特质,塑造新苏联人。斯大林认为,马克思主义代表"一切为了大众",无政府主义才着眼于个人。[56] 到了 20 世纪 30 年代中期,无产阶级的皮夹克被双绉衣物取代。两部仅仅相隔 5 年上映的电影记录了这种转变。电影《一个女性》(Odna)是由杰出的苏联导演格里戈里·科津采夫和列昂尼德·特劳贝格在1929—1931年拍摄的。这也是俄国最早的有声电影之一；在电影拍摄结束后，还添加了打字机的咔嗒声和公告。这部电影的配乐是德米特里·肖斯塔科维奇所作，曲谱在列宁格勒保卫战期间丢失，不过于2003年复原。[57]这部影片以一名新获得资格的教师叶连娜·库兹明娜开场，她先是在列宁格勒的公寓里享受现代化的设施，然后和未婚夫一起去购物，为他们未来的家挑选家具。当她第一次被外派到哈萨克斯坦阿尔泰山区的一个村庄时，这种小资产阶级的欲望很快就被粉碎了。然而，无论是萨满还是腐败的村中长老，都未能阻挠她为"落后"的亚洲兄弟姐妹们提供教育的使命。如果坚信亚洲"游牧民族"需要接受文明教化的列宁知道了叶连娜的事迹的话，他也一定会骄傲不已。她打算去举报非法买卖绵羊，却被困在了雪地里面临死亡。最后，村民们救了她，她被空运到了安全的地方。这是一部典型的苏联教育影片：个人在学会为社会主义利益牺牲个人舒适生活的同时，逐渐成长为同志。

到20世纪30年代中期，像《一个女性》这样的电影已经从电影院消失，取而代之的是性魅力、娱乐和通俗剧。《马戏团》(Tsirk)是1936年的一部音乐剧，讲述的是一位美国马戏艺术家（由迷人的卢博夫·奥尔洛娃饰演）和她的黑人宝宝，在欢迎他们的苏联人民中收获了爱和接纳。《马戏团》将宣传与杂耍、游行、低级笑话和感伤主义结合起来；来自不同民族的苏联人用他们自己的语言为婴儿唱摇篮曲。

从《一个女性》到《马戏团》的转变是第二次革命的一部分。20世纪20年代，苏联的精力集中在政治和经济体制改革上。此时，他们转向个人。20世纪30年代中期，斯大林试图为一种新的物质文明埋下根基。与"新政"时期的美国和纳粹德国一样，在苏联，推动消费向前发展的是国家，而不是市场。物质欲望会推动共产主义的发展。斯大林在1935年宣称："生活越来越好，生活变得更加快乐。"这个口号在百货公司、高尔基公园的游乐场和流行歌曲中被大肆宣扬。在多年的贫困生活之后，同志们被告知，要享受网球、丝袜和安东宁·齐格勒的捷克乐队弹奏的爵士乐。红军军官学会了跳探戈。有过英勇表现的工人——斯达汉诺夫式的工作者——会收到一台留声机、一套波士顿西装（给男性）和一套双绉裙子（给女性）。1936年，一家时尚店铺在莫斯科开张，苏联开始在香水生产上赶超法国。新奇事物受到鼓励。巧克力和香肠生产商竞相增加产品种类，比如1937年，莫斯科的红色十月工厂生产了500多种不同巧克力和糖果。从莫斯科到符拉迪沃斯托克，各地都有收音机、相机、时尚的鞋子，甚至是苏联产洗衣机的展览。提倡更朴素的家庭生活方式的运动被抛弃了。家庭主妇被敦促参加刺绣课程，并对她们的生活区域进行个性化装饰。斯大林时期的1936年宪法对个人财产给予官方保护。[58]

"文化运动"（kulturnost，一种有文化教养的生活方式）触及了日常生活的方方面面，从个人卫生及外表，到奶油蛋糕与交谊舞。红色消费主义挑战了需求和欲望之间的界限。奢侈不再与颓废相联系。这是社会主义的未来，由大家共享。这种方法可以被理解为苏联版的"生产力政治"，而提高生产力是两次世界大战之间所有的政权都在努力实现的目标。在工人面前炫耀手表和留声机，会让他们更加努力工作。"我们想过一种有文化教养的生活，"党员干部米龙·久卡诺夫是一名矿工，他在1935年对斯达汉诺夫式的同事说，"我们想要自行车、钢琴、留声机、唱片、收音机，还有许多别的文化产品。"[59] 生产率的提高反过来会使社会主义超越并摧毁资本主义。斯大林主义旨在完成一种极端版本的"勤勉革命"。努力工作将把普通人弹射进一个新的物质时代，正如列宁格勒红旗厂的制衣工E. M. 费多罗娃一样，她因超额完成任务而获得手表、桌布、电茶壶、电熨斗、留声机、唱片等奖励，此外还有列宁与斯大林的著作。[60]

斯大林的消费主义带有一种家长式作风："人民之父"照顾所有工人。同时，每个人都被要求在自我重塑中扮演积极角色。这是"文明化进程"的社会主义变体，社会学家诺伯特·埃利亚斯将其追溯到早期现代的宫廷文化。[61] 在宫廷文化中，镜子和肥皂可以教会人们自律。擦得锃亮的鞋子、干净的衬衫和一张刮过胡须的脸都显示出一种内在的洁净，这种洁净可以由他人和本人监督。关心个人财产会促进对工作的专注。此时，洁净仅次于社会主义，而不是圣洁。

在回顾这段历史时，值得人们注意的是，苏联的物质文化理想到底多大程度上是在资产阶级的轨道上继续运转的。最珍贵的物品是一套波士顿西服、丝袜、一台留声机、一块手表、花瓶和巧克力。使社会主义者自身文明化,需要的是一整套共有的商品和习惯,而不是差异。每个人都将爬上文化进步的同一阶梯,斯达汉诺夫式的工作者则是领路人。所有忠诚的工人都能喝到香槟。最近的研究表明,20世纪30年代,工人和精英阶层之间的差距确实有所缩小,尽管这主要是由于食物和衣装方面的改善,而不是奢侈品的增加;在1940年的十月革命周年庆典上,列宁格勒的所有人只能凑合着喝仅有的2.5万瓶香槟。[62] 然而,阶级并未消失。相反,物质提升的动力催生了一个新的共产主义精英阶层;在1935年的基洛夫机械制造厂中,一些工人要求消除管理层的"臃肿"现象。[63] 20世纪30年代中期,军衔、奖品、勋章和奖章已然泛滥,很多人都获得了丰厚的津贴或现金奖励。

有文化教养的生活方式需要有品位的购物模式。苏联人民也有权利得到周到的服务。有眼光的顾客才能驾驭社会主义带来的物质丰裕,并迫使店主们提供更好的商品。因此,从理论上讲,缺乏竞争使消费者变得更加重要,而非更不重要。从美国和欧洲的城市归来的苏联改革者对客户服务和便利十分着迷。在柏林,人们在纸杯里吃冰激凌,在纸盘上吃香肠,包装随时可丢弃,很方便处理。太巧妙了!在纽约的梅西百货,销售人员彬彬有礼、魅力十足,为顾客提供着装建议,甚至教他们打网球或高尔夫球。百货公司还提供送货上门服务,百货大楼里还有内部理发店和邮局。不可思议!未来由西方百货公司掌握,而不是传统的俄罗斯合作社。回到国内后,苏联改革者推出了苏联汉堡包、玉米片和冰激凌。这一时期见证了一场改变购物体验的运动。营业时间延长了,商店也被迫为疲惫的顾客提供更好的商品陈列、绿植和座椅。销售人员被教导要洗手,保持货架清洁。投诉书作为社会主义批评的一种公民实践,得到了引进和推广,尽管一些商店把它们藏了起来。1936年,一系列消费者大会启动了,鼓励家庭主妇告诉零售商和生产商她们需要什么,什么有用,什么无用;一些人公然向销售人员质疑商品短缺的情况和粗鲁的服务。[64] 消费者和工人一样,对建设社会主义负有责任。这与"新政"的相似之处显而易见。在俄国，就像在美国一样，一个不断扩张的国家求助于消费者，来推进它的社会工程。

这些举措取得的成效有限。1932—1937年，苏联的收音机销量增加了8倍，达到每年19.5万台，留声机销量接近70万台。有328家国营食品和家庭用品商店在40个地区营业。尽管如此，相对超过1.5亿的人口来说，这个比例仍然很小。许多时尚和电器产品都是象征性的，几乎没有超出列宁格勒的涅夫斯基大街和莫斯科中央百货商店的范围。莫斯科中央百货商店占据了缪尔和米里利斯百货大楼的旧址，那里曾是沙皇时代精英购物之地。典型的俄式商店是一个与梅西百货不同的世界。例如，在敖德萨，问题不在于商店橱窗的陈列太单调，而在于它们一开始就没有商店橱窗。这些商店没有玻璃，没有招牌，没有包装材料；有些商店没有砝码和度量器具。[65] 农村地区并没有完全同消费文化相隔绝。那里有流动电影院，全国有一半的收音机都在农村的商铺里出售，但是大多数农村商店都没有地方存放货物，不少商店连肥皂都没有。"文化运动"说起来容易，做起来难。

斯大林主义这样对待苏联工人和农民：通过对干净衬衫和身体的自我监管来施加外部的国家控制。在两次世界大战之间的那些年里，殖民地的民族主义者将这种"文明化"进程退回给宗主国。远至埃及、中国和印度，外国商品都在示威活动中被烧毁。作为国家权力的替代品，抵制外国商品的活动扩散至各地。外国商品是一个不用枪支和军队就能够袭击的目标。尤其是服饰，它在议程表中占据主导地位。服饰将私人和公共、物质自我和全球的生产制度联结起来。它们是我们身体的延伸，标志着我们的身份，同时反映了我们对时尚和群体身份的认同。在高文盲率、自由度有限的社会中，追求民族服装的运动是提升民族身份认同的一种很有吸引力的方式。如果服饰能够造就人，那么新服饰就能够造就新公民。帝国可能会控制进出口，却难以管控人们选择穿什么，尽管在印度，英国人试图取缔像"甘地帽"这样的服饰。然而，作为差异和统一的共同标志，商品也为殖民地的民族主义者提出了棘手的问题。我们的目的是驱逐帝国主义者并留下这些商品吗？或者，这些商品本身也受到了帝国权力的严重污染？

莫罕达斯·甘地提倡回归简朴的生活，推崇印度的民族服饰。1888年，他第一次出发去英国时还很年轻，穿着一件白色法兰绒西装，横渡大洋时还小心翼翼地将其收好。9月下旬，当他踏上英国土地时，他懊恼地发现自己陷入了深色西装的海洋。在接下来的几十年里，他脱下西方服装，正如他抛弃帝国文明的外衣一样。1913年在南非联邦，甘地穿上契约劳工的丧服，以抗议射杀印度工人。几年后，他回到印度，把克什米尔帽改造成一种新的民族风格服饰。到了1921年，他选择穿戴多蒂（dhoti），这是一种比缠腰带稍长一点的腰布，并且在余生中一直穿着它。[66]

1905年，在较早的一次抵制英国商品的活动——目的是反对分割孟加拉——中，抗议者曾穿过多蒂；18世纪60年代，北美革命者也曾穿戴家庭纺织的衣服。甘地将这些传统与精神和政治解放联系在一起。粗制的衣服象征着与不公正的社会决裂，这种拒绝消费的方式类似绝食抗议。它们给了个人净化自己的机会。早在1909年，甘地就在呼吁自治——《印度自治》（Hind Swaraj），他自伦敦返回英属南非的途中所写的一本薄薄的书——时，针对物质激情开展攻击。过去，人们被武力奴役。"现在，他们受制于金钱和金钱所能买到的奢侈品的诱惑。"[67] 现代文明消除了对自我放纵的所有限制。人们的胃口变得无法满足。所有这些都破坏了社区、品位和自我控制。政治自治和自我控制走的是同一条道路：回归到"合理地使用我们的手和脚"。[68] 这一理论就好像卢梭遇到了马克思和基督一样，他们的思想杂糅在一起。印度之所以贫穷，是因为大英帝国耗尽了它的资源——在这里，甘地追随了早先印度的"耗尽论者"——但也是因为对物的欲望滋生了不平等和自私。对甘地来说，觊觎进口布料就像觊觎邻居的妻子一样罪恶。帝国剥削的基础是自我剥削和漠视他人。消费者是破坏性猛烈的生物。

对此，甘地的答案是印度土布。印度人用自己的双手纺织的粗糙、未漂白的印度土布来解放自己。就像莫卧儿王朝的皇帝通过精心制作的纺织品来建立帝国的网络一样[69]，甘地试图利用印度土布，将民族主义精英和穷人团结起来。这是"印度的灵魂"。[70] 抵制英国货运动（Swadeshi）试图以理想村庄的形象重建社会。印度的婚礼歌曲，也宣称要摒弃外国服饰制造的痛苦。一旦纺纱、织布和对棉纺织物的染整等工艺重新聚合在一起，印度人的集体精神也会复苏。人们不再想要越来越多的物品，而是其他人都有的东西。这是未来简朴生活运动的起点。甘地的天才之处在于，将一种自给自足的经济转变为全球兄弟情谊的伦理。穿着印度土布的人通过放弃任何伤害他人的行为，来表示他们"与地球上的每一个人都有同胞情谊"。[71] 甘地借用了自由贸易商的座右铭，并将其颠倒过来："手摇纺车纺轮的每一次旋转都会带来和平、善意和爱。"[72]

纺轮转得很慢。甘地本人一开始把织布机和纺车搞混了。1917年，当他来到孟买管辖区领导非暴力不合作运动，并开始制作印度土布时，却发现最近的纺车在另一个土邦。但是到了1920年，印度国大党通过了抵制英国货运动和不合作运动。4年后，国大党又通过了"纺纱选举权"：没有土布，就没有投票权。每名成员必须捐赠2000码自己纺出的纱，并在家里有一架手纺车。印度土布成了反殖民主义的统一服饰。

然而，在民族主义精英群体或整个社会中，几乎没有人听从甘地回归简朴生活的倡导，加入抵制商品的运动。甘地要求自己每天至少纺纱30分钟。在国大党中，许多中产阶级领导人乐于将印度土布作为象征，但并不仇视时尚本身。比如，1925年印度国大党主席兼诗人沙拉金尼·奈都喜欢穿漂亮衣服；尼赫鲁要求将高档细纺布送进监狱，供自己所需。还有人怀疑手工织布是否真的是摆脱贫困的票据。对相当多的印度人来说，土布与种姓和阶级文化发生了正面冲突。在马德拉斯，白色粗布照传统是生活在社会边缘的寡妇所穿的。母亲们抱怨说，不可能让女儿穿着如此丑陋的衣服出嫁。到20世纪20年代中期，很大程度上由于甘地的侄子马甘拉尔的市场运作，印度土布的象征意义逐渐减退。拥有色彩鲜艳的图案和地方风格的花式面料开始涌现，还有展览、海报和宣传。到1930年，抵制英国货运动联盟为印度人拥有的工厂大规模生产的服装打广告。[73] 在自给自足的社区里，手工纺织也不再是必需的了。购买一件设计精美的衬衫或纱丽没问题，只要它带有经过认证的标签。支持本土产品可以通过购买实现了。

在世界各地，大多数民族主义者都站在消费主义现代性一边，这种现代性带有爱国主义色彩，而且越来越具有族群意味，可是仍然对消费者保持友好态度。这有充足的历史原因。民族主义和市场营销是一道发展起来的，都使用偶像来构建共享社区，从对华盛顿的崇拜到对俾斯麦和加里波第的推崇。而甘地的反消费主义相当非典型，因为它源于欧洲对工业社会的反应，并且吸收了罗斯金和托尔斯泰的思想。在别处，民族主义者希望控制消费行业。他们明白马克思没有意识到的问题：商品不仅可以让人彼此疏远，也可以使人团结。在第一次鸦片战争之后，随着1842年《南京条约》的签订，中国失去了自行设置贸易壁垒的权力。消费者抵制成了一个不错的替代品：人们自己动手抵制外国商品。1905年，由于美国排斥华工，亚洲各地的华人社区抵制美国商品。第一次世界大战期间，德国人在山东的特权转移到了日本人手中，这增加了中国人的"国耻感"。1919年12月，大约1000名学生在上海游行，他们搜查商店，并"烧毁他们认为来自日本的任何物品"。[74] "抵制劣货"群体焚烧了成捆的日本棉花和其他商品。1925年，英国商品在上海遭到抵制，原因是抗议英国士兵的杀戮。在埃及，1921年逮捕华夫脱党民族主义者同样引发了一股抵制浪潮。1932年，开罗大学的法律系学生用上好的欧洲西装点起了篝火："丝绸服装来自你的敌人，脱下它，踩住它。点起火来，烧掉旧衣服。"[75]

国货将从灰烬中崛起。如在杭州西湖举办的国货展这般的展会，吸引了大约1800万参观者。妇女被赋予新的公民角色，就像战场上的士兵一样，她们在市场上为国家的生存而战。[76] 在埃及，号召购物者成为爱国者，并建造"埃及的经济清真寺"。正如1933年的一则广告所言，购买本国产品意味着"你从私人预算中支出的钱，将回到国家（你的大家庭）的预算中"。[77]

民族产品使消费者和生产者联合起来。但是，到底是什么让一只袜子或一件连衣裙成为"民族的"呢？在中国，国货运动同现代时尚和卫生联手，敦促"同胞"使用国产三星牌牙膏，在洗澡时加入三星牌花露水。时装秀包括西式套装和婚纱。在埃及这样的半殖民地社会，民族服装是西方和当地现代性的混合体。如果说有什么像民族服装，那就是塔布什红毡帽。这种红毡帽是20世纪30年代由学生组织的皮阿斯特计划的核心部分，要求人们承诺用1皮阿斯特——1埃及镑的1%——来发展本国的纺织工业。然而，塔布什帽本身是现代的产物，是在19世纪20年代的军事改革中引入的，当时苏丹马哈茂德二世禁止国民戴头巾。一个世纪后，中产阶级男子戴上了它，搭配牛津鞋和两件套西装。民族工业的发展促进了欧式短袜、长袜和丝袜的推广。埃及袜厂标榜自己是法老的继承者，并展示了年轻男子手持埃及国旗和一双袜子在吉萨金字塔前摆姿势的照片。人造丝被重新命名为"埃及纤维"。产地比民族风格更加重要。关键的是西装的产地，而不是它的特定剪裁。

最初，当地欧洲人或犹太人的商店，如西屈雷尔百货公司，为国有产品提供支持。到了20世纪40年代，商店本身也必须是"民族的"。商品必须由埃及穆斯林销售，而不仅仅是由埃及人用埃及原料生产。埃及人拥有产权的重要性，甚至可能超过了产品原产地。贝伊特·米斯里百货公司标榜自己是"埃及的"，尽管它的库存中也有英国制造的鞋子和衬衫。1952年1月的开罗大火灾引发了抗议英国占领军杀害埃及警察的活动，并加速了纳赛尔在同年7月的军事接管，暴乱者烧毁了犹太人的西屈雷尔和奥罗斯迪-巴克百货公司，以及英国人开的商店、酒店和酒吧。[78]

在今天这个"公平贸易"的时代，人们很容易把有组织的消费者看作国际主义的良性推动者，他们向遥远国家的贫穷生产者伸出援助之手。但从历史上看，他们在推动民族主义的发展上也做出了至少不亚于前者的贡献。消费者的抵制既有民族的一面，也有道德的一面。国货促进了一个更加排外的民族体得以形成，不仅排斥帝国主义侵略者，还排斥非统治民族、非正统宗教信仰的同胞。他们也不总是反对帝国主义。帝国会使用同样的策略，通过敦促大城市的消费者购买殖民地的咖啡和水果，来加强帝国的竞争力。同样，在帝国主义者被剥夺了更直接的武器——关税——的地方，这种运动特别受欢迎，就像20世纪20年代的英国。在帝国购物周、圣诞蛋糕比赛和品尝肯尼亚咖啡的摊位上，英国家庭主妇被敦促用购物篮帮助她们身在帝国的亲朋。如果可以买到由澳大利亚的基督徒兄弟种植、晾干和打包的"干净"又香甜的苏丹娜无籽葡萄干,为什么还要购买被"肮脏"的土耳其人踩踏过的呢?[79] 消费确实是公民的责任,但这既有可能意味着民主的公民身份,也有可能意味着帝国主义或民族主义的兄弟情谊。

交朋友

冷战是围绕丰裕进行的第二轮意识形态斗争。纳粹主义的失败在两个层面上改变了游戏规则。第一个层面是地缘政治。究竟是美国还是苏联提供了更优越的物质文明,这个问题现在被两个对立的集团争论不休。当一个集团试图在生产和消费上超过和淘汰另一个集团时,物质竞争就更加激烈了。第二个层面是地区内的问题。欧洲人不得不接受"铁幕",但同时不得不接受高经济增长。"二战"结束后的短短14年内,欧洲由一整块蛋糕变成了两块。这种情况以前从未见过。这种高速增长是可持续的吗?欧洲人对此很担心。的确,这样做可取吗?纳粹的垮台使许多保守派和自由派重新掌权,他们对大众消费不屑一顾。纳粹主义不是邪恶物质主义的必然结果吗?战后欧洲的经济奇迹年代也是一段充满冲突和焦虑的时期。

不管怎么说,这个故事都很戏剧化。法国让人们了解到了消费品的传播速度有多快。1954年,仍然只有7%至8%的法国家庭拥有冰箱或洗衣机,1%的家庭拥有电视机。到1962年,超过33%的法国家庭拥有冰箱和洗衣机,25%的家庭拥有电视机。到1975年,这一比例分别为91%、72%和86%。东欧的发展速度要落后一些,但只慢几年。[80] 在发达社会,消费在1952—1979年的年增长率约为5%;日本略快一些(8%);在英国则比较缓慢(3%)。[81] 20世纪六七十年代,苏联的消费发展相当快(大约6%)[82],尽管它的起点较低。而且在苏联,人们有更多的闲暇时间来花掉增加的收入。在20世纪60年代的联邦德国,人们的工资翻了一番,自由时间增加了1小时,达到每天3小时40分钟,周六休息,带薪假期也从14天增加到20天。[83] 在柏林墙另一边的民主德国,人们不得不工作更长时间,尽管如此,但在1974—1985年,他们每天也获得了额外的 1 小时休闲时间。[84] 旅行、交通和通信飞速发展。第一批飞往西班牙和科西嘉的包机在 20 世纪 50 年代初起飞，与此同时，汽车也实现了平民化。1950 年，西欧拥有汽车的家庭不足 5%，但是 30 年后，大多数家庭都拥有了汽车。[85]

如果说有任何问题，那么就是上述统计数据没有充分体现出这些年来的动态。对物品的渴望往往早于购买行为。1957 年的意大利电影《苏珊娜·图塔·潘纳》（*Susanna tutta panna*）是一部俗气的喜剧，讲述的是当对女人的欲望和对奶油蛋糕的欲望冲突时会发生什么。在影片开头，当地糕点师身材匀称的女儿（由玛丽莎·阿拉西奥饰演）从一个泡沫浴缸里爬出来，当时几乎没有意大利人洗泡泡浴或热水澡。后来，她跟着一户人家（家人都是小偷）去到他们的小屋，里面有一台冰箱、一个电炉和一台电视，这些东西隐藏得很巧妙，没有被邻居发现。[86] 即使是在欧洲最贫穷的地区，比如卡拉布里亚，年轻人也在忙着看这类电影。[87] 在德国，虽然当时的穷人中只有 5% 拥有冰箱，但它仍是每个人最想要的东西。[88] 在苏联，就像在别处一样，杂志鼓励人们追求时尚和风格，讨论"哪种衬衫最适合搭配哪种西装"。[89] 睫毛膏主宰一切。香水或高跟鞋似乎永远都不够。

在农村社区，日常生活的变化尤其显著。在一个典型的法国小镇，比如洛特河河畔的杜埃尔，163 户人家中有 50 户在第二次世界大战结束时就已经拥有收音机，但只有两三户人家有冰箱、烹调用具和中央供暖设备，没一户家里有洗衣机。另外，只有 10 户人家有室内厕所。到 1975 年，几乎所有人家都拥有上述这些设施。[90] 这便是那个时代人们使用不断变化的语言讨论这些发展的背景。消费不再仅仅是一项他者的活动，而是定义了整个社会体系。这是一种生活方式：一个"消费社会"，一个"大众消费社会"，或者是一个休闲社会。

20 世纪 50 年代，左派和右派的反应不仅表明他们彼此对立，其自身内部也出现了分裂。在进步分子中，两本著作标出了反应的"光谱"：1958 年约翰·肯尼斯·加尔布雷思的《丰裕社会》和 1956 年托尼·克罗斯兰的《社会主义的未来》（*The Future of Socialism*）。加尔布雷思的这本著作是 20 世纪 50 年代美国一系列畅销书（还包括大卫·理斯曼的

《孤独的人群》[Lonely Crowd]、万斯·帕卡德的《隐形的说客》[Hidden Persuaders]）之中的一本，这些书至今仍影响着大西洋两岸关于消费主义破坏作用的辩论。加尔布雷思认为，我们对商品的依赖是一种新的历史秩序——"丰裕社会"——的核心，这一秩序旨在促进增长和生产。持续的增长提高了经济的上限，但同时传播了一种新的社会疾病。生产不再满足真正的需求。现在，需求是由广告和价值体系创造和操纵的，这种价值体系将美好生活等同于个人的财产。他警告说，这种循环依赖于"消费者债务的创造过程，这个过程的内在并不稳定"，还指出美国人越来越多地使用分期付款信贷购买新车。最重要的是，它腐蚀了公众生活。用加尔布雷思的名言来说，丰裕孕育了"个人富足和公共肮脏"。这种因果关系是他观点的核心。人们在转向私人物品和休闲的同时，也在远离他们的社区。私人财富导致了对公共福利的忽视。加尔布雷思拥有先见之明，提前意识到了富裕对环境的危害，他描述道，普通家庭开着"淡紫色和樱桃色、装有空调、使用动力驱动和动力刹车的汽车"，穿过"道路十分糟糕"以及"堆满垃圾而变得令人厌恶"的城市，直到抵达野餐地点。在那里，他们"坐在受污染的溪边"，享受着"从便携式冰箱里取出的包装精美的食品"。他问道，这真的是"美国精神"吗？[91]

在《社会主义的未来》中，英国工党成员克罗斯兰提出了一种更加乐观的看法。此书撰写于英国刚刚摆脱经济紧缩之际，克罗斯兰指出，经济增长和商品会加强社会民主，而不是破坏它："在平等主义的基础上，更高的个人消费必须成为社会主义目标的任何声明的一部分。"随着越来越多的人获得商品，阶级差别将会缩小。他推测，那些非常富有的人只要瞥一眼美国就会意识到，激烈的物质竞争对于保持居于人上的优越地位而言，已不再具有意义。人们会转向慈善和教育——一个"明显消费不足"的方面，而不是炫耀。克罗斯兰认为，即使丰裕没有降低总人口中的人均不幸福水平，它也带来了公共和个人利益。不满变得个人化，比激起社会冲突要好得多。不断提高的物质标准，增加了"个人选择的范围和文化可能性"。真正的社会主义者需要更加偏重"无政府主义和自由主义"，少一些"拘谨和古板"。在此处，克罗斯兰的批判对象是西德尼和比阿特丽斯·韦伯代表的工党中的反享乐主义精神。他们都是费边社会主义者，致力于研究和议会蓝皮书，这意味着他们从不抽时间去听音乐或观看戏剧。一个更好的社会不是凭借"禁欲和良好的档案系统"建立起来的。人们理应拥有乐趣。克罗斯兰跳起来为"小混混"们辩护。这些穿着时髦长夹克和锥形裤子的青少年并不都是小流氓或野蛮人。相反，他们通过爵士乐，显示了"工人阶级对优雅着装的真正兴趣和真正的青年文化的首次觉醒"。更大的富足需要对个人选择表示更大的宽容，包括移除审查制度、不公平的离婚和堕胎法，以及"对性别异常的过时惩罚"。[92]

两位作者的不同个性，导致他们得出了不同结论。克罗斯兰在伦敦长大；战时在意大利和法国当伞兵的经历，促使他对食物和饮酒产生了热爱，还把这种热爱带回国了——如果要补充点什么，那就是对饮酒有点过于热爱了。他按照自己的想法生活，喜欢爵士乐和夜生活娱乐场所。与之相反，加尔布雷思在安大略省南部的一座农场长大，他对城市生活、酒吧和其他诱惑感到不适的背后，隐藏着对更俭朴生活的怀念。在《丰裕社会》中，他哀叹学校竞争不过个人的浮华；"成为年轻人偶像"的是电影中"可疑的男主人公，而不是女教师琼斯小姐"。[93] 他自己就读的是只有一间教室的乡村学校；另一位消费主义的著名批评者万斯·帕卡德也在宾夕法尼亚州的一座农场长大。

或许具有讽刺意味的是，加尔布雷思的这本书虽然被刻意地宣传为对保守思想的挑战，但它本身也将成为保守思想。与此同时，由于克罗斯兰在 1955 年的选举中失去了自己的席位，他有时间进行写作。许多左派人士坚持认为丰裕是脆弱的，穷人比以往任何时候都更加脆弱。通往新耶路撒冷的道路，不能用冰箱和电视铺就。在整个 20 世纪 50 年代，英国工党内部的积极分子都与新一代选民失去了联系，这也是工党在当时很多年里都处于在野状态的原因之一。[94] 克罗斯兰的时代只有在 20 世纪 60 年代，随着人们开始解放对性与愉悦的思想禁锢，才会到来。

与此相反，加尔布雷思的结论一直稳定地为批评"消费主义"的人士提供信息，直到今天仍是如此。他特有的清晰度和自信相结合，是如此富有吸引力，以至于人们很容易忘记《丰裕社会》不是一项不偏不倚的实证研究，而是一项为增加公共支出辩护的主张。在短期内，他主张征收消费税以资助社会福利事业的请求没有成功；作为约翰·F.肯尼迪政府的一员，加尔布雷思在政界的影响力微乎其微。然而，他在公开辩论中的影响力是巨大的。他的想法推动了肯尼迪的继任者林登·B.约翰逊在20世纪60年代中期增加医疗和教育支出。[95] 但作为一种历史资料，加尔布雷思的著作告诉我们更多的是对丰裕的不安，而不是这种现象本身。很明显，加尔布雷思在"简单的享受方式"（包括运动、食物、房屋、汽车和性）和更"深奥"的享受方式（如音乐、高雅艺术，"一定程度上还包括旅行"）之间划清了界限。前者"几乎不需要事先针对主题进行准备，以获得最高的享受"，因此是"现代欲望的创造"目标；与之相反，后者则更有个性，需要加以培养。[96] 这是一个经典的中产阶级比喻：大众文化与受过教育的品位相对抗。在新一代批评者中，几乎没有人意识到，个人是拥有半个世纪前威廉·詹姆斯认定的"物质自我"的，也没有人意识到，当时人们在食物、家庭，甚至性等方面投入的准备越来越多，并不断让这些事务变得越来越复杂。

尽管加尔布雷思担心节俭的终结，然而事实上，相比于两次世界大战之间的年份，美国人在20世纪50年代储蓄得更多，而不是更少——1957年，个人储蓄率为10%[97]，对那些关心现今债务问题的人来说，这一数字高得惊人。作为国内生产总值的一部分，公共支出随着丰裕而增加，而不是像模型预期的那样下降。[98] 其中的一部分用加尔布雷思的理论可以说得通，但也仅限于此。政府的住房贷款和高速公路项目，推动了郊区的消费生活方式和种族隔离。[99] 加尔布雷思对市政服务"缺点"的抨击，比如"过于拥挤"的学校和"肮脏"的街道，这些都是正确的。然而，他认定这些现象反映了社会的倒退，这是错误的。50年前，纽约市将垃圾倾倒进哈得孙河。丰裕程度的提高和人口的增长，使得城镇能够率先引入公共公园、更好的学校和废弃物管理。可以说，《丰裕社会》本身就是最好的证据，表明了私人的富足促使人们要求更好的公立学校、医院和娱乐设施。

像《丰裕社会》这类销量达数百万册的书之所以成功，是因为它们触动了当时人们的痛处，在美国如此，在欧洲更是如此。第二次世界大战动摇了阶级、性别和种族等级，使消费文化成为各种焦虑的避雷针。1948年，美国人已经开始担心幸福感的下降。除了为超市和西屋冰箱打出色彩缤纷的广告，《生活》（*Life*）杂志还赞助了一场圆桌会议，从德国移居到美国的心理学家埃里希·弗洛姆在会上警告说，人们正利用休闲来逃避现实；他自己承认读过侦探小说。其他与会者则担心"道德混乱"，据报道，酗酒、犯罪、离婚和精神疾病的发生率都有所上升。电影则因其错误的浪漫主义观念，危害到了"一个健康民主社会的存续"。[100]

大多数欧洲人对美国没有意见；1953年法国的一项调查发现，只有4%的人将美国视为一种文化威胁。[101] 然而，对文化精英来说，丰裕是美国对欧洲的一种入侵，是对黑暗未来的一瞥，这与辉煌的民族历史形成鲜明的对照。几乎没有人喜欢丰裕带来的这幅图景。欧洲知识界的和声从未像20世纪50年代那样尖锐。J. B. 普里斯特利担心，英国正在变成"南加州，连同那里的……电视和电影工作室、汽车生活方式（你甚至可以不用下车，就能吃喝、看电影、做爱），以及无滋无味的世界主义……和虚假的宗教都一并具有了"。[102] 对法国人来说，美国人是"大孩子"（les grands enfants），是对小玩意着迷的儿童；他们的一切生活标准，都没有灵魂。共产主义诗人路易·阿拉贡将美国贴上了"浴缸和冰箱的文明"标签。[103] 在整个欧洲，指控的内容都是相同的。消费社会滋生了肤浅的一致性，破坏了民族传统和集体精神。在法国，评论者担心，美国人对忙碌的热衷正在破坏法国人喜欢闲适、逍遥自在的天性。在德国，评论者哀叹在空虚的自我放纵面前，深刻思想和精神感触的退隐。《读者文摘》（*Reader's Digest*）正在取代伏尔泰、歌德和但丁的地位。

对基督教保守主义者来说，物质主义和布尔什维克主义一样，也是战后不久的几年里的巨大威胁。如果新一代人在消费文化的泥沼中越陷越深，欧洲怎么能作为一个基督教文明重建呢？对德国基督教民主联盟的几位创始人来说，纳粹证明了世俗主义会孕育物质主义和毁灭。鉴于纳粹公开迎合物质欲望，这种担忧并非对近期事件的不合理解读。电台节目劝告善良的基督徒践行自我节制。[104] 并非只有天主教徒和共产主义者才会产生焦虑感。在1933年从纳粹控制区逃往瑞士的自由主义者威廉·罗普克信奉自由市场，当人们赊账购买商品时，他却陷入了困惑。被克罗斯兰攻击的家长式作风根深蒂固。福利主义确实是一个美好的理想，但是人们准备好了吗？许多进步主义者对此并不确定。1955年，英国自由主义者吉尔伯特·默雷提出了疑问："为了满足福利国家的需要，我们必须提供电视，加上一只狗和一个花园，如果是这样，任何可能被发明出来的新的娱乐形式又将怎样呢？"丰裕是一个危险的漩涡，诱使工会成员要求更高的工资，破坏稳定。[105]

富有组织性的基督教的衰落，加剧了这些担忧。人们有时在谈论"奇迹年代"时，会说这是欧洲人用上帝换取商品的时代。这种声音太强了。在英国，参加宗教活动的人数在两次世界大战之间的年份已经呈直线下降的趋势。这就是当时人们如此紧张的原因之一。传统组织在这之前就开始逐渐分崩离析。现在，只需轻轻一推就能把它们碰倒。慈善实业家、社会研究员西博姆·朗特里在对约克的社会调查中发现，去教堂做礼拜的人口比例已从1901年的35%降至1948年的区区13%。宗教信仰的衰落似乎与商店行窃事件的增多相互关联；伦敦一家商店每年有5000件衣服被盗。朗特里将这种不断蔓延的心态总结为"我看到，我想要，我拿走"。正派的民众被美国电影误导了，这些电影本身以宣扬财富和奢侈为目的。电视开创了一个新的黑暗时代。随着电视观众调暗灯光，"不仅是阅读等智力活动，连编织和修补等手工活动也将不复存在"。[106]

冷战使这些国家内部的担忧具有了世界历史意义上的重要性。如大英帝国这样的早期超级大国，有时赋予商品以文明使命，但美国是第一个将其野心与输出明确围绕消费品组织的生活方式联系在一起的国家。历史学家维多利亚·格拉齐亚称美国为"市场帝国"。[107]推销员取代了传教士，冰箱取代了《圣经》。商品博览会和美国式房屋是丰裕社会的外交政治中新的教堂。1952年9月，在柏林举办的商品交易会上，美国展馆内有一间电气化厨房、一台电视、一辆停在车库里的汽车和一家销售DIY工具的兴趣爱好店。有将近50万德国人参观，并有机会浏览一份西尔斯百货的商品目录。在次年当选美国总统的德怀特·D.艾森豪威尔任期内，此类展览成为美国政策的中心装饰品。美国还为文化项目设立了一笔特别基金，企业捐助者也纷纷加入。到 1960 年，从莱比锡到萨格勒布，从曼谷到大马士革，在 29 个国家举办了 97 场官方展览。大约 6000 万游客有机会走进实物大小的美国样板住宅屋，了解为什么拥有独立浴室是一种"基本的尊严"，以及洗衣机是如何带来自由的。

冷战消除了人们之前对消费文化的矛盾心理。左右两派都被迫选边站。例如，让-保罗·萨特于 1946 年从美国归来，对美国生活有着相当细致入微的看法。到 1953 年，朝鲜战争以及以间谍罪处决罗森堡夫妇的事件，使他确信美国就像"得了狂犬病"一样。法国共产党在葡萄种植兼酿酒者的支持下，呼吁禁止可口可乐，但是没有成功。"马歇尔计划"的展览遭到了法国劳工的格外敌视。在别处，战败和废墟使劳工运动更善于接纳新事物。[108] 从纳粹主义中被解放出来的德国人，很难把美国想象成一个邪恶的帝国。在这里，消费社会似乎承诺了安全、民主和自由的工会。

最先与丰裕讲和的是保守党人士。基督教民主党不可能同时既加入大西洋联盟，又谴责美国的消费文化。到了 20 世纪 50 年代末，对没有灵魂的物质主义的怀疑已经被消费民主的庆祝活动取代——1959 年，哈罗德·麦克米伦在英国大选中的口号是"你从未拥有过如此美好的生活"。保守党人没有担心基督，而是发现了选择。这让消费者的政治形态完全颠倒了过来。传统上，消费的拥护者是与工党有密切联系的合作社。保守党一直是农民和商人的政党。此时他们向家庭主妇和工人伸出手，承诺人人丰裕。除了斯堪的纳维亚半岛和日本这两个例外，到 20 世纪 60 年代，合作社的数量逐渐减少，在比较和评价新产品的大众测试机构中，更具竞争力的个人主义凸显出来。

消费者的选择，提供了一种重建家庭和国家的方式。也许，厨房和电视能加强家庭生活，而不是摧毁基督教价值观和基督教社区？这是意大利财政部长埃齐奥·瓦诺尼和联邦德国经济部长路德维希·埃哈德的希望。埃哈德是社会市场经济的缔造者，他身材圆胖，喜欢雪茄和简简单单的扁豆香肠汤。早在 1950 年，他就提议举办一个关于生活水平的展览。不断变化的名称凸显了人们日益高涨的雄心壮志。1953 年展览会的最初名称是"我们都能生活得更好",然后变成了"我们都想生活得更好",最后才确定为"每个人都应该生活得更好"。[109] 官方海报展示了生产力带来的好处:一个鼓鼓囊囊的工资袋。参观这个展览的人数达140万。其中一个展馆是专门为展示消费者在社会中的中心地位而设计的。组织者自豪地宣布,这是第一次,消费者不仅是参观者,还能够展示自我。所有德国人都渴望有一个"美好的环境"。这句口号最早出自德皇威廉二世之口。不管有意与否,再次提出这句口号,表明了德国宏图伟业的目标正在发生变化:不再是争夺海外殖民地,而是拥有一个舒适的家。[110]

在这种家庭消费主义中,女性被安排到中心位置。耐用消费品能够为家庭腾出更多时间以共处。天主教会希望人们能沉浸在家庭生活中,这样他们就可以免受共产主义的影响,甚至连信贷购物也得到了宗教认可。诸如租购等行为,绝非不顾后果的表现,而是对社会有益的。故而,苏格兰教会在1957年做出判决:定期付款教会了人们提前做计划。[111]

享有主权的消费者和心系家庭的家庭主妇应该是一体的,这是在美国和西欧共有的形象。男人的职责是挣更多钱让家人消费。占有欲可能会蔓延到家庭生活中。一名美国妇女讲述了自己及其丈夫在生活上的种种变化,如何从一对租住在小公寓里的年轻夫妇变成一个拥有5个孩子,以及一栋位于湖边、有8个房间的豪宅的殷实家庭。她丈夫的收入几乎翻了一番,达到每年2.5万美元。他们有一条船、一匹马,还有给孩子们买的昂贵乐器。她丈夫不断地给家人买新东西:"我觉得他过于试图把我们都留在家庭中了。"[112] 城郊化达到了新的高度,美国女大学生的志向成了结婚生子,而不是像上一代人那样追求独立的事业。

历史学家倾向于把战后的年代看作一个新的开端。然而从更长远的角度来看,最好将20世纪50年代视为保守主义复兴时期,它延续并增强了之前就有的发展趋势。在这一时期,对家庭和以家庭为中心的休闲的崇拜使丰裕变得受欢迎起来,但这并不新鲜。20世纪30年代和50年代之间有直接的传承关系。在加利福尼亚州的奥克兰,研究人员对20世纪20年代初出生的孩子进行了跟踪调查,他们经历了大萧条,在战后成年。[113] 研究人员发现,20世纪30年代靠卖报纸或卖手工艺品挣钱的男孩,在50年代往往会定期存钱，且他们的存款额度比那些没有收入的男孩或没有零用钱的女孩要多得多。在男性之中，年轻时的贫困与以后对工作的执着有很强的相关性。挣钱能力是一种给予自己孩子物质上的舒适和安稳的方式，这些则是他们自身的童年缺失的。大萧条时期的孩子突然成长为高收入者，这也是战后出现婴儿潮的原因之一。[114]

在联邦德国，总理埃哈德将女性奉承为"财政大臣"，这呼应了"一战"前英美两国流传的口号，当时，女式钱包的力量和对女性投票权的要求是联系在一起的。购买耐用消费品的家庭可以获得税收抵免，这是一项有纳粹痕迹的补贴；在希特勒统治时期，埃哈德就在一家营销公司工作。不过，社会事业有所改变：家庭主妇此时被动员起来建立一个民主国家，而不是一个种族国家。作为公民消费者，妇女不仅有责任，还有权利，最重要的是有选择的权利。

从更广泛的意义上说，消费者也是保守主义复兴的关键。20世纪50年代，甚至公共管理机构和学校也被称为消费者。[115]德国公司在为员工准备的休闲杂志上转载《读者文摘》上的文章，解释了所有的生意是如何取决于快乐的客户的。[116]决定工作和工资的是消费者，而不是老板。消费者满意度为老板和员工提供了一个共同的目标：在没有社会冲突的情况下实现增长。

然而，保守主义复兴充满了矛盾。一方面，它宣扬选择。另一方面，它希望人们坚守传统角色。因此毫不奇怪，这种矛盾在青年群体中产生了冲突，其烈度高于别的群体——同其他年龄段相比，青年更倾向于用商品和时尚来彰显自己的身份。20世纪50年代发生了一波青年骚乱。1956年元旦前夕，数千名年轻人在斯德哥尔摩市中心的国王街与警察发生了激烈冲突。1957年，维也纳也发生了骚乱，另外在米兰（1957年）和汉堡（1958年）的摇滚表演中，音乐厅遭受暴力破坏；1958年，德国青年几乎每隔一天就与警察发生冲突。在巴黎，"黑色夹克"（blousons noirs）引发了人们的恐惧；第十五区的青年帮派则相互殴斗。在莫斯科，年轻人穿着超长的夹克、裤脚宽大的紧身喇叭裤和重达2.5千克的厚底鞋，在高尔基大街——他们称之为百老汇大街，或者干脆是布罗德街——的左道来来回回。在"铁幕"两侧，政府当局、记者和文化精英都抒发了同样的道德恐慌：青年正处于危机之中。[117]

这些冲突带有特殊的地方性，例如，西德人为如何用叛逆青年建立一支新的军队而发愁。但是，这有助于全面地看待问题。消费如何重新定义一代代人，是我们将在后面的章节中更加深入探讨的主题。在这部分，我们应该注意的是，对叛逆青年的关注，不仅让我们得以了解年轻人的状况，也知道了精英阶层是多么焦虑。20世纪50年代，与那些尽职尽责地去参加童子军、为嫁妆而存钱、在固定区域闲逛的年轻人相比，参与帮派和暴乱活动的年轻人的实际数量微不足道。在轻型摩托车和牛仔裤出现之前，对道德沦丧的恐惧就已经流传开来。早在1952年，荷兰的一个委员会就报道了年轻人越发狂野的情况。这则报道发现了一种危险的杂糅——年轻人既放浪形骸，又缺乏目标。例如，14岁的双胞胎杰拉德和皮特在凌晨4点和父母从一个家庭聚会上回家，"喝得烂醉如泥"。青年反映出的是当时已经"失态"了的世界。[118]他们疯了似的旋转着，跳着布吉伍吉舞。在阿姆斯特丹市郊的伯伊克斯洛特，17岁的工人把大部分收入花在了衣服、电影院和香烟上。如果他们不去纽温迪克（当地的一家舞厅）跳舞，就在街角"闲逛"。这一切如何才会收场？事实上，一半的办公室女孩从没有去跳过舞。但在该委员会看来，家长和青年组织似乎失去了控制力，因为大多数男孩和女孩在晚上10点以后才回家，青年组织的成员人数也在减少。[119]在许多方面，20世纪50年代的年轻人只是重新走上街头，并拿回他们的祖父母在20世纪初打击青少年犯罪的时代中失去的部分自由而已。然而，对当权人士来说，年轻人的"狂野"行为让人怀疑，饱受战争摧残的社会能否自我重建。

随着20世纪50年代和60年代商品浪潮的兴起，文化权威越来越像被海浪冲刷的沙堡。商品和形象给了年轻人塑造自己身份、仪式和礼仪的机会。在接下来的10年，亚文化开始扩散。摇滚乐和牛仔布最初是无产阶级和社会地位比较边缘的族裔的专属，现在却传播到了中产阶级的孩子那里。消费方式是如此具有争议性，因为它们标志着两种相互竞争的文化。资产阶级模式崇尚自律和自我完善。快乐需要克制，教育和工作排在第一位——"你必汗流满面才得糊口"(《圣经·创世记》)。与之相反,青年文化是一种情感释放,是一种强烈的身体体验。它鼓励即时的喜悦,是一种关乎汗水、速度和性的文化。这意味着摇滚乐、"猫王"埃尔维斯·普雷斯利和意大利早期的摇滚乐歌手(urlatori,这个词的字面意思是"尖叫者")扭动的臀部,以及年轻的阿德里亚诺·切伦塔诺像弹簧一样扭动着身体的舞姿。它在文学方面的代表人物是弗朗索瓦丝·萨冈,仅仅18岁时就写下了小说《你好,忧愁》(Bonjour Tristesse),她在天主教家庭长大,长大后却喜欢喝威士忌和开一辆阿斯顿·马丁跑车,不过在1957年,她的爱车在一次被广泛报道的交通事故中撞坏报废了。批评者谴责年轻人的"兽性"行为和狂欢状态。教师杂志警告说,摇滚乐是"所有丑陋事物之哲学"的一种表达。[120]

政府最初的反应是维护文化权威。出台了更加严厉的青少年保护法,禁止18岁以下青少年进入舞厅和观看危险电影。许多广播电台禁止播放"猫王"的歌曲。但事实证明,民众的需求过于强烈。消费的空间不断扩大,人们也比之前更容易实现消费。在荷兰,1960年有100万人拥有轻型摩托车;正是在这些年,偷汽车、摩托车和小型摩托车被列为"犯罪"。[121] 如果公共电台禁止播放歌曲,冰激凌店里总有自动点唱机。孩子们比审查者更加聪明——巴黎和亚眠的一项调查发现,半数男孩和女孩以各种方式观看被审查的电影。[122]

年轻人的购买力也在增长。在美国,早在20世纪20年代,广告商就开始瞄准具有时尚意识的大学生。在西欧,这一飞跃出现在20世纪50年代,当时青少年的可支配支出翻了一番。1964年,美国的2200万青少年花了约120亿美元,而父母在他们身上又花了130亿美元。在联邦德国,10~15岁的青少年控制着1.8亿德国马克的消费支出,这一消费数字意味着数量庞大的唱片、西装和裙服。一位20岁的管道工助手回忆起20世纪40年代自己在伦敦东区的童年:"我想我有一套新西装……但通常我穿的是从砖块巷买来的二手衣服。"20世纪50年代,"情况不一样了……似乎变得好多了。我们开始买新东西"。[123] 像他这样的青少年一周大约有9英镑的可支配零钱,而一张7英寸唱片要花6先令8便士。

学校教育的发展加大了两代人之间的区别。同辈群体蓬勃发展。到1937年，80%的美国青少年上了中学。在法国，到1962年，11～17岁的青少年中有一半在上学。[124]"青少年"一词从20世纪40年代开始流行，这一现象并不奇怪。小团体用时尚和配饰来区分谁"入时"、谁"过时"。比较富裕的小团体去打保龄球，而比较贫穷的小团体则去滑旱冰。同辈文化不仅推动人与人攀比，还促使人想要更多。1949年，一项针对美国中西部高中生的研究报告称，对普通男孩来说，"金钱的价值在于用来满足对快乐的追求；他必须有钱去一些地方，做一些事情。而对女孩来说，则必须要有钱买衣服、帽子、袜子、鞋子、外套、钱包……香水、化妆品，以及做'合适的'发型"。[125]他们都是新的青少年杂志的目标群体，比如说美国的《17岁》(*Seventeen*，1944年)，欧洲的《喝彩》(*Bravo*，1956年)、《嗨，朋友们》(*Salut des copains*，1962年)、《再见，朋友》(*Ciao amici*，1963年) 和《杰姬》(*Jackie*，1964年)。

商品和样式的国际流通也有所增加，这在很大程度上是由于第二次世界大战及之后军队的调动。西欧出现了本土风格和美国风格的混合；在青少年群体中，"皮埃尔"和"海因茨"突然变成了"鲍勃"。这种现象跨越了"铁幕"。在20世纪50年代的布拉格街头，"帕塞克"们（Pasek，捷克青年人常见的名字）将美国香烟的标签钉在了他们的捷克领带上。[126] 1951年，首部《人猿泰山》(*Tarzan*)上映，该系列电影在苏联大受欢迎，当时的年轻人努力模仿约翰尼·韦斯穆勒的发型。意大利和德国的电影在苏联也同样受到欢迎。1947年，在格鲁吉亚首都第比利斯，由魅力四射的匈牙利歌舞演员玛丽卡·勒克主演的德国战时电影《梦中女郎》(*Die Frau meiner Träume*) 上映，引发了轰动。在苏东集团，也有迹象表明，出现了一种特定年龄段的新享乐文化，脱离工作和政治的影响。在一份俄罗斯地下出版物中，一位作者指责老一辈人："你建议唾弃轻歌剧，只学弗里德里希·恩格斯的《反杜林论》(*Anti-Dühring*)？并讨论政治？你的理念有多无聊……没有爵士乐、滑稽歌曲、舞蹈和笑声，一个人要怎么活？"[127]

对年轻消费者的道德恐慌如此强烈，是因为人们对性乱交，以及阶级和性别等级制度的松弛感到担忧。1951 年，西博姆·朗特里写道，性正成为一种"摆脱不了的活动"，一种"纯粹的动物性满足"。[128] 这种恐惧源于此前建立的肉体诱惑和对物品的欲望之间的联系，尤其是在女性群体中。1917 年，美国俄亥俄州克利夫兰市一名调查人员在先前一场打击"犯罪"的行动中，遇到了一个热衷于约会和跳舞的女孩，她声称自己 18 岁："她说，她想要的是一段美好时光，她不在乎是怎么得到的。如果和一个男人去酒店是她必须付出的代价，她愿意接受。"[129] 这些女孩想要的是"欢愉"。20 世纪 50 年代，对"狂野青春"的流泪叹息，将这种恐惧扩展到了男性身上。并且，它表达出了基于阶级的恐惧。

严格来说，20 世纪 50 年代的种种事件是阶级之间的战争，而不是不同代际之间的战争。大多数青年与父母相处都没什么问题，但与其他阶级的社会习俗存在冲突。1958 年在法国，75% 的年轻人感到非常或相当幸福，并且认为他们这一代人与父辈不会有任何不同。[130] 被列为"少年犯"的摇滚歌手、"黑色夹克"和"结伙喧哗闹事者"，主要来自工人阶级。被逮捕者主要来自社会底层，没受过什么教育。皮夹克和狂野的尖叫声，不仅威胁年长者，还威胁他们资产阶级的儿女，这些人的优越地位建立在学校教授给他们的礼仪上。用 1960 年一名德国少女的话来说，她更喜欢派对，客人们"喝可乐或果汁饮料"，跳伦巴舞，听音乐，"但请不要有那样的尖叫"。[131]《监狱摇滚》(*Jailhouse rock*) 盖过了《平均律钢琴曲集》(*The Well-tempered Clavier*)。在早期的摇滚乐演唱会中，大学生和高中生自愿充当安保人员，防止机械工和非熟练工人在过道里跳舞。[132]

然而，把青少年文化的兴起说成一个自下而上的反叛故事，未免过于简单，也有来自上层的鼓励。通过拥护消费者主权，保守派打开了潘多拉魔盒。如果在市场上的"投票"等同于民主，那么购买"猫王"最新唱片的成千上万人怎么会错呢？青少年杂志及其读者指出，销售数字说明了一切。当局从完全禁止转向选择合作。要与纳粹历史决裂的需求，一直限制着政府禁令的范围；"爵士乐"会被允许进入联邦德国的军队。不可能隔绝市民生活，或许可以将公民意识注入商业文化？在英国，孩子们成群结队地来到当地的剧院，参加周六上午的社团活动。演出开始前，他们必须唱国歌,并宣誓:"我保证说实话,帮助别人,服从父母。"[133]在政府和市议会的帮助下,电影俱乐部、青少年休闲娱乐区和青少年俱乐部纷纷开门。这些被设计成公民的摇篮,成为商业音乐、舞蹈和娱乐的额外渠道。到了20世纪60年代初,甚至连教堂的礼拜仪式中也出现了打击乐。

大多数专业学者一直对消费社会持批评态度,这导致他们追随早期的批评者,而这些前辈碰巧大多也是专业学者。我们绝不能夸大他们的重要性。20世纪60年代和70年代与早期的不同之处在于,人们对消费文化的接受程度越来越高。如果说"选择"是这种转变的一大动力,那么另一个动力就是自我表达。"丰裕社会"的批评者,继承了大众消费会导致跟风从众的观点。摇滚乐被认为会孕育弯曲的双腿和空洞的脑袋,让年轻人容易受到极权主义的影响。这种论点总是站不住脚的。毕竟,在他们的亚文化中,青少年正在挑战长辈循规蹈矩的生活方式,当然也包括知识分子精英的生活方式。

商品使人们能够发现自我。早些时候,我们看到了"物质自我"的概念在19世纪末是如何兴起的。在20世纪50年代和60年代,这些想法从三个方面得到了新的支持:技术、广告和新一代文化领袖。电吉他(以及后来的电子音乐合成器)给了从未上过音乐课的青少年一个演奏和创新的机会,这也是自那以后音乐风格迅速变化且具有多样性的原因之一。商业从一开始就培育反主流文化,并使之迅速发展,取得成果。在把年轻人的不墨守成规提升为占主导地位的典型风格上,广告商和市场营销助了一臂之力。每一个人和每一件事都变成了一种创造性的自我表达,从购买布斯杜松子酒(一种"对日益高涨的从众潮流的抗议"),到购买铃木摩托车,连带它们能够"让你自由的力量"。在20世纪60年代来到麦迪逊大道的那一代广告人,读过加尔布雷思和帕卡德的作品后,有意识地将自己重塑为特立独行的代言人。

男性被敦促脱下灰色西装,穿上更加时尚、色彩鲜艳的衣服来表达他们的个性;20世纪60年代末,美国男装更新换代的速度几乎和女性时装一样快。[134]选择大众汽车,表明你不是大众的一员,而是一个会思辨、负责任的司机,不会被更换尾翼和其他计划淘汰的花招愚弄。反广告运动将人们对"消费主义"的愧疚，转化为购买更多商品的理由。

自我表达也在艺术和商业之间架起了一座桥梁。演员和知识分子一样，对广告抱有很深的怀疑。1959年，维托里奥·加斯曼和安娜·玛丽亚·费雷罗等严肃艺术家的形象，出现在意大利卡罗塞罗巧克力展上一幅芭绮巧克力的宣传画中，精确讽刺了这种文化上的自命不凡。[135] 老一辈的批评家，如马尔库塞（1898年出生）、阿多诺（1903年出生）和加尔布雷思（1908年出生），都被新一代的公共知识分子取代，这批人对商品世界采取了更为均衡的态度。1964年，翁贝托·埃科（生于1932年）开始捍卫大众文化。我们所有人都可能这一刻还在读埃兹拉·庞德的诗，下一刻就去读低俗小说了。埃科写道，大众文化有时候会传播已有的情感，助长盲从因袭的思想，但在另一些时候，它会开启对社会问题的讨论。大众文化满足了真正的娱乐需要。而且它是民主的，扩大了人们接触文化和世界事务的机会，并且削弱了阶级和种姓的影响。埃科指出，大众传媒支援了阿尔及利亚的反殖民斗争。[136]

市场研究员欧内斯特·迪希特是这种更为积极的观点的领袖。他也是一名来自维也纳的难民——他的精神分析诊所就在弗洛伊德家那条街对面。1937年，迪希特搬到了巴黎，在那里做售货员（追随他父亲的脚步），并于1938年定居美国。为广告商一开始做的工作中，他采访了美国普通大众对肥皂的观点，并切中了动机研究（Motivational Research）的基本前提：产品是具有"个性"的，能够反映消费者更深层的心理需求。物品不仅具有实用性，还有"真正的表达能力"，甚至有"灵魂"。

迪希特在引起公众注意的方面很有智慧，但他不是具有独创性的思想家，他在流行心理学和营销术语的"鸡尾酒"中，加入了一点弗洛伊德主义。他因被万斯·帕卡德的《隐形的说客》当作批评对象而声名狼藉。同样有趣的是迪希特对批评者的反应。他在1960年的《欲望策略》(*The Strategy of Desire*) 一书中写道："人生的成长可以被理解为，我们接触到的事物种类越来越多，以及我们与这些事物之间的联系日益密切。"渴望拥有物品，并不轻浮，因为它关乎自我实现。这一观点与启蒙运动，以及当时最新的关于自我实现的心理学理论均有着密切的联系。然而迪希特更进一步，他把大量财富看作人类解放的途径之一。市场研究人员类似于心理治疗师，教导人们"忘记原罪的罪恶"。在冷战的高峰期，这种对购物权的心理辩护变得更加重要。迪希特在1960年写道："我们正处于一场无声的战争之中，外部的敌人是俄罗斯，内部的敌人则是我们陈旧的思维观念。"如果批评者如愿以偿，消费被缩减到只够满足"紧迫和必要的需求"的地步，不仅经济会"真的一夜之间崩溃"，还会削弱美国人的精神。他还说："积极人生观的真正捍卫者，繁荣以及民主的真正推销员，正是那些捍卫购买新车、新房或新收音机权利的个人。"[137]

女权主义者指出，"动机研究"是如何通过美化家务来重复性别的不平等的。[138] 然而，迪希特并不是社会秩序的简单捍卫者。和克罗斯兰一样，他认为丰裕的扩散会减缓人们追求地位的竞争。与"外在攀比"不同，人们会花更多精力发展自己的"内在攀比"，比如说提前退休、自己烤面包，以及设计独特的服装和室内装饰。通过与事物建立愉快的关系，我们会把它们变成"我们的工具"，并且"从它们的暴政中解放出来"。迪希特的《消费者动机手册》（*Handbook of Consumer Motivations*，1964年）带领读者从低层次的食物和住所开始，上升到"更高层次"，包括艺术、爱国主义和机械设备。这反映了他对个人发展的看法，从"物质的人到思想的人"。[139] 这与欧洲的基督教民主派有着密切关系，他们也将商品和家用电器当作克服与共产主义有关的物质主义的一种方式。迪希特对新享乐主义的呼吁并非"现在花钱，以后担心"。他乐观地认为，对闲暇的期待会鼓励人们提前计划并存钱，正如美国的情况所证明的那样。

极权主义对大众的操纵、冷战期间关于精神控制的辩论、无处不在的广告和心理技巧的使用，让广告和营销成为公众辩论中极具争议的话题。广告商创造的梦幻世界，似乎已经永久地扎根于人类向往美好的心灵之中。马尔库塞在他的畅销书《单向度的人》中总结道："仅仅是让所有广告、所有信息和娱乐的灌输媒体都消失，就会使一个人陷入痛苦的真空之中，在那里，他将有机会去想象和思考，去认识自己……和他的社会。"马尔库塞补充说，这是"一个（不幸的是，非常不可思议）例子"。[140]

关于营销的兴起，有两种经典说法。第一种将战后视为一个新的黎明，在那里，同质化的大众市场让位给了差异化和市场细分。[141] 第二种讲述了广告和营销技术如何超越市场，掌控生活的所有领域。在这种观点看来，市场营销开始将社会和政治据为己用，并将公民重塑为消费者。战后丰裕带来的广告浪潮，为20世纪90年代的新自由主义铺平了道路。

这两种说法都过于简单了。在两次世界大战之间的年份，美国市场的细分和区分顾客的努力已然方兴未艾。"大众市场"从来不是铁板一块。第一次世界大战前夕，邮购业巨头西尔斯已经开始对顾客进行分类。战后，百货公司开始尝试"顾客控制"。这种技术是由信贷部门推动的，能够收集不活跃客户的分类账簿资料，然后直接针对这些客户，将他们吸引回商店。经理们知道，使用信贷的顾客倾向于花更多的钱。商店备有带标签的索引卡，表明顾客是否买过帽子或鞋子、花了多少钱、什么时候买的、在哪个分店买的，他们是已婚还是单身。信贷经理不再只是检查账户，还要从事促销业务。20世纪30年代，打孔卡和数据处理技术到位，商店按收入对顾客进行了细分。在英国，市场调查是根据人们阅读的报纸类别来对群体进行分类——《泰晤士报》（*The Times*）的读者是"A"，而《好家政》（*Good Housekeeping*）的是"D"。个性化销售已经进入大众市场。[142]

战后经济紧缩，广告支出却增长迅速；毕竟，20世纪50年代和60年代是惊人增长的20年。但从更长远的角度来看，将战后的丰裕年代视为某种突然腾飞、之后达到最上层的现象是一种误导。在两次世界大战之间的所有年份，美国广告在国内生产总值中所占的比重一直超过2%，并在20世纪20年代初达到3%的顶点。尽管广告从业人员的"魅力年代"被认为是20世纪50年代和60年代，但那些年里从未达到如此之高的水平。发生改变的是广告类型和它推销的商品。1900年前后，大多数广告都是通过报纸或邮购的方式投放的，占主导地位的产品是专利药物。到20世纪70年代，美国公司花在电视广告上的钱几乎和花在报纸上的一样多。这时的主导产品是汽车、盥洗用品、食品、啤酒和酒精饮料。

商业和流行心理学技术并没有无情地横扫一切。在早期，人们普遍怀疑广告商会降低审美品位，破坏景观。在1914年之前的德国，广告商

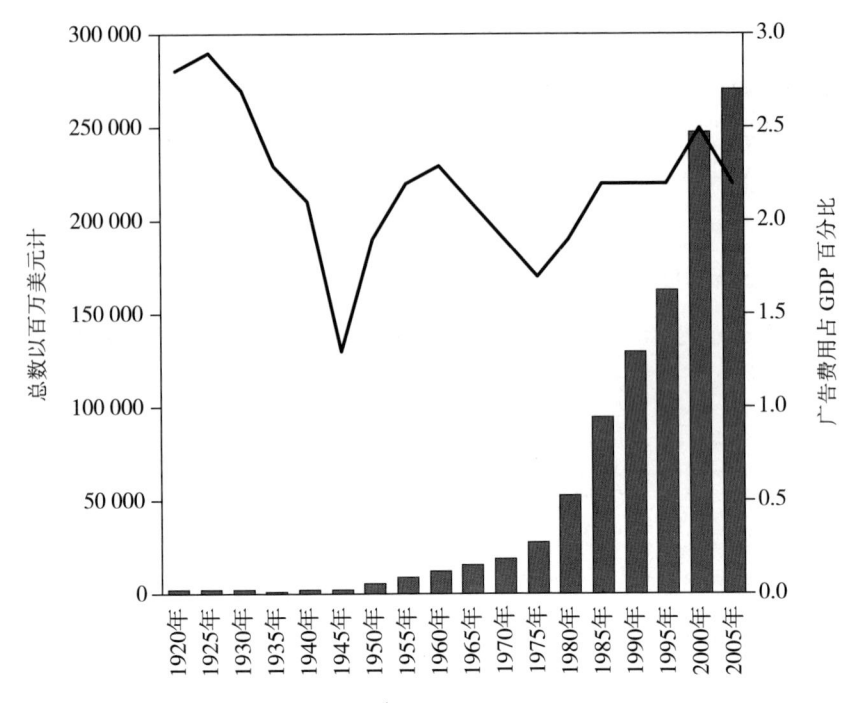

图 6-1 美国的广告费用，1920—2005 年

数据来源：
[1] 数据来自 Robert Coen 条理清楚的广告费用数据集，v.1.15
[2] 数据来自 1919 年之后的美国年度广告费用
来源：http://www.galbithink.org/cs-ad-dataset.xls

因推广"犹太人"技术或美国化和低俗化而受到攻击。研究资本主义的伟大历史学家桑巴特认为，广告是把钱扔进下水道，是对德国人良好品位的欺骗和破坏。地方政府也反对说，花哨的海报和夜间广告对城镇和农村造成了破坏。为了证明自己的资格，广告商需要寻找艺术和设计方面的盟友。在科隆，他们与"制造联盟"（Werkbund）——现代主义艺术家和建筑师团体——合作。他们告诉广告的批评者，广告绝不仅仅是为了利润，也可以成为大众的文化教育者。[143] 在美国，1900 年大学里首次出现了市场营销的课程。但是，事实上，市场营销从来没有成功把自己置于科学的立足点上。大多数实践者是实干家，而不是心理学家。市场营销学中有很多测试和错误。虽然美国机构开发了尖端技术，但是当这些技术到达欧洲

时，它们也必须适应当地的市场和客户。很多知识都产生于本土。智威汤逊广告公司的伦敦办事处承认，他们在一个等级比麦迪逊大道更加要紧的市场里工作。1957年，迪希特本人在伦敦开设了一家办事处，结果发现他的技术在那里不起作用。他绝望地表示，尽管英国人越来越丰裕，但他们仍过着清教徒般的生活，并不使用产品来表达自己。大多数公司从来没有完全认同"动机研究"，并且对任何带有潜意识操纵意味的事物都持公开怀疑的态度。[144]

市场研究的成功依赖于与国家和社会的"异花受粉"，而非将营销看作朝着一个方向发展——从市场到社会。市场调查之所以变得可信，是因为它与更加普遍的各类相关社会研究形式（包括大众观察、民意调查、支出调查、受众研究，以及国家为促进健康或本国产品而更好地了解其公民的直接尝试）的进展相结合。1929年，美国商务部发起了自己的一系列市场研究。在英国，出现了牛奶和帝国商品的营销委员会，旨在通过市场研究更好地了解和塑造购买行为。国家机构和广告公司之间有一扇旋转门。这是一个商业-国家-社会-科学研究的综合体。[145]

在这一总体图景中，值得注意的是，在程度类似的丰裕社会中，广告的存在仍是如此多样化。广告投入的强度和可见度在不同地区有很大差异。1980年，美国的人均广告支出是日本或德国的2倍多，是意大利的4倍。有趣的是，瑞士和芬兰最接近美国的水平。[146] 广告投放的地方也有差异。20世纪90年代，在美国、澳大利亚和英国，约33%的广告支出用于电视。在斯堪的纳维亚国家，这一比例仅为14%。在阿尔卑斯山脉以北地区，大部分广告仍刊登在报纸上，而在阿尔卑斯山脉以南地区，大部分广告则在电视上投放。这在一定程度上可能与商业电视台和公共信息提供者所占的份额不同有关，但它也可能反映了这样一个事实，即北欧人更倾向于选择阅读作为休闲方式，而且报刊仍然富有更多活力。[147]

为了扩张，商品需要能够跨越国界。广告商、市场研究人员和青少年亚文化强调愉悦和体验，跨越了与外部的领土边界同样重要的内部心理边界。此时人们承认，消费作为深入了解一个人的身份和生命活力的方式，实际上得到了认可。最近一些作者提出，现在，我们生活在一个新的

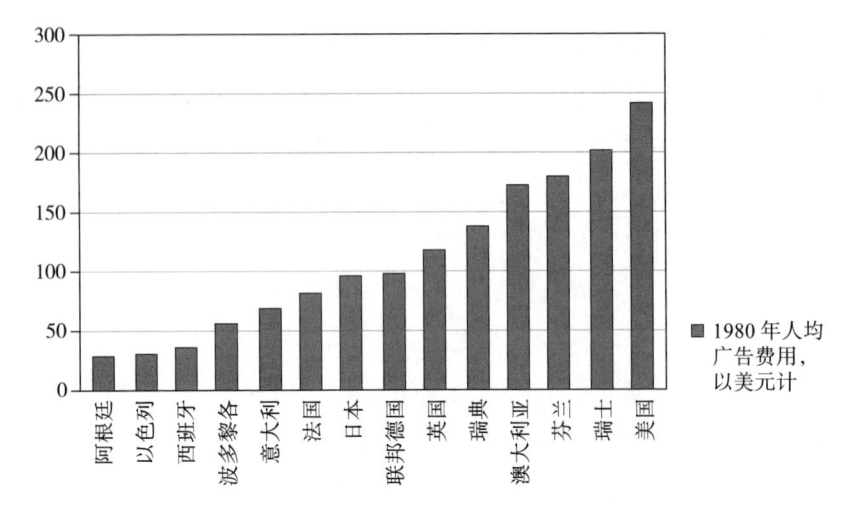

来源：*Sixteenth Survey of Advertising Expenditures around the World*, 1982。

图 6-2 1980 年人均广告费用（单位：美元）

"体验社会"中。物品不再主要因为它们有什么功能而重要，而是因为它们让我们感觉如何。各种款式、颜色的运动鞋和眼镜就是明显的例子。按照这种观点，丰裕是与以基本需求为主导的系统的历史性决裂——在战后奇迹出现之前，社会专注于效用，此后则专注于情感。[148]

这样叙述历史值得怀疑。它低估了物质性的持续影响力，就像智能手机和滑板既需要发挥效用，也需要让我们感觉良好。此外，它忽略了情感需求本身具有的更加悠久的历史。尽管迪希特有很多盲点，但他认识到所有社会，无论贫富，都与商品有着情感关系，这一点是正确的（就像他之前的人类学家布罗尼斯拉夫·马林诺夫斯基和社会学家 L.T. 霍布豪斯一样）。早先的经济学家并没有完全忽视情感的作用。赫尔曼·戈森在 1854 年提出了他认为的人类享乐规则，他意识到人类的许多活动不是为了填饱肚子，而是为了避免无聊。[149] 除了能让人感到即时满足的"防御性"商品（比如面包），还有"创造性"商品（比如音乐或旅游），人们期待着快乐的到来。这些都属于"体验性"商品。戈森认为，每一种快乐都有自己的最佳频率，通过或多或少的重复来维持。20 世纪 50 年代和 60 年代的做法是扩大频率范围。在其中一端，正如男人的时尚一样，更替的速度加快了。然而在另一端，又涌现出来新的日常重复体验。比如，在

20世纪50年代末的近4年时间里，意大利人一周接一周地收看同一个晚间游戏节目——《是翻倍还是要退出》(Lascia o raddoppia?)。美国人从1956—1965年一直收看游戏节目《价格正确》(The Price is Right)。德国人收看《我是什么》(Was Bin Ich?)游戏节目，直到1989年。熟悉感和新颖性是相互需要的。

从这一较长远的角度来看，1968年只是消费故事中的一个高潮，而不是一个巨大转折，更称不上是一场革命了。物质本身一直在不断成长。现在，快乐变成了一项权利，可以通过衣服、汽车和流行音乐的方式来行使。一些团体抨击消费是资本主义统治的一种潜意识武器，通过植入人为需求，使大众沦为被动的旁观者。对情境主义国际来说，只有自发的"情境"和具有讽刺意味的行为，才能恢复自由和创造力，比如装扮成圣诞老人在玩具店外分发泰迪熊。1968年5月，在巴黎大学，一张海报宣称，"消费社会必定会突然消亡……空想正在夺取权力"。[150] 不过，对绝大多数年轻人来说，消费社会并不是一个紧迫的问题。[151] 就连各国脱离学校以换取自由的青年团体，如英国的"辍学者"、荷兰的"普罗沃斯"(provos)和德国的"加姆勒"(Gammler)，也坚持他们有权享用饮料、毒品和最新唱片。[152] 一些公社鼓励支持者在商店行窃。但这是对收银机的抵制，而不是对消费品的抵制。

最暴力的袭击发生在法兰克福。1968年4月2日，两家百货公司内发生了定时炸弹爆炸，炸毁了一些玩具和运动器材。然而，即便是这起事件，也需要正确看待。与1952年的开罗大火相比，这一事件就显得没那么严重了。开罗大火事件中，民族主义者放火烧毁了6家百货商店、700家店铺、舞厅和其他资产。而德国发生爆炸的背景是美帝国主义和越南战争。一年前，也就是1967年5月22日，位于布鲁塞尔的商店"依诺维绅"(Innovation)发生了火灾，导致322人丧生。这场火灾的原因可能是电力方面出现了问题，但是事实上，它发生于一场美国时装秀期间，并且外面还有针对越南战争的抗议活动，因此令人不禁怀疑这是出于政治动机的纵火。在柏林，成立于1967年1月的第一个政治公社组织"第一公社"散发传单，将这场灾难描述为"美国多彩纷呈的广告史上的一个新笑话"——居然想到了将消费者自身烧死的点子。他们想知道，什么时候会有人在更衣室里小心翼翼地点燃一支香烟，使卡迪威百货公司或伍尔沃斯百货公司燃烧起来，好让柏林也能享受一下河内那种全城都在燃烧的危情？[153]

一年后发生的炸弹事件没能在消费文化上引发更广泛的冲突。可以说，正是这些事件推动了冲突的平息。随后的审判升级为恐怖分子和国家之间自我毁灭式的对峙。炸弹袭击者安德烈亚斯·巴德尔和古德龙·恩斯林认为自己是在与消费恐怖主义（Konsumterror）进行一场战争："消费主义对你进行恐怖袭击，我们就对商品进行恐怖袭击。"在对待商品和使用武力的态度上，他们与甘地相去甚远。恩斯林说："我也喜欢汽车和所有能在百货公司买到的东西。但当一个人不得不去买它们时，那么付出的代价就太大了。"[154] 只要激进分子不必为此付出代价，消费就没问题。恩斯林穿着一件闪亮的红色皮夹克，出现在法庭上。巴德尔以法国电影明星让-保罗·贝尔蒙多为榜样，钟爱夜店和漂亮衣服。当巴德尔住在汉斯·维尔纳·亨策位于罗马的家中时，他毫不见外地穿上了这位作曲家的丝绸衬衫。他最终开着一辆300马力的伊索里沃尔塔跑车，在一个汽车超速监视区被抓获。巴德尔之前还拥有一辆白色的梅赛德斯220SE和一辆带有尾翼的福特费尔莱恩。总之，巴德尔更接近于迪希特描述的美国消费者。

恩斯林是士瓦本一个牧师的女儿，她是青少年文化挑战等级制度的典型代表。反威权政治与消费文化合作，而非与之对抗。个人享乐成了革命性的原则，一个德国公社社员的名言就是，对他来说，自己的性高潮比越南更重要。[155] "六八运动"中的学生几乎没有谈到他们的生活方式对生产商的影响。虽然出现了那么多对"消费社会"的批评，但他们还是接受了选择和自我塑造，甚至强化了它。一些激进分子害怕"自我背叛"（selling out），因而主张简单生活。然而，大多数人还是把流行音乐和色彩鲜艳的衣服视为自我实现的工具。对青年运动来说，这是方向上的重大转变。1900年前后，有组织的青年走进森林和山区，以逃避商业休闲和刺激。此时，他们坚定地选择了后面那一对，作为解放自我的途径。

消费文化和激进文化公开共存。在柏林，模特乌斯基·奥伯迈尔搬进了"第一公社"；她喝着可乐，抽着雷诺牌香烟。她坦言，对革命文本不感兴趣。富有异国情调的时尚本身就是一种反建制的政治表态。在刑事审判中，这些刚从寄宿学校毕业、参加"六八运动"的学生，穿着绿色夹克和浅蓝色裤子出现在法庭上。时尚和音乐可以转变，为激进的目的所用，这动摇了马克思主义立场的根基——文化产业是异化和控制的工具。激进分子可能会把阿多诺和马尔库塞的书放在书架上，但是他们的生活方式与这两位思想家的论点——"技术社会"创造出了"单向度的人"——背道而驰，因为他们通过娱乐、广告和舒适幻想创造的"压制性的需求"得到了安抚。[156] 相信自我实现，意味着个人能够评估提供的商品，并做出自己的选择。激进杂志刊登了汽车和饮料制造商的广告。

这种密切关系没有丧失商业上的潜力。"六八运动"刚刚过去一年，反文化的衬衫和裙子就在百货商店里挂了起来。"六八运动"可能在家庭生活和教育方面取得了反专制的成功。然而，就他们对物质的渴望来说，他们比父母走得更远。的确，蓄须节省了少许刀片。公社把橙色的板条箱变成了架子。一些女权主义者烧掉了胸罩，早期的嬉皮士把手表送给了别人。但是，总的来说，新一代人渴求物质资源。在纽约，一些年轻的家庭以公社的形式结合在一起，但保留了他们的个人清洁剂和私人浴室，空调也总是开着。[157] 1974年，在德国，一名研究人员惊讶地发现，在公社的"非主流"公寓中，电视、音响、洗衣机和烘干机的数量超过了传统家庭，一些公寓有三辆车。[158] 因此，共享使用并不必然意味着简单生活。它恰恰可能产生相反的效果，为购买更多电器提供正当理由，以避免因谁控制电视或立体音响而发生冲突。

到1973年石油危机来袭时，消费文化已经根深蒂固。但是，批评的声音并没有消失。意大利诗人兼电影制作人皮埃尔·保罗·帕索里尼哀叹，电视和汽车将习俗和阶级扁平化成了同样的物质主义单一文化。"对消费的渴望"导致了"新法西斯主义"，使意大利人民比墨索里尼时代还要堕落得多——帕索里尼实在是低估了在这位"领袖"治下休闲活动遭到操纵的程度。[159] 在法国，让·鲍德里亚对消费社会提出了一种新的批评，他认为消费社会是一个完整的符号系统，在这个系统中，人们生活在一种魔咒之下，选择商品不再是为了实用性，而是为了它们传递的图像和信息。由于这些信息都是无限的，这个系统引起了对更多商品的持续渴望："丰裕……仅仅是幸福标志的积累。"[160] 1972年，由科学家、商人和专业人士组成的罗马俱乐部（Club of Rome）发表了第一份报告，警告称，在一个资源有限的世界里，增长是有限制的。在苏东集团，也有一些人持怀疑态度。亚历山大·索尔仁尼琴读过罗马俱乐部的报告，他在1974年敦促苏联领导人放弃贪婪和发展的自我毁灭之路，回归到小城镇、花园和寂静之中。[161]

无论这类观点多么崇高，它们在东方或西方都不再占据主导地位。政治重心已经转移。在之前几十年，保守派已经将他们的反现代主义转变为以家庭为导向的消费主义。就连夏尔·戴高乐也支持一位历史学家所称的"国内美国化"（domestic Americanization）的观点，尽管他对美国这个没有历史的社会十分反感。[162] 最终，社会民主党人虽然不太情愿，却仍然接受了这样一个事实：工人除了工作和福利，还需要私人的慰藉。更进一步，欧洲知识分子重新审视了美国和采取其生活方式的社区，将其看作革命的先锋。[163] 1974年，米歇尔·德·塞托等作者不再将消费文化谴责为一种压迫手段，而是把购物和吃饭看作一种日常实践，在这种实践中，小人物可以通过狡黠、"诡计"和"做手脚"，重新获得对生活的某种控制。在接下来的10年里，人类学家玛丽·道格拉斯和历史学家西蒙·沙玛开始意识到，消费是社会体系中不可或缺的一部分，是创造意义、团结和身份过程中的一个组成部分，性别研究方面的学者则将女性购物者从被忽视的状态中解救了出来。[164]

在美国民权活动人士中，也可以看到类似的变化。20世纪50年代，马丁·路德·金曾警告称，大轿车正在分散非裔美国人对上帝的注意力。到了20世纪60年代，他宣扬了一个不同的主题：罪恶在于富足之中的贫穷。贫穷白人需要与非裔美国人携手合作。金开始承认他的追随者是有物质上的渴望的，而且出于公民身份和个人原因，大轿车让他们赢得了尊重。每个人都渴望与众不同。危险之处在于,"指挥家的本能"没有得到"驾驭",而是被允许掌权,这就促使人们疯狂消费,以"超越同类"、自夸、撒谎,然后变成势利小人。[165]

对那些处于边缘的人来说,获得商品意味着社会包容和尊严感。20世纪60年代末,成千上万的福利领取者走上美国街头,为他们的信用卡权利而斗争。[166] 当权者中,最想要复兴旧道德主义的是石油危机期间的吉米·卡特总统。1979年,他对电视观众说:"我们认识到,堆积物质财富并不能填补缺乏信心或目标的空虚生活。"[167] 不过,即使对卡特来说,解决办法也不在于限制消费。他的两个主要结论是,美国人需要有信仰,未来对能源需求的增加应由国内资源来满足,包括到2000年太阳能发电量占总发电量的20%。美国人得到的是前者,而不是后者;到2014年,太阳能发电量仅占总发电量的0.5%。[168]

一定不能把接受丰裕与盲目乐观或市场欣快症混为一谈。相反,它对事物牵涉一种更均衡的态度。让·圣-吉奥斯在他的著作《消费社会万岁》(*Vive la société de consommation*,1971年)中最为出色地阐释了这种新产生出来的均衡。圣-吉奥斯是纯粹的建制派。他具有社会主义背景,曾于1954—1955年在皮埃尔·孟戴斯-弗朗斯的法国政府中担任特派团团长,之后成为财政监察长(这是最高级别的文官职位)。在我写作本书时,他是里昂信贷银行的总裁。作为罗马俱乐部的创始成员,他承认污染、贫困和城市扩张的危险。因此,经济增长需要放缓并加以管理。尽管如此,他仍认为放弃消费就能取得任何进展是愚蠢的。商品世界带来了集体自由和个人自由。人们在使用物品的过程中找到了真正的满足,而这种满足感是被更古老的"劳动神圣化"观点所剥夺的。消费社会并没有像马克思主义者列斐伏尔和马尔库塞认为的那样导致异化,而是让个人摆脱了无知,以及对教会和精英的依赖。20世纪50年代,人们花在书本上的钱是之前的3倍。压抑已经让位于更大的性自由。

圣-吉奥斯主张的与丰裕和平相处的方式,是明显法国式的。消费社会不是一种社会疾病。他写道,它没有扼杀文化,只是使文化民主化了。这种创造精神生机勃勃且非常有益;圣-吉奥斯是第一批设想一个"后工业社会"的人之一，在这个社会里，消费的乐趣和自由，将围绕新体验而展开。圣-吉奥斯能看到15年前加尔布雷思看不到的东西。丰裕社会在医疗和教育方面的支出越来越多：20世纪60年代初，公共支出占法国国内生产总值的36%（英国为33%，联邦德国为35%），到20世纪70年代末，这三个国家的公共支出占比都达到了46%。圣-吉奥斯说，这不是巧合。消费者不仅仅是个人享乐主义者。丰富的资源使个人能够关心集体的需要，例如更好的医疗卫生条件和更清洁的环境。私人消费和社会进步是相互关联的。既想要领跑人，又不想要汽车，这是不可能的。圣-吉奥斯用他自己的生活来说明物品是如何"串通一气"，塑造了我们的身份的。他和自己的车关系亲密，甚至和那些制造它的人有一种"兄弟情谊"。是的，汽车带来了污染，但是它也解放了我们，让我们可以前往乡村，感受整个世界。汽车的曲线轮廓给了他"纯粹的快乐"。有了汽车，人类产生了一个真正富有魔力的梦想对象。设计美观的汽车，使他想起了"鱼和鸟"。[169] 消费品可以与大自然平分秋色。

自我背叛

尽管牧师和哲学家忧心忡忡，但西方社会还是设法消化了丰裕带来的挑战。没有一个政权在商品的重压下崩溃。但是在东欧社会主义国家，物质欲望产生了更具破坏性的作用。因此，在讨论丰裕问题后转向描绘苏联阵营，是颇有道理的。毕竟在苏联阵营，物资短缺实在严重，选择很有限或者根本不存在。然而，如果书写一部胜利的辉格党主义消费文化史，就好像它是市场自由主义兴起的同义词，那也是不对的。社会主义国家有自己的消费社会，身处其中的人们对商品的渴望，与商店里能买到的商品不成比例。今天，人们很容易把物质主义看作资本主义社会的一种疾病，因为在资本主义社会，消费者挥霍无度，广告无处不在，百货商店里熙熙攘攘、陈列架上布满了商品。社会主义试验表明，一种反比的关系也是有可能的：人们发现越是难以获得商品，商品可能越具有吸引力，而不是减少吸引力。此外，缺乏选择并不意味着人们一无所有。从20世纪以前任何一个社会的有利角度来看，这些社会的资源都是非常丰富的。20世纪六七十年代是经济飞速增长的时代。在苏联，耐用消费品以每年8%的速度增长。到1976年，尽管保加利亚和罗马尼亚稍稍落后，但是在匈牙利、民主德国、捷克斯洛伐克和苏联，几乎每个家庭都有一台电视、一台收音机和一台冰箱。休闲和旅游业也迅速发展。与丰裕一样，贫困也是一种相对的体验。在丰裕的西方国家，贫穷的消费者也承受着社会的排挤。社会主义社会的问题在于，人们的物质渴望是与西方更高、不断提升的生活水平来衡量对照的。

1960年5月，赫鲁晓夫在最高苏维埃会议上的一次讲话中承诺，在"不久的将来"，苏联将达到美国的消费水平：之后，"我们即将迈入共产主义社会，没有什么资本主义社会比得上"。[170] 两年后，匈牙利政府承诺，在未来三年内，向民众提供61万台电视机、60万台洗衣机和12.8万台冰箱。"电冰箱-社会主义"（Frigidaire-socialism）产生了。

是什么推动了社会主义消费文化？一种观点是将其视为西方的舶来品。的确，西方爵士乐、牛仔裤和摇滚乐有着巨大的吸引力——20世纪60年代末，嬉皮士去拉脱维亚科学院图书馆翻阅《时尚》（Vogue）杂志。社会主义广告就这样受到西方广告公司的影响。然而，苏东集团也有自己的动力。就像美国化案例中一样，刺激既来自中心，也来自外围。苏联从捷克斯洛伐克进口大规模生产的家具。社会主义兄弟国家联合举办时装秀和音乐节。[171]

第二种观点则更加愤世嫉俗，它认为消费主义是一种统治策略。按照这种观点，社会主义领导人用商品换取了国内的和平。1953年的民主德国"六一七"事件和1956年匈牙利事件的教训是，工厂需要生产人们想要的物品。1968年的"布拉格之春"和1970年的波兰冲突之后，国家承诺提供更多的商品和对青年文化更加开放。虽然这种观点有一定道理，但它几乎没有告诉我们消费是如何改变这些社会的日常生活的。总之，社会主义消费不仅仅是外部刺激带来的，也是内部张力的产物。

美国商品把"铁幕"变成了"网眼窗帘"。在1961年柏林墙建立之前，对东德人来说，参观展览或在西区边缘的电影院观看美国电影是很容易的，这也得益于汇率补贴。1956年6月，波兰工人利用波兹南国际贸易博览会进行反苏抗议。这场博览会除了随处可见的现代化厨房，还有一场人头攒动的美国时装秀。[172]

社会主义政权的问题不只是糟糕的经济状况，还有严重程度不亚于前者的短视。它们一个接一个地按照西方设定的条件进入物质竞赛，却无法发展出一种替代性的、"更简单"、不那么依赖商品的生活方式。在冷战风暴眼中的民主德国和联邦德国，竞争最为激烈。1953年，民主德国的政府推出了更加强调消费品的"新路线"。[173] 就像20世纪30年代斯大林主义下的俄国一样，这些政权试图发展一种更加振奋人心、更具吸引力的销售文化。

当涉及小型产品时，社会主义者并没有落于下风。1956年的多功能器具（Purimix）是一个巧妙的发明。它可以被当作真空吸尘器来使用，如果配上合适的零件，还可以用来切蔬菜和研磨咖啡。1957年开始运作的德意志民主共和国时装学院，把目光投向了巴黎，而不是莫斯科。号称"红色迪奥"的海因茨·博尔曼不断模仿最新的西方设计。[174] 1958年，民主德国结束了食品配给制度，统一社会党的主席瓦尔特·乌布利希宣布，三年后，民主德国的消费品和人均收入将"超过"它的资本主义邻国。[175] 此时，已经出现了社会主义邮购目录，自助商店也已经得到推广。分期付款计划允许社会主义购物者赊购价格不超过年收入20%的商品；家具和收音机是最受欢迎的商品。

所有这些举措都遇到了同样的困难。社会主义政权忽视轻工业消费品，青睐重工业，这有制度上的原因：大而集中的工业是政治权力的来源。此外，苏东集团的实物交换制度以牺牲技术创新为代价，在食品和原材料上设置了溢价。较发达的成员国，如民主德国和捷克斯洛伐克，受到了两次惩罚，它们不得不用价值被低估的工业产品交换价值被高估的食品和原材料。[176] 这种情况下，比较优势法则被推翻了。1959年，由于无法提供大型家用电器，民主德国将注意力转移到"日常生活中所需的成千上万个小物件"上，比如螺丝、缝纫针和零配件。有些国家还派遣代表团前往瑞典和西柏林学习干洗和DIY模式。[177] 如果社会主义消费者想要用具，他们需要学会修理。

1959年7月24日，美国副总统尼克松在莫斯科国际博览会上与赫鲁晓夫进行了著名的"厨房辩论"，当时物质竞赛已经全面展开。尼克松向赫鲁晓夫挑战，他说：一套家具齐全、有6个房间的平房住宅售价1.4万美元，任何美国工人都能负担得起。苏联两年前就发射人造卫星进入太空，因此苏联领导人也不容易动摇。赫鲁晓夫回击说：在苏联，所有新房子都有这种配置。多样性被高估了：如果一台机器表现良好，为什么还要有不同的型号？苏联媒体仿佛在证明加尔布雷思的观点，他们展示了美国贫民窟和垃圾场的照片。将近300万人参观了索科尔尼基公园的美国展览馆，这是同时在纽约体育馆举行的苏联展览会参观人数的三倍。美国展览馆中，样板厨房预先准备了1.6万磅冷冻食品，几分钟之内就能看到炸薯条和土豆泥，这令游客惊叹不已。一些莫斯科人对烤面包机之类的小玩意直摇头：为什么已经烘焙过的面包要再烤一遍呢？消费品是一块不可抗拒的磁铁。美国模特被游客团团围住，他们想知道她们的生活方式、衣服的价格以及晚上是否需要摘掉假睫毛。美国馆在正式比赛中名列第四，输给了捷克斯洛伐克。不过，把脏兮兮的百事可乐杯当作纪念品带走的人们，大概会对这个结果有不同的看法。[178]

社会主义领导人是在马克思的未来愿景中成长起来的，在这个愿景中，工作与休闲、私人与公共之间的分歧将被克服。在共产主义制度下，人们不再以休闲和个人舒适作为逃避工作的方式。随着工作不再是强迫性的，休闲将使一个全面发展的社会主义者更加完善。正如我们所看到的，20世纪30年代，精美的衣服和消费品被用来奖励生产效率出色的工人。冷战期间，休闲成为社会主义和"资本帝国主义"之间论战的中心战场。摇滚乐、牛仔裤和爱情电视剧是"意识形态转变"的武器，阶级敌人试图以此转移人们对建设社会主义的注意力。[179]它们是"虚假需求"的滋生地。

事实上，这些压力不仅来自国外，也来自国内。早在民主德国解除对收看西方电视节目的官方禁令之前，社会主义政权就参与创造了一种更加私有化的生活方式。一定程度上，这与纳粹的困境相呼应：政府很难控制客厅,尽管有人试图引导孩子来谴责他们的父母。随着20世纪50年代中期"解冻"开始,私有化加速了。自助商店和超市如雨后春笋般遍布苏东集团。赫鲁晓夫曾倡导社会主义消费标准,但在这一标准中,多样化和对少量奢侈品的私人品位几乎没有空间。消费品行业继续因偏向重工业而匮乏。1964年起,在赫鲁晓夫的继任者列昂尼德·勃列日涅夫的领导下,苏联改变了方向。工厂必须与商店建立直接联系,以确保他们生产的更多商品是人们真正需要的。国家会派密探研究市场,要开会讨论如何改进分销。1966—1970年,苏联的消费品产量增长了一半。适逢其会,石油危机提高了国际对苏联原油的需求,这使苏联能够以更低的价格进口更多的商品。莫斯科的街道经过改造,出现了更多的自助商店,变得对消费者更加友好。到1972年,莫斯科有200家商店拥有自己的咖啡馆。苏联共产党党报《真理报》刊登文章,公布了一条新真理——"消费者永远是对的",并呼吁"商品面向人民"。[180]

从外部看,数英里的"野兽派"住宅区显示出单调的一致性。从内部看,一股对公寓进行个性化改造的热潮正轰轰烈烈地进行着。1960年,一家波兰杂志社推出了一个名为"我的爱好是我的公寓"的系列报道,举例说明了如何实现新旧家具、装饰和物品的调和,并构建个人风格。[181]官方设计师宣扬功能主义现代性,但他们对小摆设和"资产阶级"家具的复兴感到绝望,这本身就说明了问题。1975年,苏联生产的家具是10年前的10倍。家在社会主义社会中发挥了巨大的作用,激发了人们对新奇、时尚和更新换代的狂热追求。20世纪60年代末和70年代,在俄国,水晶制品和餐具风靡一时,这些物品通常是在民主德国购买的。在民主德国,从一侧屋墙铺到另一侧的大地毯和贴满全家的壁纸,正以创纪录的速度进入家庭。民主德国政府的市场研究人员发现,三分之一的家庭不再购买会使用一生的沙发和客厅家具,通常在过去10年里更换了它们。[182]1979年,当研究人员询问青少年的愿望时,"布置一套漂亮的公寓",不论对男孩还是女孩来说都名列榜首,远远超过"每年都去度假""穿着时髦"或为买电唱机或汽车存钱。[183]

社会主义经济的混合性质酝酿出了欲望和失望。住房、教育、电力和学校及工厂的食品等基本商品由国家以高额的补贴价格提供。相反，消费品价格昂贵，等待时间也很长。一个体量巨大的影子经济出现了：在20世纪80年代早期的波兰，大约25%的私人收入被花在了黑市上。[184]

收费低廉的公共服务，有时被用来作为一种积极的制衡手段，以应对众多私人消费的失败。这种处理忽略了一种情况，即一个问题中的缺陷会导致另一个问题的恶化。东德人将他们的金钱和灵魂倾注到室内布置的一个原因是，这是一个他们能够控制的住房的方面。住房本身就是一场灾难。1971年，民主德国的房屋平均已经使用了60年。约67%的住房没有浴室或厕所，29%的住房甚至没有自来水。根据一项内部调查，120万套公寓或20%的住房处于"完全无法接受"的状态。[185] 瑞典和联邦德国正在以民主德国两倍多的速度建造新公寓。问题不仅在于公寓的数量，还在于其狭小的面积。普通公寓（53平方米）有一两个房间。在联邦德国，公寓面积更大，有79平方米，三到四个房间。即使在20世纪70年代昂纳克的建房计划出台之后，在萨斯尼茨这样一个拥有1万人的海滨城市，944对已婚夫妇仍在等待他们的第一套公寓，而128对离婚夫妇仍被迫同居。其他公共消费领域也面临类似的短缺，包括备受称赞的儿童保育系统；在"卫星"轿车（Trabant，有着二冲程发动机和坚硬的塑料外壳）的故乡茨维考，虽然这座城市已经成为社会主义生活的象征，但是仍有超过一半的孩子在等待进入托儿所。[186] 苏东集团的社会主义模式造成了巨大浪费。住房非常便宜，一旦一个家庭获得了一套大公寓，即使后来孩子们搬出去住，他们也没有理由放弃这套大公寓。在聚会上，主人们常常用浴缸里不断流淌的水（免费）来冷却啤酒。苏东集团的社会主义模式是私人消费紧缩和公共消费缺乏道德的促成因素。

价格低廉的公共产品也助长了私人需求和社会分层。对社会主义领导人来说，成长经历给他们留下了财政紧缩的创伤，在他们的头脑中有一个简单的道德逻辑，那就是为什么房租应该几乎是免费的，而购买一台电视则需要花费一个月的工资——大约1500马克或者更多，因为前者是"基本需求"，后者是"奢侈品"。当然，奢侈品税和限制奢侈的立法并不是什么新鲜事，但从历史上看，它们都是为了巩固等级制度，而不是打破等级制度。因此，社会主义国家的奢侈品税和限制奢侈的立法是适得其反的。政府富有成效地为一个新的消费者阶层提供补贴。廉价的住房让收入更高的专业人士和知识分子有了一大笔剩余的收入。结果是出现了一个消费主义"高压锅"，高收入群体争夺从汽车到冰箱和莲蓬头的一切商品。20世纪50年代，集体化、教育改革（以及资产阶级的逃离）促进了民主德国的社会平等。而20世纪60年代，消费领域重新出现了严重的社会分层现象。

我们可以相当清楚地了解这一进程，因为民主德国是一个专制国家，而且是一个非常有德国特色的专制政权。它建立了自己的市场研究所，并留下了完美的记录。在这个"工农"国家，拥有洗衣机、会泡热水浴并排在汽车等候名单首位的是知识分子、经理和职员。大多数家用电器都是由有两个人挣钱的家庭拥有。单身母亲被抛在后面。对领取养老金的人来说，拥有一个"干厕"就很幸运了。随着电视和其他新技术的普及，其中的一些差距缩小了，只是新的差距又出现了。1967年开始实行每周五天工作制，在苏东集团内部的旅行也更加自由，这引发了旅游和露营热潮。你如何度过周末，是否去度假，是否可以躺在充气床垫上休息，这些都成了新的身份标志。白领比产业工人更有去度假的可能。知识分子拥有露营装备的比例高得惊人。富人有爱好，而穷人没有。[187]

消费领域在性别和代际方面也存在额外差异。通过休闲让人获得满足感，是社会主义的核心目标之一。在社会主义政权中，女性的劳动参与率大幅上升，但在物质匮乏的经济中，这只会让女性承受更大的压力，因为她们才是购物者。工作时间缩短的真正受益者是她们的丈夫。民主德国的时间使用数据显示，1965—1971年，男性每周的空闲时间从37小时飙升至48小时，而女性每周仅增加1小时（26小时至27小时）。在西方，两性间的时间差距正在缩小，而在苏东，这种差距比以往任何时候都大：1965年，80%的购物、清洁和烹饪工作是由女性完成的，1970年这一比例为79%。[188] 缝纫、编织和缝补占用了女性的大量时间。由于商店没有理想的尺寸、颜色或图案，半数妇女的裙子和连衣裙都是自制的。即使在收入最高的人群中，也有三分之一的女性经常坐在缝纫机前自制衣服。在社会主义政权中，消费包括大量的自给自足、赠送、回收和循环利用，尤其是在童装方面。迟至 1980 年，尽管有各种各样的计划来增加童装的数量和款式，仍有一半的男孩和女孩穿着旧衣服。[189] 20 世纪 60 年代末，政府试图通过延长商店的营业时间来应对这一情况。不过，这只会增加挫败感，因为周六女人们在邻近地区闲逛，想要寻找一件合适的连衣裙，但大部分时候都是徒劳无获。[190]

青少年文化一直是令社会主义政权头痛的问题。乌布利希公开称赞休闲与工作之间的良性互动关系，一份针对 8000 名学徒、学生和青少年休闲活动的内部报告（*Freizeit 69*）的内容却与此相悖。[191] 根据这份报告，1969 年，半数民主德国的年轻人拥有一台便携式收音机，三分之一拥有一辆轻型摩托车，五分之一拥有一件皮夹克。一个活跃的摩托车手群体出现了。对大多数青少年来说，生活的目标是挣钱买东西、实现自由与到处走动。他们喜欢听音乐、游泳或只是闲逛，而不是花时间待在社会主义青年组织自由德国青年团（Freie Deutsche Jugend）中。工薪阶层的青少年格外不喜欢自由德国青年团。起初，政府试图禁止节拍音乐和酗酒。性、毒品和摇滚乐都是对社会主义理想的侮辱，但是这只会把它们逼入地下。许多青少年俱乐部继续营业，一些俱乐部还举行喝酒大赛。柏林墙能把人们关在里面，但很难把无线电波、牛仔裤和盗版拷贝拦在外面。1971 年，自由德国青年团的第十一次大会公开承认，"资产阶级消费文化"已经扎根。随着昂纳克掌权，1971 年 5 月之后，国家政策表现出对长发和牛仔布衣物更大程度的容忍，包括国家赞助组建摇滚乐队。[192] 虽然尚不清楚民主德国政权还做了些什么，但这是认输的表现。有关于统一的社会主义文化的理想已经破灭。

某种意义上说，消费文化在苏东和西方起到了同样的作用：它侵蚀了"合法文化"的垄断地位。但是两者之间的关键性区别在于，苏东社会主义政权是建立在政治与文化、公共与私人之间假定的均衡基础之上的。私人生活方式的激增会轻而易举地对这种均衡造成破坏。再大的宽容也无法赢得人心。到了 20 世纪 70 年代末，即使是最热衷于"参与社交活动"的年轻工人，每月也最多只会在自由德国青年团待两个小时，然而他们几乎每天都要看一个小时（主要是西方的）电视节目。迪斯科和园艺的吸引力比青年团的俱乐部要大得多。一个人穿什么衣服是个人品位和社会团体的问题，而不是某一政党的指示。五分之一的青少年在衣服上佩戴印有美国星条旗或其他西方标志的徽章。[193] 匈牙利推出了青年秀，青少年的穿着就像英国摇滚乐队的成员一样。在苏联，社会学家发现，年轻人不再渴望成为共产主义领导人或加入知识界，相反，他们希望成为一家商店的老板，从而获得商品。[194] 到20世纪70年代末，社会主义文化已经成为少数人的事务。

这种"文化斗争"席卷了整个苏东集团。20世纪60年代初，匈牙利就消费主义的社会影响展开了激烈辩论。基要主义者警告说，私人财产会导致政治冷漠。修正主义者则认为，事实远非如此。为了事业成功，社会主义需要提高生活水平。消费是社会主义的美德。一些人说道，如果财富是反社会主义的，那么最具革命精神的人将是非洲的布须曼人，因为他们只有一条缠腰布，其他一无所有。[195] 在波兰，评论者注意到，人们期待拥有稳定的私人财产。1968年，当罗兹的居民被问及物质产品在生活中的作用时，大多数人回答说，是为了便利和娱乐。几乎没有人担心负面作用。尽管有些不切实际，但爱德华·吉瑞克等波兰领导人在20世纪70年代反复承诺未来能够提供更多的商品，强化了对于物质主义的展望。年轻的波兰工人希望生活水平能迅速提高。对大学生来说，幸福意味着物质上的舒适。[196] 许多持不同政见者对消费主义一直持厌恶态度，有时会借鉴可以追溯到海德格尔的对技术统治的旧批判，但有意思的是，瓦茨拉夫·哈维尔赞美围坐在电唱机旁聆听地下音乐的年轻人，因为他们"生活在真实中"，他还主张拥有反对极权主义谎言和干涉的"社会独立生活"。[197]

20世纪70年代和80年代对西方的扩大开放，加剧了社会分层的影响。但是，这些影响并不是开放造成的。在民主德国，奢侈品商店最早开业是在20世纪60年代。时髦的连衣裙和精美的内衣、干杜松子酒、橄榄和西方香烟都以独家价格出售。当时出现了一种奢侈的狂热，西方礼物和硬通货的流动更加自由，加剧了这种狂热。联邦德国电视台的转播和来自家人的包裹也都能够穿越柏林墙。看看中美洲，我们就知道移民劳工寄回家的汇款是如何触发社会对立和人们竞相效仿的漩涡，从而打破现有等级制度的。[198] 昂纳克领导下的民主德国是在国家范围内以汇款为基础的消费主义试验。只使用硬通货的外汇商店最初是为外国人设立的。但是，到20世纪70年代中期，这些商店的相当一部分收入来自民主德国的公民。此时有三分之一的青少年收到来自联邦德国的家庭、作为礼物到达他们手上的衣服。民主德国正在变成两个国家：有机会使用西德马克的国家和没有机会使用西德马克的国家。用持不同政见的歌手兼歌曲作家沃尔夫·比尔曼的话来说，新的生活现实绝非官方所称的"各尽所能"，而是"各凭其阿姨住在哪里"。[199]

对政权来说，这是一个恶性循环。经济无法同时满足更多的私人需求和建设更多的公共住房。莱比锡不种植柑橘。民主德国人民只能出口商品，以换取进口的柑橘。然而，这意味着本已疲弱的消费品行业变得更加缺乏投资。赤字也在不断扩大，政府入不敷出。西方信贷提供了暂时的缓解，但为了服务于西方信贷，政府需要吸引硬通货。其中一种方法是允许公民购买大众的高尔夫轿车和其他昂贵的商品，只要他们能找到一位居住在国外的阿姨，拜托她寄给他们足以购买商品的西德马克。民主德国政权依靠西方的支持维生。而政府为了维系自身的统治，只能鼓励人们需求更多的商品。

这是一条自我毁灭之路。日常的消费紧张，导致公民和领导人之间的隔阂日益加深。民主德国政权建立了广泛的请愿体系，让个人有机会直接向党的领袖抱怨。它的设计目的是掌握人民的意见，并使个人可以倾诉不满，从而遏制抗议。但适得其反，它使得日常生活政治化了。在20世纪80年代，每年有50万份请愿书被公布出来。请愿者以失望的消费者身份发泄他们的愤怒，但这样做就意味着政权本身的公平性和合法性开始被质疑。请愿者最主要的不满是住房条件恶劣。一些人将公共消费的缺陷归咎于同时并存的私人物品物物交换的机制，并指责政府没有采取任何措施来取缔后者。埃尔福特的一名市民向党的领袖抱怨说，人们居然能在报纸上自由地刊登广告，"用瓦特堡汽车换取暖气系统"，这怎么可以呢？建造商无法完成他们的工作，这不足为奇。"这里有些不对劲。"[200] 只有五分之一的汽车是合法销售的。在许多人看来，劣质产品、零部件缺失和客户服务的匮乏是对他们的不尊重。人们等上七到十年才买到一辆车，因此车主和产品之间建立了深厚的联系，这并不奇怪。"卫星"轿车只不过是一辆有胶木框架的轻型摩托车，却成了家庭的一员，家人还常常赋予它爱称。当车子的新"父亲"自豪不已地接到新车，却发现车子的颜色不对，或者当车子开始出现故障，却在市面上找不到备用零件时，就感觉像是受到了人身攻击，这是可以理解的；对那些车子被偷，自己再次被排在等候批准名单底部的人们来说，这尤其残酷。

物资短缺和分配不均破坏了社会团结。一些人公开挑战政府来决定什么是"奢侈品"、什么是"基本需求"的权威。例如，理查德·亨宁曾在1975年登记了自己的名字，预付购买了一辆拉达轿车，但过去10年了，他还没等到车子交付。他强调说，车子不是奢侈品。他妻子必须上夜班，要在晚上回家，因而他们需要车子。为什么民主德国的公民要等这么长时间才能买到一辆汽车？这对他来说"难以理解"。[201] 人们对西方模式的观察增加了这样一种感觉，即民主德国政权赋予某些群体凌驾于其他群体之上的特权。嫉妒、腐败和私下交易在社会中蔓延开来。匿名执笔人指责他们的厂长拥有三辆车：一辆给他妻子开，一辆晴天开，还有一辆下雨天开。[202] 在东柏林的街道上能看到大众和马自达汽车，这不仅违反公正，还伤害了其他地区的尊严。难道柏林人比历史悠久的莱比锡的居民更好吗？1986年，一名来自包岑的男子抱怨说："我现在58岁了，已经为我们国家工作了40年；40年来，我一直在帮助这个国家达到了今天的成就。这么长的工龄还不足以让我有资格买辆新车吗？"他提醒部长们，民主德国在宪法上承诺了要实现平等。[203] 消费引发了一长串关于公平的问题。为什么新邻居能得到一部电话呢？而一位"工人阶级大队"的光荣成员等待了多年却没有。一个辛勤工作的父亲如何向孩子们解释，其他家庭拥有他们没有的东西？那算什么社会主义公正？

20世纪70年代和80年代初，政府加大了汽车和冰箱的生产，但以牺牲质量作为代价。结果，人们对排气管、加热线圈和自行车内胎根本无法正常使用的抱怨越来越多。"耐用消费品"成了一个名不副实的词语。国营家电企业遭到大量愤怒的请愿者声讨,因为他们的新洗衣机使用不到一年就出现问题。在西方,商品也会出现问题,但人们的不满有时面向企业,有时面向政府机关。问责是被分散的。而在民主德国,与之相反,请愿体系却将民众的不满情绪导向了政权的核心。地方官员报告说,在每天的失望中想要保持社会主义士气,是极其困难的。1981 年,德累斯顿的一位积极活跃的老共产党员在给脾气古怪的经济部长京特·米塔格的信中写道:"相信我,同志们,我能向我们的工人解释国际事务中最复杂的问题,然而他们关于千百个小物品差劲的使用体验让我们每个人都神经紧张,同时心存疑虑。"他举了一位三个孩子的母亲的一天作为例子:这位母亲趁休假那天希望给她十几岁的儿子买些新衣服——"没什么特别的,只是想要一条耐穿的裤子、一双袜子和一双鞋子"——再买一些咖啡过滤袋和一包冷冻菠菜来做一顿简单的晚餐。"结果,整整一天什么也没买到!在一个有充足购物机会的大城市……尽管这听起来很难以置信,但是她的一天就这样被偷走了。"这位老党员不禁发问,为什么想买样东西就这么困难?"这算什么按需生产呢?"[204] 政权已经出现了合法性危机。它的结束只是时间问题,而不是会不会的问题。

到 1989 年柏林墙倒塌时,社会主义消费文化正遭受明显的精神分裂症的折磨。一方面,排队和等待强化了一种古老的节俭文化——崇尚长久使用、修理和保存。第一台冰箱和电视受到珍惜和爱护,出现故障时被修理而不是被丢弃。就像孩子的出生一样,获得它们的艰难过程深深印在了人们的人生历程之中。[205] 另一方面,对商品的情感投资,削弱了工人作为生产者的身份。高质量的西方商品让他们痛苦地意识到,自己的社会主义产品价值低下。例如,汉斯-彼得·约翰森曾在一家生产打字机和打印机的工厂上班。对这位物理学家和后备官员来说,民主德国的产品在从设计到功能的各方面都落后于西方,这令人感到难以忍受的悲哀。在 1986 年的请愿书中,他花了整整一页的篇幅讲述格拉纳特电唱机的各种缺陷,这种产品已经在市面上流通了 10 年。与产品的名字(Granat,意为石榴石,即一种红色的宝石)相反,它是一个黑色的"单调塑料盒子",设计很糟糕，以至于按下"极具特色的沉重按钮"，唱针就会因没有缓冲而跳过凹槽——"完全无视物理学的基本定律"。"我敢说，没有业余无线电爱好者会犯这样低级的错误。"在任何地方，社会主义工人都是落伍或无效技术的囚徒。他写道，同志们上班迟到、干劲不足，这种现象并不令人感到意外。[206]

这是现代史上最大的讽刺之一。马克思主义原本打算克服异化，让人们及其工作再次融为一体，最终却摧毁了工人对自己手中产品的自豪感。社会主义培育了自己的"消费人"，而不是"工匠人"。对"卫星"轿车这样的商品来说，1989年的革命意味着残酷的命运。成千上万的人只是把它们当作垃圾丢弃在街角。[207]

第 7 章

内部丰裕

资本主义的西方在 20 世纪五六十年代十分繁荣，但其史无前例的丰裕扩张并没有得到普遍的赞誉。与此相反，物质的丰饶引发了人们关于丰裕对道德价值和社会结构影响的反思。半个世纪过去，我们可以带着后见之明，重新审视这些新兴丰裕社会的内部运作。对此，有三种主流观点。第一种认为，从 20 世纪 50 年代开始，丰裕改变了消费的优先顺序，从物质消费向象征性消费转变，典型特征是消费从食物转向了交流。第二种认为，随着电视、汽车和度假向大众的普及，阶级社会也随之终结。不平等依然存在，但是根据这种观点，阶级品位已经被共同的梦想和愿望所取代。最后一种观点是美国化理论，即消费文化倾向于趋同，以牺牲多样化的民族传统为代价来传播美国习俗。上述人们关于丰裕对道德价值和社会结构影响的反思，到底有多少是正确的呢？

丰裕预算

支出不是全部，但如果不知道人们是如何花钱的，我们对消费的理解就不完整。战后几十年的一个显著特征是，食品在欧洲家庭预算中所占的比例急剧下降。20 世纪 50 年代中期，挪威人和法国人一样，仍将收入的 45% 左右花在了食品和饮料上。到 1973 年，这个数字仅为 25%。到 2007 年，这一比例仅略高于 10%。[1] 存在地区和社会的差距与滞后——1959 年，西西里岛有 400 多万人依靠食物包裹和施舍厨房生活。今天的穷人仍然难以负担足够的饮食，食品银行正在英国、西班牙和其他受紧缩影响的国家扩散。然而，总体发展趋势在各地都是一样的。到20世纪90年代初，希腊家庭的食品支出仅略高于15%。在欧洲人的生活中，这是一种革命性的变化，甚至比19世纪末食品价格的下跌更为剧烈。1958年，换取一磅咖啡需要产业工人挥汗劳作4小时，但是到了1993年，只需要18分钟。人们开始越来越少吃土豆，吃得更多的是牛肉，喝得更多的是软饮料而不是牛奶。如今，斯堪的纳维亚人饮用的葡萄酒和软饮料数量是50年前的10倍。[2] 社会担心的不是食品安全，而是过度饮食。

人们手中的闲钱到底花去了哪里？有一种观点借助后现代对消费作为一个符号世界的关注，看到了一种范式的转变：文化和符号体验已经取代了物质需求。这是一种误导，只要简单看看法国和挪威的情况就明白了。过去半个世纪里，在娱乐和文化上的花费确实翻了一番——出版的书比以往任何时候都多。但住房支出也是如此。自20世纪50年代以来的50年里，用于住房、日常维护、煤气和电力的私人开支份额在挪威增加了一倍（从15%增至30%），在法国增加了两倍（从7.5%增至23%）。如果把住房、交通和食品的费用加在一起，它们在2007年的家庭预算中所占的比例与1958年相同：60%。[3] 这表明丰裕社会在多大程度上是"普通"消费，而非炫耀性消费。[4] 将更多的钱花在家里，反映了舒适度、温暖的房间和热水淋浴的标准不断提高；中央供暖系统在20世纪七八十年代才普及到大多数法国家庭。因此，在真正的消费趋势与大多数理论家花费笔墨写消费者再买一个品牌手提包之间，存在一种奇怪的错位。一个可能的原因是，许多评论家继续从凡勃伦的《有闲阶级论》中获取灵感。不过，这一著作撰写于人们花在衣服上的钱比花在住房上的还多的时期。

阶级和地位

第二个争论涉及这些变化对阶级的影响。用纯粹的数值项来说，一个简单的趋势出现了：法国人称之为"平均化"（moyennisation）。家庭预算显示，社会顶层和底层已经失去了各自独特的消费特征。20世纪六七十年代，工人们开始不成比例地把更多的钱花在休闲和文化上，高级管理人员却削减了开支。[5] 就食物和饮料而言，精英阶层和其他人之间的鸿沟已经缩小，因为专业人员和工人接受了新的食谱、产品和外食的理念。现在，文化差异在社会层面上进一步扩大，穷人被排除在许多更具活力的生活方式之外。[6]

更棘手的问题是，看电视或看演出是否对老板和员工有着相同的意义。如果能给出一个简单的答案，那当然很好，但是除了那些具有独特社会结构的国家，学者们通过国家的阶级观来处理这个问题，使之更加复杂。早期的美国研究人员认为，消费文化正在造就一个快速增长的中产阶级。毕竟，这就是美国梦的意义所在；欧内斯特·迪希特和同事——也是流亡者出身的心理学家乔治·卡通纳——几乎只研究中产阶级家庭，批评他们的女权主义者也是如此。相比之下，英国的观察者则专注于工人阶级，并认定其必须承担建立社会民主的命运。电视和物质追求是否破坏了团结？与此同时，在法国，人们更关注高雅文化，以及精英阶层是如何将歌剧、绘画和餐桌礼仪转化为社会资本的。

在早期美国人的描述中，中产阶级和郊区被模糊地划为一个整体。早在20世纪30年代，作者们就注意到，郊区正在催生一种更富竞争性的物质生活方式，即"攀比"。当被问及如果多拥有1000美元，他们会怎么做时，韦斯特切斯特一个教师-家长协会的成员们把旅行放在第一位，然后是"对物质商品和服务的渴望"，比如更好的车或"漂亮衣服"。[7] 接下来才是储蓄和让孩子上更好的学校，那时这个国家仍然处于萧条当中。郊区化也促进了以家庭为基础的休闲活动，这是20世纪中期保守主义复兴的原因之一。一旦从城里的办公室回来，通勤者就倾向于待在家里。郊区的家庭一起玩拼图和棋类游戏。身体上的隔离和对汽车的依赖，意味着他们会一起去看电影。韦斯特切斯特的研究人员指出，家庭是"郊区的娱乐活动最稳定的核心"。[8]

对20世纪中期的美国丰裕郊区的居民来说，公民生活和娱乐日益融为一体。1923年，一名韦斯特切斯特妇女指出："我们越来越专注于让自己玩得开心。新成员……更感兴趣的是桥牌、茶……美容文化课程，而不是帮助社区。"郊区的妇女俱乐部是新产品、新品位和新烹饪方法的传播地，这些都可以在家里尝试，比如说"周日的晚餐招待"。[9]从郊区的妇女俱乐部发展到20世纪50年代的特百惠派对，只有短短的一步之遥，后者把客厅变成了销售大厅。到1954年，"特百惠家庭"的成员超过2万人。特百惠容器是面向家庭的消费体制的象征。它的产品讲究功利，既省钱又节约，还能教导孩子们"有条不紊而愉快地"吃午饭。与此同时，特百惠派对为家庭主妇提供了一条摆脱孤立和自我否定的途径。特百惠集团的副总裁布朗尼·怀斯敦促女性会员"充分利用它"：女性不应把珍贵的内衣束之高阁，而是应该穿上它来放纵自己。[10]

空调有助于家庭休闲。1945年，作家亨利·米勒就《空调噩梦》(*The Air-conditioned Nightmare*)发出警告时，受到调节的环境在很大程度上仅限于电影院、百货公司和办公室。但是到了20世纪50年代，窗式空调进入了中产阶级家庭。1957年，联邦住房管理局开始将空调作为抵押贷款成本的一部分，而不是额外费用。广告商称，在有空调的家庭，父母会花更多时间在家陪孩子。[11]虽然空调没有进入欧洲家庭，但是类似的向内转变也出现了。战争增强了家庭作为安全场所的吸引力。1954年，一本十分受房主追捧的家庭指南强调，"未来的住宅是抵御敌对世界的堡垒，它能使家庭不受外部伤害、坚不可摧"。[12]

研究人员总结说，郊区培养出了一种新型美国人，这种人的特点是善于交际、志向远大和具有向上层阶级流动的能力。事实上，这种说法混淆了因果关系。物质追求和过度活跃的社会生活是中产阶级丰裕的结果，而不是郊区生活的结果。工薪家庭并没有表现出这些特点。20世纪50年代中期，一项研究跟踪调查了福特公司的工人们在圣何塞北部郊区的新家。[13]这项研究发现聚会和外出的人数没有增加，许多人不知道什么是鸡尾酒，大多数人不属于任何俱乐部或协会。消费文化并没有自动扼杀社团生活——大多数工人一开始就不热衷参加社团活动。新发现的家庭舒适生活也没有把他们拖上社交的跑步机。工人们希望留在自己的岗位上，并不是为了比邻居过得更好而向上爬。

到20世纪50年代末，美国工人的年收入约为4000美元。在过去的

20年里，他们的收入增长了10倍。然而，工薪家庭仍保留着自己的物质观念。丰裕并没有创造出一种无阶级的单一文化。当时的一项研究比较了芝加哥、路易斯维尔和特伦顿的中产阶级妇女和工薪阶层的家庭主妇对待金钱和商品的态度。[14]对中产阶级来说，对物质的渴望是由一种未来更光明的感觉支撑的。一名中产阶级女性说："只要我想要东西，不完全满足于现有的东西，我就会继续快乐。我总是想要更多、不同的或新的东西。"与之相反，工薪家庭则患有"萧条恐惧症"。尽管20年来收入不断增加，妻子们仍然相信，丈夫将来不可能比现在挣得更多。这些人并非对中产阶级的研究描绘的那种乐观、自信的消费者。昂贵的厨具、给孩子的玩具和其他一时冲动购买的东西都会引发内疚感。大多数人都有分期付款计划，但他们认为这些计划"几乎是不道德的自我放纵"。丰裕并没有抹掉工人阶级对如何维持收支平衡的担忧。衡量商品的标准是它们的实用性——一张可以变成床的大沙发——而不是它们的华丽外观。消遣是轻佻地浪费金钱，而这些金钱更应该花在"重要"的事情上。工人阶级以怀疑的眼光看待城镇中心的百货商店，因为它们与自己的购物方式格格不入。工人阶级的购物方式是建立在熟悉和当地的基础上的，他们会在邻近的商店或通过朋友和家人的推荐购买商品。

在繁荣的美国，此类阶级文化持续存在，这提醒我们在谈到不同国家的消费风格时要保持谨慎。卡通纳和同事将拥有超前思维的美国人与保守的德国人进行了对比："典型的美国消费者乐于花掉明天的收入，而德国消费者只喜欢花掉昨天的储蓄。"[15]问题在于，这种典型的各国消费者并不存在。将中产阶级视为一种标准，往往会掩盖不同阶级和地区之间的差异。以意大利为例，与南部相比，北部的居民在休闲和体育方面的支出在收入中一直占有更大的比例。美国工人的消费情况并不比欧洲人乐观多少，这与他们的中产阶级邻居不同。美国的信贷狂人和欧洲大陆的储蓄者之间的对比也绝对不能夸大。欧洲人，尤其是年轻的产业工人，也有分期付款的计划。在20世纪六七十年代，美国的私人储蓄率仅略低于西欧。[16]

"资产阶级化"这一论题在工人阶级的祖国——英国——最受关注。1952年，经济社会学家费迪南德·茨威格结束了一次前往美国的考察旅行,刚刚回到英格兰,他仍对问及美国工人谁是中产阶级时得到的回答"是我们"而感到震惊。在未来10年里,茨威格发现英国工人也在沿着同样的道路前进。[17]他认为,丰裕正在蚕食工人阶级文化。一个由工作和邻里构成的社区正在分裂成贪婪的个体。工人们脑子里装着一张清单,上面列着下一步该买什么,而不是想着阶级斗争。他们的追求和生活方式不再由父亲和伴侣引领,而是深受比他们优越的人的影响。艾伦·班尼特在他的戏剧《享受》(*Enjoy*,1980年)中巧妙地捕捉到了由此产生的价值观冲突。该剧以利兹最后一批背靠背式房屋中正在等待拆迁的一间为背景。一个叫琳达的应召女郎对她的父母喊道:"我不要爱情,我要消费品!"[18]茨威格警告说,"新的贪婪社会"将会导致自我毁灭,因为这种社会不再受到克制、富有自我牺牲精神的旧价值观的约束,而急剧上升的通货膨胀会拖垮福利国家。

茨威格的论文——当时得到了市场研究员马克·阿布拉姆斯的回应——很快受到社会学界的批评,其中的不足之处也暴露了。20世纪60年代中期,社会学家约翰·戈德索普和同事研究了工程和汽车制造业城镇卢顿的250名富裕工人。[19]工人把更多钱拿回家,并不意味着他们加入了资产阶级。这位社会学家写道,蓝领工人把工作和邻里社区变成了一个具有私人舒适感的世界。几乎没有体力劳动者与中产阶级分享自己的朋友或休闲活动。与此同时,工会成员和工党的支持率仍然很高。当蓝领工人为了新的个人主义而抛弃传统的集体主义时,白领工人正从以往的个人主义转向热心支持集体谈判。他们的共同点是对金钱和财物的追求。除此之外,他们保持距离。因此,丰裕的影响是有限的。即使物质欲望趋同,社会等级制度也依然保持不变。

半个世纪后回顾这些辩论,我们不难发现,有关消费的讨论围绕着"工党未来会如何"这一首要关注点进行。人们担心,私人消费主义正在摧毁传统的紧密结合的社区——建立在团结、公平和没有自私乐趣的基础上,茨威格将其比作"茧"。[20]从历史上看,这个关注点是奇怪的,因为在19世纪末和20世纪初,工党和商业休闲的规模同时扩大了。事实上,工人阶级社区一直因性别、族裔、宗教信仰和地区身份而分裂。同样,工人阶级保守主义在丰裕社会到来之前就已经存在，而社会网络和对阶级的共识继续与新的私人舒适共存。金钱不是一切。卢顿的工人们把社会不平等理解为权力和金钱的既有结合："像我们这样的普通人"对阵"伦敦的上流纨绔"。[21] 20世纪五六十年代，人们对物质的渴望，需要在他们那个时代的独特背景——高速增长与20世纪和平年代最低的失业率——下来看待。当艰难岁月再次来临时，工薪家庭又开始担忧生活。一名研究人员在阴郁的20世纪80年代中期——当时失业率高达14%——再次造访卢顿，发现了大量社交网络。富裕工人会在家里看电视，但也会约见亲戚、邻居和同事。丰裕也没有消除性别隔离。虽然男人更多地参与家庭生活，可他们仍然有自己的外部世界——喝酒和踢足球。[22]

英国人的争论涉及一种新的认识，即"富裕工人"的身份和自我价值来自他们拥有和使用的物品，而不是由他们制造的物品。但是，人们喜欢什么与社会不平等到底有什么关系呢？在20世纪60年代的法国，皮埃尔·布尔迪厄对阶级与文化之间的关系进行了最雄心勃勃的描述，最终在1979年出版了《区分》（*La Distinction*）一书，"这是世界上已经出版的战后社会学著作当中最重要的一本"。[23] 此书获得了巨大成功，以至于"区分"成了日常用词，用来描述我们如何使用物品来传递"我们是谁"的信号。对布尔迪厄来说，"区分"的含义不仅仅如此。它是社会宇宙的中心，是阶级围绕旋转的太阳。重力是品位。品位具有双重意义，它把一群人和另一群人区分开来。"这是一种最本质方式的区分，因为品位是一个人拥有的一切——人和物——的基础，以及他对别人来说的一切，人可以据此对自己进行分类，并且被别人分类。"书中提到的"人和物"是至关重要的，因为布尔迪厄坚持认为，每个阶层都有自己独特的品位体系："品位把人和物结合在一起。"人们的偏好和生活方式、他们喜欢什么，以及他们消费物品的方式，这些都是统一的，体现在适当的"习惯"当中，并通过等级教育体系社会化。[24]

布尔迪厄通过访谈、调查、理论和精心制作的图表，绘制了一幅法国社会的文化地图。顶端是受过良好教育的精英阶层，他们捍卫自己对"合法文化"的垄断，并声称自己享有"优越"的特性（"为艺术而艺术")。典型例子是45岁的律师"S"。"S"律师出生于巴黎的大资产阶级家庭，住在16区一套300平方米的公寓里，并且在勃艮第有一幢乡间别墅。他的生活指导原则是高雅享乐。他鄙视那些"买的不是用来取悦自己，而只是有价值的东西"的人。他喜欢马蒂斯，也喜欢波提切利。烹饪对他来说是一种"精神状态"——"要欣赏它，你必须'放松'：鲟鱼子，用俄罗斯方式烹饪，相当美味。"他是波尔多葡萄酒的鉴赏家，收藏了10瓶1923年份的葡萄酒。啜饮好酒是一种"仪式"，只应该"和有能力以同样方式领略它的某些人"一起享用。

布尔迪厄最感兴趣的就是这些精英。他们用品位来证明和维护社会等级制度。更低的阶级有自己的生活方式，且都以这种"合法文化"为导向，肯定了这种文化的优越性。因此，小资产阶级播放拉威尔的《波莱罗》（Bolero）舞曲，以显示他们的"文化善意"。在小资产阶级的家里，他们引入"隐匿处"和"角落"，来显示他们"入不敷出"。与此同时，体力劳动者则屈从于"对必要性的品位"。物品最重要的是功能，而不是它们带来的愉悦或美学效果。对食物来说，最重要的是卡路里，而不是烹饪方法。衣服应该注重实用性。布尔迪厄发现，工人阶级的妻子远没有地位更高的资产阶级那么重视时尚和美丽。把辛苦赚来的钱花在巴赫的唱片上，被认为是"炫耀"行为，就像花200万法郎（旧币）买一块名表一样"愚蠢"。[25]"文化"是为精英准备的。

《区分》这本书向前迈出了一大步。在马克思主义对"大众文化"的描述中，消费者被描绘成文化产业的被动受害者。这使解释变化变得困难。与之相反，布尔迪厄认为消费者积极参与了阶级体系的再生产。他超越了当时流行的对符号和话语的关注，在意的是人们如何消费以及消费了什么。他对精英阶层把持"合法文化"的批评，也是法国共和主义者的一个议题：政治民主需要文化民主。[26]

布尔迪厄的大问题是，他对20世纪60年代法国的这张"快照"能否被放大，以适应更广泛的情形。阶级是具有各自独特品位和习惯的"孤岛"吗？甚至对20世纪60年代的法国来说，这个问题也值得深思。布尔迪厄最感兴趣的是将精英阶层与工人阶级区分开来的高雅文化，而忽视了跨群体实践，比如看电视。他也没有凸显性别或移民社区，一定程度上显得有些讽刺，因为布尔迪厄一开始做出成绩的是在阿尔及利亚进行的一项具有开创性的性别研究。因此，人们是否具有一致且阶级专属的品位，值得怀疑。这让我们回忆起1913年波鸿的机器修理工，他们喜欢瓦格纳，也喜欢牛仔和印第安电影。[27] 自20世纪70年代以来，社会学家贝尔纳·拉伊尔一直在努力研究法国文化实践的数据。他发现，"不和谐"比任何连贯的阶级品位都更加普遍。个人混合搭配不同风格，创造出自己独特的口味组合。在同一个家庭里，有些人喜欢看电视剧，另一些人则鄙视它们。不同人之间的区别与其说是阶级属性，不如说是个人修养："高"和"低"、"高贵"和"庸俗"、"精致"和"拙劣"之间的一场"战争"。但是根据拉伊尔的说法，这些战争是在个人内部，而不是在阶级之间进行的。[28]

可以说，大众媒体、电视和音乐设备的普及并没有统一阶级的品位，反而促进了更大的多元化。这在一定程度上是因为人们可以通过广播、电视以及最近兴起的互联网接触到多种类型的艺术作品，还有一部分原因是家庭娱乐增加了。作为一种公共行为，过去参与"高雅"的还是"低俗"的文化活动常常是可见的。但是有了电视，所有阶级都可以收看各种各样的节目，而不用担心有失身份。然而，这并不意味着阶级已经消失。相反，它的存在方式已经从品位转变为参与程度。2003—2005年，在英国进行的最严谨的文化消费研究发现，不同群体对音乐类型、体育和电视的偏好相似，不过视觉艺术是个例外。[29] 仅仅对一小部分高管精英来说，高雅文化仍然是资本。品位已经民主化。如今的主要区别，存在于那些参与艺术和音乐的人和那些没有参与这些活动的人之间。特别是，工人们不太可能去音乐会、剧院或博物馆，也不太可能参加体育活动，他们更可能待在家里打发时间或者约见朋友。

因此，丰裕结束了阶级文化的冲突，尽管原因并非克罗斯兰等多元主义改革者所预期的那样。工人们不再敬畏高雅文化。与此同时，他们也不再拥有自己的文化。现在，每个人都可以是足球迷。工党放弃了独特的生产者文化。同时，中上层阶级也从势利的精英主义转向文化偷猎。新的区分策略不再是设置障碍来保护自己的阶级不受大众影响，而是成为一个"杂食者"，尽可能地融合多种风格：听工人阶级的乐队演奏、世界音乐以及弦乐四重奏；观看演员在舞台上上演莎士比亚戏剧，也看电视肥皂剧。不过，矛盾的是，工人们放弃对自己文化的追求，却有利于中产阶级巩固其优越性。[30]

在阶级不是主要标志的社区中，消费如何影响社会身份？非洲城市是一个有趣的例子，因为在那里，移民工人的部落认同面临娱乐、新品位和新产品的挑战。例如，20世纪50年代加纳的首都阿克拉有8家大型电影院，放映美国电影、音乐剧和恐怖片，还有关于狩猎和远征的电影。当地还有20支非洲舞蹈团和许多社交俱乐部。消费可能加剧民族分裂，例如，印度–加纳俱乐部仅为印度人服务。然而，消费也挑战了帝国和地方的等级制度。在刚果河沿岸的法属赤道非洲的布拉柴维尔，当很有声望的本地球队拒绝脱下靴子赤脚踢球时，足球就变成了对殖民统治者的挑战。与此同时，欧洲人的帽子、衬衫和连衣裙践踏了部落的着装规范，为年轻人和穷人提供了一种摆脱由长辈控制的服饰制度的方式。年轻夫妇跳起了伦巴和华尔兹舞。[31]

人们倾向于把消费看作社会的万能溶剂，因此值得强调的是，消费有时也起到了水泥的作用。20世纪50年代，从非洲南部移民到伦敦东区的科萨人，再现了乡村中关于"红色"和"学校"派系的划分。更加传统的人士用红色赭石涂抹身体，对消费文化持怀疑态度。信贷和休闲消费遭到反对，正如一条谚语，"邮政储蓄账户里的小牛不会死"。"红色"人士住在公共宿舍，一起做饭，下班后加入部落的饮酒团体，分享对家乡的回忆。与此形成鲜明对比的是，皈依基督教、受过良好教育的学校派科萨人士对消费文化热情接受。大多数人加入了体育俱乐部。舞厅也蓬勃发展。一些人喜欢跳摇摆舞和打橄榄球，另一些人则喜欢交际舞、酒吧和电影院。"红色"人士说，去看电影使学校派科萨人变成了小偷。在可能的情况下，学校派科萨人会搬进自己的私人住所，购买消费品，用西式家具和装饰品装饰他们的家。学校派科萨消费者的生活风格是他们与"红色"人士保持距离的一种方式，同时把他们自己的等级强加给一个几乎没有阶级的乡村社会。最终,削弱部落文化的并不是消费文化,而是城市规划和强制拆迁,这导致"红色"科萨人分散在新的卫星城镇。[32]

美国化?

"美国化"论述可以被看作"消费文化淡化差异"这一观点在地理上的延伸。将这种标准化的力量归因于美国,不足为奇。因为丰裕年代与1945年后美国作为新大国的胜利同时到来。超市、美国式营销和好莱坞梦幻夫妇——这些都很容易被心存疑虑的欧洲人视为帝国主义单一文化的先锋。而美国作为超级大国的衰落提供了一个机会,让我们回首过去,思考生活方式究竟在多大程度上融合了。要做到这一点,我们需要同时考虑实践和产品:也就是说,人们做了什么,以及他们买了什么。

美国历史学家维多利亚·格拉齐亚将美国称作"不可抗拒的帝国",而超市是这一点的缩影。它承诺选择、方便和便宜。超市里有霓虹灯闪烁的过道、冰柜和预先包装好的食品,并且装有空调,温度适宜,是未来主义现代化的象征。然而,它起源于20世纪30年代大萧条的黑暗时期。更大的购物空间和自助服务增加了销售量,同时削减了营运费用。折扣吸引了关心价格的购物者。到1939年,在美国,人们每花1美元购买食物,就有25美分花在超市里。20年后,这一数字变成了64美分。那时,自助服务已经发展成为一种自我实现的形式。超市引入了柔和的内部装饰、舒缓的背景音乐和色彩缤纷的包装,来让购物者尝试新事物,并把去超市的旅程视为自我发现之旅。[33]

在欧洲,美国人选择意大利和比利时作为第一批的桥头堡。1959年,在低息政府贷款的帮助下,纳尔逊·洛克菲勒公司在米兰开设了第一家意大利超市。然而,这并不是商业意义上的诺曼底登陆日。美国的零售技术不容易移植——一位主管指出,进口的购物车是为开凯迪拉克的美国人而设计的,大多数意大利人还买不起菲亚特500。[34] 没有冰箱,冷冻食品几乎没有意义。在整个欧洲,有着各种各样的障碍,从限制性的规划法、小型建筑和营业时间有限,到店主和合作社的政治影响力。因此,超市在欧洲的发展缓慢而不均衡。到 1971 年，英国有 3500 多家超市，而整个意大利只有 600 家，且主要集中在北方。10 年后，意大利人的食品仍只有 3% 购自超市；在法国，这一比例为 14%。相对而言，超市在英国、德国和荷兰的扩张速度要快得多。到 20 世纪 90 年代初，荷兰约 60% 的食品杂货市场被大型连锁超市控制。

20 世纪八九十年代，真正的集中化浪潮出现了，这是国内力量而非美国力量入侵的结果。例如，在 1966 年之前，丹麦禁止连锁店在任何一座城市开设多家分店，除非它们也有制造部门（比如合作社）。直到 1994 年，超市的营业时间才延长到晚上 8 点。当折扣超市起步时，丹麦合作社充分利用了这一点。在法国，1973 年的《罗耶法》(Royer Law) 要求将店主纳入地方分区委员会，以减缓超市的发展速度。因此，法国连锁店把目光投向海外，在西班牙和拉丁美洲开设门店；家乐福一半的收入都来自外国业务。[35]

商业交流也不只是从美国向外的单向流动。创新在交流中得到发展和传播。与城市大型商场一道，瑞士大型合作社米格罗开创了小型自助商店和流动贩卖车的先河，这些将在土耳其和巴西得到复制。正是米格罗首次将电子结账功能添加到自助服务中，引起了美国零售商的兴趣。在具体的环境中，美国的模式必须进行修改，以适应当地的空间和习惯。结果就是形成了当地和美国风格的混合体。例如，瑞士超市把质量置于选择之前。它们没有像美国商店那样囤积 4000 件商品，而是只销售种类有限的品牌商品。标准化受到注重地方口味和产品的限制。图书角提供了一种尊重文化的氛围。[36] 在阿尔卑斯山脉以南地区，意大利超市很快意识到，利用现有的习惯比引进外国的习惯更容易。每日抽奖、礼品促销，以及展示新鲜的无包装食品，这些都是针对意大利人的，他们习惯于每天购物，而不是每周购物。与美国的商店不同，瑞士和意大利的超市必须从头开始建立自己的供应链，最后由自己生产或者直接进口许多产品。[37]

对美国化的恐惧，受到了先前一些恐惧——合理化对工作、社区和自由的影响——的激发。小商店和手工作坊代表一个充满活力的社区，大型自助商店则代表没有灵魂的陌生者。在 1962 年的意大利小说《苦涩生活》(La vita agra)中,超市似乎是繁荣时期产生的一种不具备人性的邪恶事物。员工们伪装成普通购物者,混在被催眠的女性中间,鼓励她们装满手推车。每个人都买同样的物品。没有人说话。肉类柜台就像一个装配工厂,在那里,妇女机械地用玻璃纸密封肉类和冷切肉。结账时,女收银员像机器人一样坐着,"头上戴着印有店名的蓝色帽子,看着那些过往人群,瞳孔大大的,不眨一下眼睛……她们的脸色越来越苍白,脖子上的皱纹也越来越多,就像许多小乌龟"。[38]

普通购物者的体验则截然不同。在学习了如何使用金属丝篮子和购物车之后,大多数人都去了超市,甚至觉得这是一种解放。小商店中温暖、友好的气氛常常只是一种理想,而不是现实。在本地商店的遭遇涉及阶级、依赖性,有时还加上羞辱。工薪阶层的家庭主妇在屠夫那里买的肉,比她们要求的或买得起的要厚得多,以免在邻居面前丢脸。有时候,流言满天飞:为什么隔壁那个单身的年轻女人突然买了比平时多一倍的东西?超市除了方便和较长的营业时间,还有一种民主的氛围,这对职业女性、单身和少数族裔群体尤其具有吸引力。男性也发现逛超市更容易找到自己需要的商品,新奇的产品给他们带来一种拥有权限的感觉;在20世纪60年代,超市三分之一的顾客是男性。超市自称为民主的支柱,用意大利的零售企业艾斯兰加的口号来说:"每个人面前,选择都是一样的。"最初,那些富裕的人对此嗤之以鼻。毕竟,优越的社会地位是通过给予他们的个人关注来证明的。在英国,一名法官的妻子在塞恩斯伯里的第一批自助商店开业时大骂了一顿,因为她发现要自己充当店员。自助服务打破了顾客和零售商之间由来已久的权力平衡。

然而,如果得出这样的结论——超市引发了一场革命性的变革,自人与人之间的亲密接触转变为堆积如山且无显著特色的商品——就错了。即使在自助服务普及最快的地方,如英国,大多数人仍坚持并行购物,他们会在超市买一些商品,在小商店买另一些商品。经历了多年的衰落之后,法国在20世纪80年代仍有大约60万家小商店,这还不包括面包店。芬兰街角的报摊数量增加了,而不是减少了。除了食品,小型零售在大多数欧洲国家仍是一项大生意。而且,并非所有的连锁超市都是没有灵魂的。早期的超市意识到它们需要克服一种冷冰冰的陌生感，作为回应，引入了个人问候和柜台服务。数十名英国购物者关于他们首次体验自助服务的口述历史表明，至少在较小的超市和社区，顾客通常与店员保持着熟悉的关系。一位女士回忆说："你仍然认识那里的人，所以还是会有一些闲聊之类的事情，因为你了解他们，就像有柜台服务的时候一样。"[39] 在大城市的超市里，这就变得更加困难了。然而，这并不能自动使这些超市成为孤独个体的聚集地。时至今日，顾客有时会把他们的聊天和团体带进超市。如今在中国，超市里的广播被夫妻一起购物时的谈话声淹没了。在中国台北、中国香港和韩国首尔，青少年把麦当劳变成了一个青少年中心，甚至在那里举办读书俱乐部。[40]

值得注意的不是美国传播了它的产品，而是美国产品的影响力是多么不均衡。在世界上的许多地方，好莱坞电影占据主导地位的同时，当地的音乐文化韧性也很强——鉴于听音乐是最受欢迎的文化消费形式，这并非无足轻重。当然，规模很重要。制作一张唱片的成本远远低于一部电影。虽然在荷兰和德国，英语音乐开始占据统治地位，但在法国、希腊、挪威和意大利，民族风格、艺术家和唱片销量仍然有着举足轻重的地位。在整个欧洲，美国爵士乐以及后来的摇滚乐都引发了创新和多样化。20世纪50年代，意大利歌手多明戈·莫都格诺（意大利语歌曲《飞翔》，*Volare*）将普利亚南部和西西里岛的音乐与哼唱和摇摆相结合。在1959年的法国，乔治·布拉桑斯（《坏名声》，*La mauvaise réputation*）比保罗·安卡更受年轻人欢迎。后者是加拿大歌手，在当时以《戴安娜》（*Diana*）和其他热门歌曲称霸美国歌曲排行榜。

战后重建也包括文化重建。地方音乐和民间文化有了自己专门的电视和广播节目。汉堡有自己的鲨鱼酒吧，那不勒斯也有那不勒斯歌曲游行。此外，还有一些国家音乐节，如1951年开始的圣雷莫音乐节，从那时起，它就一直给人们带来欢乐和困惑。这些都是新的民族文化的重要载体，特别是在地区分隔明显的社会中。欧洲的歌唱大赛就是建立在这种模式之上。圣雷莫音乐节展示了专注于美国化的过程中失去的那种交流。这个音乐节的确有美国的明星来客串，比如1968年的路易斯·阿姆斯特朗，但同年的获奖作品是塞尔吉奥·恩德里戈和罗伯托·卡洛斯的意大利-巴西联名曲《为你唱首歌》(Canzone per te)，这首歌彻底颠覆了浪漫主义的标准模式："你给我的孤独，我像种花一样栽培它。"[41] 1964 年，巴西的军事政变导致巴西艺术家大批出走。吉尔伯托·吉尔搬到了伦敦，奇科·波拉克搬到了罗马。卢西奥·达拉的作品《1943 年 4 月 3 日》中的葡萄牙格调要归功于奇科·波拉克，它后来变成了巴西的热门歌曲（《我的历史》，Minha História），在日本也很受欢迎。这些年见证了新一代创作型歌手（如滕科、乔治·加贝尔、法布里齐奥·德·安德烈、吉诺·波利等）的诞生，他们的诞生不仅归功于鲍勃·迪伦和耐特·金·科尔，也得益于法国歌手乔治·布拉桑斯和夏尔·阿森纳沃尔。

　　拉丁美洲的影响一直延伸到北极圈，在那里，芬兰人受到旅行音乐家的启发，发展出了他们自己的探戈风格，用小调表演，融合了阿根廷的节奏和对自然、家园的民俗怀旧之情。芬兰有自己的探戈明星，也有评选探戈国王、王后的节日和比赛，这已经成为芬兰文化的核心，就像桑拿浴一样。20 世纪 60 年代，流行音乐和探戈之间的竞争被看作一场争夺芬兰人灵魂的斗争，也是在日益城市化的社会中，保留乡村生活方式的斗争——1950—1980 年，居住在城市地区的芬兰人比例几乎翻了一番，从 32% 增至 60%。流行音乐的先锋是英国的甲壳虫乐队和滚石乐队。美国带来的影响更小，直到 1966 年 4 月，一位美国歌手才杀入了排行榜前五名——南茜·辛纳特拉的《走路穿的靴子》(These Boots are Made for Walkin)。芬兰探戈的捍卫者担心，长发音乐家和他们的歌迷会导致道德沦丧和性别紊乱。探戈的歌词强化了这座城市的形象——寒冷、孤独之地。反过来，流行音乐家嘲笑探戈落后，还深受与现代脱节的农民喜爱。一位音乐家在 1967 年写道："我说，乐队够有胆量，要是敢在芬兰中部的捷瓦斯基拉以北地区巡演，而且 90% 的曲目都不是探戈……在博滕区，一个乐队因为演奏的探戈不够而受到刀子的威胁。"[42] 从那以后，情况稍微缓和了一些，探戈在赫尔辛基和南部城市土尔库也找到了仰慕者。更普遍的是，混合风格的融合在最近的音乐流派中依然继续发展，比如后朋克风格的芬兰语-雷鬼音乐（Suomi-reggae），取得了无与伦比的成功——

《他想要一个干厕》(*Hän haluaa huussin*)。[43]

民族和地方音乐风格的韧性和生命力，一定程度上是文化保护的结果。法国就是一个公认的例子。1986年，它通过了一项法律（Loi Léotard），要求所有广播将40%的时间用于法语歌曲和地方语言。用英语或其他外语演唱的法国音乐家没有从中受益。公共电视台不得不花费至少2.5%的营业额来制作法语电影。在电视上，播放的40%的电影必须是法语影片。到目前为止，法国拒绝屈服于美国的压力，并让自由贸易协定的范围扩大到本国的音乐和电影瑰宝上。[44]

也许有人会主张，即使发达国家的人们珍视不同的音乐、食物等，就我们的消费方式而言，丰裕也还是催生出了一种相同的生活方式。这是一个棘手的问题，因为有关美国化和全球化的研究主要着眼于商品，而非人们如何使用它们。尽管如此，从各国于20世纪60年代开始保留的时间使用数据中，还是可以得出一些见解。一个研究团队对国家数据进行了重新编码，以便比较美国、法国、英国、荷兰和挪威的饮食和阅读模式。1970—2000年，各国外出就餐的人数都有所增加，改变的速度却大不相同。在这一时期结束时，英国人和美国人平均每天花25到30分钟在外面吃饭。与之相反，挪威人很少去餐厅或小饭馆用餐（每天14分钟）。法国人外出就餐的时间越来越多，而且这种情况还在继续发展，但他们每天在家吃饭的时间也长达1.5个小时，美国人在家吃饭的时间则降至不足40分钟。因此，丰裕并没有导致日常习惯和节奏的融合。法国人、瑞士人和意大利人会坐下来一起吃饭，并慢慢享用。美国人吃零食的时候通常是独自一人，而且在做其他事情。[45]

当然，这些数据都是平均值，接下来我们必须发问，这些习惯在人群中是怎样分配的。人们把休闲时间花在看电视、运动、阅读等方面的方式是否越来越相似？在即将丰裕前，人们的生活习惯极不均衡。例如，在1946年，三分之二的英国人经常去看电影，但三分之一的人根本没去过电影院。如果美国化是全方位的，随着生活水平的提高，它将创造出一种共享程度日益增长的单一文化。对阅读的研究描绘了一幅更为复杂的图景。在挪威和荷兰，阅读书籍和杂志仍然是大多数人的休闲活动。另一方面，在美国，阅读已经成为少数人的消遣，但那些坚持阅读的人（"参与者"）的阅读时间越来越长——1998年，他们每天阅读87分钟（相比之下，挪威人和英国人每天47分钟）。[46] 互联网和其他新媒体是否正在扼杀作为一种消遣活动的阅读，这是有争议的。虽然杂志的阅读量有所下降，但书籍比以往任何时候都更受欢迎。在荷兰和英国，重度互联网用户往往是比较活跃的（而非比较不活跃的）读者。[47]

对阅读习惯的这种"快照"，引出了一个有趣的假设。也许，人们的休闲方式在欧洲大陆趋于一致，而在美国（和在英国，但程度较低），人们的休闲方式正在分化。换句话说，丰裕使美国人变得更特别，而使欧洲人变得更普通。在美国，你要么读很多书，要么根本不读；你要么做很多运动，要么一点都不做。与之相反，在荷兰和挪威，大多数人两样都会做一点。消费具有更多共享性。如果美国化有一种特殊的动力，那么它可能是内部的多样化，而不是一致化。每个人都生活在自己的生活方式"小岛"上。造成这种反差的一个可能原因是，欧洲大陆的丰裕一直受到社会民主的制约。在社会民主制度下，不平等不那么明显，教育更加同质化，国家在提供文化服务方面发挥着既定作用。显而易见，英国位于大西洋世界的中部，在这两个消费区之间。同质性是否比差异化更好，则是另一个问题。

第8章

亚洲消费

到目前为止，消费的故事叙述的基本上是关于更多的消费。在当代亚洲，"更多"则成为"最多"。出现了一系列消费浪潮，第一波始于1955年的日本经济繁荣。接下来席卷了20世纪70年代的中国台湾和韩国，席卷了1979年以来的中国，最近又席卷了印度。世界银行的数据显示，1990—2002年，有12亿人摆脱了贫困，其中近10亿是亚洲人。自2012年以来，增长速度已经放缓。然而，世界历史上还从来没有这么多人在如此短的时间内加入购物大军。在战后的"奇迹"中，西欧人花了10到15年的时间，一半家庭才有了电视，20到25年后冰箱才进入他们的家门。在20世纪70年代，韩国仅用了10年时间就做到了这一点，而20世纪80年代的中国所用的时间甚至更短。洗衣机、音响和录像机——几十年来，这些商品在西方陆续进入家庭——几乎同时进入了中国家庭，无论家庭贫富，都是如此。[1]

最高级是很容易实现的，尤其是对中国而言。2009年，中国成为世界上最大的汽车购买国，拥有住房的人口比例也最大。[2] 中国崛起的全球影响，引起了广泛的讨论。然而，人们对生产的关注与对消费的关注之间存在一种奇怪的不协调：一方面是对血汗劳动和生态崩溃的广泛关注；另一方面是对"消费主义"狭隘得多的关注，后者的线索来自豪华购物中心和上海保时捷车主俱乐部的会员。

历史不是一颗水晶球，但它可以将当前的转变置于更长远的视角下来看待，帮助我们理解亚洲各个社会是如何消费的，为什么会形成这种消费方式。将日本、中国和印度一起置于消费的发展历史（我们在本书中已经追溯了这一脉络）中加以比较，我们可以立即看到一个重大区别：几个连续的发展阶段被压缩为一个。中产阶级的崛起、寻求家庭舒适的文化、城市化、可自由支配开销的增加，以及住房拥有率的提高——这些是欧洲国家和美国历时四个世纪的漫长过程。在蓬勃发展的社会——20世纪50年代至80年代的日本，以及此后的中国和印度——里，这些转变或多或少是同时发生的。

第二个同样重要的区别，涉及消费在历史变化序列中的位置。当茶叶、瓷器和棉花在发展超前的荷兰和英国兴起时，这些国家已经进入城市社会了。工业革命紧随其后。此外，在西方的许多地方，正如我们反复看到的那样，消费者的权力借鉴了援引政治权利的公民传统。亚洲的案例提醒我们，历史的发展并不都是如此。在中国和日本，情况正好相反。两国在开始工业化时，都主要是农村社会，它们在实现城市化之前就已经现代化了。最近消费激增的部分原因是大规模移民，数以亿计的人在城市定居，而这些城市往往都是新兴城市。这将产生深远的影响，尤其是对家庭的作用。同样，公民身份的阶段也颠倒过来。在西方，政治权利首先出现，然后扩展到社会权利。远东地区跳过了第一步。公民身份意味着义务，而不是权利。为了换取保护和一些社会支持，公民有义务支持国家。这就形成了一个与自由主义西方——在那里，公民消费者将对个人权利的需求同对社会福利的需求联系起来——截然不同的政治环境。印度走的是民主道路，但这个新独立的国家也要求公民成为生产者，个人的愿望要服从于独立国家的集体利益。

和以前一样，接下来的论述不会试图提供百科全书式的国家文件，也不希望描绘一幅东方与西方对抗的单色画面。相反，在选择性的专题比较帮助下，我们将设法概述主要的发展情况，找出差别和相似之处。由于关键变化并不是同时发生的，我们有时需要并行查看不同的时间段，也就是说，将20世纪50年代至80年代的日本与20世纪90年代至21世纪初的中国进行比较。

本章主要关心三个问题。首先，最近的物质飞跃在多大程度上与过去决裂？第二，中国这样一个快速发展的社会是否像一位中国专家警告的那样，正在转向美国的"用完即弃的消费生活方式"？[3] 最后，还有政治。在英国、法国和美国，消费的增长与公民社会、公民身份和社会民主的兴起密不可分。在以强势国家和弱势个人权利为特征的政权中，处于自由主义和共和政体的栖息地之外的消费，是一种怎样的政治动物？

渐　强

对任何故事来说，起点都塑造了寓意。日本（1955—1973 年）、中国（1979—2011 年）以及印度（2003—2008 年为 8.7%）的 GDP 年增长率超过 10%，这非常惊人，以至于大多数评论者将日本奇迹、邓小平主导的中国改革开放以及 1991 年印度的自由主义改革视为这几国各自的起点，也就不足为奇了。很明显，大众购买电视、汽车、空调和其他许多产品的实现，是由于经济的显著增长、消费能力的提高和更多的选择。[4]

问题是，如果我们从更长远的角度看，近期的戏剧性事件看上去是否还堪称同样剧烈的转折。事实上，正是尼赫鲁对印度的愿景，与商业发展的长期道路产生了短暂而巨大的偏离。短缺不仅影响到商品，而且影响到维持这些商品所需的服务。商店、磨刀匠和自行车修理工几乎都从城市景观中消失了。[5] 与此同时，在 1947 年 8 月 14 日午夜钟声敲响时，印度同命运订下了约定并背弃了世界。对尼赫鲁来说，独立要求自给自足，是建设工厂和发电站，而不是购物。消费带有帝国的污点。印度洋地区一度是全球交流的十字路口，此刻却几乎停滞不前；1947—1990 年，印度在世界贸易中的份额从 2.4% 下降到 0.4%。[6] 之后的自由化，需要被视作回到一个更古老的历史轨道中。

因此，获取和消费并不是最近才从"现代"的西方进口到简朴而"传统"的东方的异国事物。丰裕的场景有着深厚的本土根源。《政事论》(*Arthashastra*)——古代印度的"国富论"，约公元前 300 年至公元 150 年——将一个明智的国王定义为"通过使人民富足并善待他们来赢得人民爱戴"的人。[7] 据说，宇宙的永恒法则（dharma，精神幸福）和爱欲

（kama，快乐），取决于物质幸福。无论是富足还是快乐，都没有错，只要它们不失控。在汉语中，"鱼"的发音与"富贵有余"的"余"相同，它是好运的象征。之前我们已经指出，时尚和家庭舒适的理念已经在晚明中国和殖民时期的印度留下了印记。1900年前后，随着品牌商品和新技术——它们保证了现代生活——的到来，现代生活发生了翻天覆地的变化。其中一些直接来自西方，如德国的啤酒、谢菲尔德的餐具和瑞典的火柴。其他的则是当地的发明，例如中国生产的珍珠粉牙膏或日本的恺撒啤酒，恺撒啤酒试图利用大众对发酵的德式啤酒而非英国淡啤酒的偏爱，大赚一笔。

现代消费文化在日本的接受程度最高。在18世纪的江户，商店、餐馆以及梳子、扇子等饰品已经非常普遍。1854年，美国海军准将佩里叩开了日本的国门，引发了交通和通信领域的一场革命。此后，日本的创新步伐进一步加快。新风格流行的范围越来越广，速度也越来越快。日本的现代化进程，受到了生活方式改革的推动。日本挑选了西方最好的物品——美国棒球和德国啤酒。19世纪90年代和20世纪头10年，对德国工业和军事实力模式的迷恋，在日本人的味蕾上留下了印记。军官、学生和商人从柏林带着对啤酒的渴望归国。要想成为一个现代人，就必须像德国人那样边喝酒边思考：这是一种强有力的混合。在京都，大学教授们为桶装啤酒而参与政治运动。据报道，当"柏林啤酒协会"的成员聚集在东京时，他们每人喝下了3升啤酒，即使以德国人的标准来衡量，这也令人印象深刻。[8]

然而，西方商品和口味很少大规模输入，它们也经过了改造，适应了当地的时尚和习惯。现代性是在现实的实践中产生的。例如，和服在18世纪经历了第一次现代定制设计，增加了宽腰带。到了1900年，丝棉混纺织物中增加了新的纤维，人们开始将轻薄的披肩和大衣穿在外面。在两次世界大战之间，一些妇女在和服上增加了狐皮领子。其他人把自己不穿的衣服改成了西式服装。男职员穿上西式套装，但戴上了饰针和其他配饰，使之更加日本化；不过一回家，许多人就换上了日式服装。像肥皂和阿司匹林这样的西方产品成了家庭用品，咖喱饭和其他进口的混搭食品也是如此。到了20世纪20年代，百货公司、西餐厅、啤酒馆和棒球场都已经建立了起来。

我们一定不能夸大这种转变。按阶级和地区划分，它是零碎而不完整的。"现代生活方式"更多地停留在言语中，没有付诸行动。1925年，建筑学教授今和次郎对银座娱乐区数百名女性进行了调查，发现只有少数女性穿西式服装。"新潮女郎"在很大程度上是想象的人物。在北方农村，大多数人几乎没有任何财产，更不用说外国产品了；他们甚至连睡觉的床垫都没有。尽管如此，1904—1939年，个人消费支出每年增长2%至3%，远低于20世纪五六十年代的8%，但在当时仍是相当可观的。这些百分比转化为餐桌上更多的肉类和更多样、更优质的丰富食品。白米饭曾经是城市里的奢侈品，现在开始成为日常必需品，人们一日三餐都吃它。在舞厅和电影院，以及酒水、糖果、家具和娱乐项目上，人们拥有更多可自由支配的开支。怀表不再是从瑞士进口的收藏品，而是成了一种由精工舍和大阪钟表公司在日本大量生产的流行配饰。到20世纪30年代末，日本三分之一的家庭都拥有收音机，食品在家庭预算中所占的比例已低于50%的基准。这些变化的范围超出了专业精英的阶层。1927年，统计学家发现，职员和工人把收入的7%都花在了酒精、烟草和糖果上，还有11%花在了娱乐和聚会上。工人和京都大学的教授一样，喝得起啤酒，而不是清酒。[9]

在整个亚洲，变化最明显的是东京和中国香港等大城市，以及上海的南京路。霓虹灯和舞女让上海成为"东方巴黎"。时尚和自信的标志是"现代女性"，这在小说、电影和月份牌画上都有体现。[10]《倾城之恋》（1944年）的作者张爱玲用自己的第一笔稿费购买了一管口红。

到两次世界大战之间的年月，这种城市消费文化已经下渗到省城和周边农村。在印度的旁遮普，来自索林根（德国）的镀钢刀叉比当地的刀具更受欢迎，梨牌肥皂比自制的德西肥皂更受欢迎。[11]在中国四川，流动商贩兜售日本镜子和奥地利搪瓷器皿。农民开始穿戴西式服装、皮鞋和帽子。[12]奥尔加·兰认为，中国农村正在经历重大变革。富农"拥有钟和表，用西式肥皂洗澡，用土耳其毛巾擦干身体"，墙上挂着照片和品牌商品的月份牌画。在地主家里，"你可以找到外国的镜子、剃须刀、理发剪，有时甚至还有电池收音机"。[13] 每个人都穿着胶鞋。西方商品经常被因地制宜开发出新的用途，比如随处可见的标准石油公司的油罐，它们被当作桶、炉子和屋顶材料来使用。西方商品进入地方的先锋是化妆品、药品和卫生产品。白雪牌面霜和孔雀牌牙粉承诺给农村和城市的消费者带去健康和美丽。在中国，1911年的辛亥革命废除了禁止化妆的奢侈法令，推动了这场化妆品革命。然而，这是一种普遍现象，反映了现代消费理念的吸引力，这种理念将个人卫生、自我形塑与合理功效的承诺相结合。农民也有权得到一块肥皂和一点胭脂。到20世纪30年代，为西方商品吸引四万万消费者的梦想在中国诞生了。[14]

关于从传统消费社会向现代消费社会转变的过程中发生了什么，人们的困惑一定程度上源于一个简单的误解。传统消费者被认为是节俭的，只满足他们的固定基本需求，然后存钱以备不时之需。与之相反，他们的现代继任者被想象成拥有无限的欲望，并被迫将额外收入和未来收入（通过信贷）花在购买越来越多的物品上。用一名著名社会学家的话来说，"只有典型的现代消费者才会用剩余收入来满足新的需求……传统消费者更倾向于储蓄或将额外的财富转化为休闲"，也就是减少工作。[15] 这种鲜明对比可以追溯到启蒙时期的思想，即物质欲望可以唤醒人们摆脱懒惰的自给自足生活方式。这使学者把注意力集中在如何把人们从他们朴素的节俭世界中哄骗出来，踏上获取和消费（以及债务）的"仓鼠跑轮"。但是我们已经看到，需求的扩大，并不需要通过额外收入来实现。在18世纪晚期，普通英国人因工资下降而生活拮据，但他们购买了更多的商品；他们只是延长了工作时间。20世纪的亚洲经验让我们进一步认识到，这种模式在理解人们如何增加消费方面具有多么大的误导性。

在经济奇迹到来之前，亚洲消费者有多"传统"？1934年的一项调查生动地反映了上海劳动者日常生活中的各种竞争力量。[16] 他们的工资和物质条件与美国那些更富裕的工人有着天壤之别。上海劳动者将工资的53%用于购买食品，而美国劳动者的这一比例为38%。许多上海劳动者生活在饥饿边缘。然而，他们把25%的收入花在了"杂项"上，和他们的美国同行一样，远远超过了伦敦、巴黎和柏林的工人。"杂项"是一个包罗万象的类别，涵盖了除食物、住房和衣服以外的所有东西。在上海劳动者中，平均每户每年在这上面要花费112美元。花销最大的物品是红酒和香烟（19美元），还有礼品和礼物（10美元）。宗教供品又消耗了5美元，卫生和美容用品消耗了8美元，包括美发用品和牙粉。另外2.4美元用于剧院和赌博。正是上述费用的分配给社会改革者留下了深刻印象，他们认为这是非常不合理的，因而掀起了反对"迷信做法"的斗争。上海劳动者宁愿挨饿，也不愿减少红白喜事的花销。然而，他们也不再是"传统的"消费者。他们没有减少工作或存钱以备不时之需，而是把额外收入花在了喝酒、抽烟和娱乐上。旧的需求和新的诱惑，让这些劳动者越来越深陷债务之中。他们没有一个人生活在经济能力的范围内。平均每户向典当行和高利贷者支付8美元的利息。简而言之，他们过着一种传统和现代消费方式并存的混杂生活。

传统和新的消费习惯可能一道向上螺旋发展。在农村地区似乎尤其如此，那里的生活正在改善，就像20世纪20年代在印度的"粮仓"旁遮普一样。马尔科姆·达林是一位圣公会牧师的儿子，毕业于伊顿公学。他在担任合作社登记员期间，与1万名旁遮普农民会过面。他记录下了乡村生活是如何"被一种新的精神所激荡"。达林说，各地的生活都在变得越来越好，农民的舒适感和志向都在提升。在旁遮普西部的运河殖民地，黄金饰品正在取代白银饰品。"在过去……即使是富裕家庭，许多妇女也很高兴能得到丈夫丢弃的鞋子。现在，有些人还不满足，除非能穿着一双别致的拖鞋在闺房（zenana，尤指富裕的穆斯林家庭内部为女性准备的套房）里四处走动。"就在一代人之前，人们还没有衬衫。现在几乎每个人都穿着"机织的衣服，人人都夸耀自己的衬衫、马甲、长袍和大衣。在过去，人们必须满足于一日两餐，但是现在他们可以一日三餐。他们父辈的茅屋……取而代之的是干净的泥灰房子"。[17]达林指出，过去一场婚礼只需要50卢比。现在，在庆祝活动上花3000卢比，再花2000卢比来购买珠宝，也并不罕见。

人们虽然看不到"传统"消费者和"现代"消费者之间的明显区别，

却不能不被两者之间的联系所触动。个人财产和舒适同公共庆典和仪式的支出一道激增。推动这一进程的是拉杰普特人，一个古老的勇士部族的骄傲成员，不过他们的地位却在下降。炫耀性消费是一种重申他们社会地位的方式。他们充分利用了来自美国和远东的新廉价信贷；在旁遮普中部地区，利率为6%至12%，以当地标准来衡量，这一利率很低。在上海，债务是贫穷的标志，而在旁遮普，债务是不断上升的需求的标志。旁遮普的农民并不是因收入更多而增加消费。相反，是宽松的信贷和地位竞争推动了需求的增加。为了追求更好的住房和更盛大的婚礼，许多农民最终把土地抵押给了债权人。20世纪20年代的旁遮普农民更接近21世纪初负债累累的美国人，而不是任何"传统"的消费者。

日本开创了一种新的模式：储蓄和消费。回顾20世纪，对于全球消费的增长而言，学会储蓄可能和学会索取一样重要。它对1955年后的日本奇迹以及20世纪70年代的韩国和新加坡奇迹来说至关重要。储蓄产生了工业发展所必需的投资。

日本在"二战"前的几十年，奠定了发展的基础。日本在1875年就已经模仿英国建立了邮政储蓄银行，在两次世界大战之间，促进储蓄发展为一项雄心勃勃的计划，旨在改革日本人民的生活方式。家庭主妇被告知，不要再把钱浪费在奢华的庆祝活动上了，相反，要学会记账，提前计划，优先考虑家庭的舒适和便利，为未来存钱。与此同时，零售商和制造商推出了分期付款计划，以缓解购买压力。在20世纪30年代，这些产品几乎占到销售总额的10%。用一位历史学家的话来说，日本正在发展成为一个"分期付款国家"。[18] 但它也正在变成一个超级储蓄国家。消费是好的，只要它是"理性的"，是个人自律和金融远见的结果。

储蓄不是自古以来的传统——20世纪20年代的储蓄率很低，而是历史和政策的产物。[19] 20年间（1955—1975年），日本的家庭储蓄率从11%飙升至23%。这一现象的部分原因是他们收入增长的速度快于支出，还有部分原因是战争摧毁了房屋和资产，他们不得不从头开始攒钱。另外，他们也承受着政府与商业、媒体和公民团体共同带来的相当沉重的道德压力。1952年，由日本银行资助的储蓄促进中央委员会开始运行。人们刚刚从战争的废墟中走出来，就被警告要提防"过度消费"。儿童银行成立了，妇女在她们的社区里经营模范储蓄团体，并得到国家的资助。战前，"生活改善"运动的重点是根除旧习俗。战后，这种力量被用于推销日本产品。

在西欧，18世纪时"奢侈"已经常态化了。通过强调舒适和福利的"无害"和"适度"性质，它消除了对过度行为的道德批评。而在战后的日本，对"奢侈"的谴责卷土重来，但与此同时，也出现了全国性的运动，旨在推广最新的能够带来舒适感的产品和技术。20世纪60年代，当日本还在遭受贸易逆差之苦时，外国产品成了反奢侈品宣传的对象。对后期的现代化论者来说，民族主义提供了一个道德脚本，这将比早期的消费者爱国群体（如18世纪六七十年代的美国革命者）产生大得多的影响。购买国货得到了国家的全力支持。从1958年起，日本消费者协会开始提倡"美德消费"，它鼓励日本民众要购买一台日本电视。很明显，该协会是日本生产力中心和通产省的产物。它的存在是为了鼓励需求。韩国也有类似的举措，它沿袭了日本的制度，并且在20世纪七八十年代成功将储蓄率提高了一倍。追求"健康消费生活方式"的运动得到了韩国长老会成员的进一步推动，他们为物质主义放纵和道德腐败所困扰。

当然，储蓄和国货运动并不是亚洲独有的现象。劝诫消费者成为爱国购物者也不是。在德国和奥地利，消费者在第一次世界大战期间被动员起来，以节省重要资源。从埃及到中国，民族主义抗议者在两次世界大战之间的那些年月里焚烧了帝国统治者的服饰。储蓄和消费在日本和韩国的规模前所未有，是它们率先将储蓄和消费转变为和平时期国家主导的可持续发展战略。值得注意的是，在欧洲，像芬兰这样的现代化较晚的国家在20世纪60年代也采取了类似的做法，利用"目标"储蓄来汲取工资，并将自主性支出直接导向购买电视机和洗衣机。[20]

储蓄和消费是民族主义的增长活塞，将宝贵的资本从私人家庭输送到日本企业。到1960年，一半日本家庭拥有一台电视机和一台洗衣机，其中大部分是分期付款购买的。国内的消费需求对日本经济增长的重要性，远远超过"出口驱动发展模式"有时的认知。出口对日本国内生产总值的贡献仅为11%，是西欧经济奇迹时期的一半。

对消费品产生这样的需求并不容易。1955年，一台电视机的价格为14万日元，几乎相当于大城市中的一栋普通房子。战争和贫穷使这个国家伤痕累累，大多数日本人营养不良，住房条件恶劣。然而五年后，几乎一半的日本家庭拥有自己的电视。这种接受速度是推拉因素共同作用的结果。随着收入增加和税收减少，家庭有了更多的可支配金钱。同样重要的是"光明生活"的理念。大型制造商与电力公司携手合作，展示电气产品如何成为"幸福的关键"，这也是1960年举办的一系列展览所宣称的。它们解释说，购买耐用消费品是理性的，可以节省家庭的金钱和时间。一位家庭主妇在木桶里洗衣服消耗的热量比她用洗衣机的邻居多三分之一。广告宣称，任何节省都是虚幻的，因为她需要在食品上花更多的钱。此外，给妻子更多的闲暇时间是文明的标志。这些年来，广告预算增长了15倍。松下电器将9%的销售额——这一数字相当巨大——花在广告上，与其他公司一样，松下还成立了自己的分期贷款子公司。1960年，一个家庭通常会拿出预算的10%来偿还这些贷款。

如果没有两个影响力可观的支持者——女性团体和相扑选手，这些企业游说者的成功性可能要小得多。在妇女团体的赞助下，地方上经常举行家用电器展示，有时还免费分发灯泡和小物品。在战争期间和战后，这些妇女组织一直领导着对抗通货膨胀和黑市的斗争。此时，他们致力于消费正常化，抵制浪费。电饭煲被认为是功能性的，而不是浮华无用的。对电视机来说，是对运动的热爱促成了交易。相扑比赛吸引了大量观众到公共影院和流动影院观看。在1957年的电影《早安》(*Ohayo*)中，两个来自中产阶级下层家庭的男孩举行了一场无声的抗议，迫使他们的父母购买了一台电视，这样他们就可以观看相扑比赛。在现实家庭中，一些人的娱乐是靠别人的节俭来维持的。与国家一样，家庭也是如此：购物是由关爱、孝顺和牺牲的文化所推动的。花田满江没有把钱花在自己身上，而是月复一月地把她微薄的薪水存起来，这样她生病的父亲就可以在打折的电视机上观看他心爱的相扑比赛了："我觉得他在家看会很开心。"[21]

在这些新技术中，电视是最具革命性的，因为它把一种新生活方式的思想传播给了因距离和习俗而分隔的社区。这一点很明显。如果没有电视，消费文化对乡村生活的快速渗透是不可想象的。然而，政府在让农村社区更容易接受消费文化方面起到的作用尚未得到人们的重视。简而言之，我们需要承认国家（以及市场）是当代商品世界的创造者之一。这一点对印度、毛泽东时代和随后不长时间内的中国都是如此，尽管方式不同，有时也会带来意想不到的结果。

在印度农村，商品由三波浪潮所传输：计划生育、绿色革命和电气化。今天，印度南部的喀拉拉邦作为高识字率和社会平等的典范而闻名。然而，基本需求是通过创造新需求来得到保障的。小家庭单元是发展不可或缺的一部分，改革者试图通过唤起父母的物质愿望来创造它，把马尔萨斯牧师在一个半世纪前第一次敢于思考的想法付诸实践。20世纪六七十年代，在当地的难民营里，计划生育项目成员把消费品摆在农村贫困人口面前，向他们展示负责任的父母应该如何养育孩子。他们免费发放手表、收音机和不锈钢锅。在一篇获奖文章中，一名女性通过财物描述了"我梦寐以求的家庭"：一台收音机、一台电风扇和一个熨斗、一个高压锅和一张梳妆台。在自我克制和避孕手段的帮助下，少数人曾经享有的奢侈品将会有更多人可以享用。[22] 具有讽刺意味的是，通常是扩大式家庭把冰箱和汽车送到少数幸运的人手中，这些物品是"海湾工人"返家时带回的。[23] 虽然小家庭比较好，但是一个有亲属在科威特的大家庭就更好了。

自19世纪后期以来，消费品一直有在印度农村销售。到20世纪50年代，富裕农民赚到的钱足够多，可以把近40%花在衣服、家具、节日、娱乐和其他与食品、住房无关的物品上。但是这些都集中在北方，即使在那里，大多数农民也只吃谷物，很少吃其他东西。在较为贫穷的奥里萨邦和西孟加拉邦，商品很少流通。大多数印度人生活在饥饿的边缘，他们的生活没有受到消费文化的影响。1959年，虽然在印度的大城市，只有2%的食物是自产的，但是有一半农村人口依靠自己种植的谷物生存。[24] 1965年和1966年的干旱造成了十分严重的损失。

20世纪60年代末的"绿色革命"，使印度摆脱了对食品援助的依赖，并为新的品位、习惯和生活方式打开了水闸。国家援助——以价格支持、关税和来自墨西哥的高产种子的形式——壮大了农民消费者的队伍；20世纪七八十年代，贫困人口所占比例从60%以上下降到40%以下。[25] 在一个以农村为主的社会，这种国家主导的发展可以说与1991年之后的自由改革一样，对消费的突破至关重要。自给自足的农民变成了有追求的消费者。他们开始购买食用油、茶叶、糖，喝更多的牛奶，吃更多的肉，穿成衣，用洗发水洗头，这些洗发水以每小包1卢比的价格卖给他们。早在1989年，即自由改革时代前夕，印度农村居民就购买了国内70%以上的收音机、自行车、鞋子和手表。每秒钟都有录音机、吊扇、包装饼干和肥皂被卖给一个农村家庭。[26]

印度农村正在发生改变。然而，农村家庭财物的总数仍然不是很大。大多数家庭只有两到三种基本产品，比如收音机、电扇和手表，仅此而已，但这种上升趋势是毋庸置疑的。1991年后更加开放的市场，加速了这一进程。更大的城市需求在农村转化为更多的销售、更多的投资和更大的消费能力。例如，到2001年，在印度中央邦的达蒂亚地区，35%的家庭拥有电视机，20%的家庭拥有收音机，10%的家庭拥有汽车，还有10%的家庭拥有小型摩托车。消费品在缩小城乡差距的同时，也扩大了农村社会贫富人口之间的明显差距。达蒂亚农村一半的家庭既没有收音机，也没有电视，更不用说机动车了。[27] 在印度村庄中，贫富悬殊的两种"国民"现在生活在一起。

农村消费革命有两个盟友——银行和电力。事实上，正是这两方面的不均衡扩张，在很大程度上解释了商品发展的不均衡。我们早些时候指出，一个世纪前，宽松的信贷刺激了旁遮普的炫耀性消费。最近南亚银行网络的扩张，使这些影响成倍增加。仅在印度，20世纪八九十年代就有近30万家邮政、合作社和农村商业银行分行开业。因此，那些拥有土地和资产的人，能够以更低的成本获得贷款。但对很多没有抵押品的人来说，"抵押品的暴政"意味着他们继续过着勉强糊口的日子，资金困难，每天都要在高利贷者的摆布下挣扎，既无法获得储蓄，也无法获得贷款来购买高价物品。[28]

电力的作用同样重要。不到10年（1998—2006年），印度通电家庭的数量增加了一半，达到 1.2 亿。2005 年，家庭超过工业成为最大的电力消耗者。其中，大部分电力是被城市空调和冰箱消耗的。西孟加拉邦一个家庭的用电量仅为德里一个家庭的四分之一。南方的许多村庄仍在等待电力到来。一旦某个村庄中有 10% 的家庭通电，印度各邦就将此村庄视为已经电气化了，这很能说明问题。[29] 尽管如此，电气化对农村生活的影响仍是巨大的。孟加拉国的发展深刻地说明了这一点。[30] 1978—2001 年，在地方合作社和国际发展援助的共同努力下，农村用电家庭的数量增加了 1000 多倍。最初的动因是帮助农民使用灌溉水泵。但是，这对家庭生活的影响同样深远。一旦通电，农村家庭就会养成城市的生活习惯。用电家庭会比邻居储蓄更多，在子女教育上投资更多，并购买更多的消费品。电灯和电扇意味着家庭成员有更多的时间待在一起，可以在日落之后学习、工作或者放松。电视和盒式磁带播放机在带来娱乐的同时，激起了人们对外面世界的好奇心。它们传播了关于现代生活和个人卫生的观念，这表现在肥皂和卫生厕所的使用越来越多。通电的农村商店开始安装冰箱，出售更多种类的商品，这反过来又提高了人们对商品种类和选择的期望。这一切就本质而言都不算新鲜。制造商和能源公司长期以来在美国、日本和欧洲宣传电力的文明力量。正如日本人所说，电力是"生活改善"不可或缺的一部分。但是，这些社会都是以在通向现代化的竞争中领跑而自豪的。而这件事在被现代历史似乎已经遗忘了的贫穷国家，算得上新闻了。随着国际机构接过家庭现代化竞争的指挥棒，发展援助和电视会一起到来。

如果说有什么不同，那就是在毛泽东时代之后的中国，农村的进步更加引人注目。从 1979 年——当时，农民再次获许在市场上出售农产品——到 1984 年，中国农村的贫困人口减少了一半，消费翻了一番。[31] 农村需求和私营企业推动了中国第一阶段的消费革命。直到 20 世纪 90 年代，中国才开始控制经济增长，将城市化列为优先任务，并削减福利——打破了"铁饭碗"和有保障的生活。在毛泽东时代，人们的需求集中在"四大件"上：一辆自行车、一台收音机、一块手表和一台缝纫机。1979 年后，在邓小平的领导下，它们被"八大件"所取代：一台彩电、一台冰箱、一台高保真音响、一部照相机、一辆摩托车、一台电扇、一台洗衣机和家具。尽管自 20 世纪 90 年代以来，中国经济的增长重心转向城市，社会的不平等加剧，但多数农村家庭至少拥有"八大件"中的五至六件。到 2007 年，94% 的农村家庭拥有彩电，一半的农村家庭拥有摩托车和洗衣机，五分之一的农村家庭拥有冰箱。[32]

可支配收入的增加使购买这些商品成为可能，但这种购买的欲望从何而来？在这些购买行为的背后是一段更加漫长的历史，在此期间需求和个人物质主义不断增长。1936 年，费孝通观察了长江流域的乡村生活，并被无处不在的"文化对消费的控制"所震撼：

> 安于简朴的生活是人们早年教育的一部分。浪费要用惩罚来防止。孩子们饮食穿衣挑肥拣瘦就会挨骂或挨打。在饭桌上孩子不应拒绝长辈夹到他碗里的食物。母亲如果允许孩子任意挑食，人们就会批评她溺爱孩子。即使是富裕的家长也不让孩子穿着好的、价格昂贵的衣服，因为这样做会使孩子娇生惯养，造成麻烦。[33]

除了婚礼和其他仪式，节俭是主流。"随意扔掉未用尽的任何东西会触犯天老爷，他的代表是灶神……衣物可由数代人穿用，直到穿坏为止。"消费是扩大式家庭的事，而不是个人的事。这是一个与今天"小皇帝们"所处的截然不同的世界，他们已被玩具、现金和西式快餐宠坏了。然而，变化已经近在眼前。奥尔加·兰在 20 世纪 40 年代第一次感受到这股风潮。不要宠坏孩子的告诫仍然很有分量，孩子在 15 岁之前都会受到严格管教。但也有迹象表明，孩子们变得不那么听话了，他们的权利意识和责任感也在增强。她说："许多有工作的男孩和女孩开始把收入视为自己的，而不是家庭的财产。"这种变化在学生中尤其明显。是的，他们都想促进和平与幸福，为"社会和国家做出巨大贡献"，但是此时许多人将这些无私的目标与"自己衣食住行舒适"的愿望结合起来。[34] 关键词是"我自己的"。

在 20 世纪六七十年代，经济增长带来的收益被用于投资，而不是消费。中山装和简朴的生活是礼节上必要的。妇女和青年被动员起来反对长辈，并被赋予一种全新的自我意识。这一行为的目的是将他们对丈夫和父亲的忠诚转移给集体。然而,当集体主义在20世纪70年代开始瓦解时,它留下了具有激进的个人自主意识的一代人。毛泽东就这样完成了一场"文化大革命",尽管这不是他原本计划的。如果说日本的储蓄是国家主导的,那么中国的个人主义也是。

阎云翔是一名农民出身的人类学家,现在在美国加州大学洛杉矶分校任教,20世纪70年代,他住在中国东北黑龙江省的下岬村,之后多次回去探访。在集体主义时代(1956—1980年),村镇有自己的表演团、舞蹈队、篮球比赛和广播电台,表演者由集体支付报酬。与此同时,革命培养了一种私人亲密文化。婚姻不再是父母之命,而是两个相爱的人自由结合。浪漫和求爱在20世纪五六十年代呈上升趋势,婚前性行为在70年代则趋于常态。虽然正式安排婚姻的做法还在继续,但此时夫妇在让家庭参与进来之前,往往已经选择了对方。由于在一生中,消费的很大一部分集中在婚礼上,通过彩礼、礼物和仪式,浪漫主义革命对消费文化产生了重大影响。年轻女性突然获得了发言权和选择权。家长式作风让位于个人主义。到了20世纪70年代初,夫妻不再让父母为他们安排赠礼,而是自己写礼物清单。对新娘和新郎来说,去省会哈尔滨购物成了一种仪式,在那里他们购买结婚礼服和个人物品,坐下来拍专门的结婚照,并在酒店里享受几个晚上的二人世界。

尽管有公共政策,在最近两代人中,彩礼的数额仍一直在上升。传统上,彩礼履行了新郎家庭对新娘亲属的义务。如今,它越来越多地服务于私人需求——电视、家具,或者最近是洗衣机和汽车,这些都是一对夫妇想要一起开始生活时所需的物件。年轻人还会向父母施压,要求更多的零花钱。个人主义意识在家庭中也有所反映。到了20世纪70年代,为了能在顶楼提供一些私人空间,人们建造了新的住宅。卧室和客厅分开了。10年后,孩子们有了自己的房间。家庭成员开始在各自独立的房间里观看喜欢的电视节目。正如村民们所说,生活就是"想干啥就干啥"。[35]

探究东西方之间的对比,自然会发现双方的独特之处,但是除了不同，它们之间也存在有趣的相似之处。东西方的一个共同特征是消费技术的使用不均衡。在20世纪60年代，日本家庭购买了电视机，却没有自己的抽水马桶。这与20世纪50年代英国许多贫困家庭的情况相差无几，也与早些时候我们遇到的情况并无太大不同：18世纪晚期，美国人偏爱软家具和水晶玻璃，而不是卫生设备和绝缘材料。[36] 今天的印度家庭享有许多住房内部的舒适品，他们的城市却缺乏稳定的供水和排污系统。[37] 但一个世纪前许多法国城市也是如此。对20世纪五六十年代的欧洲农村人来说，在乡村酒吧里围在一起看电视，同样是走向私人电视的第一步，尽管意大利人更喜欢奖金丰厚的游戏节目，而不是穿戴腰布的大个子男人。同样，许多化妆品以小袋包装的形式出售，这并非印度特点的反映。[38] 在20世纪初的欧洲，第一批自动贩卖机同样以小袋包装的形式，出售巧克力和其他小件奢侈品。这些都是许多新兴大众市场的特点，在这些市场中，穷人的可自由支配开销不断上升，但是十分有限。

然而，如果得出东西方趋同的结论，同样具有误导性。零售业仍然非常多样化。欧洲连锁店在亚洲的发展好坏参半，它们不得不适应当地对客户服务的高期望。2006年，法国连锁超市家乐福在中国海口开设了一家门店，销售面积达6000平方米，有30名收银员。14年后，它在这个"中央王国"拥有236家大型超市，但这是在一个拥有13亿消费者的国家。想象一下，在整个法国，有十几家这样的商店——几乎算不上是占主导地位的标志。[39] 东西方的购物习惯仍然存在差异。一个中国人每周会花9小时到处购物，一路上与邻居和家人聊天；而一个美国人会在一个地方买完所有东西。中国的啤酒市场中外资只占很小一部分，约10%。当地零售商已经加大了攻势。在印度，自改革时期以来，传统家庭小摊位的数量有所增加。在德里，成千上万人在周末涌向古尔冈的"格洛布斯"（Globus）、"生活方式"（Lifestyle）和其他华丽的购物中心，而数以百万计的人仍然可以从一些小商店（Fancy Boot House、Self Choice-the Flavour of Fashion、Kadrix & Sons、Gold medallist）买到他们需要的东西，也可以从桑加姆维哈尔和其他当地市场——它们沿着主干道，长达数英里——里众多卖食品的小摊、卖平底锅的小贩，以及卖电子产品和家居用品的商店获得需要的东西。2012年，政府降低投资壁垒，以吸引外资连锁店，但是到目前为止，并未开设多少店铺。

在亚洲，消费已经演变成不同的国家类型。日本大众消费的早期阶段（1955—1973年）与1979年以来中国大众消费阶段的一个主要区别是，日本设法实现了平等增长，而中国已成为世界上发展最不均衡的社会之一。在新加坡，国家通过让每个人都拥有住房来实现平等，借助强制性储蓄制度将增长的收入导入房地产市场，而这些储蓄资金只能用于买房。在这里，消费再次受到国家的影响。

1989—1990年的日本经济危机，引发了储蓄者和消费者之间的新分化。在20世纪90年代"失落的十年"中，平等让位给了格差社会，即一个差距甚大的社会。为了刺激需求，日本和韩国从提倡储蓄转向鼓励信贷。信用卡支出激增，储蓄下降。到2000年，日本四分之一的购物都是用信用卡支付的。韩国甚至对信用卡购物提供退税。在韩国，家庭债务在GDP中所占的比例已经可以与美国匹敌。成千上万的日本人因负债自杀。到2003年，日本的家庭储蓄率已降至6%，韩国降至3%，远低于法国、德国和意大利仍相当可观的11%。[40] 与此同时，经济快速发展的印度和中国还在继续存款。

1989年的亚洲金融危机留下了一个奇怪的悖论。受金融危机打击最严重的国家，被迫对消费者更加友好。除了更容易获得信贷，日本还通过削减食品成本和打破小型零售商的垄断来追求"价格毁灭"。折扣商店出现了，购物时间也变得更加方便。正当日本消费者勒紧裤腰带时，他们开始享受前所未有的选择和廉价待遇。[41] 与之相反，在蓬勃发展的中国，消费变得不那么重要。虽然"蛋糕"越来越大，分到人们手中的那块却越来越小。没错，20世纪90年代消费翻了一番，但储蓄增长了两倍，达到官方公布的23%。拉动中国经济的引擎是投资，而非消费，这与印度形成了鲜明对比，印度的家庭储蓄同样很高，投资却很低。自然，13亿人买了很多东西，但是在2005年，中国人的平均消费仍然低于阿尔巴尼亚人或苏丹人。[42] 与其他新兴国家相比，个人贷款在银行贷款中所占的比例仍然很小。例如，巴西人的消费债务是中国人的四倍。我们可以继续讨论事实和数字，但论点已经提出了。今天，可能没有什么人比中国人更远离"挥金如土的消费者"这一流行形象了。

原因很简单，它引导我们回到国家的中心地位。1997年以后，当共产党开始削减国有职工数量和社会福利待遇时，它将负担转移给了私人家庭。医疗、教育和住房曾经是免费的，现在却又要花钱又要操心。越来越多的"私人消费"被这三项所吸收。一个私营业主把四分之一收入花在子女教育上，这并不罕见。[43] 最重要的是，年轻夫妇面临所谓的"4-2-1"现象，即有四位父母要照顾，在将来却只有一个孩子可以照顾他们。它鼓励储蓄。相对而言，当下消费不如计划未来那么重要。

2004年，中国总理温家宝宣布，内需是中国发展的基础。这说起来容易做起来难，而且在工资、公共卫生和教育得到重大提升之前，很难看到它将如何实现。到目前为止，医疗保险（自2007年以来）还处于初级阶段。正如我们将在本书的第二部分看到的，20世纪50年代以来，西方的个人丰裕得益于"公共消费"，即国家增加了在住房、福利和休闲方面的支出。没有后者作为前提，中国将如何实现前者，我们对此尚不清楚。今天，"中央王国"仍然远离以美国为代表的消费社会，就像远离欧洲和日本一样。在过去10年里，消费（即家庭在商品和服务上的支出）对GDP的贡献从42%降至35%以下，尽管官方统计数据淡化了住房方面的额外支出。[44] 在美国，这一贡献值是中国的两倍。亚洲其他地区的这一比例约为50%，以其他发达国家的标准衡量，这相当正常。如果消费主义被定义为一种即时满足的文化，即个人消费驱动经济并主导日常生活，那么中国人根本就不是消费主义者。

传统的现代人

这些总体上的发展，给人留下了消费领域不断变化的印象。但是，它们并没有告诉我们亚洲人是如何经历这一切的。归根结底，消费是一种实践和身份，也是一种行为和归属。虽然有一些日元、人民币或卢比可以花费是一回事，但更大的消费行为对生活方式和归属感造成的影响则是另一回事。身为日本、中国或印度的消费者,他们有何感受?旧的习俗、等级制度和心态是否已经被一种更加没有特色的全球消费文化所取代,在这种文化中,身份和地位是否由个人的品位和财产所决定?

纵观当代亚洲,最受关注的群体一直是中产阶级。对各国政府和外国投资者来说,中产阶级都一直是成功程度的"石蕊试纸":这个群体越大,社会就越现代化。事实证明,中产阶级很难被界定。衡量标准的差异很大,这取决于"中产"是被定义为统计上的平均值(就其财产而言),还是被定义为处于饥饿状态的穷人和超级富豪之间的人,抑或被定义为受到教育、收入和生活方式等方面综合影响的群体。在20世纪90年代的印度,中产阶级估计有1亿到5亿人。在中国社会科学院于2000年进行的一项调查中,近一半的受访者认为自己是中产阶级,但是只有3%拥有达到官方定义所需的商品和收入。[45]

这种混乱并非亚洲所独有,也不是什么新鲜事。巴西的中产阶级同样难以捉摸。进入19世纪,欧洲人使用了一系列相互有所冲突的范畴,如等级、种类、程度和顺序。"中等阶层"只是在为投票权斗争的过程中才发出了自己作为"中产阶级"的声音,当时它将自己标榜为社会稳定的化身。20世纪80年代以来,亚洲的新情况是,有关新中产阶级的讨论主要来自政府和企业,而不是政治运动。在中国,官员们更喜欢狭义地说"中等收入群体"或"新中产阶层"。这些经济范畴缺乏19世纪欧洲所共有的身份认同和生活方式理念。在1900年的巴黎,资产阶级的成员们享有同样的消费文化,在财物和休闲活动方面有着相似的品位,比如收藏、绘画和观看戏剧表演。与之相反,2000年上海的研究人员发现,收入、教育程度和职业几乎相同的专业人士,生活方式却大相径庭。[46]

从社会学和经济学角度来看,中国并不是一个典型意义上的消费社会。每个人都或多或少拥有相同的东西。富人和穷人都有电视,这一事实掩盖了巨大的不平等。[47]几个世纪以来,过度消费一直被归咎于社会模仿和"攀比"。当代中国是按照一种不同的机制运转的。在这里,炫耀没有什么好处。过度的生活方式已经受到中国政府的惩罚。可以说,同民主西方过简单生活的呼吁相比,中国在遏制炫耀性消费方面做得更多。

通过更仔细的观察，我们就会发现中产阶级是一个无固定形态的群体。在2003年的中国，拥有300万人民币的百万富翁与前20%的城市家庭——他们的年可支配收入为2000美元——所处的是两个完全不同的世界。对大多数中国人来说，就像在印度和更大范围内的亚洲一样，成为中产阶级并不意味着去购物中心，而是生活在每天为支付学校和医院的费用而挣扎的边缘。大多数人都是精打细算的焦虑消费者。

在南亚，消费受到的限制也同样明显。1999—2006年，研究人员跟踪调查了加尔各答和孟加拉北部西里古里的职员和专业人员。大多数人的工资都在上涨，并且拥有电视和冰箱。他们认为有线电视频道和购物带来进步，甚至解放——"就因为我是女人，为什么我必须整天待在家里做饭和打扫卫生？我可以外出购物。去购物是他们在电视节目中展现出来的……这是现代新女性的象征。"与此同时，物价上涨迫使他们节俭。他们减少去电影院和餐馆的次数，用巴布尔牙膏而不是高露洁刷牙，去图书馆而不是书店，吃本地糖果而不是品牌零食。[48]

许多人继续依靠礼物、借贷和一点运气来维持中产阶级表面上的舒适，这种方式对研究资本主义的伟大理论家卡尔·马克思来说实在是太熟悉了。让我们来看看20世纪90年代初斯里兰卡一家广告公司的一名办公室职员的公寓。客厅里有一张长沙发、两把椅子和一张餐桌，墙上挂有缅甸乡村风景的版画。家里有一部电话、一台收音机、一台13年前的黑白"国产"电视机，还有一台更旧的录音机（已经坏了）。这些东西都不是他自己买的。电视是他给一个欧洲人当司机时，那人送他的礼物。磁带录音机是他从另一个雇主那里得来的。家具来自朋友和家人。洗衣机是他从一位正在中国进修的邻居那里临时借来的。唯一自己买的东西就是那套廉价窗帘。他的大部分工资花在食物、妻子的药品和孩子们的学费上。[49]在印度这样的贫穷国家，二手商品市场规模之小令市场分析师感到困惑——在印度农村的收音机销售市场中，二手仅占8%。[50]它可能反映了一种互相接济、代代相传的经济，也反映了一种理念，即"新的才是最好的"。

现代历史上，家庭一直是消费文化的能量之源。家庭是产生舒适和便利的地方，能够保存家庭成员的记忆，而个体又通过物品来塑造他们的身份。西方的零星变革在中国却是一场革命。在不到 10 年的时间里，中国创造了一个房产拥有者的国家。相比之下，赫伯特·胡佛和玛格丽特·撒切尔——美国和英国的住房产权民主倡导者——小巫见大巫。1997—1998 年的 16 个月里，中国出售了价值 8 万亿人民币的国有住房，这是史无前例的财富转移。大多数单位以人为的低价将公寓出售给自己的职工。房屋销售的刺激力度几乎与 1933 年美国"新政"相当。[51] 如果让房主按市场价购买，消费者支出将大幅减少。

私有化将生活的方向从工作单位转到家庭。直到 20 世纪 90 年代，工作单位都是一个 24 小时的微型社会。吃饭、玩耍、劳动和社交，生活都是围绕着它进行的。旅行或预订酒店必须经过单位的批准。单位分发手表、衣服和其他配给物品，并且分配住房。在这种体制下，家庭只不过是一个避难所。事实证明，"大跃进"（1958—1961 年）期间推动工业化，是住房标准的一大倒退。钢铁和水泥的短缺，实际上使现代建筑陷于停顿。20 世纪 60 年代，建筑工人和城镇不得不依靠当地的材料，用土坯墙建造了简易房屋。住房的总体情况是严重短缺、过度拥挤和缺乏隐私。1985 年，首次住房普查发现，人均住房面积不足 4 平方米。许多家庭在走廊里做饭，共用厕所和水龙头。两年后，中国政府重新规定了住房的设计方针："每个家庭单元必须拥有独立的房子，不能与其他家庭共用一个入口。它应该有一间卧室、一间厨房、一间浴室和一间储藏室。"[52] 到 2002 年，上海 90% 的家庭都是这样的。私人家庭单位赢了。在那之前，空间一直是用"睡眠类型"来衡量的。现在，国家承认家是一个居住的地方，而不仅仅是睡觉的地方。一个家庭需要有独立的娱乐、社交和学习空间，并且需要扩展，这样电视、炉灶、淋浴器和洗衣机才能搬进来。不到 10 年，城市家庭住房的面积翻了一番。

建筑热潮给数百万人提供了一个逃入私人世界的机会。封闭社区如雨后春笋般涌现。一位已经搬进上海万科城市花园小区的 33 岁工程师解释说："在我从小长大的地方，邻居知道我在学校考试中的成绩怎样，我的家人是否买了新家具，甚至我们晚餐做了什么。现在在我自己的公寓里，我不必面对那些没完没了询问你私生活的爱管闲事的邻居。"[53] 数百万套新公寓以毛坯的形式出售——没有装修厨房和浴室，也没有布线或者粉刷——随后，得意的房主们将这些毛坯房变成了自己的家。2000 年，上海居民花了自己几年的收入来装饰他们的公寓。1998 年，宜家家居正式在中国上海开业。到 2006 年，中国家用纺织品的销售额已经达到 200 亿美元。[54] 无论是光洁时尚的意大利设计师的沙发，还是沉重的橡木桌和俱乐部扶手椅的"英伦怀旧风"，许多家居杂志和室内设计公司都开始迎合大众的梦想——追求"高贵优雅的生活享受"。[55]《美好住宅与庭园》（Better Homes and Gardens）杂志于 2006 年推出了中文版。

在过去 20 年里，社会学家黛博拉·戴维斯一直关注着中国的城市居民及其住所。对很多人来说，家庭装修成了第二份工作。他们在午休时间参观展厅和 DIY 商店，下班后购买家具和材料，周末还得盯着装修工人干活。许多人在装修公寓的时候，在一个单间里睡了好几个月。后来，他们还会怀疑自己是不是太奢侈了。有些人则因为自己的装修预算达不到那些时髦的杂志信誓旦旦花多少钱就能实现的装饰效果，而感到沮丧。不过，总的来说，戴维斯的采访呈现的是真正的满足感：人们能够选择自己的私人住所，并使之成为现实。她的研究对象大多出生于 1948—1956 年。"文化大革命"夺走了他们的青春期和青年期。他们不得不在农村工作，睡在过道上，或者和另一个家庭挤在一起。他们在没有私人空间的环境中成长起来。与这些可怕的回忆相比，作为一个收入有限的消费者的挫折感微不足道。对他们来说，重要的是他们能够设计自己的私人空间。睡在地板上，醒来之后继续一份糟糕的刷油漆工作，这些牺牲都是值得的。正如一位新娘所说："我有了自己想要的家，我们装修得很开心。"[56] "文化大革命"期间整整一代人遭受的苦难，是中国消费文化进步带来的不平等日益加剧却没有动摇政权的原因之一。隐私和稳定弥补了相对剥夺。问题是，当新一代人习惯于舒适的私人生活，20 世纪 60 年代的黑暗记忆成为历史时，将会发生什么。

外国商品会侵蚀当地的身份认同，这是一种和贸易本身一样古老的恐惧。在现代，物品及其形象的跨文化交流呈指数级增长。这一点很明显。不太清楚的是，当地文化是如何应对的。移民潮是否已经扫除了种姓和民族等集体身份，留下了一个"扁平的世界"（flat world）？[57]

早在1929年，学者室伏高信就问道："哪里能找到一个没有美国化的日本？""我敢断言，美国已经变成了世界，今天的日本只不过是另一个美国。"[58] 一个新的世界秩序似乎正在形成，它不是建立在军事力量的基础之上，而是建立在一种商品和梦想的物质文明基础之上。这种对美国文化的迷恋是土生土长的，与其说是来自好莱坞的舶来品，不如说是现代化的工具。它与人们对日常生活物质基础的兴趣交织在一起：衣服和电影造就了人。这些思想一定程度上受到马克思和海德格尔的启发，但是在日本采取了不同的方向。许多日本作者并没有哀叹现代事物如何扼杀了真实性，而是将美国电影、酒吧和现代家庭赞颂为摆脱封建习俗的工具。对早期人种志学者今和次郎来说，消费是主体性的来源。[59] 人们不用被告知如何着装和举止，而是可以塑造自己。

"二战"后，在日本，美国事物随着美国的占领而成倍增加。1949年，《朝日新闻》推出了连环漫画《金发女郎》，让日本家庭主妇能够了解美国的生活方式。很快，口香糖、爵士乐、乡村摇滚乐找到了新的粉丝。20世纪50年代，美军驻东京基地六本木吸引了追求时尚的日本年轻人——六本木一族。城市住宅采用了标准化的西式布局，即LDK（living-dining-kitchen）模式，起居室-餐厅-厨房的功能统一在一起。然而在内部，这些外来空间被驯化了。大多数家庭都会装修一个日本风格的房间，里面有榻榻米垫，还有为了展示古董、鲜花或画卷而专门设计的壁龛。这类"和室"具有双重功能，兼作个人放松和宗教庆典的空间。正是在这里，一套西式公寓当中仍然可以看到日本人的品位。

科技也被重新定义为"日本的"。日本公司将电视和其他电器作为传统与现代的融合物来营销。松下在20世纪60年代末的一则广告中，引用了一位日本画家的话："西方的非人性化机制来到了日本，逐渐演变成一种适合人类皮肤温度的机制。这样的东西就是国产彩色电视机。"广告承诺：只有日本的彩色电视，才能再现真正的"日本色彩"。立体声音响和电视机，融合了日本的设计特色。现在可以一边观看棒球比赛，一边感受与帝国历史的联系。松下公司甚至用柚木装饰冰箱,并将其命名为木曾(Kiso)。木曾是"日本的阿尔卑斯山"中的一座山谷,在14世纪早期曾是后醍醐天皇的据守之地。[60]

美国化在亚洲国家引发了不成比例的关注,与其说是由于商品的进口数量,不如说是对文化污染的担忧。[61]毕竟,新加坡及其邻国也购买了大量日本商品,却并不担心日本化。日本产品被视为有用的小工具,而不是外来病毒。1992年,日本富士电视台推出了周日晚间才艺秀节目《亚洲新星》(Asia Bagus!),这个节目是日本与新加坡、马来西亚和印度尼西亚联合制作的;两年后,中国台湾也加入进去。每一季都有50万名雄心勃勃的表演者参加比赛,他们希望成为下一个亚洲偶像。节目由一名日本人和两名新加坡人共同主持,他们会交替使用日语、马来语和汉语普通话主持节目。[62]这种亚洲化的形式现在可能比美国化更加重要。流行音乐一直是日本主要的出口商品,尽管被韩国官方正式禁止,直到1998年这种情况才有所改善。到20世纪90年代,未来是日本化,而不是美国化。许多泛亚电影会包括东京塔的镜头,好给这些电影带来一种现代化的气息。此后的韩流,以及中国香港的粤语流行乐和中国台湾的华语流行乐在中国大陆地区的成功,反映出这一泛亚音乐圈日益增长的重要性。韩国的流行音乐是由韩国政府以10亿美元的投资基金培育而成,这是国家发挥重要作用的又一例证。[63]同样,在印度次大陆,马斯喀特和迪拜对现代生活理念的影响力,至少与巴黎或纽约相当。正是在那些海湾国家,来自南亚的经济移民开始使用空调和其他新电器,并且养成了外出就餐等休闲习惯。

在印度,帝国的遗产使消费和民族主义之间的关系变得更加复杂和敏感。帝国给了消费一个坏名声。时尚、外国商品和对与众不同的渴望,都被谴责为帝国主义企图征服印度人。民族认同的定义是反对大英帝国。因为帝国炫耀它的现代商品,所以成为一个自由的印度人,必然意味着禁欲主义。具有历史讽刺意味的是,在帝国正式瓦解后,这种反殖民的方式继续进行着帝国的工作,它强化了一种双重世界的观念,即只有一部分人享有舒适生活的特权,而其余的人注定要辛苦劳作。

1991年以来的自由开放,结束了这种双重世界的划分。突然之间,现代化意味着成为一个消费者。一位来自印度喀拉拉邦的次等种姓纳亚尔的年轻女子承认："我们对甘地有很深的感情，但我认为我们没有实践他的思想。在我们家里，我们喜欢来自别处的东西。"[64] 没有多少人还赞同甘地的理念，即富人需要过更简朴的生活，这样穷人才能过简朴的生活。一名IT工作者直言不讳地提出了新的正统观点："我认为物质主义是好的……我们的想法太可悲了。你知道，'我不需要冰箱，我有一台黑白电视机'。我是说，拜托！那全是废话……沿着这条路线，我们抵达了某个阶段，并从贫穷中发展出了一种美德，我认为是时候停止这样做了。"[65] 当印度民族主义者在20世纪90年代末重新发起抵制英国商品，尽量购买本国产品的运动时，他们既支持全球化，也支持民族主义。

或许可以说节俭已被抛到一边，但就印度性而言，则很难套用这样的说法。在印度，现代化意味着购买全球产品，而不是接受全球性的身份认同。个人主义仍然受到对家庭和社区义务的制约。例如，古吉拉特邦的"黄金走廊"巴罗达的中产阶级就在微妙地保持平衡。他们在购买汽车、电器和装饰房屋的同时，也在试图保持传统的价值观。2004年，在谈论新的生活方式时，他们将它与理想化的乡村社区进行了比较，因此对它做出了消极的评价。把钱花在自己身上、时尚和炫耀性的展示，被看作对传统、家庭和身份的道德威胁。因此，矛盾的是，虽然实际消费增加了，但它仍然与大部分消费者的群体认同无关。至少在巴罗达，中产阶级是从当地的道德价值和社区观念中，而不是从全球消费文化中学习的。[66] 在别处，移居国外的IT工作者和商人会回到祖国生活，以便他们的子女能成长为印度人，尊重家庭和习俗。

消费文化非但没有扼杀印度人的身份认同，反而为他们提供了全新的表达机会。IT女员工梳着传统的发型，穿着沙丽克米兹（salwar kameez）去上班。1991年以后，当外国公司进入印度市场时，它们也为印度公司创造了一个通过鼓吹自己的独特价值脱颖而出的空间。没有什么会是比印度食物更好的标志。印度成衣品牌服饰（Indian Terrain）给休闲度假衬衫打的广告标题是"我让比萨变成了坦都里"，出现在这则广告里的是一位时髦的现代印度人，还涂了发胶，他的消费理念是：

听说过蔬菜汉堡包吗？听说过玛萨拉茶吗？听说过坦都里比萨吗？全部的创造灵感都源于我拒绝像世界上的其他人一样吃东西。所以，食品连锁店阅读了写在墙上（或收银机上）的信息，并根据我的口味定制了全新的菜单。[67]

阶级和种姓是建立在一个人在生产系统中的地位之上的。消费的增长是否侵蚀了它们？对印度的精英阶层来说，尼赫鲁官僚式"许可证统治"的终结，为他们开辟了新的地位来源。在外企工作开始比在公务员队伍中任职更重要。不可避免地，自由化引发了人们对印度精英被"西方化"——在全球物质主义的祭坛上牺牲了他们的民族灵魂和对穷人的关心——的担忧。[68]实际上，IT经理和专业人员是相当保守的消费者。他们的首要任务仍然是作为父母的职责：买房子，帮助家庭，投资孩子们的教育。[69]在社会地位方面，名牌汽车或平板电视并不能取代自精英理工学院或外国大学获得的MBA学位。在某些方面，经济奇迹加剧了阶级之间和阶级内部的不平等。在印度农村，大地主和食利者增加了他们的消费份额，地位较低的农民则失去了消费的机会，不再收到补贴，并受放债人摆布。在城市里，零售业和服务业的所有者、管理者获益，而非熟练工人的支出成比例下降。[70]

专业和商业的最高职位仍然属于高种姓印度人，但有迹象表明，种姓制度已经软化。2001—2006年，一位人类学家在与班加罗尔的年轻男性"闲逛"时发现，朋友不分种姓、收入，能够共享衣服、香烟和摩托车。[71]在德里以外的北方邦，达利特人也开始普遍使用品牌牙膏刷牙，而不是咀嚼当地苦楝树的枝条。消费品长期以来一直是低等种姓维护自己的工具，这至少可以追溯到20世纪初，当时达利特人幸运地获得了一小块土地，穿上了人造丝纱丽。高等种姓婆罗门开始穿着衬衫而不是多蒂，坐下来进餐，吃肉喝酒。[72]然而，这并不意味着种姓制度已经消失。20世纪90年代在喀拉拉邦，低种姓的普拉亚人穿着红缎子衬衫和运动鞋，头发梳理得像电影明星一样，十分炫目。这些都没有动摇种姓制度。上述低种姓中的一群劳工，即伊扎瓦人，看不起这种浮华愚蠢的炫耀。对他们来说，受人尊敬意味着要花钱买房子、家具和黄金首饰。[73] 消费仍然是为了在自己的群体中获得认可，而不是效仿高等种姓的做法。

低等种姓的人都很贫穷，但这并不意味着他们的生活方式相同。有些人比其他人消费更多。1993 年，劳动局调查了印多尔在册种姓工人的生活条件。研究发现，制鞋家庭比清洁工和拾荒者吃更多肉、喝更多牛奶，这可能是因为与皮革相关的工作降低了人们对动物制品的宗教抵制。然而，清洁工和拾荒者拥有更多的财物。许多人拥有电视机、电扇、自行车和手表，有些人有缝纫机、电唱机和冰箱，还有一个人甚至拥有相机。相比之下，制鞋工人的家庭相对清贫。[74]

如今，处于收入底层的高等种姓成员拥有一台电视、一台冰箱和一辆汽车的可能性，几乎是同样贫穷的低等种姓印度人的 10 倍。因此，种姓制度很重要，但重要的不是它本身。种姓制度与城镇和乡村之间的物质鸿沟有关：高等种姓更有可能生活在城市，因此从一开始生活就相对较好。[75] 在那些生活富裕并移居城市的低等种姓成员中，他们拥有电视和其他电器的情况更接近更高种姓的成员。值得注意的是，在最贫穷的地区，不同种姓之间的差距最大。

许多西方评论将消费主义等同于个人主义，因此家庭支出值得特别强调。在印度，最近的经济繁荣之前，核心家庭已经是一种常态，卢比却继续大量流向扩大式家庭。一个世纪以来，社会改革者对奢华的婚礼和葬礼的谴责一直被置若罔闻。可以说，家庭和习俗方面的支出是随着消费文化的兴起增加，而不是减少。1994 年，电影《情到浓时》(*Hum Aapke Hain Koun...!*) 上映，这部集家庭、爱和家庭舒适于一体的电影，席卷了印度。在这个关于生活方式的浪漫故事中，新厨房和奢华的内部装修，与穿着时髦的明星一样重要。萨尔曼·汗饰演的"万人迷"普雷姆甚至养了一条名叫图菲的狗，这是中产阶级生活方式的终极标志。《情到浓时》在票房上取得成功的原因在于，这部爱情故事的框架是一个和谐的扩大式家庭，包括侄子、远亲和幸福的包办婚姻。对观众来说，这部电影证明了拥有更多东西并忠于大家庭的理想是可能的。[76] 在现实生活中，爱情和婚礼仍然是家庭忠诚和互惠的表现。嫁妆、结婚庆典和礼物的价格都在飙升。一套印度结婚礼服的价格可能相当于一辆汽车。今天，大多数印度新娘和新郎都是为了爱情而结婚。然而，他们宁愿等待着不结婚，也不愿失去父母的认可；在软件工程师的群体中，三分之二的婚姻仍然是经过正式安排的，尽管这对未婚夫妇已经先自由恋爱了。

在整个亚洲，家庭继续塑造着消费模式。给亲戚的洗衣机、学费和移民工人寄回家的其他汇款，都表明了人们优先考虑的是什么：家庭责任，而不是个人奢侈。耐用消费品一旦跨过门槛，改变的不仅仅是家庭关系本身，而是家庭生活的方向。1951 年，社会学家罗纳德·多尔住在东京的一间病房里，他捕捉到了一个转型中的社会。他问家庭主妇："家里有什么正在使用的东西吗？如果你负担得起，你最想要的东西是什么？"他的受访者意见不一。几乎一半的人回答是更多的衣服或更好的家具。比这个数量略微多一点的人想要洗衣机、吸尘器、立体声音响或烤面包机。这些回答反映了旧有的社会地位消费体系的部分崩溃。在过去，最珍贵的物品是一种表明社会地位的方式。在特殊的节日里，农民会穿上他们最好的衣服，摆出最好的瓷器，以求给同侪留下深刻印象。节日聚会结束后，他们又会穿回旧衣服，用回破杯子。接受多尔采访的第一组东京家庭主妇仍然反映了这种心态。她们想要更多同样的东西，并且关注更高质量的衣服。对她们来说，为了给别人留下好印象而牺牲家庭舒适是很正常的。父母在食物上精打细算，这样儿子就有零花钱和同龄人攀比。第二组中，一个新的消费方向正在显现。在这里，消费的追求集中于新奇事物，这些新奇事物首先保证能够通过娱乐、更高的舒适感、节省时间和精力，使家庭感到满意。多尔解释说，在不断发展的城市里，社区纽带更加松散，这使"社会地位和声望与物质财富的关系变得不那么重要"。[77] 炫耀性消费并未消亡，但此时通过购买电风扇、电视和其他可以向客人和朋友自豪地展示的新电器，它被用于家庭福利。

在日本，从 20 世纪 50 年代开始，两个截然不同的理想使扩大消费合法化：国力和社会平等。只要购物者不忘记和自己同属一个国家的农民、小零售商和制造商，消费就没有问题。为日本大米多花点钱是国家团结的代价。与此同时，丰裕引发了新的担忧。20世纪70年代，日本人对镜观察自己，并对"生活方式"感到疑惑。在年度调查中，首相办公室询问人们："你是否觉得生活方式有所改善？"1974年，答案变成了否定，并且从那以后一直如此。[78]

回想起来，20世纪80年代是收入不断增长的黄金十年，也是时尚青少年群体和《银座街上的古驰》（Gucci on the Ginza）——1989年日本新一代消费者当中的英文畅销书——的年代。20世纪80年代中期的态度调查发现，大多数人把自己的满足感放在第一位。消费文化似乎正在孕育一个个人主义的国家。事实上，这只是暂时现象。早在1989—1990年泡沫破裂之前，"脱离物"、享受"物以外物"的趋势就已经开始了。[79]对真实体验和幸福关系的后物质追求，进入了零售领域。消费者厌倦了新奇的科技产品，生发出怀旧之情。西武百货公司开设了"再生馆"和草药店。严重的经济衰退以及随之而来的20世纪90年代"失落的十年"，又加剧了这一趋势，消费者勒紧裤腰带，大公司削减滑雪旅行和消费账户，家庭重获价值。上班族不再和同事泡在酒吧里共度夜晚，而是和妻子待在家里，尽管他们仍然很少有时间一起坐下来吃饭。1992年，日本首相宫泽喜一承诺要让日本成为一个"生活方式上的超级大国"，更少压力，更多放松。[80]那时，《银座街上的古驰》看起来就像是一个已逝去的时代的遗迹。零售分析师担心的不是个性化，而是日本人变得越来越相似。[81]自1989年以来，人们的态度又回到了20世纪80年代经济繁荣之前的状态：社会和国家是第一位的。[82]

在韩国，就和日本一样，炫耀性消费在20世纪80年代末和90年代再次被当成一种社会疾病。1993年，93%的韩国人认为"过度消费"是一个"严重的社会问题"，尽管很少有人愿意把矛头指向自己。[83]花费在学校、休闲、日常庆吊礼物上的开销，招致了最大的指责。这些指责大部分是针对女性的。韩国媒体刊登了"过早富裕"的骇人听闻的故事，将受过教育的年轻女性描绘成购物的奴隶。首尔梨花女子大学（一所精英私立女子大学）的学生据说花50万韩元买了一条内裤，当时约合700美元。长老会和政府是反奢侈品运动的先锋。20世纪80年代，首尔基督教青年会一直将更为丰裕的生活妖魔化。他们警告说,"健康"的生活方式正在让位于迪斯科、酒精和性的享乐经济。个人的奢侈正在取代共同的牺牲。

一个世纪以前,欧洲和美国的改革者也曾敲响类似的警钟,他们担心商业休闲会腐蚀公共生活和公民的身心健康。与之相比,韩国的改革者有一个很大的不同:他们得到了国家的全力支持。因此,在很短的时间内,外国精品店就从百货公司里消失了。有传言称,购买外国汽车的人将因涉嫌走私和外汇欺诈而受到调查。对政府来说,"过度"是外国产品的代号。来自美国的葡萄柚遭到抵制。外国商品被要求贴上这样的价格标签——在商店里高昂的售价旁边标明它们低廉的进口价。因此,韩国消费者会意识到,他们花大价钱购买的美国摄像机或意大利手袋,其实只值零售价的一丁点。[84] 这反映了民族主义情绪的强烈程度,政府似乎从未担心过,价格标签制度可能会让消费者对韩国政府本身感到愤怒,毕竟,韩国政府把对外国商品征收高额关税放在首位。

尽管亚洲和欧洲社会都存在对消费的抵抗,但我们很难不得出这样的结论:与欧洲社会相比,在亚洲社会当中,消费不是那么严重的道德挑战。大多数谴责"消费主义"的说教和畅销书来自美国和欧洲,而不是日本、印度或中国。亚洲人对奢侈品的争论缺乏西方人那种激烈的情绪和尖锐的偏执。对佛教徒或印度教教徒来说,财富和财产不像对许多基督徒那样带有罪恶的污名。民族主义和社会团结提供了共同的道德脚本。只要消费者负起责任,丰裕就不是问题。

因此,关爱家庭和社区是亚洲人接受消费的一个基本先决条件。这种态度超越了人类社会,延伸到了物的群落。前文中,我们批评了这样一种观点:现代西方是一种与客体疏离、以主体为中心的文明。事实上,西方思想家和作家都确实体会到,自我是物质的。维多利亚时代的文学教导孩子,如果他们关心自己的玩具,玩具也会爱他们。亚洲社会有着一种特别强烈的观点:物品拥有灵魂。在佛教中,物体和经历都是不断变化的,并且可以走向解脱。在神道教中,物体具有神奇的力量。卡尔·马克思认为,西方之所以引领资本主义发展,是因为它聪明地将灵魂从物体中抽走,以便将它们作为抽象商品进行交易,换取利润。这样一种观点显然与过去几十年的亚洲奇迹格格不入。万物有灵论——相信动物和物体都有灵魂——显然并没有阻止消费资本主义在东方的发展。物品具有灵魂,并不意味着它们不能被购买、馈赠、渴望和交换。

日本就是一个很好的例子。两次世界大战之间的建筑师布鲁诺·陶特理想化出了一个朴素的东方。如今,他一定会被日本家庭中堆积的许多装饰品、礼物和纪念品所震惊。在过去,一种被称为仓或藏的储藏室服务于季节变化的需求。摆放的东西会轮换。如今,小公寓里到处都是永久性的储物单元,可以存放任何季节的多套衣服。在日本这样的礼品社会中,可支配收入的大幅增长,加上旅行和情人节等新旧节日的商业化,让很多家庭都堆满了物品。不过,如果把它们扔掉,可能会带来坏运气。直到今天,礼物和纪念品都不能轻易转让,除非新的接受者承诺会保存好它们。例如,一位家庭主妇讨厌她丈夫从中国带回来的东方三贤士雕像,但她担心如果把它们扔掉,自己可能会被诅咒。同样,如果电器还能正常工作,就不应该被扔掉。为了应对物质洪流,日本家庭想出了三种策略。第一种是要有橱柜和壁龛,这样一来,许多小雕像、鲜花和礼物就可以得到适当的摆放和展示。第二种是喜欢可以用完的礼物,尤其是糖果和泡菜,还有洗衣粉。最后,还有募捐市场,人们可以在那里留下不再使用的东西,并附上告别卡,让新主人好好照顾它们,就像把孩子送到孤儿院一样。[85]

换句话说,消费可以是精神上的。拥有更多的好东西并当个好人是完全可以做到的。自20世纪80年代以来,东南亚的教派和鬼神崇拜随着商品世界一道兴起。[86]在中国,人们重新发现了孔子,并在他诞辰那天献上祭品。更大范围的宗教复兴表明,新儒学不仅仅是一个国家在毛泽东时代之后寻求民族意识形态的产物。寺庙正在翻新,宗教旅游正在蓬勃发展。[87]儒学提倡和谐、尊重他人的理念,这方便了管理者,但也是日常生活中道德行为的指南(礼)。对那些担心贪婪索取的人和热衷于使用礼物、获得和花费来建立关系(社交网络)以改善生活的人同样具有吸引力。在一个将礼物和商品文化相结合、消费与仪式和互惠联系在一起的社会中,个人必须在慷慨和利己、互惠和腐败之间保持微妙的平衡。盖洛普在1994—2004年的调查报告显示,儒家思想的复兴可能是"勤劳致富"

心态衰落的原因之一。"仁"，即在追求完满人性的过程中修身养性，是儒家思想的核心。与普遍看法相反，中国人并不痴迷于工作。他们的价值观已经转向自我表现、个人品位、娱乐和交际。一个迹象是 DVD 和手机的普及速度惊人。1997 年，7% 的家庭拥有这两项物品，到 2004 年，这一比例分别达到 52% 和 48%，远远快于几十年前洗衣机和冰箱的普及速度。到 2013 年，平均每个中国家庭拥有两部手机。[88] 如果说这种从功能商品到情感商品的转变在所有发达经济体中都可以观察到，那么它在亚洲尤为明显。

半神，半公民

有时候，商品的实际情况和标签上所说的并不完全一样。1998 年，中国北方山西省的村民在春节期间喝了几瓶酒。对其中的 27 个人来说，这是他们最后一次庆祝，因为酒里掺了有毒的甲醇。维多利亚时代的人们很熟悉这种悲剧，在发展中社会，这种悲剧也一再发生。不断增长的需求和新产品在带来快乐的同时，也带来了风险。这是关于消费者权益和保护的争论的历史背景。从 19 世纪末欧洲早些时候禁止掺假的法律，到 1962 年约翰·肯尼迪的《消费者权利法案》(Consumer Bill of Rights)，其中规定消费者享有安全、自由选择、被倾听、被告知和被尊重对待的权利。在美国和西欧大部分国家，这项政策是与民主政治同时发展起来的。消费者要求被承认为公民。在亚洲，对消费者的发现与经济增长一样引人注目。日本、印度和中国都推出了自己的消费者法案。到 1997 年，一项调查显示，《消费者权益保护法》对中国人的影响已经超过了《劳动法》和《刑法》。[89] 如今在任何地方，消费者都被认为是一个重要的存在。问题在于，它是哪种生物，它的父母是谁？它是一个政治公民、一个自力更生的市场参与者，还是像中国人所说的一样，是"上帝"？

在印度，消费者保护由来已久。《政事论》非常关注民众面临的众多风险，从出千的赌徒到穿着主顾衣服的洗衣女工。它说，商家都是"小偷"，企图欺骗顾客。另一个危险是过度扩张的政府。两千年的历史几乎没有改变这一长串抱怨——牟取暴利、操纵价格、掺假、在度量衡上运用欺诈手段、误导和欺骗——尽管今天很少有消费者维权人士会像《政事论》中所述的那样惩罚罪魁祸首。它建议,如果商家谎报商品的质量,应赔付实际价值的8倍;一个非法工作的金匠则面临200帕纳(pana,古代印度的银制印记货币)的罚款或失去手指;在当时,最低级政府官员一年的薪水是60帕纳。[90]

独立后的印度在发展自己的消费体制方面进展缓慢,当它这么做的时候,却引起了轰动。20世纪50年代,政府通过了一系列法律来控制药物和"神奇药物"、食品掺假、贸易以及商标。然而,这些措施纯粹是预防性的,并没有给予消费者任何补偿。1986年,印度通过了《消费者保护法案》,这项了不起的举措使印度在全球消费者政治中迅速占据了领先地位。在保护和知情权以外,印度人还获得了申诉和寻求补偿的权利。从那以后,35个邦和600多个地区的消费者法庭已经处理了300多万起投诉。[91]

当然,权利不会自动转化为消费者的权力。这项法律通过20年后,大多数印度人仍然不知道自己的权利。进行投诉不仅要花费时间和金钱,还常常需要聘请律师,因此,大多数人都不会找这种麻烦。印度仍然是垄断的阴影地带。消费者获得了在垄断委员会面前参与诉讼的权利,但每有一项垄断被推翻,就会出现一项新的垄断。在斋浦尔,有线电视公司有权决定它们的使用条款,学校会强迫学生在指定的商店购买书籍和校服。理发店和包叶槟榔商人像过去那样自行定价。[92] 在很多方面,印度仍然是一个生产者和贸易者(而不是消费者)为王的社会。消费者事务部试图充分利用有限的预算,通过视频短片"醒醒!消费者,醒醒!"(*Jago Grahak Jago!*)来提高消费者的意识,还用印地语或地区语言在家庭、邮局和火车站播放电台节目。这与20世纪30年代美国"新政"期间由政府支持的媒体和宣传活动有相似之处,但有一个关键的区别。在美国,这是国家加大干预力度的时刻。在印度则相反,这是一个经济自由化和政府倒退的过程。

如果说市场改革在印度为消费者政治打开了空间,这并不意味着它仍然是市场的问题，它的背后还有政治上的推动力。1994年，勒克瑙的一家法院在一场住房建设纠纷中裁定古普塔先生胜诉，勒克瑙发展局败诉。这是一个具有里程碑意义的裁决。裁决书中称，消费者的利益不仅涉及"普通人日常的买卖活动，甚至还涉及那些包含某种利益的非商业性质活动"，比如建筑和土地开发。公共住房等法定服务是"为公民提供的"，需要像在柜台购买的商品一样受到保护。[93] 此后，当电力和电信瘫痪时，消费者可以向政府质询。有趣的是，大多数投诉都是关于劣质服务而不是劣质产品的。[94] 消费者保护在这两者——人们在市场中的个人不满和作为公民的公共利益——之间架起了一道桥梁。2005年，《信息权利法案》（Right of Information Act）为消费者提供了另一件武器。活动家和法院利用消费者法案来推动更大的问责。例如，在医疗损害案件中，最高法院强调，消费者论坛的存在不仅是为了量化损害，还是为了"使服务提供者的态度发生质变"。[95] 加强问责、良好的管理方法和产品安全同样重要。

其中一些措辞呼应了1991年约翰·梅杰领导的英国保守党政府提出的"公民宪章"的议程，它旨在让医院、学校和其他公共服务对用户更加负责；事实上，一些印度管理人员是在英国桑宁代尔的公务员学院接受了这个想法。然而，在印度这样的国家，这些想法变得更为激进。在印度，大多数消费者都一直很穷，被排除在政治之外，腐败现象依然普遍。消费者权利、公民权利和人权走到了一起。新自由主义受到了甘地思想的影响。一方面，选择和竞争开始占上风。从这个意义上说，甘地自给自足和禁欲主义的思想已经过时了。另一方面，消费者维权人士在谈到社会包容问题时，继续从"圣雄"甘地那里获得灵感。2007年，官方海报敦促消费者"加入一场革命"，并宣称"我们再次捍卫自己权利的时候到了"，海报上有甘地在1930年领导穷人抗议英国盐税的照片。

印度政府在学校里支持成立7000多家消费者俱乐部，在俱乐部里，关心此事的学生在街头表演中演绎出了消费者的两难境地，并反思购物伦理。一个俱乐部的学生专栏写道，"在购买产品时"，你应该问问自己："你真的需要这个产品吗？……你会一直想要它吗？它对健康的危害和对环境的影响是什么？消费者必须克制消费，以负责任的态度进行消费。"

与此同时，再也不可能维持普遍的朴素标准。"每个细分市场都有自己独特的消费者形象"，因此需要定义自己的责任感。[96] 在一个道德历史悠久的贫穷国家，个人的过度消费行为仍然是中产阶级学生的痛处。消费者的选择是好的，但应该包括支持穷人。或者，正如一位主张保护消费者的人士所说，"或许我们可以开始意识到，在'上帝'和'商品'之间存在一种'善'"，这类似佛教的中道或亚里士多德的"黄金比例"。[97] 有时，民族主义的历史就是为了迎合这一目的。政府机构已经将甘地转化为消费者的朋友，他具有先知般的智慧，认识到"顾客"是"我们经营场所中最重要的访客"，是我们工作的"目的"和一切事物依赖的要素。[98] 亚当·斯密在《国富论》中说过类似的话。甘地是否愿意成为斯密在印度的代言人，这还是值得怀疑的。

早在1915年，被交通运输服务激怒的乘客们就成立了一个协会来表达不满。半个世纪后，印度成立了一个更全面的消费者指导协会。在20世纪八九十年代，消费者团体的数量从80个跃升至1500个。正是这种繁荣的公民社会，是印度拥抱消费的最显著特征之一，在亚洲，它最接近于几个世纪前美国和西欧的商品和团体生活的同步增长情势。其中最活跃的团体之一就是消费者团结与信任协会（the Consumer Unity and Trust Society），简称"CUTS"。1983年，"CUTS"在拉贾斯坦邦的一个车库成立，现已发展为一个致力于贸易、妇女权利和农村贫困问题的全球性非政府组织。在西方，没有多少消费团体能与它的专业性或拥有300名员工的规模相媲美。印度不再只是进口，而是也出口政策框架。例如，"CUTS"已经为加纳、南非和越南的消费者保护绘制了蓝图。20世纪90年代，当许多反对全球化的社会运动出现时，"CUTS"将自由贸易与所有人的基本需求联系起来，并在农村地区开展了一项外展服务计划。这是一个世纪前英国争取廉价食品和自由贸易运动的翻版。但是私人和公共服务之间的平衡几乎完全颠倒过来。国有化到来又离去了。在19世纪的伦敦，有资产的家庭组成消费者团体，反对煤气和水的私人垄断。在20世纪八九十年代的印度，消费者政治的前线是糟糕的公共服务。作为一种社会福利工具，选择显得如此富有吸引力的一个原因是，公立学校和发电站让大多数穷人感到失望。"CUTS"的改革负责人普拉迪普·梅塔提出了教育券制度，这样穷人就可以选择自己的学校，而不是坐在根本没有老师的教室里。

20世纪90年代，全球范围内的批评者抨击新自由主义削弱了公共生活。据称，私有化使有公德心的公民沦为以自我为中心的顾客。这种说法是丰裕国家的特权，他们睡觉时不用担心早上是否有水和电。在像印度这样的发展中社会，大多数家庭享受不到24小时供水供电的基本服务。的确，农民可以免费使用电力或者得到一定的电费补贴，但这也是电网过度扩张、不断瘫痪的原因之一。如果说私有化引发了担忧，它也创造了机会。在此，我们不可能公正地描述出所有区域和服务的复杂图景，只能选出两个有趣的发展情况——一个影响农村穷人，另一个影响城市中产阶级。

对许多农村的贫困人口来说，被称为消费者是一种得到认可的标志，这意味着他们已经迈开了坚实的一步，不再被当作被动的依赖者，或者是从一开始就未享受过基本服务。穷人和糟糕的服务之间存在恶性循环。因为他们付不起钱，他们欠了公共事业公司的债。公共事业公司断水断电后，他们开始偷用水电。反过来，这些公司也缺乏提供优质服务所需的收入。在家里，灯熄灭了；在田野里，水泵停止了工作。2002年拉贾斯坦邦的一个项目开始打破这个怪圈，把村民变成付费客户。在贾拉瓦德区的皮普罗德，电力变压器一个月烧毁了16次，村里的长者聚在一起，同意停止偷电行为，并安装防偷电电缆。作为交换，电力公司投资了一台更好的变压器，保证村民可以在不降低电压的情况下多用电几个小时。家庭委员会成立了，用来监督电力改善情况。不久，这个地区的所有村庄都成立了类似机构。在印度，用一句难听的话来说，"顾客化"不仅是让农民付钱，还是让他们在当地的基础设施中分得一杯羹。新自由主义具有社会民主特征。事实上，贾拉瓦德的改革是由印度消费者团体在德国的弗里德里希·艾伯特基金会的帮助下进行的。[99]

在20世纪80年代的印度城市里，中产阶级开始在他们的社区周围设置大门。在美国，这种封闭社区已成为私人主义的同义词。与之相反，在印度，基础服务的不稳定状态吸引了中产阶级进入公共生活，并与市政当局合作。在德里这样的城市，市政当局仍在负责供水和其他服务。这样的居民福利协会（Resident Welfare Associations，简称"RWA"）已经发展为他们自己的公民参与和受控制的社会交往的混合体。[100] 一方面，这些"RWA"承诺提供一个远离街头危险和不受欢迎的外人的庇护所。私人和社交休闲是安全的。居民们组织自己的民族和宗教节日、舞蹈比赛和消费市场。另一方面，对舒适和安全生活方式的极大重视，促使居民们走出自己的私人圈子，更直接地与市政当局合作。许多"RWA"能够提供安全的供水和24小时连续供电，这在一座经常发生断电的城市是不小的吸引力。当别处的朋友面临停电时，处于"RWA"中的家庭可以看电视、使用洗衣机和电脑。对迫切希望改善服务的市政府来说，这些社区机构能够方便地组织消费者，并让他们对事务的顺利运行产生浓厚兴趣。自2001年以来，德里政府和"RWA"建立了一种公私合作关系。在研讨会和集会上，居民们与市议员、警察和水务官员坐在一起，协商当地问题的解决方案。在巴吉达里计划（Bhagidari Scheme）中，100多个协会与德里当局合作，内容从控制浪费到收集雨水，无所不包。居民甚至帮助收取水电费。如果说存在不足，那就是居民没有更大的权力来惩罚罪犯或转向私人服务。[101]

在日本，消费者运动的春天是第二次世界大战之后几年。日本主妇联合会在1948年成立，通称"主妇联"，次年，地区性的关西主妇联也随之成立；1952年成立的全国地域妇人团体联络协议会（Chifuren）是一个更加多元化的亲商团体。美国的占领和对自由民主的支持促进了团体生活。第一年，"主妇联"仅在东京就吸引了50万会员。在日本，正如在德国一样，战争和匮乏塑造了第一代消费者维权人士的世界观。他们主要关心的不是商品的多样性，而是生存。"主妇联"用盛米饭的勺子作为自己的标志。这场斗争是为了更公平的配给，结束黑市，最重要的是食品安全。1951年，"主妇联"的早期检验设备发现腌萝卜含有致癌染料。这起案件被大力宣传，由此促使政府禁止使用这种物质，并使掺假成为头号公敌。

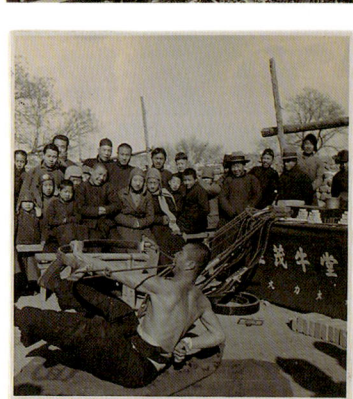

22. 上：柏林亚历山大广场的中央市场大厅，是19世纪末城市中许多有顶棚的市场大厅之一（私人收藏）。

23. 中：北京天桥市场宣传有神奇疗效药物的强壮大汉，约1933—1946年（哈佛大学燕京图书馆）。

24. 下：保罗叔叔的当铺，美国佐治亚州奥古斯塔市，约1899年（美国国会图书馆）。

25. 上：1882年，东京银座接通的第一盏电弧光街灯，选自1883年歌川重清绘制的一幅版画（日本东京电力历史博物馆）。

26. 下：在供水量持续下跌，以致闹"水荒"期间，伦敦东区的丈夫们纷纷提着水桶取水（私人收藏）。

Brilliant Luna Park at night---Coney Island, New York's great pleasure resort.

BLACKPOOL FLYING MACHINE & HELTER SKELTER.

27. 上：月神公园的夜景，左边有"激流水道"游玩设施，纽约城的科尼岛，1904年(私人收藏)。

28. 下：英国黑潭的"飞行机器"，约1910年(私人收藏)。

29. 上：1912年，廉价劳工基本的舒适生活设施：在纽约市汤普森大街上一间拥挤的单间廉租公寓中，一户家庭在制作人造花（美国国会图书馆）。

30. 下左：1913年，室内布满物品的布尔乔亚式装潢风格，为建筑师布鲁诺·陶特及其现代主义同行所厌恶。照片来自奥匈帝国的拉达乌契（现今乌克兰的拉季夫齐）。其拥有者骄傲地指出了照片中的那盏石油灯是用电力运作的（德国雷克林豪森电力博物馆档案）。

31. 下右：1921年，陶特提倡的现代生活应有的简洁线条，以海牙的贝尔森布鲁日工作室为例（维基百科公共领域）。

32. 汉高男士所拍的洗衣粉广告，德国，1914年（德国杜塞尔多夫汉高档案）。

33. 德律风根制造的超级收音机，1933年（德国柏林科技博物馆历史档案）。

34. 左上：马车上的天然气加热浴广告，诺里奇，复活节星期一，1908 年（英国国家电力供应公司档案）。

35. 右上：德国电力博览会，1953 年（瑞典大瀑布电力公司汉堡分部档案）。

36. 左中：皮肯夫妇的第一台电炉灶，美国加利福尼亚州诺沃克，1938 年（美国南加州爱迪生公司档案）。

37. 下：日本桌游宣传使用天然气的好处，约 1925—1943 年（日本江户东京博物馆）。

38. 上：经过消费者联盟认证的"白标"商品，图中白标来自一件泳衣，美国，20世纪初（美国印第安纳大学）。

39. 左：加甘德拉纳·泰戈尔的一幅讽刺画描绘了一名模仿西方人的印度"巴布"，1917年（英国伦敦维多利亚和阿尔伯特博物馆）。

40. 下：到了20世纪30年代，甘地主张的自给自足的苦行僧式生活，已被更多彩的抵制英国货、提倡本土商品的运动所取代（私人收藏）。

41. 纳粹休闲组织"力量来自欢乐"的假期方案，1938 年（纳粹杂志）。

42. 苏联的广告：在美国，每张餐厅的桌上，以及每个家庭主妇的橱柜中都放有一瓶番茄酱，1937 年（苏联《星火》周刊）。

43. 1959 年，在莫斯科举办的国际展览会上展示厨房设施的苏联展位。尼克松和赫鲁晓夫还在此次展览会期间进行了著名的"厨房辩论"（美国国会图书馆）。

在印度，消费者政治是一个弱势国家和一个相对强势的公民社会的产物。在日本，它是由强势国家和经济民族主义所塑造。如果说各家庭主妇联合会的力量在增强，那么国家和生产者的力量就更强大了。政治制度有利于生产者团体。消费者群体之间的内部分歧并无助益。直到1970年，他们才联合起来抵制价格过高的彩电；日本通商产业省在此次事件中屈服了。从根本上来说，日本各联合会的相对弱势有其意识形态根源。要想取得成效，消费者就像其他群体一样，必须把自己定义为与某些人对立的群体。在英国和美国，敌人是生产者，有时是国家；在这些商业社会中，行会、企业精神以及对当地生产者的依赖早就被减弱了。与之相反，在日本，就像之前的德意志帝国一样，身份的差别较小。日本试图协调消费者、农民和生产者的利益，这也是"生活者"的理想。

公民权利的薄弱传统进一步限制了消费者的影响力。消费者拥有的是义务，而不是权利。1968年，政府通过了《消费者保护基本法》（Consumer Protection Basic Law）。消费者首次被认定为一个独特的、往往容易受到伤害的群体，但是他们会得到一个家长式国家的帮助，而不是被赋权。国家有权制定安全标准，保障公平竞争，并向公民提供相关信息。消费者的角色是在市场中"自力更生、理性行事"。在接下来的10年里，国家将触角扩展到消费者教育领域——以前是各主妇联合会的地盘——并建立了自己的网络，由资金充足的当地消费者中心、检验设备和生活方式顾问组成。权利不过是事后的想法，仅在2004年修订的《消费者保护基本法》中得到正式承认。[102] 自那以来，日本内阁表示，日本的政策将重点关注"消费者公民"，因为他们的日常行为是"公平市场、社会价值和更高精神财富水平"的关键。[103] 在西方，人们很容易将这种言论视为新自由主义市场和政府统治的新产物，这要求人们自我管理。[104] 日本的案例表明，这也可以与国家的家长式作风相一致。

中国则已经证明，政府有能力拉拢消费者，而不是像盎格鲁-撒克逊的民主轨迹那样，由商场里的更多选择引发对投票箱里选择的需求。中国的消费者政治采取的形式是一种稳定的互不侵犯条约。政权保证消费者享有更大的舒适度和消费者保护。作为交换，消费者将愤怒指向有欺诈行为的店主和房地产投机者,并同意不侵犯政治领域。对双方来说,对动乱的恐惧巩固了联盟。

中国的消费运动是国家的产物。就其本身而言,并不像自由派读者可能认为的那样奇怪。甚至在西方,也有德意志帝国这样的例子,在"一战"期间,正是德国政府努力利用国家资源,为消费者运动注入了活力。与众不同的是,在中国,国家驱动的消费者维权行动并非一项紧急战时措施,而是和平时期政治的一项正常举措。负责任、直言不讳的消费者,已成为一个致力于快速增长的国家的合作伙伴。在西方国家,社会运动经历了几代人的压力和斗争,直到消费者权利被纳入法律。在中国,共产党领导人只是快速推进,并自上而下地开始实施。1993年10月31日,第八届全国人民代表大会通过了《中华人民共和国消费者权益保护法》。其中第5条规定,"国家保护消费者的合法权益不受侵害"。第6条规定,保护消费者的合法权益是全社会的共同责任。第7条至第10条规定,消费者享有人身、财产安全不受损害的权利,享有知悉真实情况的权利,享有质量保障、计量正确的权利,享有自主选择商品或者服务的权利。此外,消费者享有依法获得赔偿的权利,享有依法成立维护自身"合法权益"的社会组织的权利。[105]

"消费者"在"文化大革命"期间几乎从汉语词汇中消失了,但在20世纪90年代又重新出现。《人民日报》使用这个词的频率甚至超过了"工人"。消费者拥有了自己的电视时段(《焦点访谈》)和广播节目(《消费者之友》)。人们很容易将此视为一个姗姗来迟的追赶,伴随着对西方消费者胜利的高频率宣传,但是中国与西方仍然存在差异。到目前为止,中国一直避免将消费者缩小到终端用户,而这正是当代自由主义西方的特征。消费者权利既针对城市购物者,也针对农民。为了提高产量,政府机构向农民分发了数十万本法律手册,告知他们有权作为消费者获得优质种子和工具。因此,农民就劣质肥料提起了集体诉讼。从这个意义上说,中国部分保留了一个更古老的传统,即消费更加宽泛,也意味着从原材料到成品的资源利用。

激进主义有两种形式:集体诉讼和政府发起的运动。一种新的诉讼文化已经兴起。1994年在北京，300名消费者起诉了6家百货公司和批发商，因为他们意识到自己购买的毛泽东100周年诞辰纪念手表与广告不符，不是用真正的黄金和钻石制成的。首都的一家基层法院后来在报纸上刊登通告，敦促其他感到受骗的人去法院登记姓名。最后，法院要求商家退还货款，并支付诉讼费和每只手表3000元的赔偿金。《消费者权益保护法》第49条规定赔偿金额为售价的两倍。发现假货成了一项有利可图的事业。王海从北京的一个小商人一跃成为媒体名人，他曝光了一系列冒牌索尼耳机和假名牌包。到1998年，他手下已经有了十几位职业打假人。但中国对拉尔夫·纳德做出的回应既没有涉及腐败的机构，也没有让他成为一个特立独行的政治人物。相反，他成了国家的宠儿。共产党领导人邀请他一起会见美国总统克林顿，称赞他是一种新型的共产主义英雄，他显示出在为社会谋福利的同时，赚钱是可行的。[106]

政府的监管机构是中国消费者协会（简称"消协"）。"消协"成立于1984年，负责消费者教育和保护工作，并担任当地的举报人和人民律师。它在当地电视台举办食品安全竞赛，教授小学生消费者歌曲，组织"绿色购物日"，并每年评选"十大消费投诉热点"；包括售后服务在内的家用电器、服装在2012年的榜单上名列前茅。它还为受骗的消费者提供建议。在最初的20年里，它处理了800多万起投诉。他们处理的案例范围令人难以置信，从北京400名自豪的房主——他们在入住公寓时发现公寓的建筑面积缩小，承诺的花园从合同设计中消失了——到40个家庭，他们感觉被一所私人辅导学校欺骗了，这所学校曾在广告中称，一点辅导加上2万人民币将会确保他们的孩子考上顶尖大学。到1997年，"消协"有超过10万名"志愿者"为其工作，他们中许多人是地方官员，但也包括公司和百货商店的员工，他们选择在生产环节解决问题。[107]

政府如此热衷于动员消费者，有两个主要原因。第一个原因是生产力。在一个产品标准不高的国家，发声的消费者承担着质量保证监督员的职责。没人想买两只不一样的鞋子，也没人想买引擎失灵的汽车。对一个渴望向价值链上游移动的政权来说，用假货燃起的篝火来庆祝消费者权益保护日是很有意义的。国家不会靠盗版DVD和假冒劳力士发财。"消协"除了提醒消费者应该保有警惕,还与企业和质检总局等其他国家部门合作,提高产品质量标准,预防投诉。来自国外的劣质产品给民族主义的消费者带来了额外的欢乐。2002—2004 年,公众关注的焦点是韩国制造的 MB100 面包车的安全缺陷,以及一家日本航空公司糟糕的服务。中国于 2001 年加入世界贸易组织,这令保护消费者权利具有了更重要的意义。由于不得不取消对国外产品的正式壁垒,其他帮助中国产品的方式也变得重要起来。创造愿意购买中国产品的挑剔消费者是这种战略的一部分。如今,共产党领导人本着消费者民族主义的精神行事,这种精神可以追溯到 20 世纪初的国货运动中对外国商品的大规模抵制。[108] 但是,具体方式可能已经改变了——如今的政权有自己的品牌政策,加上一个管理着 100 多家企业的政府委员会。但目标都是一样的:让人们买中国货。

第二个原因是稳定。一场国家主导的运动化解了潜在的冲突。它将国家定位为无助购物者在与骗子和诈骗者的斗争中的朋友。显而易见,2014 年的一项新消费者法律引入了集体诉讼,但要求这些诉讼由官方的"消协"提起。通过提供一些组织结构和留出有限的抗议空间,消费者保护协会和业主协会还可以防止紧张局势失控,尤其是在与投机者和土地开发商的斗争中。在自由主义的西方,消费者政治为权力的不对称点亮了一盏明灯。在中国,沮丧和愤怒被追溯到不完善的市场,而非不完善的政治制度。因此,消费者政治为更有力的指挥棒增加了一剂软实力。

民主在西方不是一夜之间就实现的,在指责中国没有取得更快进步之前,谨慎的做法是先回顾一下西方爆发的威权反应和镇压。从历史上看,中国的不同之处在于,能自信地紧握消费,将其视为一种政治权力工具。在 18 世纪的英国,统治精英把消费者看作受税收和法规挤压的低等人群。20 世纪的社会主义政权认为消费者要么是必须铲除的自私敌人,要么至多是需要在国家的指导下进行改造的生物。中国同消费者共治,而不是与消费者为敌。这是前所未有的情况。人们获许享受私人的快乐和舒适,但作为交换,他们被期望成为"科学、文明"的消费者。这意味着他们必须戒除赌博、色情等不良习惯,学会平衡身心,尊重环境,"积极参与社会监督",无论是抗议劣质化肥还是烧毁盗版光盘。只有这样，中国才能享有"市场秩序"和"社会和谐"。[109]

对消费者以及自 2005 年以来对"和谐社会"的持续呼吁，并不仅仅是空谈而已。它们事关个人行为的改变，也是日本一个世纪前兴起的"新生活"运动在 21 世纪初的翻版。现在的中国就像当时的日本一样，目的是让人们摆脱对旧习俗的依赖，让他们变得更有洞察力、更有效率和更自立。然而，目标并不仅仅是创造出经济学家钟爱的理性市场参与者。中国的雄心远不止于此。它关乎培养在由新的城镇和邻居、舒适和挫折、危险和诱惑组成的新的物质世界中，和平共处所需的社会和道德品质。在早期现代欧洲，礼仪书籍教会了普通人如何讲礼貌。在中国，文明进程是国家和企业的联合项目。共产党、开发商和业主已经接管了早先的"社会主义新人工程"。官方指南解释了"如何做一名可爱的上海人"，提供了包罗万象的建议，从如何着装得体到热情好客，再到在公共厕所里的行为举止。志愿者示范应该如何排队。在新城市和郊区，房地产开发商设计了社会和谐的微观世界。例如，在大熊猫的故乡——四川省成都市，开发商就有自己的"生活方式办公室"。除了让居民联系旅行社和参观最新展览，它还组织集体休闲活动。在城市的其他地方，在刚从垃圾堆改造而来的公园里，开发商举办了为期一年的社交活动，从最开始就吸引购房者来营造合适的氛围。人们期待消费者尽自己的一份绵薄之力，为建立一个拥有高素质或者高质量生活方式的社区而努力。[110] 事实上，如果要用安全、社交和礼貌——这些是享受隐私乐趣所必需的——填补新的城市空间和工作单位留下的文化真空，消费者的贡献至关重要。中国消费者也不仅仅是商业意义上的消费者。在官方说法中，消费者被推崇为"上帝"，这更接近事实。毕竟，他们被期望创造自己的消费天堂。

今天的中国、印度、日本和韩国都是消费社会，但从消费倾向到消费权利的行使都存在显著的差异。从这个意义上说，讲述"亚洲消费者"，或者像营销大师常常喜欢谈论的那样，认为随着购买力在整个亚洲大陆的扩散，历史将会重演，这都是一种误导。尽管如此，从整体上看，仍存在相似的模式将这些国家的经验与西方国家，尤其是英国和美国区分开来。

在远东，国家和民族主义是扩张的驱动力。商业是一个次要的合伙人。正是国家充当了新一代消费者的"校长"，教会他们如何储蓄和消费。通过与国家力量和社会团结建立联系，获得和消费合法化。没有一个西方国家的消费、国家建构和发展能形成如此紧密的关系。

财产也发挥着不同的功能。在西方，自由主义商业社会倡导一种对物的统治，即对个人享乐和舒适享有特权。人们投入资源，以成为物的主人，而不是统治他人。这培养了一种更加疏离的物质文化，人们的注意力越来越多地投向私人财产，而不是社交网络。虽然这个过程从来就不是纯粹和完整的，但也不应该使我们对这种物质私有制的普遍兴起视而不见。东亚和印度的不同寻常之处在于，这些社会是如何在不抛弃人的情况下接受物的。传统的庆祝活动同时保留了它们的重要性与财产。在西方，哪个地方的婚礼和葬礼需要花费好几倍的年薪？而在这些新兴的富裕社会，奢侈品是一个大众市场，因为品牌手提包和设计师标签意味着归属，而不是区分。诚然，在日本、中国和印度，私有化的趋势一直在上升，但是它仍然受到社交网络、扩大式家庭以及给朋友和上级送礼等花费的制约。现在的大问题是，随着财富和不平等的同步增加，消费是否会继续发挥社会黏合剂的作用，或者反过来，开始瓦解这些国家的社会结构。只有未来的历史学家才能回答这个问题。

第二部分

前　言

到了20世纪晚期，消费已然发展到一个世界历史上前所未有的高度，这既表现在消费的物质规模上，也表现在消费的全球覆盖面积上。在前面几章中，我们已经沿着数个时代——从文艺复兴到21世纪的中国——追踪了这一重大转变的内在动力。我们在时间的长河中，除了看到市场与金钱，还看到了国家与帝国、战争与意识形态在这一演进中发挥的决定性作用。同时，我们也看到，财产、安逸和娱乐是如何在现代城市、家庭和政治中刻下自己的印记的。为什么不在这里停止叙述呢？毕竟，我们会有一部像模像样的历史著作的。但是，故事还没有结束。消费已经成为经济、社会、政治、公共和私人生活的中心。今天，虽然并非当今生活的方方面面都与消费相关，但是消费无疑已经内化到了我们生活的大多数方面。这点反映在围绕消费展开的一系列激烈争论之中。

消费曾被斥责为对财富和幸福的根本威胁之一。有人在2008—2009年全球金融危机袭来时说，公众已经陷入消费信贷的泥淖。人们指责，购物、物质主义和奢侈品狂热导致了许多恶果：更长的工作时间、更大的压力、更少的闲暇、不平等和自私自利风气的加剧，以及公民情感与公民政治的衰退。此外，还有人补充说道，商品杀死了上帝。而消费对地球的影响，则更为严重。有观点认为，丰裕社会不再制造或关心物，它们只是将物变成废品。对于许多观察者而言，世界已经按照个人选择和市场的新自由主义指令重新洗牌。但是，所有那些关乎集体而非个人选择的，以及发生在市场之外的消费（例如福利体系）呢？另一方面，还有一些人强调消费的解放效应。他们认为，消费打破了旧有的阶级和性别樊篱，并且让年轻人可以从既定的旧等级秩序中解放出来。一些最为乐观的人期待，公平、可持续的消费可以引领我们走出道德、经济和环境的困境。

在这些指控或期望中，到底有多少是真实的呢？后面几章中，我将试图提供一些答案。不同于按时间顺序叙述的第一部分,在第二部分,我将调转方向。在接下来的每一章中,我们将从当代话题出发,然后再回顾过去,将当前的发展和焦虑置于一个更长的历史视野中,以便更好地理解我们当下的处境和未来的可能趋势。我们需要考察的主要话题是:信贷和储蓄;生活、休闲的速度和质量;代际影响;市场之外的消费;商品和人口的流动,以及它们对伦理和身份认同的影响;对宗教生活的影响;最后,废弃物以及商品的最终命运。

第 9 章

今天买，明天付

对"丰裕病"的分析，将消费信贷视为一个具有决定性作用的中间媒介，通过它，过度消费的理念疯狂传播。很少有主题会引发如此强烈的反响。关于20世纪90年代和21世纪头10年里发生的事情，一种广为流传的看法认为，为了购买那些并不需要的东西，人们陷入了信贷泥淖。[1] 低门槛信贷催生了一股追逐新奇、奢侈商品的热潮，并产生了灾难性的后果。"今天买，明天付"，这一口号让人们变得目光短浅、以自我为中心，轻信广告商兜售的一种幻觉——拥有的商品越多，越有尊严。为了获得瞬间的满足，人们纷纷抛弃世代相袭的自我节制传统。萧条不仅在经济层面，而且在心理层面也是既定了的事情。一开始是个人的失衡，接下来整个经济同样如此。当2008—2009年金融危机袭来的时候，人们自然地去指责愚蠢的抵押贷款和信用卡债务，尤其是在盎格鲁-撒克逊国家。用一位评论者的话来说，"我们这个时代广布的罪恶就是奢侈过度"。[2]

事实上，上面的引文是一位美国作家在1832年写下的，她就是家庭经济学家莉迪亚·蔡尔德。这句话直接提醒我们注意这一问题：对于信贷和缺乏自制的警告，与商业生活本身一样古老。在《理想国》中，柏拉图就设想过彻底废除借贷。早期基督教使徒保罗曾告诫道，贪婪是"一切邪恶的根源"。在中世纪，炼狱被构想出来，用以推测放贷者死后的生活。到了14世纪，但丁在《神曲》中将放高利贷者与鸡奸者和渎神者一起贬入第七层地狱。在那里，他们被自己的钱袋拽向燃烧的沙地，他们的华服——作为贪求世间财物的标志——在火雨降临时不能给他们半点保护。[3]

这些道德上的义愤，同样在欧洲的语言中打下了自己的烙印。德语中的"Schuld"一词就同时包含了"债务"和"罪过"两个意思。从 16 世纪开始，这种基督教批判在共和主义的理想中也找到了支持。后者认为，公民应当是自由而独立的，债务会使一个人成为他人的奴隶。正如 1732 年本杰明·富兰克林在《穷理查年鉴》(Poor Richard's Almanac)——一部全球畅销书，曾经成为从美洲殖民地到日本帝国的所有勤俭者的"圣经"——中所总结的，"借钱的人不免烦恼"。富兰克林写道，虚荣心和物欲已经够糟的了，然而，为了"所谓的奢侈品"背负债务则更为糟糕。"设想一下，当你背负债务时，将会发生什么？你把自己的自由拱手交出。"为了躲避放债人，债务人开始东躲西藏："越陷越深，撒谎成性……欠债的人谎话多。"[4] 维多利亚时代的人们笃信"3C"，即文明（civilization）、商业（commerce）和基督教（Christianity）；而对"3D"，即债务（debt）、污垢（dirt）和魔鬼（devil），则唯恐避之不及。1896 年，一名英格兰社会改革者写道："即使在最好的情况下，一个负债累累的人也都不算是完整的人；他的未来不属于自己。"对一个工人来说，情况更加糟糕。由于面临收债人每周上门催债，而且不得不反复出入当铺，典当或赎回家人的衣服，他"实际上已经沦为奴隶，到处奔走，却逃脱不掉"。这样一个人将不可避免地感到"绝望"和"冷漠"，并且拖累家人。选择分期付款来购买商品，对于这种情况要格外警惕。分期付款的方式会引诱穷人一时冲动买下家具和缝纫机。然而，在能够完全拥有这些东西之前，他们就不得不还回去，因为他们无法按时还贷。这些"临时的所有者就像拥有太多玩具、被宠坏了的孩子，总是想要更多的东西"。[5]

对"活在今天，明天支付"这样的生活方式的警告数不胜数，但是，这些例子已经足够让我们对自制精神在近 10 年来骤然崩溃这一假设，产生怀疑：如果人们此前就缺失自我节制的精神，那么后来的世代又怎能在 20 世纪 30 年代、60 年代或 90 年代再次失去这一精神呢？另一个问题则涉及债务和过度消费之间的关系。从古罗马人到今天批评"丰裕病"的人，他们都把债务与奢靡、过度和虚假需求联系在一起。他们担心，信贷会使我们的动物感官超越至关重要的理性和远见等能力，而后者保证了我们的品德和幸福。这也是为什么作为"弱势群体",女性从古至今,一直是关于信贷狂欢的道德忧虑的主要对象。这种道德传统至今激励着评论者,就其本身而言,仍然引人关注。[6] 然而,它仍不足以解释消费信贷的发展现状。它告诉我们的更多的是观察者认为人们应该如何行动,而不是人们为什么借贷,以及事实上借贷了多少。它总是倾向于讨论那些消费过度的人。正如我们在前面看到的,奢侈或过度是相对的。在"需求"和"欲望"之间不存在绝对的界线。对一个人来说是"虚假的需求",对另一个人来说,可能就是真实、独有的需求。对不同社会来说,同样如此。在20世纪90年代早期,当韩国开始担忧"过度消费"的问题时,人们发现,高额的教育费用才是罪魁祸首,而时尚和电子产品仅列其次。[7]

在信用卡出现之前,信贷和债务一直以来都是生活的正常组成部分。在一个现金短缺、金融体系处于萌芽阶段的商业社会中,借款是家庭日常管理的一个重要部分。在1700年的英国,大约半数的一家之主在去世时,都会遗留下一些未偿还的债务,四分之一的人负债超过他们的信贷和动产。[8] 即使在最好的时节里,入不敷出也是十分寻常的情况。约翰·克拉坎索普是剑桥郡的一名牧师。他的详细账本自18世纪早期保存至今,从中我们可以发现,尽管经常花费超支,可他还是一直住在村落最大的别墅里。他的声望说明,他在社区里拥有很好的信用。信贷是面对面的,而且建立在私人信任的基础之上。证明个人的品质至关重要。在19世纪的英国,为人敬重的债务人可以从慈善团体那里获得帮助;可以在指定的监狱里饮酒和跳舞,甚至从苛刻的债权人那里获准缓期执行的优待。负债并不被看作不顾后患的表现,以至需要遭受严厉惩罚来以儆效尤,相反,它被看作一种暂时的不幸,即使是最优秀的人,也可能遭遇这种处境。只是当债务与贫穷紧密地联系在一起的时候,它才意味着道德污点。

1900年,在欧洲的商店中,现金支付并非常态,而是例外情况。富人也好,穷人也好,都是通过赊账来购买商品的。例如,在德国耶拿的裁缝店,仅仅四分之一的顾客会用现金支付,或者在三个月内付清欠款。尽管大学生的父母和大学学生团体保证最终会付清欠款,但是学生们总是不断延长信贷期限,"有时会拖欠数年",他们因此声名狼藉。[9] 对做体力工作的穷人来说，借款是一种无法避免的生存策略。就像社会上层人士一样，工人也利用信贷来弥补收入与支出之间的暂时性缺口。然而，不同于社会上层，工人既没有资产，也没有对获得信贷来说特别重要的"品质"。对他们来说，入不敷出可能攸关生死。劳动都是临时雇佣性质的，而且支付的薪资极低。收入不可预料。意外失业、健康恶化、新生和死亡，其中任何一条都可能将他们推向悬崖边缘。对工人阶级的家庭主妇来说，量入为出是一项每周，有时甚至每天都要进行的高难度活动。贫困且需要迅速拿到借款来度日的状态，使得他们的贷款往往利率极高。

一项对1934年上海305个劳工家庭的调查反映了，生活如何充满不确定性。普通家庭一年可以挣得417美元，但是为了维持生活，通常还得借贷148美元。这些钱大多来自各个"会"（一种互助性质的贷款机构），以及臭名昭著的"印子钱"，后者由一些小放债者，"通常是黑帮或印度巡警"提供。四分之三的家庭经常典当物品。当铺通常有三等，大型的一等当铺叫作"公典"，每月索取2%的利息，但是仅收一些品质优良的物品。穷人只能去更小的三等当铺——"押铺"，"押铺"会接收他们的物品，但是每月索取9%的利息，相当于年息高达181%。对大多数人来说，这是一个恶性循环。他们的工资几乎连一半典当物都无法赎回。"一点不难想象，普通工人家庭过着怎样的悲惨生活，因为他们不得不依靠无法偿还的借款和无法赎回的当票收据过日子。"[10] 每天的报纸充斥着债务人自杀或者卖儿卖女的新闻。

在美国和欧洲城市，工人家庭不会卖掉他们的孩子，以还清债务，但是这些故事都大致相似，仅仅根据各地情况稍有区别。几乎没有人能不经常光顾"典当商"，还能生存下去。当铺是民众的银行。在夏天，它将人们的冬袄变成食物和房租。在维多利亚时代晚期的伦敦，当铺每年进行3000万件交易活动。借贷无处不在。作为英国非正式的借贷之都，利物浦仅在1925年就有1380名登记在册的放债人。其中大多数是女性，她们"在一些小街道或者自己家里经营生意"。一般来说，她们每放贷一先令每周就要收一便士的利息。这看起来或许不多，但是加起来每年有433%的利息。一位利物浦改革者曾在议会委员会面前挥舞一张期票，来展示"这张小纸条上的空白意味着什么"。[11] 哪怕既不是印度人也不是黑帮成员，上海"印子钱"的放债者也清楚地知道正在发生什么，因为他同样喜欢留下一片空白来填写贷款数额。这样的话，利息率看上去就会显得十分合理。

债务的民主

这一旧的信贷机制从未完全消失，然而，它在20世纪缓慢但彻底地被一种新机制取代了。在注意到债务和信贷有着悠久历史的同时，我们也需要认识到，1900年后，它们逐渐演变成某种在质和量上都焕然一新的事物。消费信贷经历了一场革命，其烈度堪比工业革命，后者让人们可以买到批量生产的廉价物品。确实，很大程度上，正是"今天买，明天付"的方式不断增加，才使得很多人拥有众多私人物品的梦想成为现实。新的信贷方式的涌现宛如一波波互相交叠的浪潮。一开始是分期付款和抵押贷款，然后扩展到购物卡和个人贷款，最近又出现了信用卡和房屋净值抵押贷款。

信贷为消费资本主义注入了新的活力。两次世界大战期间，在美国和西欧，分期付款已经占据消费开支的2%～6%。到2006年，"无担保信贷"占据了美国民众可支配收入的25%，这一数字在英国为24%，在德国和奥地利为16%，在意大利为9%。[12] 这包括贷款、信用卡、分期付款和邮购。为了方便，我们简单地称它们为消费信贷。但是，人们不仅购物，还购置房产。一旦我们加上房屋抵押贷款，信贷革命看起来将更加剧烈。到2007年，作为可支配总收入的一部分，家庭总债务在英国已经达到180%，这一数字在美国为140%，在日本为130%，在法国和德国为96%。[13]

就像信贷释放的额外购买力的体量一样，信贷带来的新社会目标和道德立场也很重要。在旧机制下，信贷必须是面对面的。对大多数人来说，这是一扇旋转门：尽管他们不断进出当铺，但是几乎没离开过地面。新制度则更像是一座扶梯：信贷为人们提供了积累商品和财富，以及在世界上攀升的机会。以前，债务被当成一种品质缺陷的标记——缺乏审慎态度，习惯为了眼前的生活而牺牲未来；而现在，它逐渐被人辩护为一种美德的象征，即对未来财富和幸福的明智投资。渐渐地，信贷不再受面对面监督的束缚；这种监督严格审查人们如何使用借来的钱。信用评估机制取代了对个人品质的考察，匿名的金融机构取代了当地的放债人——对每个家庭的情形知根知底，并建立起代代相传的客户群。

无疑，这并非一个平滑、线性的故事。每个国家都演化出各自独特的信贷文化，一些更具自由色彩，另一些则更家长式。今天，盎格鲁-北美国家倾向于使用信用卡，德国倾向于分期付款，法国则倾向于个人贷款。同样地，在一国之内，一些家庭会比另一些节俭。信贷扶梯的规模和速度同样充满差异。一些国家仍然不允许每个人都踏上信贷的扶梯，另一些国家则干脆撤走了扶手。典当商和发薪日放贷人从未完全消失，但是到了 20 世纪晚期，他们已经被推向社会的边缘。信贷的民主化既不彻底，也不是无痛的，但人们不应因为它的局限性而忽视其革命力量。

19 世纪早期，纽约的考珀思韦特商店第一次开始允许顾客以分期付款的方式购买家具。在巴黎，杜法耶尔百货在 19 世纪 60 年代也采纳了这一方式。到了 1900 年，杜法耶尔发展出一种全国性体系。该体系允许顾客先以分期付款的方式购买代金券，这样他们就能在所有的加盟店中购买商品。几乎一半的巴黎人都使用过这一方式。其他国家则发展出了它们自己的信用网络：英国人有"支票交易"（check trading）；德国人有"哥尼斯堡"体系，顾客可以从一个独立的信用公司购买代金券。无论具体情况多么不同，主要思想都是通用的。所有商店都希望在自己免受对顾客进行信用审查的麻烦，更不用说收债了的情况下拥有顾客。分期付款银行负责处理这一点，并且收取利息作为回报。到 1930 年，在德国，半数的家具和电器产品都是以分期付款的形式购买的。[14]

分期付款的热潮在美国最为兴盛。直到 1881 年，美国在消费信贷方面仍然十分保守。大多数州都出台法律反对高利贷。而在欧洲，这些法律到 19 世纪 50 年代都被废除了。借助分期贷款，美国逐渐占据领先位置。1936 年的一份研究发现，美国人当年拥有 4.08 亿美元的分期债务。每花费1美元，信贷就增加10美分。国家收入增加了2%。大多数贷款花费在汽车上（60%），其次是电器（25%）、收音机（10%）和家具（5%）。[15] 如果普通美国民众选择支付现金来买车，那么他就必须攒5年钱。而有了分期付款之后，他只需用现金支付20%，就可以直接开车驶入日落时分的大道，并把剩下的债务分配到后面几年。

并非所有车主或制造商一开始就信赖这些机制。在20世纪20年代，三分之一的车主仍然用现金买车。但是，这主要是少数富人。亨利·福特希望顾客在有车驾驶之前，将他们的储蓄导入一个以周为单位的购买计划。3年后，即1926年，他的这一计划不得不终止。未来属于通用汽车这样的竞争者。后者通过自己的承兑公司向人们提供信贷。[16] 欧洲的生产商也开始了他们自己的信贷机制。1933年，飞利浦建立收音机信贷。1953年，佳信将法国的电器制造商与银行联合起来。不久之后，法国的所有电视机中，每两台就有一台是以信贷方式出售的。[17] 分期贷款将批量生产转化为批量消费。经济学家强调，信贷是如何让一个生命周期内的消费变得"流畅"起来，从而使人们可以使用未来的工资。同样重要的是，分期购买促进了生产的顺利进行，将制造商从设备闲置带来的麻烦中解放出来。

信贷在美国的迅速崛起，某种程度上反映了一个简单的经济事实。从19世纪70年代到20世纪20年代，美国民众的收入每年大约增长1%。因此，美国民众不仅享有较高的工资，而且开始期待在未来获得更高的工资。这就创造了一种有利于"今天买，明天付"发展的心理意向。经济的增长、更高的收入，因而信贷和消费彼此互相促进。这些有利条件到了20世纪五六十年代的繁荣期才在西欧开始出现。然而，自由信贷同样得益于自由政治。美国的民主文化和政府支持，保障了这套信贷机制的运行。除了收入因素，政治文化和机构监管也使美国与欧洲区别开来。

要想把钱托付给某人，你就必须首先信任他。相比欧洲的等级社会，美国在完成这一转变方面更加迅速。20世纪早期，债务背负的耻辱标志开始被一种新的和声所取代，它将信贷赞颂为通向自我提升和公民品质的途径。信贷成了一种"美国精神"。1905年，施皮格尔家居公司宣传说：

"我们相信人们，无论何地。"[18] 社会改革者伸出援手，训练普通美国民众掌握信贷这门新技艺。1894年，远见贷款协会在纽约成立，是同类机构中规模最大的。这类机构的直接目标就是将工人们从高利贷者手中解放出来，但是在为合法借贷而展开的斗争中，它们最终为一个新大众信贷体系的建立奠定了基础。它们不仅提供利息率仅为12%的贷款，而且改变了信贷的形象。正如它们的名称所强调的那样，办理贷款是一项"有远见的"，而非不顾后果的草率行为。它们主张称，这甚至不是信贷，更像是租赁。定期还款将教会穷人一些必要的储蓄、自制和规划技能。这些家庭将不再把盈余的零钱花在喝酒（男人）或无用的装饰（女人）上，而是放弃这些消费，将这些零钱用于偿还消费贷款，以便进行更大、更"明智"的购物。同样的救助机构在英国也出现了。在那里，远见服饰和供应品公司提供给顾客一种价值1英镑的购物"支票"。它们必须在20周内分期偿清；每周偿还1先令，最后再加上1先令作为利息。到了20世纪30年代，这家公司已经拥有100万顾客，他们的"支票"可以在1.4万家商店兑换商品。[19] 区别在于，在两次世界大战期间的美国，这些慈善性质的机构有力地为更大规模的私人金融公司铺垫了道路。官方借贷组织大量出现。许多商店发行金属制的"赊账卡"，是为信用卡的雏形。到了20世纪40年代，许多商店开始提供周转贷款（12%的利息），这使顾客可以继续购买，而不用担心必须先偿还债务。

无论在哪，传统的对节俭和进取的强调都曾是中产阶级使自己的社会地位正当化的方法，使自己区别于"软弱的"穷人和"奢靡的"上流阶层。中产阶级是高产的，其他阶层则并非如此。此时，美国中产阶级将信贷视为提升个人舒适和国家利益的辅助手段。用信贷的方式，无论是购车四处兜风，还是买东西堆满家里，都是高效生产而非浪费的行为。这是一种每个人都应该模仿的生活方式。"消费"开始摆脱另一层负面形象。其辩护者指出，以分期付款的方式购买洗衣机，并没有破坏财富。相反，这是一项投资，在洗衣机损坏之前，能够产生数年的实效，与此同时还可以"省下"仆人和洗衣店的服务开销。用经济学家的语言来说，耐用消费品是资本货物。

1927年，在为分期销售进行辩护的文章中，哥伦比亚大学经济学家E.R.塞利格曼解释道，这些购买活动不仅可以提高个人的生活水平，而且可以使他成为一名更加优秀和高效的公民。信贷可以激起他对更好生活的向往。"他的品位越丰富、高级和精致……他的智力、效率和真正的合作能力就越出色。"[20]整个民族都会获益。这些想法继承自大卫·休谟和启蒙作家的观点。两个世纪以前，这些人就辩护道，"适度奢侈"能够使人们更加勤奋，并且乐于社交。[21]为了把这些理念转变为现实，美国的高薪经济和民主文化是必需的。1926年，一个美国人告诉民意测验者："因奢侈品而陷入债务是错误的。但是，分期购买可以帮助收入微薄的家庭提高生活水平。"[22]信贷的民主化完成了奢侈品的民主化。

对像塞利格曼这样的支持者来说，自由信贷和自由选择是同一枚硬币的两面。在一个"自由年代"，信贷同样应顺理成章地从家长制的控制中解脱出来。[23]然而事实上，美国政府的态度只是冷漠、疏离。"罗斯福新政"在推进私人信贷市场的发展方面功不可没。1929—1933年的世界性经济危机彻底阻碍了抵押贷款和整个房地产行业的发展。罗斯福从两个方面做出了回应：一是通过房主贷款公司给那些面临债务拖欠的人提供直接帮助。到1936年关闭为止，它已经为十分之一的抵押人提供了援助。长远来看，更具决定性的举措是1934年联邦住房管理局的成立。联邦住房管理局只扮演一个担保人的角色，给抵押贷款提供保证，本身不对外借贷，它是一个救生员。私人银行部门规模较小，这加重了抵押贷款的风险；银行很大程度上又对私人客户不屑一顾。联邦住房管理局一下子减少了私人贷款和抵押贷款的风险。在第一年结束前，超过8000家银行加入了这一计划。10年后，差不多一半的抵押贷款都得到了联邦政府的担保。[24]

这是银行与国家之间的一次珍贵握手，并且对私人信贷的扩展有着历史性的重要作用。首先，一栋房子比一台收音机或冰箱要昂贵得多。因此，相比"无担保"的消费信贷，抵押贷款构成了个人信贷的很大一部分。其次，在现代信用社会中，抵押债务和其他消费信贷之间有着紧密的联系。前者越发达，后者也越能得到进一步发展。[25]占据决定性地位的是抵押贷款，而不是房屋所有权本身。希腊和意大利今天的住房拥有率比美国更高；但是，那里的人们继承房屋，因此使用的信贷也较少。[26] 与之相反，抵押贷款同时会使每个家庭习惯于承担巨额的债务，并且作为抵押品，抵押贷款会使人们为了其他目的继续借贷。因此，一般来说，抵押贷款会提高消费信贷的上限。最后，银行进入个人信贷领域，开启了一处资本的处女地。在"罗斯福新政"之前，大多数贷款来自金融公司，而到1940年，商业银行已经越过它们。[27]

然而，我们绝不能掉入这一漫画式的想象，从而认为美国人挥霍无度，欧洲人则省吃俭用。我们描述更多的是程度和趋势，而不是绝对指标。并非所有美国人都认可消费信贷。迟至1930年，美国联邦储备系统中的银行业大人物仍在谴责分期信贷，认为它助长了美国人"放纵自己的嗜好"，最终导致大萧条。[28] "二战"后，J.K.加尔布雷思和其他人仍然担心，美国将会被债务吞噬。就算信贷正在变得越来越民主化，对其的使用权从来就不是公平或平等的。在20世纪20年代，黑人用分期付款的方式购买家具的概率是白人的两倍，后者更倾向于"记在账上"。由于黑人店主少，抵押品匮乏，黑人家庭很大程度上被排斥在赊账卡或店内信贷之外。[29] 1969年，联邦贸易委员会报道了类似的种族分化现象。欧洲的情况同样十分复杂。在英国，仅在1936年就有700万分期付款的新协议签订。[30] 纳粹分子则抱怨道，消费信贷是反德国的，但是又无法阻止它的扩展。战后，消费信贷迅速发展，并在联邦德国占据零售销售的15%。20世纪70年代，消费信贷在德国更是翻了两番多。[31]

那时，普通的欧洲民众对借钱并没有天生的厌恶之情。相反，只有他们的政府才会限制信贷。在意大利，1936年墨索里尼颁布的《银行法》严格限制银行分支机构和信贷提供者的数量。[32] 如果没有放贷者，办理贷款无疑困难重重。同样地，在战后的法国，全国信贷委员会也限定了信贷机构的数量。1966年，一个法国人要想以分期付款的方式购买电视机，就必须首先支付25%的押金。此时，一个德国人只需支付10%，一个英国人只需支付5%，且更好的是，他们的结清期限也比法国人要长半年。因此，毫不意外，在法国，电视机和其他耐用消费品的销量远远落后于其他国家。[33] 相比美国和英国，在法国，基督教对高利贷古而有之的恐惧也更加顽固。这一直延续至 1989 年的《奈尔茨法》，它将贷款利率限定在最高 20%。同一时期的联邦德国则给予储户种种支持政策。储户可以免于缴纳他们赚到的头 600 马克利息的所得税；1993 年，当引入自动缴税时，免税额度提高到 6000 马克。[34] 日本也有类似的免税政策。与之相比，在美国，控制信贷的尝试没有持续多久。1942 年，政府通过一项法规，将周转信贷的最高期限控制在 18 个月内，同时，对付款也有一定的限额。10 年后，由于店主的游说，这项法规被废除了。

在一个信贷更为宽松的环境里，欧洲人的借贷数额将会增加多少？一些证据显示，数量可观。1958—1960 年，当控制分期付款的措施在英国一度放松的时候，信贷迅速增长起来。[35] 但在欧洲的大多数地方，宽松信贷不得不等到 20 世纪八九十年代金融服务自由化和利息率降低时才开始出现。在意大利，迟至 1995 年，每两个申请信贷的人中仍有一个会遭到拒绝。到 2002 年，十分之九的人都可以获得他们想要的信贷。[36] 更多的银行分支机构和放贷方，意味着更加便宜和宽松的信贷。

欧洲人的谨慎和节制源于三个因素的共同作用：对通货膨胀的担忧、社会福利和阶级偏见。20 世纪 50 年代，在法国和联邦德国，政府的当务之急是防止通货膨胀扼杀其经济奇迹。过多的信贷会造成威胁，使资本不再流向投资。同样引人忧虑的是，它会加剧社会冲突。消费者，尤其是最弱势阶级的消费者，必须受到保护，以免他们伤害自己。联邦德国的社会市场模式致力于增长的和谐，因此相比于借贷而言更重视储蓄。宽松信贷只会让家庭白白耗费掉他们辛苦挣来的血汗钱。相比之下，通过税收人员的些微帮助，住房互助金和储蓄鼓励金会鼓励民众为住房进行储蓄，并且能够巩固社会平等。

分期信贷在 20 世纪 50 年代早期的增长，引起了一阵道德恐慌。新闻经常报道这样一些案例。那些深陷债务的工人在每个月的第十一天就会放下手中的工作，向老板请病假。这么做是因为法律规定病假津贴不能被"扣押"，从而避免他们的工资被债权人收走。这些新闻大多耸人听闻。一份调查发现，仅 1% 的分期贷款用户遭遇扣押工资的困境。[37] 然而，这些恐慌确实反映了家长制和阶级偏见，以及些许民族主义者对自我尊严的维护。毕竟，难道不是节俭储蓄让普鲁士变得强大吗？强大的德意志面临沦为一个由债务人和弱者组成的民族之危险。这正是遭遇一次耻辱的战败之后最不需要的东西。不同于美国的中产阶级，对许多德国市民来说，信贷留给他们的依然只有苦涩的回味。他们受到的教育越高，就越难以相信普通人也会借贷。受过良好教育的资产阶级十分怀疑这一点，即下层民众能够从额外消费中获得真正、文明的享受。在一部首次出版于1912年的著作——关于奢侈，它依然是最富创见的论述之一——中，维尔纳·松巴特——一位资产阶级精英和杰出的爱国者——强调，没有文化的暴发户天然生活奢靡，他们的炫耀行为在历史上屡见不鲜。他写道，奢侈反映了"头脑简单、行为粗鲁的人的无能。除了物质享乐，他们无法从生活中获得其他任何东西"。[38] 这些阶级偏见投下了一道长长的阴影，笼罩着20世纪五六十年代经济奇迹的那些年月。在公共场合，中产阶级是节俭精神的热烈拥护者。有趣的是，私下里，他们恰恰是借贷队伍的主力军。从信贷机构获得的数据反映出，公务员构成了顾客的极大一部分。[39] 我们难免得出这一结论，即资产阶级保护"普通"消费者以免他们自我伤害的家长制冲动，至少部分源于一种阶级利益，也就是说，使信贷成为他们这一阶级的特权，和普通民众绝缘。

在信贷定量配给的地方，它促进了旧有的、更加非正式的信贷网络发展。流动的赊购商贩的适应力和邮购的活力，反映出私人银行业务在战后欧洲相对缓慢的发展。的确，法国里昂信贷银行、英国米特兰银行和德国各银行在1958—1959年均引入了私人贷款业务。但是，所有这些都只是触及少数客户。10年后，五分之一的法国人已经拥有一个活期账户，而大多数英国工人的工资仍然以现金形式支付。银行仅处理少部分消费信贷；1966年，这在英国占了约三分之一。如果有人想要借钱买车，那么他更有可能去金融公司。像家具、衣服这类借贷交易都来自商店和邮购服务。

因此，信贷市场是碎片化的，既非透明，也不具竞争性。[40] 这就是欧洲人很少借贷的原因之一。信贷配给尤其影响大宗消费。几乎没有什么人会货比三家地去寻找最好的消费信贷。只要被一家贷方拒之门外,大多数家庭就会放弃寻求信贷,并将自己的下一个大宗消费计划束之高阁。至于小型消费,则是另一回事。美国大城市郊区的百货商店、英国的邮购等,都是消费信贷的初级形式。对工人阶级家庭来说,初级形式的消费信贷给他们提供在舒适的家中轻松进入商品世界的渠道。银行是为上流阶层而设,邮购则是普通民众的。在战后时期的居民区中,阶级、社区和私人关系一起为信贷提供了保证,这与一个世纪之前的街头放债人没有任何实质区别。1970年,在巅峰时期,邮购公司雇用了300万名代理人。其中大多数是当地拥有较高地位的妇女,她们向社会大众传达体面和可供模仿的生活方式。一位负责商品目录的当地妇女回忆道:"每个星期五晚上,邻居和朋友们就会来到我家,一起坐在厨房里,喝着茶,再看一遍商品目录,然后支付现金。"[41]

储蓄和消费

人们很容易把信贷与储蓄看作对立面,但对现代社会的大多数家庭来说,二者是互补的两种策略。发生变化的是它们的相对功能和两者间的平衡关系。就像制度化信贷一样,储蓄是一项现代发明。而且同个人贷款一样,在得到国家支持之前,储蓄一开始也是由社会改革者推动的。在大西洋两岸,第一批储蓄银行均出现于19世纪早期,由慈善家建立,目的在于教导工人和小商人勤俭、节制和独立的美德。他们希望,储蓄能打破奢侈铺张和贫困之间的恶性循环,并引导穷人走上一条勤勉和自我完善的正轨。19世纪晚期,邮政储蓄将国家网络嫁接到这些当地的原创机制上来。正是两次世界大战将国家推上了驾驶席。战争债券和储蓄券关系到民族的生死存亡。与新的信贷形式一样,储蓄通过一种相互交流和相互模仿的跨国网络发展开来。在19世纪70年代,日本改革者首先向比利时和英国学习邮政储蓄制度。一个世纪之后,他们开始把促进储蓄的手段传播到韩国、新加坡和马来西亚。在世界各地,学童会在每周一次的节俭展示中将他们的零用钱存放在老师那里。"二战"后,800万学童参与了儿童银行。20世纪70年代，邮政储蓄银行给予日本储户一些使用游泳池、宾馆房间和婚礼大厅的优先权。到那时为止，日本家庭储蓄率已经达到23%。[42]

毫无疑问，这些促进储蓄的手段是国家在现代时期精心策划的最广泛的行为变革运动之一。它们对战争及和平的作用同样十分明显。储蓄使战争机器得以持续运转，无论在胜利者还是失败者那里都是如此。大多数美国人在第二次世界大战时，没有任何储蓄，但在"二战"结束后握有美国的储蓄债券。从20世纪50年代到70年代，不仅在日本和韩国，而且在其他快速工业化的国家，比如芬兰，储蓄都扮演着至关重要的角色，即将资本从家庭源源不断地输往工业部门。正如近来一位历史学家所指出的那样，问题在于，这些运动实际上在多大程度上塑造了新的"习惯"和"持久的节俭文化"，以及多大程度上可以解释为什么今天"世界储蓄，而美国消费"。[43]

这样说既夸大了人们储蓄的习性，也夸大了目光短浅、挥霍无度的盎格鲁-撒克逊人与所谓的高瞻远瞩、勤俭节约的其他人之间的差距。习惯是有规律地重复，从而使之获得影响人们潜意识的力量的日常行为。鲜有证据表明，储蓄活动让节俭成为习惯。恰恰相反，历史资料显示，储蓄行为是易变的。家庭会经常急剧转换自己的行为，以回应变动的压力和刺激因素。这也恰恰是为什么爱国号召或强制通常是驱使人们储蓄的首要力量。新加坡很诚实地称其计划为"强制储蓄"。这一计划要求一个工人把总工资的50%交给成立于1955年的中央公积金。1986年，这一比例降到36%，并延续至今。其中，雇员支付20%，雇主支付16%。[44] 在法西斯时期的意大利，自愿储蓄计划很不受欢迎，以至于在1931年不得不被搁置。在日本和韩国，数十年激进的存储运动根本无法阻止储蓄在20世纪末迅速崩溃，两国储蓄率分别从1990年的12%和24%骤然跌到2007年的1%以下。由于经济萧条的冲击，以及消费信贷变得越来越容易，那些日复一日、年复一年把自己的硬币放进存钱罐的小学生一进入中年，就纷纷转向信贷和消费。[45] 储蓄运动是否培植了一种明智的家庭开支观念和远见，这点是可疑的。根据经济合作与发展组织的报告，日本和韩国的理财素养并不比英国更好。当韩国在2004年采纳美国的《破产法》时，违约的人口比例高达令人震惊的 8%，是美国的 20 倍。[46]

欧洲的储蓄账户数量巨大这一事实，并不能反映存款的次数和额度。20 世纪 30 年代，英国邮政储蓄银行拥有 1400 万账户，但许多自开户后就没有任何活动。定期储蓄既不适合工人阶级的经济能力，也不符合他们的精神气质。战时储蓄运动几乎没有产生任何持久的影响。民意调查指出，"二战"后，普通英国人在储蓄事务上仍然保持着一种循环的短期态度，它与"一年四季的循环——春季大扫除、夏季套装、秋季节日和圣诞派对"，联系在一起。储蓄主要是为了某一短期目标，东拼西凑出一小笔钱，而不是逐渐积累财富。正如调查者指出的那样："这种传统面临大笔的储蓄需求时，就成了一种阻碍。消费大手大脚，储蓄则一分一厘。"[47]

关于节俭的"实践智慧"，塞缪尔·斯迈尔斯——维多利亚时代自我救助的倡导者——总结道："它代表抵抗诱惑、期待回报。"[48] 到了 20 世纪 50 年代，在政府的全力支持下，鼓励储蓄的理念不断地以汽车、电视机和假日来吸引市民。自我节制此时是为了抗拒小诱惑，从而有钱购买高价商品。在西欧，储蓄银行直接从战争的废墟中成长起来；通过与制造商紧密合作，只要一个家庭储蓄了商品价格的三分之一，该家庭就有机会获得以信贷购买沙发的特别优惠。[49] 储蓄的推广者逐渐建立起一种新的信贷文化，它把消费行为更名为投资行为。购买耐用消费品意味着投资，而不是消费。这一修辞手段在芬兰之类的快速发展国家特别重要。在那里，仅仅一代人的时间，农民就转变为产业工人。储蓄将一种新的城市消费文化嫁接到农村的节俭精神上。在 1952 年的一本书中，芬兰总理乌尔霍·凯科宁问道，芬兰民族是否有繁荣的耐心？高通胀率和低利率意味着，旧式的储蓄没有多大意义。相反，芬兰人应该在住房和家用电器方面进行投资。新的民族英雄是"目标储户"，每月扣除一部分工资，用于为购买收音机、家具或者去巴黎旅行进行的储蓄。[50] 在那些经历快速现代化的国家，储蓄运动是进入商品世界的特洛伊木马。

在 20 世纪前六七十年与后三十年之间发生的决定性变化，更多的是同国家行为的彻底转向息息相关，而不是同市民的生活习惯有关。简单来说，储蓄要求国家必须具备计划，比如战争或者现代化。在 20 世纪七八十年代，国家失去了目的性，以及与之相关的迫使国民进行储蓄的意愿。新的准则是把市民当作成年人对待，让他们按照自己的意愿消费和借贷。1971年，英国议会的一个委员会直白地陈述了这一新观念："我们的一般看法是，国家应该尽可能少地干涉消费者的这种自由，即他们尽其所能地运用关于消费信贷的知识，并且根据最大化自身利益的判断。"国家可能会通过"说服来影响民众消费模式中暗含的价值尺度"，但是它"必须遵守自由社会的基本原则，即要让人民成为裁决者，衡量是什么促成了他们的物质福利"。为了保护"陷入困境的少数人"，而限制人民的自由，这是误入歧途。[51] 简而言之，这是信贷自由化的基本原则，比玛格丽特·撒切尔更广泛地迅速打开金融市场的"金融大爆炸"计划早了15年。

储蓄的衰落——从20世纪70年代开始，然后自90年代进一步加剧——并非美国或盎格鲁-撒克逊独有的一种疾病。例如，相比盎格鲁-撒克逊地区，芬兰人和丹麦人从20世纪70年代开始就一直储蓄得更少。在德国和比利时，家庭储蓄率在21世纪头10年顽强地徘徊在9%～13%。同时，在日本、意大利和荷兰，储蓄的衰落至少与美国、加拿大和英国一样显著。

是丹麦人和意大利人很少储蓄吗？或者是德国人储蓄过多？只有同时考察储蓄与信贷、收入和资产，我们才能找到答案。对一个没有任何安全保障的家庭来说，不储存一笔钱可能是愚蠢的。而对另一个有着低息抵押贷款和养老金的家庭来说，情况就完全不是如此。对那些拥有不断增长的收入和产权价值的家庭来说，一份上涨的信用卡账单就像是大海中的一滴水。例如，在英国，家庭总储蓄率从1992年的11%突然下跌到2007年的2%。当2009年经济危机袭来时，"劣质"、无担保的消费信贷已经增至1万英镑，也就是说，欠债少于1万英镑和多于1万英镑的家庭数量相同。平均抵押贷款债务为10万英镑。这些数字是巨大的，但是与平均住房和养老金财富相比，它们就相形见绌了，后者的数额在20万英镑以上。[52]

总的来说，经济学家诉诸两种模式，来解释储蓄到底发生了什么变化，即生命周期假设和永久收入假设。二者均诞生于20世纪50年代。

弗兰科·莫迪利安尼明确阐述了前者，米尔顿·弗里德曼则论述了后者。[53] 对凯恩斯来说，储蓄的主要动机几乎都是非理性的自尊心，即给子孙后代留下一笔遗产。新的数据则显示，事实并非如此。莫迪利安尼指

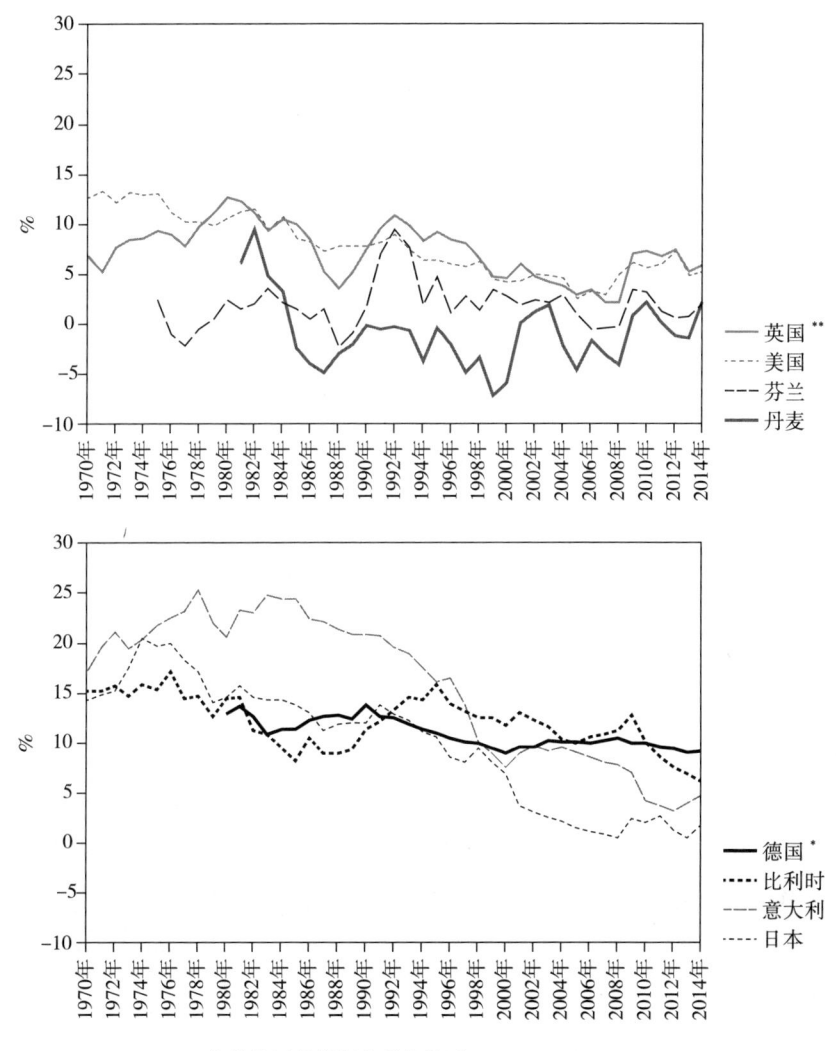

* 1980—1990 年的德国数据源自联邦德国
** 英国数据是指家庭总储蓄率而言

来源：OECD dataset, *Economic Outlook* no.96-November 2014-OECD Annual Projection; for 1980–1990 West Germany: Statistisches Bundesamt: Fachserie 18, Volkswirtschaftliche Gesamtrechnungen, Reihe 1.2, Konten und Standardtabellen 1996, Vorbericht。

图 9-1 家庭储蓄率（占节省下来的可支配收入百分比），1970—2014 年

出，人们主要是为了自己的未来进行储蓄，而非仅仅是后代。他们会随时间变化不断调整自己的消费，以从生活中获得最大的利益（用经济学家的话来说，就是使一个稳定的效用函数最大化）。在年轻时，由于拥有的资产很少，他们会拼命储蓄；在收入达到高峰的中年，他们会积累起巨额财富；到了老年，则会动用储蓄，变卖资产。同样地，弗里德曼强调，人们拥有长远的眼光。消费多少，这不依赖于他们在当前的可支配收入，而依赖于他们的预期收入。

这两种假设都理所当然地认为，人们能够积累财富，并在储蓄、借贷和消费方面做出理性、长久的判断。生命周期假设对于被困于"旋转门"里、注定只能勉强糊口的前几代人来说用处不大。自20世纪70年代以来，这些假设就已经面临大量挑战。已经得到承认的是，给后代留下一笔遗产这种动机确实很重要，无法完全忽略。[54] 为了防范风险而进行的储蓄，同样如此。在德国，老年人储蓄的数额远远超出生命周期假设的预测；在美国，令人惊讶的是，工人们很少为了退休而进行储蓄。[55] 同时，从长远来看，永久收入假设大致是正确的；但是，它甚少提及短期内的消费波动。不同国家之间的差异构成了进一步的困境。生命周期假设解释了为什么经济增长与储蓄是相关的；由于消费被认为依赖于终生的收入，而非当前的收入，在经济高速发展的时期，年轻人逐渐变得比他们的父母更富有，因此储蓄份额随着时间的推移而上升。自20世纪70年代早期以来，储蓄率的下降基本符合以上假设的预测。但是，美国的情况令人费解。1960—1985年，美国的经济增长了2%；按照预期，30岁的美国人应该有两倍于祖辈的终生收入。美国的消费年龄曲线图却最终和日本一样；后者的经济增长率是美国的两倍多，类似年龄的年轻人按照预期应该拥有四倍于祖辈的终生收入。[56]

永久收入理论的问题并不在于人们不考虑他们的预期收入，而在于他们并非总能看到自己的整个未来生活。[57] 他们在下决定时，只能预估到下一个阶段。未来是模棱两可的，只能管中窥豹。前景是光明，还是黯淡？这取决于刚刚过去的数年塑造了什么。一份跟踪2003—2007年德国储户的大规模调查报告发现，相比更早10年出生的人，在1966—1975年出生的人更多地进行储蓄。[58]这一代人是在20世纪90年代中期进入劳动力市场的。这一时期，养老金体系正在改革。虽然客观上，条件已经得到改善，但是对未来安全保障的不确定感——由低薪、兼职工作的扩散，得到进一步加强——促使他们不得不勒紧裤腰带，紧张度日。这些世代效应是德国储蓄状况谜题的重要组成部分。

然而，在20世纪八九十年代，储蓄率在世界范围内大幅下降，这是由于更加廉价的信贷工具的出现，让人们也开始不再仅仅为了未来的安全保障而进行储蓄。如果有可能通过信贷这一"自动扶梯"，借用未来的钱来实现上升，那么为什么还要停下来进行储蓄呢？养老金计划、股票和债券，特别是不断上涨的房价，所有这些都导致储蓄变得没那么重要。[59]有关股票和房地产价格变动的报道曾经是少数精英的兴趣，而此时则成为中产阶级的早餐读物。金融产品成倍增多。20世纪80年代早期，在澳大利亚，抵押贷款的类型只有36种，而到了2004年，一位富有上进心的房屋业主可以从3000种贷款中进行选择。[60]对很多人来说，抵押贷款已经替代了储蓄账户。同样是在这一时期，不仅是富人，穷人也可以接触到私人银行和信用卡。

也是在这一时期，除了富人，个人银行和信用卡也开始普及到穷人手中，消费信贷的"自动扶梯"开始运转，并且变得更加拥挤。用恰当的法语术语来说，为了使其运作，首先需要实现人民的银行化。1966年，仅仅不到20%的法国成年公民拥有支票账户；10年后，这一比例达到90%。前几代人时，贷方会对借方的人品和贷款目的进行道德审查。而到了20世纪80年代，这些家长式管理已经消失。正如一家英国银行在宣传新的选择精神时所言："国民西敏寺银行可以给你办理私人贷款，去参加大减价活动，在那之后就靠你自己了。"[61]不断增长的收入、管制的解除，刺激银行大力招揽顾客。在英国，从20世纪70年代中期到90年代中期，办理信贷的人数增至原来的三倍。

所有这些并不自然意味着美国人和英国人忘记了储蓄。这取决于我们的衡量标准。据估计，如果把股息、利息和租赁收入这几种资本收益也计算在内，那么美国在20世纪90年代的储蓄率会从5%暴涨到10%。同样地，这也并不自然意味着人们减少储蓄是因为他们沉迷于越来越多的消费。在英国，储蓄率在2000—2008年下降了，但是消费占国内生产总值的份额同样下降了，因为人们的可支配收入占国内生产总值的份额在缩水。[62]

这一演进迸发的流行标志物就是信用卡。它的颜色数不胜数：金色、银色、铂金色或红色（以示支持抗击艾滋病和疟疾的运动）。周转信贷——在月末不用全额偿付贷款，仍可以借贷的一种类型——在盎格鲁世界发展得最为迅速。1961年，美国花旗银行开始发行信用卡。随后不久，美国运通也效仿这一做法。但这些举措都是针对精英阶层的。按阶级和种族分配信贷仍是常态。正如2000年被提名为美联储主席时，艾伦·格林斯潘在听证会上告诉美国参议院银行委员会的那样，20世纪90年代，基于风险的定价机制不仅向低收入家庭，而且向"孩子、狗、猫和驼鹿"大开方便之门，给他们发放各种不请自来的信用卡优惠。1970年，仅17%的美国人拥有一张信用卡。30年后，这一比例达到70%。在英国，信用卡数量在20世纪90年代从1200万增长到3000万。[63]

周转信贷之所以变得重要，是因为使用"塑料卡片"购物改变了消费行为。早在20世纪50年代，美国百货商店的经理就留意到购物卡如何促使顾客更加频繁地购物，尽管相比赊账期限为30天的赊购账户，购物卡并没有导致顾客增加每笔的交易额。[64]信用卡更大规模地产生了这种效应。20世纪90年代，在英国，消费信贷占消费全部支出的比例从8%上升到15%。可以说，拥有一张信用卡和购买更多商品之间存在某种关联。然而，信用卡的使用仍然是不均衡的。2004年，差不多90%的英国人、瑞典人和荷兰人拥有一张信用卡；而在意大利，这一比例只有50%。同样值得注意的是，信用卡的数量多，不仅与更高的购物欲，也和办理银行业务和资产管理的整体比例更高息息相关。相比普通欧洲人，英国人——通常因信贷狂热而被诟病——也拥有更多的人寿保险政策、私人养老金计划、债券和有息存款账户。[65]

信用卡有时被看作盎格鲁-撒克逊民族挥霍无度的一种症状，并与别处的节俭文化形成了对比。然而，这种看法是对事实的曲解。在20世纪

90年代和21世纪最初10年，消费信贷的民主化和个人债务的提高成为全球性现象。事实上，在所有发达国家中，个人债务都达到了历史新高。有些国家只是起点比其他国家低；在这方面，日本是个例外。那里的家庭从一开始就背负巨额债务，之后就一直保持这个水平。相比整个消费信贷而言，"用塑料卡片借点钱花"不是什么大事。甚至在2008年美国信贷热潮的高峰期，信用卡也不过占据了购房借贷的8%。而法国人、德国人和日本人比美国人、英国人更少使用信用卡。关于这一点，荷兰人和瑞典人虽然更少使用信用卡，即便用了，也往往会每月还清债务，但这并非表示他们不借贷。他们直接使用其他的信贷渠道，比如私人贷款（法国）、分期付款（德国）、预借现金和从消费金融公司贷款（日本）。[66]

这些国家间的有趣差别不在于个人债务的增长，而更多在于其结构。作为可支配收入的一部分，荷兰和丹麦的信贷总额在1995—2007年翻了

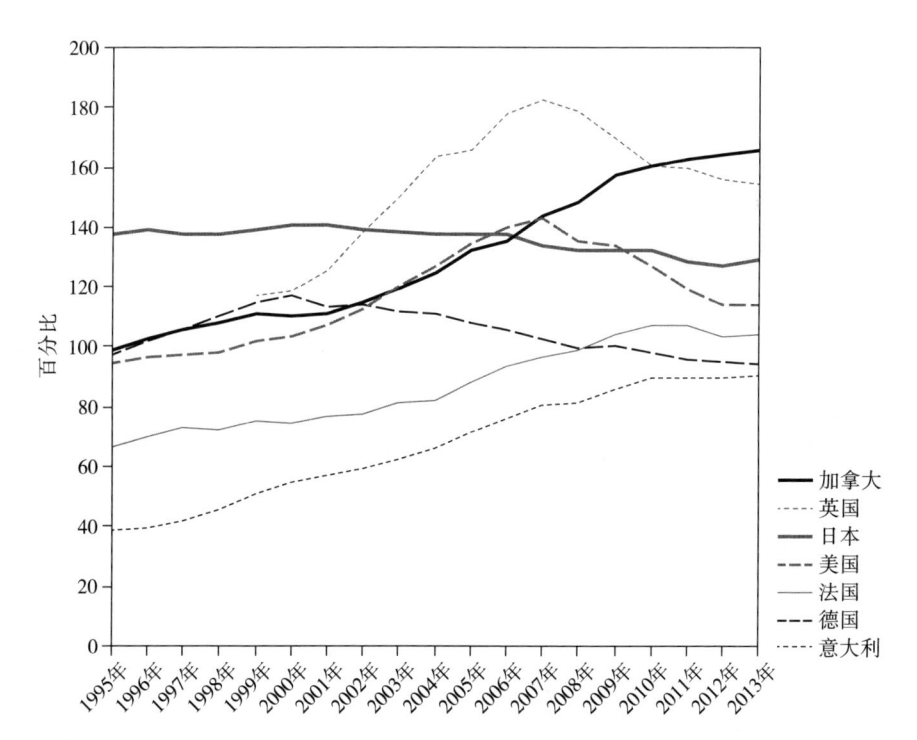

来源：*OECD National Accounts at a Glance, 2014*, http://data.oecd.org/hha/household-debt.htm

图9-2　家庭债务占可支配净收入的百分比，1995—2013年

一倍，其水平甚至让美国家庭相形见绌；丹麦人的负债水平大概是美国人的两倍。然而，所有这些实际上都是针对房贷而言的。为购买商品和服务而进行的信贷在英国和德国构成了很大份额（15%～20%）；在波兰和奥地利，这种信贷达到个人信贷总额的 40%。因此，房贷构成了消费信贷的主体，只是各国的程度有所差异。认为由于租房在荷兰和德国十分普遍，房贷债务肯定也比较小，这是一种常见的误解。相比密苏里，土地和房地产的价格在马斯特里赫特和慕尼黑更高。这就意味着购买住房的那些荷兰人和德国人负担着不成比例的高额债务。在 20 世纪 90 年代和 21 世纪初，盎格鲁世界和其他地区的显著差异在于，对后者而言，无担保的信贷（信用卡、分期和贷款）占个人债务的比例缩水了。美国人和英国人是在 2008—2011 年信贷收缩的情况下做到这一点的。[67]

债务并非孤立存在，它必须与财富和收入相联系。一张 1000 美元的信用卡清单会让一个乞丐心惊胆战，但对王公贵族来说，根本不值一提。悲哀的是，一个家庭拥有多少资产，这并不是一目了然的问题。在 2008—2009 年经济泡沫破裂，房屋的价值被发现严重高估时，许多人才艰难地明白这一道理。信贷的"自动扶梯"停滞了。在全球经济危机的背后，潜伏着两种更大的信贷失衡现象。一种产生于个人债务与收入之间的历史性调整，这在美国最为显著。一个世纪以来，大约从 19 世纪 70 年代到 20 世纪 70 年代，美国人借贷越来越多，然而他们这样做是基于收入和资产的不断增长。20 世纪 30 年代，分期付款和现金贷款井喷式增长，这正好与资产和甚至储蓄的净增长相互抵消。[68] 在 20 世纪五六十年代的繁荣期，债务违约并不是问题。而 20 世纪 70 年代以来的工资停滞改变了这一局面。正是在这一时期，美国成为一个"债务人的国家"。[69]

另一种失衡是全球性的，发生在美国、英国这些热衷于信贷消费的国家，以及德国、中国等国。后者热衷于出售它们的汽车和服装，但又不乐意反过来购买多少东西，而是倾向于把收入归入储蓄。过度消费或过低消费，到底哪一个更为愚蠢？这是一个有趣的问题。"日本人应该消费更多，减少储蓄"，这构成了 20 世纪 80 年代美国外交的一个重要方针。这一全球性失衡最终在 2009 年引发危机，原因在于，债务此时已经成为一个全球市场。银行将来自世界一头的过剩储蓄转移至另一头的次级抵押贷款，这是火上浇油。

尽管世界经济衰退得十分严重，但重要的是，要将债务置于财富积累这样一个更为长远的背景中加以考察。从20世纪80年代到21世纪初，正是次贷房地产热潮到来之前，净资产的确实现了可观的增长。到2001年，英国和日本家庭拥有的净资产是其债务的六倍；在德国，这一数字是五倍；在美国，则是四倍。[70] 2009—2011年的经济危机或许会抵消多年来膨胀的收益，但是它并没有消灭财富数十年不断增长的势头。私人财富继续使其债务变得毫不起眼，而且越是如此，国家就越是富裕。引人注目的是，2004年至2005年的欧洲社会调查显示，相比较穷的葡萄牙、希腊和东欧等邻国，英国、德国和斯堪的纳维亚国家的家庭经济压力更小。[71]

随着二次抵押贷款和资产增值抵押借款在20世纪90年代和21世纪最初10年的引入，个人信贷革命在盎格鲁世界走得最远。房屋成为一台取款机。从历史的角度来说，这是20世纪发展成就的一个激进结果：令私人消费者与商业债权人平起平坐。这不仅是说，个人信贷占据了整个信贷领域的很大一部分，还表示消费者开始被当成小商人来对待，他们有权也有能力变现自己的所有资产，以资助其他计划。经济学理论开始向结婚、离婚和抚养孩子这些领域延伸——其中，最著名的是诺贝尔经济学奖得主加里·贝克尔（芝加哥经济学派的代表之一）在20世纪60年代的研究——将家庭看作生产和消费的单元，是这一更广泛转变的一部分。[72] 不动产和动产之间的古老区分消失不见。为什么要对砖头、砂浆和汽车、珠宝区别对待？为什么要阻止消费者利用自己积聚的房产财富，进行其他消费？几个世纪以来，共和主义作者不断把房屋理想化为一个动荡的商业世界里公民身份和共同体的锚。此时，在盎格鲁-撒克逊世界，拴锚的绳子已被切断。这座房屋被国际信贷和债务市场卷走了。从20世纪70年代开始，在罗纳德·里根总统的《1986年税收改革法案》的推动下，房屋净值再融资获得了极大的发展。一方面，这一法案给予"二次抵押贷款"税务优惠；另一方面，将其从所有贷款形式中分离出来。现在，最廉价的信用点是房屋。与之相比，在欧陆的大多数国家，房屋仍然停留在法律和有形资产的领域。在法国、德国和意大利，从信贷的一个领域轻松地流入另一个领域这种做法并没有得到鼓励，相反，这些国家在它们中间保留了防火墙。要办理抵押贷款，须支付可观的20%～40%作为首付，这也是这些国家的民众储蓄如此之多的原因之一。对他们来说，灵活的抵押贷款和宽松的再融资仍然只是外国词语。

房屋"变现"是信贷革命的最后推动力。资产增值抵押借款的字面意思是，一小部分价值从房屋中抽取出来，用以支付其他商品。2003年，美国所有家庭通过这一方式拿回1390亿美元，相当于其可支配收入的6%。在澳大利亚，这些提现为经济贡献了约2%～3%的额外消费。[73] 而在最初的凯恩斯模型中，这些额外的注血来自国家。以不断增长的房价作为抵押进行借贷，以一种"私有化的凯恩斯主义"取代这一模型。[74] 或许，房价与消费能力和意愿的间接联系，与任何直接转移一样重要。经济学家对金融资产和房屋资产在促进消费方面的作用进行了比较，发现了显著的民族差异。在美国、日本和欧元区，股价的上涨对消费实际上具有同样的影响。每增加1美元的额外收入，人们就会消费6美分。但当涉及住房的"财富效应"时，地域差异显著。在美国，假设房屋的价值猛涨10万美元，其房主就会额外消费5000美元。而在日本和欧洲，这种情况下的额外消费仅有1500美元。在所有国家，房价上涨都会引起消费增加；但是，一些国家增加的幅度要远大于另一些。除了盎格鲁世界，在芬兰、瑞典和荷兰的增加幅度也较为显著。这再次说明，住房财富效应的大小不仅与房屋所有率相关，而且在资产增值抵押借款、灵活的抵押贷款和宽松再融资的辅助下，也与家庭从他们的房屋资产中抽取流动资金，以及变现不断增值的财产的难易程度息息相关。[75]

走向破产

所有的钱都去了哪里？当2009年经济危机袭来时，许多评论者对答案几乎没有疑问。不断上升的个人债务数额成为不顾后果的"消费主义"的一个表征，这是一种对超出自身能力的购物和生活方式的沉溺。在某一时期，英国首相戈登·布朗甚至敦促民众偿还他们的信用卡账单。这个似乎本会使消费停下来的手段，唯一做到的就是加深了危机。该想法是基于这样一种考虑，即一旦民众不再在不必要的东西上花费太多，在个人和经济层面，社会就会恢复到一种更加健康的平衡状态。

要是真的这么简单就好了。现实往往比道德信念更加复杂。无论是资产增值抵押借款，还是信用卡消费，它们都不是主要为了满足可有可无的"欲望"。诚然，美国加利福尼亚州的汽车经销商估计，在经济危机前夜，三分之一的车是通过房屋净值贷款购买的。[76] 但是可以说，在美国大多数地方，拥有一辆车是"必需"（而非"想要"）。无论如何，购买汽车只构成了所有这些贷款用途的一小部分。三分之一的房屋资产增值抵押借款主要用于家居装修，这实则是一种投资；二分之一是用来偿还债务或购买其他资产；只有16%用于消费开支。澳大利亚和英国表现出相似的情形，尽管新西兰的消费支出更高。调查显示，资产增值抵押借款远非用于盲目的过度消费，而是在高到不成比例的程度上被许多家庭用来渡过生活难关。为了弥补收入的暂时性不足，那些有年幼小孩的家庭的净值贷款会格外高。离异者和失业者的情况也是如此。[77]

信贷与购物商场及"不必要的"物品之间的联系，源于一种简单的误解。国家数据反映了无担保的消费信贷总量，却忽略了它们的具体用途是什么。同样地，"私人消费"涉及所有种类的家庭开支，包括医疗、教育、服装和度假。认为所有办理信贷的人肯定都是购买平板电视或者又一双定制鞋的冲动购物狂，这是荒谬的。在英国和美国，个人信贷的数额之所以如此之高，一个原因是支付教育费用和基本生活开支（在美国，还包括医疗）。所有这些服务的费用都在不断上涨。2007年，在英国，学生平均贷款数额是车贷的两倍；同年在美国，三分之一的分期债务来源于教育。[78] 这一点丝毫不令人感到意外：美国大学的毕业生背负着巨额债务，每人平均2万美元。相比之下，丹麦的大学生不需要支付任何学费，而且每月还能从国家获得一定津贴。对许多美国人来说，在20世纪90年代和21世纪最初10年（这是一个工资停止增长、不平等加深的时期），福利国家消失了，而信用卡扮演了一个私有的替代品的角色。他们用它来偿付医疗账单，以及失业期间的食品和住房费用。因此，盎格鲁世界无担保消费信贷的巨大体量包含了一种视觉上的错觉。那些在别的国家免费提供的商品和服务，在这里则以贷款形式偿付。

这就引发了另一个有趣的问题：美国经济到底已经有多不平衡了？从20世纪60年代到90年代，家庭消费率（家庭消费占国内生产总值的比例）从69%一路爬升至77%，但是这包括了健康方面的消费，后者在这一时期飞速上涨。一旦把医疗开支从这一图景中剥离，经济学家就会发现，事实上，这数十年来的消费图景并没有发生变化。换句话说，美国人并没有成为所谓的挥霍无度的购物狂，至少并非所有人都是这样。他们在药品、牙齿和看医生上面花费更多。一点也不意外的是，消费倾向的增长集中表现在老年人群体。消费增长主要出现在60岁到80岁的人身上。相比1960年的同龄老人，他们在1990年的消费开支多了一半。[79]这样来看，储蓄的减少和消费信贷的增长就以一种完全不同的面貌呈现在我们眼前。这非常不同于典型的关于"丰裕病"的道德寓言。那么，为了一个更加均衡的经济，老年人是否应该更少消费？

总的趋势凸显了信贷消费的扩张，以及诸社会之间的差异。然而，正如之前的观察所显示的那样，同样重要的是辨别出社会内部的差异。将国家看作一个家庭，只不过规模更大，这是一种重商主义的错误观点。德国保持着高储蓄率，并不意味着每个德国人都是一个英雄般的储蓄者。全国的平均水平掩饰了一系列微观文化因素。要想对这些获得更广泛的认识，就必须克制对盲目消费者的尖锐批评。对2006—2009年英国人财务状况的详细研究显示，只有4%的英国人在偿还信贷一事上拖延两个月及以上时间。绝大多数人在还款方面没有问题。对三分之二的民众来说，偿还无担保贷款的金额占收入的比重低于10%。虽然储蓄率非常低，但是仍有41%的民众拥有价值超出5000英镑的储蓄。[80]数年前，仅有二十分之一的家庭使用信用卡余额代偿服务。只有7%的人"不假思索地"采用分期付款的方式来购买某件商品，大多数人则"从长计议"。[81]即使是在美国，40%的信用卡持有者也常常是一次性付清账单。美国联邦储备委员会的"2007年度消费者财务状况调查"，很好地展现了美国家庭预算的多样性。在回答者中，6%报告称，他们通常超出收入消费；16%收支相抵；42%有规律地进行储蓄；剩下的36%则主要为退休进行储蓄。[82]

对全国调查进行比较，这种做法可能具有欺骗性，但是我们很难不将挥霍的美国的数据与高度节俭的德国的数据放在一起进行比较。在同一年，进行储蓄的德国家庭有49%——低于2003年的59%。有趣的是，几乎一半的年轻家庭定期储蓄。然而，其中大多数只把收入的一小部分用于储蓄。造成差异的原因不在于德国人通常储蓄得更多，而在于占社会8%的一小部分富裕阶层将其收入的30%——这个比例令人惊讶——用于储蓄。[83]

虽然存在数以百万计的信用卡和分期购买的电视机，可是人们对信贷的态度被证明异常顽固。1979年，31%的英国人认为信贷"从来不是一件好事"。2002年，在经历了20年的信贷繁荣之后，这一数字丝毫没有发生变化。在这两个时期，同样仅有七分之一的人乐于将信贷视为"一种理智的购物方式"。其他人将它看作一种权宜之计。在两次世界大战之间的英国，利用分期方式购买的家具通常以"不起眼的有篷货车"来运送，以维持一个家庭的名誉。[84] 这些计策到了20世纪60年代仍然存在。今天，它们可能已经不再普遍，但这并不意味着当代人会公开炫耀信贷。对许多人来说，道德的乌云仍然笼罩在它上头。

迄今为止，我们已经看到，消费信贷越多，消费也就越多。反过来又是怎样呢？对物的渴望是否会导致人们更深地陷入债务泥淖？认为过度的消费主义导致过度的债务，这一指控由来已久。约在1900年，社会改革者抱怨说，工人只有买得起廉价啤酒的预算，却已经喜欢上了香槟酒。一个世纪后，在信贷高速发展的时代，私人破产的数量也升高了，这在发达国家引发了类似的深切反思。1992年，在美国，只有不到100万民众申请破产。6年后，这一数字达到140万。在其邻国加拿大，私人破产在20世纪90年代每年增长9%。2005年，在日本，21.7万人申请破产。[85] 负债累累成为一个全球性问题。很难进行国际比较，因为关于破产的法律和对过度负债的定义在不同国家都有所不同；此外，它们也会随时间而变化。破产大量出现的原因之一是，几乎在每一个地方，法律改革都使债务人宣布无力偿付变得更加容易。1986年，英国通过《破产法》。随后，在20世纪90年代，许多欧洲国家都在债务问题上做出了调整，并制定有关破产的法案。日本则在2005年制定相关法规。[86] 专家估计，从1999—2004年，差不多有2%的芬兰家庭负债累累，法国则是3%，荷兰是4%，英国和德国是7%。在美国，宣布破产的家庭在2004年达到1.7%，过度负债率则很可能接近12%。[87]

他们是如何陷入这一危险境况的呢？从德国到美国，反复的研究得出了相同结论。破产的原因包括失业、低收入、生病和离婚。单身父亲或母亲——尤其是低收入的单身母亲——是最脆弱的群体。糟糕的家政管理或挥霍的生活方式仅出现在一小部分案例中。美国中产阶级家庭之所以滑向破产的境地，相比于在购物上花费太多而言，收入不断下降，同时却要维持教育和住房开支才是主要原因。[88]

信贷的民主化既不充分，也不平等。在20世纪八九十年代，它确实为穷人和少数族裔接触信贷和抵押贷款提供了方便。但这并非全然是庇佑。尽管有一些人登上了这架"自动扶梯"，但同时那些在偿还债务方面已经十分吃力的人被进一步推向深渊。正如过去一样，今天的赤贫阶级遭受着低收入和高信贷利率的双重打击。金融排斥和社会排斥一直都是共生的。银行分支机构的地点呈现了一幅几乎完美的不平等现象地图。1975—1995年，银行支行的数量在美国全境新增加了30%多，在贫困地区，却减少了21%。这一空白被日息放债者和支票取现者填补。在英国，今天仍有7%的人口完全处于已经确立的金融世界之外，他们没有银行账户、储蓄、养老金、保险和信用卡。在一生中，仅酬金一项，没有银行账户的美国家庭就要付大概1.5万美元给日息放债者。在英国放债者那里，现行的利息率范围在100%～500%以上。[89] 这就是"穷人花更多的钱"的意思。毫不意外地，英国研究者发现，"一方面，处于金融服务边缘地带的人们普遍抵制使用消费信贷；另一方面，人们又不得不接受，没有它，就无法偿付'波动不定的'消费开支"。[90] 信贷是最后的手段，用以给孩子买鞋子或一点圣诞礼物，它很少是为了满足疯狂购物的目的。

这些数字在许多互相关联的方面是有趣的。它们反映出，无力抗拒物欲并非是信贷失败的最大原因，贫穷才是。其次，这也提示我们，尽管从20世纪80年代以来有着缓慢上升的趋势，但在一个成熟的信贷消费社会里，过度负债只是很少数量的人才会有的命运，而破产的人数就更少了。2004年，在英格兰和威尔士，只有千分之一的民众申请破产。绝大多数人在面对不断增长的信贷规模时，都能够还清债务。认为过去是一个更加清醒、克制的时代，这一观念就是个虚构的故事，而非真实的历史。1900年，从普鲁士到英国的法庭里都堆满了一种案件：拒不偿还的贷款，规模大到了让今天的读者和法官都无法想象的地步。最后，有关破产的法案在全球范围内扩散，这意味着承认了过度负债在所有富足的社会，包括社会市场国家和福利国家，都确实是一个社会问题。然而，种种被采取的措施继续反映出，人们对于消费在整个社会中所处的位置的看法是对立的。

那些信贷更加自由的国家对破产的处理也更为宽松。在第7章中，我们看到一个美国人在申请债务清偿时是多么容易。这反映了信贷消费在美国社会的中心地位。它要求债务人具有迅速恢复的能力，而不是无休止的羞愧感。将一个债务人革除出体系之外就等于损失了一个消费者。最好是让他"重新开始"，重新加入队伍。这里，破产立法的首要作用是让市场流畅运转，而不是保护或教育弱势公民。债务可以轻易地一笔勾销；根据某些评估，甚至是过分轻易了：这些评估估算，在申请债务清偿的美国人中，有高达15%的人本可以制订还款计划。2010年，150万美国人申请免除总共4500亿美元的债务。美国人从债务免除中获得的钱比从失业救济中获得的还多。[91] 这是消费者获得原先只保留给商人的特权的另一种情况。像英国这些以市场为导向的社会逐渐向美国模式靠拢，破产成为调节市场的手段。

那些保留某些信贷管制措施的社会市场国家——比如，德国将消费信贷的比例上限规定在23%——则发现，要想完全抛弃家长式的态度是非常困难的。1999年起，一部新法规给了消费者免除自己债务的机会，但是他们必须首先接受债务咨询，并且在六年内表现良好。如果德国社会民主党如愿以偿，那么要想免除债务，人们还得交出自己三年的非免税收入。之前的共产党人认为即使这样仍然过于温和，并努力争取改成五年——但也徒劳无功。[92] 于是，一个破产的德国人虽然不再注定终生有所亏欠、生活在阴影中，但是不同于情况类似的美国人，他并非完全自由。"重新开始"要通过良好的行为表现赢得。引人注目的是，在美国，破产的公民在大多数州都可以享受债务免除，并且仍然享有那些价值数千美元的私人财产（在得克萨斯州，则仍享有住房）。但是在德国，法律制定了更加严格的标准，而且只保护那些"适度的"需求。比如，彩色电视机要被收回，不得不更换为黑白电视机。斯堪的纳维亚地区的福利国家走得更远。它们将过度负债视为一个社会问题，并呼吁社会进行保护。芬兰在2003年引入了"社会贷款"来保护最弱势的群体，帮助他们走出高债务和高利息的恶性循环。对那些背负债务的民众，福利官员会登门造访，而非索债人上门催债。[93]

不平等

从20世纪80年代开始，社会底层民众的过度负债成为不平等日益严重的一个标志；它们困扰着大多数发达国家，从盎格鲁-撒克逊世界到德国和瑞典。而另一方面，处于社会顶层的百万富翁、亿万富翁大量出现。在美国，百万富翁的数量在1995—2005年增加了一倍。到21世纪早期，盎格鲁-撒克逊世界中10%最富裕的人控制着全部国民收入的30%~43%。自20世纪30年代以来，人们还从未见过如此程度的财产集中化现象。[94] 不平等现象在社会顶层最为显著。大富豪纷纷转变为超级富豪。从1995—2007年，美国最富裕的四个人的财产翻了一番以上，超过了1万亿。

对于这一不平等的新时期背后的确切原因，众说纷纭。其中，主要包括：技术变革、独身家庭的数量增加、薪酬低下且不稳定的兼职工作，以及低效的税收再分配政策。大量文献显示，不平等有害于幸福、心理健康、公民生活和宽容。[95] 在这里，我们感兴趣的是，不平等是否也该为过度消费负责？一些评论者认为确实如此。对他们来说，信贷狂热和不健康的物欲追求（"物质主义"）也是不平等现象加剧这一隐疾的症状。他们主张，更多的财富、巨额的奖金释放了"奢侈热"。[96] 新贵阶层生活在一个物质上毫无节制的"独立王国"之中。用《华尔街日报》特约记者罗伯特·弗兰克的话来说，这是一个"富人国"（Richistan）。"今天有如此之多的富人国居民。他们有如此之多的钱可以花，以至于创造了全新的消费水平。成为一个真正的炫耀性消费者从未如此困难，因为有数百万的百万富翁，他们为着同样的身份象征而竞争；而且有甚至更多的富裕消费者，他们为了模仿精英阶层，大肆购买奢侈品。"[97] 一位拥有一艘 100 英尺的游艇、曾经洋洋得意的船主，当他的船停放在一艘 450 英尺的游艇旁边时，他忽然觉得非常尴尬。在街区里最新的富人们你追我赶的攀比游戏中，汽车、住房和珠宝都是超大型号的。有人主张，这些奢侈消费掀起了一场雪崩般的消费热潮。从超级富豪到一般富豪，再到中产阶级和底层民众，每一个人都发疯似的拼命追赶社会地位比自己高一等的人。近来，一些担忧由不平等带来的心理失调的心理学家进一步完善了埃里希·弗洛姆的观点，后者在"拥有"和"存在"之间做了区分。他们说，人们更多地依靠自己占有什么，而非自己是谁来界定身份。[98]

这类诊断契合我们关于不公正的直觉，但是存在严重缺陷。首先，在这些论述中，几乎没有任何关于最近几十年对于不平等和奢侈的独特看法。毕竟，弗洛姆悲叹的是 20 世纪五六十年代的占有浪潮，而重要的是，这正是平等因素逐渐增长的时期。对两个世纪以前的让-雅克·卢梭来说，"奢侈热"是商业社会的一种常态。在其名著《论人类不平等的起源和基础》（*On the Origin of Inequality*，1754 年）中，他有力地指出："野蛮人过着他自己的生活，而社会人只生活在其他人的意见中。"[99] 对后者来说，外观和他人的意见就是全部。奢侈、不平等——卢梭可能还会增加一个因素，即奴隶制——推动着彼此向前行进。今天批评奢侈的人无不受到这些思想的影响，以致我们如果离开这一旧的道德规范，就很难去认知今天的奢侈问题。更具体地说，有一点尚不清楚：这些生活在一个孤立星球上的超级富豪是如何同时影响其他人的生活方式的。大多数民众甚至很难说出这些超级富豪的名字，而且我们对他们的生活方式知之甚少。相比之下，

2011年，有2.5亿观看者模仿轰动一时的西班牙/葡萄牙视频《尽情舞蹈》（*Danza Kuduro*）。在视频中，唐·奥马尔开着一辆宝马Z4接上了卢琴佐，然后乘坐一艘维京运动游艇V52（一艘"仅仅"56英尺的摩托游艇）享受了一段巡游。[100] 在一个媒体社会，相比之下，名人文化比银行家或首席执行官更能调动起人们对物质的渴望。

在美国，文化重心在20世纪中叶已经开始从富人转移到电影明星和小报美女身上。1956年，社会学家赖特·米尔斯一针见血地指出，《生活》杂志的封面从未出现过任何一个初次亮相社交圈的富家名媛，相反，出现的有"不少于178名影后、专业模特以及类似人物……"。[101] 引人注意的是，这是战后数十年平等不断加强的一段时期（20世纪50年代至70年代），同时也是消费在美国和西欧进入大繁荣的时期。汽车的"尾鳍设计"在20世纪50年代变得越来越长。在巨无霸豪宅于20世纪90年代大量涌现于郊区之前，美国人的住房就已经变得越来越大。事实上，超级富豪阶层在20世纪五六十年代不断缩减开支，他们抛弃位于纽波特的一个又一个豪宅，追求更加"正常的"生活方式。有趣的是，到了21世纪最初10年，尽管奖金惊人丰厚、不平等逐步加剧，但是美国人的住房面积不再增长。

许多观察者仍然从凡勃伦——上文提到的一个世纪前针对美国的"炫耀性消费"的伟大批评家——那里获取灵感。然而，凡勃伦关于有闲阶级浪费行为的道德义愤，导致他对一个简单事实熟视无睹：消费文化既会向上发展，也会向下发展。一旦汽车、住房、电视和冰箱成为普遍的参照标准，精英阶层的品位就会丧失大量的自主性。如社会学家大卫·里斯曼在1955年所言，"社会标准消费组合"（standard package）开始成为上层阶级的"一种节制指南"。不同于把自己的品位强加于其他阶层的模式，精英阶层正在向主流中产阶级靠拢。他们开始驾驶符合商业礼仪的林肯牌汽车，而不是古怪的红色捷豹牌汽车；同时，他们开始穿着大学生活要求的蓝色牛仔裤，而不是高度个人化的波希米亚式服饰。[102]

正如我们在前几章所看到的一样，认为阶级完全不再成为品位的标志，这是一种愚蠢的看法。富人可能会听流行音乐，但是他们仍然会观看

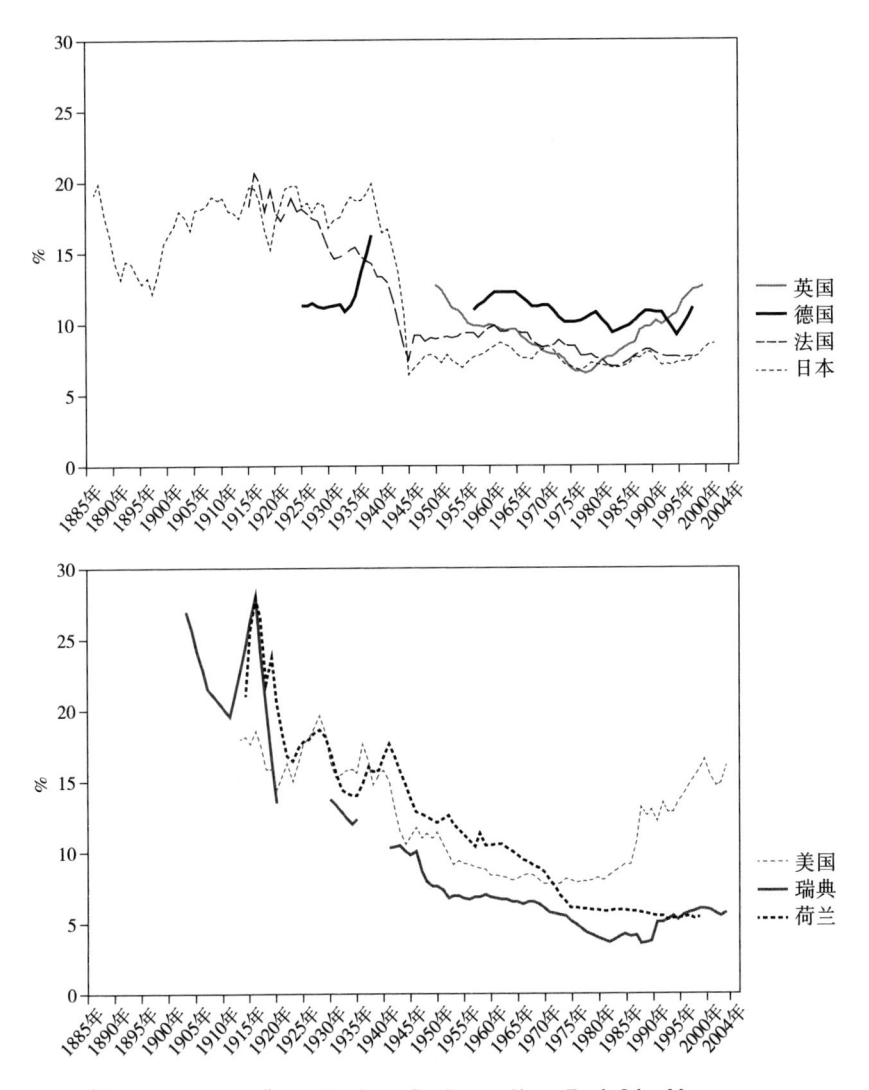

来源：Andrew Leigh, "How Closely Do Top Income Shares Track Other Measures of Inequality?", *Economic Journal* 117 (2007): 589-603。

图 9-3 最富有的 1% 的人收入份额

歌剧。尽管如此，在过去的半个世纪里，为人接受的风格已经大大增加，从这些风格中，人们获得了自己的身份认同。阶级品位的区别在所有方向都越发明显：不仅仅有人"往上看"，追求所谓的高品位，也有人"往下看"，追求平民化，乃至"往旁边看"，体验不同的类型。品位进一步多元化，这大大减少了富人作为时尚偶像的影响。[103]

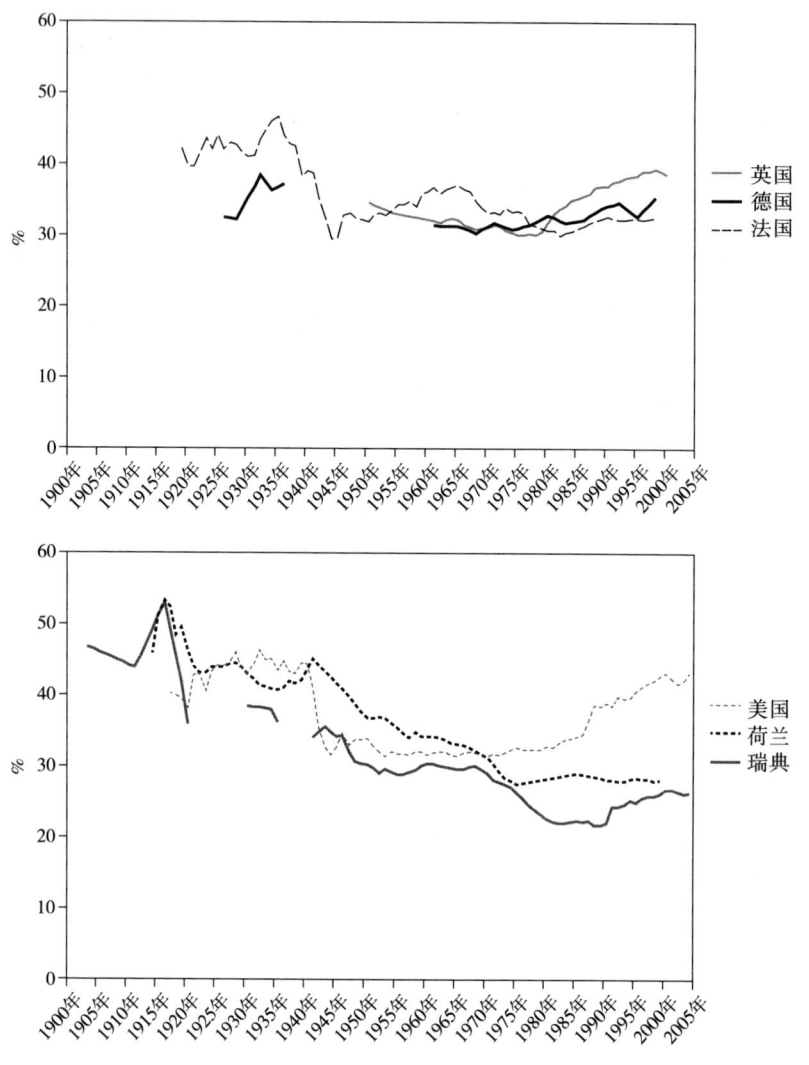

来源：Andrew Leigh, "How Closely Do Top Income Shares Track Other Measures of Inequality?", *Economic Journal* 117 (2007): 589-603。

图 9-4 最富有的 10% 的人收入份额

最近数十年的不平等不仅源于财富在社会顶层的集中化，而且源于贫困在社会底层的集中化。地位焦虑的人们既向下看，也向上看；他们既努力超越更穷的普通人群，又试图跻身于更富的邻人之中。向下看的目光同样重要，并且往往被试图将不平等归结于物质上的过度享乐的论点所忽视。当普通人群进一步陷入贫困时，这会减少他们毗邻的中产阶级的地位焦虑。如果那些从社会阶梯中跌落下来的人只能降级或者甚至不得不变卖自己的汽车，那么为什么还要费力升级自己的汽车呢？事实上，这正是最近数十年来德国和中国正在发生的事情：程度更严重的不平等导致更高的储蓄，而不是过度消费。

可以说，日益扩大的平等比不平等更好地解释了攀比性消费这一现象，因为它制造了额外的购物压力。要想领先于在后面拼命追赶的人，就必须加大消费。这正是亚历西斯·德·托克维尔从他的1831—1832年对美国民主的考察之旅中得出的结论。他将美国与他的祖国——等级更加森严的法国——进行了比较。"当境况的不平等成为社会的一条通则时，最显著的不平等就不再吸引人们的眼球了。当一切差不多都处于同一水平时，最轻微的事物也刺眼到足以伤害它。因此，当平等变得更加充分时，对平等的渴望总是变得前所未有的强烈。"[104] 这一点并非巧合，即在那些开始接受一种平等主义生活方式的社会，比如民主德国，消费品的主要意义是使人们相互区分。奢侈品在韩国非常兴盛，并非是源于韩国社会不够平等，反而可能正是因为韩国拥有发达国家中最平等的社会之一才导致的这一结果。

关于不平等的奢侈的论点，往往将今天的美国视为标准。但是消费文化呈现出不同的面貌。在今天的资本主义社会，巨额个人债务不仅出现在不平等非常严重、社会福利稀少的国家，而且出现在平等程度高的福利国家，尤其是丹麦。其中的区别在于，丹麦人虽然背负债务，但是生活幸福。在国际幸福指数调查中，丹麦人得分往往最高。他们可以安心入睡，并且十分确信，如果第二天早上醒来发现自己变得一无所有，政府还是会前来援助。盎格鲁-撒克逊世界的观察者常常报告说，炫耀性消费在斯堪的纳维亚国家一点也不明显。但是，这也许是因为他们没能了解当地民情，并非这种情况真的不存在。当地人的开支主要花在了夏日别墅、室内装修和高档滑雪蜡上，而不是手表或跑车上。"奢侈热"并非不平等的盎格鲁-撒克逊世界中滋生的特殊疾患。以法国——目前试图避免扩大收入不平等的少数几个国家之一——为例，一个高资产净值的法国百万富翁每年在奢侈品上花费3万美元，比同等条件下的美国人多出 8000 美元。[105] 但以不平等导致奢侈消费的论点来看，这一事实预测的结果完全相反。

当我们谈论奢侈品时，实际上在谈论几个不同的市场。位于顶端的市场是保时捷和蒂芙尼等经典品牌，这一市场随股票市场的波动而变化。[106] 奢侈手提包和手表构成了第二类更为普及的市场，这一市场拥有自己的变化规律。对奢侈品的需求不再主要是为了效仿富人，而是一种全球化背景下"现代"中产阶级的归属感，也是一种垂直包容，而不是等级区分。这是奢侈品品牌在亚洲市场（包括储蓄率高居第一梯队的中国）十分受欢迎的原因之一。对数以百万的城市白领来说，与消费着相同的手提包和太阳镜的人们一起工作，会让他们觉得自己是**现代**世界的一部分。2006年，据估计，在欧盟有四分之三的名牌包是山寨品。那年仅在意大利，就有 8900 万山寨品。[107] 就像更广义的消费和品位一样，奢侈品之所以推广开来，得益于以阶级为基础的品位体制自 20 世纪 50 年代起相对松动。从前，奢侈品关乎声望，反映了所有者的身份地位。市场分析师称之为"新奢侈"的事物主要涉及体验，而非所有权。[108] 它承诺了自我表达和归属感。奢侈品几乎成为一种民主权利。每个人都有权享用它。这构成了像酩悦·轩尼诗-路易·威登（英文简写 LVMH）这样的奢侈品集团近来显著发展的背景。2010 年，LVMH 获利 200 亿欧元，其中三分之一来自亚洲。对一个独家品牌来说，数百万销量不再意味着自杀。值得怀疑的是，平等因素的增长是否会改变这一切。

回顾消费信贷在 20 世纪的发展历程，引人注目的是，大多数人都成功控制了不断增长的信贷规模。1900 年，评论者一致预言，债务意味着道德堕落、社会腐败和破产。近来，一些作者仍然认为，丰裕削弱了长久以来的节制精神，导致个人无法应对源源不断出现的新奇物品。[109] 就信贷而言，这一看法很难说是正确的。总的来说，人们已经证明了，这些道德批评家是错的。有一件商品被收回，相对而言就还有成千上万的汽车、电视和住房得到诚信支付。信贷使消费者走向一个所有权的未来。每月还一次房贷，或者分期支付一件产品，这可以集中人们的注意力。今天，受高利贷大鳄和高利率的发薪日放贷者支配的人数比一个世纪前大大减少。但对游离于信贷机制之外或被推下这种"自动扶梯"的少数人来说,被正规信贷排除意味着日子变得更难过,因为今日生活的诸多方面都取决于正面的信用评级。这是当代消费文化两极分化特征的最早迹象之一。

第 10 章

别这么快

1990年，时间减速协会（The Society for the Deceleration of Time）在奥地利的克拉根福成立。除了醒目的名字，由于在行为变革中进行的富有想象力的尝试，它也值得人们的称许。在市镇中心，积极人士设置了"超速监视区"，以减缓行人往来。这一装置会将被抓住超速的人们拉到一边，并当场给予象征性的惩罚：一只玩具乌龟，人们必须跟在它的后面，慢慢地走上50码，在这之后才会被允许继续行走。主张减速者还迅速想出了其他新颖措施，以打断人们匆忙的生活节奏，比如摆放数以百计的折叠式躺椅，供人们集体午休。[1] 讽刺的是，奥地利城镇给大多数读者留下的印象是亟须加速，而非减速。一个将各国步行速度进行比较的研究者发现，相比欧洲其他地区，奥地利人的步行速度通常较慢。[2]

在很长一段时间里，乌龟都是一种睿智而从容的生活方式的象征。19世纪30年代，浪荡子出现了，他们让活乌龟领路，跟着乌龟的步伐慢慢地行走在巴黎的各个画廊中，展现着漫无目的地散步带来的愉悦。[3] 乌龟在20世纪90年代的回归只不过是更大的全球忧虑——对生活节奏在20世纪末的逐渐加速忧心忡忡——的一部分。20世纪是一个以许诺给予人们更多节省时间的途径和充足休闲为开端的世纪，最后却以对"时间饥荒"的焦虑而告结束。1900年，行动迅速意味着现代性和活力论。[4] 菲利波·托马索·马里内蒂和其他未来主义艺术家对它给予了赞美。那时，行动迟缓是针对农民的形容。今天，人们却将"迅速"视为不文雅的。"快节奏"生活方式的各种表现形式均遭到人们的攻击，包括食物、时尚、设计、旅行、观光、音乐和性。2005年，艺术家奥哈德·菲肖夫在伦敦桥上表演了一场"慢步秀"，以庆祝一段按计划会一直循环播放到2999年最后一刻的音乐（Longplayer）。整场表演耗时9小时43分25秒。

减速运动从美国和加拿大的成千上万名庆祝"拿回你的时间"日的"慢活族"（downshifter），一直延伸至几百名日本"树懒俱乐部"的成员。其中，最大的组织当属"慢食协会"。"慢食协会"成立于1989年，以抗议麦当劳在罗马的西班牙阶梯旁边建造分店。从那时起，它最初对享受食物的强调逐渐扩展为一种"生态-美食学"的政治主张，强调可持续性和负责任的消费。目前，这一组织有10万成员，覆盖153个国家。1999年，作为"慢食运动"的一种延伸，"国际慢城"（Cittaslow）成立。截止到写作本书时，这一组织已经同190个城镇签约，从澳大利亚的古尔瓦一直到西班牙的蒙希亚，它的标志是蜗蝓。[5] 这些组织的哲学（我们可能还会加上"历史观"）十分直截了当。用"慢食"的宣言来说就是，20世纪"先是发明了机器，然后根据它来塑造我们的生活方式。速度已经成为我们的枷锁……智人必须重拾智慧，把自己从'速度'中解放出来，不然就会被其推向灭绝之路"。[6]

毫无疑问，在现代，人们的生活节奏史无前例地加快，尽管这一过程是否始于20世纪仍值得怀疑。1874年，面对"变得越来越匆忙的生活"，以及随之而来的"一切沉思和质朴的衰减"[7]，弗里德里希·尼采曾忧心忡忡。他是一长串评论者中的一员。两代人之前，当亚历西斯·德·托克维尔在美国旅行时，有一个情景给他留下了深刻印象："美国人"总是忙个不停。"他急于抓住一切够得着的东西，以至于人们不得不怀疑，他是不是经常担心自己活得不够长，来不及享受这些东西。"[8]

节奏的加快主要由三个因素导致。第一个因素是技术创新，包括蒸汽机、互联网、火车、飞机和汽车。一个保守的估计是，通信速度在整个20世纪加快了10^7倍。[9] 第二个因素是文化。我们感到，世界运转得越来越快。很难抗拒这一想法：我们的加速感必然是技术变化的产物，但是或许反过来也能说得通。随着18世纪进步观的出现，现代社会将时间观念从一个"轮子"——过去、现在和未来围成圆圈旋转不停——变成了一支

"箭",指向开放而未知的将来。最后,社会本身就在加速,尤其在过去半个世纪里:工作和搭档的变动越来越频繁,随之加速变化的,还有关于我们是谁的意识。[10]

精确描述这些因素之间的相互作用,已经超出本书的范围。我们感兴趣的是,我们的消费行为导致了我们利用时间的方式和对于时间的意识有什么不同。笼统来说,时间贫乏是我们追求物质上的富足所付出的代价吗?关于这一问题,存在两种略有不同的肯定回答。第一种观点称,优质时间似乎成为狂热消费的牺牲品。丰裕社会从每一小时的工作时间中挤压出来的利润越来越多,然而这种做法同时让每一小时的休闲时间相对变得更加昂贵。为了使其更有价值,人们试图通过快速而肤浅地消费更多商品,从自由时间中榨取更多东西。那些需要投入时间和技巧的活动被日益增加、堆积如山的物品取代,后者提供了新奇感和即刻就有的快感。让我们称这一论点为"糖果店里的小孩"综合征。第二种观点往前又走了一步。它指出,在一个商品可以买来地位、广告无处不在的消费社会里,人们已经习惯于欲求更多。他们以自己的休闲时间换取更长的工作时间,从而赚取更多的钱来满足日益增长的物质追求。这是一种自我奴役的形式。休闲时间的数量和质量均遭到损害。人们不得不跑得更快、更久,以实现消费欲望的满足。这就是"仓鼠滚轮"综合征。这两种答案离现实有多接近呢?[11]

休闲革命:工作进行中

一个出生于19世纪40年代的英国男性,平均工作40年,累计12.4万小时。他的六世孙,假设在1981年退休,虽然同样工作40年,但是工作的总时长只达到6.9万小时。而且,他还有希望继续活20年。他的祖先把清醒时间的一半都用于工作,而他只使用其中的20%。[12] 这一工作时长的减少如此醒目,以至于不得不提出一个明显的问题:怎么会有人怀疑20世纪发生了休闲革命呢。尽管如此,这一革命的本质及其真实存在仍遭到激烈争论。毫不意外的是,工作和休闲究竟发生了什么,导致这一问题在第一个丰裕社会美国，得到了最大程度的激烈讨论。

乐观者可以提出计量史学先驱安格斯·麦迪森收集的工作时长方面的数据作为证据。1900年，一个美国工人每年工作2700小时。到20世纪80年代，这一数字为1600小时。1991年，社会学家朱丽叶·朔尔为悲观者提供了案例。她发现，自20世纪60年代以来，美国人远不是开始享受越来越多的休闲，而是工作更长时间，并且感到越来越大的压力。朔尔的观点是仓鼠滚轮场景的一个修正版本。她说道，长时间工作文化的根源在于美国资本家的权力。对他们来说，剥削和控制一个全日制员工，比剥削和控制一个工作时间弹性或兼职员工更加容易。至于倾向于有更多休闲时间的工人，资本家亦需支付更多，才能收买得了他们。久而久之，这种权衡就把工作者困在一个消费主义的"工作-消费循环"之中。

大多数认真考察了悲观者手中的这一案例、研究时间利用的学者都发现了其中的缺陷。约翰·罗宾逊和杰弗瑞·戈德比已经向我们展示了，工作时长在1965—1985年呈不断减少的趋势。对男性来说，减少了7小时；对女性来说，减少了6小时。到了1985年，美国普通成年人每周拥有40小时的自由时间。他们同样否定了悲观主义者发现的"休闲鸿沟"（leisure gap）。传统观点认为，女性承担下厨、照顾孩子和工作这三项事务中的至少两项，从而支持丈夫的闲暇时光。然而，学者发现一个"中性化社会"（androgynous society）初现端倪，男性和女性越来越多地以类似的方式，消费他们的时间。[13]

尊重历史的读者应该相信哪一方的看法？这两种相互冲突的解释很大程度上反映了研究方法和调查序列的不同。朔尔的案例基于主观估计。这些估计捕捉到了一种情绪，即美国人越来越感到过度劳累。在美国，或者更普遍地说，在发达社会，感觉到忙碌的人数从20世纪70年代以来不断增长，这点没有任何争议。[14]然而，我们的主观感觉在有关时间的问题上是一个众所周知的糟糕法官。2000年前，小普林尼就观察道："越是觉得幸福，时间就流逝得越快。"[15]毫不意外，人们越觉得精神紧张，工作时间似乎就越长。人们对自己每天如何消磨时间的估算，加起来往往超过24小时。一种更惯用的方法是让人们在日志中追踪自己的日常活动。这正是罗宾逊和戈德比采纳的方法。这些日志提供了一种有用的核实方式。它们反映出，人们工作的时间比感觉到的要少。

除了时间的长短，我们同样应该问一下，追踪的是谁的休闲时间？诸如麦迪森这类的数据，从个体劳动者的角度为我们展现了休闲的兴起。如果你正好是一个从事有薪工作的典型成年男性，那么这当然很好。但如果你恰巧是女性、失业者、未满14岁或超过65岁，这一数据就没有什么说服力了。而且，工作和休闲也不是个人经验。大多数人仍然生活在这样的家庭之中，即成员之间在工作（有薪或无薪）和休闲方面是不平衡的。如果约翰·史密斯先生星期五提前一个小时从办公室回家，史密斯太太因而多花了一个小时给丈夫做饭，那么对史密斯一家而言，总的休闲时间没有什么变化。一个人休闲可能意味着另一个人工作。但是，这并非必然。史密斯先生可能会帮妻子一块准备饭菜（于是只花费30分钟，饭就做好了），这样一来夫妻双方都获得了30分钟的休闲时间，以及无法估量的婚姻和谐。不仅是总的休闲时长，成员之间的时间分配同样起着重要的作用。因此，有一点理由充分：在对休闲革命的问题做出判断之前，我们必须拓宽自己的视角，从劳动者延伸至社会整体。

多亏了瓦莱丽·雷米和内维尔·弗朗西斯这两位经济学家的工作，我们获得了对时间使用的深入分析；这使我们可以跟踪美国在整个20世纪工作和休闲之间的动态平衡。[16]除了有酬工作，他们的数据还涵盖了无酬工作（"家庭生产"，即做饭、清洁等），以及去学校学习的情况。此外，人群还涵盖青少年、老年人和那些为政府服务的人员，比如士兵和教师。这些数据揭示了几个引人注目的长期趋势。20世纪30年代以来，职业男性所做的有酬工作确实减少了，但女性所做的有酬工作增多了。加在一起看的话，25～54岁这一年龄段的男女工作者在2005年的工作时长恰好跟1910年一样多，即每周31小时。当谈到休闲时，这一图景比较复杂。跟一个世纪前的先辈比，美国人作为一个整体（14岁以上）在2005年每周享有的休闲时间要多出4小时。但是，一些世代得到的时间要远多于另一些。年轻一代（14～17岁和18～24岁）享有额外的5小时自由时间，老年人（65岁以上）则多达14小时。每个人都是赢家，除了25～54

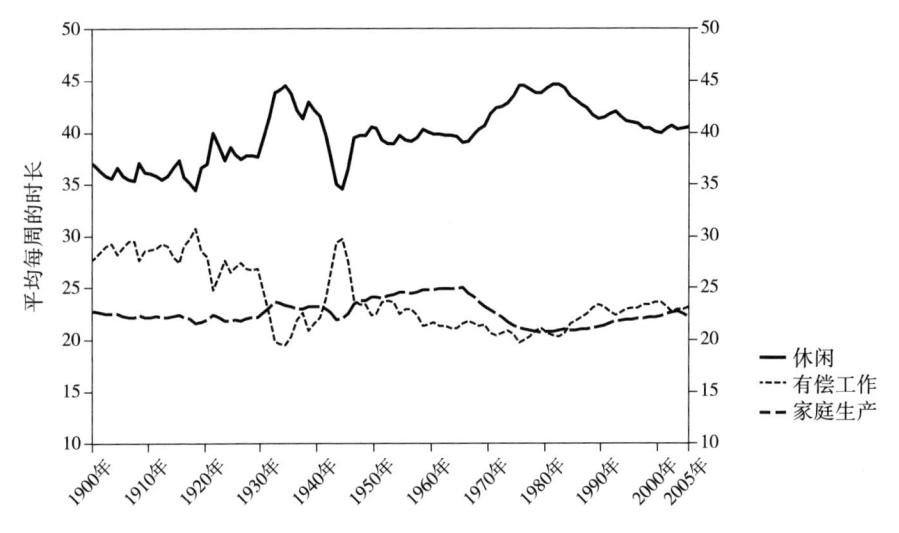

来源：V. A. Ramey and N. Francis, "A Century of Work and Leisure", *American Economic Journal: Macroeconomics* 1, no.2 (2009): 189-224。

图 10-1 美国 14 岁以上的人群平均每周的工作时间和休闲时间，1900—2005 年

来源：V. A. Ramey and N. Francis, "A Century of Work and Leisure", *American Economic Journal: Macroeconomics* 1, no.2 (2009): 189-224。

图 10-2 美国不同年龄层男性平均每周的休闲时间，1900—2005 年

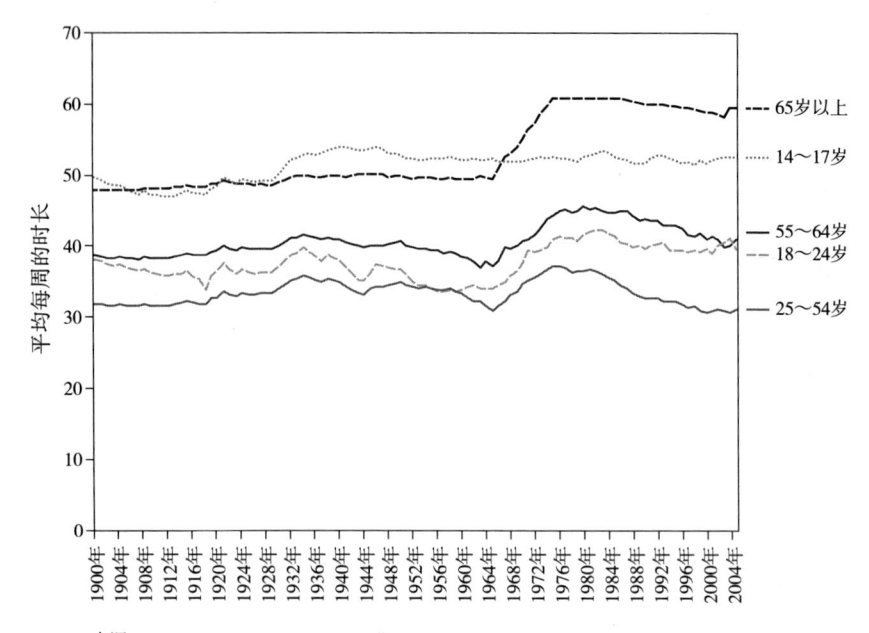

来源: V. A. Ramey and N. Francis, "A Century of Work and Leisure", *American Economic Journal: Macroeconomics* 1, no.2 (2009): 189-224。

图 10-3　美国不同年龄层女性平均每周的休闲时间，1900—2005 年

岁这一年龄段的人。2005 年，他们享有的自由时间几乎等同于 1900 年的情况。但是，进一步观察就会发现，一个有趣的倒退现象清晰可见。中年人同样有过休闲革命。这一情况在 20 世纪 80 年代出现逆转。对他们来说，1980 年是休闲的高峰期——比 1910 年多出 5 小时。这个时长与年轻一代大抵齐平。让中年人与其他人群区分开来的是，这些额外的休闲时间在 1980—2005 年再次全部丧失。

1930 年，约翰·梅纳德·凯恩斯预测道，由于生产力的进一步发展，到 2030 年，未来的人们每周将额外享有 20 小时的休闲时间。显而易见，我们离这一乌托邦还远得很。同时，认为根本不存在什么休闲革命，或者认为 20 世纪 30 年代的工人放弃自由时间以换取商品和高额工资，这些显然是错误的。[17] 进入 20 世纪 70 年代，每个年龄段的美国人都开始享有更多的休闲，并且做更少的有酬工作。要想消费更多，就必须牺牲掉一定的休闲时间，这一看法是荒谬的。20 世纪的大多数时间恰恰是对其反面的见证。

自 20 世纪 70 年代以来的这一反转，是否就证明了悲观主义者是对的？也不尽然。与 1970 年相比，美国女性（25~54 岁）在 2000 年从事有酬工作的时间多出 11 小时。我们料想，这将会牺牲休闲。值得注意的是，她们的自由时间只减少了这一数字的一半。换句话说，休闲被证明是充满弹性的。女性没有以 1∶1 的比例，用她们的自由时间来换取更高的薪酬。由于一天只有 24 小时，那么当女性开始进入职场，消失的时间是从哪里来的呢？它们大多数来自女人脱下橡皮手套、放下拖把和抹布而释放出的时间。20 世纪 60 年代以来，女性每周花费在无酬"家庭生产"上面的时间减少了 11 小时以上。她们的丈夫和配偶承担了其中的一部分。1970 年以来，一个典型的中年美国男性每周会抽出 5 小时，来分担家务活动。一定程度上，这解释了为什么在适龄工作的男性身上，休闲革命完全停下来了。顺带说一句，对于匆忙的抱怨也差不多是在那几年开始出现的。许多男性没有把减少的工作时间投入到休闲之中，而是投入到家务活动上来。去工作，实现了吸尘器、洗衣机和其他家用科技，以及胡佛一直以来许诺但没能实现的目标：节省女性的时间。[18] 必须指出的是，尽管花费在做饭、打扫等家务上的时间减少了，但是照料孩子的时间大大增加了。

一些经济学家设想人们能够从市场购买商品和服务，以此直接代替家务劳动，这样就把事情想得过于简单了。[19] 虽然双职工家庭的确开始"购进"食物，而不是自己做饭，但是他们一直不愿放手所有其他类型的家务，包括照料孩子。一个显著的事实是，与 1900 年一样，一个美国家庭在 2000 年仍然会在家庭生产方面花费 22 小时，尽管家庭规模变小了，但家务工作非但没有因为孩子变少而减少，反倒是因为家庭规模变小而更多。许多家庭并非用一种东西代替另一种东西，而是在购买更多商品和服务的同时，还坚持做家务。如果有人支付报酬给他们，那么光是家务劳动的报酬就将相当于今天美国国内生产总值的 22%，这一比例相当惊人。如果加上洗碗机和其他耐用消费品，这一数字将上升到 30%。[20] 20 世纪 70 年代以来，无酬劳动减少，并伴随着休闲服装和外出就餐消费的增多，这一点并非偶然。如果人们乐于将更多的无酬劳动交给市场，或者接受低标准的舒适和清洁，那么休闲时间会因此而大为增加。总之，家庭生产被证明同样是休闲革命的一个障碍，在这一点上与工作和薪酬的作用相当。

认为一个"中性化社会"正在到来，这可能言之过早。当前，女性仍然负担着三分之二的家务劳动，而男性往往将他们的时间花费在照料小狗，而不是照料小孩上。尽管如此，在美国，男性和女性在时间花费上的巨大鸿沟已经缩小；在欧洲和加拿大也出现了部分与之相似的现象。[21]

这一民主化趋势同新的阶级分化相交织。20世纪50年代，观察者开始注意到，普通美国人相比他们的老板而言，工作更少，并表现出对自由时间的更多渴望。与此同时，高层管理人员通过长时间待在办公室里，以及桌子上放着的多部电话，凸显他们的重要性。繁忙程度显示社会地位。时间使用日志因而记录了有关工作与休闲的两种文化之间越发扩大的鸿沟。教育是预示休闲时间多少的一个良好工具。美国人所受教育越多，就越愿意享受更少的休闲。1965—1985年，一个高中毕业的美国人的自由时间增加了近7个小时，而一个大学毕业的美国人却保持不变。受过高等教育的男女的工作时间长得过分。教育的差距通过收入，反映在时间的不平等上。低收入者比高收入者额外享有4小时的自由时间。穷人成为新的有闲阶级，而富人反倒成为劳动阶级。[22]

消费社会理论经常将休闲和工作视为一对零和关系：一方变得越强，另一方就越弱。但是，实际上，休闲时间的增加（尽管增加速度不算快），是伴随着工作也越来越成为财富的重要源泉而来的。1900年，富裕意味着拥有一栋乡村别墅或者一笔遗产。而今天，它越来越基于个人的薪水和资历。因此，奖金也越来越受欢迎，大学学位迅速扩增。在整个20世纪，成功越来越取决于人力资本。[23] 更长的工作时间是积累人力资本的一条途径。闲散成为职业发展的牺牲品。

1877年，因写作《金银岛》(*Treasure Island*)而一举成名的罗伯特·路易斯·史蒂文森写道："极度的繁忙，无论是在学校还是学院，在教堂还是市场，都是一种生命力缺乏的症状；闲散的才能表现了一种普世的欲望和一种强烈的个人身份意识。"[24] 闲散塑造个性，这一观念对今天的大多数读者来说会显得异常古怪。无可否认的是，史蒂文森用他的闲暇时间创作了 13 部小说、6 本游记、一些散文和诗歌集，并且作曲（他会演奏六孔竖笛），以及到北美和萨摩亚旅行。在萨摩亚，他开辟了一块土地，造了一栋房子。这些都是在他 44 岁的人生中完成的。凯恩斯同样对工作有一种消极的看法。在他看来，富人之所以拼命工作，是出于贪婪的动机；而穷人是出于生存的需要。工作可能是快乐和骄傲的源泉，这一想法让他非常不能理解。[25] 在后工业社会，相比两代人以前，经理和专业人士在工作上花费的时间更长。某种程度上，他们之所以如此，原因在于工作更加令人满意。正如法国人所言，"源自工作的幸福感"。[26]

今天，说美国人工作勤奋，欧洲人则普遍懒惰，这几乎是一种陈词滥调。2006 年，金融巨头瑞士联合银行在解释美国经济为什么增长更快时指出，这归因于美国人的工作时间更长。[27] 这一观念自金融危机爆发以来就确定无疑地被抛弃了。表面上看，数字不言自明。根据经济合作与发展组织的估计，美国人在 2005 年平均工作 1800 小时，英国人是 1680 小时，法国人为 1550 小时，荷兰人、德国人和斯堪的纳维亚人则大约是 1400 小时。[28] 2000 年，法国引入每周 35 小时的工作时长，更是缩短了工作时长。在德国，带薪休假的天数从 20 世纪 70 年代的 23 天增加到 2010 年的 31 天。而在美国，一个雇员在工作 20 年后才会"幸运地"得到 19 天的休假待遇。这些差异背后的原因是什么？一种看法认为，这是由于美国存在根深蒂固的清教徒工作伦理。这一点相当可疑。20 世纪 50 年代，一个像大卫·里斯曼这样热切的社会变化观察者担忧，美国正在经历一场"反清教主义革命"；在这场革命中，休闲本是一项"额外福利，现在或将工作本身推向意识和意义的边缘"。[29] 20 世纪 80 年代初，美国人比欧洲人更加闲散。近来的这一系列转变，与欧洲日益强大的工会、公共服务和社会民主政治的发展息息相关。

这些国家类型之间的对比没有揭示出什么，反而使问题变得更加模糊不清。这种观点认为，美国人更喜欢收入和消费，而不是休闲，相反，欧洲人宁愿穷一点也要抽出时间休息。这取决于个人的观点。对澳大利亚的原住民——其更为简单的生活方式，只要求每天工作三四个小时——来说，这两种所谓互相抵牾的工作观，似乎只是同一种现代时间机制的不同版本。[30]一旦我们突破了民族的刻板印象，进一步挖掘，两者的相似之处将变得更加明显。1941年，在65岁的美国人中，仅有3%的人表示，偏好休闲是让他们离开工作的主要原因。到了20世纪80年代，这一数字达到一半。[31]换句话说，美国老年人与欧洲人没有什么不同。相反地，许多欧洲人也开始与美国人趋同。工作时间变短了，但是忙碌和加班的现象同样开始在欧洲出现，从而逐渐削弱了工作周和悠闲周末之间的清晰界限。在德国，自1995年以来，晚上仍在工作的人数从23%上升到30%；2007年，40%的人在星期六规律工作，在星期天规律工作的人则有20%。[32]在荷兰，上一代人的有酬工作增多了，而每周的自由时间几乎减少了4小时。[33]在休闲和无酬劳动上，性别差异已经缩小，尽管这一差异在意大利和西班牙仍然显著。[34]美国人之所以工作时间较长，一个原因在于，在法国和德国，从事有酬工作的人数较少。这并不必然意味着，后者沉湎于休闲享乐。相反，他们更加频繁地自己做饭。一旦把这些无酬劳动加上，他们同美国人的工作时长差距将缩小到10%。[35]西班牙人在有酬工作的时间方面几乎与美国人相一致。

总之，欧洲人的时间经历了一个相似的阶级分化。在今天的德国，位列"高级职位"的人中，一半以上每周工作时间超过40小时，五分之一超过48小时。而职位较低的人中，每周工作35小时（或更少）实属正常。与之类似，1961年，在英国，相比受过更好教育的公民，人力资本较低的男性拥有的休闲时间更少；40年后，他们的休闲时间反而更多。英国的经理阶层普遍每年要牺牲四天的休假时间。[36]

所有这些意味着，教育、性别和家庭结构对休闲的影响，要远远大于一个人是否住在美国、瑞典、还是法国。就自由时间而论，一个斯德哥尔摩或巴黎的行政主管更接近于他的纽约同行，而不是当地的邮递员。几乎在每一个地方，孩子都构成了对休闲的严重妨害。有孩子，而且独居，情况会加倍严重。正是这些社会角色在很大程度上决定了谁的时间充裕，谁的时间贫乏。国家的政策机制起到的作用反而很小。

如果人们工作的目的仅仅是为了保持在贫困线以上，并满足家庭的基本需求，那么他们将拥有多少自由时间？对此，一群社会科学家曾试图加以描述。[37] 就像"可自由支配收入"一样，人们同样拥有"可自由支配时间"，这是他们可以挖掘的一份隐秘"矿藏"。一些人拥有的比另一些人更多。一个没有小孩的单身成年人在获得伴侣并开始与之一起分担家务后，他/她差不多可以获得 11 小时的可自由支配时间。当第一胎出生时，一对双职工夫妇就会失去 7（瑞典）到 13（美国）小时的可自由支配时间。一场离婚会导致一个芬兰妈妈面临可自由支配时间减少 23 小时的恶劣状况，在美国则是 33 小时。正如我们可能预见的一样，就像其他贫乏，时间贫乏状况在斯堪的纳维亚福利国家没有在自由主义的美国那样残酷。尽管数据同样显示，法国人甚至拥有更少的潜在自由时间。

当然，在现实生活中，和金钱相比，时间不具有同样的"可自由支配"性质。它不会以美元或英镑这样清晰的单位出现，但是会与习惯、活动序列和各种各样的协调行为捆绑在一起。批量计算时间，会造成一系列问题。尽管如此，可自由支配时间这一概念还是能够使这两类群体区分开来：一类是主动选择放弃休闲的人；另一类是迫于生计不得不放弃休闲的人。两份收入者抱怨自己太忙碌了，但是如果他们愿意，第二天就可以使凯恩斯的梦想变为现实。他们虽然不完全是自己命运的主人，但我们很难将他们当成时间贫乏的受害者来对待。真正的时间无产阶级是单身父母。对我们来说有趣的是，欧洲人——无论他们是生活在福利主义的瑞典，还是社团主义的法国——与美国人一样，都不善于将可支配自由时间转化为休闲。一个瑞典人每周可能拥有 85 小时的额外自由时间，但是仍仅生活在贫困线以上的水平。但在现实生活中，他勉勉强强只有 30 小时的空闲时间。类似地，普通美国人、德国人和法国人每周会牺牲掉 46 小时的潜在休闲时间。将喜欢休闲的欧洲人和勤奋进取的美国人进行对比，这一做法决不应该过度。

然而，丰裕社会中的大多数人并不想仅仅维持在最低生活水平以上。放慢生活节奏一直只是少数人的倾向。[38] 如果拥有大量闲暇意味着破旧的公寓、老旧的衣服和家具，以及放弃拥有汽车、最新的电子设备和外国假日，那么这通常会被认为不值得。问题在于：这是正确的选择吗？或者，相较于其他方式而言，这样一种时间分配方式会让人们更少感到幸福吗？

问题的核心在于,当我们说幸福时,指的是什么,我们又如何衡量它?在上一代人中,大量文献已经挑战了国内生产总值这种传统经济尺度,并列出了许多其他替代性的衡量幸福的尺度。我们无法对这一广泛的学术研究进行评判[39],而只能提示它对时间使用的影响。最初的研究重点是富裕社会中收入与幸福之间的脆弱联系。在1974年一篇开创性的论文中,理查德·伊斯特林指出,尽管富裕的美国人比他们的穷邻居更加幸福,但在1970年,美国人作为一个整体而言并没有比在1946年更加幸福,尽管他们的现实收入增加了60%。一旦基本的人类需求得到满足(1974年,每年约1.5万美元),额外的收入就不会买来更多快乐。[40]

之后的其他学者则比较乐观,他们指出,富裕国家往往比贫穷国家更加幸福。今天的丹麦人要比40年前的他们更加富裕,也更加幸福。是否真的存在某一基础门槛,超过它,金钱就不再会买来更多快乐?这一点同样受到质疑。举例来说,2007年,一次盖洛普民意调查发现,美国人报告称,幸福随着他们收入的增长而增长。[41]尽管收入迅速上涨,但是在发达国家中,幸福整体上并未增长,这一点不会太令人意外。一辆新车或一个新厨房会增加我们的客观幸福度,但是与此同时,它也会提高我们的预期。我们的主观幸福感——这是大多数调查测量的——没有发生任何变化。这就是所谓的"满足感跑步机现象"(satisfaction treadmill)。然而,不要忘记,这一数据并未显示,丰裕让我们感到更少快乐。

询问人们,他们总的来说是否感到幸福?这一方式是有用的。但是,日常生活是一个混合体,或多或少都会有一些令人愉悦的活动。或许还可以问,他们在特定的某一天觉得某些特定活动是令人欢欣的,还是让人不快的。然后,对他们在每一项活动中投入的时间进行考察。这种方式会使我们获得许多信息。大致说来,这就是诺贝尔奖得主、心理学家丹尼尔·卡内曼提出的"昨日重现法"(day-reconstruction method)。这是一项创新性调查的基础:在法国和美国,卡内曼和他在普林斯顿大学的同事阿兰·克鲁格以及其他四位专家就时间使用和幸福状况对人们进行了研究。2005年,他们的团队采访了800名美国中部地区(俄亥俄州哥伦布市)的女性,以及法国中部地区(雷恩市)的类似样本。[42]调查结果是

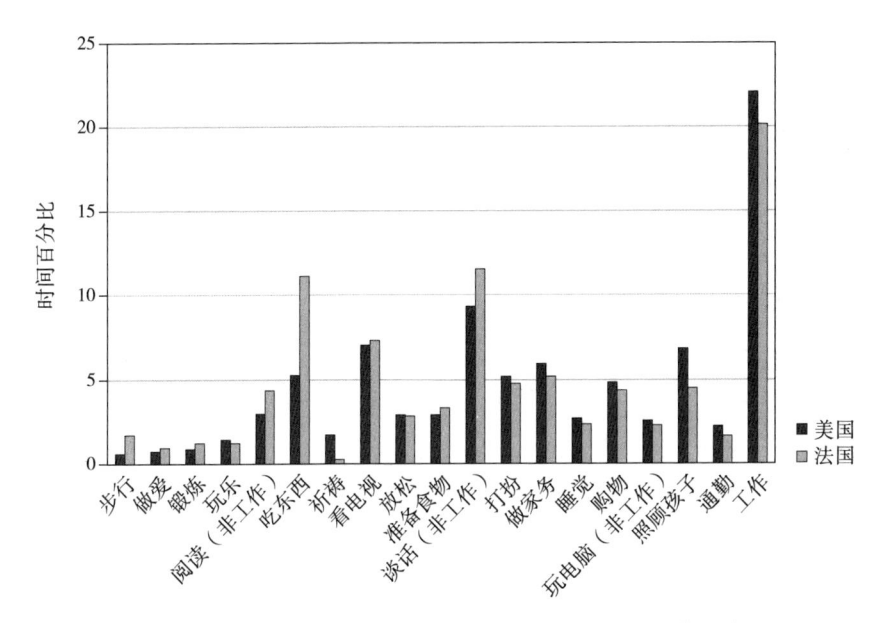

图 10-4a　时间和消遣：美国人和法国人在各项活动上花费的时间所占百分比，2005 年

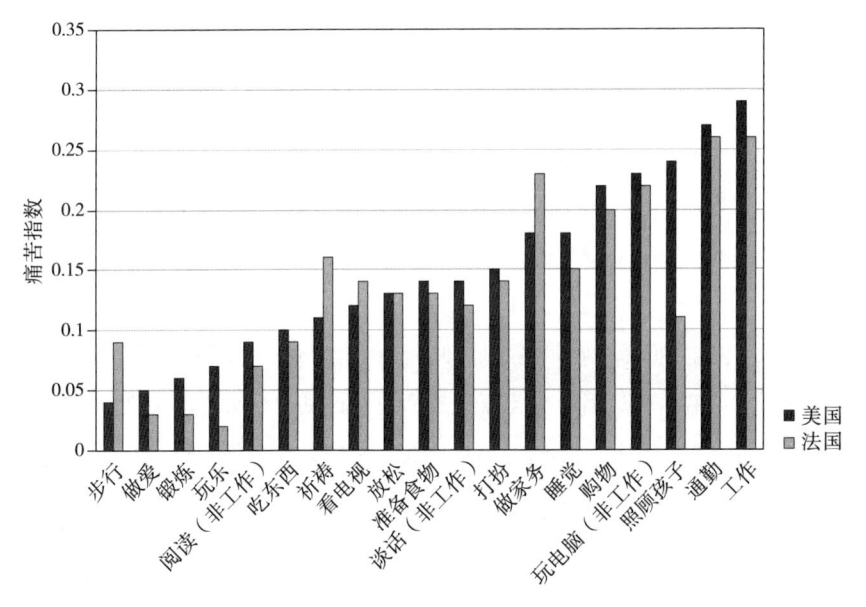

* 痛苦指数表示痛苦的程度，指数越低，在不愉快的状态下进行的活动花费的时间就越少。

来源：Krueger et al, 2009, "Time Use and Subjective Well-being in France and the US", *Social Indicators Research* (2009), table 3。

图 10-4b　时间和消遣：美国人和法国人的活动花费时长与痛苦指数的关系，2005 年 *

"痛苦指数"（U-index），它主要用于测量花费在痛苦状况上的时间比例。两组样本存在许多相似之处。就像法国女性一样，美国女性也认为，性爱、身体锻炼和吃喝比工作和照料孩子快乐得多。值得指出的是，看电视与祈祷、谈话一样，是一件让人享受的活动，甚至明显比睡觉和购物更加快乐。但是，这两组样本同样存在一些显著区别。法国女性非常乐于做一些快乐的事情，比如吃喝、性爱，而令人不快的家务和有薪工作则多一件不如少一件。而且，与美国妈妈相比，她们会觉得照料孩子是一件没那么烦心的事情。或许，这是由于她们照料孩子的时间较少，她们拥有更加健全的托儿服务，而且孩子的祖辈就住在附近。

然而总的来说，区别不是很大。在痛苦的事务上，哥伦布市的女性比雷恩市的女性多投入至多 5% 的时间。[43] 然而，这可能被低估了，因为这一数据没有包括节假日。毕竟，在此期间离开的人不可能被采访到，而且法国的假日比美国要多三周。研究者低估了它们的重要性，因为从全年来看，它们只构成了时间的一小部分。这种观点无疑过于简单。节假日是人们身份不可分割的一部分。人们都是事先准备好度假计划，之后才享受假日的。度假期间，整个家庭可以遵循一种不同的节奏生活。更多的时间被花费在游戏、吃喝和社交上面，可想而知还包括性爱。当人们重新进入日常生活时，所有这些都会留下一笔"遗产"。所拍的相片和所展示的纪念品的数量，都在诉说着假期对人们幸福感的持久影响。而一种只要求个人重建正常一天的方法，并不能充分捕捉到这一点。

比较不同社会是如何使用、体验时间的，这样一种研究仍然处于初始阶段，尚存许多问题。如果某些社会就是比其他社会更加暴躁，或者一些社会是从和其他社会不同的活动中获得快乐，那会怎么样呢？长时间的午餐或许让法国人觉得愉悦，但是这必然（或者，实际上，应当）意味着其他文化会与之一样吗？我们唯一知道的是，法国人同美国人的比较，反映了休闲和幸福之间的一种悖论关系。这使我们回到这样一种批判中来：丰裕社会本质上是"缺乏快乐的"。[44] 根据这一论点，丰裕社会往往提供廉价的娱乐技术和其他"舒适商品"，它们能够给予即时但持续时间很短暂的快感，这样做的代价是，真正可以振奋人心的"关系型商品"越来越少。人们独自坐着，看电视，而不是去结识朋友。我们通过其愉悦程度对日常活动进行排名，就会发现，这样的观点过于简单了。举例来说，一些消费产品能够比其他产品提供更大的快乐。在法国，就像美国一样，看电视排在玩电脑前头。更加重要的是，法国人的生活享乐更加多种多样，他们看更多电视，也享受更多性爱。消费产品是否真的杀死了时间密集型的休闲活动和关系型商品，这应该是一个开放的问题，而不是一个预先已成定局的结论。为了寻找答案，我们现在必须转而去研究休闲的功用了。

拼命工作，纵情嬉戏

休闲是古希腊人的一个发现。在狩猎-采集社会，工作和游戏融合成了一个有机整体。正是古希腊人将二者分裂开来。亚里士多德将休闲置于智慧和幸福之列，视为人生的目的之一。休闲能够塑造一个完整的人。它使平静的沉思和公民行动成为可能，并让人享有以不偏不倚的眼光看待世界的自由。欧洲语言中的"学校"（Schule 和 scuola）一词恰好对应古希腊语中的"休闲"（schole）一词，这点并非偶然，尽管今天的教育现实距离这一理想十分遥远。不同于现代人，在古代人看来，休闲是纯粹而不可分割的。认为可以通过小时、分钟来衡量它，或者认为一些人会有更多或者更少的休闲，这在亚里士多德看来是不可思议的。休闲和工作是相互排斥的两种存在状态。拥有前者这项特权，就必须完全脱离后者。因此，少数人的休闲是以大多数人被奴役为依托的。正是这一点，使"休闲"在维多利亚时期名声不好，并使"有闲阶级"成为一个辱骂人的词语。维多利亚时期的历史学家、道德家托马斯·卡莱尔曾经尖锐地指出，一个每年拥有 20 万英镑的收入者是靠 6666 个人的劳动为生的，前者除了狩猎松鸡，什么也没有做。[45]

工业化使得生产力有了极大的提高，这让工人开始拥有休闲时间。然而在人们可以享受休闲之前，休闲必须首先被重新界定为某种好事物。进入 20 世纪早期，我们看到休闲仍被看作一种"威胁"。工人知道如何享受自己的休闲时间吗，还是一边饮酒，一边观看血腥的斗狗，进行赌博？

按照中产阶级改革者的看法，答案取决于"理性的娱乐活动"，比如阅读、清醒的享乐和体育锻炼。到了20世纪早期，为休闲发起的战争已经获胜。所有社会——无论是民主的、法西斯的，还是社会主义的——一致将休闲视为一种创造更强健公民的方式，尽管它们将这股力量用于不同的目的。

因此，除了休闲时间的数量，关于其质量亦争论不断。支持休闲的人很少认为，休闲就意味着什么也不做。1942年，一位美国观察者写道："人类历史上第一次，几乎每个阶级都拥有闲暇来从事娱乐和艺术活动。我们不应该将闲暇视为一种危险的事物，相反，它要被看作完善我们个性的一种方式……游戏和创造性活动应该得到我们的更多关注。"[46]

给休闲下定义，这不是一件易事。休闲意味着选择，以及能够为了自己的利益做一些事情。1976年，英国官方统计资料将工作环境中的活动囊括在内，例如公司的体育活动和俱乐部。与此同时，带薪假期也出现在雇佣范畴中。而到了1988年，它们又重新归属于休闲。[47]自此以后，国际惯例是，一方面将自由时间从有酬劳动和家务中分离出来，另一方面将它们从个人护理中分离出来。欧洲时间使用协调调查报告则将社交、娱乐、阅读、休息和业余爱好所花费的时间视为自由时间。另一方面，园艺、手工艺、购物，与照料孩子、打扫卫生一道被界定为家务活动。而吃喝则被视为个人护理。显然，这些生硬而快捷的区分模糊了现实。我们都必须为了生存吃喝，但是一些人吃喝是为了愉悦，而且在饮食上追逐潮流。如果饮食所用的时间在一定程度上被当作自由时间，那么美国人和欧洲人在休闲上的差距将进一步扩大。[48]同样地，园艺、针线活以及其他DIY活动都呈现出休闲性质。因此，在后文我们必须灵活一点。其他任何事情都会歪曲丰裕对休闲的意义。

最后值得注意的是一个简单却根本的区别。对经济学家来说，私人消费指的是一个人花了多少钱。对社会学家来说，休闲代表了投入到某一特定目的上的自由时间长度。二者无法互相转化。琼斯先生可能会买一辆豪华的新车，但如果他开车主要是为了通勤上班，那么在时间使用日志上，就会表现为工作路程。相反地，休闲或多或少会涉及消费。与更喜欢待在家里看书的邻居相比，一个滑雪爱好者会耗费更多的金钱和资源。正

图例（自上而下）：自愿无偿服务、爱好、休息、运动、阅读、社交、娱乐、其他、看电视

- 法国 总空闲时间：每天 284 分钟
- 瑞典 总空闲时间：每天 317 分钟
- 英国 总空闲时间：每天 320 分钟
- 匈牙利 总空闲时间：每天 330 分钟
- 德国 总空闲时间：每天 346 分钟
- 挪威 总空闲时间：每天 359 分钟

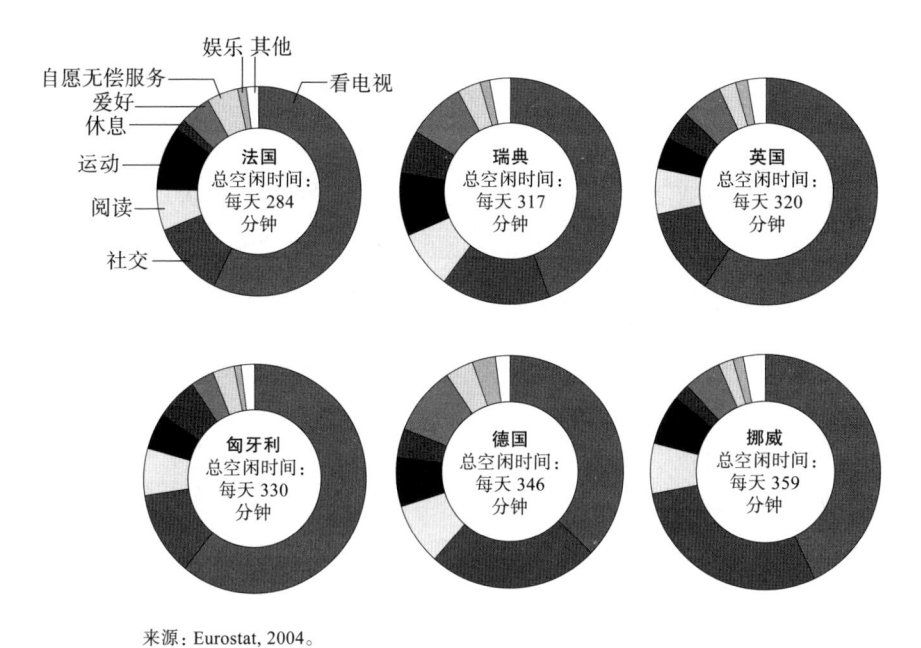

来源：Eurostat, 2004。

图 10-5 欧洲 20～74 岁男性的业余活动，1998—2002 年

如"闲散的欧洲人"和"消费至上的美国人"这些刻板印象那样，更多休闲的反面是否是更多的消费？这是一个需要实证才能证明的问题。

1927 年，莉迪娅·吕布采访了威斯特伐利亚地区的 2000 名纺织女工，调查的问题是她们如何度过自由时间。这些年轻女性平均每周工作 54 小时，包括星期六上午。此外，她们每天要花大约两小时做家务。吕布问道，在自己的休闲时间里，她们"最喜爱的"活动是什么？最多的一个答案是休息（41%）。四分之一的人提到了针线活和家务，其次是阅读（8%）、骑自行车或体育运动（3%）和娱乐（2%）。对那些有整整一周假期的女性来说，一半的人会将时间花费在家里的针线活或园艺上。仅有五分之一的人会来一趟短期旅行。极少数人则选择远足。在工作周内，一些女性会去游泳，但"周末运动"对她们来说，"几乎是陌生的"。一些人住在旅社和职工宿舍里。在晚上和星期天，这些地方会举办舞会和社交游戏，以及烹饪和缝纫的课程。到了冬天，工会会为其成员举办戏剧表演和歌曲演唱会。对大多数人来说，星期天是固定不变的：早上去教堂，然

后回来做家务和吃午饭，下午则和朋友或家人一道散步，或出门拜访。一些人练习乐器，或排练戏剧。另一些人和她们的合唱团其他成员一起去远足。然而，她们最感激的是有机会睡懒觉和休息。[49]

快进到2000年的欧洲，我们进入了一片不同的时区。现在，一个德国女性每天会有超过5小时的自由时间，一个挪威女性则差不多有6小时。男性平均再多拥有半小时。每天约有两小时花费在看电视上，这在德国占了所有自由时间的三分之一，在匈牙利则是占了一半以上。最大的变化发生在休闲时间的使用方式上。电视在当代欧洲人心中的地位相当于休息在威斯特伐利亚人心中的地位。然而，其他活动使这一图景变得更加复杂。一半欧洲人会在社交方面花费大约一小时。同样，阅读仍然颇受欢迎，尤其是在北欧。四分之一的欧洲人每天会花半小时进行体育运动和散步。文化活动（每天5到14分钟）排在末位，但是它的比例看起来这么小的原因在于，时间使用日志测量的是每天的活动，而人们不会每天都去剧院或博物馆。在园艺活动上花费的时间是每天10到30

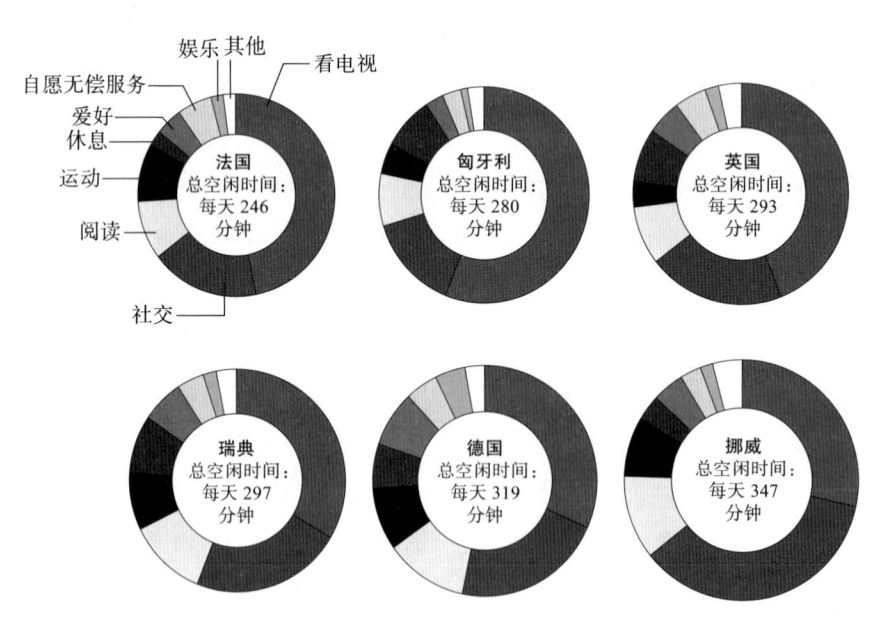

来源：Eurostat, 2004。

图10-6 欧洲20~74岁女性的业余活动，1998—2002年

分钟；购物则占了半小时。[50]

当然，无法对这两份调查报告进行严格比较。那项历史研究仅限于女性工人，而不是整体人群情况的横截面；而全国的时间使用调查仅从 20 世纪 60 年代开始。尽管如此，将两者放在一起，仍然显示出了某些重大变化，这表现在自由时间的质量上——节奏、速度和密度。第一，在 20 世纪 20 年代，将家务和针线活列入"自由时间"，仍是一件再正常不过的事情。事实上，四分之一的年轻女性将此列为她们最喜爱的活动。到了 2000 年，这些活动被降级为"无酬劳动"。第二，休闲活动的数量以指数方式增长。威斯特伐利亚地区的女工要么去游泳，要么不进行任何体育运动。她们的曾孙女则可以选择足球、排球、网球、柔道和室内滑雪。第三，活动的机动性越高，层次就越高。除了偶尔步行，在 20 世纪 20 年代，休闲有固定场所，要么在家里，要么在旅社。今天，欧洲人仍然将三分之二的休闲时间花在家里，但是自 20 世纪 60 年代以来，他们在家里越来越坐不住了。1961 年，一个英国成年人每天会花 87 分钟在购物和户外休闲上；40 年后，这一数字达到 136 分钟。1973 年，在法国，三分之一以上的人晚上完全不出门；仅仅一代人之后，这一数字就降至五分之一。[51] 外出就餐对威斯特伐利亚地区的女性来说是陌生的，她们要么在家里吃饭，要么在工作的地方吃饭，而她们长达 90 分钟的午餐休息时间，对今天的大多数工人来说，同样是不可思议的，至少在法国之外的地区是如此。

最后，这些活动本身也有不同的密度。2000 年，欧洲人不仅长时间看电视，相比前几代人，他们一天的生活中还充满了数量更多的形形色色的其他活动。在过去 30 年里，阅读的人数略有下降[52]，但是涌向博物馆和户外其他场所的人数不断上升。尽管不再像仅半个世纪之前一样占据统治地位，社交照样是日常生活的一个重要组成部分。在过去，休闲时间更少，但要做什么是可预测且顺序分明的：去教堂，然后干家务，吃午饭，下午散步。今天人们有了更多的休息时间，但是休闲更少组织性，而且可供选择的活动范围更广，每一种都对时间和地点有特定的要求。去体育馆时必须顺带将孩子送到学习音乐的辅导机构，以及逛一趟超市。今天的欧洲人为休闲而开车的时间，超过去工作所用的。[53] 物理机动性增强，集体的、预先计划的节奏性减少,这些合力意味着每个家庭都要更多地面对同步性的问题。就像所有的时间一样,休闲时间是对分散的实际事务的人为安排。曾经由教堂钟声和工厂铃声完成的任务,今天越来越多地留给了每个家庭的时间表。信息技术让错开时间成为可能,比如,提前录制影片,或者暂停实况演出。但是将任务之间的中断时间空出来留给另一个活动,这同时也是在占用暂停的时间。正如有薪工作中间的休息自20世纪60年代以来几乎完全消失[54],今天,休闲变得更加灵活,同时也变得更加不规律。这也是人们感觉到越来越匆忙的原因之一。

我们能否进一步将这种匆忙感与消费本身忙乱的性质联系起来?在《忙碌的有闲阶级》(*Harried Leisure Class*,1970年)中,保守派经济学家、瑞典工商大臣斯塔凡·林德认为,这种想法是对的。他提出了我们先前所说的"糖果店的小孩"综合征的另一个版本。林德写道,我们比以往任何时候都更富有,但是我们没有享受到和谐美好的田园生活,相反,"我们的生活……变得越来越忙乱"。这一丰裕悖论的根源在于"时间的日益稀缺"。他指出,消费既需要金钱,也需要时间。生产力提高了工作的相对价格,与此同时,它也使自由时间变得更加昂贵。如果在同样长的时间里能够挣好多钱,那么坐在长椅上观鸟就显得不那么有吸引力了。此外,产品变得日益廉价。林德主张,对这些变化的自然反应就是,从耗费大量时间的缓慢文化活动转向提供即刻满足的廉价商品。他预言,消费将变得越来越"商品密集型"。[55]

40年过去了,现在我们可以对此加以评估。的确,橱柜和车库从未充斥如此之多的商品和小玩意。但是,林德的这一论点并不仅仅在于购置的速度,还是关乎消费产品的,认为它们扼杀了那些时间密集型的休闲活动。诚然,20世纪80年代以来,阅读这种活动几乎在所有丰裕社会中都衰落了,尽管不同国家和年龄层存在显著差异。斯堪的纳维亚地区的阅读爱好者是南欧地区的两倍之多。然而,在法国人中,今天55~64岁的人比10年前更热衷阅读。在英国,总体来说,最近一代人中阅读书籍的人数还在增加。[56]

然而,许多其他证据显示,在丰裕社会中,自由时间并非完全屈从于不断加速扩张的物质主义。毕竟，最大的一块时间是花费在电视机前的。广告可能比半个世纪前更加快速和频繁，而且购物频道和来回切换频道以寻找有趣节目的情况都出现了，但是就其本身而言，电视并非特别"商品密集型"，它每几年才需更换一次。电视大餐到来，节目吊起了人们对外面世界的胃口，但是每天花费两小时待在电视机前，也意味着没有机会利用这两小时去从事其他"商品密集型"的休闲活动了。此外，不少看电视的行为也涉及"时间密集型"的社交活动。W先生，一位56岁的退休挖掘机操作员，在20世纪80年代告诉德国研究人员，当有足球比赛时，他一天能看长达6小时的电视（他是多特蒙德足球队的粉丝）。但是，他并不觉得这会影响自己的社交生活。他经常和邻居一起看，他们有时候还在电视旁边玩游戏。[57]

在整个欧洲，看电视这一习惯的分布是不均衡的。对更加丰裕的斯堪的纳维亚国家和德国来说，人们花在电视上的自由时间更少（约33%），而在匈牙利和东欧地区，这一比例就达到50%以上。有趣的是，前者也比后者更加频繁地参与社交活动，正好同"忙碌/受折磨的有闲阶级"这一模型的预测相反。在一些国家，比如荷兰，社交活动有所衰退。然而总的来说，拜访朋友和聊天等活动还是相当有恢复能力的，而且这是发生在物质诱惑更加厉害、更多女性进入职场的背景之下。相比两代人之前，今天的美国人较少和邻居打交道，换来更多的时间在朋友和家人身上。在英国，社交活动自20世纪70年代以来保持稳定。在德国，它甚至可能有所增加。每个家庭都会花更多的时间陪伴他们的孩子。讽刺的是，尽管快餐和外出就餐得到进一步发展，在一些丰裕社会，家庭聚餐今天变得空前普遍。与1990年相比，2000年，德国人花费更多的时间在餐桌上，而且其中大多数都是在自己家中。[58]

社会生活或许一直在加速，但是认为在一个世纪前它是一片恬静宜人的绿洲，这是错误的。1924年，《周末之书》(*The Week-end Book*)首次刊行，向英国中产阶级提供适合"社交性消遣时间"的资料。书刊一经问世便大获成功，随后又出了许多新版本。在1931年版中，诗歌占据了218页的篇幅，而游戏和歌曲占了116页，包括《伊顿男孩》(*Eton*

Boys）。唱这首歌，最好带着"感情和有鼻音的伦敦腔"。然而，起居室里的放松是通过厨房里的速度来实现的。作者解释道："由于时间通常是主要的考量因素，因此，菜单是以速度为基本原则制定的。"给出色女主人的建议是"准备几道将会被铭记的独特菜肴"，但可以确定的是，使用"罐头食品"并加以"伪装"，也是适当的。一道"快捷"菜单会包括小牛肉片（用文火炖 10 分钟），并佐以坚果和橄榄沙拉，以及"油炸薯条"。如果时间真的比较急，那么也总有"非常快捷的"选项，即几片冷盘羊肉，加上"红酒炖西梅（煮 10 分钟）"。急不得的是饮料。有七种鸡尾酒配方："如果可能的话，所有鸡尾酒都应该在摇晃和饮用之前冰镇至少半小时。"[59]快餐和慢饮成为两次世界大战之间周末的流行餐饮。在 1955 年新版中，"快餐"菜单增加了炒鸡蛋和热三明治，并引进了"快甜品"，比如"用小火油煎"的罐头菠萝加蜂蜜。以及，感谢上帝，这本书刊还为英国人发现了浓缩咖啡。它解释说，咖啡不一定是"水坑里的水"。[60]对严肃的主人来说，这本书建议他们购置一台昂贵的加吉亚咖啡机，或者至少"到咖啡馆去锻炼一下自己的味觉"。到了 2006 年，咖啡在《周末之书》中的地位得到了提高，但书刊缩减了诗歌部分（这标志着大声朗诵分享活动的衰落）和活页乐谱（这暗示了室内音乐会的衰落和立体音响、CD 唱机的推广）。另一方面，鸡尾酒的种类从 7 种上升到 40 种，反映了异国旅行的出现和文化影响的范围更加广泛。食品和菜肴比以往更加丰富，从焗带壳扇贝一直到老式的牛肚烩洋葱，应有尽有。有趣的是，速度不再受到任何特别的关注。[61]

《周末之书》首次出现在与"大众消费"的出现有关的时期。从那时起，数量惊人的时间密集型活动在廉价的现成商品的冲击下幸存下来：业余爱好及手工艺、体育运动、园艺、遛狗、音乐创作和参与文化生活。平心而论，其中的一些活动已经经历了相对的衰退。举例来说，在 20 世纪 80 年代，做针线活的美国人从三分之一跌至四分之一。[62]尽管如此，今天这一数字仍然有可观的 500 万，他们丝毫不困扰于经济模型，经常在公众面前展示他们的手工艺品。而且相对于每一个休闲活动衰落的故事，我们都很容易征引另一个崛起、恢复或复兴的故事。业余文化活动尤其欣欣向荣。在法国，今天的女性演奏某一乐器或在合唱团唱歌的可能性是1973年的三倍。三分之一的人参加了绘画、跳舞、小说创作或其他业余娱乐艺术活动，这一数字是一代人之前的两倍。[63] 在新西兰，71%的人选择的娱乐形式是定期阅读，50%的人在花园漫步，而12%的人唱歌或讲故事，再加一个认真看待此事的角度，还有28%的人玩电脑游戏。在美国，20世纪60年代以来，观赏性体育活动出现了繁荣发展的景象，同步地，人们开始频繁前往电影院、歌剧院和非营利文化场所。相比林德写作的时代，在今天的丰裕社会，选择体育锻炼、参观博物馆的人要多得多，而不是更少。[64]

"糖果店里的小孩"模式之所以无法刻画富裕世界的全部消费现状，原因有很多。其中一个错误在于，设想休闲和工作之间存在一种简单的交换关系，仿佛人们没有在家务劳动、社会生活和教育上投入任何时间。时间或许十分稀缺，但是当代人已经尽可能从做饭和打扫中挤出时间来，以从事园艺活动和制作剪贴簿。体育运动、参观博物馆和其他时间密集型活动，也得益于政府的帮助。文化参与在比利时和德国非常活跃，但是在东欧衰落，这是有原因的。在波兰，剧院和音乐厅在20世纪90年代几乎失去了一半观众。[65] 然而，或许根本的错误在于将消费当成一场短暂的邂逅，在这场邂逅中，相当被动的消费者从一件接着一件的标准化商品中获得迅速的满足感。人类学家已经证明，即使是批量制造的商品，通过细心挑选、拥有它们，将它们与其他所有物融为一体，人们也能在这一过程中创造属于自己的身份认同。[66] 对于许多人来说，财产是他们终身计划的一部分。快捷的"商品密集型"消遣并没有提供捷径。如果经济学家多读一些亨利·詹姆斯的作品，就会明白这一点。[67] 作为新奇的创造者，消费者的积极作用扩展至创新和技艺上来。这不仅保留了旧有的休闲活动，还刺激了新的休闲活动的发展。园艺、缝纫、家居装修和类似的业余爱好，有着内在的倾向：通过在过程中创造新的技艺和期待，将人们引导至全新的任务。[68] 自相矛盾的是，节省时间的产品，比如便携式电钻和应急水管，反倒成为时间密集型的休闲活动的催化剂。

创新同样有助于解释，为什么更加廉价的商品没有清除文化消费。

复制的能力在很大程度上扩大了音乐的吸引力和受众范围。收音机在20世纪早期的出现，已经使我们看到了这一现象。[69] 磁带录音机和MP3播放器则让这个故事延续到现在。收音机年代和今天的一个重要区别在于，现在的技术更加模块化，给予消费者成为生产者的机会，创造出他们自己的视频、流行歌曲，或者修饰他们自己的数字图片。[70] 手机和社交网站让这一过程扩散到社交当中。手机是一个很好的例子。它原本是为商务而设计出来的，但是使用者慢慢将它变成了与朋友和家人保持联络的工具。手机没有加快休闲的速度，相反，通过赋予人们前所未有的灵活性，以协调他们的时间安排、利用"停工时间"和将时间使用错开，它可能已经减轻了时间压力。2007年，通过对比电话记录、日记和调查问卷，一项澳大利亚研究发现，频繁使用手机的用户并没有更大的忙碌感。与流行的看法相反，工作也没有明显溢出到休闲时间中去。仅仅对1%的人来说，一个涉及工作的电话会打断他们的休闲或家庭活动。大多数电话（74%）和短信（88%）发生在朋友和家人之间。[71]

从那以后，智能手机极大地增加了工作与休闲之间交流的渠道和类型。到2011年，几乎三分之一的美国人或欧洲人拥有智能手机。衡量人们使用智能手机的确切用途是非常困难的。尽管如此，一些可获得的最佳数据还是告诉了我们一些关于核心功能的信息。2010年，在美国，智能手机主要用来发送短信（68%）、拍照（52%）、看新闻（40%）、浏览社交网络（25%）和玩游戏（23%）。只有31%的人用它们发送电子邮件。在欧洲，一份2009年的大规模调查发现，手机的用途在各国之间差异很大。在意大利，只有8%的人用手机发送电子邮件，这一比例在法国和英国分别达到20%和26%。在法国，41%的人用手机听音乐；在西班牙和英国，这一比例只占20%。[72] 这些数据反映，智能手机主要用于休闲和私人交流。的确，由于智能技术的发展，工作与休闲之间的界限日益松动。但无可争辩的是，休闲和私人生活正在逐渐侵入工作之中。那些家里有孩子或者有其他照顾责任的员工在工作场所使用个人手机，以保证随时联系畅通。信息和通信技术已经日益助长一种期待，即人们在任何时候，包括工作时间，都应该和朋友们保持通信畅通。各种各样的邮箱账号和短信就是管理这种入侵的方式。[73]多亏了基于浏览器的在线软件出现，我们可以随时在办公室电脑上打游戏。[74]有多少员工能够在上班的时候忍住不去查看一下"脸书"（Facebook）页面呢？

除了耗费时间，在更加复杂的产品和科技支持下，消费也创造出了新的时间使用方式。除了一部数码相机或手机，还需要电脑和软件来处理数字图片。多亏了手机，制作一部私人电影变得空前容易。在法国，拍摄电影或视频的人数在1997—2008年增加了一倍。[75]到了2012年，苹果手机的使用开始比数码相机更加广泛。由于社交网站和微型博客平台的传播（它们使用户可以发布和分享多媒体作品），相片的拍摄和分享激增。2012年，据推测，"脸书"上的相片数量是美国国会图书馆的一万倍。在YouTube上每天都有10亿部视频被播放，其中不少视频都是用手机拍摄的。仅在德国，2011年销售的智能手机数量就达到1450万台。同一年，袖珍相机和数码单反相机的销量分别是750万和100万。在那一年，全世界的数码相机销售数量达到1.4亿。[76]随着新的数字技术的出现，新的用途和产品也出现了。相片不再只是被打印，而是被加工和处理，随即被转印到个性化的画布、日历、领带，甚至床单上。总之，休闲没有被淹没在成千上万廉价的小玩意当中，相反，有创意的商品和新的时间密集型活动齐头并进地发展起来了。20世纪晚期休闲的历史是引人注目的，它表现的是共生，而不是消亡。

我们在前面已经看到，年轻人和老年人是怎样试图抓住最多的空闲时间的。同样，休闲的类型分布是不均衡的，尤其受教育和阶级因素的影响。人们受的教育越高，积极性就越高。正是这点包含了一条决定性的线索，涉及时间密集型的文化活动从未消失的原因。学钢琴是要花费时间的。一架自动钢琴可以解决这一问题，因为它会自动演奏。然而，有教养的、向上流动的家庭仍然会选择钢琴，而不是自动钢琴。在德国，10~18岁的青少年每天会花一小时来进行音乐创作或其他创造性艺术活动，这一时长相当可观。[77]如果用那些可以轻松下载的廉价最新歌曲就足以满足孩子，为什么还要折磨无辜的耳朵呢？对这一问题的简短回答是："蠢货，这就是社会学。"除了音乐中固有的快乐，用来学习乐器的时间也教会人们遵守纪律、如何获得能力和克服挑战，而且最重要的是培养"卓越"之人所需的品位。能够鉴赏巴赫和贝尔格的音乐，这是一种文化资本。聆听平均律钢琴曲、观赏歌剧和参观大都会的美术馆，所有这些都是需要时间、教育和投资的休闲活动，因而是一种较高社会地位的标志。经济资本不会直接转变为文化资本，教育才是关键。对在媒体和艺术领域工作的专业人员来说，修养至关重要。而对薪资相同的经理和工程师来说，它最多不过是一枚次要的荣誉徽章。2008年，在法国，和商人相比，自由职业者去听古典音乐会的可能性要高一倍。谁会演奏乐器，能反映这种社会地位的区分，尽管音乐创作的人数总体上日益增长。与技术工人或企业家相比，法国教授会演奏乐器的可能性要高一倍。[78]

私人品位具有公共影响。一个极富争议的问题是，一个受过最好教育的人是否也从对艺术活动的支持中获得最大收益。普通纳税人是否在资助上层阶级的文化资本，并导致自己只能处于从属地位？事实并非一目了然。1973年的一项调查发现，与下层阶级相比，德国上层阶级在周末去剧院、音乐会或听讲座的可能性要高六倍。[79]与之相反，30年后在新西兰进行的一项研究发现，所有社会阶层的参与水平基本相同。阶级影响偏好的文化活动类别，而不影响人们喜爱还是讨厌文化活动。穷人并不都是电视迷。他们只是更喜欢唱歌和民间音乐，而不是芭蕾舞和歌剧。[80]

尽管如此，新西兰人仍是一个异常活跃的群体。教育水平高低在活动的范围和频率上得到显著的反映。在这里，新西兰表现出同样的国际趋势。大学毕业生会去摇滚音乐会和餐厅，也去博物馆、剧院、电影院和体育馆。[81]而且，他们比工人更加频繁地参加这些活动。在俱乐部和社团中，他们的表现更加活跃。他们把休闲活动人格化了。与传统上着眼于"紧张"和"筋疲力尽"的角度不同，一些证据反映，相比生活方式简单的群体，这些受过更好教育、拥有更高社会地位的群体更倾向于各种快节奏的复杂休闲活动。[82]法国的数据显示，这些极度活跃的个人同样是那些拥有最多的视听设备和便携式设备、CD、磁带和黑胶唱片的人，凸显了时间密集型和商品密集型休闲活动之间的共生模式。引人注

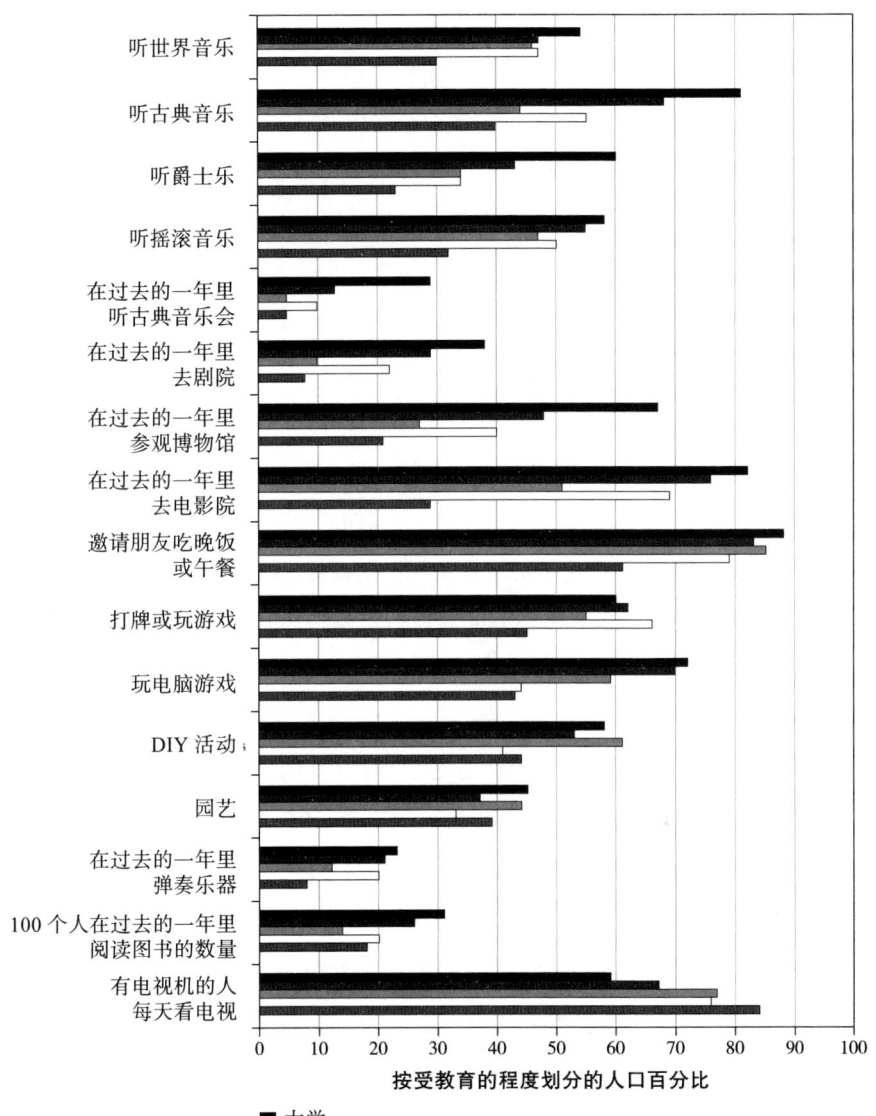

来源：Olivier Donnat, *Les pratiques culturelles des Français: Enquête 1997*。

图 10-7　按教育背景划分的法国休闲文化，1997 年

目的是，在每分钟45转的流行单曲黑胶唱片上，教育导致的差异是最小的。[83]

"拼命工作，纵情嬉戏"，在20世纪50年代的美国已经成为一句格言。从那以后，对忙碌的职业和公司生活的崇拜进一步刺激了休闲的发展，这既表现在美国，也表现在欧洲部分地区。有证据表明，这种崇拜明显地扩大了不同阶级在休闲上的差距。尽管现在的名声不好，但电视机在早年是一股激进的民主化力量。到了1970年，在发达资本主义国家和社会主义国家，大多数家庭都拥有一台电视机；人们在差不多同一时间坐在电视机前，观看类似的节目。1974年，拥有大学学位或文凭的法国人平均每天看54分钟电视，仅比学历更低的人少20分钟。25年过去了，后者现在每天看2小时以上的电视，而前者则缩减了一半时间。[84]这一差距的扩大反映了休闲的两极分化。对教育程度良好者来说，在电视上花更少时间，意味着可以投入更多时间到剧院、博物馆和体育馆以及电脑游戏。[85]当然，并非每一个医生或作家都很活跃。我们必须谨慎，不能想当然认为在活跃的专业工作者和消极的工人之间存在绝对的界限。即使是在法国，也有一半的专业精英从未踏足歌剧院、交响乐厅或流行音乐会，虽然大多数人去过剧院。我们正在处理一些活跃因素，但是在一些阶级身上，这些因素更多。只有一小部分技术工人去过任意这类场所；去过古典音乐会的人数，一直以来都更少。这同样适用于农民。[86]

20世纪晚期，在丰裕社会，工作和休闲的两极分化涉及两条互相交叉的分界线。一是工作和休闲的时间长度及分配。受过高等教育的专业工作者成为新的工薪阶层，他们在办公室的时间变长，在办公室以外的休闲时间缩短。普通工人却成为新的休闲阶层。与其交叉的是另一条同样重要的分界线，关于休闲时间的质量。受过高等教育的专业工作者可能拥有较少的空闲时间，但是他们尽可能充分地利用它们。同那些教育程度较低者相比，他们从事频繁变化的活动数量要多出很多。[87]他们的休闲方式是对其工作生活的模仿。随着大众获得休闲和阳光假日，对精英阶层来说，闲散的炫耀性消费失去了部分吸引力。少数特权阶层现在升级了他们的游戏，在准入门槛更高的活动假日、文化旅行和个人健身项目中寻求庇护和区隔。攀登乞力马扎罗山代替了里维埃拉的懒散时光。由于他们的超级行动主义包含了时间格外密集型的活动——涉及外出、额外的流动性和协调性,因此他们是感到最忙碌的群体,这可能就一点也不令人意外了。将所有这些塞进 24 小时可不是一件易事。

总而言之,"时间贫困"关乎休闲的质量,而不是它的数量。积极的实践可以让人感到满足,但是需要相应的正确地点和时间。这些活动越频繁,使它们协调一致的难度就越大。如果总是被打扰,那么休闲就不再充满乐趣。女性每天都面临这一问题。据估计,男性每天往往比女性多享受 3 小时实打实的休闲,而后者却不得不同时照料孩子和做家务。[88] 2004 年,德国统计局坦率地指出,"忙乱是女性日常生活的一个明显特征"。[89]

压力感同样反映了人们对于在空闲时间要做什么的变动期望。一名社会学家对法国妈妈进行采访之后发现,与工薪阶级姐妹相比,受过大学教育的女性会以一种完全不同的方式体验休闲。对前者来说,"完全空闲的一天"一般意味着与自己的孩子一起度过。休闲表现为家庭休闲,这是从工作和挣钱养家中暂时脱身。照料孩子并不是一件糟糕的事情。相反,对大学毕业生来说,照料孩子是一项任务,而不是休闲。它看上去是一个负担。对她们来说,个人休闲似乎并不是从雇佣劳动中解放出来,而是等同于有偿工作。值得注意的是,受过大学教育的妈妈将家庭休闲视为"家务"的一部分。[90]

在许多方面,这两组人代表了在 20 世纪出现的两种可供选择的休闲理念,一种在世纪初占据主流地位,另一种则在世纪末。1900 年,休闲主要是关于从工作中恢复过来,即休息、恢复和补充体力的时间。关键词是"休养"。文化活动是一个附属品,将工人从酗酒、赌博和其他诱惑中拽出来。到了 2000 年,休闲经历了一个积极的改造。自由时间不再是从工作中解放出来,而是拥有自由去完成某些事情,在一系列活动中获取和展示个人的能力。后者是不计报酬的。极限运动、创意写作课程、业余烹饪和戏剧团体的激增,这些不过是越发集约化的休闲的冰山一角。对许多人来说,休闲是一项严肃的事情。这点并非巧合:职业的忙碌、积极活跃的休闲和"优质时间"在 20 世纪晚期一并出现了。在这一时期,丰裕的西方社会开始从工业社会过渡到以知识为基础的社会。在经过长达数个世纪从工作世界中解放出来的努力后，今天，休闲也好似模仿工作的节奏。在后工业社会，休闲和工作是否会重新融合成一个有机的整体？为此进行判断还为时过早。社交媒介的运用似乎指向了这一方向。要是的确如此，那么休闲就很难将那些古人所珍视的沉思且不偏不倚的品质包括在内了。

"慢食""国际慢城"以及其他类似的运动，希望遏制生活节奏的加快。从上述情况来看，这些运动成功的可能性微乎其微。休闲的集约化是一波由一系列社会、技术和文化的变化共同导致的浪潮。经常去"慢食"餐馆，这或许可以帮助当地的农民，但是远非一项能减缓生活整体节奏的干预举措。每年参加"美食沙龙"的15万游客不是步行或者骑驴到达都灵的。如果生活节奏主要是因为产品消费速度的加快，那么或许还有一点希望。但是，它主要是因为从事的活动越来越多，以及在它们之间进行协调的压力。培养对当地食物的鉴赏品位，可以被理解成另一种塑造文化资本和证明审美能力的尝试。这是否会对其他活动的数量、频率以及日益复杂的排序产生影响？尚不清楚。或许，它反倒会增加这些影响。一份支持慢生活的宣言声称："我们相信，多任务处理是一个道德缺陷。"[91] 手机、邮件和其他通信设备给用户带来了更大的灵活性，以安排不同任务的顺序。如果像"慢食"这样的运动也离不开社交媒体的话，那么大多数人在社交或工作时也不太可能关掉他们的"脸书"网站或者停止浏览"推特"（Twitter）。同样地，自发的简朴也面临这一挑战：无论我们多么愿意，如果我们周围的世界仍然按照一种不同的节奏运转，那么作为个人，想要让自己的生活方式变得简单是非常困难的。自发的简朴主义者发现他们自己和倒班工人处于相同的处境，即时间安排和其他所有人都不一致。[92]

日常生活节奏的集体变迁带来了更大的希望。在1973年石油危机期间，"无车星期日"出现了；2010年，这一活动再次被选择性地重现于汉堡和伯尔尼，巴黎也在沿着塞纳河的一段公路上举办了这一活动。2000年，法国引入35小时工作周。这使周六解放出来，成为家庭时间和体育锻炼时间。然而，它同样大大增加了周末休息的人数。[93] 在一个时间安排更加个性化、由邮件和无线技术支持的无时间性的时间同步的年代，即使是集体干预也面临局限性。[94] 更加快捷的物理和虚拟通信已经创造了"长周末"。法国铁路网络显示，有更多人到周四就离开，到周二才返回。没有法律可以阻止这一生活节奏的变化。要想扭转这个"双住宅"和度假屋快速发展的趋势，就需要法国高速列车、廉价航班和移动网络全部瘫痪。

我们应该失望吗？生活节奏的加快有着相应的代价，比如"精疲力竭"。但是这并不意味着，如一些评论者所担忧的那样，社会正在偏离正轨。人类非凡的灵活性和适应性，比他们自己有时候所认为的要强得多。19世纪90年代，威廉·詹姆斯就指出过，人们通过建立习惯和常规，从而腾出心思去进行其他更需要清醒意识和更为针对性的活动。詹姆斯写道："所有教育中最重要的事情是，让神经系统成为我们的盟友，而不是敌人……使尽可能多的有用行为成为自发的习惯，这一转变越早越好。"[95] 20世纪是一堂漫长的习惯养成课。早期的听众对收音机全神贯注。20世纪20年代末的瑞典广告将香蕉誉为听广播时理想的安静小食。[96] 渐渐地，人们学会一边听广播，一边吃早餐或聊天看报。类似的协调和多任务处理技艺，也发生在驾驶汽车、看电视、打电脑和用手机的过程中，而且随着将来出现更多的未知技术，很有可能继续发挥作用。一种消费行为会作为另一种消费行为的平台。因此，每一个或快或慢的活动，都是逐渐进化发展的，且没有既定的门槛。人们没有理由相信，这一进化已经结束。

我们已经指出，休闲是一个西方概念。正是欧洲和美国的工业化社会，最先在休闲的数量和质量上进行了斗争。非西方社会的统计数据相对稀缺。尽管如此，至少还是值得简单思考一下，20世纪西方的休闲故事在多大程度上反映了普遍的趋势。在丰裕的核心地区之外，答案很可能是"程度不大"。在非洲，殖民统治者不断抱怨"懒惰的"原住民。这些指控充满种族主义味道，但是它们同样记录了，时间正在以一种不同的节奏流逝。例如，许多在两次世界大战之间来到布拉柴维尔（现刚果共和国首都）的非洲人，习惯于一种每周只有四个工作日的生活。要规训他们，令他们融入一个不间断的帝国工作周，只有少量时间专门用于结构化休闲，是不容易的。旷工非常普遍。在足球和舞厅出现之前，男性通常把时间花在打牌或闲逛上。相比之下，一个手头有时间的女人则被看作一个坏妻子或妓女。迟至 20 世纪 80 年代，社会工作者还在努力劝说刚果的农村妇女，休闲并非可耻的。[97] 社会主义中国则经历了自己的时间革命。毛泽东指示说，工人要午休。三个钟头的小睡十分正常，这同集约化的休闲正好相反，并使西方的减速主义者相形见绌。[98] 今天，中国人和西方最重度的电视迷一样，每天看两小时六分钟的电视，但是他们的一天在许多方面仍然保持着自己的独特节奏。中国人在做饭、打扫和购物上面花费的时间更少。40% 的人在下午 1 至 2 点会小憩一场。进行午休的欧洲人要少得多。[99] 然而，毛泽东时代的中国很难被当作一个商业休闲的典范。看看日本海的另一边，就会有所启发。

在日本，休闲时间的创造性使用长期以来受到珍视，被看作一条通向自我发现的道路。各种艺术吸收了平安时代（794—1185 年）晚期佛教的自我教化思想。演奏笛子和琴（一种弦乐器）的能力是衡量一个人价值的方式，而且成为精英文化和身份的核心特征。这点在《源氏物语》一书中得到了很好的体现。这是一本成书于 11 世纪的小说，描绘了一位皇子的生活和爱情故事。"源氏生活悠闲，把自己的时间花在创作各种音乐上面。"他举办歌舞夜宴，让皇子和贵族挑选自己最喜爱的乐器，然后同专业乐队一起演奏。他们"奏出催马乐《安名尊》之时，不解情趣的仆役也都攒聚在门前几无隙地的车马之间，带着笑容听赏，觉得此种生涯真正富有意趣啊"。[100]

19 世纪晚期，日本向西方开放，这开创了一场剧烈的休闲革命。在江户，休闲一直都是公共的，在庙会和市井中举行，有木偶戏、游戏和歌曲。相反，西方化传播了商业性娱乐活动。这打破了精英阶层对休闲的垄断。武道曾经是武士阶层的专属，此时成为一项大众运动。1900 年前后，一系列新的传统出现了，比如柔道，它们有着各自的等级和比赛。女性也被允许参与这些活动。酒吧和电影院为人们提供了现代性的梦想。

从 21 世纪早期这一有利位置回望，否认西方思想和实践对日本休闲的影响是愚蠢的。与此同时，这也不是一个取代另一个的简单叙事，相反，它是一个在渗透中推进的故事，新的实践不断从旧有的习俗和理想中获得力量。新的产品和习惯被整合进一种既有的休闲文化中。日本人过去常常把在家里的空闲时间称为"杀掉时间"，其中主要的活动就是"随地躺"。随着电视机的到来，调查记录了从"随地躺"向"电视躺"的转变。[101] 20 世纪 60 年代，柏青哥——一种弹珠游戏机——成为全国性的消遣活动。在它的巅峰期，即 20 世纪 80 年代，据说它为日本贡献了 5% 的国内生产总值。甚至在近年来经历危机之后，仍有七分之一的日本人常常把他们的钱币投进去，2013 年这项花费总共达到了 1750 亿美元。[102] 柏青哥尤其在低收入的年轻人中广受欢迎，为他们提供了一个逃离单调乏味的日常生活的出口。正如在江户时代那样，它创造了公共娱乐空间。

在日本，正如在西方一样，最近数十年见证了休闲从被动向主动、从休养和消遣向自我提升的转变。对积极消遣的强调，能够借鉴创造性游戏和自我修养的古老传统。远足、钓鱼和其他积极的户外活动在 20 世纪 70 年代获得了新的人气。休闲公园开始将教育和娱乐结合起来。日本人可以在有田参观一座仿制的德累斯顿茨温格宫（德累斯顿市一座宏伟的洛可可式宫殿），并学习有关瓷器的知识；或者参观豪斯登堡，这是一个主题公园，重现了一座荷兰小镇，规模是东京迪士尼乐园的两倍，1992 年在日本长崎地区开幕。游客可以欣赏风车，通过高科技视频投影感受荷兰洪水的力量。[103] 通过国家间的比较来看，在日本，尽管 20 世纪 90 年代以来政府致力于减少工作时长，但是假期和空闲时间仍然是长时间工作文化的牺牲品。然而，日本人比美国人更少感到忙碌，虽然前者的睡眠时间更少。一个经常提及的原因是，他们更擅长区分用于不同目的的时间段，比如吃饭时间、业余爱好时间和交谈时间。[104] 日本人的茶时就提供了一段单独的放松时间，类似于法国人的长午餐。"在商店边拿边吃"的美国人就失掉了这种时间感。[105]

休息日？

1949年，伦敦南部一个工人家庭的周日一天。24岁的主妇斯特拉、她的2岁儿子史蒂文、她的妹妹琼（职员）和一只狗，斯特拉的丈夫在军队里：

8:45	斯特拉起床……沏了一壶茶，然后将托盘和一份《星期日画报》(Sunday Pictorial)带到卧室……
9:30	斯特拉穿着睡衣再次进入厨房……开始做油煎饼和炸面包，唤醒史蒂文（并喂他吃饭）。
10:00	沏了另一壶茶……读报。
10:30	琼起床……一起吃早饭……
11:00	给史蒂文洗澡……斯特拉换衣服……无线电播放着背景音乐。
12:30	斯特拉为正餐准备布丁……
13:00	斯特拉在做饭。史蒂文在玩。琼在厨房镜子前拔眉毛。两个女人讨论从节目《家庭最爱》中听到的艺术家名字。
14:00	一起吃正餐……菜品包括大块牛肉炖土豆、豆芽、焦糖牛油布丁、一壶茶。收音机在播放节目。
15:00	斯特拉洗碗收拾……然后去找琼，和史蒂文一起嬉戏。她们聊天。琼泡了一壶茶。
15:30—18:00	两个女人……看书。斯特拉在看《红星周刊》(Red Star Weekly)、《女人专属》(Women's Own)和《星期日画报》。琼在看《美国漫画》(American Comics)。史蒂文在玩弄纸牌。狗在睡觉。收音机在播放轻松的节目。她们有时聊天，有时做针线活。
18:00	斯特拉把茶……放到厨房去……
20:00—22:00	像下午一样。
22:30	吃完晚饭，一边坐着休息，一边聊内衣的话题。斯特拉给

	丈夫写了一封信，琼也写了一封。
23:30	图书馆借的书（小说）翻开了，但是两人在聊天……狗被送到下面花园里玩几分钟。
00:30	她们上床睡觉。[106]

我们可以看到普通周日发生的这一连串事情，多亏了《大众观察》——从 1937 年开始，该节目经常派志愿者去英国各地记录日常生活。要想开始我们对休闲时间变动性质的最后一段探究，这是一个很好的方法。到目前为止，我们已经见过不同维度的时间：计时的时钟时间、速度和密度。但是，时间还拥有节奏。七天一循环，在下一周开始前休息一天，这是一个强大惯例，尽管它既不自然，又不普遍。七天的生活节奏是人类的发明，一种根源于犹太教和占星术的数学发明。并非所有文明都采用这一惯例。1929 年，在最后一次寻找替代模式的严肃实验中，苏联试图将人的活动纳入一个"不间断的"工作周中，并废除了公休日，这造成巨大动荡，以至于两年后不得不中止。[107]

对大多数读者来说，稍做简化的"斯特拉周日"模式看上去如此陌生，甚至就像是关于某个遥远部落的记录。然而，这发生在仅仅 60 年前世界上最发达的地方之一。尽管刚刚从战争和财政紧缩中恢复过来，但英国一直走在消费文化的前沿。从"斯特拉周日"的记录中，我们很难看出这一点。诚然，这个家庭喝的茶多得惊人，而且周日被看作一个应该大吃一顿的日子。大量时间却被用在看报和读杂志上。事实上，许多英国人在周日都会看三份或更多报纸。然而最令人吃惊的是，直到午夜斯特拉上床睡觉为止，这家人都没出门一步，甚至都没有出门遛狗。那里的消费仅仅发生在四面墙以内。公共空间、商店和娱乐仿佛根本不存在一样。

原因当然是大多数上述场所在周日都关门了。越过边界，苏格兰清教徒甚至连公园里的秋千都停用了。可以确定的是，并非每一个英国人都会待在家里。七分之一的人选择去教堂，稍多一些的人则更喜欢去上午 11 点开张的酒馆。一些父亲会带着孩子去逛公园和看喷泉。也并非完全没有娱乐活动。在泰晤士河对岸，工人阶级居住的汉默史密斯区，有一个游泳池、几个网球场、两个电影院和剧院,以及一个音乐厅和里昂茶室。不过,正如民众观察员强调的一样,这对10万居民来说仍然"不算多"。尤其对青少年来说,要想在周日找到一些乐趣,需要艰苦的斗争。零零散散地分布着一些开门的游乐场和滑冰场,但这些"福地"数量太少了。不少乐子都是自己找来的。在汉默史密斯,"白城赛车手"的14~18岁成员将一片废弃的场地改造成自行车赛道,用他们的特技和"假皮革"制服来取悦当地的围观者。然而,在英国其余地方,周日在很大程度上是固定不变的。极少数人(5%)会选择"开汽车"。在工业化的北方,民众观察员发现城镇中心往往空无一人。在乡村,居民几乎从不走出村庄的公有绿地。这非常接近现代英国人的"慢生活"。在酒馆,顾客会更慢地品尝自己那一品脱啤酒,以打发空闲的时间。一个金属加工工人的妻子告诉研究者:"周日是无聊的一天,每个地方都死气沉沉的。"一个15岁女学生则表现得稍微宽容一点,她说:"虽然什么特别的事情也没发生,但我还是不会说它单调乏味。"[108]

每周都有一天被单独隔出来,而且可说是与过度刺激、丰富多彩的消费活动形成了鲜明的对比。这一点应获得比当前更多的关注。因为对周日设限,并非自然而然发生的,甚至在基督教社会也一样。在殖民时期的北美,在安息日交易的移民会被罚款。然而,当西班牙人在16世纪将七天一周的习惯带到拉丁美洲时,他们明确建立了周日市场。周日是去教堂和经商、祷告和娱乐的一天。最晚到1857年,厄瓜多尔的安巴托市议会曾担心,如果周日的商业活动被禁止,大多数人将会不再去做弥撒。它宣称,认为人们在周日"变得堕落和完全无所事事……将会促进宗教实践和公共美德",这是一种谬论。[109] 与之相反,允许让人们在去教堂的路上从事买卖活动,更易于拯救灵魂。市议会是对的。19世纪60年代,周日被专门用于服侍上帝后,弥撒的出席率大幅度降低。

19世纪中期,厄瓜多尔被卷入更广泛的运动之中,这一运动在基督教商业社会发展迅速。一些力量是地方性和特定性的,比如厄瓜多尔的禁令来自一位虔诚的天主教要人的推动。英国的安息日主义则来自英国国教福音派的推动,他们试图禁止周日的一切娱乐和劳动,视之为罪恶。其他推动力量则更普遍，比如交通的进步使货物和人员在一周其他几天里更容易到达市场。在英国，1830年的《啤酒法》（Beer Act）将酒吧的周日营业时间限制在下午1—3点和晚上5—10点这两个时间段。集市在20年后被取缔。然而，上帝从未完全控制周日。当安息日主义者在1855年同禁酒改革人士联手，试图禁止周日贸易时（一年前，他们曾成功地缩减酒吧的营业时间），伦敦市民在海德公园开始骚乱。卡尔·马克思相信，英国革命终于要开始了。事实上，英国人的革命斗争最后取得了胜利，他们赢回了周日2.5小时的额外饮酒时间。[110]

在英国，商店的营业时间一向灵活，直到1911年的《商店法》（the Shops Act）赋予所有雇员半天休假的权利，并要求所有商店都必须有一天提早关门。在加拿大，随着四年前联邦的《主日法案》（Lord's Day Act）的颁布，周日被认定为每周的休息日。在英国，周日贸易到了20世纪30年代差不多已经全部停止。到别处寻找消遣的英国人可以骑自行车和划船，或者参观大英博物馆（从1896年起，周日也都会开放）。一条1932年的法令允许音乐会、动物园和部分电影院在周日开放，但是在彻底摆脱安息日的约束之前，大多数其他形式的娱乐还必须继续斗争数十年。周日的业余足球比赛在1960年才被认为合法；职业比赛则直到1974年才获准开始进行。赛马和赌博还需再等一代人的时间，才得以合法化。同样在欧陆，商店直到进入20世纪才允许周日营业。俾斯麦时期的柏林是购物者的天堂。周日，许多商店早上6点就开张了，直到晚上11点才关门。商店完全不想失去那些每周日来镇上做礼拜或从事其他消遣活动的有价值的顾客。1892年，在德意志帝国时期，营业时间被限制为5小时，但是直到1919年，大多数店主和商人才获得了一整天的休息时间。即便是这样，商店仍被允许在"特别周日"和平安夜营业。[111]

在1850年之后的一个世纪里，周日的部分商贸活动停业，这反映了一系列具有讽刺意味的事情。在诸多国家开始有更大的购买力、更多机会接触到大众消费商品时，它们却失去了用来购物和消费的宝贵时间。这提醒我们，发达社会并不都是按照收银台的节奏运转。实际工资在19世纪70年代上涨，消费文化在兴盛的20世纪20年代繁荣发展，但这些都是在工业占主导地位的社会实现的。直到20世纪60年代，它们都是如此。周日停业反映了教会的影响力，但是这更反映了工会的影响力。当去教堂的人数减少时，立法就会收紧。一盘散沙的消费者的声音，根本比不上有组织的工人。在一个工会力量强大的年代，人们关心的是更短的工作时间，而不再是更长的购物时间。

另一个讽刺之处在于，原本更加开放与管控更加严格的社会之间出现了角色反转。人们通常认为，相比那些政府、生产者和商人依赖于特权和限制的社会，商业社会自然是更加开放、灵活、有益于消费者。因此今天，我们周日可以在美国商场或英国超市购物，在德国却吃闭门羹。然而，这些当代情形远不是自然发生的。在19世纪80年代，同伦敦主妇相比，柏林主妇在周日能逛的店铺只多不少。她们会觉得，一个世纪之后盎格鲁-撒克逊世界有限制的营业时间，无疑是反自由的表现。

在消费社会，周日停业并不是某种天然就有的做法，而是每个国家特有的众多因素和环境的历史产物。现今的情形各不相同。奥地利和德国处于一个极端，在这两国，只有火车站和飞机场的商店才有权周日开业。芬兰则是另一个极端，在那里，周末小商店可以全天营业，而大商店的营业时间是中午12点到下午6点，在12月份可以延迟到晚上9点。这两个极端之间则有一个着实不小的折中空间。西班牙先是在20世纪80年代允许商店周日营业，又在90年代重新恢复部分禁令。今天，大多数西班牙商店在每月的第一个周日开业。挪威仅允许它们能在12月份的周日营业。法国和比利时规定，周日营业的时间每年至多5天。地中海沿岸国家往往豁免旅游区，这是一个相当大的让步。在英格兰和威尔士，1994年的《周日贸易法》（Sunday Trading Act）赋予小商店周日营业的权利，而面积超过280平方米（3000平方英尺）的大商店仅允许在上午10点到下午6点之间连续营业6小时。越过边界，在苏格兰则根本看不到这些法令的影子，商店在周日想开门就开门。[112]

美国较早开始放松管控。1961年，34个州禁止周日贸易。到了1985年，这一数字降至22个。折扣商店宣称，支持基督教安息日的《蓝色法规》（Blue Laws）违反了宪法第一修正案，后者禁止制定任何关于确立国教的法律。一系列法庭案件使与周日停业相关的法案受到"理性基础的考验": 允许出售胶卷,却禁止出售相机的意义何在? 加利福尼亚州、佛罗里达州和许多西部、中西部的州带头废除了《蓝色法规》, 除了酒类的销售。其他州则继续对订购做了具体限制。新泽西州在 1978 年废除周日停业法案后,仍然禁止宾戈游戏、理发和美容等活动。[113] 加拿大在 1985 年开始放松管控。然而, 如果认为周日营业是盎格鲁-撒克逊世界的一项新自由主义攻势, 那将是错误的。在欧洲, 第一步是由社会民主主义的瑞典在 1971 年迈出的, 接着是比利时和西班牙。而 1986 年, 当玛格丽特·撒切尔这位新自由主义运动女领导人试图解除对英国所有商店的这条限制时, 她却遭到惨痛失败。

在英格兰和威尔士, 情况一团混乱。"二战"后, 周日交易的禁令充斥着各种奇怪的漏洞。法律允许街角商店出售杜松子酒和外带食品, 但是禁止出售奶粉或炸鱼薯条。在当地的报刊亭, 顾客可以购买黄色书刊, 却不能买《圣经》。1986 年的计划原本是扫除过往, 重新开始。然而, 它将公众舆论撕成两半, 而且有趣的是, 零售商中间也出现了分化。[114] 一边是挑战者, 即"购物时间改革委员会"(Shopping Hours Reform Council), 一个由零售商、生产商和消费者权益倡导者组成的团体; 另一边是"维持周日特殊性运动"(Keep Sunday Special Campaign), 是工会人士和主教的同盟, 得到西雅衣家(一个时装连锁品牌)、冰岛(一家超市)和合作社的大力支持。两边都宣称它们各自的立场有益于家庭和财富。对后者来说, 周日营业会威胁到家庭午餐、礼拜和娱乐消遣的"宝贵时光"。对支持周日营业的人来说, 周日的工作将有助于女性独立。一名保守党议员引用他的选民(布里斯托尔一名"仅在周日上班的工人")的一段话:

> 我在周日工作, 因为我想给我的孩子最好的……这样他们就会有更多的零用钱、衣服, 度更多的假日, 也能外出旅游……当我星期天早上离开家里时, 我非常快乐, 因为我知道, 我丈夫将会照料他们, 他们将会共度"宝贵时光"。而且, 我能够暂时从照料孩子和家

庭的事务中抽身出来，这也是我非常需要的……我很期待自己的这份独立时间。[115]

支持周日营业者声称，放松管制将会解放家庭，并增加财富和就业。与之相对的一方则援引英国著名商店玛莎百货公司的观点。它反对周日贸易，因为只不过是将六天的生意扩展到七天。解放主义者失败了。具有历史反讽意味的是，镇压工会力量和放松伦敦金融区管制的"铁娘子"，最后也没能在周日叩开商店的大门。直到1994年，支持周日营业者才获胜。

在周日贸易的不均衡图景中，是否可能概括出某种模式？只有丰裕本身，显然是不够的。毕竟，德国和法国分别要比英国和芬兰更加富裕。宗教是一个影响因素，但不是直接表现在宗教活动的出席人数上。在美国，尽管存在宗教复兴，但是周日购物较之以往更加发达。而在整个欧洲，去教堂的人数已经大大减少。在撒切尔时代的英国，仅有10%的人定期去教堂。然而，在这样的社会——由于强大的基督教民主党派，宗教占据政治舞台的中心地位——里，宗教仍然起到"精神支柱"的作用。在德国，周日营业直到1999年都是一种政治诅咒。这一年，柏林的百货商店公开号召购物者加入公民的抗议示威游行，并购买专门贴有"旅游纪念物"标签的商品。来自零售商的这一压力面临的政治环境，要比别处严酷得多。沃尔夫冈·肖伯乐，德国基督教民主联盟的前领导人，谴责周日购物是"对犹太-基督教文明的威胁"。[116]在周六营业时间延长之后，这一改革最终止步。

在不断变化的经济结构与女性在劳动力中扮演的角色中，我们能够找到决定性的因素。英国的周日贸易紧随着工业向服务业的转变而来。这一转变使零售行业和工会中的店员比重大于德国和法国。在英国，为了维护就业，商店雇员工会（USDAW），从反对转为支持部分放松管制。零售业是兼职工作的先行阵地，而且它的劳动力绝大部分是女性。由于购物的主要群体是女性，越多女性进入这一工作领域，灵活购物的理由就越充分。同时工作和购物是非常困难的。耐人寻味的是，走在周日交易前沿的这些国家（瑞典、芬兰和英国），同样是女性劳动参与度最高的欧洲国家。[117]

周日开放营业使得每天的生活节奏产生了什么改变？以及在更普遍的意义上，它使得消费产生了哪些改变？正反双方都喜欢夸大其词。周日的生活从来就不是一首纯粹的、不沾一点商业气息的田园牧歌，即使在战后实行禁令的时期也不是。在英格兰和威尔士，限制只适用于百货商店和大型商场，没有延伸到小型街角商店。这一法律只是阻止人们购买昂贵商品，而非阻止人们在周日购物。此外，对禁令的公然蔑视和购物机会遭到限制一样非常普遍。20世纪80年代早期，在加的夫，人们周日的购物仅占每周购物活动的3%。他们购买的食物和杂货差不多有一半都是非法的，涉及所有违禁的商品，从罐头水果直到冷冻餐点。[118]周日是一个很好的例子，反映了休闲的变化是怎样逐渐渗透到购物上的。20世纪80年代，在英国兴起了园艺和家居装饰热潮，它们给商店的营业时间增加了额外的压力。于是，园艺商店和DIY商店决定在周日开门营业。据估计，在1994年《周日贸易法》出台前夕，有40%的英格兰商店已经在周日继续营业。收银台不停工作，赚到的钱远远足够抵消交一笔罚款所带来的损失了。

营业时间的延长使周末再次成为重要的购物时刻，就像两个多世纪以前的周日市场年代一样。在英国，周六和周日是最忙碌的交易日。10%的消费者把主要的购物放在周日进行。营业时间的延长，意味着更低的单价和更少拥堵的交通。据估计，在2001年，这相当于可以节省14亿英镑，或者每个家庭可以节省64英镑。别处的情况则相对较为缓和。在瑞典，营业时间的延长仅压低了0.3%的价格。澳大利亚生产力委员会质疑，灵活的时间是否真的给消费者带来了净收益。将休闲购物从周六扩展至周日也不是毫不费力。对大多数瑞典人来说，周日主要用来购买食品杂货。[119]

营业时间的延长对工作模式产生的影响更加显著。我们已经指出，女性劳动参与度的提高是怎样施加压力，使购物变得更加灵活的。但是反过来，周日购物也强化了兼职工作的趋势：出现更多的非全日制工作，尤尤其对单身母亲来说。在荷兰，从 1996 年以来，商店就被允许在整个工作日和周日下午一直营业到晚上 10 点。此后，时间使用数据显示，荷兰人在周日和晚上的购物、工作都增加了，尤其是女性和单身男性；明显的是，有伴侣的荷兰男人购物时间更长，而工作时间更短。[120] 这些模式与本节开头讨论的伦敦周日形成了鲜明的对比。对那时的大多数工人阶级的家庭妇女来说，周日意味着一轮轮的做饭、打扫和洗衣服。1949 年，一名 40 岁的出租车司机的妻子观察到："周日是一周中最辛苦的一天。"[121] 而对她们的丈夫来说，周日是好好睡一觉休息的时间。周日营业并没有结束长达若干世纪的性别不平等。但是它的确叩开了家庭的大门，使其成员分散开来，由此减轻了女性肩上的一些集体负担。

对这样一个世纪——约从 19 世纪 60 年代到 20 世纪 60 年代——来说，发达国家的政府当局和社会关于时间达成了一个巧妙的契约。人们的生活越来越多地被物质商品和欲望所占据。城市里到处都是商品的广告牌，而各国政府开始竞争，如何最好地提高生活水平。尽管如此，作为交换，周日被隔离出来，作为一个消费禁区。20 世纪 60 年代以来，这一契约逐渐被打破。多个丰裕社会纷纷撕毁了它；在其他社会，它的未来也风雨飘摇。今天，这看上去可能是令人发笑的——当局试图立法规定某一天的性质。但是，仅仅几代人之前，这还是一项普遍原则。在只 20 年出头的时间里，长达一个世纪的努力成果就被消解了。

自 20 世纪 90 年代起，互联网的传播赋予购物全新的虚拟维度，在这里，实体商店的营业时间失去了意义。在欧洲大陆，那些在步行区开有小店的历史城镇正在纷纷检视它们过去对周日贸易的反对立场。如果实体商店都关门了，我们可以通过平板电脑进入虚拟商店，那么何必还去参观用这些鹅卵石铺就的有拱廊的街道呢？然而，网上购物的发展不应该被夸大。"旧的零售业将会死去"之类的预言至今未实现。在欧洲和美国，尽管互联网和移动设备已无处不在，但是大多数人仍然选择去实体商店，而不是网上购物。在欧洲，最大的网上购物群体是英国人，他们人均在 2014 年花费了 1071 英镑，占网上零售总额的 15%；在意大利和波兰，这一比例甚至不到 3%。网上购物促进了服饰和旅游业的迅速发展。2008

年，21%的欧洲网民进行过网购；2012年，这一数字上升至32%。四分之一的人在网上购买过书籍。但是，相对于许多其他产品和服务，网购仍然处于边缘位置。例如，2012年，不到10%的欧洲人在网上订购食物，而在英国，这一比例是20%。家具和其他大件商品就更少有人在网上购买了。2013—2014年，在世界上手机使用人数最多（85%）的瑞士，智能手机新增了100万个移动购物网站。与之相反，在阿尔卑斯山另一边的意大利，超过三分之二的人根本不在网上购物。[122]

传统商店之所以具有弹性的一个主要原因是，大多数人不仅只是想买东西，他们还想触摸或试用一下。另一个具有讽刺意味的原因是，大多数人觉得互联网太慢了：他们想要立刻就能获得一件商品。另外，还有易于退货、信任和廉价等原因，不过这些都是次要的。众所周知，电子商务和智能手机在零售业激起了一场革命，但是正如一项尚在进行的瑞士研究显示，其结果出乎意料，是一种混合现象，而不是虚拟商店造成实体商店的消亡。存在一些排他性的网上商店，尤其是在度假和音乐方面，但是在许多其他领域，这一进程造成了新旧交织的共生现象，即一些实体店创办网店，一些网店则开设展厅和线下销售点。[123]

休息日的废除是休闲革命的高潮。正如许多其他革命那样，这一革命未能兑现它的承诺。与一些改革者和空想者的设想不同，20世纪休闲时间带来的物质利益被证明更加有限，而且不平均。一个主要原因就是，对休闲的早期乌托邦式的幻想反映了一种狭隘的工作观，即对挣取工资的男性工人的看法。懒散的周日和家庭烧烤给予煤矿工人和银行职员应得的休闲时光，这一田园式的图景往往遗忘了使之实现的大量女性所做的工作。由于世代、阶级和性别的不同，闲暇时间依然是割裂的。年轻人和老年人获得了最多的休闲时间。相反，中年人的休闲一直受制于女性有偿工作和男性家务责任的增加。自20世纪60年代以来，真实的革命在别处已经发生：休闲时间的质量被转化，并两极分化。就时间长度而言，不同性别在休闲上的差距可能已减小，但是相比之下，女性还是不太能享受到整块的和持续的休闲时间。女性的休闲仍然是七拼八凑而成。最后，休闲的民主化造成了一个意外的结果——引起了新的时间不平等。一旦向普通人打开了休闲之门,休闲式的消费就不再成为少数特权阶层的禁脔。从那以后,受过良好教育的阶层就将精力投入到一个新的、安排有各种活动的休闲体制之中。这一超级行动主义给消费造成了一个自相矛盾的影响,尽管并非丰裕的批评者所预言的那个。成功意味着购买更多的物品,做更多的事。旧有闲暇者和没有闲暇者之间的鸿沟,已经被一个基于人们在闲暇时间内做多少事情的新鸿沟所取代。为了能够将灵活性和行动结合在一起,对特权阶层来说,"时间贫困"就是必要的代价。

第 11 章

从摇篮到坟墓

消费塑造身份认同。我们怎样穿衣吃饭、去哪里购物、是开运动型多用途汽车还是开电动汽车、去看歌剧还是足球比赛，所有这些行为都在宣告我们是谁，以及我们希望别人认为我们是谁。消费标志着我们在社会秩序中的位置，因此它有助于我们理解那一秩序是如何出现的，又是如何复制的。阶级和性别身份显得尤其突出，我们将在本章不同的地方谈及它们，从过去关于物质舒适的中产阶级理想和对女性购物狂的焦虑，到今天休闲和品位对社会地位的作用。此外，还有一套身份因素现在值得我们继续关注，这就是年龄。可以说，过去一个世纪见证了史无前例的转变。这个故事一直以来被讲述成"青少年"（teenager）的兴起，"青少年"这个术语在 20 世纪 40 年代开始流传。就算我们无法忽略他们，我们也不应该让他们将其他所有人都排挤走。青少年不是唯一的世代。青少年只不过是 20 世纪不断加速发展、更广泛的社会演化中的群体之一。这一社会演化创造出了划分更精细的年龄群体，这些年龄群体以各自的外表、财物和生活方式来界定。第一个成形的年龄群体是"儿童消费者"。到了 20 世纪末，"老年人"群体也出现了。消费的欲望和能力彻底转变了老年人的形象和现实。可以说，不同于其他任何世代，正是对这一世代来说，消费才真正是革命性的。

儿童消费者

很少有话题会像关于被广告、品牌和公司的强大商业力量包围的儿童的话题一样，在如今的富裕世界频频敲响警钟。下面是关于危险因素的一张简短清单，这是从担忧此种现象的作者和倡议者的众多书籍和报道中摘录出来的。现在的三岁儿童还没记住自己的姓氏，就已经能认出麦当劳的金色拱门标志了。到了10岁，英国儿童认得350个品牌，却只能叫出20种鸟类的名称。美泰公司研发出一种互动娃娃——"明星佳人"（Diva Starz）。这一玩具向6~11岁的儿童介绍购物疗法，告诉她们："我心情不好，让我们一起去购物吧！"在英国诺丁汉，一个8岁的小女孩遭到预先核准的信用卡优惠的狂轰滥炸。在美国，小学生要面对各种校园推销和品牌赠品。女童子军不再只是学习怎么生篝火，还可以通过到商场或去适合青春期前的孩子的服装店逛一圈，从而挣得一个"时尚冒险"徽章。在大西洋两岸，7~11岁的儿童都在为市场调查员工作，告诉他们哪些玩具非常酷。1994年，让-保罗·娇兰发布了一款柑橘和薄荷气味的儿童香水。其他时尚品牌相继推出婴儿喷雾和淡香水。一些甚至还没有读小学的女孩，就穿上了带有"花花公子"兔子商标的衬衫。就像维多利亚时代对女性购物者的焦虑一样，今天人们也担心，性与购物联系在一起。儿童正被"紧密追踪，出于利润目的而被精心培养"。除了肥胖、暴食症和自杀，活动家还发现了一场正在蔓延的社会营销流行病。对一些作者来说，如今的童年是"有毒的"，另一些作者则直接断言童年已"死亡"。[1]

这些担忧之狂热程度堪比面临资金风险。历史上，儿童从未掌握过如此之大的消费势力。2008年，在英国，19岁以下的少年儿童总共花费了120亿英镑，其中差不多有10亿花在零食、甜点和软饮料上。如果加上父母在他们身上花的钱，这一数字将上升至每年约990亿英镑。在美国，受儿童影响的市场价值据说达到6700亿美元，超过150亿美元花费在面向儿童的广告和市场营销上。[2] 简而言之，小天使是大挥霍家；在这种道德恐慌和不安背后的正是理想与现实之间的冲突。

的确，许多方面值得忧虑和采取行动。这是活动家、政治家和监管者要关心的问题。历史能做的是另一件事，但是同样有用。它可以避免那种对黄金时代——儿童曾经天真无邪，没有遭受市场的染指——的懒于思考的怀旧情绪。而且，它可以解释我们是如何走到今天这一步的。正如在直接营销中投入的美元和英镑一样，这些关于童年的当代观念是时代变化的产物。我们首先需要理解的是，童年起初是怎样掺杂了各种选择和消费的。这是一段更长的历史，教育者、父母、医生和政客在其中扮演了和企业一样的关键作用。在这一进程中，儿童也并非完全被动。

迟至20世纪70年代，历史学家仍将童年看作一种资产阶级现代性的发明。他们主张，只有到了17、18世纪，残暴和情感疏离才让位于一种更加温情脉脉、以儿童为导向的宽容文化。时代更近的历史学家纷纷向"多愁善感的资产阶级革命"这种论点泼冷水。[3] 大量的证据反映，无论在东方还是西方，之前的若干世纪同样充满了爱和悲痛、游戏和玩具。不过，将1900年标志为转折点的新颖之处在于，童年在市场上获得了自己的特殊地位。儿童之前也一直都在消费，但是现在起他们开始被当作拥有自己权利的消费者；他们有着自己这个年龄段的独特需要、时尚，以及在不久之后会拥有的零花钱。

按年龄划分的服装在美国的推广，显示了变化的速度。"一战"前，衣服的供货主要是根据款式和大小，而不是年龄段。儿童长袜就展示在面向他们父母的长袜旁边。到"二战"时，儿童服装被移动到单独的一层，而且经常全陈列在一个单独的商店里。萨克斯第五大道精品百货店和其他百货商店为年轻人特地开辟了数个楼层，不同的年龄段都有自己的色彩搭配。到了1929年，面向婴儿和儿童的商店超过了1000家。20年后，这类商店的数量激增至6000家。它们的存货来源于数量不断增加、专门生产童装的工厂。商店开始组织宝宝大赛和宝宝周，提前向期盼孩子降生的父母销售新生儿全套用品。在20世纪三四十年代，年龄分层进一步细化。6~14岁的女孩服装与3~6岁的女孩服装区分开来。"幼儿"获得一个独立的角色，同婴儿区分开来，他们有着自己的销售区域。女销售员被指定要讨好他们刚刚出现的人格，迎合他们的个人风格。普遍的"不久之前还鼓鼓的灯笼裤"被适应不同性别的个性化服饰所取代，女孩的衣服要有"娇美、柔和的色彩",男孩得"量身定制"。没有人比秀兰·邓波儿这位好莱坞女童星能够更好地表现和推动新的款式风格。她经常一身围裙装,除了一个婴儿丝带打的蝴蝶结,没有腰带,也没有任何配饰。台上台下的名气,使邓波儿成为新款式的代言人,出现了以她名字为商标的幼儿服装。[4]

商店、电影院和广告商都在推动这些特定年龄段的时尚,但是如果不是几股更大的潮流偶然地汇合在一起,他们不会如此容易地撬开那些父母的钱包。一方面,这些涉及工作和消费之间关系的转变,另一方面,涉及抚养儿童的新态度。第一个变化意味着,衣服不再是家人缝制的,而越来越多是从商店购买的成衣。很少有妈妈愿意亲自给她们的小孩制作每个年龄段的衣服,除非她们自己就是熟练的裁缝,并且手头有大量时间。因此,对服装设计的影响从妈妈的针线转交到市场上。然而,这只是一个有利的前提。造成父母成为被俘虏的顾客的原因是,店员不断重复专家和权威人士关于儿童人格的说教。在20世纪早期,关于儿童教育的文学作品开始强调,儿童拥有自己的权利。它们说服父母应该更多地关注儿童的视角,以及他们不断变化的冲动和愿望。

1929年,胡佛总统在白宫召开了一场关于儿童健康的会议。这次会议通过了一份《儿童宪章》(Children's Charter),将"理解和保卫"儿童的人格,视为"其最珍贵的权利"。[5]女性杂志则走得更远,它们主张"你的孩子拥有美丽的权利"。[6]而且,这一人格在不断发展,成人必须跟上它的脚步。广告商将对于发育阶段的发现运用到特定年龄段的产品范畴。他们说,4~6岁的儿童在发展想象力,这使他们成为许多奇幻玩具的理想消费群体;7~9岁的儿童开始将他们的热情和目标混合在一起,这让他们成为收藏者。弗洛伊德心理学则鼓励父母对孩子的物质欲望更加包容。在白宫会议上,教育专家警告说,儿童经常就像是一个"家里的外人"。[7]椅子、桌子和盘子都太大了,人们对孩子的玩具和需求考虑得不够。将儿童挤进成人的环境,阻滞了他们的道德和生理发展。过分节俭会让那些未满足的需求被严密封锁起来,随后有可能造成危险后果。拥有物品对培养个性发展和心智健康至关重要。

将工作和心理上的这两个转变联系起来的是儿童在市场上的地位反转。孩子不再是为家庭收入做贡献的工作者,而是消费者。用社会学家维维安娜·泽利泽的话来说,儿童在经济上变得越"无用",他们似乎在感情上就越是"无价的"。[8]

随着儿童放下工具拿起课本,收入就被零用钱取代了。早在19世纪,资产阶级家庭就用零用钱教育他们的孩子学会节俭,在财产上自律。到了20世纪30年代,一半的美国职工家庭给他们的孩子零用钱。在半熟练劳动者阶级中,这一比例是四分之一。只教授孩子节俭的技艺已经不够了,现在,教育的关注点还扩展到花钱的技艺上。正如1932年的一本儿童教育课本所解释的,"人们始终强调节约,但随着购买商品时处理金钱的机会和必要性不断增加,儿童越来越需要在花钱方面接受一定的训练"。"现代美国生活……崇尚消费这一理念。"此时,同样需要教育年轻人学会如何消费。[9]

零用钱宣告了一次新的休战:儿童获得了满足自己欲望的机会,而父母会监督他们的钱包。儿童拥有消费者的权利,这对反歧视的社区具有特别的重要性。这表明,儿童具有一定的独立性和选择权。《芝加哥保卫者报》(*Chicago Defender*)就举办了聚会,用玩具和糖果来犒赏年轻读者。人们逐渐接受儿童在家庭中的消费者地位,这反映了消费在整个社会被看作积极力量,这一观念在两次世界大战之间的美国尤其早熟。等到关于儿童健康和保护的白宫会议在1936年召开时,零用钱已经被接受为这些未来公民消费者的一项自然权利。专家说,作为自主的个体,孩子在家庭预算中理应具有一个民主的发声机会。一份当时的调查反馈道,儿童在习得这种新智慧方面异常迅速。当被要求想象自己在未来成为父母时,许多孩子说道,他们将每周举办家庭会议,以审议开支。[10]

工作从未完全从儿童的生活中消失,甚至在丰裕世界也是这样。尽管如此,对游戏和乐趣的强调仍塑造了童年的观念,以及关于儿童应该如何处理他们的时间和金钱的观念。玩具揭示了这一动态平衡。在欧洲,儿童在现代早期就已经在玩木制玩具套装。18世纪晚期,当第一批玩具店开张的时候,定制的纸娃娃开始在英国和德国出现。然而,大多数玩具都附带着教育目的,正如约翰·洛克所呼吁的一样,要么通过游戏来学习,要么让这些孩子直接为工作世界的手艺和商业技能做好准备。从19世纪晚期开始,这些过去的习俗开始被一个幻想和欲望的新商业世界映照得黯然失色。圣诞节曾经是一个与邻居和仆人一起度过的公共节日,现在收缩为家庭内部的事务。中产阶级关于亲密家庭生活的理想,为孩子的愿望和惊喜创造出一个特殊位置。愿望清单越来越长。[11] 华特·迪士尼的《白雪公主》(Snow White,1937年)的成功,反映了人们对为游戏而游戏这一观念的接受。在美国,玩具和游戏的销售价值从1899年的800万美元一跃而升至30年后的1.03亿美元。"二战"后的20年间,美国人在玩具上的消费额又一次翻倍。

这些发展并不是美国独有的现象。日本社会同样是早熟的。早在1924年,漫画《阿正的冒险》(The Adventures of Sei-chan)就制造了衍生卡牌和玩具帽。从那时起,幻想的角色和拥有超能力的英雄的市场越来越壮大。这一进程中,父母是至关重要的合作者。到了20世纪中期,父母不仅适应了这一新的游戏文化,而且开始参与其中,唤醒他们自己"内心的童真"。[12]

因此,童年的商业化充满着深刻的悖论。年龄差别在强化的同时,也在被冲淡。支持儿童的独特需求和权利的斗争,逐渐演变成一个商业现象,这使童年成为一个想象的舞台,向所有人开放,生物学年龄不再重要。

随着电视机的出现,儿童接触广告的机会大大增加。到20世纪80年代,12岁以下的普通美国儿童每天看四小时以上的电视。一年下来,他们将会面对2万条广告。到2004年,美国儿科学会将这一数字提高到40万条。[13] 无可否认,儿童前所未有地受到商业画面的轰炸,而且广告商也开始采用越来越复杂的技术,比如广告游戏。更加困难的是如何解读这些数字。对一些专家来说,广告对不断增长的肥胖率和暴力负有直接责任。对其他人来说,它的影响是间接而有限的,除了对品牌的选择,对其他的影响甚微。[14] 然而对另一些专家而言,广告是一种商业语法,对于在一个媒体无处不在的商品世界中成长起来的孩子们而言,亦是一种不可或缺的教育工具。只有瑞典人颁布法令，禁止在儿童节目期间和之后播放广告，同样禁止使用儿童节目中的人物角色来从事商业活动。

很多事情取决于人们假定儿童有多么易受伤害，或者有多么聪颖。关于广告的研究清楚地反映出，笼统地谈论"儿童"是没有任何帮助的。随着年龄的不同，辨别商业广告和节目的能力也有很大差异。一些儿童早在3岁时就可以意识到二者之间的差别。尽管如此，1985年的一项研究发现，在5岁之前，只有10%的儿童可以分辨其中的差别。对5~6岁的儿童来说，这一比例上升到62%。即使到了8岁或9岁，仍然有15%的儿童无法看出商品营销的意图。孩子越大，就越容易失去兴趣，并采取一种怀疑的态度。[15] 然而，从曝光和反应来看，这照样对购买有所影响。当魁北克在1980年制定一部法令，以禁止直接针对儿童的商业广告时，调查者发现，在蒙特利尔，能收看邻近的美国电台的英语儿童会比他们说法语的邻居小伙伴买更多的早餐麦片。[16] 然而，正如批评者指出的那样，这可能涉及两个地区不同的早餐文化。广告会对儿童买什么东西产生一些影响，但它只不过是众多影响因素中的一个。年龄、教育、同伴文化、收入和家庭生活至少同样重要。电视广告所做的事情，只是进一步强化了孩童对商品的既有需求。

对于童年缺失的焦虑，经常基于人们一个有关童年的理念，该理念认为童年拥有内在的纯洁无邪，并处于被企业的贪念这样的外部力量污染的危险之中。这一叙述是毫无帮助的。毕竟，某种程度上，儿童正是在市场中才第一次被看作单独的个体。儿童的确是脆弱的，但是他们并非被动的。事实上，儿童从未完全置身于这一工作和交换的世界之外。今天，他们的成长继续发生在经济体之内，而非之外。[17] 家务、有酬劳动、礼物和交换一直都是孩童生活的常态。友谊是通过交换卡片和食物得以巩固的。20世纪80年代晚期，21%的美国儿童的收入来自家务活，10%来自家庭之外的有酬劳动，45%来自零用钱，剩下的24%来自礼物。1997年，美国9~12岁的儿童平均每周在家务活上花费6小时以上的时间。[18] 在英国，对于13~14岁孩子的大规模调查发现，四分之一的孩子每周会做一份4小时的有酬工作；80%的孩子帮忙干家务活。[19]

在美国，贫困孩子尤其负担着购买食物和衣服的重大责任。作为回报，他们也享有比例极高的零用钱。尽管置身于企业品牌广告的包围与攀比性消费的压力中，但是大部分贫困儿童表现出了令人印象深刻的自律，他们能够很好地平衡物质欲望和现实财力。相比富裕的同龄人，穷困的孩子攒下的钱同样多，只不过他们不会把钱放在银行里。一项德国研究发现，压倒性比例的孩子会表现出"理性的消费行为"。在一个由1000个10~17岁少儿组成的代表性样本中，绝大多数都能够量入为出。只有6%向同伴借钱，主要用于购买快餐、外出游玩和买衣服。有趣的是，这些"额外支出"同时分布在富裕的孩子和穷困的孩子身上。[20] 大多数债务很小，平均72欧元，少于他们每月得到的零用钱。超过四分之三的受访者很有自信，认为他们可以在一个月的时间内还清所有债务。因此，这里包含着某种讽刺，即成年人会在道德上警告孩子，不要被鲜亮的商品世界所诱惑。而当涉及债务和信贷时，大多数孩子都比父母更有担当，也更为节制。

20世纪90年代初期，人类学家伊丽莎白·金对康涅狄格州纽黑文市的黑人小孩如何管理金钱与商品进行了观察。在研究过程中，她给予每个参与者20美元，让他们随心所欲地花掉。他们是如何使用这笔钱的呢？一个10岁的小姑娘用这笔意外之财给自己买了一双便宜的牛仔布凉鞋，给妈妈买了一双金色的便鞋作为生日礼物，给祖母买了一些粉色的发卷，并买了一袋泡泡糖和妹妹一起分享。这很难说是一种自私的物质主义或者炫耀性消费。在许多方面，孩子已经改变了曾经归咎于穷人和女性的普遍共识：认为他们挥霍无度和缺乏克制欲望的能力，被看作对道德和社会秩序的威胁。正如在过去一样，这可能更多地反映了中产阶级的焦虑，而不是孩童或穷人的无能。事实上，没有比量入为出更好的方式来教育他们在经济上自律了。金采访的大多数孩子都知道他们的圣诞节礼物的准确价值（精确到一便士），也知道一些期盼的礼物完全超出了他们家庭的承受能力。芭比娃娃的到来并不意味着对主流消费文化的完全投降。女孩们清楚地知道，芭比娃娃是一个"傻瓜"或代表一种刻板的印象。在和它们嬉戏的过程中，一些女孩嘲弄了白人中产阶级的规范。另一些女孩则将它们的金发编织成黑人发型，从而使之成为自己的玩具。[21]

借助 21 世纪初的后见之明，我们可以看到儿童消费者的崛起，这是儿童与成人世界历史性交涉的一部分。儿童获得商业权力和选择机会，但是作为交换，失去了一定程度的自主权，不得不受制于成人的控制和监管。他们不再像 20 世纪初的孩子一样，在城市的街道上和舞厅里闲逛，与大人厮混，而是被限制于所谓的"安全"教育场所——家里和四处有栏杆包围的游乐场。在过去一代人的时间里，数字媒体和网络游戏已经逐渐削弱这种管理方式。家长们对童年沦丧的持续增长的担忧，反映了这一控制的松弛。

《游戏王》（*Yu-Gi-Oh!*）是一个日本混合媒体的系列故事，主人公是一名高中男孩，他拥有一位埃及法老的超能力。这个魔法世界揭示了一些新兴的童年消费形式。[22] 其中之一是旧媒体和新媒体的共生关系。1996 年，《游戏王》以漫画连载的形式出现在《周刊少年 Jump》杂志上，随后以电视动画系列和索尼游戏机游戏的形式出现。它在数字领域的成功，依赖于卡片交易的流行。2000 年，一份调查显示，在京都的一所小学，每个学生都拥有《游戏王》的卡片。在这个幻想世界里，孩子和成人世界之间的力量平衡被打破，因为儿童玩家在怪物和魔法的帮助下，拥有超能力。

另一个影响涉及数字时代的消费带来的创造力和智识技能。在许多方面，《游戏王》例证了将消费主义视作跑步机的刻板印象：儿童越是玩得开心，就越是渴望购买新卡片来增加自己的力量，由此出售的卡片的选项和数量就越多。虽然涉及商业利益，但是《游戏王》也反映了这种游戏如何超出了旧有的对"大众消费"的批判。[23] 在创造出自己角色的同时，通过一系列错综复杂、热烈讨论的规则，孩子们进行谈判，成为老练的交易者和谈判专家。互联网站点和数字游戏会向认真的玩家提供进入这一幻想世界的额外入口。最后，这是一个同时向虚拟和真实的儿童打开的世界。一个世纪前，有些成人就幻想变成牛仔或印第安人，而数字媒体和社交网络赋予想逃回童年的成人全新的规模和尊严。在日本，三分之一的幻想角色商品都是由成人消费的。这种成人对于儿童世界的入侵，也会带来自身的危险，尤其是儿童期的性感化。尽管如此，它也带来了解放的作用，将成人从充满规训和目标、主导着工业社会的"理性休闲"观念中解放出来，并恢复了一点点之前我们的祖先所熟悉的游戏乐趣。

普通的"儿童消费者"已经引起当代如此多的关注，因此重要的是要记住，像其他年龄群体一样，儿童内部也各不相同。的确，某些趋势让全球范围内的差异最小化了。零用钱、生日聚会、快餐小吃和配套玩具组合不再只属于洛杉矶，在中国的北京和台湾也可以看到。尽管如此，即使不考虑世界上数亿因过于贫穷而无法上学的孩子，只考虑富裕和中等收入国家，每一特定文化关于童年和金钱的态度也会不断塑造儿童的生活。举例来说，在1990年的中国台湾，大多数孩子在5岁时就开始独立消费；这与美国没有什么不同。然而，这包括购买他们自己的学习用品。有关节约和教育的道德说教制约着消费。引人注目的是，中国台湾的儿童会把他们的大部分零用钱存起来。[24] 他们做家务也不会得到报酬，只是单纯地帮忙。

就连儿童对自己和家庭的消费权力也很容易被夸大。前面曾经提到，2005年，德国一项对10～17岁的少年儿童进行的调查发现，仅在11%的家庭里，孩子可以完全自由地决定买什么。三分之一的父母会给孩子提供建议，而当涉及大额购物时，几乎一半的父母会替他们做主。手机的消费是主要的矛盾来源。类似地，仅在14%的案例中，孩子会影响到较大额的家庭购物。自20世纪60年代以来，儿童或许获得了各种各样的自由，但在财务上，他们依然被"管得很严"，至少在繁荣的德国是这样。[25]

关于儿童与成人世界之间关系的转变，没有比毛泽东之后的中国更加充满戏剧性的了。在过去，人们可以追忆起自己童年时喜爱的食物，但是迟至1979年，汉语字典里还没有任何关于"儿童食品"的词语。除了"老米粉"，孩子们吃的都是成人食品。从那以后，中国城市充斥着各种各样的美式和本土快餐店，货架上堆满了婴儿食品和儿童药膳，广告牌纷纷瞄准喜欢玩乐的儿童。11岁的回族男孩彭在1997年记录了他平常一天内吃的食物：

8:00　一瓶汽水（没有给出价格）。一包锅巴，1元钱（约15美分）。

12:30　一份熟牛肉夹馍，他爸爸做的。三块巧克力，从家里的食品橱柜里拿的。一根雪糕，从街上一个商店买的。

17:00　又一根雪糕，从街上的一个商店买的。一根香蕉（没有价格）。

19:00　炒茄子和煎鸡蛋，从街上一个餐馆买的，总共11元。

20:30　又一包锅巴，1.3元。[26]

在中国，儿童消费者受以下几种力量的推动：可支配收入的增加；独生子女政策；休闲从国家控制的工作场所转移到家庭和个人住宅；"文化大革命"期间的贫困引起的强烈反冲。到了20世纪90年代末，已经有大概6500万独生子女家庭。随着家庭规模缩小，人们把期望全部聚焦到唯一的孩子身上。在所谓的"4-2-1"家庭中，所有目光都集中在独生子女的身上，这与孩子为了赢得关注而必须和四五个兄弟姐妹竞争的家庭截然不同。可以说，正是这种兄弟姐妹的缺失，使得真正加剧了消费压力的场所是学校，不是家里。在家里，许多孩子没有表现出任何被宠坏的习惯，该吃什么就吃什么。然而，在和同伴相处时，玩具、新的零食和商品都会变成强有力的标识，以此显示身份、归属感和地位。1995年，研究者走访了北京海淀区的两所小学。研究者对商品和品牌的知识在"攀比"中的重要性感到震惊。没有时髦零食的孩子会被排挤，或者遭到欺负。对父母来说，某种程度上，零食和零用钱是一种弥补他们自己在"文化大革命"期间失去的童年的方式。但是，它也是一种施加控制并激励他们的孩子在一个竞争激烈的环境中好好表现的方式。在几十年的服从之后，父母现在希望他们的孩子"特立独行"、脱颖而出。这让人难以抗拒最新的时尚和新奇的零食。[27]

青少年

1914年，大学特别广告公司（Collegiate Special Advertising Agency）开始向美国青少年投放带有香烟和汽车形象的广告。在欧洲，根据年龄确定市场的营销方式已经被图书交易所采用。此时，美国年轻人直接收到邮件广告，宣传"大学校队"的造型。到了20世纪20年代，一些特别促销出现了，它们提供免费的香烟和台球课程。诺克斯礼帽公司领导服装企业建立了一个关于大学时尚的咨询委员会。此类委员会招募来自东海岸常春藤盟校和大型州立大学（比如密歇根大学）的学生。学生们每年两次在纽约聚会，给新时装盖上他们的认可标志。宣传材料向顾客保证，"这些人很懂时尚，邓拉普春季礼帽是根据年轻人和保持青春的人的理念而设计的"。[28]

那时还没有人谈及"青少年"，但是早在20世纪20年代，美国公司和市场调查员就开始关注这一市场。1929年的预算研究显示，无论是在富裕家庭，还是穷人家庭，15岁以上的女孩都是最大的服装消费者。18～30岁的美国人主导着服装产品、唱片、针织袜品，事实上还有家具的市场。将目光聚焦于大学生，并非巧合。他们的衣柜满满当当。20世纪20年代，一个典型的哈佛大学男生每年会买7件衬衫、8条领带、6件内衣、12条手帕、12双袜子和3双鞋子。在宾夕法尼亚大学，普通年轻女性每年会添置7件连衣裙、5件毛衣、3件半身裙、3顶帽子、4双鞋、3个手提包、25件针织袜品和12件内衣。[29] 在这样一个时代——成年男性的"常规"标准是2件衬衣和3条领带；而对他妻子来说，1件半身裙和9条普通棉袜就已经足够——这些衣服的数量算是不少了。[30]

在年轻消费者兴起的国际浪潮中，美国学生只不过领先了几步。到了20世纪50年代，青少年市场在英国、德国和法国均出现了。[31] 跟以往任何时候相比，现在成为一个青少年都更意味着享乐和消费。刚开始，它还只是一个发生在都市和大学里的故事，到了20世纪40年代，它开始渗透到小城镇和乡村地区。对丹麦几代人的研究发现，在这一时期，成长经历的变化影响深远。在1900年之前出生的丹麦年轻女裁缝、店员和农业工人，从未在他们的自传中提到过休闲。而对那些出生在20世纪30年代的人来说，电影、远足和周六的通宵舞会构成了他们青年时代里不可或缺的一部分。这并不意味着这一年龄群体不工作，只是说明身份逐渐被休闲所界定。此时只有一小部分人将他们的薪水交给父母，这与之前的几代人形成了鲜明对比。[32]

青少年是从几种消费力量中脱颖而出的。首先，年轻男女有更多的钱来进行消费；他们的工资在"一战"期间和之后都有了大幅度的提高。其次，由于学校教育的延长和普及，他们越来越独立生活，这扩大了小集团和同龄群体的影响。最后，他们回应了年长者倡导的对青春的崇拜。其中一些因素是商业性的，比如企业和广告商开始激烈争夺青少年市场。而且，政治同样对新的代际身份认同产生影响。众所周知，浪漫主义和民族主义有力地促进了青春的理想。在经历了"二战"的恐怖后，培养新的公民这一政治努力也起到了同样重要的作用。战后，欧洲每一个商业乳品店和舞厅都有一个国家赞助的青年俱乐部。法国政府会面向学生举办一些家政学比赛。1949年，来自第戎的丹妮丝·希科赢得桂冠，获得了"家庭小仙子"的荣誉称号。到20世纪60年代，超过30万青少年经常出入"青年中心"（maisons des jeunes），后者向前者提供一切服务，从乒乓球和创意艺术到各种讲座。对它的组织者来说，它们恰是托克维尔式的公民身份的摇篮。[33] 20世纪50年代同样是青年旅社的黄金时代，虽然起源要追溯到20世纪初。

这些都不符合詹姆斯·迪恩所塑造的叛逆年轻人的流行形象。这一形象在1958年欧洲大城市的摇滚乐骚乱之后，曾引起人们的道德恐慌。然而，政府对青年的迎合政策大大巩固了他们的特殊地位，让这种地位不仅仅是关于性和购物。这或许有助于解释为什么很少有人愿意加入那一令人忧虑的代际战争。正如我们在第6章看到的一样，大多数青少年都仰赖他们的父母，重视工作，为买一辆摩托车或成家而存钱。值得注意的是，在20世纪60年代的西欧，一半的婚姻中，男方都没有达到25岁。[34] 像理查德·霍加特——英国文化研究的奠基人之一——那样的评论者，嘲笑"棉花糖世界"[35]。他们无法看到，享乐主义往往同公民参与相辅相成。毕竟，这些年来，正是青年人勇敢地为和平、公民权利和环境而斗争。

对青少年的崇拜，往往虚构出一个单一、同质化的时代形象。事实上，就像其他群体一样，这一年龄组经常被阶级因素分化。的确，年轻人渴望新奇、多样性和流动性。但是，许多贫穷的青少年都无法负担这些费用中的任何一项。1975年，一项对英国东南部居民区的研究记录了一组13~15岁女孩关于休闲追求的聊天。"下雨时，我们在房间里收听广播……或者站在（排屋之间的）过道上。不下雨时，我们去公园玩或者散步。"[36]当地的青年俱乐部只对15岁以上的青少年开放。有些女孩甚至连看当地廉价电影的5便士都没有。由于付不起公交车费，她们也不能去镇上玩。

青少年令许多人敲响了心中的警钟，因为人们担忧，这整个世代正越来越远离他们之前的世代。但这是真的吗？相比数十年前的开路先锋，20世纪70年代的青少年是更加老练、周密的一代吗？1941—1942年，美国社会学家奥古斯特·布莱恩·霍林斯黑德首次对榆树镇（Elmtown，一个中西部小城镇）的青少年进行了调查。30年后，他回到这里，发现整个一代人的休闲模式几乎没有发生任何变化。在成年人认为"好的东西"与儿童渴求的东西之间仍然存在巨大的代沟，它既没有缩小，也没有扩大。1973年，霍林斯黑德写道："现在一代青少年的活动和行为，与他们父母年轻时相比，几乎没有什么不同。"[37]一些人会吸食大麻，但是总的来说，他们的越轨行为减少了，至少社区更有效地组织起来，以防止他们越界。20世纪40年代，服装是青年人和老年人之间的一场持久的战争。此时，新的高中实行了严格的服装标准。男孩和女孩都必须一直穿着短袜或长袜。衣服上一些下流的文字遭到了禁止。男生也不得留胡须或络腮胡子。女孩必须穿着"得体的"内衣，裙子长度必须至少在臀部以下3英寸。霍林斯黑德没有说是谁实行了这一标准。休闲模式不但随年龄，也随着社会地位的变化而变化。大多数儿童都遵循他们父母的习惯。

当然，榆树镇并非停滞不前。到1973年，电影院已经失去了在流行娱乐中的核心地位，只有一家放映厅幸存。另一方面，大量的休闲仍然由教会、工会和当地的妇女和男性团体组织。商业化有其自身的局限性。在许多方面，战后数十年是一个由本土自发组织的演出和节日的黄金时代。1949年，榆树镇第一次举办了"玉米节"。到1972年，它成为秋季日程安排中的亮点。这是一项家庭活动，青少年在其中扮演着重要角色。1000个家庭都有至少一个成员把数周时间全部用来布置装饰品和展品。对一个总人口数量约为1.5万人的小镇来说，这相当可观。高中生会装饰商店橱窗。在135辆自制花车的后面，跟随着一位节日女王和27支乐队。届时会举办一场美式足球比赛，并向数百名青少年开放一个轮滑场。然而，节日的高潮是在当地飞机场举办的给猪涂油比赛，参加者同滑溜溜的半成年猪扭打。节日的夜晚在一片摇滚乐和舞蹈中结束。

青少年并不只是主流名人文化的被动猎物。这点不只在榆树镇得到了证明。从19世纪90年代曼彻斯特黑帮（Suttler gangs）到20世纪50年代巴黎的"黑色夹克"、60年代的"摩斯族"（Mods）和"摇滚青年"（Rockers），叛逆的青年亚文化一直存在。然而，将青少年划分为两个敌对的阵营，即一边是墨守成规者，另一边是离经叛道者，这是一个错误。年轻人以各种各样的方式，在发展其独特的时尚方面，发挥了积极的作用。亚文化并不是叛逆、男子气概和肾上腺素的专属。20世纪90年代，在日本，"失落的十年"见证了青少年中女性群体转向一系列全新的风格和身份认同。在这个时期，在高中女生中间，变短了的宽松白色及膝袜成为最早的时尚潮流之一。到1996年，商店有35种这类宽松袜子。20世纪90年代中期，"高中辣妹"（Kogal）的造型加上了格子裙。然后，"黑辣妹"（Ganguro）造型流行开来，她们有着黝黑的皮肤和漂白的头发，穿着短裤和厚底靴。青少年消费者变成了时尚生产者；创造出新的市场，同时也回应它们。一些装扮的样式分化出了独特的子类，比如曼巴（Mamba）借鉴洛丽塔风格，衍生出了洛曼巴（Lomamba），它与可康巴（Coccomba）形成了鲜明对照，后者巩固了可可鲁鲁（Cocolulu）品牌的地位。融合了维多利亚时代特点和哥特式元素的哥特洛丽塔风格，可能并不会折服曼彻斯特顽固的黑帮成员，但是在利用消费文化元素创造出自己的风格上，它们同样颇为有趣且富有创意。关键之处在于，明星和名人对这些日式时尚的演变影响甚微。1999年，日本街头少女最新流行时尚杂志（*Popteen*）的一项调查显示，在前五位榜样人物中，没有一个名人。相反，青少年崇拜的偶像都是业余高中生模特和女店员，她们在塑造新潮流方面发挥着重要的作用。[38]

走下摇椅

　　1936年，佛罗里达州的布雷登顿市吉瓦尼斯俱乐部在马纳提县建立了一个拖车公园。不到15年，它就已经有1000多辆房车。大多数居民每年都会在这里待上六七个月，而且他们的房车有露台，这边（有时就像在营地一样）也有常驻建筑。不同于露营，住在布雷登顿拖车公园里的都是老年人。社区的平均年龄是69岁，一些常客甚至达到90岁。这个公园是最早的退休社区之一，尽管部分早期居民仍然会做一些兼职或季节性工作。这是对积极老龄化这一新生活方式的自发尝试。许多人刚开始来到这里，只是因为气候温暖，但是后来因为这里的社交生活丰富和有趣，便决定住下来。每周的活动安排让人没工夫感到孤独或厌倦。周一，这里会有宾果游戏；周二，会有方块舞教学和明星俱乐部；周三会为宗教信徒提供《圣经》课程，而为其他人播放电影；周四属于各种业余爱好俱乐部；周五，则有合唱班和交际舞；到了周六，这里会有更多的宾果游戏和集体演出的机会；每周最后一天则是教堂礼拜和家人团聚的时间。这个公园的设施相当完善，配备有19个沙壶球场和8个马蹄形球场，其中有小看台，观众可以欣赏到每周举行的两场锦标赛。棋牌室每天都开放，从早上8点直到晚上10点。[39]

　　布雷登顿拖车公园是一个早期标志，反映了每一个年龄组的人在20世纪都能够感受到的巨大转变。消费重新定义了老年。20世纪初，老年人大多以贫困和不能自理的形象示人，到了20世纪末，他们开始被赞颂为活跃、富裕、爱好玩乐的消费者。

　　老年人一直与我们同在。通常的错误是，认为老年是20世纪的一个发明。例如，1427年，在意大利城镇阿雷佐，六分之一的公民是60岁以上的老人。在别处，数字会低一些，然而在早期现代社会，老年人司空见惯。在20世纪发生根本变化的是老年人的比例、寿命以及社会地位。在19世纪80年代，超过60岁的老年人占到整个欧洲和美国人口的5%～10%。一个世纪后，他们的比例翻了一倍。而且，越来越多的老年人寿命更长了。1953年在联邦德国，达到80岁或以上的老人有82.5万。

50年后，他们的人数几乎达到600万。[40] 更长的寿命和更好的健康状况是积极老龄化的前提条件。虽然疾病、残疾和孤独一直存在，但是相比莎士比亚在《皆大欢喜》(As You Like It，1600年)里所说的"没有牙齿，没有视力，没有口味，没有一切"，拥有助听器、假牙和一副好眼镜，使人们更容易享受晚年。这种生理上的变化同一场关于老年的物质资源和文化理念的革命齐头并进。

正如儿童的情形一样，这一生理变化背后的力量是在美国积聚早期势头的。养老金计划不仅使退休变得更加容易，而且使退休后保持独立自主成为可能。迟至1880年，超过64岁的美国男性中，四分之三仍然在工作。到了1930年，这一数字降至55%，而到了1990年，约为20%。尽管从今天的标准来看，联邦军队的养老金——1900年，在65～69岁的男性中间达到21%——并不高，但是它反映了养老金和停止工作的决定之间的紧密联系。与一般民众相比，联邦军队老兵的退休意愿要高一倍，其来源是联邦资金。第一个私人养老金基金会由美国运通公司在1875年成立。到1930年，退休计划已经覆盖约10%的美国工人。换句话说，当老年人继续工作时，这是出于必需，而非自由选择。退休计划打开了休闲和自主的大门。[41]

要使老年人跨过这一门槛，还需要另外的文化和政治因素。养老金松解了家庭和职业的权威。在19世纪，成为一家之主意味着，你必须是个就职者。对病弱老人来说，停止工作意味着不得不搬去和他们的孩子一起居住。到20世纪中期，一边领养老金，一边继续独立生活，这是可能的。到了1970年，和扩大家庭住在一起的退休美国人不到30%。当然，对一些人来说，这意味着孤独。"独居"可以被看作丰裕的病疾之一。然而，对许多人来说，它意味着更大的独立。在这一过程中，职业在很大程度上失去了它作为生活本质的权威。

对于休闲的接受度超过工作，这并不是自发产生的。企业、医生、政府和公民团体都发挥了各自的作用。在20世纪40年代的美国，只有3%领取社会保障金的老年人认为，休闲是他们退休的主要原因。休闲仍然是富裕老年人的特权。正是从20世纪50年代到70年代，休闲扩展至其他人。到了1982年，48%的退休者将休闲视为不再工作的主要原因。[42]企业和保险公司开始向工人介绍计划，让他们为退休和组织业余爱好俱乐部做好准备。英国保诚公司在1949年推出预退休项目。在康涅狄格州的布里奇波特，通用电气公司开始为员工在退休前五年提供咨询，并在之后提供额外的体检服务。[43]在养老金业务的支持下，退休不再引起"适应不良"，并在"最好的生活即将来临"[44]这一口号下，获得新生。突然间，老年成为一件值得期待的事情。1955年成立的美国退休人员协会开始宣传精力旺盛、独立自主的老年人形象。10年后，作为美国总统林登·B.约翰逊的施政纲领"伟大社会"的一部分，《美国老年人法案》（the Older American Act）颁布，它要求政府不仅在老年人需要或健康恶化的时候伸出援手，而且要帮助他们"追求有意义的活动"。[45]

老年的普遍变化超出了本书范围。然而，为了理解积极老龄化理念的兴起，两个推动因素值得特别关注。第一个涉及文化和医学态度的转变。通过比较两个相隔30年的经典文本，我们可以对之加以阐释。它们分别是1922年G.斯坦利·霍尔写作的《衰老》（Senescence）和1953年哈维格斯特、阿尔布雷赫特出版的《老年人》（Older People）。

在将职业生涯全部贡献于有关童年的研究后，美国心理学家霍尔退休了，并撰写了一本著作——《衰老》。整本书从头到尾都充满了压抑的气氛。开头是一段人物的个人独白，讲述了退休告示让他有一种"提前死亡"的感受，最后一章专门写死亡本身。在中间部分，老年生活被描述为一系列不讨人喜欢的缺陷，包括老年人的气味、上厕所不方便、爱挑剔、迂腐、喜怒无常、对天气变化异常敏感等。随着"衰老"和与年龄有关的病状（比如老年肺炎）的界定，老年和疾病之间的联系在19世纪晚期进一步加强。在书中，衰老没有任何快乐可言；在那些或许使人快乐的情况下，老人也决不应该感到快乐。霍尔承认，性欲并没有随着"封禁期"一道停止，然而也不能沉溺其中，否则只会导致"做蠢事"，并且耗尽老年人残留的所剩无几的"生命力"。霍尔的建议是，"严格地无视并压制这一方面的任何表征"。"完全的贞洁，无论是精神还是肉体，应该是老年人的典范。""仅仅活着"并"思考本质"，已足够快乐。所有这些并不意味着，老年人应该完全退出社会，相反，老年人真正的使命在于成为保守、安宁的力量，传播智慧，约束青年。老少是相反的两级，前者的任务在于平衡后者，或者正如霍尔所说，人生的晨昏不一。只有童年才是好动和快活的。[46]

到20世纪30年代，更多欢快的声音出现了。1933年，退休的纽约教授埃尔默·费里斯写了《谁说老了!》(*Who Says Old!*)一书，挑战他的同时代人。年长是一个机遇，不亚于青春。费里斯的建议是，为了保持身材，每天走5英里路；为了促进食欲，每天享受美味的三餐和一支雪茄；为了变得更加"外向"，观看棒球比赛。最重要的是，他建议要在最新的时装上花钱，因为"一个人打扮时髦，意味着他没有过时"。"要为每一个场合打扮"，这样人们将获得"一种日常的新鲜感"。[47]尽管有这些指导书，但是学者们在很大程度上仍然停留在这样一个观点上：老年意味着逐步退出行动世界。

20世纪50年代，社会老年学突然流行开来，心理学家开始用"成功老年化"这样一种积极的观念来取代原来的退隐模式。在《老年人》一书中，哈维格斯特和阿尔布雷赫特提供了一种全新的积极描述。他们坦白，"对一些读者来说"，这本书"关于大多数老年人的幸福和经济保障的报道，看起来过于乐观"。但这是事实。"老年人这一群体，既值得被同情，也值得被羡慕。"[48]他们研究的普雷里城的老年人，本质上并不消极，也不无聊或悲惨。认为在积极和消极的生活方式之间存在某个生理休息时段，这是错误的。的确，在他们的调研中，三分之一的老年人样本是消极的，休闲活动的整体水平也随着年龄的增长而下降，但重要的是，这些样本也揭示了巨大的差异。人们的放松和娱乐意识是一种个性特征，很大程度上从中年延伸至退休。一定程度上，它与人们的社会地位相关。地位较低的人往往不怎么活跃，他们也很少旅行、阅读或看电影。老年人既包括"适应性好的"退休专业人士，他们会和妻子在冬天一起去佛罗里达旅行，享受一系列业余爱好和娱乐；也包括农民，他们的身份完全是由工作来界定的，一旦退休，就会发现自己一文不值，与他人隔绝。换句话说，和年轻人一样，老年人也喜欢休闲，至少那些身体健康，因而能够享受自己黄金岁月的人是这样。

两位作者认为，人们对老年休闲之所以持续感兴趣，原因之一就是整个社会越来越乐意把自身看作一个休闲社会。娱乐的定义不再是消极的——从工作中暂时解脱出来，而是被提升到一个和工作同样的积极层面，事实上，有时甚至跃居工作之上。哈维格斯特和阿尔布雷赫特写道，"那些以木工或制陶为爱好的人，或'只是为了好玩'而打高尔夫球、打桥牌的人，或在假期旅行的人，会从他们的玩乐中获得同样的价值，就好像他们还在工作一样，是为了享受工作本身的乐趣"。[49]休闲会带来娱乐、好奇心、自尊心和社会声望。哈维格斯特和阿尔布雷赫特提出了"工作和游戏的平等原则"。两位作者采访的老年人中，许多人精力充沛，喜爱玩乐。对一些人来说，休闲不只弥补了工作的缺失。一个退休人员问道，如果一个人没有机会享受生活的丰富多彩，那么挣钱谋生又有什么意义？

哈维格斯特和阿尔布雷赫特并不天真。他们都充分意识到，对许多老年人来说，休闲生活并不像天堂般美好。"消遣通常都只是闲坐"，许多老年人会"冒着精神消极的危险"。[50]尽管如此，他们对成功老龄化的关注，以及在积极休闲与幸福状态这二者的水平之间建立的联系都是一种启示。退休不再意味着社会性死亡。娱乐赋予了它目的和意义。现在的任务是让人们做好准备，更多、更好地利用它。尽管退隐理论仍然拥有支持者，但是社会老年学的未来是积极老龄化的。[51]

促进认可积极老龄化的第二股力量是政治因素。它从20世纪中期的众多危机中浮现，伴随着对民主制未来的担忧。1940年，第一个黄金岁月俱乐部在芝加哥成立，创建者是德国流亡者奥斯卡·舒尔茨。舒尔茨见证了老年人在1923年的高通胀摧毁了他们的养老金之后，纷纷转向极端主义。贫穷、孤独和不满的老年人往往很容易成为民主之敌的猎物。舒尔茨表示，丰富的文化活动有助于保持"他们对社区和国民事务的兴趣，因此他们不会感到格格不入"。[52]俱乐部提供六角跳棋和纸牌游戏、野餐和划船旅行，以及生日和金婚纪念等特别庆典。到1946年，已经形成一张全面的网络，仅在克利夫兰就有16个这样的俱乐部。类似的俱乐部也在美国其他地区涌现出来。在一个民主社会，老年人的娱乐活动至关重要，它通过相互信任和社区精神将数代人联结在一起。1952 年，霍德森中心的创建者哈里·莱文解释道："在一生中，老年人已经做出了自己的贡献。我们欠他们一个机会来延长自己的作用……到身边的生活中。"在纽约城，有 12 个日托中心向当地老年人开放，可以游泳、跳舞、制作服装，甚至举办婚礼派对。从这个民主的视角来看，自由选择和"想做什么的动机"代替了慈善和依赖。对莱文来说，中心提供了自由选择的机会，这是"至关重要的"。正是选择促进了"经历和成长"。与陷入麻木的与世隔绝状态相反，老年人受到鼓舞，表现出创造力，并在社区中发挥他们的作用。[53] 此外，黄金岁月俱乐部运动也反映了约翰·杜威的影响力。后者将实用主义、民主和自由选择融合起来。[54]

同样在华盛顿，第二次世界大战和五年后的朝鲜战争更加凸显出老年人的价值。在杜鲁门总统的要求下，第一次全美老龄问题会议在 1950 年 5 月—1951 年 8 月召开。美国联邦安全局的负责人奥斯卡·尤因解释说，美国"不再是一个年轻人的国家"。差不多有 1200 万美国人达到 65 岁或以上，其中就包括杜鲁门，他刚刚 66 岁。达到 65 岁的人平均会活到 78 岁。尤因说，与其将这一年龄组看作负担，相反，不如将他们视为"伟大的国家资产"。他们的幸福是每一个人的责任，对于增强"当地社区和整个国家"的力量至关重要。老年人应该避免出力，这种观念不再让人信服。尤因指出，老年公民会打垒球，去露营。他们有着足够的活力。在他们每一个人身上，都闪耀着"天才的火花"。娱乐活动能够发展新的才能，并重新燃起"去做事的意愿"。正是"做事的冲动"，将个人引向新的活动和关系。从这一视角来看，积极休闲同时有利于民主和个人成长。考虑到年轻人在朝鲜战争中服兵役，美国不可能白白浪费掉国内老年公民的潜力。[55]

这些都是说辞。修辞和现实之间的关系究竟怎样呢？积极老龄化这一说法或这种生活方式本身，哪一个先出现的呢？一方面，散发着臭味、无聊和年迈的老年人，这一刻板印象使我们看不见其中许多健康而充满活力的成员。人们往往用"老了"这一短语形容别人，而不是自己。在这一意义上，哈维格斯特和其他观点类似的研究者将这一退休人群重新展现在我们眼前：他们已经过上了积极的生活；为快乐而旅行，进行体育活动，并参与社交。另一方面，积极老龄化的新话语大大增加了休闲的机会，并敦促人们在老年保持积极的欲望和强制力。

1929年，美国劳工统计局发现，在老年人的家里，懒散是一个非常严重的问题。许多"被收容者"甚至连轻松的工作都拒绝。一些家庭则接受职业疗法，后者曾在"一战"后被引入，用以改善受伤士兵的健康。尽管如此，尤其是男性，他们仍然是不情愿的参与者。他们说，他们来是为了休息，而不是工作。

在20世纪的进程中，休息和闲暇的空间不断萎缩。休闲变得充满活力。黄金岁月和阳光俱乐部、"老前辈"（old-timers）和"活得久，喜欢它"（Live Long and Like it）等团体在20世纪四五十年代如雨后春笋般涌现，并互相竞争，举办派对和远足活动。"黄金岁月爱好展览"正是在这些年里诞生的。1945年，在克利夫兰，第一届展览吸引了200名参展者和4000名游客。除了编织和制作玩具等展示，还有为老年人举办的老年人现场表演。在芝加哥和纽约，老年人参演了众多综艺节目和喜剧。[56] 护理人员开始注意到这一现象。1955年，《美国护理学杂志》（*American Journal of Nursing*）称赞了ABC团体（Always Be Cheerful），它组织派对、旅行和居民节奏乐队。娱乐、"漂亮的衣裳"，以及对居民个人喜好的"护理"知识，被看作疗法的核心部分，就像舒适和安全一样重要。年龄可能会削弱他们的体力，但不会削弱享乐的能力和权利。[57]

当然，不是所有的活动都是关于乐趣的。同样，老年人的谈话内容也包括集中营，以及其他严肃话题。尽管如此，休闲活动的总体数量和种类都成倍增长。对伊利诺伊州库克县34个养老院的调查显示，大多数养老院都会提供音乐剧、节日庆典、组织购物和看电影；三分之一的养老院还有放映电影的礼堂。其中，除了一家养老院，其他都是私人运营的。半数养老院有业余娱乐室和缝纫室。"犹太老年人之家"（Home for Aged Jews）的日程特别丰富，其中有生日和节日庆典、宾果派对和皮纳克尔（pinochle，一种扑克牌游戏）比赛。每个房间都有自己的收音机。"只要他们想，随时能在自己房间里开派对。"[58] 不是所有组织都这么幸运。库克县的四家养老院除了一个小礼拜堂,提供不了别的,人们几乎从不离开他们的房间。非裔美国人只有三个小型养老院可以去。然而,很少有组织会完全绕开对娱乐消遣的一般追求。"二战"后,不少城市向非裔美国老年人开放夏令营。1953 年,巴尔的摩在离市区 25 英里远的地方举办了一次夏令营。一名与黄金岁月俱乐部一起工作的福利局官员招募了第一批 46 名营员。他们的平均年龄是 73 岁,其中一个是 105 岁。除了唱赞美诗,还有钓鱼、登山、跳棋比赛和派对,还给男性成员准备了射击比赛。一名员工指出:"这些老年公民的表现实际上远没有我们预期的那么孱弱。"唯一的病症是"暴饮暴食"。[59]

在进一步探究老年休闲的发展之前,让我们暂停一下,做两个一般的观察。从年代上来说,人们对老年人的娱乐情况感兴趣与青少年的兴起同时出现。一直以来,要看到这一点是困难的。原因很简单,就是青少年在文化研究中已经占据重要地位,而老年人只出现在老年学杂志的书页中。将两者放在一起,暗示青少年消费者并非孤独的先锋,而是更大历史时刻的一部分,在这一时刻,娱乐重新界定了代际。其次,向积极休闲的转变,进一步反映了我们之前讨论的"忙碌崇拜"背后的动力之一。将忙碌的责任全然推到广告商、企业和物质主义的购物者身上,未免太过简单。积极休闲同样获得了医生、市民领袖、福利官员和养老金顾问的支持。在提高退休人员的社会地位和幸福方面,它发挥了不小的作用。无论忙碌的压力有多大,认为"慢"生活是解决一切的灵丹妙药,这太幼稚了。老年人的事例,提醒我们闲逸也有代价。

对渴望一点娱乐和行动的欧洲老年人来说,"二战"结束后几乎没有什么地方可供他们去。对默西塞德郡的一项社会调查,描绘了英国西北部老年人的暗淡图景。老年人几乎得不到任何优惠。在布特尔,滚木球运动是免费的;但是在利物浦以南 4 英里的地方,就必须支付 2.5 便士,几乎等于全价。实际上,节假日根本就闻所未闻;战前,仅有 50 个申请者受邀去霍伊湖旅馆旅行。在那里,只有 2 个常规俱乐部。其中一个叫"会面"(Rendezvous),尽管据说那里的气氛"欢乐而友好",但里面仅有几把安乐椅，没有餐厅。"老龄养老金协会"（The Old Age Pensions Association）则提供交流、灯展、每周娱乐活动和茶水（虽然这些只是"有时"才有）。[60] 只有2%的老年人住在养老院里。在伦敦，大多数老年人住在拥挤的小公寓或没有多少家具和设备的房间里。娱乐消遣几乎都是发生在家里，他们与世隔绝。1954年，对汉默史密斯地区的100名70岁以上的老年人的研究发现，近一半人在家以外的区域没有任何活动；只有八分之一的人经常去酒吧、电影院或教堂。只有几个人属于某个俱乐部。一般来说，夫妻往往读书更多，养的宠物也更多，但是对许多人来说，生活是拮据、单调而冷清的。在没有钱买收音机、去电影院或者穿着体面去和别人在酒吧见面的情况下，融入世界不是一件容易的事情。

到了20世纪50年代，在老年人中间，一种更加丰富、更以消费者为导向、也更有趣的生活方式的种子已经被埋下。然而，各国的"土壤"差异非常大，财富、福利体系和对老年人的态度各不相同。因此，老年消费者的进步也是零碎而不平衡的。将1960年的欧洲和北美洲进行比较，我们可以得出结论，在"所有国家，人们都尊重老年人积极而富有创造力地利用休闲时间"，但是事实上，"人们预计，老年人如果可以'放轻松'，就会开心"。[61] 各国的国情差异非常大。在美国、英国和斯堪的纳维亚国家，对积极休闲的追求最为显著。在瑞典，福利委员会提供业余爱好活动室。那里，在68～73岁的老年人中，有40%的人会在业余爱好上投入比中年时更多的时间。与之相反，在法国和荷兰，老年人的生活方式则比较消极。在海牙，"天主教教区老年人联合会"（Catholic Union of Diocesan Associations of Old People）运营着20多个俱乐部，试图引导老年人参加文化活动，"但是在大多数情况下，成员们都不是非常感兴趣。他们喜欢说，'我们来这里是为了消遣，而不是学习东西或者真正积极起来'"。他们可能会为狂欢节盛装打扮，但"不怎么喜欢"古典音乐和文化电影。[62] 成员们更喜欢闲聊或打牌。一些人则喜欢编织。在德国，一项调查的结论是，"人们并不期望……老年人会发现、发展新的休闲活动，或者积极从事这些活动"。在鲁尔区，退休的矿工会养一两头山羊，做一些园艺活，但是仅此而已。文化和娱乐几乎都不存在。甚至阅读和听收音机也只是少数人的活动。[63]

到了20世纪80年代末，晚年生活发生了天翻地覆的变化。诚然，一些人仍然不会追求任何休闲活动，心情抑郁，但是此时，这些人成了少数。研究者发现，大多数英国人在60岁、70岁和80岁的时候，都会非常活跃、欢快；85岁以上的老年人中，只有20%需要照料。跳舞和园艺活特别流行。包括寡妇在内的许多人会去俱乐部，享受交际。大多数人对自己的形象都很满意——重要的是，保持"时髦"和"得体"。大多数人感觉自己的健康状况良好。在他们的自我认识中，残疾和病魔不再占据中心位置。他们的自我形象是积极且精力充沛的，甚至仍然年轻，就像社会其他成员一样。如果说他们不喜欢什么事，那就是被人照顾。[64] 20世纪90年代，一项对500个柏林老年人的研究同样捕捉到了他们引人注目的高活跃度。在70~84岁的人中，超过一半的人喜欢旅游、远足和外出就餐。在85岁以上的人中，这一比例仍然是三分之一。一点也不意外的是，那些独立生活的人就是最积极的人，但令人注意的是，甚至住在养老院里的人中，此时也有四分之一去远足或去餐馆。[65] 老龄化是活动种类和参与方式的渐变过程，而不是突然间的全面脱离。比如，到了70多岁，一部分法国女性就不再骑自行车，而且渐渐减少体育锻炼，但是越来越多的人喜欢玩拼字游戏和纵横字谜。有趣的是，大多数75岁的老年人听音乐、参观博物馆和看电影的频率就像他们60岁的时候一样高。[66]

退休生活日益丰富和老年人经济条件的大幅改善是同步进行的。1900年，老年人和其他人一样贫困。然而，到了20世纪中叶，一方面，雇员工资上涨，另一方面，退休人员的福利有限，这些使老年成为贫困的同义词。1970年，在英国，生活在贫困线以下的家庭中，有一半是养老金领取者。30年后，这一数字减少到仅25%。20世纪80年代，在美国，老年人不再是国内最贫困的群体。而现在，尽管斯堪的纳维亚人仍然很勤劳，但是荷兰人、意大利人、法国人和德国人都开始超过美国人，实施提前退休。2005年，在55~64岁的意大利人和比利时人中间，仍从事有薪工作的人不到三分之一；在德国，这一比例是41%；而在丹麦和瑞典，是62%。[67] 2003年，在德国，领取养老金家庭的平均财产价值是25万欧元。同一时期,在日本,老人家庭(60岁以上)拥有的资产是年轻家庭的4倍。[68] 在所有发达国家,20世纪60年代到90年代是老年人的黄金时代,尽管寡妇和单身汉仍然更容易陷入贫困。养老金代表一份薪水,而不是施舍,它将财富从年轻人手上重新分配到老年人手上。欧洲的福利机构认同,住在养老院的老人同样有权进行一些自主消费。

在丰裕时代,基本需求的定义进一步拓宽。1964年,在德国,"基本零用钱"的数额被计算出来,以满足最简单的需求:每个享有福利的人应该每月能够负担得起半块肥皂、80克面条和3瓶啤酒。到1980年,除了"基本的"90马克,大多数领取养老金的人还可以获得66马克。1982年,政府提议削减额外的零用钱,这引起了强烈抗议。主管部长安特耶·胡贝尔遭到养老机构的炮轰。"灰豹"组织(The Grey Panthers)在首都波恩进行了游行示威。一份小报头条甚至宣称,"养老金削减:老奶奶自杀"。将抗议者团结起来的因素很简单。为了体面地老去,同这个丰裕社会维持联系,半块肥皂和3瓶啤酒已经不够了。老年人有权享受小小欢愉,进行一些娱乐和消遣活动,比如每月去一次理发店、看一场电影、穿一件漂亮衬衫、几张音乐唱片,以及给孙辈买礼物。一个愤怒的劳工慈善团体给部长一一列出养老院里老人们的真实开支,这些开支是为了满足他们的"基本需求"和参与社会生活。这份清单包括每月一次的足部护理、每天10根烟、花和杂志,以及去餐馆和剧院。该团体宣称,零用钱应该翻倍,而不是削减。最后,不幸的联邦政府让步了,同意达成妥协。额外的零用钱被削减,但是基本零用钱从90马克提高到120马克,并被重新命名为"个人使用开支"。那些住在养老院、用养老金来支付花销的老年人则额外获得收入的5%。至此,欧洲大陆的理发师和糖果商终于可以松一口气了。[69]

老年人的生活条件越来越接近社会其他阶层。到了20世纪90年代中期,芬兰和英国老年夫妻的消费性支出分别达到年轻群体的81%和85%;这一数字排除了住房开销。在德国、日本和新西兰,他们的消费甚至超过了年轻群体。积极老龄化转化为日元和欧元。举例来说,与年轻人相比,一对日本老年夫妻会在娱乐和文化活动上消费132%;在德国,是115%。[70] 这些数字反映了一个历史变化,即工作性收入不再是进入消费世界的首要门票。

财产、旅游和美容,所有这些都标志着对老年消费者的神化。20世纪50年代,在伦敦,对大多数七旬老人来说,拥有一些旧衣、旧椅、不多的相片和私人财物就已经足够。鳏寡老人尤其生活窘困。1954年,对汉默史密斯地区的调查列举了一个独身老人的生活费:"每周仅做一次饭,食物仅够糊口,晚上就吃一个土豆……他一直穿着1914年以来的衣服,这些衣服和家具都非常破旧。"[71] 许多老人只有拖鞋,没有别的鞋子。从1947年起,英国各地当局在接收某人进入养老院之前,必须将其所有财物登记在册。这些记录读起来相当惨淡。1962年,在对养老院的开拓性调查研究中,彼得·汤曾德一页又一页地记录了这些物品:"一个坏了的挂钟;两把木椅,其中一把腿松了;一卷泛黄的壁纸";一个纸板箱,里面装有"一些打碎的装饰品、发簪、生锈的螺丝和一把坏了的剪刀"。[72]

起初,电视、电话和耐用消费品以十分缓慢的速度进入老年人的家庭。到1990年,英国老人已经追赶上来。10年后,相比25~34岁的年轻人,65~74岁的老年人可以底气更足地宣称,他们拥有最重要的财产——房屋。[73] 狭小的房子和廉租公寓在很大程度上让位于自有住房。别处明显出现了类似趋势。2004年,对10万多户瑞典家庭的研究发现,30~59岁的人平均"拥有"下列事物中的5.5件:第二套住房、一辆汽车、一艘船、一辆房车、一台录像机、一台洗碗机、一份日报和一次度假。而70岁的老年人照样拥有其中的5件,比20多岁的人还要多一点。甚至到了80岁出头,瑞典人也至少可以拥有其中的4件。[74]

在房屋所有率不断增长的背后,存在两种发展。一种很简单,就是新生代的到来——1945年之后的婴儿潮中出生的人们。他们在丰裕年代进入青少年,并将物质主义的生活方式一直带到老年。这一所谓的"同辈效应"一目了然,例如,他们的录像机拥有率高得不成比例,这使婴儿潮一代成为引领潮流的人。然而,当涉及电视、电话和更为普遍的家庭用品时,所有群体都表现出所有率不断增长的趋势。比如,20世纪二三十年代出生的人和四五十年代出生的人就是一样的。这是"世代效应"的标志。

从这些趋势中可以获得的主要经验是，老年人逐渐成为消费社会的平等参与者。除了汽车所有权的部分例外，跨入老年的门槛不再引发财产的丧失。[75] 同平等一道来临的还有更大的独立和个人选择。这并不是说老年人在过去完全与商品绝缘，而是说一旦他们不再工作，无法养活自己时，他们就变成了不独立的消费者，在食物、取暖和床铺方面，必须仰赖他们的孩子或社区。18世纪，在英国——有着最慷慨的福利机制的国家，虽然一些教区会额外给穷苦老人一些现金，但是大量的援助是以实物的形式支付的。例如，18世纪70年代，在多塞特郡的帕德尔顿，七旬寡妇朱迪斯·拜尔斯每年会收到燃料和一件新衬袍，以及"清洗用的混合物"和"药水"。[76]

近年来财富的增长并没有平等地扩散到所有老年人身上。养老院和老年医院不同于私人住宅，住在前者中的少数人——在西班牙和意大利是3%，在法国、荷兰和爱尔兰是12%——仍然过着身无长物的寒酸生活。

战后，占有一笔财富在整个西方的老年病学家之中获得了新的支持者。人们逐渐认识到，财物是个性和心理健康的支柱。20世纪50年代的研究，凸显了集中营里的囚犯在被夺去财物之后遭受的心理创伤。接下来的10年里，研究发现，长期护理中存在类似的"人格解体"效应。在加拿大，老年人权益倡导者开始为老年人的财产权和人格权发声。剥夺他们的财产，意味着剥夺他们的某些身份认同。1961年，精神病学家比较了英国三所精神病院，然后指出精神障碍的高水平与私人财产和休闲的低水平的相关性。在一所精神病院中，几乎所有女性精神分裂患者都有她们自己的衣服、化妆品、梳子、镜子和珠宝饰品。而在另一所"不安"程度较高的医院里，只有少数人拥有这些东西。[77] 10年后，卫生部门颁布指导意见，要求所有老年医院提供最低必需数量的衣服。1988年，约克郡的卫生部门要求所有居住单元都必须给予个人一定程度的独立、选择和个性，正如他们在家里可以享受到的。尽管出台了这些指导意见，进步还是太缓慢了。20世纪80年代晚期，两位英国精神病学家"吃惊地"看到，在整整一代人经历了广为人知的制度性悲剧后，他们采访过的许多阿尔茨海默病患者仍然"被剥夺了个人财产，程度严重到无异于集中营的某些方面，连基本人权（比如穿自己的内衣）都没有实现"。[78]

不管对老人还是年轻人来说，过去的半个世纪都是一个人口流动性空前的年代。同样，旅游成为积极老龄化的一个自然组成部分。1957年，美国长滩市娱乐部门开始向所有50岁以上的人提供"黄金岁月之旅"，其中包括前往迪士尼乐园、黄石公园、拉斯维加斯和圣莫尼卡的短途旅行。大多数活动只需花费2.25美元。旅游不再是一种奢侈。六年内，黄金之旅加起来达到24万英里，正如一名志愿者振奋地指出的，这一路程比登月旅行还要长。"先看看地球！"，是他们的口号。[79] 1980年，对三家美国公司的调查显示，当雇员退休后，旅游活动激增。[80] 1951年，英国SAGA旅游公司开始面向50岁以上的人提供度假旅游；到2003年，这项业务的营业额达到3.83亿英镑。

对假日的喜好发展为对光照更持久的地方的追求。在美国，老年候鸟族自20世纪30年代开始迁往阳光明媚的南方。到20世纪70年代，65岁以上的美国人中，有25%的人住在这三个州：佛罗里达、加利福尼亚和纽约。在圣彼德斯堡（"阳光之城"），三分之一的居民超过65岁，在迈阿密有50%，尽管前者因拥有最大的沙壶球俱乐部而颇负盛名。[81] 对另一些人来说，迁移逐渐定义了退休。自20世纪30年代以来，拖挂式房车成为美国景观的一个组成部分，但是那时，它们主要是为了向穷人和移民劳工提供廉价、流动的住所。20世纪60年代，一些选择居无定所生活的老年人上路了，并成立了拖挂式房车俱乐部。到1991年，美国登记在册的露营车超过800万。1972年，一名60岁就早早退休的会计师回忆道："退休后，我和妻子的生活方式彻底改变了。"前几年，他们游玩了整个美国。然后，他们加入沃利·拜厄姆房车旅行国际俱乐部，结识了新朋友。在夏天，他们开着31英尺的大房车旅行，探访亲人，观赏沿途风景。11月到来后，他们就驱车前往佛罗里达州的墨尔本市。在那里，"我们……整个冬天都在跳方块舞和举行派对"。[82]

英国老年人没有佛罗里达，就退而求其次，迁往英国南部海岸、西班牙或澳大利亚。1981年，领取退休金的老人已经占到英国"老人海岸"十大城镇人口的三分之一。10年里，西班牙的英国和德国居民数量翻了一倍。许多都是老人。在西班牙的阳光海岸居住的英国皇家退伍军人协会成员已经超过 1000 名。19 世纪 90 年代，在争抢殖民地的过程中，德国人曾拼命夺取属于自己的"阳光下的土地"。这一回，他们可没有被打败。第一波冬季游客在 1962 年 11 月到来。当时，路易斯·留与一家包租公司达成协议，于冬天继续经营在马略卡的宾馆。到 2005 年，施瓦尔贝（意为燕子）度假俱乐部在马略卡接待了 4000 名老年人。驻马拉加总领事估计，50 多万 60 岁及以上的德国人，一年中大半（甚至绝大多数）时光是在西班牙度过的；据信，还有 10 万人选择了南非。[83]

更便宜的旅游价格、更完善的医疗，以及（在西欧的情形中）可转移的养老金和医疗服务，所有这些都促使人们向阳光之地迁移。然而，将它完全看作因 20 世纪 60 年代的特许令和假日繁荣而诞生的一个新商业现象，则是错误的。更早的移民和战争经历，已经激发了人们对漫游生活和在异国闲度余生的向往之情。在英国的例子中，这是帝国留下的一笔独特遗产。例如，雷蒙德·弗劳尔——第一个在意大利基安蒂买下一座农场的英国人——就在埃及长大，"二战"期间曾在意大利服役。在阿尔加维，一个地产开发商回忆道，60 年代，许多早期的英国居民都是在东非独立后，从那里直接来到这里的，"当时的生活就好像把在英属印度的日子整个搬到了这里……仆人充足，酒水便宜，气候也非常好"。[84]

一系列针对特定年龄段的举措，吸引了不断扩大的"银发市场"。美国退休人员协会早在 1955 年就开始向老年游客介绍一条"大环线"，但真正的腾飞到了 20 世纪八九十年代才到来。在这一进程中，步入老年的时间越来越早。1984 年，在东京，丰俱乐部面向 65 岁以上的老年人，引入了旅行团和邮轮。德国旅行团"内克曼"（Neckermann）向 59 岁以上的老年人提供特别城市游；1986 年，美国退休人员协会在肯尼迪机场引入了专属候机室。奥地利和瑞士走在前列，建立了一个"50+ 酒店"网络，将优惠折扣和据说专为这一年龄段量身制定的"著名的服务态度"相结合。苏格兰向铁路游客推出"55 俱乐部"卡。只有在富裕的挪威，一个人必须年满 67 岁，才有资格享受海达路德游轮的折扣。

这些商业举措并非存在于真空当中。越来越年轻的老龄化消费者也成为公共当局的宠儿。与当代消费的许多元素一样，他们在一定程度上是公共政策的产物。1999年，德国最大的州北莱茵-威斯特法伦开发了一个专门面向老年人的度假区，以刺激相应的市场和服务。条顿堡森林——日耳曼人曾经在这里伏击罗马人——此时以养生套餐吸引50岁以上的老年人。北欧拐杖取代了剑和战斧。一些城镇建造了专门服务于老年人的"智能型住宅"，并向他们提供自己的网吧。欧洲地区开启了一个银发经济网络（SEN@ER）。在老龄化国家，老年人成为未来的市场。

如果我们退一步，将这些积极老龄化的众多形式归到一起来看，就会发现，它们揭示了丰裕社会老龄化问题背后的一个核心张力。一方面，积极老龄化强调人们的年龄只取决于他们做什么、感觉如何。老年人同年轻人群之间的界线模糊了。和其他人一样，老年人同样拥有权利去玩乐、去城市休闲和培养新的爱好。1990年，一份英国人的调查显示，没有什么比这样一种情况更能使60~80岁的老年人团结起来了：他们不喜欢由更年轻的中产阶级成员运营的老年俱乐部，那些人把老人视为被动的。他们说，人们喜欢走到一起，只是由于共同的旨趣，而不是命中注定的生理年龄。[85]另一方面，一大批人涌向拖车公园和退休社区，导致了新的年龄分层形式，这在美国尤其显著，但是在欧洲一些"老年"海滨社区也可以看到。

"醒来，住到日光城市去！"1960年，一条电台广告这样敦促听众，"为了一种新的积极生活方式……不要让退休困扰你！在日光城市，你会开心。它就是天堂之城"。[86]亚利桑那州的退休社区给每名居民提供一份"休闲兴趣简介"，甚至一度打算建造一座乐高主题公园。"休闲世界"——加利福尼亚州的一个封闭式退休社区——建立于20世纪60年代末。到1971年，它已经拥有1.4万居民。他们生活在占地918英亩的8300个单元中，有自己的网球场、戏剧表演作品、野餐活动和业余爱好商品拍卖会。这些专门的度假式退休社区招致了一些批评。20世纪70年代早期，一名社会学家在加利福尼亚州的这样一个社区待了一年，带着惨淡的印象离开了。这个定居点有一个像市政厅一样运作的活动中心，但是既没有市长，也没有政治。它拥有92个俱乐部，每天提供150种活动，然而在

5600名全部由白人组成的住户中，仅有10%的人经常遵循城镇的口号：享受一种"积极的生活"。甚至购物也没有什么乐趣，因为只有很少的选择，也没有公共交通。事实上，许多人到城镇之外购物、打高尔夫球，因为在那里商品更好，价格更低。街道一尘不染，农庄式别墅整齐有序，但是所有这些看上去千篇一律、死气沉沉。那些抱着置身天堂的希望来到这里的人，无不对此感到惊讶。其他研究则更为乐观。美国的全国老龄问题委员会曾对5000个老年俱乐部和中心做了一项调查。结果显示，积极参加创造性活动的人比例要高些，占到十分之三四。一名曾经给日光城市背后的沃尔特斯-古尔德公司提供咨询的休闲专家发现，大多数居民都感到他们的需要得到了满足。[87]

在保持年轻、充满活力这一理想下，老年人的身体在得到解放的同时，也受到了束缚。年老不再被当作锻炼和冒险的障碍。老年人穿梭在飞雪当中，在阿尔卑斯山滑雪后享受社交娱乐活动。[88]挑战没有上限。2012年，来自日本、73岁的渡边玉枝成为登上珠穆朗玛峰的年龄最大的女性；一名76岁的尼泊尔人则保持着最年长男性的纪录。生理年龄的牢笼一次次地打开。20世纪50年代引入了"第三年龄"，将之视为进入"第四年龄"（特征是健康不佳、依赖和死亡）之前一个富有创造性成就的新生命阶段。除了最初的"第三年龄"大学，现在出现了网络游戏俱乐部和其他服务。[89]近年来，甚至这一区分都松弛了。一些批评者指出，"第四年龄"并不必然都是负面的，正如"第三年龄"不都是正面的一样。80多岁的运动员也是存在的。对澳大利亚男女运动员的一项研究，反映了对进入80岁的人来说，体育运动仍然事关乐趣、社交和竞争。很少有人会否认自己的年龄。体育运动可以让他们的身体活络起来，这样就不会"生锈"。[90]

与此同时，积极老龄化这一文化将保持年轻和健康的责任转移给老年人。老年不再是必然的命运。它是一种个人生活方式的选择，甚至是一项义务。这一新发现的自由在给老龄化带来更多欢乐的同时，也带来了更多痛苦。1986年，费德里克·费里尼在电影《舞国》（*Ginger and Fred*）中对此进行了精彩的嘲讽。影片中，电视上一个老年体育教练宣称"老年不复存在"，并建议观众通过古怪的面部拉伸训练、扮鬼脸和皱眉来消除皱纹。[91] 自古巴比伦的吉尔伽美什传说流传以来，不朽就一直是人类的梦想。20 世纪末，对永恒的青春的追求达到新的高度。消费文化并非唯一的刺激因素（对年龄的医学化同样是因素之一），但它无疑使我们空前确信，老去可以而且应该被完全阻止。据估计，2002 年美国抗衰老市场的价值达 430 亿美元。2001 年，美国退休人员协会报告称，婴儿潮出生的人中有一半因慢慢变老而沮丧。三分之一的女性承认使用过抗衰老化妆品，10% 的人考虑去做手术。在巴西，整形手术被当成一件寻常的事，仅在 2000 年，就有 36 万例。不只是女性想要阻止下巴无可避免的松垂，20 世纪 90 年代，求助于手术刀的巴西男性人数呈指数级增长。[92]

积极老龄化现象在全球范围内增加的同时，其形式也由于悠久的传统和对年老的理解而多样化。在日本，个人被认为拥有某些力量来遏制或至少减缓"痴呆"，即自我的衰退。无所事事就是纵容痴呆，辜负社区和自己。人们期望老人向自己和社会证明他们的价值。他们被敦促发展出"生活的意义"或者个人爱好。健康和积极休闲不仅是个人选择的问题，而且是老人和社区之间社会契约的一部分。1963 年，这一契约获得《老年人福利法》的正式承认，随后老年人俱乐部和老年大学诞生，政府也随即支持为 65 岁以上的老年人提供体育和娱乐，这些都是遵循这一契约的体现。在日本农村，老年人俱乐部发挥着重要作用。例如，在名为"城内"的小村庄，20% 的居民属于当地的老人俱乐部。当然，积极生活并不意味着自动成为积极的消费者。一些休闲活动花销小，比如围棋和合唱团，但也有一些休闲活动的花销比较大。在日本老年人中，最为流行的消遣之一就是门球，即一种快节奏的槌球游戏。一根像样的球棒很容易就卖到 4 万日元（500 美元）。[93]

自从 20 世纪 60 年代以来，日本老人就面临着两种互相竞争的压力。一方面，年轻人纷纷从乡村逃往城市，单身老人家庭不断出现，这大大加深了二者之间的代沟，并造成一种孤独感和无价值感。在乡村地区，自杀人数急剧上升。忽视和虐待的现象很常见。在 2000 年引入长期护理保险之前，社区关怀少得可怜。另一方面，为了占领"银发市场"，老人作为消费者的价值获得了前所未有的关注。2002 年，在以养老金领取者为户主的家庭中，仅有4%是低收入家庭。商店里出现了会说话的电子产品、老年人使用的互联网软件、专用床垫和保险套餐。1975年以来，化妆品公司资生堂开始在养老院向老人开办美容课程。这些课程在男女两性中间都十分受欢迎。20世纪90年代，大型贸易公司伊藤忠开始派摄影师去老年人家中做市场调查。其他公司也推出带有大按键的手机和时髦、轻便的老年拐棍。安老服务协会发起一场"银色标志"运动，来认证那些满足其福利和舒适标准的产品。到1999年，已经有1000家公司贴上这一标签。适合老人的酒店也打上银星标记。老龄化的欧洲也开始向日本学习。[94]

　　这些商业举措一点也不让人意外。考虑到老年人掌握的开支，真正引人注目的反而是他们的消费一直以来是多么受限。与对青少年的迷恋相反，广告商和企业几乎完全忽视了他们祖父母一代的新丰裕处境。实际上，老年人在广告牌和电视屏幕上往往是缺席的。20世纪70年代，在美国和日本，老年演员出现在电视黄金时段和商业广告上的比例仅为2%。[95] 20世纪60年代，一些市场营销员呼吁企业注意由"老年人"组成的价值400亿美元的独特市场。他们的建议根本没人听取。[96] 对"成熟市场"的第一次认真调查，直到1980年才在《哈佛商业评论》(*Harvard Business Review*)上出现。之后10年里，在美国人口普查数据的帮助下，市场专家才开始将老龄消费者细分为更小的群体，并将1930年之前出生的"大兵一代"的生活方式和消费力与战时和战后婴儿潮一代区别开来。占领这一市场的早期企图经常适得其反。1989年，家乐氏卷入歧视老年人的风波，并受到艾奥瓦州检察总长的指控：暗示40岁以上的人们有特殊的饮食需求，这是一种欺诈性广告。六个月后，它不得不召回名下的"40岁+"麦片。向60岁以上的老年人推销仍然是商业世界备受漠视的"灰姑娘"。根据成熟消费者研究中心的观点，许多公司仍然不明白，为什么应该去接触老年消费群体。这样做时，它们经常视老年人为同质性的群体，然而事实上，他们甚至比年轻人还要多样性。[97] 除了"万艾可"(一种治疗男性勃起功能障碍的药物)和座椅升降梯，老年消费者仍然在很大程度上是隐形的。

　　总之，老年人、积极休闲、"第三年龄"的形象愈来愈正面，这让老年人成为丰裕消费社会中不可分割的一部分。但是，这一转变受到诸多因素的影响，包括老年学、公民文化，还有更好的养老金与福利保障，这些因素中不包括企业。它还没有征服麦迪逊大道。至少在商业世界，老年人仍然是年轻人的囚徒。

到目前为止，我们已经讨论了丰裕国家中生活富裕的老年人，但是从全球视角来看，这些人是少数。世界上只有三分之一的老年人生活在欧洲和北美。1999年，超过一半的老年人生活在亚洲，那里社会的老龄化程度至少同样严峻。前面已经提到，日本在20世纪60年代过渡到了丰裕社会。在亚洲其他地方，20世纪末，发展和城市化造成生育率严重下降。例如，20世纪50年代，在新加坡，每个妇女生育7个孩子都是典型的。20年后，拥有两个孩子的家庭模式已经成为常态。韩国的情况则让欧洲的老龄化进程看上去像是慢动作：1990年，65岁以上和15岁以下的韩国人之比是1∶5；到2020年，预计将是4∶5，几乎相等。

在西方，大趋势是老年人变得更加独立和休闲。而在亚洲社会，老年人在多大程度上也呈现出类似趋势，形成更加密集的消费体验呢？考虑到东西方在不同世代之间的居所安排上有历史差异，这一问题的答案是复杂的。而居所安排亦影响着资源和花费时间、金钱的机会，独自生活与生活在孩子家的屋檐下是截然不同的。20世纪80年代末，在泰国，仅有10%的老年人与他们的孩子分开居住。在美国，这一比例是75%。[98]然而，这一差异不是某些恒定文化基因的产物。20世纪80年代，在中国台湾，与孩子住在一起的老年人数量从三分之二降到二分之一。相反，东西方之间的一个主要差异是，在欧洲，在百货商店开门营业的时代，扩大式家庭早就不存在了；而在亚洲，消费文化在20世纪末兴盛时，遭遇到的正是多代同堂的家庭。[99]

这一遭遇呈现出不同的形式。在更加丰裕的新加坡，通过税负减免和关于孝顺父母的法律，国家将其资源和权威隐藏在三代同堂式家庭背后。差不多85%的老年人继续和孩子生活在一起。家庭依然是第一线支柱。与此同时，政府发现老年人是一份"宝贵的资源"，随即开辟了门球场和太极拳武术锻炼的场所,以支持"积极的生活方式"。[100]

与之相反,在印度,1995—1996年的一份全国性调查显示,超过三分之二的老年人依靠他人维持日常生活。几乎有一半的老年人仍然在工作。大多数人与配偶住在一起,三分之一的人和孩子住在一起,后一种情况大都是迫不得已,而非自由选择。只有5%的人独自生活,尽管还有更多人本乐于这样做。仅1%的人获得了机构的照顾;一些家庭尽管拥有电视和收音机,但人们对参与活动鲜有兴趣。[101] 大多数老年人贫困潦倒,以依附性消费者的身份度过暮年,每天关注的都是住所、食物、医药和衣服。与德国和日本的同龄人相比,他们在娱乐和休闲方面的支出微乎其微。

家庭的经济生活状况也很复杂。人们往往以为,在南亚,老年人和已婚的儿子住在一起,但是情况恰好相反。类似地,金钱也是双向流动的。许多老年人会供养未婚的孩子,另一些人则必须依靠已婚的儿子的施舍。比较清楚的一点是,婚姻家庭不断增长的需求使出于孝道的支持不再是一定会有的了。"他们不需要,我也给不了",这是今天儿子们的常见托词。快乐是年轻人的专利,这是印度的一个古老观念。而自20世纪80年代以来,消费文化的进步和不断增加的愿望强化了这一观念。相比以往,年轻人现在是理所当然的消费者。这是一个同丰裕西方的重要区别。西方的老年人看着自己的需求不断扩大,而印度的穷苦老人看着它们不断缩小。老年标志着消费和享用商品权利的结束。在印度南部的泰米尔纳德邦,有一句格言:老人已经活过他们的一生了。为什么要在这些行将就木的人身上浪费金钱和商品呢?人们期望老年人不要有啥胃口,对舒适和便利没有需求。因此,他们获得的食品和药物很少——实在太少了。他们不需要艳丽的纱丽,一块单调的废布就足够了。既然老年不是由生物年龄,而是由活动和感官欲望的衰退来决定的,"积极而充满乐趣的黄金岁月"就是一个自相矛盾的描述。[102]

然而,对印度的中产阶级来说,老年看上去就不同了。在这里,就像在西方人当中一样,消费产品正在兴起。20世纪90年代,在浦那以德干体育馆命名的一片中产阶级社区,超过三分之一的60岁以上女性拥有搅拌机、研磨机和烤箱；九分之一的人拥有一台洗衣机。与侨汇一道，事业成功的移民还从美国带回了关于老龄化的新思想。第一批退休社区涌现出来。然而整体上，独立生活、积极休闲这些西方人的追求仍然遥不可及，印度富人也不例外。2000年，超过50%的老年人和孩子住在一起。在拉那普拉塔普花园（德里西北部一个中上层社区），20%的老年人仍然在贡献家庭收入，从事会计或店主之类的职业。退休人员的生活也不是完全没受到商业休闲的影响，比如很多人会去看电影或电视，但是他们的生活并不是由后者来界定的。大多数的自由时间会被用来拜访神庙和亲戚。只有八分之一的人具有某一积极的业余爱好。[103]

牢固关系

借用社会学家齐格蒙特·鲍曼的比喻，今天的世界有时候据说是"流动的"。人们不再形成任何"真实的"牢固关系，而是像躁动不安的鳗鱼一样，从一种"虚拟的"短暂接触过渡到另一种。[104] 按照这一看法，消费文化——它有着自己的美好梦境和物质诱惑，并赋予个人追求欲望的权利——是消解一切牢固人类关系的主要（就算不是唯一的）溶剂。

我们已经依次仔细考察了每一代人。现在，在本章最后的部分，简单地看一下他们之间的关系，这是至关重要的。就生活方式和特定年龄身份而言，财物的数量和重要性不断增加，这是否打破了世代联系？商品、趣味和物质舒适对家庭（作为几代人之间相互照料的主要单位）造成了怎样的影响？

我们很容易指出个人主义的物质表现。到20世纪50年代，大多数美国人已经不再和孩子们生活在一起。甚至在日本，三代同堂式家庭的数量在20世纪八九十年代也减少了一半，而单身老人的数量翻了一倍。然而，共同居住数量的减少并不能自动告诉我们家庭情感生活的情况。在西方，需要记住的是，在消费产品和休闲创造出青少年和积极的老年人很久以前，多代家庭模式就已经消亡了。鲜有证据表明，分开居住削弱了代际关系。1992年，在法国，90%在战时出生的人（在1939—1942年出生）

向他们年迈的父母提供了家庭帮助。[105] 无论如何，交通和电子通信大大缩小了空间，并削弱了物理距离的影响。大多数德国老年人就住在离孩子不远的地方（不到一小时路程）；在阿尔卑斯山以南地区，许多人住在同样的社区，有时住在同一栋公寓里。一旦双方开始住在相隔不远的地方，而不是住在一起，家庭成员的关系就会融洽得多。

消费以三种主要的方式将不同代人黏合在一起。首先是物品本身。父母收集并带入晚年的许多礼物和财物，都让他们想起自己的孩子。其次，作为个人品位和身份的标志，商品、休闲的传播和辐射促进了父母和子女在生活方式上的相互宽容和尊重，并教会他们求同存异。当然，今天的家庭中仍然存在紧张关系和暴力，但如果认为在消费产品进入家门之前没有这些矛盾，这种看法显然是幼稚的。休闲和娱乐创造了老年人和年轻人共同分享的空间和体验。权威可能有所不同，但在这一过程中冲突也有所不同。20世纪60年代中期，对伦敦东区的调查显示，大多数青春期男孩觉得父母能够理解自己。同样在德国，当时的研究者发现，"今天的家庭不再是一个艰难而持续的代际冲突的典型场所"。[106] 毋庸置疑，相比20世纪初，父子关系在20世纪末变得更加温和、宽容。社会价值从工作到休闲的转变，进一步缓和了与老人的关系。今天，退休不再背负"无用"这一污点。积极休闲将老年人重新整合进社会。每个人现在都是消费者。

最后，无论是在家庭还是国家内部，都存在着为消费提供资金的资源转移。今天，消费和护理工作处于共生关系之中，而不是让家庭分裂。在丰裕社会，中年妇女既是照料者，也是消费者。当老人无法去往学校接孙子孙女的时候，她们就负责照顾这些老人。年长者给予子孙礼物、时间、金钱和爱。现有数据反映了丰裕是在增强，而不是削弱这一循环系统。值得注意的是，在美国，老年人给予子孙的礼物和援助在20世纪60年代——消费社会的黄金十年——有所增加。[107] 1996年，在德国，三分之一的老年人向子孙平均转赠了3700欧元，相当于公共养老金的10%。[108] 如果没有父母提供的这种资助或者无偿帮助照料孩子（许多人这样做），年轻家庭负担得起多少住房、假日和家用电器？孙辈的衣柜和卧室将会空出一半。从国家层面来说，政府监控着大量的代际转移，它们允许大多数老年公民参与到消费社会中来。没有养老金，老年人就会重新陷于贫困和依赖。我写作本书的时候，政府可能正在试图提高领取养老金的年龄和改变缴费规定。尽管如此，甚至在"二战"以来最严重的衰退期，也没有人想过完全废除这一代际契约。阶级战争并没有被一场代际战争取代。就这一点来说，消费立下了一定的功劳。

第 12 章

市场之外

人们走进一家商店，比较商品的价格和吸引力，再看看自己的钱包，最后做出了选择，到柜台付款。简单来说，这就是人们对消费运行方式的普遍看法。对批评者和拥护者来说，消费都等同于市场中的个人选择。他们或许不会一致认同选择的诸多优点，但无法否定它的中心地位。[1] 当然，我们有充分理由关注个人选择。人们以前从未拥有过这么多的选择机会，至少在发达世界确实如此。美国人可以在 300 个品牌的麦片中任意挑选，欧洲人可以选择 100 种体香剂，澳大利亚人可以选择 1000 种抵押贷款方式。有时候，这个社会似乎已经转变为一个巨大的购物中心。学生们被鼓励货比三家，去挑选要购买的课程，病人则被鼓励去挑选医生，等等。

然而，对选择的执着是有代价的。举一个例子，个人选择促使我们在认识过去时，只关注那些我们能认出来、为现在的前身的东西。20 世纪末，超市、广告和信用卡发展成通往选择、个人主义和市场"三位一体"的新自由主义道路上的里程碑。从这一视角来看，消费的历史性激增来源于私人选择的毫不窘迫的胜利。我们已经看到，这样一种观点忽视了帝国较之更为深远的影响，以及意识形态、权力，还有社会习俗和传统的作用的长远影响。其次，将消费视为选择的孪生兄弟，这使它看上去就像是公民生活和集体利益的天敌。当代历史仿佛就是一块跷跷板：消费一旦上来，社会民主就下去。私人选择越多，共同目标就越少。

然而，甚至现在，从公共住房到公司配车，许多商品和服务是通过集体渠道到达人们手中的，在那些领域，选择和市场要么不存在，要么是有限的。2000年，在英格兰和威尔士，光是国民保健服务之内的公立医院就提供了2亿多顿膳食，超过肯德基和达美乐比萨的总和，只有麦当劳超过了它。[2] 20世纪，无论是在市场之外，还是市场之内，消费的进步都同样显著。如果要理解市场之内消费的进步，我们就必须了解市场之外消费的进步，尤其是企业和政府这两种机构的作用。

企　业

1792年，塞缪尔·斯莱特开办了一所免费的主日学校，为他位于罗得岛州波塔基特的棉纺厂招聘男孩。一个世纪后，企业福利扩展到这样的程度，许多企业运营着它们自己的"迷你版福利国家"。在欧洲和美国，工业化和迅速发展使雇主遇到同样的双重挑战：如何吸引熟练工人，但避免工会介入。要想获得忠诚而遵守纪律的劳动力，那么企业住房、健康诊所、体育活动和教育就是必须支付的代价。如果罢工意味着要从企业公寓中被驱逐出去，那么罢工就会变得困难。许多养老金是在罢工的余波中引入的，仅限那些有10年或以上工龄的人享受。德国钢铁制造商克虏伯在1827年创业的时候只有7个雇员，而到了"一战"前夕，仅在埃森市就有4.2万个工人。那时，克虏伯买下或租下了7000套公寓，供劳工所需。这些公寓的平均租金比公开市场低20%。19世纪60年代，第一个社会保险基金成立。克虏伯支付一半，雇员支付另一半。1903年，牙医诊所开业；四年后，疗养院成立。家庭主妇可以用折扣价在公司自己的商店买香肠和奶酪。公司图书馆拥有5万册图书，提供教育提升。[3]"一战"前，电气巨头西门子开始将女工和贫困儿童送往波罗的海沿岸度假。1920年，该公司的5处度假屋一年内接纳了2000名员工和1000个孩子。那时，该公司提供的养老金是政府的两倍。[4]

跟英国的利华和吉百利，以及在别处的无数家长作风式企业家的看法一样[5]，在阿尔弗雷德·克虏伯和维尔纳·冯·西门子看来，公司的领导就像是员工及其家属的父亲。在创始日举办的化装舞会，在圣诞节给忠诚员工发放的奖金，以及（在利华的例子中）一个分享利润的合伙计划，所有这些都是保持这个大家庭团结的方法。许多老板之所以这样做，或许出于真切的人道主义动机，可人道主义同样是一笔好买卖。较少的罢工、较低的离职率和更高的生产力带来的利润，轻易就超过了养老金和其他福利的花费。[6]

企业型城镇是这种集体消费的最全版本。它真正地分布于全球，从酷彩位于法国北部的炼铁厂一直扩展到巴西沃尔塔以国家钢铁公司为中心的钢铁城镇。[7]然而，根本不存在单一的模式。大多数城镇都建立在偏僻、不知名的地方，但是最终，它们的社会供给质量和范围取决于商业活动的类型和需要的技能。在利润低、企业所有者主要依赖非熟练工人的地方，剥削都会战胜仁慈。巴拿马运河就建立在鲜血、汗水和眼泪之上。[8]矿业城镇更是因条件恶劣和服务匮乏而臭名昭著。适当的企业福利会对忠诚员工和叛逆员工产生完全不同的效果。一个"引雷针"就是公司商店。它以欺骗工人的血汗钱而名声不佳。在美国，"新政"时期的一份调查显示，在公司商店，食品价格贵了2%～10%。[9]迟至1968年，美国罐头公司的工人都有购物券，从工资里扣除相应的费用，可以持之到佐治亚州贝拉米的杂货店里购买商品。在别处，老板选择和平，而不是赚取快钱，因而拒绝运营公司商店。1938年，弗兰克·吉尔克里斯特在俄勒冈州为他的工业城镇设计了杂货店、酒类商店和干洗店，但他不占有或管理它们。其他老板则鼓励员工利用邮购和从巡回商人手中买东西。最有争议的问题显然是公司食品的质量和数量。一个糟糕的食堂就是滋生动乱的温床。"一战"期间，在太平洋西北地区，军官们发现，伐木工可以获得两倍于士兵的口粮，而且早餐可以吃到六种不同的甜点。在梅森城，一名记者留意到了"一个男人除非一天能吃三倍于自己体重的食物，否则就不算一个男人"这样的说法，这只夸张了一点点。每天一份T骨牛排配三分之一磅培根，是标准分量。[10]

在需要熟练工人的铁路城镇和船坞，集体供给完全处于不同的水平。1881年，普尔曼豪华车厢公司在伊利诺伊州建立起一座城镇，基础设施包括宾馆、剧院、一座由店铺构成的拱廊和教堂，以及公司住房。伊利诺伊的普尔曼城镇是一种闭环经济模式的典范，它在农场和餐桌之间实现了一种良性循环。在公司商店，员工可以买到蔬菜。它们都是在公司农场种植的，利用当地的污水管网收集的人类排泄物施肥。娱乐设施是慈善的公司城镇之骄傲。在马萨诸塞州伍斯特市之外的印第安山（诺顿工程公司的总部），员工们可以在公司的棒球场上打球，或者去划船和玩飞碟射击。公司还有一些面向园艺爱好者、摄影师和集邮者的俱乐部。在夏日的夜晚，诺顿的公共浴室会在当地的湖边提供休憩场所。[11]

针对休闲的商业化和它与公共生活的分离——经常被看作消费社会的特征，公司城镇反映了一个重要的抵消趋势。在这里，生产和消费是一体的。这一点在兹林——巴塔鞋业帝国的总部，设在今天的捷克共和国的摩拉维亚地区——得到了再清晰不过的体现。1894年，托马斯·巴塔创办了第一家小作坊。到1931年，他的工厂已经生产了3500万双鞋子，并且直接或间接地雇用了这个城镇3万居民中的大部分。公司也生产塑料、轮胎，并且从1927年开始，拥有自己的电影部门。托马斯·巴塔同时是这个城镇的老板、地主和市长。作为亨利·福特的一名崇拜者，他让这个公司城镇成为一个现代生活方式的巨型实验场。标准化的生活方式与标准化的批量生产相配套。住宅区棋盘式分布着一个个功能主义风格的立方体形状住宅楼，每个住宅楼为8.5米×9米，有两层，住有两户。公司赢得了现代主义先锋勒·柯布西耶的称赞。这位建筑师在评价工人公寓——巴塔镇——的设计时说，它看上去就像是"一个全新的世界，似乎足够让每个住户都享有幸福"。[12]该鞋业公司以这样或那样的方式将工人的闲暇生活组织起来。当地的管弦乐队就是公司的管弦乐队。卫生和体育活动也有赖于公司。10层的"社区之家"高到足以俯瞰整个城镇，里面是宾馆和一个保龄球馆。此外，巴塔镇还拥有一个能够容纳2500人的大电影院（在当时是全欧洲最大的），向居民们免费开放。在一个以鞋子为基础的小镇上，恰如其分地，电影也会在居民做足部保养的时候放映。1939年3月15日，当纳粹开进摩拉维亚时，巴塔帝国已经扩展到全球范围内的卫星城，从斯特拉斯堡附近的巴塔维尔和埃塞克斯的东蒂尔伯里一直延伸至巴西的巴塔图巴（由托马斯的同父异母兄弟扬建立）。在欧洲，巴塔的足球队互相竞技，争夺公司设立的奖杯。[13]

很大程度上，人们从工业规训的角度来理解公司型城镇，认为它们提供的福利只不过是安抚工人的手段。一个世纪以前，美国工会主义者就谴责了这种"地狱福利"（hellfare）。历史的结论好坏参半。在一些公司，良好的福利可以买来工人的忠诚和服从，而在其他公司，它没能起到抑制罢工的作用。[14] 然而，我们这里关心的焦点主要不是生产力和工作纪律。公司对于消费同样重要。它们是新的生活方式的摇篮，可以向人们传授新的习惯和品位，并教育工人如何花费时间和金钱。

它们的贡献有几种表现形式。第一种关于空间，它或许一目了然，但值得强调。许多公司型城镇的位置都相当偏僻，因而它们是四下唯一能够给工人提供娱乐的地方。在太平洋西北和其他许多遥远的地区，矿业、伐木业和铁路等企业，使商店、酒吧和剧院得以出现。更广泛的情况是，公司在传播一种新的竞争性体育文化方面发挥着关键作用。英国曼联队一开始是铁路公司的足球队；美国橄榄球绿湾包装工队就成长于罐头肉类行业。[15] 德累斯顿迪纳摩队、莫斯科火车头队和起名缘由类似的其他俱乐部仍然在袖子上印着原来的行业标志。早在两次世界大战之间的年月，经营和体育就开始进入一种共生关系，因为企业发现了体育对塑造形象、振奋士气的重要价值。法国标致汽车推广体育，将其看作"青年人的道德和体育教师"，并强调它在教育员工为共同目标而工作方面的心理效益。20世纪20年代，科隆市市长、战后成为联邦德国总理的康拉德·阿登纳，同样"把体育看作德国人病床边的务实的医生"。同时期，在汉堡这样的城市，就有166家公司的体育俱乐部在与市政当局运营的14个俱乐部竞争，规模最大的是警察俱乐部。[16]

其次，社会福利的规模值得承认，因为它解放了购买力，提高了人们的幸福感。19世纪中叶，西门子每年给工人们一份圣诞津贴，价值相当于一个月的薪水。并非所有企业的公寓都很划算，但是总体来说，它们很可能使工人家庭节省了一部分租金。在国家福利实际上还不存在的时候，这些公司福利尤其重要。1916年，在美国，有1000家企业为60万员工及其家人提供住房。与之相比，1989年，有130万套公租房。[17] 当然，并非所有服务都是免费的。1939年，一份对芝加哥的调查显示，仅有八分之一的企业为员工的所有休闲买单。[18]其他项目要么是自掏腰包，要么是员工分摊。尽管有限，但这些非工资性福利确实极大地促进了消费的实际水平。依赖于工资的统计数据忽略了这部分消费。同样重要的是动态的长期影响。健康和娱乐服务不仅相当于现阶段的储蓄，而且会提高未来的生活质量，以及随之而来更大的消费潜力。经济学家已经强调了这些对发展中国家的影响[19]，但在工业化如火如荼时的西方社会，它们发挥了同样至关重要的作用。企业在引入这些福利时有自己的利益动机，然而不应该掩盖它们对人生幸福的贡献。

许多公司型城镇都公开致力于今天所谓的生活方式变化。它们的任务在于，让农民和移民适应社会生活，养成一种"有益健康的"消费模式，与斯大林主义者在20世纪30年代的俄国所做的相去不远。其中，有许多是关于纪律和约束的。花钱买闪耀的珠宝，并大肆炫耀，这可能会引发邻居之间的嫉妒，要求提高工资。在伊利诺伊州的格拉尼特城，联邦钢铁公司派家访员去调查负债累累的工人，并教他们如何量入为出。闲散作风遭到贬低。由于拥有各种各样的俱乐部和公民团体，这些公司往往对传播过度的积极休闲文化负有一定责任。1940年，在印第安纳州，一名美国研究者访问了一家大公司。在那里，600个掷蹄铁游戏团队在午餐休息时互相比赛。[20]经理说，那些忙于掷蹄铁或竞争最佳花园的工人，既没有时间也没有精力成为革命者。

与此同时，公司将农村和外籍的工人带入一个舒适和便利程度很高，又充满物质欲望的新世界。在摩拉维亚，巴塔的高管们会拜访家庭主妇，保证她们的现代化家庭匹配现代化的清洁标准。在美国一些公司型城镇，"街区"会提供一些用电力和煤气来烹饪的课程。正是在这些地方，许多家庭第一次听到手摇式留声机。[21]没有人比亨利·福特更相信物质文明的力量。20世纪20年代末和30年代，为了在巴西创办橡胶种植园（福特园），福特将电力带到雨林的中心地带。[22]他相信，收音机、唱片和公司电影将会使在种植园工作的混血人种美国化。这一计划没能将橡胶运出来，用以制作哪怕一个汽车轮胎。它做到的是，让当地的人们产生了对大规模量产的商品的兴趣。

到了20世纪50年代，美国公司不再仅向男性工人提供体育活动，而是向整个家庭提供休闲活动。一份当时的调查报告显示，对女性来说，时装秀是最流行的娱乐节目。许多公司每个季度都会举办一场时装秀。当地的百货公司会提供帮助，它们非常乐意提供最新的款式，在许多情形下，甚至会派遣"真人模特"。[23] 公司商店开始出售衣服和电子产品。在俱乐部的活动室，自动贩卖机会售卖软饮料和糖果条，收入用来帮助支付娱乐项目的费用。工作场所往往提供私人消费世界的基本设备。1966年4月25日，当朱莉亚娜在米兰嫁给安东尼奥时，制药实验室的同事们在结婚当天送给夫妇俩一台洗衣机，丈夫的办公室同事送了一台冰箱。[24] 在经济繁荣的"奇迹年代"里，这些礼物在许多欧洲国家都十分常见。

公司福利涉及自由供应和自由选择之间一种充满争议的权衡。当福特园的工人们在1930年圣诞节前三天被通知餐桌服务取消时，他们砸毁了食堂。他们的怒火针对的不仅仅是"被服务"。他们的要求包括选择自己休闲活动的自由，以及终止禁酒令。在欧洲和美国，许多公司型城镇是一个黄金牢笼。在《英国之旅》(*English Journey*，1934年) 中，J.B. 普里斯特利曾经造访位于伯明翰城外伯恩维勒的吉百利巧克力世界。他写道："全世界所有进步人士呼吁的人道主义要求，在这里的工人身上都得到了实现。"他们享有舒适的住房、养老金计划、体育场馆和俱乐部活动室。工厂里还有音乐厅，"在这里，晚上就像白天一样热闹。游戏、音乐、戏剧、演讲、课程、业余爱好和会议，所有这些让此处一刻也不闲着"。尽管如此，此处还是有一些让人不安的因素。公司完全就是一个社会。他担忧，工人们正在为他们的福利牺牲独立。在离开这个村子时，他写道："我绝对是更乐意看到工人们联合起来，提供这些福利……看到他们利用自己的闲暇，并要求增加福利，但不是以拥有特权的员工身份，而是以公民——自由的男性和女性——的身份。"[25]

到20世纪五六十年代，黄金牢笼正在失去它的某些光环。企业之所以能够控制休闲，主要原因就是所在的地理位置。而它们之所以失去这一控制的权力，主要是因为汽车的出现。流动性缩减了物理空间，并减少了它们对娱乐的垄断。澳大利亚的经验就很好地反映了这一点。在"二战"

结束之际，娱乐和旅游在很大程度上仍然是一项集体事业。远足意味着和同事一起坐公司大巴出行。到 1959 年，这些以工作为基础的共同活动正在走下坡路。一名政府官员指出："乘坐专属的火车、轮船或大巴，团体出游野餐，这或许曾经充满了激动和欢乐之情，但是现在它逐渐失去了吸引力，因为越来越多的家庭开始喜欢利用自己的时间自驾游。"[26] 随着越来越多的人有机会乘坐飞机和汽车，这一经验逐渐扩散到整个发达世界。

这是否意味着公司主导的消费已经结束？人们习惯性将 20 世纪 30 年代视为福利资本主义的巅峰时期。大多数作者都是根据美国的经验得出这一结论的。据说，"新政"夺走了以企业为基础的福利机制的核心吸引力。这主要通过两个方面来实现，一是提供了替代性的国家福利，二是禁止企业利用娱乐委员会以避开工会。[27] 如果企业不得不放弃对其使用权的控制，那么为何还要建造体育馆？的确，在 20 世纪 30 年代的萧条期，不少设施都被关闭了。三分之一的夏令营和四分之一的体育项目中止；一半的女性联谊会主管被解雇。[28] 同样，公司住房被售卖。然而，这并不意味着工人们变得一无所有。只聚焦于福利资本主义的家长制一面，会导致我们无法看到企业在"二战"后仍然发挥着促进集体消费的作用。战争并没有导致公司福利的消亡，而是见证了它的变异。甚至对美国来说，这一点也至关重要，更何况对世界其他地方来说。

在美国，战时生产的需要给了以工厂为基础的休闲新的刺激。在战时，休闲可以将女性和其他新工人团结在一起，就像它早前对移民的作用一样。爱国主义精神和来自联邦安全局的支持可以平息这样一种担忧——工业休闲的目标是摧毁工会的力量。"去打球，然后赢了这场战争"，就是当时的口号。公司会教美国人一起打保龄球。相比以往，提高生产力和消除怠工变得更加重要。一些企业甚至会为雇员进行圣诞购物，帮他们去洗衣店取衣服。战后，多亏了 1947 年出台的《塔夫脱-哈特莱法》（Taft-Hartley Act），企业不用再担心强大的工会。然而，它们仍然需要工人在工作上表现突出、头脑灵活和做到最好。娱乐被重新利用，成了一种管理工具。到 1953 年，3 万家美国公司一共耗资约 8 亿美元，为 3400 万工人组织娱乐活动，远远超出捐赠给美国所有学校的资金。[29] 波音公司的各种俱乐部迅速增多，这就是一个很好的证明。1946年，一个高尔夫协会在太平洋沿岸的普吉特海湾成立。从那以后，它举办了多场企业锦标赛。1963年，一个阿尔卑斯社团成立，向成员提供登山和雪鞋行走课程。三年后，滑雪俱乐部（从公司的娱乐部门获得支持）在水晶山买了一栋拥有72个床位的旅馆，其中有游戏室、壁炉、电视房和一个"设备齐全的商业性厨房，提供煎饼粉、糖浆、咖啡、茶叶、可可豆、糖、奶精和一些调味品"。[30] 在海拔较低的地方，有探戈、狐步舞、篮球、划艇、棋牌、射击，自然还有飞行。只在普吉特海湾这一个区域，就能玩转所有这些娱乐活动。

到了20世纪70年代，无论是在欧洲还是美国，半个世纪前还普遍流行的家长式老板在很大程度上已经成为历史。老板们曾经用来巩固忠诚和顺从的赠送个人礼物的文化，同样面临越发过时的情况。给为企业服务了几十年的老员工赠送金手表的日子已经不多了。具有讽刺意味的是，家长制的衰落——在美国，还有工会力量的衰落——伴随着企业消费的增长。托儿服务、娱乐、养老金和医疗保险（尤其是在美国）都膨胀起来，并开始被当成一项基本员工权利，而不是特别的优待。1954年，许多美国企业发放工资总额的20%属于非工资性奖励。25年后，这一比例占到了37%。[31]

自20世纪70年代以来，"全面健康"的理念，以及对更加健康的生活方式的追求兴起，这种现象最好被看作某一历史主题的变体，而不是一个全新的起点。就像在福特的早年一样，特殊待遇和福利仍然具有两种主要功能：吸引熟练员工和减少耗费在罢工、缺勤上的时间。与生活方式的变化相呼应，它们的形式也发生了变化。今天，硅谷的高科技公司会为员工提供棒球比赛，也提供肉毒杆菌素。除了塑造团队精神，健康项目开始瞄准个人的生活方式。早在1944年，美国的国家收银机公司就在员工中间引入上午和下午的锻炼活动。到了20世纪70年代，由于吸烟和冠心病，医疗费用高涨，这令大小企业都十分头疼。20世纪70年代，林肯电镀——内布拉斯加州一家金属加工公司——开始向员工提供免费的血压检查。10年后，公司福利增加了"午餐与学习"的教育课程。到2000年，一项"全面健康计划"开始实施，这项计划是"胡萝卜加大棒"式的。在工作场所，吸烟遭到禁止。季度性体检和个人健康目标带有强制性，工人获得了免费的计步器，来监测自己的日常活动。公司发起了"健康星期三"和一项每年攀登1.4万英尺海拔高峰的挑战。那些成功降低了胆固醇和血压的人可以在"以消费者为导向的"健康计划中赢得信用。员工及其家人的健身会员费用可以报销。自创立始，这个项目已经为公司节省了一半的医疗保险费用。据估计，通过健康福利，飞机制造商洛克希德将缺勤现象减少了60%。[32]

这些成功故事的典型程度如何？"全面健康"现在已经成为全球管理文化的一部分，但是2009年的一项调查显示，对于"这在实践中意味着什么"的问题，不同地区存在显著差异。在林肯电镀公司，工人们在星期三可能挥汗锻炼，但在美国其他地方，健康首先意味着免疫和流感疫苗，健身是第二位的。在拥有更加全面的公共医疗体系的欧洲，优先考虑的问题恰恰相反。亚洲企业则把大多数精力花费在生物特征健康筛查和现场健康课程上。[33]

人们很容易认为，在过去的半个世纪里，商业消费文化的飞速发展已经宣告了公司休闲的终结。这种想法过于简单了。无可否认，相比两三代人以前，今天的人们拥有更多的商业休闲。当公司组建的团队减少时，私人健康工作室大量涌现。酒吧和餐馆已经取代了工人们的社交俱乐部。然而，就连这种趋势都一定不能过分夸大。在法国，250万雇员分属8000家公司俱乐部。企业之间也会开展比赛。2000年，为了支持公司的体育活动，法国的青年体育娱乐部推出了一个国家节日（6月17日）。[34]在芬兰，在商业健身房里锻炼的人们与在工作场所锻炼的人都很多。尤其是在斯堪的纳维亚国家，许多公司仍然不断投资娱乐设施。20世纪70年代，在哥德堡的克里斯蒂娜达尔，瑞典滚珠轴承制造商SKF建造了一座专门的休闲大厅，规模相当于一个足球场。这座基地拥有一个游泳池、健身房和中心厨房；第一层有一个餐厅，主体部分是体育活动厅。在最高一层，工人可以进入业余爱好活动室和电视房。在上午6点到晚上10点的任何时间，只需要支付微薄的费用，他们就可以打乒乓球或者在桑拿室放松。

今天，这一综合体照样控制在SKF员工基金会手中，而其他公众也可以享用这些设施。[35]

在美国和英国，商业快餐一路进入公司和学校，但是在其他许多丰裕国家，公司食堂在人们的生活中发挥着重要作用，即使没有比一个世纪以前更重要，也不亚于那时。20世纪七八十年代，在斯堪的纳维亚半岛，随着女性加入劳动力，在外吃饭的人数翻了一倍。这对集体和商业食品行业都有好处，直到补助金在20世纪90年代被削减之前，它都得到了工会协议的协助和政府的支持。1997年，大多数芬兰雇员要么在食堂吃饭，要么自己带饭，仅4%的人会去餐馆吃饭。在欧洲大陆，根据2003年的一项估计，在外吃饭的人中间，有三分之一的人在食堂就餐，每年花费60亿欧元。在一半的案例中，企业给食堂提供补贴。在巴黎，三分之二的雇员选择在公司的自助餐厅吃午饭。纵向对比，20世纪20年代，在早期工业食堂，例如巴塞尔的山德士公司，这一数字仅仅是20%。在丹麦，一些公司引入了食堂外带服务，可以为整个家庭提供餐食。[36]

此外，企业也会补贴商业娱乐和休闲。许多企业可能不再运营自己的健身馆或电影俱乐部，但是它们仍然会资助公司外面的这些活动。例如，制药巨头瑞士罗氏给员工及其家人提供了免费的文化通行证，借此可以购买折扣票去电影院、剧院和马戏团或者"鸟眼爵士乐俱乐部"，以及以对折票价去听巴塞尔交响乐团。1950年成立的雇员联合会早已不再是一个简单的"鲑鱼和萨拉米香肠俱乐部"，只局限于每年的圣诞舞会上分发食物。对于联合会的会员来说，在巴塞尔附近，从按摩、干洗和家用取暖油料一直到家用电器（折扣最高可达40%），几乎没有不能以折扣价购买的商品或服务。如果工人加入健身俱乐部，他们可以收到100瑞士法郎。此外，公司还会提供一份专门的抵押贷款方案。类似地，波音公司也运行着一个优惠项目，范围从汽车和电脑一直延伸到鲜花和健身中心。[37]如果没有这些公司计划，许多私人健身馆将会倒闭。我们最好不要将它们看作相互竞争的对象，即一个的兴起会导致另一个的灭亡，更妥当的做法是，把这些"私人的"消费文化和"集体的"福利看作彼此完善的关系，后者促进了前者的发展。

这两条线索最为广泛的交织发生在法国，并由解放运动开启。由于与纳粹合作，许多老板名誉扫地，因此没有条件返回战前的家长制。工会想要发言权，政府想要工业和平来重建国家。妥协的结果就是基于1945年2月22日的法令，企业委员会（comités d'entreprise）体系建立。实际上，这些企业委员会是不足以做到真正参与到事务中去的。它们在很大程度上是咨询机构，虽然缺乏管理权力，但是它们为文化和旅游业提供了可观的预算。任何雇员超过50名的企业都规定要有一个企业委员会，并向它提供资助。平均来说，今天的企业会把发放的薪资总额的1%用在社交和文化活动上——在法兰西银行，这一比例占了7%（堪称巨额）。由于各企业委员会在法国共拥有1100万雇员，这意味着会有许多集体出资的消费。2009年就有约110亿欧元，确切来说，其中26亿直接来源于雇主，另有78亿来源于雇员工资。大多数资金会用来资助度假、体育活动和托儿服务。作为一个服务于小企业雇员的组织网络，它于1982年引入度假券（Chèques Vacances），这一网络分发宾馆和酒店的优惠券，这部分价值13亿欧元。同时，它资助了一个面向单亲父母和残疾人士的社会旅游项目。[38]

由于企业委员会的存在，工人们可以在公司的网球场打球，从多媒体图书馆借阅最新的书籍、光碟和电子游戏。一些小公司可以使用"流动图书馆"，其中有3000本书，每月经停一次。最重要的是，他们可以享受价格低廉的旅行。大多数企业委员会都有自己的旅游项目目录，它们会将所有项目列在一起，从一日游到游轮度假。其他企业委员会还会运营自己的滑雪小屋和青年旅社。1994年，所有的企业委员会一共拥有25万住宿床位，从萨瓦的度假村到蔚蓝海岸的营地。当涉及法国的"福利待遇"时，有补贴的房车的重要性远远超过公司汽车。实际上，普通法国工人去度假只需花费一半价钱。在法国库尔贝瓦的佳能分公司，三分之一的员工选择在公司的度假村休年假。飞机起落架制造商梅西耶每年给予每个员工家庭一次航班补贴，以及去往科西嘉岛和摩洛哥的渡船补贴。其他公司则在组团去迪士尼乐园和阿斯特里克斯游乐园旅行时，给予员工50%的优惠。毫无疑问，虽然是以团体资助的形式，但这些旅游很少集体进行。许多家庭不会选择团队出游的方式出去游玩，相反，他们开着私家车驶向落日。同样地，我们一定不能过于怀旧。大多数工人在1945年法国解放后就不怎么集体旅游了。20世纪60年代，只有25%的法国公司有企业委员会，而且当时存在的那些在度假方面也投入甚少。[39] 接下来的数十年里，随着商业包机和包价旅游的蓬勃发展，这一情况才大有改观。

面向大众的假日是两次世界大战之间的时期里意识形态的冲突中一个不可或缺的组成部分。法西斯分子有自己的休闲组织，社会民主派及工会也有。1921年，英国工人旅游协会成立，刚开始，它主要是组织会员参观"一战"战场，后来假日野营才出现。1937年，瑞典人民运动旅游组织（Folkrörelsernas Reseorganisation）成立。丹麦的工会复制了巴特林的度假胜地。在第二次世界大战中，这些组织几乎都没能幸存。1963年，国际社会旅游局（Bureau International du Tourisme Social）在布鲁塞尔成立，但是"社会旅游"最终被证明无法同私家车和包价旅行相抗衡。1938年成立的比利时工会组织"假日与健康"依然存在，其名下的度假屋每年能够提供150万个住宿床位[40]，但这只不过勉强超过两艘游轮加起来能够提供的床位。法国企业委员会则将社会旅游引入一个新的方向，即作为商业假日的伙伴，而不是敌人。企业委员会为成千上万普通法国工人所做的事情，正是像纳粹的"力量来自欢乐"这样的法西斯休闲组织为顾客（主要是中产阶级）所做的。它们铺平了大众旅游的道路。[41] 这或许是企业委员会最主要的历史贡献。

额外津贴在战后的日本具有独特的重要性。日本企业通常以福利，而不是工资来竞相吸引熟练员工。20世纪50年代，"非工资性福利"占到薪水的8%~25%。2002年，根据一项调查，三分之一的雇员住在公司提供的公寓里或拿着公司给的住房补贴。另有三分之一的雇员则会收到祝贺金或慰问金。六分之一的工人常常去有补贴的公司食堂吃饭。20世纪90年代，"失落的十年"迫使企业削减开支，并满足工人们日益灵活多样的福利需求。"自助计划"应运而生。它们允许员工根据目录挑选福利。1996年，西友百货公司引入这一计划，选择范围从照顾婴儿的保姆、抵押贷款到一份"使用西方食品的津贴"。10年后，约有10%的日本企业转向了"自助计划"的模式。公司住房被削减，休闲活动被分包出去。到2008年，据估计，额外津贴已经缩减到现金工资的5%，这是20世纪50年代以来的最低额度。尽管如此，在写作本书时，令人印象深刻的是有多少东西保留下来，而不只是有多少东西消失了。丰田汽车不仅保留了棒球队和交响乐团，而且保留了自己的医院。在许多日本企业，一半的额外津贴仍然用在住房上。自20世纪90年代以来，对文化活动和体育的支持力度不断加大。[42]

尽管严格意义上的公司型城镇在20世纪后半叶愈益边缘化，但是消费仍然从企业那里以多种方式获得赞助。它的持久性清晰可见，这不仅表现在传统的西方工业国家，而且表现在近来的后起之秀身上，比如韩国。进入20世纪80年代，韩国企业就像是新兵训练营，只有管理层才有特权享用食堂和休闲设施。20世纪七八十年代，狭小的宿舍和肮脏的浴室一直是抱怨的对象，并不断导致罢工。决定性的变化在1987年军人政权垮台之后到来。由于经济增长速度减缓，政府不得不介入工资谈判。更高的福利是限制工资、约束罢工、让工人在更短的时间内融入企业文化的一条可行之路。许多韩国企业脱胎换骨，纷纷摆脱了只看重家族价值的专制主义作风。现代集团为它的体育队建造了运动场，并建造了面向单身员工的企业公寓。在LG公司，员工可以一起打高尔夫球或学习外国语言，以培养团队精神。在其总部，从上到下，所有员工每月会在公司的地下酒吧聚会一次，享用现成的免费啤酒。[43]

1989年，东欧国家出现了私有化浪潮，全球范围内，对企业福利的最大抨击随之而来，而通过经济自由化，中国至今都成功地避免了相似的命运。私有化意味着所有权的变动，但是不止于此，它促使企业专注于自己的"核心业务"，主动放弃自己在社区中的投入。实际上，国有企业已经成为独立的共和国，它们监管着每一件事情，从住房和健康一直到体育和音乐。20世纪90年代初，在俄罗斯，国有企业的社会开支相当于国内生产总值的4%。一个典型的俄罗斯国有企业会将利润的20%左右投入到住房、员工吃饭和照料他们的孩子上去。在波兰，这一比例占到10%。在中国，福利几乎构成了薪水的40%。[44]

正如在西方一样，此后的私有化降低了这一数字。尽管如此，许多福利仍艰难地存续了下来。俄罗斯的情况就是一个适应而非消亡的最佳案例。家长制沿袭下来，同时存在的还有对自由工会的怀疑。1996年，在西伯利亚的克拉斯诺亚尔斯克，一名器材厂经理在解释他的公司为什么最了解情况时说："我们向员工提供各种各样的福利。我们以折扣价向他们出售食品和消费产品。我们资助医疗、住房和学校教育。在克里米亚，我们有房产，可以让他们去度假。我们做了所有的事情——养猪，还为他们种植蘑菇。"[45] 新工会所做的一切不过是批评。因此，他说唯一正确的措施就是废除它。在整个俄罗斯，20世纪90年代的后半期见证了一个巨大的转变，即公寓、幼儿园和体育场所纷纷从企业手中转移到了市政当局那里。尽管如此，2000年，六分之一的企业仍然运营着自己的夏令营和文化设施。自助餐厅的数量几乎没有任何变化。虽然大多数企业不再拥有自己的体育场地，但是它们现在给工人的娱乐活动提供补贴。有趣的是，几乎一半的外资企业提供住房，比这样做的俄罗斯本土企业要多。[46]

规模至关重要。休闲和福利从来都不是工业巨头——比如克虏伯、丰田和巴塔——才独有的。在两次世界大战之间，轻工业、银行和服务业同样开始赞助公司体育队。[47] 尽管如此，福利的范围还是会随着企业规模的递减而迅速下降。一个拥有十几名员工的家庭企业不太可能建造一座游泳池。这也是为什么法国政府引入度假券制度，以向小企业的员工至少提供一些间接福利。在瑞典、德国和英国，拥有数百人甚至更多员工的大企业十分常见；但在希腊和意大利，这种规模的企业非常少。作为一个消费空间，职场也因此出现了严重的分化。一边是组织生活和休闲的企业，另一边是小企业和家庭店铺，它们所做的仅仅是举办一次圣诞派对。不可避免的是，对公司活动的探究使我们更倾向于前者。因此，在我们结束之前，这样做是有帮助的：不妨先稍稍退后一步，重新找回分寸感，记住现代资本主义社会的大多数工人从未有机会踏进公司的游泳池。大多数日本工人都是在小型或中型企业谋生，而不是在日立这样的公司当"上班族"。他们的休闲是怎样一番面貌？1989—1990年，人类学家詹姆斯·罗伯逊观察了东京一家金属公司 55 名员工的生活。这家公司隶属于一家"度假信托公司"。它拥有一个棒球俱乐部,在每年的四个节日会分发礼物和酒类。但这已经是它所能做的最大限度了。与流行的观念——在日本,下班之后的生活仍然围绕着工作团队——相反,他发现,大多数员工会与朋友(来自非亲属的伙伴群体)一起度过休闲时间,而不是去找同事。有时候,同事们会一起出去喝酒,但是在大多数闲暇时间,会独处或者和朋友一起打柏青哥、跳舞或钓鱼。[48]

国 家

如果说企业在 20 世纪对消费的促进作用非常可观,那么国家发挥的作用就更大了。当然,国王和政府一直影响着其臣民的生活方式。在 18 世纪的法国,官员穿用的细羊毛在奢侈品贸易中占据重要份额。1871 年,短暂出现的巴黎公社曾向教师提供免费家具。在现代早期的英国,赤贫者可以求助于《济贫法》。尽管如此,在 20 世纪 30 年代以前,国家在卫生、住房、教育和福利上面的开支微乎其微。曾将最全面的统计数据汇集在一起的经济史学家彼得·林德特发现,19 世纪,没有一个国家用于社会项目的开支能达到国内生产总值的 3%。到 1930 年,一小部分斯堪的纳维亚国家、德国、英国和新西兰成为发达世界的领头羊,在这方面,它们投入了国内生产总值的 2%~5%。[49] 到 2007 年,在发达世界,这一数字爬升至 20%,在法国达到 29%。[50]

这些数字描述了"社会开支",尤其是养老金、卫生和收入补助,然而,它们只不过是全部"公共消费"的一部分,后者从导弹弹头一直延伸到博物馆。国家是一个贪婪的消费者。在今天的欧盟,16% 的国民生产总值被用来购买公共物品和服务。公共机构每年会购买将近 300 万台台式计算机。作为消费者,国家对环境和经济有着很大的冲击。英国公立医疗系统的一份报告显示,2004 年,英国医院排放的二氧化碳量和爱沙尼亚的排放总量一样多。其中一些来自建筑和交通,但是 60% 来自采购的药品、食物和设备。[51]

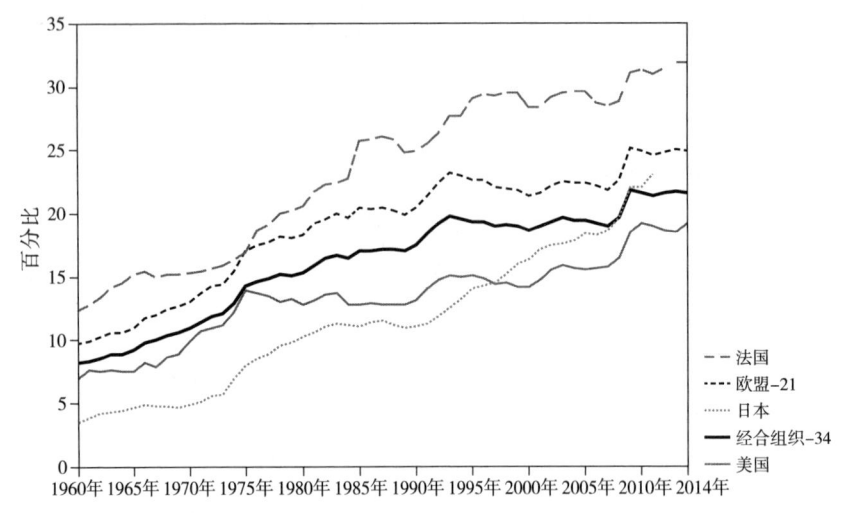

图 12-1 从经济合作与发展组织中选出来的成员国的公共支出占其 GDP 百分比，1960—2014 年

来源：OECD Social Expenditure database (2012, 2014), www.oecd.org/els/social/expenditure。

国家同样间接地促进了消费。它的职责之一就是提供所有人都会享用的"公共产品"，而市场决不会自发创造这些物品。[52] 无论是否纳税，每个人都受益于和平与安全。从长期来看，安宁的国民整体有助于形成更加繁荣的国家。其他类型的国家行为使特定类型的私人消费成为可能。没有道路，开汽车就没什么乐趣。国家统计局往往把这类基础设施方面的开支视为投资。2009 年，在欧盟，政府在交通、能源和通信上的开支总共相当于国内生产总值的 4%。[53] 另一方面，"公共消费"一般被界定为政府购买的全部商品和服务，范围从学校教育和医疗到养老金和潜艇。这一定义产生了一份非常庞大的购物清单，而且充满了各种问题。例如，可以说教育是一项投资，且不属于"公共消费"，但是移除这一项开支会增加新的歪曲，因为"私人消费"包括家庭在学校教育上的投入。就我们的目的而言，研究国防开支没有多大的意义。公共消费的效益是更加分散的，而且不同于政府放入消费者口袋里的美元或欧元（要么直接通过养老金和收入补助，要么间接通过补贴剧院和公共游泳池）。接下来，我们将主要关心那些对人们享受商品和服务的能力产生实际影响的公共消费类型：所谓的社会转移和文娱方面的公共支出。

关于消费社会的传统认识，依赖于私人市场活动的标准尺度，比如可支配收入和国内生产总值。公共开支被忽视。普通夫妇的消费水平在这里表现为工资和价格的一个函数关系。这是一种幼稚的过度简化。在丰裕社会，许多家庭的实际消费完全或一定程度上依赖非市场性资源，比如公办学校、医疗保健、养老金、儿童福利、社会住房和失业救济。这张清单可以一直列下去。而如许多评论者所说的，仰仗国内生产总值，将其看作生活水平的指标，这种做法同样充满问题。顾名思义，国内生产总值衡量的是为市场而生产的产品。它并没有告诉我们被消费的一切。约瑟夫·E.斯蒂格利茨、阿玛蒂亚·森和让-保罗·菲图西这一团队因提出衡量经济效益的全新方法而一举夺得诺贝尔经济学奖。他们的研究反映了，公共服务和开支发挥着多么至关重要的作用。这一团队发现，在法国和芬兰，一旦考虑社会转移的因素，家庭的最终消费支出就会飙升20%。2007年，法国政府向家庭输入了2900亿欧元，主要是以健康服务和教育的形式。相比之下，在美国，这些转移仅增加了10%。[54] 因此，与标准的国民经济核算会让我们相信的不同，法国和芬兰的真实消费更加接近美国。一个先前看不见的消费世界展现在我们面前。

自20世纪50年代以来，人们自然而然地批评丰裕社会以牺牲公共产品为代价促进私人消费。这一强有力的观念在J. K.加尔布雷思出版于1958年的畅销书《丰裕社会》中表达得最为出色。[55] 这是非常糟糕的历史。过去半个世纪的记录告诉我们，事情是另一番面貌。一个国家越富足，它在卫生、养老金和教育上面投入的公共资金就越多。的确，一些国家在社会福利方面依然比另一些国家投入的多得多，比如，法国的社会支出占到国内生产总值的30%，而美国只占约20%，韩国则是10%，但就整体趋势而言，几乎还是普遍上升的。1960年，经济发展与合作组织的成员国的平均社会支出是国内生产总值的10%。到2007年，这一数字差不多翻了一倍，达到19%。相比一代人之前，甚至连韩国今天在福利方面的投入都是当初的三倍多。荷兰和爱尔兰自1985年以来的相对衰退是这一规律的例外。2009年以来，相对国内生产总值而言，一些国家稍稍减少了它们的社会支出（英国和德国减少了2%），但是对作为整体的富裕国家（经济发展与合作组织的成员国）来说，2014年的社会支出恰恰和2009年经济大衰退之前一样，刚好超过21%（相对于国内生产总值的社会支出比例）。事实上，日本、芬兰和西班牙增长了4%。紧缩政策对穷人和弱势群体造成了格外严重的不利影响，但是从长远来看，大多数政府——尤其是那些人口老龄化的国家——是否能够扭转公共支出的这一历史性飙升，仍然有待观察。[56]

丰裕年代（1949—1973年）现在被作为私人消费的繁荣时代来铭记。这只是全貌的一半。20世纪五六十年代，在美国，联邦消费支出（不包括国防）平均每年增长2.7%，到了70年代，这一比例上升到4%。20世纪五六十年代，中央和地方的消费支出每年各增长了4%和6%。1958年，也就是加尔布雷思出版《丰裕社会》的那一年，美国政府开支增长了5%以上，是私人消费开支增长速度的两倍。的确，在大多数年份，私人消费支出比公共支出增长得更快。但是关键在于，在整个黄金年代，公共消费并没有缩减，而是进一步增加了，这同时表现在美元总额和占国内生产总值的份额上。到1978年，在社会安全和医疗上的公共开支已经超过军事开支。[57]

自凯恩斯以来，政府开支对财富和福利会造成怎样的影响，经济学家对此众说纷纭。试图用短短的几句话来解决这一纷争，对一个历史学家来说是不自量力的。公共支出并非一定是一件好事。在具体的语境下，它可能取代私人支出。在战后经济飞速增长的几十年里，在高就业率的情况下，公共资金可能不会"挤出"那么多的私人开支。衡量直接影响是困难的。例如，在加拿大，联邦转移支付在战后对迅速促进消费起到了重要作用，但由于通货膨胀侵蚀了家庭津贴，它就立刻丧失了力量。从1949年起，消费信贷的增长和储蓄的衰落变得越发重要。[58]但是，公共开支对消费的许多影响是间接的，比如加拿大的房屋产权补助，以及美国的《退伍军人权利法案》和南部边境的抵押贷款减免计划。20世纪50年代，加拿大建造了超过100万套新住房，大多数是独立式住宅。如果没有政府对住房和道路的这类补贴，冰箱和汽车又会卖出多少呢？

对历史模式做一点整体性观察，可能是有益的。公共开支的急剧增长，似乎并没有损害丰裕，否则，法国、瑞典和德国就该是贫民窟了。与1954年相比，1964年的美国要好得多；在这一时期，它的福利账单翻了一倍。虽然出现了各种可供选择的资本主义模式，以及自称的自由主义者与福利国家支持者之间展开的各种激烈争论，富裕国家俱乐部几乎都走在一条通向更大规模社会支出的道路上，其中一些国家比另一些走得远点儿，但是所有这些国家都朝着相同的方向前进。随着国家变得更加富裕，私人消费占国内生产总值的比重越来越小。[59] 现代历史并未揭示第二条道路，即福利开支的削减，会带来更大的丰裕，至少到目前为止还没有。如果真要说什么，那么就是福利主义道路的发展步伐随着时间的推移加快了。斯里兰卡和巴拿马在2000年的社会转移支出是1930年最发达的欧洲国家的两倍以上。[60] 我们也一定不能夸大福利主义的斯堪的纳维亚国家和自由主义的盎格鲁-撒克逊世界之间的差别。瑞典和丹麦的福利纸面上十分慷慨，但是事实上，这些国家一手交出多少，另一手就通过微调税收取回多少。相反地，在奉行新自由主义的20世纪80年代，美国和英国的公共支出一直很大。玛格丽特·撒切尔只在1985年一年设法削减了它的规模，罗纳德·里根甚至连这都没能做到。[61]

这种情况有多大的可持续性？20世纪五六十年代，高增长和高投入为医疗服务和养老金计划积累了资金。然而，自20世纪70年代以来，经济增长速度放缓，在公共消费增加的同时，公共投入减少。在美国和欧盟核心国家（欧洲12国），公共投入从1975年占国内生产总值比重的4%下降至2005年的3%左右。对某些评论者来说，从公共投入到消费的这一转变开启了危险的螺旋式下降，导致更低的生产力和私人投资，并最终导致低工资、经济衰退和破产。[62] 然而，就历史视角而言，对公共消费进行严厉谴责——就好像它全然是免费分发现金福利的手段，而财富无影无踪地一点点流失——是有风险的。它同样意味着更好的健康和教育，这些对发展是有利的。有趣的是，德国作为公共投资下降幅度最大的欧元区国家，也恰好是2009年危机中表现最强劲的国家。[63]

最后一个观察的重点是社会支出。统计学家会谈及"社会转移"。从技术上来说，这是正确的，因为国家经常利用收入补助、国家养老金和住房福利,将资金从社会的一部分转移到另一部分。这些转移并非总是从富人流向穷人。不同于英国、北欧国家和澳大利亚,在地中海国家,大多数现金福利会流向相当富裕的家庭,它们有着很不错的就业率和养老金记录。[64] 在这些转移中,到底发生了什么?这一直是长期争论的议题。20 世纪 60 年代,美国专家哈罗德·威伦斯基指出,这些福利计划对平等的影响"微不足道"。穷人仍然是穷人。他主张,真正的赢家是穷人们的富裕亲戚。原本应该是他们付账来照顾这些穷人,但是现在他们把钱花在了自己身上。[65] 这一观点是令人怀疑的。过去的私人慈善与 20 世纪 30 年代以来公共福利的规模显然无法相比。如果没有这些公共福利,大多数贫困的个人将不得不陷入赤贫的境地。在整个 20 世纪,公共福利可能使人们对慈善的热情有增无减。[66]

最重要的是,尽管有了资金转移,但是社会支出并没有停止。它改变了私人消费的性质。富人和穷人各自带着完全不同的购物篮,即所谓的"消费束"(consumption bundles)。对一位百万富翁来说,几千英镑的税收简直是小意思。这只不过意味着少一块奢侈的手表,而对他的饮食、舒适或便利程度没有任何影响。对一名穷人来说,多了几千英镑,整个世界就不一样了。它意味着日常生计从此有了保障,不用再忍饥挨饿;冬天不再受冻,可以打开暖气片;而且,以后可以看电视。社会转移不会消除不平等。然而,在把弱势群体和穷人带入一个他们原来被排除在外的大众消费社会方面,它发挥着至关重要的作用。到了 20 世纪 60 年代末,在整个发达世界,就像在郊区别墅一样,在政府建造的住宅区,每个家庭都有了电视。[67] 如果没有社会支出的增长,社会底层将根本不可能接触到耐用品消费的热潮。关于私人消费品的迅速发展,公共消费至少立下了一些功劳(也应受到指责)。

如果我们记得西方国家在这一时期缩减了国防开支的规模,那么公共消费的扩张就更加让人印象深刻了。冷战见证了从军事向社会开支的巨大转变。1953 年,在朝鲜战争结束之际,美国的国防开支占到国内生产总值的 14%。1968 年,即越南战争最激烈的时候,这一比重为 9%。但是到了 2011 年,在本·拉登于"反恐战争"中被击毙的时候,它已经降至5%。[68] 在朝鲜战争白热化时期，英国将公共消费资金的一半投入到国防上来，到了1980年，降至25%。最大的赢家是医疗和教育。在这些年里，英国教育支出的比重翻了一倍。[69] 从那以后，人口老龄化意味着在医疗和养老金方面投入更多资金。在这一广泛的国际趋势中，许多国家的特性保留了下来。根据国家的优先事项和福利体系，一些群体从公共消费中的获益会比其他群体更多。在富裕国家，美国在医疗方面的投入大得不成比例，而在收入补助上只投入了一丁点。而在丹麦和瑞典，老年人、残疾人和有未成年子女的家庭收到的补贴是美国和西班牙类似家庭的5倍。在意大利、法国和奥地利，公共养老金是一项主要的转移（占国内生产总值的12%～14%），但是在澳大利亚、爱尔兰和冰岛，其比重就小得多（少于4%）。相比美国，那些急需公共住房的人更有可能在加拿大实现他们的愿望。[70]

现在让我们将目光从社会转移上挪开，去关注一些其他领域——食物、娱乐，还有文化，在这些领域里，国家在人们消费的方式上留下了自己的印记。军队训练士兵作战，学校教导学生数学，但是它们同样塑造了品位和休闲。2005年，美国军队有140万人。如今，军队的娱乐中心提供各项服务，从骑马和划船一直延伸到洗车和旅游服务。超过一半的军人配偶使用军队的健身中心。在美国，最大的儿童保育项目就是由军队运营的。[71] 在一些案例中，军队已经彻底改变了国民饮食和身份。在两次世界大战之间的日本，营养学家相信脚气病——一种影响中枢神经系统的疾病——是缺乏蛋白质造成的。这当然是错误的，缺乏维生素B_1才是罪魁祸首。但是，这一结论带来了深远的影响。军队食堂开始提供汉堡肉排菜肴和甜甜圈，并用咖喱和中式炒菜的做法来给肉品调味，掩盖它们的廉价。20世纪20年代，咖喱菜肴在东京的"中村屋"餐厅出现，这是流亡的印度革命者拉斯·比哈里·鲍斯引入的。战后，军队的厨师和营养学家将多元文化菜谱带入了餐馆和公司餐厅。其结果就是日式咖喱、加芥末的甜甜圈和其他神奇的融合风格的美食的出现。日本食物变得完全不一样了。[72]

在甜甜圈的故乡，学童则受到完全不同的影响。20世纪30年代，大西洋两岸的社会改革者均将学校配餐看作一种塑造更强健公民的方式。[73] 在美国，它同时也是一种吸收大量过剩食物的方式。在"二战"爆发的时候，"新政"已经向成千上万的学校提供午餐。到 1942 年，剩余物资销售管理局向学龄儿童提供了 500 万磅食物。1946 年，全美学校午餐计划立法通过。学校配餐获得了广泛支持。学校配餐将瘦骨嶙峋的儿童培养成强壮的公民。这给了营养学家施展专业知识的用武之地，还许诺塑造一种共同的美国生活方式。在"孩子享受民主之利"的口号下，工会纷纷支持这一计划。最重要的是，学校配餐让渴望处理掉盈余收成的农民非常满意。引人注目的是，1946 年的这项法令是农业部门出台的。对农业的补贴被包装成服务国家青年的政策。实际上，将这两个目标结合在一起是会出问题的。毕竟，水果和蔬菜有各自特定的生长季节。一些学校会连续数周"苹果过剩"，而愿意吃苹果的孩子只有那么多。最终，很多苹果只能被扔进厕所。农业游说团体同样将小学生视为新食物的专属顾客。长远来看，这可能会起作用，但是短期内，经常适得其反。在马里兰州，孩子们拒绝吃剩余的西柚，相反，用它们来玩抛球游戏。[74]

到 1970 年，学校配餐计划已经花费 20 亿美元。父母支付一半，剩下的一半由联邦政府和各州来支付。正是这时，在理查德·尼克松的治下，优先事项发生了改变。学校膳食的目标不再是为全体学龄儿童提供健康食物，而是转变为一个解决穷人吃饭问题的福利计划。到 1972 年，800 万儿童吃上了免费午餐。然而，一旦膳食计划被打上对抗贫困的标签，付钱的儿童就开始退出这一计划，当地政府也失去了捐赠的意愿。学校辞退了营养学家，让私人承办伙食。当里根政府在 1981 年大幅度削减联邦资助，并将番茄酱重新界定为蔬菜的时候，主要危害已经显现出来。炸薯条、汽水和糖果成为新的美国学校膳食。苹果和胡萝卜被奶昔和芝士汉堡取代，它们添加了维生素，以达到膳食指南的标准。指责学校膳食是肥胖的主要原因，这未免过于简单。尽管吃的是地中海式午餐，意大利儿童同样变胖了。否认这一点是同样愚蠢的：学校膳食造成一代人逐渐走向一种高脂肪和高糖的快餐生活方式。这是一个典型的例子，一小部分公共消费（0.1%）的转移，对私人消费和随之而来的所有私人和公共成本有着不成比例的深远影响。

我们之前已经写过,消费者是怎样变得愈发积极的,特别是在20世纪下半叶。休闲既得益于国家对娱乐的支持,也得益于商业发展。在美国,广泛存在的州立公园系统助推了人们对以自驾方式进行娱乐和户外休闲的狂热推崇。1955年,州立公园的覆盖面积为500万英亩,吸引了2亿多人次前来观光。1948—1955年,公共游泳池的数目差不多翻了一倍。美国儿童可以在1.5万个棒球场和垒球场上嬉戏。娱乐并非总是免费的。政府建造了游泳池,但之后就开始向使用的家庭收费。它对运动商品征税。尽管存在这样的不一致情况,但是公共娱乐支出的增长令人瞩目,即使它稍稍落后于20世纪40年代到60年代惊人的收入增长。[75]

20世纪六七十年代,健身风刮到欧洲和日本。对体育锻炼的狂热推崇曾经是19世纪民族主义的核心。在两次世界大战之间的年月,成千上万的法西斯主义者、社会主义者和保守主义者排成队形做体操。在法国,游泳池和体育场地是短暂出现的左翼人民阵线(1936—1938年)留下的遗产之一。然而,事实上,在20世纪60年代之前,体育设施稀少且分散。例如,在芬兰,1930年只有1600个体育设施,到了1970年,数量是原来的10倍。其中,大多数由当地政府所有。[76]在整个发达世界,政府发现"人人都有运动的权利",包括年轻人、老年人和发福的中年人。德国开放了健身登山小径,瑞典建造了公共休闲大厅,比如邻近斯德哥尔摩的树莓山住宅区,里面设置了一个桑拿浴室、一个健身中心和一个射击场。[77]1978年,法国创立了一个致力于"全民体育"的独立部门,反响十分热烈。1967年,只有七分之一的法国民众进行体育锻炼。20年后,这一比例达到50%。[78]到1995年,日本政府几乎将预算的1%用于体育事业;一半的设施是公共的,不将学校包括在内。在韩国,公共场地在20世纪90年代如雨后春笋般涌现,数量远远超过商业场地。没有对娱乐的这类公共支持,时尚运动鞋和休闲服从20世纪60年代以来的兴起,就是一件不可想象的事情。[79]

1991年,首相宫泽喜一承诺将使日本成为一个"生活方式大国"。日本政府对休闲的浓厚兴趣由来已久。早在1912年,日本政府就将自己转变为服务于外国游客的旅行社，吸引珍贵的外国通货流入。在两次世界大战之间的时段，铁路部门是国内旅游业的主要推广者。对休闲的支持在20世纪70年代变得更加有力。官员们论述道，如果日本要赶上西方，那么就必须教会日本民众更加积极的西方休闲方式。内省的茶道已经不够好了。不同于西方，日本将休闲的权利转化为一项政府职能。休闲不是一件私人事务。1972年，日本的国际贸易和工业部建立了休闲产业发展办公室。随着1986年《度假法》（Resort Law）的颁布，日本对休闲的管理达到顶点。这项法令放开了对海洋度假胜地和高尔夫球场的补贴和低息贷款。[80]

没有哪里的政府比社会主义国家更加重视引导国民的休闲，也没有哪里遭遇的失败有社会主义国家这般惨重了。乌托邦与现实之间的鸿沟在苏联最为显著。晚至1972年，勃列日涅夫仍在提醒苏联人："自由时间"并不意味着免除了社会责任的时间。社会主义有效地让"理性休闲"这一更早的资产阶级理想再度焕发了生机。文化宫试图塑造苏联人适当的品位和活动。到了20世纪30年代，在苏联已经有10万多所文化宫。40年后，许多都闲置了。一份对20世纪80年代早期8个苏联城镇的调查显示，不超过5%的业余爱好是集体组织的。在斯摩棱斯克，仅有十五分之一的成年人定期光顾文化宫。一些文化宫试图维持下去，将社会主义教育与迪斯科音乐结合在一起。列宁格勒的文化之家甚至提供霹雳舞课程，但很少有年轻人参加。1982年，在沃罗涅日，他们就只是在幻灯机前跳舞，以妨碍晚上的教育活动。20世纪80年代末，在戈尔巴乔夫改革之前，逃离集体组织的社会主义文化活动的举动已经持续了一段时间。在匈牙利，1967年的一项抽样调查显示，几乎没有任何文化宫愿意费心去庆祝官方的妇女节。在大多数文化宫里，人们看电影和喝啤酒。其他文化之家干脆直接关门。波兰人在20世纪70年代抵制这类机构。[81]

文化宫并没有发展成为社会主义生活方式的学校，相反，它们沦为集邮者和无处可去的小孩子的收容所。在冷战期间意识形态主导的岁月里，人们很容易将之看作商业休闲对集体休闲的一次胜利。但是，这种逃离并非都归咎于迪斯科或资本主义"文化工业"的其他产品。1977年，民主德国爱森纳赫地区的年轻人会把更多空闲时间花在园艺或家务上，而不是坐在电视机前。这种逃离的真正意义在于退回到私人领域。青年研究机构的一份官方调查显示，即使是最忠诚的学生和年轻工人每月在社会主义青年运动（即民主德国的"自由德国青年团"）上也仅投入两个小时。大多数人只是想要休息、听听音乐或与朋友外出闲逛。[82] 具有讽刺意味的是，社会主义对集体文化的推动恰恰成就了相反的目标：它使人们将休闲看作私人事务。

今天，在昔日的铁幕两边，国家在文化消费和私人品位上都发挥着至关重要的作用。剧院、歌剧院、博物馆和图书馆，这些设施中鲜有能够离开国家的资助而运作的。在德国，公共剧院里的每个观众都可以得到87欧元补贴。[83] 如果观众被迫支付全部价钱，他们又会在席勒或布莱希特的戏剧上投入多少时间呢？诚然，在美国，对艺术的直接资助较少，但这并不意味着可以完全忽视国家的作用。许多私人和企业赞助依赖于税收减免政策，这是一种间接的国家资助形式。在葡萄牙，卡劳斯特·古尔本基安基金会在文化开支上投入了惊人的40%，但这是一个极端案例。事实上，在欧洲每个地方，国家都是文化生活的主要赞助者。国家不断给公民提供补贴，培养他们对艺术、音乐、文学和戏剧的品位，这一点必须强调，因为它违背了人们对于文化相对主义时代（认为所有品位都是平等的）和新自由主义（认为市场和私人选择统治一切）时代可能的期待。那些喜欢听莎士比亚或威尔第的戏剧的人拥有自己的福利国家。这同样适用于艺术家，尤其在瑞典最显著，在那里，文化总预算的16%都直接投入到艺术家身上。20世纪八九十年代，每个国家都开始去敲企业的大门，让它们在文化方面投入更多资金。然而，在这些宣扬新自由主义的年代，最终发生的事情不是国家的撤离，而是政府或多或少地将资金移交给了自主经营的艺术委员会和基金会。

这是整体的观察。而把观察具体到每个国家所扮演的特定角色，就更加困难了。在欧洲——这么一个一般认为是被共同的文化塑造的地方，没有哪两个国家在表示支持"文化"的时候表达的意思是一致的。在这种有关定义的问题背后，潜藏着关于民族品位和政策优先性的根本分歧。例如，丹麦将体育和图书馆纳入文化资助的范围；匈牙利将宗教活动也纳入其中。德国重点关注表演艺术，意大利则重视遗产文物。在一些国家，看电视需要支付牌照费；而在另一些国家，国家承担了这项支出。在荷兰，公共文化支出在21世纪初增长了三分之一，但这部分是因为电视牌照费被取消了。在许多国家，文化资助政策扩散至不同部门、地方和中央政府。在意大利，欧洲议会于2006年发现，数据"仍然没有定期收集上来"。[84]

以上所有使进行比较十分困难。我们唯一清楚的是可观而持续增长的多样性。在爱尔兰，对文化消费的公共资助相当于国内生产总值的0.2%，但是在爱沙尼亚占到1.9%。在比利时、奥地利、斯堪的纳维亚国家，这一比例接近1%；在德国和葡萄牙，仅为0.4%。文化事业廉价或者数量繁多，并不意味着人们就会自然而然地因此而消费更多。但仍然值得指出，在政府开支最为慷慨的区域，开始享受戏剧、音乐和舞蹈表演的人也多一些。这就是在斯堪的纳维亚国家和爱沙尼亚的情况。德国的上座率也高于平均水平，在那里政府虽然资助相当少，但其中大部分开支都投到表演性艺术上了。[85]

社会学家已经强调了阶级和教育对品位的影响。同样重要的可能是，不同国家有各自偏爱的品位和艺术形式。在美声之乡意大利，人们现今很少去剧院或音乐厅，这或许并非巧合，因为表演性艺术不得不靠"遗产文物"的残羹冷炙勉强维生。可以论断的是，每个国家会选择不同的私人和公共消费组合。英国和德国家庭的文化支出超过平均水平，而按照欧洲的标准，这两国政府在文化支出上相当吝啬。然而，更加普遍的是一种共生关系，即在那些政府投入文化方面较多的国家，私人投入也相对较多。丹麦人、芬兰人和奥地利人的文化投入占家庭预算的比例差不多是意大利人、西班牙人和葡萄牙人的两倍。[86] 就政府对私人消费的影响而言，这可能也是一个很好的例证：在那些政府重视文化活动的地方，公民也会重视，至少在民主社会是这样的。

太多选择

从 20 世纪中叶以来，私人消费的增长就与公共消费的显著增长相伴。在市场上，越来越多的选择伴随着政府资助的学校、医院和社会福利出现。到 20 世纪末，一个大问题出现了：公共服务该如何回应各种各样的私人选择？公立医院里的病人为什么要受到与购买其他医疗服务的病人不同的对待？难道他们不都是消费者吗？

许多丰裕国家专注于福利改革，但是这股热情在 2000 年前后的英国最为高涨。托尼·布莱尔将公共服务的"商业化"作为新工党政府的口头禅。一份政府白皮书强调："开放和有竞争力的市场"是"对消费者有利交易的最佳保障"。[87] 这不仅仅要出现在收银台。布莱尔说："我相信，无论是在公共服务还是其他服务上，人们的确想要选择。"[88] 按照这种看法，新工党只是在回应社会的变化。从成为福利国家以来到现在，英国已经彻彻底底地改变了。丰裕已经创造了一个消费者社会，他们希望自己被当作独立的个人来对待。而政府需要做出相应的改革。中产阶级已经通过插队或者选择完全退出队伍的方法，利用这套系统的规则让自己获利了。赋予穷人在供应者之间进行选择的权力，也会赋予他们同样的力量。这将给公立医院和学校施加压力，迫使它们提高服务质量。一些左翼人士对此感到震惊。他们说，公共服务中的选择将造成赢家通吃的局面，牺牲其他人的利益。这会巩固一种自私的个人主义，并牺牲公平和团结。按照这一看法，消费者越多，公民就越少。[89]

这些互相竞争的立场在当时很有政治意义。对布莱尔政府来说，公共服务的"消费化"，用官方的语言来说，是一种解决形象问题的方法。新工党已经打开了公共支出的水龙头。看病的排队时间越来越短，而且护士和医生大大增加。统计数据显示，死于心脏病的人数越来越少。然而，一次又一次民意调查显示，英国人对政府取得的成绩非常悲观，甚至有些冷嘲热讽。公共服务的名声很糟糕，每年会收到 100 万份以上的投诉。而且几乎没有人相信，政府可以解决这些问题。[90] 政府借鉴了客户服务的基本手册：选择将改善客户体验，最终带给新工党应得的信誉。"以消费者为中心",也解决了合法性缺失的问题。党员数量在下降,选举的投票率也是如此。如果 40% 的选民待在家里,那么政府还有什么权威?一个回答是,政党也必须回应丰裕,其途径是把公民当作消费者来接触。和通常一样,这是一种相当狭隘的英国看法。它忽视了这一事实:德国、西班牙和其他丰裕国家在选举时,都享有很高的投票率。同样地,左翼人士似乎有充分理由警惕选择。布莱尔的改革建立在保守党于 1991 年引入的《公民宪章》(Citizens' Charters)的基础上,因而"第三条道路"似乎是一条迅速滑向新自由主义的道路。

然而,从历史视角出发,这两种对消费者形象的侧写是同样毫无帮助的。它们涉及两种基本的误解。一个关乎时间顺序。消费者并不是战后丰裕时代的产物,他们那时就已经发展成熟。另一个关乎消费者的"脱氧核糖核酸"(DNA)。自由选择只不过是其双螺旋结构的一股。社会正义和民主权利同等重要。正是这些因素结合在一起,才在 1900 年左右突然把消费者推到了公共生活的中心位置。1906 年,英国消费者捍卫购买廉价商品的自由;他们同样关心穷人的面包和民主的责任。在 20 世纪早期的美国,进步人士之所以同垄断和欺诈现象做斗争,不仅因为它们损害个人("消费者受损"),而且因为它们腐蚀了公共生活。与此同时,在巴黎、维也纳和柏林,消费者联盟意识到他们的选择应该用来改善工人和店员的福利。认为公民和消费者是对立关系的,甚至是相互排斥的观点,会让更早几代人困惑不已,而"选择都是为了满足个人需求"的想法,也一样会让他们觉得不知所谓。[91]

将政府对消费者的支持看作对不可避免的丰裕需求的突然回应,这同样是不明智的。国家对消费者的回应由来已久。1962 年 3 月,一个寒冷的星期四,当肯尼迪总统在华盛顿特区向国会发表关于保护消费者利益的演说时,对消费者的神化就到来了。肯尼迪列举了四项基本权利:安全权、知情权、选择权和被倾听权。这四点已经成为消费者保护的全球性基石,在每年的 3 月 15 日(世界消费者权益日)被人们谨记。如今它们为人引用太多,以至于只能引发微弱的注意。因此,为了理解它更广义的精神,我们有必要重新完整聆听这一演讲。肯尼迪的演讲以这句话开始:

"消费者包括了我们所有人。"他们是经济中的最大群体。然而,他们也是唯一"观点经常得不到倾听"的群体。美国人现在空前富裕。与此同时,他们接触到了以雪崩般速度涌现出来的复杂的新颖产品,而且受到"日益非个人化的"市场营销的影响。肯尼迪指出,市面上 90% 的处方药在 20 年前都是不为人所知的。广告商开始使用"高度发达的说服艺术"。为了评估某个产品的价值、安全和质量,"家庭主妇不得不成为业余电工、技工、化学家、毒理学家、营养学家和数学家"。即使是这样,她都看不到许多重要信息。然而,肯尼迪对消费者权利的呼吁,不只是为了解决市场不完善的问题。他强调,政府也必须"履行对消费者的责任"。"几乎所有"的政府项目"都对消费者有着直接或固有的重要性",从医疗护理和公共运输,到公园和能源。

肯尼迪是在丰裕达到鼎盛时发表这一演讲的。但是,他的演讲受惠于一个进步主义传统,它可以一直追溯到 20 世纪 30 年代的大萧条和 19 世纪 90 年代的不平等。抗议垄断、有害药品和危险食物,呼吁"诚实借贷"和"诚实包装",所有这些斗争都是由早期的积极分子和黑幕揭发者开始的。然而,除了加强现有的法规,肯尼迪还为政府指定了新的责任。这些包括"中等收入家庭"的廉价住房、运输安全和廉价且充足的天然气供应。选择不只是让个人在市场上自由购物。消费者权利将会提高所有人的生活水准。它们构成了民主哲学的一部分,用肯尼迪的结束语来说,这种哲学认识到,"我们共同承担保护公共利益的责任"。[92]

铭记战争和饥饿的欧洲民众或许会因肯尼迪提到一家美国超市陈列 6000 种不同食品而惊讶。尽管如此,就消费政策而言,几乎每一个地方都在朝着社会自由的方向发展。穷人和富人都得到选择权的承诺,但是也得到保证,不会被欺骗。逐渐出现的共识是,既要有竞争性的市场,也要有对消费者的保护。不同国家间的差异在于,如何在二者之间实现平衡,以及由谁来保护消费者。英国倾向市场,并交由信息来完成这一工作。消费者协会监督肯尼迪提出的原则中的三项(选择、安全和信息)得到贯彻,而政府只在一旁观看。1957 年,英国监管机构的内刊《哪些?》(*Which?*)开始对比测试。10 年后,它已经拥有 50 万以上的订阅者。由政府资助的全国消费者委员会直到 1975 年才成立。与之相反，在一些具有中央经济统制传统的国家，产品检验更可能在国家机构内部进行。在丹麦，政府的国内经济委员会负责检验产品，并处理消费者的投诉。1957 年，瑞典成立了全国消费者委员会和国家消费者事务研究所，以及一个企业联合董事会。在斯堪的纳维亚国家，国家承认消费者的权利，这并非仅仅出于仁慈，而是因为这可以促使他们进行理性计划。国家想要保护消费者，也同样想要引导消费者。必须教会消费者充分利用可以获得的有限资源，以提高国家的生产力。

法国试图两全其美——既要积极的国家，也要充满活力的社团文化。除了两个常规组织（检测组织"精挑细选消费者联合会"和消费、住房及生活环境协会），到 20 世纪 80 年代，已经有了 7 个女性和家庭消费者团体，以及 6 个在工团主义的共同所有权理念启发下建立的协会，还有许多租客和其他专业人士团体。这是一个拥挤的市场，有足够多的声音代表消费者说话。正是在 20 世纪七八十年代，国家热心地进入这一战场。1972 年，共和党领袖、经济部长吉斯卡尔·德斯坦称，消费者被视为"沉默的临时演员"，而不是作为主角。四年后，德斯坦成为总统。他设立了一个国务秘书的职位，用于保护消费者的权益，并指定克里斯蒂娜·斯克里夫纳担任。这位哈佛大学商学院的毕业生，不可避免地被新闻界誉为"消费夫人"。似乎是不甘示弱，在弗朗索瓦·密特朗的治下，社会党人在 1981 年成立了整整一个消费部。1982 年，一项法律赋予消费者在国有企业的理事会中的代表席位。[93]

事实证明，想要在全球这样一个层面取得进展，更为困难。理论上，消费者是典型的世界公民，是来自四面八方货物的接受者。20 世纪 60 年代以来，全球化的复兴或许将他们迅速推到全球政治的中心舞台。开始的一些进步令人振奋。1960 年，在海牙，17 个国家组织走到一起，建立了国际消费者联盟组织（International Organization of Consumer Union），即国际消费者协会的前身。20 世纪七八十年代，消费者运动在印度、新加坡和马来西亚纷纷爆发。国际消费者联盟组织此时赢得了来自世界各地的支持，并向联合国寻求支援，以保护每个地方的消费者。然而，随着运动的进一步扩散，意识形态的分歧在发达国家和发展中国家之间扩大了。这在某种程度上反映了物质条件的鸿沟。在丰裕的美国，保护消费者意味着一回事，而在发展中国家马来西亚，则可能是另一回事，两者大相径庭。在发展中国家，首要的问题是获取食物和住处、净水、教育和其他基本物品。选择只不过是富人的权利。国际消费者联盟组织亚洲区总负责人安瓦尔·法扎勒走得更远，他干脆直接将选择权从消费者权利清单中移除了。[94]

发展中国家在国际消费者联盟组织要求越来越高的计划中打下了自己的烙印。1978年，该组织的纲领将贫困救助和环境置于消费者保护的核心位置。消费权利与随之而来的社会和生态责任相平衡。在富裕的北方国家，这些呼吁并非没有改革志士响应。20世纪60年代末，由于曝光汽车爆炸和企业滥用职权，拉尔夫·纳德在美国声名鹊起。他开展活动，呼吁从炫耀性消费向良心消费的转变。联合国发布的《消费者保护的指导方针》（1985年），证明消费者已经抵达了国际政治的走廊。肯尼迪的原则逐渐发展为一项有关消费者权利的国际法案，包括对公正、公平和可持续发展的强调。从芬兰到巴西，这一指导方针成为消费者权益法律的新的重要参考。[95]

然而，这一指导方针的出台远非轻而易举，并预示着即将到来的困难。虽然在美国国内发起了一场保护消费者的战斗，但是美国在国际上步伐缓慢。美国公司抗议对其外国市场的干预。当联合国大会就一份被禁的不安全产品国际清单进行投票表决时，美国投了一张反对票。美国代表团极力抵制1985年的指导方针，当无法阻止它们时，就确保这些条款的要求低于美国国内的标准。

让我们回到华盛顿。消费者保护和"纳德突击队"引发了企业对法规约束的强烈抵制。肯尼迪法案象征的战后和解，用所有人的更好生活来平衡个人的选择。里根政府则将其撕毁得一干二净。剩下的只是选择。放松管制有赖于企业来维持其内部秩序。美国国会要求联邦贸易委员会暂停对儿童电视广告以及类似主题的调查。消费品安全委员会勉勉强强才从试图将其废除的行动中幸存下来，但此时它只能更多地去关注自愿性标准了。

从全球来看,所有的目光都转向贸易开放。在消费者运动抵达全球政治的走廊时,这一举措伴随着乌拉圭回合贸易谈判在1986年的开启,也在暗中展开。这一谈判花费了10年时间才结束,成果便是世界贸易组织在1995年建立。在低收入和中等收入国家,关税从20世纪80年代初的39%左右降至2000年的13%。[96]消费者可能是更加自由的商品流通的受益者,但毫无疑问,他们没有被邀请到谈判桌上。更糟糕的是,自由贸易造成一些人与另一些人的对立:前者认为自由贸易是消费者的最好伙伴;后者是发展中国家的激进分子,认为自由贸易粗暴地践踏了社会正义和当地发展。

选择的动力是自上而下的,得到新自由主义的"华盛顿共识"缔造者的支持。同样有趣的是第二种自下而上的动力。它并非由律师、经济学家和商人带头,也不关于在外国土地上挥舞市场的魔杖。它来自普通百姓,他们作为公共服务的使用者而要求被倾听。今天,福利国家经常被嘲笑为"保姆国家",撒切尔和里根将受压迫的公民从中解放出来。然而,它并非总是专横跋扈、顽固不化。公共服务为选择提供了它们自己的实验室。首先,某些选择是经过官员和提供者的斟酌决定后授予的。最后,接受者也开始主张他们自己的权利。

一个重要的竞技场就是公共住房。在英国,对选择的第一波支持是自上而下的,始于20世纪30年代,当时正在认真清理贫民窟。由谁来决定用什么颜色的窗帘装点新公寓,政府还是房客?利兹市的住房负责人R. A. H. 莱维特是一名专业建筑师。他受维也纳的卡尔·马克思大院的启发,将高层住宅的生活方式带回英国,建造了八层的采石山公寓。莱维特不顾那些要求一致性的吵闹呼声。他主张"房客的品位并不总是好的",他们可能需要建议,但是"剥夺房客的那点个性表达,将是一种倒退"。对公共住房实行管控是必须的,"但是它应该受到限制……毕竟在这个国家,我们仍然以民主为荣"。[97]战后,尽管财政紧缩、燃料缺乏,但是曼彻斯特当局还是让房客自己选择,在搬进廉租房后是要煤气炉还是要电炉。然而,选择是有限度的:未来的房客将永远被迫接受第一批房客做出的决定。[98]

到 20 世纪 50 年代末，这些姿态已经不够好了。房客们开始抱怨，他们的地方当局专横霸道、反应迟钝，做事马马虎虎。之前的一代人非常感激政府将他们从贫民窟的私人房东手中解救出来。随着贫民窟不再常见，房客们开始要求更多。这一情绪波动是两种力量共同作用的结果，一个是物质方面的，另一个是文化方面的。紧缩的预算和糟糕的规划，迫使像曼彻斯特这样的城市匆匆忙忙地把公寓建好。工党也向人们许诺"新耶路撒冷"。但是打开新家的房门时，房客经常发现里面潮湿不堪，到处都是霉斑。在曼彻斯特贝斯维克地区的廉租房里，窗户甚至掉落到地面上，因为紧固件不够牢固。

同样重要的是，随着收入的增长而来的不断增长的预期。家——其舒适度、财物，以及因财物而变得可能的社交生活——便是这些预期的表现。20 世纪 50 年代，家庭用品上的开支翻了一倍。到 20 世纪 60 年代早期，许多房客获得按照自己的喜好改变隔墙位置的权利。住房部的一份官方报告承认，不仅个人选择很重要，还有必要加强问责制。房客希望受到公正对待，并且有权进行申诉。[99] 它没能解决维修这一棘手问题。毕竟，不同于租住私人房屋者，廉租房住户如果不满意的话也没有搬家的选项。对保守党来说，这一区别依然不言自明。1963 年的保守党住房政策强调，"在一个自由国家，当条件允许的时候，住户必须做好支付房屋费用的准备，否则，他将几乎没有选择的自由"。[100] 这不太可能安抚廉租房住户的不满情绪。他们一边等着修理，一边被要求支付不断增长的房租。随着这 10 年过去，一些人将管理委员会告上法庭，另一些加入了抗议游行队伍和租户协会。穷人也许被迫依赖国家。尽管如此，一个协会仍表示，他们应该拥有"无可置疑的权利"，去决定关系到他们日常生活、家庭和社区的事务。[101] 在 1979 年的双重计划中，撒切尔为那些选择买房的人提供"购买权"，为那些选择不买房的人提供一份租户权利章程，她利用了之前人们的愤怒情绪并由此获益，但这股情绪并非由她创造。[102]

病人权利运动是第二个重要的竞技场。病人要求获得相对于专家和权威的声音更大的话语权。虽然医疗服务由公共、私营和慈善机构混合提供,但是选择和发言的问题同样在这一公共部门中存在。到20世纪70年代初,"健康消费者"已经进入了政治学辞典。和房客一样,病人转型成为消费者,这一现象并非始于新古典经济学,而是始于对权威的批判和唯意志论的复兴。病人团体在自助方面表现出新的自信。它的起源要一直追溯到20世纪30年代,与美国匿名戒酒会(Alcoholics Anonymous)的出现,以及人们对顺势疗法兴趣的增长相伴而生。二战后的数十年内,真正的井喷式发展到来了。在英国,那些年出现了心理健康慈善基金会(MIND)、全国麻痹患者协会、肌肉萎缩患者团体、患者协会和一系列其他互助团体。[103]

在患者组织和租户协会之间,存在一个重要差别。不同于住房领域(在那里,从来就没有足够的资金来填补所有漏洞),医疗领域见证了比以往更多的医生和药物。唯意志论是一种回应,针对批评者口中的"医疗工业综合体",以及其对昂贵且只能凭处方购买的药物治疗的垄断。因为过于专业化、态度疏远和严重依赖制药企业的宣传,医生的权威受到挑战。他们需要停止扮演上帝的角色,并倾听病人的心声。除了医疗安全这一固有要求,美国和英国的活动者也要求更多的隐私、对精神疾病患者的法律保护,以及停止未经同意的医学试验——这些试验仍在进行,尽管法律允许继续进行这些纳粹做过的暴行是件令人难堪的事。他们坚决要求,治疗必须更多地让病人主导。正是在消费者运动开始更加普遍地以不负责任的企业和政府为目标时,这些需求才来到了台前。纳德的消费者权益保护团体"公共市民"(Public Citizen)的第一个分支是"医疗调查小组"(Health Research Group)。美国公民自由联盟开始捍卫"医疗消费者"的权利。病人的声音和公民消费者的声音协调一致。

就像家喻户晓的精灵故事那样,一旦医疗消费者从瓶子里出来,就很难再加以控制。起初,倡导患者权利的积极分子看起来获得了胜利。1973年,英格兰和威尔士成立了社区健康委员会。这些机构的目的是作为消费者的监督机构,帮助病人解决各种问题,从投诉和更灵活的问诊时间到更好的医院伙食。事实上,大多数委员会不敢发声。20世纪70年代,随着时间的推移,医疗消费者被国家和企业劫持。

在拥有国民医疗服务体系的英国,政府关于自我照料的兴趣既是医学方面的,也是财政方面的:更加健康的公民和积极的志愿者是治疗不健康的公共财政的一剂良药。1976年,当时工党的卫生大臣兼训练有素的神经科专家戴维·欧文博士指出:"每个人都知道,钱会越来越少。"人们必须意识到,"健康不单单是国民医疗服务体系提供的,而是所有个体都要对自己的幸福负责"。他补充道,需要志愿者去参与照顾病人、老年人和"出院的精神病人"。[104] 一年前,欧文批准了政府给予患者协会一笔政府补助金。自助和唯意志论的原则第一次被借鉴过来,然后又被国家加以管控。1979年,保守党重新上台,加快了这一进程。然而,撒切尔和梅杰的政府越是支持个人选择,打着"代表病人"的旗号做出的选择就越多,但这些并非病人自己做出的选择。具有讽刺意味的是,改革最终以将新的权力移交给医生和管理者为结局。对活动家来说,个人选择本来是一个广大的理想,容纳了关于机会平等的集体关切和个性化治疗的要求。一些人甚至提议,作为纳税人,消费者应该参与监督医疗供应商。毕竟,正是他们为国民医疗服务体系买单。到了保守党在1991年发起《病人权利宪章》(Patient's Charter)时,医疗消费者已经在"准市场"中缩水为个体消费者。[105]

类似的选择紧缩同样发生在美国。由于缺乏全面的公共医疗服务,这种现象只会发生得更加迅速。消费者和患者团体(两者即使在最好的情况下,也不曾是最紧密的联盟)被医药游说集团击败了。到20世纪90年代,美国人的一半医疗保险由政府税收资助。[106] 为了抑制医疗费用的螺旋式增长,政府促使医生之间的竞争更激烈,并鼓励私人的健康维护组织(Healthy Maintenance Organization)降低费用。患者授权变成了一项商业活动。消费者过去希望拥有更多的信息和选择。现在他们被这些淹没了,只要负担得起。对于那些没有医疗保险的人来说,选择是无关紧要的。甚至在斯堪的纳维亚国家,个人选择也挤进了福利事业。2003年,丹麦赋予老年人一项在私人和公共护理之间进行选择的权利。财政部充满哲学意味地说道,选择的自由明确表达了对人性的一种民主观点:只有公民才知道什么是对他们最有利的,而非制度。[107]

房客和病人为了温暖的住房和更好的治疗而斗争，但是他们也反映了战后西方民主国家政治氛围的整体性转变。公共服务迫于压力，不得不把用户放在第一位，而不是将他们视为应获得慈善援助的对象。对用户的重新定位，考验了国家和公民、统治者和被统治者之间最基本的关系。如果政府不是为人民而存在，那是为谁呢？谁保护公民不受国家的不法行为伤害？答案来自瑞典：监督专员（Ombudsman）。

监督专员办公室成立于1809年，目的在于监督政府官员，并保证法律按照国王的意志来执行。一个强大的国家受到法律的制约。正是在20世纪，监督专员从王室利益的守护者转变为护民官。其主要事务是保护民众的权益不受支配一切的国家侵害。监督专员由议会任命，有权质询裁决。20世纪50年代，成千上万的瑞典人对法院行为、行政失职和警察的严苛手段提出申诉。这个瑞典词语挂在全球所有人的嘴边。1955年，丹麦首次引入监督专员这一制度。七年后，新西兰也出现了这一制度。1967年，这一官职自新西兰进入英国。独裁统治结束后，监督专员制度在20世纪80年代进入西班牙和葡萄牙；之后，波兰和匈牙利也引入了这一制度。在我写作本书时，英国已经有24名监督专员，处理事务的范围从投诉警察、帮助那些错买保险单的消费者，一直到足球裁决投诉。[108]

监督专员制度为什么会在全球范围内推广开来？原因之一是这一时期特有的社会民主阵营。监督专员帮助社会协调快速发展的国家与对市场和民主的承诺这两者的关系。这是标准的解释。另一个可能同样重要的原因是公民习性的变化。如果每个人都对不法行为忍气吞声，那么监督专员就没有事情可以做了。

一些迹象显示，更高的丰裕程度鼓励了投诉行为，这部分是由于不断增长的预期，部分是由于投诉渠道的数量和容易程度都以指数方式增加。一些投诉增加的情况也和商业方面消费者服务的拓展有关，虽然消费者服务的标准仍然相差巨大。此外，国家也值得称道。在一个熙熙攘攘的市场里，一个不满意的购物者很容易转移到别处进行消费。如果说一座城镇只有一家自来水公司，想要这么做就不可能了。以国家为后盾的消费者投诉部门和"替代性争端解决机制"的推广，都使"声音"有了新的表达渠道。在集体救济机制存在的地方，消费者会利用它们——在欧洲，西班牙和葡萄牙就是很好的例子。在一些国家，如果行动需要得到每一个受害个体的授权（如法国），或者庭外和解很困难（比如荷兰），那么消费者就不会利用这些机制。葡萄牙的消费者权益保护协会就是一个特别成功的集体诉讼模式的一部分。在代表全国消费者起诉葡萄牙电信公司时，它最终赢得了1.2亿欧元的损失赔偿。同样地，在集体救济机制相当到位的西班牙，消费者往往利用它们来维护自己的权益。例如，银行用户协会就代表2万投诉者以非法抵押条款起诉了101家银行。[109]

科技同样促进了"声音"的表达。现在，那些感到电价太高的消费者只要点击一下鼠标，就可以在网上表达自己的沮丧之情。他们是否要这样做，一定程度上取决于是否相信自己的投诉会得到公正的处理。而这一点在不同社会差异极大。投诉的制度和文化是相辅相成的。这一点或许并非巧合：投诉者最多的国家往往有以下这些最为坚实的传统——监督专员、投诉程序和对法治的信任。2008年，三分之一的瑞典人通过正式渠道进行投诉，而在丹麦、英国和德国，这一比例为25%，在意大利，甚至不足10%。[110]一些人采用创意十足的手段进行投诉。2005年，在赫尔辛基，一群芬兰人率先组织了投诉合唱团，用合唱的方式抱怨说："我们总是在冰球和欧洲歌唱大赛上输给瑞典……"从此，类似的合唱团在圣彼得堡、墨尔本、新加坡和其他20多个城市相继成立。在汉堡，歌手们的抱怨是针对过于复杂的德国税收单。布达佩斯合唱团宣称，匈牙利人是投诉方面的世界冠军。[111]甚至在英国这一内敛、沉稳的国家，第一个合唱团也在伯明翰成立。[112]

监督专员是一个很好的例子，它反映了不同国家在思想和制度上的生动交流。长期以来，这种跨国交流都是消费者运动的一个组成部分，可以追溯到1900年的买家联盟和再往前一个世纪发生的反奴隶制的抵制商品运动。欧盟增加了一个新的超国家维度。欧洲官员花了长得惊人的时间，才同消费者"两情相悦"。20世纪60年代，在布鲁塞尔，几乎没有人会提起"消费者"这一词语。20世纪70年代中期以来，欧洲法院才开始协调各国在安全和质量上的标准。只有到了1987年，《单一欧洲法令》

(Single European Act)才将消费者保护的"高标准"纳入其中。[113] 觉醒姗姗来迟,这是有充分理由的。自1789年法国大革命以来,法律的精神就在于捍卫普遍的公民权利,因此,针对消费者,没有特别的保护。赋予消费者特殊权利,将会违反平等主体之间的契约自治原则。律师和经济学家也都倒向了一个简便的假设,即消费者在市场中天然具有"主权"。20世纪70年代打破了这一沉默。随着政治一体化的进程陷入瓶颈,欧洲的官员和法官将方向转向经济一体化。消费者将成为火车头,选择和竞争是燃料。一种全新的欧洲公民诞生了:"市场公民"。几个世纪以后,1987年,德国啤酒制造商被告知,他们的啤酒并不比比利时的拉格啤酒更健康,并且限制纯度的相关法规被废除。消费者有权选择想要哪种啤酒,挡在他们路上的任何国家障碍都必须被清除。选择会赋予消费者权力,这是官方的理由。它同时也赋予了欧盟委员会权力。

从包价旅行的指导意见到上门推销,许多欧洲政策加强了成员国内部对个人选择和竞争性市场是保护消费者利益的最佳手段这一点的不断强调。只看到新自由主义因素的作用并就此打住,这有点过于简单了。欧洲的故事还在继续,对基本需要和社会责任的关注再次焕发了活力,在过去它们曾经激发了消费者运动。欧洲消费者绝不仅是这样一些购物者:跨越边境,就是为了购买一整车便宜的酒。其中之一是伊冯娜·瓦茨,一名75岁的英国公民,有严重的髋关节炎。2003年3月,由于持续疼痛,瓦茨太太放弃了在贝德福德当地医院排队等候的念头,去了法国。在那里,她花了相当于3900英镑的价钱,换了一副法国产的新髋骨。但向英国国家医疗服务体系要求报销时,她遭到了拒绝。于是,她去欧洲法院申诉,并获得了胜利。等候时间必须基于对患者临床需要的医学评估,做到"可以接受"。英国被要求调整对医院等候名单的管理方式。[114]

"易受伤害的消费者"这一理念也再次获得了关注。作为欧盟的咨询机构,欧洲经济和社会委员会在1999年观察到,"并非每个人都有必要的自信和魄力自主选择,做出明智的决定"。[115] 它指出,在社会底层,许多人根本无法拥有住房和其他基本商品。为了使选择对低收入群体和单身妈妈而言具有意义,首先必须赋予他们权利。气候变化问题或许比其他问题更多促使欧盟从更加全面的角度看待身为公民的消费者。消费者同样是环境污染的生产者。我们将在关于废弃物的那一章（参见第15章）再讨论这个话题。对欧盟来说，现在的个人选择必须受到对于未来的社会责任的约束。这是一个崇高的理想，但是也包含了现实的两难困境。欧洲一体化的全部要旨在于商品和人员的自由流动。要想获得低碳环境，就必须减少开车、航班和货物运输。除非物理定律失效，否则，很难看到欧洲一体化计划怎样可能同时实现这两点。

因此，对消费者的神化充满了矛盾。随着越来越多的房客、患者、学生和其他许多人出来主张他们作为消费者的权利，这一身份也变得越来越碎片化、分散化。这给维护消费者权益的人带来了严重的困境。例如，在英国，全国消费者委员会在2007年总结道，在一个多元社会，对于统一的公民的呼吁已经不再具有意义。相反，任何服务都必须回应消费者的多元性。次年，英国的全国消费者委员会被废除。[116] 无论我们自己怎么看待这一论断，历史教训似乎都很清楚。在今天这个消费者的时代，相比一个世纪之前，将消费者组织起来要困难得多。选择应当承担一些指责，但是我们对此也决不能夸大。引人注目的是，在英国，同样是全国消费者委员会，为养老院里的老人、用水者和其他没有选择机会的人群站了出来。

英国要求选择的呼声最大，也引起了最多的关注。而英国的经验在让我们意识到政治抱负与社会现实之间、政治家所言所欲与大众所闻所做之间都存在鸿沟这一点上，同样很有启发性。当涉及公共服务时，研究者发现，对选择和消费者的呼吁惹恼了大多数用户和供应者。正如一名警察直截了当地说的那样："我们不是特易购、玛莎百货或英国电信公司。我们不属于消费品或家用电器……我们提供的是警察服务……作为一项公共服务，我们服务于公众。"报警或去医院就是不同于购物。一名医疗服务用户说："如果我在商店里，我只不过是为了买一些东西，我和那里没有任何关系……在医院里，我可不想成为顾客。我要当病人。"人们希望当地的休闲中心满足自己的需要，但是不以牺牲其他人为代价。几十年的政策倡议和呼吁选择的做法几乎没有消除这样一种根深蒂固的承诺，即公共服务要有公平性。

不管许多政治家相信什么，我们仍然完全不清楚丰裕是否造成了政治上的冷漠。媒体调查发现，英国人有很强的公共关系意识和对政治的兴趣，他们只是不相信政治家。抗议和其他类型的消费政治是否必然让旧有的公民参与形式元气大伤，这是值得怀疑的。与之相反，历史显示，前者往往会加强后者的力量，正如在19世纪早期争取投票权的激进运动所显示的，以及在20世纪早期再次显现的那样。今天，那些最可能出来抵制某一产品的人，也是那些在地方政治中最为活跃的人。[117]

第 13 章

家乡与远方

我们已经看到,消费改变了时间。同样重要的是,它也改变了空间。产品和人员比人类历史上任何时候走得都要远。这对人们与商品,以及与商品生产者的关系会产生怎样的影响?显然,这是一个重大问题,需要用一整本书来回答。以下这一章则不得不缩小篇幅,并试图通过三条空间轴线提供一些提示性的答案。这三条空间轴线分别是购买商品,以表达对他人的关心;重新发现地方食物,以及它们对于身份认同的作用;最后,人员的迁移对传播新口味和新产品的影响。

销售的道德

我们生活在一个"公平贸易"的时代。今天大约有 2.7 万件"公平贸易"产品[1],它们向消费者保证,在发展中国家遥远的生产者会收到自己用汗水和辛劳赢得的公平报酬。2007 年,2000 万枝公平贸易玫瑰开放。两年后,公平贸易产品的全球销售额达到 34 亿欧元,惠及 100 万以上的农民和工人。公平贸易城镇大量涌现。英国兰开夏郡的加斯唐是其中第一个,始于 2000 年,后来在 24 个国家又出现了 1000 多个这样的城镇。2006 年,"公平贸易两星期"在英国举办了约 8000 场活动,从同香蕉生产商见面到时装秀和"女性呵护夜"。在洛锡安,有"枞果热";在多塞特,有学步幼童和老人集会。

荷兰在 1988 年第一次引入公平贸易标签时,它还是一项边缘运动,但是它现在已经进入资本主义的中心堡垒。2006年，甚至折扣超市阿斯达都开始推出公平贸易橘子。在美国，你可以在流行连锁店唐恩都乐（Dunkin' Donuts）把甜甜圈浸到公平贸易咖啡里。像星巴克和吉百利牛奶巧克力这样的全球知名品牌都做出了100%的公平贸易承诺。现在，公平贸易已经影响到生活和休闲的方方面面。2007年，荷兰中央银行开始用公平贸易棉花来制作10欧元的纸币。那些认同公平贸易理念的人在去世后可以躺在公平贸易棺材——在孟加拉国由竹子制作——里下葬。电影明星抽出时间担任大使，在新闻媒体的簇拥下拜访布基纳法索的棉农。道德贸易甚至进入了足球场：2011年3月4日，德国足球巨头多特蒙德俱乐部利用主场比赛推广了"公平竞争匹配公平贸易"运动。在俱乐部的侧厅，粉丝们有机会了解"高质量的公平贸易产品"。中场休息时，球星们参加了一场点球大战，而体育场的屏幕被用来介绍公平贸易原则。屏幕上，多特蒙德队教练尤尔根·克洛普在起居室与一根公平贸易香蕉合影。他们在盖尔森基兴的当地对手沙尔克04俱乐部似乎不甘落后，也推出了自己的"公平比赛/公平饮料"沙尔克咖啡。[2]

这种对公平大张旗鼓地宣扬意味着什么？拥护者和批评者一致强调个人选择和市场的重要性。对前者来说，公平贸易之所以取得成功，是因为数以百万计的购物者逐渐意识到他们钱包的道德力量。某些评论者宣称，一种"新的道德经济"已经来临。[3]与之相反，批评者只看到一块道德的遮羞布，它一方面让丰裕的发达国家的消费者自我感觉良好，另一方面却使全球贸易和不平等保持原样。但是，公平贸易不仅仅涉及个人选择（无论是否自私自利）。除了购物者，它的形成也受到政治、宗教和社会运动的影响。

就产品和国家来说，公平贸易是一个高度多样化的现象。真正实现了公平贸易的只有少数几种商品，尤其是咖啡、巧克力、香蕉、鲜花和糖。其他商品和高附加值产品的扩张则让人失望。例如，公平贸易棉花的销售在21世纪头10年末下降了。如果从全球背景来看，连在西方大街上销售的公平贸易咖啡取得的进展也没那么让人印象深刻了。2009年，它仅占世界咖啡交易量的1%。一定程度上，公平贸易的增长十分引人注目，

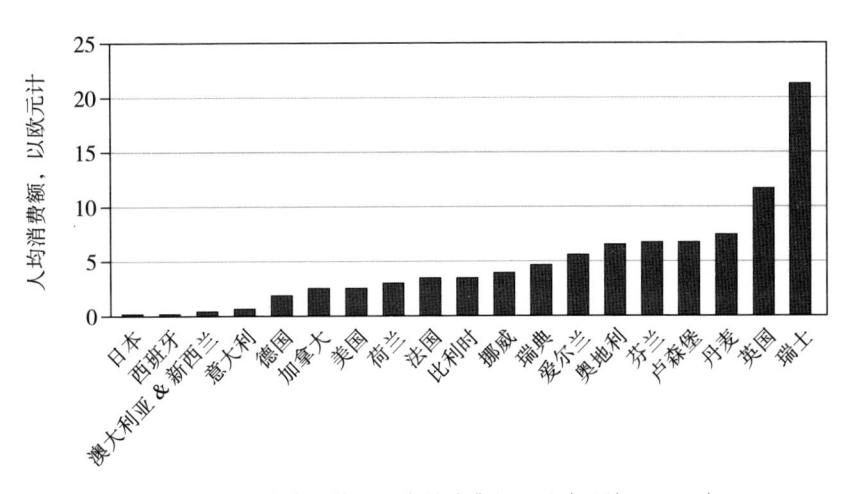

图 13-1a　年度人均公平贸易消费额，以欧元计，2007 年

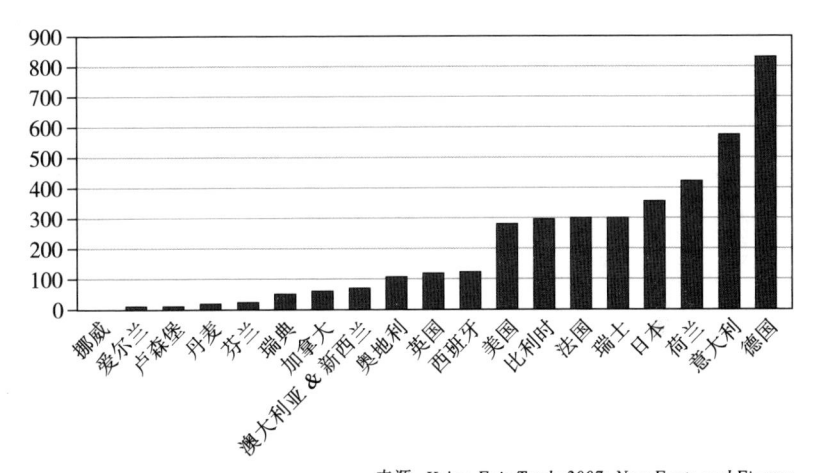

来源：Krier, *Fair Trade 2007: New Facts and Figures*。

图 13-1b　世界商店 / 公平贸易商店的数量，2007 年

这是因为它的起点非常低，然而，现实是公平贸易的商品仍然很难进入购物篮。瑞士消费者走在世界前列，但即使是他们，每年每人在上面也总共只花费了 21 欧元。2008 年，英国人平均花费 11 欧元，德国人仅 1.7 欧元，相当于一整年只买了一打香蕉。将这些数字和食品的一般价格进行比较是有启发意义的。1975—2007 年，这一时期是食品价格低廉的黄金年代。总体价格下降了三分之一。西方家庭在付款时节省了一大笔钱：在道

德溢价的情况下还能找回些许零钱。2007年以来，食品价格上升。一开始，公平贸易产品一味前行。2014年，这一进程停止。20年来，公平贸易销售额第一次降低，降幅为4%。它是进入了平台期，还是将来可能重新恢复发展势头并顶住折扣商店的压力，还有待进一步观察。

今天，公平贸易主要表现为两种形式。一种是商业性质的，超级市场的销售额不断增长，但是同时草根运动缺乏力量，英国就是一个显著的例子。另一种是作为社会运动，销售额少，但是在当地的"世界商店"和贸易商店中实现。有热心的志愿者试图提高人们对贸易公平的意识，同时销售来自发展中国家的手工艺品和食品。这些现象在荷兰、德国和意大利更加普遍。

这两种形式反映了这场运动中的一个意识形态分歧，即什么是促进贸易公平的最好方式。是与市场携手同行，还是为另一种可能而斗争？跨国公司雀巢在2005年给它的拼配咖啡（Partner's Blend）贴上了公平贸易商品的标签，这在追求道德的消费者中间引发了大量的深刻反思。对一些人来说，公平贸易产品进入超市，这是一种背叛行为。对27岁的意大利人马特奥来说，雀巢恰恰代表了公平贸易的"对立面"。"大型超市是我们应该加以反抗的事物之一。"它们的公平贸易商品"不过是消费主义"，并使我们的注意力从全球不平等和贫困的根源这些基本问题上移开。与之相反，安德烈亚（35岁）则更加讲求实际。超市是一把"双刃剑"。[4] 诚然，它们没有向购物者呈现贸易公平的全景；购物者可以在更小的贸易商店看见后者。但与此同时，它们也有助于传播公平贸易产品。对他来说，在贸易商店购买的商品质量更高，但是他承认，超级市场更加便利，在没有时间的情况下，他都是在超市购买公平贸易商品的。埃琳娜，一名50多岁的职业女性，对此表示同意。

关于品牌和超市的矛盾情绪，反映了更加根本的分歧："公平"意味着什么。它说的是给农民公平的报酬，还是说公平应该沿着整条食物链，从农场延伸到餐桌上，包括加工、运输和分配？2006年，法国标准化协会试图给公平贸易下一个定义，以失败告终。大型企业可能不会同意较小的明加公平贸易商品进口商（Minga Fair Trade Imports）的说法。对后者来说，公平贸易必须包括生产者和消费者之间的小规模地方性交流。在实践中，"马格斯·哈弗拉尔"和"公平贸易"——荷兰和英国主要的认证标签组织——从20世纪90年代起就逐渐把以上问题界定为生产者的公平工资，以及认证过的健康和安全标准。在公平贸易的商业进程中，标签认证是关键的一步。它为公平贸易商进入超市货架做好了铺垫。公司品牌能够就特定的生产线达成一些选择性交易，而不用完全同资本主义断绝关系。人们不用再改变整套生活方式。公平是零散地出售的。

标签认证改变了这一运动内部的平衡。这不是因为世界商店已经消失，或者教堂已经停止销售公平贸易产品。实际上，远不是这样——巴伐利亚城镇的大多数教堂都有固定的公平贸易商品摊位。相反，从20世纪90年代末开始，认证组织的发展速度远远领先于其他组织。到2007年，少于10%的买卖活动仍然通过"替代性的贸易组织"进行。甚至在德国和荷兰（那时，这两国仍有1000多家世界商店做着数量可观的生意），超过3万家销售"公平贸易"商品的超市如今已经凌驾于世界商店之上。

多样性延伸至最受欢迎的商品——咖啡——的不均衡摄入上。斯堪的纳维亚地区的人们最喜欢喝咖啡，芬兰人就有法律明文规定的咖啡休息时间。但是迄今为止，他们在很大程度上避开了公平贸易的那些咖啡品种。巴西人、美国人和英国人是这些咖啡品种主要的消费群体。在芬兰，每人每年消费的12千克咖啡豆之中，只有0.4%属于公平贸易商品。难道芬兰人比盎格鲁-撒克逊人更缺乏道德？这是值得怀疑的。民族品位受到零售业环境和饮食习惯的塑造。自发的选择行为和它没有什么关系。例如，芬兰人早就习惯了哥伦比亚和巴西桑托斯咖啡豆的轻度烘焙组合，据说这种配比特别适合芬兰软性水质。20世纪，"宝拉女孩"（Paula girls）将这款咖啡当成"芬兰"咖啡来营销。她们身着芬兰民族服饰，在全国巡游，替保利希公司打广告，就如何准备一杯怡人的咖啡提供建议。这是一项西方遗产，将遥远的"异域"商品重新塑造为他们自己民族身份的一部分，我们先前就已经观察到了这一点。[5] 公平贸易偏爱更芳香、手工采摘的阿拉比卡咖啡。而这种咖啡豆对许多人来说，尝起来"一点也不芬兰"。在英国和美国，公平贸易咖啡的传播是由咖啡连锁店和超市推动的。

它们为消费者做了选择。在这些国家，人们往往在咖啡馆或路上喝浓缩咖啡和特色咖啡；这些新口味为小型烘焙器和公平贸易咖啡豆提供了销路。与之相反，在芬兰，大多数人喜欢在家里泡咖啡、喝咖啡。大包"芬兰"拼配咖啡享受更大折扣，它们总有推广促销活动。一般来说，在大型折扣商店掌控零售业的地方，比如挪威，几乎没有公平贸易产品和推广它们的小型商店的立足之地。[6]

所有这些并不意味着我们可以忽视选择。20世纪90年代（标签认证取得迅速发展的时期）以来，作为促进贸易公平的手段，选择已经成为公平贸易运动的主导。对于追求道德的消费者的神化，有其政治和文化原因。《国际咖啡协定》（1962—1989年）的配额制度和经销管理组织的垮台留下了一片真空地带。[7] 购物者被要求填补它。消费者要用自己的钱包，帮助因全球政治而处境艰难的小农。

但是，公平贸易也导致人们对企业和国家的信任普遍下降。企业的健康、劳动和环境标准受到严格审查，并被找到了许多漏洞。2000年，乔纳·佩雷蒂在与耐克公司的斗争中，要求该公司在他定制的耐克运动鞋上印上"血汗工厂"字样。这只是记录这种新情绪的若干著名案例之一。在示威游行中，公平贸易的活动者复活了人高马大、脑满肠肥的老板过时而激进的形象，将新自由主义那种赤裸裸的自私力量拟人化。不同于更早的黑幕揭发，消费者现在不那么相信国家能够提供帮助。他们将消费者权益保护握到了自己手中，表彰"好"企业，抵制其他企业。道德变成了购物的一个固定部分。根据2011年的一份调查报告，三分之二的德国人经常运用道德标准来做出购物决策。[8] 引人注目的是，这一趋势并没有扩散到所有富裕社会。在英国这样的自由国家，消费者对于自身力量的意识非常强。与之相反，在挪威，不超过10%的消费者感到他们的声音能够发挥作用。大多数人依靠政府来解决所有问题。[9] 家长制不会孕育出道德消费者。

选择承诺赋权。2005年，在"让贫困成为历史"这一运动中，倡导道德生活的月刊《新消费者》(*New Consumer*)的编辑写道："那些觉得被政治体系剥夺了权力的人知道，通过购买公平贸易商品，他们可以改变一些东西……我们已经通过购物进入这一困境,我们也可以通过购物走出来。"[10] 购物是新的民主政治。除此以外,它也是一件乐事!对良知的呼唤,越来越多地调动了购物的乐趣。公平贸易将自身呈现为一项"生活方式"运动。它与消费和平共处。广告逐渐开始反映这些主流消费文化,挑逗着人们对异国奢侈品和廉价交易的渴望。比如,道德珠宝商"灿烂地球"就通过定制非冲突钻戒,让顾客有机会享受"有良知的奢侈品"。为了适应德国人对便宜货的喜爱,戈帕贸易(最大的公平贸易公司,成立于1975年,是世界商店的供应商)就以"合理的折扣价"向人们提供"世界各地的珍宝"。[11]

因此,公平贸易消费者完美地适应了新自由主义时代。然而,这并不意味着选择就是成功的直接原因。这一联系更多是间接的。在推广公平贸易城镇的运动中,道德消费者的形象是争取公共供应商、零售商和食品生产者的一种方式。具有讽刺意味的是,尽管个人选择受到了特别的关注,但实则是企业和公共机构真正决定性地促进了公平贸易的发展。2008年,发明方糖的大炼糖厂泰莱公司将全部的零售食糖转换成了公平贸易食糖。莫里森超市也开始只买进公平贸易食糖。一年后,吉百利牛奶巧克力也做出了同样的改变。喜欢英国最流行的巧克力的那些人,都开始自动食用公平贸易可可。通常,购物者会买下为他们选择的道德产品,而非拒绝购买。当然,作为回报,企业会用这些承诺告知消费者和股东,它们的道德是有据可查的。但是在购物时,个人选择几乎不起任何作用。同样地,在公平贸易城镇,地方当局也会改变它们的集体采购。一些居民甚至没有意识到这一变化。[12] 在荷兰,大多数政府部门、市政当局和学校都会供应公平贸易饮料。在瑞典,公平贸易协会获得政府补贴。在法国,公平贸易商品在公共媒体上做广告会享受优惠价。2003年,慕尼黑市支持"一个世界"的倡议,在市政大楼、奥林匹克公园和动物园供应公平贸易茶和咖啡。此时,商店和酒店开始注意到这一点,并提供更多的公平贸易饮料。在阿尔卑斯山另一侧的瑞士,政府的支持极大地推动了人们对于公平贸易运动的高度重视。[13]

一些人从公平贸易中看到一个迹象:我们越来越关心遥远的他者。这是对全球化的一种道德回应。哲学家一直在争论不休，这样的关心是否可能。对18世纪中叶的大卫·休谟来说，同情局限于我们的邻人。热爱全人类是一件不可能的事情。与之相反，一个世纪后，弗里德里希·尼采谴责道，"爱邻"是一种自私、堕落的情感，并呼吁人们在更高层次上热爱遥远的他者和未知的将来。这份热爱发展至最高形式时将扩展至一切事物，甚至是鬼魂。[14]

显然，问题在于我们对"关心"的理解是什么。购买一根有证书的香蕉，因为我们觉得这可能会帮助世界另一边的小农，这与日复一日地照料小孩或老人不是一回事。"关爱"（caring for）比"关心"（caring about）的要求更高。[15]前者要求实际的接触，以及理解被关怀的那个人的特别需求和能力。与之相反，公平贸易创造了一种更加遥远、转瞬即逝的关系，并经常造成一种对关心对象的歪曲理解。针对发达国家消费者的道德劝诫，会让人不禁产生发展中国家的生产者无权无势、依赖他人的印象。2007年，公平贸易商品广告这样说道："你选择，是因为他别无选择。"这句话的旁边则是一个饥肠辘辘的非洲儿童形象。[16]小农的技术与能力完全从视野中消失了，同样消失的还有这一事实：他们也是消费者。这些运动一方面在某种意义上重新搭起了桥梁，另一方面也有负面作用，在发达国家强有力的消费者和发展中国家软弱无力的生产者之间制造了一种新的距离感。

实际上，对于公平贸易，南半球的消费者同北半球的消费者一样重要。2002年，在巴西，它被嫁接到农村团结运动中。政府通过预付制度帮助农民。巴西农民被鼓励成为巴西的消费者，而不是美国人或欧洲人购买的商品的生产者。同样地，非洲人既是消费者，也是生产者。在非洲生产的一半公平贸易商品，都在这片大陆上被消费掉了。[17]

今天，公平贸易反映了全球化的矛盾性。随着食品链变得越来越长，消费者越来越不了解那些种植了他们食物的人。与此同时，世界缩小了；相比以往，人们更加清楚地意识到，地球另一边的兄弟姐妹置身于困境之中。二者之间的张力可以追溯到18世纪及以前。新的现象是，在我们这个数字媒体时代，无论多遥远，无视贫困、饥荒和暴力的景象已经不可能了。[18] 公平贸易是将这些同情转变为实际行动的一个相对简单的方式。比如，它当然比用自己收入的 20% 救助饥荒或者参与志愿活动更加容易。然而，实际上，道德消费也不算容易。总体来说，道德消费一直受到情感和行动之间的矛盾差距的困扰。一份又一份调查显示，欧洲和北美的消费者十分看重道德认证，在国际市场调研公司（MORI）2000 年的一份民意测验中，一半欧洲人表示，不惜为道德产品支付额外费用。法国消费者说，他们愿意为非童工制造的衣服多付 25% 的价钱。然而，在真实的购物世界中，由公平贸易控制的道德产品仅占消费产品中很小的一部分。怎样解释这一矛盾？

人们往往对自己评价良好，但又发现自己很难将善念转化为实际行动。这一点丝毫不令人意外。这种差距远不只是虚伪的问题。一定程度上，公平贸易是在与范围的问题角力，即一种微观的地方行为（购买）与巨大的全球性疑难（源自世界贸易体系和不平等）之间的鸿沟。人们会怀疑，支付一些额外费用真的就可以解决全球贫困吗？有这种想法，并非意味着铁石心肠。一些人纯粹是觉得不堪重负了。最近，一名英国女性告诉研究者："这不应该由下面的消费者来负责，它取决于上面的政府与其他国家进行公平贸易，而不是我们都去买某一种巧克力。"[19] 另一些人则更喜欢捐助慈善机构。例如，德国人在人道主义援助上的花费一般是他们在公平贸易产品上的花费的 30 多倍。[20] 无论购物可能对人们的身份是多么重要，认为如今的大多数道德行为表现在结账的时候，这仍是不着边际的想法。此外，许多事业和标签在道德市场上激烈地争夺着人们的关注。对一些人来说，关爱孩子、动物或这个星球，要优先于关怀遥远的他者。

最重要的是，购物涉及一些根深蒂固的习惯。在比利时的根特，一项研究将消费者置于逼真的环境中，以观察他们愿意为公平贸易标签多付出的具体费用。总的来说，仅有样本的 10% 说到做到，付出了 27% 的溢价。这一群体通常接受过更好的教育，三四十岁，而且更加理想主义。其他研究则发现，女性、教师、基督徒和高收入群体这样做的比例更高。对大多数人来说，味道、价格，尤其是品牌，会胜过道德认证。[21] 在现实生活中，人们不习惯每天都做出新的选择。所有这些当中无疑存在一个反讽。公平贸易运动将选择视为通向道德购物的康庄大道，但是道德计算同价格计算一样，仅仅是人们购物运行方式的一部分。为了创造道德的生活方式，根深蒂固的习惯同样需要改变。

公平贸易是作为一项社会运动存在的，故而它的政治承诺在保证其热度方面的作用绝不亚于实际购买的公平贸易商品本身。就像更加广泛的抵制和购买运动一样，它表达了一种新型的"生活政治"，而"生活政治"常被说成是"晚期现代性"的典型特征，即个人的就是政治的。[22] 在这里，日常生活成为公民身份的一个新舞台，个人可以在深思熟虑后，从中获得自己的立场，在地方和全球之间创造出新的联系。关于它对政治生活的影响，众说纷纭。一方面，政治消费被看作赋予那些先前没有表达权利的人一个新的发声渠道。消费者会成为公民，并在这一过程中，他们会在民族国家之上和之下，开启新的政治层面。另一方面，它可能从旧有的制度中吸收能量，就像抵制代替了选举，消费者网络代替了政党和议会一样。

毫无疑问，相比上一代，现在作为政治消费者而活跃着的人数量更多了。例如，1990年，有22%的丹麦人至少参加过一次抵制活动。2004年，这一比例翻了一倍。尽管如此，上述两个预测都还没有为现实所证实。在英国，公平贸易主要吸引的是那些已然拥有政治意识和参与经历的人。它也没有"挤出效应"。对布鲁塞尔和蒙特利尔1000名年轻人的调查显示，政治消费者参与政治团体和政党的意愿是普通购物者的两倍。一方面，他们对政治机构持批评态度；另一方面，他们对公民同胞又有着很高程度的信任。总而言之，新政治和旧政治相互促进。[23]

通向公平贸易的曲折之路

公平贸易之所以引起注意，不仅是因为其营业额不断增长，还因为它通常被视作全球伦理道德的新纪元。按照这一观念，20世纪末出现了一种新的道德经济。这是对过去和现在的一种非常片面的看法。公平贸易并非凭空出现。为了理解其诉求、前景和矛盾，我们需要重建其更悠久的历史。贴标签认证这一创举，源于人类同情心的更长时间的转变。这种同情心呼吁消费者为自身举动给遥远的他者带来的结果负责。虽然今天的公平贸易讲的是一种关乎个人选择的独特语言，但是它利用了关怀的道德地理学，这是在过去两个世纪里逐渐形成的。

当政治消费者在现代走到台前时，他们并未直接朝着全球怜悯的方向大步前进。帝国、民族以及自由主义影响并约束着他们对生产者的责任意识。到了18世纪，国际商品流通才使人们更加清楚地意识到他们之间的相互依赖。没有其他产品可以像蔗糖一样充分象征消费者和生产者之间的道德链条。1791年，英国议会出台废除英国奴隶贸易的草案时，该草案随即引发了民众对奴隶种植的蔗糖的抵制浪潮。这些抵制反映了一种实际生效的新道德地理及其局限性。抵制者希望结束英国的奴隶贸易，但并非整个奴隶制。从政治视角出发，这一策略很有意义。毕竟，他们是在试图改变英国的政策，拯救英国人的灵魂。与此同时，将奴隶贸易视作民族国家罪孽的问题，意味着个人道德无法跨越帝国的边界。一旦英国废除奴隶贸易（1807年），并解放它的奴隶（1833年），人们对于行动主义的兴趣就减少了，尽管奴隶制仍然在别处继续留存。而抵制来自英属西印度群岛的蔗糖的这批人，还继续使用来自美国南方、由奴隶种植的棉花和烟草。几乎没有废奴主义者感到，他们作为消费者的责任应该扩展到所有遥远的生产者身上。[24]

个人责任和国家责任之间的张力可以通过两种相反的方式来消除。自由主义者诉诸自由贸易。通过允许商品自由进入，自由贸易给予所有生产者平等机会，以可能的最合适价格出售他们的货物，不管他们来自哪个国家。一定程度上，在维多利亚和爱德华时代的英国，自由贸易是一项创新性的公平贸易运动，它将消费和互惠伦理联系起来。自由贸易者援引了一条黄金法则："己所不欲，勿施于人。"一方面，自由贸易使道德情感在范围上更加全球化，另一方面，在实践上它也使道德情感远没有那么个人化了。消费者被豁免了一切关于遥远的生产者待遇的直接责任。如果其他国家太过愚蠢，去设置贸易壁垒，并且容忍糟糕的工作条件，那么这是它们自己的问题。英国只要开放自己的门户，并当好榜样，就已经做到最好了。一些激进人士相信,自由贸易将教会消费者"不断注意生活质量",并让他们逐渐喜欢上体面条件下生产出来的商品。[25] 但是对于它如何实现这一点,人们仍然不甚明了。对大多数人来说,买到便宜货就已经足够了。

在第一次世界大战前,自由主义发展到顶峰。之后,随着彼时受到时人支持的帝国主义者发现了消费者的力量,一个竞争性的保守策略占据支配地位。帝国购物周敦促英国家庭主妇关心那些殖民地的兄弟姐妹,并带着帝国责任的意识购物。额外支付一点费用是帝国团结的价码。显然,这些运动背后的哲学本质上不同于今天的公平贸易。它们是出于种族动机,谋求让大多数人帮助加拿大和澳大利亚的白人农民,而非普遍意义上的遥远生产者或者殖民地那些遭受剥削的苦力劳工。在这个意义上,它是一种更为狭隘的愿景。然而,在另一个意义上,相比今天的道德地理,它不那么片面,因为它承认遥远的生产者同样是消费者。购买加拿大的苹果十分重要,因为它反过来让加拿大人有能力购买更多来自曼彻斯特和伯明翰的工业产品。按照这种方式,两次世界大战之间的"购买帝国货"运动,展现了同今天的公平贸易显著的相似性。游行和食品摊位使食品链变得生动形象起来。出现了推广殖民地产品的烘焙和服装比赛,而肯尼亚咖啡也推出了它自己的试饮活动。[26]

最后,是战争而非和平或商业,塑造了一个更加全球化的道德地理格局。早在20世纪30年代,国际联盟就总结道,只改善一个大洲的消费者营养状况,而不同时改善另一个大洲的生产者境遇,这是不可能的。[27] 1937年,合作社最终建立了自己的国际贸易组织。第二次世界大战将相互依存的惨痛教训带回各国。它还导致了这样一种思想的出现:应该由一个全球性组织来协调全球的需求和供给。冷战干预并限制了这些雄心,联合国粮农组织则致力于提高生活水平,而不是通过一项全球食品计划来消除世界性饥荒。然而,这种转向更加全球化的关怀伦理趋势,持续了上述的制度性失败。20世纪50年代,英国合作社询问其成员:"50年前,有人想过会出现世界性的食物危机吗?当饥荒(于1876年)席卷印度,马铃薯晚疫病(于1845年)在爱尔兰暴发时,其他人听说的是印度或爱尔兰的食物危机。"他们并不将其视为"整个世界都应该想办法的世界性食品危机"。[28]

对初级生产者与工业国家之间不平等贸易条件的调查分析,加强了人们对食品不平等分配的结构性认识。1949年,在联合国工作的两位经济学家汉斯·辛格和劳尔·普雷比施,阐明了发达国家是怎样蚕食不发达国家的。[29] 帮助初级生产者的建议自国家层面的关税,延伸到国际商品协定——在缓冲库存和限额的帮助下,试图消除两次世界大战之间萧条和繁荣的灾难性交替循环。它们的范围从小麦(1949—1970年)扩展到咖啡豆(1958—1989年)。无论对消费者还是对于经济学家来说,这种对全球贸易的结构性认识都令人不安:如果他们便宜的早餐建立在不发达国家农民的贫困之上,那该怎么办?要解决全球贫困问题,个人的慈善行为已经远远不够。一系列新的消费激进主义在基督教传教士、青年团体和第三世界的运动中逐渐形成。它与对丰裕更广泛的深刻反思产生了共鸣。

一个开端是慈善礼品店。1947年,诞生五周年后,由贵格会信徒领导的牛津饥荒救济委员会(Oxfam,又称乐施会)在牛津的宽街17号开了第一家礼品店。它首先帮助希腊难民,后来是德国难民。早在维多利亚时代晚期,人们就已经开展了为饥荒受害者募捐衣物、出售卡片和礼物的活动,但这些都是偶发事件。乐施会的新意在于,它从慈善购物转变为一种能自我维持的商业模式。收入被重新投入到更多的商店当中,并引入了激进的营销模式。到1966年,有50家这样的商店,7年过去,则已经发展到500多家。一开始,它的角色同今天的公平贸易相反。在最初的10年里,乐施会是将英国货物发放给急需的外国人和难民,而不是向英国消费者出售外国商品。1946年,在美国,门诺派教徒开始销售来自波多黎各的刺绣品。在英国,改变的最早迹象出现于1959年,路德宗世界服务组织的路德维希·斯通普夫牧师来到牛津,随身带了满满一箱中国香港人制作的针垫和绣花盒。这些物品在哈德斯菲尔德的乐施会商店里销售。两年后,圣诞节的特卖商品是非洲和中国的手工艺品。非洲的串珠和装饰品是由一位有进步思想倾向的殖民地退休官员特里斯特拉姆·贝茨从贝专纳兰采购来的。到了20世纪70年代,来自印度和孟加拉国的手工艺品已经到处可见。

道德消费主义利用了基督教与殖民地之间的关系。在英国的乐施会商店，来自古吉拉特的刺绣壁毯是由寡妇和残疾人在传教士资助开办的工作坊内制作的。在荷兰，第一个公平贸易认证组织的创始人是一位来自瓦哈卡的传教士和一位来自禾众基金会（一个国际发展组织）的经济学家。第三世界的产品构成了乐施会贸易（成立于1975年）销售额的一半。乐施会阐明了在这一时期通过购物施以援助的手段和目的是如何转变的。起初，出售外国的手工艺品完全是为了给乐施会及其救济工作募集资金，没有人想到要致力于给手工艺人一个公平的交易。公平贸易是后来才想到的事业。到了20世纪60年代末，一些成员指控乐施会虚伪，低买高卖。到了20世纪70年代，一种新的模式才最终获得胜利，即"桥"（the Bridge）。它把购物宣传为一种帮助当时所谓的第三世界手工艺人的方式。

从慈善到贸易公平的过渡背后，基督教青年和学生这两个群体最为重要。他们的作用在荷兰和德国尤其显著。在那里，世界商店在20世纪70年代迅速崛起。1969年4月，第一家世界商店在乌得勒支郊外的布勒克伦建立。两年前，即1967年，天主教慈善组织SOS（Steun voor Onderontwikkelde Streken，意为帮助欠发达地区）的一群年轻人已经开始进口一些来自太子港贫民窟的木雕，以及来自菲律宾的竹制烟灰缸和其他手工艺品。那时，世界商店响应了"贸易而非援助"这一号召。在荷兰，一些积极分子用塑料袋把加勒比的蔗糖运到街上去卖。[30] 20世纪70年代早期，世界商店在德国出现，起初是以"第三世界商店"的名字出现，后来放弃了等级标签，改名为更具包容性的"世界商店"。教堂大厅和传教士展览都是重要的渠道。教堂举办了关于第三世界的活动。之后，会众可以购买由传教士从巴布亚新几内亚带回的编织篮子。合作社农民种植的咖啡豆通过在坦桑尼亚的传教士之手到来。在意大利，世界商店收到了在巴西的意大利传教士寄来的工艺品。对公平贸易这一道德事业来说，教会扮演了至关重要的角色。通过它们，产品在道德上看起来很干净，没有受到全球商品贸易血泪的污染。

像哥廷根、弗莱堡这些大学城通常是所在区域里第一个开设公平贸易商店的,但是这一运动更加广泛地延伸到小城镇和中学。1972年,在斯图加特郊外宁静的绍恩多夫,基督教青年会的一些年轻基督徒在城镇节日当天举办了一些支持尼日利亚的特别促销活动。在那一年基督降临节期间的第二个周日,当地中学的学生展出了一些文本和手工艺品,来体现富裕国家和贫穷国家的联系。一张海报问道,现在难道不正是绍恩多夫同一个发展中国家的城镇结为伙伴城市的时候吗?1969年,在希尔德斯海姆,天主教和新教青年都在兜售花生。三年后,第一个世界仓库建立在一个牛舍;不久之后,一个规模不大的拉美市场开张了,其原址是一家鱼市。这可能是第一批加入"桥"(El Puente)基金会——致力于进口公平贸易手工艺品——的组织。到20世纪80年代初,德国境内有300多家这样的世界商店,以及2000多个支持团体。[31]

几股力量推动了公平贸易的发展。首先是宗教界转向全球团结。20世纪50年代,天主教和新教青年组织了一些禁食和行动团体,目的在于帮助世界各地的饥民。从这里开始,离销售第三世界的产品以提高与饥饿做斗争的意识就只有一步之遥,正如新教青年在1970年发起的反饥饿游行一样。公平贸易获得了来自教会领导人的大力支持。累西腓主教表示,公平贸易将会减少对援助的需要。1967年,在教皇发布的《民族发展》(*Populorum Progressio*)的通谕中,保罗六世质疑了自由主义的基本原则。如果双方处于相对平等的地位,那么"根据市场行情来确定的价格"就会互惠互利,但是在一个不平等的世界里,这将会造成"不公平的结果"。他写道:"只有符合社会正义的要求,自由贸易才是公平的。"[32] 作为一名枢机主教,他曾亲眼看见巴西和非洲的贫困状况。公平贸易是公平工资这一权利在全球范围内的扩展。关键的是,这些批评将发展中国家的物质贫困与发达国家的道德贫困联系起来。对财物的热爱正在取代对同胞的热爱。在英国,基督教救助会举办了一些丰收节,也对当时的"消费社会"进行了相似的批评。

其次,替代性贸易可以与在国内寻求另一种替代社会的斗争联系起来。这表现为许多不同的形式。在一些人看来,它是对简单生活方式的呼吁。在德国,"关键消费"(Kritischer Konsum)团体在1969年和1970年圣诞节前夕组织了一些特别运动。在运动中，他们抨击了某些定期去教堂的人——一方面拿出几马克支持"施世面包组织"（Bread for the World），另一方面却享受着大块巧克力，"他之所以能这么便宜地买到，是因为喀麦隆或加纳农民的工资不足以糊口"。[33] 圣诞节揭示了发展中地区的贫困与发达国家"有组织的浪费性消费狂欢"，只不过是一枚硬币的两面。因此，贸易公义并不是某种外在的事物，而是要求西方人打破广告商和生产商建构的幻梦与操纵，从而挣脱出来。

这些发展都从第三个因素——学生行动主义和反殖民政治的壮大——获得了不少动力。就像20世纪六七十年代的和平与社会运动一样，公平贸易也得益于那些年里高等教育史无前例的扩张。殖民地的斗争运动使第三世界的公众可见度更高了。它始于1954年阿尔及利亚的民族解放战争，并在20世纪80年代支持尼加拉瓜的桑地诺民族解放运动中达到高潮。世界商店是这一背景的延伸，抵制活动则成了反殖民运动声援者的召集地。1972年，荷兰的声援者网络领导了对安哥拉咖啡的抵制，第二年还有声援越南和苏里南的团结运动。因此，世界商店如雨后春笋般涌现，1974年，数量达到将近200家。[34] 在德国，"尼卡咖啡"和"黄麻代替塑料"的运动在20世纪80年代早期产生了相似的效果。在整个西方，反对种族隔离的斗争是以抵制南非水果的方式进行的。在荷兰，公平贸易人士把"马格斯·哈弗拉尔"作为自己的标签，它取自1860年同名小说中的主人公。这本小说描写了爪哇岛反对殖民暴行的斗争。对一个具有全球性抱负的运动来说，这真是一个颇为奇特的地方性选择。然而，它并非全部都是自下而上的斗争。对第三世界的关注，得到了欧洲政府和教会的积极支持，刚开始它们是为了抵抗"赤化的危险"，让年轻人留在自己这边。到了20世纪70年代，德国设立了关于"发展"问题的独立政府部门。[35]

简单的生活方式在美国有它的追随者，但是在美国，对第三世界问题的关心同样引发了要求政治结构变革的运动。伴随着20世纪70年代早期出现的石油和食品危机，名为"施世面包"的全球性组织网络将国外饥荒救济和贸易公平与国内救助工人和穷人的事业联系起来。1975年，这一组织的负责人阿瑟·西蒙写道："一种更加节制的生活方式的出现，可以成为反饥饿斗争的有力见证。"但是，只有伴以更优化的生产和分配的政策，这句话才成立。生活方式"使我们产生一种虚假的满足感，以致昏沉度日"。拒绝吃肉或者扔掉电视机，对个人来说可能会导致"道德上的满足感"。但是，就其本身而言，它不会给世界各地的穷人提供更多的食物。更糟糕的是，"除了造成人们失业，它可能什么也做不了"。相互补充的国际和国内干预是必须的。西方必须降低关税壁垒，此外，给予最贫穷的国家特惠待遇和最低价格协议。在国内，美国政府应该保证每个公民都拥有工作和基本的"经济底线"。西蒙说："亟须呼吁的不是减少个人消费，而是增加美国人均经济增长的份额。"[36] 在西欧福利国家，激进的学生发现他们更容易追求一种简单的生活方式，因为他们脚下的"经济底线"更牢靠。而在美国，由于福利较少，再分配则是不容忽视的问题。

今天，在公平贸易市场上，英国遥遥领先（2014年，每人花费26英镑或35欧元）。但是在更早的阶段，它落后于荷兰和德国。为什么？就拿荷兰来举例吧。荷兰毕竟也是一个有着帝国主义历史的商业社会，而且如果说跟英国有什么不同，那就是荷兰对殖民主义的批判甚至更加强烈。就像欧洲的其他国家一样，它拥有丰裕的社会、激进的学生和反主流文化。确实，英国有其公平贸易组织（Traidcraft）和基督教救助机构。但是，直到20世纪90年代，公平贸易才逐渐获得承认。原因在于，道德消费者的回归与合作社的危机同时发生。在过去，后者作为一种社会运动，一直是前者的天然支持者。20世纪六七十年代，由于超市的挤压，合作社不断失去成员，关闭店铺。1973年，当一个电视节目揭露一杯茶之所以如此便宜，是由于茶叶种植园（包括合作社的种植园）骇人听闻的工作条件时，一些成员义愤填膺。然而，合作社选择进一步削减价格。直到20世纪90年代，合作社才重新发现道德确实有助于销售。于是，在90年代末，所有合作社的店铺里都储存了大量的公平贸易产品。[37]

将今天的公平贸易置于更悠久的历史语境下，我们将会学到什么？在经济道德化运动的历史沉浮中，公平贸易只不过是最近的一次浪潮。如马克思主义历史学家E.P.汤普森的著名论断那般认为道德经济已经被工业资本主义消灭，这完全是具有误导性质的。[38] 同样，将现在看作它突然复兴的一个迹象，是对新自由主义和个人选择的反应，也是错误的。现代世界一直就有道德经济。然而，通过购买（或抵制）商品，以关怀遥远的他者，从来都不是完全无私的。它总是与关怀某人自己的社区有关，比如拯救某人自己的灵魂、创造就业、建立一个强大的帝国或者在国内促进正义。值得记住的是，"公平贸易"一开始并非是购物者的口号，而是制造商和农民提出的。19世纪80年代，在英国，本地的制造商和农民开展运动，用"公平贸易"作为口号，抗议外国生产者从关税和补贴中获得好处，并与他们进行"不公平"竞争的行为。在美国，20世纪30年代的公平贸易法令则致力于帮助小企业，通过允许生产者制定最低零售价，来对抗大型连锁商店。

我们自己的时代与1900年前后那个全球化早期的时代之间，存在一些有趣的对照。在这两个时代，无论在欧洲还是美国，消费行动主义和更大的商品流通同时迅速地发展起来。然而，有一个重要区别。在全球化早期，抵制运动和白名单的目标在于，给本地的女店员和血汗工人带来公平的工资和体面的工作条件。相比之下，今天的公平贸易则完全着眼于全球。人们会关注坦桑尼亚咖啡种植者的权益，却少有购物者觉得也应该为采摘本地草莓的低工资季节性农场工人做些什么。公平贸易随着福利国家和劳工条例的出现而兴起，而对于更早的消费行动主义者而言，这一切都是无法想象的。

对发展中国家的农民来说，公平贸易的理想和当地现实之间始终存在矛盾。自由主义经济学家警告说，发达国家的消费者支付的溢价（无论出于多么好的意图）勉力支撑着很多发展中国家的农民，这些农民所在的行业往往已经生产过剩，经济上已经不堪重负了。"公平贸易"也并不只局限于小农。采摘咖啡是劳动密集型的工作。在哥斯达黎加，公平贸易作物的收获仍然依赖无地劳工和来自尼加拉瓜的季节性移民。经营良好的种植园是否符合公平贸易的标准，美国的公平贸易运动群体对这一问题产生了分歧。此外，复杂的认证过程产生了一层中间商，他们可能成为小农的障碍。

其他的不平等现象也仍然存在。纸面上，公平贸易代表了性别平等。事实上，危地马拉的一份研究发现，收益极大程度上被控制经济作物种植和家庭收入的男性所占有。而诸如玛雅小农协会（Asociación Maya de Pequeños Agricultores）此类的合作社委员会中，女性的声音仍非常小。[39] 发达国家的消费者可能会把自己支付的溢价看作送来公平的洗礼盆，但是对发展中国家的农民来说，决定他们命运的往往是咖啡烘焙商。在加纳，政府负责制定可可豆的价格，一些证据显示，在公平贸易之外经营的农民同样获利。[40] 讲述这些，不是要贬低公平贸易给许多社区带来的种种利好：从更为广泛的安全一直到教育、健康、合作机构和进入高价值市场的机会。如果没有公平贸易的溢价，在坦桑尼亚和乌干达种植咖啡豆的农民就会由于2001年的价格暴跌而倾家荡产。[41]

公平贸易带来了奇怪的分裂：一方面，表现在道德地理格局上；另一方面，体现在消费者如何看待自己与提供衣食的人们之间的关系，它给合乎道德的生活方式造成的影响。或许，人们之前从未如此深入地了解全球商品链，以及他们的选择会给遥远他者的生活造成怎样的影响。多亏了学校、商店和教会的公平贸易组织的努力，人们才开始有兴趣关注蔗糖和其他异域食品的流行传记。与此同时，我们更容易忘记，选择不仅会带来全球性影响，还会影响本地。伦敦、纽约和其他世界性城市都在为给予务工者最低生活工资而斗争，但是当地居民几乎完全没有意识到，他们可能也是有责任去声援务工者的。相比20世纪六七十年代最初的世界商店，今天的公平贸易既越发庞大，又越发浅薄。进入超市和商业街的咖啡连锁店的举措，前所未有地提高了销售，也帮助了比以往任何时候都更多的农民。与此同时，它也丧失了早期的雄心壮志——建立一个关于获取和消费的更优模式。标签认证组织仍然在和不公平的贸易壁垒做斗争，但是它们不再试图建立一个平行的贸易体系，更不用说在国内建立一个新社会了。

当地的风味

"我们这些生活在城里的人，已经与土壤和给我们提供生活必需物资的人失去了联系。" 2003年，在慕尼黑的圣灵教堂举办了一场感恩节仪式:"香蕉来自香蕉货轮,西红柿来自厢式货车……猪排来自屠宰场。但是所有这些真正来自哪里?"是时候改变"生活方式"了:"以维护人类、动物和植物的自然基础,并通过生产和消费的地区循环改善它们。"上帝将人置于伊甸园之中,就是为了耕作它。地方食物将会完成这一神圣使命。"重要的是,消费者和农民将彼此当作人来认识和欣赏……荷兰的温室则没有面孔,也没有名字。"为了实现这一目的,教会邀请"我们的土地"(UNSER Land)组织的成员站在圣坛前收割的庄稼旁。他们"并非圣徒"。他们没有免费发放面包,而是出售它们。尽管如此,他们仍象征着上帝的恩典。当地民众从当地的面包师那里买来面包,面包师则从当地的磨坊得到面粉。"我们的土地"组织在行动上团结一致,将当地的生产者、零售商和消费者整合在一起,甚至没有遗忘动物王国,狗食由当地的牛肉和鸡肉制作而成,这些牛和鸡没有受到基因技术的影响。[42]

1994年,巴伐利亚的"我们的土地"组织网络诞生于菲尔斯滕费尔德布鲁克。它不过是众多地方食物倡议之一,20世纪末以来,这类倡议在西方蓬勃发展。"慢食运动"已从其发源地意大利北部扩散到100多个国家。从新墨西哥到新英格兰,美国现在遍地都是由社区支持的农业团体。今天,英国有500多个农贸市场周复一周摆好货摊,这在1997年以前完全不存在。巴黎和纽约的城市园林、布里斯托尔的食品箱送货服务、哥本哈根提供当地采摘蘑菇的获奖餐厅——对当地食物的本真性追求似乎势不可挡。那些真正想知道他们的萨拉米香肠来自何处的人,可以在普利亚的道尼山脉中认养一头黑猪,仅需100欧元。[43]

我们对这些忧心忡忡的美食爱好者有不少了解。例如,在英国农贸市场购物的典型顾客是40岁以上的女性,或者退休或者有全职工作,而且相当富有。[44]对她们来说,当地的意味着新鲜、健康的优质食品。虽然严格来说,地方食品和有机食品属于不同的范畴,但是在实践中,二者经常混在一起,因而将前者与后者截然分开是不可能的。20世纪90年代,为了饮食健康,越来越多的人转向不含化学成分的有机食品,尽管科学工作者怀疑二者之间的关联。在美国,有机食品市场从1980年的7800万美元飙升至2000年的60亿美元。对一些人来说,这是更广阔的生活方式改变的一部分，即转向素食主义或者替代医学。然而，对大多数人来说，是孩子的出生使他们重新认识食品。毫不让人意外的是，妈妈们成为最优秀的有机食品消费者。[45] 然而，单凭这些事实，还无法提供一个充分的解释。妈妈们总是希望养育出健康的孩子。那么，为什么人们现在对当地食物这么感兴趣？

对当地食物的活动家和支持者来说，这是大卫和歌利亚之间的一场战斗。当地食物是对工业食品体系的一个反抗，后者庞大、快速、没有特色、乏味。慢食运动力图重新发掘地方风味和传统，根据发起人卡洛·彼得里尼的说法，它们已经快被"单一饮食"抹去了。[46] 这些看法往往将地方和现代食品看作文化和历史上的对立物。一方是传统、本真、充满喜悦的，另一方则是工业、人工、廉价和本质上乏味的。在整个19世纪和20世纪，工业食品不断碾压当地食品。

毫无疑问，农场、超市和快餐连锁店的规模空前庞大。然而，根本上，这一认识方式还是过于简单。它利用了有关现代性的一个基本神话——社区（传统）正在不断受到商业资本主义（现代性）的侵蚀。我们之前就遇到过这一观念的道德表亲，即认为"道德经济"随着现代资本主义的出现，逐渐消亡。这里值得强调的是，这些概念都同19世纪晚期的思想家斐迪南·滕尼斯关系密切。但斐迪南从未把共同体（Gemeinschaft）和社会（Gesellschaft）看作相继的阶段，而是把它们看作在任何特定的时期相互作用的社会体系。有时，占上风的是共同体，有时则是社会。[47] 同样地，地方食物文化也受到现代性的塑造，而不是存在于它之外。

什么才是"当地的"？这是一个复杂的问题。在今天的伯利兹，珍贵的地方菜肴发源于帝国贸易，而帝国贸易认为进口的鱼和罐头水果优于当地食材。新的地方性就是过去的全球性。尽管加工食品兴起，但是世界上的大多数食物仍然是在家里烹饪的，大多由女性掌厨，并且遵从当地的习俗、技术和饮食文化。正如人类学家揭示的那样，特立尼达岛的可乐明显是一种当地饮料。可口可乐在岛上装瓶，当地人不把它看作外国饮料，而是特立尼达岛的饮料。可乐就这样和朗姆酒一道"归化入籍"了。它与一系列其他"红色"和"黑色"的甜饮料相互竞争。那些甜饮料一般与当地有着某种特定的联系,比如穆斯林创办的贾里尔(Jaleel)公司生产的软饮料,凭借其同特立尼达岛南部穆斯林社区的族群联系而欣欣向荣。[48] 在世界各地,大量食品带有地方或区域的标签,但其中的意义各不相同。德国的合作社品牌"我们的北方"(Unser Norden),明确要求食品必须在德国北部加工处理,但是它的原料可能来自任何地方。除了汉堡杂烩和苹果汁,它的产品还包括香蕉片和盐焗开心果。与之相反,埃德卡连锁超市的一个内部品牌"我们的故乡"(Unsere Heimat),则把产地放在第一位,要求所有原料都来自德国西南部。[49] 哪些地方产品适合贴上认证标签,哪些不适合,这些问题从来都没有这么复杂过。意大利餐桌上的鸡肉或牛肉片必须申报其产地,但是猪肉和羊肉就不需要。就算是用在中国种植的果实制作的,番茄酱也必须宣布是"意大利制造的",只要它们在这个"美丽国度"加工处理过。[50] 只要标准不过分苛刻,农业企业就都乐意获得地区认证。这是地方产品迅速增加,同时性质越来越模糊的原因之一。

农贸市场同样充满了模糊性。例如,在英国地方城镇,当地农民可能来自 25 英里之外的地方。伦敦的辐射范围更大,可能为 100 英里。这些都是给予农民的权限,而不一定是针对他们出售的农产品。一头奶牛必须在地方农场待多长时间,才能取得"当地"资格?对此并没有规定。即使他们的农场没有养猪,摊贩也可以卖猪肉。工业和餐饮业拓展了地理想象,向人们提供从丹麦和新西兰滚滚而来的"德文郡火腿"和"威尔士羊肉"。2011 年,英国督察员发现,20% 的餐馆提供虚假的"当地"食物。当谈到"当地"在一个综合的全球食物体系中意味着什么时,有许多值得讨论的要点。如果一条在德文海岸捕获的鱼在中国加工处理后,重新送到德文的一家店铺,那么它是否仍然是"当地的"?监管机构的答案是否定的。实践中有一套准则,然而重要的是,法律对此没有规定。当要求商人对"地方"进行界定时,答案通常在"少于 5 英里"和"在这个国家范围内"之间摇摆。[51]

地方市场可能多种多样,但它们玩弄的是同一套手法:让消费者感到自己与农民和土地相连。当地性和在货摊面对面的交易产生了一种信任感，同时保证了食物的质量和一种地区意识。当地农民出产的当地鸡肉增添了一种情感价值，这是超市货架上出售的毫无个性特点的禽类所没有的。因此，这些市场上发生的事情很大程度上关乎食物的个性化。顾客不仅是购买一些鸡蛋，也想从农民那里知道，他们的鸡下多少蛋；如果买猪肉，他们想知道这只猪是什么时候养大的、什么时候宰杀的，以及怎么烧烤才会美味。摊贩则学会扮演他们的角色，推销一种传统、地方管理和乡土农业的形象。换句话说，地方性并不是一个地理事实，而是一个舞台：产地需要被表演出来。地方市场是玛丽·安托瓦内特在凡尔赛宫的花园里开辟的模范农场的民主继承者。人们感到，他们在维持传统的生命力。对父母来说，这是一种展示方式。他们可以告诉自己的孩子，在工业化农业出现以前，"真正的"食物通常是什么样子。对传统的需求要求进行适当的展示和包装：粗花呢和牧羊犬；裹在纸里而不是塑料袋里的奶酪；蔬菜上的一点泥土，以暗示它们天然、新鲜。

当然，在现实中，传统也是一种工业，与别的工业门类别无二致，而且地方市场并不处于现代世界之外。当地的农民同样使用屠宰场。蔬菜也并非如许多消费者想当然的那样：由于是当地的就必然是有机的。在毗邻阿维尼翁的卡尔庞特拉，米歇尔·德·拉普拉代勒曾就当地市场进行过一次经典的调查研究。在研究中，她重构了这一幕关于幻觉和自欺的戏剧。摊贩故意让土豆沾上泥巴，并堆放在一起，以暗示它们直接来自农场。事实上，这一地区的小农数量非常少。这些摊贩是从批发商那里买来土豆的零售商，其中一些来自巴黎。就像超市里的一样，橄榄是从突尼斯进口的。对本真性的需求翻转了传统的价格信号。如果某样商品太便宜，顾客就会心中起疑并走开。每个周五，市场里都熙熙攘攘，因为它给予顾客一种社区和共同过去的意识，以及作为"永远的普罗旺斯"一员的归属感。[52]

这些市场反映了全球化的辩证法。在抹平差异的同时，它也引发了对新的差异的寻求。结果是一种两极化的道德地理格局，而且地方食物同公平贸易背道而驰。尽管全球商业将关怀的伦理延伸至遥远的陌生人，但是地方市场全神贯注于最近的地区和最亲密的人。当地农民保证提供优质、安全的食品,并负责照看自然。反过来,消费者必须通过经常光顾来回报他们。正如一名伦敦妇女告诉研究者的那样:"你真的会愿意认为通过购买你邻居的产品,你就在造福于他们。"[53]

对地方食物的喜好,反映了这样一种现象:随着距离的加长,信任和关怀随之减少。这一点非常重要,然而我们必须添上同样重要的附加条件:这里的距离并不是一个以千米衡量的地理单位,而是一个政治单位。对许多地方美食爱好者来说,对食品链的信任停留在国界之内。一位英国女性解释说:"当你去超市买番茄时,它们可能来自任何地方。我相信,农贸市场的好处是,东西都是英国本地生产的。"尽管相比威尔士、苏格兰,荷兰的农场更靠近伦敦。

地方食物清楚反映了人们对全球农业企业和快餐的普遍忧虑。它为消费者提供了一个机会,以回应食品丑闻中显现出的日益增长的危机感和对日益复杂、隐形的食品链的忧虑。但是仅从这些方面来认识它,并没有什么帮助。我们必须在它同国家和国民供应体系的关系中来理解它。对食品体系的信任,在整个发达世界各不相同。有趣的是,在欧洲,英国人对食品安全的信任度最高,尽管1992—1993年和2001年分别暴发了灾难性的疯牛病和口蹄疫。他们强烈的消费者权力感与对国家和超市的信任相配。在德国人和意大利人那里,二者皆不充分。挪威人则一直生活在家长制企业的阴影之中。他们相信,国家将会保证他们的食品安全。在挪威,国家一直大力扶持农业生产者,让民族食品成为健康的代名词。在这样的背景下,有机食品很难进入其国门。根据一个生产合作社经理的说法,"没有什么能比挪威传统的肉类生产更接近生态"。[54]

同样地,许多芬兰人将国内原产地视为"天然"品质的一个标志。2004年,一个芬兰人告诉研究者:"对有机食品来说,最关键的还是产地。"另一个人则说:"如果是国内生产的,我就感觉更值得信赖。"一个经常购买有机食品的人解释道:"如果必须在意大利有机番茄和芬兰普通番茄中选择,那么我会买芬兰的。"总体来说,人们一致认为,来自芬兰的有机食品比国外的有机食品更加纯净、安全和美味。一名年轻女性说:"我认为,'有机性'在从欧洲中部运输过来的途中就已经丧失殆尽。"尽管事实上，与产自波罗的海对岸农场的食品相比，产自芬兰北部的食品要经过更长路程才能到达赫尔辛基的餐盘。在这里，自然食品并不是被想象为节奏慢的或生产规模小的，而首先是民族的。正如一名芬兰消费者指出的那样：“吃着国内生产的有机产品，你可以想象在芬兰某个地方真有一位农民或生产者，但假如产自比利时，它就可能是任何东西。”[55]民族主义对自然观的影响再清楚不过了。自然食品来自自己的人民，外国食品则来自一些未知、人工的加工过程。

自布里斯托尔、伯克利、巴塞罗那等地来看，地方食品网络更接近全球新自由主义的一个激进"替代品"；而自奥斯陆或东京来看，则更像是保守传统的延续，在那里，民族食品长期以来都是消费者和生产者之间团结一致的表现。在日本，成立于20世纪80年代的生活俱乐部现在每周把数千名农民生产的地方食品运送给3万多个家庭。"提携"体系（tekei system）规模虽小，但是要求更高。通过它，消费者可以与有机农场主建立合作关系，保证购买任何收获的产品，甚至帮忙除草。神道教传统和消除外界污染的清洁仪式或许进一步加强了人们对地方而非外国食物的偏爱。更加直接的是，这些创举产生于"二战"后日本的消费运动和政治，它们使食品安全成为最优先考虑的目标，并呼吁城市家庭主妇要铭记对田间姐妹的依赖。战争和饥饿经历意味着，和国外进口的廉价品种相比，让人放心的日本大米更受欢迎。消费者一般认为，他们的利益与生产者的利益紧紧绑在一起。这一点并非巧合：日本批评者最爱攻击的转基因食品，恰恰是日本要依赖进口的粮食作物——大豆和玉米。[56]

在欧洲，采购团于20世纪90年代突然开始出现。1994年，在毗邻意大利帕尔马的菲登扎，50个家庭集结在一起，组织了"团结采购团"，为了互惠互利，购买有机产品。最初的采购团发展为一个关于食物里程和团结的教育组织。今天，意大利差不多有900个这样的团结采购团。[57]超过2000个社区宣称，它们不接受转基因食品。地方食品同时从国家和热心的消费者那里获得支持。截止到2009年，许多意大利省份都制定了相关法令，向学校和医院提供有机食品。在那里，有机食品必须是当地所产。地方当局也会帮助组织农贸市场。在2011年颁布的法令中，卡拉布里亚大区表达了地方团结的愿景,"让目标消费者和农民走得更近,是提高生产者附加值的有效措施,并使消费者以更低价格买到地方认证的新鲜产品"。[58] 在法国,巴黎市民和游客可以随时在"洛泽尔之家"品尝来自洛泽尔省的法式肉派、烈酒和其他美味,这是由地方旅游局赞助的。

"地域风味"(Terroir)不再是法国的专属特色。在邻近的一些国家,地方食品同样不仅让人联想到当地土壤的独特矿物成分,还有一方风土所蕴含的情感和文化品质。在德国,地方食品和"故乡情怀"紧密联系在一起:尽管标准和哲学理念不同,但是所有州都有自己的食品计划和标签。黑森州要求主要原料100%来自州内;图林根州的标准较松,只有50.1%。在整个德国,有大概500个地区食品倡议。和国家电视台一起,德国联邦食品、农业和消费者保护部组织烹饪比赛,以选出最佳地方菜肴。2012年的获胜者是一道巴伐利亚州的猪肉烧烤,配有椒盐卷饼,再浇上啤酒肉汁调味。[59]

今天,人们对地方性的追求,重复了我们在第3章观察到的19世纪晚期的模式。[60] 这二者都发生在全球化不断加强的时期,农民和商人被迫求助于地方传统和风俗,以对抗国外竞争者。1900年前后见证了地方认证机制和地方产品商标(如香槟酒)的兴起。作为今天世界上最大的圣诞市集之一,德累斯顿的圣诞市集在19世纪90年代迅速崛起,这不仅是应对来自日本的竞争,也应对来自纽伦堡的竞争。这些市场行情不错的地方风俗构成了"被发明的传统"这一更广泛的趋势的一部分。[61]

什么发生了改变?是这几件重要的事情。或许,首要的一件涉及国家角色的扩张。1900年,食品安全政策尚处于襁褓之中,那时还没有代理机构来管理或检查原产地。总的来说,生产者在这方面拥有话语权。今天,"原产地命名保护""地理标志保护""传统特色保护"已经成为国家和欧洲治理的主题。2011年,欧盟就将第1000种食品名称(Piacentinu Ennes)——一种由生绵羊奶、番红花和盐制成的意大利奶酪——登记在这些计划名下。(将近25%受保护的食品来自意大利。)[62]

当消费者表示他们更容易相信地方市场或本国农民时,当慢食运动者对食品丑闻的第一反应是要求当地屠户专门切下一块肉并在该组织监管下剁碎时,他们其实认为有一点理所当然,即国家机制已经到位,保护他们免受有毒食品的威胁。在政府承担起保护食品安全的更大责任之前,除了来自国外的肉类,消费者同样非常容易遭受来自隔壁库房的陈肉毒害。事实上,由于海峡对岸的管理措施更加先进,法国食品可能对爱德华时代的伦敦消费者来说更加安全。

没有国家的支持,食物地方主义是无法想象的。无论是对法西斯国家、资本主义国家,还是对社会主义国家,这一点都是确定无疑的。墨索里尼统治时期的意大利极大地推动了地方菜肴的发展,德累斯顿的圣诞果脯面包和地方手工艺品也得到了民主德国政府的支持。目前对地方食品的担心和困惑产生于国家和超国家组织之间的拉锯战,以及对于去个性化的农业企业的忧虑。原产地是一个矛盾地带,强调竞争的自由理念和国家对于食品的理念在这个地带争论不休,而欧盟和国家之间的冲突也非常激烈——前者负有提高商品竞争性和促进自由流通的使命,而后者要努力保护本国农民的利益。今天的消费者不得不越过地方产品声明和标签的密林和灌木丛,这是他们的曾祖辈无法想象的。比如,1999 年,"萨克森周"提供了 3000 多件本地产品。德累斯顿不再只夸耀它的圣诞果脯面包,还有布里干酪、高达干酪,甚至洗发露。

因此,地方食物构成了现代生活的一部分。我们已经指出生产者在推销地方和民族品牌这方面的投入。英国最大的连锁超市特易购引入了"奶酪挑战赛",以推销各地品种,并邀请顾客"品尝一下苏格兰的风味"。美国零售业巨头沃尔玛——人们很难将其误认为是农贸集市——宣称,"当产品在靠近家园的地方种植和采摘时,尝起来就会十分美味"。[63] 同样地,地方食物的拥护者生活在消费文化之中,而非之外。其中一个表现就是对独特性的追求。从 20 世纪 60 年代到 21 世纪最初五年,食品价格大幅下跌,这意味着在丰裕的西方,以阶级为基础的饮食方式正在遭受侵蚀。穷人开始大量购买和富人相同的商品。肉类和软饮料的消费量迅速飙升,这一现象很能说明问题。一次独特的农场,而不是超市之旅,一定程度上是重新获取独特性的方式。烹饪地方食品并用以招待来吃晚餐的客人,这都涉及时间、知识和品位。熟悉季节性的耕作方式,或许还知道那头奶牛或鸡的种类名称及它们生活的环境,这可以将主人和只知道把方便食品丢进微波炉的普通民众区分开来。这种现象也说明农贸市场回应了主流消费的关键词——新鲜、选择和多样性。老顾客一般都会将地方市场上"爽脆新鲜的"蔬菜和超市货架上预先包装好的蔬菜进行比较。然而,当前对新鲜度的关心并不是某种自然现象,其本身就是现代历史的产物。在过去的一个半世纪里,它是由(家中和船上的)冷藏技术、运输和包装、食品科学,加上超市(没错就是超市)的发展所共同驱动的。[64]

今天,消费者在多大程度上做好了回到过去,以及吃应季食物的准备呢?很明显,程度非常有限。对大多数人来说,地方食物并不是超市的一个激进替代品,而是一个补充物,只不过增加了可供选择的食物品种。"我非常热衷于支持地方上更小的生产者,"一名英国妇女解释说,"因为我认为通过这种方式,人们能够获得多样性、更多的竞争和不同的品质……这是保障我们能够进行选择的一种方式。"[65] 这与真正的本地食品统治下的沉闷和重复的饮食相去甚远。引人注目的是,今天,卡尔庞特拉的地方市场在冬季提供的品种会比在夏季更多。[66] 评论者喜欢强调地方食品网络的潜力。同等重要的是,必须要认识到人们承诺的局限性。在美国,当第一次丰收的热情过去后,由社区支持农业的倡议通常难以延续。对许多成员来说,一个由社区支持的农业组织只不过是一个采购食品的俱乐部。在新墨西哥,它们每年都会失掉一半成员。[67]

迁 移

20世纪20年代,费尔南多·桑切斯离开了他的祖国墨西哥,来到洛杉矶。穿过边境后,他发现了一个全新的物质文明。在那里,家家户户都能洗热水浴和有电灯,人们收听电台,开着私家车去当地的电影院。身为来自墨西哥东北部城市萨尔蒂约的一名排字工人,桑切斯非常享受新的舒适和便利。他有一台唱片机,偶尔也会去看电影。但是,新技术并不意味着一种全新的生活方式。他不再使用冒烟的柴火灶,而是用天然气烹饪(这有助于烹饪的"味道更好")。但是,他吃的食物和在墨西哥时一

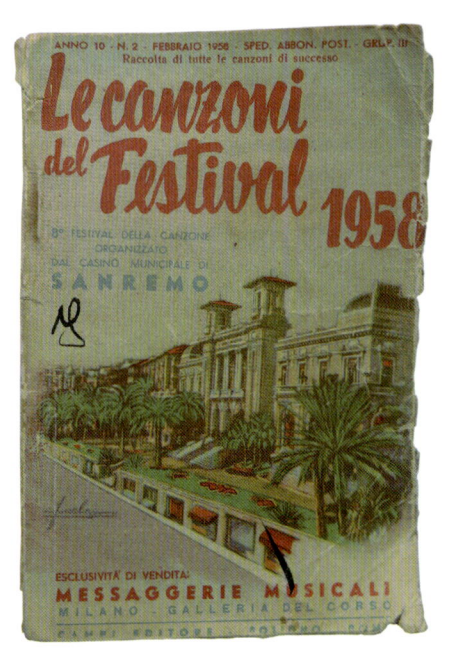

44. 上左：圣雷莫举办的第 8 届意大利歌曲节，来自 1958 年的一本小册子（私人收藏）。

45. 上右：多明戈·莫都格诺通过获胜歌曲《飞翔》开始走红，灵感来自圣雷莫的两幅夏加尔画作，1958 年（维基百科公共领域）。

46. 中：乡村怀旧情结：1997 年一枚赞扬芬兰探戈的邮票。

47. 下：商业现实：一年一度的芬兰探戈节，2013 年（©Top Focus）。

48. 上左：现代化的上海：一份印有斯堪的纳维亚啤酒广告的月历，1938 年（私人收藏）。

49. 上右：印度德里南部的市场，2010 年（© 弗兰克·特伦特曼）。

50. 中：日本东京的柏青哥赌场，2014 年（© 弗兰克·特伦特曼）。

51. 下：中国消费者协会扑克牌通过古典文学名著《西游记》里家喻户晓的孙悟空形象，提醒消费者注意商品的误导性说明，并打击假冒伪劣产品，2006 年（私人收藏）。

52. 上：信用卡之前：泰尔海莫斯百货商店印有浮凸文字的金属"签账牌"，弗吉尼亚州里士满，约 1938 年（私人收藏）。

53. 右中：本杰明·富兰克林储蓄银行的存钱罐，美国，1931 年（私人收藏）。

54. 左中：根据 20 世纪 50 年代早期的这张芬兰储蓄海报，只要先储蓄，家用电器和巴黎之行就都会随之而来（芬兰北欧联合银行历史档案）。

55. 下：一张欢庆邮政储蓄与财务规划 80 周年的海报，描绘了一名日本家庭主妇自豪地对外展示她的存折，1955 年（日本邮政博物馆）。

56. 上左：曼彻斯特暴力的帮派分子（Scuttlers）大头照：戴着标志性的领巾，留着驴穗状的发型，即后面剪短，前面剪成有角度的刘海，1894 年（大曼彻斯特警察博物馆和档案馆）。

57. 上右：民主德国的一张举办青年舞会的海报，舞会上有朗姆可乐、烤鸡肉、薯片和乌克兰酸辣浓汤，1973 年（美国加利福尼亚州温德冷战博物馆）。

58. 下：穿着阻特装的拉丁美洲人在去往洛杉矶县监狱的途中，1943 年（私人收藏）。

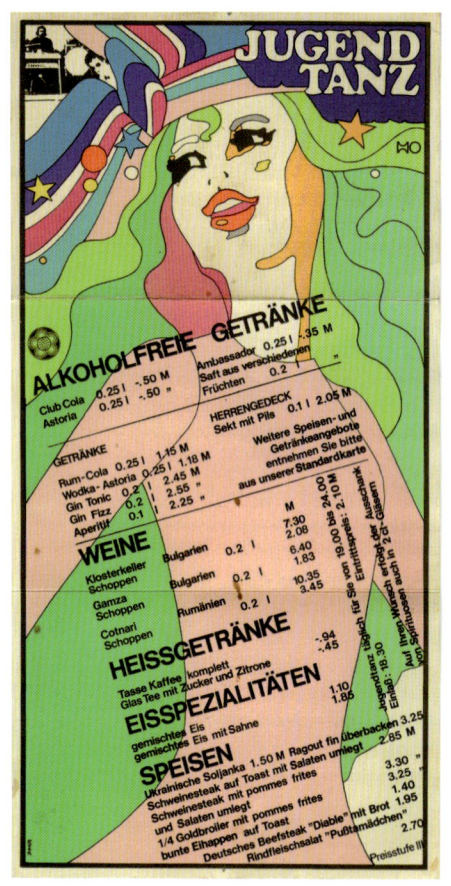

59. 上：有活力又健康的老年人：亚利桑那州的退休养老社区太阳城的晨间锻炼（麦格纳姆摄影公司）。

60. 下左：上海人民公园，2006年（© 弗兰克·特伦特曼）。

61. 下右：太阳城的鸟瞰图，约1970年（私人收藏）。

62. 上：南帕萨迪纳 110 英尺的"市立跳水池"，由公共工程管理局捐资建于 1939 年（美国南加州爱迪生公司档案）。

63. 下：快餐，19 美分汉堡商店，每天从上午 11 点营业到凌晨 1 点，周五至周六则营业到凌晨 2 点半，洛杉矶卡尔弗城，1952 年（美国南加州爱迪生公司档案）。

64. 上左：爱迪生电力公司的棒球队，加利福尼亚州，1904年（美国南加州爱迪生公司档案）。

65. 上右：爱迪生电力公司的女子篮球队，加利福尼亚州，1932年（美国南加州爱迪生公司档案）。

66. 中：1947年，鞋业巨头巴塔举办的足球比赛：比赛队伍是来自法国与英国的公司团队，最后来自法国弗农的团队胜出（巴塔鞋业公司）。

67. 德国洗涤剂厂商汉高公司的住宿、休闲、图书馆以及其他社会福利，1937年（德国杜塞尔多夫汉高档案）。

68. 上左：捡拾破烂旧物的人和他的驴子，法国洛泽尔，约1900年（私人收藏）。

69. 上右：在垃圾场捡拾垃圾的男孩们，波士顿，1909年（美国国会图书馆）。

70. 中左：曼哈顿关于私人存储的广告，2012年（© 弗兰克·特伦特曼）。

71. 中右：中国广东省贵屿镇的废旧电脑电子垃圾回收站，2005年（环保团体巴塞尔行动网络）。

72. 下：罗伯特·劳森伯格的作品《字母组合》，1955—1959年（罗伯特·劳森伯格基金会）。

样。桑切斯说:"我遵循墨西哥的风俗,我永远不会改变它。"他没有让妹妹们剪头发,也没有让她们"像当地的女孩子一样,跟各类男孩子厮混"。星期天,他和朋友们在公园里见面。他们会一起弹吉他,唱墨西哥歌曲。"我有许多墨西哥歌曲唱片,也有许多美国的,但是我之所以有美国唱片,是因为我的几个孩子喜欢它们。"[68]

桑切斯只是 20 世纪 20 年代跨过边境、迁移到美国去的成千上万名墨西哥人之一。许多人定居下来,其他人则返回故乡。一份 2000 名归国移民的官方名单记录了他们在返回墨西哥时,随身带了哪些物品。总的说来,归国移民一般都带着两大箱美国制造的衣服。75% 的人买了床上用品和床垫。20% 的人带了留声机,一些人甚至带了钢琴。25% 的人开福特牌汽车回国。[69]

迁徙是一个传播商品、趣味和欲望的主要渠道。当人们迁徙时,物品也在迁移。然而,物质的流动绝不是单向的。移民在吸取东道国生活方式的同时,也给它注入了自己国家的习俗。桑切斯对美国生活方式的妥协,反映了同化经常是逐步进行的。此外,流动的一大影响并不直接关系到移民和东道国。留在故乡的家庭不仅会获得移民的一部分收入,而且会通过礼物和故事领略到他们的诸多经历。因此,除了劳动力的迁徙,物品、生活方式和欲望也在世界上的富裕地区和贫穷地区之间来回流动。这一循环体系是如何在其全球性的复杂情况下运作的?对此,我们仍然未能充分理解。接下来,我要做的是阐明某些随着劳动力的迁徙出现的物质流动和交叉流动。准确来说,我们的关注点在于"自由"移民,而不是奴隶、契约劳工或者国内的流动人口,尽管他们同样在交换中发挥了一定作用。

世界银行的数据显示,2012 年,全球侨汇超过 5000 亿美元。此类跨国个人间的支付中,三分之二流入了贫穷国家的民众之手,这让人印象深刻。这有多重要,取决于母国。在莱索托、尼泊尔和摩尔多瓦,汇款占到整个经济的 25%。从美国到海地的私人汇款所占比例大致相同。每年,在美国的墨西哥人会给边境以南的家人汇回约 120 亿美元。由于南斯拉夫的解体和欧盟内部的迁徙,像欧洲这样的富裕地区同样见证了此类流动现象的增加。2010 年，在塞尔维亚，从邻国奥地利寄回来的钱占到 GDP 的 10%。[70]

就像迁徙一样，汇款当然不是一件新鲜事。与近来的流动相比，一个世纪之前人们从旧世界迁徙到新世界——当时，10% 的挪威人和意大利人移民了——的规模至少同样浩大。零散证据显示，早在那时，移民就给母国留下了自己的印记。在大英帝国，在殖民地挣得的金钱有时会遗赠给故乡的教会和慈善团体。例如，在阿伯丁郡的贝尔赫尔维教区，地方学校和贫困救济的基金都来自牙买加和印度。[71] 1904 年，引入的帝国邮政服务使汇款变得更加容易。1873—1913 年，价值约 1.7 亿英镑的私人汇款到达英国，接近当时 GDP 的 1%，主要部分来源于美国的慷慨亲戚。在帝国内部，非洲南部的英国人贡献的部分最大。当时的非洲南部对于康沃尔的意义，就相当于今天的美国对于海地的意义。如果没有在德兰士瓦的金矿工作的康沃尔矿工每周"向家里寄钱"，当地的妻子和母亲就不得不勒紧腰带过日子。[72]

尽管有这些先例，汇款数额在过去半个世纪里的激增仍是史无前例的。欧洲的经济奇迹吸引了一批批来自希腊、土耳其、摩洛哥和阿尔及利亚的客籍工人。截止到 1975 年，他们寄回家了 50 亿美元，几乎相当于这些国家出口收入的 25%。对许多发展中国家来说，汇款带来的收入几乎和旅游业一样多。中东地区的石油繁荣吸引了许多来自印度、埃及和也门的工人，他们一共向自己的国家汇了 15 亿美元。到 2000 年，沙特阿拉伯几乎赶上美国，成为国际汇款的主要来源国。过去 10 年里，寄往非洲的汇款增长了三倍（2000 年，达到 400 亿美元）；今天已经超过官方援助，接近外国直接投资的水平。[73]

幸运的收款人用这些钱做什么呢？汇款不等于消费。毕竟，这些钱或许可以用来做生意，或者买一台拖拉机。不少证据显示，这些汇款有助于上述投资和长期发展，但这是另一个话题。[74] 我们关心的是，移民和汇款给人们的生活方式带来的更加直接的影响，即他们的食物、服饰、舒适度和生活方式。乍看之下，答案似乎一目了然。1982 年，社会学家道格拉斯·马西和他的同事比较了墨西哥非移民家庭与那些有家人在美国挣钱

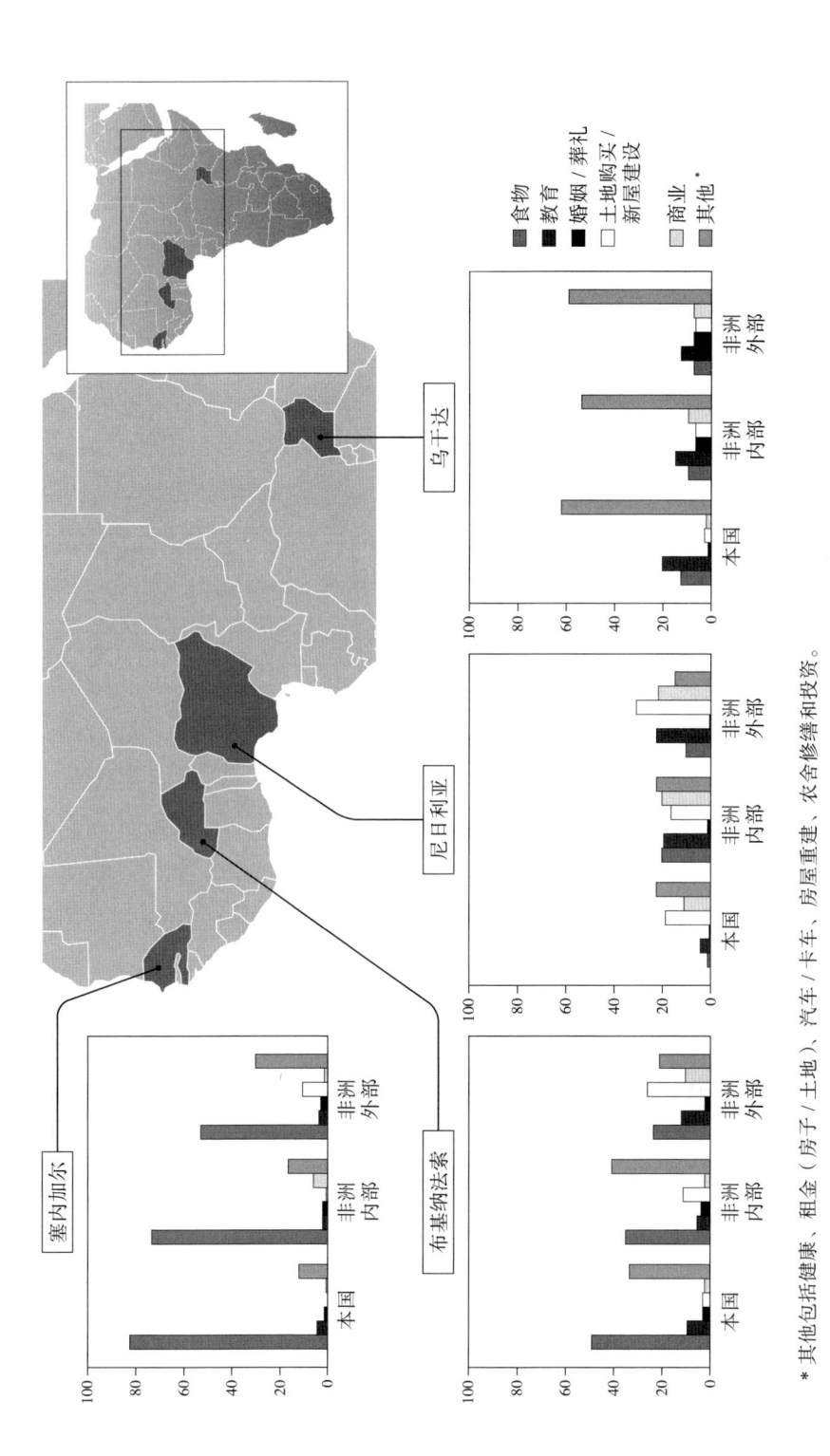

图 13-2 特定非洲国家的收款人家庭使用汇款的情况,按汇款来源划分(占汇款总额百分比),2009 年

* 其他包括健康、租金(房子/土地)、汽车/卡车、房屋重建、农舍修缮和投资。

来源:World Bank, 2011, *Leveraging Migration for Africa* (2011), table 2.3, p.64。

的家庭——财物和消费模式——的异同。在哈利斯科南部的乡镇阿尔塔米拉，移民的影响十分显著。在非移民家庭中，仅有一小部分拥有冰箱和洗衣机。家庭有移民的，时间越长，这一比例就越高。10年后，75%有移民的家庭拥有冰箱和洗衣机。与之相反，在哈利斯科的圣地亚哥这座工业城镇，是否有家人在美国工作，这一点对是否拥有冰箱或洗衣机基本上没有任何影响。不论有没有家人在美国，圣地亚哥的大多数家庭都拥有这些家用电器。[75]

迁移的影响取决于发展的水平，或者更加准确地说，取决于国内外的物质文明差距。与墨西哥的工业社区相比，美国的生活方式对乡村社区的影响更为显著。汇出国与汇入国的条件一样重要。因为移民不仅带回金钱，而且带回关于美好生活的理念。2009年，世界银行为非洲移民计划进行了一次家庭调查，并比较了那些拥有手机、收音机、电视和电脑的家庭。在肯尼亚、尼日利亚、塞内加尔和布基纳法索，能从非洲内部获得汇款的家庭和没有汇款的家庭之间虽有差距，但是差距非常小。在加纳的案例中，有汇款的家庭甚至得分更低，尽管这可能是样本少的原因。不管在哪里，总是那些能够从非洲以外的地区获得汇款的家庭设施最为齐全。

追踪汇款的影响异常复杂。汇款抵达家乡社区的形式千差万别，有支票、汇票、现金和礼品等方式。这让我们很难准确估算它们的价值。马西在自己的开拓性研究中，回避了这一难题，只观察移民如何消费他们上一次工作之行的储蓄。这些钱首先被花在食物、衣服和日用消费品上；其次（20%~40%）被用于购买砖头和砂浆，即购买、建造或整修房子；只有一小部分被用于投资土地或生意。[76]

当侨汇在20世纪七八十年代非常盛行的时候，不断有人抱怨说，收款人把钱浪费在奢华的衣服和铺张的仪式上，沉溺于一时的快感，而非长期的发展。[77]这一想法反映了丰裕的发达国家对"浪费性的"炫耀式消费的忧虑。但是正如对发达国家那样，这具有误导性。举例来说，从移民的立场出发，建造一栋房子是一项未来投资，而不是消费。它可以维系整个家庭的团结，节省钱财，并防止它花在一些华而不实的玩意上面。在尼日利亚，许多房子空无一人，等着户主回来。今天的移民社区依然根据更

* 加纳的数据来自 2005 年

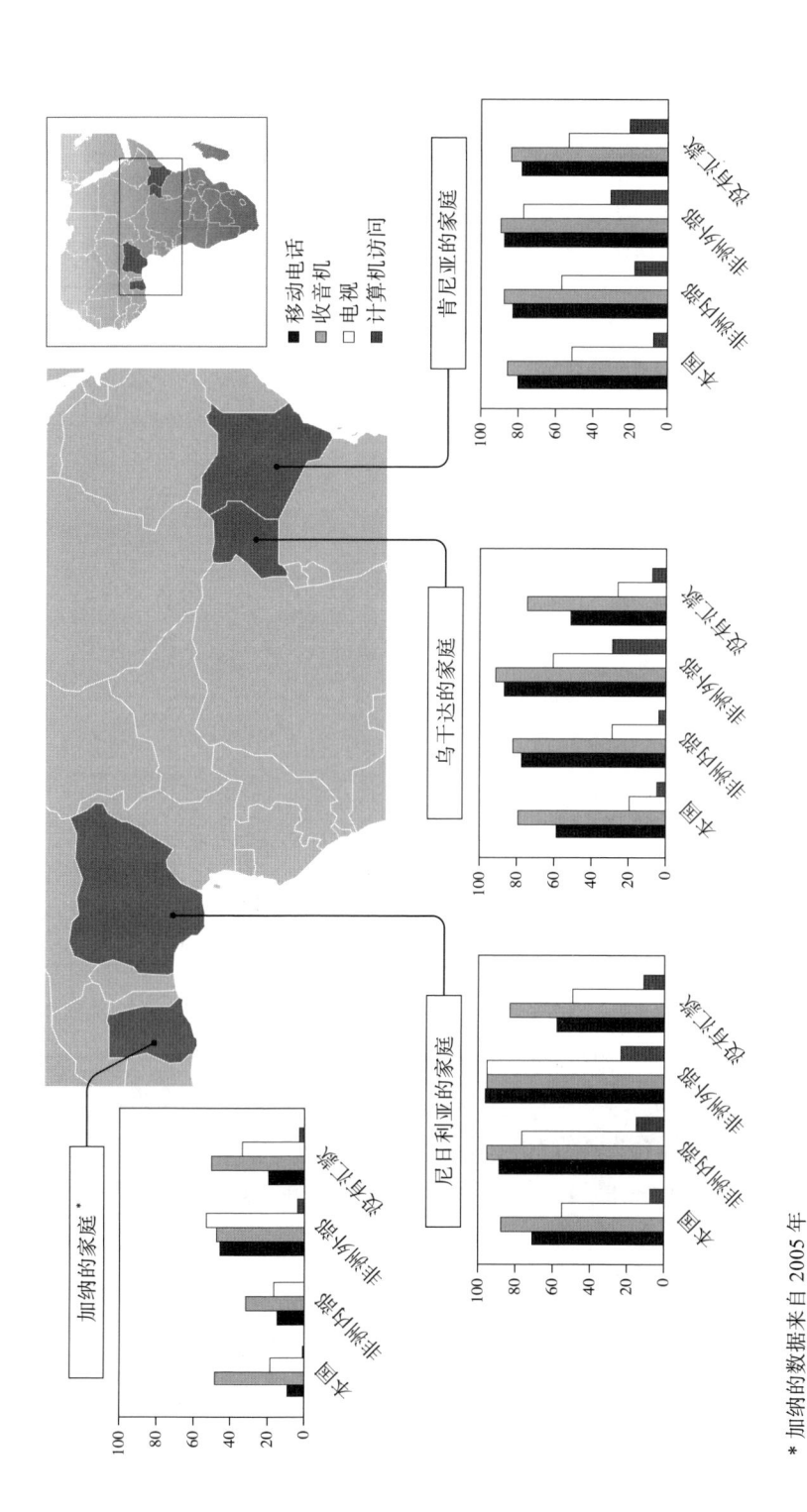

来源：World Bank, 2011, *Leveraging Migration for Africa (2011)*, table 2.5, p.71。

图 13-3 特定非洲国家的家庭获取信息和通信技术的情况，按汇款来源划分（占有设备的家庭百分比），2009 年

早移民时代的一句意大利格言生活："无论谁跨越重洋，他都会买一栋房子。"其次，世界各地的侨汇文化有着可观的差异。墨西哥人在消费上的高额开支既不独特，也不具有代表性。20世纪90年代，在埃及、巴基斯坦和危地马拉的乡村地区，大多数寄回国的钱都花在了生意、土地、教育和健康方面。婚葬仪式开销仅占一小部分。[78]

最后，侨汇是否真的如此独特？这一点尚不清楚。一些经济学家已经指出，它们就像是任何其他收入来源。[79]我们的角度可能走偏了，因为我们进行比较的并非同类事物。比如，一个每月从伦敦收到汇款的尼日利亚家庭将表现出与它更穷的邻居不同的行为。然而，他们与同等加薪的邻居的消费方式有什么不同吗？这一点还没有得出定论。尽管移民家庭的总体消费水平的确更高，但是实际上，侨汇会减少食品和服饰方面的相对支出。毕竟，这些家庭生活富足，而且可以把多余的钱拿来购置土地和做生意。在这个意义上，他们和之前几代向上流动的人们没有什么区别。另一方面，汇款在某些方面确实是独特的。最引人注目的是，它们以一种反周期循环的方式流动，换句话说，在经济萧条和危机到来时，其他投资和薪酬会下降，汇款反而上涨。因此，对发展中国家的家庭来说，它们十分重要，是困难时期的及时雨。此外，不同于薪资上涨，移民家庭往往把汇款视为一种临时性收益，因为无法确定这一国外经济源泉何时会中断。有趣的是，这并没有导致那种立马花光意外之财的不理智享乐。恰恰相反：它促进了审慎而长远的行为和投资。对非洲和别处的许多家庭来说，移民是一条细心规划的道路。逐步地，一个或两个家庭成员会迁移到一个更遥远的地方，寻找一份薪酬更高的工作。这个家庭在世界上的地位也会逐渐提高。非洲的移民计划表明，移民走得越远，投资在健康、教育和新房上面的汇款就越多。[80]

因此，与负面的刻板印象相反，移民越来越倾向于投资而非消费。这并不是说，我们应该忽视侨汇常常给当地的生活方式带来的巨大影响。一个明显的例子是陈村镇，它是中国华南地区的一个农业社区。自20世纪60年代以来，一组人类学家对它进行了跟踪调查。1979年，数百人迁移到中国香港，在那里的建筑工地上，他们能够挣到的钱是回乡耕种祖传土地的 10 到 20 倍。他们的汇款和新年回乡礼品彻底改变了家人的生活。在他们离开三年后，镇上一半的家庭已经拥有日立彩电，能够播放香港的电视节目。农民没有去参加政治集会，相反，他们选择待在家里，观看各种节目。他们还穿着香港的时装。汇款掀起了攀比性送礼的热潮。虽然这些建筑工人生活在十分拥挤的房间里，背井离乡，但是他们辛苦挣来的工资足以供亲族在家乡建造一栋港式别墅，带有铺了瓷砖的浴室。尽管有些父母事实上选择住在老房子里，但这是另一个问题。一幢现代住宅反映了一个家庭的财富，以及儿子的孝顺程度。不断提高的期望粉碎了传承下来的价值观，并创造了一种依赖文化。闲逸不再是耻辱，而演变为成功的标志。田间的辛苦劳作此时遭到鄙视，并被看作一项"落后的"活动，只有那些没有一个孝子在香港挣大钱的差劲家庭才会从事这些劳作。在乡村，年轻人开始无所事事，靠着慷慨大方的亲人接济，而不是在当地找一份收入相对微薄的工作。[81]

陈村镇或许是一个极端的例子，但是它的确反映了某些更加普遍的模式。经济移民可能加剧了社会的不平等。设法离开的往往是那些生活条件较好、受教育程度更高的人。他们寄回的侨汇让家庭继续处于领先地位。移民家庭的投资或许只是相对多于消费，但不那么幸运的邻居看到的是他们绝对财富的累积。因此，通过让不平等变得更加明显，侨汇可能会加剧一种相对的匮乏感。到目前为止，我们一直假定，汇款必然只是私人家事。显然，汇款并非私人家事，移民将他们的财产捐赠给教堂或城镇，历史上这样的现象曾发生过许多次。电扇、电视机和现代浴室——以及伴随它们而来的家庭习惯——增强了家人之间的联系，与此同时却疏远了与社区的关系。地位逐渐由一个家庭的物质享受反映出来。豪华的私人婚礼取代了公共的圣徒纪念日，这在墨西哥是一个引人注目的转变。[82]

到目前为止，我们已经考察了金钱和物品向母国社会回流的过程。但是，移民本人呢？生活方式、品位和财物，对于塑造他们自己的身份、他们对东道国的影响有什么作用？或许，没有其他社会群体比移民更受到物品的影响。私人财物为漂泊之人提供了锚点，提醒着他们故乡、家人和自我。

与通常的假定不同,迁移并非必然是从一个物质贫穷之地到另一个物质充裕之地。一些迁移是三角形的。比如,20世纪60年代,在亚丁工作的印度专业人士就习惯了一种现代化的舒适便利生活。直到1967年英国撤出也门,他们第一次迁回印度,回到没有自来水的家乡,之后再次搬去英国。去殖民化导致了印度人和巴基斯坦人大批离开非洲东部,前往英国。一位研究伦敦北部南亚家庭(1972年,他们被驱逐出肯尼亚和乌干达)的人类学家就指出过,在他们家中亚洲物品和食物的象征意义。没有传统的公共空间表达他们的身份,私人住宅就成为替代性的神圣场所。许多家庭从未在南亚生活过,却仍然在家里装饰一些白沙瓦的帛画和批量生产的雕刻品。在非洲东部,一名妇女说:"家里的墙上没有任何装饰品,但是现在她的丈夫收集了一些动物画作。"不少家庭承认,一些铜盘在非洲东部可能被当成粗劣之作,但是在英国,它们就有了实际价值,提示他们锡克教徒的身份。一只饰以毛皮的象足凳,就将一片非洲运到了哈勒斯登。[83]

一般来说,适用于物品的道理同样适用于食物。在生理和感官方面,这是一种特别亲密的消费形式。对哈勒斯登的南亚家庭来说,烹饪和饮食维持着他们的身份认同。他们会用一种叫作"马蒂卡汗蒂"(matika handi)的赤土陶器,而不是金属罐来烹饪旁遮普的一道菠菜料理(saag)。纯净的饮用水也会装在陶罐里端上来。在世界各地,这样的例子不计其数:地方食物会令移民想起他们的祖国和母亲,从波兰香肠到颇具地方特色的食品包裹(希腊母亲会将这些包裹寄给她们远在国外的儿子)。然而,一个移民社区的"家乡食物"很少会和家乡的日常饮食相似。它们往往呈现为一桌特别的饭菜,以承载丰沛的情感,比如波兰人的牛肚浓汤,会唤起节日宴席和家人团聚的记忆。家乡食物的意义不仅仅是原汁原味的香肠。21世纪头10年,当英国街角的南亚小店开始出售波兰食物时,波兰移民继续涌向他们自己的波兰店铺,那里有意装饰一番以唤起人们对祖国的回忆,还有一个克拉科夫木制娃娃迎接他们。这些民族商店在提供本土食物和饮料的同时,也提供了一种重要性不亚于前者的共享的地方意识。[84]

对接收移民的国家来说，移民食物文化的到来同样具有变革性。20世纪 60 年代以来，印度、意大利和希腊的餐馆和外卖店迅速崛起，这有时被看作一个里程碑、一场烹饪革命；最后，它开启了盎格鲁-撒克逊人、德国人和斯堪的纳维亚人对之前未知的外国美食的热爱。这一市场的规模之大，毋庸置疑。今天，一个德国人吃土耳其旋转烤肉的概率和吃烤香肠的概率一样大。1997 年，在英国，10% 的外食是在移民族裔的餐馆和外卖店出售的。这一数字还不包括几品脱啤酒下肚后，小酒馆售卖的许多咖喱食物。

有争议的是年代顺序和因果关系。在 20 世纪 60 年代以前，食物文化在民族烹饪中并非封闭或固定不变的。例如，在两次世界大战之间的英国，有犹太煎鱼、意大利冰激凌和中餐馆。而印度餐馆或许曾是罕见的景致，比如 1926 年在排外的伦敦西区开张的维拉斯瓦米餐厅，它们主要面向自英属印度退休归国的官员，提供受印度次大陆启发的菜肴，例如印度的鸡蛋葱豆饭（kedgeree，印度菜"khichari"的变种，将小扁豆换成了米饭和烟熏黑线鳕鱼）。1895 年，这种菜肴就在一本更具平民色彩的食谱——《写给收入微薄者的美味菜谱》（Dainty Dishes for Slender Incomes）——中出现过。[85] 拥有专门菜单和烹饪书籍的"民族"菜系本身就是 20 世纪中叶的发明，是在烹饪领域对来到英国的外国人和殖民地人民及其影响的反应。在《英国传统菜肴》（Traditional Dishes of Britain，1953 年）中，菲利普·哈本故意把炸鱼薯条称为典型的英国食物，而忽略了它混合的犹太和法国血统。对德国餐厅和食谱的一项研究，反映了类似的辩证法。名字洋气的菜肴在菜单中司空见惯，直到纳粹在饮食方面发起了"雅利安化"计划。于是，发音优雅的"法式煎牛排"（entrecôte）成为听起来更有嚼劲的"德式双面牛排"（Doppelrumpfstück）。[86] 而 19 世纪的经典烹饪书籍《比顿夫人的家务管理》（Mrs Beeton's Household Management，1861 年）就是根据食物种类与制备方法，而不是根据民族国别行文的。在英国烤牛肉这道菜的后面，紧跟着的是"制作咸牛肉的荷兰烹饪法"；福克斯顿布丁馅饼（一种带有葡萄干和柠檬皮的蛋奶酥挞）后面紧跟着的是德式馒头（蒸制的德国甜面包）。比顿太太也提到了印度酸辣酱和一种加了很多小豆蔻的"禽肉抓饭"。[87]

部分问题在于确定"外国"食物和"民族"食物的精准含义。因为在1800年和1900年，人们饮用和食用的大量食物原先都不是在自家后院种植的，而是原产自国外，漂洋过海而来的。仅仅数世纪前，这些食物还充满了新奇的异域色彩，比如土豆、茶叶和咖啡之于欧洲人，猪肉之于拉丁美洲人，玉米之于中国人。20世纪60年代以来的一些变化，应该被置于更早期的移民和全球化的浪潮这一语境下去理解。

1860—1920年，有约3000万人移民到美国。[88]大多数人来自欧洲，19世纪80年代起，中国人和其他亚洲人被禁止进入。这是一次史无前例的大迁移。从19世纪80年代到20世纪20年代，光是进入美国的意大利人就有400万。1900—1910年，10%以上的意大利人踏上了这一旅途。此外，还有爱尔兰人、斯堪的纳维亚人和躲避欧洲东部屠杀的犹太人。因此，在美国，我们可以看到一个真实的实验：在迁移中，不同的饮食文化发生了什么。

意大利人可作为"饮食上的保守派"最为典型的代表。[89]某种意义上，这一点是正确的。意大利移民对更早的盎格鲁-撒克逊和德国移民的食物和菜单没有任何兴趣，他们只喜欢自己的通心粉、番茄酱和萨拉米香肠。然而，他们实则也彻底改变了自己的饮食习惯。大多数意大利移民来自贫困的南部乡村地区，在那里，他们一般习惯吃豆类、土豆和浸泡在沸水里的干面包，并用一点盐或橄榄油调味。意大利面条只在城市里看得到，主要是富人的奢侈品。在卡拉布里亚，一些农民甚至从未见过肉类。因此，美国的意式食物将先前梦想中的安乐乡——流淌着奶与蜜的幻想之地——变成了现实。小麦取代了黑麦和栗子面。最重要的是，肉食成了必需品，此时天天都可以吃到。在纽约城，任何有自尊心的意大利家庭都至少会在天花板上挂一串意式辣香肠。1904年，一项预算调查显示，一个每月花费9美元房租的意大利家庭差不多会花同样的钱来购买牛肉、小牛肉、鸡肉，尽管负责养家糊口的人——一位切石工——经常失业。在西西里和普利亚，一些家庭会用烘焙过的谷物来制作饮料。而在新世界，他们则喝真正的咖啡，他们早饭改吃糖果和蛋糕了。社会工作者不断抱怨道，甜食对健康和家庭预算造成了破坏性影响。1938年，纽黑文的一名研究者报道说："一个极端的案例就是一名三岁男孩的午餐。他坐在一张高椅上，端着一杯又浓又黑又甜的意大利咖啡，其中加了一点威士忌，在吃甜甜圈之前，先蘸一点糖粉。"一个六岁女孩的妈妈对学校的护理人员说："我的宝贝喜欢吃糖果。"[90]

或许最关键的是，美国的意式食物成为一家人特别重视的共同事务。在意大利这个古老国家，人们会在节日和一些特别场合共同进餐，然而在日常生活中很少这样做。那些要走几英里去工作的农民根本没有机会坐下来，和家人一起吃饭。他们独自进餐。尽管喜爱的食材的确来自旧世界，但是意大利移民吃的东西以及他们的饮食方式都是全新的。

意大利人在美国的生活是一个典型的例子，反映了在家乡仅由社会地位较高者享用的食物是怎样在新世界变成族群身份认同的基础的。社会工作者十分沮丧，因为贫穷的移民家庭固执地坚持用进口的昂贵橄榄油烹饪食物，并且吃意大利番茄罐头。然而，尽管会耗尽每周的预算，但是在东道国社会，意大利菜给予这些家庭自豪感和权威意识：意大利人知道怎样烹饪得好、吃得好。他们掌握着品位，随着时间的推移，这让他们获得了社会认可和地位。至于番茄酱里加入肉丸的做法，是不是最近才有的发明，这无关紧要。

对母国来说，移民的食物文化同样造成了涟漪效应。纽约城里对番茄和意大利面的需求，极大地推动了意大利的罐头和食品工业。随着蒸汽轮船的旅费下降，一半移民返回家乡，随身带回了新习得的饮食文化。所有这些都有助于让意大利面和酱料上升为一种民族菜肴，尽管墨索里尼政府试图要求每个人都吃当地大米。如果没有从"艳阳高照之地"（指意大利中南部）流出的大批早期移民，比萨和意大利面就既不会成为民族主食，也不会像如今这样在世界上取得成功。

爱尔兰人的经历是意大利人的反面极端。流落世界各地的爱尔兰人不烹饪爱尔兰食物也可以过活。圣帕特里克节没有任何爱尔兰熟食或料理。身份认同是由跳舞和喝酒来界定的。当涉及饮食时，爱尔兰裔美国人更喜欢一种混合了盎格鲁-撒克逊和欧陆风味的料理。1912年，古爱尔兰修道会在美国的密尔沃基举办了年度爱尔兰野餐。菜单上有烤牛肉（从18世纪开始风行的英格兰敌人的食物）、番茄片（从墨西哥移植过来的地中海水果）、热咖啡和馅饼。甚至土豆——最接近于爱尔兰主食——都被精心烹饪成来自奥地利的维也纳土豆沙拉。像意大利邻居一样，许多爱尔兰移民贫困潦倒，来自乡村地区。意大利农民同样遇到过饥荒问题。然而，不同于他们，当爱尔兰人来到美国时，马铃薯饥荒（1845—1850年）的民族创伤烙印在他们脑海中。爱尔兰人的身份认同是由食物的匮乏，而非享受食物来界定的。[91]

犹太移民在饮食传统主义和选择性创新之间达成了自己的和解。在捍卫地方饮食和犹太洁食元素的同时，他们也发展出对外国食物的喜好。对欧洲东部的犹太人来说，鱼饼冻和甜菜汤仍然占据象征性的中心地位，但是它们日益成为安息日和其他特殊日子的专门食物。日常饮食则包括烘肉饼和肉汤。从德国犹太人那里，他们发现了法兰克福香肠和熏牛肉。反过来，德国犹太人吃起了鱼饼冻。这些美食交流并不是孤立的犹太事务，而是更加开放，增加了面向更远区域的菜肴的可能。到20世纪20年代，意第绪语的烹饪指南中的特色菜品是法式汤品和带有帕尔马干酪的菜肴。犹太食物逐渐失去了严格的意味，并开始有选择地接受美国产品，包括箭牌口香糖。在纽约，对许多犹太家庭来说，吃中式菜肴成为标志安息日结束的一个惯例。中式餐馆开始把犹太炒面放进菜单，这成了曼哈顿上西区仍然延续的一项传统。[92]

迁移看上去好像是多元文化主义的一个良好前兆，各种新品位不断融会。但是，一些种族食物文化的到来总是伴随着另一些种族食物文化的衰落和消亡。从维多利亚时代和爱德华时代起，犹太人和德国人社区在伦敦的烹饪迹象就已经所剩无几。许多洁食食品店和德国啤酒馆已经一去不复返，取而代之的是中式和印度餐厅。在20世纪80年代，印度餐厅增加了10倍。这些演变并非轻而易举，我们必须抗拒这种诱惑，即将每家族群餐厅都看作文化多元主义宽容性的出色例证。有时，民族食物是种族歧视的"引雷针"。20世纪六七十年代，当印度餐厅第一次在偏远城镇出现的时候，英国房东就抱怨，那些南亚人身上发出咖喱的"臭味"。一些英国房客要求房东要么降低房租,因为"味道难闻",要么自己从这些亚洲邻居中间搬出去。在德国,市民纷纷抱怨"喧闹的"意大利人。他们在离开餐厅时又是高歌又是大喊,丝毫不尊重德国人的私人空间和夜间休息。[93] 在欧洲北部的人们热衷于到阴冷、潮湿的北方大街上找餐馆吃饭以前,族群餐厅看上去可能是对公共空间的本土文化的一个威胁。

异国的影响必须被"调理",才能使之看起来安全。正如在"马萨拉鸡块"的著名例子中一样,在英国政治家和顾客把它作为一道经典的民族菜吞下肚之前,它必须被发明出来。其他方面的影响必须被掩盖。英国的大多数印度餐厅即使是由来自旁遮普和克什米尔的穆斯林运营的,也很少宣扬它们的伊斯兰属性。出于一些可以理解的原因,大多数有事业心的餐厅老板都会小心翼翼,选择一份通用的标准菜单,在上面,印度属性仿佛根本不存在,又仿佛无处不在。地区和宗教的真实性被牺牲了。英国当局在推销一个经过粉饰的"印度"形象上发挥了作用,这一形象符合他们在本国的利益。去工业化的老工业城镇开始将自己重新塑造为区域性咖喱之都。20世纪80年代,布拉德福德向游客宣传一条"咖喱小道"。伯明翰则把铁锅烹饪的巴尔蒂咖喱作为该市的招牌菜肴。[94] 这些新发明的混合菜式的影响不应该被夸大。无论菜品或装饰多么虚假,在族群餐厅吃饭都可能给当地人一种差异感,但是它离文化多元主义还有很长一段距离。和陌生人生活在一起与偶尔从他们那里买一些食物,二者之间存在巨大的差异。英国每年制作的数以百万计的咖喱食物,并没有让种族歧视和纷争消失不见。

连续性和改变在移民家庭内部也得到了反映。一方面,当涉及食物时,人们异常顽固。毕竟,口味是我们生活中最私密的方面之一,一种可以追溯到童年早期(甚至可能是母胎中)的强烈感知。另一方面,人们也异常灵活,会突然爱上曾几何时被污名化的食物,比如生鱼片和寿司。这些张力在移民中间表现得尤其明显。在具有陌生食物文化的异国他乡,他们不得不艰难地找到一条正确路径。这些冲突是如何解决的?

值得注意的是,饮食并不仅仅关乎盘子里的食物。它还涉及膳食的样式、饮食的习惯和空间。为了维持他们的身份认同,移民会采纳一些元素，而舍弃其他的。10年前，有人对芝加哥地区的孟加拉裔美国家庭进行了一项民俗学研究，它给出了这样一份家庭饮食计划：在星期日，早餐吃煎蛋饼和烤面包，晚餐吃羊肉咖喱；在工作日，有三天吃鱼和米饭；星期四晚上吃烤鸡腿配美国式沙拉和法式调味汁；在星期五，一家人去红龙虾餐厅——一家牛排和海鲜连锁店。不同于美国邻居，这些家庭仍然经常吃鱼和米饭，就像在孟加拉的同胞一样。变化最大的是象征价值最少的一顿饭，即早餐。同样发生变化的有家庭进餐的场所和方式。在加尔各答，周末进餐一直是私人事务，要在家里吃。在芝加哥，许多家庭则外出就餐。[95] 这些有选择的重置可以一代代持续下去，而不会必然导致种族身份的丧失。20世纪90年代，意大利裔美国人吃的通心粉比他们的曾祖父母一辈要少。在工作日，他们会交替选择炖菜和美式拼盘。然而到了周日，在家庭一起享用的盛宴上，意大利风味的菜肴则会大量增加。

对一种流落他乡的民族食物文化的生存来说，社会地位和味道同样重要。社会地位决定了移民社区是否有能力和兴趣来维系传承下来的习俗。在芝加哥，孟加拉裔家庭通常社会地位都很高。在他们之中几乎没有不安全感或能察觉到的需要，来强迫他们不再吃鱼，并全盘复制美国的一切事物。20世纪30年代，对夏威夷蔗糖种植园里日本工人的一项研究，提供了一个反例。在日本国内，收入不断增长的工人家庭会转而吃上乘的精米。而在夏威夷的类似日本家庭，情况恰恰相反，仅有老年人顽固地坚持吃米饭，其他人则转向美国咸饼干、白面包、黄油、果酱和咖啡。不同于在日本，在夏威夷，精米标志着一个家庭的贫困。种植园工人为了爬上更高的社会阶梯，非常乐意抛弃这种食物。对新一代来说，传统食物正在迅速丧失吸引力。"我不喜欢吃日本食物，"一个美国高中毕业的日裔女生说，"因为鱼很难闻，而烹饪米饭又要花很长时间。"[96]

移民并不是异国风味的唯一传播者。16世纪和17世纪，在传播对咖啡、可可和其他新奇异域商品的狂热方面，旅行者扮演了至关重要的角色。尽管两次世界大战已经充当了前进道路上的踏脚石，但是20世纪50年代以来，大众旅游业将异国烹饪的影响力提高到了一个史无前例的水平。对于外国料理的流行，旅游业无疑发挥了重要作用。20世纪五六十年代，德国人在假日纷纷前往意大利，这成为一种新的享乐主义的缩影。美食、美酒、沙滩和阳光，取代了古老遗迹和歌德笔下的《意大利游记》（Italienische Reise）。回到家，在附近的意大利餐厅——墙上挂着渔网，桌子上有带吸管的基安蒂葡萄酒瓶——坐上几个小时，就会给人一种假日的感觉，以及精心包装的地中海浪漫风情。此外，还有充满魅力的"马里奥"们（意大利男性常见的名字）：老板和服务员一律是男性，对他们可以直呼其名。至于从厨房端出来的"地道"食物，通常不过是这些人的德国妻子或土耳其厨师烹饪的。在慕尼黑的"大运河"餐厅，顾客可以欣赏到威尼斯叹息桥的等身复制品，尽管市政当局叫停了餐厅想在外面的宁芬堡运河上系泊一条真正的威尼斯贡多拉的计划。[97]

一些历史学家从地中海风味的全球推广中看到，新的"风格一代"正在出现。[98] 更加有待商榷的是，旅游业对品位（至少当它涉及食物时）的一般影响是什么。除了"意大利"和"希腊"食物，族群餐厅的订单并没有遵循热门的旅游线路。即使在意大利的例子中，许多餐厅的前身就是两次世界大战之间开张的意式冰激凌店，这些餐馆也要比德国人大批涌入里米尼早得多。中式和印度餐厅遍及整个欧洲西部，但是去这些地方旅游的欧洲人一直屈指可数，这种情况直到最近才有所改变。与此同时，数以百万计的英国人从西班牙回来，可仍然没有喜欢上咸鳕鱼。与之相反，假日包价旅游将英式豌豆糊带到了西班牙的托雷莫利诺斯。旅游给口味带来的影响是有限且非常特定的。对此，我们应该更加注意。对意大利人和阿拉伯人来说，英国是热门的旅游目的地，但是我们在亚诺河和尼罗河边都没有发现约克郡布丁。

这一不均衡的借鉴背后有着双重原因。总体上，旅游业可能使人们更容易接受陌生食物，但也需要移民来开办和运营一些场所，以提供族群食物。在族群餐厅运营得非常成功的地方，它们都充分吸收了以前迁移的劳动力——迁移到德国的土耳其人和希腊人，或者迁移到英国的印度人和中国香港人。其次，烹饪景观的民族形态不仅依赖消费者的选择，还依赖国家的管理。在欧洲大陆，不同于英国或美国，想要开办餐厅的非欧洲移民经常会面对无法克服的困难。在1978年改革之前，德国法律对土耳其外来务工人员充满了歧视；它更愿意接纳意大利人和来自欧洲经济共同体的其他移民。欧洲人想留下来开餐厅，根本不需要任何特别许可。这给意大利比萨店在德国的发展提供了一个非常有利的开端。在瑞士，土耳其人和来自南斯拉夫的移民可以在瑞士的厨房工作，但是决不能自己开办餐厅。因此，在一个后工业休闲社会里，民族风味的力量和多样性并非仅仅关乎消费者口味的多样化。它也是一种关于东道国社会面对移民时的自我认知，以及对国家强制实施这一自我认知的力量的注解。当移民被看作临时的"外来务工者"时，限制民族餐厅的发展就是一件自然而然的事情。毕竟，对他们的预期是过上几年就离开。这些移民及其食物都不会被看作对东道国文化珍贵而持久的补充。

族群餐厅可能反映了在丰裕世界，自20世纪60年代以来，多样性在不断增加。然而，存在同样重要的反向趋势。在考察多样性时，我们必须不光要从个人的角度，还要从全球和社会的角度看待问题。从大草原和海洋的视野来看，20世纪见证了生物多样性的迅速衰落，这一趋势逆转了在这之前人类促进动植物基因库增大的1万年历史。21世纪初，在欧洲和中东地区，超过75%的农作物品种消失了。根据一项调查，在美国，这一数字高达97%。今天，世界上25%的鱼类资源正面临灭绝。[99]每个人都想要一块金枪鱼肉。随着几乎全世界对肉类的需求日益增长、食品体系与零售业的全球一体化，以及农业企业的单一栽培模式，各地饮食越来越快速地走向趋同。换句话说，虽然大多数个人享用的饮食更丰盛了，品种也更多样了，但实际上，人们是在用各种各样的香料和酱料来加工品种越来越单一的小麦、大米和鸡肉。

当谈到作为一种社会实践的饮食时，也存在同样的矛盾。一方面，生活水平的提高和食品价格的降低——最早出现在19世纪末，然后在20世纪末出现第二次大降价——缩小了富人和穷人以前在饮食上的鸿沟。精英阶层的奢侈大餐和其他人的单调饮食之间的鲜明对比正在消失。[100]尽管一些王室贵族更喜欢本国认证的农场里生产的有机品种，但是所有社会阶级都能够吃到肉类和加工食品。超市削弱（虽然不是消灭）了地方食物文化。电视、休闲与相对的丰裕一道，让这样的观念流行开来：把烹饪和烘焙当成严肃的爱好，以及社会地位区分的标志。在这里，主人在厨房里扮演起厨师的角色。而在这一进程中，精英阶层的高级烹饪渐渐失去了它的统治地位。

与此同时，有证据显示，今天的食物文化多样性，可能并不高于半个世纪之前，当时电视和外出就餐还没有发展起来。或许，两次世界大战之间的年份标志着一个更大的变化，即中产阶级没有了厨师，突然不得不自己动手做饭。在丰裕社会，饮食可能真的明确表达出了一些新差异。我们手里有的最细致研究是关于英国社会的，该研究发现了一些正在发生的分化。饮食的地方差异减少了，但在20世纪80年代末，人们购买或烹饪哪种食物仍然因阶级、性别和年龄的不同而有所差异，其受影响的程度并不亚于一代人以前的时代。与体力劳动者相比，专业技术人员更容易接受国家关于健康饮食的建议。是的，所有人外出就餐的次数都增加了。但对受教育程度良好的精英阶层来说，餐厅里的一顿饭，加上一杯不错的法国葡萄酒，是表达个人品位和知识的方式，并确认他们在同辈群体中的地位。在文化上，他们同那些外出吃咖喱的工人阶级年轻男性截然不同。个性化和私人选择的统治已经有了很大的发展。但是正如社会学家艾伦·沃德所指出的那样（如果他的研究无误的话），人与人之间在饮食方面的差异估计比证据显示的大得多。[101] 个人品位仍然被社会所建构。人们在用餐时进入的想象世界，以及和他们一起用餐的同伴，都继续由阶级、社区和国家塑造着。

第 14 章

灵魂问题

丰裕在挑战阶层和品位的旧等级制度的同时，也塑造了新的等级制度。到目前为止，我们已经讨论了世俗维度，但是我们还应该同时关心一下灵魂问题。商品是否杀死了上帝？

更大范围的消费必然是宗教生活的敌人，这一观念以各种不同的形式表现出来。一些评论者称，当欧洲西部在 20 世纪 60 年代步入丰裕社会后，人们就不再去教堂，而是去购物。20 世纪八九十年代，教皇若望·保禄二世谴责"消费主义"使人们成为"'财物'和即时满足的奴隶"，导致"拥有"超过"存在"，并摧毁了人们的"生理和精神健康"。一些作者甚至说道，物质主义成为新宗教：人们想要商品，而不是上帝。[1]

这些判断背后潜伏着一种本能的认识方式：将宗教看作物质世界的对立面。精神生活和物质生活在这里似乎是一定对立的。物质生活越发增长，必然意味着精神生活越发收缩。这一观念在基督教思想的发展中相当显著，但是可以一直追溯到柏拉图。它从启蒙哲学家那里得到了新的动力，到了 20 世纪早期，更是由新的思想家所促进，比如思考现代资本主义变革性影响的马克斯·韦伯。按照这一观念，理性、金钱和现代性的进步，能够揭露宗教信仰的非理性或摧毁教会的制度性权力，因而必然导致世俗化。从传统到现代的转变，打碎了人们关于自身和世界的牢固信念，并且释放了如此之多的不同生活目标，以至于统一的信仰体系毫无立足之地。宗教的消亡不过是一个时间问题。

这些观点在多大程度上被历史所证实？商品和财物究竟对宗教生活

产生了什么影响？为了回答这些问题，我们必须看看在西方基督教丰裕社会发生了什么事情。但是我们同时应该拓宽这一探究，去思考商品在更早阶段、在发展中国家和其他宗教中的进程。

欧洲西部的案例最为直接明了。没有任何地方比这一曾经的基督教世界的中心，经历了更大幅度的世俗化。1910年，从斯堪的纳维亚半岛到地中海，98%的人归属于某一基督教堂或礼拜堂。一个世纪之后，只有不超过三分之二的人们仍然以基督徒自居，其中仅有一小部分定期去做礼拜。[2] 尽管如此，信仰的丧失并非是在丰裕的20世纪60年代突然发生的现象。正如我们之前看到的一样，在英国，定期去教堂的人数在两次世界大战之间就已经大大减少。20世纪40年代末，在这一财政紧缩和定量配给的时代，忧心忡忡的时人将矛头对准一种以即时满足为特征的自私文化。在文件记录最翔实的英国，"一战"之后出生的每一代人都比前一代人更不信教。[3]

然而，在世界上这个富裕的小角落之外，世俗化的趋势从20世纪70年代以来就已经调转了方向。今天，欧洲的东部和中部不仅在物质方面比共产主义时期更加富足，而且拥有更多的基督教信徒。东正教会的复兴尤为显著。在阿拉伯世界，新的石油财富推动了伊斯兰教的复兴，而不是进一步世俗化。同样地，在中国，经济的迅速增长和城市化与佛教的壮大同步发生，其信徒比例从1970年的13%增加到2010年的19%。同时，人们皈依基督教新教，许多来自受过教育、富有进取心的中产阶级。但是，没有什么运动比灵恩派发展得更加迅猛；它通过圣灵的洗礼和灵性的天赋力量（包括说方言）来强调信徒对上帝的个人体验。1970年，世界上所有基督徒中有5%是灵恩派，到2010年，25%的基督徒是灵恩派，总共达到5亿人。宗教复兴主义不仅在牙买加这样的贫困国家蓬勃发展，而且出现在巴西和其他发展中国家。总之，在过去的30年，显示出大量反例，它们与世俗化势不可挡地推进这一预测相龃龉。所有这些都发生在这样一个时期：地球上数量前所未有的大量民众摆脱了贫困。值得注意的是，即使是在富裕的欧洲西部，自助超市、包价旅行和电视游戏节目出现半个世纪之后，基督徒的人数仍然比不可知论者和无神论者多一倍。[4]

从美国可以发现一系列线索，关于宗教是如何能让商业文化为自己服务的。我们的大多数困惑来源于一个肤浅而根深蒂固的错误信念："传统"的社区肯定生活在宗教的黄金时期，而随着人们变得"现代"，它就必然衰落。实际上，在美国，情况恰恰相反。和罗纳德·里根时期相比，乔治·华盛顿时期的美国更少（而不是更多）宗教色彩。1776年，当美国宣布独立时，新英格兰地区的教会成员仅有20%。19世纪下半叶，宗教生活才开始加速。到了1890年，45%的人归属于教堂、小礼拜堂或犹太会堂。30年后，这一数字攀升至59%。21世纪初，它徘徊在62%左右。宗教远没有衰退，相反，通过现代商业和消费品，它在向前推进。1954年，将"我们信仰上帝"这句话刻在所有硬币和纸币上的，可是一个丰裕社会。[5]

宗教崇拜也不会自动同19世纪末数百万贫困的爱尔兰和意大利移民一起到来。1888年，纽约大主教科里根向枢机主教曼宁指出："在这个城市，有8万意大利人，其中仅2%的人……有听弥撒的习惯。"[6]不如说，这是一个日益城市化、丰富和充满竞争力的市场的结果。牧师和传教士通过熟练地操控媒体、娱乐和精美事物的诱惑力，充分利用了不断膨胀的商业消费文化。

美国福音传单协会成立于1825年。到19世纪20年代结束时，它已经印制了500万本宣传册，其中夹杂了《圣经》的片段，希望在"有用"的同时还"给人带来乐趣"。福音派在美国内战（1861—1865年）前夕的复兴，开创了一种新的宗教宣传形式，使数百万批量生产的基督、天堂和天使的图片流传开来。新的教会同时依靠福音还有娱乐来吸引信徒。1847年，杨百翰——"美国的摩西"——将一群摩门教徒带到了盐湖谷。三年后，这一与世隔绝之所变成了娱乐度假胜地，不久就出现了一个交谊厅和许多音乐会。每周五晚上，摩门教徒会一直跳舞到天明。剧院可以容纳7000人。[7]

19世纪70年代，福音派复兴主义者德怀特·穆迪和艾拉·桑基成为大西洋两岸演唱宗教歌曲的明星。每到一座大城市，数百万人蜂拥而至，就为了来看他们。他们的赞美诗集都是畅销书，其声望促进了为狂热粉丝们准备的未经授权的瓷雕像和其他纪念品的火热销售。1875 年，两人在纽约城每周花费 1500 美元租赁了巴纳姆跑马场，即今天的麦迪逊广场花园，使宗教成为地球上有史以来最大的表演。[8] 他们的宗教仪式是精心设计的舞台表演。7 点 15 分开门，然后 5000 人在 10 分钟之内迅速入场落座。会众同唱诗班一道高歌，所唱的赞美诗选自穆迪和桑基的诗集，形式简单，但令人难忘。之后，"卫理公会的甜美歌手"桑基会用簧风琴表演一段独奏。但是当穆迪出现，发表一段圣经演讲时，全场才达到高潮。"他的嗓音有些粗糙，始终保持在一个音调上，说话时眼睛直冲前方，很少转向两侧，"一名听众回忆道，"可他让人们觉得多么真实！简直就是诡计多端的雅各活生生站在我们面前！他对面前的男男女女讲的族长一生的教训是多么尖锐！"[9] 接着，出现了更多的歌声和哭泣声。在费城，教堂之外，穆迪的小雕像每尊卖 2 美元。

基督教和消费的友好关系得到了商业手段的促进，但同样重要的是，它包含了信仰和教义的转变。就像其他世界性宗教一样，基督教一直对物质财富怀有深深的疑虑，其中充满了大量警告——物质财富会导致人们偏离信仰上帝的正道，就像在"金牛犊"的故事中，摩西刚爬上西奈山去接受"十诫"，亚伦就将金耳环铸造成牛犊像。19 世纪中后期见证了一位更加温和而美丽的上帝的到来。这位上帝并非不食人间烟火，只负责审判，相反他沉浸在世界中，和其中的人们、万物一起生活。这一教义转变的原因并非财富或享乐主义，而是内在论（有这样一种说法），它是对科学和进化论所造成的信仰危机的一个回应，吸引了维多利亚时代一大批憎恶消费文化的浪漫主义者和社会主义者。[10] 但是，上帝无处不在这一观念，的确导致追逐珍贵物品成为一条符合道德，甚至虔诚的道路。如果上帝的美好都呈现在这个世界，那么基督徒让自己身边环绕闪耀着神圣之美的物品，这怎么能不是他们的义务呢？

铁路的到来促进了物品的流通。19 世纪 60 年代至 80 年代的日记显示，摩门教徒越来越关注时尚物品，并将其当作成为有品位之人的一种方式。日记中出现了这样的条目："漂亮的中国丝绸手帕"或"一只玫瑰色绸缎做内衬的精美的摩洛哥山羊皮箱，盖子里镶嵌一面玻璃镜……总的来说……极其典雅"。1860年,《沙漠新闻报》(*Desert News*)宣称,"我们这个社会的基础已经奠定",如今"装饰和修缮、完善的工作变成了明智的关注点"。[11] 奢侈仍然会引起不悦,但是过于节约同样糟糕。一个好基督徒必须培养最适合他们本人的风格和时尚。

正如我们看到的一样,早期基督徒沉湎于奢华生活,尤其表现在17—18世纪的荷兰和英国。19世纪末出现的一个新现象是许多教会不再忧虑于物质上的享乐堕落,并公开布道称,上帝承诺所有人享受物质富足。亨利·沃德·比彻,一名公理会社会改革者和废奴主义者,告诉美国听众,奢侈是虔诚之人的标志。比彻本人就喜欢珠宝和购物。1876年,他在18个州做了60场演讲,每场演讲费为1000美元。[12] 对比彻来说,"创造财富的本能是上帝留给这个世界的教化力量"。"财富促进文化修养。"[13] 人们有权享受它,尤其是建一栋漂亮的住宅,但是他们也应该在教会和社区投入一些财富。

这些思想不是美国的专利。正如我们在之前的章节看到的一样,时尚物品闪耀着神圣之美的光芒,这种观念在欧洲也有支持者。[14] 让美国教会独具一格的是,它们把为物质富足进行的道德辩护转变为一种商业模式,利用其信徒的成功来支持自己的扩张。尽管失去了更早的"社会福音"传播者的进步主义使命,但在20世纪60年代,传教士的"繁荣福音"、电视布道活动和后来的超大型教会必须被置于这一长远的历史语境之下加以考察。上帝给信徒提供了一份新的物质-精神协议:将你自己托付给他,作为交换,他将增加你的财富。肯尼思·哈金是这一观念的有力拥护者。作为20世纪60年代信仰运动的发起人,他在俄克拉何马州塔尔萨的"神之声圣经中心"(Rhema Bible Center)训练了成千上万名福音传道者,举办了1440场集会。他也卖了约5300万本书。哈金布道称,上帝在《圣经·旧约》中祝福亚伯拉罕物质富足,这也适用于我们当下。上帝希望他的子民"穿最好的衣服,开最好的车,希望他们拥有一切最好的东西"。[15]

电视布道者吉姆·贝克曾是一名神召会牧师。他将炫耀性消费提升到新的高度。电视上的感言就像是购物清单。贝克把自己奢华的生活方式标榜为上帝的恩典。1984 年，他在同一天买了一辆 1939 年的劳斯莱斯和一辆 1953 年的劳斯莱斯"银色黎明"。[16] 他的狗舍甚至装了空调设备。贝克经常开着 1939 年的劳斯莱斯，带慷慨的捐赠人游览"美国遗产"——他在南卡罗来纳州米尔堡的一个主题公园，其中有圣经学校、一个豪华购物中心和拥有 501 间客房的遗产大酒店。在其鼎盛时期，"美国遗产"是美国观光人数第三的游乐园，每年创收 1.26 亿美元。直到 20 世纪 80 年代末，一场涉及性和税收的丑闻将贝克拉下神坛。对福音派信徒来说，"美国遗产"证明了，基督教的爱和奢侈同属一体。正如一名女游客指出的那样："基督徒没必要接受二流东西。我崇拜奢侈，这没有什么好隐瞒的。"[17]

宗教在美国形势一片大好，在欧洲却死气沉沉，如何解释这种差异？从 18 世纪的亚当·斯密到 19 世纪的亚历西斯·德·托克维尔和 21 世纪初的《经济学人》(Economist)，许多作者从美国独特的开放市场中找到了答案。在美国，教会和教派没有国家的补贴或其他特权的支持，只有互相竞争才能生存下来。[18] 这导致它们更具企业和娱乐性质。例如，帕特·罗伯逊在 1966 年创办了一个流行电视节目——《700 俱乐部》，工作人员由 4000 多名志愿者组成，他们每年会打 400 万次祷告电话。基督教广播网络 2.33 亿美元年收入中的大部分是由这个节目创造的。[19]

在欧洲，宗教生活从未完全脱离商业。十字军在中世纪买卖了大量圣遗物，自从圣母玛利亚于 1858 年在卢尔德显灵后，那里每年都会卖掉不可计数的蜡烛和纪念章。米歇尔·费列罗（"能多益先生"，即"能多益"巧克力酱的创始人）是一名狂热的天主教徒，他将自己的成功归因于卢尔德圣母。1982 年，他根据圣母显灵的那处岩穴设计并命名了费列罗·罗谢巧克力（Ferrero Rocher chocolates，"rocher"意为悬崖，即费列罗榛果威化巧克力）。此外，他将"圣母玛利亚"的雕像放在他的全球甜品帝国的每一家工厂外面。[20] 尽管如此，这同美国大量的基督教摇滚专辑、取材自《圣经》的电子游戏、小孩子的"祷告服"和经文饼干相比，完全算不了什么。[21] 对超大型教会来说，美国市场是一片沃土，尤其是没有固定立足点的宗教复兴运动者和非宗派团体。休斯敦第二浸信教会——拥有 1.7 万名会众的超大型教会——组建了 65 支垒球队，而且拥有工作坊和健身室。甚至一些天主教会，比如亚利桑那州梅萨的圣提摩太教派，也已经成长为超大型教会，而且拥有自己的音乐、娱乐和广播节目。[22]

据说在欧洲西部，老牌教会的实力得益于税收、收益和其他特权，几乎已经失去了创新和娱乐的需求。这有些道理，但也只是个偏颇的观点。毕竟在18世纪，英国国教比现在更加强大，但是这并不能阻止卫理公会在民众中的复兴。值得指出的是，1875年，在英国成功完成巡回表演后，穆迪和桑基同样成功地一举席卷了美国。今天，现有教会已经丧失了不少它们之前拥有的特权，但是超大型教会和宗教复兴运动团体还没有填补这一空白。

可以说，社会状况的性质同宗教市场一样重要。在美国，宗教机构不仅提供了精神引导，而且提供了社区、自助、社会福利和休闲。柳溪教会——伊利诺伊州的一个超大型教会——就运营着一个食品储藏室和一个就业部门，为父母、离异人士和接受治疗的吸毒者分别提供儿童托管服务和互助小组。这一教会甚至拥有技工志愿者，可以给单身妈妈免费修车。[23] 换句话说，美国教会仍然在做许多工作，而自"二战"以来，这些服务在欧洲往往是由福利国家提供的，尽管紧缩的经济举措开始考验这种劳动分工模式。

到目前为止，讨论都是围绕宗教团体展开的，但是宗教并非机构的专属。有信仰，但不属于某一教会或寺庙，这是可能的。1902年，威廉·詹姆斯将宗教定义为在与某一神圣力量关系中"独处之时的个人之感情、行为和体验"。这一力量可以是单一的上帝，但是没有上帝也可以（比如在佛教中，佛陀就站在了上帝的位置上），或者也可以是超验主义者——男男女女心中拥有神圣的火花，以及将他们和自然的神秘真理联系在一起的力量。消费文化给宗教体验带来了什么影响？

即使是在今天的西欧，不可知论者也只占很少一部分（约20%）。这一点告诉我们，在面对世俗变化时，宗教情感具有很大的灵活性。在丹麦、芬兰、爱尔兰和意大利，超过80%的人仍然将自己界定为基督徒，即使他们从未踏入教堂一步。[24] 75%的美国人信仰上帝或某种至高力量。但是，信仰可以意味着很多事情。比如，根据1991年和2006年的美国社会普查，70%的美国人将上帝视为一个"疗愈师"。三分之二的人将上帝看作一个"朋友"。同样比例的人也相信存在魔鬼。一半的美国人说，他们"明确地"相信奇迹。

婴儿潮中出生的一代经常被诊断为"灵性追寻者"。20世纪70年代以来，他们就调制了自己的"信仰鸡尾酒"，将东方宗教元素和基督教传统混合在一起，并添加一点"新世纪运动"的精神元素。1996年，研究人员问一名住在波士顿附近的物理理疗师，在体验了毒品和山达基教后，是否考察过其他宗教。她回答说："哦，当然……我阅读了所有能够搜集到的与佛教有关的书籍……我很喜欢的是，它鼓励我……探索内心，并发现对我来说什么才是真实和正确的。我也很喜欢《星际迷航》(*Star Trek*)。这是一种宗教吗？我不知道。"[25]

尽管如此，这种"自己动手"式的宗教有多大的代表性，是有待商榷的。2001—2005年，对美国青少年进行的一项大范围调查显示，大多数人在宗教生活方式上还是相当传统的，忠实地遵循着父母的主流教派信仰的足迹。仅有4%的人试图将禅宗、佛教或印度教融合进他们的基督教信仰。只有0.3%的人加入异教或巫术崇拜。几乎没有人去教堂购物。与此同时，尽管周日经常会去教堂一趟，但是大多数人对《福音书》的理解非常浅薄。一些天主教青少年相信转世轮回，另一些新教青少年则觉得，如果行"正确之事……不做真正的坏事"，他们就可以升入天堂，而对因信称义的原则——这是新教的根基——毫无所知。用一些研究者的话来说，许多美国青少年把上帝看作一位响应需求的"宇宙治疗师"。[26]正如我们已经指出的那样，早在19世纪，认为人们和世界拥有神圣火花的思想就已经发展起来了。因此，将这一思潮仅仅看作"二战"后唯物主义者个人主义论所引发的结果，是错误的。不过，相比以往，广告和消费文化可以说的确让基督教信仰更加自私自利、以自我为中心。对大多数美国人来说，上帝不再是一位裁判者，而是治疗师和伙伴。[27]

然而，自全球视角出发，由于灵恩派在非洲和拉丁美洲的复兴，基督教发展的主要势头不再是在发达国家，而是在发展中国家。1970年，在尼日利亚，七分之一的基督徒是灵恩派。到2010年，人数达到50%。

在巴西，这一比例近年来从 7% 上升至 25%。一些宗教领袖，比如领导上帝之救赎基督徒教会（Redeemed Christian Church of God）的尼日利亚人伊诺克·埃德博伊，就是受到美国那些具有个人魅力的同仁的启发，比如肯尼思·哈金及其领导的信仰之道运动。然而，总体上，这些都是得到当地资助、成功的本土故事，而非从美国进口。造成灵恩派在 20 世纪八九十年代如此流行的原因是，它不只在精神层面上回应了全球化及其带来的挑战和机遇，还在物质层面上回应了。在一个通货膨胀、失业和不稳定的年代，灵恩教会传达了自助、教育和工作的信息，并承诺将信徒从对旧精英阶层的依赖中解放出来，同时赋予他们一个塑造自己生活的机会。

　　自从 20 世纪 70 年代以来，灵恩派就开始援引"贫困的灵"这一教义。按照这一看法，非洲人是贫困的，因为他们还处在巫术、祖先崇拜和懒惰的咒语之下。更好的生活需要改头换面和自律，灵恩派同时主张两者。对于那些处在"贫困的灵"咒语下的人来说，外国商品是魔鬼的诱惑，将他们拖入债务、酒精和毁灭的深渊。与之相反，那些接受圣灵洗礼的人将学会积累财富，享受美好生活。话语的力量净化了消费品，使魔鬼不敢靠近。

　　在加纳和津巴布韦，人类学家记录了精神和物质再生之间的相互作用。以前，信徒可能把辛苦挣来的钱花在昂贵的风俗和给扩大式家庭置办礼物上，现在，他们被教导怎样投资自身、自己的核心家庭和教会。灵恩派教会向人们提供识字课程和理财建议。它们充分挖掘了早已有之、注重依靠个人意志来克服贫困的教会文化。当国家在新自由主义盛行的 20 世纪 80 年代退出社会支持领域时，灵恩派填补了这一空白。关于自助和安全的布道，不论是对城市超大型教会里向上流动的阶层还是对农村的穷人而言，都有吸引力。在巴西，尽管灵恩派自 20 世纪 90 年代以来，提高了自身的社会地位，将经济增长中的新机遇兑现为财富，但它还是吸引了那些最穷苦的人。[28]

　　17 世纪，加尔文主义者有时把他们在经济上的成功解释为属于上帝"选民"的一个标志，尽管他们的布道依然对过度奢侈及其诱惑做出警告。1900 年前后，正如我们已经看到的那样，非洲的基督教传教士表现出一种类似的矛盾，一方面，他们在宣扬《福音书》的同时支持物质享乐，另一方面又抱怨说，新的追随者过于渴望时尚和小奢侈品。[29] 20 世纪 80 年代，灵恩派前进了一大步，开始公开宣扬物质财富。1981 年，当埃德博伊在尼日利亚掌管上帝之救赎基督徒教会时，该教会还一穷二白，拒不接受任何捐赠。埃德博伊放弃了早期灵恩派的禁欲主义，并向信徒和地方教会引入了一种奉献的新文化。现在，他们必须向教会中心缴纳什一税。会众得到保证，上帝将会数倍偿还他们的这种奉献。2005 年，埃德博伊宣称，他得到上帝的授权，组建一个"救赎者俱乐部"，任何支付相当于 5 万英镑金额的人都可以成为会员。给教会捐赠 5000 英镑可以买到一张游轮船票，乘坐"仙境"号从迈阿密到巴哈马群岛，并聆听埃德博伊讲道。埃德博伊说，耶稣就是为了我们的繁荣而死。他的苦难为我们提供了无穷的信用。"上帝就是财富之神。"上帝希望人们繁荣昌盛，拥有"车子、房子、衣服、土地，以及钱能买到的任何东西"。[30]

上帝之救赎基督徒教会的成功，说明了一系列在灵恩派崛起中发挥作用的因素：富有个人魅力的布道者、在经济不稳定和国家还比较贫弱的时代表达了希望和繁荣的信息，以及新的媒体和技巧。上帝之救赎基督徒教会包括九个独立的录音部门，录制英语、法语，还有约鲁巴语、伊博语、豪萨语等语言的布道内容。在尼日利亚，一次布道每月可以卖出 50 万盘录音磁带。互联网、视频录像和数字技术也得到了充分利用。没有迪斯科，但有"赞美"音乐。教会为雀巢食品、七喜汽水、当地贸易商的零售网点做了特殊安排。它还有自己的大学和地方商学院。[31]

与其他世界性宗教中建立的关系相比，在基督教的信仰复兴中，财富与宗教之间的这种共生关系如何呢。在美国，商业化同样给犹太人的生活打下了烙印。对 1900 年前后的许多犹太移民来说，财物是进入这个新国家的一张重要门票，并显示了他们不再是"不谙世故之人"。类似圣诞节，光明节最初并不涉及礼物，然而到了 19 世纪 90 年代，二者皆成为新的购物季的一部分。在逾越节期间，人们会买新的家具和床上用品。[32]

在一些亚洲宗教——比如神道教和佛教——中，精神生活对物品的渗透甚至更深。在这些宗教里，没有唯一的造物神，神的物质外观取自岩石、树木和物品等。在日本，宗教仪式与购买物品和礼物紧密地联系在一起。兔子和鸟类陶塑，以及杯子和饭勺这类实用物品，都可以带来好运（缘起之物）。把它们放在电视机上面或壁龛里，这些好运护身符可以帮助所有者与神建立联系，避开魔鬼，让他们病愈并回归正常生活。在韩国的萨满教仪式中，进口的威士忌、玩具和食品扮演"旅费"的角色，能够让活人与他们祖先的幽灵和睦相处。[33]

现代性必然导致世俗化，这一观点在西方依然十分流行，与之相反，宗教证明自己仍然充满活力和创新精神。消费文化是这种创新的源泉之一，这在近年来的宗教复兴中显而易见，但是在之前几个世纪就已经显露出来。虽然主流宗教机构举步维艰，尤其是在基督教世界，但是今天的宗教体验仍然充满活力。在传播和维护宗教信仰、身份认同方面，商品、娱乐、品位和时尚发挥着至关重要的作用。同样，20世纪70年代以来的宗教复兴证明了，消费文化拥有引人注目的能力——适应新的现实，并和一系列信仰团体合作。和世俗的意识形态一样，世界性宗教也是如此。消费证明自己是一个极度灵活的伙伴。精神世界"高于低劣的"物质世界，而且真正的信徒应该追求前者，抗拒后者的诱惑，这一信条由来已久。然而在现实世界，宗教生活并不以一种纯粹的灵性形式存在，其中充斥着各种各样的物质。对宗教来说，丰裕或者（更一般地来说）发展，不仅是一个挑战，而且是一个机遇。

第 15 章

"用完即弃"社会?

今天,在全世界的海洋中,每平方千米水域就有约 1.8 万片塑料制品在"畅游"。[1] 2011 年,在"国际海岸清洁日",60 万志愿者沿着 2 万英里的海岸线搜寻垃圾。到这一天结束时,他们收集的垃圾重量几乎达到 1000 万磅。其中包括 25 万件衣服、100 万个食品包装、几百台电视机、手机和自行车。这一年,仅美国就生产了 2.1 亿吨城市垃圾,足以装满一队垃圾车,并环绕赤道 9 圈。光是英国家庭丢弃的食物每年差不多可以填满 5000 个奥林匹克游泳池。[2]

我们似乎正被废弃物所淹没。"用完即弃社会"和"丰裕社会"这两个论题经常一起出现。1960 年,当万斯·帕卡德在《废物制造者》(*The Waste Makers*)一书中发起批评时,美国人几乎没有什么时间从冰箱中取出一杯冷饮,坐在新电视机前。在这本畅销书中,帕卡德警告说,美国已经发展成一个"甲亢型经济体"(hyperthyroid economy),日益增加的人为刺激创造出更多的浪费。用完即弃的生活方式正在占据主导地位,其特征是塑料制品、一次性杯子、罐头和方便食品。人们挑选汽车的标准不再是发动机的优劣,而是外形时尚与否;款式一变,人们就抛弃旧车,购买一辆新的。帕卡德没有指责与功能性改进相联系的改变。他的批评目标是由时尚所决定的计划性报废,以及为了改变而改变。

帕卡德触及一个敏感的话题。物品似乎不再像过去一样耐用。它们被制造出来的目的,便是报废。今天,关于废弃物的担忧主要针对的是环境污染,其次是国家的衰落和道德滑坡。帕卡德担心,美国正在从一个

"富有"之国变成"一无所有"之国：它不断浪费宝贵的石油和铜，冒着依赖外国人的风险。这种说法隐含了新马尔萨斯主义的内在寓意：对新奇的事物不计后果的热爱，与人口的不断增长一道，正在导致美国超出它的自然限制。从节约、注重质量和耐用性到一种"浪费、轻率和淡漠的"生活方式的转变，正在侵蚀"美国人的品质"。年轻人变得"柔弱"、颓废，缺乏父辈拥有的自律精神。对消费品的崇拜往往会"剥夺"家庭主妇的技能和身份认同，从而使其失去存在的必要。她不再去修补衬衫和袜子，而是开始从事工作以购买更多的商品，导致家里变得"一团乱麻"。[3]

正如这些评论所显示的，就像消费一样，浪费是一个道德意味很强的话题。浪费的叙事往往紧接着消费文化出现，20世纪的历史就是不可逆转地走向越来越严重的浪费。堆积成山的垃圾似乎是一个有形的标志，既提醒我们已经患上了一种迷恋更多物品的瘾病，同时又提醒我们已经对物品和创造它们的资源丝毫不在意。1999年，美国历史学家苏珊·斯特拉瑟指出，对她的同胞来说，"随意丢弃物品被当作一种自由"。人们已经失去了19世纪的祖先拥有的那些"对物品的管理责任"。那时候，人们会把破了的陶罐放在牛奶中煮，以此修复它，各种用品都会被回收利用，这样一种重新利用的文化已经被用完即弃的文化取代。对斯特拉瑟来说，对物的关怀之丧失反映了这样一个变化：美国已经从一个生产者的国家转变为一个消费者的国家。她写道，与消费者相比，修补和回收"对制造物品的人来说是更加轻松容易的"。[4]

"用完即弃社会"的兴起，确定了我们思考浪费的方式。然而，这一观点在多大程度上是正确的？为了回答这一问题，我们将主要关注丰裕社会，而不是较贫穷社会的浪费和拾荒活动。因为我们感兴趣的是，当社会更加富足时，它们是否会变得更加淡漠和浪费。这一问题有三个维度需要特别注意，这三个维度将成为后文要探讨的主线。首先是一个经典的历史问题，有关随时间而出现的变化的实质和方向。用完即弃社会这种论点不仅预设了消费和浪费是同时兴起的，还把历史看作一系列连续的阶段，在20世纪的发展过程中，一种社会秩序（"传统"、重复利用）逐渐让位于另一种社会秩序（"现代"、用完即弃）。第二个维度涉及比较。作为最初的发起者,美国自然成为用完即弃社会的历史先锋。正如其他国家通往消费文化的道路各不相同,然而,是否所有的丰裕社会最终必然面对同样的废弃物堆积问题,这一点值得思考。

最后还有一个维度,就是我们应该如何跨越时间和空间,追踪浪费现象。这或许是最有趣的一个议题。一定程度上,它涉及我们要考虑的因素都包括什么。21世纪初,发达社会比一个世纪之前富裕得多。今天,更多的物品进入家庭,因此我们会料想,相比贫穷的祖辈,现在的家庭扔掉的东西也更多。与高收入国家相比,当前的低收入国家会产出更少的废弃物。更有趣的是,发达社会是否也相对更加浪费呢。为了了解这一点,我们不能孤立地看待废弃,而必须将之视为消除物品的诸多方式之一,其他方式还有送礼、向慈善商店捐赠物品或在车库存放物品等。同样重要的是,我们在哪里寻找废弃物。"用完即弃社会"的论调把私人消费者当作分析单位。但是,在进入家门之前,材料和物品经历了漫长的旅途。这些阶段或多或少存在一些浪费,而且可能与"消费夫妇"的相对节俭或浪费关系甚微,甚至完全没有关系。为了理解现代社会有多么浪费,我们同样应该追问一下进入建筑、城市和基础设施中的材料和能源,正是它们首先保证了我们的高消费水平。因此,在考察完家庭废弃物之后,我们需要在更加普遍的层面上考察废弃和物质流动。

生产废弃物

从打开垃圾桶的盖子开始吧。由于人口密集,缺少闲置地,纽约城从20世纪早期起就密切关注垃圾的构成变化。当地居民必须把垃圾分为三类进行回收,它们分别是煤灰、"废渣"(主要是食物残渣)和其他所有"垃圾"。多亏工程师丹尼尔·沃尔什挖掘了这座城市记录下来的样本,我们才能够建立1905—1989年变化过程的大致情况。[5]煤灰经历了最大的变化,当用于供暖和烹饪的煤让位于石油和天然气时,它就迅速减少了。20世纪初,垃圾主要是煤灰。20世纪中叶以来,一种新的"丰裕垃圾"出现了:煤灰没有了,但是废纸泛滥。20世纪60年代以来,塑料制品也迅

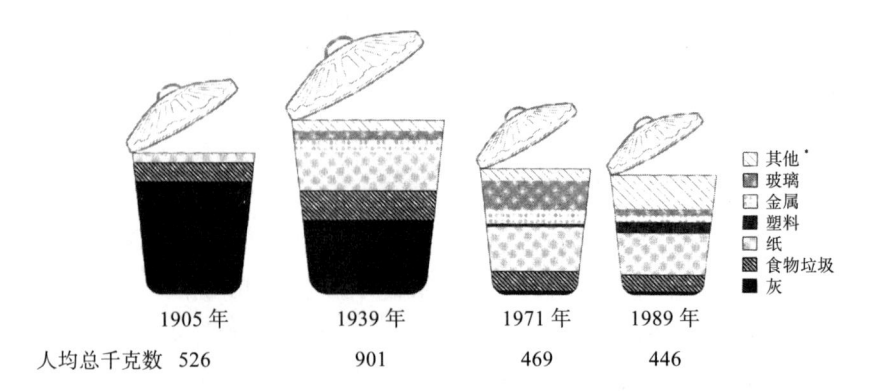

	1905 年	1939 年	1971 年	1989 年
人均总千克数	526	901	469	446

图例：其他*、玻璃、金属、塑料、纸、食物垃圾、灰

* 其他包括纺织品、有害垃圾、橡胶、皮革、木材、花园垃圾、混合垃圾

来源：Adapted from D. C. Walsh "Urban Residential Refuse Composition and Generation Rates for the Twentieth Century", in *Environmental Science & Technology* 36, no.22 (2002): 4936-42.

图 15-1 20 世纪纽约城年度人均丢弃的生活垃圾，总数或部分，以千克计

速增加。纽约市民现在丢弃的玻璃和金属制品少了，这是塑料瓶、铝罐和"轻质材料包装"（实现更薄的玻璃瓶和金属罐的生产）加在一起的结果。一旦煤灰被移除，结果就变得更加惊人。1905 年和 1989 年，食品垃圾所占比例相同。1939 年，垃圾箱所装的废纸比 50 年后更多。令人吃惊的是，纽约市民在 1939 年扔掉的无灰垃圾比之后任何时候都更多：与 20 世纪 80 年代以来每年每人大约 440 千克相比，1939 年每人是 500 千克。同样引人注目的是，正是在丰裕年代（20 世纪五六十年代），当地居民产出的垃圾降到了整个 20 世纪的最低点，每人每年约 360 千克。

纽约城的例子展现了垃圾（尤其是废纸）的漫长发展线索。与此同时，它也反映了将这些历史数据转化成关于我们浪费程度的结论有多困难。大多数旧样本都测量了重量，但这只反映了部分图景。20 世纪 60 年代，纽约市所有垃圾箱中的废弃物较少的原因之一是，此时它们都转移到住宅焚烧炉中被处理掉了。沃尔什估计，约有 25% 的垃圾被烧掉。尽管如此，与 20 世纪 30 年代相比，60 年代的垃圾仍然更少。相反，如果我们问的是体积和材料，就会看到另一番景象。煤灰的减少和包装的增加，将废弃物带来的挑战从重量转移到体积，这导致跨越不同时间进行比较变得不可靠。此外，塑料和其他新材料拥有更长的使用寿命，并且带来了

前所未有的环境污染形式。我们也不了解废弃物的具体组成。在1939年之后的半个世纪里，食物垃圾减少了，但这可能是因为冷冻食品、即食饭菜、去皮水果和蔬菜的出现消除了很多果皮和残渣。相反，今天更多的可食之物出现在垃圾箱里。20世纪80年代以来，尽管瓶子和包装变得越来越轻，但是生活垃圾的重量一直居高不下。这反映出人们丢弃了更多的商品，而不是更少。另外，这些数字只反映了人们在家里丢弃的垃圾，而没有考虑到外出就餐和快餐的增多而必然产生的额外垃圾。

总体来说，我们被置于一个悖论之中。20世纪末，纽约居民的富裕程度是世纪初的8倍，他们产出的垃圾重量却几乎没有变化。与之同时，他们丢弃的瓶子、器皿和食物更多了。从物质的重量来看，废弃物似乎减少了，但是从人的行为来看，废弃物变多了。

到目前为止，我们都是随意使用"废弃"（waste）一词，仿佛它的含义是不言自明的，但是直到19世纪末，这个词才获得了它的现代含义，意为处置不想要的物品。在古英语中，"废弃"一词来源于拉丁语"vastus"，最初指的是荒野或空地。它可以暗指"挥霍、浪费"，正如《圣经》里的一则说教性故事所述，一个年轻人离开家乡，"任意放荡，浪费资财"（《圣经·路加福音》）。大约1800年，欧洲人使用"废弃"（waste）、"废料"（abfall）和"残渣"（déchet）等词来描述生产过程中物资的损失，比如一个工匠家地板上的木屑或打谷场上的谷壳。在这些物质和形而上学的关联之间，存在一定的协同作用。但是，它们都不指涉"垃圾"这一概念。格林兄弟在他们编纂的德语字典（1852年）里，用叶子从树上"飘落"和堕落天使远离上帝的例子来解释"abfall"。[6] 很久以前，人类就开始扔掉那些不再需要的骨头、食物和其他物品。克诺索斯最早建造的垃圾填埋场可以追溯到公元前3000年；而且，我们从考古学家那里知道，公元900年，伯利兹的玛雅人就开始扔掉完好无损的物品。[7] 然而直到19世纪末，人们才开始将这些残留物放置在专门的垃圾箱里，并与人类的粪便、尿液分离，同时城市开始从拾荒者手中接管垃圾处理工作。直到此时，这些残留物才获得了一种与众不同的身份，即"废弃物"。"城市固体废弃物"诞生了，并与人类的液体排泄物区别开来。

城市固体废弃物是一个很难界定的类别，因为它记录的是城市而非家庭的废弃物。今天，它的范围包括学校、公园、一些商店、企业和各种农场的垃圾。比如，在哥本哈根，生活垃圾仅占到城市固体废弃物的30%；在美国是60%；而在英国是89%。如何定义垃圾？这一问题至关重要。在命名体系不同的日本，纸张、玻璃和其他废弃物都被当作有价值的资源。官方的垃圾统计数据不会涵盖这些物品，结果就是这些废弃物的数量显得非常少。在一个理想的世界里，我们会想要抓住一个消费者扔掉的所有东西，从家里的废纸一直到工作地点的一次性塑料杯和餐厅盘子里的剩余食物。悲哀的是，在现实世界里，数据是由垃圾收集者而不是生产者来分析的。在可能的情况下，我试图提供生活垃圾的独立数据，但是在后文中，还请务必牢记这一"预先声明"。

在现代，或许没有什么概念比"废弃物"引起的解释更多种多样了。对许多作家和艺术家来说，它简要概括了人类的境况。西格蒙德·弗洛伊德把心灵想象成一个恒定的体系，产生兴奋的同时就会产生"损耗"。这是他从热力学中借用的一个概念，热力学认为，所有做功都涉及以热损失的形式表现出来的能量损耗。[8] 时代更近的作者把"废弃"界定为"将物品置于不存在状态"的一种方式。[9] 许多人援引人类学家玛丽·道格拉斯的著名定义，即污物是"位置不当的物品"，换言之，是把某物首先分类为"干净之物"的时候所产生的副产品。[10] 这些认识"废弃"的角度和废弃物管理杂志的内容之间存在着鸿沟，在杂志中，工程师进行分析的是物质密度、焚烧炉和回收机制。这两种读物的读者互不关心对方的内容。这是一件憾事，原因在于，想要理解废弃物的演变，我们同时需要二者。废弃物是相对的，它是一个有关文化的问题，其含义也不断在变化。但它同样是一个有关物质的问题，由产品与实践，以及关乎收集和处理废弃物的基础设施与科技共同塑造。事实上，早在1900年前后，工程师就主张，垃圾并非"毫无价值的废物，而是放错了地方的物品"。这句话出自汉斯·蒂辛之口。他是柏林供水和废水处理皇家监测站——欧洲环境卫生方面最古老的机构——的一名科学家。[11] 蒂辛强调，生活垃圾包括食物垃圾，一旦分离出来，它们就是出色的肥料。废弃并不像某些作者想象的那样，是人类一直在压抑或试图隐藏的某种属性，也不天然是价值的对立面。

19世纪中叶以来，废弃物经历了一系列引人注目的变形，这改变了它们的价值，也改变了垃圾处理与回收的地点、人员和实践。我们大致可以区分出三种转变：从灰尘场（收集"灰尘"或煤灰的地方）和拾荒者，到19世纪末追求清洁和公共卫生的市政管理的转变；"火烧或掩埋"工程解决方案在20世纪早期和中期的兴起，它按成本处理垃圾；以及20世纪70年代以来，垃圾重新成为贵重物资，由公民消费者进行回收利用。这些转变都不是一帆风顺或者完美的。让我们更仔细地考察一下，它们在不同的环境是如何完成的。

在19世纪遍布西方城市的重复利用和回收系统中，灰尘场和拾荒者是主角。在原材料稀缺、技术替代有限的时代，碎布、骨头和其他二次物料都是重要的工业原料——碎布可以转化为纸张和墙纸，骨头可以转化为骨胶。迟至1884年，巴黎大约有4万名拾荒者；在整个法国，据估计，回收利用行业雇用了50万人，其中大多数是妇女和孩子。到19世纪中叶，一个二元体系在许多欧洲城市出现了：早上，由得到许可的拾荒者挑选垃圾，而到了晚上，非正式的收集者出去活动。在19世纪早期的伦敦，灰尘场将回收利用发展到一个新的水平，回收"泥土"（煤灰）、"煤屑"和煤渣。这些煤灰是非常好的肥料，而随着伦敦规模的扩大，它们因可用于制造砖块而变得更有价值。到19世纪40年代，随着廉价的"牛津黏土"和新型制砖技术取代煤灰制砖，灰尘场的日子也就到头了。[12]

回收利用在消费者、工业和农业之间创造了一种良性联系。然而，将它想象为一个闭环或者一种自足的局部新陈代谢（在这里，物质能量通过同样的脉络不断循环），或许是错误的。材料被重复利用，但不一定是由当初扔掉它们的同一个社区利用。地方经济体会从遥远的地区注入物资。伦敦产出的大量粉尘被制成砖块，用来重建1812年大火后的莫斯科。巴黎市民扔掉的衬衫和夹克，可以拿来给欧洲、北非和拉丁美洲的人们穿。1867年，超过800吨的旧衣服从法国出口。[13]碎布贸易是一桩全球生意。英国、美国和德国都消化了成千上万吨碎布。[14]毫不让人意外的是，由于兰开夏郡棉花产业的飞速发展，英国碎布含有很多棉料（50%），但是棉花并不是某种由英国污水灌溉的在英国土壤上生长起来的植物。伦敦市民消费的丹麦黄油和美国牛肉越来越多，它们同样包含了大量内嵌能量和水，而这些能量和水并不会回归到原初的生态系统之中。总而言之，地方回收系统要依靠国际萃取和永久性物质转移。

由于今天对垃圾填埋场和污染的担忧，人们很容易去颂扬维多利亚时代节俭和回收利用的品性。然而，所有这些回收或许说得更多的是基础设施，而不是心态或习惯。拾荒者和二手贩子之所以存在，是因为人们开始买新的价格日益低廉和批量生产的衣服，并且直接扔掉那些旧东西，而不是将其回收，用作餐巾或窗帘（这是佩皮斯一家在17世纪60年代仍然实施的做法）。在19世纪30年代的美国，许多家庭在扔掉供八人使用的瓷餐具时毫不犹豫，而它们几乎毫无毁损之处。[15] 存在回收系统的地方，东西才会得到回收。没有这些系统，消费者就会自行处理。1893年，在波士顿，卫生委员会观察到，很多居民会烧掉垃圾，"而另一些人会用纸把它们包起来，然后在上班的路上趁没人注意偷偷扔掉，也有可能将它们扔到一片空地上或者河里"。[16] 无论是烧掉，还是扔到河里，垃圾中都会包括一些废纸和食物残渣，而这些本来可以进行回收，或者用作肥料。同样地，密西西比河和哈得孙河都被看作垃圾场。英国城市居民也因肆意地扔掉没有烧完的煤块而声名狼藉。

垃圾箱宣告了一个新时代的到来。1883年11月24日，塞纳省长官欧仁·普贝尔要求所有巴黎市民必须把垃圾扔到箱子里，然后把它放到门外，让清洁工收走（夏季，早上6时30分到8时30分；冬季，早上8点到9点）。但是，玻璃、陶瓷碎片和牡蛎壳不能回收。普贝尔赢得了名声，法语中的"垃圾箱"（la poubelle）就是以他的名字命名的。但是，这也颇费了一番周折。城市有什么权利来接管垃圾收集？垃圾难道不是每个家庭的财产？拾荒者呢，他们还怎么谋生？一年后，各方达成了妥协。居民获准从晚上9点开始就把垃圾放到门外，而且不用再分出牡蛎壳。在第二天早上之前，拾荒者都能获准分类收集垃圾，只要他们在一条大毯子上这样做，以兜住脏东西。[17]

在整个西方，垃圾箱都象征着卫生城市和清洁而民主的生活方式的理想。然而，在它刚出现的时候，各种问题迭出。垃圾箱的材质、大小不一，有时不加盖。在汉堡，它们起初属于各个家庭，曾造成无数令人头疼的问题，因为它们经常和垃圾一起被扔掉；直到1926年，市政当局才引入公共垃圾箱。尽管如此，在不到一代人的时间里，垃圾箱就彻底改变了废弃物。现在，居民能够更方便地扔更多垃圾，同时，拾荒者和旧有的回收途径进一步被边缘化。随着垃圾箱越来越大，垃圾的数量也越来越多。[18]

市政当局接管垃圾处理的意图是好的。街道上的垃圾和排泄物是威胁健康的主要因素。它们能够引发痢疾，造成成千上万的儿童死去，并感染其他人，尤其是感染拾荒者。干净的街道将会改善公共卫生，培养公民精神。这一举措并非必然建立在有关病菌的新科学知识上。卫生专员乔治·韦林曾努力将垃圾从纽约市街道上清扫干净。直到1898年去世，他都一直认为，疾病是由垃圾的臭味引起的。新举措三管齐下，将卫生改革、公民行动和从垃圾中分拣出有价值物的现代技术结合起来。对这位进步"上校"（在美国内战期间，韦林曾在着鲜红制服的加里波第卫队服役过）来说，废弃物的生产者同时也是公民。他们必须履行各自的职责，创造一个清洁、文明的社区。儿童、妇女团体和公民组织都被动员起来，支援官方的"白翼"组织（纽约市清洁工身穿白色制服，被纽约市民这样称呼）。对韦林来说，公民意识延伸至家庭内部的废弃物处理。居民必须将废渣（食物残渣）和垃圾（碎布、废纸、金属和玻璃）与尘灰分离。有50名官员逐户走访，指导人们进行垃圾分类。除了个人的分类，市政当局也会进行分类，并在巴伦岛上建了第一座"分解"工厂。它的传输带被着火的垃圾烧坏了。碎布被卖给造纸厂；油脂和氨被卖给肥皂制造商和化学工厂。尘灰被用来扩充赖克斯岛的面积。[19]

韦林针对垃圾发起的战争不久就遇到了一个不可战胜的敌人——成本。分解工厂由于没有资金支持而被迫关闭。居民则抱怨空气难闻，但是没有任何作用。第一次世界大战还没有结束，纽约市就不得不再次把垃圾倒进海里。

纽约市的例子象征着当时城市垃圾的辩证法。城市制造越来越多的垃圾的同时也在探索新的解决方法，比如分解工厂和焚烧炉。到1914年，布达佩斯、阿姆斯特丹和伦敦都拥有了自己的分类工厂。新的清洁标准一方面降低了社会对垃圾的容忍程度，另一方面却也让社会制造出了更多的垃圾，比如为了保持产品的卫生，各种包装出现了，此外，新的一次性产品出现了，比如1924年面市的舒洁纸巾。最重要的是，从每家每户收集垃圾也是一笔巨大的支出，这给城市预算和税收增加了许多负担。工资上涨也增加了回收成本。韦林的回收工厂获得的利润几乎不够给在那里筛选垃圾的女工付薪水。垃圾开始失去某些价值，部分原因是城市居民购买的半成品食物变多了，而产生的食物残渣变少了，垃圾成分因此发生变化；还有部分原因是工业发现了新的替代品，不再需要原先贵重的废弃物副产品。在这一领域，弗里茨·哈伯成功地将大气中的氮转化为氨。肥料现在从空气中而不是厕所里过滤出来。在造纸业，木浆（在亚硫酸盐的处理下）减少了对碎布的依赖。1890年，第一家化学纸浆厂在瑞典创办。更早的回收机制——垃圾从家庭流向农场和工业——在两端都失效了。

韦林的理念依赖于公民之间的合作，但是与拾荒者相比，居民被证明对废弃物的分类没有那么尽心尽责。对垃圾的物质分析，揭示了多少有价值的东西此时被扔进垃圾箱里。1914年，在华盛顿特区，10%的生活垃圾是锡器，另有10%是各种瓶子。在纽约第13街的转运站，几乎一半的垃圾是可以拿去卖的物品，三分之一是废纸。[20]所有这些都造成回收利用对城市来说日益困难，并且没有多大吸引力。食物垃圾更是众所周知地多。要求居民在炉火中就把它们烧掉是容易得多的办法，许多美国和欧洲城市在20世纪早期正是这样做的。如此一来，市政垃圾收集人员的负担就会轻一些。家里变成了小型焚烧炉。显然，在冬季，垃圾箱里食物垃圾的数量就会急剧减少，只有夏季的一小部分。[21] 1903年，夏洛滕堡（那时还是柏林西郊的一座独立城镇）成为纽约市分类系统的首批模仿者之一。每家每户都有一个专门的垃圾柜，它包括三部分：厨房垃圾放在右上边，灰烬和尘埃放在下面的抽屉，其他大型垃圾放在左边。然后，食物垃圾被净化、煮沸和过滤，拿去喂猪。这是一项昂贵的操作，因为厨房垃圾抵达时很少是干净的，一些危险的东西必须手动清理出来。猪瘟是最后一根稻草。1917年，即不到10年，泔水项目就破产了。[22]

那时，市政垃圾管理措施造成了许多意想不到的结果。一开始的公共卫生和公民复兴运动最终落在工程师手中，他们专注于发现最好、最廉价的技术，用填埋或焚烧等方式处理废弃物。在英国，第一座"垃圾焚烧炉"于1874年在利兹开放。"一战"前夕，全英国有500座焚烧炉。第一个"卫生垃圾填埋场"于20世纪20年代出现；美国的第一个填埋场于1934年在弗雷斯诺建成。[23] 到了20世纪60年代，"有控制的倾倒区"负责处理英国和美国大约90%的家庭废弃物。在法国和德国，这一比例约为70%，另有20%被送往焚烧炉。废弃物不断变化的成分，以及随着变化越来越高的热值，和随着垃圾体量的增加而来的巨大难度，导致了一种把废弃物视为基础能源的新看法，20世纪60年代，垃圾能源厂在欧洲各城市如雨后春笋般涌现。这些技术解决方法都无法保证完美地消除垃圾。"不受控制地倾倒废弃物"成为司空见惯的现象。清洁工作无法抵御日益高涨的由包装、塑料和其他消费废弃物组成的浪潮。1972年，德国商会估计，在人们不再想要的汽车中，有十三分之一被停到森林里或抛弃在人迹罕至的马路上。在萨尔布吕肯，这一比例是25%。[24]

必须强调的是，采取这些新的垃圾处理方式是多么草率，而且不均衡。不同城市面临完全不同的挑战。这部分反映了不同城市的生活水平和商业化程度的高低。1900年，纽约市民扔掉的垃圾大约是伦敦、巴黎和柏林市民的三到四倍。但是，即使是在那些条件相似的城市里，差异也是惊人的。在维也纳，玻璃占到一个街区家庭垃圾的22%；而在邻近的布拉格，玻璃仅占到3%。[25] 堆肥也没有忽然消失，至少不是在每一个地方都消失了。20世纪30年代，荷兰建立了一座工厂；到20世纪50年代早期，它每年将来自海牙和格罗宁根的16.3万吨家庭垃圾转化为农业肥料。机车将垃圾运到怀斯特，在那里，它们被倒入六英尺深的堆肥格子，定期在上面洒水，然后让其腐烂六个月，最后用一辆挖掘机将其挖掘出来，留下罐头和瓶子。[26] 甚至在纽约城，20世纪50年代早期，每天都会有600多吨泔水被收集起来，拿去喂猪。相比送往焚烧炉的垃圾，这些厨余垃圾并不多，但还是占据相当可观的比例（16%）。直到一场全国性的猪瘟暴发，同时人们发现人类会感染的一些寄生虫来自生肉，至此，这种回收机制才被迅速淘汰。[27] 1955年，随着战后婴儿潮的爆发，汉堡有185座买卖旧货的商店。20世纪六七十年代，在欧洲各大城市还可以看到"废铁"商和收破烂的人。在大部分欧洲乡村地区，市政垃圾革命尚未到来。此时，三分之一的巴伐利亚人还没有触及过公共垃圾清理。[28]

在西方之外，从传统的垃圾处理简单地发展到现代垃圾处理的理念就更没有用处了。殖民主义的确输出了市政措施。例如，在20世纪20年代，英国当局在特拉维夫推行脚踏式垃圾桶，对往庭院里扔垃圾的当地居民进行罚款，并开展教育运动。就像在伦敦和利物浦一样，市政当局对垃圾的征服被公共卫生和清洁的理念所激发，但在那里，它被殖民意识形态重新塑造了。这是一种自上而下的举动，而不是由积极的公民共同享有其成果的事业（就如韦林这样的进步主义者在西方世界所做的那样）。主导话语是命令和惩罚，因为毕竟当地人并未准备好清扫自己的村落，更不用说维护它们了。殖民当局几乎没有任何意愿或资金，将人类排泄物从固体垃圾中全面分离出来。因此，特拉维夫在20世纪30年代强制修建了欧洲式厕所，但是没有污水系统把粪便排出去。市政服务往往向殖民统治者的住宅区倾斜，进一步强化了他们的统治者身份——清洁而文明的主人统治肮脏而野蛮的臣民。[29]

上海可作为现代性在东方的缩影。在那里，废弃物回收利用、垃圾箱、填埋场、焚化等方式互为补充，共同发挥着作用。1905年，上海公共租界工部局颁布条令，要求以后所有的垃圾必须放在指定的容器里收集起来；镀锌铁桶可以从城市的监狱劳动工场取得。这些垃圾桶将由中式小推车直接运到河道上的垃圾斜槽。在那里，垃圾会装船运去附近的农场或仓库。所有这些说起来容易做起来难。到了年末，工部局报告称，"要想改变当地居民不加分拣地将所有垃圾丢出门的旧习，非常困难"。超过1000名违规者遭到起诉。工部局每处罚一个人的同时，就会有几个新移民到来，带着自己的垃圾处理方式。船上的苦力仍然不断把垃圾倒进苏州河里。1907年，上海暴发了一场霍乱。为了防止瘟疫，工部局引入了一种标准的用混凝土制作的家庭垃圾容器。它装有"有效而让人满意的锁",由"心灵手巧的巡查员"设计,以防止拾荒者挑拣垃圾,在小巷里到处乱扔。但是这些混凝土容器更加适合大型的西洋建筑,而不适合中式房屋,后者并无看守人员来监督垃圾容器是否被合理使用。到1924年,据估计,每天早上街上仍然有2000名拾荒者。对工部局来说,公共卫生与回收利用仍然息息相关。"让所有的垃圾回归土地,是值得努力做到的理想状况。"20世纪20年代,约40%的家庭垃圾被卖给了农民。与此同时,工部局呼吁居民把"所有可燃的垃圾"烧掉,"比如蔬菜类、废纸、秸秆等"。填埋和焚烧都是补充性技术。经过两年的填埋,垃圾就被认为足够纯净了,可以用来填补低洼的土地。垃圾废弃物的制度是季节性的。农民对春夏季的垃圾很感兴趣。到了九月,他们就很少需要垃圾了。"焚烧炉"到了秋季才开动。晚至20世纪80年代,仍有数百万吨人类粪便被驳船运到乡村,作为肥料使用。[30]

市政革命是城市史上的著名一章,但它只是整个故事的一部分。另一场同样重要的革命同时进行着。20世纪早期,废弃物成为社会、道德和经济改革的一个真正的关键词。人们发起一场场促进社会、工业和国家效率的运动。[31]所有这些运动都源于一个类似的诊断:不必要的浪费正在造成失业、不平等和国家衰落。1920年11月,赫伯特·胡佛被任命为新成立的美国工程学会联合会的会长。他的第一项举措便是野心勃勃地发起针对工业废弃物的调查。委员会报告说,浪费并不是个人的,而是系统性的失败,是繁荣和萧条、投机、高人力周转率和低效率所造成的。其中一半是企业主和经理的过错,仅有20%是劳动力的过错。但是,消费者也难辞其咎。委员会总结道:"在某些产业,消费大众一定程度上要为周期性波动负责,因为他们渴望接受或采纳风格的改变。"服装业因其越来越快的时尚变化——消费者能够在1100多件不同的衣服中进行挑选——尤为引发愤怒。风格应该受到"实用性和经济性的立场"的限制。[32]对胡佛及观点相近的生产力支持者来说,未来取决于标准化。汽车制造商(如亨利·福特)和住宅建筑商正在引领潮流。

"用完即弃"社会的批评者往往把工业看作罪魁祸首,但重要的是要认识到，工业除了创造更多的产品和废弃物，还通过以新方式重新利用物质材料，从而提供一些解决方法。在拾荒者和回收利用的消费者逐渐（就算不是完全）退出舞台的同时，工业也随之接掌了从废弃物中捡拾有用物质的角色。从物质材料的角度来看，发生变化的是废弃物收集者的身份。基于数据，我们并不能判断工业回收是否比私人努力做得更多或更少。现有的数据只是反映了，在这个通常同肆意浪费联系在一起的时代，许多二次材料重新进入生产循环。1951年，在美国，60%的电灯泡都是碎玻璃做的。50%以上的碎玻璃全部得到回收。一次性尿布用的是废棉料。4000家公司从肉类垃圾中提取脂肪、油脂和血液，以制作化妆品、手套和吉他弦。10年后，2000家公司忙于翻新化油器和离合器。克莱斯勒公司打包票说，重新组装的零部件质量很好。百货店里也出现了自己的可回收纸包。电话巨头贝尔系统取出旧电话机和电缆，并运营自己的冶炼和精炼工厂，以获得制作电线所需的铜。从美国消费的200万吨铜中，它回收了20%。[33] 废弃材料经销商填补了收破烂的人腾出来的空间，为工业提供了废旧有色金属。45%的美国钢铁是由二次材料冶炼的。到1970年，造纸业20%的原材料仍然来自回收的废弃物，与"二战"结束时的35%相比有所降低。或许这对于拯救地球还远远不够，但是已足够拯救一片有2亿棵树的森林。而在英国，这一比例当时是42%。20世纪60年代，即使是塑料——这种合成材料比其他任何材料都能代表"用完即弃"文化——也不全都废弃在垃圾填埋场中。约10%的塑料得到回收，重新成为制作玩具和鞋跟的原料。当时一位专家称，在美国，企业从回收利用中挣了80亿美元。[34]

战后经济繁荣面临的困境在于，这些成就赶不上消费者废弃物的涌现速度和同时出现的原材料价格下跌的幅度。直截了当地说，购买新商品从来没有如此便宜，将材料废弃也从来没有如此方便。随着包装和自助服务的普及，相伴而来的废弃物增加令人震惊。在1950年的联邦德国，豌豆、小扁豆和大米仍然主要是散装出售的。到50年代末，它们都已经预先包装起来。20世纪60年代，每人每年的生活垃圾从200千克蹿升至300千克。但最让人忧虑的是，它的体积翻了一倍。在柏林和巴黎，几乎有一半的垃圾是包装，大多是纸和纸板；1971 年，塑料仍然只占到 3%。[35] 在加拿大，啤酒仍然装在可回收的瓶子里，但是在别处，一种新的便利文化占了上风。1966 年，越过其边境，在美国每 100 个容器中仅有 8 个可以回收。人们不再回收瓶子，饮料业废除了押金。在纽约市，一个普通的瓶子从商店卖出后仅回收两次，就变成了固体垃圾。在联邦德国，整个 20 世纪 70 年代，一次性瓶子数量翻倍，达到 30 亿。[36]

人们对一次性产品的看法两极分化。20 世纪 60 年代，有人开始谴责这种"用完即弃"的社会。创作者阿尔曼·费尔展出了一件树脂玻璃制作的圆柱体雕塑作品《吉姆·丁的垃圾桶》(*Poubelle de Jim Dine*，1961 年)，里面装满了他的波普艺术家朋友丢弃的空烟盒、化妆品瓶子和其他包装。概念派艺术家开始把概念置于物品之上，使艺术非物质化。1969 年，美国人道格拉斯·许布纳说过一句名言："世界充满了物品，它们令人感兴趣的程度或多或少。我不希望再添加物品了。"从那以后，艺术家开始在博物馆观众面前将被拆散的电视屏幕和汽车残骸堆积起来，或者把自己的私人财物撕得粉碎。这样的艺术家构成了艺术世界的一部分。

然而，每有一位反文化的批评者存在，就也存在其他对废弃物持乐观态度或公开支持产品快速周转的人。一次性和短暂性是现代艺术、美学和建筑学很具影响力的观点。对于那些在一个关注气候变化的年代中长大的读者来说，这可能令人吃惊。在 1914 年的《未来主义建筑宣言》(Manifesto of Futurist Architecture) 中，安东尼奥·圣埃里亚和 F. T. 马里内蒂承诺："东西会淘汰得比我们现在还要快。"[37] 对他们来说，无常和物质变化是一个动态社会的标志。每一代人应该有自己的新城市、建筑和内部环境。保持原样意味着停滞不前。对建筑电讯派这一英国先锋派建筑师团体来说，材料和风格的更新迭代是文化充满活力、具有复杂性的一种标志。1967 年，当伯纳德·霍德威创造出纸制家具和纸制连衣裙时，时尚真的变成了一次性的。这种连衣裙售价一英镑，与棉质连衣裙相比异常便宜。[38] 物品砰的一下变得"波普"了。

在视觉艺术中，20 世纪见证了废弃物艺术的兴起。1913 年，法国达达主义者马歇尔·杜尚在他的工作室安放了一个自行车轮，这是他的所谓

"现成品"系列艺术作品中的第一件,这个系列将批量制造的物品转化为艺术品。"一战"后,库尔特·施威特斯一直生活在德国,后来从1941年开始流亡英国。他同样将目光转向废弃物品,在装置和拼贴画中把线条、报纸碎片和婴儿车轮组合在一起。20世纪50年代,美国人罗伯特·劳森伯格在杜尚和施威特斯停步的地方继续向前走,在他的"融合绘画"中,玩笑似的将金属碎屑、可口可乐瓶子和其他碎片组合在一起。劳森伯格见过杜尚的一些作品。1959年,两人还有过一次会面。回收利用也出现在家庭中。劳森伯格的母亲甚至把她弟弟穿过的一件西服改成了一件裙子。之后,她的儿子用布条制作了一幅画(*Yoicks*)。在大学里,劳森伯格开过运垃圾的卡车。作为曼哈顿一名贫穷的年轻艺术家,他从街道上收集来一些雨伞和其他物品。他说:"我真的为那些认为肥皂盒、镜子或可乐瓶子很丑的人感到遗憾。"在《字母组合》(*Monogram*,1955—1959年)中,他把汽车轮胎套在一只安哥拉山羊标本的肚子上。劳森伯格在曼哈顿第8大道一家苦苦经营的办公用品商店里,以35美元的价格买下了这只山羊标本。

劳森伯格从废弃物中发现美,并开始对垃圾进行文化重估。然而,这并没有让他成为丰裕社会的批判者。事实上,他是一个乐观的浪费者。在他家里,几乎每个房间都有一台电视机,日日夜夜播放着。对丰裕社会,他一点也没有感到不安;这个社会为他提供了艺术创作的二手材料。1963年,在佛罗伦萨的一家画廊里,劳森伯格展出了一批作品(*scatole contemplative*)——几个木制的"思想盒子",里面装满了他在欧洲旅行时收集的废弃物。一个意大利批评家看完展览后,愤怒地建议道,它们应该被扔进阿诺河。劳森伯格对他表示了感谢,并毫不质疑他所说的话。他说,那一定要留意处理好包装问题。[39]

在艺术世界之外,人们同样对身边日益增多的垃圾感到矛盾。随手丢弃、毫不在意,这种文化的发展势头似乎不可阻遏,两次世界大战曾短暂阻碍了这种势头,但也转瞬即逝,仿佛只有军事热情或为生存而进行的残酷斗争才能暂时诱使人们节约资源。这或许是一种过于愤世嫉俗的观点。引人注目的是,在"二战"前后的数十年里,公民团体和个人自觉地收集了多少玻璃和废纸，与此同时，他们的邻居就会把更多的垃圾扔到垃圾箱中。20世纪30年代中期，一些英国评论者注意到回收数量有所增加。比如，1937年，仅废纸回收就达到150万吨。20世纪60年代，大多数地方议会仍然收集废纸。在"家园论坛"专栏，《泰晤士报》建议人们把厨房垃圾制成堆肥，仿佛它是世界上最正常不过的事情。许多青年团体和慈善组织定期收集废纸。1971年，在英国消耗的纸张中，差不多三分之一得到回收利用。1973年的石油危机反映了人们多么容易响应回收的号召。童子军、学龄儿童和志愿者团体在接下来的一年里从大街上收集了创纪录的20万吨废纸。问题是如何找到一位买主。工厂废纸的价格从每吨30英镑降到21英镑。正是这一原因，导致大多数地方政府不再进行回收。当布里斯托尔由于费用问题不再进行废纸收集时，F.B.威尔伯恩牧师却在煞费苦心地亲手将新闻纸和光面纸从胶装的杂志上分离下来，因为这两种纸不适用于工业。到1977年，这些辛勤努力不再有用。一捆捆无用的废纸被堆放在仓库和教堂大厅里。[40]

　　糟糕的价格，而不是糟糕的人民，造成了回收利用在丰裕时代的衰落。材料价格的空前下跌挤压了工业回收的利润空间。收集和回收利用的"悲惨命运"也反映了技术进步。锡罐的历史就是一个很好的例子。在一次性用品取得胜利的过程中，很少有物品会像它一样成为同谋。1810年，锡罐由一个英国商人申请了专利。通过密封和保存食物，锡罐彻底改革了食物文化。有趣的是，专门的开罐器在半个世纪之后才出现。火腿、豆类和炼乳此时可以长途运输，随需随取。如果没有罐头，克里米亚战争和美国内战可能会呈现出不同的局面。正是这些战争，使得罐头和加工食品（比如腌牛肉）流行开来。锡是一种关键元素，因为它阻止罐头盒生锈，从而避免了物品腐败。问题在于，一旦这些腌牛肉被吃掉，应该如何从数以百万计的罐头盒中重新提取锡。1905年，一座德国工厂（戈尔德施密特，Goldschmidt）开发了一套流程来处理这个问题。经过清洗和干燥，旧罐头盒会被扔进密封的铁制容器，在那里，空气被吸出，氯被注入；后者与锡发生反应，留下铁屑。这些脱锡的废铁会直接运往戈尔德施密特的邻居西门子公司那里，西门子用它们来制造新的钢铁。二手锡料则重新流入锡业。收集旧锡罐成了一笔大生意。到20世纪20年代，约一半的锡罐在德国和美国得到回收利用。但两次世界大战之间，当罐头工业发现新的方法，生产出一种质量更轻、锡皮更薄的罐头（轻质材料包装）后，所有这些都改变了。美国在1929年放弃了脱锡工业。戈尔德施密特则继续维持着，并依靠20世纪六七十年代罐头行业的繁荣得到暂时回报。但是，成功的可能性并不大。锡皮变得越来越薄，汽水罐现在改用铝制的盖子了。锡价在全球范围内的下降则是压死骆驼的最后一根稻草。[41]

20世纪七八十年代开始了回收利用的复兴。反对垃圾的运动由来已久。1958年，"保持英国清洁组织"成立了，尽管它更关心的是废弃的汽车，以及这些汽车是怎样破坏绿色、宜人的地面景观的，而不是环境污染本身。这一组织的主席T.R.格里夫是石油市场巨头壳牌麦克斯英国石油公司的总经理。[42]到20世纪70年代早期，一种新的环保主义开始赢得支持者。他们读过蕾切尔·卡森在《寂静的春天》（*Silent Spring*，1962年）一书中的警告，即化学物质对鸟类、野生动物和人类有着致命的影响，也被罗马俱乐部的《增长的极限》（*Limits to Growth*，1972年）所震撼，这份报告描写道，疯狂的增长和消费将会耗尽这个星球的有限资源。[43]废弃物遭遇了一种新型的生态-公民。1971年，在他们的首批运动之一中，环保组织"地球之友"在怡泉饮料公司伦敦总部外倾倒了成千上万只无法回收的瓶子。回收成为对地球的一项道德义务。

与环境风险意识一起出现的，还有对未来资源的担忧。引人注目的是，一些最早的回收措施是工业和社会运动共同努力的成果。1975年，在约克郡，乐施会就回收玻璃问题与玻璃制造商雷德费恩公司达成一份协议。两年后，在牛津，第一家玻璃瓶回收站由玻璃制造商联合会创办。这些做法部分是为了遏制环境的反作用。例如，1975年，在柏林，私营回收公司（Recyclinggesellschaft für Rohstoffgewinnung）和一个公民倡议组织合作，开始分别收集废纸和玻璃。[44]

就本身而言，这些努力能够取得多大成效是值得怀疑的。石油危机最后被证明是材料价格长期下降过程中的一个暂时高峰。在过去，物品回收在这样的潮汐中时涨时落。20世纪70年代以来的不同之处在于，政府开始进行干预。当二次材料的价格逐渐下跌时，法律法规使物品回收在低潮时仍然保持运转。20世纪80年代起，来自亚洲、不断增长的需求进一步推动了它的发展。经过几十年的焚烧或掩埋后，废弃物作为有价值的物质重新露面；用达意的德语术语来说，就是"可回收材料"（Wertstoff）。一系列的措施得到采用，从提高乱扔垃圾的罚金到要求公司在物品使用寿命结束之际进行回收。由制造商回收物品的相关规定被引入德国（1972年）、法国（1975年）和瑞典（1975年），随后出现了污染者赔偿原则。1970年，日本通过有关垃圾的法律法规；五年后，欧共体也颁布相关条令，建立了3R等级制度，即减量化（reduce）、再利用（re-use）和再循环（recycle）。这一新理念（在20世纪90年代以法律形式确立下来）将经济看作一个新陈代谢的循环体系，而不是一条通向垃圾场的单行道。[45]

然而，有一个国家落在后面，即英国。1974年，工党政府呼吁"向废弃物开战"，并赞同说，世界"再也无法承担用完即弃社会的奢侈了"。[46]它希望鼓励消费者回收废弃物的一些措施，并对使用不可回收材料的产业征税。最后，成本和保守党战胜了环保。由于私有化和竞争成为新的信条，当二次材料市场遭遇新低时，撒切尔政府并未援助造纸业和地方议会。到1985年，在伦敦只有一个外围行政区还在提供路边回收服务。这一点都不令人感到意外，"上交式回收系统"（bring systems）的回收率让人失望。但是就连英国这个"欧洲的肮脏人"，也最终在布鲁塞尔的一点帮助下，重新整顿了自己的行为。通过强硬的罚款措施，1999年的《欧洲垃圾填埋指令》（European Landfill Directive，英国法律也被迫贯彻）要求，市政垃圾填埋比例在2013年之前必须降到50%以下。

20世纪70年代以来，这幅图景既让人振奋，又让人沮丧。1970年，在美国，仅有7%的材料得到回收（堆肥不计入在内）。20年后，这一比例是14%；到2010年，已经突破25%大关。今天，在美国，有三分之一的玻璃容器和PET（聚对苯二甲酸乙二醇酯）瓶子得到回收。同样，在欧盟，废纸回收稳步增长，目前已超出了70%。与此同时，发达消费社会仍然不断制造大量的废弃物。2010年，平均每个法国人扔掉的垃圾是1970年的四倍。2008—2009年，在美国，垃圾数量略微下降（垃圾数量在经济衰退期往往有所回落），但这只是暂时的，2010—2012 年，垃圾数量就趋于稳定了。

2000—2013 年，欧洲的表现稍好一些，成功地把垃圾生产量降低了 8%，同时加大了回收力度，德国、英国和西班牙表现尤好。但是这仍然意味着，欧洲大陆的民众在 2013 年平均生产了 481 千克垃圾。这一数字在人类的编年史上是惊人的，而且只是降低到 20 世纪 90 年代的水平（当时的水平已经相当之高了）。2013 年，这些垃圾当中仅有 131 千克得到回收。然而，如果我们愿意弄脏双手，从垃圾箱中挑拣，是否能促进市政垃圾数量的实际减少，这照样不得而知。例如，对德国各城市的大规模调查显示，在回收各种包装的黄色垃圾箱中，高达 50% 的垃圾是错误分类的。家庭垃圾箱或许会轻一些，但这只是因为一些不可回收的垃圾被扔进了回收类垃圾箱中。而且，并非所有出现在回收类垃圾箱中的垃圾都实际上得到了回收。例如，在塑料制品的案例中，德国的分选厂仅设法回收 15%

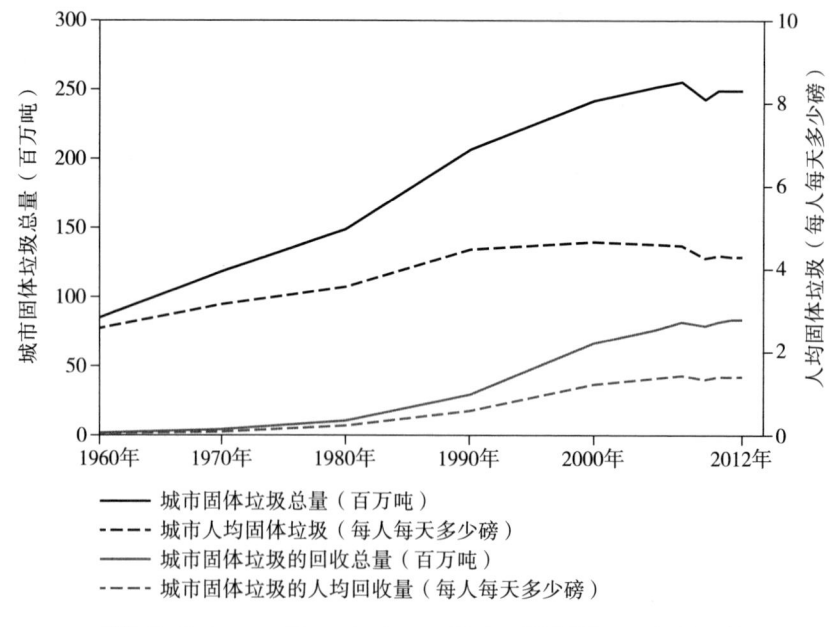

来源：US Environmental Protection Agency, *Municipal Solid Waste in the United States: 2011 Facts and Figures* (2013).

图 15-2 美国：城市固体垃圾（总量和人均）的产生和回收，1960—2012 年

的材料,它们随后将在生产中得到重复利用。[47]大部分或者被焚化(为了制热),或者出口到中国。这两个过程都是把垃圾转化为价值,但几乎不是真正的回收。垃圾是否会进一步减少,只有时间能够证明。毋庸置疑,这是一个艰巨的挑战。例如,1997—2004年,欧盟15国的各种包装垃圾增加了1000万吨,只是因为1200万吨得到了回收,垃圾箱才没有被撑爆。

把这些数字放在一起,我们可以得出一些令人深思的观察结果。首先,认为今天的回收热潮是回归到一个世纪以前的生活方式,是具有严重误导性的。回收利用与集约化、高容量的一次性生活方式共存,这使得废弃物水平保持在20世纪七八十年代的高峰,并且远远超出以往的任何时候。回收类垃圾箱甚至有助于一次性瓶子战胜可回收瓶子。今天的美国人扔掉的包装垃圾和他们的祖辈一样多,而且这是在开始回收瓶子和报纸之后。尽管出现了瓶子回收站和填埋指令,但在绿色革命的早期阶段,垃圾箱继续变得越来越大、越来越满。直到2000年以后,家庭垃圾的数量才趋向平稳。尽管废弃物得到控制,但它几乎没有减少,至少在家庭中是这样。这里最值得指出的是,市政垃圾仅是所有垃圾的一小部分,在发达社会约为10%~15%。商业和工业废弃物的数量则急剧缩减。[48]比如,美国人试图做的就是使个人垃圾回到20世纪70年代的水平。1960年,丰裕达到高峰,用完即弃的心态开始遭到批评。但在回收和堆肥行动全部得以实施之后,今天的垃圾箱收纳的垃圾体量仍然比1960年多出了10%。[49]

其次,各国的角色发生过一次醒目的反转。1965年,普通美国人扔掉的垃圾是西欧人的四倍。今天,丹麦人、荷兰人、瑞士人和德国人制造的废弃物最多。虽然经常因无节制而备受指责,但美国人今天只不过是平均水准的浪费者。一定程度上,美国之所以走下舞台,是因为随着其他社会越来越富裕,并购买越来越多的包装和加工食品(87%的包装来自食物和饮料),这让它们逐渐赶上了美国。从这个意义上来说,现在每个人都更像是美国人了。鲜为人知的是,美国人同样表现得更像欧洲人了,他们回收瓶子、进行更多的堆肥,让树叶和碎草留在草坪上。20世纪90年代初,美国约20个州发布了禁止丢弃有机庭院垃圾的法令。在克服20世

624　商品帝国

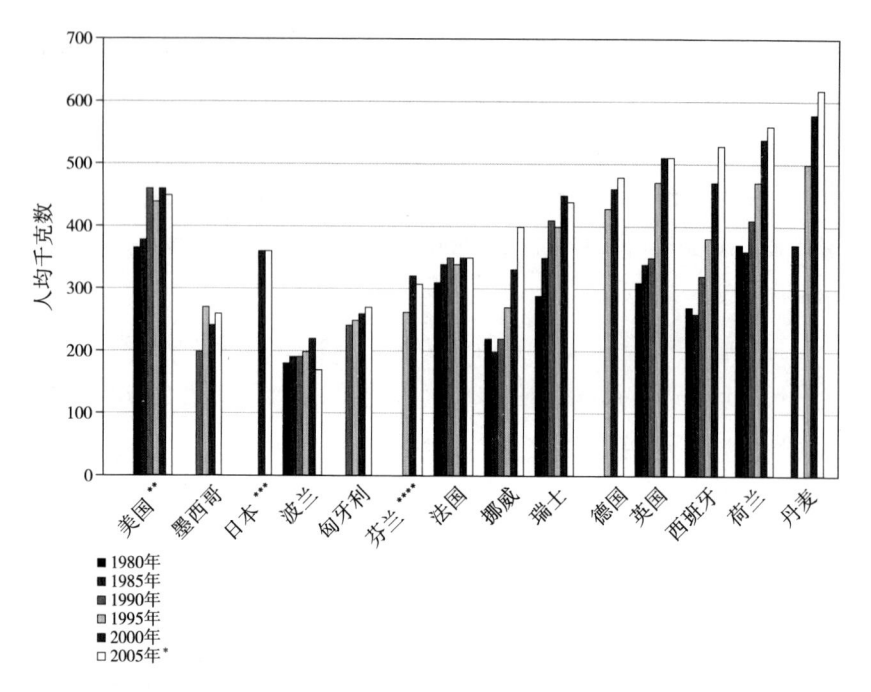

* 或者可获得的最新年度数据。
** 1980 年和 1985 年的美国数据改自美国官方提供的数据，在此基础上，家庭垃圾在美国城市固体垃圾中平均占比 60%。
*** 我稍微调高了这些数据，因为日本官方数据只计入回收后的垃圾，不包括由私人商业回收公司收集的家庭垃圾，这部分的垃圾数量也很大，Allen Hershkowitz and Eugene Salerni, Garbage Management in Japan (1987)。
**** 我稍微往上调了芬兰的数据，因为根据近来芬兰人的估计，家庭垃圾占城市固体垃圾总量的 64%，稍高于 OECD 的数据。

来源：*OECD Environmental Data Compendium 2006–2008*, Table 2A, 提到了上述的数据调整。

图 15-3　特定国家的家庭垃圾，1980—2005 年

纪 80 年代垃圾填埋危机的过程中，这些措施发挥了显著作用。1987 年，垃圾驳船"莫博罗"号声名狼藉的"奥德赛之旅"就是代表。它从长岛的艾斯利普出发，先被北卡罗来纳州，然后被伯利兹拒绝停泊，最后不得不返回出发地纽约。在那里，它携带的垃圾最终被焚化处理。

这些国家不同的发展趋势显示，废弃物不能被当成国家消费主义的简略表达方式。消费文化多种多样。那些在金钱方面十分节俭的人（德国人和瑞士人）却比依靠信贷来生活的人（美国人），丢弃了更多东西。德国人使用了许多塑料制品（每年 550 万吨），但是也回收了很多（42%）。同样，一方面猜想，生产物品和爱惜物品（在其使用寿命快要结束的时

候）之间存在天然的紧密联系，另一方面认为，服务-享乐型社会跟浪费之间亦联系紧密，这也是错误的。英国人和美国人正是在停止生产汽车和衣服的同时，才开始进行更多的回收。

以前有一些国家被污名化为"用完即弃社会"，它们回收利用的速度意味着，我们应该警惕一种解读：浪费行为根源于民族传统和文化。纳粹时期的回收行动和对自给自足的追求，并没有自动导致德国的下一代人成为回收领域的世界冠军。20 世纪六七十年代，他们因乱扔塑料瓶和包装而名声扫地。实际上，是政府和新的草根运动——绿党——通过改变法律、税收和意识，以及通过家里的小型垃圾箱、路边收集站和瓶子回收站，改变了人们的习惯。近来的小农社会也不会自然更倾向于回收。缓慢的起步之后，今天的英国——非常典型的商业社会——比芬兰和葡萄牙进行的回收利用更多。

回收在每一个地方都出现了增长，但是发展速度不一，并与其他的废弃物处理方式结合起来。到 2010 年，德国、奥地利、比利时回收了 60% 的市政垃圾，葡萄牙和希腊勉强达到 20%，而土耳其则几乎为零。在日本，集中回收和焚烧并存。与之相反，在荷兰，20 世纪 80 年代以来，垃圾焚烧成为主流。这说明，几乎没有任何动力让居民减少垃圾。垃圾箱中的废弃物也不断发生变化。在瑞典，68% 的市政垃圾是废纸；在法国和西班牙，这一比例仅为 20%。[50] 瑞士和丹麦则不得不处理大量的纺织品，德国就没有这个麻烦。

粗略地说，今天的欧洲由三片垃圾区组成：北方垃圾区，从比利时和德国一直延伸到斯堪的纳维亚，在这片地区，垃圾填埋场很少，主要依靠回收，但是家庭垃圾仍然较多；地中海垃圾区，在这片地区，垃圾填埋场依然广布，回收利用程度一般；东欧垃圾区，在这片地区，几乎没有任何回收机制，市政垃圾大多运到垃圾填埋场。在北欧，将无害的市政垃圾运到垃圾填埋场的费用比东欧高三到四倍。虽然欧盟为团结一致做出过巨大努力，但是不和谐现象照样大量存在。比如，生物垃圾（食物和花木）缺少一个共同标准。许多荷兰和西班牙人回收自己的生物垃圾，然而在克罗地亚和葡萄牙，这些垃圾会被运往填埋场。[51]

626 商品帝国

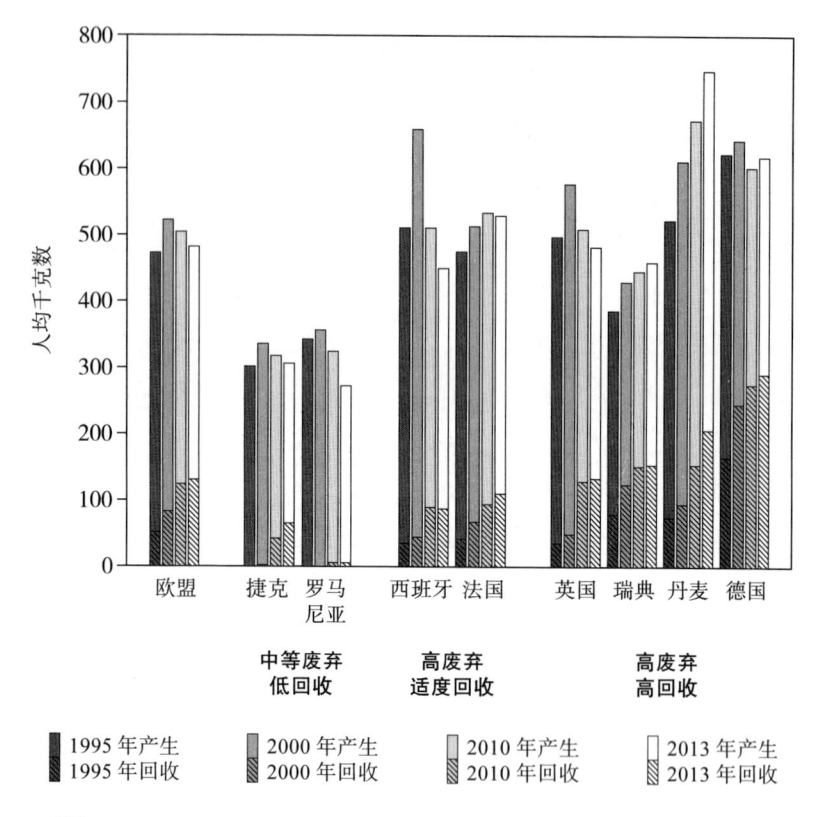

[图表：城市垃圾的产生和回收数据，纵轴为人均千克数（0–800），横轴列出欧盟、捷克、罗马尼亚、西班牙、法国、英国、瑞典、丹麦、德国，分为三组：中等废弃低回收、高废弃适度回收、高废弃高回收。图例：1995年产生、2000年产生、2010年产生、2013年产生；1995年回收、2000年回收、2010年回收、2013年回收。]

来源：Eurostat, *Municipal Waste Generation and Treatment, 1995–2013*。

图 15-4 城市垃圾的产生和回收：欧洲的三种废物区，1995—2013 年

　　就通往回收之路而言，没有任何地方比东欧更加曲折、更富有戏剧性。在那里，社会主义开辟出一条自己的发展道路。在共产主义词典中，废弃物是一个资本主义现象，是其为了短期利益和帝国扩张而不计后果地滥用人力、物力的典型表现。在社会主义者手中，它们就是珍贵的"旧原材料"或"二次材料"，如宣传所称，这是一种从来不会枯竭的资源。一定程度上，社会主义者继承了先前胡佛等人领导的追求效率的资本主义运动。在冷战期间，由于缺乏原材料（天然的地理条件和低效的计划经济共同导致的结果），回收问题成为苏东阵营日常关心的问题。废弃物收集节省了硬通货。对金属工业来说，回收一切东西（从废金属到门把手）成为一件生死攸关的事情。1951 年，当回收开始的时候，一周之内，收集了 2000 吨铁。对共产党来说，"挥霍财物的人必须受到纪律处分"。[52] 但是，

必须同时把人们动员起来。仅有社会主义理想是不够的。于是，碎布可以用来交换鞋子，小块的猪皮可以用来交换胡椒和大米。在20世纪50年代的民主德国，500克废纸可以换一卷珍贵的壁纸，一千克骨头可以换一块洗手皂。

社会主义国家的回收行动与西方世界的公平贸易运动地位相当。少先队员通过回收旧报纸和碎布而非消费咖啡，来展示他们"与越南团结一致"。德意志民主共和国发展出一个全国范围内的二手物品回收网络，名为"二手物品收集联合会"（Kombinat für Sekundärstofferfassung，简写为SERO）。20世纪80年代，它将其吉祥物——一头名叫"艾美"的粉红色大象，带到了梅克伦堡的湖区和萨克森的白垩丘陵。到1989年，SERO管理着1.72万个收集点和5.5万个集装箱。此外，还有回收金属的地点和回收食物残渣的容器。更多的瓶子得到了回收，而不是更少。[53] 民主德国的民众回收了约40%的垃圾，英国直到2010年才实现这一指标，意大利人和西班牙人则尚未完成。

然而，过于怀旧是不明智的。废弃物回收的动力来源于污染工业的需要，而不是环境的需求。民主德国通过回收获得了约10%的原材料。大量的回收工作是非常浪费的；为了达到人为规定的目标，许多厂家选择将材料放置不用。大量旧的废金属由于不被工业所吸纳而生锈。在社会主义制度下，回收机制既有进步，也有退步。1960年，匈牙利回收了三分之一的旧轮胎，这远远走在毗邻的资本主义国家的前头。但是到1973年，这降至3%。在市政垃圾回收方面，社会主义国家在20世纪80年代是落后的。20世纪70年代，联邦德国民众回收的废纸就比他们在柏林墙另一边的同胞要多。尽管如此，东欧剧变之后，旧有的回收渠道和习惯土崩瓦解。柏林墙倒塌后的几年里，民主德国只剩下100个回收点。在别处，回收系统失去了补贴，并让位于更加廉价的私人处理方式。在捷克共和国，废纸和玻璃回收完全消失了。如果说20世纪90年代是西方的回收黄金时期，那么在易北河以东地区，它就是失落的十年。[54] 回收不得不从头做起。

日本是第一个有力管控废弃物问题的消费社会。由于填埋垃圾的地理面积有限和原材料缺乏,日本可能被认为必然更青睐回收。然而,在20世纪60年代的繁荣期,废弃物数量迅速失去控制:1967—1970年,数量几乎飙升了一半,从每人每天650克增加到920克。日本在20世纪70年代早期所做的是,首先减少垃圾数量,然后抑制它的增长。这是一个重要经验,告诉我们如何把不同历史时期的垃圾处理机制有效地结合起来。焚烧和回收相互补充。到20世纪80年代,日本回收了50%的废纸——是20世纪50年代中期的两倍——和90%以上的啤酒瓶。普通的清酒瓶会重复利用20次。在城市里,三分之一的废弃物由私人回收,因此不会出现在国家统计数据上。小贩会开着货车,在大街上转悠,喊着"换卫生纸",用纸巾和厕纸来交换旧报纸。此外,在城市的支持下,市民和邻里组织也会回收易拉罐、瓶子、金属和旧纺织品。

20世纪80年代,在东京附近的町田市,官员每年一次挨家挨户地向人们解释资源分离。这座城市分出七类垃圾:废纸、玻璃、易拉罐、大体积垃圾、不燃硬塑料、废金属和可燃类垃圾(包括厨房垃圾)。在三四年级的时候,孩子们会专门上课学习这个分类系统。100多个民间团体积极参与,收集了这座城市70%的铝罐,这是"自动贩卖机之国"的一项重大成就。笨重的家具和自行车零部件被运往回收中心,在那里,它们被改造成可供残疾人士使用的物品,从而获得新生。[55]

许多城市发现,相比对废弃物进行收费,让人们自己来分类垃圾效率要高得多。1998年,名古屋制定了减少25%垃圾的目标。"挑战100"运动向200万市民发出呼吁,将每日的垃圾减少100克。回收行动开始了。许多学校建立了回收中心。为了解释垃圾分类,举办了2000多场会议。对于拒绝这样做的人们,"点名和羞辱"是对他们的惩罚;没有恰当分类垃圾的人则会被贴上贴纸进行标记。东京引入了透明垃圾袋,将居民的公民精神和环保意识公之于众。玻璃和金属罐必须送到回收站。零售商必须去回收冰箱和其他电器。废纸就放在路边,但要把报纸从杂志和硬纸板中分出来。装牛奶和果汁的纸盒必须打开晾干,然后才能送到超市或地方政府办公室。由于物质流入减少,所有这些措施使二氧化碳排放量减少了三分之一。[56] 2000年,一部新的国家回收法生效,从焚烧向包装材料回收倾斜。在乡村，大多数牲畜的粪便回到了田野。在一些地方，牲畜粪便太多了，堆在农田里都用不完。[57]

日本家庭实际上减少了多少废弃物？这个话题一直存在争论。一份废弃物调查显示，垃圾箱的重量减轻了10%，因为除了堆肥，人们还会在自家后院烧掉一些垃圾。很少有人会信守公民运动的誓言，停止购买可能被浪费的物品。[58]尽管如此，与欧洲和美国相比，这些运动仍给人留下了相当深刻的印象。这并不是说别处就没有成功的故事。例如，在洛杉矶，校区取消了餐饮服务中的托盘，以避免学生堆放过多食物，以致吃不完全扔进垃圾桶。这一举措减少了50万吨垃圾。美国各社区引入了"扔多少，付多少"（Pay-As-You-Throw）或"节约金钱，减少垃圾"（Save Money and Reduce Trash）计划。在瑞典，那些实行垃圾按重量收费制度的自治市中，家庭垃圾减少了20%，尽管有趣的是，这一举措对回收行为没有任何影响。[59]2002年，在意大利，几座城市开始禁止分发未经许可的广告。在都灵，将传单塞到挡风玻璃下面会收到一笔最高500欧元的罚单。[60]

但这些都是孤立的措施，缺少日本那种将市政补贴、商人、公民社会和道德压力结合起来，从而实现减少、再使用和再循环的综合方法。在欧洲，处理废弃物仍远远无法依靠民间团体和居民社区自行运作。或许，瑞士是一个例外。在别处，除了对居民收取园艺垃圾费和食品垃圾分拣费，一些地方试图吸收居民共同参与垃圾处理。英格兰的萨默塞特垃圾处理合伙公司（Somerset Waste Partership）就是一个例子。在苏格兰，斯特灵市对无视"盖上垃圾桶"这一规章的居民发放黄牌和红牌：第一次，政府会拒绝处理过满的垃圾箱，而再次违反这一规章则会被处以50英镑罚款。在一些住宅区，这些措施减少了5%的垃圾。然而，有萨默塞特和斯特灵，就有坎布里亚和巴尔金，后两者垃圾多，回收少。[61]很大程度上，遏制乱发邮件和印刷宣传品势头的努力收效甚微。1999年，布鲁塞尔地区大张旗鼓地发起了一个"反广告"的运动。几年后，仅有10%的人还在参加。在欧盟境内，废纸和塑料制品泛滥，数量不减反增。在美国，报纸销量的下降几乎被办公用纸的增加抵消，这是对广受称赞的"无纸化办公"的一个嘲讽。[62] 到目前为止,欧洲已经彻底翻转了著名的垃圾处理金字塔法则:几乎所有资金都流向了回收。垃圾减量化得到的支持微乎其微。

食物垃圾揭示了许多共同阻碍改变的因素。欧洲民众每年扔掉9000万吨食物。今天,美国家庭每天平均扔掉约600克食物,一年的价值就是600美元。专家估计,大约有25%购买的食品最后会进入垃圾桶,而不是我们的胃。穷人和富人一样也会浪费食物,尽管量稍少一些。不管我们怎么看,这种状况都是不合人意的,毕竟当下还有数百万人正在挨饿,地球也在持续变暖。如果英国民众只购买他们实际上会吃掉的食品,二氧化碳排放量将会减少1700万吨,相当于从路面上清走20%的汽车。

浪费食物根本不是一个新现象。事实上,在资本主义社会,这相当常见。20世纪30年代,当需求和商业都崩溃时,数百万加仑牛奶被倒入河流,粮食被烧毁。最近几十年的新情况是,粮食需求很高,浪费却很严重。这是购买太多而不是太少的结果。我们今天面对的不是一个世纪以前困扰进步人士的"消费不足",而是一种新的过度消费造成的浪费。从农场进入餐桌,食物在这一过程的不同环节也会有所损失。由于丰裕和发展,浪费从生产者转移到消费者身上。在今天的富裕社会,25%的可食用食品被浪费了。"二战"前,这一比例是3%。那时候的厨房垃圾主要是果皮和骨头,很少是一整棵莴苣或吃了一半的牛排。当然,农民和零售商并非完全没有责任。买一送一的优惠在鼓励过度购物。在英国,对外观完美的水果和蔬菜的痴迷以及糟糕的需求管理,导致了食物链中10%的浪费。尽管如此,毫无疑问,所谓的"收获后损失"仍已经随着发展而有所减少。在发展中国家,进入市场之前,大约一半的成熟牛油果会损坏。对柑橘类水果来说,这一比例甚至更高。与之相反,在英国和美国,仅有10%的易腐类园艺作物会遭受这一命运。和以往相比,真正的罪魁祸首是消费者。[63]

为什么这么多可食之物最后都被扔进垃圾桶了?在大众媒体中,人们很容易把矛头指向根本不关心这个世界的轻率消费者。但是,这忽略了发挥作用的社会和技术力量。最近一项对曼彻斯特家庭的近距离观察发现，大多数人在把冰箱里的一部分食物倒进垃圾桶时，都会感到内疚。[64]尽管如此，在下一次购物的时候，他们仍然会购买很多东西。对这一行为的解释可以通过最终扔进垃圾桶的食品种类找到。其中大多数是莴苣、新鲜水果和蔬菜。[65]一片枯萎的叶子或者一个褐斑往往足以让人们把食物倒进垃圾桶里。冰箱的到来，其影响有好有坏。一方面，冷藏大大改善了食物的保鲜条件，帮助家庭在一年到头享受营养食物的同时省钱。在斯堪的纳维亚，女性家庭经济学家是冰箱的积极拥护者。因为冰箱让许多家庭有机会储存鲑鱼、鹿肉和水果，来度过漫长的冬天。[66]另一方面，这导致人们购买和储存更多东西，让饮食计划比过去更加复杂。而且，它提高了人们对食物的新鲜外表和保质期的期望值。总是有一块被遗忘的奶酪藏在冰箱深处，或是一颗异域蔬菜，它在商店里看起来很可口，却不适合晚餐计划，结果就被遗忘在冰箱里了。在英国，超过一半的食物之所以被浪费，是因为过了保质期。另外三分之一是因为人们烹饪过量而后端上了桌，结果吃不完被扔掉了。今天，宠物只会消耗这些过度食物中很少的一部分。在这一意义上，现代城市的生态遭到了严重的扰乱。动物曾经是消除垃圾的一个环节，残羹剩饭会用来喂猪。而今天的宠物则制造垃圾。[67]

一些人可能将厨余垃圾的增长归罪于烹饪能力和家政管理的衰落，但这种解读过于简单了。与一个世纪前相比，烹饪技能的传播要广泛得多。发生变化的是食品的种类、进餐时间的节奏和社交生活的压力。20世纪70年代，研究垃圾考古的先驱学者威廉·拉什杰和他的学生一起在亚利桑那州的垃圾箱中进行了发掘。他们发现，饮食的多元性和浪费的数量有着密切联系。与邻居相比，经常使用相同食材的墨西哥裔美国人浪费的食物少了20%。人们越是每天吃同样的食物，就浪费得越少。拉什杰把它叫作厨余垃圾的第一原理。多元性的吸引力因世界各地的口味和民族菜肴的传播而得到了加强。现在谁敢给宾客提供普通的面包、冷盘和一个苹果呢？在烹饪喜好上，孩子们也拥有了更大的发言权。这可能与精心计划的健康食品（从超市买回家的）菜单相冲突。最重要的是，冰箱里的食物不得不与无从预见的外出就餐机会竞争。如果突然接到朋友的电话，说一起出去吃比萨或咖喱，那么为那一晚准备的鲜鱼和蔬菜就会被遗忘，然后被扔到垃圾桶里。这也是为什么独身家庭因其饮食和休闲时间不规律而往往制造出更多的厨余垃圾。

人们可能觉得，困难时期是解决所有这些问题的良方。但是，这种想法或许太天真了。20 世纪 70 年代，拉什杰发现，经济衰退期间，肉类食品的浪费数量一直在上升，因为人们会购买更大份的折扣肉或者价格更低部位的生肉，却又不知道该怎么烹调。[68] 近年来，活动家向人们澄清了许多关于"此日期前食用最佳"的误解，并试图规劝人们，在填满购物车之前先检查一下自己的橱柜，制订一周的饮食计划。超市开始向顾客提供如何在冰箱中储藏水果的建议，一些公司则引入可重复密封的包装，用来装炸鱼条。小块面包出现在货架上。一个英国社区举办"热爱食物，憎恨浪费"的活动之后，垃圾桶中可避免的浪费减少了 15%。[69] 这是朝正确方向前进了一步，但算不上飞跃。此外，近年经济衰退，人们更少购买新鲜水果和蔬菜，这可能是导致近来垃圾数量减少的原因之一。浪费食物必须被看作忙碌生活方式的副产品，正如我们在第 10 章看到的一样，这种生活方式对时间具有竞争性的多重需求。个人道德和信息的缺乏并不是主要问题。可悲的事实并非人们不理解或者不关心他们浪费的食物。他们关注世界性饥荒和全球变暖，但是他们支离破碎的社交安排凌驾于个人道德之上，并导致他们肆意浪费。

作为"用完即弃的年代"，20 世纪五六十年代并非丰裕的自然终点，相反，它不过是更长的人与废弃物之间关系的转型阶段之一。在 21 世纪初，我们浪费的东西变得更多，回收的东西也变得更多。与维多利亚时代的祖先相比，事实上我们更直接地参与垃圾的处理和分类。不确定的是，所有发展中社会是否必然要遵循欧美城市过去的发展轨迹，并用"现代"科技方法来取代"落后的"拾荒者。20 世纪 80 年代以来，在哥伦比亚和巴西，政府一直把拾荒者看作废弃物处理方面的珍贵伙伴，并成立了合作机构。今天在印度，超过 300 万拾荒者每年回收近 700 万吨废品，为市政当局节约了 4.52 亿卢比。[70] 然而，在发达的西方，一个奇怪的新现象出现了。原来由地位低下的拾荒者所做的筛选和分离工作，现在由全体公民承担。富人和穷人都不得不弄脏双手,把旧瓶子从纸板和发臭的食物中分离出来。回收利用彻底颠覆了旧有的价值等级体系。自古以来,垃圾处理和分类一直是最底层民众的天职,因此是"贱民"的耻辱标签。现今,它是环保意识的标志,意味着某人是一名有责任心的公民。这个星球上最富有的人群不再把所有垃圾送到高度复杂的分拣机中,而是坚持自己动手,义务劳动,似乎是要对抗劳动分工的经济规律。回收不再被视为落后的或者传统的。它已经变成"高活力消费"的盟友,成了一种能将我们从自己所拥有的财物中净化的替代性圣礼。一种新的稳定的废弃模式已经出现。新的准则不再是"不废弃、不欲求",而是多使用、多回收。

所有这些废弃物和回收物品最终去往哪里呢?如果地方上的垃圾填埋场已经不够,那么就必须存在别的地方来处理人们不想要的PET瓶子、废纸、电视机和电脑。2000—2010年,欧盟15个成员国将回收的包装垃圾从3300万吨提高到4600万吨,并将塑料包装的回收数量翻了一倍,从220万吨提高到430万吨。[71] 今天,富足社会的垃圾回收数量比以往任何时候都要多,但是它们送往国外的垃圾也比以往任何时候都要多。本质上,这不是一件新鲜事。19世纪,国际性的二手服饰和碎布贸易已经十分活跃了。但是,与今天垃圾(以及涉及的资金和环境影响)的国际移动相比,它就显得微不足道了。在欧盟,塑料垃圾的输出从1999年的100万吨飙升至2011年的近600万吨,铜、铝和镍类垃圾的输出则翻了一倍。

因此,20世纪80年代以来,回收利用的复兴伴随着一个奇怪的悖论。丰裕社会的消费者对家庭垃圾的个人关注越来越多,他们把瓶子分类,将塑料和废纸分离出来。与此同时,整体的废弃物流动却已经逐渐在我们的视野和头脑中消失。然而,与一般的看法相反,这一流动并非单向的,只从富裕的发达国家流向贫穷的发展中国家。欧盟把大多数塑料垃圾运往中国,而大多数更加珍贵的废弃金属(铜、铝、钢铁和贵金属)则从一个欧洲国家运往另一个欧洲国家。有害垃圾几乎全部(97%)是在欧盟境内交易,大多数进入发达的德国。同样地,美国大多数回收或翻新的电子产品会在国境之内售卖掉。美国和欧洲的一些电视和电路板最终流向加纳和尼日利亚;但是非洲同样会把一些电子垃圾出口给韩国和西班牙,中东国家则把它们出口到韩国。[72]

把自己的垃圾转移到远方未必是一件坏事。回收的塑料和贵金属废料可以节约未开发的资源，并减少开采过程中产生的污染。在一个欧洲小镇回收的PET瓶子，在中国被制作成暖和的毛绒夹克后，重新回到欧洲。问题在于，这样一种良性的"开放循环"只是全球垃圾贸易的一方面。另一方面是，来自富裕国家的有害物质和二手商品流入那些缺乏适当回收技术和监管法律的国家，造成了破坏性的灾难。这一困境导致贵重材料的流失，以及原始资源的进一步枯竭。比如，欧洲汽车的催化转换器就富含铂族金属。2000年以来，欧盟所有报废的汽车都必须从转换器中回收铂。尽管如此，每年仍有10万辆二手汽车从汉堡港口运往非洲和近东，在那里，铂最终被废弃在垃圾场或地下。

更令人担忧的是，有害电子垃圾的非法交易规模可观。如果没有得到适当回收，这种交易就会造成严重的环境污染。在贵屿（广东省的中国电子垃圾回收业重镇），工人们先用木炭炙烤印刷电路板使之熔化，从熔铅中取出微芯片，再用酸来提取其中的铜和金。这一地区的大多数儿童都患有呼吸系统疾病。在2000年和2001年，中国和越南先后禁止进口二手电子设备，但也都将用于重新组装后再出口的产品列为例外不予禁止。[73]欧洲对电子垃圾的处理有更加严格的规定，但是许多仍然伪装成二手商品，在欧洲检查人员的雷达监视之下流通。2006年，在丹麦和德国汉堡港进行的一项抽查显示，每年有25万吨的二手电视、电脑、显示屏和冰箱从欧洲运往非经合组织国家。尽管很难得到确切数字（一些欧洲国家根本就不报送非法装运量），但是许多集装箱里的电器很可能要么是报废的，要么无法修复，因此是不折不扣的真垃圾。根据《巴塞尔公约》秘书处（1992年，它在有害垃圾的流动上引入了国际审查）的资料，2010年，在欧洲运往加纳的所有电子设备中，有三分之一无法正常工作，因此是非法的。[74]

我们很难不得出这样的结论：今天，富裕的消费者或许做了更多回收，但是由于弃旧换新的习惯，他们的生活方式意味着他们还往遥远之地倾泻了更多的废弃物。

可喜的摆脱

到目前为止，我们已经讨论了从厨房和橱柜一直到垃圾桶里的各种物品，但是这并不是物品走过的唯一路线。为了了解我们的浪费程度，我们还需要把扔垃圾和其他处理物品的途径、策略放在一起考虑，比如赠送、传承、修补、储藏等。

免费或有偿给予物品是一种保持商品流通的方法。近年来，慈善商店、易贝和免费回收网（Freecycle）使这一策略成为人们关注的焦点。仅在英国，就有约7000家慈善商店。"汽车后备厢甩货"每周吸引100万人。[75] 截至本书写作之时，免费回收网已经在全球各地拥有近1000万会员，他们传递所有物品，从不需要的餐具到移动房屋。网站和社交网络允许所有者把他们不需要的物品上传到一个虚拟的区域。时尚爱好者可以在网上交换或"刷"他们不需要的名牌包，园丁们则有自己的种子交换网站。

但我们不应该对这些趋势过于乐观。新的共享文化还没有取代个人浪费。有一说一，人们相互分享的东西还很有限，且这些物品几乎对物资利用的整体局面的影响微乎其微。共用汽车、捐赠旧沙发和电视，这能够带来一定益处，但是这些益处被独居潮流抵消了。现在，人们愈发不愿与人合住，独居日益流行——每个人都希望有自己的冰箱、洗衣机和电视。世界上独居者的数量在过去几十年里迅速增加，从1996年的1.53亿上升至2011年的2.77亿。在今天的美国，25%的住户是独居者。在英国，这一数字几乎达到三分之一。将导致这种趋势的责任仅仅归于市场驱动的物质主义是不明智的。在瑞典和挪威这样的福利国家，超过40%的住户是独居者。乐观人士会把年轻人看作新的共享文化的先行者，因此值得指出的是，不同于过去，二三十岁的年轻人正成为独居群体中增长最快的一支。[76]

的确，互联网让转租和共享度假屋变得更加容易，但是这并非自动意味着物资使用量下降了，或者度假屋的数量减少了。在欧洲，二手房屋的数据并没有被持续地收集，有些国家的数据则根本是空白。尽管如此，现有数据仍显示，二手房屋的数量一直在迅速增长。2005年，法国有290万套度假屋。1997年以来，非居民业主的比例从6%增加至9%。在西班牙，住房部将人口普查数据和对入境游客的调查结合起来，得出结论，2008年，西班牙有150万套二类住宅。2001—2008年，它们占了住房存量增加总额的37%。这都是实实在在建在那里的住宅，里面还有不少家用电器和家具。这种房子之中，大约有58%位于海滨的主要旅游区。1997年之后的10年里，在国外拥有一栋这种住宅的英国人翻了一倍，在2007年达到25万。2002—2008年，挪威人的这一比例则增加了3倍。[77]

当然，共享经济的支持者可能会这样回应：尽管如此，像爱彼迎（airbnb）这样的线上服务通过向人们提供可选择的共享民宿，可以更加有效地利用现有资源。这意味着对酒店的需求将减少。在2014年的元旦前夕，这个星球上有超过50万人躺在通过爱彼迎租的公寓中的沙发上度过。研究已经表明，爱彼迎住宿的普及与酒店（尤其是廉价酒店）预订数量的减少之间存在相关性。2015年1月，纽约城的酒店收入比前一年下降了19%，一方面是由于暴雪和欧元疲软，另一方面是因为网站上提供了更多的私人住房。然而，对廉价酒店的需求下降，并不必然意味着对商品和资源的需求减少。私人假日租赁令酒店所有者有所损失，而不是他们的顾客。事实上，作为回应，酒店降低了房价，让游客有更多的钱消费其他物品。越来越多的廉价私人住宿可能会促使爱彼迎用户享受更多的城市度假和短期休假，这是一种旅游反弹效应。而且，最后他们的临时房东也获得了一笔额外收入。只有当房东向陌生人敞开家门，待在自己的房间不动，或者暂时搬到附近的朋友家时，共享才会造成消耗的资源减少。但是很多房东会将他们的整套公寓租出去，然后自己外出度假。某些情形下，资源和需求在某处的减少和转移与其在别处的增长是相当的，后者甚至可能超过前者。爱彼迎的的确确对批评者回应说，它们为市中心以及附近的商店和餐馆带来了更多的生意。[78]

此外，我们一定不能忘记，人们总是会给别人物品的。新现象并不是物品的共享，而是共享越来越少地发生在家人和朋友之间的同时，在互联网的作用下，越来越多地发生在陌生人之间。共享技术回应了这样一个社会——人们的关系越来越淡薄,独居现象越来越多。但是,这并不意味着共享就是新现象。两次世界大战之间,汽车共享十分普遍。[79] 甚至在物质富足的 20 世纪五六十年代,许多家庭也常常会把衣服、玩具和家具从一个孩子或堂亲传给另一个孩子。二手商品的买卖同样如此。直到今天,在伦敦各地的教堂大厅,妈妈们会出售"几乎全新的"孩子的服装和玩具。[80]

在 17、18 世纪,对大多数欧洲人(无论是在佛兰德乡村还是繁华的安特卫普,无论是富人还是穷人)来说,使用二手货是一种生活方式。拍卖让床、被单、枕头这些物品在社会中循环,但其中最重要的是厨具和衣服。刚开始,许多二手商人会销售各种新旧物品。在安特卫普,从 17 世纪 70 年代开始,绸缎商人向市政当局施压,要求限制这些人的发展。[81] 这是他们在社会和商业上被边缘化的开端。的确,二手商人从来没有完全消失。然而,与销售"新货"的店主相比,他们的地位持续恶化。随着衣服变得越来越便宜、越来越不结实,以及时尚周期的缩短,它们的二手价降低了,由此导致二手经销商的利润和地位下降。到 1900 年,尽管人们发明了"古着"(vintage)这一概念,的确让二手商品在社会上层也重新流行,但二手货仍主要是为穷人供应的。

然而,二手商品在欧洲内部的相对衰落,伴随着其在外部的扩张。20 世纪八九十年代,二手衣服的全球出口量增加了 6 倍以上。[82] 这些年里,在撒哈拉以南的非洲,进口的全部纺织品中有三分之一是二手货。支撑这一体系的双重渠道——基督教慈善机构和商业经营者,在 19 世纪末就已经形成。人类学家凯伦·汉森追踪了 20 世纪 90 年代服饰从欧洲人的衣柜去往赞比亚人的衣柜的曲折之路。西方捐赠者和赞比亚消费者很少意识到,大多数衣服并不是通过慈善商店到来的。事实上,大多数捐赠物从未进入商店。相反,它们被收集、压实,然后大捆(一捆的重量为 2000 磅)卖给纺织品回收者和出口商。行善和捐赠而不是直接扔掉的意愿,大大超出了慈善团体处理这些织物的能力。这些衣服一到卢萨卡,当地的翻拣商人就对它们加以修饰、改造。饰边、金纽扣和新的裁剪会让这些旧衣服焕然一新。汉森在田野调查中发现,购买旧衣服和模仿西方没有任何关系，也和文化理论家所关心的亚文化讽刺没有任何关系。按照汉森的说法，他们穿这些旧衣服，是"为了暂时和间接地逃避自己经济上的无力感"。[83]事实上，赞比亚人不会说它们是"西方"服饰，而是来自"外面"的衬衫和裙子，"外面"有可能是好莱坞，也可能是中国香港。

在赞比亚，当经济在20世纪70年代走下坡路时，旧衣服大量涌现出来。但是，二手衣服在富裕国家同样盛行。在英国，这些商店的营业额在20世纪90年代翻了一倍。这种重复利用的复兴对环境有多大好处？真的像一些环保主义者所辩护的那样，人们捐赠衣服、书籍和其他财物，就可以减少物质的使用，有助于拯救这个星球吗？[84]还是说，让更多的物品进入流通，只会对地球造成伤害？

答案取决于讨论的背景和物品。对英国诺丁汉59个家庭的一份详细研究显示，它们每年总共要处理4500件物品。其中不到三分之一被扔进垃圾桶，10%要么被卖掉，要么被搬到阁楼，一半被送给家人、朋友和慈善商店。物品的流动反映了追求新奇和通过捐赠物品行善的冲动之间的联系。"莎拉"每年会翻两次衣柜，把那些"我不穿了"的衣服挑选出来。一件曾经"时髦的"大衣已经被收拾好，准备捐赠给慈善机构——"我已经见过太多无聊的人穿它。"[85]慈善商店位于自我塑造这一链条的末端。在这一链条里，新的物品是更新我们身份的必需品。把虽然陈旧但功能齐全的烤箱和电子产品送给家人这一行为，反映了一个人对他人和物品的关怀，同时也为鲜亮的替代品腾出了空间。此外，售卖二手车和类似商品可以赚钱，这样所有者就拿到了买新款的资金。它们的买卖说明，这些商品还可以再次出售。

在这里，物品使用期限的变化很重要。在《废物制造者》中，帕卡德特别指出了计划性报废，并警告说产品周期会越来越快。例如，在20世纪50年代，"印刷电路"的引入使晶体管收音机一旦坏了，就无法修复。从那以后，组成元件的"死亡日期"给"故意报废"的工艺增加了复杂性。[86]奇怪的是，消费者对耐用性的态度一直存在分歧。2005年，英国的一项研究发现，希望产品持续更长时间的人与对产品寿命满意的人旗鼓相当。如果一台电脑的使用寿命为五年，那么人们会觉得很好。[87]在远没有到报废年限之前，手机和电脑就会成为"古董"。根据一项估计，2014年，美国49%的移动设备都更新换代了。对任何产品来说，这都是一个不同寻常的数字，但是这个数字掩盖了两个可能正朝着相反方向发展的趋势。每年更新换代的设备比例已经上升（从2013年的45%到2014年的49%）。那么，剩下的呢？有趣的是，等到被淘汰才会更新的移动设备比例也上升了（从15%到30%）。2010—2012年，50%的手机两年更新一次。用一家供应商的口号来说，就是"每两年换一次"。2014年，这一数字下降到16%。手机之所以升级变慢，其中一个原因是设备安装计划（EIP）的引入。它每年对现有的手机提供升级服务和折扣服务价格。另一个原因是体量较小的手机供应商纷纷倒闭和利润的下降，这阻碍了新产品的迅速发展。手机的相对老化是否是一件好事，还是从长远来看，可能会减缓创新、速度和效率，这两个问题要分开看待。[88]

这里的关键是，淘汰速度加快，并非当代生活的全部。同样存在相反的趋势。在20世纪90年代和21世纪最初10年，个人电脑每两年换代一次。但这是芯片和科技创新飞速发展的时期。从那以后，创新的潜力减少，其结果是个人电脑能够使用五到七年。汽车的使用寿命有所增长，这一点尤为明显。1973年石油危机以来，美国的汽车使用寿命增加了50%。这导致二手车市场更加有利可图，销售额翻了一倍。在这些方面，赠予和二手是不断增长的需求的伙伴，而不是节约。

然而，因果关系也朝着相反的方向发展。[89]并非每件二手商品都同汽车一样，是有价值的资产。试着卖一本二手的《哈利·波特》吧。易贝网上未售出的二手书足以塞满一整个图书馆。二手交易对需求和资源的影响，取决于涉及的物品是什么。大多数衣服都很便宜，几乎没有转卖的价值。它们的价值反过来受到政治的限制。二手市场就像一般的市场那样，是政治的产物。大量二手衣服进入发展中国家，严重挤占了新衣服的市场。这是为什么许多国家为了保护它们自己的纺织工业，在20世纪八九十年代禁止这类进口交易。尽管如此，赞比亚的市场小摊仍暗示，有很多漏洞能让这些来自"外面"的衣服偷偷流入。20世纪90年代末以来，来自世界贸易组织的压力解除了许多对这些二手商品的禁令。二手商品并非一个激进的替代，相反，它在自由的市场秩序下蓬勃发展。

修补是让物品重复利用、不被丢入垃圾箱的第二个主要方法。这是一个我们知之甚少的话题。与二手市场一样，我们还是把关注点放在纺织品上。坊间的证据勾勒出了服装修补行业面临穷途末路的图景。今天，还有哪个60岁以下的人缝补袜子，更不用说像劳森伯格的母亲一样，知道怎么把西服改成裙子了？至少对丰裕西方的大多数民众来说，缝纫机——两次世界大战之间人们梦寐以求的耐用消费品——的时代已经结束。我不甚明了，为什么我们要哀悼它的逝去。长时间的缝补不光反映了对物品的热爱，而且反映了对干这种活儿的人的轻视。女性的劳动十分廉价，在家里甚至完全免费。一旦工资上涨，修补就不可避免地失去了吸引力。生产力的提高和衣服价格的下降，加剧了这种情况。修补变成了一项可供选择的、有时甚至昂贵的爱好，而不是节俭的行为。2001—2002年，对德国人时间利用情况的大规模调查显示，20%的男性经常在家里忙着修修补补，比如维修自行车、家用电器，或者从事某种手艺，每天耗费一个半小时。在其邻国奥地利，25%的女性经常会做针线活，同去教堂和休闲购物的人数几乎相当。[90]

在消费社会的漫长历史中，修理工的消失是一个近来才出现的局部现象。修理工也是先出现而后消失的，随着新产品和新技术的到来，之后随着时间的推移，他们变得越来越廉价，最后被取代。汽车不仅带来了闪亮的展厅，也带来了肮脏的汽车修理店。1967年，整个美国一共出现了14万家汽车修理店。在美国，20世纪五六十年代这一丰裕时期见证了各种维修服务的营业额上涨了四倍，幅度大大高于零售业。人们花更多的钱去购买新的电视和收音机，但是维修这些电器的花费增长得更快。到20世纪60年代末，有4.5万名电器修理店店主和2万名家具修理工。[91] 40年后，他们的数量骤然下降。只有25%的电视修理工和电器技师坚持至今。更古老的生意也反映了同样的情况。修鞋匠从美国和欧洲各街角消失，就是一个典型的例子。1967年，在美国，超过9000名修鞋匠还在修理高跟鞋。到了2004年，剩下的不超过3000名。由于亚洲的经济奇迹，许多鞋子、衬衫、雨伞和其他商品都变得非常便宜，以至于把它们拿去给那些收入微薄的补鞋匠和女裁缝修补，已经没有任何意义。如果有人惊奇地发现在德里和北京还有雨伞修理工，并疑惑道，他们为什么没有在人们需要时出现在伦敦或阿姆斯特丹，那么他就要去理解这一变化的经济逻辑。

幸运的是，同样存在相反的趋势，尤其是在高端电子产品领域。在这个领域，政府有勇气对抗低成本替换和处理的商业浪潮。日本对旧个人电脑的处理方式就是一个优秀的案例。2001 年，针对二手商务电脑，引入了自愿回收机制；两年后，这个机制延伸到家用电脑。到 2004 年，三分之二的电脑没有被扔进垃圾堆，而是被保留下来，重新改装，供国内使用或者出口。按照信息技术设备再利用协会（Refurbished Information Technology Equipment Association，简写为 RITEA，一家运营个人电脑再利用的贸易机构）的说法，在每年扔掉的 700 万台旧个人电脑中，超过 100 万台电脑和笔记本现在流入二手市场。RITEA 建立了标签和资格认证机制，包括消除数据的指南。[92] 廉价的中国产品可能淘汰了纽约和柏林的补鞋匠、电视修理工，但是它同时催生了新一代渴望改装二手产品的消费者。这一发展的影响很容易遭到忽视。印度、巴西和非洲都有类似的潜力。目前还不清楚它多久之后才会被发掘。然而，目前非功能性设备和含铅、汞和镉的有毒电子垃圾堆积如山，它们被倾泻到拉各斯和象牙海岸这样的地方。与之相比，流入国外新用户手中的日本改装电脑的数量微不足道。[93]

最后一项分流策略是储藏。商品的传记中，"临终管理"要么是将物品分解成可回收的碎片，要么是掩埋到垃圾场。在此之前，阁楼、车库和储物柜都是存放它们的地方。人们自从有了贵重物品，就把它们储存起来。在古代中国，人们会把物品储藏在地下的陶罐里。在 18 世纪的欧洲港口城市，商业货栈开始迎合水手的需要，给他们的财物提供存放之地。在美国，专业的物品储藏要追溯到内战时期。然而，真正的腾飞在约 1960—1989 年随着自助存储到来。美国今天有 5000 个自助存储设施，它们提供的总空间是曼哈顿岛的三倍。[94] 10%的家庭会用到它们。其他发达国家也在追随美国的脚步。就像在曼哈顿一样，在首尔，阳台不再是用来坐的，而是存放东西的地方。在首尔的新建公寓里，存储空间消失了，这增加了许多压力。[95]

或许，在人类历史上还从未有过这样的现象：囤积和杂乱引起人们如此之多的反思。正如曼哈顿一个推销"迷你储藏柜"的大型广告牌所指出的那样，"物质财富不会让你感到快乐，然而或许它们会做到"。匿名戒除杂乱的协会和专业组织者也出现了。它们给那些患上"处理物品恐惧症"的人提供指导："拨打1-800号码计划"。[96] 对新奇事物的宣传同时加强了人们收集和保存旧物品的欲望，无论是为了获得一种物质上的安全感、地位感还是不朽感。收藏者在线网站（Collectoronline.com）列出了2000多家收藏俱乐部，它们分别致力于某一品类，从玻璃制品和老爷车到开瓶器和啤酒瓶。伊利诺伊州的卡普伦有一个收藏真空吸尘器的俱乐部，在北美和欧洲都有专注于此的会员。比利时的埃德加以拥有"荷兰电器的真空吸尘器toppy（该主人表示这一型号相当罕见！）"而自豪。在"真空吸尘器乐园"（Vacuumland）这一网上图书馆，爱好者可以欣赏到仍可使用的1908年胡佛O型吸尘器。[97] 一项遗传学研究发现，在患有强迫症的家庭中，强迫性囤积行为与14号染色体有关。[98] 但是遗传学无法解释，在这样短的时间里，储藏是如何迅速涌现，成为日常生活的一个正常组成部分。这主要是因为随着人们更加频繁地搬家和换工作，越来越多的财物和个人流动性的急剧增加交织在一起。

为了观察杂乱的生活，两位美国人类学家在2002—2004年对洛杉矶中产阶级家庭的车库进行了调查。大多数家庭拥有两到三个车库。然而，在他们研究的24个家庭中，仅有6个仍然把汽车停在里面。一个家庭将车库改造成卧室；其他家庭则把它改造成办公室或休闲场所。但是，大多数家庭用它们来存放旧的家用电器和财物。"从建筑材料到多余的家具和玩具，我们发现许多物品挡在车道上……或者溢出车库（进入后院）。"大多数车库"通常一团混乱"。只有5个家庭充分利用了车库，都是出于休闲目的。一半的样本家庭几乎从未进入过车库。[99]

移动设备
总共售出 16.6 亿台

使用中
储存中
生命末期

电脑
总共售出 8.57 亿台

电视
总共售出 7.72 亿台

电脑显示器
总共售出 6.53 亿台

打印机、扫描仪、复印机和传真机
总共售出 4.71 亿台

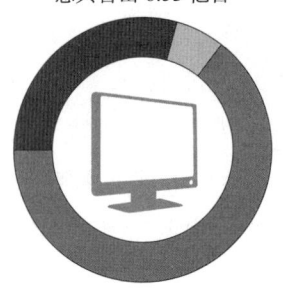

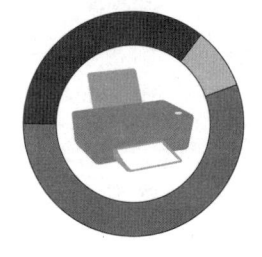

来源：US Environmental Protection Agency, *Electronics Waste Management in the United States through 2009* (2011)。

图 15-5 美国使用中、储存中和生命末期的产品，2009 年（在所有售出的产品中，1980—2009 年）

就将美国从 20 世纪末的垃圾填埋危机中拯救出来而言，阁楼和车库很可能扮演了与回收同样重要的角色。与直接扔掉相比，囤积起来的动力要强烈得多。20 世纪 80 年代，图森市的人类学家发现，当旧物品被替换时，仅有 6% 真正被扔掉。其中一半被送出或卖给家人和朋友；不到三分之一给陌生人和商店；三分之一则囤积在家里。[100]

在主要的调查中，美国环境保护署指出，堆积如山的东西被储存起来。美国家庭变成了真正的矿山，堆满了未利用的物品。2009 年，约有 7000 万台电脑和 1.04 亿台电视机被闲置，其中大多数储存在家里。有三到四台电脑和电视正在使用，就有一台旧的被装进阁楼上的箱子里。旧的电子产品被储存起来的概率，和被回收的概率几乎一样大。

囤积的冲动使"挥霍无度的消费者"这一传统形象变得复杂，但并非以完全令人愉快的方式。它让人反思那种简单地认为"当代人对物品漠不关心"的道德判断。与之相反，人们事实上很关心物品，甚至程度过于深了。从材料和环境的角度来看，这产生了其特有的问题。他们想要替换新的物品，但是又不愿舍弃旧的物品。这既会吸收更多的材料，同时又会阻碍对已有材料的释放。阁楼和车库因此转化为前现代用词"vastus"的当代版本（waste），成了一片未开发的电子产品"荒野"，散落着电脑、电视和相机。囤积就像大坝一样运作，阻止这些材料重新流入别处的循环和消费。这严重限制了回收利用的潜力。世界再利用、维修和回收协会（World Re-use, Repair and Recycling Association）估计，三分之二回收的电视在国外要么被翻新，要么重新制造成新的电视或显示器。但是例如在美国，只有 17% 准备报废的电视得以被回收利用，大部分则被储藏起来。2011 年，美国环境保护署估计，人们花了 13 年的时间，才淘汰了一半的旧黑白电视机和阴极射线管显示器，淘汰台式电脑则花了 10 年时间。[101] 等到它们全部被解除储存状态时，发展中国家的人们已经转向了平面屏幕。届时，谁还会需要这些机器呢？

过去 20 年里，二手电子产品的回收取得了一些进展。在美国，最新数据（2009 年）显示，25% 的电子产品被收集起来进行回收。这一比例越来越大，但是电子垃圾总量也越来越多。1987—2007 年，美国电子产品的销售额增长了七倍，达到4.26亿台。三分之一的旧电脑被回收，但是其他科技产品，比如手机，从未进入回收公司。在整个富裕世界，电子产品和厨房电器越来越多地出现在废物流中。2006年，在英国，超过200万台冰箱和冷冻箱进入废物流。平均每个法国人每年扔掉25千克电子垃圾。[102]

物质流动

在生物化学中，新陈代谢描述的是一个细胞中的所有化学反应，在酶的作用下，它可以从环境中吸收能量，以存活、生长和再生。马克思将这一概念运用于人类社会，在《资本论》中，用"新陈代谢"来描述人和自然之间的关系。20世纪80年代以来，"社会新陈代谢"成为一个关键概念，用来描述物质和资源的流动过程：社会从地球获取资源，将它们转化为产品、建筑物和基础设施，这些组成了日常生活的物质结构，同时垃圾和排放物也在这一过程中产生。[103]

之前，我们已经追溯了商品的整个历程：从被需要和获得的那一刻起，直到最后进入垃圾桶、车库或填埋场。这些都是物品之旅的重要阶段。物品从生到死的历程或许看起来像是线性的，但从生态学的角度看，这一过程实际上是循环的。物质被改造和移动：它并没有死亡或消失。无论是回收、掩埋还是烧掉，物质颗粒都会流回生态系统，无论是作为污泥还是二氧化碳排放量。汽车、鞋子和游戏机不是树上长出来的；铁和铜必须被开采和冶炼；必须开辟草场来喂牛，皮革才能被生产出来；化工厂必须运转起来，才能生产玩具和电器的零部件。我们用购物袋拎回家的物品都承载着物质的过去和未来。这些都是相当重要的。在1997年的一项突破性分析中，世界资源研究所（World Resources Institute）估计，在发达的工业社会，一个典型的消费者要购入惯用产品，并维持住习惯的生活方式的话，每周所需的各类物质足以把300个购物袋装得满满当当。想象一下你背着一辆大汽车。在这些发达社会，个人每年要消费4.5万～8.5万千克的物质资源。与之相比，家庭垃圾则变成了一个小问题。[104]

过去15年里，国民经济核算的新技术使得对物质流动的分析成为可能。这使我们能够追踪物质随着时间的推移而发生的巨大变化，并思考各个社会对物质资源的使用量和利用效率。"直接物质投入量"（Direct Material Input）可以用来描述所有进入加工和制造环节的物质资源的数量，比如用来制作餐桌的木头、进入精炼厂的石油、开采出来制造汽车的钢铁，等等。然而，大量物质在这一过程中被挖出或粉碎，从未进入到最终的物品之中，比如，为了得到铁矿石，许多其他物质就必须首先被剔除。所有这些构成了"物质需求总量"（Total Material Requirement）。为了更好地看清这一点，伍珀塔尔研究所的弗里德里希·施密特-布雷克提出了"生态包袱"（ecological rucksack）这一概念。[105] 这与产品自身的重量无关，也与直接消耗的物质材料无关，而与产品附带的隐形物质材料有关，范围从运输它们所消耗的汽油一直到处理它们所需的资源。我们还想知道，当从物质中榨取价值时，社会高效或者浪费的程度，也就是"物质的强度"（或者说是物品的生产力）。

物质流动分析并非没有缺陷。流动主要是通过国民经济核算来衡量的。这些包括一个社会进口和出口的物资数量，但由于它们是本土性的，就没有把那些（在跨越边境之前）嵌入外国产品的隐形资源计算在内。与从韩国进口的汽车相比，在一家消耗英国天然气的英国工厂制造的汽车会给英国的国民经济核算增加许多吨数值，而前者只计算它本身的数值，就好像汽车是凭空出现的一样。我们的生活方式给遥远地区的人们造成的生态负担——通过生产过程中涉及的土壤退化和污染——往往遭到忽视。当涉及环境成本时，国界和统计数据是非常没有意义的。与细胞不同，严格来说，社会并没有单一的新陈代谢。它有多重新陈代谢。在一些家庭和地区，物质流通就像奔腾的急流；而在别处，它又是涓涓细流。这很大程度上取决于如何使用物品（以及使用的强度），而不仅仅是物质总量及其价值之类的因素。此外，分析告诉我们的是整体的流动，并没有告诉我们不同的物质材料对环境的不同影响，而这些差异甚大。与一种可再生的木质颗粒相比，一颗24克拉的钻石造成的损害要大得多。对物质流动的分析通常也不包括水。这一点可以理解，因为水很重，会扭曲这一图景，但是这意味着，生产食品和其他产品需要的所有水（所谓的"虚拟的"水）从我们的视线中消失了。[106]

最后一个问题是，物质流动是根据一个国家的国内生产总值来衡量的。当然，这对于了解此类问题是有用的：一个社会需要两块煤才能生产出价值9.99美元的产品，还是可以找到其他方法，只需要一块煤？但很不幸，将金钱看作物质生产力的代表，有着严重的缺点，即模糊了同一种产品的高端品和低端品可造成的不同环境后果。在一家设计师精品店花100美元买一件T恤衫的人走出商店后，背负的生态包袱要比以同样价钱在一家廉价商店买20件T恤衫的人来得轻。一项对瑞士家庭的研究显示，富裕家庭往往消费更多，水平也更高，尽管总体来说，他们比穷邻居拥有更多的东西，但另一方面他们也更偏爱高质量、环境影响相对较小的商品。[107] 但无论多么粗糙和有限，物质流动分析至少让我们对支撑自己的生活方式所需要的物质数量有了整体的认识。

自从定居者在中国南方和近东率先开始农耕以来，人类干预环境、

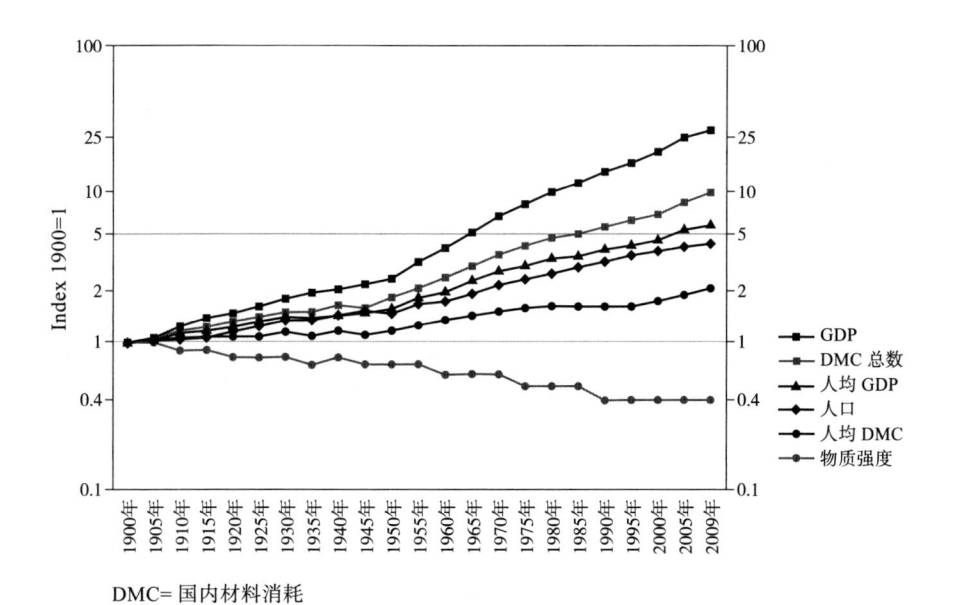

DMC= 国内材料消耗

来源：Krausmann et al., "Growth in Global Materials Use, GDP and Population", *Ecological Economics* (2009)。

图15-6 物质使用、物质强度、人口和GDP的全球发展，1900—2009年

清理土地和开采资源的历史已经持续了1.2万年。3000年前，中国人就开采煤炭，烹饪时将它用作燃料。甲烷的含量从5000年前起就开始增加，并在整个工业时代持续增加。这种致命气体主要是转向水稻灌溉和种植之后释放的。森林的砍伐释放了碳元素。由此，人类对气候的影响可以一直追溯到很久以前。现代时期（始于1800年左右）的变化在于人类干预的速度和强度。1000—1700年，农田占地球表面积的比例从1%上升至2%；到2000年，这一比例达到11%；牧场的面积则从2%增长到24%。煤炭和工业让大地遍布烟囱。人类对气候的影响开始超过自然本身。结果便是，全球气候变暖的速度在过去的150年里加快了。[108]

多亏了一个奥地利社会生态学家团队，我们得以在全球范围内追踪过去100年里的物质流动。[109] 1900—2009年，地球上开采的物质总量上升了10倍。人口增长是其中一个因素（在中国，它直到20世纪80年代都是主要因素）。但是，决定性的因素是工业社会的新陈代谢速度加快。在21世纪初，人们面对的物品数量是1900年的两倍。更糟糕的是，从自然的角度来看，发展和生活水平的提高带来了物质开采种类的变化。可再生生物质（农作物、木材）和能源正实实在在地被消耗殆尽，并且其中一部分重新回到土壤之中（效能性物质）。与此同时，它们越来越让位于难以降解消除的物质材料，比如水泥和金属（累积性物质）。水泥制造业是二氧化碳产生的主要来源。1980年，它制造了二氧化碳排放量的8%；而2005年，这一比例甚至达到了惊人的16%。[110] 最后，这也是因为全球都在追求一种更好的生活，从而造成物质负担的证据，就如同公寓楼数量增加、人口向城市迁移，以及独身家庭增加等表现出来的一样。而以上种种现象都几乎从未出现在这些年关于消费垃圾更加乐观的图景之中。

从商人或工程师的角度来看，20世纪取得了令人印象深刻的空前成就。2005年，要想生产一件与1900年同样价值的物品，仅需要三分之一的物质材料和一半的能源。然而，对大自然来说，这意味着更大的物质负担。国内生产总值的增长快于物质增长，但是世界仍在放松腰带，以容纳其不断膨胀的规模。人类社会浪费的东西变少了，但是消耗量仍然大于以往。新陈代谢的速度快于物质生产力。

世界只经历了三个真正去物质化的短暂时期：1929—1932 年的经济大萧条、第二次世界大战结束之际，以及 1991—1992 年苏东阵营瓦解。这些都不是特别引人效仿的模式。即使在 20 世纪 70 年代两次石油危机的余波中，世界也没能设法扭转这股对新陈代谢的饥渴趋势。

这是全球的情况，但是我们也必须了解各国相对于彼此的立场变化。就像英国的例子反映的一样，通过国家统计数据绘制出来的整体物质流动变得更加晦暗。从民经济核算的角度来看，英国成为去物质化的典型代表。用一个时髦的术语来说，就是这个国家成功地让经济增长同物质投入"脱钩"。经济的物质基础是物质需求总量，包括在英国开采的和从国外进口的一切东西，从成品到半成品和原材料。1970 年以来，英国成功地将国内生产总值翻了一倍之多，而物质需求总量仅增加了 18%。相比之下，奥地利仅需要一半的物资就可以生产出和 1960 年一样价值的物品。[111] 2001 年以来，英国的物质需求总量甚至下降了 4%。除了 2008 年以来的经济危机（它减缓了新陈代谢的速度），主要原因是采矿业和建筑业的衰退。[112] 新房子减少，意味着沙子、碎石和水泥的需求量也会减少，尽管厨房和地下室仍然在扩建。一些数据也反映了，与 10 年前相比，今天的英国人吃得更少了，尽管这不一定更健康。

然而，我们必须谨慎，以免轻易得出这样的结论：像英国这样的国家在设法减轻对环境的压力。[113] 虽然近来的环境压力下降可能令人振奋，但从历史角度来看，它只不过是暂时的。物质强度并未扭转英国在 20 世纪 70 年代至 90 年代物质总量增长的明显趋势。最令人担忧的是，去物质化的图景可能是一个统计学上的幻觉。在英国国内，平衡已经从工业转向服务业。这是物质生产力增长的一个主要原因。相比开采一块煤或为了生产汽车骨架而炼钢，在咨询服务中，创造一英镑或一美元的价值只需要很少的物质材料。但是，英国人当然没有停止购买东西。他们只是进口了更多的商品和资源。物质流动的计算包括进口钢铁、汽车和番茄罐头的重量，却往往无视开采、制造和运输这些进口商品所需用到的原材料和化石燃料。进口石油会被纳入计算范围，但被外国航空公司消耗的航运燃料不被计算在内。对环境来说，如果开车去布莱克浦的英国人减少，但是乘飞机去马贝拉的增多,那么这基本不会有什么益处。如果这些嵌入式的物质流动被计算在内,那么情况就一点也不乐观。英国已经将物欲造成的损失转移到海外。据统计,约13%的碳排放体现在制造业的进口上。[114] 在英伦三岛,温室气体排放在过去20年里每年减少1%。与此同时,英国消费者越来越依赖进口商品,这导致的影响远远超出了温室气体的排放量减少产生的作用。[115] 富裕国家一直不愿从领土的经济核算转向以消费为基础的碳排放核算,这一点或许并不奇怪。世界上唯一可以宣称实现了全面去物质化的地区是中亚。在苏联解体后,中亚的经济经历了"自由落体"般的下滑。

20世纪70年代,美国的环境正义运动人士给政治词典添加了"邻避"(Nimby)一词,让人们注意到白人中产阶级是怎样煽动起"别在我家后院"(Not in My Back Yard)之类的情绪,然后把垃圾和污染倾倒进穷人和黑人社区的。物质流动分析揭示了全球范围内一种更加剧烈的邻避主义。20世纪50年代,欧洲和美国大体上仍然主要依靠它们自己的资源生存。而过去50年里,尤其是20世纪70年代以来,它们越来越多地将资源开采的负担转移到其他区域。一项对世界实物贸易平衡的研究发现,1962—2006年,发达国家将约1850亿吨的物质转移到发展中国家和转型国家。[116] 贸易商品的生态包袱比贸易商品本身的数量增长得更快。不同于国内的邻避主义,全球经济失衡不仅从富国流至穷国,还从北半球流到南半球。最大的环境负担最终落在了澳大利亚和拉丁美洲人民的肩上。铜、铁、肉类、羊毛及许多其他物资都是从这两个地区来的。1970—2005年,澳大利亚的实物贸易逆差几乎增长了8倍。1980年以来,即使是资源极其丰富的美国,也将环境负担转包了出去。值得注意的是,不仅日本、德国和英国将生态包袱转移到海外,巴基斯坦和越南也这么做。自然,一些小岛和旅游胜地,比如巴哈马群岛和塞舌尔群岛,也将它们的生态包袱转移出去。因此,在过去半个世纪里,这个世界逐渐像是一支有组织的登山队,其中一些丰衣足食的游客慢慢地爬上山顶,后面跟着一大群夏尔巴人,背负着食品和工具箱。

当然,最后我们想知道物质材料是用来做什么的,以及它们来自哪里。毕竟，消费品的宇宙不存在于真空之中，它需要配套的基础设施。没有公路，汽车毫无用途。冰箱、热水器和电视需要电、天然气管道、四壁和屋顶。因此，除了商品包含的能源，我们同样需要思考一下使用它们所需的能源。换句话说，我们不仅想知道库存量，也想知道流动量。多亏了帕特里克·特洛伊及同事的研究，我们对20世纪90年代澳大利亚阿德莱德六个街区的情况有所了解。特洛伊的团队重建了他们能够找到的有关建筑环境的所有历史数据，从房屋墙壁的厚度、地板由木头还是混凝土制作，一直到汽车和水管的大小和使用年数。这就是它们包含的能源。接着，他们将其与运转所要消耗的能源进行了比较，即烧热锅炉的天然气、供应电器的电力，以及开车从A地到B地需要的燃料。正如他们所承认的一样，这种方法不是完美的：他们能够估算出运输网络中损失掉了多少能源，但是除了那些通过管道损失的，无法发现天然气和电力网络中损失掉的能源量。他们也无法了解非住宅的发展情况。尽管如此，它的确给我们提供了一份有用的经验，即物质包含的能源与运行它们所消耗的能源之间的关系。在所有六个街区，人们每年消耗的运作所需能源是实体包含能源的三到四倍。换句话说，20世纪90年代，平均而言，每年用于加热空间、加热水和驾驶车辆所消耗的能源是用于制造管道、电暖器和汽车的能源的三倍。几乎一半的运作所需能源耗费在了运输上。

即使用完了，物品也会投下巨大的阴影。本书中，我们已经追踪了回收利用经历的历史沉浮。今天，许多城市纷纷为承诺零垃圾而自豪，并提出了增加回收和把垃圾从填埋场中转移出去的宏伟目标。但是，只有零耗费才意味着真正的零垃圾。两位提倡可持续发展的设计师提出了一种零垃圾指数，以此衡量每个城市的表现。他们将阿德莱德、旧金山和斯德哥尔摩三座自称零垃圾的城市进行了比较，结果发人深思。阿德莱德禁止购物袋，并回收了一半的市政固体废弃物。尽管如此，它的零垃圾指数仅为0.23，即从垃圾中回收的资源仅占23%。在斯德哥尔摩，这一指数更是仅为0.17。一个斯德哥尔摩市民每年产生480千克垃圾，其中只有79千克被回收并用以替代原材料。只有旧金山成功回收了一半的废弃物。由于许多产品包含大量能源，故而回收可以发挥巨大作用。旧金山从回收的材料中取得的能源几乎是阿德莱德和斯德哥尔摩的两倍。同样,由于避免了更多的填埋,旧金山减少的温室气体排放量是其他两座城市的两倍。[117]

所有这些并不意味着,我们应该轻视能源效率和废弃物管理在过去半个世纪取得的进步。这些都是引人注目的成就。尽管早些时候,人们采取过提高效率的行动,但是当1973年第一次石油危机爆发时,发达世界仍然是一个巨大浪费之所。在成为加利福尼亚州能源效率之父之前,阿特·罗森菲尔德年轻时就曾和诺贝尔奖得主恩利克·费米在粒子物理学领域崭露头角。他回忆说,1973年11月,有一次他打算关掉20间伯克利辐射实验室里的电灯,却发现所有开关都隐藏在档案柜、书架和海报后面——电灯每天24小时开着。无论是在公共场所,还是私人生活中,浪费都是普遍存在的现象。1974年的一项调查发现,尽管美国人白天工作,晚上回到家里,但是他们在室外面对的人造光线是家里的10倍。[118] 有两种方法来满足加州对能源的迫切需求:建造新的发电站或者从现有的能源中榨取更多。新的建筑规范、装有热镜的窗户(可以反射附近的红外线辐射和防止不可见的热量泄露)、高频镇流器的采用(这使16瓦的小型节能灯可以辐射出和70瓦的旧白炽灯一样多的光线,而且使用寿命更长)、更加高效的家用电器和汽车发动机,所有这些措施都大大节约了能源。仅仅是更好的住房和建筑标准就为加州节约了25亿瓦的年发电量。在短短10年里(1975—1985年),新房里每一平方英尺消耗的能源(用于制热和制冷)就惊人地下降了50%。[119]

真正的问题不在于效率,而在于这些措施还不够。的确,在加州,对电力的需求不再像"二战"结束后那样以每人每年6%的速度增长,但是它也没有下降。一切有效的措施都不过是保持稳定,维持在20世纪70年代早期达到的高水平。2008年,在其他各州,美国人的用电量是1968年的两倍。在其他发达社会,这些年里许多专家预测,私人能源使用将会下降或至少保持不变。[120] 现实证明恰恰相反。例如在英国,国内能源消费保持稳定增长,1970—2005年,英国共计增长了30%,虽然在2005年之后有所下降。在老欧盟(欧盟15国),住宅用电量在20世纪90年代和21世纪头10年增长了40%,仅德国和保加利亚设法保持不变。[121] 更一般地来说，物品在我们生活中的激增证明了饱和的预言是错误的。就像在减少废弃物方面一样，在能源和物资的使用模式上，私人家庭被证明远比商店和工厂更为顽固，反应也更迟钝。为什么？

一定程度上，本书已经给出了答案。它追溯了消费在不同时间和地点的演变过程，并强调需求的增长既不是一种简单的经济功能，也不是地位的竞争，而是由政治、社会和文化等力量的相互作用共同塑造的。这一点在20世纪70年代之前的五个世纪被证明是正确的，对于70年代后的情况而言也同样正确。20世纪70年代存在这样的预言：在发达、富裕社会，一旦每个人都拥有电视和冰箱，而且大多数人拥有一辆车，家庭就会变得饱和。历史证明了这些预言都是错误的，因为它忽视了消费社会的一个基本动态：水平、标准、技术和习惯总在变化。

首先，效率带来了内在的困境。它节省了人们的金钱，而这可以用来购买更多的商品和服务。效率和消费量都在不断增长，试图压过对方。事实上，后者往往比前者更胜一筹，还经常削弱前者，这便是所谓的"反弹效应"。[122] 冰箱变得更加高效，但是其容量也增加了一倍。在这里，呼吁消费者减少浪费，往往天真地起到了"共犯"的作用。2011年，一项官方活动呼吁法国人关掉电灯，并使恒温控制器保持在19℃，它这样解释：在暖气上节约，你就会有更多的钱去度假。[123] 发动机变得更加省油，这使汽车制造商和车主可以期待更高的马力。在一栋美国新房里，每平方英尺的耗能可能下降了，但是房子本身的面积也变大了。1978年以来，美国家庭的总能耗一直保持不变。由于"低辐射"窗户和更加高效的供暖系统而节省下来的能源，被空调和数量更多的家用电器的使用抵消了。[124] 一代人以前，像维也纳这样的城市里的办公室都是通过开窗来降温的。今天，一半的办公室都装上了空调，因为新的办公室设计消除了通透性，以最大限度地利用可出租的空间。在节能先锋瑞典，效率带来的收益被住房数量增加了40%这一情况所抵消。[125]

家庭的缩小和独身家庭的增多是一个推动因素。这并不意味着，所有单身人士都更加浪费。独居人群，不仅包括挥霍无度的年轻人，还包括节俭的老奶奶。有趣的是，1972年一项对康涅狄格州纽黑文路边垃圾收集的调查发现，家庭规模越大，垃圾桶就越大，这既是相对的，也是绝对的。一位要照顾四五个孩子（而不是一个孩子）的妈妈会购买更多的商品和更少的服务，这合乎逻辑。[126] 然而，从材料使用的一般角度来说，这些插曲都是规则的例外情况。按比例来说，独立生活的人要依赖更多的嵌入式材料和运作所需的能源，这就像一品脱的小盒牛奶按照比例来说，往往会比两加仑包装的牛奶消耗更多的纸。电器的个人占有量使这一问题更加复杂。2009年，在美国，每个独身家庭都拥有一台电视，其中三分之一拥有两台，13%甚至拥有3台；三分之二的家庭拥有自己的洗衣机和烘干机；一半的独身家庭拥有自己的洗碗机。[127] 许多家庭拥有一台19~22立方英尺的大冰箱：为什么家庭规模小，就因此只能买一台小冰箱呢？免费回收和虚拟共享当然挺不错，但是只要单身人士在他们的家中仍然遵循"人人都有自己的机器"这句格言生活，它们就几乎没有意义。

在家中，舒适的标准和更加密集型的习惯与实践已经同步增长。在20世纪50年代的欧洲尚属罕见的中央供暖不仅让温暖扩散到以前寒冷的房间，而且将被认为是正常的温度提高了几度。比如在英国，1990年以来的十多年里，室温从16℃上升至19℃。更加智能的锅炉、对健康和忙碌的崇拜，以及运动员式健美身材的推崇，这些都意味着在发达国家，大多数人不再在盥洗盆洗漱或每周洗一次澡，而是至少每天洗一次热水澡（如果不是更多的话）。人们和他们的衣服从没有这么干净过。整个20世纪，洗衣店的数量在英国增加了5倍。在美国，大多数单身人士每周要洗二到五次衣服，这说明了这些年换衣服有多频繁。[128] 通过他们设计的住宅、浴室、城市基础设施和休闲空间，城市规划者、建筑师和决策者忙于将这类"常规"习惯和做法纳入我们未来生活的物质结构之中。一旦公共澡堂被卖掉，并改建为公寓，我们就很难回到过去公共沐浴的日子。[129]

住宅比以往任何时候都更像一个巨型插座。在英国，自1973年石油危机以来，家用电器的耗电量在过去30年里翻了一倍。冰箱和电视变得更大只是其中的一个原因，在这之外还有新一代电子小玩意的涌入，从游戏机到需要充电的数码电话和相机。2009年，普通英国家庭使用的电子消费品是1990年的10倍以上。尽管能源效率提高了，对备用设备的无声浪费也遭到了抨击，但能源消耗还是增长了 6 倍。1983 年，在美国有 500 万台式电脑被卖出。20 年后，销量达到 3500 万。新技术特性，比如等离子屏幕，使旧产品再也无法满足要求。2003 年，美国销售的电视数量差不多是 1983 年的两倍。[130]

住宅反映了全球范围内物质流动的循环加快。虽并非对每个人都如此，但对大多数人来说，我们的物质新陈代谢变快了。新产品和小玩意吸引了人们的注意力，但更令人不安的或许是，它们的扩散同样影响到老一代产品和更加传统的商品。2006 年，英国女性购买的衣服是 10 年前的两倍。不仅更多的电子产品，而且更多的家具被扔进了垃圾堆。在美国，市政固体废弃物中，家具的数量在 1960—2009 年几乎翻了一倍，达到 990 万吨。[131] 室外存储空间的增加未能减轻对室内空间的压力。事实恰恰相反。专业储物与阁楼、厨房的扩建也是出于同一问题，只是发生在不同的地方。2004 年，在美国，一个典型的大厨房有 330 种不同的厨具，总共 1019 件。即使是一个小厨房，也总共有 655 件物品，是 1948 年的三倍。烤华夫饼的铁板、搅拌机、葡萄柚勺子和浓缩咖啡杯都在争夺空间。因此，台面变得越来越大，抽屉也是如此。在厨房用餐这一理念——主人由此可以显露自己的厨艺——造成了食谱和专业设备的增加，哪怕它们很少被用到。在英国，将厨房视为社交而非工作之所的理念，产生了格外显著的影响，因为英国的新式住宅情况比较特殊，它的规模缩小了，而不是增大，尤其当厨房开始成为家庭的中心，并能够容纳一张桌子和椅子时，洗碗机或昂贵的卡布奇诺咖啡机迅速侵占了可用的空间。唯一的解决办法是翻修厨房、移动墙壁或挖掘地下室。[132]

我们可以想象两个有着高物质效率的理想世界。一个世界由节俭的文化所统治，那里人们的口头禅是"用完它，一直穿到坏掉，在此之前凑合着用"。另一个世界采用更加充满活力、更加紧凑的体制运行，很多东西在高速运转且不会造成废弃和损耗，因为这种流动是循环的，而且效率极高，以至于旧的可以不断转化为新的。目前，我们离第一个世界已经很远，但是离第二个也不近。在大众心理和日常生活中，围绕废弃物的争论集中在垃圾桶和回收容器上。关于这方面的争论太多了，就仿佛只要我们记得回收瓶子和浓缩咖啡豆，并负责任地分类垃圾，我们就能将废弃物问题的答案握在自己手中一样。2002 年，对欧洲五座城市的一项研究发现，在其中的每座城市，废弃物都是消费者最为关心的环境议题。与之相反，使用二手商品和吃更少的肉这两个议题"一点也不重要"。[133] 这是一种危险的不平衡状态。对地球来说，重复利用玻璃瓶和分离食物垃圾是一个很好的姿态，但是真正构成威胁的是我们在家里、路上和空中过着忙碌、高耗能的生活。我们必须正确看待家庭垃圾的问题。在像英国这样的富裕社会，几乎三分之一的二氧化碳排放来源于民众自己的家。私人旅行将它提高到了 47%。回收利用只不过是一种安慰剂，让人们将注意力从真正要紧的问题上移开。

结　语

接下来做什么？

不仅在富足社会，而且在发展中社会，我们的生活方式都是以仍在上升的高消费水平为特点的。然而，资源是有限的；消耗它们会带来不小的环境负担。大多数读者都会意识到这一问题。现在，有这样一种产业：预测和建构模型、设想乌托邦和反乌托邦的未来，以及举办全球会议，旨在设定 2020 年或者 2050 年实现世界变得更可持续的目标。其中的大多数从现在开始，然后展望一个更好的未来。而本书则从另一方面提供了一个历史的视角。它回顾过去，以求发现那些使消费在现代社会占据中心地位的长期动力和深层的历史流向。正是这一更长的历史，继续塑造着我们使用物品、同物品共处和思考物品的方式。

目前有许多分析和政策，总是在不停地寻找下一个最优的技术解决方案或监管模式。而历史往往就像一个反向起点，人们借由历史，调头逃离现实。或者，它可以充当背景，用来将当前的时代不加分辨地和过去某个工业化抑或是某个前工业化的时代进行比对，仿佛整个过去就是一面实心砖砌成的背景墙。其中一些情绪是可以理解的。对环境的许多破坏已经造成，因此人们忍不住现在就要和过去划清界限，然后关注属于未来、更加可持续的消费形式。自然科学及工程学时刻加大马力，投身于开发更有效的产品和提供更清洁的能源这一迫切任务。与之相比，历史知识就显得放纵多了。因此，它几乎无法被当成工具来使用。

然而，过去并不只是人类账簿上我们可以简单地翻过去的昂贵一页。我们的物质史并非只属于过去：今天，我们仍与之相伴相随；我们的未来也必定受其影响。同时，通过揭示变化的多样性和动态性，历史知识使我们能够以清醒的眼光去认识那些今天看起来正常、天然和不变的东西，因为今天看起来正常的东西对过去来说并非如此，反过来，很多在过去的文化中被视为正常的东西也会让今天的我们感到反常。因此，如果我们想要理解消费的激增及其潜在的原因，历史的视角就必不可少。而且，只有充分理解历史，我们才能对各种补救方法进行评估，知道它们到底在多大程度上有望奏效。

在近年的讨论中，对"消费主义"的批评主要以两种面貌出现。一种认为，消费主义泛滥源自社会与道德的失败：在品牌、广告商和企业的引诱下，以及在想要炫耀和模仿地位更高者的欲望的怂恿下，人们常常想要比真实需求更多的东西。另一种则将"消费主义"看作对"二战"后高歌猛进的经济增长更广泛痴迷的一部分。[1] 只有将富足社会从经济增长的福音中解放出来，并使之转变为"零增长"社会，这种不可持续的物质产品大潮才能停止。有时候，这两种观点会走到一起，但它们都无法提供让人信服的历史论述。

对富人炫耀性消费的不满，以及对其他人因效仿富人造成入不敷出的指责，其历史本就和人类的文明一样悠久。这里面没有任何特别新颖或现代之处。公元1世纪，古罗马哲学家塞涅卡一直担心，财富会把平庸的小人物变成享乐的奴隶。[2] 18世纪中叶，卢梭和其他思想家抨击了奢侈欲望对人心的腐蚀作用。但是，世界的物质新陈代谢从那以后显著加速了。毫无疑问，追求地位不会是我们空前的消费水平的主要成因。把注意力集中在疯狂购物、品牌配饰或豪华游艇上面，便是只见树木不见森林。诚然，一些商品和休闲活动包含了炫耀的意图。然而，从更广阔的范围来看，这些只是我们贪婪物欲的一小部分。获得、使用大多数商品和服务是为了满足其他目的，比如创造一个舒适的家、塑造一个人的身份、追求活动或娱乐，以及与朋友和家人在一起。简而言之，对炫耀的关注来自一个古老的道德脚本，它与目前的消费规模及其对地球构成的威胁不相适应。即使明天就能把所有的奢侈包、名牌手表和其他炫耀性商品列为非法，我们也很难看到，这将使目前不可持续的物质资源消耗产生巨大变化。同时，这类措施也不见得一定会是公平而民主的。到底应该由谁来给谁裁定哪些消费是炫耀性或过度的呢？欧洲现代早期的禁奢令经验告诉我们，贵族男性主要利用这些措施来压制女性的物质生活。像塞涅卡这样富有的评论者,才会谴责其他人受到物质诱惑的奴役。普通人很少会这样认为。换句话说,对于这些声音,我们不应该只看其表面。事实上,它们不过是在日益增加的商品与其激起的焦虑之间来回摆动的消费钟摆的一端罢了。

与上一观点相反,认为消费的增长源于"二战"后采用的经济增长模式的观点,其问题则是审阅的历史太短了。支持零增长的声音继续在J.K. 加尔布雷思的《丰裕社会》的精神宇宙里沿轨道运行。正如我们所见,"丰裕社会"是一个出色的论题,构成了一项重要的政治干预。但是即使在当时,它也是一部可疑的历史。现在,在过了半个世纪后,它的缺陷一目了然。诚然,战后经济腾飞的高速增长期扩大和强化了消费,但消费的繁荣并非凭此一蹴而就的。20世纪50年代,西方国家纷纷转向可持续增长时,几乎所有推动消费的因素都已经具备了:家庭的舒适、时尚与新奇;享受性购物;对遥远异域商品的偏好;水和能源使用水平的不断提高;对家庭财物和业余爱好的崇拜;城市娱乐消遣活动;信贷和债务;以及"物质自我"概念的出现,这一概念认为,物品是使我们成为人不可或缺的一部分。

本书中,我们追溯了这些线索的历史,以及它们逐渐交织在一起的过程。将消费的增长归于战后的经济增长或新自由主义,这在历史上站不住脚,在政治上也属判断错误。对更多商品和服务的渴望并非标准化大生产的产物。举例来说,18世纪末工业革命如火如荼地展开之前,对时髦棉布、舒适床品和异国茶叶或可可的需求就已经在上升了。与20世纪五六十年代西方的经济腾飞时期相比,早期现代的欧洲和明朝晚期的中国都是低增长的社会,但是这并不意味着,它们的物质欲望也是一成不变的。由于新的品位和习惯,以及更低的价格,商业和文化促进了它们的扩张。从这一更长的历史出发,仍很难看清零增长模式在今天是否会自动去抑制这些消费扩张。

增长缓慢或停滞也会导致令人不快的分配冲突。无论是在国内还是全球,由此导致减少使用的物质资源数量不太可能得到公平分配。在富裕的西方,有权有势的精英为什么会放弃他们在大量商品和服务中公平得到的份额呢?为什么低收入群体愿意拥抱零增长,就好像这会增加他们在不断缩小的蛋糕中所占的份额？同样地，对贫穷的发展中国家来说，西方的这一范式转换几乎不具备吸引力。如果没有丰裕的发达国家对商品的需求，全球发展中国家的生活水平怎么提高呢？诺贝尔经济学奖得主约瑟夫·斯蒂格利茨和其他经济学家一次次警告，20世纪70年代以来，不断增长的不平等带来了巨大的代价，它压制了经济增长。[3] 反过来，低增长又会进一步强化不平等，这不仅反映在西方国家之间，也体现在丰裕的西方国家和没那么幸运的其余国家之间。这也使污染增长转化为绿色增长更加困难。经济停滞或增长缓慢的国家就像静止的汽车，与正在移动的汽车相比，要使它们发动起来并驶向一个新的方向，更加困难。

因此，本书提供了一剂历史现实主义的良药。不管喜欢与否，我们都需要直面消费文化在过去500年里显示出来的巨大力量和恢复能力。除了强调长时段，之前的章节已经揭示了几个容易被忽略或误解的特征。

许多评论者在提及"消费社会"时总是使用其单数形式，这让人想起20世纪早期，当时这个词语对应美国，还有美国人的生活方式：彼时，美国人拥有无可比肩的物质享受和消费水平。事实上，消费社会表现出各种不同的面孔，并通过不同的途径来到我们身边。将不同消费社会区别开来的标准是，高消费水平是如何被创造、资助和分配的，而不是其物质新陈代谢本身。例如，德国、日本和芬兰就是通过储蓄（而不是信贷）的途径发展为高消费社会。美国仍然极度依赖私人消费支出。与之相反，斯堪的纳维亚国家和法国则提供了一种不同的模式，在这些地方，国家通过养老金、福利和其他种类的公共开支来弥补私人消费支出的不足。

"消费社会"的标签同样掩盖了不同国家之间的可观差异。一个国家拥有巨额的信用卡账单，这并不自然意味着，其居民在所有方面都过度消费、浪费无度。不断提高的消费水平并非某种病毒——能够让整个社会机体的方方面面都产生程度相当的改变。例如，德国人喜欢储蓄，且使用信用卡时特别谨慎，这并不意味着他们不生产大量废弃物。他们扔掉的废弃物和美国人的一样多。差异也适用于不同的社会群体。受过高等教育的职业精英追求多元、高度活跃和资源密集型的休闲活动，这一点将他们与社会地位不那么优越的同胞更加固定的消遣活动区别开来。

作为一种生活方式和理想，随着时间的推移，消费表现出巨大的适应性。之前很难看到这一点，因为人们总是只关注美国，而且相信消费是盎格鲁-撒克逊市场和自由主义民主制度优越性的证明。20世纪80年代以来，美帝国的衰落和中国的复兴逐渐动摇了这一似乎不证自明的真理。市场的确在过去扩大了新品位和产品的范围，但是正如我们一次次看到的那样，它们很少能够在政治真空中发挥作用。除了干预供应和需求，帝国、极权主义政府和社会运动也传播了物质层面的标准和对美好生活的愿景。通过这样或那样的方式，所有现代体制最终都向其民众许诺提供更多商品。当然，交付商品的表现各不相同。然而，从世界历史的视野来看，引人注目的是，不断上升的高消费水平这一愿景是如何成为公认的文化理想的。节俭、自力更生的理想要么败给消费，要么只能局限于短暂、自我毁灭的实验。

是什么造就了这种非凡的适应和传播能力？老派的激进分子和马克思主义者会指责企业和广告商操纵人们的欲望。自由主义者辩护称，市场为人们提供想要的东西。这两种观点都不能特别令人满意地说明在不同的时间和背景中发生的变化。除了市场（和广告商），有两类机制需要更多重视：国家和消费者运动。这两者对20世纪的大众消费来说都尤为关键。消费者运动赋予消费政治合法性。它们把消费者塑造为拥有权利和义务的公民，从而拓宽了政治和公共生活的范围，尤其是对20世纪早期那些在大多数国家没有正式投票权的女性来说，这点体现得最明显。我们可以质疑消费者运动到底有多成功，但这里的关键是，要指出消费是如何成功地在政治生活中扎根，并且和公平贸易、抵制运动、其他道德倡议一起，持续到今天。

然而，如果没有公共部门的扶持，私人消费的地位将会弱势得多。这从美国的房屋补贴贷款到欧洲、加拿大和新加坡的公共住房，都体现了出来。有些援助是间接的，以交通基础设施、水和能源网络的形式出现，这些为更多地在家里和公路上利用私人物资奠定了基础。其他来源则更加直接，比如公共养老金、社会转移、福利和现金津贴。在一些国家（比如斯堪的纳维亚国家、英国和澳大利亚），这些措施被看作"进步的"，是致力于把钱从最富裕的人那里分给最贫穷的人，并由此极大地促进了大众消费。即使是在那些并非这样看待的国家（比如希腊和意大利），公共养老金也通过减少未雨绸缪的必要性，从而提高了人们的消费意愿。今天，中国在大幅削减了先前存在的社会福利后，社会相比于之前，呈现出了高储蓄率和低消费率的情况。这反映出，"二战"后西方的福利国家对促进大众消费多么至关重要。认识到这一点，同样是对古老的不平等叙事的质疑，因为那些论述声称它是促进竞争性消费的因素，是更广泛的平等，而非不平等推动了战后的大众消费。现今，不平等成了东西方经济增长的一个阻碍，它也阻碍着消费的发展。历史记录表明，我们没有理由假定，更广泛的平等将会突然降低人们对更多物质的欲求。

我们已经强调了国家、意识形态和社会运动的作用。这并不意味着，消费者的生活环境全然由这些机制所塑造，而他们自己仅仅是被动的旁观者。说到底，消费之所以如此强劲，是因为我们生活中有太多事物都与之息息相关，从吃喝到我们塑造自身的方式，从我们的爱好和最珍贵的财物到关于休闲与娱乐的社会规范。从根本上来说，正是人们使用物品的方式（比如两次世界大战之间的收音机或20世纪90年代以来的手机）界定了消费文化。批评者往往将购物狂欢和奢侈享乐单独拎出来，视为对美好生活的偏离，但是对这些极端现象的关注会忽略一些情形——物品赋予人们新的身份、更高的生活质量，甚至一种自由意识。青少年文化的兴起众所周知。本书还强调，在过去半个世纪里，老年一代是消费增长的主要受益者。一些物品或休闲追求可能让某些人觉得肤浅，但这并不意味着，许多消费对消费者本人来说缺乏深刻意义，而且人们进行消费通常是有充分理由的。那些希望创造更加可持续的生活方式的建议如果想获得些许成果的话，就必须深刻理解人们从他们的物品中所获得的个人和社会意义。

关于如何评价我们目前的形势，以及如何预估那些朝着"物质上更简朴、生活上更健康"方向的种种尝试所具有的发展前景，本书倡导的更大的历史现实主义已经提供了一些暗示。其中一些暗示会引发怀疑主义，甚至悲观主义,但是正如我们将看到的,对过去更好的理解,也能够给我们提供对于未来的一丝希望。

按照最近一些评论者的看法,我们已然生活在商品帝国的暮年。他们宣称"去物质化"和"后消费主义"已经到来,其特点是对体验、情感和服务的日益关注,修补的重新兴起,以及在互联网的推动下,租赁业务和共享网络的广泛传播。[4] 到2015年,在西欧和北美,差不多有1000家"修理咖啡馆"出现在这些消费社会最富裕的角落。自2003年诞生起,不到10年,致力于免费回收物品,使之远离垃圾桶的非营利性"免费回收网",已经发展成一项拥有700多万会员的全球性运动。人们把沙发租给游客(沙发客),将要浪费的食物变成陌生人的餐点,租赁晚礼服(而不是购买新的)以参加派对。我们无疑应该支持这一发展趋势:作为消费者,我们可以(而且应该)更加充分地利用现有的财物,延长它们的使用寿命。政府同样可以做更多事情,比如免除修理服务的增值税,一些国家已经出台了这种措施,以帮助补鞋匠和自行车修理店。[5] 问题在于,这些举措是否是更大趋势的一部分,是否会变得更加广泛,足以应对商品帝国的规模及其物质遗产?

佐证去物质化趋势的主要证据是,服务业在世界经济中的作用日益重要。按增值计算,1980年,服务业贡献了世界贸易的30%。到2008年,它已经上升至40%,而商品的份额正在下降。[6] 然而,我们这里看到的是价值的相对转移,而不是商品总量的绝对下降。真正发生的事情是,服务的增长比商品稍快。尽管如此,商品还是在扩张。实际上,总体而言,2008年,它们仍然占据世界出口的80%(2000年为83%)。能查到的商品贸易最新数据几乎没有提供任何支持去物质化的证据。1998—2013年的15年间,世界商品贸易(不包括服务)增长了一倍,尽管它在2009年经济危机中出现明显下滑。这种增长一大部分来自石油、天然气与钢铁,以及煤炭与粮食。但是即使只看一下其他干杂货,海上物流的增长也是惊人的:国际海运贸易从1970年的7.17亿吨上升至2013年的37.84亿吨。到2013年,来往于欧洲和亚洲之间的集装箱数量是1995年的四倍。[7]

这些都是交易物资,但是如果我们转向物质消耗,情况也不会乐观多少。1980—2007年，在经济合作与发展组织——由34个最富裕国家组成的俱乐部——中，国内物质消耗增长了三分之一。当然，2009年经济危机不出所料地抑制了世界的物质需求，但是到了2012年，这一数字已经再次超过2008年。的确在欧洲，自20世纪80年代以来，国内物质消耗下降了，但这一定程度上是因为许多生产被外包出去，而且为欧洲人制造汽车和小玩意的重材料（比如煤炭和生铁）已经从他们的国家统计数据中消失了。我们可能已经看到，物质使用和经济增长是相对"去耦"的，换言之，与30年前相比，现在创造同样的价值，只需要更少的物资。尽管如此，在经济合作与发展组织这个整体中，物质需求并没有绝对下降。如果我们把创造物质世界时消耗的所有资源进行量化，前景将更加令人忧心。这些资源从石油、煤炭和铝一直到水泥，我们不仅用它们建造公寓，而且建造我们所谓的"去物质化"生活方式所需的商店和服务中心。2010年，最新数据显示，经济合作与发展组织的物质消耗总量为450亿吨，相当于每人每天100千克[8]，可谓相当多了。

目前的挑战不是物资的缺乏，而是在物资的开采、生产、运输和处理过程中相伴而生的污染、纠纷和环境破坏问题。例如，铝是地壳中第三丰富的元素（次于氧和硅）。也许，它是我们当前的消费生活方式最有用的元素：从包装、冰箱和汽水罐一直到汽车轮胎、手机和滑雪板固定器，都可以看到它的踪影。但是它的开采往往极具污染性，会产生碱污染"红黏土"。冶炼和锻造会产生温室气体。全部人为温室气体排放量的1%是由铝生产而造成的。而对所谓的稀土元素的需求不断增长（用于电脑硬盘、扬声器和混合动力汽车），也造成了放射性废物的额外风险。1960年以来，全球铝产量增加了8倍。这并不是简单的盲目浪费问题，事实更加复杂。随着工业国家进一步发展、变得更加富裕，它们储存了大量的铝和其他金属。据估计，在整个20世纪开采的所有铝中，75%仍在被使用，其中25%存在于我们的电器里。然而，即使是在高收入国家，铝产量也没有下降，只是增量趋于平稳。因此，经济合作与发展组织预测，如果不在生产中采取重大效率措施，并转向可再生能源，"来自铝生产的全球温室气体排放量将继续增加"。[9]

每个消费社会的物质新陈代谢并非都是一样的。一些国家的效率比另一些高,一些国家拥有更多的自然资源,对资源的索取也更加疯狂。因此,必须谨慎使用平均值这一标准。就丰裕社会的人们在日常生活中消费的产品和电器的数量而言,这些巨大的数字意味着什么?让我们简单地看一下瑞典,2006年社会民主党失去权力之前,这个国家一直是环境保护方面的先锋,以及福利和平等的典范。对许多盎格鲁-撒克逊评论者来说,北欧国家瑞典是英美"消费主义"之外的另一种选择,它的发展更加健康。由于政府推行2014年和2020年垃圾最少化项目,我们可以详细地了解瑞典人消费了多少货物和产品。从积极方面来看,斯德哥尔摩的确在1996—2012年努力将化石燃料的消费减少了25%,尽管瑞典作为一个整体没有减少。然而,在其他所有方面,人们"拥有更多"的欲望并没有减少。20世纪90年代,斯德哥尔摩居民平均每人每年购买6千克衣服。2007年,这一数字达到12千克,2011年甚至超过19千克。在过去20年里,护肤品和香水的购买量增加了四倍。肉类消费增加了25%。1995年,在斯德哥尔摩,75万市民购买了约1000件大型和1000件小型家用电器。12年后,这两项数字分别是2200件和5000件。值得一提的是,对电器的需求在2007年达到顶点,此后便平稳发展。与之相反,电子设备的数量继续飙升,在1995—2014年翻了三倍。[10] 如果说存在某种"从多到少"的趋势,那么它从来没有在瑞典出现过。

认为服务和因特网都是些轻盈、非物质的事物,这是错误的。休闲和交流需要设备、基础设施和能源。例如在法国,信息和通信技术占据了服务业电能消费的15%。2007年,法国人一共用于购物的里程是520亿千米,追求自己爱好的里程是420亿千米,去咖啡馆和餐厅吃喝的里程则是120亿千米。服务业从业人员则在工作上新增加了900亿千米的里程。[11] 大量的柏油碎石路面、车辆和燃料被用于人们认为的"轻盈"服务。

有观点认为我们正在从一种"硬"的以产品为基础的经济转向一种体验经济,本书针对此提出了一系列严肃的问题。的确,过去20年里,人们纷纷涌向音乐和电影节,享受健康度假或者在日间水疗中心养生。2000年，美国CD专辑的销售额达到130亿美元；到2008年，它已经降至20亿美元，因为听众越来越多地下载他们的音乐，或者像最近一样，运用流媒体听音乐。黑胶唱片在过去10年里卷土重来，但是它在美国唱片市场的份额照样不超过3%。三分之二的音乐销售如今是数字化的。[12]这难道没有清楚地显示，一种以实体物品的所有权为基础的文化正在普遍转向一种聚焦于服务体验的文化吗？

并非完全如此。因为它错误地假定，消费在过去硬如磐石，不涉及任何个人体验。我们在本书中已经见识过的不断扩张的消费经济所具有的许多特征都是关于感官刺激的。可以举几个重要的例子：18世纪伦敦的游乐花园；19世纪巴黎、莫斯科和东京的百货公司；20世纪20年代北京的天桥市场，以及市场里形形色色的零售商和艺人；科尼岛的飞艇冲浪；成千上万人每周都要去几次的电影院；对舞厅的狂热。过去的人们并不缺乏体验或乐趣。交流、享乐和消遣活动是几个世纪以来情感经济的一个越来越显著的特征。[13]因特网只是增加了一个新的层面，而不是创造了一个革命性的突破。

作为我们日益膨胀的生活方式的直观提醒，商品近年来面临负面报道。[14]有观点建议我们卸下财物的包袱，这样一来不仅可以拯救地球，而且可以拯救自身。一旦把自身从物质中解脱出来，我们就将重新获得本真的体验。然而，人类学家、心理学家和市场营销员乃至小说家和哲学家也都承认，直面商品对环境造成的后果，并不意味着我们也要抹除商品对我们所做的情感工作。在物品和情感之间画一条分界线，这是一个根本错误。商品帝国之所以能扩张，一定程度上是由于我们的所有物成了承载我们身份、记忆和情感越发重要的载体。对收藏者来说，物品是朋友和家人，而不是死物。在衣服、汽车和许多其他物品受到珍视的原因中，它们在其主人内心产生的情感和实际用途占了同样的比重。

尚不清楚，信息通信技术、互联网和共享网络是否会自动让物品更具可持续性。这将取决于消费者怎样利用这些技术，以及他们将会用由此节省下来的金钱和时间做什么。互联网、计算机和通信行业目前占据全球温室气体排放量的2%～2.5%。随着手机在全球范围内的普及，更快的处理速度要求更大功率，以及持续开机的各种设备拥有量增加，这一比例迅速增长。[15] 2008 年，由信息通信技术公司所资助的全球电子可持续发展倡议组织预测道，到 2020 年，通过发展更加高效的交通和建筑、促进我们的生活方式去物质化（物品将让位于电子和虚拟替代品），"智能"技术将使自身的生态足迹减少 5 倍以上。[16] 这些预测往往忽略了，人们将如何处理"智能"技术解放出来的资源。例如，信息通信技术鼓励在家工作和送货上门，从而减少通勤时间和来往商店的次数。如果人们只是待在家里，享受节省下来的时间和金钱，而不改变生活的其他方面，那么直接减少的资源使用确实是可观的。但如果它们又消耗在别的电子产品、一套新衣服或多出来的一个假期上面，这些环境收益将会迅速消失。到目前为止，创新的"智能"技术可谓喜忧参半，因为新软件和创新的"应用程序"的扩散（应用于手机和电脑，并越来越多地应用于洗衣机和其他家用电器）正在使产品周期加速，这使得一些原本能在不那么智能的环境中运行良好的机器会迅速变得过时。

20 世纪见证了材料和能源的利用效率取得的巨大进步。今天的冰箱比一代人之前的要节能得多。取暖器效率更高，瓶子更轻，等等。但到目前为止，这并不意味着一个家庭的消费因此减少了。相反，冰箱的体积变大了，中央制热系统提高了整个家庭的室内温度，一次性瓶子代替了可重复利用的瓶子。此外，额外的购买力和休闲时间被投入到一系列新商品和服务之中，这在以前是不可想象的。在发达的经济合作与发展组织成员国，物质消耗事实上自 20 世纪 80 年代以来就已经与经济增长脱钩了，但是其绝对值并没有下降，对环境产生的影响也没有减少。

尚不清楚最新的技术（信息通信技术和互联网）有什么理由要和这个历史模式分道扬镳。尽管有了互联网通话软件（Skype）和视频会议，但是商务航班和会议旅行比以往任何时候都要频繁。问题的关键在于，新技术不会自动取代现有的使用模式，它们通常都是对前者的补充。除了虚拟消费，电信和互联网扩大了人们对世界上现有物品和景点的了解，也使购买物品和参观景点变得更加方便，由此极大地促进了实物消费。

要想让网络消费取代商品消费帝国，就需要用一种全新的文化来取代现有的使用文化。这是许多人赋予共享经济和租赁经济的希望。按照这一观点，互联网将不仅带来更大的效率，而且将使人们摆脱所有权，并使他们社会化，从而融入一种以协作、较长的产品周期、维修、重复利用和低碳足迹为特征的共享生活方式。到目前为止，共享经济局限于非常特定的领域，尤其是汽车旅行和住宿，而租赁主要发生在商业机构之间。[17]我们需要对比重大小有些意识。2014年，全球范围内有9.2万辆车属于汽车共享计划。与之相比，仅同一年，英国就有250万辆新车注册，这一数字是有记录以来第四高的。在美国，有100万名司机属于汽车共享计划。据估计，这些措施将新的私家车销售额减少了50万。就车辆数量而言，这是一项巨大的成就。但是这并不一定意味着，这些会员——厌倦了私人所有权，或者从物质的油门上移开了脚——也是其他所有方面的共享者。人们可能会越来越多地共同使用一辆车或者一个电钻，但是无论在东方还是西方，几乎所有人都渴望拥有一套舒适和便利的私人公寓。"私人"越来越精准地意味着，是单独一个人生活，而不是同家人和朋友一起。[18]有多少公社是围绕汽车共享计划成长起来的？来源于共享网络的节省，绝大多数会重新流回一个以私人所有权和休闲娱乐为中心的社会。就像一名汽车共享用户在2014年告诉《华尔街日报》的那样，她用节省下来的钱去犹他州滑雪、去百慕大群岛度假和去欧洲旅行。[19]

重复利用、回收、"从摇篮到摇篮"的产品设计，以及更高的燃料和技术效率——我们仍然需要鼓励所有这些措施继续发展。但是，它们本身并不能抑制我们对更多物品的欲望。它们只不过让资源的利用效率更高。我们首先应该考虑消费方面的问题，以及生活方式的改变能够怎样减少对产品和资源的需求。历史无法提供具体的政策措施清单。它所能做的是提供给我们一种视角，观察随时间推移而发生的变化，并由此带来一种针对当前问题的全新思考方式。到目前为止，我们已经强调了一种日益资源密集型的消费生活方式长远而深刻的根源，这种生活方式很难有快速解决的对策。但是，通过展现这一攀升势头是如何形成的，同样这段历史也为我们提供了各种干预措施的经验。它们可能有助于改变我们的生活方式，使之朝着更加可持续的方向发展。

今天，关于变革的讨论主要是在个人选择、市场和主权消费者的框架之内。行为主义经济学家引入了"选择架构"（choice architecture）这一概念，用以说明消费者不是在真空之中做出选择，而会受到可获得的信息以及他们自身的惯习、拖沓和毫无根据的乐观影响。[20] 他们的分析鼓励了一种自由意志主义的家长制。这是一种混合措施：在更重要的信息、默认规则和来自有价值群体的意见帮助下，它改进"结构"，从而温和地推动人们采取更加可持续的行动，并在整体上保持选择自由。这是朝着正确方向迈出的一步，但是从历史角度来看，走得还不够远。消费的兴起会扩大选择的范围，但是它也涉及新的习惯和传统。这些都是社会和政治的产物，而不是个人偏好的产物。家庭舒适、国外度假、饮食习惯、购物时间和干净、健康、时尚的含义——所有这些，以及我们生活方式的许多其他方面都是社会规范、期待和分配的历史产物。

的确，就如同企业事实上所做的一样，消费者也需要在变革中发挥他们的作用，但是仅仅关注选择和市场，就会忽视国家、城市和社会运动在奠定物质基础和推广提高所有人的物质生活水平这一理念方面发挥的作用。这并不是说，遍地都是贫民窟、贫困和疾病的年代要更好，或者我们应该回到那个年代，而是说，我们应该承认，无论从社会的立场来看多么可取，住房和卫生标准的提高，道路、水和能源基础设施的普及，福利服务，种种这些都与物质上更加密集的生活方式的兴起和推广息息相关。虽然这些干预措施都是进步的，但是并不意味着，它们在物质资源消耗或者环境方面都是良性的。今天的国家如果表示它们的双手被束缚了，不能干预太多，因为它们必须尊重主权消费者的话，是很虚伪的，因为这么说就相当于推卸了集体性的历史责任。

对消费者和生产者来说，至关重要的是，商品和服务产生的碳和消耗的水必须定价合理。没有这一点，人们就很难意识到他们的生活方式对地球以及那些开采、生产和拆卸产品所需要的物质材料的人所造成的后果。然而，仅仅依靠正确的定价和标签，还不足以改变已经根深蒂固的习惯。要想实现改变，我们需要对标准和习惯是如何逐渐形成的，展开更加诚实的公开辩论；需要对过去的变化和未来的替代选择有深刻的认识；需要认识到即使在今天，大量消耗物资的行为也并不是均匀分布于富足社会中的。历史给予我们的一个教训是，把当前的标准当作既定的，或者认为我们的生活方式将会而且应该一直持续到未来（只是效率更高），这是错误的。空调、热水浴、快时尚和廉价的城市休闲并不是人类文明固有的一部分。野心勃勃、多任务的消费生活方式，需要如此之多的协调以及与之相伴的机动性和资源，这是相当新的现象。这一现象由受过高等教育的职业中产阶级推动，他们把从工作世界中获取的生产力标准注入休闲世界，并在这一过程中彻底强化了它。人们很容易忘记，甚至60年前，这类人也过着更加久坐不动的放松生活，或直到今天，一些群体仍然在享受不怎么忙碌、更少移动性的消遣方式。"慢生活"的提倡者一直试图对抗这种趋势，但是，大多努力是边缘化的，收效甚微。整个社会继续以更快的节奏运转。人们应该更普遍地认识到，与更少的物品建立一种更深刻、持久的联系，会带来多少快乐。

我们的生活方式以及它们对社会和环境的影响，应该成为严肃的公共讨论和政策的主题，而不仅仅是个人品位和购买力的问题。干预的机会非常多，从共享住房、不同的制热和冷却标准，到更加可持续的移动形式，最后到公众宣传活动（针对越来越高的沐浴和换衣频率造成的负面影响）。

这样的讨论必须大胆，并正视不同的生活方式以及随之而来的住房、交通和文化变革。这种讨论亦需要更多人铭记一点：作为消费者，他们不仅是顾客，还是公民。而这一切都需要人们对于历史的想象力。

注　释

下面的注释列出了与正文内容直接相关的文献来源，但这些只是本书所做研究的冰山一角。如果读者想要更深入地研究特定主题的专业文献，可以浏览我长达 260 页的研究参考书目，网址是 http://www.bbk.ac.uk/frank-trentmann/empire-of-things/。

导　论

1. 例如，今天英国人每两三年就置换一次连衣裙和夹克衫。见 WRAP（Waste & Resources Action Programme），*Valuing Our Clothes*（Banbury，2012）；这一数据针对的是 16 岁以上的英国人。*Süddeutsche Zeitung*, 26 April 2011. 关于美国的车库：Jeanne E. Arnold,*Life at Home in the Twenty-first Century: Thirty-two Families Open Their Doors*(Los Angeles，2012)。作为对比，可参见匈牙利农村中所有物的角色：Tamás Hofer，'Gegenstände im dörflichen und städtischen Milieu'，in：*Gemeinde im Wandel*, ed. Günter Wiegelmann（Münster，1979），113-135。
2. 1977 年 Georges Duby 开创性论文的英文名称。这个后续方案的一个替代方案是将历史看作互相对抗的身份冲突，如在 Werner Sombart 的著名描述中，第一次世界大战成了工于算计的英国商人和质朴的德国英雄之间的较量：W. Sombart,*Händler und Helden*（Munich，1915）；还可参见 David Priestland,*Merchant，Soldier，Sage*：*A New History of Power*（London，2012）。
3. 关于二氧化碳的排放量，参见政府间气候变化专门委员会（IPCC），*Fifth Assessment Report*, *Working Group III–Mitigation of Climate Change*（2014），特别是第 8 章和第 9 章。自 1970 年起，运输中产生的二氧化碳排放量增长了一倍多，速度快于其他任何能源的终端使用部门。这一增长大部分（80%）来自道路车辆。还可参见国际能源署（IEA），*Energy Efficiency Indicators*：*Essentials for Policy-makers*（Paris，2014）；International Energy Agency,*Worldwide Trends in Energy Use and Efficiency*（Paris，2008）；关于肉类和氮，见英国皇家学会，*People and the Planet*（London，2012）。关于电子废弃物贸易，见本书第 15 章。
4. Dominik Schrage, *Die Verfügbarkeit der Dinge: Eine historische Soziologie des Konsums* (Frankfurt am Main 2009), 43-50.
5. Adam Smith, *An Inquiry into the Nature and Causes of the Wealth of Nations* (Chicago, 1776/1976), bk IV, ch. 8, 179.
6. 转引自 Neal Lawson，'Do we want to shop or to be free？',*Guardian*，3 Aug. 2009，24。还可参见 George Monbiot in the *Guardian*，26 Nov.，4 Feb. 2015, and 5 Jan. 2010；Lynsey Hanley，'Shopping: How it became our national disease'，*New Statesman*，18 Sept. 2006。还可参见 Naomi Klein,*No Logo: Taking Aim at the Brand Bullies*

（New York，1999）；Oliver James，*Affluenza*（London，2007）和 Neal Lawson，*All Consuming: How Shopping Got Us into This Mess and How We Can Find Our Way Out*（London，2009）。以下著作更加学术性，因而格外重要：Juliet B. Schor，*The Overspent American: Why We Want What We Don't Need*（New York，1999）；Barry Schwartz，*The Paradox of Choice: Why More is Less*（New York，2005）；Avner Offer，*The Challenge of Affluence: Self-control and Well-being in the United States and Britain since 1950*（Oxford，2006）和 Zygmunt Bauman，*Consuming Life*（Cambridge，2007）。

7. Milton and Rose Friedman，*Free to Choose*（New York，1979），3. 还可参见 the US Center for Consumer Freedom，https://www.consumerfreedom.com。

8. Lizabeth Cohen，*A Consumers' Republic: The Politics of Mass Consumption in Postwar America*（New York，2003）。对照阅读：David Steigerwald，'All Hail the Republic of Choice: Consumer History as Contemporary Thought'，*Journal of American History* 93，no. 2，2006：385–403。

9. Tony Blair，*Guardian*，24 June 2004，1. 延伸阅读：Tony Blair，*The Courage of Our Convictions: Why Reform of the Public Services is the Route to Social Justice*（London，2002）。前文关于社会民主主义者的论述是对此书的转述：C. A. R. Crosland，*The Future of Socialism*（London，1956）。

10. 两部具有里程碑意义的著作是 Mary Douglas and Baron Isherwood，*The World of Goods: Towards an Anthropology of Consumerism*（London，1996，2nd edn）和 Daniel Miller，*The Comfort of Things*（Cambridge，2008）。还可参见 Michel de Certeau，*The Practice of Everyday Life*（Berkeley，CA，1984；1st edn，France，1974）。关于不同的学术视角，见 Daniel Miller，ed.，*Acknowledging Consumption: A Review of New Studies*（London，1995）；Martyn J. Lee，*The Consumer Society Reader*（Malden，MA，1999）和 Juliet B. Schor and Douglas B. Holt，eds.，*The Consumer Society Reader*（New York，2000）。

11. Daniel Kahneman and Amos Tversky，eds.，*Choices, Values, and Frames*（Cambridge，2000）。

12. John Kenneth Galbraith，*The Affluent Society*（New York，1958），203.

13. *The Works of Aurelius Augustine, Vol. II : The City of God*（Edinburgh，1871），518.

14. 'History and Literature'，repr. in T. Roosevelt，*History as Literature and Other Essays*（New York，1913），27. 关于其他视角，见 F. Trentmann，'The Politics of Everyday Life': in *The Oxford Handbook of the History of Consumption*，Frank Trentmann，ed.（Oxford，2012），521–547。

15. Fernand Braudel，*The Structures of Everyday Life*（New York，1979/1981），23，28.

16. Neil McKendrick，John Brewer and J. H. Plumb，*The Birth of a Consumer Society: The Commercialization of Eighteenth-century England*（Bloomington，IN，1982）.

17. Victoria de Grazia，*Irresistible Empire: America's Advance Through Twentieth-century Europe*（Cambridge，MA，2005）.

18. OECD，Social Expenditure Update，November 2014，http://www.oecd.org/els/soc/OECD2014-Social-Expenditure-UpdateNov2014-8pages.pdf.

19. 特别是 Robert H. Frank，*Luxury Fever: Money and Happiness in an Era of Excess*（Princeton，NJ，1999）和本书第 9 章"不平等"小节里的讨论。

20. 对这一争论有兴趣的读者可以参照 Angus Deaton，*Understanding Consumption*（Oxford，1992）；Herbert A. Simon，*Models of Bounded Rationality*（Cambridge，MA，1982）和 D. Southerton and A. Ulph，eds.，*Sustainable Consumption*（Oxford，2014）。

21. Thorstein Veblen, *The Theory of the Leisure Class: An Economic Study of Institutions* (New York, 1899/1953).
22. 关于这一新兴领域，见 Jukka Gronow and Alan Warde, eds., *Ordinary Consumption* (London, 2001); A. Warde and D. Southerton, eds., *The Habits of Consumption* (Helsinki, 2012) 和 Elizabeth Shove, Mika Pantzar and Matthew Watson, *The Dynamics of Social Practice: Everyday Life and How It Changes* (London, 2012)。
23. W. G. Runciman, *Relative Deprivation and Social Justice: A Study of Attitudes to Social Inequality in Twentieth-century England* (London, 1966).
24. 2013年，在英国，7700万吨二氧化碳排放是家庭直接造成的，占所有排放量的17%，超过了整个商业部门（16%），大部分是由于加热室内空间和水造成的。之所以说"直接"，是因为政府统计数据将供能部门的二氧化碳排放量单独列出（38%）；见能源和气候变化部，2013年英国温室气体排放等，网址是 https://www.gov.uk/government/uploads/system/uploads/attachment_data/file/295968/20140327_2013_UK_Greenhouse_Gas_Emissions_Provisional_Figures.pdf。
25. 此书中，35位专家给出了关于区域、时代和主题的重要概述：*Oxford Handbook of the History of Consumption*, ed. Trentmann。
26. 这两部篇幅不长的比较研究例外，关注的重点都是欧洲：Heinz-Gerhard Haupt, *Konsum und Handel: Europa im 19. und 20. Jahrhundert* (Göttingen, 2002) 和 Marie-Emmanuelle Chessel, *Histoire de la consommation* (Paris, 2012)。

第1章

1. Antonia Finnane, 'Yangzhou's "Mondernity": Fashion and Consumption in the Early Nineteenth Century', *Positions: East Asia Cultures Critique* II, no. 2, 2003: 395–425. 我要感谢同 Antonia Finnane 的讨论。我们还可以从17世纪末日本的店铺、时尚和欲望的增长开始，这些可以在这份当时的材料里捕捉到相关描述：Ihara Saikaku, *The Japanese Family Storehouse, or the Millionaires' Gospel Modernized*, trans. G. W. Sargent (Cambridge, 1688/1959)。
2. Neil McKendrick, John Brewer & J. H. Plumb, *The Birth of a Consumer Society: The Commercialization of Eighteenth-century England* (Bloomington, 1982); 布罗代尔在讨论中国缺乏时尚一事时所用的标题是"当社会停滞时"，见 *Civilization and Capitalism, 15th–18th century*, I, 312。
3. Joan Thirsk, *Economic Policy and Projects: The Development of a Consumer Society in Early Modern England* (Oxford, 1978); Chandra Mukerji, *From Graven Images: Patterns of Modern Materialism* (New York, 1983); John Goldthwaite, 'The Empire of Things: Consumer Demand in Renaissance Italy', in: *Patronage, Art and Society in Renaissance Italy*, eds. Francis Kent and Patricia Simons (Oxford, 1987); Lisa Jardine, *Worldly Goods: A New History of the Renaissance* (London, 1997); Craig Clunas, *Superfluous Things: Material Culture and Social Status in Early Modern China* (Chicago, 1991); Christopher Dyer, *An Age of Transition? Economy and Society in England in the Later Middle Ages* (Oxford, 2005); Maryanne Kowaleski, 'The Consumer Economy', in: Rosemary Horrox and W. M. Ormrod, *A Social History of England, 1200–1500* (Cambridge, 2006), 238–259.
4. Ruth Barnes, *Indian Block-printed Textiles in Egypt: The Newberry Collection in the Ashmolean Museum* (Oxford, 1997).
5. 17世纪上半叶，由于荷兰和葡萄牙之间的冲突干扰了巴西蔗糖的供应，中国的蔗糖（糖粉和蜜饯）在向欧洲出售的货物中所占比重越来越大；1637 年，超过 400 万磅中国蔗糖被运到欧洲。一旦巴西恢复蔗糖供应，中国蔗糖在 17 世纪 60 年代前往阿姆斯特丹的船运就终结了，但它们继续前往波斯和日本。参见 Sucheta Mazumdar, *Sugar and Society in China: Peasants, Technology, and the World Market* (Cambridge, MA, 1998), 83−87。

6. 16 世纪每年 1.3%，17 世纪每年 0.7%，18 世纪每年 1.3%，依据是 K. H. O'Rourke & J. G. Williamson, 'After Columbus: Explaining the Global Trade Boom: 1500−1800', *Journal of Economic History* 62, 2002: 417−56。现在可以参照更加深入的研究成果: Ronald Findlay and Kevin H. O'Rourke, *Power and Plenty: Trade, War and the World Economy in the Second Millenium* (Princeton, NJ, 2007), chs. 4−5。
7. Angus Maddison, *The World Economy: Historical Statistics* (Paris, 2003), 260−263.
8. John E. Wills, 'Maritime China from Wang Chih to Shih Lang: Themes in Peripheral History', in: *From Ming to Ch'ing: Conquest, Reign and Continuity in Seventeenth-century China*, eds. Jonathan Spence & John Wills (New Haven, CT, 1979), 201−228.
9. Antonio de Morga, *Sucesos de las Islas Filipinas* (1609) [*History of the Philippine Islands*], 引自 405−408，此处可以查阅 http://www.gutenberg.org/dirs/etext04/8phip10.txt。
10. William Atwell, 'Ming China and the Emerging World Economy' in: Denis Twitchett & Frederick W. Mote, eds., *Cambridge History of China, Vol 8: The Ming Dynasty, 1368−44, Part 2* (Cambridge, 1998), 388−392.
11. W. L. Idema, 'Cannon, Clocks and Clever Monkeys', in: *Development and Decline of Fukien Province in the 17th and 18th Centuries*, ed. Eduard B. Vermeer (Leiden, 1990).
12. Jan De Vries and A. M. van der Woude, *The First Modern Economy: Success, Failure and Perseverance of the Dutch Economy, 1500−1815* (Cambridge, 1997), 437, table 10.4; F. S. Gaastra & J. R. Bruijn, 'The Dutch East India Company', in: J. R. Bruijn and F. S. Gaastra, *Ships, Sailors and Spices: East India Companies and Their Shipping in the 16th, 17th and 18th Centuries* (Amsterdam, 1993), table 7.2, 182.
13. De Vries & Woude, *First Modern Economy*, 457−458.
14. Ralph Davis, *English Overseas Trade, 1500−1700* (London, 1973).
15. Richard Ligon, *A True & Exact History of the Island of Barbados* (London, 1657), 我使用了其中的原始拼写，但去掉了许多斜体。
16. Phyllis Deane & William Alan Cole, *British Economic Growth, 1688−1959* (Cambridge, 1962), 87; Ralph Davis, 'English Foreign Trade, 1700−74', *Economic History Review* (2nd series) XV, 1962: 285−303.
17. 关于这种"奇迹食物"的重要性，参见 Sucheta Mazumdar, 'China and the Global Atlantic: Sugar from the Age of Columbus to Pepsi-Coke and Ethanol', *Food and Foodways* 16, no. 2, 2008: 135−147。
18. Richard Goldthwaite, *The Economy of Renaissance Florence* (Baltimore, MD, 2009); Robert S. DuPlessis, *Transitions to Capitalism in Early Modern Europe* (Cambridge, 1997); Harry A. Miskimin, *The Economy of Later Renaissance Europe, 1460−1600* (Cambridge, 1977).
19. Patricia Fortini Brown, *Private Lives in Renaissance Venice: Art, Architecture and the Family* (New Haven, CT, 2004), 149 f.
20. 参见 Marta Ajmar-Wollheim & Flora Dennis, eds., *At Home in Renaissance Italy* (Lon-

don, 2006), 特别是 Reino Liefkes 关于"餐具", 以及 Marta Ajmar-Wollheim 关于"社交"的章节, 254-266, 206-221。
21. Pietro Belmonte, *Institutione della sposa* (1587), 转引自 Ajmar-Wollheim, 'Sociability', in Ajmar-Wollheim & Dennis, eds., *At Home in Renaissance Italy*, 209。
22. Jacob Burckhardt, *The Civilization of the Renaissance in Italy* (New York, 1860/1958), 364 & 369-370 for below.
23. Ajmar-Wollheim & Dennis, eds., *At Home in Renaissance Italy*; Jardine, *Worldly Goods*.
24. Norbert Elias, *The Civilizing Process* (Oxford,1939/1994).
25. Ajmar-Wollheim & Dennis, eds., *At Home in Renaissance Italy*.
26. Paula Hohti, 'The Innkeeper's Goods: The Use and Acquisition of Household Property in Sixteenth-century Siena', in: Michelle O'Malley and Evelyn Welch, eds., *The Material Renaissance* (Manchester, 2007), 242-259.
27. 清单在 Isabella Palumbo-Fossati, 'L'interno della casa dell'artigiano, e dell'artista nella Venezia del cinquecento', *Studi Veneziani* (new series) 8, 1984: 126-128。
28. Goldthwaite, *The Economy of Renaissance Florence*, 381.
29. Brown, *Private Lives in Renaissance Venice*, 173-182.
30. Gasparo Segizzi, 死于 1576 年; 参见 Isabella Palumbo-Fossati, 'L'interno della casa dell'artigiano e dell'artista nella Venezia del cinquecento', *Studi Veneziani* (new series) 8, 1984: 109-153, esp. 138-145。
31. Goldthwaite, *The Economy of Renaissance Florence*, 384.
32. Bruno Blondé, 'Tableware and Changing Consumer Patterns: Dynamics of Material Culture in Antwerp, 17th-18th Centuries', in: *Majolica and Glass from Italy to Antwerp and Beyond*, ed. Johan Veeckman (Antwerp, 2002).
33. Jardine, *Worldly Goods*, 33-34.
34. Goldthwaite, 'The Empire of Things'.
35. 同时代的观察者指出了这种保守主义, 例如人文主义者 Benedetto Varchi, 转引自 Paolo Malanima, *Il lusso dei contadini: consumi e industrie nelle campagne toscane del sei e settecento* (Bologna, 1990), 24。
36. Robert C. Davis, *Shipbuilders of the Venetian Arsenal* (Baltimore, MD, 1991), 100.
37. Elizabeth Currie, 'Textiles and Clothing', in: Ajmar-Wollheim & Dennis, eds., *At Home in Renaissance Italy*, 349.
38. Evelyn Welch, *Shopping in the Renaissance: Consumer Cultures in Italy, 1400-1600* (New Haven, CT, 2005), 引自 p234。
39. Welch, *Shopping in the Renaissance*, 68-72; Garzoni 引自 p68 相关内容。
40. Plato, *The Republic*, Book II, 'The Luxurious State' (372-37CE), trans. R. E. Allen (New Haven, CT, 2006), 55-56. 延伸阅读: Christopher Berry, *The Idea of Luxury* (Cambridge, 1994); William Howard Adams, *On Luxury: A Cautionary Tale* (Washington, DC. 2012, 1st edn)。
41. Matthew 6: 19-21 (King James Bible). 还可参见 *The Works of Aurelius Augustine, The City of God* (Edinburgh, 1871)。
42. Patricia Allerston, 'Consuming Problems: Worldly Goods in Renaissance Venice' in: O'Malley & Welch, eds., *The Material Renaissance*, 22.
43. 1564 年, 引自 O'Malley & Welch, eds., *The Material Renaissance*, 19。
44. Vincent Cronin, *The Florentine Renaissance* (London, 1972), 288f.
45. 本段基于 Patricia Fortini Brown, 'Behind the Walls: The Material Culture of Vene-

tian Elites' in: John Martin & Dennis Romano, *Venice Reconsidered: The History and Civilization of an Italian City-state, 1297–1797* (Baltimore, MD & London, 2000), 引自 p324 和 p326。
46. Paola Pavanini, 'Abitazioni popolari e borghesi nella Venezia cinquecentesca', *Studi Veneziani* (new series) 5, 1981: 63–126, esp. 111–112, 125–126.
47. Ulinka Rublack, 'Matter in the Material Renaissance', *Past & Present* 219, 2013: 41–84.
48. Kent Roberts Greenfield, *Sumptuary Law in Nürnberg: A Study in Paternal Government* (Baltimore, MD, 1918), 109.
49. Greenfield, *Sumptuary Law in Nürnberg*.
50. Sheilagh Ogilvie, 'Consumption, Social Capital and the "Industrious Revolution" in Early Modern Germany', *Journal of Economic History* 70, no. 2, 2010: 287–325, 305.
51. 24 Hen. VIII. C. 13 (1532-3), in: *Statutes of the Realm*, Vol. III: 1509–45 (London, 1817), eds. T. E. Tomlins and W. E. Taunton, 引自 p430。
52. Frances Elizabeth Baldwin, *Sumptuary Legislation and Personal Regulation in England* (Baltimore, MD, 1926), 231f.
53. Greenfield, *Sumptuary Law*, 109, 128–130.
54. Madeline Zilfi, 'Goods in the Mahalle', in: *Consumption Studies and the History of the Ottoman Empire, 1550–1922*, ed.D Quataert (New York, 2000).
55. Roy Porter, 'Consumption: Disease of the Consumer Society?', in John Brewer & Roy Porter, eds., *Consumption and the World of Goods* (London & New York, 1993), 58–81; Dominik Schrage, *Die Verfügbarkeit der Dinge: Eine historische Soziologie des Konsums* (Frankfurt am Main, 2009), 43–51; Frank Trentmann, 'The Modern Genealogy of the Consumer: Meanings, Identities and Political Synapses', in: *Consuming Cultures, Global Perspectives: Historical Trajectories, Transnational Exchanges*, eds. John Brewer &Frank Trentmann, (Oxford & New York, 2006), 19–69.
56. Alan Hunt, *Governance of the Consuming Passions: A History of Sumptuary Law* (Basingstoke, 1996), 引自 p73。
57. Andreas Maisch, *Notdürftiger Unterhalt und gehörige Schranken: Lebensbedingungen und Lebensstile in württembergischen Dörfern der frühen Neuzeit* (Stuttgart, 1992), 366–370.
58. Hans Medick, *Weben und Ueberleben in Laichingen, 1650–1900: Lokalgeschichte als allgemeine Geschichte* (Göttingen, 1996), 特别是 pp387–437。
59. Daniel Roche, *The Culture of Clothing: Dress and Fashion in the 'Ancien Régime'* (Cambridge, 1994/1989), 56.
60. Sheilagh C. Ogilvie, *A Bitter Living: Women, Markets and Social Capital in Early Modern Germany* (Oxford, 2003); Ogilvie, 'Consumption, Social Capital and the "Industrious Revolution" in Early Modern Germany'.
61. Matteo Ricci, *China in the Sixteenth Century: The Journals of Matthew Ricci: 1583–1610*, trans. from the Latin by Louis J. Gallagher (New York, 1583–1610/1953), 25, 550.
62. Semedo, *The History of That Great and Renowned Monarchy of China* (1655; 1st Portugese edn, 1641), 地址为 https://archive.org/download/historyofthatgreooseme/historyofthatgreooseme.pdf.
63. Timothy Brook, *The Confusions of Pleasure: Commerce and Culture in Ming China*

注　释　677

(Berkeley, CA, 1998), 123, 以及下面内容, 更加笼统。
64. Semedo, *History of That Great and Renowned Monarchy of China*, 23.
65. Brook, *Confusions of Pleasure*, 198. 还可参见 Bozhong Li, *Agricultural Development in Jiangnan, 1620–1850* (Basingstoke, 1998)。
66. Sarah Dauncey, 'Sartorial Modesty and Genteel Ideals in the Late Ming' in: Daria Berg & Chloe Starr, *The Quest for Gentility in China: Negotiations beyond Gender and Class* (London, 2007), 137.
67. Daria Berg, *Women and the Literary World in Early Modern China, 1580–1700* (London, 2013).
68. Wu Jen-shu, *Elegant Taste: Consumer Society and the Literati in the Late Ming* (Taipei, 2007). Wu Jen-shu, 'Ming-Qing Advertising Forms and Consumer Culture', 感谢巫仁恕分享这篇论文。
69. Brook, *Confusions of Pleasure*, 6, 220.
70. 参见 Clunas, *Superfluous Things*, 37 f.。
71. *The Plum in the Golden Vase, or Chin P'ing Mei*, trans. David Tod Roy (Princeton, NJ, 1618/1993), Vol. I, 126, 133–134.
72. Brook, *Confusions of Pleasure*, 153–154.
73. 沈榜称, 葬礼花费可能高达数千两银子（低级官员每年的俸禄是35两银子）。参见 Dauncey 'Sartorial Modesty', in: Berg & Starr, *The Quest for entility in China*, 134–154。
74. Ping-Ti Ho, 'The Salt Merchants of Yang-chou', *Harvard Journal of Asiatic Studies* 17, 1954: 130–168, 引自 p156。
75. Werner Sombart, *Luxus und Kapitalismus* (Munich, 1912), 96–97.
76. Yue Meng, *Shanghai and the Edges of Empires* (Minneapolis, MN, 2006), 143–146. 现在还可参见 Antonia Finnane, 'Chinese Domestic Interiors and "Consumer Constraint" in Qing China', *Journal of the Economic and Social History of the Orient* 27, 2014: 112–144。
77. 引自 Brook, *Confusions of Pleasure*, 144。还可参见 Kenneth Pomeranz, *The Great Divergence: China, Europe and the Making of the Modern World Economy* (Princeton, NJ, 2000); Roy Bin Wong, *China Transformed: Historical Change and the Limits of European Experience* (Ithaca, NY, 1997); Hanchao Lu, 'Arrested Development: Cotton and Cotton Markets in Shanghai, 1350–1843', in: *Modern China* 18, no. 4, 1992: 468–499。
78. Clunas, *Superfluous Things*, 35, 38, 44.
79. 引自 Clunas, *Superfluous Things*, 74。
80. Clunas, *Superfluous Things*, 111.
81. Kathlyn Maurean Liscomb, 'Social Status and Art Collecting: The Collections of Shen Zhou and Wang Zhen', *The Art Bulletin* 78, no. 1 (1996): 111–135.
82. *The Plum in the Golden Vase, or Chin P'ing Mei*, 223, 本书这一段此注释之前的引文出自 pp383–384, 采用了原本的 Wade-Giles 转写体系, 括号内附有拼音。
83. Dauncey, 'Sartorial Modesty', in: Berg & Starr, *The Quest for Gentility in China*, 140f.
84. 布迪厄对20世纪60年代巴黎资产阶级的许多分析洞见都同晚明和清代的情况产生了非凡的共鸣。例如, 他对"审美倾向"的思考, 以及对资产阶级青少年、家庭主妇而言（他们缺乏男性赚钱者的经济资本）, "规范游戏和为锻炼而锻炼的学术世界"的持续吸引力。相比之下, 他指出, "经济实力首先是一种同经济需求保持一臂距离的力量。这就是为什么它通常凭借毁灭财富、炫耀性消费、挥霍和各种形式的无端奢侈来彰显自身"; Pierre Bourdieu, *Distinction: A Social Critique of the Judgment of Taste* (Cambridge, MA, 1984/1979), 54f。

85. Craig Clunas, *Empire of Great Brightness: Visual and Material Cultures of Ming China, 1368–1644* (London, 2007), 137–151.
86. Ho, 'The Salt Merchants of Yang-chou', 特别是 pp156–160; 为了让拼写同本书中别处在转写时采用的标准拼音体系一致,我改变了名字的拼写,没有采用何炳棣文中旧式的韦氏拼音体系: 他的拼写是 Ma Yüeh-kuan 和 Ma Yüeh-lu。
87. Timothy Brook, *Vermeer's Hat: The Seventeenth Century and the Dawn of the Global World* (London, 2008), 74–83, 引自 p82。
88. Smith, *An Inquiry into the Nature and Causes of the Wealth of Nations*, Bk. IV, ch. 8, 179.
89. Charles Wilson, 'Cloth Production and International Competition in the Seventeenth Century', *Economic History Review* 13, no. 2, 1960: 209–221.
90. C. Lis, J. Lucassen, M. Prak & H. Soly, eds., *Guilds in the Early Modern Low Countries: Work, Power and Representation* (London, 2006).
91. 本段重点参照了 De Vries and Woude, *First Modern Economy*; 还可参见 DuPlessis, *Transitions to Capitalism in Early Modern Europe*; Bas van Basel, Jessica Dijkman, Erika Kuijpers and Jaco Zuijderduijn, *Continuity and Change*, Vol. VII, issue 3, 2012, 347–348。
92. Jan De Vries, *The Dutch Rural Economy in the Golden Age, 1500–1700* (New Haven, CT, 1974), 218–222.
93. Atwell, 'Ming China and the Emerging World Economy', in: Twitchett and Mote, eds., *Cambridge History of China, Vol VIII: The Ming Dynasty, 1368–44, Part 2*, 396.
94. 此处及以下内容,参见 Simon Schama, *The Embarrassment of Riches* (Berkeley, CA, 1988), chs. 3 & 5。
95. Clunas, *Empire of Great Brightness*, 141.
96. Brant van Slichtenhorst; Schama, *The Embarrassment of Riches,* 193–201.
97. Dyer, *An Age of Transition?*; Kowaleski, 'A Consumer Economy'.
98. William Harrison, *A Description of England* (London, 1577/1587), ch. 8, 151–156, 此处可以查阅 https://archive.org/stream/elizabethanengla32593gut/pg32593.txt。关于这一时段的流行风尚,参见 Carlo Belfanti, 'The Civilization of Fashion: At the Origins of a Western Social Institution', *Journal of Social History* 43, no. 2, 2009: 261–283。
99. Linda Levy Peck, *Consuming Splendor: Society and Culture in Seventeenth-century England* (Cambridge, 2005).
100. Thirsk, *Economic Policy and Projects.* 现在还可参见 Sara Pennel, 'Material Culture in Seventeenth-century "Britain"' in: Trentmann, ed., *Oxford Handbook of the History of Consumption*, ch. 4。
101. Daniel Defoe, *A Tour through England and Wales*, II (London 1727/1928), 126.
102. Jane Whittle & Elizabeth Griffiths, *Consumption and Gender in the Early Seventeenth-century Household: The world of Alice Le Strange* (Oxford, 2013), 120–124, 144–153. 关于产品种类的增加,以及它们的质量和价格,延伸阅读: Thirsk, *Economic Policy and Projects*。
103. Lorna Weatherill, *Consumer Behaviour and Material Culture in Britain, 1660–1760*

(London, 1996, 2nd edn), table 3.3, 49.
104. Edward Roberts & Karen Parker, eds., *Southampton Probate Inventories 1447–1575* (Southampton, 1992), Vol. I, 54–55.
105. Ann Smart-Martin, 'Makers, Buyers and Users: Consumerism as a Material Culture Framework', in: *Winterthur Portfolio* 28, no.2/3, 1993: 141–157, p. 154. 还可参见 Cary Carson, 'The Consumer Revolution in Colonial British America: Why Demand?' in: *Of Consuming Interests: The Style of Life in the Eighteenth Century*, eds. Cary Carson, Ronald Hoffman & Peter J. Albert (Charlottesville VA, 1994), 483–697; Carole Shammas, *The Pre-industrial Consumer in England and America* (Oxford, 1990)。
106. Peter King, 'Pauper Inventories and the Material Lives of the Poor in the Eighteenth and Early Nineteenth Centuries', in: *Chronicling Poverty: The Voices and Strategies of the English Poor, 1640–1840*, eds. Tim Hitchcock, Peter King & Pamela Sharpe (New York, 1997), 155–191.
107. John Styles, 'Lodging at the Old Bailey: Lodgings and Their Furnishing in Eighteenth-century London', in: *Gender, Taste and Material Culture in Britain and North America, 1700–1830*, eds. John Styles & Amanda Vickery (New Haven, CT, 2006).
108. Charles P. Moritz, *Travels, Chiefly on Foot, through Several Parts of England in 1782* (London, 1797, 2nd edn), 24.
109. Shane White & Graham White, 'Slave Clothing and African-American Culture in the Eighteenth and Nineteenth Centuries', *Past & Present* 148, 1995: 149–186, 引自 p156。
110. Frank Salomon, 'Indian Women of Early Quito as Seen through Their Testaments', *The Americas* 44, no. 3, 1988: 325–341, 特别是 pp334–337; 现在还可参见 Elena Philips, 'The Iberian Globe', in: Amelia Peck, ed., *Interwoven Globe: The Worldwide Textile Trade, 1500–1800* (New York, 2013), 28–45。
111. John Irwin & P. R. Schwartz, *Studies in Indo-European Textile History* (Ahmedabad, 1966). 关于棉花种植在全球的扩张，现在可以参见 Sven Beckert, *Empire of Cotton: A New History of Global Capitalism* (London, 2014)。
112. 'First Report' (24 Dec. 1783), in *Reports from the Committee on Illicit Practices Used in Defrauding the Revenue* (1783–4), Vol. XI, 引自 p228，数据来自附录 4, 204–1。还可参见 William J. Ashworth, *Customs and Excise: Trade, Production and Consumption in England, 1640–1845* (Oxford, 2003), 149–150。关于法国走私者，现在可以参见 Michael Kwass, *Contraband: Louis Mandrin and the Making of a Global Underground* (Cambridge, MA, 2014), 特别是 pp106–108、pp218–220; Giorgio Riello, *Cotton: The Fabric That Made the Modern World* (Cambridge, 2013), 121。关于走私丝织品，参见 William Farrell, 'Silk and Globalization in Eighteenth-century London', PhD thesis, Birkbeck College/University of London, 2013, 148–195。
113. Maxine Berg, 'In Pursuit of Luxury: Global History and British Consumer Goods in the Eighteenth Century', *Past & Present* 182, no. 1, 2004: 85–142.
114. J. F., *The Merchant's Ware-House Laid Open: Or, the Plain Dealing Linnen-Draper. Shewing How to Buy All Sorts of Linnen and Indian Goods* (London, 1696), A3, 7, 27, 29–30. 关于可以买到的繁多花样，甚至对经济状况更差的消费者而言，参见 John Styles, *Threads of Feeling: The London Foundling Hospital's Textile Tokens, 1740–70* (London, 2010)。
115. 关于法国，Roche, Culture of Clothing, 126–139。关于丝绸，参见 Natalie Roth-

stein, 'Silk in the Early Modern Period, c.1500-1780', in: D. T. Jenkins, *The Cambridge History of Western Textiles* (Cambridge, 2003), 528-561; Farrell, 'Silk and Globalization in Eighteenth-century London'。现在还可参见 S. Horrell, J. Humphries & K. Sneath, 'Consumption Conundrums Unravelled', in: *Economic History Review* (online version 17 Dec.2014)。

116. Roger-Pol Droit, *How are Things? A Philosophical Experiment*, trans. Theo Cuffe (London, 2005), 52.
117. 1546 年是 14 达克特,见 Patricia Allerston, 'Clothing and Early Modern Venetian Society', in: *Continuity and Change* 15, no. 3, 2000: 367-390, at 372。
118. 1765 年,引自 Beverly Lemire, *Fashion's Favourite: The Cotton Trade and the Consumer in Britain, 1660-1800* (Oxford, 1991), 94。现在还可参见 Prasannan Parthasarathi & Giorgio Riello, eds., *The Spinning World: A Global History of Cotton Textiles, 1200-1850* (Oxford, 2009)。
119. Roche, *Culture of Clothing*, 108-111; John Styles, *The Dress of the People: Everyday Fashion in Eighteenth-century England* (New Haven, CT, 2007).
120. Andrew Bevan & D. Wengrow, eds., *Cultures of Commodity Branding* (Walnut Creek, CA, 2010).
121. McKendrick, in McKendrick, Brewer & Plumb, *Birth of a Consumer Society*, 141.
122. Phyllis G. Tortora & Keith Eubank, *Survey of Historic Costume: A History of Western Dress* (New York, 1998, 3rd edn), 147-149, 158-160.
123. 引自 Om Prakash, 'The Dutch and the Indian Ocean Textile Trade', in: Parthasarathi & Riello, eds., *The Spinning World*, 149。
124. 引自 Woodruff D. Smith, *Consumption and the Making of Respectability, 1600-1800* (London & New York, 2002), 50。
125. *Magazine à la Mode, or Fashionable Miscellany* (January 1777), 49-51.
126. McKendrick in: McKendrick, Brewer & Plumb, *Birth of a Consumer Society*, 43-47.
127. Pomeranz, *Great Divergence*; 对比阅读 Prasannan Parthasarathi, 'The Great Divergence', *Past & Present* 176, 2002: 275-293; Robert Brenner & Christopher Isett, 'England's Divergence from China's Yangzi Delta: Property Relations, Microeconomics and Patterns of Development', in: *The Journal of Asian Studies* 61, no. 2, 2002: 609-622; Kenneth Pomeranz, 'Standards of Living in Eighteenth-Century China: Regional Differences, Temporal Trends, and Incomplete Evidence', in: *Standards of Living and Mortality in Pre-industrial Times*, eds. Robert Allen, Tommy Bengtsson & Martin Dribe (Oxford, 2005), 23-54。
128. Robert C. Allen, *The British Industrial Revolution in Global Perspective* (Cambridge, 2009); Robert C. Allen, Jean-Pascal Bassino, Debin Ma, Christine Moll-Murata & Jan Luiten van Zanden, 'Wages, Prices and Living Standards in China, Japan and Europe, 1738-1925', GPIH Working Paper no. 1, (2005); Stephen Broadberry and Bishnupriya Gupta, 'The Early Modern Great Divergence: Wages, Prices and Economic Development in Europe and Asia, 1500-1800', *Economic History Review* 59, no. 1, 2006: 2-31. 现在可以对比阅读 Jane Humphries, 'The Lure of Aggregates and the Pitfalls of the Patriarchal Perspective: A Critique of the High Wage Economy Interpretation of the British Industrial Revolution', *Economic History Review* 66, 2013: 693-714; Robert C. Allen, 'The High Wage Economy and the Industrial Revolution: A Restatement', *Economic History Review* 68, no. 1, 2015: 1-22。
129. Kenneth Pomeranz, 'Chinese Development in Long-run Perspective', in: *Pro-

ceedings of the American Philosophical Society 152, 2008: 83−100; Prasannan Parthasarathi, *Why Europe Grew Rich and Asia Did Not: Global Economic Divergence, 1600−1850* (Cambridge, 2011), 37−46.

130. Bozhong Li, 'Xianminmen chi de bucuo', *Deng Guangming xiansheng bainian shouchen jinian wenji* (2008). 感谢李伯重提供了这篇文章的英文版。关于鸦片，参见 Zheng Yangwen, *The Social Life of Opium in China* (Cambridge，2005)。

131. 德川幕府时期的日本更加平等，但它也对国际贸易关上了大门。这一时段内日本的生活水平可能被低估了，因为许多农民家庭能够根据产出分到农产品，还享有妻子、儿女和非农业工作带来的额外收益。现在可以参见 Osamu Saito, 'Growth and Inequality in the Great and Little Divergence Debate: A Japanese Perspective', *Economic History Review* 68，2015: 399−419; Osamu Saito, 'Income Growth and Inequality over the Very Long Run: England, India and Japan Compared', (2010)，网址为 http://src-h.slav.hokudai.ac.jp/rp/publications/no02/P1- C1_Saito.pdf。

132. Neil McKendrick, 'Home Demand and Economic Growth', in: N. McKendrick, ed., *Historical Perspectives* (London, 1974), 209.

133. Daniel Defoe, *Everybody's Business is Nobody's Business* (1725), De Foe's Works, Vol. II (London, 1854 edn), 499f., 504.

134. Styles, *Dress of the People*.

135. Jan De Vries, 'The Industrial Revolution and the Industrious Revolution', *Journal of Economic History* 54, no. 2, 1994: 249−270.

136. 以下内容基于 Craig Muldrew, *Food, Energy and the Creation of Industriousness: Work and Material Culture in Agrarian England, 1550−1780* (Cambridge，2011)。

137. Hans-Joachim Voth, *Time and Work in England, 1750−1830* (Oxford, 2001). 中世纪晚期的劳工是否享有如此之多的闲暇，尚有待商榷，参见 Gregory Clark & Ysbrand van der Werf, 'Work in Progress? The Industrious Revolution', *Journal of Economic History* 58, no. 3, 1998: 830−843。

138. Frederic Morton Eden, *The State of the Poor: Or, an History of the Labouring Classes in England* (London, 1797), Vol.II, 87−88.

139. Julie Marfany, 'Consumer Revolution or Industrious Revolution? Consumption and Material Culture in Eighteenth-century Catalonia', ; 关于新物品的有限数量，参见 J. Torras and B. Yun, eds., *Consumo, condiciones de vida y comercialización: Cataluña y Castilla, siglos XVII-XIX* (Castile and León, 1999); Jan De Vries, 'Peasant Demand Patterns and Economic Development: Friesland 1550−1750', in: *European Peasants and Their Markets*, eds. W. N. Parker & E. L. Jones (Princeton, NJ, 1975); Mark Overton, Jane Whittle, Darron Dean & Andrew Hann, *Production and Consumption in English Households, 1600−1750* (London, 2004)。

140. Ogilvie, 'Consumption, Social Capital, and the 'Industrious Revolution' in Early Modern Germany'.

141. 引自 DuPlessis, *Transitions to Capitalism in Early Modern Europe*，36。

142. Regina Grafe, *Distant Tyranny: Markets, Power and Backwardness in Spain, 1650−1800* (Princeton, NJ, 2012).

143. Fernando Carlos Ramos Palencia, 'La demanda de textiles de las familias castellanas a finales del Antiguo Régimen, 1750−1850: ¿Aumento del consumo sin industrialización?', in: *Revista de historia económica* 21, no. S1, 2003: 141−178; Torras & Yun, eds., *Consumo, condiciones de vida y comercialización*.

第 2 章

1. Girolamo Benzoni, *La historia del Mondo Nuouo* (1572 edn; 1st edn, Venice, 1565), 103, 笔者自译。
2. George Sandys, *Travels* (1615), 引自 anon., *The Vertues of Coffee* (London, 1663), 8, 重印版见 Markman Ellis, ed., *Eighteenth-century Coffee-house Culture*, Vol. IV (London, 2006)。
3. J. H. Bernadin de Saint Pierre, *Voyage à l'Îsle de France* (1773).
4. Sidney Mintz, *Sweetness and Power: The Place of Sugar in Modern History* (New York, 1985).
5. Arjun Appadurai, ed., *The Social Life of Things: Commodities in Cultural Perspective* (Cambridge, 1986). 还可参见 Robert J. Foster, 'Tracking Globalization: Commodities and Value in Motion', in: *Handbook of Material Culture*, eds. Christopher Tilley, et al. (London, 2006); Felipe Fernández-Armesto, *Food: A History* (London, 2002)。
6. Elias, *The Civilizing Process*. Gabriel Tarde 在 19 世纪 90 年代已经阐述了相近的自上而下的模式。
7. Jürgen Habermas, *The Transformation of the Public Sphere* (Cambridge, 1989; 1st German edn, Germany, 1976).
8. Wolfgang Schivelbusch, *Tastes of Paradise: A Social History of Spices, Stimulants and Intoxicants* (New York, 1992).
9. Mintz, *Sweetness and Power*.
10. 同费尔南·布罗代尔更加欧洲中心论的表述进行对比：*The Structures of Everyday Life* (New York, 1979/1981), 249–260。
11. Heinrich Barth, *Reisen und Entdeckungen in Nord-und Zentralafrika in den Jahren 1849–55* (Wiesbaden, 1980 edn; 1858), 238, 笔者自译。
12. Antonio de Alcedo, 1786 年, 引自 Ross W. Jamieson, 'The Essence of Commodification: Caffeine Dependencies in the Early Modern World', *Journal of Social History*, 2001: 269–294, 278。关于上下文，还可参见 William Gervase Clarence-Smith, *Cocoa and Chocolate, 1765–1914* (London, 2000); William Gervase Clarence-Smith and Steven Topik, eds., *The Global Coffee Economy in Africa, Asia and Latin America, 1500–1989* (Cambridge, 2003)。
13. Johann Kaspar Riesbeck, 1780 年, 引自 Christian Hochmuth, *Globale Güter — lokale Aneignung: Kaffee, Tee, Schokolade und Tabak im frühneuzeitlichen Dresden* (Konstanz, 2008), 64, 笔者自译。
14. Roman Sandgruber, *Bittersüße Genüße: Kulturgeschichte der Genußmittel* (Vienna, 1986),. 80f.
15. 1724 年, 保留进口的茶叶有 540 吨, 然而每单位茶叶冲泡出的饮品量大概是咖啡的四倍。我的估算考虑到了烘干过程中的重量损失。计算的依据是此书中的保留进口数据：Elizabeth Boody Schumpeter, *English Overseas Trade Statistics 1697–1808* (Oxford, 1960), table XVIII。
16. 关于此处和下文, 参见 Jamieson, 'Essence of Commodification', Marcy Norton, 'Tasting Empire: Chocolate and the European Internalization of Mesoamerican Aesthetics', *American Historial Review* 111, no. 3, 2006: 660–691; Michael D. Coe and Sophie D. Coe, *The True History of Chocolate* (London, 1996); Kenneth F. Kiple and Kriemhild Ornelas, eds., *The Cambridge World History of Food*, 2 vols. (Cambridge, 2000)。

17. Jacob Spon, *De l'usage, du caphé, du thé, et du chocolate* (Lyon, 1671); 我转引的是同时代 John Chamberlayne 的英文译本: *The Manner of Making Coffee, Tea and Chocolate* (London, 1685), 重印版见 Ellis, ed., *Eighteenth-century Coffee-house Culture*, Vol. IV, 105–111。
18. 转引自 John Chamberlayne, *The Natural History of Coffee, Tea, Chocolate, Tobacco* (London, 1682), 4–5。
19. Chamberlayne, *The Manner of Making Coffee*. 关于红海海盗，参见 K. N. Chaudhuri, *The Trading World of Asia and the English East India Company, 1660–1760* (Cambridge, 1978), 361。
20. James Howell, 17 世纪 50 年代，引自 *The Vertues of Coffee* (London, 1663)。Pepys 的日记，1661 年 4 月 24 日。
21. James Howell, 17 世纪 50 年代，引自 *The Vertues of Coffee*。
22. Habermas, *Transformation*; Brian Cowan, *The Social Life of Coffee: The Emergence of the British Coffeehouse* (New Haven, 2005); Hochmuth, *Globale Güter*; James Livesey, *Civil Society and Empire* (New Haven, CT, 2009); Jean-Claude Bologne, *Histoire des cafés et des cafetiers* (Paris, 1993).
23. P. 'Considerazioni sul Lusso', in: *Il Caffè* (Milan, 1764), 110, 笔者自译。
24. Amanda Vickery, *The Gentleman's Daughter: Women's Lives in Georgian England* (New Haven, CT, 1998), 206–208.
25. Michael North, *Genuß und Glück des Lebens: Kulturkonsum im Zeitalter der Aufklärung* (Cologne, 2003), 209.
26. Jean de La Roque, *An Historical Treatise Concerning the Original [sic] and Progress of Coffee, as well as in Asia as Europe* (1715; London edition, 1732), 重印版见 Ellis, ed., *Eighteenth-century Coffee-house Culture*, Vol. IV, 277–312。关于 de La Roque，参见 Ina Baghdiantz McCabe, *Orientalism in Early Modern France: Eurasian Trade, Exoticism and the Ancien Regime* (Oxford, 2008), 172f。
27. Anne McCants, 'Poor Consumers as Global Consumers: The Diffusion of Tea and Coffee Drinking in the Eighteenth Century', *Economic History Review* 61, 2008: 172–200; Wouter Ryckbosch, 'A Consumer Revolution under Strain: Consumption, Wealth and Status in Eighteenth-century Aalst', PhD thesis, Antwerp (2012); John Styles, 'Lodging at the Old Bailey: Lodgings and Their Furnishing in Eighteenth-century London', in: *Gender, Taste and Material Culture in Britain and North America, 1700–1830*, eds. John Styles & Amanda Vickery (New Haven, CT, 2006); Lorna Weatherill, *Consumer Behaviour and Material Culture in Britain, 1660–1760* (London, 1996, 2nd edn).
28. Edward Eagleton, 1785 年，引自 Hoh-cheung Mui and Lorni Mui, *Shops and Shopkeeping in Eighteenth-century England* (London, 1987), 257。关于商品种类的多样化，参见 Jon Stobart, *Sugar and Spice: Grocers and Groceries in Provincial England, 1650–1830* (Oxford, 2013), 50–56。
29. Hochmuth, *Globale Güter*, 134, 142.
30. Robert Batchelor, 'On the Movement of Porcelains: Rethinking the Birth of the Consumer Society as Interactions of Exchange Networks, China and Britain, 1600–1750', in: *Consuming Cultures, Global Perspectives*, 95–122.
31. 上文基于 Maxine Berg, *Luxury and Pleasure in Eighteenth-century Britain* (Oxford, 2005), 52–75, 128–149; Chaudhuri, *Trading World of Asia*; Chuimei Ho, 'The Ceramics Trade in Asia, 1602–82', in: *Japanese Industrialization and the Asian*

Economy, ed. A. J. H. Latham and Heita Kawakatsu (London, 1994), 35-70; 方李莉,《中国陶瓷》, 五洲传播出版社（北京）, 2005 年 10 月。

32. Jonas Hanway, *Letters on the Importance of the Rising Generation of the Labouring Part of Our Fellow-subjects* (London, 1757), II, letter XXX, 174-185.
33. Legrand d'Aussy, *Histoire de la vie privée des François* (Paris, 1815; 1st edn 1783), 145, 笔者自译。
34. La Roque, *Progress of Coffee*, 366.
35. Dr Fothergill 致 J. Ellis 的信, 1773 年 9 月 2 日, 收入 John Ellis, *An Historical Account of Coffee* (London, 1774), 38, 重印版见 Ellis, ed., *Eighteenth-century Coffee-house Culture*, *Vol. IV*。
36. Postlethwayt, *The African Trade* (1745), 引自 Eric Williams, *Capitalism and Slavery* (Chapel Hill, NC, 1944/1994), 52。
37. Joseph E. Inikori, *Africans and the Industrial Revolution in England* (Cambridge, 2002); 'Roundtable, Reviews of Joseph Inikori, Africans and the Industrial Revolution in England', *International Journal of Maritime History* XV, no. 2, Dec. 2003: 279-361. Patrick O'Brien, 'Fiscal and Financial Preconditions for the Rise of British Naval Hegemony 1485-1815', working paper 91 (2005), http://www.lse.ac.uk/collections/economicHistory/pdf/WP9105.pdf.
38. S. D. Smith, 'Accounting for Taste: British Coffee Consumption in Historical Perspective', *Journal of Interdisciplinary History* 27, 1996: 183-214.
39. La Roque, *Progress of Coffee*; Zedler's *Universal-lexikon*, 引自 Annerose Menninger, *Genuß im kulturellen Wandel: Tabak, Kaffee, Tee und Schokolade in Europa (16.-19. Jahrhundert)* (Stuttgart, 2004), 317。
40. Fothergill 致 Ellis 的信, 1773 年 9 月 2 日, 收入 Ellis, *An Historical Account of Coffee* (London, 1774), 30。
41. Edward Gibbon Wakefield, *England and America* (New York, 1834), 84.
42. 就像在约克郡西赖丁羊毛纺织业的案例中那样。
43. Berg, 'Pursuit of Luxury'. 我（在前文中）用的词是"有利"（favoured）, 因为就其本身而言, 帝国之中的消费者需求并非工业革命的充分条件。与此同时, 由于海外和国内发展之间存在诸多反馈, 对内部和外部因素进行过于明确的区分并无益处。关于欧洲在科学技术方面的进步, 参见 Joel Mokyr, *The Gifts of Athena: Historical Origins of the Knowledge Economy* (Princeton, NJ, 2002)。
44. Jan De Vries, *European Urbanization, 1500-1800* (Cambridge, MA, 1984); Paul Bairoch, *De Jéricho à Mexico: Villes et économie dans l'histoire* (Paris, 1985); Peter Clark, ed., *The Oxford Handbook of Cities in World History* (Oxford, 2013). 李伯重最近的研究表明, 在清代, 江南地区高达 20% 的人口可能生活在城镇中。我这里讨论的是程度, 而非绝对存在与否。中国不缺少城镇, 只是数量相对较少。
45. Weatherill, *Consumer Behaviour and Material Culture in Britain, 1660-1760*, table 4.2. 她指出, 没那么显眼的物品例外, 如书籍。
46. Andrew Hann and Jon Stobart, 'Sites of Consumption: The Display of Goods in Provincial Shops in Eighteenth-century England', *Cultural and Social History* 2, 2005: 165-187, 特别是 p177。
47. Bernard Mandeville, *The Fable of the Bees* (1714; London, 1989), Remark (M), 152. 一种普遍能够观察到的现象是, 例如 John Rae 所言 "在城镇, Molly Seagrim 会被赞叹为梦幻般的漂亮女士, 而在乡村她会遭到围攻", 出自 *Statement of Some New Principles on the Subject of Political Economy* (Boston, 1834) 280。

48. Stephen D. Greenblatt, *Renaissance Self-fashioning* (Chicago, IL, 1960); P. D. Glennie and N. J. Thrift, 'Modernity, Urbanism and Modern Consumption', *Environment and Planning D: Society and Space* 10, 1992: 423−443.
49. 根据 Wim van Binsbergen 的观点，收入 Wim M. J. van Binsbergen and Peter L. Geschiere, eds., *Commodification: Things, Agency and Identities (The Social Life of Things Revisited)* (Münster, 2005)，引自 p33。还可参见 Igor Kopytoff, 'The Cultural Biography of Things', in Appadurai, ed., *Social Life of Things*，特别是第 84 页。这是否是笛卡尔或康德令人满意的观点，则是另一回事。此书中讨论了笛卡尔主义的"自我"不仅仅是心灵这一观点：Karen Detlefsen, ed., *Descartes' Meditations: A Critical Guide* (Cambridge，2013)。
50. Bruno Latour, 'From Realpolitik to Dingpolitik', in: *Making Things Public: Atmospheres of Democracy*, ed. Bruno Latour and Peter Weibel (Cambridge, MA, 2005); Bruno Latour, *We Have Never Been Modern* (Cambridge, MA, 1993); 延伸阅读：Frank Trentmann, 'Materiality in the Future of History: Things, Practices and Politics', *Journal of British Studies* 48, no. 2, 2009: 283−307。
51. 这个术语是 Harold J. Cook 在 *Matters of Exchange: Commerce, Medicine and Science in the Dutch Golden Age* (New Haven, CT，2007) 一书中所用的，我在此处加以参考。
52. Brook, *Vermeer's Hat*, 引自 p82。还可参见 Schama, *The Embarrassment of Riches*。
53. Thomas Mun, *England's Treasure by Forraign Trade* (London, 1664), 108.
54. *Some Considerations Touching the Usefulness of Experimental Natural Philosophy* (Oxford, 1663) in: *Works of the Honorable Robert Boyle* (1744), 56.
55. Bishop of Rochester, Thomas Sprat, *The History of the Royal Society of London* (London, 1667), 381, 384.
56. Nicholas Barbon, *A Discourse of Trade* (London, 1690), 14−15.
57. Bernard Mandeville, *The Fable of the Bees* (1714; London, 1989), 68, 69.
58. 如 Clunas, *Superfluous Things*, 146。
59. Daniel Defoe, *A Plan of the English Commerce* (Oxford, 1927 edn; 1st edn 1728), 77, 144-6. John Cary, *An Essay on the State of England* (Bristol, 1695), esp. 147. 延伸阅读：Richard C. Wiles, 'The Theory of Wages in Later English Mercantilism', *Economic History Review*, new series, XXI/1 (April 1968), 113−26; Paul Slack, 'The Politics of Consumption and England's Happiness in the Later Seventeenth Century', *English Historical Review* CXXII, 2007: 609−631; Cosimo Perrotta, *Consumption as an Investment I: The Fear of Goods from Hesiod to Adam Smith* (London and New York, 2004)。
60. Berry, *The Idea of Luxury*; Perrotta, *Consumption as Investment*; Maxine Berg and Elizabeth Eger, eds., *Luxury in the Eighteenth Century: Debates, Desires and Delectable Goods* (Basingstoke, 2003).
61. Michael Kwass, 'Consumption and the World of Ideas: Consumer Revolution and the Moral Economy of the Marquis de Mirabeau', *Eighteenth-century Studies* 37, no. 2, 2004: 187−213. 还可参见 James Livesey, 'Agrarian Ideology and Commercial Republicanism in the French Revolution', *Past and Present*, no. 157, 1997: 94−121。
62. Montesquieu, *L'esprit des lois* (1748), bk VII.
63. David Hume, 'Of Refinement in the Arts' (1741), 重印版见 *Political Essays* (Cambridge，1994)，108，112。还可参见 'Of Commerce'，93−104。
64. Hume, 'Of Refinement in the Arts', 107.

65. David Hume, *A Treatise of Human Nature* (1739), 116. 关于斯宾诺莎主义，参见 Jonathan Israel, *Radical Enlightenment* (Oxford, 2001)。还可参见 Annette C. Baier, 'David Hume, Spinozist', *Hume Studies* XIX/2 (Nov. 1993), 237–252。
66. 'Novelty, and the Unexpected Appearance of Objects', Henry Home/Lord Kames, *Elements of Criticism* (London, 1805; 1st edn 1762), I, 211–221, 引自 p221。可以同 Addison 关于想象之乐的文章进行对比，收入 *Spectator*, no. 412。
67. Adam Smith, *The Theory of Moral Sentiments* (London, 1759), Part IV, ch.1. 我引用的是 1976 年版，系第 6 版（1790 年）的编辑重印版, pp179–187。
68. Smith, *The Wealth of Nations* (Cannan 1904/1976 edn, Chicago; 1st edn 1776), bk II, ch.3, 362–367.
69. Adam Smith, *Wealth of Nations*, 412 (bk III, ch. 2) and 437–440 (bk III, ch. 4). 延伸阅读：Albert O. Hirschman, *The Passions and the Interests: Political Arguments for Capitalism before Its Triumph* (Princeton, NJ, 1977)。
70. William Blackstone, *Commentaries on the Laws of England* (1765–9; 18th edn, 1829, London), II, ch. 1/11.
71. Anne Granville Dewes, 引自 Keith Thomas, *Ends of Life*, 127。此外，参见 Vickery, *Gentleman's Daughter*, 183–194; Laurel Thatcher Ulrich, 'Hannah Barnard's Cupboard: Female Property and Identity in Eighteenth-Century New England', in: *Through a Glass Darkly: Reflections on Personal Identity in Early America*, eds. Ronald Hoffman, Mechal Sobel and Fredrika J. Teute (Chapel Hill, NC, 1997), 238–273; Sandra Cavallo, 'What Did Women Transmit? Ownership and Control of Household Goods and Personal Effects in Early Modern Italy', in: Moira Donald, Linda Hurcombe, eds., *Gender and Material Culture in Historical Perspective* (Basingstoke, 2000), 38–53。
72. Fredrik Albritton Jonsson, *Enlightenment's Frontier: The Scottish Highlands and the Origins of Environmentalism* (New Haven, CN, 2013), 18–26, 237–239.
73. Jonathan Lamb, 'The Crying of Lost Things', *English Literary History* 71, no. 4: 949–967; Mark Blackwell, ed., *The Secret Life of Things: Animals, Objects and It-Narratives in Eighteenth-century England* (Lewisburg, 2007); Julie Park, *The Self and It: Novel Objects in Eighteenth-century England* (Stanford, 2010).
74. Bernard Mandeville, *A Treatise of the Hypochondriack and Hysterick Diseases* (New York, 1976 repr. of 1730 edn; 1st edn 1711), 233.
75. Fredrik Albritton Jonsson, 'The Physiology of Hypochondria in Eighteenth-century Britain', in: *Cultures of the Abdomen: Dietetics, Obesity and Digestion in the Modern World*, eds. Christopher Forth and Ana Cardin-Coyne (New York, 2010). Roy Porter, 'Consumption: Disease of the Consumer Society?' in: *Consumption and the World of Goods*, eds. John Brewer and Roy Porter (London and New York, 1993), 58–81.
76. William Winstanley, *The New Help to Discourse* (London, 1684, 3rd edn), 272, 282, 293–294.
77. Lawrence E. Klein, 'Politeness for Plebes', in: John Brewer and Ann Bermingham, eds., *The Consumption of Culture, 1600–1800* (London, 1995), 362–382.
78. Susan Hanley, *Everyday Things in Premodern Japan* (Berkeley, CA, 1997).
79. Roy Porter, *English Society in the Eighteenth Century* (London, 1990), 222.
80. *The Connoisseur*, 1756, 引自 Robert W. Jones, *Gender and the Formation of Taste in Eighteenth-century Britain* (Cambridge, 1998), 13–14。关于鉴赏力和优雅的文化，

参见 John Brewer, *The Pleasures of the Imagination* (New York, 1997)。

81. Thomas Sheraton, *Cabinet Dictionary*, 1803, 引自 Amanda Vickery, '"Neat and Not Too Showey": Words and Wallpaper in Regency England', in: *Gender, Taste and Material Culture in Britain and North America, 1700-1830*, eds. John Styles and Amanda Vickery (New Haven. CT, 2006), 201-24, 216。还可参见同一卷中: Hannah Greig, 'Leading the Fashion: The Material Culture of London's Beau Monde', 293-313。
82. Zheng Yangwen, *The Social Life of Opium in China*.
83. John Millar, *The Origin of the Distinction of Ranks* (Edinburgh, 4th edn, 1806; 1st edn 1771), 89, 100-102. 延伸阅读: Mary Catharine Moran, 'The Commerce of the Sexes', in: *Paradoxes of Civil Society*, ed. F. Trentmann (New York, 2000), 61-84 和 Karen O'Brien, *Women and Enlightenment in 18th-century Britain* (Cambridge, 2009)。
84. 当前最出色的讨论是 T. H. Breen, *The Marketplace of Revolution: How Consumer Politics Shaped American Independence* (New York, 2004), 虽然对"消费者"这一标签的重复使用脱离了历史背景。
85. John Dickinson, *The Late Regulations Respecting the British Colonies* (London, 1766), 27.
86. Gordon S. Wood, *The Creation of the American Republic, 1776-87* (Chapel Hill. NC, 1998),. 573-577.
87. Richard Wrigley, *The Politics of Appearances: Representations of Dress in Revolutionary France* (Oxford, 2002), ch. 5; Leora Auslander, *Cultural Revolutions: The Politics of Everyday Life in Britain, North America and France* (Oxford, 2009), ch. 5.
88. John Thelwall, *Poems Written in Close Confinement in The Tower and Newgate* (1795), sonnet V.
89. Karl Marx, 'On the Jewish Question', 重印版见 Marx, *Early Political Writings*, ed. J. O'Malley (Cambridge, 1994), 28-56。
90. Karl Marx, *Das Kapital*, I (Frankfurt am Main, 1987; repr. of 1872 edn; 1st edn 1867), 35, 17.
91. Marx, *Das Kapital*, I, 50, 笔者自译。
92. Karl Marx, *Gesamtausgabe* (MEGA), *Karl Marx, Friedrich Engels, Briefwechsel*, 21 January 1858, 笔者自译。
93. MEGA, *Briefwechsel*, vols. V, VI, VII, VIII, IX, 马克思写给恩格斯的信, 27 February 1852, 15 July 1858; 28 April 1862; 27 May 1862; 8 January 1863; 4 July 1864, 15 July 1858, 笔者自译。还可参见 Peter Stalybrass, 'Marx's Coat', in: *Border Fetishisms: Material Objects in Unstable Spaces*, ed. Patricia Spyer (London, 1998), 183-207; Francis Wheen, *Karl Marx* (London, 1999), ch. 8。
94. Nicholas Crafts and T. C. Mills, 'Trends in Real Wages in Britain, 1750-1913', in: *Explorations in Economic History* 31, 1994: 176-194.
95. Galbraith, *The Affluent Society*, 37.
96. T. R. Malthus, *An Essay on the Principle of Population* (London, 1817, 5th edn), III, book IV, ch. 8, 302-304. 延伸阅读: E. A. Wrigley, 'Malthus on the Prospects for the Labouring Poor', *Historical Journal* 31, no. 4, 1988: 813-829。
97. M. v. Prittwitz, *Die Kunst reich zu werden* (Mannheim, 1840), 485, 还可参见 pp488-491, 笔者自译。
98. Wilhelm Roscher, *Principles of Political Economy* (1878), 191, 230, 552; 第一个德译

本出版于1854年。

99. [Anon.], *Hints on the Practical Effects of Commercial Restrictions on Production, Consumption, and National Wealth, with Remarks on the Claims of the Silk Trade. By a Consumer* (London, 1833), 14, 24–25, 原文就使用斜体。
100. Albert Tanner, *Arbeitsame Patrioten, wohlanständige Damen: Bürgertum und Bürgerlichkeit in der Schweiz, 1830–1914* (Zurich, 1995), 284–292, 323–326; Moser 的话引自 p328。
101. Tanner, *Arbeitsame Patrioten*, von Fischer 的观点引自 p303，笔者自译。

第3章

1. 现在可以参见：Steve Pincus, 'Addison's Empire: Whig Conceptions of Empire in the Early 18th Century', *Parliamentary History* 31, no. 1, 2012: 99–117; Carl Wennerlind & Philip J. Stern, eds., *Mercantilism Reimagined: Political Economy in Early Modern Britain and Its Empire* (Oxford, 2013)。
2. Peter M. Solar, 'Opening to the East: Shipping between Europe and Asia, 1770–1830', *Journal of Economic History* 73, no. 3, 2013: 625–661. 关于18世纪50年代到19世纪20年代欧洲各帝国贸易路线的变化（基于1000艘船的航海日志）的视觉图像，参见 EU CLIWOC 项目绘制的地图 http://pendientedemigracion.ucm.es/info/cliwoc/Cliwoc_final_report.pdf。
3. Pomeranz, *Great Divergence*; Parthasarathi, 'The Great Divergence'; P. H. H. Vries, 'Are Coal and Colonies Really Crucial ?' *Journal of World History* 12, 2001: 407–446; Findlay & O'Rourke, *Power and Plenty: Trade, War and the World Economy in the Second Millenium*, 330–364.
4. William T. Rowe, *China's Last Empire: The Great Qing* (Cambridge, MA, 2009), ch. 6.
5. Allen, *The British Industrial Revolution in Global Perspective*, ch. 11.
6. 19世纪三四十年代，这两者之间存在张力。然而，就算在那时，对许多自由主义者而言，公平对待非洲和英国的自由贸易也是共生的：要是这意味着他们的蔗糖会更昂贵，以保护西印度群岛，贫穷的英国人对被解放的奴隶就不会有什么同情心。必须取消糖税。现在可以参见：Richard Huzzey, 'Free Trade, Free Labour and Slave Sugar in Victorian Britain', *Historical Journal* 53, no. 2, 2010: 359–379。
7. Nick Draper, *The Price of Emancipation* (Cambridge, 2009).
8. 奴隶制和家政服务对消费的不同影响，应当得到比以往更多的重视，或者我们在这里能给予更多关注。"物化"应当被理解为一个整体方向、一个过程，而非既成事实。速率与程度各不相同。直到20世纪，战俘奴隶在几内亚仍很普遍；1949年之前，在中国出售孩童依然司空见惯。Sombart 正确地指出了早期现代欧洲的物化过程，然而他将其判断为女性的胜利，这就夸大了。Sombart, *Luxus und Kapitalismus* (Munich, 1912), 112. 她们的丈夫只是在其他方面投资（葡萄酒、雪茄、吸烟服、马匹、图书馆等）。当然，直到20世纪50年代，仆人都是欧洲中产阶级家庭的一部分，但是这些人的角色和依附奴隶不同。20世纪，仆人主要是洗衣机和其他节省劳力技术的替代品，他们很少是活生生的社会地位的证明。最终，他们补充并维持了一种物品的文化，而不是将人们的注意力转移开。关于尼日利亚东部的伊博人怎样将对人口和财富的控制转化成社会地位和精神价值的详细研究，参见 Jane I. Guyer, *Marginal Gains: Monetary Transactions in Atlantic Africa* (Chicago, 2004)。
9. Philip. D Curtin, *Economic Change in Precolonial Africa: Senegambia in the Era of*

the Slave Trade (Madison, WI, 1975); Stanley. B Alpern,'What Africans Got for their Slaves: A Master List of European Trade Goods', *History in Africa* 22, 1995: 5–43; David Eltis,'Trade between Western Africa and the Atlantic World before 1870', *Research in Economic History* 12, 1989: 197–239; A. G. Hopkins, *An Economic History of West Africa* (London, 1973); 和 Herbert. S Klein,'Economic Aspects of the Eighteenth-century Atlantic Slave Trade', in: *The Rise of Merchant Empires*, ed. James D. Tracy (Cambridge 1990), 287–310. Eltis 关于西非的数据同 Curtin 的相比, 铁的份额更低,然而展现了类似的下降趋势。

10. Johann Krapf, 引自 Jeremy Prestholdt,'East African Consumerism and the Genealogies of Globalization', PhD thesis, Northwestern University (Evanston, IL) 2003, 93。现在还可参见 Jeremy Prestholdt, *Domesticating the World: African Consumerism and the Genealogies of Globalization* (Berkeley, CA, 2008)。
11. 引自 Elizabeth Elbourne, *Blood Ground: Colonialism, Missions and the Contest for Christianity in the Cape Colony and Britain, 1799–1853* (Montreal, 2002), 213。
12. Robert Moffat, *Missionary Labours and Scenes in Southern Africa* (London, 1842), 503–507. 还可参见 Jean Comaroff and John Comaroff,'Colonizing Currencies: Beasts, Banknotes and the Colour of Money in South Africa', in: *Commodification: Things, Agency and Identities* (The Social Life of Things revisited), eds. Wim van Binsbergen & Peter L. Geschiere (New Brunswick and London, 2005)。
13. *Church Missionary Traces: The Village Missionary Meeting, A Dialogue . . .* (London, 1852).
14. John Philip, *Researches in South Africa* (London, 1828), 72–73.
15. T. Fowell Buxton, *The African Slave Trade and Its Remedy* (London, 1840), 367–373. 关于美国原住民对家具和舒适用品的渴求,英国圣公会差会的传教士也做出了类似的评判,例如 Choctaws, *Missionary Register 1829*, 472。
16. Samuel Crowther, *Journal of an Expedition up the Niger and Tshadda Rivers*. 附有 J. F. Ade Ajayi 撰写的新序言 (London, 1970, 2nd edn; 1st edn 1854), 11。
17. 引自 Charlotte Sussman, *Consuming Anxieties: Consumer Protest, Gender and British Slavery, 1713–1833* (Stanford, CA, 2000), 40。
18. William Fox, 1791 年, 引自 Sussman, *Consuming Anxieties*, 115。
19. Henry Nevinson, *A Modern Slavery* (London, 1906). 进一步可以参见 Kevin Grant, *A Civilised Savagery: Britain and the New Slaveries in Africa, 1884–1926* (New York, 2005); Lowell J. Satre, *Chocolate on Trial: Slavery, Politics and the Ethics of Business* (Athens, OH, 2005, 1st edn)。1907 年 9 月,*Review of Reviews* 指出,20% 的可可沾染了奴隶的鲜血。最终,吉百利及其他欧洲可可制造商达成共识,同意不使用来自这些岛屿的可可豆,从而解决了问题。
20. Adam Jones and Peter Sebald, *An African Family Archive: The Lawsons of Little Popo/Aneho (Togo) 1841–1938* (Oxford, 2005).
21. 引自 K. Onwuka Dike, *Trade and Politics in the Niger Delta, 1830–85* (Oxford, 1956), 113–114。
22. Joseph Thomson, 引自 Prestholdt, *East African Consumerism*, 125。
23. Christopher Fyfe, *A History of Sierra Leone* (Oxford, 1962), 411–468.
24. Dike, *Trade and Politics in the Niger Delta, 1830–85*, 207.
25. Thomas. J. Lewin, *Asante before the British: The Prempean Years, 1875–1900* (Lawrence, KS, 1978); William Tordoff, *Ashanti under the Prempehs, 1888–1935* (London, 1965). 现在还可参见 G. Austin,'Vent for Surplus or Productivity Breakthrough?

The Ghanaian Cocoa Take-off, c.1890–1936', in: *The Economic History Review*, Vol. 67, issue 4, 1035–1064; E. Frankema and M. van Waijenburg, 'Structural Impediments to African Growth? New Evidence from Real Wages in British Africa, 1880–1965', Centre for Global Economic History working paper no.24 (2011)。

26. Jonathon Glassman, *Feasts and Riot: Revelry, Rebellion and Popular Consciousness on the Swahili Coast, 1856–88* (Portsmouth, NH, 1995)。
27. 引自 Laura Fair, *Pastimes and Politics: Culture, Community and Identity in Post-Abolition Urban Zanzibar, 1890–1945* (Athens, OH, 2001), 64, 关于上文, 参见 pp64–109。
28. Lynn Schler, 'Bridewealth, Guns and Other Status Symbols: Immigration and Consumption in Colonial Douala', *Journal of African Cultural Studies* 16, no. 2, 2003: 213–234。
29. Marion Johnson, 'Cotton Imperialism in West Africa', *African Affairs* 73, no. 291, 1974: 178–187。
30. D. Bavendamm, 1894 年, 引自 Birgit Meyer, 'Christian Mind and Worldly Matters: Religion and Materiality in the Nineteenth-century Gold Coast', in: Richard Fardon, Wim van Binsbergen & Rijk van Dijk, eds., *Modernity on a Shoestring: Dimensions of Globalization, Consumption and Development in Africa and Beyond* (Leiden, 1999), 167–169。
31. 引自 H. Maynard Smith, *Frank: Bishop of Zanzibar: Life of Frank Weston, D. D. 1871–1924* (London, 1926), 187。
32. Klaus J. Bade, *Friedrich Fabri und der Imperialismus in der Bismarckzeit* (Freiburg i. Br., 1975); Horst Gründer, *Christliche Mission und deutscher Imperialismus, 1884–1914* (Paderborn, 1982)。
33. Friedrich Michael Zahn, 收入 *Allgemeine Missions-Zeitschrift: Monatshefte für geschichtliche und theoretische Missionskunde*, Vol. XIV (1887), 46, 笔者自译。
34. 关于这一"光谱"的变化, 参见 A. N. Porter, *Religion Versus Empire? British Protestant Missionaries and Overseas Expansion, 1700–1914* (Manchester, 2004); Roland Oliver, *The Missionary Factor in East Africa* (London, 1952)。
35. Bruno Gutmann, 'The African Standpoint', *Africa* 8, no. 1, 1935: 1–19, 引自 p7。
36. Chika Onyeani, *Capitalist Nigger: The Road to Success* (Timbuktu, 2000)。
37. 例如, 在其他方面相当优秀, 以传染、感染和痛苦的隐喻作为结尾的著作: James Walvin, *Fruits of Empire: Exotic Produce and British Taste, 1660–1800* (London, 1997), 174–183。
38. W. H. Ingrams 引自 Fair, *Pastimes in Zanzibar*, 76。还可参见 Richard Austin Freeman, *Travels and Life in Ashanti and Jaman* (London, 1898/1967), 380。
39. Godfrey Wilson, *An Essay on the Economics of Detribalization in Northern Rhodesia*, Rhodes-Livingstone papers, nos. 5, 6 (Livingstone, Northern Rhodesia 1941), 20。
40. 用 Mona Domosh 的话来说, "灵活的种族主义", *American Commodities in an Age of Empire* (New York, 2006)。同 de Grazia 进行对比: *Irresistible Empire*。
41. Abdul Halim Sharar, *Lucknow: The Last Phase of an Oriental Culture* (Oxford, 1975 edn), 73, 121–125。
42. Maya Jasanoff, *Edge of Empire: Lives, Culture and Conquest in the East 1750–1850* (New York, 2005), 特别是第 2 章。
43. 引自 Robin. D. Jones, *Interiors of Empire: Objects, Space and Identity within the In-

dian Subcontinent, c.1800–1947 (Manchester, 2007), 95。

44. C. A. Bayly, '"Archaic" and "Modern" Globalization in the Eurasian and African Arena, c. 1750–1850', in: *Globalization in World History*, ed. A. G. Hopkins (London, 2002), 45–72, 引自 p52。
45. Russell W. Belk, *Collecting in a Consumer Society* (London and New York, 2001).
46. Hosagrahar Jyoti, 'City as Durbar', in: *Forms of Dominance: On the Architecture and Urbanism of the Colonial Enterprise*, ed. Nezar AlSayyad (Aldershot, 1992), 85–103.
47. Christopher Alan Bayly, *Rulers, Townsmen and Bazaars: North Indian Society in the Age of British Expansion, 1770–1870* (Cambridge, 1983).
48. Douglas Haynes, *Rhetoric and Ritual in Colonial India: The Shaping of a Public Culture in Surat City, 1852–1928* (Berkeley, CA, 1991).
49. John Crawfurd, *A Sketch of the Commercial Resources and Monetary and Mercantile System of British India*, 1837 年，重印版见 *The Economic Development of India under the East India Company, 1814–58: A Selection of Contemporary Writings*, ed. K. N Chaudhuri (Cambridge, 1971), 引自 p233、p241。
50. 参见 Tirthankar Roy, *The Economic History of India, 1857–1947* (Oxford, 2006)。同 B. R. Tomlinson 进行对比: *The New Cambridge History of India, 3: The Economy of Modern India, 1860–1970* (Cambridge, 1993)。
51. David Cannadine, *Ornamentalism* (London, 2001); *The Great Delhi Durbar of 1911* (London, 1911).
52. 这当然不意味着，礼物不再承担其他社会功能。参见 Margot C. Finn, 'Colonial Gifts: Family Politics and the Exchange of Goods in British India', in: *Modern Asian Studies* 40, no. 1, 2006: 203–231。
53. Joseph A. Schumpeter, *Imperialism and Social Classes* (Oxford, 1919/1951), 14.
54. Veena Talwar Oldenburg, *The Making of Colonial Lucknow, 1856–1877* (Princeton, NJ, 1984).
55. Haynes, *Rhetoric and Ritual in Colonial India*.
56. C. A. Bayly, *The New Cambridge History of India: Indian Society and the Making of the British Empire* (Cambridge, 1988).
57. Rita Smith Kipp, 'Emancipating Each Other: Dutch Colonial Missionaries' Encounter with Karo Women in Sumatra, 1900–1942', in: *Domesticating the Empire: Race, Gender and Family Life in French and Dutch Colonialism*, eds. Julia Clancy-Smith & Frances Gouda, (Charlottesville, VA, 1998), ch. 11.
58. Bernard S. Cohn, *Colonialism and Its Forms of Knowledge* (Princeton, NJ, 1996), 106–62; Emma Tarlo, *Clothing Matters: Dress and Identity in India* (London, 1996).
59. Abigail McGowan, 'Consuming Families', in: Douglas Haynes, Abigail McGowan, Tirthankar Roy, & Haruka Yanagisawa, eds., *Towards a History of Consumption in South Asia* (Oxford, 2010), 155–184.
60. Shib Chunder Bose, *The Hindoos as They Are* (London, 1881), 191–208.
61. G. F. Shirras, *Report on an Enquiry into Working-class Budgets in Bombay* (Bombay, 1923).
62. Bose, *The Hindoos as They Are*, 195.
63. Haruka Yanagisawa 'Growth of Small-scale Industries and Changes in Consumption Patterns in South India, 1910s–50s', in: Haynes et al., eds., *Towards a History of Consumption in South Asia*, 51–75.

64. Kate Platt, *The Home and Health in India and the Tropical Colonies* (London, 1923), 16. 进一步可以参见 Elizabeth Buettner, *Empire Families: Britons and Late Imperial India* (Oxford, 2004)。
65. 此处和下文基于 Jones, *Interiors of Empire*, 引自 p1。
66. *Selections from the Calcutta Gazettes, 1784–88* (Calcutta, 1864), 47, 50–54, 60.
67. Jones, *Interiors of Empire*, 105.
68. Platt, *The Home and Health in India and the Tropical Colonies*, 64.
69. Edward Braddon, *Life in India*, 1872 年, 引自 Jones, *Interiors of Empire*, 85。
70. Jones, *Interiors of Empire*, 137.
71. Arnold Wright, *Twentieth-century Impressions of Ceylon* (London, 1907), 709–11, 额外的例子见 p487、p692、p697、p720。
72. Charles Feinstein, 'Changes in Nominal Wages, the Cost of Living and Real Wages in the United Kingdom over the Two Centuries, 1780–1990,' in: *Labor's Reward: Real Wages and Economic Change in 19th -and 20th -century Europe*, eds. P. Scholliers & V. Zamagni (Aldershot, 1995).
73. Ernst Engel, 'Die Productionsund Consumtionsverhältnisse des Königreichs Sachsen', in: *Zeitschrift des statistischen Büreaus des K. Sächsischen Ministerium des Innern*, 22 Nov. 1857. 关于同时代人的误解, 参见 Carle C. Zimmerman, 'Ernst Engel's Law of Expenditures for Food', *Quarterly Journal of Economics*, 47/1 (Nov. 1932), 78–101。关于恩格尔的影响, 参见 Erik Grimmer-Solem, *The Rise of Historical Economics and Social Reform in Germany, 1864–1894* (Oxford, 2003)。
74. Lawrence B. Glickman, *A Living Wage: American Workers and the Making of Consumer Society* (Ithaca, NY, 1997).
75. William C. Beyer, Rebekah P. Davis & Myra Thwing, *Workingmen's Standard of Living in Philadelphia: A Report by the Bureau of Municipal Research of Philadelphia* (New York City, 1919). 关于当时的工资, 参见 Lindley Daniel Clark, *Minimum-wage Laws of the United States: Construction and Operation* (Washington, DC, 1921)。
76. Shirras, *Report on an Enquiry into Working-class Budgets in Bombay*, 14. 关于对西方标准的批评, 参见 Radhakamal Mukerjee, *The Foundations of Indian Economics* (London, 1916)。
77. J. S. Mill, *Essays on Some Unsettled Questions of Political Economy* (London, 1844), 132.
78. William Stanley Jevons, *The Theory of Political Economy* (London 1888, 3rd edn; 1st edn 1871), ch. 3, 43.
79. 1863 年, 引自 Donald Winch, *Wealth and Life* (Cambridge, 2009), 155。
80. R. M. Robertson, 'Jevons and His Precursors', *Econometrica*, Vol. XIX, 1951: 229–249; R. C. D. Black, *Economic Theory and Policy in Context* (Aldershot, 1995).
81. W. Stanley Jevons, *The State in Relation to Labour* (London, 1887 edn; 1st edn 1882), 41.
82. Lionel Robbins, 'The Place of Jevons in the History of Economic Thought', *Manchester School of Economics and Social Studies*, VII (1936), 1.
83. Alfred Marshall, *Principles of Economics* (London, 1920, 8th edn; 1st edn 1890), p72, 下文参见 pp74–75。
84. Marshall, *Principles of Economics*, 113.
85. Karl Oldenberg, 'Die Konsumtion', in *Grundriss der Sozialökonomie*, II, eds. Fr. Von Gottl-Ottlilienfeld et al. (Tübingen, 1914), 103–164. 与之类似, 爱尔兰人 Cliffe

Leslie 主张，"一个国家若没有大量多余花销的习惯，就会陷入贫困"，出自他的 *Essays in Political and Moral Philosophy* (1879), 223。

86. Simon N. Patten, *The Consumption of Wealth* (Philadelphia, 1889), vi.
87. Simon N. Patten, *The New Basis of Civilization* (New York, 1907), 143. 进一步可以参见 Daniel M. Fox, *The Discovery of Abundance: Simon N. Patten and the Transformation of Social Theory* (Ithaca, NY, 1967).
88. *Current Opinion*, 54 (1913), 51–52.
89. T. H. Marshall, *Citizenship and Social Class and Other Essays* (Cambridge, 1950).
90. Charles Gide, *La Cooperation: Conférences de propaganda* (Paris, 1900), 227, 笔者自译。
91. Ellen Furlough, *Consumer Cooperation in France: The Politics of Consumption, 1834–1930* (Ithaca, NY, 1991), 80–97.
92. Kathryn Kish Sklar, *Florence Kelley and the Nation's Work* (New Haven, CT, 1995).
93. Elisabeth von Knebel-Doeberitz, 'Die Aufgabe und Pflicht der Frau als Konsument', in: *Hefte der Freien Kirchlich-Sozialen Konferenz*, 40 (Berlin, 1907), 39, 笔者自译。
94. Alain Chatriot, Marie-Emmanuelle Chessel & Matthew Hilton, eds., *Au nom du consommateur: Consommation et politique en Europe et aux États-Unis au XX siècle* (Paris, 2004); Louis L. Athey, 'From Social Conscience to Social Action: The Consumers' Leagues in Europe, 1900–1914', *The Social Service Review* 52, no. 3, 1978: 362–382; Matthew Hilton, *Consumerism in Twentieth-century Britain* (Cambridge, 2003).
95. *La Liberté: Journal politique, religieux, social*, 26 Sept.1908, 1, 笔者自译。
96. Women's Co-operative Guild, *28th Annual Report, 1910–11*. Gillian Scott, *Feminism and the Politics of Working Women: The Women's Co-operative Guild, 1880s to the Second World War* (London, 1998).
97. Teresa Billington Greig, *The Consumer in Revolt* (London, 1912), 引自 p4、p52。
98. J. A. Hobson, *Imperialism: A Study* (London, 1902), 86.
99. J. A. Hobson, *Evolution of Modern Capitalism* (London, 1897), 368–377; *Work and Wealth* (London, 1914).
100. 参见以下几条注释中的文献，以及 Benjamin S. Orlove, 'Meat and Strength: The Moral Economy of a Chilean Food Riot,' *Cultural Anthropology* 12, no. 2, 1997: 234–268。
101. Christoph Nonn, *Verbraucherprotest und Parteiensystem im wilhelminischen Deutschland* (Düsseldorf, 1996), 78.
102. Marie-Emmanuelle Chessel, *Consommateurs engagés à la Belle Époque: La Ligue sociale d'acheteurs* (Paris, 2012); Marie-Emmanuelle Chessel, 'Women and the Ethics of Consumption in France at the Turn of the Twentieth Century', in: *The Making of the Consumer: Knowledge, Power and Identity in the Modern World*, ed. Frank Trentmann (Oxford, 2006), 81–98.
103. Walter E. Weyl, *The New Democracy* (New York, 1912), 254.
104. 引文出自化学工业家 Alfred Mond。参见 Frank Trentmann, *Free Trade Nation: Commerce, Consumption and Civil Society in Modern Britain* (Oxford, 2008)。
105. Michael Edelstein, *Overseas Investment in the Age of High Imperialism* (New York, 1982); Lance E. Davis & Robert A. Huttenback, *Mammon and the Pursuit of Empire* (Cambridge, 1986); Avner Offer, 'Costs and Benefits, Prosperity and Security, 1870–1914', in: *The Oxford History of the British Empire*, ed. Andrew Porter (Oxford,

1999), 690–711.
106. Stephen Constantine, '"Bringing the Empire Alive": The Empire Marketing Board and Imperial Propaganda, 1926–33', in: *Imperialism and Popular Culture*, ed. John M. MacKenzie (Manchester, 1986), 192–231; Trentmann, *Free Trade Nation*.
107. Trevor Burnard, *Mastery, Tyranny and Desire: Thomas Thistlewood and His Slaves in the Anglo-Jamaican World* (Jamaica, 2004).
108. Joanna de Groot, 'Metropolitan Desires and Colonial Connections', in: Catherine Hall & Sonya Rose, eds., *At Home with the Empire* (Cambridge, 2006), 186.
109. Mintz, *Sweetness and Power*, 157.
110. 自 1745 年的 73.1 万磅到下一年的 235.9 万磅; Ashworth, *Customs and Excise: Trade, Production and Consumption in England. 1640–1845*, 178。
111. Kwass, *Contraband*.
112. Clarence-Smith, *Cocoa and Chocolate, 1765–1914*; W. G. Clarence-Smith & Steven Topik, *The Global Coffee Economy in Africa, Asia and Latin America, 1500–1989* (Cambridge, 2003).
113. Ernst Neumann, *Der Kaffee: Seine geographische Verbreitung, Gesamtproduktion und Konsumtion* (Berlin, 1930), 141–143; 法国数据是 1927 年的。
114. Neumann, *Kaffee*, 69, 151. 丹麦在维尔京群岛有小型殖民地，自那里获得朗姆酒，然而主要从巴西和危地马拉进口咖啡。
115. Michelle Craig McDonald & Steven Topik, 'Americanizing Coffee', in: Alexander Nützenadel & Frank Trentmann, eds., *Food and Globalization: Consumption, Markets and Politics in the Modern World* (Oxford, 2008), 109–128.
116. Martin Bruegel, 'A Bourgeois Good? Sugar, Norms of Consumption and the Labouring Classes in Nineteenth-century France,' in: Peter Scholliers, *Food, Drink and Identity: Cooking, Eating and Drinking in Europe since the Middle Ages* (Oxford, 2001), 99–118.
117. Hamburger Staatsarchiv, 314–1/B VIII 8, 'Berichte von Angestellten der Deputation über Konsumverhältnisse in ihnen bekannten Orten', 1878 年 5 月 20 日，笔者自译。
118. Julia Laura Rischbieter, 'Kaffee im Kaiserreich', PhD thesis, Frankfurt (Oder), 2009, 283; 现在可以参见她的著作: *Mikro-Ökonomie der Globalisierung* (Cologne, 2011)。Hamburger Staatsarchiv, 314–1/B VIII 8, 1878 年 5 月 12 日（关于马格德堡）。关于法国的白兰地和咖啡，参见 W. Scott Haine, *The World of the Paris Café: Sociability among the French Working Class, 1789–1914* (Baltimore, 1998).
119. 在埃森，它只是 1910 年停止在工作时间供应啤酒。
120. 例如，1875 年汉堡的圣乔治医院，Hamburger Staatsarchiv, HH 314–1, B VIII, no. 19。
121. *Illustrated London News*, 1885 年 8 月; *Graphic*, 1896 年 9 月 19 日; *Penny Illustrated Paper*, 1896 年 8 月 1 日, p66, 1901 年 10 月 26 日, p272。
122. Roman Rossfeld, *Schweizer Schokolade: Industrielle Produktion und kulturelle Konstruktion eines nationalen Symbols, 1860–1920* (Baden, 2007).
123. Jan De Vries, *The Economy of Europe in an Age of Crisis, 1600–1750* (Cambridge, 1976), 71–73.
124. J. R. Peet, 'The Spatial Expansion of Commercial Agriculture in the Nineteenth Century', *Economic Geography* 45, 1969: 283–301.
125. David T. Courtwright, *Forces of Habit: Drugs and the Making of the Modern World* (Cambridge, MA, 2001), 53–66.

126. 进一步可以参见 David Anderson, Susan Beckerleg, Degol Hailu & Axel Klein, *The Khat Controversy: Stimulating the Debate on Drugs* (Oxford, 2007)。
127. Erika Rappaport, 'Packaging China: Foreign Articles and Dangerous Tastes in the Mid-Victorian Tea Party', in: Frank Trentmann, ed., *The Making of the Consumer: Knowledge, Power and Identity in the Modern World* (Oxford and New York, 2006), 125–146, 引自 p131（1851 年）。
128. Peter H. Hoffenberg, *An Empire on Display: English, Indian and Australian Exhibitions from the Crystal Palace to the Great War* (California, 2001), 引自 p115。
129. 这意味着，在标志着白种盎格鲁-撒克逊人对价值链的掌控的案例中，商品产自殖民地一事依然重要。这延伸到了白人定居的殖民地，例如"加拿大鲑鱼"的营销。
130. Kolleen M. Guy, *When Champagne became French: Wine and the Making of a National Identity* (Baltimore, MD, 2003).
131. Kai-Uwe Hellmann, *Soziologie der Marke* (Frankfurt am Main, 2003), Part I. 现在还可参见 T. da Silva Lopes & Paulo Guimaraes, 'Trademarks and British Dominance in Consumer Goods, 1876–1914', in: *Economic History Review*, Vol. 67, issue 3, 793–817。
132. 引自 Manuel Llorca-Jana, *The British Textile Trade in South America in the Nineteenth Century* (Cambridge, 2012), p. 92。
133. John Hamilton Potter, *Travels through the Interior Provinces of Colombia* (London, 1827), Vol I, 139 and Vol. II, 76, 120–121. 关于这条参考文献，我要感谢 Ana Maria Otero-Cleves，2011 年她的牛津大学博士毕业论文（'From Fashionable Pianos to Cheap White Cotton: Consuming Foreign Commodities in Nineteenth-century Colombia'）更加详细地讨论了这些流动。
134. Benjamin Orlove, ed., *The Allure of the Foreign: Imported Goods in Post-colonial Latin America* (Michigan, 1997).
135. Gary Magee & Andrew Thompson, *Empire and Globalization: Networks of People, Goods and Capital in the British World, c.1850–1914* (Cambridge, 2010), 以及此次圆桌会议: *British Scholar Journal*, III, Sept. 2010。
136. Richard Wilk, *Home Cooking in the Global Village: Caribbean Food from Buccaneers to Ecotourists* (Oxford and New York, 2006). 关于对商品链的探讨，参见 Foster: 'Tracking Globalization: Commodities and Value in Motion'。
137. Thomas Richards, *The Commodity Culture of Victorian England: Advertising and Spectacle, 1851–1914* (Stanford, CA, 1990), 144.
138. Anne McClintock, *Imperial Leather: Race, Gender and Sexuality in the Colonial Contest* (London, 1995), 36.
139. *The Whitehall Review Annual*, 1881-2, 重印版见 Anandi Ramamurthy, *Imperial Persuaders: Images of Africa and Asia in British Advertising* (Manchester, 2003), 67。
140. *Penny Illustrated Paper*, 1901 年 2 月 23 日, p144 和 1901 年 1 月 26 日, p272。
141. *The Times*, 1910 年 10 月 24 日, p14。
142. Arthur Girault, *The Colonial Tariff Policy of France* (Oxford, 1916); Rae Beth Gordon, 'Natural Rhythm: La Parisienne Dances with Darwin: 1875–1910', *Modernism/modernity* 10, no. 4, 2003: 617–656.
143. 德国历史博物馆，柏林，P 57/1452 (Hofer, Kaffee-Messmer); Rischbieter, 'Kaffee im Kaiserreich', 227–231; Volker Ilgen & Dirk Schindelbeck, *Am Anfang war die Litfasssäule* (Darmstadt, 2006), plate 13 (Stollwerck)。与之类似，巴黎装饰艺术博物馆收藏的 400 幅咖啡和可可海报中，只有不多几幅带有异国形象；殖民地咖啡馆

那幅图像（未标日期）是 Edward Ancourt 创作的，inv. no. 12115。有些咖啡生产商保留了同摩尔人的联系，然而，就算在这些地方，种族形象和区域来源也会被混淆。例如"摩尔人咖啡"（Mohren-Kaffee）的案例，它由 Hamburg-Bahrenfeld 的 A. L. Mohr 生产，是真正异国咖啡豆和当地替代品的混合，广告则是同平均品质的真正咖啡豆相比，能冲泡出更浓的咖啡。

144. Claudia Baldioni & Jonathan Morris, 'La globalizzazione dell'espresso italiano', *Memoria e Ricerca*, XIV, 23, 2006, 27-47.

第 4 章

1. Sombart, *Luxus und Kapitalismus*, 28-41.
2. Max Weber, *Economy and Society* (1978 Engl. edn; 1st edn 1922), eds. G. Roth & C. Wittich (Berkeley, CA), 125-126.
3. Bairoch, *De Jéricho à Mexico: Villes et économie dans l'histoire*, 373-376, 516-542. 关于不同类型的城市，现在可以参见 Jürgen Osterhammel, *Die Verwandlung der Welt* (Munich, 2009), section VI。
4. Julius Rodenberg, 'Die vierundzwanzig Stunden von Paris', in: *Paris bei Sonnenschein und Lampenlicht*, ed. Julius Rodenberg (Berlin, 1867), 1-54, 40, 笔者自译。他说公共场合有 4 万盏灯，实际数量是一半，参见下条注释。
5. Commission Internationale de l'Éclairage, *Recueil des travaux et compte rendu des séances, sixième session, Genève-Juillet, 1924* (Cambridge, 1926), 288; Léon Clerbois, 'Histoire de l'éclairage public a Bruxelles', *Annales de la société d'archéologie de Bruxelles* 24, 1910, 175.
6. *The Gas World Year Book 1913* (London, 1913); J. C. Toer & Asociados, eds., *Gas Stories in Argentina, 1823-1998* (Buenos Aires, 1998). 电力的普及更晚，会在关于家庭的那一章里讨论。关于这些网络，参见 Thomas P. Hughes, *Networks of Power: Electrification in Western Society, 1880-1930* (Baltimore, MD, 1983)。
7. *The Journal of Gas Lighting, Water Supply, etc.*, CX (1910), 10 May 1910, 371-375; John F. Wilson, *Lighting the Town: A Study of Management in the North-west Gas Industry, 1805-1880* (Liverpool, 1991), 167; Charles W. Hastings, *Gas Works Statistics* (1880; 1884); *The Gas World Year Book 1913*; *Gas in Home, Office and Factory: Hints on Health, Comfort and Economy-Popular Lectures at the National Gas Congress and Exhibition, London, October 1913* (London, 1913).
8. J. T. Fanning, *A Practical Treatise on Hydraulic and Water-supply Engineering* (New York, 1902, 15th edn), 41. 在行文中，我已经将数字转换成了美制加仑（3.8 升），以保持一致。帝国（英制）加仑自 2000 年起不再作为法定单位，合 4.5 升。
9. Richard L. Bushman & Claudia L. Bushman, 'The Early History of Cleanliness in America', in: *The Journal of American History* 74, no. 4, 1988: 1213-38; 还可参见 E. Shove, *Comfort, Cleanliness and Convenience: The Social Organization of Normality* (Oxford, 2003)。
10. John Simon, *English Sanitary Institutions* (London, 1897, 2nd edn), 466.
11. Jean-Pierre Goubert, *The Conquest of Water: The Advent of Health in the Industrial Age* (Princeton, NJ, 1989), 150-151.
12. A. R. Binnie, *Royal Commission on Metropolitan Water Supply 1893-94*, XL, Part I, 18 June 1892, para. 3235.
13. Elizabeth Otis Williams, *Sojourning, Shopping and Studying in Paris: A Handbook*

Particularly for Women (London, 1907), 34;《上海工部局年度报告》, 1935 年, 第 188 页; Hanchao Lu, 'The Significance of the Insignificant: Reconstructing the Daily Lives of the Common People of China', in: *China: An International Journal* 1, no. 1, 2003: 144-158; Goubert, *Conquest of Water*, 62。

14. 上海市档案馆,《上海工部局年度报告》, 1905 年, 第 152 页; Shahrooz Mohajeri, *100 Jahre Berliner Wasserversorgung und Abwasserentsorgung 1840-1940* (Stuttgart, 2005), 71 f.; Maureen Ogle, 'Water Supply, Waste Disposal and the Culture of Privatism in the Mid-nineteenth-century American City', in: *Journal of Urban History* 25, no. 3, 1999: 321-347; R. Wilkinson & E. M. Sigsworth, 'A Survey of Slum Clearance Areas in Leeds', in: *Yorkshire Bulletin of Social and Economic Research*, vol 15/1, 1963, 25-47; Clemens Zimmermann, *Von der Wohnungsfrage zur Wohnungspolitik* (Göttingen, 1991); Petri S. Juuti & Tapio S. Katko, eds., *From a Few to All: Long-term Development of Water and Environmental Services in Finland* (Finland, 2004), 19f.; Petri S. Juuti & Tapio S. Katko, eds., *Water, Time and European Cities* (Tampere, 2005)。
15. Ruth Rogaski, *Hygienic Modernity: Meanings of Health and Disease in Treaty-port China* (Berkeley, CA, 2004), 212-224; Sidney D.Gamble, *Peking: A Social Survey* (London, 1921), 31.
16. F. Bramwell 致皇家供水委员会的一份备忘录（1900 年）,Vol. 39, Appendix Z, 6, 406。
17. Vanessa Taylor & Frank Trentmann, 'Liquid Politics: Water and the Politics of Everyday Life in the Modern City', in: *Past & Present* 211, 2011: 199-241.
18. Ruth Schwartz-Cowan, 'The Consumption Junction: A Proposal for Research Strategies in the Sociology of Technology', in: *The Social Construction of Technological Systems: New Directions in the Sociology and History of Technology*, eds. Wiebe E. Bijker, Thomas P. Hughes & Trevor J. Pinch (Cambridge, MA, 1987), 261-280.
19. Clémentine Deroudille, *Brassens: Le Libertaire de la chanson* (Paris, 2011), 26-27.
20. Constance Williams &Arthur Martin in *Gas in Home-Popular Lectures*, 49-72. 进一步可以参见 Martin Daunton, *House and Home in the Victorian City* (London, 1983); Judith Flanders, *The Victorian House* (London, 2004), 168-173。
21. Henry Letheby, 'Report on the Coal Gas Supplied to the City of London' (London, 1854); John Simon, 'Report by the Medical Officer of Health on Complaints of Nuisance from the City of London Gas Company's Works' (London, 1855); Toer &Asociados, eds., *Gas Stories in Argentina.*
22. Manuel Charpy, 'Le Théâtre des objets: espaces privés, culture matérielle et identité bourgeoise, Paris 1830-1914', PhD thesis, Université François-Rabelais de Tours, 2010, Vol. I, 249-271.
23. Jun'ichiro Tanizaki, *In Praise of Shadows* (1933; 1977 Engl.).
24. Jens Hanssen, *Fin de siècle Beirut: The Making of an Ottoman Provincial Capital* (Oxford, 2005), 200; Edward Seidensticker, *Low City, High City: Tokyo from Edo to the Earthquake* (London, 1983), 80-81.
25. Haydn T. Harrison, 'Street Lighting', in: *Commission Internationale de l'Éclairage*, 1924 年, p277, 以及 1911 年的测试。
26. *The Journal of Gas Lighting, Water supply, etc.*. CXII (1910), 引自 p473、p471。
27. Lynda Nead, *Victorian Babylon: People, Streets and Images in Nineteenth century London* (New Haven and London, 2000); Joachim Schlör, *Nights in the Big City* (Lon-

don, 1998); Wolfgang Schivelbusch, *Lichtblicke: Zur künstlichen Helligkeit im 19. Jahrhundert* (Munich, 1983); Chris Otter, *The Victorian Eye: A Political History of Light and Vision in Britain, 1800–1910* (Chicago, 2008).
28. Robert Millward, 'European Governments and the Infrastructure Industries, c.1840–1914', in: *European Review of Economic History* 8, 2004: 3–28, 下文同。Martin V. Melosi, *The Sanitary City* (Baltimore, MD, 2000)。
29. P. J. Waller, *Town, City and Nation: England 1850–1914* (Oxford, 1983), 300; Robert Millward & Robert Ward, 'From Private to Public Ownership of Gas Undertakings in England and Wales, 1851–1947', *Business History* 35, no. 3, 1993: 1–21; Wilson, *Lighting the Town*.
30. John Henry Gray, *Die Stellung der privaten Beleuchtungsgesellschaften zu Stadt und Staat* (Jena, 1893); Martin Daunton, 'The Material Politics of Natural Monopoly: Consuming Gas in Victorian Britain', in: *The Politics of Consumption: Material Culture and Citizenship in Europe and America*, eds. Martin Daunton & Matthew Hilton (Oxford, 2001), 69–88.
31. W. H. Y. Webber, 'Gas Meter' and John Young, 'Hints to Gas Consumers', in: *Gas in Home-Popular Lectures*, 1913, 85–99; Graeme J. N. Gooday, *The Morals of Measurement: Accuracy, Irony and Trust in Late-Victorian Electrical Practice* (Cambridge, 2004).
32. Christopher Hamlin, 'Muddling in Bumbledom: On the Enormity of Large Sanitary Improvements in Four British Towns, 1855–1885', *Victorian Studies* 32, 1988: 55–83; M. J. Daunton, 'Public Place and Private Space: The Victorian City and the Working-class Household', in: *The Pursuit of Urban History*, eds. Derek Fraser & Anthony Sutcliffe (London, 1983).
33. Taylor & Trentmann, 'Liquid Politics'.
34. A. Dobbs, *By Meter or Annual Value?* (London, 1890), 30。
35. James H. Fuertes, *Waste of Water in New York and Its Reduction by Meters and Inspection: Report to the Committee on Water-supply of the Merchants' Association of New York* (New York, 1906), 84.
36. *Royal Commission on Metropolitan Water Supply 1893–94*, XL, Part I, Minutes of Evidence, 5 Oct. 1892, 7353–4.
37. *Royal Commission on Water Supply* (1900), Cd. 25, Final Report, para. 178, 74.
38. Fuertes, *Waste of Water*, 100.
39. Fuertes, *Waste of Water*, 56.
40. Fuertes, *Waste of Water*, 42.
41. *Royal Commission on Water Supply* (1900), Cd. 25, Final Report, paras 176–80. 还可参见 W. R. Baldwin-Wiseman, 'The Increase in the National Consumption of Water', in: *Journal of the Royal Statistical Society* 72, no. 2, 1909: 248–303, 特别是 p259。
42. *Royal Commission on Metropolitan Water Supply, 1893–94*, XL, Part I, 5 Oct. 1892, 7358.
43. Patrick Joyce, *The Rule of Freedom: Liberalism and the Modern City* (London, 2003); Tom Crook, 'Power, Privacy and Pleasure: Liberalism and the Modern Cubicle', in: *Cultural Studies* 21, no. 4–5, 2007: 549–569.
44. Richard Wollheim, *Germs: A Memoir of Childhood* (London, 2004), 132; Fuertes, *Waste of Water*, 30; Goubert, *Conquest of Water*, 131.
45. Roger-Henri Guerrand, *Les Lieux: Histoire des commodités* (Paris, 1997), 157.

46. M. Thiele & W. Schickenberg, *Die Verhältnisse von 534 Stadthannoverschen kinderreichen Kriegerfamilien* (Hanover, 1919), 8 'Wie sahen diese Höfe übrigens manchmal aus'; Clemens Wischermann, *Wohnen in Hamburg* (Münster, 1983).
47. 第 28 号采访, P. Thompson & T. Lummis, *Family Life and Work Experience before 1918, 1870–1973*, Colchester, Essex: UK Data Archive。
48. Madeleine Yue Dong, *Republican Beijing: The City and Its Histories* (Berkeley, CA, 2003), ch. 6. 关于城南游艺园，参见 Gamble, *Peking: A Social Survey*, 235–9。
49. Claire Holleran, *Shopping in Ancient Rome: The Retail Trade in the Late Republic and the Principate* (Oxford, 2012).
50. Sombart, *Luxus und Kapitalismus*.
51. Rosalind H. Williams, *Dream Worlds: Mass Consumption in Late-nineteenth-century France* (Berkeley, CA, 1982), 67.
52. S. Faroqhi, *Towns and Townsmen of Ottoman Anatolia* (Cambridge, 1984).
53. Claire Walsh, 'The Newness of the Department Store: A View from the Eighteenth Century', in: Geoffrey Crossick & Serge Jaumain, eds., *Cathedrals of Consumption: The European Department Store, 1850–1939* (Aldershot, 1999), 46–71; Claire Walsh, 'Shops, Shoppping and the Art of Decision Making in Eighteenth-century England', in: *Gender, Taste and Material Culture in Britain and North America, 1700–1830*, eds. John Styles & Amanda Vickery (New Haven, CT, 2006); Welch, *Shopping in the Renaissance*; Jon Stobart, *Sugar and Spice: Grocers and Groceries in Provincial England, 1650–1830* (Oxford, 2012); Tammy Whitlock, *Crime, Gender and Consumer Culture in Nineteenth-century England* (Aldershot, 2005); Karen Newman, *Cultural Capitals: Early Modern London and Paris* (Princeton, NJ, 2007); John Benson & Laura Ugolini, eds., *A Nation of Shopkeepers: Five Centuries of British Retailing* (London, 2003); Isobel Armstrong, *Victorian Glassworlds: Glass Culture and the Imagination, 1830–1880* (Oxford, 2008), 134–141.
54. 文献过于繁多，不能备举。除了后面的文献，我特别参考了 Michael B. Miller, *The Bon Marché: Bourgeois Culture and the Department Store, 1869–1920* (London, 1981); Crossick &Jaumain, eds., *Cathedrals of Consumption*; Bill Lancaster, *The Department Store* (Leicester, 1995); H. Pasdermadjian, *The Department Store: Its Origins, Evolution and Economics* (London, 1954); Erika D. Rappaport, *Shopping for Pleasure: Women and the Making of London's West End* (Princeton, NJ, 2000)。
55. Richard Dennis, *Cities in Modernity* (Cambridge, 2008), 311; 还可参见 Richards, *The Commodity Culture of Victorian England: Advertising and Spectacle, 1851–1914*。
56. Roger Gravil, *The Anglo-Argentine Connection, 1900–1939* (Boulder, CO, 1985), 92–94, 107; Wellington K. K. Chan, 'Selling Goods and Promoting a New Commercial Culture', in: Sherman Cochran, *Inventing Nanking Road: Commercial Culture in Shanghai, 1900–1945* (Ithaca, NY, 1999), 19–36.
57. Harrod's Stores Ltd, *Harrod's Catalogue 1895* (Newton Abbot, 1972 facsimile), 816, 879, 1128, 1156.
58. Harrod's Stores Ltd, *A Story of British Achievement, 1849–1949* (London, 1949).
59. *Olivia's Shopping and How She Does It: A Prejudiced Guide to the London Shops* (London, 1906), 62–63. 关于 18 世纪商店的销售和赊账，现在可以参见 Natacha Coquery, *Tenir boutique à Paris au XVIIIe siècle: Luxe et demi-luxe* (Paris, 2011), ch. 7。
60. Émile Zola, *The Ladies' Paradise*, trans. Brian Nelson (Oxford, 1883/1995), 397–398, 418–419.

61. Zola, *The Ladies' Paradise*, 77, 104, 117, 240.
62. 参见 Perez Galdos 的小说, *La da Bringas* (1884). Lara Anderson, *Allegories of Decadence in Fin-de-siècle Spain: The Female Consumer in the Novels of Emilia Pardo Bazán and Benito Pérez Galdós* (Dyfed, 2006)。
63. Miles Ogborn, *Spaces of Modernity: London Geographies, 1680–1780* (New York, 1998), 116–157.
64. Nead, *Victorian Babylon*, 62–79; Krista Lysack, *Come Buy, Come Buy: Shopping and the Culture of Consumption in Victorian Women's Writing* (Athens, Ohio, 2008).
65. Zola, *The Ladies' Paradise*, 422; Elaine Abelson, *When Ladies Go A-Thieving* (Oxford, 1989); Detlef Briesen, *Warenhaus, Massenkonsum und Sozialmoral: Zur Geschichte der Konsumkritik im 20. Jahrhundert* (Frankfurt am Main, 2001); Uwe Spiekermann, 'Theft and Thieves in German Department Stores, 1895–1930', in: Crossick & Jaumain, eds., *Cathedrals of Consumption*, 135–159. 还可参见 Mona Domosh, 'The "Women of New York": A Fashionable Moral Geography', *Environment and Planning D: Society and Space* 19, 2001: 573–592。
66. Paul Göhre, *Das Warenhaus* (Frankfurt am Main, 1907).
67. Georg Simmel, *The Philosophy of Money* (London, 1990, 2nd edn; 1st edn 1900), 449–461.
68. Walter Benjamin, *The Arcades Project*, trans. Eiland Howard & Kevin McLaughlin (Cambridge, MA, 1999), 389, K1, 4.
69. Benjamin, *The Arcades Project*, 408, L2, 4.
70. Benjamin, *The Arcades Project*, 540, R2, 3.
71. Benjamin, *The Arcades Project*, 43, A4, 1; 还可参见 60, A12, 5. 关于其他阅读材料, 参见 Beatrice Hanssen, ed., *Walter Benjamin and the Arcades Project* (London, 2006); Susan Buck-Morss, *The Dialectics of Seeing: Walter Benjamin and the Arcades Project* (Cambridge, MA, 1989); Esther Leslie, *Walter Benjamin* (London, 2007); Esther Leslie, 'Flâneurs in Paris and Berlin', in: *Histories of Leisure*, ed. Rudy Koshar (Oxford and New York, 2002)。
72. Benjamin, *The Arcades Project*, pp. 370f AP, J 81 1, 1.
73. Rappaport, *Shopping for Pleasure*, 132–141.
74. Göhre, *Das Warenhaus*, 141–142, 笔者自译。Warren G. Breckman, 'Disciplining Consumption: The Debate about Luxury in Wilhelmine Germany, 1890–1914', in: *Journal of Social History* 24, no. 3, 1991: 485–505.
75. Rachel Morley, 'Crime without Punishment: Reworkings of Nineteenth-century Russian Literary Sources in Evgenii Bauer's Child of the Big City', in: *Russian and Soviet Film Adaptations of Literature, 1900–2001*, ed. Stephen Hutchings & Anat Vernitski (London, 2004), 27–43.
76. Julius Hirsch, *Das Warenhaus in Westdeutschland: Seine Organisation und Wirkungen* (PhD, 1909) ,28. 在巴黎的卢浮宫百货公司, 平均售价是 20 法郎。
77. 引自 Susan Matt, *Keeping up with the Joneses: Envy in American Consumer Society, 1890–1930* (Philadelphia, 2003), 78。
78. Brent Shannon, 'ReFashioning Men: Fashion, Masculinity and the Cultivation of the Male Consumer in Britain, 1860–1914', in: *Victorian Studies* 46, no. 4, 2004: 597–630; Christopher Breward, *The Hidden Consumer: Masculinities, Fashion and City Life, 1860–1914* (Manchester, 1999).
79. E. E. Perkins, *The Lady's Shopping Manual and Mercery Album* (London, 1834), vi。

80. Margot C. Finn, *The Character of Credit: Personal Debt in English Culture, 1740–1914* (Cambridge, 2003), 特别是 pp264-273; Whitlock, *Crime, Gender and Consumer Culture*。
81. Fred W. Leigh, 'Let's Go Shopping' (London, 1913).
82. Uwe Spiekermann, *Basis der Konsumgesellschaft: Entstehung und Entwicklung des modernen Kleinhandels in Deutschland, 1850–1914* (Munich, 1999), 380f.
83. William Leach, *Land of Desire: Merchants, Power, and the Rise of a New American Culture* (New York, 1994), 62.
84. Sarah Elvins, *Sales and Celebrations: Retailing and Regional Identity in Western New York State, 1920–40* (Athens, OH, 2004).
85. Huda Sha'arawi, *Harem Years: The Memoirs of an Egyptian Feminist, 1879–1924*, 引自这本资料集 Reina Lewis & Nancy Micklewright (eds.), *Gender, Modernity, Liberty: Middle Eastern and Western Women's Writings* (London, 2006), 192. 关于店员，参见 Nancy Young Reynolds, *Commodity Cultures: Interweavings of Market Cultures, Consumption Practices and Social Power in Egypt, 1907–61* (PhD, Stanford University, 2003), ch. 3。
86. Werner Sombart, *Der Moderne Kapitalismus* (Munich, 1916, 2nd edn), , Vol. II, Part I, ch. 28.
87. T. K. Dennison, *The Institutional Framework of Russian Serfdom* (Cambridge, 2011), 199-212.
88. David Blanke, *Sowing the American Dream: How Consumer Culture Took Root in the Rural Midwest* (Athens, OH, 2000). 还可参见 Roman Sandgruber, *Die Anfänge der Konsumgesellschaft: Konsumgütergesellschaft, Lebensstandard und Alltagskultur in Österreich im 18. und 19. Jahrhundert* (Vienna, 1982); Michael Prinz, ed., *Der lange Weg in den Überfluss: Anfänge und Entwicklung der Konsumgesellschaft seit der Vormoderne* (Paderborn, 2003)。
89. John Benson, 'Large-scale Retailing in Canada', in: John Benson & Gareth Shaw, eds., *The Evolution of Retail Systems, c.1800–1914* (Leicester, 1992), 190ff.
90. Karl Marx, *Das Kapital*, I (Frankfurt am Main, 1969 edn; 1st edn 1867), 314. 还可参见 Braudel, *Structures of Everyday Life*, I, ch. 8。
91. Werner Sombart, *Der Moderne Kapitalismus*, II, Leipzig 1902, 379; Miller, *Bon Marché*, 61f.
92. Harvey Pitcher, *Muir and Mirrielees: The Scottisch Partnership that became a Household Name in Russia* (Cromer, 1994), 145-147.
93. Rita Andrade, 'Mappin Stores: Adding an English Touch to the Sao Paulo Fashion Scene', in: Regina A. Root, ed., *The Latin American Fashion Reader* (Oxford, 2005), ch. 10; Orlove, ed., *The Allure of the Foreign: Imported Goods in Post-colonial Latin America*; Christine Ruane, 'Clothes Shopping in Imperial Russia: The Development of a Consumer Culture', in: *Journal of Social History* 28, no. 4, 1995: 765-782.
94. Reynolds, *Commodity Cultures in Egypt*, 75-88. 关于伊斯玛仪帕夏的现代化，参见 Janet L. Abu-Lughod, *Cairo: 1001 Years of the City Victorious* (Princeton, NJ, 1971), 98-117。
95. James Jefferys, *Retail Trading in Britain, 1850–1950* (Cambridge, 1954), 21-30.
96. Spiekermann, Basis; H.-G. Haupt, 'Der Laden', in: *Orte des Alltags*, ed. H.-G. Haupt (Munich, 1994), 61-67; H.-G. Haupt & Geoffrey Crossick, eds., *The Petite Bourgeoisie in Europe, 1780–1914* (London, 1998).

97. Martin Philips, 'The Evolution of Markets and Shops in Britain', in: Benson & Shaw, eds., *The Evolution of Retail Systems, c.1800-1914*, 54. 还可参见 Margot Finn, 'Scotch Drapers and the Politics of Modernity', in: *The Politics of Consumption: Material Culture and Citizenship in Europe and America*, eds. Martin J. Daunton & Matthew Hilton (Oxford, 2001), 89-107. Charlotte Niermann, ' "Gewerbe im Umherziehen" – Hausierer und Wanderlager in Bremen vor 1914', in: *Der Bremer Kleinhandel um 1900*, ed. H.-G. Haupt (Bremen, 1982), 207-255。
98. Spiekermann, *Basis*, 277-295, 382-415, 736-741.
99. G. J. Holyoake，第十九届合作代表大会开幕致辞 (Manchester, 1887), 11。
100. G. D. H. Cole, *A Century of Co-operation* (London, 1944); Ellen Furlough & Carl Strikwerda, eds., *Consumers against Capitalism? Consumer Cooperation in Europe, North America and Japan, 1840-1990* (Lanham and Oxford, 1999); Michael Prinz, *Brot und Dividende: Konsumvereine in Deutschland und England vor 1914* (Göttingen, 1996); Martin Purvis, 'Societies of Consumers and Consumer Societies: Cooperation, Consumption and Politics in Britain and Continental Europe c.1850-1920', in: *Journal of Historical Geography* 24, no. 2, 1998: 147-169.
101. James Schmiechen & Kenneth Carls, *The British Market Hall* (New Haven, CT, 1999). Andrew Lohmeier, 'Bürgerliche Gesellschaft and Consumer Interests: The Berlin Public Market Hall Reform, 1867-1891', in: *Business History Review* 73, no. 1, 1999: 91-113.
102. Lange, 1911 年，引自 Spiekermann, *Basis*, 183。
103. Henri Lefebvre, *The Production of Space*, trans. Donald Nicholson-Smith (Oxford, 1991).
104. 上海市档案馆，《上海工部局年度报告》, 1929 年，p169、p170、p172。
105. Rosemary Bromley, 'Market-place Trading and the Transformation of Retail Space in the Expanding Latin American City', in: *Urban Studies* 35, no. 8, 1998: 1311-33; G. M. Zinkhan, S. M. Fontenelle & A. L. Balazs, 'The Structure of Sao Paolo Street Markets', in: *Journal of Consumer Affairs* 33, no. 1, 1999: 3-26.
106. Schmiechen & Carls, *The British Market Hall*, 192.
107. Christina M. Jiménez, 'From the Lettered City to the Sellers' City: Vendor Politics and Public Space in Urban Mexico, 1880-1926', in: Gyan Prakash & Kevin M. Kruse, eds., *The Spaces of the Modern City* (Princeton, 2008), 214-246.
108. Henri Lefebvre, *Rhythmanalysis: Space, Time and Everyday Life* (London, 2004/1992), 40-41.
109. Elizabeth Shove, Frank Trentmann & Richard Wilk, eds., *Time, Consumption and Everyday Life* (Oxford, 2009). 还可参见本书第 5 章的相关内容。
110. George R. Sims, ed., *Living London: Its Work and Its Play, Its Humour and Its Pathos, Its Sights and Its Scenes*, 3 vols. (London, 1904), Vol. II, 13, 380; Vol. III, 143.
111. Schmiechen & Carls, *The British Market Hall*, 142-175.
112. Lefebvre, *The Production of Space*, 86.
113. Stephen Kern, *The Culture of Time and Space, 1880-1918* (Cambridge, MA, 1983); 对比阅读 James Chandler Kevin Gilmartin, eds., *Romantic Metropolis: The Urban Scene of British Culture, 1780-1840* (Cambridge, 2005)。
114. 马克斯·韦伯称之为 Lebensführung。
115. Georg Simmel, 'Die Grossstädte und das Geistesleben', in: *Die Grossstadt. Vorträge und Aufsätze zur Städteausstellung, Jahrbuch der Gehe-Stiftung* 9, 1903: 185-206,

116. 'Die kleinen Ladenmädchen gehen ins Kino', 1927年3月, repr. in Siegfried Kracauer, *Das Ornament der Masse* (Frankfurt am Main, 1977), 引自 pp279–280; 'Kult der Zerstreung', 1926年3月4日, repr. in Kracauer, *Ornament*, 引自 p311、p313, 笔者自译。
- repr. in *Gesamtausgabe*, Vol. VII (1995), and transl. as 'The Metropolis and Mental Life', in: *The Sociology of Georg Simmel*, ed. Kurt Wolff (New York, 1950).
117. Deutsche Kinemathek，柏林，基本陈列。
118. Michael M. Davis, *The Exploitation of Pleasure: A Study of Commercial Recreations in New York City* (New York, 1912), 21; Douglas Gomery, *Shared Pleasures: A History of Movie Presentation in the United States* (London, 1992); Joseph Garncarz, 'Film im Wanderkino', in: *Geschichte des dokumentarischen Films in Deutschland: Vol. I: Kaiserreich, 1895–1918*, eds. Uli Jung & Martin Loiperdinger (Stuttgart, 2005); Jon Burrows, 'Penny Pleasures: Film Exhibition in London during the Nicklodeon Era, 1906–14', *Film History* 16, no. 1, 2004: 60–91; Luke McKernan, ' "A Fury for Seeing" : London Cinemas and Their Audiences, 1906–1914 (Working Paper no. 1),' (AHRC Centre for British Film and Television Studies, 2005). 还可参见可检索数据库 www.londonfilm.bbk.ac.uk。
119. Jean-Jacques Meusy, *Paris-Palaces, ou le temps de cinemas (1894–1918)*, (Paris, 1995), 173f. 关于爱尔兰，参见 Kevin Rockett & Emer Rockett, *Magic Lantern, Panorama and Moving Picture Shows in Ireland, 1786–1909* (Dublin, 2011)。
120. C. H. Rolph, *London Particulars* (Oxford, 1980), 105.
121. Georges Dureau, 引自 Meusy, *Paris-Palaces*, 255, 笔者自译。
122. Simmel, 'Grossstädte'.
123. 引自 Meusy, *Paris-Palaces*, 229. V. Toulmin, S. Popple & P. Russell, eds., *The Lost World of Mitchell and Kenyon: Edwardian Britain on Film* (London, 2004); Lynda Nead, 'Animating the Everyday: London on Camera circa 1900', in: *Journal of British Studies* 43, 2004: 65–90。
124. Melvyn Stokes & Richard Maltby, eds., *American Movie Audiences* (London, 1999); Richard Butsch, *The Making of American Audiences: From Stage to Television, 1750–1990* (Cambridge, 2000), 142–147; Kathy Peiss, *Cheap Amusements: Working Women and Leisure in Turn-of-the-Century New York* (Philadelphia, 1986).
125. Emilie Altenloh, *Zur Soziologie des Kino: Die Kino-Unternehmung und die sozialen Schichten ihrer Besucher* (Jena, 1914), 67–68.
126. Peter Bailey, *Leisure and Class in Victorian England* (London, 1978).
127. George Barton Cutten, *The Threat of Leisure* (New Haven, CT, 1926), 17, 72, 90.
128. Granville Stanley Hall, *Adolescence: Its Psychology and Its Relations to physiology*, Vol. I (New York, 1904); John R. Gillis, *Youth and History: Tradition and Change in European Age Relations, 1770-Present* (New York, 1981 edn).
129. 汉堡国家档案馆，424-24/88，1922年1月14日，Lorenzen 先生，青年福利部，阿尔托那，笔者自译。关于美国，参见 David Nasaw, *Children of the City* (New York, 1985)。
130. Davis, *Exploitation of Pleasure* (1912), 3, 上条引文见 p9。
131. Henry W. Thurston, *Delinquency and Spare Time: A Study of a Few Stories Written into the Court Records of the City of Cleveland* (Cleveland, 1918), 22–23, 79, 85.
132. Michael M. Davis Jr, *The Exploitation of Pleasure: A Study of Commercial Recreations in New York City* (New York, 1912), 14.

133. Raymond Moley, *Commercial Recreation* (Cleveland, 1920), 87, 上文见 p91。
134. 汉堡国家档案馆, 614–1/18/57, 'Kampf gegen Schmutz und Schund in Wort und Bild', 1921 年 12 月和 1922 年 10 月 24 日。
135. Davis Jr, *Exploitation of Pleasure*, 44.
136. Roy Rosenzweig, *Eight Hours for What We Will: Workers and Leisure in an Industrial City, 1870–1920* (Cambridge, 1983), 147. 关于曼彻斯特, 参见 H. E. Meller, *Leisure and the Changing City, 1870–1914* (London 1976). 关于科隆: Hans Langenfeld in Zusammenarbeit mit Stefan Nielsen/Klaus Reinarz und Josef Santel, 'Sportangebot und-nachfrage in grossstädtischen Zentren Nordwestdeutschlands (1848–1933)', in: Juergen Reulecke, ed., *Die Stadt als Dienstleistungszentrum* (St Katharinen, 1995), 461。
137. Roland S. Vaile, *Research Memorandum on Social Aspects of Consumption in the Depression* (New York, 1937), 25.
138. 关于科尼岛和布莱克浦, 参见 Gary S. Cross & John K. Walton, *The Playful Crowd: Pleasure Places in the Twentieth Century* (New York, 2005), 引自 p109。
139. Wong Yunn Chii & Tan Kar Lin, 'Emergence of a Cosmopolitan Space for Culture and Consumption: The New World Amusement Park-Singapore (1923–70) in the Inter-War Years', in: *Inter-Asia Cultural Studies* 5, no. 2, 2004: 279–304; Philip Holden, 'At Home in the Worlds: Community and Consumption in Urban Singapore', in: *Beyond Description: Singapore Space Historicity*, eds. Ryan Bishop, John Phillips & Yeo Wei-Wei (New York, 2004), 79–94; Yung Sai Shing & Chan Kwok Bun, 'Leisure, Pleasure and Consumption: Ways of Entertaining Oneself', in: *Past Times: A Social History of Singapore*, eds. Kwok Bun Chan & Tong Chee Kiong, (Singapore, 2003), 153–181.
140. 20 世纪 70 年代, Manuel Castells 主张, 工业资本主义导致了城市的自治社会体系特性的消失, in *The Urban Question* (London, 1978)。

第 5 章

1. Bruno Taut, *Die neue Wohnung* (Leipzig, 1928, 5th rev. edn; 1st edn 1924), 引自 pp10–12、pp59–60, 笔者自译。
2. Barbara Miller Lane, *Architecture and Politics in Germany, 1918–45* (Cambridge, MA, 1968); 关于作为建筑师的陶特, 参见 Erich Weitz, *Weimar Germany* (Princeton, NJ, 2007), 169–183。
3. Clarence Cook, *The House Beautiful* (New York, 1881), 49.
4. Deborah Cohen, *Household Gods: The British and Their Possessions* (New Haven, CN, 2006), 36.
5. Edward Young, *Labor in Europe and in America* (Washington, DC, 1875), tables, 822–825.
6. Sergej Prokopowitsch, 'Haushaltungs-budgets Petersburger Arbeiter', in: *Archiv für Sozialwissenschaft und Sozialpolitik* 30, 1910, 66–99, 所谓夏季租户（Sommermieter）。
7. Daunton, 'Public Place and Private Space: The Victorian City and the Working-Ccass Household', 227.
8. 美国驻斯德哥尔摩公使 Andrews 先生的报告, 1873 年, 收入 Young, *Labor in Europe and in America*, 698。还可参见芬兰坦佩雷的阿穆里区, 如今是工人住宅博物馆。

9. Taut, *Die neue Wohnung*, 98, 笔者自译。
10. 关于这点和其他更多信息，参见以下优秀论著 Charpy, 'Le Théâtre des objets: Espaces privés, culture maté-rielle et identité bourgeoise, Paris 1830–1914'. 2 vols, I. 还可参见 Walter Benjamin, *Berlin Childhood around 1900* (Cambridge MA, 2006)。
11. Louise d'Alq, *Le Maître et la maîtresse de maison* (1885), 引自 Charpy, I, p179。还可参见 Jean-Pierre Goubert, ed., *Du luxe au confort* (Paris, 1988)。
12. Judy Neiswander, *The Cosmopolitan Interior: Liberalism and the British Home, 1870–1914* (New Haven, CN, 2008).
13. Sonia Ashmore, 'Liberty and Lifestyle', in: David Hussey & Margaret Ponsonby, eds., *Buying for the Home: Domestic Consumption from the Seventeenth to the Twentieth Century* (Aldershot, 2008).
14. Natacha Coquery, 'Luxe et demi-luxe : Bijoutiers et tapissiers parisiens à la fin du XVIIIe siècle', in Stephane Castelluccio (ed.), *Le Commerce de luxe à Paris au XVIIe et XVIIIe siècle* (Bern, 2009).
15. 1820—1890 年，伦敦商人名录显示家具经纪人的数量自 2 增加到 390，家具交易商自 2 增加到 47，家具商自 165 增加到 468；Clive Edwards & Margaret Ponsonby, 'Desirable Commodity or Practical Necessity?', in: Hussey & Ponsonby, *Buying for the Home*, 123–124. 关于巴黎，参见 Charpy, 'Le Théâtre des objets', I, 特别是 pp507–614。
16. Steven M. Gelber, *Hobbies: Leisure and the Culture of Work in America* (New York, 1999), 139. 还可参见 Belk, *Collecting in a Consumer Society*; Raphael Samuel, *Theatres of Memory* (London, 1994)。
17. 参见第 3 章的讨论。
18. Veblen, *The Theory of the Leisure Class: An Economic Study of Institutions*, 69. Riesman 将这二者区分开来——有自己主见的显眼消费者和更循规蹈矩、受外界影响的消费者，*The Lonely Crowd* (1953 edn; 1st edn 1950), 143f。
19. Veblen, *Leisure Class*, 69.
20. Veblen, *Leisure Class*, 69.
21. Charlotte Perkins Gilman, *The Home: Its Work and Influence* (1903; Walnut Creek, CA: Altamira, 2002 repr.), 120.
22. Taut, *Die Neue Wohnung*, 87. 关于对凡勃伦和其他通用理论的批评，参见 Jean-Pascal Daloz, *The Sociology of Elite Distinction* (Basingstoke, 2010)。
23. George & Weedon Grossmith, *The Diary of a Nobody* (London, 1999; 1st edn 1892), 31–35.
24. Max Weber, 'Zwischenbetrachtung', in: *Gesammelte Aufsätze zur Religionssoziologie* I (1988 edn; 1st edn 1920), 特别是 pp568–571，笔者自译。英文材料见 *From Max Weber: Essays in Sociology*, eds. Hans Heinrich Gerth & Charles Wright Mills (Oxford, 1946)。
25. Leora Auslander, *Taste and Power: Furnishing Modern France* (Berkeley, CA, 1996).
26. Jackson Lears, *Fables of Abundance: A Cultural History of Advertising in America* (New York, 1994), 49. 根据 Lears 的观点，到 1900 年，其他可选择的思考方式"已经在知识分子当中失去了几乎全部的合法性"，被局限在少数"古怪的作者和艺术家当中"，见 p19。
27. Bill Brown, *A Sense of Things: The Object Matter of American Literature* (Chicago, 2003).
28. Graham Wallas, *Human Nature in Politics* (London, 1908).

29. Henry James, *The Spoils of Poynton* (1897; Penguin Classics, 1987 edn), 30.
30. James, *Spoils of Poynton*, 43.
31. William James, *Principles of Psychology* (New York, 1950 edn; 1st edn 1890), Vol. I, 291。它们并不完全一致，他承认，但是它们的运作方式"对所有人来说都大同小异"。在其晚年，詹姆斯推测，植物、动物和大地是否也有自己的意识：参见 Bruce Wilshire, 'The Breathtaking Intimacy of the Material World: Williams James's Last Thoughts', in: *The Cambridge Companion to William James*, ed. Ruth Anna Putnam (Cambridge, 1997), 第 6 章。George Herbert Mead 会推进其中某些观点，强调人和物在合作关系中互相支持的方式：G. H. Mead, *The Philosophy of the Act* (Chicago, 1938), ed. Charles Morris; 还可参见以下讨论 E. Doyle McCarthy, 'Toward a Sociology of the Physical World: George Herbert Mead on Physical Objects', in: *Studies in Symbolic Interaction* 5, 1984: 105–121。
32. James, *Principles of Psychology*, I, 125.
33. James, *Principles of Psychology*, I, 122.
34. 罗素的 *History of Western Philosophy* 中，讨论詹姆斯的篇幅有 8 页，讨论海德格尔的一页都没有。在 *Wisdom of the West*（纽约，1959 年）中，罗素保留了一条注解"人们不禁怀疑，这里的语言发生了'暴乱'。他的推测中有趣的一点是，坚持称虚无具有积极意义。和存在主义的其他许多观点一样，这是心理学观察，却被当作逻辑"，p303。
35. Martin Heidegger, 'Das Ding' (1949), in: *Gesamtausgabe*, III, Vol. 79: *Bremer and Freiburger Vorträge* (1994), 5–23; 英文材料见 *Poetry, Language, Thought* (New York, 2001), 161–84。
36. 可以在此观看纪录片影像 /www.youtube.com/watch?v= Mqsu72ZlJ2c。
37. Heidegger, *Sein und Zeit*, 69–84.
38. 1948 年，建筑师 Siegfried Giedion 的 *Mechanization Takes Command* 将赋予这种情感新的力量。
39. Heidegger, *Sein und Zeit*, 126–127，笔者自译。原文是"man"，这里通常被译为"他们"（they）。"群众"能更好地体现海德格尔所表述的单一而循规蹈矩的品质。
40. Fiona C. Ross, 'Urban Development and Social Contingency: A Case Study of Urban Relocation in the Western Cape', in: *Africa Today* 51, no. 4, 2005: 19–31.
41. Godfrey Wilson, *An Essay on the Economics of Detribalization in Northern Rhodesia* (Rhodes-Livingstone Papers, 1941), 18.
42. Eurostat, *Housing Statistics in the European Union* 2004, table 3.5, 50.
43. Herbert Hoover, *American Individualism* (Garden City, NY, 1923), 27, 32, 38. 还可参见 David Burner, *Herbert Hoover: A Public Life* (New York, 1979)。关于同时代人的看法，参见 Walter Friar Dexter, *Herbert Hoover and American Individualism* (New York, 1932)。
44. de Grazia, *Irresistible Empire*.
45. Michael Sandel, *Democracy's Discontent: America in Search of a Public Philosophy* (Cambridge, MA, 1996).
46. W. E. Du Bois, *The Philadelphia Negro* (Philadelphia, 1899), 195f.
47. Hazel Kyrk, *Economic Problems of the Family* (New York, 1929), 417.
48. Elaine Lewinnek, *The Working Man's Reward: Chicago's Early Suburbs and the Roots of American Sprawl* (Oxford, 2014), 64–84, 94–105.
49. 48%。关于数字，参见 Heinz Umrath, 'The Problem of Ownership', in: *International Labor Review*, 1955, issue 2, p. 110; Bruno Shiro, 'Housing Surveys in 75 cities,

1950 and 1952', in: *Monthly Labor Review*, 1954, 744–750; 1930 年的人口普查数据，引自 Kyrk, *Economic Problems of the Family*, p416。
50. 引自 Marina Moskowitz, *Standard of Living: The Measure of the Middle Class in Modern America* (Baltimore and London, 2004), p140, 下文参见 pp163–173。
51. Regina Lee Blaszczyk, *Imagining Consumers: Design and Innovation from Wedgwood to Corning* (Baltimore, 2000), 176–181.
52. James Hutchisson, *The Rise of Sinclair Lewis, 1920–30* (University Park, PA, 1996), 88.
53. Sinclair Lewis, *Babbitt* (London, 1922), 95–96.
54. Lewis, *Babbitt*, 23–24.
55. Lewis, *Babbitt*, 103–104, 斜体为原文所加。
56. M. Mead Smith, 'Monthly Cost of Owning and Renting New Housing, 1949–50', in: *Monthly Labour Review*, 1954 年 8 月, 852。
57. Jordan Sand, *House and Home in Modern Japan: Architecture, Domestic Space and Bourgeois Culture, 1880–1930* (Cambridge, MA, 2003), 298.
58. Peter Clarke, *Hope and Glory: Britain 1900–1990* (London, 1996), 144–150; Peter Scott, 'Marketing Mass Home Ownership and the Creation of the Modern Working-class Consumer in Interwar Britain', in: *Business History* 50, no. 1, 2008: 4–25; Peter Scott, 'Did Owner-occupation Lead to Smaller Families for Inter-war Working-class Households', in: *Economic History Review* 61, no. 1, 2008: 99–124. 关于法国，参见 Alexia Yates, 'Selling la petite propriété: Marketing Home Ownership in Early-twentieth-century Paris', in *Entreprises et histoire* 64, no. 3, 2011: 11–40。
59. W. E. Dwight, 'Housing Conditions and Tenement Laws in Leading European Cities', in: Robert W. Deforest & Lawrence Veiller, eds., *The Tenement House Problem* (New York City, 1903), 174–184. 关于 20 世纪 20 年代，参见 Daniel T. Rodgers, *Atlantic Crossings: Social Politics in a Progressive Age* (Cambridge, MA, 1998), 381–391。
60. 现在可以参见 Peter Scott, *The Making of the Modern British Home: The Suburban Semi and Family Life between the Wars* (Oxford, 2013), ch. 2。
61. 在芬兰，自 1980 年的 19% 上升到 2003 年的 26%；在英国，自 16% 上升到超过 18%；参见瑞典的全国住房委员会等, *Housing Statistics in the European Union* (2004), 61。在这一节的剩余部分，我讨论了房屋财富对消费的影响。
62. 引自 Madeline McKenna, 'The Development of Suburban Council Housing Estates in Liverpool between the Wars', Liverpool PhD thesis, Liverpool University, 1986, Vol II, Mrs F., Settington Road, Norris Green, interview no. 12, 428–429。
63. Bruno Shiro, 'Housing Surveys in 75 cities, 1950 and 1952', *Monthly Labor Review*, 1954, 744–750. 20 世纪 60 年代起，严格的租金控制和税务规定给联邦德国带来了相近的影响：在租房得到保障的情况下，人们投入资金，让租来的公寓现代化。
64. European Mortgage Federation, Hypo Stat, 2009.
65. 引自 Vera Dunham, *In Stalin's Time: Middle-class Calues in Soviet Fiction* (Cambridge, 1976), p48。
66. Michael McKeon, *The Secret History of Domesticity: Public, Private and the Division of Knowledge* (Baltimore, 2005), 259–264.
67. 一个孩子要睡在客厅里。Royal Meeker, 'Relation of the Cost of Living to Public Health', in: *Monthly Labor Review*, 1919 年 1 月, Vol. VIII, no. 1, 5。Meeker 是这一机构的美国特派员。

68. 如 William C. Beyer, Rebekah P. Davis & Myra Thwing, *Workingmen's Standard of Living in Philadelphia: A Report by the Bureau of Municipal Research of Philadelphia* (New York, 1919), 1。
69. V. Volkov, 'The Concept of Kul' turnost' ', in: Sheila Fitzpatrick, ed., *Stalinism: New Directions* (London, 2000), 210-230.
70. John E. Crowley, *The Invention of Comfort: Sensibilities and Design in Early Modern Britain and Early America* (Baltimore, MD, 2001). 还可参见 Shove, *Comfort, Cleanliness and Convenience: The Social Organization of Normality*。
71. Kyrk, *Economic Problems of the Family*, 368.
72. White House Conference on Child Health and Protection, *The Young Child in the Home: A Survey of Three Thousand American Families* (New York, 1936), 274.
73. 'The Demand for Domestic Appliances', in: *National Institute Economic Review* 12, 1960 年 11 月, tables 2, 5 and 6, 24-44。
74. Frost, 'Machine Liberation', 124. 延伸阅读 Sue Bowden & Avner Offer, 'Household Appliances and the Use of Time: The United States and Britain since the 1920s', in: *Economic History Review* 47, no. 4, 1994: 725-748。
75. 'The Demand for Domestic Appliances', 27f.
76. David E. Nye, *Consuming Power: A Social History of American Energies* (Cambridge, MA, 1998), 170f.; Ruth Schwartz Cowan, *More Work for Mother* (New York, 1983), 91.
77. Robert S. Lynd & Helen Merrell Lynd, *Middletown: A Study in Modern American Culture* (New York, 1929), 引自 pp97-98; 还可参见 p175. 还可参见此处的调查数据: Federal Emergency Administration of Public Works, Housing Division, Bulletin no. 1: *Slums and Blighted Areas in the United States* (Washington, DC, 1935)。
78. R. Wilkinson & E. Sigsworth, 'A Survey of Slum Clearance Areas in Leeds', in: *Yorkshire Bulletin of Economic and Social Research*, Vol. XV/1, 1963, 25-47; François Caron, *Economic History of Modern France* (New York, 1979); Karl Ditt, 'Energiepolitik und Energiekonsum: Gas, Elektrizität und Haushaltstechnik in Großbritannien und Deutschland 1880-1939', in: *Archiv für Sozialgeschichte*, 2006: 107-152.
79. Hughes, *Networks of Power: Electrification in Western Society, 1880-1930*.
80. H. Schütze, *Elektrizität im Haushalt* (Stuttgart, 1928), 22, 59.
81. *Energiewirtschaftliche Tagesfragen*, Vol. XIV, issue 123 (1964), 155f.
82. 上海市档案馆（SMA），《上海工部局年度报告》, 1923 年, 5A; 1924 年, 2A, 6A。
83. SMA, *Municipal Gazette*, 1937 年 3 月 30 日, pp98-100; Bureau of Social Affairs, the City Government of Greater Shanghai, *Standard of Living of Shanghai Laborers* (1934), pp135-148。
84. Vereinigung der Elektrizitätswerke, *Fortschritte in der Elektrifizierung des Haushalts* (Berlin, 1932), 106.
85. 这座厨房出现在维多利亚 & 阿尔伯特博物馆（V&A）2006 年的现代主义展览中; *Modernism: Designing a New World*, ed. Christopher Wilk (London, 2006), 180; 原图见 www.vam.ac.uk/vastatic/microsites/1331_modernism/files/94/1926_frankfurt_lihotzky.jpg。还可参见 Michelle Corrodi, 'On the Kitchen and Vulgar Odors', in: Klaus Spechtenhauser, ed., *The Kitchen: Life World, Usage, Perspectives* (Basel, 2006), 21-42。
86. Nederlandse Vereniging van Huisvrouwen (NVvH), 参见 Onno de Wit, Adri de la

Bruheze & Marja Berendsen, 'Ausgehandelter Konsum: Die Verbreitung der modernen Küche, des Kofferradios und des Snack Food in den Niederlanden', *Technikgeschichte*, 68 (2001), 133–155。

87. 《上海工部局年度报告》, 1924 年, 相对着的 7A 大小的插图; Deborah S. Ryan, *Daily Mail – Ideal Home Exhibition: The Ideal Home through the Twentieth Century* (London, 1997), 49–55, 93; Robert L. Frost, 'Machine Liberation: Inventing Housewives and Home Appliances in Interwar France', in: *French Historical Studies*, Vol. 18, no. 1 (Spring, 1993), 127。

88. *Energiewirtschaftliche Tagesfragen* 13, issue 114/115 (1963), 引自 p247, 笔者自译; Nicholas Bullock, 'First the Kitchen: Then the Façade', in :*Journal of Design History*, Vol. I, no. 3/4 (1988), 188–190. Margaret Tränkle, 'Neue Wohnhorizonte', in: Ingeborg Flagge, ed., *Geschichte des Wohnens: Von 1945 bis Heute*, Vol. V (Stuttgart, 1999), 754–755。

89. 1932 年起, 希拉·曼就生活在 Meyer's Hof。采访收录于 J. F. Geist and K. Kürvers, *Das Berliner Mietshaus, 1862–1945*, Vol. II (Munich, 1984), 535–536, 笔者自译。

90. Jacques Berque, *Egypt: Imperialism and Revolution* (London, 1972; 1st edn, France, 1967), 332。

91. Schler, 'Bridewealth', in: *Journal of African Cultural Studies*, 2003.

92. Ellen Hellmann, *Rooiyard: A Sociological Survey of an Urban Native Slum Yard* (Cape Town, 1948), 特别是 p10、p28、p31 (budget no. 2)、p115。此书基于她 1935 年的硕士论文。

93. *American Home*, 1934 年, 引自 Arwen P. Mohun, *Steam Laundries: Gender, Technology and Work in the United States and Great Britain, 1880–1940* (Baltimore and London, 1999), p259。

94. Turin, 1956 年, 引自 Enrica Asquer, *La rivoluzione candida: Storia sociale della lavatrice in Italia, 1945–70* (Rome, 2007), p71, 笔者自译; Wolfgang König, *Geschichte der Konsumgesellschaft* (Stuttgart, 2000), 231–232。

95. Mohun, *Steam Laundries*, 256; Susan Strasser, *Never Done: A History of American Housework* (New York, 1982), 104–124.

96. Joy Parr, *Domestic Goods: The Material, the Moral and the Economic in the Post-war Years* (Toronto, 1999), ch. 10.

97. Simon Partner, *Assembled in Japan: Electrical Goods and the Making of the Japanese Consumer* (Berkeley, 1999), 141, 181–183.

98. Helen Meintjes, 'Washing Machines Make Women Lazy: Domestic Appliances and the Negotiation of Women's Propriety in Soweto', *Journal of Material Culture* 6, no. 3, 2001: 345–363.

99. John Kenneth Galbraith, *Economics and the Public Purpose* (Boston, 1973).

100. Henkel Archiv, *Düsseldorf, Gesolei Tagesberichte*, 1926 年, 无 编 号, *Gesundheitspflege, soziale Fürsorge und Leibesübungen* (GeSoLei), 笔者自译。

101. Wilfried Feldenkirchen & Susanne Hilger, *Menschen und Marken: 125 Jahre Henkel* (Düsseldorf, 2001), 75–76.

102. Henkel Archiv, Düsseldorf, *Blätter vom Hause*, 17. Jhg, 1937, 49 and report in H 482, quoted at 349 (1936). 关于上述内容, 还可参见以下文件, H 310: *Waschvorführung*; H 480, Gesolei; *Gesolei Tagesberichte*, 1926; Henkel-Bote, 1937 年 9 月 18 日, 关于婴儿死亡率图表; Blätter vom Hause, 17. Jhg, 1937, 46, 49, 137; 1928, 266; 胶卷: *Das Ei des Kolumbus*。

103. *President's [Hoover] Conference on Home Building and Home Ownership, Household Management and Kitchens*（Washington, 1932），前言。还可参见 Margaret Horsfield, *Biting the Dust: The Joys of Housework* (London, 1998)。
104. Barbara Sato, *The New Japanese Woman: Modernity, Media and Women in Inter-war Japan* (Durham, NC, 2003), 102. 对比阅读: Joanna Bourke, 'Housewifery in Britain, 1850–1914', *Past and Present*, 143/1 (1994), 167–197。
105. 高官 Ministerialrat Dr Gertrud Bäumer（1928年博览会总负责人）所言, *Heim und Technik: Amtlicher Katalog, Ausstellung München 1928* (1928), 45。
106. Sand, *House and Home*, 21–94.
107. 引自 Sand, *House and Home*, p183; p187，关于健康和安全，还可参见第5章。还可参见 Sheldon Garon, 'Luxury is the Enemy: Mobilizing Savings and Popularizing Thrift in Wartime Japan', in: *Journal of Japanese Studies* 26, no. 1, 2000: 41–78。
108. Amy Hewes, 'Electrical Appliances in the Home', in: *Social Forces* 2, Dec. 1930: 235–242, 引自 p241。
109. 关于计算，参见 Joel Mokyr, 'Why "More Work for Mother?" Knowledge and Household Behavior, 1870–1945', in: *The Journal of Economic History* 60, no. 1, 2000: 1–41。
110. G. Silberzahn-Jandt, *Waschmaschine* (Marburg, 1991) 74.
111. Cowan, *More Work*, 引自 p100，还可参见 pp159–199。
112. Lee Rainwater, Richard P. Coleman & Gerald Handel, *Workingman's Wife: Her Personality, World and Life Style* (New York, 1959), 179.
113. Lynd & Lynd, *Middletown*, 174; 关于之后的数据，参见 Jonathan Gershuny, *Changing Times: Work and Leisure in Post-industrial Society* (Oxford, 2000), 46–75。考虑到数据集的不同类型，任何一概而论都充满危险。同 Gershuny 相反，Ramey 在文章中调整过的估算显示，20世纪美国有工作女性的家内生产出现了增长: Valerie A. Ramey, 'Time Spent in Home Production in the Twentieth-century United States: New Estimates from Old Data', in: *Journal of Economic History* 69, no. 1, 2009: 1–47。
114. Ramey, 'Time Spent', 26–27.
115. Unni Wikan, *Life among the Poor in Cairo* (London, 1980, 1st edn, Finland, 1976), 133–165; Homa Hoodfar, 'Survival Strategies and the Political Economy of Low-income Households in Cairo', in: Diane Singerman & Homa Hoodfar, eds., *Development, Change and Gender in Cairo: A View from the Household* (Bloomington, IN, 1996), 1–26.
116. 一个更具同时代性的案例参见 Wim van Binsbergen, 'Mary's Room: A Case Study on becoming a Consumer in Francistown, Botswana', in: Richard Fardon, Wim Van Bimsbergen & Rijk van Dijk (eds.), *Modernity on a Shoestring: Dimensions of Globalization, Consumption and Development in Africa and Beyond* (EIDOS Leiden, 1999), 179–206。
117. 引自 Steven M. Gelber, 'Do-it-yourself: Constructing, Repairing and Maintaining Domestic Masculinity', in: *American Quarterly* 49, no. 1, 1997: 66–112, 86. 还可参见 Gelber, *Hobbies*。
118. *Jardin ouvrier de France*, 1941年9月，引自 Florence Weber, *L'Honneur des jardiniers: Les Potagers dans la France du XXe siècle* (Paris, 1998), p197，笔者自译，以及 pp138–145，关于两次世界大战之间的增长。在英国，1935年有约61万片小块园地，在1990年还有50万片; David Crouch & Colin Ward, *The Allotment: Its Landscape and Culture* (Nottingham, 1997), 64–81。2009年，在德国，根据 Bundesverband Deutscher Gartenfreunde e.V, 有100万片小块园地。

119. Michael Prinz, *Der Sozialstaat hinter dem Haus: Wirtschaftliche Zukunftserwartungen, Selbstversorgung und regionale Vorbilder; Westfalen und Südwestdeutschland, 1920–1960* (Paderborn, 2012), 95–98, 322–324.
120. W. V. Hole & J. J. Attenburrow, *Houses and People: A Review of User Studies at the Building Research Stations* (London, 1966), 54–56; 1960年的一次调查显示，60%的英国家庭在过去10个月里进行过DIY活动，参见p55。
121. 1900年和1920年，"成熟期"美国男性在家内生产上仅仅花费3.9小时，而1950年上升至9小时。这一概述包含了失业者。值得注意的是，有工作者明显也体现了这一上升趋势，自3小时上升至8.1小时。Ramey, 'Time Spent', table 7, 29。
122. 家庭管理委员会、厨房和其他工作中心委员会的报告；关于家庭建设和家庭产权的总统会议（1932年）的一部分，关于家庭运作管理的章节。
123. Ramey, 'Time Spent'。
124. Tan Sooi Beng, 'The 78 RPM Record Industry in Malaya Prior to World War Two', in: *Asian Music* 28, no. 1, 1996/97: 1–41; Roland Gelatt, *The Fabulous Phonograph* (London, 1956); Friedrich A. Kittler, *Gramophone, Film, Typewriter* (Stanford, 1999; 1st edn, Berlin, 1986); Mark Hustwitt, '"Caught in a Whirlpool of Aching Sound": The Production of Dance Music in Britain in the 1920s', in: *Popular Music* (1983) 3, 7–31; James J. Nott, *Music for the People: Popular Music and Dance in Inter-war Britain* (Oxford, 2002).
125. Frederik Nebeker, *Dawn of the Electronic Age: Electrical Technologies in the Shaping of the Modern World, 1914–1945* (Piscataway, NJ, 2009), 133f.
126. 3.5万所学校中的1.5万所；卢森堡国家档案馆，FI-547, *Radio-Revue Luxembourgeoise*, Ire année, no. 8 (1932年4月), 引用了*Der Schulfunk* (1931年6月), pp115–116。
127. John Tigert, *Radio in Education* (New York, 1929). 当然，娱乐的兴起并不意味着广播电台不再充当教育或宣传工具，包括在殖民地的村庄层面上；Joselyn Zivin, 'The Imagined Reign of the Iron Lecturer: Village Broadcasting in Colonial India', in: *Modern Asian Studies*, 32/3 (1998), 717–738。
128. 卢森堡国家档案馆，FI-547, *Radio-Revue Luxembourgeoise*, Ire année, no. 9 (1932年5月), 140; no. 7 (1932年3月), 关于Telefunkensuper 653, 104; 2e année, no. 6 (1933年7月), 68; Shaun Moores, 'The Box on the Dresser', in: *Media, Culture and Society* 10/1 (1988), 23–40。
129. 每六个人一台收音机；卢森堡国家档案馆，FI-547, Commission d'Études Radioelectriques, Rapport sur l'exploitation de la radiodiffusion, 1936, 3–4. 阿根廷的数据是1938年的，引自Paul F. Lazarsfeld & Frank N. Stanton, (eds.), *Radio Research 1941* (NY, 1941), 227。
130. 1943年，在美国，独居家庭3.5小时，五口之家6小时8分钟：Matthew Chappell & C. E. Hooper, *Radio Audience Measurement* (New York, 1944), 203。
131. Michael Brian Schiffer, *The Portable Radio in American Life* (Tucson and London, 1991), 76.
132. Susan J. Douglas, *Listening In: Radio and the American Imagination* (Minneapolis, MN, 2004), 77; Andrew Stuart Bergerson, 'Listening to the Radio in Hildesheim, 1923–53', in: *German Studies Review* 24, no. 1, 2001: 83–113.
133. Beng, 'Record Industry in Malaya', 15.
134. 卢森堡国家档案馆，FI-547, *Radio-Revue Luxembourgeoise*, 2e année, no. 4/5 (1933年5–6月), 41–42。

135. 例如，佐治亚州的卫理公会牧师 G. Reid Smith，1936 年；Kathy M. Newman, *Radio Active: Advertising and Consumer Activism, 1935-1947* (Berkeley, CA, 2004), 81-82。
136. Marian Parker, 引自 Roland R. Kline, *Consumers in the Country: Technology and Social Change in Rural America* (Baltimore, MD, 2000), p123。
137. 来自芝加哥南区的一名女性，1946 年接受采访，引自 Ruth Palter, 'Radio's Attraction for Housewives', in: *Hollywood Quarterly* 3, no. 1, 1948: 248-257, 253。
138. 引自 Palter, 'Radio's Attraction for Housewives', 251; Azriel Eisenberg, *Children and Radio Programs* (New York, 1936); Paul F. Lazarsfeld, *Radio and the Printed Page* (New York, 1940); Matthew Chappell & C. E. Hooper, *Radio Audience Measurement* (New York, 1944)。
139. T. W. Adorno, 'The Radio Symphony', in: Paul F. Lazarsfeld & Frank N. Stanton (eds.), *Radio Research 1941* (New York, 1941), 131.
140. Stefan Müller-Doohm, *Adorno: A Biography* (Cambridge, 2005), 46.
141. Adorno, 'Radio Symphony', 112, 131, 137; T. W. Adorno, 'Zur gesellschaftlichen Lage der Musik', in *Zeitschrift für Sozialforschung*, I (1932), 特别是 p373。
142. 引自 Edward Suchman, 'Invitation to Music', in: Lazarsfeld & Stanton, *Radio Research 1941*, p149、p186。在美国，20 世纪 20 年代钢琴的销量下降了。但是纵观整个 20 世纪，值得注意的是音乐创作的相对顺应性。
143. Karin Nordberg, 'Ljud över landet: Centrum och periferi i tidig svensk radiohistoria', *Lychnos*, 1995, 145-178, 引自 p160，笔者自译。
144. Douglas, *Listening In*, 93-96; Drew O. McDaniel, *Broadcasting in the Malay World: Radio, Television and Video in Brunei, Indonesia, Malaysia and Singapore* (Norwood, NJ, 1994), 21-48; Cantril & Allport, *Psychology of Radio*, 28; Sato, *New Japanese Woman*, 86; Nott, *Music for the People*.
145. John Gray Peatman, 'Radio and Popular Music', in Paul. F. Lazarsfeld & Frank N. Stanton, *Radio Research 1942-1943* (New York, 1944), 354; 1938 年所有节目时长之和为 6 万小时。
146. Marshall D. Beuick, 'The Limited Social Effect of Radio Broadcasting', in: *American Journal of Sociology*, 32/4 (Jan. 1927), 622.
147. Cantril & Allport, *Psychology of Radio*, 10.
148. 1946 年的一名芝加哥女性，关于她为什么喜欢 *Pepper Young's family*; Palter, 'Radio's Attraction for Housewives', 见第 255 页。
149. Herta Herzog, 'What Do We Really Know about Day-time-serial Listeners', in: Lazarsfeld & Stanton, *Radio Research 1942-1943*, 8, 24. 关于团结一致和自我满足的混合，还可参见对 *Professor Quiz* 的研究，收入 Paul F. Lazarsfeld, *Radio and the Printed Page* (New York, 1940), 64-93。
150. Edward Bellamy, *Looking Backward: If Socialism Comes, 2000-1887* (Foulsham, 3rd edn; London, 1925; 1st edn 1887), 71.
151. John R. Seeley, R. Alexander Sim & Elizabeth W. Loosley, *Crestwood Heights* (London, 1956), 221. 克雷斯特伍德岭就是森林之丘。
152. 关于物品在如今人们生活中重要性的动态民族志研究，参见 Daniel Miller, *The Comfort of Things* (Cambridge, 2008)。一部虚构作品也讨论了这一问题: Orhan Pamuk, *Masumiyet Müzesi/Das Museum der Unschuld* (Munich, 2008)。
153. Seeley, Sim and Loosley, *Crestwood Heights*, 58.
154. J. M. Mogey, *Family and Neighborhood* (Oxford, 1956), 73; Kirsi Saarikangas,

'What's New? Women Pioneers and the Finnish State Meet the American Kitchen', in: Ruth Oldenziel & Karin Zachmann, *Cold War Kitchen: Americanization, Technology and European Users* (Cambridge, MA, 2009), 第 12 章。

155. Hole & Attenburrow, *Houses and People*, 36, 来自 1956 年的一次调查。
156. 来自卢顿的 Leslie Kent，转引自 Fiona Devine, *Affluent Workers Revisited: Privatism and the Working Class* (Edinburgh, 1992), 第 161 页。延伸阅读: Dennis Chapman, *The Home and Social Status* (London, 1955); Margaret Tränkle, 'Neue Wohnhorizonte', in: Flagge, ed., *Geschichte des Wohnens: Von 1945 bis Heute*, 特别是 pp722-737。

第 6 章

1. Bundesarchiv Koblenz，德国，B 146/394, f.532 (1952 年 12 月 5 日)，名字有改变。
2. Adam Smith, *Wealth of Nations* (Chicago, 1976 edn; 1st edn 1776), Book IV, ch. 8, 179.
3. Robert Schloesser, 'Die Kriegsorganisation der Konsumenten', in *Genossenschaftliche Kultur* 19/20, 1917, 1-31; Carl von Tyszka, *Der Konsument in der Kriegswirtschaft* (Tübingen, 1916).
4. Schloesser, 'Kriegsorganisation', 25f.
5. Avner Offer, *The First World War: An Agrarian Interpretation* (Oxford, 1989); Belinda J. Davis, *Home Fires Burning: Food, Politics and Everyday Life in World War I Berlin* (Chapel Hill, NC, 2000).
6. 汉堡国家档案馆: Konsumentenkammer Hamburg (371-12), X A II 1b; Arthur Feiler, 'The Consumer in Economic Policy', in: *Social Research* 1, no. 4, 1934, 287-300; Trentmann, *Free Trade Nation*, ch. 4.; Hilton, *Consumerism in Twentieth-century Britain*, 53-78。
7. Julie Hessler, *A Social History of Soviet Trade: Trade Policy, Retail Practices and Consumption, 1917-53* (Princeton, NJ, 2004). 根据 Hessler 的数据，20 世纪 30 年代，脑力劳动者和体力劳动者之间的差距缩小了 (pp227-230)。
8. 1933 年，参见 Elena Osokina, *Our Daily Bread: Socialist Distribution and the Art of Survival in Stalin's Russia, 1927-1941* (Armonk, NY, 2001), 84。
9. Leon Trotsky, *The Revolution Betrayed* (Dover, 2004; 1st edn 1937), 85.
10. E. P. Thompson, 'The Moral Economy of the English Crowd in the Eighteenth Century', in: *Past and Present* 50, 1971: 76-136; Bernard Waites, 'The Government of the Home Front and the "Moral Economy" of the Working Class', in: *Home Fires and Foreign Fields: British Social and Military Experience in the First World War*, ed. Peter H. Liddle (London, 1985), 175-93. 关于批评，参见 Frank Trentmann, 'Before "Fair Trade": Empire, Free Trade and the Moral Economies of Food in the Modern World', in: *Environment and Planning* D 25, no. 6, 2007: 1079-102。
11. 汉堡国家档案馆: Konsumentenkammer (371-12), I A IV 2 (1926); *Bericht der Konsumentenkammer*, 1924, 23; VI A II 14: *Automatenverkauf*, 笔者自译。
12. Claudius Torp, 'Das Janusgesicht der Weimarer Konsumpolitik', in: Heinz-Gerhard Haupt& Claudius Torp, eds., *Die Konsumgesellschaft in Deutschland, 1890-1990* (Frankfurt am Main, 2009), 264; Claudius Torp, *Konsum und Politik in der Weimarer Republik* (Göttingen, 2011); Mary Nolan, *Visions of Modernity: American Business and the Modernization of Germany* (Oxford, 1994).
13. Robert Millward & Jörg Baten, 'Population and Living Standards 1914-45', in: S. N.

Broadberry & Kevin H. O'Rourke, eds., *The Cambridge Economic History of Modern Europe* (Cambridge, 2010).
14. *Historical Statistics of the United States*, Vol. III, Part C (Cambridge, 2006), 271.
15. Marie Jahoda, Paul F. Lazarsfeld & Hans Zeisel, *Die Arbeitslosen von Marienthal. Ein Soziographischer Versuch über die Wirkungen Langdauernder Arbeitslosigkeit.* (Suhrkamp, 1975; 1st edn, Leipzig, 1933), p55，笔者自译，以及 pp83-92，关于节奏的改变。Lazarsfeld 负责方法，Jahoda 撰写叙事部分。实地采访主要是 Lotte Danzinger 进行的。
16. Jahoda, Lazarsfeld and Zeisel, *Marienthal*, p72，笔者自译，下文还参照了 p73。
17. Jahoda, Lazarsfeld and Zeisel, *Marienthal*, p76，笔者自译。
18. Maurice Halbwachs, *L'Évolution des besoins dans les classes ouvrières* (Paris, 1933). 现在还可参见 Hendrik K. Fischer, *Konsum im Kaiserreich: Eine statistisch-analytische Untersuchung privater Haushalte im wilhelminischen Deutschland* (Berlin, 2011)。
19. Vaile, *Research Memorandum on Social Aspects of Consumption in the Depression*, 19, 32, 35. 造访国家公园的汽车数量上升了 20%。
20. Robert S. Lynd & Helen Merrell Lynd, *Middletown in Transition: A Study in Cultural Conflicts* (New York, 1937), 265-267.
21. David Fowler, *The First Teenagers: The Lifestyle of Young Wage-earners in Inter-war Britain* (London, 1995); Selina Todd, 'Young Women, Work and Leisure in Inter-war England', in: *Historical Journal* 48, no. 3, 2005: 789-809.
22. Andrew Davies, Leisure, Gender and Poverty: Working-class Culture in Salford and Manchester, 1900-1939 (Buckingham, 1992).
23. Herbert Blumer, *Movies and Conduct* (New York, 1933), 31-40.
24. Blumer, *Movies and Conduct*, p156、p159，上文见 p64。
25. J. P. Mayer, *British Cinemas and Their Audiences: Sociological Studies* (London, 1948), p25（鞋子），p74（外表整洁）。
26. Mayer, *British Cinema Audiences*, p116，未标明日期，约 1944 年；这一段里她回顾了之前 10 年。
27. Nolan, *Visions of Modernity*; Jackie Clarke, 'Engineering a New Order in the 1930s', in: *French Historical Studies* 24, no. 1, 2001: 63-86; de Grazia, *Irresistible Empire*.
28. 汉堡国家档案馆，Z3 14/14, *Bericht der Konsumentenkammer*, 1926 年, p40。
29. 以英文出版，Georges Duhamel, *America: The Menace-Scenes from the Life of the Future* (Boston, 1931)。
30. José Ortega y Gasset, *The Revolt of the Masses* (London, 1930/1932), 19, 46-47, 108-110.
31. J. Huizinga, *In the Shadow of Tomorrow: A Diagnosis of the Spiritual Distemper of Our Time* (London, 1935/1936), p119，上文见 p25、p115、p157、p187、p193。在 1938 年的戏剧《游戏人》(*Homo ludens*) 中，他发展了这一主题。
32. 'Saving and Spending' (1931), in :John Maynard Keynes, *Essays in Persuasion* (London, 1931/1972), 137-138. 这一思路最近得到了更新：Robert Jacob, Alexander Skidelsky & Edward Skidelsky, *How Much is Enough?: The Love of Money and the Case for the Good Life* (London, 2012)。
33. Keynes, *Essays in Persuasion*, 330-331. 凯恩斯在这里的主张是关于"绝对需求"的：他同意，"相对需求"可能继续存在，比如觉得凌驾于他人之上的满足感。

34. W. H. Hutt, *Economists and the Public* (London, 1936); Furlough, *Consumer Cooperation in France*, 275ff.; 延伸阅读：Trentmann, 'Genealogy of the Consumer', 43–48。
35. *The American Way: Selections from the Public Addresses and Papers of Franklin D. Roosevelt* (1944), 32.
36. Lizabeth Cohen, 'The New Deal State and the Making of Citizen Consumers', in: Susan Strasser, Charles McGovern & Matthias Judt, eds., *Getting and Spending: European and American Consumer Societies in the Twentieth Century* (Cambridge, 1998), 111–126; Alan Brinkley, *The End of Reform: New Deal Liberalism in Recession and War* (New York, 1995).
37. Meg Jacobs, *Pocketbook Politics: Economic Citizenship in Twentieth-century America* (Princeton, NJ, 2005), 104–135; Newman, *Radio Active: Advertising and Consumer Activism, 1935–1947*, 145–165; Lawrence Glickman, *Buying Power: A History of Consumer Activism in America* (Chicago, 2009).
38. Charles F. McGovern, *Sold American: Consumption and Citizenship, 1890–1945* (Chapel Hill, NC, 2006), ch. 4.
39. 例如,《致美国革命之女的演讲》, 1926 年 4 月 19 日；http://www.presidency.ucsb.edu/ws/index.php?pid=393; Coolidge, *The Price of Freedom* (1924)。
40. Stuart Chase, *The Economy of Abundance* (New York, 1934), 274, 308.
41. 1937 年, 收入 Roland Marchand, *Creating the Corporate Soul: The Rise of Public Relations and Corporate Imagery in American Big Business* (Berkeley, Los Angeles & London, 1998), p213; pp48–87, 关于 AT&T。
42. Marchand, *Corporate Soul*, 278–282.
43. 'The Need for a New Party', in: *New Republic* 66（1931 年 3 月 18 日、3 月 25 日、4 月 1 日、4 月 8 日）, 重印版见 John Dewey, *The Later Works*, 1925–1953, Vol. VI: 1931–1932, ed. Jo Ann Boydston (Carbondale: Southern Illinois UP, 1985), 159–181。致罗斯福的公开信, 1933 年 5 月, 收入 Dewey, *Later Works*, Vol. IX, 265f。
44. 特别参见 John Dewey, *Human Nature and Conduct: An Introduction to Social Psychology* (New York, 1922); Alan Ryan, *John Dewey and the High Tide of American Liberalism* (New York, 1995); Martin Jay, *Songs of Experience: Modern American and European Variations of a Universal Theme* (Berkeley, CA, 2005) ch. 7。
45. Kyrk, *Economic Problems of the Family*, 396; Hazel Kyrk, *A Theory of Consumption* (London, 1923); F. W. Innenfeldt, 'Teaching Consumer Buying in the Secondary School,' in: *Journal of Home Economics*, 26/5 (1934); H. Harap, 'Survey of Twenty-eight Courses in Consumption', in: *School Review* (September 1937), 497–507.
46. Horace M. Kallen, *The Decline and Rise of the Consumer* (New York, 1936), ix. 卡伦希望消费者自行组织起来, 而非通过"新政"机构。
47. 参见如 Steigerwald, 'All Hail the Republic of Choice: Consumer History as Contemporary Thought'。
48. Adam Tooze, *The Wages of Destruction: The Making and Breaking of the Nazi Economy* (New York, 2006); Hartmut Berghoff, 'Träume und Alpträume: Konsumpolitik im Nationalsozialistischen Deutschland', in: Haupt & Torp, eds., *Konsumgesellschaft*, 268–288.
49. 参见 Adam Tooze, 'Economics, Ideology and Cohesion in the Third Reich: A Critique of Götz Aly's *Hitler's Volksstaat*', http://www.hist.cam.ac.uk/academic_staff/further_details/tooze-aly.pdf. 比较阅读：Götz Aly, *Hitler's Beneficiaries: Plunder, Racial War and the Nazi Welfare State* (New York, 2007)。

50. Colin Campbell, *The Romantic Ethic and the Spirit of Modern Consumerism* (London, 3rd edn 2005; 1st edn 1987).
51. Tooze, *Wages of Destruction*, 154–156.
52. S. Jonathan Wiesen, 'Creating the Nazi Marketplace: Public Relations and Consumer Citizenship in the Third Reich', in: *Citizenship and National Identity in Twentieth-century Germany*, eds. Geoff Eley & Jan Palmowski (Stanford, 2008), 146–163.
53. Moscow Sonderarchiv, 1521-53-1, Richard Richter-Pössneck, 'Eine K.d.F Seereise nach Norwegen', 1936年, p17。
54. Shelley Baranowski, *Strength through Joy: Consumerism and Mass Tourism in the Third Reich* (Cambridge, 2004).
55. 汉高档案（Henkel Archiv），杜塞尔多夫, Henkel-Bote 14/6, 1937年7月10日, pp262–265。W. E. Maiwald, *Reichsausstellung Schaffendes Volk* (Düsseldorf, 1937); Stefanie Schäfers, *Vom Werkbund zum Vierjahresplan* (Düsseldorf, 2001)。
56. Joseph Stalin, *Anarchism or Socialism?* (1907) in Works, I: 1901–07 (Moscow: Lawrence and Wishart, 1953).
57. 完整总谱被 Mark Fitz-Gerald 复原了，2003年在荷兰的登博世、2006年在伦敦上演。关于《一个女性》(*Odna*)，参见 Denise Youngblood, *Soviet Cinema in the Silent Era, 1918–35* (Ann Arbor, MI, 1985), 226f.
58. Sheila Fitzpatrick, *Everyday Stalinism: Ordinary Life in Extraordinary Times: Soviet Russia in the 1930s* (Oxford, 1999); Jukka Gronow, *Caviar with Champagne: Common Luxury and the Ideals of the Good Life in Stalin's Russia* (Oxford and New York, 2003); Victor Buchli, *An Archaeology of Socialism* (Oxford and New York, 1999).
59. 在斯达汉诺夫工人全体会议上，引自 Lewis H. Siegelbaum, *Stakhanovism and the Politics of Productivity in the USSR, 1935–41* (Cambridge, 1988), p228。关于西欧，参见 Charles Maier (ed.), *In Search of Stability* (Cambridge, 1987)。
60. Siegelbaum, *Stakhanovism and the Politics of Productivity in the USSR, 1935–41*, 228.
61. Elias, *The Civilizing Process*; Oleg Kharkhordin, *The Collective and the Individual in Russia: A Study of Practices* (Berkeley, CA, 1999), 164–230; Stephen Kotkin, *Magnetic Mountain: Stalinism as a Civilization* (Berkeley, CA, 1995).
62. Hessler, *Soviet Trade*; Gronow, *Caviar with Champagne*, 25; 关于各种差异，参见 Fitzpatrick, *Everyday Stalinism*, 107–109。
63. Sarah Davies, 'Us against Them', in: Fitzpatrick, ed., *Stalinism: New Directions*, 64f.
64. Julie Hessler, 'Cultured Trade', in: Fitzpatrick, ed., *Stalinism: New Directions*, 182–209; Amy E. Randall, *The Soviet Dream World of Retail Trade and Consumption in the 1930s* (Basingstoke, 2008), 特别是 pp134–157。
65. Hessler, *Soviet Trade*, 207–209, 241.
66. Tarlo, *Clothing Matters*, 特别是 pp60–71。
67. M. K. Gandhi, *Hind Swaraj or Indian Home Rule* (Ahmedabad, 1996; 1st edn 1908), 33.
68. Gandhi, *Hind Swaraj*, 55.
69. C.A. Bayly, 'The Origins of Swadeshi (Home Industry): Cloth and Indian Society, 1700–1930', in: *The Social Life of Things: Commodities in Cultural Perspective*, ed. Arjun Appadurai (Cambridge, 1986), 285–321.

70. *Young India*, 1928 年 1 月 15 日，重印版见 M. K. Gandhi, *Khadi: Why and How*, Kumarappa, B. (ed.) (Ahmedabad, 1955), 66。
71. *Young India*, 1927 年 9 月 22 日，重印版见 Gandhi, *Khadi*, 104f。
72. *Young India*, 1921 年 12 月 8 日，重印版见 Gandhi, *Khadi*, 14。
73. Lisa Trivedi, *Clothing Gandhi's Nation: Homespun and Modern India* (Bloomington, ID, 2007), 30–36. 关于不同的精英风格，还可参见 Tarlo, *Clothing Matters*, 105–117。
74. 上海市档案馆，《上海工部局公报》，1920 年 12 月 12 日，第 48 页；1920 年 3 月 11 日，第 71 页；1920 年 6 月 17 日，第 237 页；还可参见《上海工部局年度报告》，1905 年，第 30 至 第 33 页；Karl Gerth, *China Made: Consumer Culture and the Creation of the Nation* (Cambridge, MA, 2003); Jane Leung Larson, 'The 1905 Anti-American Boycott as a Transnational Chinese Movement', in: *Chinese Historical Society: History & Perspectives* 21, 2007: 191–198。
75. 引自 Reynolds, *Commodity Cultures in Egypt*, p300。
76. Gerth, *China Made*, 279f., 285–332.
77. 引自 Reynolds, *Commodity Cultures in Egypt*, p364。
78. 上文基于 Reynolds 的优秀博士论文, *Commodity Cultures in Egypt*, 175–177, 281–400。
79. *Home and Politics*, 1924 年 6 月, p23. Trentmann, *Free Trade Nation*, 228–240; Constantine, '"Bringing the Empire Alive": The Empire Marketing Board and Imperial Propaganda, 1926-33'。
80. 关于苏联的数据，还可参见：Igor Birman, *Personal Consumption in the USSR and the USA* (Basingstoke, 1983)，其中提供了以人口分类的可比较数字。
81. Giovanni di Somogyi, 'Il boom dei consumi', in: *Storia dell' economia mondiale, V: La modernizzazione e i problemi del sottosviluppo*, ed. Valerio Castronovo (Rome, 2001), 149–170.
82. 1966—1970 年达到 7%；参见 Seweryn Bialer, *Stalin's Successors* (Cambridge, 1980), table 6, 153。
83. Detlef Siegfried, *Time is on My Side: Konsum und Politik in der westdeutschen Jugendkultur der 60er Jahre* (Göttingen, 2006), 37–42。
84. 令其上升至 4.2 小时。
85. Ivan T. Berend, *An Economic History of Twentieth-century Europe* (Cambridge, 2006), 253–255。
86. 由 Marcello Marchesi 撰写，由 Carlo Ponti 出品。
87. David Forgacs, 'Cultural Consumption, 1940s to 1990s', in: *Italian Cultural Studies*, eds. David Forgacs & Robert Lumley (Oxford, 1996), 273–290, 278.
88. Michael Wildt, 'Continuities and Discontinuities of Consumer Mentality in West Germany in the 1950s', in: *Life after Death: Approaches to a Cultural and Social History of Europe During the 1940s and 1950s*, eds. Richard Bessel & Dirk Schumann (Cambridge, 2003), 211–230, 222.
89. Vera Dunham, In *Stalin's Time: Middle-class Values in Soviet Fiction* (Cambridge, 1976), 43–48. 关于电影和时尚性，参见 Juliane Fürst, 'The Importance of Being Stylish', in: Juliane Fürst, ed., *Late Stalinist Russia: Society between Reconstruction and Reinvention* (London, 2006), 209–230。
90. Jean Fourastié, *Les Trente Glorieuses, ou la revolution invisible de 1946 à 1975* (Paris, 1979), 17: 1975 年有 212 户，其中 210 户拥有冰箱；197 户用煤气或电力烹调，100 户采用集中供暖。他们拥有 280 辆汽车、250 台收音机、200 台电视、180 台洗衣

机、150 个室内卫生间。
91. Galbraith, *The Affluent Society*, 199 f., 上文参见 pp128-129、p203、p218。在产生欲望这点上，加尔布雷思发展了他的年轻哈佛同事 James Duesenberry 在此书中的观点：*Income, Saving and the Theory of Consumer Behavior* (Cambridge, MA, 1949)。
92. Crosland, *Future of Socialism*, p355、p357，上文见 p175、p214、p216。
93. Galbraith, *The Affluent Society*, 203.
94. Steven Fielding, 'Activists against "Affluence": Labour Party Culture During the "Golden Age", circa 1950-1970', in: *Journal of British Studies* 40, 2001: 241-267; Lawrence Black, *The Political Culture of the Left in Affluent Britain, 1951-64: Old Labour, New Britain?* (Basingstoke, 2003), ch. 6.
95. Daniel Horowitz, *The Anxieties of Affluence: Critiques of American Consumer Culture, 1939-1979* (Amherst, MA, 2004), 102-108.
96. Galbraith, *The Affluent Society*, 218f.
97. *Historical Statistics of the United States*, Vol. III, 291.
98. 联邦政府的开支自 1925 年占 GDP 的 3%，上升至 1950 年的 16%。在社会保障和医疗保险上的联邦开支在 1948 年占 GDP 的 0.6%，上升到 1958 年《丰裕社会》出版时的 1.7%；1968 年达到 3.3%。各州和地方政府的开支自 1948 年占 GDP 的 5.5%，上升至 1958 年的 8.2%。国防开支自 1953 年朝鲜战争结束时达到最高点的 15%，下降到 20 世纪 50 年代余下几年和 60 年代的 10% 左右。官方统计数字参见：国会预算办公室，2002 年 7 月 3 日：*Long-range Fiscal Policy Brief* 和 table 15.5: 'Total Government Expenditures as Percentages of GDP: 1948-2006', at: www.gpoaccess.gov/USbudget/ fy08/sheets/hist15z5.xls. 延伸阅读：下文可参考 pp537-544。
99. Cohen, *Consumers' Republic*.
100. 《生活》杂志（*Life*），1948 年 7 月 12 日，pp94-113，引自 p97、p104。
101. Richard F. Kuisel, *Seducing the French: The Dilemma of Americanization* (Berkeley, CA, 1993), ch. 4.
102. Priestley, *Thoughts in the Wilderness* (London, 1957), 23.
103. Kuisel, *Seducing the French*, 38.
104. Maria Mitchell, 'Materialism and Secularism: CDU Politicians and National Socialism, 1945-1949', in: *Journal of Modern History* 67, no. 2, 1995: 278-308; Axel Schildt, *Moderne Zeiten: Freizeit, Massenmedien und 'Zeitgeist' in der Bundesrepublik der 50er Jahre* (Hamburg, 1995), 354-361.
105. 引自 Peter Clarke, *Liberals and Social Democrats* (Cambridge, 1978), p288。
106. B. Seebohm Rowntree & G. R. Lavers, *English Life and Leisure: A Social Study* (London, 1951), p. 277; pp. 225-227; 249-250 和 363ff。
107. de Grazia, *Irresistible Empire*; Roberta Sassatelli, 'Impero o mercato? Americanizzazione e regimi di consumo in Europa', in: *Stato e Mercato*, no. 80, 2007: 309-323. 还可参见 Charles S. Maier, *Among Empires: American Ascendancy and Its Predecessors* (Cambridge, MA, 2006)。
108. Sheryl Kroen, 'Negotiations with the American Way', in: *Consuming Cultures, Global Perspectives*, eds. John Brewer & Frank Trentmann, (Oxford, 2006), 251-277.
109. Bundesarchiv Koblenz, B 146/1138，1952 年 12 月 3 日，笔者自译。官方英译是"更高的生活标准"，这没能捕捉到原文的指令意味。
110. Bundesarchiv Koblenz B 146/389 和 146/1138。
111. Ralph Harris, Margot Naylor & Arthur Seldon, *Hire Purchase in a Free Society* (1961), 28.

112. Kelly 纵向研究，采访 Lucille Windam，引自 E. T. May, *Homeward Bound: American Families in the Cold War Era* (New York, 1999), p180。还可参见 Erica Carter, *How German is She? Post-war West German Reconstruction and the Consuming Woman* (Ann Arbor, MI, 1997)。
113. Glen H. Elder, *Children of the Great Depression: Social Change in Life Experience* (Colorado, 1974/1999).
114. Richard Easterlin, 'The American Baby Boom in Historical Perspective', in: *American Economic Review* LI, no. 5, 1961: 869–911.
115. Bundesarchiv KoblenZ B 146/389 (1950).
116. 'Der Verbraucher sichert Lohn und Brot', in: *Freude im Alltag* (July 1951), 13, in Bundesarchiv Koblenz B 146/384.
117. Ludivine Bantigny, *Le Plus Bel Âge? Jeunes et jeunesse en France de l'aube des "Trente Glorieuses" a la guerre d' Algérie* (Paris, 2007); Georges Lapassade, *L' Entrée dans la vie* (Paris 1963); Fürst, ed., *Late Stalinist Russia*; Juliane Fürst, *Stalin's Last Generation: Soviet Post-war Youth and the Emergence of Mature Socialism* (Oxford, 2010); Uta Poiger, *Jazz, Rock and Rebels: Cold War Politics and American Culture in a Divided Germany* (Berkeley, CA, 2000); Paola Ghione & Marco Grispigni, eds., *Giovani prima della rivolta* (Rome, 1998).
118. Kunsten en Wetenschappen Netherlands Ministerie van Onderwijs, *Maatschappelijke Verwildering der Jeugd* (The Hague, 1952), 17–18, 35, 笔者自译。
119. Kunsten en Wetenschappen Netherlands Ministerie van Onderwijs, *Bronnenboek bevattende gegevens ten grondslag liggend aan rapport Maatschappelijke verwildering der jeugd, etc.* (1953).
120. 1956 年，引自 Siegfried, *Time is on My Side*, p327, 笔者自译。关于对速度的狂热崇拜，参见 Kristin Ross, *Fast Cars, Clean Bodies: Decolonization and the Reordering of French Culture* (Cambridge, MA, 1996)。
121. Bantigny, *Le Plus Bel Âge?*, 140f.
122. Bantigny, *Le Plus Bel Âge?*, 71f.
123. Peter Wilmott, *Adolescent Boys of East London*, rev. edn,1969;1st edn 1966, 20.
124. Bantigny, *Le Plus Bel Âge?*, 53.
125. August B. Hollingshead, *Elmtown's Youth: The Impact of Social Classes on Adolescents* (New York, 1949), 397.
126. Susan E. Reid & David Crowley, *Style and Socialism: Modernity and Material Culture in Post-war Eastern Europe* (London, 2000).
127. Juliane Fürst, 'The Importance of being Stylish', in: Fürst, ed., *Late Stalinist Russia*, 224.
128. Rowntree & Lavers, *English Life and Leisure*, 214.
129. Thurston, *Delinquency and Spare Time: A Study of a Few Stories Written into the Court Records of the City of Cleveland*, 165.
130. Françoise Giroud, *La Nouvelle Vague: Portraits de la jeunesse* (Paris, 1958), 331–332.
131. 纽伦堡的 16~22 岁青少年，由 Reinhold Bergler 采访，'Dimensionen der Wunsch- und Erlebniswelt Jugendlicher', 收入 Ludwig v. Friedeburg, ed., *Jugend in der modernen Gesellschaft* (Cologne, 1965), 513–530。
132. Kaspar Maase, 'Establishing Cultural Democracy: Youth, "Americanization" and the Irresistible Rise of Popular Culture', in: Richard Bessel & Dirk Schumann, eds., *Life*

after Death (Cambridge, 2003), 428-450.
133. Rowntree & Lavers, *English Life and Leisure*, 383f.
134. Thomas Frank, *The Conquest of Cool: Business Culture, Counterculture and the Rise of Hip Consumerism* (Chicago, 1997), 189-197.
135. Guia Croce, ed., *Tutto il meglio di Carosello, 1957-77* (Turin, 2011).
136. Umberto Eco, *Apocalittici e integrati* (Milan, 1964/1988), 29-64.
137. Ernest Dichter, *The Strategy of Desire* (New York, 1960), 18, 90, 169, 263. 对比阅读: Horowitz, *Anxieties of Affluence*, ch. 2; David Bennett, 'Getting the Id to go Shopping', in: *Public Culture* 17, no. 1, 2005: 1-26; Stefan Schwarzkopf & Rainer Gries, eds., *Ernest Dichter and Motivation Research* (Basingstoke, 2010)。
138. Betty Friedan, *The Feminine Mystique* (New York, 1963).
139. Ernest Dichter, *Handbook of Consumer Motivations: The Psychology of the World of Objects* (New York, 1964), 5; pp458-469，关于储蓄和人寿保险。
140. Herbert Marcuse, *One-dimensional Man: Studies in the Ideology of Advanced Industrial Society* (London, 1964/2002), 150.
141. Richard S. Tedlow, *New and Improved: The Story of Mass Marketing in America* (New York, 1990); and Stuart Ewen, *Captions of Consciousness: Advertising and the Social Roots of the Consumer Culture* (New York, 1976).
142. 上文基于 Josh Lauer, 'Making the Ledgers Talk: Customer Control and the Origins of Retail Data Mining, 1920-1940', in: Hartmut Berghoff, Philip Scranton & Uwe Spiekermann, *The Rise of Marketing and Market Research* (New York, 1st edn, 2012), 153-169; Susan Strasser, *Satisfaction Guaranteed: The Making of the American Mass Market* (New York, 1989), 特别是 pp211-220。还可参见 Hartmut Berghoff, ed., *Marketinggeschichte: Die Genese einer modernen Sozialtechnik* (Frankfurt am Main, 2007)。
143. Christiane Lamberty, *Reklame in Deutschland, 1890-1914: Wahrnehmung, Professionalisierung und Kritik der Wirtschaftswerbung* (Berlin, 2001).
144. Sean Nixon, 'Mrs Housewife and the Ad Men: Advertising, Market Research and Mass Consumption in Post-war Britain', in: Hartmut Berghoff, Philip Scranton & Uwe Spiekermann, eds., *The Rise of Marketing and Market Research* (New York, 2012), 193-213. 还可参见 Sean Nixon, *Hard Sell: Advertising, Affluence and Transatlantic Relations, c. 1951-69* (Manchester, 2013)。
145. Stefan Schwarzkopf, 'Respectable Persuaders: The Advertising Industry and British Society, 1900-1939', PhD, Birkbeck College, University of London, 2008 ; Stefan Schwarzkopf, 'Markets, Consumers and the State: The Uses of Market Research in Government and the Public Sector in Britain, 1925-55', in: Berghoff, Scranton & Spiekermann, eds., *Rise of Marketing*, 171-192; Kerstin Brueckweh, ed., *The Voice of the Citizen Consumer: A History of Market Research, Consumer Movements, and the Political Public Sphere* (Oxford, 2011).
146. Starch Inra Hooper Group and International Advertising Association, *Sixteenth Survey of Advertising ExpendituresaAround the World: A Survey of World Advertising Expenditure in 1980* (1981).
147. R. Van der Wurff & P. Bakker, 'Economic Growth and Advertising Expenditures in Different Media in Different Countries', in: *Journal of Media Economics* 21, 2008: 28-52, table 1.
148. Gerhard Schulze, *Die Erlebnisgesellschaft* (Frankfurt am Main, 1992).

149. Hermann Gossen, *Entwicklung der Gesetze des menschlichen Verkehrs und der daraus fliessenden Regeln für menschliches Handeln* (1854); Sergio Nistico, 'Consumption and Time in Economics: Prices and Quantities in a Temporary Equilibrium Perspective', in: *Cambridge Journal of Economics*, 2005, 29: 943–957.
150. 《泰晤士报》(*The Times*), 1968 年 5 月 17 日, 第 12 版。Guy Debord, *La Société du spectacle* (Paris, 1967); Thomas Hecken & Agata Grzenia, 'Situationism', in: Martin Klimke & Joachim Scharloth, eds., *1968 in Europe* (Basingstoke, 2008), ch. 2。
151. 参见此书中的意见调查: Kuisel, *Seducing the French*, 189。
152. Detlef Siegfried, 'Aesthetik des Andersseins', in: K. Weinhauer, J. Requate & H.-G. Haupt, *Terrorismus in der Bundesrepublik* (Frankfurt am Main, 2006), 76–98.
153. Württembergische Landesbibliothek Stuttgart, Collection 'Neue Soziale Bewegungen', D0895, flyers nos. 7 & 8, 均为 1967 年 5 月 24 日。
154. 引自 Gerd Koenen, *Vesper, Ensslin, Baader: Urszenen des deutschen Terrorismus* (Frankfurt am Main, 2005), 142, 176. 还可参见 Stephan Malinowski and Alexander Sedlmaier, '"1968" als Katalysator der Konsumgesellschaft', in: *Geschichte und Gesellschaft* no. 2, April-June, 2006: 238–267。
155. Kunzelmann of Kommune 1.
156. Marcuse, *One-dimensional Man*.
157. 个人资料。
158. Gudrun Cyprian, *Sozialisation in Wohngemeinschaften: Eine empirische Untersuchung ihrer strukturellen Bedingungen* (Stuttgart, 1978), 81–85; 研究是在 1974 年进行的。
159. Pier Paolo Pasolini, *Scritti corsari* (Milan, 1975/2008), 特别参见 1973 年 12 月 9 日, pp22–25; 1974 年 6 月 10 日, pp39–44, 笔者自译。
160. Jean Baudrillard, *Société de consommation* (1970) (English: *The Consumer Society: Myths and Structures* (London, 1970/98), 27, 笔者自译。
161. Alexander Solzhenitsyn, *Letter to Soviet Leaders* (London, 1974), 21–24.
162. Kuisel, *Seducing the French*, 153.
163. Jean-François Revel, *Without Marx or Jesus*, trans. J. F. Bernard (New York, 1971; 1st edn, France, 1970).
164. Michel de Certeau, *The Practice of Everyday Life* (Berkeley, CA, 1984; 1st dn, France, 1974); Mary Douglas & Baron Isherwood, *The World of Goods: Towards an Anthropology of Consumption* (London, 1979); Schama, *The Embarrassment of Riches*. 关于规训的日常, 参见 Henri Lefebvre, *Critique of Everyday Life: Foundations for a Sociology of the Everyday*, Volume 2 (London, 2002 (1961)); Lefebvre, *Rhythmanalysis: Space, Time and Everyday Life*; 下文可参见"别那么快!"一章。
165. 引文来自金在亚特兰大的"指挥家本能"的布道, 全文见 http://mlk-kppo1.stanford.edu/index.php/encyclopedia/documentsentry/doc_the_drum_major_instinct/。延伸阅读 Horowitz, *Anxieties of Affluence*, ch. 6。
166. Felicia Kornbluh, 'To Fulfil Their "Rightly Needs": Consumerism and the National Welfare Rights Movement', in: *Radical History Review* 69, 1997: 76–113.
167. 1979 年 7 月 15 日, 在这一网址可以查阅, www.pbs.org/wgbh/amex/carter/filmmore/ps_crisis. Html。
168. 能源信息管理局 (Energy Information Administration), *Monthly Energy Review*, 2013 年 9 月. 全部可再生能源的份额之和自 1973 年以后变化不大; 目前为 9%。
169. Jean Saint-Geours, *Vive la société de consommation* (Paris, 1971), 28, 33, 128–129,

笔者自译。
170. Imogene Erro, 'And What of the Consumer?' in: *Problems of Communism* (1963), 34–37.
171. Reid & Crowley, *Style and Socialism*, 42; Philip Hanson, *Advertising and Socialism: The Nature and Extent of Consumer Advertising in the Soviet Union, Poland, Hungary and Yugoslavia* (London, 1974); Patrick Hyder Patterson, 'Truth Half Told: Finding the Perfect Pitch for Advertising and Marketing in Socialist Yugoslavia, 1950–1991', in: *Enterprise & Society* 4, no. 2, 2003: 179–225.
172. Robert H. Haddow, *Pavilions of Plenty: Exhibiting American Culture Abroad in the 1950s* (Washington, DC, 1997). 里斯曼在他1951年的讽刺作品《尼龙战争》（'The Nylon War'）中预见了这种通过商品开展的外交：重印版见David Riesman, *Abundance for What? And Other Essays* (London, 1964), 65–77。
173. Mark Landsman, *Dictatorship and Demand: The Politics of Consumerism in East Germany* (Cambridge, MA, 2005).
174. Pence, '"A World in Miniature": The Leipzig Trade Fairs in the 1950s', in: David F. Crew, ed., *Consuming Germany in the Cold War* (Oxford and New York, 2003), 21–50; Judd Stitziel, 'On the Seam between Socialism and Capitalism: East German Fashion Shows', in: Crew, ed., *Consuming Germany*, 51–86.
175. 'Überholen und Einholen', 有时会写成 'Überholen ohne einzuholen'。我依照Ina Merkel在'Konsumpolitik in der DDR'中的版本, in: Haupt & Torp, eds., *Konsumgesellschaft*, 291。
176. Katherine Verdery, *National Ideology under Socialism: Identity and Cultural Politics in Ceausescu's Romania* (Berkeley, CA, 1991); Jr. Thomas W. Simons, *Eastern Europe in the Post-war World* (Basingstoke, 1193, 2nd edn), 106–113.
177. 'Die tausend kleinen Dinge des täglichen Bedarfs'. 参见 Landsman, *Dictatorship and Demand*, 特别是 pp195–197。
178. Walter Hixson, *Parting the Curtain: Propaganda, Culture and the Cold War, 1945–1961* (New York, 1997); Haddow, *Pavilions of Plenty*, 201–229; David Caute, *The Dancer Defects: The Struggle for Cultural Supremacy during the Cold War* (Oxford, 2003), 42–49.
179. Jürgen Barsch, *Freizeiteinstellung und Freizeitverhalten weltanschaulich unterschiedlich eingestellter Jugendlicher* (Leipzig, 1974).
180. Natalya Chernyshova, *Soviet Consumer Culture in the Brezhnev Era* (London, 2013), 引自 p50。
181. Ty I Ja, 引自 David Crowley, 'Warsaw's Shops, Stalinism and the Thaw', in: Reid & Crowley, *Style and Socialism*, p. 42。
182. Bundesarchiv Berlin, DL 102/543 (Institut für Marktforschung), 'Zur Entwicklung Sozialistischer Verbrauchsund Lebensgewohnheiten der Bevölkerung der DDR' (1971), 17.
183. Zentralinstitut für Jugendforschung, 'Jugend und Mode', Leipzig 1979, mimeogram in Bundesarchiv Lichterfelde, Library, B 6123, table 2.
184. Janine R. Wedel, *The Private Poland* (Oxford, 1986).
185. Bundesarchiv Berlin, DL 102/591, 'Tendenzen der Entwicklung der Wohnbedürfnisse', 1971: 'völlig unzumutbar.'
186. Bundesarchiv Berlin, DY 30/2589, *Eingaben an Honecker*, 'Informationen über eingegangene Eingaben im 1. Halbjahr 1980', 1980年8月15日。

187. Bundesarchiv Berlin, DL 102/99, 'Internationaler Vergleich...langlebiger Konsumgüter', 1967 年 8 月; DL 102/1425, 'Zur Differenzierung des Verbrauchs...nach Klassen und Schichten...1970-80'; 1980 年, 55% 的 "知识分子" 家庭拥有一台洗衣机, 而工人家庭是 27%; DL 102/1472, 'Urlaubsreisetätigkeit...1971-80'. 延伸阅读 Ina Merkel, *Utopie und Bedürfnis: Die Geschichte der Konsumkultur in der DDR* (Cologne, 1999);Mary Fulbrook, *The People's State: East German Society from Hitler to Honecker* (New Haven, CT, 2005)。

188. Bundesarchiv Berlin, DL 102/543, 'Zur Entwicklung Sozialistischer Verbrauchsund Lebensgewohnheiten der Bevölkerung der DDR', appendix 7, table 2: 丈夫的份额是 12%, 其他家庭成员是 8%。

189. Bundesarchiv Berlin, DL 102/1471 and DL 102/1471; 在 12〜15 岁的男孩中是三分之一。

190. Bundesarchiv Berlin, DL 102/366, 'Einkaufsgewohnheiten bei Industriewaren nach der Einführung der durchgängigen 5-Tage-Arbeitswoche', table 134. 大多数卖衣服的店铺每月只开一个周六。

191. Bundesarchiv Berlin Lichterfelde, Library, FDJ/6147: Zentralinstitut für Jugendforschung, 'Freizeit 69, Abschlussbericht', *Vertrauliche Dienstsache*, 1969 年 10—11 月。

192. Marc-Dietrich Ohse, *Jugend nach dem Mauerbau* (Berlin, 2003)。

193. Bundesarchiv Berlin, Lichterfelde (Library): FDJ 6243, Zentralinstitut für Jugendforschung, 'Freizeit und Freizeitnutzung junger Arbeiter und Schüler in der Wartburgstadt Eisenach' (Leipzig, 1977), 'Jugend und Mode', (Leipzig, 1979), 18。

194. Chernyshova, *Soviet Consumer Culture in the Brezhnev era*, 111。

195. George Gomori, 'Consumerism in Hungary', in: *Problems of Communism* XII, no. 1, 1963: 64-66。

196. Wolf Oschlies, *Jugend in Osteuropa. Vol. II : Polens Jugend* (Cologne, 1982), 166-190。

197. Václav Havel, 'Power of the Powerless' (1978), 重印版见 *Living in Truth* (London, 1989), 特别是 pp63-65, 讨论的是 "宇宙塑料人" 审判。

198. 见下文第 13 章相关内容。

199. Annette Kaminsky, *Wohlstand, Schönheit, Glück: Kleine Konsumgeschichte der DDR* (Munich, 2001), 145。

200. Bundesarchiv Berlin, DY 30/3261, 1976 年 9 月 14 日。延伸阅读 Jonathan Zatlin, *The Currency of Socialism* (Cambridge, 2007)。

201. Bundesarchiv Berlin, DG/7/1768,1986 年 3 月 17 日, 名字有改变, 笔者自译。

202. Bundesarchiv Berlin, DY 30/3261, 匿名, 1987 年 2 月 26 日。一份质询表明, 他确实拥有一辆自己的雪铁龙和一辆商务出行所用的拉达汽车。

203. Bundesarchiv Berlin, DG 7/1769,1986 年 9 月 26 日, 笔者自译。

204. Bundesarchiv Berlin, DY 30/3261,1981 年 2 月 12 日, 笔者自译。

205. Merkel, *Utopie und Bedürfnis*, 357-409。

206. Bundesarchiv Berlin, DY 30/3261,1985 年 12 月 6 日, 名字有改变, 笔者自译。

207. 关于后来对它们基于怀旧的重新估价和 "民主德国情结"（Ostalgie）的身份政治, 参见 Ina Merkel 'From Stigma to Cult: Changing Meanings in East German Consumer Culture', in: Trentmann (ed.), *Making of the Consumer*, 249-270。

第 7 章

1. Statistisk sentralbyrå, NOS Forbruksundersøkelse, http://www.ssb.no/vis/ histstat/ hist05.html. OECD, National Accounts of OECD Countries, 1953–69 (Paris, 1970), 158–159, 242–243. 联合国, *National Accounts Statistics* (New York, 2004), table 3.2, 976。
2. OECD, *Towards Sustainable Household Consumption?* (Paris, 2002), fig. 1 a–d（家庭食品消费）,23; Carol Helstosky, *Garlic and Oil: Food and Politics in Italy* (Oxford, 2004)。
3. 参见本章注释 1 和 2 的参考文献。关于其他欧盟国家，参见 Eurostat, *Household Final Consumption Expenditure in the European Union, 1995–99* (2002), chs. 2 & 4。
4. Gronow & Warde, eds., *Ordinary Consumption*.
5. 工人自 5.7% 上升至 6.4%，高级管理人员自 12% 下降至 7%，1959 年至 1979 年; Nicolas Herpin & Daniel Verger, *La Consommation des Français* (Paris, 1988), 114。
6. Shinobu Majima, 'Affluence and the Dynamics of Spending in Britain, 1961–2004', *Contemporary British History* 22, no. 4, 2008: 573–597.
7. George A. Lundberg, Mirra Komarovsky & Mary Alice McInerny, *Leisure: A Suburban Study* (New York, 1934), 83. 还可参见 Whyte, *Organization Man* (New York, 1956)。
8. Lundberg et al., *Leisure*, 189.
9. Lundberg, Komarovsky & McInerny, *Leisure*, 149f., 155, 189; Bennett M. Berger, *Working-class Suburb: A Study of Auto Workers in Suburbia* (Berkeley, CA, 1960), 特别是 pp58–65。
10. Alison J. Clarke, 'Tupperware', in: Roger Silverstone, ed., *Visions of Suburbia* (London, 1997), ch. 5.
11. Gail Cooper, *Air-conditioning America: Engineers and the Controlled Environment, 1900–1960* (Baltimore, MD, 1998), 157–173; M. Ackerman, *Cool Comfort: America's Romance with Air-conditioning* (Washington, DC, 2002).
12. Siegfried Stratemann, *Das grosse Buch vom eigenen Haus: Eine Entwurfslehre f.d. Eigenheim*, 2 (Munich, 1954; 2nd rev, edn), 15，笔者自译。
13. Berger, *Working-class Suburb*.
14. Rainwater, Coleman & Handel, *Workingman's Wife: Her Personality, World and Life Style*, 下文引语见 pp146–151。延伸阅读 Lizabeth Cohen, 'The Class Experience of Mass Consumption', in: *The Power of Culture*, eds. Richard W. Fox & T. J. Jackson Lears (Chicago, 1993)。
15. Katona, Strumpel &Zahn, *Zwei Wege zur Prosperität* (Düsseldorf 1971).
16. 1960 年：美国 16%，欧盟地区 20%; 1978 年：美国 19%，欧盟地区 21%; Barry Bosworth, 'United States Saving in a Global Context', fig.5; www.brookings.edu/testimony/2006/0406macroeconomics_bosworth.aspx。
17. Ferdynand Zweig, *The British Worker* (Harmondsworth, 1952); Ferdynand Zweig, *The Worker in an Affluent Society* (London, 1962); Ferdynand Zweig, *The New Acquisitive Society* (Chichester, 1976).
18. Alan Bennett, *Enjoy* (London, 1980).
19. 特别参见 Vol. III, John H. Goldthorpe, David Lockwood, Frank Bechhofer & Jennifer Platt, *The Affluent Worker in the Class Structure* (Cambridge, 1971), 85–156。
20. Zweig, *The New Acquisitive Society*, 15. 关于 20 世纪 50 年代之前的阶级文化，参

见 Ross McKibbin, *Classes and Cultures: England 1918-1951* (Oxford, 1998)。

21. Mike Savage, 'Working-class Identities in the 1960s', in: *Sociology* 39, no. 5, 2005: 929-946. 还可参见 John Foot, *Milan since the Miracle: City, Culture and Identity* (Oxford, 2001)。
22. Devine, *Affluent Workers Revisited: Privatism and the Working Class*, 57-74, 134-152.
23. Tony Bennett, Mike Savage, Elizabeth Silva, Alan Warde, Modesto Gayo-Cal & David Wright, *Culture, Class, Distinction* (London, 2009), 9.
24. Bourdieu, *Distinction*, 56, 241.
25. Bourdieu, *Distinction*, pp274-278 和 chaps6-7。
26. Julien Vincent, 'The Sociologist and the Republic: Pierre Bourdieu and the Virtues of Social History', in: *History Workshop Journal* 58, no. 1, 2004: 128-148.
27. Altenloh, *Zur Soziologie des Kino: Die Kino-Unternehmung und die sozialen Schichten ihrer Besucher*, 67f.
28. Bernard Lahire, *La Culture des individus: Dissonances culturelles et distinction de soi* (Paris, 2004); Elizabeth B. Silva, 'Homologies of Social Space and Elective Affinities', in: *Sociology* 40, no. 6, 2006: 1171-1189.
29. Bennett, Savage, Silva, Warde, Gayo-Cal & Wright, *Culture, Class, Distinction*. 遗憾的是，我们并没有这样的国际性研究：将英国的情况同具有更强公共剧院传统的社会进行对比。不同方法参见 T. W. Chan & J. H. Goldthorpe, 'Social Stratification and Cultural Consumption', in: *European Sociological Review* 23/1 (2007), 1-19。
30. 关于休闲实践的变化，见下文"别那么快"一章。
31. Ioné Acquah, *Accra Survey: A Social Survey of the Capital of Ghana, Formerly Called the Gold Coast, Undertaken for the West African Institute of Social and Economic Research, 1953-56* (London, 1958), 154-163; Phyllis M. Martin, *Leisure and Society in Colonial Brazzaville* (Cambridge, 1995).
32. Philip Mayer & Iona Mayer, *Townsmen and Tribesmen: Conservatism and the Process of Urbanization in a South African City* (Cape Town, 1961); 还可参见此书1971年版附言。围绕着旅馆，这类公共饮酒文化的某些部分再次出现，参见 Leslie Bank, 'Men with Cookers: Transformations in Migrant Culture, Domesticity and Identity in Duncan Village, East London', in: *Journal of Southern African Studies* 25, no. 3, 1999: 393-416。还可参见 B. A. Pauw, *The Second Generation: A Study of the Family among Urbanized Bantu in East London* (Cape Town, 1973, 2nd edn; 1st edn 1963)。
33. Adam Mack, 'Good Things to Eat in Surburbia: Supermarkets and American Consumer Culture, 1930-1970', PhD Thesis, Columbia: University of South Carolina, 2006.
34. De Grazia, *Irresistible Empire*, 395，以及整个第8章。
35. Stewart Howe, ed., *Retailing in the European Union* (London, 2002).
36. Mack, *Supermarkets*, 165-173.
37. Emanuela Scarpellini, *Comprare all'americana: Le origini della rivoluzione commerciale in Italia 1945-71* (Bologna, 2001); Emanuela Scarpellini, 'Shopping American-style: the Arrival of the Supermarket in Post-war Italy', in: *Enterprise & Society* 5, no. 4, 2004: 625-668.
38. Luciano Bianciardi, *La vita agra* (Milan, 1962), 171，笔者自译。
39. Andrew Alexander, Dawn Nell, Adrian R. Bailey & Gareth Shaw, 'The Co-creation of a Retail Innovation: Shoppers and the Early Supermarket in Britain', in: *Enterprise*

& *Society* 10, no. 3, 2009: 529–558, 引自 p547。延伸阅读 A. Alexander, S. Phillips & G. Shaw, 'Retail Innovation and Shopping Practices: Consumers' Reactions to Self-service Retailing', in: *Environment and Planning A* 40, 2008: 2204–21; Paul du Gay, 'Self-Service: Retail, Shopping and Personhood', in: *Consumption, Markets and Culture* 7, no. 2, 2004: 149–163; Emanuela Scarpellini, *L'Italia dei consumi* (Rome, 2008), 229–231; *Independent*, 26 Oct. 1998 (Sainsbury obituary); Charles Debbasch & Jean-Marie Pontier, *La Société française* (Paris, 1989), 228。

40. James L. Watson, ed., *Golden Arches East: McDonald's in East Asia* (Stanford, CA, 1997).

41. 笔者自译。

42. Janne Poikolainen, 'Anglo-American Pop Music, Finnish Tango and the Controversial Images of Modernity in Finland in the 1960s', in: Visa Heinonen & Matti Peltonen, eds., *Finnish Consumption: An Emerging Consumer Society between East and West* (Helsinki, 2013), 引自 p142（这位音乐家为 M. A. Numminen）。

43. 这首歌曲由 Jukka Poika 所作。Ermanno Labianca, *Canzone per te: Appunti di musica leggera. 1957–2007* (Rome, 2007); Dario Salvatori, *Sanremo 50: La vicenda e i protagonisti di mezzo secolo di Festival della canzone* (Rome, 2000); Bantigny, *Le Plus Bel Âge?*, 66; Pirjo Kukkonen, *Tango Nostalgia: The Language of Love and Longing* (Helsinki, 1996). 关于后来的混合，参见 Marco Santoro & Marco Solaroli, 'Authors and Rappers: Italian Hip Hop and the Shifting Boundaries of Canzone d'Autore', in: *Popular Music* 26, no. 3, 2007: 463–488。

44. *Loi no. 86-1067 du 30 septembre 1986 relative à la liberté de communication* (Loi Léotard), 在以下网址可以查阅 http:// www.legifrance.gouv.fr/affichTexte.do?cid-Texte=LEGITEXT000006068930。

45. Alan Warde, Dale Southerton, Shu-Li Cheng, Wendy Olsen, 'Changes in the Practice of Eating: A Comparative Analysis of Time-use', in: *Acta Sociologica* 50, no. 4, 2007: 363–385; Shu-Li Cheng, Wendy Olsen, Dale Southerton & Alan Warde, 'The Changing Practice of Eating: Evidence from UK Time Diaries, 1975–2000', in: *British Journal of Sociology* 58, no. 1, 2007: 39–61. Claude Fischler & Estelle Masson, *Manger: Français, Européens et Américains face à l'alimentation* (Paris, 2008)。

46. Dale Southerton, Shu-Li Cheng, Wendy Olsen & Alan Warde, 'Trajectories of Time Spent Reading as a Primary Activity: A Comparison of the Netherlands, Norway, France, UK and USA since the 1970s', CRESC Working Paper 39, 2007; http://www.cresc.ac.uk/publications/ documents/wp39.pdf.

47. W. Griswold, T. McDonnell & N. Wright, 'Reading and the Reading Class in the Twenty-first Century', in: *Annual Review of Sociology* 31, 2005: 127–141; J. Gershuny, 'Web-use and Net-nerds: A Neo-functionalist Analysis of the Impact of Information Technology in the Home', in: *Social Forces* 82, no. 1, 2003: 139–166.

第 8 章

1. 中国，《统计年鉴》（1988 年、1993 年）；关于 2009 年，见 http://www.stats.gov.cn/tjsj/ndsj/2009/indexeh.htm。关于韩国，参见 Laura C. Nelson, *Measured Excess: Status, Gender and Consumer Nationalism in South Korea* (New York, 2000), 87；关于日本，参见 Partner, *Assembled in Japan*, tables 6, 1。在美国的扩散要快于英国，参见 Offer, *Challenge of Affluence*, 特别是 pp173–180。

2. 如果我们衡量购买力平价——货币实际上能在当地买到的东西，2009 年，中国 10 万亿美元的消费力仅次于美国。
3. 这一论点近来最有力的版本是 Karl Gerth, *As China Goes, So Goes the World: How Chinese Consumers are Transforming Everything* (New York, 2010)，引自 p192。
4. 另一个问题是，经济的奇迹增长是否是传统测量方法制造的光学错觉。根据此文观点，环境污染和退化造成的损失，每年将消耗 GDP 的大约 10%: Elizabeth C. Economy, 'The Great Leap Backward', in: *Foreign Affairs*, 86/5, 2007, 38–59。
5. 在全国，店铺数量几乎减少到之前的五分之一，而人口却在不断增长；参见 Martin King Whyte & William L. Parish, *Urban Life in Contemporary China* (Chicago, 1984), 98–99。
6. 根据 WTO，自那之后上升到 2.9%。
7. Kautilya, *The Arthashastra*, trans. L. N. Rangarajan (London, 1992), 1.7.1, 145.
8. Harald Fuess, *Transnational History of Beer in Japan* (forthcoming), ch. 3.
9. T. Matsuda, 'The Japanese Family Budget Enquiry of 1926–1927', in: *International Labour Review* 23, 1931: 388–398. 关于手表：Pierre-Yves Donzé, 'Des importateurs suisses de Yokohama aux fabricants d'horlogerie japonais', in: *Revue d'histoire moderne et contemporaine* 57, no. 1, 2010: 168–189。上文还基于 Hiroshi Hazama, 'Historical Changes in the Life Style of Industrial Workers', in: *Japanese Industrialization and Its Social Consequences*, ed. Hugh Patrick (Berkeley, CA, 1976), 21–51; Sato, *New Japanese Woman*; Penelope Francks, *The Japanese Consumer: An Alternative Economic History of Modern Japan* (Cambridge, 2009)。关于 Hitoshi 在北部的调查和更普遍意义上对现代化的态度，参见 Harry Harootunian, *Overcome by Modernity: History, Culture and Community in Interwar Japan* (Princeton, NJ, 2000)。
10. Leo Ou-Fan Lee, *Shanghai Modern: The Flowering of a New Urban Culture in China, 1930–1945* (Cambridge, MA, 1999).
11. Prakash Tandon, *Punjabi Century, 1857–1947* (London, 1961), 110–111.
12. Frank Dikötter, *Things Modern: Material Culture and Everyday Life in China* (London, 2006), pp55–56、pp196–200，以及 pp205–213，关于下文的化妆品。还可参见 Cochran, *Inventing Nanking Road: Commercial Culture in Shanghai, 1900–1945*。
13. Olga Lang, *Chinese Family and Society* (New Haven, CT, 1946), 74.
14. Carl Crow 著作的标题，出版于 1937 年。
15. Campbell, *The Romantic Ethic and the Spirit of Modern Consumerism*, 18.
16. 上海图书馆, Bureau of Social Affairs, The City Government of Greater Shanghai,《上海市工人生活水平》，第 102 至第 104 页、第 157 页，表 XLI。
17. Malcolm Lyall Darling, *The Punjab Peasant in Prosperity and Debt* (London, 1925), 引自 pxiv、p144、pp164–166。
18. Andrew Gordon, 'From Singer to Shinpan: Consumer Credit in Modern Japan', in: Sheldon Garon & Patricia L. Maclachlan, eds., *The Ambivalent Consumer: Questioning Consumption in East Asia and the West* (Ithaca, NY, 2006), pp137–162，引自 p141。
19. 下文基于：Garon, 'Luxury is the Enemy'; Sheldon Garon, 'Japan's Post-war "Consumer Revolution," or Striking a "Balance" between Consumption and Saving', in: *Consuming Cultures, Global Perspectives*, eds. John Brewer & Frank Trentmann (Oxford, 2006); Charles Yuji Horioka, 'Are the Japanese Unique?', in: Garon & Maclachlan, eds., *Ambivalent Consumer*, ch. 5。
20. Turo-Kimmo Lehtonen and Mika Pantzar, 'The Ethos of Thrift: The Promotion of

Bank Saving in Finland during the 1950s', in: *Journal of Material Culture* 7, no. 2, 2002: 211-231. 还可参见 Minna Lammi, '"Ett" varttuisi Suomenmaa. Suomalaisten kasvattaminen kulutusyhteiskuntaan kotimaisissa lylhytelokuvissa 1920-69' (Helsinki, 2006)。

21. 这点和上文基于 Partner, *Assembled in Japan*, 引自 p163。
22. J. Devika, 'Domesticating Malayalees: Family Planning, the Nation and Home-centred Anxieties in Mid-20th-century Keralam' (Kerala: Centre for Development Studies: WP340, 2002), 46-49.
23. Harold Wilhite, *Consumption and the Transformation of Everyday Life: A View from South India* (Basingstoke, 2008), 89-103.
24. 印度统计研究所(Indian Statistical Institute), *The National Sample Survey, 11th and 12th Rounds, Aug. 1956-Aug. 1957, no. 46, Tables with notes on Consumer Expenditure of Agricultural Labour Households in Rural Areas* (Delhi, 1961)。
25. Ashok Gulati & Shenggen Fan (eds.), *The Dragon and the Elephant: Agricultural Rural Reforms in China and India* (Oxford, 2007).
26. S. L. Rao & I. Natarajan, *Indian Market Demographics: The Consumer Classes* (Delhi, 1996); NCAER, India Market Demographics Report 2002 (Delhi, 2002).
27. Madhya Pradesh, *Human Development Report 2007* (Oxford, 2007), 180.
28. 世界银行,新德里:'Scaling-up Access to Finance for India's Rural Poor (Dec. 2004), report no. 30740-IN: 87% 的农村穷人没有信贷渠道,71% 没有存款。尼泊尔的情况与之类似:参见 Aurora Ferrari, *Access to Financial Services in Nepal* (Washington, DC, 2007)。
29. 能源与资源研究所 (TERI), *Energy Data Directory* (Delhi, 2009), 139-141; Madhya Pradesh, *Human Development Report 2007*, 13。
30. 人类发展研究中心和全国农村电力合作协会 (NRECA), 'Economic and Social Impact Evaluation Study of the Rural Electrification Program in Bangladesh' (Dhaka, 2002), 感谢 Anjali Garg 向我指出这份文献。2007 年, 孟加拉的人均 GDP 排名全世界第 155 (1241 美元 PPP), 稍高于冈比亚和坦桑尼亚。孟加拉的整体人类发展指数位居世界第 146。还可参见 Md. Motaher Hossain, 'Role of Technology in Consumption and Everyday Life in Rural Bangladesh,' in: *Technology in Society*, XXXII/2 (2010), 130-136。
31. Linda Chao & Ramon. H. Myers, 'China's Consumer Revolution: The 1990s and Beyond', in: *Journal of Contemporary China* 7, no. 18, 1998: 351-368, 354, table one. 关于向国家引领的增长的转变,参见 Yasheng Huang, *Capitalism with Chinese Characteristics: Entrepreneurship and the State* (Cambridge, 2008)。
32. 中国,《统计年鉴》, 2009 年, http://www.stats.gov.cn/tjsj/ndsj/2009/indexeh.htm。
33. Hsiao-Tung Fei, *Peasant Life in China: A Field Study of Country Life in the Yangtze Valley* (London, 1939), 119.
34. Lang, *Chinese Family and Society*, 239-244, 279-280, 引自 p338。
35. Yunxiang Yan, *Private Life under Socialism: Love, Intimacy and Family Change in a Chinese Village, 1949-99* (Stanford, CA, 2003); Yunxiang Yan, *The Individualization of Chinese Society* (Oxford, 2009). 还可参见 Anita Chan, Richard Madsen & Jonathan Unger, eds., *Chen Village: The Recent History of a Peasant Community in Mao's China* (Berkeley, CA, 1983), 219, 252-254; Edward Friedman, Paul G. Pickowicz & Mark Selden, *Revolution, Resistance and Reform in Village China* (New Haven, CT, 2005), 227-232.

36. 参见本书第 1 章和第 4 章相关内容。
37. 例如，2006 年拉杰果德和印多尔每天只供水 45 分钟；国家城市事务研究所（National Institute of Urban Affairs），*Report on Water Services* (2006)。
38. 参见 Rama Bijapurkar 的案例研究，*We are Like That Only: Understanding the Logic of Consumer India* (New Delhi, 2007)。
39. Jos Gamble, 'The Rhetoric of the Consumer and Customer Control in China', in: *Work, Employment and Society* 2, no. 1, 2007: 7-25. 关于 2013 年的家乐福门店，参见 http://www.carrefour.com/sites/default/files/PARCGB 31122013.pdf。
40. Souichirou Kozuka & Luke R. Nottage, 'The Myth of the Cautious Consumer: Law, Culture, Economics and Politics in the Rise and Partial Fall of Unsecured Lending in Japan', in: *Consumer Credit, Debt and Bankruptcy: National and International Dimensions*, eds. J. Niemi-Kiesilainen, I. Ramsay & W. Whitford, (Oxford, 2009); Horioka, 'Are the Japanese Unique?', in: Garon & Maclachlan, eds., *Ambivalent Consumer*.
41. Jeff Kingston, *Japan's Quiet Transformation* (New York, 2004).
42. 以美元折算；世界银行，*2005 ICP Global Results* (Washington, 2005), table 5。
43. Marcos D. Chamon & Eswar S. Prasad, 2010. 'Why are Saving Rates of Urban Households in China Rising?' in: *American Economic Journal: Macroeconomics*, 2(1): 93-130; E. Croll, *China's New Consumers* (London, 2007), 85. 相较于其他国家，教育和卫生方面的公共支出占比很小，关于这一点，参见 OECD, *Challenges for China's Public Spending: Toward Greater Effectiveness and Equity* (Paris, 2006), ch. 2。
44. 根据非官方估计数字，高达 41%；参见 *The Economist*, 26 May 2012, 15-17。
45. Xiaohong Zhou, 'Chinese Middle Class: Reality or Illusion', in: Christophe Jaffrelot & Peter Van der Veer, eds., *Patterns of Middle-class Consumption in India and China* (Los Angeles, 2008), ch. 5; P. K. Varma, *The Great Indian Middle Class* (Delhi, 1998); 麦肯锡全球研究所（McKinsey Global Institute），'The "Bird of Gold": The Rise of India's Consumer Market' (San Francisco, CA, 2007); NCAER, *The Great Indian Market* (New Delhi, 2005); Ernest Young, 'Great Indian Middle Class'; David S. G. Goodman, ed., *The New Rich in China: Future Rulers, Present Lives* (2008, New York); Cheng Li, *China's Emerging Middle Class: Beyond Economic Transformation* (Washington, DC, 2010). 关于奢侈品，还可参见本书第 9 章"不平等"小节的相关内容。
46. Jun Wang & Stephen Siu Yu Lau, 'Gentrification and Shanghai's New Middle Class: Another Reflection on the Cultural Consumption Thesis', *Cities* 26, no. 2, 2009: 57-66; Xin Wang, 'Divergent Identities, Convergent Interests', in: *Journal of Contemporary China* 17, no. 54, 2008.
47. Deborah Davis & Wang Feng, *Creating Wealth and Poverty in Post-socialist China* (Stanford 2008). 关于新中产阶级同共产党的密切关系，参见 Li Jian & Niu Xiaohan, 'The New Middle Class in Peking: A Case Study', in: *China Perspectives*, Jan.-Feb. 2003。
48. 印度妇女的话，引自 R. Ganguly-Scrase & T. J. Scrase, *Globalization and the Middle Classes in India: The Social and Cultural Impact of Neo-liberal Reforms* (London, 2009), p98，年龄没有给出。
49. Steven Kemper, *Buying and Believing: Sri Lankan Advertising and Consumers in a Transnational World* (Chicago, 2001), 200-205.
50. S. L. Rao & I. Natarajan, *Indian Market Demographics: The Consumer Classes* (Delhi,

1996), 162.
51. Bill Adams, 'Macroeconomic Implications of China Urban Housing Privatization, 1998–1999', *Journal of Contemporary China* 18, no. 62, 2009: 881–888.
52. 引自 Junhua Lü, Peter G. Rowe & Jie Zhang, eds., *Modern Urban Housing in China, 1840–2000* (Munich, 2001), 241。
53. 2004 年，引自 Choon-Piew Pow, 'Constructing a New Private Order: Gated Communities and the Privatization of Urban Life in Post-reform Shanghai', in: *Social & Cultural Geography* (2007) 8/6, pp813–833。
54. 《中国商业周刊》，2006 年 8 月 7—13 日，第 9 页。
55. http://residence.net.cn/ main.htm.
56. 2004 年，引自 Deborah Davis, 'Urban Consumer Culture', in: *The China Quarterly*, 2005: 692–709, 706. 还可参见 Deborah S. Davis, ed., *The Consumer Revolution in Urban China* (Berkeley, CA, 2000)。
57. Thomas L. Friedman, *The World is Flat: A Brief History of the Globalized World in the Twenty-first Century* (London, 2005).
58. Shunya Yoshimi, 'Consuming America, Producing Japan,' in: Garon & Maclachlan, eds., *Ambivalent Consumer*, 64.
59. Harootunian, *Overcome by Modernity*, 特别是第二章和第三章。
60. Shunya Yoshimi, 'Consuming America, Producing Japan', in: Garon and Maclachlan, eds., *Ambivalent Consumer*, ch. 3. 还可参见 Shunya Yoshimi, 'Made in Japan: The Cultural Politics of "Home Electrification" in Post-war Japan,' in: *Media, Culture & Society* 21, no. 2, 1999: 149–171。
61. 关于这一点，参见 Chua Beng Huat, *Life is Not Complete Without Shopping: Consumption Culture in Singapore* (Singapore, 2003)。
62. Koichi Iwabuchi, 'Return to Asia? Japan in Asian Audiovisual Markets', in: Kosaku Yoshino, ed., *Consuming Ethnicity and Nationalism* (Richmond, Surrey, 1999), ch. 8.
63. Chua Beng Huat, 'Transnational and Transcultural Circulation and Consumption of East Asian Television Drama,' in Jaffrelot & Veer, eds., *Middle-class Consumption in India and China*, ch. 10. Euny Hong, The Birth of Korean Cool (New York, 2014).
64. 引自 Wilhite, *Consumption and Everyday Life*, 134。
65. S. Radhakrishnan, 'Professional Women, Good Families: Respectable Femininity and the Cultural Politics of a "New" India', in: *Qualitative Sociology* (2009) 32: 195–212, 205.
66. Margit van Wessel, 'Talking about Consumption: How an Indian Middle Class Dissociates from Middle-class Life', *Cultural Dynamics* 16, 2004: 93–116.
67. W. Mazzarella, *Shoveling Smoke: Advertising and Globalization in Contemporary India* (Duke University Press, 2003), 277.
68. Dipankar Gupta, *Mistaken Modernity: India between Worlds* (New Delhi, 2000).
69. 例如 Carol Upadhya, 'Rewriting the Code: Software Professionals and the Reconstitution of Indian Middle-class Identity', in: Jaffrelot & Veer, eds., *Middle-class Consumption in India and China*, ch. 3。
70. Vamsi Vakulabharanam, 'Does Class Matter? Class Structure and Worsening Inequality in India', in: *Economic & Political Weekly*, XLV/29 (17 July 2010), 67–76.
71. Nicholas Nisbett, 'Friendship, Consumption, Morality: Practising Identity, Negotiating Hierarchy in Middle-class Bangalore,' in: *Journal of the Royal Anthropological Institute* 13, 2007: 935–950. 延伸阅读 Chandra Bhan Prasad, 'Markets and Manu:

Economic Reforms and Its Impact on Caste in India', in: *CASI Working Paper Series*, no. 08-01, Jan. 2008. 关于尼泊尔种姓的松弛和中产阶级平衡地方、全球身份认同的努力，参见 Mark Liechty, *Suitably Modern: Making Middle-class Culture in a New Consumer Society* (Princeton, NJ, 2003). 还可参见本书第 3 章相关内容。

72. Haruka Yanagisawa, 'Growth of Small-scale Industries and Changes in Consumption Patterns in South India, 1910s-'50s', in: Douglas Haynes et al. (eds), *Towards a History of Consumption in South Asia* (Oxford, 2010), 51-75; Yogendra Singh, *Culture Change in India: Identity and Globalization* (Jaipur ,2000).

73. Filippo & Caroline Osella, *Social Mobility in Kerala: Modernity and Identity in Conflict* (London, 2000), 特别是 pp119-122。

74. *Report on the Working and Living Conditions of the Scheduled Castes Workers in the Selected Occupations at Indore, 1993* (Labour Bureau, Government of India, Chandigarh/Shimla, 1997), tables 3.11 A-C.

75. Rajesh Shukla, Sunil Jain & Preeti Kakkar, *Caste in a Different Mould* (New Delhi, 2010).

76. Patricia Uberoi, 'Imagining the Family: An Ethnography of Viewing Hum Aapke Hain Koun . . . !' in: Rachel Dwyer & Christopher Pinney (eds.), *Pleasure and the Nation: The History, Politics and Consumption of Public Culture in India* (Oxford, 2001).

77. Ronald Philip Dore, *City Life in Japan: A Study of a Tokyo Ward* (London, 1958), 62-80.

78. 《生活方式白皮书》(White Paper on the National Lifestyle)，1995 财政年度，"回顾过去 50 年……和向前，为日本寻求丰裕而多样化的国民生活方式"，经济企划厅，日本政府, http://www5.cao.go.jp/seikatsu/whitepaper/h7/life95so-e-e.html。

79. Lonny Carlile, 'The Yoahan Group', in: Kerrie L. MacPherson (ed.), *Asian Department Stores* (Richmond, Surrey, 1998), 233-252.

80. Jeff Kingston, *Japan's Quiet Transformation* (New York, 2004).

81. John L. McCreery, *Japanese Consumer Behavior: From Worker Bees to Wary Shoppers* (Richmond, Surrey, 2000).

82. 《生活方式白皮书》(White Paper on the National Lifestyle)，1995 财政年度，日本政府。

83. Seung-Kuk Kim, 'Changing Lifestyles and Consumption Patterns of the South Korean Middle Class and New Generations,' in: Chua Beng-Huat,ed., *Consumption in Asia: Lifestyles and Identities* (London, 2000), ch. 3.

84. Nelson, *Measured Excess*.

85. 上文基于 Inge Daniel 在日本中部关西地区 30 户家庭进行的民族志调查，2002—2003 年进行: *The Japanese House: Material Culture in the Modern Home* (Oxford, 2010)。她的发现质疑了"一次性社会"的图景，例如 John Clammer, *Contemporary Urban Japan: A Sociology of Consumption* (Oxford, 1997), 79-80。

86. Robert W. Hefner (ed.), *Market Cultures: Society and Morality in the New Asian Capitalisms* (Boulder, CO, 1998).

87. Elizabeth Croll, 'Conjuring Goods, Identities and Cultures', in: Kevin Latham, Stuart Thompson & Jakob Klein, eds., *Consuming China: Approaches to Cultural Change in Contemporary China* (London, 2006), 22-41; Robert Well, 'Divided Market Cultures in China', in: Hefner, *Market Cultures*, ch. 2.

88. 中国，《统计年鉴》，2014 年。W. McEwen, F. Xiaoguang, Z. Chuanping & R. Burkholder, 'Inside the Mind of the Chinese Consumer', in: *Harvard Business Review*,

March 2006; 84(3): 68-76。
89. 关于这一点和整体讨论，参见 Beverley Hooper, 'The Consumer Citizen in Contemporary China', in: Centre for East and South-east Asian Studies Working Paper 12, 2005.
90. *Arthashastra*, 86, 245-248.
91. 'Cases filed, Disposed and Pending', 数据由印度公共管理学院（IIPA）消费者研究中心编纂, New Delhi, 2008。
92. Pradeep S. Mehta, ed., *Competition and Regulation in India* (CUTS/Jaipur, 2007), #0715.
93. (1994) 1SCC243, 引自 IIPA, Housing and Consumer (Delhi, 2006).
94. 2008年，存档投诉的17%是关于劣质商品，与之相比，27%是关于电力，主要是收费和断电。数据由CCS, IIPA编纂, Delhi, 2008。
95. 7 SCC 688, Charan Singh vs. Healing Touch Hospital, 引自 S. S. Singh & Sapna Chadah, *Consumer Protection in India* (New Delhi, 2005), 26。
96. *Awaken*, Consumer Club Bulletin of Kamala Nehru College, 3 (Aug. 2008), 9.
97. V. Prabhu, in E. Rajaram, K. Durai, M. Jeyakumaran & E. Yavanarani (eds.), *Consumer Protection and Welfare* (Chennai, 2008), ch. 22.
98. 引自，例如印度公共管理学院（IIPA）消费者研究中心网站主页，它负责监管政府的消费者意识和培训项目。这条引文也悬挂在许多企业办公室的墙上。感谢与印度公共管理学院的 Suresh Mishra、其他工作人员的讨论、分享的信息。甘地的98卷著作现在已经上传到网络，见 http://www.gandhiserve.org/cwmg/cwmg.html。
99. 供水与卫生项目（Water and Sanitation Program），*Engaging with Citizens to Improve Services* (2007), ch. 6. 关于 Piplod, 还可参见此处记录 http://www.cuts-international. org/psr-04.htm。
100. Sanjay Srivastava, 'Urban Spaces, Post-nationalism and the Making of the Consumer-Citizen in India', in: *New Cultural Histories of India*, eds. Partha Chatterjee, Tapati Guha Thakurta & Bodhisattva Kar (New Delhi, 2014); Sanjay Srivastava, 'Urban Spaces, Post-nationalism and the Making of the Consumer-Citizen in India', in: *New Cultural Histories of India*, eds. Partha Chatterjee, Tapati Guha Thakurta & Bodhisattva Kar (New Delhi, 2014), ch. 13.
101. 例如，'Bhagidari: Good Intention, Bad Implementation?' 公民社会自由主义中心（liberal Centre of Civil Society），http://www.ccsindia.org/ccsindia/interns2003/chap7.pdf。
102. Patricia L. Maclachlan, *Consumer Politics in Post-war Japan: The Institutional Boundaries of Citizen Activism* (New York, 2002); Takao Nishimura, 'Household Debt and Consumer Education in Post-war Japan', in: Garon & Maclachlan, eds., *Ambivalent Consumer*, ch. 11.
103. 日本内阁，《国民生活方式白皮书：消费者公民身份前景》（White Paper on the National Lifestyle: Prospects for Consumer Citizenship, 2008年），导言；http://www5.cao.go.jp/seikatsu/whitepaper/h20/06_eng/index.html。
104. Nikolas Rose, *Powers of Freedom: Reframing Political Thought* (Cambridge, 1999).
105. 全文见 http://www.cca.org.cn/english/EnNewsShow.jsp?id=38&cid=983。
106. 'Class Action Litigation in China', in: *Harvard Law Review* 111, no. 6, 1998: 1523-1541; Hooper, 'The Consumer Citizen in Contemporary China'.
107. 中国消费者协会，《年度报告》，2004年、2005年；海淀消协，《消费动态》月刊, 47 (2003), 第35页。

108. 2002 年，政府成立了国有资产监督管理委员会（SASAC）。2008 年，振兴民族品牌被列入国策。参见 Gerth, *As China Goes*, ch. 5。
109. 中国消费者协会，"科学消费指南 2008 年版"，http://www.cca.org.cn/english/EnNewsShow.jsp?id=184&cid=982。
110. Luigi Tomba, 'Of Quality, Harmony and Community: Civilization and the Middle Class in Urban China', in: *Positions: East Asia Cultures Critique* 17, no. 3, 2009: 592–616.

第 9 章

1. John De Graaf, David Wann & Thomas H. Naylor, *Affluenza: The All-consuming Epidemic* (San Francisco, CA, 2001); Clive Hamilton & Richard Denniss, *Affluenza: When Too Much is Never Enough* (Crows Nest, NSW, 2006); James, *Affluenza*. Avner Offer 调查分析了 20 世纪 50 年代之后即时满足的兴起和 "承诺机制" 的衰退，Offer, *Challenge of Affluence*。
2. Lydia Maria Francis Child, *The American Frugal Housewife* (Boston, 1835, 16th edn), p. 89, 它题献给 "那些不以节约为耻的人"。
3. King James Bible, 1 Timothy 6:10; Jacques Le Goff, *Your Money or Your Life: Economy and Religion in the Middle Ages* (New York, 1988); Dante Alighieri, *Divine Comedy (1308–21), Inferno*, Canto XVII, third round of the seventh circle; Rosa-Maria Gelpi & François Julien-Labruyère, *The History of Consumer Credit: Doctrines and Practice* (Basingstoke, 2000).
4. Benjamin Franklin, *Poor Richard's Almanac* (Philadelphia, PA,1732), 25; Franklin, *The Way to Wealth* (London,1758), 13.
5. Helen Bosanquet, 'The Burden of Debts', in: *Economic Journal*, 6/22 (June 1896),212–225, 引自 p220、p223。
6. Daniel Horowitz, *The Morality of Spending: Attitudes towards the Consumer Society in America, 1875–1940* (Chicago, 1992); Horowitz, *Anxieties of Affluence*.
7. Seung-Kuk Kim, 'Changing Lifestyles and Consumption Patterns of the South Korean Middle Class and New Generations', in: Beng-Huat, ed., *Consumption in Asia: Lifestyles and Identities*, 71–73.
8. Craig Muldrew, *The Economy of Obligation: The Culture of Credit and Social Relations in Early Modern England* (Basingstoke, 1998), 68, 117–118. 关于欧洲案例，参见 S. Ogilvie, M. Kuepker & J. Maegraith, 'Household Debt in Early Modern Germany: Evidence from Personal Inventories', in: *Journal of Economic History* 72, no. 1, 2012: 134–167。
9. Julius Pierstorff, 'Drei Jenaer Handwerke', *Schriften des Vereins für Socialpolitik* LXX, no. 9, 1897 quoted at 50.
10. Bureau of Social Affairs, The City Government of Greater Shanghai,《上海市工人生活水平》(1934 年)，第 108 页、表 15 和 16。
11. *1924–25 (153) Report by the Joint Select Committee of the House of Lords and the House of Commons on the Moneylenders Bill [H. L.] and the Moneylenders (Amendment) Bill*, 78: 利物浦女性市民协会 (Liverpool Women Citizen's Association) 的 Dorothy Keeling。延伸阅读 Paul Johnson, *Saving and Spending: The Working-class Economy in Britain, 1870–1939* (Oxford, 1985)。
12. Camille Selosse & Lorna Schrefler, 'Consumer Credit and Lending to Households in

Europe', (European Credit Research Institute, 2005), fig. 6.
13. http://www.oecd-ilibrary.org/economics/oecd-factbook_18147364.
14. J. Logemann & U. Spiekermann, 'The Myth of a Bygone Cash Economy: Consumer Lending in Germany from the Nineteenth Century to the Mid-twentieth Century', in: *Entreprises et histoire*, no. 59, 2010: 12–27; Sean O'Connell, *Working-class Debt in the UK since 1880* (Oxford, 2009), ch. 2; Lendol Calder, *Financing the American Dream: A Cultural History of Consumer Credit* (Princeton, NJ, 1999), ch. 4.
15. 国家经济研究局（National Bureau of Economic Research）, *The Pattern of Consumer Debt, 1935–36: A Statistical Analysis*, Blanche Bernstein, 1940。
16. Calder, *Financing the American Dream*, 184–199.
17. Isabelle Gaillard, 'Télévisions et crédit à la consommation: Une approche comparative France-Rfa 1950–1970', in: *Entreprises et histoire*, no. 2, 2010: 102–111.
18. Calder, *Financing the American Dream*, 175, 下文参见第 3 章。
19. O'Connell, *Working-class Debt in the UK since 1880*, 58–66.
20. Edwin R. A. Seligman, *Economics of Instalment Selling: A Study in Consumers' Credit* (1927), 222.
21. 见本书第 2 章相关内容。
22. 引自 Calder, *Financing the American Dream*, 235。
23. Seligman, *Economics of Instalment Selling*, 224.
24. Louis Hyman, *Debtor Nation: The History of America in Red Ink* (Princeton, NJ, 2011), ch. 2.
25. 当然这一点也是真实的：高收入家庭的债务数额也更高。这些因素之间的相互作用相当复杂。延伸阅读 Sarah Bridges, Richard Disney & Andrew Henley, 'Housing Wealth and the Accumulation of Financial Debt', in: Giuseppe Bertola, Richard Disney & Charles Grant, eds., *The Economics of Consumer Credit* (Cambridge, MA, 2006), 135–179; Richard Disney, 'The UK's Household Debt Problem: Is There One? And, If So, Who's at Risk?' (London: Institute for Fiscal Studies, 2007)。
26. 根据欧洲抵押贷款协会（European Mortgage Federation）的说法，2010 年希腊的人均按揭债务数额是 7120 欧元，意大利是 5830 欧元，而美国则是意大利的 4 倍，约 2.7 万欧元；http://www.hypo.org/Content/Default.asp?pageId=414。
27. Martha L. Olney, *Buy Now, Pay Later: Advertising, Credit and Consumer Durables in the 1920s* (Chapel Hill, NC; London, 1991), table 4.6, 108.
28. 乔治·诺里斯，费城联邦储备银行行长，引自 P. J. Kubik, 'Federal Reserve Policy during the Great Depression: The impact of Inter-war Attitudes Regarding Consumption and Consumer Credit', in: *Journal of Economic Issues* 30, no. 3, 1996: 829–842, 833. 关于知识分子一直秉持的矛盾情绪，参见 Horowitz, *Anxieties of Affluence*。
29. M. L. Olney, 'When Your Word is Not Enough: Race, Collateral and Household Credit', in: *The Journal of Economic History* 58, no. 2, 1998: 408–431.
30. P. Scott, 'The Twilight World of Inter-war British Hire Purchase', in: *Past & Present* 177, no. 1, 2002: 195–225.
31. 自 1970 年初的 270 亿德国马克到 1979 年底的 1150 亿德国马克。参见 Bundesbank Zeitreihe PQ 3150 'Sonstige Kredite an ...Privatpersonen'。虽然不尽完美，但是同 MFI-Zinsstatistik 相比，这一数据序列让我们更确切地了解到消费信贷的规模。某些作者所用的是 MFI-Zinsstatistik，其中涵盖了给予个体商户和非营利机构的信贷；http://www.bundesbank.de/statistik/statistik_zeitreihen.php?lang=de&open=banken&-

func=row &tr=PQ3150。
32. Luca Casolaro, Leonardo Gambacorta & Luigi Guiso, 'Regulation, Formal and Informal Enforcement, and the Development of the Household Loan Market: Lessons from Italy', in: Bertola, Disney & Grant, eds., *The Economics of Consumer Credit*, 92–134.
33. 参见 Gaillard, 'Télévisions et crédit', 108f; 1960 年，在美国和加拿大，70% 的消费品是以信贷购买的，在英国是 60%，在联邦德国是 55%，而在法国只有 35%。
34. A. Börsch-Supan, 'Savings in Germany – Part II: Behavior', in: James M Poterba, ed., *International Comparisons of Household Saving* (Chicago, 1994).
35. Great Britain. Dept of Trade and Industry, Committee on Consumer Credit, 'Consumer Credit. Report of the Committee. Chairman: Lord Crowther, etc.' (1971), Cmnd. 4596, 123.
36. Casolaro et al.. 'Lessons from Italy', in: Bertola, Disney & Grant, eds., *The Economics of Consumer Credit*, 120f.
37. P. Horvath, 'Die Teilzahlungskredite als Begleiterscheinung des westdeutschen Wirtschaftswunders, 1948–1960', in: *Zeitschrift für Unternehmensgeschichte* (1992) 19–55, esp. 35–37.
38. Sombart, *Luxus und Kapitalismus*, 96, 笔者自译。
39. Horvath, 'Teilzahlungskredite', 22.
40. Crowther Committee on Consumer Credit (1971), tables 2.1 & 2.4, 52–55.
41. Hemel Hempstead 的"贝丽尔"，1997 年采访，引自 O'Connell, *Working-class Debt in the UK since 1880*, p120。
42. 上文基于 Sheldon Garon, *Beyond our Means: Why America Spends while the World Saves* (Princeton, NJ, 2011)。
43. Garon, *Beyond our Means*, 10.
44. A. Chandavarkar, 'Saving Behaviour in the Asian-Pacific Region', in: *Asian-Pacific Economic Literature* 7, no. 1, 1993: 9–27; www.cpf.gov.sg.
45. C. Y. Horioka, 'Are the Japanese Unique? An Analysis of Consumption and Saving Behavior in Japan', in: *Osaka University Institute of Social and Economic Research, Discussion Paper 606*, (Osaka, 2004); Victoria de Grazia, *The Culture of Consent: Mass Organization of Leisure in Fascist Italy* (Cambridge, 1981), 154–159. 还可参见本书第 8 章相关内容。
46. Soogeun Oh, 'Personal Bankruptcy in Korea', in: Johanna Niemi, Iain Ramsay & William C. Whitford, *Consumer Credit, Debt and Bankruptcy: Comparative and International Perspectives* (Oxford and Portland, OR, 2009), 375–393.
47. 引自 Johnson, *Saving and Spending*, 213f。
48. Samuel Smiles, *Self-help; with Illustrations of Character, Conduct and Perseverance* (London, 1866; 1st edn 1859), 295.
49. 例如，下萨克森各储蓄银行的 1949 年 *Möbelsparaktion*; Horvath, 'Teilzahlungskredite', 21。
50. Lehtonen & Pantzar, 'The Ethos of Thrift: The Promotion of Bank Saving in Finland during the 1950s'. See also: Visa Heinonen (1998): 'Talonpoikainen etiikka ja kulutuksen henki. Kotitalousneuvonnasta kuluttajapolitiikkaan 1900-luvun Suomessa' ('Peasant Ethic and the Spirit of Consumption'), in: *Bibliotheca Historica*, 33; Visa Heinonen, Minna Lammi & Esko Varho, ' "Ei nimittäin haluttu valmistaa tavallista reklaamifilmiä …" Mainonta ja valistus suomalaisissa lyhytelokuvissa', *Lähikuva*

4/1995, 34-47. 感谢 Visa Heinonen 和 Minna Lammi 向我展示关于"目标储户"的电影广告。

51. (Crowther) Committee on Consumer Credit, Report, Cmnd 4596, IX.1 (1971), 151, 153; Crowther 勋爵是 1971 年委员会的负责人，曾与凯恩斯一道求学，并于 1938 年《慕尼黑协定》签署前一天接管《经济学人》(*The Economist*)。然而，可能同样值得注意的是，他是美国经济的热忱观察者，妻子是美国人，体验过房地产市场和酒店集团（虽说并非完全愉快）。

52. 同大部分 OECD 国家不同，英国官方数据是总储蓄率。净储蓄率会稍低，因为它扣除了业主自住房屋的固定资本消费，换言之，它考虑到房屋价值因损耗而下降。关于信贷，参见（英国）商业、创新、技术部（Department for Business, Innovation & Skills），'Credit, Debt and Financial Difficulty in Britain, 2009/10'(June 2011), http://www.bis.gov.uk/assets/biscore/consumer-issues/docs/c/11-963-credit-debt-in-britain-2009-10.pdf。2008 年，平均住房财富是 20.45 万欧元，参见'Wealth in Great Britain: Main results, 2006/08'; http://www.bris.ac.uk/geography/research/pfrc/themes/psa/pfrc0914.pdf。

53. Franco Modigliani & Richard H. Brumberg, 'Utility Analysis and the Consumption Function: An Interpretation of Cross-section Data', in: *Post-Keynesian Economics*, ed. Kenneth K. Kurihara, (New Brunswick, NJ, 1954), 388-436; Andrew B. Abel, ed., *The Collected Papers of Franco Modigliani* (Cambridge, MA, 1980), Vol. II; Milton Friedman, *A Theory of the Consumption Function* (Princeton, NJ, 1957).

54. Franco Modigliani 自己承认了这一点：'Life Cycle, Individual Thrift and the Wealth of Nations', in: *The American Economic Review* 76, no. 3, 1986: 297-313。

55. A. Börsch-Supan, *Life-cycle Savings and Public Policy: A Cross-national Study of Six Countries* (Amsterdam, 2003); A. Lusardi, 'Information, Expectations, and Savings for Retirement', in: *Behavioral Dimensions of Retirement Economics*, 1999: 81-115; B. D. Bernheim, J. Skinner & S. Weinberg, 'What aAcounts for the Variation in Retirement Wealth among US Households?' in: *American Economic Review*, 2001: 832-857. 储蓄的预防性动机被永久收入假设规则下的确定性等价假设所排除，参见 Deaton, *Understanding Consumption*, 177-179。

56. Christopher D. Carroll & Lawrence H. Summers, 'Consumption Growth Parallels Income Growth: Some New Evidence', in: *National Saving and Economic Performance*, ed. B. Douglas Bernheim & John B. Shoven,(Chicago, 1991), 305-348,esp. 315-318.

57. Deaton, *Understanding Consumption*, 163.

58. 德国人"储蓄"研究（2009 年），Axel Börsch-Supan, Michela Coppola,Lothar Essig, Angelika Eymann & Daniel Schunk, http://www.mea.uni-mannheim.de/fileadmin/files/polstudies/3aferngy0iaowiys_MEA_Study_6.pdf。

59. 无论在何处，富人的储蓄额都高于穷人。然而，1970—2007 年的一项英国研究发现，同背负按揭贷款的家庭相比，那些住在廉租公寓中的家庭储蓄额明显更高；Thomas Crossley &Cormac O'Dea, *The Wealth and Saving of UK Families on the Eve of the Crisis* (Institute for Fiscal Studies, 2010)。

60. 参见 Elizabeth Lanyon，澳大利亚金融服务委员会（Australia Financial Services Committee, in Consumers International）法律委员会主席，'Living on Credit', in: *Asia Pacific Consumer* 35/36, no. 1/2, 2004: 1-51, 11。此外，上文基于 Luigi Guiso, Michael Haliassos & Tullio Japelli, eds., *Household Portfolios* (Cambridge, MA, 2002); Elaine Kempson & Claire Whyley, *Kept out or Opted out?: Understanding*

and Combating Financial Exclusion (Bristol, 1999)。20 世纪 90 年代，在美国，持有共同基金、养老基金和直接股票的家庭数量自 32% 飙升至 49%。

61. 引自 Jackie Botterill, *Consumer Culture and Personal Finance: Money Goes to Market* (Basingstoke, 2010), 149。
62. 关于美国：R. Peach & C. Steindel, 'A Nation of Spendthrifts? An Analysis of Trends in Personal and Gross Saving', in: *Current Issues in Economics and Finance/Federal Reserve Bank of New York* 6, no. 10, 2000: 1–6。关于英国：S. Berry, M. Waldron & R. Williams, 'Household Saving', *Bank of England Quarterly Bulletin* Q3, 2009: 191–209。
63. http://www.bostonfed.org/education/ledger/ledger04/sprsum/credhistory.pdf. 格林斯潘的听证会在 2000 年 1 月 26 日举行（S. HRG.106-526），网址见 www.fraser.stlouisfed.org.。延伸阅读 Robert D. Manning, *Credit Card Nation: The Consequences of America's Addiction to Credit* (New York, 2000); Richard Berthoud & Elaine Kempson, *Credit and Debt: The PSI Report* (London, 1992)。
64. Hyman, *Debtor Nation*, 150f.
65. 欧盟民意调查（Eurobarometer），*Consumers' Opinions on Services of General Interest, no. 230* (Luxembourg: European Commission, 2005)。
66. Ronald J. Mann, 'Credit Cards and Debit Cards in the United States and Japan', in: *Vanderbilt Law Review* 55, no. 4, 2002: 1055–1108. Schufa, *Schuldenkompass 2004: Empirische Indikatoren der privaten Verund Ü" berschuldung in Deutschland* (Wiesbaden: 2004).
67. 2006 年，美国人的信用卡债务总额为 8010 亿美元，贷款总额为 13 万亿美元（包括抵押贷款）；到 2010 年，分别为 7540 亿美元和 13.4 万亿美元；OECD. StatExtracts, meta data 'Household assets', http://stats.oecd.org/Index.aspx, 数据提取于 2011 年 9 月 1 日。
68. 国家经济研究局（National Bureau of Economic Research），*Pattern of Consumer Debt, 1935–36*, 110。只有最穷困的家庭才会动用储蓄。
69. Hyman, *Debtor nation*, ch. 7.
70. 笔者利用了经济合作与发展组织的数据序列：2000—2010 年，'Households' Financial and Non-financial Assets and Liabilitie', 2011 年 11 月 14 日提取自 http://stats.oecd.org/Index.aspx。
71. Catarina Frade & Cláudia Lopes, 'Overindebtedness and Financial Stress: A Comparative Study in Europe', in: Niemi, Ramsay & Whitford, *Consumer Credit, Debt and Bankruptcy*, 249–271.
72. 起点是：Gary S. Becker, 'A Theory of the Allocation of Time', in: *Economic Journal* 75, no. 299, 1965: 493–517。
73. Helen Jarvis 'Housing to Manage Debt and Family Care in the USA'; Carl Schwartz, Tim Hampton, Christine Lewis & David Norman, 'A Survey of Housing Equity Withdrawal and Injection in Australia', 均收入 *The Blackwell Companion to the Economics of Housing*, Susan J. Smith & Beverley A. Searle (eds.) (Oxford, 2010) chs. 7 & 16。
74. 这一术语出处见 Colin Crouch, 'What Will Follow the Demise of Privatized Keynesianism?' in: *The Political Quarterly* 79, no. 4, 2008: 476–487，尽管应当强调这并非益格鲁-撒克逊世界的独有现象。
75. C. Kerdrain, 'How Important is Wealth for Explaining Household Consumption over the Recent Crisis?', OECD Economics Department Working Papers, no. 869, 2011.

76. 《经济学人》(*The Economist*), 2010 年 9 月 18 日, p86。
77. Sharon Parkinson, Beverley A. Searle, Susan J. Smith, Alice Stoakes & Gavin Wood, 'Mortgage Equity Withdrawal in Australia and Britain: Towards a Wealth-fare State?' in: *European Journal of Housing Policy* 9, no. 4, 2009: 365–389; Jarvis 'Housing to Manage Debt in the USA'; Schwartz et al., 'Equity Withdrawal in Australia', in: *Blackwell Companion to the Economics of Housing*, chs. 7 & 16.
78. 'Changes in US Family Finances from 2004 to 2007: Evidence from the Survey of Consumer Finances', *Federal Reserve Bulletin*, 2009 年 2 月, A 46, table 15。
79. 20 世纪 60 年代初, 65 岁及以上者占了总人口的 14% 和家庭消费的 11%。到 1988 年, 他们占了总人口的 16% 和消费的 18%。Jagadeesh Gokhale, Laurence J. Kotlikoff, John Sabelhaus, Barry Bosworth & Robert Haveman, 'Understanding the Post-war Decline in US Saving: A Cohort Analysis', *Brookings Papers on Economic Activity*, 1996, no. 1, 1996: 315–407。
80. (英国)商业、技术、创新部, 'Credit, Debt and Financial Difficulty in Britain, 2009/10'。
81. Elaine Kempson, *Over-indebtedness in Britain: A Report to the Department of Trade and Industry* (London, 2002), 43, 48.
82. 'Changes in US Family Finances from 2004 to 2007', A9–10.
83. Börsch-Supan et al., 'The German "SAVE" study'.
84. Kempson, *Over-indebtedness in Britain*, 19; 关于白色有篷货车, 参见 Scott, 'Inter-war British Hire Purchase'; O'Connell, *Working-class Debt*。
85. Birgitta Klingander, Jean Lown & Sue McGregor, 'Comparative Analysis of Canadian, American and Swedish Bankruptcy Policy: Why do Governments Legislate Consumer Debt?' *International Journal of Consumer Studies* 25, no. 3, 2001: 208–227.
86. Udo Reifner, Johanna Kiesilainen, Nik Huls & Helga Springeneer, *Consumer Over-indebtedness and Consumer Law in the European Union: Final Report Presented to the Commission of the European Communities, Health and Consumer Protection Directorate-General* (2003); I. Ramsay, 'Comparative Consumer Bankruptcy', in: *University of Illinois Law Review* 241, 2007: 241–273.
87. Udo Reifner & Helga Springeneer, 'Die private Überschuldung im internationalen Vergleich–Trends, Probleme, Lösungsansätze,' in: *Schuldenkompass 2004*, 174.
88. Reifner et al., *Consumer Overindebtedness in the European Union*; Oliver J. Haas, 'Over-indebtedness in Germany', International Labour Office, Working Paper no. 44, (2006); Elaine Kempson & Claire Whyley, *Kept Out or Opted Out?: Understanding and Combating Financial Exclusion* (Bristol, 1999); Nicola Jentzsch & Amparo San José Riestra, 'Consumer Credit Markets in the United States and Europe', in: Bertola, Disney & Grant, eds., *The Economics of Consumer Credit*, 34–39; A. Raijas, A. R. Lehtinen & J. Leskinen, 'Over-indebtedness in the Finnish Consumer Society', in: *Journal of Consumer Policy* 33, no. 3: 209–223.
89. Gregory D. Squires, 'Inequality and Access to Financial Services', in: Niemi, Ramsay & Whitford, *Consumer Credit, Debt and Bankruptcy*, 11–30; Angela C. Lyons, 'How Credit Access Has Changed over Time for US Households', in: *Journal of Consumer Affairs* 37, no. 2, 2003: 231–255.
90. Kempson & Whyley, *Kept Out or Opted Out?*, 引自 p42。
91. 参见 Will Dobbie and Jae Song, 2015, 'Debt Relief and Debtor Outcomes: Measuring the Effects of Consumer Bankruptcy Protection', in: *American Economic Review*,

Vol. 105(3), 1272-1311。

92. Jason J. Kilborn, 'The Innovative German Approach to Consumer Debt Relief', in: *North-western Journal of International Law & Business*; 24, no. 2, 2004: 257-297.

93. Reifner & Springeneer, 'Private Überschuldung im internationalen Vergleich'; Ramsay, 'Comparative Consumer Bankruptcy'.

94. James D. Davies, 'Wealth and Economic Inequality', in: Wiemer Salverda, Brian Nolan & Timothy M. Smeeding, eds., *The Oxford Handbook of Economic Inequality* (Oxford, 2009), ch. 6. 现在，还可以具体参见 Thomas Piketty, *Capital in the Twenty-first Century* (Cambridge, MA, 2014)。在这一部分中，我聚焦于收入不平等（而非财富），因为劳动收入，而非继承来的乡村别墅，变成了 20 世纪的主要标志物。Piketty 聚焦于资本在收入中所占的份额（例如股息和资本收益），而且主张我们正在目睹资本和劳动力之间的鸿沟重新加宽，这条鸿沟给 19 世纪留下了累累伤痕。然而，20 世纪 70 年代以来出现的不平等主要不在于资本和劳动力在收入中所占的份额，而是在于劳动力内部，即在高薪首席执行官和低薪体力劳动者、文员之间。

95. Richard G. Wilkinson & Kate Pickett, *The Spirit Level: Why Equality is Better for Everyone* (London, rev. edn, 2009). 经济合作与发展组织，'Divided We Stand: Why Inequality Keeps Rising'（经济合作与发展组织：2011）。20 世纪 50 年代以来，"压力"或"压抑"是否实际上增加了，或者说数字的增加反映的是诊断性测试和类别的上升，这是个尚有争议的问题。

96. Frank, *Luxury Fever: Money and Happiness in an Era of Excess*. 还可参见注释 1 中关于"丰裕病"的著作。

97. Robert Frank, *Richistan: A Journey through the 21st-century Wealth Boom and the Lives of the New Rich* (London, 2008), 3, 122.

98. Erich Fromm, *To Have or to Be?* (New York, 1976) 是以下著作的灵感来源之一：Oliver James, *The Selfish Capitalist: Origins of Affluenza* (London, 2008), esp. 46-54; James, *Affluenza*, esp. 65-67。

99. Jean-Jacques Rousseau, *A Discourse on the Origin of Inequality*, ed. G. D. H. Cole (Chicago, 1952), 362.

100. 在 Vevo 上，根据环球音乐集团，http://universalmusica.com/donomar/。在百万富翁的生活方式触及更广泛受众的情况下，它不得不模仿名人文化，如《切尔西制造》（*Made in Chelsea*, UK）或《巴西真人秀》（*Mulheres Ricas*）。

101. C. Wright Mills, *The Power Elite* (New York City, 1956), 75. 延伸阅读 F. Trentmann, 'Past and Present: Historical Perspectives on Inequality and Collective Provision in Modern Consumption', in: Southerton & Ulph, eds., *Sustainable Consumption*, 243-276。

102. David Riesman with Howard Roseborough, 'Careers and Consumer Behaviour' (1955), 重印版见 Riesman, *Abundance for What? And Other Essays*, 引自 p122。根据美国人口普查数据，美国新家的平均建筑面积在 2001 年是 2324 平方英尺，在 2010 年是 2392 平方英尺，http://www.census.gov/const/C25Ann/sftotalmedavgsqft.pdf。家庭面积是否能够说明不平等和对地位的寻求，这点有待商榷。在英国，20 世纪末，新建房屋面积缩小了。

103. 对于自上而下的社会区别观点的有节制批评，参见 Daloz, *The Sociology of Elite Distinction*。

104. Alexis de Tocqueville, *Democracy in America* (New York, 1994; 1st edn 1840), Vol. II, ch. 13 138.

105. 欧睿信息咨询（Euromonitor International），'Global Luxury Goods Overview', 2011 年 6 月；

http://www.wisekey.com/en/Press/2011/Documents/Euromonitor_Report_for_FT_Business_of_Luxury_ Summit_2011.pdf。

106. Y. Ait-Sahalia, J. A. Parker & M. Yogo, 'Luxury Goods and the Equity Premium', *The Journal of Finance* 59, no. 6, 2004: 2959–3004.
107. 'Falso di moda', symposium at Palazzo Medici Riccardi, Florence, 2007 年 11 月 30 日。
108. Pamela N. Danziger, *Let Them Eat Cake*; *Marketing Luxury to the Masses – As Well as the Classes* (Chicago, 2005).
109. Offer, *Challenge of Affluence*. 自制力的下降是个案性质的，不应该被夸大。关于肥胖的记录最为详尽。其他类型的过度消费也有自己的轨迹。例如，美国人在 20 世纪 80 年代的饮酒量要低于 19 世纪 60 年代，至少在大学兄弟会以外是如此。在西欧，近 10 年来严重吸毒的人数已经减少。

第 10 章

1. 这些折叠式躺椅在罗尔沙赫，位于康斯坦茨湖的瑞士一侧；http://www.zeitverein.com/framesets/fs_zeitverein.html。延伸阅读 Carl Honoré, *In Praise of Slowness: Challenging the Cult of Speed* (New York, 2004)，特别是 p37–39；Fritz Reheis, *Die Kreativität der Langsamkeit* (Darmstadt, 1998); James Gleick, *Faster: The Acceleration of Just about Everything* (London, 1999); Stefan Klein, *The Secret Pulse of Time: Making Sense of Life's Scarcest Commodity* (Cambridge, MA, 2007)。
2. R. N. Levine, *A Geography of Time: On Tempo, Culture and the Pace of Life* (New York, 2008), 131f.
3. Benjamin, *The Arcades Project*, 106.
4. Kern, *The Culture of Time and Space, 1880–1918*.
5. http://www.cittaslow.org/section/association; Wendy Parkins & Geoffrey Craig, *Slow Living* (Oxford and New York, 2006).
6. 《慢食宣言》(Slow Food Manifesto): http://www.slowfood.com/international/2/our-philosophy. Carlo Petrini, *Slow Food: Le ragioni del gusto* (Rome, 2001); 对比阅读 R. Sassatelli & F. Davolio, 'Consumption, Pleasure and Politics', in: *Journal of Consumer Culture* 10, no. 2: 202–232; Richard Wilk, ed., *Fast Food/Slow Food: The Cultural Economy of the Global Food System* (Lanham, 2006); http://longplayer.org/what/whatelse/slowwalk.php。
7. 'Schopenhauer als Erzieher' (1874) in: *Complete Works of Friedrich Nietzsche* (London: 1909), transl. Adrian Collins, Vol. V, Part II, para. 4, 136.
8. Alexis de Tocqueville, *Democracy in America* (New York, 1994; 1st edn 1840), Book 2, ch. 13, 136.
9. Hartmut Rosa, *Beschleunigung: Die Veränderung der Zeitstrukturen in der Moderne* (Frankfurt am Main, 2005), 126.
10. Rosa, *Beschleunigung*; Reinhart Koselleck, *Zeitschichten* (Frankfurt, 2000); Reinhart Koselleck, *Futures Past: On the Semantics of Historical Time* (New York, 2004).
11. 第一种答案最有力的论述者是 Staffan Burenstam Linder, *The Harried Leisure Class* (New York, 1970)，而第二种是 Juliet B. Schor, *The Overworked American: The Unexpected Decline of Leisure* (New York, 1991)。下文我将讨论这两者。
12. J. H. Ausubel & A. Grübler, 'Working Less and Living Longer: Long-term Trends in Working Time and Time Budgets', in: *Technological Forecasting and Social Change* 50, no. 3, 1995: 195–213.

13. Angus Maddison, *Monitoring the World Economy, 1820−1992* (Paris, 1995), Appendix J; Angus Maddison, *Phases of Capitalist Development* (Oxford, 1982); Schor, *Overworked American*; J. P. Robinson & G. Godbey, *Time for Life: The Surprising Ways Americans Use Their Time* (University Park, PA, 1997), 引自 p196。
14. 例如，参见荷兰数据，Koen Breedveld, A. van den Broek, J. de Haan, L. Harms, F. Huysmans & E. van Ingen, *De Tijd Als Spiegel: Hoe Nederlanders Hun Tijd Besteden (Time as a Mirror: How the Dutch Spend Their Time)* (The Hague, 2006); Klein, *Secret Pulse of Time*, ch. 8. 有证据表明，在美国，20世纪90年代早期匆忙感可能就有所减缓；参见 Robinson & Godbey, *Time for Life*, 231−239。
15. 'Tanto brevius omne quanto felicius tempus', Pliny the Younger, *Epistles*, Book VIII, letter 14.
16. V. Ramey & N. Francis, 'A Century of Work and Leisure', in: *American Economic Journal: Macroeconomics* 1, no. 2, 2009: 189−224.
17. Gary Cross 的论文, *Time and Money: The Making of Consumer Culture* (London, 1993)。
18. 参见本书第5章相关内容。
19. Jan De Vries, *The Industrious Revolution: Consumer Behavior and the Household Economy, 1650 to the Present* (Cambridge, 2008), ch. 6. 缺乏对照料孩子和更广义情感的重视，这点引人注目。许多学者错误地假定，现代消费文化必然意味着家庭生产和供应的终结。一个颇有帮助的纠正是 V. A. Ramey, 'Time Spent in Home Production in the Twentieth-century United States: New Estimates from Old Data', in: *Journal of Economic History* 69, no. 01, 2009: 1−47。
20. 提供一种比较，法国的数据分别是30%和32%。Joseph E. Stiglitz, Amartya Sen & Jean-Paul Fitoussi, 'Report by the Commission on the Measurement of Economic Performance and Social Progress, www.stiglitz-sen-fitoussi.fr' (2009), 130。
21. Gershuny, *Changing Times*, ch. 5.
22. A. Heckscher & S. DeGrazia, 'Executive Leisure', in *Harvard Business Review* 37, no. 4, 1959: 6−12; Robinson & Godbey, *Time for Life*, 128f. 还可参见 Mark Aguiar & Erik Hurst, 'Measuring Trends in Leisure: The Allocation of Time over Five Decades', Working Paper no. 06−2: Federal Reserve Bank of Boston, 2006; 尽管他们的休闲活动数量因将照料孩子看作休闲（更应该看作无薪劳动）而膨胀了。
23. 出于这点和其他原因，凯恩斯不正确，参见 Lorenzo Pecchi & Gustavo Piga, eds., *Revisiting Keynes: Economic Possibilities for Our Grandchildren* (Cambridge, MA, 2008)。
24. 'An Apology for Idlers', in: *Cornhill Magazine*, 36（1877年7月），重印版见 *The Novels and Tales of Robert Louis Stevenson* (1895 edn), 73。
25. 这也适用于 Thorstein Veblen，他关于闲散富裕阶层的理论忽略了勤奋工作的洛克菲勒家族，以及精英阶层里更加节俭的成员。关于一幅更加平衡的图景，参见 Frederic Cople Jaher, 'The Gilded Elite, American Multimillionaires, 1865 to the Present', in: *Wealth and the Wealthy in the Modern World*, ed. W. D. Rubinstein (London, 1980), 189−276。
26. Alain Chenu and Nicolas Herpin, 'Une pause dans la marche vers la civilisation des loisirs?' *Economie et statistique* (2002), 352−353.
27. USB, 'Income and Leisure: Two Differently Valued Elements of Prosperity' in the 2006 edition of Prices and Earnings, 36−38. Niall Ferguson 与之相近，在 *Civilisation: The Rest and the West* (London, 2011), 265f. 中将有薪工作单独处理。
28. http://www.oecdobserver.org/news/fullstory.php/aid/2480/Counting_the_hours.html.

29. David Riesman 和 Warner Bloomberg, 'Work and Leisure: Fusion or Polarity' (1957), 重印版见 Riesman, *Abundance for What?*, 147。
30. Marshall David Sahlins, *Stone Age Economics* (Chicago, 1972).
31. D. L. Costa, 'The Evolution of Retirement: Summary of a Research Project', in: *The American Economic Review* 88, no. 2, 1998: 232–236, 234.
32. Dominik Hanglberger, 'Arbeitszufriedenheit und flexible Arbeitszeiten: Empirische Analyse mit Daten des sozio-oekonomischen Panels', SOEP paper no. 304, 2010.
33. Breedveld, Broek, Haan, Harms, Huysmans & Ingen, *Tijd Als Spiegel*.
34. 关于荷兰、挪威、芬兰、匈牙利、英国的对比数据，参见 Gershuny, *Changing Times*, ch.5
35. M. Burda, D. Hamermesh & P. Weil, 'The Distribution of Total Work in the EU and US', in *Institute for the Study of Labor* (IZA), no. 2270, 2006.
36. Siebter Familienbericht: *Familie zwischen Flexibilität und Verlässlichkeit – Perspektiven für eine lebenslaufbezogene Familienpolitik*, Deutscher Bundestag. 16. Wahlperiode. Drucksache 16/1360 (26.04. 2006), 223; Jonathan Gershuny, 'Busyness as the Badge of Honor for the New Superordinate Working Class', in: *Social Research* 72, no. 2, 2005: 287–314; Chartered Management Institute, 2006年6月15日《卫报》（*Guardian*）报导。
37. Robert E. Goodin, James Mahmud Rice, Antti Parpo & Lina Eriksson, *Discretionary Time: A New Measure of Freedom* (Cambridge, 2008).
38. 根据美国收入动态专门小组研究（US Panel Study of Income Dynamics），所有雇员中的9%是"回游者"，1983—1992年这一时段内的某些阶段，他们选择较低的收入；R. E. Dwyer, 'Downward Earnings Mobility after Voluntary Employer Exits', in: *Work and Occupations* 31, no. 1, 2004: 111–139。
39. Daniel Kahneman, Ed Diener & Norbert Schwarz, eds., *Well-Being: The Foundations of Hedonic Psychology* (New York, 1999); Richard Layard, *Happiness: Lessons from a New Science* (New York, 2005); Luigino Bruni & Pier Luigi Porta, eds., *Economics and Happiness: Framing the Analysis* (New York, 2006). 当然，"幸福"有所延伸，超越了行为经济学；关于其他研究途径，参见 Dieter Thomä, Christoph Henning & Olivia Mitscherlich-Schönherr, eds., *Glück: Ein interdisziplinäres Handbuch* (Stuttgart, 2011)。
40. Richard Easterlin, 'Does Economic Growth Improve the Human Lot? Some Empirical Evidence', in: *Nations and Households in Economic Growth: Essays in Honor of Moses Abramovitz*, eds. Paul A. David & Melvin W. Reder (New York, 1974), 89–125.
41. 对比阅读：M. R. Hagerty & R. Veenhoven, 'Wealth and Happiness Revisited: Growing National Income Does Go with Greater Happiness', in: *Social Indicators Research* 64, no. 1, 2003: 1–27; R. A. Easterlin, 'Feeding the Illusion of Growth and Happiness: A Reply to Hagerty and Veenhoven', in: *Social Indicators Research* 74, no. 3, 2005: 429–443; R. Veenhoven & M. Hagerty, 'Rising Happiness in Nations, 1946–2004: A reply to Easterlin', in: *Social Indicators Research* 79, no. 3, 2006: 421–436; Betsey Stevenson & Justin Wolfers, 'Subjective Well-being and Income: Is There Any Evidence of Satiation?' in: *American Economic Review* 103, no. 3, 2013: 598–604。
42. A. B. Krueger, D. Kahneman, C. Fischler, D. Schkade, N.Schwarz & A. A. Stone, 'Time Use and Subjective Well-being in France and the US', in: *Social Indicators Research* 93, no. 1, 2009: 7–18. 在这篇文章中，他们用更大篇幅讨论了自己的方

法：'National Time Accounting: The Currency of Life', Working Paper no. 523 (April 2008), Industrial Relations Section, Princeton University, http://www.krueger.princeton.edu/data/ATUS/523alan.pdf。

43. 而且，这是 U 形指数分布的上五分之一。这种差异在第四个五分位数缩小，最终在第三个消失；参见 Krueger et al, 'Time Use', fig. 1, 12。
44. Tibor Scitovsky, *The Joyless Economy: The Psychology of Human Satisfaction* (New York, 1976).
45. Ida Craven, 'Leisure', in: *Encyclopaedia of the Social Sciences* (New York, 1933; repr. 1949), IX-X, 402-406; Sebastian de Grazia, *Of Time, Work and Leisure* (New York, 1962); Bailey, *Leisure and Class in Victorian England.* 关于集体休闲和公司休闲，参见第 12 章。
46. Harry Elmer Barnes, *The American Way of Life: Our Institutional Patterns and Social Problems* (New York, 1942; 11th printing), 525.
47. J. I. Gershuny & K. Fisher, 'Leisure in the UK across the 20th Century', in: Institute for Social and Economic Research Working Paper, no. 99-03, 1999.
48. Stiglitz, Sen & Fitoussi, 'Measurement of Economic Performance and Social Progress', 126f.
49. Lydia Lueb, *Die Freizeit der Textilarbeiterinnen* (Münster, 1927), tables 8, 10, 19, 22, 30, 引自 Part II, para. 11。
50. 欧盟统计局, *How Europeans Spend Their Time: Everyday Life of Women and Men: Data 1998-2002* (Luxembourg, 2004).
51. Olivier Donnat, *Les Pratiques Culturelles des Français: Enquête 1997* (Paris, 1998), 45. Jonathan Gershuny, 'What Do We Do in Post-industrial Society? The Nature of Work and Leisure Time in the 21st Century', Working Paper no. 2005-2007: Institute for Social and Economic Research, 2005), table 1; Jukka Gronow & Dale Southerton, 'Leisure and Consumption in Europe', in: *Handbook of European Societies*, eds. Goran Therborn & Stefen Immerfell (New York, 2010), 355-384.
52. 北欧国家稍有延迟, http://tilastokeskus.fi/til/akay/2009/05/akay_2009_05_2011-12-15_tie_001_en.html。还可参见德国联邦统计局, *Alltag in Deutschland*, 2004。
53. 英国每天 35 分钟（同időpont去工作或学习的 24 分钟对比），在德国和挪威都是 34 分钟（前去工作的时间分别是 21 分钟和 24 分钟）。只有在匈牙利，前去工作的时间要比休闲长 4 分钟。当然，并非所有旅行都是借助汽车或摩托车，然而这一比例在西欧是三分之二，男性稍高。欧盟统计局, *How Europeans Spend Their Time*, tables 8.6-8.8, 116-121. 关于协调，延伸阅读: Dale Southerton, '"Squeezing Time": Allocating Practices, Coordinating Networks and Scheduling Society', *Time and Society* 12, no. 1, 2003: 5-25; Dale Southerton, 'Re-ordering Temporal Rhythms', in: Shove, Trentmann & Wilk, eds., *Time, Consumption, and Everyday Life*, ch. 3。
54. J. P. Robinson & S. Martin, 'Changes in American Daily Life: 1965-2005', *Social Indicators Research* 93, no. 1, 2009: 47-56, fig. 2.
55. Linder, *The Harried Leisure Class*, 1-3, 78.
56. Olivier Donnat, 'Les Pratiques Culturelles des Français à l'ère numérique: Élé- ments de synthèse 1997-2008', in: *Culture études*, 2009-5, 7. 2000 年，欧洲阅读时间排名第一的是芬兰女性，每天 47 分钟；法国女性每天只有 23 分钟。欧盟统计局, *How Europeans Spend Their Time*, 92。
57. 引自 Gerald Straka, Thomas Fabian & Joerg Will, *Medien im Alltag älterer Menschen* (Düsseldorf, 1989), p164。

58. 荷兰研究者已经发现了时间密集型向商品密集型休闲的转变，然而他们的实际数据比这一点更加模糊、有趣。1975—2005 年，社交联系的时间减少了 3 个多小时。与此相反，体育增加了 1 个多小时，尽管荷兰成年人在有薪和无薪劳动上要多花 4 小时：Breedveld, Broek, Haan, Harms, Huysmans & Ingen, *Tijd Als Spiegel*, 52f。关于美国：Robinson & Godbey, *Time for Life*, 268f。关于英国：J. Gershuny & K. Fisher, 'Leisure', in: *Twentieth-century British Social Trends*, eds. A. H. Halsey & J. Webb (Basingstoke, 2000), ch. 18。关于德国，对比 1972 年的数据：Kaspar Maase, *Lebensweise der Lohnarbeiter in der Freizeit* (Frankfurt am Main, 1984), 76, 欧盟统计局, *How Europeans Spend Their Time*, 84–87。关于用餐时间：Familienbericht, *Familie zwischen Flexibilität und Verlässlichkeit*, 212; Cheng, Olsen, Southerton & Warde, 'Changing Practice of Eating'。
59. Vera Mendel & Francis Meynell, *The Week-end Book* (London, 1931), xiv, xv, 267, 441, 452。
60. Francis Meynell, *The Week-end Book* (London, 1955), 468–470.
61. Francis Meynell, *The Week-end Book* (London, 2006).
62. John P. Robinson & Geoffrey C. Godbey, 'United States of America: Time-use and Cultural Activities', in: G. Cushman, A. J. Veal & J. Zuzanek, *Free Time and Leisure Participation: International Perspectives* (Wallingford, 2005), 277.
63. Donnat, 'Les Pratiques Culturelles des Français à l'ère numérique', 10; http://www.pratiquesculturelles.culture.gouv.fr/doc/evolution73-08/T7-PRATIQUESMU-SICALES-EN-AMATEUR.pdfhttp://www.pratiquesculturelles.culture.gouv.fr/doc/evolution73-08/T8-PRATIQUES-ARTISTIQUES.pdf.
64. 1959 年罗马奥运会举办时，三十分之一的意大利人开展某些运动。2005 年，这一比例是三分之一。ISTAT, 'Lo sport che cambia', *Argomenti* 29, 2005, 17–19。1973 年，在法国，33% 的人每年至少参观一次博物馆和展览。2008 年，这一比例是 37%：http://www.pratiquesculturelles.culture.gouv.fr/doc/evolution73-08/T17-FRE-QUENTATION-MUSEE-EXPOSITION.pdf。关于新西兰，参见以下章节：Sue Walker, Mary Donn & Allan Laidler, in: Cushman, Veal & Zuzanek, *Free Time and Leisure Participation*, ch. 12；关于美国的趋势，参见 W. B. Beyers, 'Cultural and Recreational Industries in the United States', in: *The Service Industries Journal* 28, no. 3, 2008: 375–391。
65. Bohdan Jung, 'Poland', in: Cushman, Veal & Zuzanek, *Free Time and Leisure Participation*, ch. 13.
66. Mihaly Csikszentmihalyi & Eugene Rochberg-Halton, *The Meaning of Things: Domestic Symbols and the Self* (Cambridge, 1981); Miller, *The Comfort of Things*.
67. 参见上文第 231 至第 233 页。
68. Elizabeth Shove, Matthew Watson, Martin Hand & Jack Ingram, *The Design of Everyday Life* (Oxford, 2007). 还可参见 Alan Warde, 'Consumption and Theories of Practice', in: *Journal of Consumer Culture* 5, no. 2, 2005: 131–153。
69. 参见本书第 5 章相关内容。
70. M. Bianchi, ed., *The Active Consumer: Novelty and Surprise in Consumer Choice* (London, 1998); M. Bianchi, 'Time and Preferences in Cultural Consumption', in: *Value and Valuation in Art and Culture*, eds. M. Hutter & D. Throsby (Cambridge, 2007).
71. M. Bittman, J. E. Brown & Wajcman, 'The mobile phone, perpetual contact and time pressure', *Work, Employment & Society* 23, no. 4, 2009: 673–691; 几名作者承认，

手机通信可能增大了工作压力。还可参见 J. Wajcman, E. Rose, J. E. Brown, & M. Bittman, 'Enacting Virtual Connections between Work and Home', in: *Journal of Sociology* 46, no. 3, 2010: 257–275; Nelly Oudshoorn & Trevor Pinch, eds., *How Users Matter: The Co-construction of Users and Technology* (Cambridge, MA, 2003)。

72. Leopoldina Fortunati & Sakari Taipale, 'The Advanced Use of Mobile Phones in Five European Countries', in: *British Journal of Sociology* 65, no. 2, 2014: 317–337.
73. Emily Rose, 'Access Denied: Employee Control of Personal Communications at Work', in: *Work, Employment and Society* 27, no. 4, 2013: 694–710.
74. 根据 2006 年的一项研究，美国网络游戏的 10% 是在办公场所进行的；D. Deal, 'Time for play–An Exploratory Analysis of the Changing Consumption Contexts of Digital Games', in: *The Electronic International Journal of Time-use Research* 5, no. 1, 2008。
75. Olivier Donnat, *Les Pratiques Culturelles des Français à l'ère numérique: Enquête 2008* (Paris, 2009), 193–197.
76. 参见 2012 年世界影像博览会（photokina），*Trends in the Photo and Imaging Market*, http://www.prophoto-online.de/img/ftp/broschueren/Trends-in-thephoto-and-imaging-market-photokina-2012.pdf; 还可参见 http://mashable.com/2012/11/17/photography/。
77. C. Wingerter, 'Time Spent by the Population in Germany on Cultural Activities', *Wirtschaft und Statistik*, no. 4, 2005: 318–326.
78. 分别是 16% 和 7%, http://www.pratiquesculturelles.culture.gouv.fr/doc/evolution73-08/T7-PRATIQUES-MUSICALES-EN-AMATEUR.pdf。我们这里只能指出，法国工人前往剧院看剧和观看流行音乐演唱会的积极性越来越高，相反，在过去的 25 年里，他们逃离了交响乐厅；见 http://www.pratiquesculturelles.culture.gouv.fr/doc/evolution73-08/T15-FREQUENTATION-CONCERT-R%20J.pdf。关于美国，参见 Steven Brint & Kristopher Proctor, 'Middle-class Respectability in 21st-century America: Work and Lifestyle in the Professional–Managerial Stratum', in: *Thrift and Thriving in America: Capitalism and Moral Order from the Puritans to the Present*, eds. Joshua Yates & James Davison Hunter (Oxford, 2011), ch. 19。
79. R. Nave-Herz and B. Nauck, *Familie und Freizeit* (Munich, 1978), tables 24 and 28.
80. Sue Walker, Mary Donn & Allan Laidler, 'New Zealand', in: Cushman, Veal & Zuzanek, *Free Time and Leisure Participation*, 183f.
81. 新西兰统计局（Statistics New Zealand），'2002 Cultural Experiences Survey', in: *Key Statistics*, Oct. 2003, 9–11。
82. Georgios Papastefanou & Ewa Jarosz, 'Complexity of Leisure Activities over the Weekend: Socio-economic Status Differentiation and Effects on Satisfaction with Personal Leisure', GESIS Working Paper 2012–2026. Cologne, Germany: GESIS–Leibniz-Institut für Sozialwissenschaften (2012).
83. Donnat, *Pratiques Culturelles des Français: Enquête 1997*, 101–103.
84. Chenu & Herpin, 'Une pause dans aa marche vers la civilisation des loisirs?', 35; 关于那些无文凭或大学未毕业者，1997 年的官方调查给出的看电视时间甚至更长；Donnat, *Pratiques Culturelles des Français: Enquête 1997*, 77。
85. 这是大胆的概括，却并非完全不具备实证支持。在法国，同那些每周看电视在 30 小时以上的人相比，少于 14 小时的人前往剧院、电影院和博物馆的频率要高一倍。这种现象一定程度上可以用年龄更大来解释，但并非全部——老年人看电视的时间最长，文化参与度下降了。Donnat, *Pratiques Culturelles des Français: Enquête*

1997, 73-75. 关于英国经理群体的活跃度更高，参见 A. Warde & T.Bennett, 'A Culture in Common: The Cultural Consumption of the UK Managerial Elite', in: *The Sociological Review* 56, 2008: 240-259。
86. 技术工人中，只有 5%～25% 经常出入任一这类场所；Donnat, *Pratiques Culturelles des Français: Enquête 1997*, 251。与之类似，就体育活动的参与度和强度而言，也存在显著区别：德国三分之二的儿童完全不进行体育活动，然而三分之一每天进行 2 小时以上。Statistisches Bundesamt, *Alltag in Deutschland*, 171。
87. 对布里斯托尔 20 个家庭的研究发现，那些教育水平更高的家庭也会开展更多非常规活动；Dale Southerton, 'Analysing the Temporal Organization of Daily Life: Social Constraints, Practices and their Allocation', in: *Sociology* 40, no. 3, 2006: 435-454。
88. Michael Bittman & Judy Wajcman, 'The Rush Hour: The Character of Leisure Time and Gender Equity', in: *Social Forces* 79, no. 1, 2000: 165-195.
89. Statistisches Bundesamt, *Alltag in Deutschland*, 110.
90. Nicky Le Feuvre, 'Leisure, Work and Gender: A Sociological Study of Women's Time in France', in: *Time & Society* 3, no. 2, 1994: 151-178, 引自 p171、p173。
91. International Institute of Not Doing Much, http://slowdownnow.org/.
92. Reinhard Rudat, *Freizeitmöglichkeiten von Nacht-, Schicht-, Sonnund Feiertagsarbeitern* (Stuttgart, 1978); *Voluntary Simplicity: Toward a Way of Life that is Outwardly Simple, Inwardly Rich*, Duane Elgin (ed.) (Fort Mill, SC, 1993).
93. Jean Viard, *Le Sacre du temps libre: La Société des 35 heures* (La Tour d'Aigues, 2004), 特别是 pp148-155。
94. Manuel Castells, *The Rise of the Network Society* (Oxford, 2000, 2nd edn) Vol. I, , ch. 7.
95. 'Habit' (1892), 重印版见 Robert Richardson, ed., *The Heart of William James* (Cambridge, MA, 2010), 110。
96. Orvar Löfgren, 'Excessive Living', *Culture and Organization* 2007, no. 13, 2007: 131-143, 136.
97. Martin, *Leisure and Society in Colonial Brazzaville*.
98. Brigitte Steger & Lodewijk Brunt, 'Introduction: Into the Night and the World of Sleep', in: *Night-time and Sleep in Asia and the West*, Brigitte Steger & Lodewijk Brunt (eds.) (London, 2003), 1-23.
99. 中国国家统计局, 'Summary on 2008 Time-use Survey, transl. Henry Lee for the Australian Time-use Research Group', 2008。中国人平均每天比日本人多睡 1 个多小时，比英国人多睡 40 分钟。数据同样表明，他们花在社会互动上的时间较少。只有 10% 左右的希腊人、意大利人、法国人会在中午小睡，在北欧，这个比例甚至更低。参见 HETUS: https://www.h2.scb.se/tus/tus/AreaGraphCID.html; Wilse B. Webb & David F. Dinges, 'Cultural Perspectives on Napping and the Siesta', in: *Sleep and Alertness: Chronobiological, Behavioral and Medical Aspects of Napping*, eds. David F. Dinges & Roger J. Broughton, (New York, 1989), 247-265。
100. Murasaki Shikibu, *The Tale of Genji* (Penguin, 2003 edn), 443, 446.
101. S. Linhart, 'From Industrial to Post-industrial Society: Changes in Japanese Leisure-related Values and Behavior', *Journal of Japanese Studies* 14, no. 2, 1988: 271-307.
102.《经济学人》(*The Economist*), 2014 年 9 月 27 日, p68。
103. Sepp Linhart & Sabine Frühstück, eds., *The Culture of Japan as Seen through Its Leisure* (Albany, 1998); Joy Hendry & Massimo Raveri, *Japan at Play: The Ludic and*

the Logic of Power (London, 2002).
104. Levine, A Geography of Time, 145; Robinson & Godbey, Time for Life, 268.
105. 美国人并非孤例。在斯堪的纳维亚国家，与之类似，进餐分散在一天当中；参见 HETUS 数据图'how time is used during the day': https://www.h2.scb.se/tus/ tus/AreaGraphCID.html. 据我所知，遗憾的是，尚无检验快餐文化和匆忙感之间关系的比较研究。
106. Mass Observation, Meet Yourself on Sunday (London, 1949), 9f.
107. 参见以下出色研究：Eviatar Zerubavel, The Sevenday Circle: The History and Meaning of the Week (Chicago and London, 1985)。
108. Mass Observation, Meet Yourself on Sunday, 引自 p22、p57。
109. 1857 年，引自 Rosemary Bromley & Robert J. Bromley, 'The Debate on Sunday Markets in Nineteenth-century Ecuador', in: Journal of Latin American Studies 7, no. 1, 1975: 85–108, p98。
110. John Wigley, The Rise and Fall of the Victorian Sunday (Manchester, 1980); Brian Harrison, 'The Sunday Trading Riots of 1855', in: Historical Journal 8, 1965: 219–245.
111. J. A. Kay, C. N. Morris, S. M. Jaffer & S. A. Meadowcroft, The Regulation of Retail Trading Hours (London: Institute for Fiscal Studies, 1984) ; Douglas A. Reid, '"Mass Leisure" in Britain', in: Twentieth-century Mass Society in Britain and the Netherlands, eds. Bob Moore & Hen van Nierop, (Oxford, 2006), 132–159. Uwe Spiekermann, 'Freier Konsum und soziale Verantwortung zur Geschichte des Ladenschlusses in Deutschland im 19. und 20. Jahrhundert', Zeitschrift für Unternehmensgeschichte 49, no. 1, 2004: 26–44.
112. 上文考虑了 2009 年的芬兰法律，它延长了 1994 年的放宽限制法令；Helsingin Sanomat, 2009 年 11 月 19 日。苏格兰的情形已在审查中。http://www.scotlandoffice.gov.uk/scotlandoffice/10245.html。关于 2006 年的整体情形，参见 John Hargreaves, Brian Williamson, Justine Bond & Helen Lay, 'The Economic Costs and Benefits of Easing Sunday Shopping Restrictions on Large Stores in England and Wales: A Report for the Department of Trade and Industry' (May 2006)。
113. David N. Laband & Deborah Hendry Heinbuch, Blue Laws: The History, Economics and Politics of Sunday-closing Laws (Lexington, MA, 1987); and M. Skuterud, 'The Impact of Sunday Shopping on Employment and Hours of Work in the Retail Industry: Evidence from Canada', in: European Economic Review 49, no. 8, 2005: 1953–1978.
114. P. Richter, 'Seven Days' Trading Make One Weak? The Sunday Trading Issue as an Index of Secularization', in: British Journal of Sociology, 1994: 333–348.
115. 1993 年 1 月 22 日，Michael Stern，下议院，col.638, http://www.publications.parliament.uk/pa/cm199293/cmhansrd/1993-01-22/Debate-3.html。
116. R. Halsall, 'Ladenschluss revisited: Will Germany Learn to Love Shopping on a Sunday?' in: Debatte 9, no. 2, 2001: 188–209, 引自 p202。
117. 1994 年，瑞典女性就业率为 68%，英国为 61%，芬兰为 59%，与之相比，意大利为 35%，法国为 51%，德国为 55%，见 table 5.2, 网址为 http://epp.eurostat.ec.europa.eu/portal/page/portal/employment_unemployment_lfs/data/main_tables. 延伸阅读 Imelda Maher, 'The New Sunday: Reregulating Sunday Trading', in: The Modern Law Review 58, no. 1, 1995: 72–86; J. Price & B. Yandle, 'Labor markets and Sunday Closing Laws', in: Journal of Labor Research 8, no. 4, 1987: 407–414。西班牙的情形较为独特，在这里，在佛朗哥政权结束后，早期的禁令松弛紧随旅游业和商业的大发展而来。

118. N. Wrigley, C. Guy& R. Dunn, 'Sunday and Late-night Shopping in a British City: Evidence from the Cardiff Consumer Panel', *Area* 16, no. 3, 1984: 236–240.
119. Hargreaves et al., 'Costs and Benefits of Easing Sunday Shopping Restrictions'.
120. J. P. Jacobsen & P. Kooreman, 'Timing Constraints and the Allocation of Time: The Effects of Changing Shopping Hours Regulations in the Netherlands', in: *European Economic Review* 49, no. 1, 2005: 9–27. 在英国，周日开业后的 10 年间，单亲家庭的父母就业率自 42% 飙升至 56%。10% 周日上班的职员在零售业工作。
121. Mass Observation, *Meet Yourself on Sunday* (London, 1949), 57.
122. 欧盟统计局新闻稿，147/2013，2013 年 10 月 15 日；普华永道，'Annual Global Total Retail Consumer Survey, Feb. 2015'，网址为 http://www.pwc.com/gx/en/retail-consumer/retail-consumer-publications/global-multi-channel-consumersurvey/assets/pdf/total-retail-2015.pdf；Centre for Retail Research, 'Online Retailing: Britain, Europe, US and Canada 2015': http://www.retailresearch.org/onlineretailing.php。
123. Thomas Rudolph et al., *Der Schweizer Online-Handel: Internetnutzung Schweiz 2015* (St Gallen, 2015).

第 11 章

1. Compass, 'The Commercialization of Childhood' (London, 2006); Juliet Schor, *Born to Buy: The Commercialized Child and the New Consumer Culture* (New York, 2004); Ed Mayo & Agnes Nairn, *Consumer Kids: How Big Business is Grooming Our Children for Profit* (London, 2009), 其中包括了倡导组织的名单; Victoria Carrington, ' "I'm in a Bad Mood. Let's Go Shopping" : Interactive Dolls, Consumer Culture and a "glocalized" Model of Literacy', in: *Journal of Early Childhood Literacy* 3, no. 1, 2003, 83–98; Sue Palmer, *Toxic Childhood: How the Modern World is Damaging Our Children and What We Can Do about It* (London, 2006); David Buckingham, *After the Death of Childhood: Growing up in the Age of Electronic Media* (Oxford, 2000). 对比阅读 Stephen Kline, *Out of the Garden: Toys, TV, and Children's Culture in the Age of Marketing* (London, 1993)。
2. James McNeal, *The Kids Market: Myths and Realites* (Ithaca, NY, 1999); Mayo &Nairn, *Consumer Kids*, 5–18.
3. Linda A. Pollock, *Forgotten Children: Parent-Child Relations from 1500 to 1900* (Cambridge, 1983). 关于更老的观点，参见 Philippe Ariès, *Centuries of Childhood* (London, 1962); Lawrence Stone, *The Family, Sex and Marriage in England, 1500–1800* (London, 1977)。
4. Daniel Thomas Cook, *The Commodification of Childhood: The Children's Clothing Industry and the Rise of the Child Consumer* (Durham and London, 2004); 此处参见附录, fig. 4，关于婴儿和儿童商店的数量。
5. Children's Charter (1931 年), 全文见 http://www.presidency.ucsb.edu/ws/?pid=22593。
6. 引自 Cook, *Commodification of Childhood*, p80, 以及 pp75–80, 关于年龄划分。
7. White House Conference on Child Health and Protection (1929 年), Section Three: Education and Training, 39. 全文见 http://www23.us.archive.org/stream/homechildsection00fjke/ homechildsection00fjke_djvu.txt。
8. Viviana A. Zelizer, *Pricing the Priceless Child: The Changing Social Value of Children* (New York, 1985).
9. Alice Cora Brill & Mary Pardee Youtz, *Your Child and His Parents* (New York, 1932),

引自 p301，感谢 Sandra Maß 向我指出这项研究。

10. Lisa Jacobson, *Raising Consumers: Children and the American Mass Market in the Early Twentieth Century* (New York, 2004); Lisa Jacobson, *Children and Consumer Culture in American Society: A Historical Handbook and Guide* (Westport, CT, 2008).

11. D. Hamlin, 'The Structures of Toy Consumption: Bourgeois Domesticity and Demand for Toys in Nineteenth-century Germany', in: *Journal of Social History* 36, no. 4, 2003: 857–869. 关于更早的时期，参见 J. H. Plumb, 'The New World of Children in Eighteenth-century England', in: *Past and Present*, no. 67, 1975: 64–95。

12. G. Cross & G. Smits, 'Japan, the US and the Globalization of Children's Consumer Culture', in: *Journal of Social History*, 2005: 873–890; Gary Cross, *Kids' Stuff: Toys and the Changing World of American Childhood* (Cambridge, MA, 1997).

13. Report of the APA Task Force on Advertising and Children, Section: Psychological Issues in the Increasing Commercialization of Childhood, 2004 年 2 月 20 日。

14. Sonia Livingstone, 'Assessing the Research Base for the Policy Debate over the Effects of Food Advertising to Children', in: *International Journal of Advertising* 24, no. 3, 2005: 273–296.

15. Barrie Gunter & Adrian Furnham, *Children as Consumers: A Psychological Analysis of the Young People's Market* (London, 1998)，特别是第 5 至第 6 章。D. R. John, 'Consumer Socialization of Children: A Retrospective Look at Twenty-five Years of Research', in: *Journal of Consumer Research* 26, no. 3, 1999: 183–213。

16. Marvin E. Goldberg, 'A Quasi-experiment Assessing the Effectiveness of TV Advertising Directed to Children', in: *Journal of Marketing Research* 27, no. 4, 1990: 445–454. 对比阅读 Gunter & Furnham, *Children as Consumers*, 151–154。

17. 特别参见 Viviana Zelizer, 'Kids and Commerce', *Childhood* 9, no. 4, 2002: 375–396; Lydia Martens, Dale Southerton & Sue Scott, 'Bringing Children (and Parents) into the Sociology of Consumption: Towards a Theoretical and Empirical Agenda', in: *Journal of Consumer Culture* 4, no. 2, 2004: 155–182。

18. S. L. Hofferth & J. F. Sandberg, 'How American Children Spend Their Time', in: *Journal of Marriage and Family* 63, no. 2, 2001: 295–308.

19. McNeal, *Kids Market*, 69–71. 'The Longitudinal Study of Young People in England (Next Steps) Summary Report of Wave 1' (2004).

20. Elmar Lange & Karin R. Fries, *Jugend und Geld 2005* (Münster, 2006), 'finanzwirtschaftlich rationales Konsumverhalten'.

21. Elizabeth M. Chin, *Purchasing Power: Black Kids and American Consumer Culture* (Minneapolis, MN, 2001), 特别是 pp82–85、p126、pp161–162。

22. 下文基于 Mizuko Ito, 'Play in an Age of Digital Media: Children's Engagements with the Japanimation Media Mix', in: *Abe Seminar Paper*, 2002; M. Ito, 'Mobilizing the Imagination in Everyday Play: The Case of Japanese Media Mixes', in: *International Handbook of Children, Media and Culture*, eds. Kirsten Drotner & Sonia Livingstone (Thousand Oaks, CA, 2008), 397–412。

23. 此处参见本书第 5 章相关内容的讨论。

24. J. U. McNeal & C. H. Yeh, 'Taiwanese Children as Consumers', in: *European Journal of Marketing* 24, no. 10, 1990: 32–43.

25. Lange & Fries, *Jugend und Geld 2005*.

26. 来源于 Bernadine Chee 收集的食物日志: Jun Jing, ed., *Feeding China's Little Emperors: Food, Children and Social Change* (Stanford, CA, 2000), appendix, 215。

27. Jing, ed., *Feeding China's Little Emperors*, 特别是 Bernadine Chee 撰写的章节, 'Eating Snacks and Biting Pressure', 48−70. Deborah Davis & Julia Sensenbrenner, 'Commercializing Childhood', in: Davis, ed., *The Consumer Revolution in Urban China*, 54−79。
28. Stanley C. Hollander & Richard Germain, *Was There a Pepsi Generation before Pepsi Discovered It? Youth-based Segmentation in Marketing* (Lincolnwood, IL, 1993), 特别是 pp13−48, 引自 p64。
29. Hollander & Germain, *Pepsi Generation*, 15.
30. William C. Beyer, Rebekah P. David & Myra Thwing, 'Workingmen's Standard of Living in Philadelphia: A Report by the Bureau of Municipal Research of Philadelphia, NY, 1919: 67.
31. 见本书第 6 章相关内容。
32. B. Søland, 'Employment and Enjoyment: Female Coming-of-age Experiences in Denmark, 1880s−1930s': in Mary Jo Maynes, Birgitte Søland & Christina Benninghaus, eds., *Secret Gardens, Satanic Mills: Placing Girls in European History, 1750−1960* (Bloomington, IN, 2005), 254−268.
33. Richard Ivan Jobs, *Riding the New Wave: Youth and the Rejuvenation of France after the Second World* (Stanford, CA, 2007), p80, pp106−112。
34. 见本书第 6 章相关内容, Dorothea-Luise Scharmann, *Konsumverhalten von Jugendlichen* (Munich, 1965); Friedhelm Neidhart, *Die Junge Generation*, issue 6 (Opladen, 1970, 3rd rev. edn)。
35. Richard Hoggart, *The Uses of Literacy*, (1957), ch. 7.
36. Rhona Rapoport & Robert N. Rapoport, *Leisure and the Family Life Cycle* (London, 1975), 引自 p108。
37. August B. Hollingshead, *Elmtown's Youth and Elmtown Revisited* (New York, 1975), 引自 p375。Hollingshead, *Elmtown's Youth: The Impact of Social Classes on Adolescents*。
38. Yuniya Kawamura, 'Japanese Teens as Producers of Street Fashion', *Current Sociology* 54, no. 5, 2006: 784−801.
39. G. C. Hoyt, 'The Life of the Retired in a Trailer Park', in: *American Journal of Sociology*, 1954: 361−370.
40. David I. Kertzer & Peter Laslett, *Aging in the Past: Demography, Society and Old Age* (Berkeley, CA, 1995); Paul Johnson & Pat Thane, eds., *Old Age from Antiquity to Post-modernity* (London, 1998); *Fünfter Bericht zur Lage der älteren Generation in der Bundesrepublik Deutschland: Potenziale des Alters in Wirtschaft und Gesellschaft*, Berlin, Aug. 2005: 35.
41. Dora L. Costa, *The Evolution of Retirement: An American Economic History 1880−1990* (Chicago, 1998).
42. Costa, 'The Evolution of Retirement: Summary of a Research Project', p234。
43. *Recreation*, May 1952: 99.
44. William Graebner, *History of Retirement: The Meaning and Function of an American Institution 1885−1978* (New Haven, CN, 1980).
45. W. Andrew Achenbaum, *Shades of Grey* (Boston, 1983); and W. Andrew Achenbaum, *Old Age in the New Land: The American Experience since 1790* (Baltimore, MD, 1978).
46. Granville Stanley Hall, *Senescence: The Last Half of Life* (New York, 1922), 引自

pxi、pp376—378。

47. Elmer E. Ferris, *Who Says Old!* (New York, 1933).
48. Robert James Havighurst & Ruth Albrecht, *Older People* (New York, 1953), v.
49. Havighurst & Albrecht, *Older People*, 130; 这本书展现了 David Riesman "重估休闲" 观念的显著影响。
50. Havighurst & Albrecht, *Older People*, 141.
51. Elaine Cumming & William E. Henry, *Growing Old: The Process of Disengagement* (New York, 1961). 对比阅读 Wilma Donahue, Harold L. Orbach & Otto Pollak, 'Retirement: The Emerging Social Pattern', in: Clark Tibbitts, ed., *Handbook of Social Gerontology: Social Aspects of Aging* (Chicago, IL, 1960), 330—406. Paul B. Baltes & Margret M. Baltes, *Successful Aging: Perspectives from the Behavioral Sciences* (Cambridge, MA, 1990)。
52. Oskar Schulze, 'Recreation for the Aged', in: *Journal of Gerontology*, IV (1949), 312.
53. Harry A. Levine, 'Community Programs for the Elderly', in: *Annals of the American Academy of Political and Social Science* 279, 1952: 164—170, 引自 p164 和 p169; Arthur Williams, *Recreation for the Aging* (New York, 1953)。1932 年，一个更早的 "四分之三世纪" 俱乐部在纽约城创立。感谢 Vanessa Taylor 提供参考文献。
54. 关于 Dewey，参见本书第 6 章相关内容。
55. 美国联邦安全局，*1st National Conference on the Aging, Man and His Years* (Washington, D.C, 1951), 引自 p1、p43、p181、p199。
56. *Geriatrics*, 6 (1951), 314—18. 关于这条和这一时期的其他材料，我发现了异常珍贵的 Nathan Wetheril Shock, *A Classified Bibliography of Gerontology and Geriatrics. Supplement 1, 1949-1955* (Stanford, CA, 1957), nos. 15037—17250。
57. 'Recreation for the Aged', in: *The American Journal of Nursing*, 55/8 (Aug. 1955), 976—978.
58. M. Zahrobsky, 'Recreation Programs in Homes for the Aged in Cook County, Illinois', in: *The Social Service Review* 24, no. 1, 1950: 41—50, 引自 p47。
59. Felisa Bracken, 'Senior Citizens Go Camping', in: *Nursing Outlook*, 2/7 (July 1954), 引自 p362。
60. Ellinor I. Black & Doris B. Bead, *Old People's Welfare on Merseyside* (Liverpool, 1947), 40—46.
61. Havighurst, in Ernest Watson Burgess, ed., *Aging in Western Societies* (Chicago, IL, 1960), 351.
62. 国家卫生研究委员会（National Health Research Council）的 Dr Robert van Zonneveld，收入 Burgess, ed., *Aging in Western Societies*, 447。
63. Havighurst, in Burgess, ed., *Aging in Western Societies*, 引自 p321。
64. Paul Richard Thompson, Catherine Itzin & Michele Abendstern, *I Don't Feel Old: The Experience of Later Life* (Oxford, 1990).
65. J. Smith et al. 'Wohlbefinden im hohen Alter', in: Karl U. Mayer & Paul B. Baltes, eds., *Die Berliner Altenstudie* (Berlin, 1996), 497—524, table 4 (p. 532). 这些 70～84 岁的人当中，43% 进行体育锻炼，85 岁以后，这一比例会下降到 12%。
66. Joëlle Gaymu & Christiane Delbès, *La Retraite quinze ans après* (Cahier no. 154 de INED) (Paris, 2003), 95.
67. *Fünfter Bericht zur Lage der älteren Generation in der Bundesrepublik Deutschland*, 35ff. 还可参见 Jay Ginn & Janet Fast, 'Employment and Social Integration in Mid-

life: Preferred and Actual Time Use across Welfare Regime Types', *Research on Aging* 28, no. 6, 2006: 669−690。

68. M. Cirkel, V. Gerling & J. Hilbert, 'Silbermarkt Japan' in: Institut Arbeit und Technik, *Jahrbuch* 2001/2, 73−91.

69. 科布伦茨德国联邦档案馆（Bundesarchiv Koblenz）, B 189/21915, 'Taschengeld, 1965−82': 'Resolution' of the Councils of Old-age Homes, Aachen, 致 Antje Huber, 1982年2月11日; Radtke先生，亚琛的劳工福利会（Arbeiterwohlfahrt）, 致胡贝尔，1982年2月10日; 头条出现在1982年2月22日的 *Express* 上。

70. Bernard Casey & Atsuhiro Yamada, 'Getting Older, Getting Poorer? A Study of the Earnings, Pensions, Assets and Living Arrangements of Older People in Nine Countries' (Paris: Organization for Economic Co-operation and Development, 2002), table 2.4.

71. 国家福利理事会（National Council of Social Service）,*Over Seventy: Report of an Investigation into the Social and Economic Circumstances of One Hundred People of over Seventy Years of Age* (London 1954), 54.

72. Peter Townsend, *The Last Refuge: A Survey of Residential Institutions and Homes for the Aged in England and Wales* (London, 1962), 244.

73. 参见 Ian Rees Jones, Paul Higgs & David J. Ekerdt, eds., *Consumption and Generational Change* (New Brunswick, NJ, 2009), 特别是 Martin Hyde 与同事执笔的第6章和 Fanny Bugeja 执笔的第7章。

74. J. Vogel, 'Ageing and Living Conditions of the Elderly: Sweden 1980−1998', *Social Indicators Research* 59, no. 1, 2004: 1−34.

75. Jones, Higgs & Ekerdt, eds., *Consumption and Generational Change*, ch. 6.

76. S. Ottaway, 'Providing for the Elderly in Eighteenth-century England', *Continuity and Change* 13, 1998: 391−418.

77. J. K. Wing & G. W. Brown, 'Social Treatment of Chronic Schizophrenia: A Comparative Survey of Three Mental Hospitals', in: *The British Journal of Psychiatry* 107, no. 450, 1961: 847−861.

78. 上文基于 Gail Mountain & Peter Bowie, 'Possessions Owned by Long-stay Psychogeriatric Patients', in: *International Journal of Geriatric Psychiatry* 7, no. 4, 1992: 285−290, 引自 p290。

79. 'How Active are They?', in: *Recreation*, May 1964, 228.

80. 自13%到退休后的37%, Dean W. Morse & Susan H. Gray, *Early Retirement–Boon or Bane: A Study of Three Large Corporations* (Montclair, NJ, 1980)。

81. Max Kaplan, *Leisure, Lifestyle and Lifespan: Perspectives for Gerontology* (Philadelphia, PA, 1979), 84.

82. Morse & Gray, *Early Retirement*, 引自 p59。延伸阅读 Dorothy Ayers Counts & David R. Counts, *Over the Next Hill: An Ethnography of RVing Seniors in North America* (Peterborough, NH, 1997)。

83. *Fünfter Bericht zur Lage der älteren Generation in der Bundesrepublik Deutschland*, 441. 关于马略卡岛，参见 Armin Ganser, 'Zur Geschichte touristischer Produkte in der Bundesrepublik', in: *Goldstrand und Teutonengrill: Kultur-und Sozialgeschichte des Tourismus in Deutschland, 1945−1989*, ed. Hasso Spode (Berlin, 1996), 185−200。

84. 引自 Russell King, Tony Warnes & Allan Williams, *Sunset Lives: British Retirement Migration to the Mediterranean* (Oxford and New York, 2000), 85. 还可参见 Andrew

Blaikie, *Ageing and Popular Culture* (New York, 1999), ch. 7。

85. Thompson, Itzin & Abendstern, *I Don't Feel Old*, 247.
86. 引自 Marc Freedman, *Prime Time: How Baby Boomers Will Revolutionize Retirement and Transform America* (New York, 1999), p32。
87. Kaplan, *Leisure, Lifestyle and Lifespan: Perspectives for Gerontology*, 101–104.
88. 例如，奥地利阿尔卑斯山俱乐部（OeAV）组织的老年周, http://www.oeav-events.at/service/jahresprogramme/austria/2012/Inhalt/Aktiv-2012-web18-21.pdf。
89. 英国历史学家 Peter Laslett 是开路先锋之一; Peter Laslett, *A Fresh Map of Life: The Emergence of the Third Age* (London, 1989)。
90. Rylee Dionigi, 'Competitive Sport as Leisure in Later Life: Negotiations, Discourse and Aging', in: *Leisure Sciences* 28, no. 2, 2006: 181–196.
91. 笔者自译。
92. A Leibing, 'The Old Lady from Ipanema: Changing Notions of Old Age in Brazil', in: *Journal of Aging Studies* 19, no. 1, 2005: 15–31. Robert H. Binstock, Jennifer R. Fishman & Thomas E. Johnson, 'Anti-aging Medicine and Science', in: Robert H. Binstock & Linda K. George, eds., *Handbook of Aging and the Social Sciences* (Boston, MA, 2006, 6th edn), 436–455; James Harkin & Julia Huber, *Eternal Youths: How the Baby Boomers are Having Their Time Again* (London, 2004).
93. John W. Traphagan, *The Practice of Concern: Ritual, Well-Being and Aging in Rural Japan* (Durham, NC, 2004). 还可参见 John W. Traphagan, *Taming Oblivion: Aging Bodies and the Fear of Senility in Japan* (New York, 2000)。
94. 上文参见 Vera Gerling & Harald Conrad 'Wirtschaftskraft Alter in Japan: Handlungsfelder und Strategien Expertise', a study for the German ministry of family, seniors, women and youth (BMFSFJ), 2002, http://www.ffg.uni-dortmund.de/medien/publikationen/Expertise%20Japanischer%20Silbermarkt.pdf。
95. A. W. Achenbaum, *Older Americans, Vital Communities: A Bold Vision for Societal Aging* (Baltimore, MD, 2005), 40–41.
96. E. Gidlow, 'The Senior Market', in: *Sales Management* October, 1961: 35–39, 108–111; L. Morse, 'Old Folks: An Overlooked Market?', in: *Duns Review and Modern Industry*, 1964: 83–88.
97. 参见 George P. Moschis, *The Maturing Marketplace: Buying Habits of Baby Boomers and Their Parents* (Westport, CN, 2000). 关于20世纪70年代的市场研究，参见 H. L. Meadow, S. C. Cosmas & A. Plotkin, 'The Elderly Consumer: Past, Present and Future', in: *Advances in Consumer Research* 8, no. 1, 1981: 742–747。
98. Carole Haber 'Old Age through the Lens of Family History', in: Binstock & George, eds., *Handbook of Aging and the Social Sciences*, 41–75.
99. 当然，一如既往存在例外，如匈牙利和意大利北部，人们会预计遗孀搬入儿子家中; Kertzer & Laslett, *Aging in the Past*。
100. 老龄问题委员会（Committee on Ageing Issues）, *Report on the Ageing Population* 52 (Singapore, 2006); A. Chan, 'Singapore's Changing Age Structures', in: Shripad Tuljapurkar, Ian Pool & Vipan Prachuabmoh, eds., *Population, Resources and Development*, Vol. I (Dordrecht, 2005), ch. 12。
101. 印度政府规划部（Ministry of Planning Government of India）, 全国抽样调查组织（National Sample Survey Organization）, 'The Aged in India: A Socio-economic Profile: NSS 52nd Round (July 1995–June 1996); Report no. 446 (52/25.0/3)' (1998); Kumudini Dandekar, *The Elderly in India* (London, 1996)。

102. Penny Vera-Sanso, 'They Don't Need It and I Can't Give It: Filial Support in South India', in: *The Elderly without Children: European and Asian Perspectives*, eds. P. Kreager E. Schoeder-Butterfill (Oxford, 2004), 76–105.
103. John Van Willigen & N. K. Chadha, *Social Aging in a Delhi Neighborhood* (Westport, CN, 1999); Usha Bambawale, 'Ageing and the Economic Factor in Later Life', in: Indrani Chakravarty, *Life in Twilight Years* (Calcutta, 1997, 1st edn); Ashish Bose & Mala Kapur Shankardass, *Growing Old in India: Voices Reveal, Statistics Speak* (Delhi, 2004).
104. Zygmunt Bauman, *Liquid Love: On the Frailty of Human Bonds* (Cambridge, 2003), xii; Bauman, *Consuming Life*.
105. Claudine Attias-Donfut, ed., *Les Solidarités entre générations: Vieillesse, familles, État* (Paris, 1995).
106. Neidhart, *Die Junge Generation*, 64: 'Die Familie ist heute kein typischer Ort harter and andauernder Generationskonflikte'. 关于伦敦，参见 Wilmott, *Adolescent Boys of East London*, 66–68。
107. 援助子女的比例自60%上升到70%，援助孙子女的比例自50%上升到71%，参见 Robert H. Binstock & Ethel Shanas, eds., *Handbook of Aging and the Social Sciences* (New York, 1985), 322。
108. M. Kohli, 'Private and Public Transfers between Generations: Linking the Family and the State', in: *European societies* 1, no. 1, 1999: 81–104. 本段进一步基于 Martin Kohli, 'Ageing and Justice', in: Binstock & George, eds., *Handbook of Aging and the Social Sciences*, 456–478; Attias-Donfut, ed., *Solidarités*.

第12章

1. Schwartz, *The Paradox of Choice: Why More is Less*.
2. 英国审计署（UK Audit Commission），'Acute Hospital Portfolio: Review of National Findings' (2001): 2.2亿顿饭。在整个英国，麦当劳当时每年出售约7亿份餐食。
3. Eugene C. McCreary, 'Social Welfare and Business: The Krupp Welfare Program, 1860–1914', in: *The Business History Review* 42, no. 1, 1968: 24–49.
4. Wilfried Feldenkirchen, *Siemens, 1918–1945* (Munich, 1995), 348–352.
5. John Griffiths, '"Give my Regards to Uncle Billy": The Rites and Rituals of Company Life at Lever Brothers, c.1900–c.1990', in: *Business History* 37, no. 4, 1995: 25–45; Charles Delheim, 'The Creation of a Company Culture: Cadburys, 1861–1931', in: *The American Historical Review* 92, 1987: 13–46.
6. 参见以下计算，Jakub Kastl & Lyndon Moore, 'Wily Welfare Capitalist: Werner von Siemens and the Pension Plan', in: *Cliometrica, Journal of Historical Economics and Econometric History* 4, no. 3, 2010: 321–348。
7. Oliver J. Dinius & Angela Vergara, eds., *Company Towns in the Americas: Landscape, Power, and Working-class Communities* (Athens, GA, 2011); Hardy Green, *The Company Town* (New York, 2010).
8. Julie Greene, *The Canal Builders: Making America's Empire at the Panama Canal* (New York, 2009).
9. Stuart Dean Brandes, *American Welfare Capitalism, 1880–1940* (Chicago, 1976), 45.
10. Linda Carlson, *Company Towns of the Pacific Northwest* (Seattle, 2003), 引自p51，上文参见 chap.8。

11. Margaret Crawford, *Building the Workingman's Paradise: The Design of American Company Towns* (London, 1995), ch. 6. 关于普尔曼公司，参见 Brandes, *American Welfare Capitalism, 1880–1940*, 16f。
12. 转引自 Jean-Louis Cohen, '"Unser Kunde ist unser Herr": Le Corbusier trifft Bat'a', in: *Zlin. Modellstadt der Moderne*, ed. Winfried Nerdinger (Berlin, 2009), 123, 笔者自译。
13. Katrin Klingan, ed., *A Utopia of Modernity: Zlín–Revisiting Bata's Functional City* (Berlin, 2009). 还可参见 http://batawa.ca/batawahistorys33.php；http://www.batamemories.org.uk/。
14. 详细讨论参见：Crawford, *Building the Workingman's Paradise*。
15. Robert F. Wheeler, 'Organized Sport and Organized Labour: The Workers' Sports Movement', in: *Journal of Contemporary History* 13, no. 2, 1978: 191–210; Gerald R. Gems, 'Welfare Capitalism and Blue-collar Sport: The Legacy of Labour Unrest', in: *Rethinking History* 5, no. 1, 2001: 43–58.
16. 关于标致汽车：P. Fridenson, 'Les Ouvriers de l'automobile et le sport', *Actes de la recherche en sciences sociales* 79, no. 1, 1989: 50–62, 引自 p53，笔者自译。关于德国：Hans Langenfeld in collaboration with Stefan Nielsen/Klaus Reinarz and Josef Santel, 'Sportangebot und–Nachfrage in grossstaedtischen Zentren Nordwestdeutschlands, 1848–1933', in: Reulecke, ed., *Die Stadt als Dienstleistungszentrum*, Adenauer 引自 p473，笔者自译。
17. 关于上文，参见 Brandes, *American Welfare Capitalism, 1880–1940*，1916 年调查见 p38。关于 1989 年的数据，参见美国住房和城市发展部（US Department of Housing and Urban Development），'Public Housing: Image Versus Facts'，网址见 http://www.huduser.org/periodicals/ushmc/spring95/spring95.html。
18. Leonard James Diehl, Floyd R. Eastwood & University Purdue, *Industrial Recreation: Its Development and Present Status* (Lafayette, IN, 1942), 20.
19. Amartya Sen, *Development as Freedom* (Oxford, 1999); Partha Dasgupta, *An Inquiry into Well-being and Destitution* (Oxford, 1993).
20. Diehl, Eastwood & Purdue, *Industrial Recreation*, 52. 同附近小镇相比，20 世纪 60 年代，加拿大铁路城镇居民参加体育活动和志愿服务要积极得多，参见 Rex Archibald Lucas, Minetown, *Milltown, Railtown: Life in Canadian Communities of Single Industry* (Toronto, 1971), 特别是 p196。
21. Arnold R. Alanen, *Morgan Park: Duluth, US Steel and the Forging of a Company Town* (Minneapolis, MN, 2007), ch. 7.
22. Elizabeth Esch, 'Whitened and Enlightened: The Ford Motor Company and Racial Engineering in the Brazialin Amazon', in: Dinius & Vergara, eds., *Company Towns*, chap.4, 此处和下文都有参考。
23. Jackson Moore Anderson, *Industrial Recreation: A Guide to Its Organization and Administration* (New York, 1955), 125.
24. Enrica Asquer, *Storia intima dei ceti medi: Una capitale e una periferia nell'Italia del miracolo economico* (Rome, 2011), 19.
25. J. B. Priestley, *English Journey* (London, 1934), 95, 100.
26. 工业福利部门的 S. E. G. Imer, 1959 年，转引自 Nikola Balnave, 'Company-sponsored Recreation in Australia: 1890–1965', in: *Labour History*, no. 85, 2003: 129–151, p137。
27. Brandes, *American Welfare Capitalism, 1880–1940*.

28. Anderson, *Industrial Recreation*, 63.
29. Anderson, *Industrial Recreation*, 64-68, 以及 p. 8, 关于战时的圣诞节采购。
30. http://www.skibacs. org/; http://www.boeing.com/companyoffices/aboutus/recreation/puget.html.
31. Elizabeth Fones-Wolf, 'Industrial Recreation, the Second World War and the Revival of Welfare Capitalism, 1934-1960', in: *The Business History Review* 60, no. 2, 1986: 232-257, 256.
32. 关于林肯电镀, 参见美国人力资源管理协会（Society for Human Resource Management）的文章: http://www.shrm.org/hrdisciplines/benefits/Articles/Pages/CMS_013248.aspx; B. W. Simonson, 'Corporate Fitness Programs Pay Off', in: *Vital Speeches of the Day* 52, no. 18, 1986: 567-569; Richard L. Pyle, 'Performance Measures for a Corporate Fitness Program', in: *Human Resource Management* 18, no. 3, 1979: 26-30。
33. Buck Consultants, 'Working Well: A Global Survey of Health Promotion and Workplace Wellness Strategies' (2009).
34. Assemblée Nationale, no. 2624, annexe no. 33, Jeunesse et sports, esp. section 4 c), 网址见 http://www.assemblee-nationale. fr/budget/plf2001/b2624-33.asp。还可参见 B. Barbusse, 'Sport et entreprise: des logiques convergentes?' in: *L'Année sociologique* 52, no. 2, 2002: 391-415。
35. Walter Schmolz, 'Freizeit und Betrieb' in: W. Nahrstedt, *Freizeit in Schweden* (Düsseldorf, 1975).
36. E. Roos, S. Sarlio-Lähteenkorva & T. Lallukka, 'Having Lunch at a Staff Canteen is Associated with Recommended Food Habits', in: *Public Health Nutrition* 7, no. 01, 2004: 53-61; NPD Insight Report on away-from-home eating, Aug. 2003. 公司津贴的数字是 1993 年的, 参见 John S. A. Edwards, 'Employee Feeding-an Overview', in: *International Journal of Contemporary Hospitality Management* 5, no. 4, 1993: 10-14。关于法国, 参见《解放报》(*Libération*) 上的系列文章, 2003 年 10 月。B. E. Mikkelsen, 'Are Traditional Foodservice Organizations Ready for Organizational Change? (A Case Study of Implementation of Environmental Management in a Work-place Canteen Facility)', in: *Foodservice Research International* 15, no. 2, 2004: 89-106; Marianne Ekström, Lotte Holm, Jukka Gronow, Unni Kjærnes, Thomas Lund, Johanna Mäkelä and Mari Niva, 'The Modernization of Nordic Eating', in: *Anthropology of Food* S7, 2012. 在丹麦, 光是"车上餐食"和为老年人提供餐食的公共服务就占到了整个饮食行业的10%; 参见 Instituttet for Fødevarestudier & Agroindustriel Udvikling-IFAU, *Food service i Danmark 2007: Udvikling og tendenser i QSF markedet* (Hörsholm, DK: Instituttet for Fødevarestudier & Agroindustriel Udvikling-IFAU, 2007), 感谢 IFAU 的 Karen Hamann。关于山德士公司（Sandoz）, 参见 Jakob Tanner, *Fabrikmahlzeit: Ernährungswissenschaft, Industriearbeit und Volksernährung in der Schweiz, 1890-1950* (Zürich, 1999), 193-195。
37. http://www.entrez-basel.roche.ch/; http://www.avroche.ch/; http://www.avroche.ch/verguenstigungen/discountlist.php?print=1; 参见 AVR newsletters nos. 55 (June 1997), no. 65 (Dec. 2002) 和 66 (May 2003): http://ww.avroche.ch/info-archiv/infos-archiv.php. 关于波音公司, 参见 http://www.boeing.com/empinfo/discounts.html。
38. Georges Mouradian, ed., *L'Enfance des comités d'entreprise, de leur genèse dans les conditions de la défaite de 1940 à leur enracinement dans les années 1950* (Roubaix, 1997). Direction de l'Animation de la Recherche des Études et des Statistiques

(DARES) and Institut de Recherches Économiques et Sociales (IRES), *Les Comités d'entreprise: Enquête sur les élus, les activités et les moyens* (Paris, 1998); Conseil National du Tourisme, 'Évolution des pratiques sociales des comités d'entreprise en matière de vacances' (Paris, 2010), http://www.tourisme.gouv.fr/cnt/ publications/ evolution-pratiques-sociales.pdf.

39. 关于此处和上文：Conseil National du Tourisme, 'Évolution des comités d'entreprise'。还可参见'Les Activités sociales et culturelles des CE–Crise de sens' in; *Le Nouvel Économiste*, 2012 年 1 月 26 日。
40. http://www.bits-int.org/fr/; http://www.reka.ch/.
41. Hasso Spode, 'Fordism, Mass Tourism and the Third Reich: The "Strength through Joy" Seaside Resort as an Index Fossil', in: *Journal of Social History*, 2004: 127–155; Victoria De Grazia, *The Culture of Consent: Mass Organization of Leisure in Fascist Italy* (Cambridge, 2002).
42. K. Nishikubo, 'Current Situation and Future Direction of Employee Benefits', in: *Japan Labor Review* 7, no. 1, 2010: 4–27; 丰田汽车公司,《2001 年可持续发展报告》, 'Approaches to Stakeholders: Relations with Employees'; Tamie Matsuura, 'An Overview of Japanese Cafeteria Plans' (NLI Research Institute, 1998), http://www. nli-research.co.jp/english/socioeconomics/1998/li9803.html。
43. SeungHo Kwon & Michael O'Donnell, *The Chaebol and Labour in Korea: The Development of Management Strategy in Hyundai* (London, 2001); Jim Barry, *Organization and Management: A Critical Text* (London, 2000), 113–116.
44. S. Kikeri, 'Privatization and Labour: What Happens to Workers When Governments Divest?' World Bank Technical paper 396 (1998), World Bank, Washington, DC.
45. 引自 Joseph Raphael Blasi, Maya Kroumova & Douglas Kruse, *Kremlin Capitalism: The Privatization of the Russian Economy* (Ithaca, NY, 1997), 112f。
46. 根据一项对 404 家中型和大型制造企业的调查：参见 Pertti Haaparanta et al., 'Firms and Public Service Provision in Russia', Bank of Finland, Institute for Economies in Transition, BOFIT Discussion paper no. 16 (2003), Helsinki。
47. Michael Heller, 'Sport, Bureaucracies and London Clerks 1880–1939', in: *The International Journal of the History of Sport* 25, no. 5, 2008: 579–614.
48. James E. Roberson, *Japanese Working-class Lives: An Ethnographic Study of Factory Workers* (London, 1998). 关于"上班族"的经典研究是 Ezra Feivel Vogel, *Japan's New Middle Class: The Salary Man and His Family in a Tokyo Suburb* (Berkeley, CA, 1963)。
49. Peter H. Lindert, *Growing Public: Social Spending and Economic Growth since the Eighteenth Century* (Cambridge, 2004).
50. http://www.oecd.org/document/9/0,3746,en_2649_33933_38141385_1_1_1_1,00. html.
51. PricewaterhouseCoopers, Significant and Ecofys, 'Collection of Statistical Information on Green Public Procurement in the EU' (2009), 网址见 http://ec.europa.eu/environment/gpp/pdf/statistical_information.pdf。NHS 可持续发展部门（NHS Sustainable Development Unit）, 'England Carbon Emissions' (Jan. 2009), 4, 网址见 http:// www.sdu.nhs.uk/documents/publications/1232983829_VbmQ_nhs_england_carbon_ emissions_carbon_footprint_mode.pdf。
52. Seminal: P. A. Samuelson, 'The Pure Theory of Public Expenditure', in: *The Review of Economics and Statistics* 36, no. 4, 1954: 387–389.

53. 欧盟统计局,'General Government Expenditure Trends 2005-10: EU Countries Compared', in: *Statistics in Focus* 42/2011。
54. Stiglitz, Sen & Fitoussi, 'Measurement of Economic Performance and Social Progress', 特别是 pp30-32、pp89-90。
55. 此书在 1999 年所出的企鹅第 5 版中 Galbraith 的新导言,以及 Mike Berry, *The Affluent Society* (Oxford, 2013)。
56. 参见 'Social Expenditure–Aggregated Data' at OECD.StatExtracts: http://stats.oecd.org/Index.aspx?datasetcode=SOCX_AGG; W. Adema, P. Fron & M. Ladaique, 'Is the European Welfare State Really More Expensive? : Indicators on Social Spending, 1980-2012', *OECD Social, Employment and Migration Working Papers*, no. 124, 2011; http://www.oecd.org/els/soc/- OECD2014-Social-Expenditure-Update-Nov2014-8pages.pdf。
57. (United States of America) Bureau of Economic Analysis/Department of Commerce, Tables on Government Consumption Expenditure and Personal Consumption Expenditure, 网址见 http://www.bea.gov/。
58. Robert Malcolm Campbell, *Grand Illusions: The Politics of the Keynesian Experience in Canada, 1945-1975* (Peterborough, Canada, 1987), 78-79; 感谢 Bettina Liverant 提供这条参考文献。现在还可参见 Bettina Liverant, 'Strategic Austerity on the Canadian Home Front', in: Hartmut Berghoff, Jan Logemann & Felix Römer, eds., *The Consumer on the Home Front: Second World War Civilian Consumption in Transnational Perspective* (Oxford, in press), ch. 11. 关于美国的《退伍军人法案》和联邦支持, 参见 Cohen, *Consumers' Republic*, chs. 3-5。
59. 1960 年,在工业国家,私人消费占到了 GDP 的 63%。1976 年,这一比例下降到了 58%。在低收入国家,这两年的私人消费所占 GDP 的比例分别是 79% 和 81%。世界银行,*World Development Report* (Washington, DC. 1978), tables 4 and 5, 82-85。
60. Lindert, *Growing Public*, 218.
61. 参见 OECD 数据。除了征收高额间接税(这对普通消费者的影响最大),斯堪的纳维亚国家还征收直接税和受益人的社会保险缴费。2007 年,丹麦和瑞典通过这类直接税,收回了社会转移款项的 25% 以上;OECD 的平均比例是 9%。Adema 和同事揭示了,大部分 OECD 国家(包括美国和英国)的社会支出净额在 GDP 的 22%~28% 之间浮动:Adema, Fron & Ladaique, 'Is the European Welfare State Really More Expensive?'。
62. R. Straub & I. Tchakarov, 'Assessing the Impact of a Change in the Composition of Public Spending: A DSGE Approach. IMF Working Paper WP/07/168', (International Monetary Fund, 2007).
63. 同样有趣的是,西班牙虽然处境困难,但是公共投资上升了。
64. 参见:http://www.oecd.org/els/soc/-OECD2014-Social-Expenditure-Update-Nov2014-8pages.pdf。
65. Harold L. Wilensky, *Industrial Society and Social Welfare : The Impact of Industrialization on the Supply and Organization of sSocial Welfare Services in the United States* (New York, 1958/ 2nd edn 1965), xiiif.
66. 在美国,1922 年,富人将财产的 7% 捐赠给慈善事业,价值超过 1000 万英镑。50 年后,这一比例是 31%; Jaher, 'The Gilded Elite, American Multimillionaires, 1865 to the Present', 209f.
67. 在纽约城,政府建造的住宅区中,早在 20 世纪 60 年代初,只有 5% 家庭拥有电视,参见 Wilensky, *Industrial Society and Social Welfare*, xxx。
68. 'Historical Tables, Budget of the United States Government', table 3.1, http://www.whitehouse.gov/sites/default/files/omb/budget/fy2012/assets/hist.pdf.
69. J. P. Dunne, P. Pashardes & R. P. Smith, 'Needs, Costs and Bureaucracy: The Allocation of Public Consumption in the UK', in: *The Economic Journal* 94, no. 373, 1984: 1–15.
70. Adema, Fron & Ladaique, 'Is the European Welfare State Really More Expensive?'; 在丹麦和瑞典，"其他社会服务"（照看儿童、老年人的家庭护理、其他相近服务）在 GDP 中的占比达到了惊人的 5%，而在美国和欧洲南部国家只有 1%。
71. B. Booth, M. W. Segal & D. B. Bell, 'What We Know about Army Families: 2007 Update. Prepared for the Family and Morale, Welfare and Recreation Command' (2007).
72. K. J. Cwiertka, 'Popularizing a Military Diet in Wartime and Post-war Japan', in: *Asian Anthropology* 1, 2002: 1–30; Katarzyna Cwiertka, *Modern Japanese Cuisine: Food, Power and National Identity* (London, 2006).
73. Peter J. Atkins, 'Fattening Children or Fattening Farmers? School Milk in Britain, 1921–1941', in: *Economic History Review* 58, no. 1, 2005: 57–78; James Vernon, *Hunger: A Modern History* (Cambridge, MA, 2007).
74. 这条和下一段参照了 Susan Levine, *School Lunch Politics: The Surprising History of America's Favorite Welfare Program* (Princeton, NJ, 2008)。
75. M. Clawson, 'Statistical Data Available for Economic Research on Certain Types of Recreation', in: *Journal of the American Statistical Association*, 1959: 281–309; C. L. Harriss, 'Government Spending and Long-run Economic Growth', in: *The American Economic Review* 46, no. 2, 1956: 155–170.
76. T. Ståhl, A. Rütten, D. Nutbeam & L. Kannas, 'The Importance of Policy Orientation and Environment on Physical Activity Participation: A Comparative Analysis between Eastern Germany, Western Germany and Finland', *Health Promotion International* 17, no. 3, 2002: 235–246.
77. Sigurd Agricola, 'Freizeit, Planung, Paedagogik und Forschung' in: Nahrstedt, *Freizeit in Schweden*, 78–102.
78. Institut National de la Santé et de la Recherche Mèdicale (Inserm), *Physical Activity: Context and Effects on Health* (Paris, 2008).
79. Lamartine Pereira da Costa & Ana Miragaya, *Worldwide Experiences and Trends in Sport for All* (Oxford, 2002). 现在还可参见 Thomas Turner, 'The Sports Shoe: A Social and Cultural History, c.1870–c.1990', PhD thesis, Birkbeck College/University of London, 2013。
80. David Richard Leheny, *The Rules of Play: National Identity and the Shaping of Japanese Leisure* (Ithaca and London, 2003).
81. Anne White, *De-Stalinization and the House of Culture: Declining State Control over Leisure in the USSR, Poland and Hungary, 1953–1989* (London, 1990).
82. Bundesarchiv Berlin Lichterfelde, Zentralinstitut für Jugendforschung, 'Freizeit und Freizeitnutzung junger Arbeiter und Schüler in der Wartburgstadt Eisenach' (Sept. 1977), pp. 15–20, 60–65.
83. 德国联邦统计局，*Datenreport* 2002, 152。
84. Directorate General Internal Policies of the Union, 'Financing the Arts and Culture in the European Union', IP/ B/CULT/ST/2005_104 (30 Nov 2006), 引自 p17，下文也有参照。

85. 欧盟统计局,*Cultural Statistics*, 2011 edition (Luxembourg, 2011), figure 8.7, 171. 2006 年, 50% 的丹麦人去看这类现场表演的次数为 1 到 6 次, 5% 为 7 到 12 次。在意大利, 相应的数据分别只有丹麦的一半。这一文献强化了开支和上座率之间的可能相关性: Orian Brook, 'International Comparisons of Public Engagement in Culture and Sport' (UK Department for Culture, Media and Sport, Aug. 2011), 21-22。
86. 欧盟统计局,*Cultural Statistics*, fig. 9.1, 201。
87. 英国贸易和工业部,*Modern Markets: Confident Consumers* (1999)。
88. Tony Blair, 转引自《卫报》, 2004 年 6 月 24 日。延伸阅读 Blair, *The Courage of Our Convictions: Why Reform of the Public Services is the Route to Social Justice* 和他的 'Progress and Justice in the Twenty-first Century', Inaugural Fabian Society Annual Lecture, 2003 年 6 月 17 日。
89. Lawson, *All Consuming: How Shopping Got Us into This Mess and How We Can Find Our Way Out*.
90. Wendy Thomson（首相公共服务改革办公室负责人）, 'Consumerism as a Resource for Citizenship', seminar on consumers as citizens, HM Treasury, 2004 年 4 月 22 日。
91. 参见本书第 3 章和第 6 章的相关内容。
92. 约翰·肯尼迪图书馆 (Boston, MA), Speech Files, JFKPOF-037-028, special message to Congress on protecting consumer interest, 15 March 1962; WH-0800- 03; 在这一网址可以聆听音频信息 http:// www.jfklibrary.org/Asset-Viewer/Archives/JFK-WHA-080-003.aspx。
93. Alain Chatriot, Marie-Emmanuelle Chessel & Matthew Hilton, eds., *The Expert Consumer: Associations and Professionals in Consumer Society* (Aldershot, 2006); 延伸阅读 the special issue 'Verbraucherschutz in internationaler Perspektive', *Jahrbuch für Wirtschaftsgeschichte* 1, 2006; Iselin Theien, 'Planung und Partizipation in den regulierten Konsumgesellschaften Schwedens und Norwegens zwischen 1930 und 1960', *comparativ* 21, no. 3, 2011: 67-78。
94. 关于这条和下文, 参见 Matthew Hilton, *Prosperity for All: Consumer Activism in an Era of Globalization* (Ithaca, NY, 2009); Stephen Brobeck, ed., *Encyclopedia of the Consumer Movement* (Santa Barbara, CA, 1997)。
95. Anon., 'Consumer Protection Report of the Secretary-General of the United Nations', in: *Journal of Consumer Policy* 16, no. 1, 1993: 97-121.
96. *Is Free Trade Fair Trade?* (Smith Institute, London: 2009).关于当时北方国家的观点, 参见英国国家消费者委员会, *The Uruguay Round and Beyond: The Consumer View* (London, 1994)。
97. R. A. H. Livett, 'Modern Flat Building', in: *The Journal of the Royal Society for the Promotion of Health* 61, no. 2, 1940: 48-57, 57.
98. 大曼彻斯特郡档案室（Greater Manchester County Record Office）, Housing Committee, Minutes, 5 Nov. 1953。
99. Central Housing Advisory Committee Housing Management Sub-committee, *Councils and Their Houses* (London, 1959).
100. Ministry of Housing and Local Government, 1963 年, 引自 I. A. N. Greener and M. Powell, 'The Evolution of Choice Policies in UK Housing, Education and Health Policy', in: *Journal of Social Policy* 38, no. 01, 2009: 63-81, p66。
101. 曼彻斯特和索尔福德住房协会（Manchester and Salford Housing Association）, 1973 年, 引自 Peter Shapely, *The Politics of Housing: Power, Consumers and Urban*

Culture (Manchester, 2007), p171，上文参照 chap.6。
102. Shapely, *Politics of Housing*.
103. Malcolm L. Johnson, 'Patients: Receivers or Participants', in: Keith Barnard & Kenneth Lee, *Conflicts in the National Health Service* (London, 1977), 72-98.
104. 欧文博士，《泰晤士报》采访，1976年2月9日。
105. Chris Ham, 'Power, Patients and Pluralism', in: Barnard & Lee, *Conflicts in the National Health Service*, 99-120; Martin Blackmore, 'Complaints within Constraints: A Critical Review and Analysis of the Citizen's Charter Complaints Task Force', in: *Public Policy and Administration* 12, no. 3, 1997: 28-41; A. Mold, 'Patient Groups and the Construction of the Patient-Consumer in Britain: An Historical Overview', in: *Journal of Social Policy* 39, no. 04, 2010: 505-521.
106. 官方数据是45%，然而根据某些专家的计算，高达60%；S. Woolhandler & D. U. Himmelstein, 'Paying for National Health Insurance–and Not Getting It', in: *Health Affairs* 21, no. 4, 2002: 88-98。
107. 丹麦财政部, *Frihed til at vælge* (Copenhagen, 2004); Nancy Tomes, 'Patients or Healthcare Consumers? Why the History of Contested Terms Matters', in: *History and Health Policy in the US : Putting the Past Back In*, eds. R. A. Stevens, C. Rosenberg C & L. R. Burns, (New Brunswick, NJ, 2006), 83-110. 1994年，世界卫生组织发布了《欧洲患者权利原则》。五年后，国际患者组织同盟成立；A. van der Zeijden, 'The Patient Rights Movement in Europe', in: *Pharmacoeconomics* 18, no. Supplement 1, 2000: 7-13。
108. S Jägerskiöld, 'The Swedish Ombudsman', *University of Pennsylvania Law Review* 109, no. 8, 1961: 1077-1099; P. Magnette, 'Between Parliamentary Control and the Rule of Law: The Political Role of the Ombudsman in the European Union', in: *Journal of European Public Policy* 10, no. 5, 2003: 677-694; Frank Stacey, *The British Ombudsman* (Oxford, 1971); Glen O'Hara, 'Parties, People and Parliament: Britain's "Ombudsman" and the Politics of the 1960s', in: *Journal of British Studies* 50, no. 3, 2011: 690-714.
109. Ed Mayo, investigation report for Consumer Focus (UK), 2012年8月；英国公民咨询局（Citizens' Advice Bureau），2011年, *Access for All*。
110. 欧盟统计局, *Consumers in Europe* (Luxembourg, 2009), fig. 1.65, 104。2002—2003年，在英国，光是能源监督组织（Energywatch）就收到了约11万份投诉，几乎一半是关于收费的。在欧盟其他国家，手机和邮寄业务名列投诉榜首。国家审计署，'Benchmarking Review of Energywatch and Postwatch' (March 2004); 11f。
111. 参见 www. complaintschoir.org，芬兰最终在2006年赢得了欧洲电视网的冠军。
112. 尽管投诉是不均衡的，而且事实上，近年来在某些因标准低下而声名狼藉的服务领域（如火车）还有所下降；http://dataportal.orr.gov.uk/displayreport/report/html/6870b367-965b-4306-819b-8eafdbacdd7a。
113. 关于这条和下文，参见 Michelle Everson, 'Legal Constructions of the Consumer', in: Trentmann, ed., *Making of the Consumer*, 99-121; Jim Davies, *The European Consumer Citizen in Law and Policy* (Basingstoke, 2011); Stephen Weatherill, *EU Consumer Law and Policy* (Cheltenham, 2005)。
114. Summary of Judgement, Case C-372/04, Watts v Bedford Primary Care Trust and Sec. of State of Health; http://eur-lex. europa.eu/LexUriServ/LexUriServ.do?uri=CELEX:-62004J0372:EN:HTML .
115. EESC, 'On the Consumer Policy Action Plan, 1999-2001', 引自 Davies, *The Euro-*

pean Consumer Citizen in Law and Policy, 41。

116. NCC, 'Consumer Futures' and 'Consumer: What's in a Name?' (2007).
117. 以上只是非常浩大的文献和研究的冰山一角。特别参见 John Clarke, Janet E. Newman, Nick Smith, Elizabeth Vidler & Louise Westmarland, *Creating Citizen-Consumers: Changing Publics and Changing Public Services* (London, 2007), 引自 p132; R. Simmons, J. Birchall & A. Prout, 'User Involvement in Public Services: "Choice about Voice"', in: *Public Policy and Administration* 27, no. 1, 2012: 3–29; Yiannis Gabriel & Tim Lang, *The Unmanageable Consumer: Contemporary Consumption and Its Fragmentations* (London, 1995); Mark Bevir & Frank Trentmann, eds., *Governance, Citizens and Consumers: Agency and Resistance in Contemporary Politics* (Basingstoke, 2007); Nick Couldry, Sonia Livingstone & Tim Markham, *Media Consumption and Public Engagement: Beyond the Presumption of Attention* (Basingstoke, 2007); M. Micheletti, D. Stolle & M. Hoogh, 'Zwischen Markt und Zivilgesellschaft: Politischer Konsum als bürgerliches Engagement', in: *Zivilgesellschaft–national und transational*, eds. D. Gosewinkel et al., (Berlin, 2003), 151–171。

第 13 章

1. 20 世纪 90 年代以来，官方名字和标签都是 "公平贸易（fairtrade）"。为行文方便起见，且同更早的拼写相适应，我使用的是两个词中间加空格的写法，除非特指那一组织时。
2. 关于多特蒙德: http://www.fairtrade-deutschland.de/mitmachen/kampagnen-vontransfair/gelungene-kampagnen/fairtrade-kampagne/joachim-krol-in-dortmund/?tx_jppage-teaser_pi1%5BbackId%5D=534; 关于沙尔克: http://schalkespieltfair.de/. 'Fairtrade Labelling Organizations International, Growing Stronger Together: Annual Report 2009–10'; www.transfair.org/top/news 4 March 2011; Jean-Marie Krier, *Fair Trade 2007: New Facts and Figures from an Ongoing Success Story* (Culemborg, 2008)。
3. Gavin Fridell, *Fair-trade Coffee: The Prospects and Pitfalls of Market-driven Social Justice* (Toronto, 2007); Gavin Fridell, 'Fair Trade and Neoliberalism: Assessing Emerging Perspectives', in: *Latin American Perspectives* 33, no. 6, 2006: 8–28.
4. 引自 Luigi Ceccarini, 'I luoghi dell'impegno: tra botteghe del mondo e supermarket', in: Paola Rebughini & Roberta Sassatelli, eds., *Le nuove frontiere dei consumi* (Verona, 2008), p150、p153，笔者自译。
5. 参见本书第 3 章章末相关内容。
6. 挪威连锁店里有某些公平贸易产品: http://www.fairtrade.at/fileadmin/user_upload/PDFs/Fuer_Studierende/FromBeanToCup_2005.pdf?PHPSESSID=8b 44ffe3cef-7de0cf13d8cca979c90f8。
7. 拉丁美洲的生产者在 1958 年已经同意出口配额。《1962 年协定》（包括美国）使用出口配额来稳定咖啡价格。1968 年这一协定得到修订，设立专项基金来防止咖啡过度种植。1989 年该协定解体，原因是消费国转而购买这一卡特尔之外的廉价咖啡。简短综述参见 Michael Barratt Brown, *Fair Trade: Reform and Realities in the International Trading System* (London, 1993), ch. 7。
8. Otto, 'Otto Group Trend Studie 2011 (3. Studie zum ethischen Konsum: Verbraucher-Vertrauen)', (2011).
9. Magnus Boström et al., *Political Consumerism: Its Motivations, Power and Conditions in the Nordic Countries and Elsewhere* (Copenhagen, 2005); Unni Kjærnes,

Mark Harvey & Alan Warde, *Trust in Food: A Comparative and Institutional Analysis* (Hampshire, 2007).
10. Mel Young editorial, *New Consumer*, May/June 2005, 7.
11. www.brilliantearth.com; http://www.gepa.de/produkte/kaffee-tee/kaffee.html.
12. Kathryn Wheeler, *Fair Trade and the Citizen-consumer* (Basingstoke, 2012), 79−81.
13. 欧盟委员会: http://www.coe.int/t/dg3/socialpolicies/socialcohesiondev/forum/2004monatzederschulze_en.asp。
14. Nietzsche, *Thus Spake Zarathustra*.
15. Joan C. Tronto, *Moral Boundaries: A Political Argument for an Ethic of Care* (New York, 1994); Andrew Sayer, 'Moral Economy and Political Economy', in: *Studies in Political Economy* 61, 2000: 79−104.
16. Amanda Berlan, 'Making or Marketing a Difference? An Anthropological Examination of the Marketing of Fair-trade Cocoa from Ghana' in: Geert De Neve, Peter Luetchford, Jeffrey Pratt & Donald C. Wood, 'Hidden Hands in the Market', in: *Research in Economic Anthropology* 28, 2008: 171−194. 还可参见 Michael K. Goodman, 'Reading Fair Trade: Political Ecological Imaginary and the Moral Economy of Fair-trade Goods', *Political Geography* 23, 2004: 891−915。
17. John Wilkinson & Gilberto Mascarenhas 'The Making of the Fair-trade Movement in the South: The Brazilian Case' in: Laura T. Raynolds, L. Murray Douglas & John Wilkinson, eds., *Fair Trade: The Challenges of Transforming Globalization* (London, 2007); 关于当地市场的规模, 参见 *Fair-trade Facts and Figures 2010*, figures 3.8-3.10: http://www.fairtrade.de/cms/media//pdf/Facts_&_Figures_2010.pdf。
18. Luc Boltanski, *Distant Suffering: Morality, Media and Politics* (Cambridge, 1999).
19. Wheeler, *Fair Trade*, 173.
20. 2011 年, 人道主义援助是 140 欧元左右, 而在公平贸易零售方面为人均 3 欧元 (2009 年); 对比阅读 Deutscher Spendenrat, *Bilanz des Helfens*, 2011, with *Fair-trade Facts and Figures 2010*, fig 2.8。
21. Patrick De Pelsmacker, Liesbeth Driesen & Glenn Rayp, 'Do Consumers Care about Ethics? Willingness to Pay for Fair-trade Coffee', in: *Journal of Consumer Affairs* 39, no. 2, 2005: 363−385.
22. Anthony Giddens, *Modernity and Self-identity* (Cambridge, 1991); Sarah Lyon, 'Evaluating Fair-trade Consumption: Politics, Defetishization and Producer Participation', in: *International Journal of Consumer Studies* 30, no. 5, 2006: 452−464.
23. Micheletti, Stolle & Hoogh, 'Zwischen Markt und Zivilgesellschaft: Politischer Konsum als bürgerliches Engagement'; Boström et al., *Political Consumerism*; Wheeler, *Fair Trade*, chs. 5 and 7.
24. 对比阅读 Thomas L. Haskell, 'Capitalism and the Origins of the Humanitarian Sensibility, Part 1', in: *American Historical Review* 90, no. 2, 1985: 339−361; Thomas L. Haskell, 'Capitalism and the Origins of the Humanitarian Sensibility, Part 2', in: *American Historical Review* 90, no. 3, 1985: 547−566, now with Richard Huzzey, 'The Moral Geography of British Anti-slavery Responsibilities', in: *Transactions of the Royal Historical Society* (6th series) 22, 2012: 111−139, 他强调 "自由生产" 的局限性, 并指出甚至在英国废奴主义者当中, 效仿 Joseph Sturge、订购道德上未受污染的内衣者也少之又少。
25. J. A. Hobson, *The Evolution of Modern Capitalism* (London, rev. edn 1897), 368−380.
26. Constantine, '"Bringing the Empire Alive": The Empire Marketing Board and Impe-

rial Propaganda, 1926-33'; Trentmann, *Free-trade Nation*, 228-240.
27. *Final Report of Mixed Commitee of the League of Nations on the Relation of Nutrition to Health, Agriculture and Economic Policy* (Geneva: 1937); Frank Trentmann, 'Coping with Shortage: The Problem of Food Security and Global Visions of Coordination, c.1890s-1950', in: *Food and Conflict in Europe in the Age of the Two World Wars*, eds. Frank Trentmann & Flemming Just, (Basingstoke, 2006), 13-48.
28. 1955年, 'Co-operative Notes for Speakers on the Food and Agriculture Organization', 引自 Trentmann, 'Coping with Shortage', 39-40。
29. John Toye and Richard Toye, 'The Origins and Interpretation of the Prebisch-Singer Thesis', in: *History of Political Economy* 35, no. 3, 2003: 437-467.
30. 在1968年新德里的联合国贸易与发展会议（UNCTAD）上，记者Dick Scherpenzeel已经呼吁专卖店以公平价格出售蔗糖。
31. 关于绍恩多夫，参见 http://www.elmundo.de/neu/index.php?option=com_content&task=view&id=62&Itemid=64；关于希尔德斯海姆，参见时事通讯 *El Puente Informiert*, 2010年，第44页。
32. *Populorum Progressio*, 全文见 http://www.newadvent.org/library/docs_pa06pp.Htm。
33. 1970年，引自 Werner Balsen & Karl Rössel, *Hoch die internationale Solidarität: Zur Geschichte der Dritte-Welt-Bewegung in der Bundesrepublik* (Cologne, 1986), 284。
34. Hans Beerends, *De Derde Wereldbeweging: Geschiedenis en toekomst* (Utrecht, 1993), 126-130.
35. Claudia Olejniczak, *Die Dritte-Welt-Bewegung in Deutschland: Konzeptionelle und organisatorische Strukturmerkmale einer neuen sozialen Bewegung* (Wiesbaden, 1999)，其中指出，到20世纪80年代，非政府组织收到的资金14%来自国家。
36. Arthur Simon, *Bread for the World* (New York, 1975), 引自 pp56-57、pp98-101。
37. Matt Anderson, 'Cost of a Cup of Tea: Fair Trade and the British Co-operative Movement, c.1960-2000', in: *Consumerism and the Co-operative Movement in Modern British History*, eds. Lawrence Black & Nicole Robertson, (Manchester, 2009).
38. Thompson, 'The Moral Economy of the English Crowd in the Eighteenth Century'. 对比阅读 Trentmann, 'Before "Fair Trade": Empire, Free Trade, and the Moral Economies of Food in the Modern World'。
39. Sarah Lyon, 'Fair-trade Coffee and Human Rights in Guatemala', in: *Journal of Consumer Policy* 30, no. 3, 2007: 241-261.
40. Amanda Berlan, 'Making or Marketing a Difference?' in: De Neve, Luetchford, Pratt & Wood, 'Hidden Hands in the Market'.
41. A. Tallontire et al. Diagnostic Study of FLO, DFID (2001).
42. 参见 www.unserland.info 和 'Network Unser Land' 小册子。
43. *La Repubblica*, 2009年10月24日。
44. James Richard Kirwan, 'The Reconfiguration of Producer-Consumer Relations within Alternative Strategies in the UK Agro-food System: The Case of Farmers' markets', unpubl. PhD thesis, University of Gloucestershire, 2003, 37-38.
45. Renée Shaw Hughner, Pierre McDonagh, Andrea Prothero, Clifford J. Shultz & Julie Stanton, 'Who are Organic Food Consumers? A Compilation and Review of Why People Purchase Organic Food', in: *Journal of Consumer Behaviour* 6, no. 2-3, 2007: 94-110.
46. Petrini, *Slow Lood: Le ragioni del gusto*. 事实上，在超市和现代食品科学出现之前

的几个世纪里，大部分人的饮食要比超市和现代食品科学出现之前单调得多；现在可以参见 Rachel Laudan, *Cuisine and Empire: Cooking in World History* (Berkeley, CA, 2013)。

47. Jose Harris, ed., *Tönnies: Community and Civil Society* (Cambridge, 2001); 德语原文出现于1887年。
48. Daniel Miller, 'Coca-Cola: A Black Sweet Drink from Trinidad', in: Daniel Miller, ed., *Material Cultures: Why Some Things Matter* (London, 1998), ch. 8.; Wilk, *Home Cooking in the Global Village*.
49. http://www.bmelv.de/SharedDocs/Downloads/Ernaehrung/Kennzeichnung/Regionalsiegel-Gutachten.pdf?__blob=publicationFile, 13; www.unser-norden.de.
50. 《卫报》，2013年2月27日。
51. 当地政府法规，地方当局的一项调查：'Buying Food with Geographical Descriptions – How "Local" is "Local"? 2011年1月；http://www.devon.gov.uk/lgr_-_how_local_is_local_report_-_february_2011.pdf。
52. Michèle de la Pradelle, *Market Day in Provence*, trans. Amy Jacobs (Chicago, IL, 2006); Keith Spiller, 'Farmers' Markets as Assemblage Social Relations: Social Practice and the Producer/Consumer Nexus in the North-east of England', unpubl. PhD thesis, University of Durham, 2008.
53. Kirwan, 'Reconfiguration of Producer–Consumer Relations', 155.
54. 2003年，引自 Boström et al., *Political Consumerism*, 477；出于语法考虑，我稍微改写了引文。
55. Mari Niva, Johanna Mäkelä & Jouni Kujala. '"Trust Weakens as Distance Grows": FinnishResults of the Omiard Consumer Focus Group Study on Organic Foods', in *Working Papers* 83 : National Consumer Research Centre, 2004.
56. Patricia L. Maclachlan, 'Global Trends vs. Local Traditions: Genetically Modified Foods and Contemporary Consumerism in the United States, Japan, and Britain', in: Garon &Maclachlan, eds., *Ambivalent Consumer*, 特别是 pp248–250；还可参见 Maclachlan, *Consumer Politics in Post-war Japan: The Institutional Boundaries of Citizen Activism*。
57. 参见 http://www.retegas.org。
58. 参见 http://www.consiglio.regione.fvg.it/consreg/documenti/approfondimenti/%5B20091203_103833%5D_849178.pdf, 笔者自译。
59. 参见 FiBL (Forschungsinstitut für biologischen Landbau), 'Entwicklung von Kriterien für ein bundesweites Regionalsiegel: Gutachten im Auftrag des Bundesministeriums für Ernährung, Landwirtschaft und Verbraucherschutz' (Frankfurt, 2012), 网址为 http://www.bmelv.de/SharedDocs/Downloads/Ernaehrung/Kennzeichnung/Regionalsiegel-Gutachten. pdf?__blob=publicationFile。
60. 参见本书第3章相关内容。
61. E. J. Hobsbawm & T. O. Ranger, eds., *The Invention of Tradition* (Cambridge, 1983).
62. 欧盟委员会，'Geographical Indications and Traditional Specialities', 参见下列文件，http://ec.europa.eu/agriculture/quality/schemes; http://euroalert.net/en/news.aspx-?idn=11727. M. Schramm, *Konsum und regionale Identität in Sachsen, 1880–2000: Die Regionalisierung von Konsumgütern im Spannungsfeld von Nationalisierung und Globalisierung* (Stuttgart, 2002); *La Repubblica*, 2013年2月13日, pp29–31。
63. http://instoresnow.walmart.com/ Food-Center-locally-grown.aspx.
64. Susanne Freidberg, *Fresh: A Perishable History* (Cambridge, MA, 2009).

65. 引自 Kirwan, 'Reconfiguration of Producer-Consumer Relations', p155。
66. de la Pradelle, *Market Day in Provence*, 111–113.
67. Lois Stanford, 'The Role of Ideology in New Mexico's CSA (Community-supported Agriculture)', in: Wilk, ed., *Fast Food/Slow Food: The Cultural Economy of the Global Food System*, ch. 12.
68. 引自 Manuel Gamio, *The Mexican Immigrant: His Life-story* (Chicago, IL, 1931), 68。
69. Manuel Gamio, *Mexican Immigration to the United States* (Chicago, IL, 1930), pp67–69，以及附录 V。
70. 世界银行, *Migration and Development Brief*, no. 19（2012 年 11 月 20 日）。
71. Alexia Grosjean, 'Returning to Belhelvie, 1593–1875', in: *Emigrant Homecomings: The Return Movement of Emigrants, 1600–2000*, ed. Marjory Harper (Manchester, UK, 2006), 216–232.
72. 这里的数字是汇款的净收益，扣除了较小的向外流动。参见 Magee & Thompson, *Empire and Globalisation: Networks of People, Goods and Capital in the British World, c. 1850–1914*, 97–105; James Belich, *Replenishing the Earth: The Settler Revolution and the Rise of the Anglo-world, 1783–1939* (Oxford, 2009), 特别是 p128、p189。
73. 世界银行, *World Development Report* (Washington, DC, 1978), 11.《经济学人》, 2012 年 4 月 28 日, p65; 世界银行, Global Remittances Working Group (GRWG), http://www.worldbank.org/en/topic/paymentsystemsremittances/brief/global-remittances-working-group; J. A. Garçia, 'Payment Systems Worldwide: A Snapshot' (Washington, DC, World Bank, 2008)。
74. Ian Goldin, Geoffrey Cameron & Meera Balarajan, *Exceptional People: How Migration Shaped our World and Will Define Our Future* (Princeton, NJ, 2011); Dilip Ratha, Sanket Mohapatra, Caglar Ozden, Sonia Plaza, William Shaw & Abebe Shimless, 'Leveraging Migration for Africa: Remittances, Skills and investments' (Washington, DC, World Bank, 2011).
75. Douglas S. Massey, *Return to Aztlan: The Social Process of International Migration from Western Mexico* (Berkeley, CA, 1987), 220–231.
76. Massey, *Return to Aztlan*, table 8. 1, 218.
77. Shahid Perwaiz, *Pakistan, Home Remittances* (Islamabad, 1979); 还可参见他的 'Home Remittances', *Pakistan Economist*, 1979 年 9 月 19 日。Cf. A. G. Chandavarkar, 'Use of Migrants' Remittances in Labor-exporting Countries', *Finance and Development* 17, no. 2, 1980: 36–39。
78. Ratha et al., 'Leveraging Migration for Africa', ch. 2. Richard H. Adams, 'The Economic Uses and Impact of International Remittances in Rural Egypt', in: *Economic Development and Cultural Change* 39, no. 4, 1991: 695–722; Richard H. Adams, Jr., 'Remittances, Investment, and Rural Asset Accumulation in Pakistan', in: *Economic Development and Cultural Change* 47, no. 1, 1998: 155–173; Richard H. Adams & Alfredo Cuecuecha, 'Remittances, Household Expenditure and Investment in Guatemala', in: *World Development* 38, no. 11, 2010: 1626–1641.
79. Richard H. Adams, Alfredo Cuecuecha & John M. Page, 'Remittances, Consumption and Investment in Ghana' (Washington, DC, World Bank, 2008). 关于更早些时候调查的方法论问题，还可参见 J. Edward Taylor & Jorge Mora, 'Does Migration Reshape Expenditures in Rural Households? Evidence from Mexico', in: *Policy Re-*

search Working Paper Series no.3842 (Washington, DC, World Bank, 2006)。
80. Ratha et al., 'Leveraging Migration for Africa'.
81. Anita Chan, Richard Madsen & Jonathan Unger, eds., *Chen Village: The Recent History of a Peasant Community in Mao's China* (Berkeley, CA, 1984/1992), 267–299.
82. Jeffery H. Cohen, 'Remittance Outcomes and Migration: Theoretical Contests, Real Opportunities', in: *Studies in Comparative International Development* 40, no. 1, 2005: 88–112.
83. Divya Praful Tolia-Kelly, 'Iconographies of Diaspora: Refracted Landscapes and Textures of Memory of South Asian Women in London' (PhD, UCL, 2002).
84. Kathy Burrell, 'Materializing the Border: Spaces of Mobility and Material Culture in Migration from Post-socialist Poland', in: *Mobilities* 3, no. 3, 2008: 353–373.
85. Panikos Panayi, *Spicing up Britain: The Multicultural History of British Food* (London, 2008), 120.
86. Panayi, *Spicing up Britain*; Maren Möhring, *Fremdes Essen: Die Geschichte der ausländischen Gastronomie in der Bundesrepublik Deutschland* (Munich, 2012), pp. 63–66.
87. Isabella Beeton, *Mrs Beeton's Household Management* (Ware, 2006; 1st edn 1861), 290–292, 451, 618–620.
88. Timothy J. Hatton & Jeffrey G. Williamson, *The Age of Mass Migration: Causes and Economic Impact* (New York, 1998).
89. Donna R. Gabaccia, *We Are What We Eat: Ethnic Food and the Making of Americans* (Cambridge, MA, 1998).
90. Phyllis H. Williams, *South Italian Folkways in Europe and America: A Handbook for Social Workers, Visiting Nurses, School Teachers, and Physicians* (New Haven, CT, 1938).
91. 我在这里遵循了 Hasia R. Diner, *Hungering for America: Italian, Irish and Jewish Foodways in the Age of Migration* (Cambridge, MA, 2001)。
92. Diner, *Hungering for America*, 194–216; Gabaccia, *We Are What We Eat*, 104, 176ff.
93. 关于这条和下文，参见 Elizabeth Buettner, 'Going for an Indian: South Asian Restaurants and the Limits of Multiculturalism in Britain', in: *The Journal of Modern History* 80, no. 4, 2008: 865–901; Möhring, *Fremdes Essen*, 254f。
94. Buettner, 'Going for an Indian'; Steve Shaw, 'Marketing Ethnoscapes as Spaces of Consumption: Banglatown–London's Curry Capital', in: *Journal of Town and City Management* 1, no. 4, 2011: 381–395.
95. Krishnendu Ray, *The Migrant's Table: Meals and Memories in Bengali-American Households* (Philadelphia, PA, 2004), 菜单见附录 3, p97。
96. Jitsuichi Masuoka, 'Changing Food Habits of the Japanese in Hawaii', in: *American Sociological Review* 10, no. 6, 1945: 759–765.
97. Möhring, *Fremdes Essen*, 253–270.
98. Till Manning, *Die Italiengeneration: Stilbildung durch Massentourismus in den 1950er und 1960er Jahren* (Göttingen, 2011).
99. Erik Millstone & Tim Lang, *The Atlas of Food: Who Eats What, Where and Why?* (Berkeley, CA, 2008), 54–55; K. Hammer, Th. Gladis & A. Diederichsen, 'In Situ and On-farm Management of Plant Genetic Resources', in: *European Journal of Agronomy* 19, no. 4, 2003: 509–517; 联合国粮农组织, 'Biodiversity for Food and Agriculture: Contributing to Food Security and Sustainability in a Changing World'

(Rome, 2010)。

100. Stephen Mennell, *All Manners of Food: Eating and Tasting in England and France from the Middle Ages to the Present* (Oxford, 1985), ch. 12.
101. Alan Warde, *Consumption, Food and Taste: Culinary Antinomies and Commodity Culture* (London, 1997).

第 14 章

1. 罗马教皇若望·保禄二世的《百年通谕》，为纪念《新事物通谕》发布一百周年，1991 年 1 月 5 日，参见第 36 章，网址为 https://capp-usa.org/social_encyclicals/45#chapter_36。关于将丰裕看作宗教衰落原因的观点，参见 Mark Lynas, *New Statesman*, 2007 年 1 月 15 日; Callum G. Brown, *The Death of Christian Britain: Understanding Secularisation, 1800–2000* (London, 2000); Mark Mazower, *Dark Continent: Europe's Twentieth Century* (New York, 1998), 302。
2. 2011 年人口普查当中，59% 的英格兰人和威尔士人以基督徒自居；http://www.ons.gov.uk/ons/rel/census/2011-census/detailed-characteristics-for-local-authorities-in-england-and-wales/styreligion.html。
3. Alasdair Crockett & David Voas, 'Generations of Decline: Religious Change in Twentieth-century Britain', in: *Journal for the Scientific Study of Religion* 45, no. 4, 2006: 567–584. 还可参见本书第 6 章相关内容。
4. 全球基督教研究中心（Centre for the Study of Global Christianity），'World Christian Database', http://www.worldchristiandatabase.org/wcd/。关于容易理解的综述，特别是美国，参见 John Micklethwait & Adrian Wooldridge, *God is Back: How the Rise of Faith is Changing the World* (London, 2010)。
5. Roger Finke & Rodney Stark, *The Churching of America, 1776–2005: Winners and Losers in Our Religious Economy* (New Brunswick, NJ, 2005); Dianne Kirby, 'The Cold War' in: Hugh McLeod, ed., *The Cambridge History of Christianity: Vol. IX, World Christianities, c.1914–c.2000* (Cambridge, 2006).
6. Shane Leslie, *Henry Edward Manning: His Life and Labour* (London, 1921), 引自 p358。
7. R. Laurence Moore, *Selling God: American Religion in the Marketplace of Culture* (New York, 1994), 95–8; David Morgan, *Protestants and Pictures: Religion, Visual Culture and the Age of American Mass Production* (New York, 1999).
8. Bruce Evensen, *God's Man for the Gilded Age: D. L. Moody and the Rise of Modern Mass Evangelism* (New York, 2003), 88–96.
9. William Hoyt Colement, 引自 William Revell Moody, *The Life of Dwight L. Moody* (New York, 1900), 278.
10. 参见 Mark Bevir, 'Welfarism, Socialism and Religion: On T. H. Green and Others', in: *The Review of Politics* 55, no. 4, 1993: 639–661.
11. Greg ('Fritz') Umbach, 'Learning to Shop in Zion: The Consumer Revolution in Great Basin Mormon Culture, 1847–1910', in: *Journal of Social History* 38, 2004: 29–61, 引自 p44、p48。
12. Moore, *Selling God*, 206–209.
13. Lecture on 'The Ministry of Wealth', at the Dowse Institute, Cambridge, MA, *Cambridge Chronicle*, XXXI/47, 18 Nov. 1876: 1.
14. 参见本书第 2 章相关内容。

15. 转引自 http://hopefaithprayer.com/faith/kenneth-hagin-faith-lesson-no-15-faith-for-prosperity/。还可参见 www.rhema.org；Kenneth E. Hagin, *Biblical Keys to Financial Prosperity* (Broken Arrow, OK, 1973)。
16. 《洛杉矶时报》(*Los Angeles Times*)，1987 年 5 月 22 日。
17. 1988 年，引自 Thomas C. O'Guinn & Russell W. Belk, 'Heaven on Earth: Consumption at Heritage Village, USA', in: *Journal of Consumer Research* 16, no. 2, 1989: 227–238, p234。
18. Finke & Stark, *Churching of America*; Micklethwait & Wooldridge, *God is Back*；《经济学人》，2005 年 12 月 24 日，pp59–61。
19. Richard N. Ostling, 'Power, Glory – and Politics', *Time*, 2001 年 6 月 24 日。
20. 讣告: *Corriere della Sera*, 2015 年 2 月 15 日；*La Stampa*, 2015 年 2 月 15 日；《经济学人》，2015 年 2 月 21 日。
21. Colleen McDannell, *Material Christianity: Religion and Popular Culture in America* (New Haven, CT, 1995).
22. Richard Cimino & Don Lattin, *Shopping for Faith: American Religion in the New Millennium* (San Francisco, CA, 1998), 56–63.
23. http://www.willowcreek.org/. 延伸阅读 Nancy Tator Ammerman, *Pillars of Faith: American Congregations and Their Partners* (Berkeley, CA, 2005); Richard Kyle, *Evangelicalism: An Americanized Christianity* (New Brunswick, NJ, 2006)。
24. Hugh McLeod 'The Crisis of Christianity in the West: Entering a Post-Christian Era?', in: McLeod, ed., *Cambridge History of Christianity* IX, ch. 18.
25. Wade Clark Roof, *Spiritual Marketplace: Baby Boomers and the Remaking of American Religion* (Princeton, NJ, 2001), 引自 p31。还可参见 Adam Possamai, 'Cultural Consumption of History and Popular Culture in Alternative Spiritualities', in: *Journal of Consumer Culture* 2, no. 2, 2002: 197–218。
26. Christian Smith & Melinda Lundquist, *Soul Searching: The Religious and Spiritual Lives of American Teenagers* (New York, 2005), 引自 p136、p165。
27. 当被美国综合社会调查（1972—2006 年）问到，哪一种上帝形象"极有可能"出现在脑海中时，70% 的人选择了"治疗师"，63% 选择了"朋友"，只有 48% 选择了"裁判者"。参见"上帝形象"数据库，在宗教分类下，网址为 http://www3.norc.org/GSS+Website/。
28. David Maxwell, ' "Delivered from the Spirit of Poverty?": Pentecostalism, Prosperity and Modernity in Zimbabwe', in: *Journal of Religion in Africa* 28, no. 3, 1998: 350–373; Birgit Meyer, 'Make a Complete Break with the Past: Memory and Post-colonial Modernity in Ghanaian Pentecostalist Discourse', in: *Journal of Religion in Africa* 28, no. 3, 1998: 316–349. 关于巴西，参见 Andrew Reine Johnson, 'If I Give My Soul: Pentecostalism inside of Prison in Rio de Janeiro', PhD, University of Minnesota, 2012。
29. 参见本书第 3 章相关内容。
30. Adeboye, *How to Turn Your Austerity to Prosperity* (Lagos, 1989), 引自 Asonzeh Ukah, *A New Paradigm of Pentecostal Power: A Study of the Redeemed Christian Church of God in Nigeria* (Trenton, 2008), 185f。
31. Ukah, *Pentecostal Power*；还可参见 Ogbu Kalu, *African Pentecostalism: An Introduction* (New York, 2008)。
32. Andrew R. Heinze, *Adapting to Abundance: Jewish Immigrants, Mass Consumption and the Search for American Identity* (New York, 1990).

33. Inge Maria Daniels, 'Scooping, Raking, Beckoning Luck: Luck, Agency and the Interdependence of People and Things in Japan', in: *The Journal of the Royal Anthropological Institute* 9, 2003: 619–638; Laurel Kendall, *Shamans, Nostalgias and the IMF: South Korean Popular Religion in Motion* (Honolulu, 2009).

第 15 章

1. 参见 www.oceanconservancy.org.: 'The Ocean Trash Index' (2012)。
2. 关于美国数据，参见美国环境保护署（US Environmental Protection Agency）报告，关于英国数据，参见 WRAP 报告：http://www.epa.gov/epawaste/nonhaz/municipal/pubs/msw_2010_rev_factsheet.pdf；www.wrap.org.uk/media_centre/ key_facts/index.html。
3. Vance Packard, *The Waste Makers* (London, 1961), 引自 pp6–9、236f。
4. Susan Strasser, *Waste and Want: A Social History of Trash* (New York, 1999), 10, 16, 21.
5. D. C. Walsh, 'Urban Residential Refuse Composition and Generation Rates for the Twentieth Century', in: *Environmental Science & Technology* 36, no. 22, 2002: 4936–4942.
6. Jacob & Wilhelm Grimm, *Deutsches Wörterbuch*, 网址为 http://dwb.uni-trier.de/de/; Sabine Barles, *L'Invention des déchets urbains: France, 1790–1970* (Seyssel, 2005), 229–231; Ludolf Kuchenbuch, 'Abfall. Eine stichwortgeschichtliche Erkundung', in: *Mensch und Umwelt in der Geschichte*, eds. J. Calließ, J. Rüsen & M. Striegnitz (Pfaffenweiler, 1989); John Hollander, 'The Waste Remains and Kills', *Social Research* 65, no. 1, 1998: 3–8; John Scanlan, *On Garbage* (London, 2005)。
7. William Rathje & Cullen Murphy, *Rubbish: The Archaeology of Garbage* (New York, 1992).
8. Suzanne Raitt, 'Psychic Waste: Freud, Fechner and the Principle of Constancy', in: Gay Hawkins & Stephen Muecke, eds., *Culture and Waste: The Creation and Destruction of Value* (Lanham, MD, 2003), 73–83.
9. Kevin Hetherington, 'Second-handedness: Consumption, Disposal and Absent Presence', *Environment and Planning D: Society and Space* 22, 2004: 157–173, p159。
10. Mary Douglas, *Purity and Danger: An Analysis of the Concepts of Pollution and Taboo* (London, 1966), 44. 2012 年，伦敦惠康信托关于污物和废弃物的展览就是基于她的方法。在维多利亚时代的人当中，将"污物"界定为"不得其所的东西"已经相当常见，1852 年，Palmerston 勋爵就是这么使用的。还可参见 Zsuzsa Gille, *From the Cult of Waste to the Trash Heap of History: The Politics of Waste in Socialist and Post-socialist Hungary* (Bloomington, IN, 2007) & Gavin Lucas, 'Disposability and Dispossession in the Twentieth Century', in: *Journal of Material Culture* 7, no. 1, 2002: 5–22。
11. 引自 M. A. Jinhee Park, 'Von der Müllkippe zur Abfallwirtschaft: Die Entwicklung der Hausmüllentsorgung in Berlin (West) von 1945 bis 1990', unpubl. PhD thesis: Technische Universität Berlin, 2004), p. 22, 笔者自译。
12. C. A. Velis, D. C. Wilson & C. R. Cheeseman, 'Nineteenth-century London Dustyards: A Case Study in Closed-loop Resource Efficiency', in: *Waste Management* 29, no. 4, 2009: 1282–1290.
13. Manuel Charpy, 'Formes et échelles du commerce d'occasion au XIXe siècle: L'Exemple du vêtement à Paris', *Revue d'histoire du XIXe siècle* 24, 2002: 125–150.

14. Barles, *L'Invention des déchets urbains*, 32-34.
15. William L. Rathje, 'The Garbage Decade', in: *American Behavioral Scientist* 28, no. 1, 1984: 9-29.
16. 引自 Martin Melosi, *Garbage in Cities: Refuse, Reform and the Environment, 1880-1980* (College Station, Texas, 1981), 23。
17. Barles, *L'Invention des déchets urbains*, 167-169.
18. 参见 Hildegard Frilling and Olaf Mischer, *Pütt un Pann'n: Geschichte der Hamburger Hausmüllbeseitigung* (Hamburg, 1994). 延伸阅读 Heather Chappells &Elizabeth Shove, 'The Dustbin: A Study of Domestic Waste, Household Practices and Utility Services', in: *International Planning Studies* 4, no. 2, 1999: 267-280。
19. Melosi, *Garbage in Cities: Refuse, Reform and the Environment, 1880-1980* (Pittsburgh, rev. edn., 2005), ch. 2; Daniel Eli Burnstein, *Next to Godliness: Confronting Dirt and Despair in Progressive Era New York City* (Urbana, IL, 2006).
20. Rudolph Hering & Samuel A. Greeley, *Collection and Disposal of Municipal Refuse* (New York, 1921), 50.
21. Hering & Greeley, *Collection and Disposal of Municipal Refuse*, 19, 34; J. C. Wylie, *Fertility from Town Wastes* (London, 1955), 特别是 p200; 还可参见 J. C. Wylie, *The Wastes of Civilization* (London, 1959)。
22. Park, 'Von der Müllkippe zur Abfallwirtschaft', 24-26.
23. G. E. Louis, 'A Historical Context of Municipal Solid-waste Management in the United States', in: *Waste Management and Research* 22, no. 4, 2004: 306-322.
24. *Müll und Abfall*, 1973 年 2 月, 35-36。
25. Johann Eugen Mayer, *Müllbeseitigung und Müllverwertung* (Leipzig, 1915).
26. Wylie, *Fertility from Town Wastes*.
27. Matthew Gandy, *Recycling and the Politics of Urban Waste* (New York, 1994), 74.
28. Bayerisches Statistisches Landesamt, *Die Müllbeseitigung in Bayern am 30. Juni 1963* (Munich, 1965), 7.
29. Anat Helman, 'Cleanliness and Squalor in Inter-war Tel Aviv', in: *Urban History* 31, no. 1, 2001: 72-99. 还可参见 Joshua Goldstein, 'Waste', in Trentmann, ed., *Oxford Handbook of the History of Consumption*, 特别是 pp337-341, 可以提供进一步参考。
30. 上海市档案馆,《上海市工部局年度报告》, 1905 年: 第 149 至第 151 页; 1906 年: 第 172 至第 173 页; 1920 年: 128A-130A; 1923 年: 第 135 页; 1935 年: 第 213 页。
31. Geoffrey Russell Searle, *The Quest for National Efficiency: A Study in British Politics and Political Thought, 1899-1914* (Oxford, 1971).
32. 美国联邦工程学会工业废物清除委员会 (Commitee on the Elimination of Waste in Industry of the Federated American Engineering Societies), *Waste in Industry* (Washington, DC, 1921), 30, 97。
33. 参见拿骚回收公司 (Nassau Recycle Corporation) 1974 年的迷人影片《废料》(*Scrap*), 来自美国电话电报公司档案, 网址为 http://techchannel.att.com/play-video.cfm/2011/10/12/AT&T-Archives-Scrap。
34. Charles H. Lipsett, *Industrial Wastes: Their Conservation and Utilization* (New York, 1951); C. L. Mantell, *Solid Wastes: Origin, Collection, Processing and Disposal* (New York and London, 1975), 753-755.
35. 垃圾产业专家开始谈到"包装时代", 如巴黎的 C. Basalo, 在国际固体废物和公共清洁协会会议 (International Solid Waste and Public Cleaning Association conference) 上, 引自 *Müll und Abfall*, 4/1970: 131; 还可参见 *Müll und Abfall*, 1/1972: 9。

36. Roland Salchow, *Zeitbombe Müll* (Hamburg, 1992), 30.
37. 引自 Kern, *The Culture of Time and Space, 1880–1918*, p100。
38. Nigel Whiteley, 'Toward a Throwaway Culture. Consumerism, "Style Obsolescence" and Cultural Theory in the 1950s and 1960s', in *Oxford Art Journal* 10, no. 2, 1987: 3–27; Andrea El-Danasouri, Andrea El-Danasouri, *Kunststoff und Müll: Das Material bei Naum Gabo und Kurt Schwitters* (Munich, 1992).
39. 《纽约时报》, 2005 年 12 月 23 日;《纽约时报》, 2008 年 5 月 14 日; Barbican Art Gallery, London: 'The Bride and the Bachelors: Duchamp with Cage, Cunningham, Rauschenberg and Johns', 14 February 2013–9 June 2013. Gallery Gagosian, *Robert Rauschenberg: Catalogue, with texts by James Lawrence and John Richardson* (New York, 2010); Calvin Tomkins, *The Bride and the Bachelors: Five Masters of the Avant-garde* (Harmondsworth, expanded edn, 1976), 207f.
40. 《泰晤士报》, 1977 年 5 月 11 日, 第 24 版。1964—1977 年, 参与废纸回收利用的地方当局数量自 744 个下降到 196 个。延伸阅读: Timothy Cooper, 'War on Waste? The Politics of Waste and Recycling in Post-war Britain,1950–1975', *Capitalism Nature Socialism* 20, no. 4, 2009: 53–72。
41. Susanne Köstering, 'Hundert Jahre Entzinnung von Konservendosen: Ein Wettlauf zwischen Altstoffrückgewinnung und Rohstoffeinsparung', in: *Müll von Gestern? Eine umweltgeschichtliche Erkundung in Berlin und Brandenburg*, eds. Susanne Köstering & Renate Rüb, (Münster, 2003), 151–164.
42. Civic Trust, 'Civic Amenities Act, 1967, Part 3: Disposal of Unwanted Vehicles and Bulky Refuse' (London: 1967), 32.
43. 关于对卡森这本书的反应, 参见 Priscilla Coit Murphy, *What a Book Can Do: The Publication and Reception of "Silent Spring"* (Amherst, 2005)。
44. Park, 'Von der Müllkippe zur Abfallwirtschaft', 109–111;《泰晤士报》, 1974 年 9 月 4 日, 第 19 版, 1975 年 8 月 20 日, 第 16 版, 1977 年 8 月 25 日, 第 17 版。现在还可参见以下特刊: edited by Ruth Oldenziel & Heike Weber, 'Reconsidering Recycling', in: *Contemporary European History* 22, no. 3, 2013。
45. Council Directive of 15 July 1975 on waste (75/442/EEC).
46. 引自《泰晤士报》, 1974 年 9 月 12 日, 第 25 版。
47. Rat für Nachhaltige Entwicklung, *Ressourcenmanagement und Siedlungsabfallwirtschaft* (Challenger Report) (Berlin, 2014).
48. 在英国, 2002—2003 年以来, 商业废弃物下降了 25%; http://www.bis.gov.uk/assets/biscore/business-sectors/docs/f/11-1088-from-wastemanagement-to-resource-recovery。在柏林, 1996 年后的 10 年里, 市政固体废弃物自 210 万下降至 168 万, 几乎完全是由于商业废弃物的下降。参见 Zhang Dongqing, Tan Soon Keat & Richard M. Gersberg, 'A Comparison of Municipal Solid Waste Management in Berlin and Singapore', in: *Waste Management* 30, no. 5, 2010: 921–933。
49. 美国环境保护署, 'Municipal Solid Waste in the United States: 2009 Facts and Figures' (Washington, DC: US EPA, 2010), tables 18–22, 89–93, 以及 94, 关于包装垃圾。上文中我指的是人均数字。当然, 人口增长意味着这些年里垃圾总量迅速上涨, 自 1960 年的 8800 万吨到 2010 年的 2.5 亿吨。
50. 欧盟统计局, 'Waste Generated and Treated in Europe Data, 1995–2003' (Luxembourg, European Commission, 2005)。
51. 欧洲环境署 (European Environment Agency), *Managing Municipal Solid Waste – A Review of Achievements in 32 European Countries* (Copenhagen, 2013)。

52. 引自 Gille, *From the Cult of Waste to the Trash Heap of History*, 71, 下文也参考了这一材料。
53. Susanne Hartard & Michael Huhn, 'Das SERO System', in: *Umweltschutz in der DDR : Analysen und Zeitzeugenberichte*, eds. Hermann Behrens & Jens Hoffmann (Munich, 2007); Jakob Calice, '"Sekundärrohstoffe – eine Quelle, die nie versiegt" : Konzeption und Argumentation des Abfallverwertungssystems in der DDR aus umwelthistorischer Perspektive' (unpublished MA Thesis, Vienna, 2005).
54. DHV CR Ltd, 'Waste Management Policies in Central and Eastern European Countries: Current Policies and Trends,' in: *Final Report* (Prague: DHV Czech Republic Ltd, 2001). 还可参见欧洲环境署的国别报告，网址为 http://www.eea.europa.eu/publications/managing-municipal-solid-waste。
55. Allen Hershkowitz & Eugene Salerni, *Garbage Management in Japan: Leading the Way* (New York, 1987).
56. http://www.city.nagoya.jp/en/cmsfiles/contents/0000022/22536/guide_e.pdf; http://www.japanfs.org/en/public/gov_01.html.
57. H. Itoh, *Waste Management in Japan* (Southampton, 2004); Fumikazu Yoshida, *The Economics of Waste and Pollution Management in Japan* (Tokyo, 2002).
58. Yoshida, *The Economics of Waste and Pollution Management in Japan*.
59. Dahlén Lisa & Anders Lagerkvist, 'Pay as You Throw: Strengths and Weaknesses of Weight-based Billing in Household Waste-collection systems in Sweden', in: *Waste Management* 30, no. 1, 2010: 23–31.
60. WasteWise, *Annual Report 2007*.
61. Resource Futures, WR0121–*Understanding Waste Growth at Local Authority Level, Final Report to Defra* (2009), http://randd.defra.gov.uk/Document.aspx?Document=WR0121_8316_FRP.pdf.
62. 欧盟统计局在2004—2008年的数据：废纸上升了7%，塑料上升了20%。在美国，MSW中报纸所占份额自1960年的700万吨上升至2000年的1500万吨。到2009年，它下降到800万吨。与此同时，办公用纸自1960年的150万吨飙升至2009年的540万吨；参见美国环境保护署,http://www.epa.gov/waste/nonhaz/municipal/pubs/ msw2009rpt.pdf, table 15。
63. Julian Parfitt, Mark Barthel & Sarah Macnaughton, 'Food Waste within Food Supply Chains: Quantification and Potential for Change to 2050', in: *Philosophical Transactions of the Royal Society B: Biological Sciences* 365, no. 1554, 2010: 3065–3081. 还可参见 Tristram Stuart, *Waste: Uncovering the Global Food Scandal* (London, 2009).
64. David Evans, 'Beyond the Throwaway Society: Ordinary Domestic Practice and a Sociological Approach to Household Food Waste', in: *Sociology* 46, no. 1, 2012: 41–56; David Evans, 'Binning, Gifting and Recovery: The Conduits of Disposal in Household Food Consumption', in: *Environment and Planning D: Society and Space* 30, no. 6, 2012: 1123–1137.
65. 2006—2007年，在英国，新鲜蔬菜和沙拉总共产生了81.1358万吨"可能避免的"食物垃圾，超过所有其他食物之和的两倍；WRAP, 'Household Food and Drink Waste in the UK' (2009)。WRAP, *New Estimates* (2012), table 4。
66. Terje Finstad, 'Familiarizing Food: Frozen Food Chains, Technology and Consumer Trust, Norway 1940–1970', *Food and Foodways* 21, no. 1, 2013: 22–45.
67. WRAP, 'Household Food and Drink Waste in the UK', 5.
68. Rathje, 'The Garbage Decade'.

69. WRAP, 'New Estimates for Household Food and Drink Waste in the UK' (2011), 15–16.
70. http://globalrec.org/2013/11/11/report-national-green-assembly-on-waste-legislation-and-wastepickers/. 还可参见 Martin Medina, 'Scavenger Co-operatives in Asia and Latin America', in: *Resources, Conservation and Recycling* 31, no. 1, 2000: 51–69; Kaveri Gill, *Of Poverty and Plastic: Scavenging and Scrap-trading Entrepreneurs in India's Urban Informal Economy* (Oxford, 2009)。
71. 欧洲环境署, *Movements of Waste across the EU's Internal and External Borders* (Copenhagen: 2012), section 4.2。
72. EEA, 'Movements of Waste'; Josh Lepawsky & Chris McNabb, 'Mapping International Flows of Electronic Waste', in: *The Canadian Geographer* 54, no. 2, 2010: 177–195.
73. Takayoshi Shinkuma & Nguyen Thi Minh Huong, 'The Flow of e-Waste material in the Asia Region', in: *Environmental Impact Assessment Review* 29, 2009: 25–31. International Labour Office, 'The Global Impact of e-Waste' (Geneva: 2012).
74. EEA, 'Movement of Waste', sections 5 and 6.
75. Sally Hibbert, Suzanne Horne & Stephen Tagg, 'Charity Retailers in Competition for Merchandise: Examining How Consumers Dispose of Used Goods', in: *Journal of Business Research* 58, no. 6, 2005: 819–828.
76. Eric Klinenberg, *Going Solo: The Extraordinary Rise and Surprising Appeal of Living Alone* (London, 2012). 2013年，在英国，770万户家庭（或者说29%）是独居的（自1996年的660万户上升到这一数字）：参见 Office of National Statistics, *Families and Households*, 2013, table 5。
77. 参见联合国, Economic Commission for Europe, Economic and Social Council, ECE/CES/GE.20/2015: 'Vacation Home Ownership in a Globalized World', 还可参见欧洲经济委员会（UNECE）网站：http://www.unece.org/fileadmin/DAM/stats/groups/wggna/GuideByChapters/Chapter_12.pdf。
78. 关于奥斯汀的一项研究收集了2008年到2014年的数据，它估计爱彼迎每增长10%，酒店房间的月收益就因此降低0.35%。关于这点和进一步的参考文献，参见 Georgios Zervas, Davide Proserpio & John W. Byers. 'The Rise of the Sharing Economy: Estimating the Impact of Airbnb on the Hotel Industry' (Boston, 2014)。
79. Sean O'Connell, *The Car and British Society: Class, Gender and Motoring, 1896–1939* (Manchester, 1998), 34–36.
80. Alison Clarke, 'Mother Swapping: The Trafficking of Nearly-new Children's Wear', in: *Commercial Cultures: Economics, Practices, Spaces*, eds. Peter Jackson et al., (Oxford and New York, 2000), ch. 4.
81. Ilja van Damme, 'Changing Consumer Preferences and Evolutions in Retailing. Buying and Selling Consumer Durables in Antwerp, c.1648–c.1748)', in: *Buyers and Sellers: Retail Circuits and Practices in Medieval and Early Modern Europe*, ed. P. Stabel B. Blondé, J. Stobart and I. Van Damme (Turnhout, 2006), 199–224; Ilja Van Damme & Reinoud Vermoesen, 'Second-hand Consumption as a Way of Life: Public Auctions in the Surroundings of Alost in the Late-eighteenth Century', in: *Continuity and Change* 24, 2009: 275–305; 还可参见本书第4章和第5章的相关内容。
82. 在英国，每年收集起来的服装有约30万吨。只有一半质量够好，可以再次出售。10%最终被回收用于工业产品，如抹布或汽车座椅填料。
83. Karen Tranberg Hansen, *Salaula: The World of Second-hand Clothing and Zambia*

(Chicago, 2000), 226.
84. E. D. Larson, M. Ross & R. H. Williams, 'Beyond the Era of Materials', in: *Scientific American* 254, no. 6, 1986: 34−41; Robert H. Williams, Eric D. Larson & Marc H. Ross, 'Materials, Affluence and Industrial Energy Use', in: *Annual Review of Energy* 12, no. 1, 1987: 99−144.
85. Nicky Gregson, Alan Metcalfe & Louise Crewe, 'Identity, Mobility and the Throwaway Society', in: *Environment and Planning D: Society and Space*, 2006, 682−700, 引自 p688。延伸阅读, Nicky Gregson & Louise Crewe, *Second-hand Cultures* (Oxford, 2003); Nicky Gregson, *Living with Things: Ridding, Accommodation, Dwelling* (Oxford, 2006)。
86. Giles Slade, *Made to Break: Technology and Obsolescence in America* (Cambridge, MA, and London, 2006).
87. Tim Cooper, 'Inadequate Life? Evidence of Consumer Attitudes to Product Obsolescence', in: *Journal of Consumer Policy* 27, 2004: 421−449.
88. Rober Entner, '2014 Mobile Phone sales fall by 15%', Recon Analytics: http://reconanalytics.com/2015/02/2014-us-mobilephone-sales-fall-by-15-and-handset-replacement-cycle-lengthens-to-historic-high/; Pogue, 'Should You Upgrade Your Phone Every Year?', in: *Scientific American*, 20 Aug. 2013. 89.
89. 关于这些相对立的动力, 参见 Valerie M. Thomas, 'Demand and Dematerialization Impacts of Second-hand Markets', *Journal of Industrial Ecology* 7, no. 2, 2003: 65−76。
90. 德国在 2001—2002 年关于时间分配的调查数据可以在这一网址浏览, https://www.destatis.de/DE/Publikationen/Thematisch/EinkommenKonsumLebensbedingungen/Zeitbudgeterhebung/ZeitbudgetsTabellenband1_5639102029005.xls?__blob=publicationFile. 关于奥地利, 参见路德维希·玻尔兹曼研究所 (Ludwig Boltzmann Institut für Freizeit) 在 2002 年的研究: http://www.freizeitforschung.at/data/forschungsarchiv/ 2002/ft_07_2002.pdf。
91. US Department of Commerce, *Statistical Abstract of the United States 1971* (Washington, DC, 1971) 200, 722, 741−743.
92. Aya Yoshida & Tomohiro Tasaki, 'Material-flow Analysis of Used Personal Computers in Japan', in: *Waste Management* 29, no. 5, 2009: 1602−1614.
93. 每月抵达拉各斯的 40 万台旧电脑中, 只有四分之一还具备功能, 根据 Oladele Osibanjo, 'The Waste Challenge in Urban Development' (University of Ibadan, Nigeria, 2006)。关于电子垃圾, 可以参见巴塞尔行动网络 (Basel Action Network) 网站上的剪报, http://www.ban.org/library-page/#briefing。
94. 根据自我存储协会 (Self Storage Association) 的说法, 为 23 亿平方英尺, http://www.selfstorage.org/ssa/ content/navigationmenu/aboutssa/factsheet/。
95. D. S and I. W. Yoon Oh, 'A Study on the State of Balcony Usage and the User's Attitude with Relation to Balcony Layout', in: *Housing Studies, Journal of Korean Association for Housing Policy Studies* 7, no. 2, 1999: 125−132.
96. http://ronalford.theplan.com/; 全国职业组织人员协会 (National Association of Professional Organizers) 目前有 4000 名成员, http://www.napo.net/who/。
97. 参见 http://www.collectoronline.com; http://www.vacuumland.org; Russell Belk, Magnus Morck, & Karin M. Ekstrom, 'Collecting of Glass: A Multi-sited Ethnography', in: *European Advances in Consumer Research* 7, 2005: 404−408.
98. Don Jefferys, 'Pathological Hoarding', in: *Australian Family Physician* 37, no. 4,

2008.

99. J. E. Arnold and U. A. Lang, 'Changing American Home Life: Trends in Domestic Leisure and Storage among Middle-class Families', in: *Journal of Family and Economic Issues* 28, no. 1, 2007: 23–48, 引自 p36、p43。

100. Richard A. Gould & Michael B. Schiffer, *Modern Material Culture: The Archaeology of Us* (New York, 1981).

101. EPA, *Electronics Waste Management in the United States through 2009* (May 2011), table 4, 16.

102. 今天在美国, 旧手机只有不足一成得到回收; EPA, *Electronics Waste Management in the United States through 2009* (May 2011), table 13, 27。关于英国数据, 参见 Market Transformation Programme, 2005/6, 10. 关于法国: Agence de l'Environnement et de la Maîtrise de l'Energie, Déchets d'Équipements Électriques et Électroniques (DEEE) (2010).

103. 特别参见 Alfred Schmidt, *The Concept of Nature in Marx* (London, 1971); John Bellamy Foster, *Marx's Ecology: Materialism and Nature* (New York, 1999); Albert Adriaanse et al., *Resource Flows: The Material Basis of Industrial Economics* (Washington, DC, 1997); Marina Fischer-Kowalski, Helmut Haberl, Walter Hüttler, Harald Payer, Heinz Schandl, Verena Winiwarter & Helga Zangerl-Weisz, *Gesellschaftlicher Stoffwechsel und Kolonisierung von Natur* (Amsterdam, 1997); R. P. Sieferle, F. Krausmann, H. Schandl & V. Winiwarter, *Das Ende der Fläche: Zum gesellschaftlichen Stoffwechsel der Industrialisierung* (Cologne, 2006)。

104. Adriaanse et al., *Resource Flows*.

105. Friedrich Schmidt-Bleek, *Wie viel Umwelt braucht der Mensch?* (Berlin, 1994).

106. M. Dittrich, S. Giljum, S. Lutter & C. Polzin, 'Green Economies around the World: Implications of Resource Use for Development and the Environment' (Vienna: SERI, 2012), 12, 57–58. 粮农组织和欧盟包括了草类的含水量 (高达 15%); 欧盟统计局, 'Material Use in the European Union, 1980–2000: Indicators and analysis' (Luxemburg: European Commission, 2002)。

107. B. Girod & P. De Haan, 'More or Better? A Model for Changes in Household Greenhouse-gas Emissions due to Higher Income', in: *Journal of Industrial Ecology* 14, no. 1: 31–49.

108. William F. Ruddiman, Plows, *Plagues & Petroleum: How Humans Took Control of Climate* (Princeton, NJ, 2005); 关于土地利用, 我基于新的环境历史数据库 (HYDE), 它是由 Kees Klein Goldewijk 开发的, 参见 http:// www.mnp.nl/en/themasites/hyde/index.html。

109. F. Krausmann, S. Gingrich, N. Eisenmenger, K. H. Erb, H. Haberl & M. Fischer-Kowalski, 'Growth in Global Materials Use, GDP and Population during the Twentieth Century', in: *Ecological Economics* 68, no. 10, 2009: 2696–2705, 感谢 Fridolin Krausmann 允许我复制这些数字。DMC 相当于资源开采 (DE) 总量, 加上进口, 减去出口。由于一个国家的出口是其他国家的进口, 对全世界而言, DMC 和 DE 是相等的。

110. Dittrich, Giljum, Lutter & Polzin, 'Green Economies', 60.

111. 欧盟统计局, 'Economy-wide Material-flow Accounts and Derived Indicators' (Luxembourg, 2001), 40.

112. Ian Gazley & Dilan Bhuvanendran, 'Trends in UK Material Flows between 1970 and 2003', in *Economic Trends* 619 (London: Office for National Statistics, 2005).

113. Goodall 指出，英国人在 2007 年的进食量比 2000 年降低了 4%；Chris Goodall, '"Peak Stuff": Did the UK Reach a Maximum Use of Material Resources in the Early Part of the Last Decade?', http://www.carboncommentary.com/wp-content/uploads/2011/10/Peak_Stuff_17.10.11.pdf, 2011 年。对比 George Monbiot 在他博客里的批评：http://www.guardian.co.uk/environment/georgemonbiot/2011/nov/03/peak-consumptionhypothesis-correct。
114. Andrew W. Wyckoff & Joseph M. Roop, 'The Embodiment of Carbon in Imports of Manufactured Products: Implications for International Agreements on Greenhouse-gas emissions', in: *Energy Policy* 22, no. 3, 1994: 187–194; Roldan Muradian, Martin O'Connor & Joan Martinez-Alier, 'Embodied Pollution in Trade: Estimating the "Environmental Load Displacement" of Industrialized Countries', in: *Ecological Economics* 41, no. 1, 2001: 51–67.
115. 根据英国能源研究中心的说法，1990—2008 年，基于领土的排放量降低了 19%，而基于消费的排放量升高了 20%。关于前者，政府给出了更高的数据：HC 1646, 2012 年 4 月 18 日，下议院, Energy and Climate Change Committee: *Consumption-based Emissions Reporting, Twelfth Report of Session 2010–12, Vol. I*。
116. M. Dittrich, S. Bringezu & H. Schutz, 'The Physical Dimension of International Trade: Part 2: Indirect Global Resource Flows between 1962 and 2005', in: *Ecological Economics* 79, 2012: 32–43.
117. Atiq Uz Zaman & Steffen Lehmann, 'The Zero Waste Index: A Performance Measurement Tool for Waste Management Systems in a "Zero Waste City"', in: *Journal of Cleaner Production* 50, 2013: 123–132.
118. 美国物理学会（American Physical Society）, *Efficient Use of Energy: The APS Studies on the Technical Aspects of the More Efficient Use of Energy* (New York, 1976), no. 25, 77。
119. Arthur H. Rosenfeld, 'The Art of Energy Efficiency: Protecting the environment with Better Technology', in: *Annual Review of Energy and the Environment* 24, no. 1, 1999: 33–82.
120. 例如，第十二届世界能源大会，新德里，1983 年 9 月 18—23 日, division 2, section 2.3.12: Naoto Sagawa, 'Prospects for Japan's Energy Supply–Demand System', 22。
121. DECC, 'Energy Consumption in the United Kingdom', 2012; 欧盟统计局: http://epp.eurostat.ec.europa.eu/tgm/table.do?tab=table&plugin=1&language=en&pcode=tsdpc310。
122. 反弹效应的大小和怎样测量它，都尚是争议颇大的问题。国际能源署在 2012 年的《世界能源展望》(*World Energy Outlook*) 中估算，它是较低的 9%。其他专家的估算达到了 50%；例如 Ted Nordhaus, Michael Shellenberger and Jesse Jenkins, *Energy Emergence: Rebound and Backfire as Emergent Phenomena* (Oakland, MD, 2011)。
123. 2011 'Consommation durable' fair, Paris: ADEME, *Petites réponses*, 9.
124. 1993 年的 10.01 千之五次方 Btu 对比 2009 年的 10.17 千之五次方 Btu；美国能源情报署（US Energy Information Administration）, *Residential Energy Consumption Survey*, 2009。
125. 瑞典议会, 'Think Twice! An Action Plan for Sustainable Household Consumption', in: *Government Communication 2005/06:107* (Sweden: The Swedish Parliament, 2005)。
126. Peter Kemper & John M. Quigley, *The Economics of Refuse Collection* (Cambridge, MA, 1976), 83.

127. 参见美国能源情报署 2009 年的住宅数据，特别是 table HC 3.4，网址为 http://www.eia.doe.gov/consumption/residential/data/2009/excel/HC3.4%20Appliances%20by%20Number%20of%20Household%20Members.xls。
128. DTI, *Energy Consumption in the United Kingdom* (2004). 关于美国的独身者，参见之前注释（127）中援引的 EIA 数据。
129. Shove, *Comfort, Cleanliness and Convenience: The Social Organization of Normality*; Shove, Pantzar & Watson, *The Dynamics of Social Practice: Everyday Life and How It Changes*.
130. 关于英国，参见 Energy Saving Trust, *The Rise of the Machines: A Review of Energy Using Products in the Home from the 1970s to Today* (London: Energy Saving Trust, 2006) 和这一机构的后续报告，*The Elephant in the Living Room: How Our Appliances and Gadgets are Trampling the Green Dream* (London, 2011)。在美国，2007 年售出了 4.26 亿台电力设备，是 1987 年的 7 倍；参见 New York State Department of Environmental Conservation, *Beyond Waste* (2010), 63f.
131. EPA, *Municipal Solid Waste in the United States 2009*, ch. 2. 关于英国的衣服，参见《卫报》，2006 年 2 月 28 日。
132. K. Parrott, J. Emmel & J. Beamish, 'A Nation of Packrats: Rethinking the Design Guidelines for Kitchen Storage', in: *Housing on the Urban Landscape Conference* (Chicago, 2004). 延伸阅读, Oriel Sullivan & Jonathan Gershuny, 'Inconspicuous Consumption: Work-rich, Time-poor in the Liberal Market Economy', in: *Journal of Consumer Culture* 4, no. 1, 2004: 79–100, 特别是 pp95–96; Martin Hand, Elizabeth Shove & Dale Southerton, 'Home Extensions in the United Kingdom: Space, Time and Practice', in: *Environment and Planning D* 25, no. 4, 2007: 668–681。
133. 五座城市为腓特烈斯塔、格罗宁根、帕多瓦、吉尔福德和索德马尔姆/斯德哥尔摩，参见 Eivind Stø, Nina Methi, Gunnar Vittersø & Harald Throne-Holst, 'Consumption and Environment in Five European Cities: European Report' (SIFO, ToolSust, 2002)。

结　语

1. Serge Latouche, *Le pari de la décroissance* (Paris, 2006); Tim Jackson, *Prosperity without Growth: Economics for a Finite Planet* (London, 2009); Paul Ariès, *La simplicité volontaire contre le mythe de l'abondance* (Paris, 2010); Niko Paech, *Befreiung vom Überfluss: Auf dem Weg in die Postwachstumsökonomie* (Munich, 2012). 对比阅读, Irmi Seidl and Angelika Zahrnt (eds), *Postwachstumsgesellschaft: Konzepte für die Zukunft* (Marburg, 2010)。
2. 现在可以参见 Emily Watson, *Seneca: A Life* (London, 2015)。
3. Joseph E. Stiglitz, *The Great Divide* (London, 2015).
4. Rachel Botsman and Roo Rogers, *What's mine is yours: the rise of collaborative consumption* (New York, 2010); B. Joseph Pine and James H. Gilmore, *The experience economy* (Boston, Mass., 1999); Jon Sundbo and Flemming Sørensen (eds), *Handbook on the experience economy* (Cheltenham, 2013); Juliet Schor, *Plenitude: the new economics of true wealth* (New York, 2010). 现在还可参见以下综述, Juliet Schor and Connor Fitzmaurice, 'Collaborating and connecting' 和 Maurie J. Cohen, 'Toward a post-consumerist future?' in Lucia Reisch and John Thøgersen (eds), *Handbook of Research on Sustainable Consumption* (Cheltenham, 2015), pp. 410–425, 426–439。
5. 参见 http://repaircafe.org/locations/，其中 200 家在德国，那里的手工艺依然强势。

6. Arvind Subramanian and Martin Kessler, 'The Hyperglobalization of Trade and its Future', in Franklin Allen et al. (eds), *Towards a Better Global Economy* (Oxford, 2014), pp. 216-276; 还可参见 Bernard Hoekman 在同一本书中的评论, pp. 278-288。
7. 联合国贸易和发展会议（UNCTAD）, *Review of Maritime Transport* (New York, 2014), ch. 1。
8. OECD, *Material Resources, Productivity and the Environment* (Paris, 2015), p. 82, 上文参见 pp. 69-82。
9. OECD, *Material Resources, Productivity and the Environment*, p. 116.
10. Yuliya Kalmykova, Leonardo Rosado and João Patrício, 'Resource consumption drivers and pathways to reduction: economy, policy and lifestyle impact on material flows at the national and urban scale', *Journal of Cleaner Production* 30, 2015: 1-11.
11. 参见 Charlotte Fourcroy, Faiz Gallouj, and Fabrice Decellas, 'Energy consumption in service industries: Challenging the myth of non-materiality', *Ecological Economics* 81, 2012: 155-164。
12. 参见 https://musicbusinessresearch.wordpress.com/2014/03/21/the-recorded-music-market-in-the-us-2000-2013/。
13. Ann Bermingham and John Brewer (eds), *The Consumption of Culture 1600-1800: Image, Object, Text* (London, 1995). 现在还可参见 Michael Hutter, *The Rise of the Joyful Economy: Artistic invention and economic growth from Brunelleschi to Murakami* (Abingdon, 2015)。
14. 除了导论中的参考文献，和上文注释 1、4，最新还可参见 James Wallman, *Stuffocation: how we've had enough of stuff and why you need experience more than ever* (London, 2015)。
15. 参见国际电信联盟（International Telecommunication Union）, http://www.itu.int/themes/climate/docs/report/02_ICTandClimateChange.html。
16. Global e-Sustainability Initiative, 'SMART 2020: Enabling the low-carbon economy in the information age' (2008); http://gesi.org/About_ICT_sustainability.
17. 参见 Susanne Fischer et al.（伍珀塔尔研究所）, *Leasing Society: report for the European Parliament's Committee on Environment, Public Health and Food Safety* (Brussels, 2012)。
18. 参见本书第 15 章相关内容。
19. 《华尔街日报》, 2014 年 2 月 3 日。关于英国的数据，参见电机制造商和贸易商协会（Society of Motor Manufacturers and Traders）, http://www.smmt.co.uk/2015/01/uk-new-car-registrations-december-2014/。类似的保留意见也适用于有些人对 3D 打印的希冀：为什么要假定，个人化、全定制物品生产的机会只会被用来延长物品的寿命，且人们会停止对新奇性和多样性的追逐？
20. Richard H. Thaler and Cass R. Sunstein, *Nudge: Improving decisions about health, wealth and happiness* (London, 2009). 关于简短的综述，参见 Cass Sunstein, 'Behavioural economics, consumption and environmental protection' in Reisch and Thøgersen (eds), *Handbook of Research on Sustainable Consumption*, pp. 313-327。

出版后记

由主持伦敦大学伯贝克学院的消费文化研究项目的契机，弗兰克·特伦特曼广泛阐述了自文艺复兴时期以来贸易和市场的方方面面，涉及地缘政治、社会阶层、公共政策、自然环境和当代科技等维度，从物质出发，以日常生活中各种购买来的物品，看待消费对文明进程的影响，基于此谱写出专门论述消费历史的社会观察著作。

在某种程度上来说，这部作品是百科全书式的，它令人着迷之处不仅在于其论述的广度，叙述时间长达5个多世纪，地理上跨越6大洲，还在于其细节的丰富、所附图表的精美程度和论点的独到。它调整了我们先前对事物的一些固有看法，并警示我们从一些全新的视角重新看待它们，难能可贵的是，其间也未夹杂对于拥有更多物品的说教或者抱怨，从头到尾贯穿了冷静的思考和客观的立场。

如果想要了解消费的发展历史及其涉及的一些专题研究，那么一定不要错过这本书，毕竟能将之前几个时代和当代细碎的日常消费生活及其重要价值呈现于我们面前的书并不多见，想必会带给我们新的认识。当然，由于时间和编辑水平有限，本书可能存在一些错误，还请各位读者批评指正。

图书在版编目（CIP）数据

商品帝国 /（德）弗兰克·特伦特曼著；马灿林，桂强译. -- 北京：九州出版社，2022.10（2023.11重印）

ISBN 978-7-5225-0934-1

Ⅰ.①商… Ⅱ.①弗… ②马… ③桂… Ⅲ.①国际贸易—贸易史—研究—世界 Ⅳ.①F749

中国版本图书馆CIP数据核字(2022)第091665号

Empire of Things: How We Became a World of Consumers, from the Fifteenth Century to the Twenty-first
by Frank Trentmann
Copyright © 2016 by Frank Trentmann
First published 2016
First published in Great Britain in the English language by Penguin Books Ltd.
Published under licence from Penguin Books Ltd.
All rights reserved.
Penguin (企鹅) and the Penguin logo are trademarks of Penguin Books Ltd.
Copies of this translated edition sold without a penguin sticker on the cover are unauthorized and illegal.
封底凡无企鹅防伪标识者均属未经授权之非法版本。

著作权合同登记号：图字：01-2022-2063
审图号：GS（2022）574号

商品帝国

作　　者	［德］弗兰克·特伦特曼 著　马灿林 桂强 译
责任编辑	周　春
出版发行	九州出版社
地　　址	北京市西城区阜外大街甲35号（100037）
发行电话	（010）68992190/3/5/6
网　　址	www.jiuzhoupress.com
印　　刷	天津联城印刷有限公司
开　　本	655毫米×1000毫米　16开
印　　张	50.5
字　　数	750千字
版　　次	2022年10月第1版
印　　次	2023年11月第5次印刷
书　　号	ISBN 978-7-5225-0934-1
定　　价	148.00元

★ 版权所有　侵权必究 ★